書目題跋叢書

五十萬卷樓藏書目錄初編

上

莫伯驥 著

曾貽芬 整理

中華書局

圖書在版編目(CIP)數據

五十萬卷樓藏書目錄初編/莫伯驥著;曾貽芬整理. —北京：中華書局,2016.9
(書目題跋叢書)
ISBN 978-7-101-07438-3

Ⅰ.五… Ⅱ.①莫…②曾… Ⅲ.藏書樓–圖書目錄–中國–民國 Ⅳ.Z842.6

中國版本圖書館 CIP 數據核字(2010)第 104549 號

書　　名	五十萬卷樓藏書目錄初編(全二冊)
著　　者	莫伯驥
整 理 者	曾貽芬
叢 書 名	書目題跋叢書
責任編輯	李肇翔
出版發行	中華書局
	(北京市豐臺區太平橋西里 38 號　100073)
	http://www.zhbc.com.cn
	E-mail:zhbc@zhbc.com.cn
印　　刷	北京瑞古冠中印刷廠
版　　次	2016 年 9 月北京第 1 版
	2016 年 9 月北京第 1 次印刷
規　　格	開本/850×1168 毫米　1/32
	印張 39⅛　插頁 4　字數 900 千字
印　　數	1-3000 冊
國際書號	ISBN 978-7-101-07438-3
定　　價	120.00 元

五十萬卷樓藏書目錄初編

江安傅增湘題

東莞莫氏

《書目題跋叢書》出版説明

書目題跋,是讀書的門徑,治學的津梁。

早在漢成帝時,劉向奉詔校經傳、諸子、詩賦,每一書成,"輒條其篇目,撮其指意,録而奏之"(《漢書·藝文志》),並把各篇書録編輯在一起,取名《别録》。這裏所謂的"條其篇目",就是在廣泛搜集傳本、考證異同的基礎上,確定所録各書的篇目、次序;所謂的"撮其指意",就是撰寫各書的書録。劉向所撰書録,在内容上應該包括:書名篇目、文本鑒别、文字校勘、著者生平、著述原委、圖書主旨及學術評價等,實際上就是我們今天所説的書目題跋或提要之濫觴。劉向死後,其子劉歆又在《别録》的基礎上,"撮其指要,著爲《七略》",對後世書目題跋的發展產生了深遠的影響。

此後,隨着圖書事業的日益繁榮,官私藏書的日趨豐富,圖書目録的著録形式也變得多種多樣。在官修目録、史志目録之外,各種類型的私家目録解題也大量涌現。

南朝劉宋時,王儉依劉向《别録》、劉歆《七略》之體,撰成《七志》。《七志》雖無解題或提要,却在每一書名之下,爲撰著者作一小傳,豐富了圖書目録的内容,開創了書目而有作者小傳的先河。梁阮孝緒的《七録》則增撰了解題,繼承了劉向《别録》的傳統,是私家解題的創新之作。唐代的毋煚撰有《古今書録》,其自序云"覽録而知旨,觀目而悉詞",可知,《古今書録》也應該是書目解題一類的著作。

到宋代,官修《崇文總目》,不僅每類有小序,每書都有論説,而且在史部專列目録一類。這不僅説明圖書目録的高度發展,而且説明當時對書目題跋的重視，此後的許多官私書目也大都有書目解題或題跋。尤袤的《遂初堂書目》，羅列版刻，兼載版本，爲自來書目之創格。而流傳至今、最爲著名的是晁公武的《郡齋讀書志》。晁公武曾接受井度（字憲孟）的大批贈書，加上自己的收藏，"躬自校讎，疏其大略"，撰成《郡齋讀書志》，成爲我國現存最早的私家書目解題或稱書目題跋；稍後的陳振孫（號直齋）利用自己傳錄、積累的大量書籍，仿照晁公武《郡齋讀書志》的體例，撰爲《直齋書錄解題》，並首次以"書錄解題"名其書。晁氏《讀書志》、陳氏《書錄解題》是書目解題的傑作，號稱爲宋代私家圖書目錄的"雙璧"。《四庫全書總目》評價《書錄解題》説："古書之不傳於今者，得藉是以求其崖略；其傳於今者，得藉是以辨其真僞，核其異同。亦考證之所必資，不可廢也。"（卷八五）

到了明代，隨着藏書、刻書事業的發展，私家題跋也日見增多，如徐火勃的《紅雨樓題跋》、毛晉的《隱湖題跋》，都是當時的名作；又如高儒（自號百川子），所撰《百川書志》，也部分撰有簡明提要。

入清以後，由於文禁森嚴，許多文人學者埋頭讀書，研究學問，私人藏書盛況空前，私家解題的撰述也豐富多彩。明末清初，錢曾的《讀書敏求記》，專門收錄所藏圖書中的宋元精刻，記述其授受源流，考訂其繕刻異同及優劣，開啟了以後編輯善本書目的端緒。稍後，黄丕烈的《百宋一廛書錄》和《藏書題識》，注重辨別刊刻年代，考訂刊刻粗精，成爲獨闢蹊徑的鑒賞派目錄學著作。瞿鏞的《鐵琴銅劍樓藏書目錄》每書必載其行款，陳其異同；楊紹和的《楹書隅錄》在考核同異、檢校得失的同時，又詳錄前人序跋，間附己意。周中孚號鄭堂，其《鄭堂讀書記》仿《四庫全書總目》的體例，著錄圖書四千餘種，被譽爲《四庫提要》的"續編"。至於藏書家張金吾所撰《愛日精廬藏書志》，把"宋、元舊槧及鈔帙之有關實學而世鮮傳本者”,逐一著明版式,鈔録序跋,對《四庫全書》不曾收入的圖書,則“略附解題”。陸心源仿照張氏的成規,撰成《皕宋樓藏書志》,專門收録元代以前所撰序跋,“於明初人之罕見者”,亦“間録一二”,陸氏“間有考識,則加‘案’字以別之”。上述諸書,既著録了衆多古籍善本,又保存了前人所撰大量序跋,其中,間有著録原書或本人文集不見記載的資料,不僅查閲方便,而且史料價值很高。丁丙的《善本書室藏書志》,既著録明人著作,又留意鄉邦文獻,鑒賞、考證兼而有之。沈德壽的《抱經樓藏書志》則仿張、陸二氏而作,收録範圍延至清代。繆荃孫的《藝風藏書記》、耿文光的《萬卷精華樓藏書記》也都各有所長。所有這些,都可歸之爲藏書家自撰的書目題跋。

此外,有些藏書家和學者,不是爲編撰書目而是從學術研究入手,邊收集圖書,邊閱讀、研究,遇有讀書心得和見解,隨得隨記,這便是類似讀書札記的書目題跋。清人朱緒曾性嗜讀書,邊讀邊記,日積月累,被整理成《開有益齋讀書志》,其内容皆與徵文考獻有關,被稱爲“方駕晁、陳,殆有過之”。除了藏書家自撰或倩人代撰書目題跋之外,有些學者或藏書家在代人鑒定或借觀他人藏書時,也往往撰有觀書記録或經眼録,有的偏重於記録版本特徵,有的鑒定版本時代,有的則兼及圖書内容、作者行實,這些文字,也可以歸於書目題跋之内。

總之,書目題跋由來久遠,傳承有緒。書目題跋,既可以説它是伴隨圖書目録而產生,又可以説它是圖書目録的一個流派。有書目不一定都有題跋,有題跋也不一定有相同的體例、相同的内容。書目題跋既是一個相當寬泛的概念,又是一種相對靈活的著録形式。不同的撰者有不同的背景、不同的學問專長、不同的價值取向,因此,所撰題跋又各有側重、各有特色,各有其參考價值。與普通圖書目録相比,書目題跋具有更廣的内容、更多的信息、更高

的參考價值,對讀者閱讀、研究古籍,也更能發揮其引導作用。一部好的書目題跋,不啻爲一部好的學術著作。而且,近人自撰或編輯他人題識、札記,也往往以"題跋"名書,如陸心源所撰《儀顧堂題跋》、《儀顧堂續跋》,潘祖蔭、繆荃孫等人所編黄丕烈《士禮居藏書題跋記》,吴壽暘所編其父吴騫所撰《拜經樓藏書題跋記》,今人潘景鄭先生所編錢謙益所撰《絳雲樓題跋》,可見,"書目題跋"之稱,已被學者廣泛采用。

有鑒於此,我局於 1990 年出版了《清人書目題跋叢刊》十輯,2006 年又在該叢刊的基礎上,增編爲《宋元明清書目題跋叢刊》十九册,雖説還不够完善,但已爲讀者提供了重要而有價值的參考資料。由於上述叢刊所收書目題跋僅至清代爲止,晚清以來的許多重要書目題跋尚付闕如,而已經收入叢刊的,也有個别遺漏,加之成套影印,卷帙較大,不便於一般讀者參考,於是決定編輯出版這套《書目題跋叢書》。

這套《書目題跋叢書》與上述叢刊不同,以收集晚清以來重要、實用而又稀見的,尤其是不曾刊行的書目題跋爲主,同時適當兼收晚清以前重要題跋專書的整理本或名家增訂本、批注本;以提要式書目和題跋專著爲主,同時適當兼收重要學者和著名藏書家所撰題跋的輯録本;以圖書題跋爲主,同時適當兼收書畫題跋及金石、碑傳題跋。在出版方式上,不采用影印形式,而是按照古籍整理的規範,標點排印,以方便廣大的文史研究者、工作者、愛好者,尤其是年輕的讀者閱讀和使用。

我們希望,這套叢書的出版,能够得到國内外學者的支持和協助,並受到廣大讀者的歡迎。

中華書局編輯部

2016 年 6 月

整理説明

《五十萬卷樓藏書目録初編》，莫伯驥撰。

莫伯驥（1878—1958），字天一，廣東東莞人。弱冠即入縣學爲生員，後就學於廣州光華醫學堂，畢業後從事商業經營，同時還幫助其兄做日報編輯，而性喜購古書，藏於福功書堂，練積三四十年如一日，藏書達五十餘萬卷，有"上企瞿楊，無愧丁陸"之譽，遂改藏書處爲五十萬卷樓矣。莫氏所藏善本甚富，其間包括宋刻、元刻、明刻、影宋、精抄、舊抄、精校、舊校，以及孤本、稀見本、精刻本、古活字本、名家寫本、名家藏本等等。莫氏不僅僅是位藏書家，而且是位兼學中西的淵博學者，"收得之書，每爲題記"，義兼述作，"書之内容亦由兹可考"，他認爲這樣做，"似經籍有所發揮，道器有所疏證"。二十世紀三十年代初，莫氏將部分題記編爲《五十萬卷樓藏書目録初編》二十二卷二十二冊出版，收經史子集四部書九百餘部，其間宋刻本占4%、元刻本占近11%，明刻本最多，占近54%。對於其他積稿，則有"賡續而隨出"的計劃。不幸的是，七七事變爆發，日軍大舉入侵中國，不久攻陷廣州，"倉黄兵火間，五十萬卷書藏，竟爲絳雲樓之續，縹緗之帙或作帷囊，而善本精裝大半灰飛煙散矣"。抗日戰争胜利之後，莫氏"仍曩者發揚民族精神，研究鄉邦文化之旨"，爲"立民族之自信"，用科學方法整理發揚中國"固有文化精粹之文史哲藝"，在《初編》的基礎上"删補增訂"，編成《五十萬卷樓群書跋文》。《初編》與《跋文》是莫氏諸多著述中得以出版面世的兩部書，它們不僅是中國目錄學史中的重要典籍，而且是了解研究"灰飛煙散"的五十萬卷樓藏書的主要依據。

《初編》作爲一部藏書目錄，基本上遵照提要式目錄的程式，介紹典籍的撰者、編者、校者、刊刻者、行款、序跋，以及内容和流傳狀況等，但在撰述過程中並不墨守成規，而是根據典籍的具體情況，采取不同的處置方式，取此舍彼，或繁或簡，皆以充分反映典籍狀況爲準的。從而這部書表現出的突出特點就是形式靈活多樣，所涉内容廣泛豐富。

首先，《初編》對所著錄典籍原有的序跋、題識十分重視，凡書前編後有此内容者，通常都會一一列出，而且不以此爲止，或是全文照錄，或是摘引其主要部分。如卷三著錄的宋張栻《癸巳論語解》，只有張栻自序的摘引；卷一著錄的宋黄倫《尚書精義》，前有淳熙庚子龍溪張鳳從道叙的節錄，後有淳熙庚子建安余氏萬卷堂謹書書識，此二書全無莫氏只言片字。序跋、題識對於了解典籍的内容、撰述宗旨、刊刻流傳歷程很重要，尤其是在莫氏藏書基本散佚的情況下，這些保存在《初編》中的序跋、題識不僅是了解散亡典籍不可多得的依據，而且是研究撰序者的重要資料。如卷十一著錄宋晏天章、嚴德上同撰之《玄玄棋經》（未註明何種版本），前有至正七年虞集序，次有至元九年歐陽玄序。《四庫全書總目》卷一一三有宋晏天章撰《元元棋經》，永樂大典本，書中有張靖序及不署名氏的跋，未見虞集與歐陽玄的序。值得注意的是，這兩篇序亦不見於《道園學古録》《道園類稿》和《圭齋集》。又如同卷著録《古今考》三十八卷，明刊本。前題宋鶴山魏了翁華父撰，元紫陽方回萬里續。前有魏了翁自序，次有方回序，然而在方回《桐江集》《桐江續集》中皆未見此序，近年編纂出版的《全元文》亦未收此序。方序後有周南識語云，"泰定甲子先君文英任監官州幙職，時知方公存心乃虛谷先生冢子也。間嘗論《易》，蓋以先君深嗜《易》學者也，每以魏文靖公《十七家易集義》爲言。文靖公仲子靜齋先生知徽州時，嘗以《集義》與《九經要義》同刊於紫陽書院，墨本則藏於虛谷家，南於侍旁猶及見之，今亦已矣。當宋之季，真、魏之學大鳴於南北，《讀書記》乃義理之本根，《九經要義》乃典故之淵藪，誠學者所由入之門也。今又得觀此二書，則知文靖公之學，實真切之學也，豈習於簡陋者可窺測哉！遂親校讎其故稿，俾能書者謄寫二本，擇楷正者歸於知州，圖壽諸梓，以次本藏於家。後十年知州來吳，則知其所藏者皆毀於火。又十年先君亦奄棄，二書未能板行。丙申兵興，南家所留《經世書考》亦失之，僅有存者《古今考》耳。竊嘗考之，西山先生真文忠公建寧浦城人，鶴山先生魏文靖公邛州蒲江人，天下謂之真、魏，同生淳熙五年戊戌，同登慶元五年己未進士第，同顯於朝。文靖公以權工部侍郎坐言爭忤時相謫靖州，因縶閒僻，日從經史，精研極討，卧五溪窮處，踰七年，類聚成編，遂傳於時。至正二十年周南書於卷末"。《全元文》所載周南《跋方回續宋魏了翁古今考》，緣自清抄本《海昌叢載》續卷一，只有"泰定甲子，先君文英任監官州幙職，時知方公存心乃虛谷先生冢子也。以先君深嗜《易》學，每以魏文靖公《易》學爲言，《十七家易集義》爲言"幾句話。區區五十餘言，尚未提及《古今考》，更能提及《跋方回續宋魏了了翁古今考》乎？兩者對比，《初編》所載周南識語的價值是不言而喻的。除此之外，據不完全統計，《初編》所載元代序跋、題識不見於《全元文》者就有三十餘篇。憑此可以認爲，《初編》引錄的序跋、題識具有珍貴資料價值是無庸置疑的。

其次，所撰提要内容充實，形式不拘一格。如《初編》卷三著錄明楊慎《轉注古音略》五卷，卷五有“慎按：廿字，諸韻書皆音入，唯市井商賈音念，而學士大夫亦從其誤”。莫氏按引《金石記》云，段玉裁注《考工記》，證明“周時凡言二十可爲廿也”。又依秦碑小篆、唐石經、《玉篇》《廣韻》《集韻》《類篇》《古今韻會》《稽聖賦》《增韻》《漢孔龢碑》《漢器款識》等，無有以廿字讀奴店切如念音者，或作卄、或作廿，亦未有作念者。而顧炎武《金石文字記·開善寺碑宋人題名》中有“元祐辛未陽月念五日題”，以念爲廿，始見於此。莫氏則根據《湯君碑》稱唐末俗音已有以念爲廿者矣，並認爲今俗呼若念，蓋二十有尼至切之音，故又轉而爲念。莫伯驥對廿讀作念的起始、轉化與《轉注古音略》的作者看法不同，但以考辨廿的讀音爲例介紹這部書，的確有特點，能激起讀者對此書的興趣。又如卷十三著錄《三國志通俗演義》提要不惜筆墨，記述此書對後世各界的影響，明末李定國、孫可望並爲賊，其後李定國殉身緬海，人亦謂其受《三國演義》影響。清太宗崇德四年，命大學士達海譯是書，順治七年告峻。清初，滿洲武將不識漢文者，頗多喜讀此書。甚至士大夫且有以《演義》爲正史者，清雍正間，有某侍郎保舉人才，引孔明不議馬謖事。清憲宗責其不當以小說入奏，責四十，仍枷示焉。更有甚者，乾隆初，某侍衛擢荊州將軍，人賀之，輒痛哭。怪問其故，將軍曰，此地關瑪法（指關羽）尚守不住，今遣老夫，是欲殺老夫也。

瑪法，滿洲語呼祖之稱。此則雖可笑，却足證《三國演義》之深得人心，比一板一眼地介紹書的內容，更有說服力。卷二十二著録《湖湘校士録》，是書收文乃萬曆甲寅所試湖廣全省十五府四州及各縣前列諸學廩增附生時文中優者。提要關注此書的文體——八股文，援引焦循《易餘籥録》稱“八股出於金、元之曲劇，曲劇本於唐人之小説傳奇，而唐人之小説傳奇，爲士人求科第之温卷，緣迹而求，可知其本”。而八股文的運用、影響並不限於科場，焦循稱“漢則專取其賦，魏晋六朝至隋則專録其五言詩，唐則專録其律詩，宋專録其詞，元專録其曲，明專録其八股，一代還其一代之所勝”。莫氏既知八股“雖不足語於通人，然綿歷數百年，關於歷史甚巨”，所以他着重記叙了八股文的發展脈絡，讓更多的人了解八股文。

《初編》是一部藏書目録，版本狀況的介紹是其不可缺少的部分，但並不限於一般內容的描述，會根據典籍版本的具體情況，在深入研究了解的基礎上，對某一方面做充分細緻的闡明。卷十四著録《妙法蓮花經》是宋刊卷子本，於是介紹圍繞着卷子本展開，“前人謂宋初去古未遠，書多出於卷子本，界欄尚是烏絲欄之舊，大抵用單邊，書惟左右雙邊。南渡流風既遠，於是始有四周雙邊刻本”，刻書版框從單邊發展爲四周雙邊，而此宋卷子本則用單邊，可見其仍遵古法也。此書黏合數紙而成卷子，糊經久不脱。莫氏對此頗感疑惑，最終從《疑耀》卷五得到答案，“古法用楮樹汁、飛麪、白芨末三物調和如糊，以之糊紙，永不脱落，堅如膠漆”。又引陸烜《梅谷隨筆》謂，修補古書漿黏中必入白芨，則歲久不脱。而此卷子本“有一接縫不脱，其餘略脱而仍不離”，莫氏稱“足見前人工巧，當是施用前法”。而對於卷二十一著録的《中州集》十卷《中州樂府》一卷，則因其爲日本五山板本，吾國著錄家多未之及，故稍詳五山板之略史。"五山板之書，爲日東舊本，酷類吾國宋元槧刻，其本多出僧侶，亦爲緇徒文事之一。五山者，蓋合京都及鎌倉之禪刹而言，如京都之刹，則爲南禪、天龍、相國、建仁、東福、滿壽也，鎌倉之刹，則爲建長、圓覺、壽福、净智、净妙也，高行有學之僧徒，多聚於此。凡奉使中國及交涉文稿，諸僧多舉其職，當其時並以雕刻佛典及中華經籍爲事，除京都、鎌倉各寺外，凡同其宗法諸寺，所刻各書，總名爲五山板，皆漢文也，有片假名者甚少。招聘華工以濟其事，楚材晋用，又當時之軼聞焉"。不論是揭示宋卷子本"堅如膠漆"的秘密，還是所述五山板的略史，對於讀者而言，都算得上是意外的收穫。

還有一點值得注意，就是《初編》對與所涉內容有關聯的部分，做了材料翔實、令人信服的介紹。卷七著錄《咸淳臨安志》九十六卷，此書卷首有張氏燕昌飛白題字。莫氏以"伯驥按"的形式介紹飛白，"李氏兆洛稱飛白書相傳出於蔡邕，見役人堊帚，因以成字。六朝人多能之，而流傳絕少，惟墨池堂帖刻'江南之人兮'五字，云衛夫人書，然無確證。唐、宋後所傳，則多帝王所書者，亦尠見遺蹟也。《玉海》謂宋真宗見飛白筆，遂爲飛白書，是飛白別有筆矣。飛白之白，古文原作帛"。"吳越陸白齋紹曾、海鹽張文魚燕昌同輯《飛白錄》二卷，後附張燕昌《論飛帛文》一篇"，"蒐輯頗詳，古今人之工飛白書者略備"。又如卷十七著錄岳珂《玉楮詩稿》。岳珂乃岳飛之孫，有《金陀粹編》《續編》《籲天辨誣錄》《桯史》《愧郯錄》等，莫氏稱《宋史》中岳珂事實附《鄂王傳》甚略，而《徐鹿卿傳》"珂守當塗，制置茶鹽，自詭興利，橫斂百出，商旅不行，國計反絀於初"。又《杜杲傳》"珂爲淮東總領，杲以監崇明鎮事隸之，議不合求去……珂怒，竟以負蘆錢劾之，朝廷察其無疵，三劾皆寢"。又《袁甫傳》"珂以知兵財召，甫奏珂總餉二十年，焚林竭澤，珂竟從外補"。《宋史》附傳之寥寥數語，殆亦有所諱而然。此二例，前者給了我們有關飛白的知識，而後者告訴我們，岳珂除了是忠良之後並多有成就之外，還有斂財等另一面，可以客觀、全面地評價岳珂。這已經超出了對這兩部典籍的認識範圍，如果沒有淵博的知識功底，很難想象能做到這樣。

指出典籍的錯漏，不限於著録的典籍，從另一側面顯示《初編》的學術水準。如卷十七著録《白玉蟾文集》六卷《續集》二卷，此書《四庫》未收，阮元補呈而識其意見，《研經堂外集》卷一有《重編海瓊白玉蟾文集六卷續集二卷提要》，其中有曰"前有端平時推官潘牥原序及嘉熙元年耜所書《事實》一篇"。莫氏指出"牥，阮氏誤作枋。嘉熙間彭耜所撰《海瓊玉蟾事實》，阮氏又脱去彭字，致不成文，未審何故"。潘牥字庭堅，《宋史》卷四二五有傳。莫氏引《齊東野語》"庭堅，富沙人，初名公筠，後夢有人持方牛首與之，遂易名牥，跌宕不羈"。謂"庭堅之易名爲牥，實緣夢話，阮氏誤寫爲枋，蓋考之未諦也"。又如卷三著録《爾雅》二卷，爲滁山堂舊藏，"卷末有'滁山書堂'大方章，當是盱眙吳尚書棠遺本。棠號仲宣，官蜀最久，致仕寓滁州，故有此章。平素則以'望三益章'捺於各藏本也"。莫氏又引張之洞《廣雅堂詩集》中《滁山書堂歌》"忽憶家園萬牙籤，蛛絲蠹迹無人掃"。並注云，藏書甚富，率皆善本舊槧。莫氏又據《嘉興府志》卷五二載，知吳棠嘗聘秀水高均儒校勘經籍，説明吳棠是對典籍流傳有貢獻的著名藏書家，而葉昌熾《藏書紀事詩》却缺載，莫氏以爲當補之。

　　莫氏對新發現的資料和罕見的資料很敏感，也很重視。卷二十一著録明崇禎癸酉趙宧光仿宋刻本《玉臺新咏》，爲了説明此本的情况，徵引"近歲敦煌發現《玉臺新咏》殘卷"，此殘卷"起張華《情詩》第五編，訖《王明君辭》，存五十一行，前後尚有殘字七行，諸詩皆在《玉臺新咏》卷二之末"。又因"近人嘗以今本與此比勘，異同甚多"，莫氏認爲也可以和明仿宋刻本互校，於是原文照録。"張華《情詩》第五首，'巢居覺風飆'，今本誤作風飄。《雜詩》'容與緑池阿'，今本緑誤作緣；'同好逝不存，迢迢久離析'，今本逝誤作游，久誤作遠；'無然徒自隔'，今本然誤作愁。潘岳《内顧詩》'忽然摀絺綌'，今本摀作振；'引領訴歸雲'，今本訴作訊；'不見陵間柏'，今本間作澗。……"以上諸條足以證明敦煌殘卷與今本之高下，而且在今本與仿宋本均可通的情况下，也是以仿宋本爲勝，敦煌殘卷的引入，更説明了仿宋本是優於今本的善本。又如卷五著録《大明實録》殘本，乃明晁氏寶文堂舊藏。此書卷首有晁瑮《藏書銘》楷字章，莫氏稱"此銘僅見於是書，前人著述，似未及也"。於是提要中全文照引："曹誠廣舍，真廟賜名。丁顗聚書，子孫緜興。匪學胡成，匪書胡學。蓄斯貽後，珍如渾璞。颿蒙緝借，張公却鬻。咨我同志，遵此軌躅。鬻爲不孝，借爲一痴。咨我後昆，戒之敬之"。晁瑮是明代著名藏書家，這《藏書銘》很有代表性，反映了衆多藏書家藏書的目的和態度，是研究中國藏書史的一份珍貴資料。

　　第三，利用按語這一形式，拓寬了徵引材料的空間，並能注入自己研究的心得和感悟，從而提高了提要的學術性。卷八著録《職方外紀》是西海艾儒略增譯、東海楊廷筠彙記的叙述域外地圖的典籍。提要介紹了揚廷筠的序、瞿式穀、許胥臣、艾儒略的識語之後，即有伯驥按："明之季，西洋人如利氏、艾氏、龐氏等，皆喜以其國之學輸入中華，而各書多有譯述。利氏言天地間有三行，曰水、曰火、曰土。又以氣爲一行，時人頗以爲誕妄。然吾國古籍，如岐伯對黃帝曰，大氣舉之。其後如葛稚川、鮑景翔，均祖此説。宋邵子則曰天依形、地附氣，與利説實無甚出入，而水、火、土三者正相循環於無窮焉，不得以其説出自外人而不納也。清開四庫館，以紀氏爲總裁，紀曾函高麗人洪氏曰，西洋書入中國者，秘閣皆有，除其算法書外，餘皆闢駁。見洪氏《耳溪集》中。此函正可爲當時拒絕外學之證，蓋主持學柄者所謂微旨也。讀此書諸序，頗有觸於心，故稍言之如此"。提要中引瞿氏識語中有曰，"常試按圖而論，中國居亞細亞十之一；亞細亞又居天下五之一，則自赤縣神州而外，且十其九，而戔戔持此一方，胥天下而盡斥爲蠻貊，得無紛井蛙之誚乎"。而作爲清代主持學柄者紀昀却頑固地拒絕外學，聯想近百年中國因貧弱，遭到世界列强的凌辱，而又面臨日寇全面入侵的威脅，作爲一個愛國學者，發出對清代排外做法的憤慨，是在情理之中的。又如卷十著錄《太平惠民和劑局方》十卷、《用藥總論》上中下卷、《藥性總論》一卷，爲元高氏日新堂刊本。提要中稱"瞿氏藏黃蕘圃從宋槧鈔出《太平聖惠方》殘本三卷，僅存眼、齒二門，書中丸字作圓，宋諱桓字嫌名也。此本均以圓代丸，猶仍宋本之舊"。爲了進一步説明，又引黃蕘圃藏殘宋本《普濟方》，曾有詩云，"版係宋雕何處認，真珠丸已諱为圓"。黃氏自注云，"宋刻方書，都諱丸爲圓，此書開卷真珠圓是其證"。就因避宋諱嫌名以圓代丸而言，已經講得很清楚了，但莫伯驥做按語云："元盛如梓《庶齋老學叢談》卷下云，放翁《與村鄰聚飲詩》'蟹供牢九美，魚煮臠殘香'。

自注，聞人懋德言《餅賦》所謂牢九，今包子也。又有《食野味包子詩》'疊雙初中鵠，牢九已登盤'。或謂牢九者，牢丸也，即蒸餅。宋諱丸字，去一點，相承已久云云。蓋丸爲宋諱嫌名，有去一點而作九者、有用圓以代之者，前人未及去點一事，特録之以資考證"。缺最後一筆是避諱常用的形式，而前人未及丸字去一點之事，莫伯驥在按語中做了補充，凡遇到牢九之類的詞語，就可以從避嫌名的角度理解了，所以這樣的補充很有必要，對讀者也大有裨益。又如卷二十著録《玩書齋雜著編》，其卷一提及江南土風，素惑浮屠之教，親死多從火葬。莫氏借按語表達了自己對中國喪葬習俗的看法，首先追溯了"吾國上古有焚屍之俗，其後則以焚屍爲辱"，其間"唯唐杜君卿則頗以火化爲合"，認爲火化也是古俗，"未爲害義"。莫氏進而論及，"今則以法律不復火化矣，然一墳所占不止十步，而有力之人廣圖風水，遂廣占田爲墳，而力耕火種之人無從措手，恐非長久之計"。土葬搶占耕地，已影響到一些人的生計，長此以往也有碍國民經濟的發展，這樣的習俗應有所改變，然而"至程子則謂古人之法，必犯大惡則焚其屍。今風俗之弊，遂以爲禮，孝慈子孫，亦不以爲異云"。在那樣的情況下，莫氏發表這樣的言論，還是需要有點膽略和卓識的。

　　自注在《初編》中雖然只是偶爾出現，但也不可忽略，因爲它可以在不影響正文體例和結構的情況下，容納很多内容，使得正文更爲充實豐富。如卷十八著録《湛然居士集》，耶律楚材撰。提及耶律或作移刺，蓋譯語不同，有兩條自注，"焦竑志以移刺楚材與耶律楚材爲二人，誤甚"。"例如晉王甘麻刺或作噶瑪喇，類此者頗多"。在稱耶律楚材"旁通天文、地理、術數及二氏醫卜之説"之下有自注，"元盛如梓《庶齋老學叢談》

上云，世祖皇帝欲平江南，諸老以東南爲諫者數人。耶律丞相獨不諫曰，此舉必取。今諫者日後必羞了面皮。公明天文，知氣運曆數而然。又俞氏《癸巳存稿》引《輟耕録》云，耶律文正於星曆、筮卜、雜算、音律、儒釋、異國之書，無不通究。嘗書西域憲五星密於中國，乃作麻答把憲，蓋回回憲名也”。自注用事實説明耶律楚材確實具備這些方面的才能，顯然是不可或缺的。在援引宋濂《潛溪集》卷六《跋耶律文正王送劉陽門詩後》，莫伯驥稱“録此又可見文正藝事之餘，猶足令人起敬矣”。其後有自注云，“汪氏《水曹清暇録》卷十一云，文正貌魁梧，長髯輪耳。予見其遺像，長胡鬚分三繚，身披紅只孫。晚年得楊文秀造墨法，用桐油煤，命爲鑄造一萬錠，名玉泉萬笏。卒葬甕山南麓，前明有人造園，曾發其冢，頂顱大倍常人，幸有人爲之解救，得仍掩埋。乾隆庚午歲奉旨建祠，命家文端爲碑記。此則文正軼事之可考者也”。這些軼事爲耶律楚材不平凡的人生錦上添花，使人們對其有更全面的了解。其實自注的內容還遠不止此，或有證據充足，推理嚴密的考證，如卷一著録《吕氏家塾讀詩記》的自注；或有交代內容出處者，如卷二著録《大戴禮記》的自注。又如卷八著録《宣和奉使高麗圖經》最後的自注云，“吾家藏高麗人鄭麟趾撰《高麗史》，哀然巨編，藏家稱爲秘要，亦爲聖道齋寫本。《書目二編》當詳之”。這是莫伯驥提示自己在以後的著述中應注意的問題，由此可窺見其研究的心路。《初編》自注的數量不多，無法與《五十萬卷樓群書跋文》的自注相比，但如果没有《初編》在自注方面的嘗試，《跋文》的自注很難達到現在的水平。這就是《初編》自注雖少但仍值得注意的理由。

　　通讀《初編》整體感覺是，内容淵博豐富，遠遠超過著録的典籍本身，雖然其間也難免有繁複之嫌，但其承載的知識含量同樣難能可貴。這都會給予讀者有益的啓迪。

　　這次整理用的是一九三一年印本，因莫氏藏書已基本散佚，對原書文字無從考對，僅對書中引文疑似之處做了他校，直接作了更改，未出校記。不妥之處，請讀者鑒察。

曾貽芬

二〇〇八年十二月十五日於北京京師園

五十萬卷樓藏書目錄初編序

大抵吾人學古不可無工具，而工具之切要者有三：曰經籍、曰古代流遺之器物、曰地中之新發見。蓋古人言語存諸文字，而書本卽載之以流傳，古之史事、輿地、文學、哲理可攷而知也。然宋鄭漁仲謂，方冊者古人之言語，款識者古人之面貌。方冊所載，經數千萬傳，款識所勒猶存其舊，以茲稽古，庶不失真。故金石學在學術上實占重要位置，其後又擴拓而爲古器物學。若夫生面別開，而新近布露者，如前代沈埋之古城老屋，以及墟墓間之遺文，山川蘊藏之彝鼎，其中孤據單證，每足破前哲之疑惑，而開絕特之新紀元，則發掘爲綴學之要圖矣。唯後二者旣非多有而恒遘，則冊牘圖譜之編摩，相須尤亟。隋顏之推曰："當以眼學，勿以耳受。"書本者考辨之源泉，故自古以來，旣有辟雍、蘭臺之儲寫，《詩正義》引《韓詩說》，辟雍者，天子之學，五經之文所藏處，蓋以草茅取其潔清。復有精廬僧舍之收藏，胥是道也。顧我國古世，厥初祇有官書而無私書，宋蘇叔黨撰《夷門蔡氏藏書目序》，曾舉數事以證之。《斜川集》卷五。而私家鳩集權輿何人，則蘇氏未有述及。伯驤以爲，私人藏書實始於孔子，如莊子稱，孔子繙十二經，以見老子。《公羊傳疏》稱，孔子得百二十國寶書而作《春秋》，卽其塙據。孔穎達《尚書正義》引《尚書緯》云，孔子得黃帝玄孫帝魁之書，迄於秦繆公，凡三千二百四十篇，亦是一證。緯書晚出，前人已多議之。近世崔東壁諸儒尤以爲疑，然既爲康成所稱述，故特據其說。《後漢書·鄭康成傳》戒子益恩書云，"粗覽傳記，時覩秘書緯術之奧"。《世說》注，《鄭氏別傳》曰，博覽羣書，精曆數、圖緯之言。此卽康成通緯學之證，故注經論學，恒述緯書。段氏玉裁曰，漢之大儒，若鄭康成、何邵公，時以緯注經，名流罣不甄綜，故緯不可廢。其文沈博頗奧，苟羅之也富，擇之也精，則有裨於經，夫豈淺鮮。見《經韻樓集》卷九。蓋繩甲以後，竹木繼之，書契發明，禮樂爰作，文物典則，咸藏王府。孔子始綜聚官書，用資研討。清人胡竹村有六經皆出周公之說，《研六室文鈔》卷一。攷覈頗精，言之成理。蓋孔子以前，簡策所存官守柱下，惟周公以勳勞輔弼之尊，迺得從容籀繹，若尋常百姓，祇官學所授，可以聞之其家，固無所謂藏本也。故官學以外聚徒講學，孔子實爲魁首；而官書以外，私有擁摭，亦以孔子爲最先焉。嬴秦滅學，劉漢求書，盛衰之際，可得而數。自是以還，官私典籍，鴻溝乃畫。中秘所掌，有賜讀、賜本之分，民間所儲，有進本、寫求之別，然官書之富，每不逮民間。陸游《南唐書·徐鍇傳》云，江南藏書之盛爲天下冠，鍇力居多。《青箱雜記》稱，太平興國間，三館六庫書籍正副八萬卷。伯驥攷宋人遺著，知人民弆庋，恒有踰越此數者，而後世稱述私藏，每曰其富與天府埒，又曰過於秘閣所儲，朱氏《曝書亭集》卷六十六云，自唐以前，書多藏於官，民間所藏賜書之外無多焉爾。雕本盛行而書籍易得，民間鏤板，未貢天府且十之九，由是官書反不若民間之多。非其證與！蓋私家藏器，實以宋劉原父導其先路，自錄其藏器而加以攷訂，亦以原父爲先河。著錄私藏之書，而闡明旨要，則濫觴於宋晁子止，而直齋陳氏遂沿其波，綿歷明清，代有撰著。伯驥無似，所以有藏書目錄之作也。吾家上世，以力田讀書爲彝訓，陳編世守，蟬嫣不絕。先君子研精宋學，所藏宋、元、明大儒名臣之遺書，森森連屋。當是時，吾縣人張小圃布政、倫棟卿大令遊宦歸來，擁書不尠，而陳提學子勵執經於東塾之門，蒐蓄尤備。提學與先君子爲友，每多商兌。數縣中藏書者，皆品蓋此三數家。伯韞幼奉楹書，弱冠來游都市，奉手於鉅子俊人，益毅然有儲藏之志。桑海多難，斯願弗渝，八方風雨，沛然來會。漢韓嬰《詩外傳》云，好一則博，博則精。謂先世所藏爲不足，則益收所欲覽之；謂吾粵爲不足，則汎肇於江河南北、瀰水東西。而前人所謂外藩本，亦不時問諸鄰交，恣意兼收，以充其無窮乂之欲。曠翁一巧，夾漈八求，昔聞其言，今實其事，由是心力所拋，時間所費，遂以逍遙於緗素爲最多，而函電朋興，益與書船估客日相接締。或謳歌敝藏卷軸之繁博，聞之固愧不敢承。或甲估頗以乙估之書呼顔標爲魯公，恒有贗本屢入，歧彎稱梟，蒙鼠作璞，請留意財擇。甲訐乙，而丙復謂甲言之不公。伯韞肆應於從容笑語之間，而善本未嘗不集。《鶡冠子》曰，中流失船，一壺千金。當斯文絶續之交，書價奇昂，至可駭怪。乾嘉精刻已甚珍異，朱明槧本恒以十金易一册，有清中葉宋板書直以葉計，不過銀幣二三錢，見於前人載筆，近則一葉須二三十兩。若得天水、蒙古兩朝遺刻之部帙嚴整者，厥價比失船之壺，尤浮至倍蓰焉。蓋五厄之丁於今爲烈，金淵玉海多付刼灰，故國人恒視舊本爲骨董，豪家大賈固不惜厚貲競買，飾以綈函文木，借爲附庸大雅之階，而東西人士，恒喜搜求，載以大車，每多秘笈。《泰晤士報》記者毛利生君久旅吾華，身後遺本直累巨萬，其最彰彰者也。伯韞以匹夫之力與之周旋，雞刀屠牛，未免爲王仲任所誚。張孝達昔督蜀學，嘗以節衣縮食，猶當購書，訓於多士。伯韞既法其所爲，又稱貸而益其所負，有諺可借，無莊可割，以較王弇州之買《漢書》，法時帆之易裘甑，與夫近日江安傅先生藏書目序所述，其興趣似有過之。於是北如意園之盛氏、臨清之徐氏，南如揭陽之丁氏、南海之孔氏、巴陵之方氏、江陰之繆氏、茂苑之蔣氏、長沙葉氏之觀古堂、獨山莫氏之銅井文房、揚州吳氏之測海樓，最近蒙難之聊城楊氏海源閣，昔日皆萬簽帳祕，赫赫有聲，然其散出之舊槧、精鈔，往往爲伯骥所得。而天祿琳琅之遺珍、《永樂大典》之零本，亦乘風而下至於南國，來止寒家。以訪求點勘之工夫，易飲食男女之大欲，以暉叢蠹食之殘斷，擲租庸搏制之泉刀。御布素而致美乎裝潢，省遊豫而盡力乎整比。槐花舉子遜其匆忙，青燈兒童乏其滋味。人皆謂我負華夏文化之重任，然默自思念，則深有似於搬畺之鼠、塗金之龍，謐爲至愚，甚可閔笑矣。巨浸淵淵，茫無涯涘，龍伯大人一釣而連六鼇，然漁人垂綸，則尟有所獲。學藝之深廣、册府之豐美，蓋猶海也，買之藏之，既庶且多，倘讀之不得其方，則我亦澗谿之老漁耳，魴鱨且不可得，鼇云乎哉。然昔者葛稚川又嘗比讀書爲入山伐木，顧亭林以著述譬諸采銅鑄錢。伯骥采山釣海，亦既有年，懷鉛提槧，露斛月鈔，薰習已深，當資其益，陸沉聾瞽，庶幾免之。此則如《列仙傳》所云，摘綏山一桃雖不得仙，亦足以豪。異時山房作記，共讀開樓，滿人索綽絡氏國英，字鼎臣，有《共讀樓書目》。慕效宋李公擇、清國鼎臣之遺則，而舉宿素會最之簏衍，與國人公共研摩，兹尤豫爲尉薦，而當有卿雲輪囷覆護其上者也。抑猶有憾者，近世葉郋園氏以不得讀《道藏》及燉煌石室書爲恨，予之所恨，尤以不明梵藏文字，至不得究心釋典諸書。蓋佛陀哲學爲世界三大支之一，而經、律、論三者之東來，古德大師證義潤文，哀然龍藏。吾國自六朝迄今，學問文章多襲其説，華印構精，構不作搆，從海寧陳簡莊《跋宋本周易本義》之説。已生別子。唐之昌黎、宋之道學，陽肆詆排，暗攘緒論，均匪通方。溯自佛滅度後數百年間，彼中所傳唯小乘，故李唐後印度實無佛學，而我國特傳之，求大法者，此土已足，不必侈言五印，其說固無以易矣。顧近頃如美國國會圖書館得西藏兩大佛書，謂可求得原文意義，比其他抄本爲佳，且佛法流貽於漢族，多爲顯教，而真言乃金剛智善、無畏兩大師在那爛陀寺所講授者，西藏喇嘛得衍其傳。日本弘法大師空海亦聞其說，著有《秘密曼荼羅十住心論》十卷，爲海東真言宗所崇奉。吾漢族則因缺乏梵文及巴利文之認識，故無盡之秘密法窟，仍當求之藏中。法國政府近遣黛婔妮勒夫人往藏尋求佛學，實由於此，可知梵藏遺編正須究肆。是以伯驥尤欲潛研吾國及日本、高麗古譯内典，以暨梵藏文字之羣籍，期獲新知，尺波如電，度無可爲，豈非南面書城所引爲隱憾者哉！大凡伯驥所得三十餘年舊本新刊、古今籑述，都五十萬卷有奇。今所編目，先得若干種綜若干卷，邦人諸友促付寫官，謂之《初編》，屬先發布，餘將以耽酖閒晷次第籤綴，使藏其事焉。清季王益吾氏序刻《郡齋讀書志》，謂子止所作，大者在於明經術維世教，小者亦足沾益後來箋注、考訂之士。晁氏宏識孤懷，自非伯驥所敢望，然持鄙著以衡論夫私家諸簿録，或汎列其目，或徒以精槧自翹而示人以富者，則有間矣。蓋晁、陳二家，皆古今新舊並蓄，後之嫥壹於宋槧、元刊者，縱云板本、校讐之交資，審美愛古之同嗜，然今山不及古高，今海不及古廣，今日不及古熱，今月不及古朗，俗士之見也。而《抱朴子》非之，如謂舊刻之外卽無書，是郊天之鼓必當麒麟之皮，寫《孝經》本當曾子家策也，《御覽》卷六百八。君子無取焉。故兹目實宗晁、陳，爰告長恩，永永福之，方聞耆碩，幸教督之。中華民國二十年秋八月，東莞莫伯驥。

五十萬卷樓藏書目初編總目

五十萬卷樓藏書目錄初編分目錄

卷 一

卷 三

經部三

卷　四

史部一

卷　五

史部二

卷　六

史部三

卷　七

史部四

卷　八

史部五

卷　九

子部一

卷　十

子部二

卷十一

子部三

卷十二

子部四

卷十三

子部五

卷十四

子部六

卷十五

集部一

卷十六

集部二

卷十八

集部四

卷二十

集部六

卷二十一

集部七

卷二十二

集部八

五十萬卷樓藏書目録初編卷一

經　部　一

十三經注疏四百一十六卷

明嘉靖中，福建巡按御史李元陽校刻本，毛斧季舊藏。

凡《周易兼義》十卷、《尚書正義》二十卷、《毛詩正義》七十卷、《周禮注疏》四十二卷、《儀禮注疏》五十卷、《禮記正義》六十三卷、《春秋左傳正義》六十卷、《公羊傳注疏》二十八卷、《穀梁傳注疏》二十卷、《孝經注疏》九卷、《論語注疏》二十卷、《孟子注疏》十四卷、《爾雅注疏》十卷，共四百一十六卷。考南京國子監存有宋元舊版《注疏》，明正德中遞有修補，至嘉靖中葉，福建巡按御史李元陽據以重刊，即世所謂閩刻本也。南監本闕《儀禮》，嘉靖五年陳鳳梧刻之山東，以板送監，至是李元陽并據以重刊。萬曆六年至二十一年，北京國子監又據此本再雕，行字如閩本，惟字體狹而長，不及閩本字體橫寬可喜耳。其後毛晉汲古閣本，展轉傳刊，字更多誤，時則崇禎庚辰，已爲明之末造矣。毛氏刻書至多，此十三經本乃流布宇内，而南北監本，遂以官書之故，日就散佚，此明刻十三經注疏之盛衰可考者也。此本半葉九行，行二十一字，卷中每有校筆，卷末有方形白文章曰“毛扆”。扆，子晉季子，字斧季，精於小學，最知名。見《蘇州府志》九十九。曹氏溶《從斧季借書詩》云，"十萬牙籤海內誇，一傳哲嗣更才華。白魚宋季留官本，丹槧江南訪故家。問字雲樓停酒舫，讐書銀箭落檠花。石倉徒愧虛名在，幾欲相尋限浦沙"。見《靜惕堂集》三十六。藏書家之餘韻流風，至足尚也。

十三經注疏三百三十五卷　明北監本。

《周易》九卷，上下《經》魏王弼注，《繫辭》晉韓康伯注，唐孔穎達疏，前穎達序，附唐陸德明《音義》、王弼《略例》。《尚書》二十卷，漢孔安國傳，唐孔穎達疏，陸德明音義，前穎達序，次安國序。《毛詩》二十卷，漢鄭康成箋，唐孔穎達疏，陸德明音義，前穎達序，次《詩譜序》。《春秋左傳》六十卷，晉杜預注，唐孔穎達疏，陸德明音義，前穎達序，次預序，後預後序。《春秋公羊傳》二十八卷，漢何休注，疏不著名，或云徐彥撰，陸德明音義，前載宋景德二年校刊牒文，次休序。《春秋穀梁傳》二十卷，晉范甯集解，唐楊士勛疏，陸德明音義，前甯序。《周禮》四十二卷，漢鄭康成注，唐賈公彥疏，前公彥序，次序周禮廢興。《儀禮》十七卷，漢鄭康成注，唐孔穎達疏，前穎達序。《禮記》六十三卷，鄭康成注，唐孔穎達疏。《孝經》九卷，唐玄宗注，宋邢昺校，前昺序，次宋傳注序，唐玄宗御製序。《論語》二十卷，魏何晏集解，宋邢昺疏，唐陸德明音義，前晏《上集解序》。《孟子》十四卷，漢趙岐注，宋孫奭疏，前奭序，次奭《題辭解》。《爾雅》十一卷，晉郭璞注，宋邢昺疏，唐陸德明音義，前昺序。版心皆記刊刻之年，係記其初始年歲，迄萬曆二十一年而工畢，殊濡滯矣。每卷標題，次行分別校刊及重修者，各列其祭酒司業銜名。所載陸德明音義，於《周易》則別爲一卷，附於書後，而《尚書》《毛詩》

《三傳》，以及《論語》《爾雅》，則散列書中，且三禮音義，又不之及，體例乖異如此。伯驥按：《南廱志》景泰七年祭酒吳節序云，高皇帝龍飛之初，以應天府庠爲國學，與中都國子監相埒。洪武十五年，相地都城之北爲國子監，二學遂革。永樂初，駐蹕金臺，肇建兩京，南北列爲二監，太學遂有定制。此則北監所刻也。

十三經注二百九十一卷<small>明金氏、葛氏校刊本，唅敬覽館舊藏。</small>

明金蟠、葛鼒、葛鼏同校。前有金氏題辭，又《總目附考》一卷。按顧炎武《日知録》云，自漢以來，儒者相傳但言五經，而唐時立之學官，則云九經者，三禮、三傳分而習之，故爲九也，其刻石國子學，則云九經並《孝經》《論語》《爾雅》。宋時，程、朱諸大儒出，始取《禮記》中之《大學》《中庸》，及進《孟子》以配《論語》，謂之四書，明朝因之，而十三經之名始立。其先儒釋經之書，或曰傳，或曰箋，或曰解，或曰學，今通謂之注。《書》則孔安國傳，《詩》則毛萇傳、鄭玄箋，《禮記》則鄭玄注，《公羊》則何休學，《孟子》則趙岐注，皆漢人。《易》則王弼注，魏人；《繫辭》韓康伯注，晋人。《論語》則何晏集解，魏人。《左氏》則杜預注，《爾雅》則郭璞注，《穀梁》則范甯集解，皆晋人。《孝經》則唐明皇御注。其後儒辨釋經學之書，名曰正義，今通謂之疏。清《天禄琳瑯》著録此本，謂焦竑《國史經籍志》云，唐定正義，始立十三經，其説謬甚。《爾雅》《孟子》，宋時始有疏，唐石經今尚存。其有《孟子》者，乃明王堯惠所定。是本刊注不刊疏，校對極精審云云。今觀其書，行字殊覺疎朗，紙墨亦經選剔矣，故此本頗爲學人所重視。金氏題辭略云，道有定則，學須入古，故當

歸之於經也。滄海之流，水非殊味，而蛟龍之鬭不驚，鄧林之
枝，木非異本，而宮殿之構必採。是以帝者膺圖，先隆庠序，
俎豆備禮，必重傳經。凡使教化之益收於上，忠孝之俗成於下
也，道誼之士、茂俊之流，既登聖籍，咸願翼經，腐毫之筆雲
興，揮談之塵颷湧。問奇橫閈，考難連衡，代有令人，聿選其
最。顧目篤程朱，安於所見，而毀所未聞，不可以莫之廣也；
好奇不精，專於所助，而忘其所以助，不可以或之濫也。登乎
宋以上，中乎一家言。子夏親受聖門，毛公老而篤學。鄭氏以
精覈稱，安國以詳淹著。王、韓剖韋編之宗諦，杜、何、范析
紀事之異同。景純博物而察理，平叔集說以要歸。嚴嚴氣象，
趙氏揚之，皆起絕學爲前茅，期彬彬而克礣，竪義擇衷，舍斯
奚淑，爰偕葛子，相與刷瀚渤之春流，奮三千而旁擊，振華岱
之遐巔，瞰九萬而迅征，何必伯夷起而相禮，后夔坐而爲工乎。
若乃篇帙浩煩，摹寫艱鉅，至使班生惜而不借，名流手錄巾箱，
則與有微勞，又何病焉。皇明崇禎歲在己卯九月望，東吳金蟠
題。次凡例，分章句、音釋、篇卷、疏義、目考、闕疑數條。
其疏義條云，或曰注與疏合行，唐宋於今，未之或改也，獨尊
注可乎。夫經學今盛極矣，而不能家諄戶設者，疏之灝溔故也。
慕者苦於辦，辦者苦於談，談者苦於竟，竟者苦於習，習者苦
於傳，盍統夫注之要約者，此專刻經注之旨也。末云，三易寒
暑，刻始告竣，敢述訂正苦心如右，則亦勤於校訂矣。次有蘇
州府鄉宦葛示云，本衙向刻古文、《史記》等書行世，每爲無恥
奸棍翻刻牟利，剞劂既醜，字句脱訛，故貶價值。冀撓真本，
遠方買人屢受其誤，因誤讀者。原諸本衙惠公同好之懷，深可
痛恨，已經懲治二三棍徒。其餘漏網，業請當道嚴緝外，今後
本衙刊行，如十三經、廿一史、及周秦漢魏諸子、唐宋大家等

書，凡有敢踵前弊者，不遠數千里，誓隨所至告理，盡法追板，
決不姑貸。塗遇贗書，定當鳴鼓，其或改易名目，實繫本衙訂
本，亦一體同治，特此布諭，毋貽後悔。崇禎十三年閏正月日
示。吾家藏宋本《新編方輿勝覽》，首有咸淳二年福建轉運使司
禁止麻沙書坊翻板榜文，固此示之前例矣。此書半葉九行，行
廿五字。據《邵目》，謂此爲翻刻宋板，永懷堂三字，似宋板原
有之。《邵目》又云，始於萬曆，完於崇禎，而《天祿琳瑯》
謂有宣德乙卯金蟠題辭，語恐有誤。卷末有曹氏應鐘章。應鐘
字念生，安徽歙縣人。嘗客吳子苾幕府，爲評考金石，著有
《唅敢覽館稿》。

御定補刊通志堂經解百四十種一千七百八十六卷

清刻，精校本，汪龍莊舊藏。

原書清康熙年徐乾學編輯，納喇成德鋟板。乾隆五十年，勅
館臣訂正譌謬，補刊完善，紙墨甚精。全書均有前人朱校，字
小如螆，考訂甚有家法，惜不知其爲何人也。前有乾隆五十年
二月二十有九日高宗御旨云，朕閱成德所作序文，係康熙十二
年，計其時成德年方幼稚，何以卽能淹通經術。向卽聞徐乾學
有代成德刊刻《通志堂經解》之事，茲令軍機大臣詳查成德出
身本末，乃知成德於康熙十一年壬子科中式舉人，十二年癸丑
中式進士，年甫十六歲。徐乾學係壬子科順天鄉試副考官，成
德由其取中。夫明珠在康熙年間，柄用有年，勢焰熏灼，招致
一時名流，如徐乾學等，互相交結，植黨營私，是以伊子成德
年未弱冠，夤緣取得科名，自由關節，乃刊刻《通志堂經解》，
以見其學問淵博。古稱皓首窮經，雖在通儒，非義理精熟，畢
生講貫者，尚不能覃心闡揚，發明先儒之精蘊。而成德以幼年

薄植，即能廣搜博採，集經學之大成，有是理乎？更可知爲徐乾學所裒輯，令成德出名刊刻，俾藉此市名邀譽，爲逢迎權要之具耳。夫徐乾學、成德二人，品行本無足取，而是書薈萃諸家，典贍賅博，實足以表章六經。朕不以人廢言，故命館臣將版片之漫漶斷闕者，補刊齊全，訂正訛謬，以臻完善，嘉惠儒林。但徐乾學之阿附權門，成德之濫竊文譽，則不可不抉其隱微，剖悉原委，俾定論昭然，以示天下後世，着將此旨録載書首。得此旨，而此書原編及後來補刊之原由，可以大白。阮元《詁經精舍記》云，經非詁不明，漢人之詁，去聖賢爲尤近。譬之越人之語言，吳人能辨之，楚人則否；高曾之容體，祖父及見，云仍則否。蓋遠者見聞，終不若近者之實也。錢大昕《臧玉林經義雜記序》云，三代以前，文字聲音，與訓詁相通，漢儒猶能識之，故訓詁必依漢儒，以其去古未遠，家法相承，異於後人之不知而作。陳壽祺《答翁學士書》云，漢儒近古，其傳注出七十子之徒。宋後學者好非古，其臆斷在千載之下。盧見曾《經義考序》云，通經當以近古者爲信，譬如秦人談幽冀事，比吳越間宜稍稍得真，必先從記傳始，記傳之所不及，則衷之兩漢，兩漢之所未備，則取諸義疏，義疏之所不可通，然後廣以宋元明之説。勿信今而疑古，至有兔園册子師心自用之誚。可知經學以漢人之説爲長，漢後則去古較遠，易近武斷，其説良是。然前清漢學家訾朱子《中庸注》"性卽理也"一語，不知實由鄭君《樂記注》"理猶性也"而出，宋吕本中《紫薇雜説》，解語《論語》"四體不勤，五穀不分，孰爲夫子"，曰四體不勤二語，荷蓧丈人自謂。其説得之，言四體不勤，則五穀不分，田間野老，不能舍己之業，而具知道塗往來之人也，而清《四庫總目提要》述之。元包希魯撰《説文解字補義》，儀徵阮氏謂爲議論多宋學，然於古文製字、審音之法，時出新意，補前人所未及，似亦小學中可存之書。可見宋元遺說，亦不盡無根，又可見吾人藏此書之意旨，不盡關於經學史之一節，而各書可資研究者，亦不少也。其中如金氏仁山撰《尚書表注》二卷，推當日著述之意，實係論文，並非解經。全書皆白文，正句畫段，而於每頁之上下左右，皆以細字標識，略爲詮解語意，亦爲論文而作，自毋庸列入經說中。後來《四庫全書》重其人品，著錄解經之內，實沿其謬。又宋胡士行撰《初學尚書詳解》，於名物象數，明易可曉，每以蒙求、通俗文之例釋之，題曰《初學》，蓋謂如此，而《通志》删去首二字，前人謂其鹵莽，宜矣。《周易程朱先生傳義錄》十七卷，爲宋天台董楷纂集，凡例後有"至正壬午桃溪居敬堂刊行"木印，伯驤藏之，分卷又與《通志》本異，知其刻書時，未嘗廣爲校訂矣。各經解首葉多有序文，據張氏雲章言，知其出自朱氏彝尊之手。張與朱書云，每見通志堂近刻《經解》弁首之文，詞簡而義賅，表彰先儒，其出處、爲人之大概，與著書之微，本末具舉，每讀之，竊歎以爲非我朱先生不能，未知信否，恐海內亦別無此巨手。見《樓村文集》卷三，題爲《與朱檢討書》是也。漁洋稱竹垞篤好經學，所錄多鄞范氏天一閣、禾中項氏、曹氏倦圃、溫陵黃氏千頃堂秘本，而獨山莫氏藏明嘉靖本《書經纂言》，卷首有竹垞題識云，是書購之海鹽鄭氏，會通志堂刊經苑，以此畀之，既而索還，存之筍。伯驤按：此可爲竹垞與九經解有關連之證。得張書，而納喇氏攘竊朱名，其實據乃更明顯。張，嘉定人，縣志稱其游京師，以校勘宋元經解，客尚書徐乾學所，故悉此事爲確也。方氏苞嘗用力多年，删取各經解之精要者，事詳《望溪集》中。而《經笥堂文鈔》卷下《方望溪行狀》稱其刪訂崑山《經解》有成書，未刻，藏於家。韓氏《理堂文集》卷三則謂望溪所刪《宋元經解》，聞吳門書賈已刻行，二說不同。又《敬孚類稿》卷七《跋望溪與雷副憲手札》云，侍郎湛深經術，世所知者，不過抗希堂十六種所載諸經耳。斯云三十年精力用於崑山《經解》，《易》《詩》《書》《春秋》已編定成書，《詩》所刪取甚少，又取呂氏《讀詩記》、嚴氏《詩緝》，以附益之，此四經既刻。則三禮各一部，流傳者多，卽不刻亦可，刻之亦易矣，已作字告石東村，與濟齋公商，若不能，則賢與可齋異日更勿忘。又五札前所留鈔書之資，持爲賢寫崑山《經解》，可得《易經》一部，將來愚有暇，更督諸孫爲鈔《春秋》《尚書》，則藉此存一稿本於宇宙間。賢將來有便使人刊刻，可省學者許多心力。是侍郎於崑山《經解》刪定已有成書，副憲當時卽未刊刻行世，亦當出示同人，更錄副本存於宇內也。咸豐癸丑冬，賊陷城，凡世家書籍，邑人後多竊取售於鄉間或他郡邑，而文君鍾甫，搜藏至三十萬卷，侍郎刪定崑山《經解》底本得百餘冊，後數年仍陷於兵火。而張文和公有侍郎《宋元經解刪要序》云，有欲刊布其書，以益後學者，乃序以導之。今此序載《澄懷園文存》，言之甚詳。若當時刊布未成，更無他人多錄副本，恐此書亦終不能存于宇宙矣。又唐鄂生《重刊毛詩要義序》云，兵燹之後，方氏原書，散軼已久，雷副憲亦無力及此，其所藏諸經鈔本，倘尚流落人間，所願同志之君子勉付梓，則有功於藝林大矣。方氏刪其繁蕪，所存不過三分之一，而理明詞達，學者易於觀覽，實遠勝今書，惜當日未及刊行，而原本亦無由得見。據上二說，是不特未刊，且原本亦久佚矣，此亦言清初經學史者所當攷也。納喇氏爲滿洲著姓，其氏族散處於葉赫烏喇、哈達輝發及各地方，雖係一姓，各自爲族。見

《八旗滿洲氏族通譜》卷二十二。韓氏茭，徐氏乾學集中述成德事頗詳。顏氏《尺牘姓氏考》云，成德氏納喇，字容若，後更性德，奉天遼陽人，官侍衛。有《合訂刪補大易集義粹言》、《通志堂集》。又，《四庫全書總目》云，性德生長華閥，勤於學問，鄉試出徐乾學之門，遂受業焉。《九經解》卽其所刻，而徐乾學延顧湄校正之，以書成於性德，歿後板藏徐氏，世遂稱徐氏《九經解》，並《通志》而移之徐氏，實相傳之誤也。《提要》謂顧湄校正通志經解，而《嘉定志》則謂張雲章，意當時校正不止一人矣。張氏祥河《關隴輿中偶憶篇》云，《飲水詩詞集》爲長白性德著，世所傳賈寶玉者卽其人，詞以小令爲佳，得南唐李後主意。余嘗刻於粵西藩署，原本殘缺，其有不合者，或傳抄之譌，余爲更易數十處，周稺圭中丞之琦稱爲善本。伯驥按：成德實以詞令爲優，至其號稱著撰《易義》外，又有《陳氏禮記集說補正》三十八卷，專爲糾駁陳澔《禮記集說》而作，凡澔所遺者謂之補，澔所誤者謂之正，皆先列經文，次列澔說，而援引考證以著其失。《四庫簡明目錄》卷二謂其往往愜理厭心。伯驥考此書爲嘉定王氏老儒所作，當亦與《經解》同一攘善而無足稱者。嚴氏元照《蕙櫋雜記》稱，《通志堂經解》徐健菴尚書肄刻三月而成，納喇氏畀尚書四十萬金，故告成甚速。伯驥按：《禮記集說補正》亦出資購稿，余別有攷證，至四十萬之說，則恐非實數也。伯驥所撰《滿人漢化史》，於成德事實言論，述之頗多，此略之。王文簡《居易錄》稱，近年金陵蘇杭書坊刻板盛行，建本不復過嶺，蜀更兵燹，城郭丘墟，都無刊書之事，京師亦鮮佳手。數年以來，石門卽崇德縣。呂氏、崑山徐氏，雕行古書，頗仿宋槧，坊刻皆所不逮。比來有以《通志堂經解》原刊貿充宋本者，無惑乎文簡當時之稱許矣。卷首有"秋鐙校字"朱文章，檢徐氏集《憶漫菴賸稿》，有題《汪龍莊明府秋鐙校字卷詩》，此當是汪氏輝祖遺書。

六經圖不分卷 明重刻宋本。

宋楊甲撰，毛邦翰補。計《大易象數鈎深圖》一册、《尚書軌範撮要圖》一册、《毛詩正變指南圖》一册、《周禮文物大全圖》一册、《禮記制度示掌圖》一册、《春秋筆削發微圖》一册。前有苗昌言序，序載陳大夫爲撫之期年，取《六經圖》編類爲書，刊之於學，時乾道元年也。在明時，新都吳氏曾購得授梓，顧起元序述之。前清王氏《晚聞居士集》，有《六經圖六卷五經圖十二卷跋文》，考證頗詳，當參考。甲，字嗣清，四川遂寧人。乾道二年，對策言恢復之志不堅者二事，上覽對，不悦，置第五，賜文林郎，清議推之，著《棟華小稿》。見《桯史》及《四川通志》。

五經四書白文 明正統間奉敕刊，河間紀氏藏本。

凡《易》宋程頤傳，朱子《本義》十卷，前頤序，次《易圖》、《易說綱領》，後上下篇義、《五贊筮儀》；《書》宋蔡沈《集傳》六卷，前沈序，次《書圖》、《書說綱領》、漢孔安國序、後書序；《詩》朱子《集傳》二十卷，前朱子序、《詩圖》、《詩說綱領》、《大小序辨說》；《春秋》宋胡安國傳三十卷，前安國序、《春秋圖》、《春秋興廢說》、《春秋總例》；《禮記》宋陳澔《集說》十六卷，前澔序，《集說凡例》；《大學》朱子章句，前朱子序，後《大學或問》；《中庸》朱子章句，前朱子序，後《中庸或問》；《論語》朱子集注十四卷，前朱子序說，後讀《論語》《孟子》法，首載英宗諭旨。刊刻出於司禮監，行寬字大，便於觀覽。卷首有"春帆"二字朱文章，考春帆爲獻縣紀氏昀之別號，蓋其字曉嵐，一字春帆，晚號曉雲。見朱氏珪所撰《文達墓志銘》。

五經白文 明弘治間刊本。

末有周木跋，板心題"五經後語"四字。周跋略云，自句讀訓注以來，世增代廣，末益浮本，離經之訓不講，竹簡之意不傳，使初入學者徒知求句讀而不求經義，求訓注而不求經文。木以劣弱之質，病於旁蒐，因敢脫略百氏，手錄正經，晨夕反覆，至有未通，然後會於衆説而折中焉。每竊有得，不敢自蔽，覆考舊文，字加讐校，謹遵正韻而端刻之，以貽來學。末題大明弘治丙辰琴川周木謹書。有木刻圖章三：一刻"近仁"二字，一刻"參知藩政"四字，一刻"勉思"二字。近仁當是其字，參知藩政當是其官。半葉九行，行十七字，大字蒼勁，尚有宋刻遺範。曾取《詩經》校之，如"無使尨也吠"，"羊牛下括"，"不可畏也"，"成不以富"，"爰其適歸"，"以篤于周祜"，"幅幬既長"等文，猶與古本同。"爰其適歸"句注云，爰，《家語》作奚，與朱子《詩集傳》原本亦同，蓋明刻經文之尚謹嚴者也。

兩蘇經解六十二卷 明刻本，鮑氏道腴堂舊藏。

宋蘇軾、蘇轍撰。凡東坡《易傳》九卷、《書傳》二十卷；穎濱《詩傳》十九卷、《春秋》十二卷、《論語拾遺》一卷、《道德經附》一卷。其刻書之序略云，余弱冠得子由《老子解》，奇之。尋于荊溪唐中丞得子瞻《易》《書》二解。己丑檢中祕書，始獲《論孟拾遺》。壬辰奉使大梁，于中尉西亭所，獲子由《詩》及《春秋解》。丁酉侍御畢公衷而刻之，而子瞻《論語》，卒佚不傳，刻成而余爲之序。序曰，六經者，先儒以爲載道之文也，而文之致極于經，何也？世無舍道而能爲工者也，道載于經，而謂舍經術而能明，無是理也。兩蘇氏以絕人之資，刳心經術，沉浸涵泳之餘，妙契其微旨，若見夫六通四闢，無之而非是者，故發之爲文，要以道其所欲言而止。二子既以文章顯於世，及其老而多難也，思深見定，始徘徊而詮次先聖之文，世方守一家言，目爲文人之經而絀之，而傳者稀矣。夫道非一聖人所能究，乃談經者欲暖暖姝姝於一先生之言，而以爲經盡在是也，豈不謬哉！伯驥按：宋之蘇氏，如明允雖近於縱橫家言，而亦未嘗不有志於經術，二子非全出家學，而經學亦夙喜鑽研。東坡晚年自言熟讀《易》《書》《論語》三書，卽覺此生不虛過，故《書》解爲生平得意之書。以墓誌及年譜考之，此書乃在海南時作，多駁正介甫之説。其餘子由所作，亦多自負之言。蔡沈《書集傳》於“三江既入”，述蘇氏謂岷山之江爲中江，嶓冢之江爲北江，豫章之江爲南江，卽導水所謂東爲北江，東爲中江者，既有中北二江，則豫章之江爲南江可知。今按此爲三江，各可依據，然江漢會於漢陽，合流數百里至湖口，而後與豫章江會，又合流千餘里而後入海，不復可指爲三矣。蘇氏知其説不通，遂有味別之説。禹之治水，本爲民去害，豈如陸羽輩辨烹茶爲口腹計耶？亦可見其説之窮矣，以其説易惑人，故詳及之。見卷二。是前人頗以蘇説爲不當，然前清鄧氏廷楨《雙硯齋筆記》卷一云，《禹貢》“雍州織皮”以下十二字，蘇氏謂當在“球琳琅玕”之下、“浮於積石”之上，簡編脱誤，不可不正。林氏非之。胡朏明云，參以梁州之文，則此爲錯簡明甚，推尋事理，蘇説爲長。楨按：以韻讀之，

亦可以證蘇説之是。蓋《禹貢》多作韻語，如冀州之陽與漳韻，
兗州之繇與條韻，揚州之豬與居韻，夭與喬韻，豫州之豬與壚
韻，而雍州獨多"漆沮既從，灃水攸同"，從同爲韻，"荊岐既
旅，終南惇物，至於鳥鼠。原隰底績，至於豬野。三危既宅，
三苗丕敍。厥土惟黄壤，厥田爲上上，厥賦中下。"旅、鼠、
野、宅、敍、下皆韻，則"西戎卽叙"之敍，正與上文相蒙爲
韻，不當間以他語也。又孫氏詒讓《尚書駢枝序》云，《大誥》
"民養其勸弗教"，民養，《僞孔傳》無釋，《蔡傳》引蘇氏説，
釋養爲厮養，《公羊·宣十二年傳》厮役扈養。甚塙。民養謂人民及僕
隸，二字平列，亦與考翼、父兄文例同。《僞孔傳》考翼爲其父
敬事創業，鄭注亦略同，皆失其義。民養，《漢書》王莽擬《大
誥》作民長，顔師古注云，長養彼心，反勸助之，弗教其子。
尤迂曲難通，蓋其誤解久矣云云。由是以言，知宋人經説，亦
有時不容薄視，而足爲參證之資者也。半葉十行，行廿一字。
每卷前有小方形朱文章曰"鮑鈐"，當是前清鮑氏道腴堂物。江
都唐紹祖序鮑氏《詩編》曰，西岡鮑君，家世簪紱，羣從子弟，
習爲豪侈，盛飾車輿服御，聲色狗馬，以相誇尚，逐逐者至尤
而效之。西岡以弱冠宰長興，乃獨與單門寒素深沉好古之士遊，
及西岡以罣誤去官，而手一編自如。伯驥按：鮑詩多有談藏書
雅事者，蓋亦媚古之士也。

周易集解十卷附鄭康成注一卷從明刊傳録，陳谿齋舊藏。

前有秘書省著作郎臣李鼎祚自序，稱刊輔嗣之野文，補康
成之逸象。晁公武《讀書志》云，所集有子夏、孟喜至孔穎達，
三十餘家，又引《九家易》《乾鑿度義》，《隋經籍志·易類》
六十九部。今舍王弼書，皆未得見。獨鼎祚所集諸家，時可見

其大旨。是書初刻爲宋慶曆臨邛計用章，再刻於乾道資中郡守鮮于侃，嘉定五年侃之子申之更刻大字於漕司。毛子晉得影鈔本，轉輾歸陳仲魚，詳經籍跋文，此則從明刊傳録者也。護葉有"谿齋"白文章。陳璘字昆玉，一字谿齋，乾隆諸生，工書，嗜古篆刻，嘗作《說文正義》，未成而卒。子鱸，承其志，爲續成之。見錢泰吉《海昌備志》。

周易兼義九卷略例一卷音義一卷　明閩刊，前人校本，半畝園舊藏。

　　前行題《周易兼義上經乾傳》第一，次行題魏王弼注，三行題唐孔穎達正義。《繫辭》以下題晉韓康伯注，唐孔穎達正義。《略例》題魏王弼撰，附刻音義，首行題《經典釋文》，次行題唐國子博士兼太子中允贈齊州刺史吳縣開國男陸德明撰。經文每節提行，下連注疏，次低一格，注則夾行。前有《周易正義序》，蓋明李元陽巡按福建時所刊，謂之閩本，又謂之九行本者也。閩本十三經已著録，此爲校本，故別録焉。"兼義"者，儀徵阮氏謂兼併正義而刻之，以別於單注本。陳仲魚謂他經音義附每節注後，獨《周易》總附卷末，故題爲《兼義》，而不稱附音，以阮說爲長。按阮氏《禮記注疏校勘記序》云，古人義疏，皆不附於經注而單行，猶古《春秋》三傳，《詩》毛傳，不附於經而單行也。單行之疏，北宋皆有鋟本，今僅有存者，《儀禮》《穀梁》《爾雅》間存藏書家，而他經多亡。正義多附載經注之下，其始謂之兼義，其後直謂之某經注疏，其始本無釋文，其後又附以釋文，謂之附釋音某經注疏，最後又去附釋音三字，蓋皆紹興以後所爲，而北宋無此也。有在兼義之先爲之者，今所見吳中藏本，有《春秋》《禮記》二種，《春秋》曰《春秋正義》卷第幾，《禮記》曰《禮記》卷第幾，皆不標爲某經注疏，蓋以單行正義爲主，而以經注分置之，此紹興初年所爲。非如兼義注疏之以經注爲主，而以疏附之，既不用經注之卷數，又不用正義之卷數，遂使唐人正義之卷次不可知，蓋古今之遷變如此。又臧氏《拜經堂集・校宋槧板爾雅疏書後》云，邢叔明序稱凡一十卷，《宋史・藝文志》、王氏《玉海》並同，鄭樵《通志》載《爾雅兼義》十卷卽此書，因以經注本并合義疏，故名之曰《兼義》，仍十卷之舊，得此愈可證阮氏之當矣。此書有前人校筆，甚精細，首葉有"見亭過目"章。麟慶，字振祥，號見亭，內務府鑲黃旗滿洲人，嘉慶己丑進士，官至江南河道總督。著有《黃運河口古今圖説》、《河工器具圖説》、《鴻雪因緣圖記》、《凝香室詩文偶存》。孫澐《餘墨偶談》卷七謂其《鴻雪因緣圖》耗板資三千餘金。家有半畝園，極林亭幽適之趣，太夫人爲惲南田裔。《正始》《正雅集》，皆在園中輯刊，宜其圖記雕刻之精工矣。

周易程傳　卷_{明崇正堂刊本。}

宋程頤撰。考《朱子大全集》，有《書伊川先生易傳板本後》云，《易》之爲書，更歷三聖，而制作不同，若庖羲氏之象，文王之辭，皆依卜筮以爲教，而其法則異，至於孔子之贊，則又以義理爲教，而不專於卜筮也。然自秦漢以來，考象辭者泥於術，而不得其弘通簡易之法；談易理者淪於空寂，而不適乎仁義中正之歸。求其因時立教，以承三聖，不同於法而同於道者，則惟伊川先生程氏之書而已。華山皇甫氏，嘗讀其書而深好之，嘗大書深刻，摹以示人，來請其所以讀之之説，書此遺之云云。蓋漢儒以後之易學，不言緯候者惟王輔嗣；宋儒之中，不言圖、書者惟程子。朱子《本義》每曰程《傳》備矣，

可知朱子實重程《傳》，後之學者謂程子不明象數，以致微言大
義湮沒不明，故程《傳》因之稍晦。顧氏炎武謂洪武初頒五經，
天下儒學《易》兼用程、朱二氏，亦各自爲書。永樂中修《大
全》，乃取朱子卷次割裂附程《傳》之後，而朱子所定之古文，
仍復淆亂，其象曰、象曰、文言曰，皆朱子本所無，復依程
《傳》添入，後來士子厭棄程《傳》繁多，專用《本義》，而
《大全》之本，乃朝廷所頒，不敢輒改，遂卽監板，傳義之本，
削去程《傳》，而以程之次序，爲朱之次序。伯驤按：董楷《周
易傳義附錄》割朱義以附程《傳》，宋時已然。吾家藏元刊本，
可知實不始於永樂《大全》而後有此混沌也。顧說似尚失考，
顧氏之言曰，昔之說《易》者無慮數千百家，如僕之孤陋，而
所見及寫錄唐宋人之書，亦有十數家，有明之人之書不與焉，
然未見有過于程傳者。見《亭林文集》卷三。又《答汪苕文
書》曰，弟方纂錄《易解》，程、朱各自爲書，以正《大全》
之謬，而桑榆之年，未卜能成與否，不敢虛期許之意，而仍以
望之君子也。可知當時於程《傳》，仍甚尊重。清順治十三年，
武英殿大學士兼兵部尚書傅以漸、內翰林秘書院侍讀曹本榮，
奉勅纂修《易經通注》九卷，未及刊行，原稿藏諸曹氏族裔。
乾隆年間有詔求書，湖北巡撫陳輝祖乃繕錄進呈，當時館臣以
五朝國史傅以漸舊傳有纂修《易經通注》之文，乃據以補題是
書。光緒間，宗室成都將軍歧從內府錄有副本，因未付刊，乃
於丙戌歲校刊行，然傳本亦稀。書中卷首有諭進《易經通注》
表文，傅以漸序文，卷末有曹本榮序，蓋當時編纂之意，以永
樂《易經大全》繁而可删，華而寡要，乃刊其舛謌，補其闕漏，
勒爲是書。可知因《大全》而程《傳》微，亦因《大全》而程
《傳》復顯，訂《大全》之謬，正所以表程朱之微，蓋乾嘉以

前之易學，皆宋學也。漢魏以來，說《易》者有象數、義理二派，其後遂有漢學、宋學之分，間有兼采兩派，如宋陳瓘之《了翁易說》、鄭剛中之《周易窺餘》、元黃澤之《易學濫觴》、董真卿之《周易會通》、明陳祖念之《易用》、魏濬之《易義古象》，類多不守家法，清初則以宋學爲歸。朱子《答詹帥體書》云，頃嘗見楊子直說晁景迂，嘗言先儒解經之題，例不敢以己之姓名加之經上，如《春秋》左氏《傳》、《尚書》孔氏《傳》、《周禮》鄭氏《注》，此爲得體，鄙意舊亦嘗謂如此，故亦每題程先生《易傳》，必曰《周易》程氏《傳》，後來以告伯恭，伯恭亦深以爲然，爲換卻婺學《易傳》簽子。此書雖明刻，仍題《周易》程《傳》，蓋猶舊稱也。半葉　　行，行　　字。

周易傳義十卷 元刊本，明韓雨公舊藏。

首題程朱二先生《周易上經傳義》卷之一，伊川先生程頤傳，晦庵先生朱熹本義。前有程頤序及朱子《易圖》，圖後有"延祐甲寅孟冬翠巖精舍新刊"木記，每半葉十一行，行二十一字，注二十五字，卷末有"雨公"二字朱文章。吾家舊藏寫本《墨華通考》十六卷，載各省碑刻，至明而止。前署山陰王應遴菫父輯，晉絳州韓霖雨公訂。此本當卽其所藏，《山西通志》有《霖傳》，稱雨公於天啓辛酉中式鄉試，少從兄游雲間，得接婁東諸老，學兵法於徐光啓，學火器於高則聖，嘗佐蔡忠襄公懋德撫晉，太原破，陷於賊，歸爲人所殺。著《守圉全書》、《救荒全書》、《祖絳帖考》、《礮臺圖說》數十種。傅青主敍《靈感梓經》，謂其慈惠學西方事天之學，蓋雨公固從外教者也。《仁和趙魏竹崦莽書目》中，載有韓霖撰《西士書目》二卷，當卽雨公所撰。近人王韜撰《泰西著述考》，梁啓超撰《西學書目表》，徐維則、顧燮光合撰《東西學書錄》，雨公蓋爲前導矣。

程朱周易傳義十卷_{元碧灣書堂刊本。}

卷一首葉題伊川先生程頤傳，晦庵先生朱熹本義。卷一、卷二、卷三、卷四首尾題程朱二先生《周易上經傳義》；卷五首尾題程朱二先生《周易下經傳義》；卷六、卷七、卷八、卷九、卷十首葉題伊川程頤正叔傳、晦庵朱熹元晦本義、東萊吕祖謙伯恭音訓，首尾題《周易下經》程朱傳義；卷九、十首尾題《周易繫辭》程朱傳義。卷九首葉有按語云，程先生無《繫辭》《説卦》《雜卦》全解，東萊吕先生精義載先生解並及遺書，今並編入，續六十四卦之後，題之曰《後傳》，庶程朱二先生皆有全《易》云。前有元符間程頤序，次《易序》、次上下篇義、次《周易五贊》、次《易圖》九，題朱子集録。圖後有牌子云，"至元丙子孟夏碧灣書堂新刊"。半葉十二行，行廿一字，小注雙行，亦廿一字。有"今在南園掃葉莊他日不知流落何處"朱文長方形章，藏家圖記多用子孫永寶語意，其稍達者，則曰曾爲某某所藏，如此云云，頗罕見也。

周易經傳集程朱解附録纂注十二卷_{元刊本。}

前題後學鄱陽董真卿編集。前有董氏自序，略云，太極泄而爲圖，包犧氏則之以畫卦，如根幹之有條枝，橫竪方圓，往來交互，變通不窮，而謂之《易》。文王、周公、孔子繫之以辭者，名曰《周易》。先儒傳注，逮程朱子至矣、盡矣，詎非宋易乎。然文有古今之異，義有理象之殊，今《易》則自費直、鄭玄以孔子《彖》《象》之傳，附釋正經之末，而參解文王、周公《彖》《象》、經文之間，並附《文言》，則始於王弼，程傳主理義而仍其舊，古《易》則自吕微仲、晁以道始復而未盡，呂伯恭復分羲、文、周公上下經六十四卦爲經二編，而以孔子《十翼》爲傳十篇，各自爲卷，以合於古本，義主象占而用其本。二子之書並行於今，但其經文體統、傳義主張，各有攸當，不能合爲一書，讀《易》者猶病焉。大德甲辰，先父深山府君，命真卿從先師新安雙湖胡先生讀《易》武夷山中，並攜先父所著書《蔡氏傳輯錄纂註》，訪求文獻，其於程朱子之書，沉潛玩繹，於茲有年，未得其說而一之。天台董楷蓋嘗會編于咸淳之世，據王弼本分爲高下字行，以別四聖二賢之《易》，已不能盡行於《繫辭》諸篇，至近始出，不旋踵有廢其例者矣。先師凡兩著本義附錄纂疏，程傳僅撮其要於諸儒之列，而天台本則未及見也。愚因復熟朱子本義至《繫辭》上傳題下之注，及從伯父榮澗先生所錄師訓通論一經之大體，凡例無經可附，而自分上繫、下繫云者，與本義語錄叶韻之說，忽有得焉。夫朱子之所以宗晁、呂者，不過欲使學者分別四聖之《易》，以求之古耳。若一切例以古人著書，經傳必各自爲卷，竊意解經者之謙德，兼竹簡刀篆之煩而然，若以孔子之傳附羲、文、周公之經，亦猶程朱子之傳義附四聖之書爾，固未見其不可也。律以今《易·乾卦》義例，其合傳之經，則《彖》《象》《文言》混而不分，其附經之傳，則卦象彖爻紊而無序。今特標列而次第之，於羲、文、周公之經，孔子之傳，初不相雜而相統，有經可附者附之，無經可附者，則總附於六十四卦之後，亦豈非朱子之意，而程子之傳可合而觀之矣。苟如是讀之，則周公之《爻辭》、孔子之《象》《彖》《文言》，與夫《繫辭》以後四篇，莫不各有聲韻音律，煥乎會通，又何以爲讀《易》者之病哉。愚於是以四聖之《易》，各標經傳於其首以別之，雖不分卷，而先後之序已明，程朱傳義，夾注其下，名曰《集解》。而以程子、朱子曰別之，既不異書，則理象之旨咸在。《繫辭》以後，程子無傳，姑以經說補之。天台本程、朱子皆有語錄，今朱語則兼取先師所編，采其精詳而有緒者，各益其未備，續於傳義之後，名曰《附錄》。而以程子、朱子語別之諸家之說，唯音訓以呂氏爲主，悉附經文，他可互相發明，在全用先師纂疏，各廣以聞見之所及，翼於語錄之次，名曰《纂註》。而以某氏曰別之，管窺一得之愚，亦間附於其末，合而命之曰《周易經傳集程朱解附錄纂註》。此愚編集是書之凡例綱目也。天曆初元蒼龍戊辰天開之月，陽復後十日庚辰，後學鄱陽董真卿季真父，自序於審安書室。末附其子儇記刊本歲月，蓋元統二年也。半葉十一行，行十九字，小注雙行，行廿二字。

周易本義四卷明汲古閣據成化本重刊，清錢湘靈批校。

宋朱熹撰。前有成化己丑洪常序，略云，《周易本義》有古經、今經之異，程子因今經作《傳》，朱子因今經作《本義》，後世以《本義》附於《傳》而一之，故今《本義》之序，亦今經也。奉化邑庠教諭成君矩謂，世之讀《易》者，先《本義》而後《傳》，故獨刻《本義》行於世，今成君致政還姑蘇，板隨以行。寧波郡庠胡生儔與其弟信，乃重校成本，一遵聖朝頒降《大全》，捐己貲以刻諸梓。此爲毛氏汲古閣本，書中有"崇禎十有四年三月初二日海虞毛晉訂正本"一行，當即由成化本出也。程子《易傳》，依王輔嗣本，變更古《易》次第，自朱子作《易本義》，乃析爲十二卷，仍《漢志》也。元董楷輯《周易傳義附錄》一書，復《易本義》次序，以就《程傳》之文。明初，取士因之，科舉之士，專主本義，於是《程傳》漸廢置不講，遷流至成矩，遂毅然削《程傳》而去之，仍依《程

傳》次序，以歸納朱子之辭。清四庫館臣謂人人皆知成氏之非，
而積重不可復返，以爲怪事。朱子此書，前人久有定論，唯前
清洪氏騰蛟所著《壽山叢録》，攷論《本義》，頗多中的之言。
如云《家人》“王假有家”，《萃》《涣》“王假有廟”，《本義》
訓假爲至，諸儒訓作感格，亦似可通，然至《豐》之《彖》曰
王假之，則諸儒之説窮矣，卽此可見朱義之精。又云，《大有》
之三曰“公用亨于天子”，諸家以亨爲亨通，費盡氣力，終屬牽
强，《本義》據古傳訓作享，與王用享于岐山一例。又云，
《隨》之《大象》“澤中有雷，君子以嚮晦入宴息”，《程傳》謂
雷震于澤中，澤隨震而動，爲《隨》之象，頗與嚮晦宴息文義
不協。《本義》則云雷藏澤中，隨時休息，上下語意融洽。以上
均見《叢録》卷一。書爲乾隆間刊本，節録於此，以備考辨。
此書自始至末，均爲前清錢氏陸燦朱墨筆批點，以宋本勘對，
字小如螘，無復縫隙，不足則別紙書之。卷首《朱子圖説》有
朱筆記云，圖與宋本略異，宋本七行，行十五字，右《繫辭》
云云；在《洛書圖》後低一字，行十四字，蔡元定云云；又低
二字，行十二字，伏羲八卦次序，宋本太陽、少陽皆黑文，太
陰少陰皆白文，《乾》《離》《巽》《艮》黑文，《兌》《震》
《坎》《坤》白文。伏羲四圖之後，有墨筆記云，右四圖，自漢
世傳經，以及程子《易傳》諸書，皆無之，而獨見於《本義》，
蓋朱子所得於《易》學如此。伯驤按：彭氏元瑞云，宋本無《八卦象歌》，
《分宮卦象次序》《上下經卦名次序歌》《上下經卦變歌》，不知何時羼入，並《彖上
傳履卦》《象下傳夬卦》《文言傳坤卦》三處所引《程傳》，亦宋本所無，蓋後人所
附益。卷首第十四葉後朱筆記云，讀朱子是經，始知伏羲、文
王、周公、孔子之爲《易》，截然分明，不知何人復以程朱兩家
合爲一處，使朱子精意不明於後世，其罪甚大。宋人有疏朱

《本義》者，其書甚精密，惜未之見也。或云朱子《本義》實本邵康節父子。卷四有墨筆錄宋陸放翁識語四行云，《易》道廣大，非一人所能盡，堅守一家之說，未爲得也。元晦遵程氏佳矣，然其爲說亦已大異，讀者當自得之。以上皆錢氏讀《本義》之意見，故既書己意，復錄陸氏之言以足之。卷四末有朱筆記云，丙辰年七月廿日，雨色陰晦，理完《周易》一部，時年六五，鐵牛居士識。書之末有墨筆記云，丁巳年九月湘靈讀《易》識，時年六十有六也，常州寓齋。又有墨筆三行云，甲子年歸自秣陵，臥病東城，連雨失檢，讀《易》爲水所厄。十月病起，始重加裝緝，因識日月，十月之初八日也，年七十有三，燦。觀此識語，可見錢氏白首窮經，鐵摘韋編，庶幾折絕矣。下經第二末葉有朱字三行云，丙辰六月九日讀經文完，是日易農載酒同往鶴莊看荷花。有墨筆二行云，丁巳九月二十七日，晴窗黑筆對完，時鯤培常州回，膠山道中。可證其先用朱筆批校，後用墨筆再批校也。陸燦字爾發，一字湘靈，江南常熟人，以副貢舉順治丁酉鄉試第二，友教毘陵金陵間，弟子通籍甚衆，學者稱圓沙先生。晚年偕徐乾學、尤侗等爲耆年會，年近九十，兩眸青碧似仙。手校之書，每押以“明經別駕，書經解元，臨濟三十四彭祖九十七世”一印，又曰“陸終彭祖後人”。有《圓硯居士集》《調運齋集》，及邑志二十六卷。見王士禎《感舊集小傳》《常熟昭文志》《海虞詩苑》、蔣氏《東湖叢記》等書。《常昭志》謂其子名蜇熊，而此《易經》識語屢言鯤培，則不知何人。蔣氏藏錢氏手批《元遺山集》，稱爲老年筆，故書法縱橫。吾家所藏錢氏遺筆之書，此《易經》外，有《韋蘇州詩》，均朱字恣肆，無甚檢束者，蓋皆晚歲爲之，老而劬學，至可敬也。湘靈批《左傳》，《養一齋集》有跋。又，明張之象撰《韻經》，湘靈注之，稿本藏王氏頌蔚家，每字疏出處，蒐采頗富，斜行旁上，丹黃爛然。卷末有題識二行云，丁卯九月念有七日，鈍老又較畢此本，時年七十有六。老人心力所寄，誓不借人抄閱。見王氏集。張氏之洞列錢氏爲文選學家，前列各書，尚未道及錢氏《文選》之學，當再攷之。前後各印章，曰"湘靈"、曰"好夢翁"、曰"錢印陸燦"、曰"調運齋"、曰"景福樓"、曰"一字爾弢"、曰"圓沙"、曰"鐵牛"、曰"臣燦頓首言"、曰"平生不作縐眉事，出入幾重雲水身"、曰"光祿河陽里第"、曰"玉齋藏"、曰"杜子美、白樂天同壬子生"、曰"書經解元"、曰"紡車涇上人家"，纍纍印記，與朱墨筆相映，未能詳錄也。

周易玩辭十六卷 大字精寫本，葉郋園舊藏。

宋直龍圖閣江陵項安世平父撰。慶元四年自序，嘉泰二年重題。平父學《易》於程子，此書自言無一字與之合。陳氏振孫謂伊川專言理而略象數，此書未嘗偏廢，而於爻象尤貫通，徧考諸家，斷以己意，至爲精博。又，葉適《上西府書》及《執政薦士書》，所舉陳傅良以下三十四人，如劉清之、陸九淵、章穎、呂祖謙、楊簡、項安世，皆一時賢傑，則項氏固不僅以經學名世矣。錢氏大昕曰，說《易》之書，莫盛於南宋，紹興、乾道、淳熙之間，以《易》義進者，令祕書看詳，敕所司給筆札繕寫，上者除直館閣，次者伸一官，或差充文學教授。今其書多不傳，蓋其中未必無空疏雷同，希世以求知者，班孟堅所謂利祿之路然也。若項氏此作，則非其倫矣。全書用極精之紙，端楷寫錄，大字嚴整，審其紙墨，斷非百年以內之物，舊藏長沙葉氏德輝家，有"觀古堂郋園過目"朱文章捺於卷首。按：許崇熙《郋園墓志》云，德輝字奐彬，號直山，一號郋園，長沙湘潭人。光緒間成進士，以主事用，觀政吏部。戊戌政變將作，與王祭酒先謙訟言孔子改制之誣，幾蹈不測。壬子以後，不常厥居，北覽燕雲，東遊吳會，藏書既富，著述滋多，所著及校刻書，凡數百種，多以行世。又吳氏《蕉廊脞錄》云，宣統二年春，湖南省城米價騰貴，羣情洶洶，當事者措置弗善，大街罷市。巡撫岑氏上疏自劾，遂以巡撫關防授莊布政，總督瑞澂惡湘中三司之不先電聞也，又中讒，遷怒于湘紳，疏劾官紳若干人。先是湘紳黃自元等電總督，請以莊布政爲巡撫，總督遂怒，而王氏先謙以電文中首列名，遂遭嚴譴，奉旨降五級調用，而列名之孔憲教、葉德輝、楊鞏皆革職永不敍用，德輝交地方嚴加管束。又近人劉氏《萇楚齋筆記》云，光緒年間，湖南一省，以販運安化紅茶至俄國出售，後皆成巨富，其中尤以湘潭葉奐彬德輝、余介卿金聲、長沙朱雨田三人爲巨擘。武進董氏《書舶庸譚》云，湘省赤焰頗熾，士紳被戮凡廿人，葉德輝與焉。葉喜藏書，曾於宣南一晤其人，談詞風激，眸子露光太甚，初疑其不獲令終，今竟罹禍，爲之惋惜。以上皆葉氏之事略也。葉氏藏書，吾家得之頗多。其章有曰“麗廔”、有曰“觀古堂藏”、有曰“郋園過目”、有曰“觀古堂鑒藏善本”、有曰“葉德輝奐彬甫藏閱書”。伯驥按：婁空，古語也。《說文》女部，婁，空也，從母從女，婁，空之意也。凡物空者無不明，故以人言則曰離婁，以屋言則曰麗廔，離與麗皆婁字之雙聲也。《論語·先進篇》“回也，其庶乎婁空”，此言顏子之心通達無滯，若窗牖之廔闓明也。《史記·伯夷列傳》“回也，屢空，糟糠不厭”。則西漢經師，已失其解。而婁空之語，獨見於《說文》，乃歎許君之書，有裨經學不淺。見于氏《香草校書》卷七。葉氏之意，或取乎此。葉氏北遊文草中，有《郋園字義說》

云，余別號郎園，垂四十年。按《說文解字》邑部，郎，汝南召陵里，從邑自聲。《繫傳》臣鍇曰，李陽冰云，即許慎所居之地。余少時，先大夫教之識字，以十三經集字檢《說文》，余秉承庭訓，篤嗜小學，先以元尚署書齋名，又取《大戴禮》《爾雅》以觀於古之義，名其堂爲觀古堂。其後蜀中有人刻石經彙函，前署元尚居，余恥苟同，毅然撤去其額。拙刻《觀古堂叢書》，流行市肆，意欲避歙人鮑康閣名，而不能改。郎在春秋時屬魯地，《春秋左氏傳·桓十有七年經》"夏四月丙午，及齊師戰於奚"，杜注，奚魯地。《公羊傳》經文同，何休《解詁》不詳何地。《穀梁傳》經作戰於郎，范甯《集解》不詳何地。按：郎爲郎之誤，灼然無疑。鍾文烝《穀梁補注》云，《左氏》《公羊》作奚。張壽恭曰，《說文》郎，汝南召陵里，從邑自聲，讀若奚。凡《說文》讀若之字，皆可通假。《穀梁》蓋假郎爲奚，後人少識郎，以其與郎相似，故誤爲郎耳。鍾說是也，此蓋葉氏釋其取號郎園之誼。

周易輯聞六卷附易雅一卷筮宗一卷明刊本。

宋趙汝楳撰。前題宋汴水趙汝楳述，明後學睦樫校刻。前有汝楳自序，略云，先君子自始至末，於《易》凡六稿，日進日益，末稿題曰《補過》。汝楳得於口授者居多，外除以來，踰二十載，因輯所聞於編，庶不忘先君子之教，且以觀吾過云。睦樫，明宗室，萬卷堂主人也。半葉十行，行廿字，經文頂格，解說低一格，板心有"聚樂堂"三字，魚尾下題《周易輯聞》卷幾及葉數。

東坡先生易傳九卷鈔本，明張鳳翼舊藏。

宋蘇軾撰。是書一名《毘陵易傳》，蓋因元祐黨禁，不敢顯題，以先生終於常州，故稱毘陵。老泉著《易》傳未成，屬二子述其志，東坡書既成，子由乃送所解彙集，故《蒙卦》猶子由所解，實眉山蘇氏父子兄弟一家之學。大體近於王弼，然弼學談玄，此則多切人事，故與之有異，朱子曾辨駁之，然止十有四條而已。明之焦竑、閔齊伋、毛晉均刻之，此屬舊鈔，卷首有"鳳翼"二字朱文章。考歸氏有光文集卷二十四，有《張季翁墓碣》云，翁諱冲，字應和，國初占名數於吳，世爲富家翁，爲人孝友，以財讓其昆弟。好爲高髻小冠，短衣楚制，攜吳姬度歌曲，爲蹴踘諸戲，至以師史之業，而好聚古書，爲子致千里客。子卽鳳翼、獻翼，皆太學生、燕翼府學生云云。此或其遺本也。

蘇氏易解九卷 明南京吏部刊。

宋蘇軾撰。前有明萬曆甲午南京吏部文選清吏司郎中陳所蘊子有甫序，略云，予於《周易》既受程朱《傳》《義》而卒業，後得蘇長公《易解》於武林。後世言《易》者無慮百家，逮乎程朱《傳》《義》行，而諸家之說始絀。蘇氏《易解》，於二家《傳》《義》合者不能什二三，顧其言縱橫蕩恣，奧渺汪洋，創爲千古以來未經剖判之論，垂爲千古以後不可磨滅之見，要以借《易》之旨，而發攄胸中自有之奇，然於《易》之旨，卒無悖，而於《傳》《義》異，而不害其爲同也。禘祫二聖，則周孔聞孫；肩隨二家，則程朱難弟。舊藏中秘，未授劂剞，豈非曠然闕典乎，因與同舍郎黃君繼周輩，商略是正，爰命梓人布笑，俾讀《易》者，有所參考，不爲暖暖姝姝學一先生之言。卷首第一葉，版心有"劉鳳寫刻"四小字，每葉版心有"冰玉堂"三字，半葉八行，行十七字。

誠齋先生易傳二十卷 明療鶴亭刊本。

宋楊萬里撰。萬里字廷秀，號誠齋，吉水人。韓侂胄召之
不起，開禧間，聞北伐，憂憤不食死。《宋史》有傳。前有淳熙
戊申自序，略云，《易》之爲言變也，《易》者聖人通變之書
也。然則學者將欲通變，於何求通，曰道；於何求道，曰中；
於何求中，曰正；於何求正，曰易；於何求易，曰心。後世或
以事物之變爲不足攖吾心，舉而捐之於空虛者，是亂天下者也；
不然以爲不足以遁吾術，挈而持之以權譎者，是愈亂天下者也。
次有嘉靖壬寅開州王崇慶《刻誠齋易傳序》，略云，觀其取程朱
而旁引曲證於歷代也，勸勸懲懲，雖以爲友程朱而得進君子退
小人之遺意可也。辛丑之秋，尹公始來守郡，其行之剛健也，
蓋得諸《乾》；其志之含弘也，蓋得諸《坤》；其視聽之明而不
蔽也，蓋得諸《離》；其樹立之勇而不懼也，蓋得諸《大過》；
可謂不負其生平之學矣。遂命梓人，因且謀及不肖，相與訂確，
蓋未幾三月，而周之完《易》盡在開矣。次有朔野尹耕撰序。
次有刻書序云，誠齋《易傳》，宋人曾取置祕省，無聞者三百
年。明守臣尹耕，乃爲刻諸開之郡齋，小子生十歲年，受《易》
家君，每於指示之餘，見家君凝神湛慮，遐思永欸，若有及於
簡策之外者，而不敢請。自得先生此傳，耳目開豁，神爽飛越，
一旦洒然。往余在南宮時，讀是書，未覺有入，及以罪干國憲，
謫究移開，反躬思過，悼改無從。展閱是編，至於用晦白茅之
戒，先生必前後反復，引喻諄切，未嘗不自快無良，而微倖於
愆者尚多也。至於句讀簡策之間，釋語命字之類，先生所見聞
有異於晦翁《本義》者，讀者莫之異可也。次有宋臣寮《請抄
錄易傳狀》，狀末有朔野耕識語云，上二狀廼傳之所以存也，後

狀出承議君，味其辭旨，能讀父書者也，用是知先生有子，故
刻於此。伯驥按：承議君者，謂誠齋之子承議郎前權道州軍州
兼管內勸農營田事長孺也。錢氏大昕謂楊《傳》長於以史證經，
譚古今治亂、安危、賢姦消長之故，反覆寓意，有慨乎言之。
《繫辭》“夫《易》何爲者也”以下，以意易其次第。又輒補
“《易》曰高宗伐鬼方，三年克之，小人勿用。子曰，非天下之
至仁。”凡二十三字“其孰能與於此哉”之上，此則師心之失。
見《潛研堂集》二十七。蓋誠齋說《易》，多本之伊川，而多
引史傳事實以爲據，後儒以門戶之見，多不滿其書，若錢氏之
言，則固深中其得失也。王氏《函雅堂集》二十八云，誠齋以
十有七年之精力，以成《易傳》，其于陰陽、吉凶消長之理，君
子、小人治亂之所由，多引史傳以證明之，反覆引喻，示人事
之所從，作君臣之誥誡，固已深切而顯著矣。然篇中推闡本旨，
于取象亦不盡廢，篇中所引，程《傳》爲多，間引舊傳，如荀
爽、韓康伯、王弼、郭子和、郭子儀、呂氏之義，而獨于輔嗣
多所匡正。宋時甚重其書，與程《傳》並行，胡一桂《纂疏》，
獨不采一字，抑又何也。又，明葉山撰《八白易傳》十六卷，
專釋六十四卦爻詞，卽宗誠齋《易傳》，出入子史，佐以博辨，
蓋借《易》以言人事，不必盡爲經義之所有，然所言亦往往可
昭法戒。見清《四庫簡明目錄》卷一。此又推衍誠齋之緒者也。
元吳文正澄嘗跋此《傳》曰，此書初名《外傳》，後去外字，
謂宜從其初，蓋以經之本旨未必如是，猶之人以《國語》爲
《春秋外傳》云云。今人多不知其朔矣。傳是樓徐氏有宋刻本，
爲楊氏門人張敬之校刻，可證宋時已板行。前序謂宋僅秘閣有
之，三百年無聞，蓋未見宋本也。嘉靖四十二年，兵部尚書張
時徹亦有序刻本。此本卷一前題宋寶謨閣學士楊萬里廷秀著，

板心有"療鶴亭"三字，半葉九行，行廿二字。

周易集説十二卷 元刊本。

宋俞琰撰。琰字玉吾，吳縣人，生宋寶祐初，入元，隱居著書，徵授溫州學錄，不赴。此書前題林屋山人俞琰《集説》，或題林屋山人俞琰玉吾叟不等。前有自序，略云，《周易集説》者，集諸説之善而爲之説也。曷爲善，能明三聖人之本旨則善也。夫《易》始作於伏羲，僅有六十四卦之畫，而未有辭。文王作上下《經》，乃始有辭。孔子作《十翼》，其辭乃備。當知辭本於象，象本於畫，有畫斯有象，有象斯有辭，《易》之理盡在畫，詎可舍六畫之象，而專論辭之理哉。捨畫而玩辭，捨象而窮理，辭雖明，理雖通，非《易》也。漢去古未遠，諸儒訓解，多論象數，蓋亦有所本。至魏王弼以老莊之虛玄倡於前，晋韓康伯又和於後，聖人之本旨遂晦。沿襲至於唐，諸儒皆宗之，太宗詔名儒定《九經正義》，於《易》則取王、韓，而孔穎達輩以當時所尚，故雖其説未盡善，亦必爲之回護，由是二三百年間，皆以虛玄爲高。至宋濂洛諸公彬彬輩出，一掃虛玄之弊，聖人之本旨始明，奈何世之尚占而宗邵康節者，則以義理爲虛文；尚辭而宗程伊川者，則以象數爲末技。而邵、程之學分爲兩家，羲畫周經，亦爲兩途，遂使學者莫之適從。逮夫紫陽朱子《本義》之作，發邵、程之未發，辭必本於畫，理不外於象，聖人之本旨，於是乎大明焉。琰幼承父師面命，首談朱子《本義》，次談《程傳》，長與朋友講明，則又有程、朱二公所未言者，於心蓋不能無疑，乃歷考諸家《易》説，擷其英華，萃爲一書，名曰《大易會要》，凡一百三十卷。不揣固陋，遂自至元甲申集諸説之善而爲之説，凡四十卷，因名之曰《周

易集說》云。元貞丙申，林屋山人俞琰玉吾叟序。次有衡湖居
士孟能净題辭。九仙山人王本齋序語，略謂石澗先生《周易集
說》，大概以晦庵爲主，而參以程氏，又集諸家之善爲之說，凡
三十餘卷。是書作於甲申，迨今二十有七年，未嘗一日去手，
凡三脱稿矣。書成不可不傳，敬請鋟諸梓。次有單父李德裕、
錢唐白湛淵、西秦張菊存、姑蘇顏明可、浦城楊仲宏、金華黄
晉卿、姑蘇干壽道等題序。干氏云，予少之時，已識石澗俞君，
知其爲善言《易》者，然未之學《易》，不果承教。延祐二年，
予以進士受官南歸，時石澗尚無恙，聞有著《易說》，未獲一寓
目焉。去年冬自集賢退休吳中，石澗之子子玉手一編過予，且
曰先子平生精力盡於此書，願先生贈之言。予受而讀之，乃
《易說》也，凡四十卷，以歲月攷之，起至元甲申至元貞丙申，
凡十有二年而後成，其積學久，其用功深，概可見已。又十有
八年，詔以五經取士，《易》主程朱氏之說，兼用古注疏，則與
前所云者略同，非明古識今，其孰能與於此！然則俞氏《易
說》，當與蔡氏《書傳》並傳，學《易》者苟能玩味此書，則
思過半矣。至正六年，嘉議大夫禮部尚書致仕干文傳序。半葉
十二行，行二十一字，《經》頂格，《說》低一格，引諸家說，
以黑質白章別之。末葉題“嗣男仲温點校、孫貞木繕寫，鋟梓
於家之讀易樓。至正九年歲在己丑十一月朔旦誌”。貞木初名
楨，字貞木，後以字行，更字有立。元季不仕，洪武初以薦知
樂昌縣，後改都昌，罷官家居。郡守姚善延以訓子，月朔望必
延致講書府學。以鄰人事連坐，逮詣京師卒，建文三年七月也。
劉鳳記云，以勸姚守起兵，爲衛尉執送死之，誤矣。俞氏爲吳
中世儒，貞木祖石磵先生琰精於《易》。貞木自都昌還，惟一敝
筐，以布裹物甚重，家人啓視之，乃竈上一斫柴斧耳。其清苦

如此，世居吳城郡學之旁，水石幽媚，代習儒業。貞木文亦暢達，當時貴之。見《静志居詩話》《孤樹裒談》、楊循吉《吳中往哲記》）。

易源奥義一卷周易原旨六卷<small>寫本，江震滄舊藏。</small>

元保巴著。保巴色目人，居洛陽。卷首有《進太子箋》，自署太中大夫前黄州路總管兼管内勸農事臣保巴上。又牟巘序，黄氏《千頃堂目》稱其書有方回、牟巘二序，稱之曰普奄者，其號；曰公孟者，其字也。是本方回序缺，《經義考》載任士林序，此亦無之。按：太子者疑卽元仁宗，《元史》本紀，武宗卽位，立帝爲皇太子。受金寶，遣使四方，旁求經籍，識以玉刻印章，命近侍掌之。有進《大學衍義》者，命詹事王約等節而釋之，與《圖象孝經》《列女傳》並刊行，賜臣下。意者普庵聞而興起，遂以此書進之青宫，未可知也。是書原名《易體用》，分三種，此本僅有二種，學出程朱。《進太子箋》曰，皇帝聖旨裹，太中大夫前黄州路總管兼管内勸農事臣寶巴言，伏以光奉詔書，甫正儲貳之位，敬敷《易》道，少裨熙緝之功。天啓昌期，時逢至治，竊自龍圖之畫既洩，而象數之學肇開，至六十四卦以成書，爲百千萬年之明鑑。蓋羲、文、孔子，發先天之妙；京、費、王弼，廣後世之傳。豈但求語下之筌蹄，又當參胸中之關鍵，則蠡測管窺以窺精義，皆銖積寸累以用深功，苟得其真，敢私以秘。臣寶巴誠惶誠懼，叩頭叩頭，敬維皇太子殿下英姿岐嶷，茂德淵冲，民望具瞻，共仰重離之照。政機多暇，式昭幹蠱之勤，方恢邦家太平之宏基，宜得帝王相傳之要領。用師諸古，有益于今，幸際清時，輒申丹悃，不揆淺膚之素學，冒干投進于青宫。冀虎闈齒胄之間，特加披閲，在鶴禁延儒之頃，更賜表章。臣寶巴無任瞻仰抃躍激切屏營之至，謹奉牋以聞。寶巴誠惶誠懼，叩頭叩頭，謹言。卷前有"江筠"二字朱文章。筠字震滄，江蘇吳縣人，前清舉人。著《讀儀禮私記》，未經行世，人亦罕有知之者。其書多取敖君善、郝仲輿、萬充宗之說之異於注疏者，訂其是非，而亦時出新意，稿本藏陳氏奐家。見《國朝經學名儒記》。

玩易意見二卷寫本。

明王恕撰。恕字宗貫，三原人，正統戊辰進士，官至吏部尚書，謚端毅。有《石渠意見》《王端毅公奏議》《王介庵奏稿》《王端毅文集》《石鐘山志》等書。見於清《四庫提要》。此書亦在經部易類存目中。此本前有自序云，《玩易意見》者，老夫玩易軒中所得之意見也。弘治壬戌春，老夫偶得寒疾，少愈，就於內臥牖間觀書，不甚明白，乃於屋前構一小軒，軒成，於其中取《易》玩之，雖細字亦無不見，遂以玩易名其軒，作記以識之。夫《易》本四聖之書，義理深奧，未易通曉。自漢魏以來，諸儒訓釋不一，至宋伊川程先生既爲之《傳》，晦庵朱先生又爲之《本義》，自是以來至於今，以二先生《傳》《義》爲準的，師儒之講學、科舉之取士，皆不外此而他求。然六十四卦、三百八十四爻之辭，二先生固已講貫訓釋明白。老夫依文尋義，間有不洽於心，乃敢以己意言之，非敢自以爲是，願與四方學者商榷之，或有可取，不爲無補。苟或不然，必因此以發高明真知灼見之至論，于久蘊深藏之餘，使四聖之道，煥然大明於世，以淑諸人，亦老夫之志願也。毋徒諉曰，二先生《傳》《義》也已明白，何必多言。時正德元年丙寅，奉勅存問宿望籍臣九十有一、石渠老人三原王恕序。凡《上經》一卷，

《下經》合《繫辭》爲一卷，其餘則略之。前人謂其說頗自出新意，然於文義有不可通者，輒疑經文有譌，殊不可訓。伯驥按：卷一云初六，《象》曰，履霜，堅冰至。陰始凝也。馴致其道，至堅冰也。王氏引《魏志》，以爲傳寫之誤。又云，經中似此差誤者多，《傳》《義》依文解之，多不通圈。《屯》元亨，利貞。勿用有攸往。利建侯。《意見》以爲《屯》難之時，豈有元亨之理。既元亨，如何又勿用有攸往，而元亨二字，決是衍文，蓋傳寫之誤耳。《象》又曰，動乎險中，大亨貞。且動乎險中，焉得大亨貞，而大亨貞，亦疑是利貞之誤耳。《家人》上九，《象》曰，威如之吉，反身之謂也。《本義》謂非作威也，及身自治，則人畏服之矣。《意見》以爲雖非作威，而反身自治，亦不可無威嚴。《鼎》九四，《象》曰，覆公餗，信如何也。《本義》謂言失信也，《意見》以爲卦爻俱無信與不信之說，《傳》雖有說，亦未敢以爲然，皆足證也。

尚書精義五十卷<small>文瀾閣傳抄本。</small>

宋黃倫撰。前有張氏序，略云，古《書》百篇，嬴秦酷以虐焰，仇之特甚。先漢力追探之，收拾散逸，僅得孔安國所傳爲正，會巫蠱事，旋復泯遏。緣魏晉以降，篇帙缺亡未備，而精真之理晦蝕，又不止此，白魚赤烏之僞，箕子荄滋之蔽，在所不論。然黨護于專門名家，增倍師說，至百萬言，傳註訓詁之紛紜，累三萬言，只解稽古二字，眩亂人世耳目，而指意爲之誣衊，殆與厄于秦同科，理學噎蔽，綿歷云久，闡而明之，蓋若有待。時屬皇朝祖宗全盛之際，關洛有二張、二程之學，崇索理致，根乎聖賢心法，以發明千載不傳之祕，而福後學。俾天下之士，畢宗嚮夫理學之指南，一洗漢唐注疏舊習，宗工

碩儒，落落復相望，其間各出意表，更與啓其未悟者，編簡紛
如，亦憂憂乎難概以目力也。噫，十指之形，必有巨擘，翹錯
之中，當刈其楚。粤自啓賢關、升俊造以來，有黃君倫數定規
繩于方寸，所謂疏通知遠不誣，而深于《書》者，萃古今議論
而裁之，其發揮五代帝王遺書之奧，皆指中之擘、翹中之楚者，
信精而又精，其于理學，殆無餘蘊矣。淳熙庚子，龍溪張鳳從
道敘。次有志語云，《書》解數百家，或泛而不切，或略而未
備，或得此而失彼，或互見而疊出，學者病之。釋褐黃公，以
是應舉，嘗取古今傳注，及文集、語錄，研精而剪裁之，片言
隻字，有得乎經旨者，纂輯無遺，類爲成書，博而不繁，約而
有實，志于經學者，倘能嚌嚌是書，不必他求矣。余得之不敢
以私，敬鋟木與天下共之。所載諸儒姓氏，混以今古，余不暇
次其先後，觀者自能辨之。淳熙庚子，建安余氏萬卷堂謹書。

敷文鄭氏書說一卷抄本。

　　宋鄭朴撰。前有過錄趙氏手跋曰，《敷文書說》一卷，宋鄭
伯熊撰。按：伯熊長於經學，紹興中，伊洛之學已息，伯熊能
振興之，乃卓然可傳者。但此《書序》爲真孔子所作，故於
《太甲序》則爲體常盡變，存正明權，得春秋法。於《秦誓序》
則爲經稱十三年者誤，當依十一年。於《洪範序》則爲所稱勝
殷殺紂，亦誅獨夫。未免牽合舊文，失於考訂矣。然立論醇正
處極多，如發明服以象德之義，推言天人相應之機，皆能反覆
詳辨，以明其說，經世立教，於焉不墜，爲可傳也。伯熊字景
望，永嘉人，紹興十五年進士，詩文有《景望集》，久已不傳。
乾隆壬辰，予讀書杭董甫先生家，得見抄本，急錄而藏之。今
有見吾友鮑以文鈔本，借而互校，正其訛字，寫一净本。以此

等書乃世所罕見者，故不惜筆墨之勞也。嘉慶元年太歲在丙辰五月一日，素門趙輯寧識。

書蔡氏傳纂疏六卷 元泰定刊本，胡雜君舊藏。

前題後學新安陳櫟纂疏。前有嘉定乙巳蔡沈序，次有泰定間陳氏序云，《書》載帝王之治，而治本於道，道本於心。道安在？曰在中。心安在？曰在敬。揖讓放伐、制度詳略等，事雖不同，而同於中；欽恭寅祗慎畏等，字雖不同，而同於敬。求道於心之敬，求治於道之中，詳乃反約，《書》之大旨不外是矣。況諸君全體上下、千數百年之治迹，二帝三王之淵懿，皆在於《書》，稽古者舍是經奚先哉！孔子所定，半已逸遺，厥今所存，出漢儒口授，孔宅壁藏，錯簡斷編，當闕疑者何限。自有注解以來，三四百家，朱子晚年始命門人集傳之，惜所訂正三篇而止。聖朝科舉興行，諸經四書，壹是以朱子爲宗，《書》宗《蔡傳》，固亦宜然。櫟不揆晚學，三十年前時科舉未興，嘗編《書解》折衷，將以羽翼《蔡傳》，亡友胡庭芳見而許可之，又勉以卽《蔡傳》而纂疏之。遂加博采精究，方克成編，今謀板行，幸遇古邢張子禹命工刊刻，以與四方學者共之云。泰定四年，後學新安陳櫟謹書。次《說讀尚書綱領》，次《纂疏凡例》。蔡序後有“泰定丁卯陽月，梅溪書院新刊”木記。半葉十一行，行二十一字。此爲桐城胡氏虔藏本。虔字雜君，師事姚鼐，家貧客游爲養。乾隆間佐翁學士方綱幕，後南康謝氏啓昆，歷官各省，虔皆相從。謝氏所纂《西魏書》《小學考》《廣西通志》，皆出君手。嘉慶元年，恩詔舉孝廉方正，當道推薦君，又嘗受畢氏沉聘，主修《兩湖通志》及《史籍考》等書。君生平撰述，多他人主名，故己所私著罕卒業，嘗刻《識學錄》一卷。

見《柿葉軒筆記》。

讀書叢説六卷朱氏潛采堂舊藏寫本。

　　元許謙撰。前題東陽許謙。謙字益之，金華人。延祐中，以講學名一時，儒者所稱白雲先生是也。見《元史·儒學傳》。清《四庫總目提要》謂，自蔡沈《書集傳》出，解經者大抵樂其簡易，不復參考諸書。謙獨博竅事實，不株守一家，故稱《叢説》。其閒得失雜出，亦不盡確。然宋末、元初説經者多尚虛談，而謙於《詩》考名物，於《書》考典制，猶有先儒篤實之遺，是足貴也。按：戚雄《金華縣志》作《書錄傳叢説》。張樞序稱，朱子於《書經》屬之門人，先生恐學者無所折衷，乃爲之圖説，以示學者。引傳疏諸家之説，或采綴其詞，而易置其次，蓋有所裁定，非徒隨文援引而已。雖其説稍異於蔡氏，而異所以爲同也。書刊於元至正六年，明時有傳鈔本，《通志堂經解》有此書，此則朱氏家藏鈔本也。卷末題點校人名，門人余寶叟、葉儀、方麒、唐懷德、范祖幹、孤子元。前有“朱彝尊錫鬯父”方形白文章，又長方形朱文章曰“別業小長蘆之南，芰史山之東，東西峽石大纫橫山之北”，又有“謙牧堂藏書記”白文章，“結一廬藏書記”朱文章，末有“謙牧堂書畫記”朱文章。彝尊字錫鬯，號竹垞，晚號小長蘆釣魚師，秀水人。康熙己未，以布衣薦博學鴻詞，授檢討。著《曝書亭集》等書，藏書之室曰潛采堂，凡八萬卷。見李香子《鶴徵後錄》。又《曝書亭集》卷六十一云，予入史館，以楷書手王綸自隨，錄四方經進書，綸善小詞，宜興陳其年見而擊節。按此可知朱氏鈔本之多矣。謙牧堂者，滿人揆叙所捺。揆叙原名容德，字愷功，爲成德弟，官至左都御史，有《益戒堂集》。蓋納喇太傅明珠之子也。鈕樹玉《匪石日記》云，書賈錢聽默謂，傳是樓書大半歸於明珠。又《茶餘客話》稱，成德擁書數萬卷，而查氏《敬業堂集》卷四十六《挽愷功詩》，亦有"宮內稱才子，嗜苦餘千卷"之語。胡氏會《清芬堂存稿》五《贈愷功詩》云，"惆悵風前日夜思，謝家芳樹本聯枝。鶺鴒舊雨關心處，夢裏猶吟側帽詞"。可想見其兄弟以書卷爲怡悦矣。《隙光亭雜識》卷二云，余向藏宋刻《書經》，《牧誓篇》既戊午師逾孟津，今本逾皆作渡。卷三云，元時刊《書》，尚襲宋世避諱，即今時下所刻，若依宋本者，仍其缺筆，或乃據此以定宋刻之真僞，陋矣。此可爲愷功喜談板本之證。生平留心內典，故有"謝客終成佛"之句，此其所以堂名謙牧歟。其後以不忠不孝獲譴，則本編不詳焉。朱學勤字脩伯，仁和人，好書。長子澂，字子清，著《結一廬書目》，蓋録其兩世所藏也。

尚書二卷_{明刊本。}

首行題尚書序。次行題唐陸德明云，此西漢孔安國所作。安國，孔子十一世孫也。此爲明代訓蒙之書。第三行大書本文於正行，以訓釋字義者細書於旁簡。有疏明大旨者，別作一行書之，或於本文下小字夾行。版匡寬長，正行闊而字大，旁行窄而字小，每半葉正六行，旁六行。梅文鼎謂明初朱升所撰，坊肆所行五經旁訓，實倡於升，所謂四書五經旁注是也。清《天禄琳瑯》有明刊《五經句訓》云，不著撰人姓氏，《易》三、《書》二、《詩》四、《春秋》四、《禮記》六，共十九卷，依經直解，旁注窄行。前有萬曆丙申程大科序，略云，《五經旁訓》舊有刻者，會督學周君應治從山東來，以善本餉予，遂重刻之云。此書二卷與天禄藏本相符，殆即所謂《句訓》也。升，婺源人，所遺《楓林集》，吾家有之。升別有《周易旁注》十卷。張氏雲章嘗述朱氏言，謂旁訓之作，知其粗者，以爲小學訓詁之入門，悟其妙者，知爲研精造道之妙法。伯驥按：升固自負，然究爲陋本。存此以見明人經學之一斑云。

詩本義十二卷_{寫本。}

宋歐陽修撰。修字永叔，廬陵人。官至太子少師，贈太師，謚文忠。《宋史》有傳。言經學者，自唐及宋初，皆墨守注疏，家無異説，洎劉敞、歐陽修諸儒經説出，始各標己見，敷陳主旨，不受前人之範圍。余氏集《秋室學古錄》卷二有此書跋云，修以毛、鄭之説，質之先聖則悖理，考於人情則難行者，爲論以辨正之，爲《本義》以發明之。其或義已見於論者，則不復別著《本義》。凡爲説一百十有四篇，統解十篇，時世本末二論，豳魯序三問，而《補亡》《鄭譜》及《詩圖》《總序》附於卷末。修之言曰，察其美制，知其善惡，以爲勸戒。所謂聖人之志者本，因其失傳而妄自爲説者，經師之末也。學者得其本而通其末，斯善矣，否則闕其所疑焉可也。又曰，先儒於經不能無失，而所得固已多矣，盡其説而理有不通，然後以論正之，此作書之本旨。故其立論，未嘗輕議二家之短長，而能指其不然，以深持詩人之意。前此説經者，多祖述毛、鄭，孔穎達作《正義》，至不敢一言牴牾，其不相侔者，且曲爲説以通之。韓愈爲唐之大儒，其所引菁菁者莪，亦規規焉。墨守其説，千餘年來，無一人有異議者。自《本義》出，其後王安石、蘇洵、程頤之徒，接踵而起，更相發明，三百篇之理趣，煥然益著。而體驗物情，深求其故，尤推是書。呂祖謙之《讀詩記》、李樗之《集解》，朱子之《集傳》，多用其説。統解十篇，張燧至比之《易》之有《繫辭》《説卦》《雜卦》《序卦》。朱子亦謂其辨毛、鄭處，文辭徐緩，到底不易，亦可以得其言《詩》之旨云，蓋偏於宋學也。伯驥按：汪氏啓淑云，宋歐陽修詩論，以古今諸儒謂來、牟爲麥者，更無他書所見，殊不知毛、鄭二家，原有所據。《説文》來、牟二字，蓋取象形耳，故《廣雅》以來爲小麥，牟爲大麥。見《水曹清暇録》。蓋攷訂之學，宋儒非全不講，然其疏漏則不可掩，此亦一證。

詩總聞二十卷_{清四庫底本。}

宋王質撰。質字景文，興國人。紹興三十年進士，官至樞密院編修，通判荆南府，改吉州。質本鄆州人，後徙興國，張浚、虞允文皆辟爲屬，後奉祠居湖州之東林山。見《宋史》本傳。《雪山集》自署汶陽，著舊望也。其書取《詩》三百篇每説其大義，復有聞音、聞訓、聞章、聞句、聞字、聞物、聞事、聞人，凡十門。每篇爲總聞，又有聞風、聞雅、聞頌，冠於四始之首，廢小序與朱子同，而説則各異。前人謂雪山登第，後於朱子十二年，其著此書，當亦在朱子後，觀《魯頌·閟宫》、《商頌》“苞有三蘖”，皆引朱子之説可見。而朱氏德潤序鄭夾漈先生《詩傳訓詁》，引慈溪黄氏，謂文公朱氏因雪山王公質、夾漈鄭公樵，去美刺以言《詩》，以朱子廢序，本之此書。然攷之《日鈔》，上言去序説《詩》，則兼王、鄭，下言晦庵先生因鄭公之説，盡去美刺，探求古始，未嘗復及雪山，以此證其誤。錢氏衎石嘗校此書，謂書中如《曹風·鳲鳩》“其弁伊騏”注云，《説文》騏作琪。攷今《説文》未嘗引此句，惟綦字下引《詩》“縞衣綦巾”，_{俗本《説文》綦從界聲，誤，今從段氏説。}乃《鄭風·出其東門》之文。而《周官·弁師》“王之皮弁會五采王瑾”，鄭君瑾讀綦，引《詩》“其弁伊綦”，陸氏《釋文》瑾，本亦作琪。蓋綥是正字，綥弁綥衣，皆當作此體，綦乃或體，騏、瑾、琪皆假借字也。然則雪山此文，或援《周官》之琪，而傳本誤爲《説文》邪。抑當時所見許書，別有引《鳲鳩》句，而今本佚之邪。《小雅·四月》“亂離瘼矣，奚其適歸”，注疏本作“爰其適歸”，朱子《集傳》元時刊本亦作爰，注云《家語》作奚，未知何時妄改本文，直作奚字。雪山書中嘗引朱説，此或同於朱子作奚，然注中何以不言，竊疑是本録自《永樂大典》，或當時尊宗朱子之學，胡廣等輒依《集傳》徑改經文如此邪。皆不可攷矣。以上見錢氏記事稿中，可與前説相證也。又王氏詠霓云，王景文言近有講《葛覃》詩者，縱言及以妾爲妻之事，遺本旨而生他辭，竊取其美，以覆苴其不知，此談經之大病也。時人以講葛覃爲講葛藤，雖戲語亦切中。按宋人説《詩》不宗小序，自爲新意，如此類者多矣。景文説《詩》亦多未免，如説麟趾公子，謂生公室而出爲人婦者也，古謂女爲子。説“燕燕于飛”，以爲國君送女弟適他國，而辨鄭氏以婦妾爲戴嬀之非，言戴嬀既生桓公，烏有絶其母子之理，既稱先君，則莊公已没，桓公已立，尤非人情也。不知此詩作于州吁弑子完之後，故戴嬀大歸于陳，而莊姜送之，事處其變，不得以尊卑迎送之禮繩之，固哉高叟之爲詩也。景文説“交交黄鳥”一詩，止見三人從穆公之迹，不見穆公收三人之狀。秦人尚義重恩，不勝所感，而忘其軀，亦未可知。余按陳思王《三良詩》：“秦穆先下世，三臣皆自殘。生時等榮樂，既没同憂患。誰言捐軀易，殺身誠獨難。”子建被文帝責黜，悔不隨武帝死，故託爲此詩，亦以見漢魏以來，説《詩》者固不以穆公爲殺士也。秦武公没，從死者六十六人，穆公尤爲禮賢下士，故從死至百七十五人之多。以是推之，知非穆公所殺，景文可謂先得我心矣。
見《函雅堂文集》卷廿八。此又可見景文説《詩》，雖有悖古，
而今人以其説爲合者，亦不少矣。至《直齋書録解題》於《雪
山集》下云，富川王質景文撰。嘗著《詩解》三十卷，未之見
也。直齋已編王氏《詩總聞》於詩類，而不知卽王氏之《詩
解》，轉謂未見，則不免譌誤。前有"翰林院"滿漢篆書九疊文
大方印。《復初齋詩集》自注云，乾隆癸巳開四庫館，卽於翰林
院藏書之所分三處，凡内府祕書發出到院爲一處；院中舊藏
《永樂大典》，内有摘鈔成卷、彙編成部者，爲一處；伯蘷按：鄒氏
《午風堂集》卷二云，翰林院所貯《永樂大典》二萬二千八百七卷，一萬一千九十
五册，目録六十卷，彙集古書，分韻散編，體例未善，卷册亦歲久闕佚。乾隆癸巳
二月，上命大學士劉統勳等，將《大典》内散篇纂集成書，總纂則紀編修昀、陸刑
部錫熊，纂修三十人。余時爲庶常，亦廁是選，日於原心亭校纂。原心亭當卽摘鈔
彙編《大典》之處也。各省采進民間藏者爲一處。又沈氏家本《枕
碧樓偶存稿》卷六云，四庫館於各省進呈書籍，謄録之後，皆
發還本家，故於卷面加一朱記，卷首又蓋以翰林院印，以便檢
查。余所見之本，大抵有翰林院印，而無卷面之朱記，疑各書
流傳人間，歲月經久，翰林院印在卷内，尚不致盡行毁損，卷
面易毁損，藏書家重付裝池，故朱記鮮有存者。某本卷面朱記
猶存，其爲當時館本，毫無可疑。伯蘷按：沈氏此言，當有誤。
蓋覃溪所列之三項，既均存翰林院。則有翰林院印者，未必皆
各省進呈之書，若卷面有朱記簽明年月，及何省進呈，册數若
干，則皆爲各省採進。其餘有印之本，或是前二類書耳，不能
專屬之進本。沈氏久官京曹，練習掌固，此事偶未洞明，不足
爲異。

韓魯齊三家詩考六卷 元泰定刊本。

宋王應麟撰。此爲元泰定單刻本，附胡氏《詩傳疏纂後》，

與《玉海》本不同，蓋《玉海》本連爲一卷，此則原刊六卷本
也。前序略云，《易》有三易，《禮》有三禮，《春秋》有三傳，
《詩》有四家，予嘗參攷，三易筮法纂成一編矣；三禮則朱子嘗
輯《儀禮》爲經，二禮爲傳；《春秋》則《左氏》《公羊》《穀
梁》竝行于世；《詩》則齊、魯、韓三家之説不傳，今所傳唯毛
氏耳。予官中祕書，授《詩》藩邸，春容道山羣玉間，與祕書
郎王伯厚尚論古《詩》，伯厚出示《詩攷》一卷，韓、齊、魯
《詩》乃散見於傳註者，會粹爲一，雖曰存十一於千百，然四詩
異同，可備參攷。昔齊、魯《詩》盛行于時，韓《詩》竝立學
官，至漢平帝時毛《詩》始得立。魏晋亂離，齊、魯《詩》廢
絶，韓《詩》雖存而寖微，唯《毛詩》猶行，而至于今，此四
家《詩》興廢之大略也。伯厚家學淵源，一翁二季，殫見洽聞，
以博學宏詞名世。伯厚謂真宏博者不在是，方將刊華就實，盡
洗時妝，顓意古學。予深嘉而力贊之。景定五年，古涪文及翁
伯學甫序。次有胡氏序，略云，予讀内翰王公《詩攷》，不覺擊
節而言曰，是編不止足以知四家《詩》興廢之大略，真足以扶
微學、廣異義，羽翼朱子《集傳》之書，以詔當今傳萬世者，
其功誠不可以淺小論也。何以言之？如《關雎》一也，毛
《詩》以后妃之德，韓以賢人詠之以刺時，魯則又以爲詩人歎而
傷周康王之后。愚故編寘《集傳》之末，圖與四方朋友共之。
俾由此以讀朱子《詩序辨説》，則知其爲誠萬世不刊之論也。
《正義》又曰，齊、韓之徒，與毛氏異者，非有壁經可據；愚亦
曰毛氏與齊、韓之徒異者，亦非有壁經可據也。烏可致一偏之
論於其間哉！況毛氏之於三家不得之于前，而毛氏乃得之于其
後也。延祐甲寅秋，新安後學胡一桂序。半葉十行，行二十二
字，大黑口。

三家詩拾遺十卷_{守山閣刊本，王菉友校。}

清范家相撰。此書采拾齊、魯、韓三家遺說，爲錢氏刻本，所謂守山閣叢書也。此叢書內多爲王氏筠所校覈，有朱筆識其上。卷首題字稱，錢氏詒贈叢書，得以快讀。此本前有王氏識語云，本朝考證各家，率皆遠勝前明，本書當爲下駟矣。凡文字不同，或本書之誤，或引者之誤，或兩本不同，而各有其命意之處，必當以意逆志，始爲不負。此書但爲臚列，不加審諦，是飣餖之學也，欲訂正之，而苦其縣難，姑記之，以見讀書當精細，不可如此蒼黃而已。卷內有校語云，《禮記》"聲莫重於升歌，舞莫重於武宿夜"。注，舞曲名。皇氏曰，師說《書傳》云，武王伐紂，至於周郊，停止宿夜，士卒皆歡樂達旦，因名爲武叔夜，其樂亡也。按熊氏謂卽大武之詩，考樂而總干舞大武，是大武固爲武曲，但《詩》中不見叔夜之義，且記何不云聲莫重於升歌，舞莫重於大武乎。伯驥按：左海陳氏、儀徵阮氏，均有攷證三家詩，阮書則葉氏亦已刻之，比此書爲佳矣。筠字貫山，號菉友，山東安丘人。道光舉人，官西寧鄉知縣。治許氏《說文》之學，垂三十年，折衷段、桂之說，獨闢門徑，著有《說文釋例》《說文句讀》《韻譜校》《文字蒙求》，又撰《毛詩重言》《毛詩雙聲疊韵說》《夏小正正義》《弟子職正音》《正字略》《蛾術編》《禮記讀》《儀禮鄭注句讀刊誤》《四書說略》等種。

詩集傳二十卷_{元刻本。}

宋朱熹著。前有淳熙四年朱熹序三葉，低一格刻，半葉十行，行十七字。次詩篇目錄七葉，分二十卷。次《詩圖類名》

二十五葉。次《詩傳綱領》六葉。次《詩序》朱氏《辨説》，中有云，《詩序》之作，說者不同。毛公引以入經，其後三家之傳又絶，而毛説孤行。此序遂若詩人先所命題，而詩文反爲因序以作，於是讀者轉相尊信，寧使經之本文，繚戻破碎，不成文理，而終不忍去之。以小序出於漢儒也，愚之病此久矣，故頗采以附傳中，而復並爲一編，以還其舊，因以論其得失云。朱子《辨説》及正文，每半葉十一行，行廿一字。

詩集傳二十卷　寫本，盧氏抱經樓舊藏。

宋朱熹撰。此書《宋志》作二十卷，明正統重刻宋本時，猶二十卷，四明范氏著錄即此本。清四庫已不得正統舊槧，僅據通行之八卷本著錄，檢《天一閣見存書目》，則正統本已不全，僅存卷一至十二、卷十七十八。今距薛氏編目時，又數十年，恐亦益加殘缺矣。丁氏善本室藏殘宋本八卷外，有正統本、瞿氏鐵琴銅劍樓藏殘宋本一卷外，有校宋本。此舊寫本，未悉從何本出，然鈔手甚舊，亦可貴也。朱子舍小序説《詩》，其於《鄭風》十之九皆指爲淫邪之詞，黄東發、馬端臨諸儒辨正不尠。《鄭風·子衿》，序謂刺學校之廢，而朱子謂爲淫奔，他日作《白鹿洞賦》，有“廣青衿之遺問”語，則仍從序。宋葉紹翁《四朝聞見錄》稱，考亭晚注毛《詩》，盡去序文，以彤管爲淫奔之具，以城闕爲偷期之所。止齋得其説而病之，謂以千七百年女史之彤管，與三代之學校，爲淫奔之具、偷期之所，私竊有所未安。獨藏其説，不與考亭辨。考亭微聞其然，嘗移書求其《詩説》。止齋答以公近與陸子静闕辨無極，又與陳同甫争論王霸矣。且某未嘗注《詩》，所以説《詩》者，不過與門人學子講義，今皆毀棄之矣。蓋不欲佐陸、陳之辨也。是同時之人，

已不心服朱《傳》。其後定爲官書，始多崇信，直至前清欽定
《詩經彙纂》，用朱《傳》而附録《序説》，乃表示兼宗小序。
至於《集傳》音叶，用吳棫《毛詩叶韻補音》，後人以不敢議
朱子，並不敢議棫，又因《毛詩叶韻補音》，而並不敢議其《韻
補》。迨顧氏炎武作《韻補正》一卷，始加辨論，而南宋以來隨
意叶讀之誤始正。清《四庫提要》於此書攷訂至詳，而葉氏之
説，未見稱引，爲述之如上，以見考亭之虚懷，止齋之謙遜焉。
戴氏震《東原集》三云，朱子《詩集傳》於《陳·東門之枌》
云，枌，白榆也。本《毛詩》；於《唐·山有蔞》云，榆，白
枌也，殆稽《爾雅》而失其讀。是此書之訛誤不少。俞氏《癸
巳存稿》稱，陳氏兆崙、金氏甡進呈《詩義折中》稿本時，
《魯頌·閟宫》分“秋而載嘗”至“如岡如陵”十六句爲一章，
此章朱子《集傳》謂有缺句，蓋欲補“鐘鼓喤喤”一句於“籩
豆大房，萬舞洋洋”之下，始爲十七句。陳、金覺其非，不用
此句，仍依《集傳》署章句云五章十七句，亦館中不檢之過云
云。是前清儒生尚用《集傳》之證。書前有盧氏抱經樓藏章。
按：錢氏大昕《潛研堂集》有《抱經樓記》，謂四明盧君青厓，
詩禮舊門，自少博學嗜古，尤善聚書，遇有善本，不惜重價購
之，聞朋舊得異書，宛轉借抄，晨夕讎校，三十年得書數萬卷，
爲樓以貯之，名曰抱經。君家召弓學士藏書萬餘卷，皆手校精
善，而以抱經自號，青厓與學士里居不遠，而嗜好亦略相似，
浙中有東西兩抱經之目。《藝風堂藏書記》謂盧氏舊藏，乙卯丙
辰間，散出上海坊市，此蓋青厓遺本矣。《鄞縣志》云，盧沚字
青厓，諸生。博覽嗜古，又喜聚書，建抱經樓，藏書數萬卷，
幾出天一閣上。羨天一閣之有《圖書集成》也，竟至北京購得
《圖書集成》底稿以歸，以爲抗衡范氏之資。當時一爲底稿，一

爲賜書，競美一時。錢竹汀來甬之初，甬人引以爲藝林佳話。

吕氏家塾讀詩記三十二卷

宋巾箱本，嘉興項氏、虞山毛氏、揭陽丁氏舊藏。

宋吕祖謙撰。前半每葉二十四行，行二十四字；後半每葉二十六行，行二十五字。有項氏萬卷書樓、項德棻、毛子晋諸印，此爲吾粤豐順丁氏舊藏，《持静齋書目》卷一經部四第六葉著録之，前後行款不同，與丁《目》相符，故可定爲丁氏遺籍，不徒據廠估之言也。丁氏藏書，吾家邵亭曾爲之《舉要》，係著録其宋、元、明本及鈔本，此本不見於《舉要》内，蓋丁《目》於此書有續得二字，是明斯本於邵亭編録《舉要》後乃得之者矣。同治六年秋，邵亭游浙還，及吳門，丁氏請其檢理齋書三百餘匣，記其撰述人代、卷帙鈔刊，至九年，《記要》成二卷。丁氏歸田後，復編成《書目》得四卷，續增一卷，書未成而丁氏卒，故書内多墨釘，印本流傳至罕。光緒廿一年，江氏標客粤，見丁氏《書目》于汪氏鳴鑾架中，病其雜糅，爲之擇要，成一卷，分宋、元、校、鈔、舊刻五類，謂備吳中藏書掌故。然宋本經部，如《吕氏家塾讀詩記》誤作《讀書記》，《禮記集説》作《集釋》之類，不無訛誤，而邵亭《紀要》，江氏則未之見也。丁《目》頗不爲藏書家所稱，今按其目，亦多善本要籍，不過禹生於書本尚非真好，無以發之，此則不能爲鄉先生諱耳。前清天禄琳琅有此書宋本數種，其一本有題語見於目内，略云，按陳振孫《書録解題》謂，自《公劉》以後，編纂已備，條例未竟，學者惜之。此本《公劉》首章下有識語云，先兄己亥之秋復修是書，至此而終。自《公劉》之後章，訖於終編，則往歲所纂輯者，皆未及刊定。如小序之有所去取，諸家之未次先後，與今編條例多未合。今不敢復有所損益，姑仍其舊，以補是書之闕。伯驤按：此識語見吕氏本書卷二十六。丁《目》云，然則此書爲其弟祖約所校刊，與朱子序合，是也。天禄此本，所記行款，半葉十二行，行廿二字，與日人島田翰所云，淳熙壬寅尤延之所刻，四周雙邊，注雙行，低頭一字，細楷端正，搨刷如新，其楮刻之純，絶似宋小字本《太平御覽》，及宋紹興刻七十卷本《史記》，而謹嚴過之。前有朱子序，無目録，卷端題《吕氏家塾讀詩記》卷第一，次行以下載《綱領》，卷末有尤袤跋。殷、玄、禎、慎等字宋諱，闕末畫，板心有刻工姓名者相同。張氏愛日精廬藏宋殘本，自卷一至十九，其行款亦與之相若也。《天禄目》稱，别有一宋巾箱本，則每半葉十四行，行十九字，且註中引諸家姓氏，皆用白文，確非一本，或卽尤跋所云建寧刻云云。此則明嘉靖覆刻之祖本，或誤以嘉靖本爲祖本也。《儀顧堂續跋》卷一第二十一葉云，嘉靖覆宋本《讀詩記》，前有陸釴序、諸家姓氏、引用書目。每葉二十八行，每行十九字，經頂格，注低一格，注中有注旁行，而字略少，不作雙行。各家姓氏，以黑質白章别之，書法以篆作楷。陳啓源《毛詩稽古編》所由濫觴也，書賈往往割去陸序以充宋本，世亦有受其欺者。蓋陸氏以前，盧抱經亦以嘉靖本爲難得矣，《羣書拾補》云，吕氏《讀詩記》，明御史傅應臺氏刻於南昌，從宋本出，今其本頗不易得，世所通行者，乃神廟癸丑南都所刻本。余曾借得嘉靖本以相參校，始知神廟本脱去兩葉，其他亦有遺脱。卷一《詩樂禮記》“天子五年一巡狩”之前脱一段，卷二十七《烝民》第六章，“鄭氏曰衮職者，不敢斥王之言也，王之職有闕能”，此下嘉靖本後印者脱去兩葉，神廟本竟無從補完。嘉靖本係每葉二十八行，行十九字，今鈔補於後。神廟本卷二十八第八葉，“自彼成康，奄有四方”下，脱誤十四字，今補之。第十二葉後三行“牟大麥也”下多訛脱，今補正之，云云。蓋嘉靖本流傳甚罕，其行款與《天禄目》所云宋巾箱本同，則天祿本之爲宋、爲明，固未能確定矣。大抵《讀詩記》之附雕，有建寧本，有丘宗卿重鋟江西漕臺本，又有眉山賀春卿刻本，魏鶴山序之，宋世所刊，大略如此。今檢尋前人簿録，天祿之外，惟罟里瞿氏有宋本，陸存齋無之，張月霄則殘本耳。島田氏《古文舊書考》，又著録別一宋槧本，所云首有目録，行、字與尤刻同，惟幅界略廣，審其纖維墨光，大異元、明，當是宋末刻本，是也。前明嘉靖四明陸鈇覆宋本外，又有萬曆蘇程君刻，比陸本稍爲近祖，然《烝民》六章"鄭氏曰仲山甫"以下二章亦屬闕佚，唯標明脱簡，不强爲相接，差爲不妄。萬曆間又有陳龍光刊本，陸存齋云陳本前有萬曆癸卯顧起元序，其書亦源出嘉靖刻，而改其行款，變其字體，易旁行小注爲雙行注。嘉靖本之後印者，卷二十七缺二十九、三十兩葉，當此本三十六、七葉之間，故三十五葉末留黑釘一行，三十六、三十七兩葉空其張數，俾閱者有迹可求，尚無明人羼亂惡習。卷一《詩樂》奪一條，卷二十八奪數十字，皆抄手佚脱，校勘不精，尚非大謬。惟卷二十七所缺千餘字，當嘉靖本之兩葉又四行，實不止兩葉也，因何奪落，令人不可思索。盧抱經以爲止脱兩葉，蓋未覆勘原書耳。以上見《儀顧堂續跋》。蓋皆存齋攷論明本《吕氏讀書記》之言也。尤氏跋東萊書，謂後世求詩人之意於千百載之下，議論紛紜，莫知折衷，伯恭病之，因取諸儒之説，擇其善者，萃爲一書，間或斷以己意。吕氏著書之旨，此數言可括之矣。其後宋戴溪撰有《續吕氏家塾讀詩記》三卷，謂吕氏於字訓章旨已悉，而篇意未貫，故以《續讀記》爲名。前人謂其自述己意，實與吕氏宗旨小異，其謂《有狐》爲國人憫鰥夫，《摽有梅》父母之心也，"求我庶士"，乃擇壻之辭，未免好爲新説。清四庫從《永樂大典》録出，張氏《墨海金壺》因而付雕。又宋信安劉克撰《説詩》十二卷,克之學出於東萊呂氏,其例雖與《讀詩記》相同,而去取之間,究別異也。其子坦鋟梓,乃盡删舊解,獨存克説,已非原本矣。明永樂間曾刻之,吾家有藏本。毛晉原名鳳苞,字子晉,常熟人。父清以孝弟力田起家,晉奮起爲儒,好古博覽,構汲古閣藏書數萬卷,刻十三經、十七史,古今百家書,手自讐校行于世。爲人孝友恭謹,與人交有終始,又好施與。推官雷某贈之詩曰,"行野漁樵皆謝賑,入門僮僕盡鈔書"。所著有《和古今人詩》《野外詩題跋》《虞鄉雜記》《隱湖小志》《海虞古今文苑》《毛詩名物考》《宋詞》《明詩記事》《明詞苑英華》《僧宏秀集》《隱秀集》《閨秀集》,共數百卷。汲古閣在虞山郭外十餘里,今析隸昭邑界,剞劂工陶洪、湖孰、方山、溧水人居多,開工於萬曆中葉,至啓禎時,留都沿江凱凱。毛氏廣招刻工,以十三經、十七史爲主,其時銀串每兩不及七百文,三分銀刻一百字,所刻經史子集、道經、釋典,品類甚繁。當其時盜賊蠭起,毛氏賴工多保家,至國朝初年,家亦因此中落。有子三:曰扆,曰襄,曰表。扆字斧季,最著名。見《蘇州府志》、徐氏《前塵夢影録》。此書當爲汲古舊藏,故有其藏章。毛氏之前,當爲嘉興項氏祕笈。姜紹書《韵石齋筆談》上,項子京家藏書,三吳珍祕,歸之如流,然而己酉歲大兵至嘉禾,項氏累世之藏,盡爲千夫長汪六水所掠,蕩然無遺云云。至德棻項氏,未甚著名。今按:陸氏、丁氏著録嘉禾項德棻宛委堂刻元陸友仁《研北雜識》,繆氏著録天啓甲子校印《奇姓通》,亦德棻刻,當是風雅好事之士。長沙葉氏遂疑德棻爲篤壽兄弟之子,葉氏云,篤壽兄名元淇,弟元汴字子京,流傳書畫名蹟,所謂項墨林天籟閣也。篤壽子德楨,萬曆己未進士。見《嘉興府志》進士題名。

元汴子穆，字德純；穆季弟德明，字鑒臺。見《府志》列傳。
又德新字又新。見朱彝尊《明詩綜》小傳。又德宏，見朱氏
《曝書亭集‧蘭亭神龍本跋》。均以德爲名，則德棻必其從子行
也。見《書林清話》。丁氏名日昌，號禹生，豐順人。官至江蘇
巡撫，喜藏書，齋名初爲實事求是，繼爲百蘭山館，終而以持
靜爲題。知實事求是爲初名者。《邵亭宋元本經眼錄》云，《儀
禮鄭注》十七卷，宋淳熙本。同治甲子，署蘇松太道丁禹生獲
之上海肆中，客道署借讀，審定爲實事求是齋經籍之冠，知繼
名百蘭山館者。林達泉《太僕文鈔》卷下《百蘭山館藏書目錄
序》云，雨翁都轉，博雅好古，藏書富甚。暇日盡出所藏，屬
某編爲目錄，因仿《四庫全書》例，分爲經史子集四部，復約
分數類，以便檢查。其類無可歸，或叢殘零本，及一本、二本
自爲部者，統歸雜集一類，按部按類，查檢不獲，於雜集檢之，
無不獲也。自兵燹以來，大江南北，兩浙東西，所謂文宗、文
匯、文瀾三閣，庋置祕本，都已化爲灰燼，無有存者。都轉乃
蒐羅薈萃，收拾於委棄瓦礫之餘，購集之多，幾及三四萬卷，
洵所謂壹其所好好之而有力者也。都轉從政之暇，日手一編，
清俸所入，盡以購集圖史，故得蔚爲大觀。某，寠人也，屠門
大嚼，亦且快意，編校之餘，爲誌其緣起云。至持靜之目，則
最後所編，今所傳之五卷本是也。《百蘭山館詩集》中有《以書
贈坡樵廣文》、《約來樓觀書詩》，其自注云，吳門黃蕘圃百宋一
廛所藏宋槧書，歸予者甚多。又《園居雜詠》云，中歲嗜古籍，
簡編時在手，佞宋復佞元，第恨乏科斗。然今觀其目，則蕘圃
舊本，似不多見，未知何故。又《汲庵詩文存》，稱禹生于同、
光之間，廣招譯客，延聘文士，譯成西人《六大洲地球圖說》，
成書一百餘卷，秀水舉人楊利叔象濟，嘗爲潤色，而未見傳本，

或未附刊也。禹生以通洋務知名于時，湘陰郭筠仙嵩燾《養知書屋文集》中，有《自倫敦上李文忠公書》云，今時洋務，中堂能見其大，丁禹生能致其精，沈幼丹能盡其實。譯此書時，或亦以通知洋務之故，今此百餘卷稿本，不悉流入何處矣。郋園稱，禹生收書在江蘇巡撫任內，于時亂事甫平，江南故家藏書，賴有禹生與仁和丁松生、歸安陸存齋共相搜訪，幸未罹于劫灰。此語未確，實則丁氏之書不盡官巡撫時所得也。甲子一周，遺藏四散，壬子、癸丑間，往往流入滬市。說者重提存齋舊事，謂報應宜然，此則苛論矣。

呂氏家塾讀詩記三十二卷 明嘉靖本。

宋呂祖謙撰。前有《刻呂氏讀詩記序》兩葉云，余嘗讀呂氏《讀書記》《大事記》，未睹《讀詩記》也，近得宋本於友人豐存叔，讀而愛之。其書宗毛《詩》以立訓，考註疏以纂言，剪綴諸家，如出一手，有司馬子長貫穿之巧；研精彌歲，融會渙釋，有杜元凱真積之悟；緣揚醜類，辯正名義，有鄭漁仲考據之精，茲余之所甚愛焉。廼柱史應臺傅公刻於南昌郡，刻成，或問余曰，今《詩》學宗朱氏《集傳》矣，刻呂氏何居？余應曰，子謂朱、呂異說，懼學者之多歧所。夫三百篇微詞奧義，藐哉邈矣。齊、魯、韓氏，譬則蹊徑之始分也，其適則同也；注疏所由以適也，譬則轍也；朱氏、呂氏，蓋灼迷而導之往也，譬則炬與幟也。呂宗毛氏，朱取三家，固各有攸指矣，朱說記採之，呂說傳亦採之，二子蓋同志友也，非若夫立異說以求勝也。善學者審異以致同，不善學者反同以求異，是故刻呂氏以存毛翼朱，求合經以致同而已矣。雖然，余於是竊疑焉，三家之詩，唐人已失其傳，雖有傳存焉者，訛矣，毛詩固未嘗亡也。

後世經生尋墜緒之三家，不啻珠璧，棄未亡之毛氏，直如弁髦，
何哉？三家廢，君子既已惜之，《集傳》出而毛氏之學寖微，又
奚爲莫之慨也。夫去古近者，言雖贋而似真；離聖遠者，説雖
詳而易淆。故曰冡尺雖斷，不定鍾律，毛氏殆未可輕訾也。曰，
然則將盡信毛氏可乎？曰，余觀其釋《鴟鴞》合《金縢》，釋
《北山》《蒸民》合《孟子》，《昊天成命》合《國語》，《碩人》
《清人》《黄鳥》《皇矣》合《左傳》，《由庚》諸篇合《儀禮》，
其可尊信，視三家獨多。故吕氏之言曰，毛《詩》與經傳合，
最得其真。朱子亦曰，其從來也遠，有傳據證驗，不可廢者。
是故刻吕氏以存毛翼朱，求合經以致同而已矣。吕氏凡二十二
卷，乃《公劉》以後編纂未就，其門人續成，兹又斯文之遺憾
云。嘉靖辛卯孟冬既望，古鄞陸鈇撰。此序之字方整，與全書
之用篆作楷者不同。次朱子叙，次目録，次姓氏，次引用書目。
卷之一綱領詩樂，删次大小序、六義風雅頌、章句、音韻、卷
帙、訓詁、傳授、條例，卷之二詩篇名、正風周商，卷之三召
南，卷之四之十六變風，從邶訖豳，十三國並變風也，卷十七
之二十四正小雅，卷二十五之二十七正大雅，卷二十八之三十
周頌，卷之三十一魯頌，三十二商頌。姓氏首毛氏萇、鄭氏康
成、孔氏安國；次陸氏璣，璣作機；丁晏《毛詩陸璣疏校正序》云，
《隋書·經籍志》，《毛詩草木蟲魚疏》二卷，烏程令吳郡陸璣撰。《唐書·藝文志》
陸璣《草木鳥獸蟲魚》二卷。宋《崇文總目》云，世或以璣爲機，非也，機本不治
詩，今應以璣爲正。案：《初學記》燭類引陸士衡《毛詩草木疏》，唐人已誤爲機，
幸有陸氏《釋文》，機字元恪，爵里甚明。阮芸臺《毛詩校勘記》，陸璣疏下注云，
毛本機誤璣，《釋文序録》同，唯《資暇集》有當從王旁之説，宋代著録元恪書多
采之，毛本因此改璣，其實與士衡同姓名耳。又於《釋文》下注云，通志堂本、盧
本機作璣，案：璣字誤改也。盧文弨云，《隋志》璣作機，不云影宋本失校也。《正
義》所引亦皆作機，誤改作璣者，始於李濟翁《資暇録》。兩公同時宿學，而其説

不同如此，今案：《隋志》《釋文》實作璣，阮謂《隋志》作璣，實沿盧氏之誤，且盧謂《隋志》作機，並未改《釋文》之璣爲機。阮遂謂《釋文》亦作機，失檢甚矣。考梁元帝《古今同姓名錄》載二陸機，注云，一吳人字士衡，一名璣字元恪，注《本草》者。錄中於其餘同姓名者第二人不書名，但書鄉貫事蹟。此獨云一名璣，與袁宏下注云一名閎同例，據此，則字元恪之陸璣當從玉可知。隋杜臺卿《玉燭寶典》、唐釋慧琳《一切經音義》，已引作陸機，則作機者蓋始於隋唐時，《書》在璿璣玉衡，《堯廟碑》《周公禮殿記》並作旋機。《易略例》璇璣，《釋文》云璣本作機，機皆璣之叚。陸士衡名機，蓋卽叚機爲璣。故陸元恪名璣，俗亦叚機爲璣字。要以作璣爲正。次何氏休、杜氏預、郭氏璞、韋氏昭、韓氏愈；次明道程氏、伊川程氏、橫渠張氏、藍田呂氏、山陰陸氏、南軒張氏、晦庵朱氏等，明道下皆宋人也。按此書所列說《詩》姓氏，首述毛萇，自是仍前人之誤。清《四庫總目提要》攷證最確，實足正之。《提要》云，《漢·藝文志》《毛詩》二十九卷、《毛詩故訓傳》三十卷，但稱毛公，不著其名。《後漢書·儒林傳》始云趙人毛長傳《詩》，是爲《毛詩》，其長字不從草。《隋書·經籍志》載《毛詩》二十卷，漢河間太守毛萇傳、鄭氏箋。於是《詩》傳始稱毛萇，然鄭玄《詩詁》曰，魯人大毛公爲訓詁，傳於其家，河間獻王得而獻之，以小毛公爲博士。陸璣《毛詩草木蟲魚疏》，亦云孔子刪《詩》授卜商，商爲之序，以授魯人曾申，申授魏人李克，克授魯人孟仲子，仲子授根牟子，根牟子授趙人荀卿，荀卿授魯國毛亨，毛亨作《訓詁傳》以授趙國毛萇，時人謂亨爲大毛公，萇爲小毛公。據是二書，則作傳者乃毛亨非毛萇，故孔氏《正義》亦云大毛公爲其傳，由小毛公而題毛也。《隋志》所云，殊爲舛誤，而流俗沿襲，莫之能更。朱彝尊《經義考》乃以《毛詩》二十九卷，題毛亨撰，注曰佚。《毛詩訓故傳》三十卷，題毛萇撰，注曰存。意主調停，尤爲於古無據。今參稽衆說，定作傳者爲毛亨，以鄭氏後漢人，陸氏三國吳人，併傳授《毛詩》，淵源有自，所言必不誣也。蓋亨實作傳而非莨，館臣之言固有據矣。至《毛詩正義》卷一之一，引《六藝論》云，河間獻王好學，其博士毛公善說《詩》，獻王號之曰毛詩，是獻王始加毛也。《提要》以其非本文所當說，故不述之。然《詩》於何時題毛，此又言經學史者所宜知也。宋刻《讀詩記》不易得，此嘉靖本，書價亦大昂，極爲藏家所重，故頗詳之。前人評此書，謂從宋本翻雕，盧氏《羣書拾補》，則校出其勝於萬曆本者有數處。半葉十四行，行十九字。

吕氏家塾讀詩記三十二卷從明萬曆刊本傳錄。

宋吕祖謙撰。前有萬曆間顧氏序云，東萊先生吕成公《讀詩記》，舊南離蜀省皆有刻，歲久夷漫，罕行於世。余家有藏本，南考功陳君取而諷焉，謀于寮蘇君、程君授諸梓，既成，屬余以序。余惟國家功令，立《詩》學宮，士所受以紫陽《集傳》爲宗，一切古注疏罷弗肄，故成公所記，雖學士大夫心知好之，而不獲與紫陽耦。余間嘗反覆研味，參諸往志，得其說與文公異者凡有四焉：文公取夾漈鄭氏詆謑小序之說，多斥毛、鄭，而以己爲之序；成公則尊用小序，且謂《毛詩》率與經傳合，爲獨得其真，其異一也。文公醳思無邪，謂勸善懲惡，究乃歸正，非作詩之人皆無邪；成公則直謂詩人以無邪之思作之云，其異二也。文公以《桑中》《溱洧》，卽是鄭、衛二雅，乃名爲雅；成公則謂二詩並是雅聲，彼桑閒、濮上，聖人固已放之，其異三也。文公以二南房中之樂，正大小雅朝廷之樂，《商頌》《周頌》宗廟之樂，《桑中》《溱洧》之倫，不可以薦鬼神、御賓客；成公則謂凡詩皆雅樂也，祭祀朝聘皆用之，唯桑濮、

鄭衞之音，乃世俗所用，元不列于三百篇，其異四也。余又嘗
因此攷之，而覺成公之説長，《詩序》自毛萇、鄭玄、沈重、蕭
統，皆以爲子夏作。韓文公謂子夏有不序詩之道三，疑漢儒所
附託；伊川斷以《小序》作于當時國史，而《大序》非聖人不
能；程大昌又辨以《小序》古序也，兩語外續而申之；依范曄，
迺衞宏所綴。諸説棼棼，迄無定論，然詩之有序也，猶聽訟之
有證驗也，證驗必于其人與世之近者求之。以毛氏之源流子夏，
貫穿先秦古書，自河間獻王已深知其精者猶不足信，今用己見
隃度《静女》《采葛》諸詩，爲若後世子夜之歌，估客之樂者，
鄭樵、章俊卿之論是且奚据哉！有善有惡固亦作者之志，非美
善則刺惡何取之有！故均一淫泆之辭也，出奔者之思則邪，出
刺奔者之思則正。今第以辭而邪之，則《叔于田》本刺鄭莊也，
而辭乃愛段；《揚之水》本刺晋昭也，而詞乃戴武。是直爲後世
美新勸晋之嚆矢矣，聖人奚取焉，迺存之爲亂賊口實哉。《漢
志》載衞地桑間、濮上之阻，男女亟聚會，聲色生焉。近代博
南新鄭著録言鄭聲淫者，謂鄭國作樂之聲過于淫，非謂鄭詩皆
淫也，是以《樂記》曰，流辟邪散狄成滌濫之音作而民淫亂，
夫聲與辭其分固已皙矣。《青衿》安知非以刺學，《風雨》安知
非以思賢，《有女同車》安知非以刺婚，《遵大路》安知非以留
君子，而必以爲淫昏不檢之人，自道其謔浪啁哳之語乎。聖人
所删者又何等篇，曾是斥穢登良迺慇真也。《左氏》記季札之觀
樂也，所歌者邶、鄘、衞、鄭皆在焉，則諸詩固雅樂矣，使其
爲里巷狹邪所用，周樂惡得有之，魯之樂工又何自取異國淫邪
之辭，肆之于磬夏護武間也。且鄭伯如晋，子展賦《將仲子》；
鄭伯享趙孟，子太叔賦《野有蔓草》；鄭六卿餞韓宣子，子齹賦
《野有蔓草》，子太叔賦《褰裳》，子游賦《風雨》，子旗賦《有

女同車》，子柳賦《籜兮》，皆見美于叔向、趙孟、韓起。然則
鄭詩未嘗不可施于燕享，假令盡爲淫奔所作，豈有兩國君卿大
夫相見，乃自歌其里巷狹邪之淫辭，以黷媟爼豆，下伍伶諢者
哉，必不然矣。蓋徧攷宋儒方回、馬端臨輩所論著，錯以古今
諸賢之言，二書異同，較若指掌，而成公之説，其理似有不可
廢者。士君子生千歲載之後，讀古人書，政自未易，詩文多微
辭，尤難臆決，要在衷諸理而是，質諸心而安耳。苟其有得于
心與理，卽璅語稗説，持之有故，猶不可棄，況于賢人君子之
言，重席解頤之論，確有師承，可俟百世而不惑者哉。然則讀
文公《集傳》者，于成公所記，惡可忽諸。抑又聞揚雄有言，
譊譊之學，各習其師。范曄亦云，書理二義歸有宗，碩學之徒
莫之或從，故通人鄙其固。夫攷正亡逸，稽覆異同，使積滯羣
疑，涣然冰釋，固通經博古者之大快也。余故詳次昔人所評，
爲讀二家《詩》備折衷焉。萬曆癸丑上元日，江寧後學顧起元
撰並書。

慈湖詩傳二十卷鈔本。

宋楊簡撰。簡號敬仲，慈谿人。乾道五年進士，官至寶謨
閣學士。《宋史》有傳。前有楊氏自序，附樓鑰答書。是書焦氏
《經籍志》《千頃堂書目》，尚載其名，《經義攷》則云已佚，清
四庫鈔自《大典》中，然殘缺者則無從補録。大旨本於孔子無
邪，而反覆申論之。據《後漢書》以小序出自衞宏不足信，又
謂《左傳》不可據，《爾雅》亦多誤；陸德明多好異音，鄭康
成不善作文，以《大學》之釋《淇澳》爲多牽合，尤爲當時學
者所駭異，然考證頗詳，大要仍不悖經義。蓋楊氏之學，出於
陸氏九淵，往往與時賢別異，前人每以爲資性高明之過。近人

章太炎氏云，得明刻慈湖遺書，觀其論議，能信心矣，故于孔叢所稱"心之精神是謂聖"一語，無一篇不道及，蓋明儒所謂立宗旨者，實始于此。而又以心本不亡不須存，心本無邪不須正詆諸儒，此殆有《壇經》風味。其後羅近谿輩，大抵本之，然宋儒不滿思、孟，極詆《大學》者，唯慈湖一人，舉《孟子》"必有事焉而勿正心"一語，以詆《大學》正心之説，此亦他人所不敢言者。然觀其自叙，則仍由反觀得入。云少時用此功力，忽見我與天地萬物、萬事、萬理澄然一片，更無象與理之分，更無間斷，此正窺見藏識含藏一切種子恒轉如瀑流者，而終不能證見無垢真心。明世王學，亦多如是，然則金谿、餘姚一派，但是吠檀多哲學耳，于佛法猶隔少許云。伯驩按：蓮池尊者《竹牎隨筆》云，新建良知之説，是其識見學力深造所到，非彊立標幟，以張大其門庭者，然好同儒釋者，謂卽是佛説之真知，則未可。又云，《孔叢子》云心之精神是爲聖，楊慈湖平生學問，以是爲宗，然更淺於良知，均之水上波耳云云。此説可與太炎相證。又敬仲説《易》，亦略象數而談心性，説者謂其多入於禪。朱氏《經義考》載《慈湖易解》十卷，今四庫本則與之有異，伯驩嘗讀之，書中所言，與太炎之説相符者不尠，蓋其主旨固如是也。此書每卷均有"吹網"二字朱文章。池州南泉普願禪師云，心尚無有，云何出生諸法，猶如形影，分別虚空。如人取聲，安置篋中；亦如吹網，欲令氣滿。葉氏廷琯撰《吹網録》，實取義於此。調笙鳳嗜典籍，此本或其所藏歟。

詩緝三十六卷明味經堂翻刊本，焦理堂舊藏。

前題朝奉大夫臣嚴粲述，蓋宋人經説也。粲字坦叔，邵武人，官清湘令。前有竹溪林希逸序，次淳祐戊申夏華谷嚴粲自序，次條例，次《清濁音圖》，次《十五國風地理圖》，次《毛詩綱目》。其書以呂氏《讀詩記》爲主，而雜采諸説以發明之，間加己意。於音訓疑似、名物異同，攷證頗騣，集諸家之説，參以己意，大書經文之後，謂之章指。諸家字訓句義，則細書經文各句之下，謂之小注。林氏叙略云，六經皆厄於傳疏，《詩》爲甚，我朝歐、蘇、王、劉諸鉅儒，雖擺落毛、鄭舊説，爭出新意，而得失互有之。東萊呂氏始集百家所長，極意條理，頗見詩人趣味，然疎缺涣散，要未爲全書。蓋《詩》於學自爲一宗，筆墨蹊徑，或不可尋逐，非若他經，然其流既爲騷、爲選、爲唐古律，而吾聖人所謂可以興觀羣怨，孟子所謂以意逆志者，悉付之明經家。艾軒林先生嘗曰，鄭康成以三禮之學，箋傳古《詩》，難與論言外之旨矣。華谷嚴君坦叔早有詩名江湖間，甲辰余抵京，以同舍生見，時出《詩緝》語我，其説大抵與老艾合。且曰，吾用心於此有年，非敢有以臆決，攄諸家而求其是，要以發昔人優柔温厚之意而已。讀其全書，乃知其鉤貫根葉，疏析條緒，或會其旨於數章，或發其微於一字，出入窮其機綜，排布裁其幅尺，辭錯而理，意曲而通，逆求情性於數千載之上，而興寄所在，若見其人而得之。至於音訓疑似、名物異同，時代之後前、制度之纖悉，訂證精密，開卷瞭然。《易》盡於伊川，《春秋》盡於文定，《中庸》《大學》《語》《孟》盡於考亭，繼自今吾知此書與並行也。余嘗得華谷舊藁，五七言幽深夭矯，意具言外，蓋嘗窮諸家閫奧，而獨得風雅餘味，故能以詩言《詩》。此箋傳所以瞠若乎其後也云云。卷首有蒙齋袁先生手帖云，《黍離》《中谷有蓷》《葛藟》不用舊説，獨能深得詩人優柔之意。其他一章一句，時出新意，大抵宛轉

有旨趣，再三玩味，實獲我心。坦叔可與言《詩》也已矣。伯
驥按：前清鎮海劉粲著《詩緝補義》八卷。前有山陽汪廷珍序。
次有嘉慶辛未自序，謂《詩緝》於時令、地理，頗有失實，名
物訓詁，不無疏舛，正其誤者八十三條。後人有謂此勝於望溪
《朱子詩義補正》，攷宋人經說者，亦當論及也。護葉有前清焦
氏循題記云，宋人說《詩》，自鄭樵以小序爲妄，而晦翁遵之，
《詩》之一經乃紊。鄱陽馬氏力辨小序之不可廢，誠篤論也。坦
叔此書，馬氏所不載，其未之見耶。國朝通志堂諸刻，亦遺此
書。今板本世不多得，余戊申秋應試居金陵，見於故書肆中，
急分日用錢得之，凡三十六卷，分十二冊。其書列小序於每篇
之首，訓詁多本毛、鄭，而名物音切之間，雖無精核，尚非鑿
空虛衍之可比，以之訓蒙良勝於他書也。坦叔，閩人，後數百
年，何氏名楷者出，去小序而自爲序，廢亂篇章，妄爲解說，
則異端而已矣。半九主人焦循題。又云，余年二十，讀書於安
定書院中，院長爲丹陽吉渭厓先生。謁見時，先生問近日讀何
書，以《毛詩》對。先生因盛稱東萊《讀詩記》，及坦叔此書。
退而問諸市，無有也。至戊申秋，在江寧方得之，時先生已官
京師，又數年先生没，偶檢此書，念先生諄諄教人，感慨不能
自已，述之於此。嘉慶四年六月廿三日江都焦循記。卷中文字，
往往與今本不同，猶存宋刻之舊，明趙府居敬堂，曾爲鋟行。
此則味經堂翻刊也，半葉九行，行十八字。循，號理堂，江都
人。《揅經室集》有《通儒焦先生傳》。《理堂詩集》中曾稱其
夫人典釵助之買書，此本或亦出閨房環珮之貲歟。明楊文貞之
母夫人，沽其家鷄，以資子書費，若焦氏妻尤賢矣。

毛詩要義二十卷鈔宋本，沈曉滄手校。

　宋魏了翁撰。無序跋。《宋史》本傳稱魏氏有《九經要義》

百卷，《藝文志》則云實二百六十三卷。元方回跋其《周易要義》云，前丁酉歲，以權工部侍郎忤時相，謫靖州，取諸經注疏，摘爲《要義》。《宋史·藝文志》分載其書，而《讀書附志》《讀書後志》《書録解題》《文獻通考》皆未著録。明張萱重編《内閣書目》，有《周易》《尚書》《春秋》《儀禮》《禮記》《論語》《孟子》七種，其二種已佚。前清時，《毛詩要義》始出於錫山鄒氏，後藏上海郁氏。《周禮要義》嚮藏汪氏，後爲虞山張氏所得。其《周易》一種，天一閣范氏、崑山徐氏，均有鈔本。而清四庫所采，祇有《周易》《尚書》《儀禮》《春秋左傳》四經，《周易》《儀禮》尚是全書，《尚書》《春秋》皆不完。其後儀徵阮氏撫浙，乃得《尚書》闕卷，及闕首二卷之《禮記》進之。《毛詩》一種，爲郁氏收藏，所推爲宜稼堂諸宋本之冠者，後乃歸吾粤丁氏持静齋焉。此《要義》存佚及流傳之大略也。虞集《九經要義序》云，取諸經注疏正義之文，據事列類而録之，與方回跋合。張氏編内閣書則云，考究九經中義理制度，實則删節注疏，存其簡當，去其煩宛冗。每段之前，各有標目，以便讀者之省覽，魏氏並不附己見。阮氏謂萱未詳核，其說是也。讖緯之書，《唐志》猶存九部四十八卷，孔氏作《正義》，往往引之。宋歐陽脩嘗欲删而去之，以絶僞妄，使學者不爲其所惑，言不果行。迨魏氏作《九經要義》，始加黜削，而其言始微。此前人之説也。嘉興錢氏泰吉謂，唐人義疏，讀者每病其繁，魏氏《九經要義》以删讖緯爲主，然於繁文未能盡節。武進臧氏琳欲仿《史通·削繁》之法，裁剪義疏，别爲《九經小疏》，舉《禮記·樂記》《周禮·大司樂》二則以爲例。見所撰《經義雜記》十一卷。此可證魏氏著書之主見，而又爲後人啓讀書之新涂徑矣。蓋魏氏著此書時，所見《正義》猶是善本，虞山瞿氏藏《周易要義》舊寫本，謂第一卷“彖辭統論一卦”之體一條，所采《乾·彖傳》疏文，若貴賤、壽夭之屬是也，即接“保合大和，乃利貞”者，此二句釋利貞也云云。是猶未分裂於各節之下者，其字句足訂今本之譌，每與家藏大字八行本《周易注》相合，不與十行本同，已可證其善。而《毛詩要義》·之寫本，瞿氏亦嘗校其異同於十行本，而實有勝處者。即如卷第一鄭氏箋疏詁訓傳，毛自題之，不脫傳字。《關雎》傳若雎鳩之有別焉，雎鳩不作關雎，箋雄雌情意，雄雌不作雌雄，並同岳本。《葛覃》末章疏《南山》箋文姜與娣姪，南上不衍圈、文不譌云，據此知十行本云即文之譌，浦氏鐘謂脫文字非也。《卷耳》疏衛侯饗苦成叔，不重成字。《螽斯》疏股鳴者也，股不誤肱。《鵲巢》疏婦車亦如之有裧，裧不誤惧。《采蘩》疏於俎南西上，俎不誤葅。案少牢作被錫，注云被錫，兩錫字皆不誤褐。《采蘋》箋此祭祭女所出祖也，不脫下祭字。祭禮主婦設羹，禮不誤事。《行露》箋紡帛不過五兩，紡不作純。《小星》疏知三爲心者，心不誤星。《野有死麕》箋皆可以白茅裹束以爲禮，裹上不衍包字。《何彼襛矣》疏謂以如王龍勒之韋，王不誤玉。其始嫁之衣，嫁下不衍其嫁二字。全書中足以訂訛者甚繁，惜阮氏作校勘記未見之，云云。瞿《目》又謂其書錄疏爲多，傳箋則間取之。析其辭爲各條，每條自撰綱領，亦有一條中不能截分者，則以綱領書於眉間，大抵意取故實，不主說經，故不求詳備，第錄之以備遺忘，足徵宋儒亦不忽漢唐實事求是之學，此則是書之價值也。此本爲桐鄉沈氏炳垣主郇氏時，從宋本錄出而手校之，全書精勘，間附識語。丁氏所藏宋本，不審流傳何所，此從宋本原書精寫，實比後來之刻本爲優。炳垣一名潮，字魚門，號曉滄，嘉慶庚午舉人，官江蘇

海防同知。有《甎硯山房詩鈔》。錢氏《甘泉鄉人稿》有沈曉
滄《寄贈徐君渭仁新刻思適齋集詩》云，“沈侯嗜好別流俗，休
沐逍遙辭劇務。好事近得郁與徐，異書校勘爲點注”。自注云，
上海郁泰峯松年所刻《宜稼堂叢書》，曉滄亦曾相贈。徐、郁兩
君所刻書，皆曉滄精心爲之校定。又，曉滄有臨何義門校本
《剡源集》，現藏江安傅氏雙鑑樓。沈炳垣，字子卿，浙江海鹽人。道光
乙巳進士，官中允，任廣西學政，殉難。贈内閣學士，謚文節。有“祥止室詩鈔”
六卷。此則別有其人，在曉滄之後。

朱子詩傳纂集大成二十卷 元至正刊本。

　　前題宋新安後學胡一桂附録纂疏。前有泰定間揭氏序，略
云，周德既衰，《詩》亡《樂》缺，所賴見先公先王風化之自
者，惟三百篇。夫子生晚周，拳拳於二南，唯恐人心之不爲，
於師摯聞《關雎》洋洋盈耳，欣幸之至，歌詠不絕，興詩立禮
成樂之語，豈虛發哉！朱子於千載之後，感歎哲人之云亡，衆
喙淆亂，恐聖人扶持詩樂之意不傳，乃分別正聲之可絃可歌者，
其餘鄭衛之間，有關淫褻、情性弗得其正，辨而闡明，以防閑
人心。及排小序之誤，理渙辭釋，使後死得與於斯文，彰聖人
之功莫大焉，其書又豈肯自居於疏下。近世《詩》解甚多，如
李迂仲、呂伯恭皆善言，惟華谷嚴氏獨能詣風賦比興之趣，識
其正體，其間援朱子言者多，是知朱《傳》不得不爲《詩》之
統宗會元，雖聖人復出，不易斯言也。然則今胡氏之《附録纂
疏》，及稽齊魯韓三家《詩攷》，捃撫星宿于羲娥後，得無戾朱
子意乎？曰不然。漢儒自申、轅而下，專門者絕力無做，皆爲
羽翼，獨如支流之未底於海，習射之未至於的，則各有見焉。
今之纂集大成，櫽括前後，鋟剟衆説，學者得之，如大庖厭飫，

不但染指嘗鼎。胡氏之心，豈弗良苦，觀其精力茲書，歿身乃已。後十餘年始得今劉氏君佐，迺朱子故友劉用之後人，大不忍以用朱子之學者，埋鬱不售，亟鋟諸梓。使學者誠能於此沉浸參酌，舉疏而傳通，舉傳而疏通，明經取青紫之士，其事業所得，燭照龜卜，較然甚明也。書肆舊有《書傳纂集大成》，行之於四方，信矣，今《詩傳纂集大成》，人間有此雙拱璧，將爭先覩之，政不待序而後顯。劉氏曰，是序也，時泰定第四禩彊圉單閼歲長轂旦乙丑，後學從仕郎邵武路總管府經歷致仕旴江揭祐民從年父書于建東陽翠巖劉氏家塾。次附錄姓氏，次《語錄輯要》，次十五國都會地理之圖，次《詩綱領》。《語錄輯要》後有篆文木記，曰"泰定丁卯仲冬翠巖精舍新刊"。每半葉十一行，行二十字，小字雙行，行二十三字，小黑口。

毛詩集解二十五卷舊寫本，伊墨卿舊藏。

宋廬陵段昌武子武集。此書原本三十卷，今佚卷五、卷十、卷二十二、二十三及末五卷。前有《行在國子監禁止翻板公據》曰，行在國子監據迪功郎新贛州會昌縣丞段維清狀，維清先叔朝奉昌武以《詩經》而兩魁秋貢，以累舉而擢第春官，學者或宗師之。邛山羅史君瀛嘗遣其子姪來學，先叔以毛氏《詩》口講指畫，筆以成編，本之東萊《詩記》，參以晦庵《詩傳》，以至近世諸儒一話一言，苟足發明，率以錄焉，名曰《叢桂毛詩集解》。獨羅氏得其繕本，校讎最爲精密，今其姪漕貢樾鋟梓以廣其傳。維清竊惟先叔刻志窮經，平生精力，畢於此書，儻或其他書肆，嗜利翻板，則必竄易首尾，增損音義，非惟有辜羅貢士鋟梓之意，亦重爲先叔明經之玷。今狀披陳，乞備牒兩浙福建路運司備詞約束，乞給據付羅貢士爲照，未敢自專。伏候台旨，呈奉台判牒仍給本監，除已備牒兩浙路福建路運司備詞約束所屬書肆取責知委文狀回申外，如有不遵約束違戾之人，仰執此經所屬，陳乞追板劈毀斷罪施行，須至給據者。右出給公據付羅貢士樾，收執照應。淳祐八年七月日給。卷前捺"所謂伊人"小印。伊秉綬字組似，又字默庵，號墨卿，寧化人。乾隆己酉進士，歷官惠州揚州、知府。政事文學，皆卓有表見，而獨服膺宋五子之學，嘗自鑴一印云"吾得之忠信"，則外人皆未窺其深也。有《留春草堂詩鈔》行世，君里第名秋水園，有"所謂伊人"小印。見梁氏章鉅《師友集》。

詩傳注疏三卷_{寫本。}

前題宋弋陽謝枋得君直著。前有過錄吳氏識語云，宋謝疊山先生《詩傳注疏》，原本久佚，卷帙無攷。元人解《詩》，互相徵引，刪節詳略，亦各不同。今於《永樂大典》各韻所載元人《詩經纂注》中，採錄一百六十四條，歷搜諸書又得一百三十七條，存詳去略，編爲三卷，祇標篇目，不錄經文，以脫略甚多也。先生生《板蕩》之朝，抱《黍離》之痛，說《詩》見志於小雅憂傷哀怨之什，恒致意焉。而於經義發明透暢，又非空作議論者比，解《無衣》之"與子同仇"，寓高宗南遷之失，論皇父之不遺一老，刺似道誤國之姦。至疏《蓼莪》之四章，詳明愷惻，令人讀之欲淚。孔子興觀羣怨，事父事君之旨，先生蓋深有契焉。讀是編者，可以論世，可以知人矣。乾隆辛丑立夏三日，仁和吳長元麗煌書于京城嵩氏之東軒。又，《挈經室外集》略云，是書《宋史‧藝文志》不載，朱彝尊《經義考》則云已佚。惟元人解經，如劉瑾《詩傳通釋》、朱公遷《詩經疏義》、胡一桂《附錄纂疏》、徐與喬《初學解體》中，互相徵引。而陸元輔云，疊山《詩傳》發明透暢，其書爲當時所重。
兹本通計三百零一則，分上、中、下三卷，似係後人編輯而成，
已非原書卷帙。考枋得生丁《板蕩》，故其因《詩》見志，每
多小雅憂傷哀怨之思，然據理解經，亦絶非橫發議論，若胡安
國之《春秋傳》可比，禮之所謂温柔敦厚，與《論語》之所稱
興觀羣怨者，於枋得實無愧焉。觀此二則，可知此書大旨矣。

詩傳通釋二十卷元日新堂刊本，敦和堂舊藏。

　　元劉瑾撰。每半葉十二行，行二十三字，黑口雙邊。首列
朱熹《詩集傳序》，次《詩傳通釋》，外綱領，引諸儒書、引用
諸儒姓氏。自此以下爲《詩傳綱領》，外綱領。本書題《詩傳通
釋大成》，卷第一題朱子《集傳》，後學安仁劉瑾通釋。卷末有
長方木印“至正壬辰仲春日新書堂刻梓”，而《詩傳綱領》卷
首亦題“建安劉氏日新堂校刊”，卷末有“敦和堂”三字章。
李氏文森《敦和堂書目序》云，黟縣程君松韻，裒輯其祖軒宇
府君敦和堂藏書七萬卷有奇，蓋府君家世儒風，席前人舊以致
富，生平所入，於祭祀、賓客、敬宗收族，及備公家之急外，
悉以購書。軍興以來，海内公私蓋藏，罔弗灰燼，卽徽郡六縣，
素稱仕商淵藪，其宫室器用金玉玩好之儔，有積至前明以上者，
皆蕩然不存，而府君之書，瀕賊者數，依然無恙。見《黟縣三
志》卷十五。此殆程氏遺本歟。

六家詩名物疏五十五卷提要三卷明萬曆刊本。

　　明馮復京撰。復京字大可，號慕岡，盱眙人。萬曆壬辰進
士，官湖廣按察司僉事。《明史》有傳。卷首列引用書目五百八
十七部，在明人經學書中，最稱淹貫。前有葉向高、焦竑兩序。

葉序云,《詩》之途三,曰賦、比、興,而比、興之物,又必有其義,如《關雎》之配耦,《棠棣》之兄弟,《蔦蘿》之親戚,《蜉蝣》之娛樂,《鴇羽》之憂勞,皆非泛然漫爲之説,故善説者舉其物而義可知。六代而後,説《詩》者無慮百十家,今學士經生,多不能舉其名,至並考亭之傳注,亦弁髦視之,問以故實,張目而不能對,蓋治經鹵莽至於如此。又云,十五國者皆在大江之北,今產於南者,足跡多所未涉,亦何從辨其物宜、徵其形象,以遠訂作者於千載之上云云。葉氏所言説經鹵莽之弊,蓋明世經學衰微之寫真也。全書字體方整,筆畫不至橫輕直重,蓋猶有嘉靖遺矩焉。半葉九行,行十九字,上闌匡附音釋,下橫隔單綫,再刻正文,此式蓋沿於南宋之季。

毛詩原解三十六卷寫本。

明京山郝敬撰。郝有《九經解》,前明刊本,尚多流傳。此爲明代寫本,字甚工整,曾以之對校吾家舊藏明本,覺刊本尚多訛字,此則絕少。郝之意以爲三百篇所以高絕千古者,以其寄託悠遠,不讀古序,不達作者之志與聖人刪定之旨,後人疑序與《詩》不似,然不似處正宜理會,《詩》所難言正在此。自朱元晦不通古序,學者謬承師説,淺陋枯索,無復興致矣。郝著書之旨,大都根源於此,蓋所以詰難朱子也。卷首有翰林院大印,當是官書。

詩外傳十卷明沈與文野竹齋本。

漢韓嬰撰。明沈與文刊,與文字辨之。元錢惟善序。後刊亞字形圖記,有"吳郡沈辨之野竹齋校雕"十字,是其標識。孫淵如以錢爲元人,遂以此書爲元刻,爲葉郋園所笑。見其所著《觀古堂書目序》中。伯驥按：沈不特能刻書，更富收藏。觀各家書目，及吾家所收之本，每多其圖記。黃蕘圃《跋邵氏見聞録》，稱吳中杉瀆橋嘉靖時有沈與文頗蓄書，刻《詩外傳》云云。其最明證，孫氏誠誤也。《郘園讀書志》五，著録顧璘《近言》一卷，亦辨之刊本，有“吳郡沈氏繁露堂雕”八篆字。葉云全書方體，字近宋刻，沈固善於刻書者，存之以見明時刻書風氣。伯驥謂此書刻畫精好，與宋元本有虎賁中郎之似，去錢序以欺佞宋者，蓋有之矣。日人森立之《經籍訪古志》，著録高麗本《詩外傳》，亦由此本翻刻者，則此本板刻之精，不益可見乎。此書誤字，自宋元已有之。《容齋續筆》八云，《韓詩》今惟存《外傳》十卷，慶曆中將作監主簿李用章序之，命工刻於杭，其末又題云蒙文相公改正三千餘字，卽其證也。前清顧氏廣圻《與趙味辛論韓詩外傳誤字書》云，《詩外傳》元槧本第五卷，用萬乘之國，則舉錯而定一朝之自，《詩》曰“周雖舊邦，其命維新”。可謂白矣，謂文王亦可謂大儒已矣。此本《荀子·儒效》篇文，彼作“舉錯而定，一朝而伯”，無《詩》曰以下云云。故尊校依楊倞注，伯讀爲霸，而改自爲伯，删去“可謂白矣謂”五字。今以廣圻攷之，則自當爲白之僞，卽《荀子》伯亦白之誤，楊所讀非也。何以言之？有二書之本文可證也。《荀·儒效》篇又云，“則貴名白而天下治也”。《王霸》篇云“仁人之所務白也”句屢見。又云故曰以國齊義，一日而白，湯武是也。《君道》篇云欲白貴名。《致士》篇云而貴名白，天下願。《天論》篇則功名不白，《外傳》卷一同。《榮辱》篇云身死而名彌白。《堯問》篇末云是其所以名聲不白。然則白也者，固荀卿習用之語，唯此處傳寫誤爲伯耳。楊他注或云顯白，或云明白，或云彰明，其義皆是。而此據誤字，望文生義，則

非。幸《外傳》未誤，尚可證之。乃元槧既以形近譌爲自，後
來刻本，又輒改爲間，遂無由知其當爲白者矣。下文可謂白矣
云云，若依此説而作申説上文之白解，則不須復删而已，無不
可通也。又《荀·王制》篇云，名聲日聞，天下願文，與《致
士》篇略同，而白作日聞者誤也。《外傳》第四卷云，欲白貴
名，又云貴名果白，即《荀·君道》篇文，荀欲白不誤，而果
白作果明亦誤也。第五卷又云則貴名自揚天下願焉，即《荀·
致士》篇文，自揚者白焉之誤，二句以焉字爲對文，荀無而
《外傳》增之，始亦譌白爲自，後又改爲爲揚，失之甚者也。凡
此各條，參互鉤稽，而誤者與未誤者，皆可洞若觀火。抱經盧
氏校刊《荀子》，於《致士》篇著校語云，貴名白，《王制》篇
作名聲日聞，此恐有訛。緣盧不了貴名之解，故其所説顛倒，
當附訂之。《思適齋集》卷六。蔣氏《南澗楛語》卷二云，《詩外
傳》無使羣臣縱恣，則支不作拙。所謂支，四支之病也。支即
肢字，《易·坤卦》美在其中，而暢於四支。《詩·周南》"漢
有游女，不可求思"。《外傳》作"抽觴以女，不可求思"。《秦
風》"顔如渥丹"，《外傳》作"顔如渥頳"。《大雅》"下民卒
癉"，《外傳》作"下民瘁癉"。《周頌》"自羊徂牛"，《外傳》
作"自羊來牛"。鄧氏《雙硯齋筆記》卷一云，《樂記》則易直
子諒之心，油然生矣。陳澔《集説》曰，子諒從朱子説讀爲慈
良，朱子曰《韓詩外傳》子諒作慈良字，謹案子與慈同音，諒
與良同音，故子諒得叚借爲慈良。《文王世子》曰，庶子之正於
公族者，教之以孝弟睦友子愛。《緇衣》曰，故君明者子以愛
之。子愛即慈愛也，並借子爲慈，此則攷訂其文字之異同，及
形聲之叚借者也。本書卷第五"豐交之木，有時而落"。孫氏詒
讓謂，豐交義難通，疑支字之誤，支、枝字通。見《札迻》二。

伯驥以爲交字不誤，《玉篇》謂兩木交陰之下曰樾，《淮南子·人間訓》武王蔭喝人於樾下，蓋盛暑之時，人思陰凉，以資休憩，木既交陰，得其所也，豐交之誼實如此。《東方朔畫象贊》神交造化，交字碑作友，即交字，古之碑版多有之。歐陽公以爲朋友之友，誤矣。交之改爲支，與交之改爲友，其無謂同，可不必也。本書卷第八，越王勾踐使廉稽獻民於荆王，周本已引《說苑》謂獻民爲獻梅，惟未詳其説。王紹蘭《讀書雜記》云，古諸侯相聘問，無獻民之事，《周禮》獻民數、《曲禮》獻民虜，皆非越所宜獻於荆王者，蓋古文“民”字與篆文“每”字相似，《外傳》本作獻梅，梅壞爲每，因誤作民耳。《説苑·奉使》篇，越使諸發執一枝梅遺梁王，梁王之臣魏子曰，惡有以一枝梅遺列國之君者乎？即其事也。兩書下文，皆言越翦髮文身，欲令冠而禮見之事，其説正同，是獻民爲獻梅之誤。古書中一事而異説者，此類多矣。伯驥按：王氏之言，較周尤審。且本書卷第十亦有齊使使獻鴻於楚之言，鴻與梅均爲使物，則民當爲梅，益有徵矣。《南滑楛語》又稱書中三公者何？曰司空、司馬、司徒也。司馬主天，司空主土，司徒主人。司馬主天之説，他書未聞，僅見于此。伯驥按：《漢書·百官公卿表》以丞相、太尉、御史大夫爲三公。光武中興，則以司徒、司馬、司空爲三府，而未聞有主天之故實，是《外傳》於所遺古説多載之，故可貴也。楊氏遇夫撰《韓詩外傳疏證》十卷，分別其書上四卷爲《內傳》，下六卷爲《外傳》，取證《漢書·藝文志》，復據五卷首章子夏問《關雎》何以爲風始，斷爲六卷之首。長沙葉氏德輝序之，此書未見。惟善字思復，錢唐人，領元至正元年鄉薦，官至儒學副提舉，洪武初年卒。有《江風松風集》十二卷。吾家所有，爲謙牧堂舊藏寫本，錢唐丁氏南潯

劉氏近刊之，前此多傳抄也。上云周本，蓋周廷寀所校，前清
專校此書者，有周廷寀、有趙懷玉，而盱眙吳氏，則合此兩校
本而會刻於望三益齋。其俞氏樾、孫氏詒讓，則祇校其一支一
節耳。日本岡本保孝有《韓詩外傳考異》，見蕭穆《敬孚類稿》
卷六，當更求之。前明焦氏《說楛》卷六云，姑蘇沈辨之至山
東買得一車鏊，上畫男女淫褻狀，聞彼中發一墓，其中不下數
十石。何元朗云，不知作何用。按：邢子才《齊宣帝哀册文》，
攀蜃輅而雨泣。王筠《昭明太子哀册》，蜃輅峨峨。江總《陳宣
帝哀册》，望蜃輅而攀標。謝朓《齊敬王后哀册》，懷蜃衛而延
首。《沐竝戒子》曰壙穴之內，錮以紵絮，藉以蜃灰。《物類相
感志》云，大蛤作灰，葬處通用，百蟲不近尸也。其畫男女狀，
取壓勝之意。可見辨之不特藏書，而且博古，焦氏所引據，又
可見古代營葬遺俗，録之以資博聞。寒家藏舊刻《詩外傳》尚有多種，
俟二編著録之。

五十萬卷樓藏書目録初編卷二

經 部 二

周禮十二卷明嘉靖覆宋八行本，陳毠室舊藏。

目録二葉，卷第一《天官·冢宰》上，卷第二《天官·冢宰》下，卷第三《地官·司徒》上，卷第四《地官·司徒》下，卷第五《春官·宗伯》上，卷第六《春官·宗伯》下，卷第七《夏官·司馬》上，卷第八《夏官·司馬》下，卷第九《秋官·司寇》上，卷第十《秋官·司寇》下，卷第十一《冬官·考工記》上，卷第十二《冬官·考工記》下。末行云《周禮》目録畢，欄外刻目録二字，每葉欄外均有字註記何官。白口雙邊，板心記禮幾，下記刻工姓名。前人謂《周禮》單注不附釋文者，以此本爲最善，蓋從宋本出也。平江黄氏藏宋槧蜀大字本《周禮》殘本，存卷九、卷十兩卷，首行題《秋官·司寇》第五，下題鄭氏注。每葉十六行，每行十六字，注雙行，每行二十二字，版心有字數及刻工姓名，殷、敬、恒、桓、貞、構、慎皆缺筆，當爲宋孝宗時蜀中刊本，《百宋一廛賦》所謂《周禮》一官者也，實爲此本所自出。書中如《秋官序》官赤犮氏，犮不誤友。大司寇注大廟之内，大不誤太。小司寇注鄭司農云，司不誤可。士師注比其類也，比不誤此。遂士注二人而分主一，遂而不誤其。朝士注五曰路門五曰，不誤五門。外朝在庫門之外，外朝不誤外廟。雍氏注穿地爲塹，塹不誤漸。
冥氏以靈鼓歐之，歐不誤歐。小行人告其所爲來之事，之不誤
其。每國辨異之，辨不誤辦。司儀注西面北，面不誤南。是南
宮紹之行也，是不誤自。掌客注稻粱器也，粱不誤梁。皆足訂
後刻之誤，惜乎僅存二卷，未聞有全本耳。黃氏校刊《周禮》
所據卽此二卷，阮文達未見原本，僅據臧庸堂校本採入校勘記，
庸堂所見，亦卽此二卷，恐世無第二本矣，後此殘卷歸於陸氏
存齋，故校之如上。此嘉靖本雖逐宋殘本，然首尾完具，實讀
《周官》經者之善本也。半葉八行，行十七字，已略易宋之行第
矣。首葉有“匏室”二字白文章，當是前清陳氏本禮遺書。本
禮，江都人，雅好書籍，收藏至十餘萬卷。所著有《屈辭精義》
《漢樂府三歌注》《協律鈞元》《急就探奇》，曰《匏室四種》。
尚有《焦氏易林攷正》。

周禮六卷 明刊本。

分《天官·冢宰》第一，《地官·司徒》第二，《春官·宗
伯》第三，《夏官·司馬》第四，《秋官·司寇》第五，而以
《冬官》補亡終焉。前題清源鈞磯丘葵吉甫學，無錫後學顧可久
編次，餘干後學李緝重刊，餘姚後學張心校正。葵吉，同安人，
有志考亭之學，初從辛介甫，繼從信州吳平甫，授《春秋》，又
遊呂大全、洪天錫之門。宋末科舉廢，杜門勵學，居海嶼中，
因自號鈞磯翁。事見《閩書》。有《鈞磯詩集》四卷，著錄酈
宋樓。葵吉自序稱，萬一有觀民風者，轉而上達，使此經得入
取士之科，而周公之心，得暴白於天下後世，則是區區之願也。
同志之士，其亦思所以贊襄哉！蓋泰定甲子也。次列治《周禮》
姓氏，漢則杜氏子春、鄭氏興、鄭氏衆、鄭氏玄，唐則賈氏公

彥、崔氏靈恩，宋則列李覯、劉敞等四十四人，而以俞氏庭椿、王氏次默終焉。俞氏有《周禮復古編》，王氏有《周禮訂義》。末記云，余生苦晚，得俞、王二子之說，始知《冬官》未嘗亡，又參以諸家之說，訂定《天官》之屬六十、《地官》之屬五十有七、《春官》之屬六十、《夏官》之屬五十有九、《秋官》之屬五十有七、《冬官》之屬五十有四，於是六官始有全書。又云，俞氏、王氏皆以《冬官》未嘗亡，錯見五官中，予細攷之，果未嘗亡也。眞西山、趙庸齋皆以爲次默之《訂義》有先儒之所未發。謂《冬官》未嘗亡，諸儒不能辯，自漢以來，強以《考工記》補之，未有言其非者。予今以五官之屬，其本文列於前，以庭椿、次默二先生之所刪補者參訂，定爲六官之屬書於後，則《周官》三百六十粲然在目，而《冬官》未嘗亡信然矣云云。伯驥按：《周禮》原缺《冬官》，漢河間獻王購以千金不得，乃取《考工記》補之。此事初見於《隋書》，而漢人無此說。六朝時，盜發襄陽楚王冢，得科斗書《考工記》，然則此記當爲先秦古書，唯必以此補《冬官》，甚無謂也。半葉十行，行廿三字。

儀禮十七卷　明陳鳳梧校刻本過錄，前人校筆。

漢鄭玄註。卷一首行題《儀禮》卷第一，次行題漢鄭玄註，板心上下黑口，魚尾下題《儀禮》卷幾，半葉十行，行廿字。前有正德間陳鳳梧序，略云，《儀禮》綱領宏大而節目詳明，法度嚴密而辭義簡要。蓋周公紓胸中制作之妙，盡天理節文之詳，以垂世立教，所謂彌綸天地之道，參贊化育之功，信非聖人不能作也。今讀其書，見其寬裕溫柔足以有容焉，見其發強剛毅足以有執焉，見其齊莊中正足以有敬焉，見其文理密察足以有別焉。聖人之全體大用，悉於斯乎具矣。秦火之後，所存無幾，今所傳者十七篇是已，得之河間獻王，傳之高堂生，鄭康成註之，賈公彥疏之，寥寥千載，不絕如綫。至宋王安石乃廢罷《儀禮》，而獨存《禮記》之科，棄經任傳，謬莫甚焉。文公朱子集《儀禮經傳通解》，門人楊復爲圖以明之，文武周公之道，庶幾乎未墜於地也。自宋至今，又數百載，學校不講，書肆不陳，經生學子，不復知有是經也久矣。鳳梧自少知學，竊有志於是，及官京師，講求而得之，不忍釋手。督學湖南時，嘗刻經文，頒之庠序，以訓諸士子，冀讀者有所興起也。既而以經文簡奧，雖韓子尚苦其難讀，非有註釋，其何以通之，迺訪求鄭康成註，日鈔月錄，積數年而始獲其全焉。頃承乏汴臺，明刑之暇，輒手自校正，無慮數四，遂用鋟梓，以廣其傳，不敢以自珍也。學者潛心於是而有得焉，如親見古人於千載之上，而與之揖讓周旋於其間，蓋有不知手之舞足之蹈者，而因是請之聖朝，列之學官，講而習之，以復古禮變今樂，則三代之治，不患其不可復也。鳳梧不敏，敬書是以引於篇端云。正德辛巳，後學廬陵陳鳳梧謹書。此本有前人校語，首葉題云，以阮氏校勘記，對經注文，是本視今本較勝，而注之脫訛，則與今本同。明單注，當以徐刻嚴州本最善，特稍有改，而能不失古本面目，此外自鄶以下矣。卷一、卷二均有校語識於上，卷一第六葉第十九行注脫"禮賓者謝其自勤勞也"九字，嚴州本有之。第七葉第四行注，鄉大夫鄉字應作卿；第七行糟字下有十二字，內則原文，此脫，今本沿譌，惟嚴州本有之；第九葉第十五行注，黃字上有"厥其"二字；第十七行注，不忘上有"休美也"三字，此本均脫，嚴州本不脫；第十葉第十七行注，質字下，嚴州本有"蓋亦"二字；第八行經文加有成也下，脫注；"醮夏殷之禮，每加於阼階，醮之於客位，所以尊敬之，成其爲人也"
六句，應據嚴州本增補；第八行經文，諭其志也上，脱注；"彌
猶益也，冠服後加益尊，諭其志者，欲其德之進也"四句，應
據嚴州本增入。卷二第六葉第一行，嚴州本無"用口用指"四
字；第五、六行"卒爵皆拜"下注文，嚴州本無之，係通解文
誤入；第七葉第十七行，經文"席於北墉"下，注脱"墉墻
也"三字，嚴州本有。第八葉第三行注，先朕客之客字，嚴州
作容，此有剜改痕；第九葉第二行注，用昏壻也，今有十四字，
乃陸氏《釋文》，今本因通解而誤，此尚不誤，與嚴州本同；第
十葉第十四行注，妻也下，嚴州本有"子謂公冶長可妻也"八
字；第十一葉第三行注，不得許己之命，許嚴州本同，今誤辭，
此本正合古本；第十七行經文"命之曰"，命之下無辭字，與嚴
州本合；第十二葉第八九行經文，"壻授綏"下十四字，注曰
字，今本並脱，此本尚存古本之舊；第十一行注有有父者，嚴
州本脱一有字，此不脱。此書爲正德間河南刻本，與嚴州本頗
有異同，正當與之互校也。伯驥按：宋李如圭《儀禮集釋》，全
錄鄭康成注，而旁徵博引，以爲之釋。清戴氏震據以補注疏本
脱字二十四，改誤字十四，删衍字百六。其《鄉射》《大射》
二篇已闕，參取惠棟、沈大成二家所校宋本，證以《唐石經》，
以成《儀禮》完帙。戴氏並有《儀禮考正》一卷。孔氏廣森
《戴氏遺書書總序》稱，君入書局，分淹禮，乃取忠甫《識
誤》、德明《釋文》，殫求亥豕之差，期復鴻都之舊，則攷《儀
禮》者正當取戴本以爲研求之資，陳本在其前，亦佳刻也。

儀禮圖十七卷 元刊本。

宋楊復撰。復字茂才，號信齋，福州長谿人。復原本朱子

之意，録十七篇經文，節取舊説，各詳其儀節、陳設之方位，繫之以圖，凡二百有五。又別爲《儀禮旁通圖》三十有五。紹定戊子自序。《儀禮注疏》無宋、元本，儀徵阮氏卽據之以攷訂。前有朱子《乞修三禮奏劄》。紹定戊子楊復自序，其序略云，學者多苦《儀禮》難讀。雖然，莫難讀於《易》，可以象而求；莫難讀於《儀禮》，可以圖而見。圖亦象也，復曩從先師朱文公讀《儀禮》，求其辭而不可得，則擬爲圖以象之。嚴陵趙彦肅嘗作《特牲》《少牢》二禮圖贊，質諸先師。先師曰，更得冠昏圖及堂室制度並考之，乃爲佳爾。蓋《儀禮》元未有圖，故先師欲與學者攷訂以成之也。復今所圖，雖未敢謂無遺誤，庶幾其有以得先師之心焉。伯驥按：《儀禮圖》自以前清張惠言撰本爲最精磧，此爲舊槧，故存之。半葉十行，行二十字。

儀禮經傳七十三卷明刻本。

前有正德間劉瑞序，略云，晦庵先生子朱子嘗請於朝修三禮，言不果用。晚乃著《儀禮經傳通解》，始家禮，次鄉禮，次學禮，次邦國禮，而王朝終焉，凡四十有七卷。視初論少異，蓋自成一家言矣。書未就，先生告終，喪、祭二禮，則成於黃勉齋氏，其規模次第授於先生者也，爲卷凡二十有七。書刻於南京國子監，卷帙浩繁，點畫漫漶，士大夫非惟不之讀，識其名者或寡矣。瑞乃命教授陳塗，教諭粘燦、王士和，督諸生手録經傳，讐校既定，出贖金付杭郡推官山刻焉，逾年畢工。半葉十一行，行廿四字。

儀禮識誤三卷寫本。

宋張淳撰。淳字忠甫，永嘉人。《朱子大全集》七十云，

《儀禮》人所罕讀，難得善本，而鄭注、賈疏外，先儒舊説多不復見，陸氏《釋文》亦復疏略。近世永嘉張淳忠甫校定印本，又爲一書，以識其誤，號爲精密，然亦不能無舛謬。蜀中石本尤多誤，然則此本朱子固嘗見之矣。自序稱，乾道七年春，兩浙轉運判官直祕閣曾公來守是邦。越明年夏，欲植教本，肇鋟《儀禮》，命之校，淳亦幸此書之有善版也，遽拜不辭。此書初刊於周廣順之三年，復校於顯德之六年，本朝因之，所謂監本者也，而後在京有巾箱本，在杭有細字本。渡江以來，嚴人取巾箱本刻之，淳首得嚴本，據以參羣本，不足則質之疏、質之《釋文》，又不足則闕之。哀所校之字，次爲二卷，以《釋文》誤字爲一卷，題曰《儀禮識誤》云。按：曾公名逮，字仲躬，以吏部守溫州，有善政。是書《經義攷》注已佚，館臣録自《大典》，付聚珍版以行。此爲舊抄，頗有校筆。

儀禮集説十七卷元刻本，季滄葦、秦敦夫、葉郎園舊藏。

前題敖繼公集説，蓋元人説經之書也。繼公字君善，長樂人。寓居湖州，築一小樓，冬不爐，夏不扇，邃於經術，規行矩步，吳下名士，咸出其門。見《菰城文獻》。趙孟頫師事繼公，平章高顯卿薦於朝，授信州教授，命下而卒。見《明一統志》。烏程倪淵字仲深，官承務郎、富陽縣尹，以繼公深於三禮，而尤喜《易》，淵從之遊，於節文度數之詳，辭變象占之妙，靡不博考洞究。見《黃溍文集》。至《敖氏文集》二十卷，則黃氏《千頃堂書目》著録之。《儀禮》十七篇，古無異議，惟章如愚《山堂攷索》載樂史有五可疑之言，後儒亦無信之者。至宋楊氏復序《喪祭禮通解》云，近世以來，儒生誦習，知有《禮記》，而不知有《儀禮》，士大夫好古者，知有唐開元以後

之禮，而不知有《儀禮》，是此經在宋時已不爲學人重視。繼公
之作，蓋亦空谷之足音，書中多採鄭注、賈疏，以及朱子之説，
此外惟馬季長、陳用之、李微之數條，宋人言論頗少。每卷後
有正誤數則，近於後世校勘記之類，惟卷一、卷十一獨無，似
以無所校正而缺。何義門疑之，可不必也。顧亭林《日知録》
舉監本脱誤各條，此本皆不脱，則出於宋時善本，可無疑矣。
日人島田翰《古文舊書考》稱，元時理學盛行，以傳注章句之
書進呈，不足當翰林諸公之意，故丁易東《周易象義》，劉玉汝
視爲異説，不宜官刊，而諸路刻本存于今者，祕本尚收《文獻
通考》《文類》及《陵川集》，至敖繼公《儀禮集説》之類，其
官板乃更無所經見。夫卓説如丁敖，猶不刊，其餘述作又可知
矣。是島田以此書當元世無官刊爲憾，然察視此本行字，則饒
有宋人風格，當與俗刻不同。前清經生於此書，則每加以引申
及駁諭，如嘉定金日追著《儀禮注疏正譌》十七卷，王氏鳴盛
序稱此書以朱子《通解》爲主，附以宋楊復圖、元敖繼公説，
及陳鳳梧、鍾人傑兩鄭注本，並參吳江沈彤、山陰馬駟之説，
考訂最備。杭氏《道古堂集》卷十九則稱，老友吳監州廷華著
《儀禮章句》一書，分章離句，謂《燕禮》“公又舉奠觶，唯公
所賜，以旅於西階上”一節，疑在“席工于西階上”之前，錯
簡於此。“辯獻士，士既獻者立于東方西面北上，乃薦士”，此
十八字疑在“乃薦司正”之上，此皆據朱黄《集解》、楊
《圖》、敖氏《集説》而得之云云。《士相見禮》“執玉者則唯
舒，武舉前曳踵”，注唯舒者，重玉器尤慎也；武，迹也；舉前
曳踵，備躓跲也。是鄭君讀唯舒絶句，明甚。賈疏云，唯舒者，
重玉器尤慎也者，引《玉藻》《曲禮》經文云云，以申鄭意，
似無異讀。宋陸佃曰，容彌蹙同，唯武則舒，則以執玉者則唯

舒武爲句。繼公於注唯舒者改作唯舒武者。阮氏元校勘記，既以敖本爲不足憑，而引《玉藻》"君與尸行接武，大夫繼武，士中武"，皆以武字爲句。江氏《讀儀禮私記》，則取敖氏、郝氏、萬氏諸家之說之異於注疏者，訂其是非。朱大韶《實事求是齋經義》有駁敖氏左還說，謂其有意違鄭，而不知其不可通，蓋敖氏每詆鄭爲疵多醇少，故所撰《集說》，雖云採先儒之言，實則皆自逞私見，學者厭注疏之繁重，往往從之。清初漢學未盛，如方苞、沈彤亦頗稱其善，其後糾正者則不少其人。近人曹元弼《禮經校釋》，其序稱敖氏襲王肅故智，務與鄭立異，或隱竊疏義而小變之，即成巨謬，改竄經文，以就其私。編中述《鄉飲酒禮》"若有北面者東上"，敖改東爲西；《大射禮》"以耦左還上射于左"，敖依《鄉射》改爲于右；《喪服記》"公子爲其妻縓冠"，敖改縓爲練；《特牲饋食禮》"三拜衆賓答再拜"，敖改爲一。褚氏寅亮《儀禮管見》均有辨論，故曹氏舉以爲證。曹氏又有駁胡氏申敖繼公爲人後者爲本宗服說，謂學者以繼公爲有無親之心，然後有非聖之說，觀於諸儒之攻訂，而此書之瑕盡掩瑜，自可垂爲定論。此本購自長沙葉氏，以所撰《讀書志》於此書祇論板本，凡書中旨要，敖氏行略，均未詳明，故述之如上。並以葉氏題記附録如下：郋園云，元大德辛丑刻本《儀禮集說》，大題《儀禮》卷第幾，次行敖繼公集說，每半葉十二行，行二十八字，白口大版，版心上記字數，下記刻工姓名，黑魚尾下《儀禮》卷幾，每卷末附正誤考辨字句，此元大德辛丑刊本，《通志堂經解》本，即從此出。何焯評注通志堂目録於此書下云，每卷後有一紙最善，惜尚殘缺幾卷，失記其詳，應訪求補足。所云卷後一紙，即正誤考辨字句也。卷一《士冠禮》、卷十一《喪服》、卷十五《特牲饋食禮》，末皆殘缺數葉，舊人鈔補，故此三卷無後一紙，餘則全存。前敍序殘缺半葉，亦鈔補。有“季振宜印”四字朱文篆書方印、“滄葦”二字朱文篆書方印，是殘缺最早矣。以後每卷有“臣恩復”三字白文篆書方印、“秦伯敦父”四字白文篆書方印，末有“石研齋秦氏印”六字朱文篆書長方印。蓋經泰興季滄葦侍御、江都秦敦夫編修藏過者。又有“綠竹堂藏書”五字白文篆書方印，考菉竹堂爲先祖崑山文莊公子孫藏書印記，菉、綠字本通，但文莊遺書，從未鈐有此印，則又別一菉竹堂也，姑識以待考云云。葉氏識語，於滄葦、敦夫事略亦未備，爲補攷之。滄葦名振宜，泰興人。順治丁亥進士，官至御史。前清王氏友亮記季、亢二家事，稱國初巨富有南季、北亢之名。泰興有季家市，相傳市乃其先一家所居，環居爲複道，每夕行爆六十人，蓄伶甚衆。又有女樂二部，服飾皆值巨萬，及笄，或自納、或贈人。季氏知課子，有登第官侍御者，其家雖替，子孫藉儒業自存。所謂官侍御者，當卽滄葦。《述古堂藏書目序》有云，舉家藏宋刻之重複者，折閱售之泰興季氏，是季氏書半出錢氏，而季氏藏書目，於古書面目較錢氏所記更詳。滄葦有《奏疏》二卷，皆前後居臺所上。朱氏《國朝文徵》，曾録其序。《揚州府志》云，秦恩復字近光，號敦夫，江都人。乾隆五十二年進士，改庶常，授編修。嗣丁内艱，疽發于背，醫治就痊，而體弱不支，由是閉户養疴，横屋東偏，築室三楹，顏曰五笥仙館，藏書極富，家居幾十載，宿疾盡蠲。嘉慶間，阮文達公撫浙，延主講詁經精舍，兩淮鹽政又延主講樂儀書院，復聘校刊欽定《全唐文》。性喜填詞，每拈一調，參考諸體，必求盡善，無一曼聲懈字，有《享帚詞》三卷。平居收藏書畫法帖洎瓷銅玉石之類，鑑別精確，勘定古書，慎選良工以剞劂，海内争購。曾刊《列子》《鬼谷子》《楊子法言》《駱賓王集》《李元賓集》《吕衡州集》《奉天録》《隸韻釋》諸古本行世，卒年八十有四。李祖望《鍥不舍齋文集》三云，秦敦夫《石研齋書目》多藏宋元舊本，昔曾見之。分經史子集四册，列欽定各書冠于首，欽定二字用朱書出格寫，餘以歷代分類編序於後。景刊宋元本，皆精於校讐，多出顧澗薲手，道光乙未春毁於火，後書籍亦頗亡失。

儀禮集説殘本十卷 元刊本，有校筆。

前題敖繼公《集説》，自一卷至十卷。伯驥舊藏衹此殘本，後得葉氏書，遂並此著録之。黄蕘圃所謂殘鱗片甲，一並録存者也。前有敖氏自序云，《儀禮》何代之書也？曰周之書也。何人所作也？曰先儒皆以爲周公所作，愚亦意其或然也。何以言之？周自武王始有天下，然其時已老矣，必未暇爲此事也。至周公相成王，乃始制禮作樂以致太平，故以其時攷之，則當是周公之書。又以其書攷之，辭意簡嚴，品節詳備，非聖人莫能爲，益有以見其果爲周公之書也，然周公此爲侯國而作也，而王朝之禮不與焉。何以知其然也？書中十七篇，《冠》《昏》《相見》《鄉飲》《鄉射》《士喪》《既夕》《士虞》《特牲饋食》凡九篇，皆言侯國之士禮；《少牢饋食》上下二篇，皆言侯國之大夫禮；《聘》《食》《燕》《大射》四篇，皆言諸侯之禮；惟《覲禮》一篇，則言諸侯朝天子之禮，然主於諸侯而言也；《喪服》篇中言諸侯及公子、士大夫之服，詳矣，其間雖有諸侯與諸侯之大夫爲天子之服，然亦皆主於諸侯與其大夫而言也。由是觀之，則此書決爲侯國之書無疑矣。然則聖人必爲侯國作此書，何也？夫子有言曰，夫禮必本于天，殽于地，列于鬼神，達於喪、祭、冠昏、射御、朝聘。聖人以禮示之，故天下國家可得而正也。以夫子之言而證之，則是書也，聖人其以爲正天下之具也歟。故當時天下五等之國，莫不寶守是書而藏之。有可以爲典籍，無事則其君臣相與講明之，有事則皆據此以行禮。又且班之於其國，以教其人，此有周盛時所以國無異禮，家無殊俗，兵寢刑措，以躋太平者，其以是乎。其後王室衰微，諸侯不道，樂於放縱，而憚於檢束也，於是惡典籍之不便於己而皆去之，則其曏之受於王朝者，不復藏於有司矣，曏之藏於有司者，或私傳于民間矣。此十七篇之所以不絕如綫，而幸存以至今日也。或曰此十七篇爲侯國之書固也，豈其本數但如是而已乎？抑或有亡逸而不具者乎？曰是不可知也。但以經文與其禮之類攷之，恐其篇數本不止于此也。有經之言《士禮》特詳，其於大夫則但見其《祭禮》耳，而其《昏禮》《喪禮》則無聞焉，此必其亡逸者也。《公食大夫禮》云，設洗如饗，謂如其公饗大夫之禮也。而今之經乃無是禮焉，則是逸之也明矣。又諸侯之有《覲禮》但用於王朝耳，若其邦交亦當有相朝相饗之禮；又諸侯亦當有《喪禮》《祭禮》，而今皆無聞焉，是亦其亡逸者也。然此但以經之所嘗言禮之所可推者而知之也，而況其間又有不盡然者乎，由此言之，則是經之篇數本不止于十七，亦可見矣。但不知諸侯既去其籍之後，卽失之邪，抑傳之民間久而後失之也，是皆不可得而攷矣。《記》有之曰，經禮三千。所謂經禮卽十七篇之數也，其數乃至于三千者，豈其合王朝與侯國之禮而言之歟。若所謂《曲禮》，則又在經禮之外者，如《內則》《少儀》所記之類是也。先王之世，人無貴賤，事無大小，皆有禮以行之，蓋以禮有所闕，則事有所遺，故其數不容不如是之多也。去古既遠，而其所存者乃不能什一也，可勝嘆哉。夫其已廢逸而亡逸者，固不可復見矣，其幸存而未泯者，吾曹安可不盡心而講明之乎，固不宜以其無用於今爲説而絶之也。繼公半生遊學，晚讀此書，沉潛既久，忽若有得。每一開卷，則心目之間，如親見古人於千古之上，而與之揖讓周旋於其間焉。蓋有手之舞、足之蹈而不知者，夫如是則其無用、有用之説，尚何足以蒂芥於胸中哉！嗚呼，予之所玩者僅十七篇耳，而其意已若此，設使盡得三百三千之條目而讀之，又將何如耶。此書舊有鄭康成注，然其間疵多而醇少，學者不察也。予今輒刪其不合於經者而存其不謬者，意義有未足，則取疏記或先儒之説以補之，又未足，則附以一得之見焉，因名之曰《儀禮集説》。自知蕪陋，不敢以示知禮之君子，然初學之士，或有取焉，亦未必無小補云爾。大德辛丑孟秋望日，長樂敖繼公謹序。此本紙墨較前本大佳，當是初印，惜神龍衹見其首耳。十卷内均有朱筆批校，以漢學家法讀元人書，訂正謬誤不尠，當是乾嘉間宿老之筆。字體嚴整而小，前人稱一粟書“天下太平”四字，小幅寫全部《多心經》，庶幾似之。經生多老壽，宜其有此目力矣。

禮記二十卷明嘉靖繙宋本，實名樓舊藏。

鄭氏註。首行題《禮記》卷第一，次行頂格《曲禮》有一，越四格，《禮記》，越二格，鄭氏注，次行頂格經文起。每葉十六行，行十七字，每卷後夾注經幾字、注幾字。按：今所傳宋本，一爲萬卷堂余仁仲刊有《音義》本，卷末總注經凡九萬八千一百七十一言，註一十萬九千三百七十八言；一爲撫州公使庫刊，有釋文四卷，並校正銜名。是書卷首行款、卷尾夾注皆同，惟無《音義》及最後總注。天禄琳瑯所藏仁仲本校列不同注疏監本之字，及陳鱣《經籍跋文》所校撫州本之異文均同，可知徐本從兩宋本出矣，蓋明嘉靖間繙宋刊三禮之一也。每卷均有寶名樓印，當是吳氏遺本。蓋清初時吳氏黃泥潭老屋入圈屯中，惟圖籍無恙，子農祥因構寶名樓於園中，與弟農復登樓而去其梯，戒弗聞世上事，盡發所藏書讀之。農祥字慶百，號星叟，錢唐諸生。康熙中以應宏博試徵至京師。大學士馮文勤公延之幸舍，與陳維崧、毛奇齡、吳任臣、王嗣槐、徐林鴻，稱佳山堂六子。自試宏博罷歸，益揵户著書。晚與陸堦、毛奇齡、徐林鴻爲飲酒難老之會，會輒権文史。一日偶及明興獻禮，竝牽連宋濮安懿王事，奇齡以司馬光、楊廷和議非是，嘗詞狼籍，口角流沫，墮飱飯中。農祥伺其間，爲一難以匡之，奇齡亦未有以應也。康熙戊子卒，年七十七。所著古今體詩一百三十四卷，古文一百四十卷，駢體文四十卷，詩餘二十四卷，他雜著又一百六十八卷。見黃氏《北隅掌録》。

禮記集説三十卷明白口九行本，孔氏紅蕣軒舊藏。

元陳澔撰。前有陳氏自序，略云，《儀禮》十七篇，《戴記》四十九篇，先儒表章庸學，遂爲千萬世道學之淵源，其四十七篇之文，雖純駁不同，然義之淺深同異，誠未易言也。鄭氏祖讖緯，孔疏惟鄭之從，雖有他説，不復收載，固爲可恨，然其灼然可據者，不可易也。近世應氏集解，於《雜記》、大小《記》等篇，皆闕而不釋，關於人倫世道非細故，而可略哉。先君子師事雙峯先生，十有四年，所得於師門講論甚多，中罹煨燼，隻字不遺。不肖孤僭不自量，會萃衍繹，而附以臆見之言，名曰《禮記集説》。蓋欲以坦明之説，使初學讀之，即了其義，庶幾章句通則蘊奧自見，正不必高爲議論，而卑視訓故之辭也，云云。前人於陳氏之書，久有抨擊，而嘉定陸氏元輔所撰《禮記陳氏集說補正》三十八卷，卽《通志堂經解》假名納喇性德者，尤足箴其膏肓，訂其疏陋。桐城方氏苞謂少時見陳氏《集說》，於記之本恉，時有未達，而反蔽晦者。及得徐司寇所刻《集說補正》，而惑之解者過半，念此必老儒勤一世以爲之，恨子孫不能守，而流傳世家，又怪司寇聽其假託而不辨也。後叩張樸村始知爲陸翼王所述，以是知無實而掠美者，必有物焉以敗之，云云。清《四庫提要》謂《補正》一書，糾駁陳氏《集說》，遺者補之、誤者正之，先列經文，次列澔說，援引考證，愜理厭心。伯虁嘗謂陸氏此書既出，陳氏原著，當可不存，然自明永樂中胡廣等脩《五經大全》，《禮記》始用澔之《集說》爲主，垂爲定制。數百年來，科舉以之取士，考經學之史者，當有取焉，故著錄之。乾隆二十九年，議《禮記》一書，學宮所頒，僅有陳澔《集說》，其論議雖合乎儒先，而訓釋未能該洽，欽命儒臣纂輯《禮記義疏》。乾隆五十八年，議覆貴州學政洪亮吉奏，《禮記》陳澔《集說》，本爲科舉起見，鄭康成注最爲詳備，請改爲鄭注等語，陳澔《集說》於鄭注菁華，採擇大備，且簡明便於章句，是以列在學宮。數百餘年，恭讀《禮記義疏》、鄭康成注、陳澔《集說》，兼收並列。原以漢、宋諸家義各有當，惟擇其是者而從之，未嘗稍示軒輊，所有該學政奏請改用鄭注，應無庸議。元輔字翼王，著述甚富。樸村名雲章，有《樸村文集》。半葉九行，行十七字，夾註雙行，亦十七字。卷首有紅萼軒印，當是曲阜孔氏藏本。檢孔憲彝《對嶽樓詩錄》卷下，有《先高祖六十八代衍聖公紅萼軒印歌》，其自註云，公著《三傳合纂》十二卷、《禮記摘藻》一卷、《讀古偶志》一卷、《安懷堂文集》二卷、《纂脩廟盛典》五十卷，又有《申椒集》二卷、《繪心集》二卷、《盟鷗草》一卷、《紅萼詞》二卷、《炊香詞》三卷。詞韻鈔本，分選、輔、商、禁四格，最精審。有《紅萼軒印記韻》，爲柏芳叔母所藏，以此可證爲孔氏物矣。據程氏《嘉定縣志》，元輔字翼王，一字默庵。伯虁檢顧張思

《寓瞯雜詠》，知元輔又號菊隱。顧云，陸菊隱先生酷暑讀書不輟，一夕友某訪之，見燈下方閱《儀禮》，丹黃鉤乙，汗流至肘。謂曰暑甚，何自苦乃爾？先生笑曰，果熱耶？有《十三經注疏類鈔》，客授吾邑太原家所成，沒後，爲人所購去。見《張樸村集》。近見餘杭盧抱經先生云，其書嘗見之，菊隱與桴亭同集云。又嘗譔《禮記集說補正》，本名《辨疑》，《黃忍庵集》有序。納蘭侍衛以白金三百兩購之，易己名刻入《經解》中。見陸稼書《三魚堂隨筆》。今書中尚存菊隱字數處，疑容若得之，而參以己說。稼書《隨筆》又云，翼王長於三禮，又有《儀禮集說》，而《藝文》未見，當亦流入人手矣。案：又有《明季爭光錄》，《藝文》亦未載，疑其書有違礙處。令子維水，號能讀父書者，舉先人手澤，棄若弁髦，何哉？抱經先生云，菊隱《續藝文志》凡數十冊，每一書必錄其序，余抄得數卷，因字甚草，學徒不易識，其稿現在，案即《藝文》所載《續經籍考》是也，家先生以爲此菊隱未竟之書。此節所言陸氏著述尤詳，故錄之，以資屬學。伯驥按：陳氏鱣有《禮記參訂》十六卷，專訂《集說》之誤，以上夾注皆顧氏原文。

禮記集說三十卷明福建按察司刻本，楊雅輪舊藏。

元陳澔撰。清《四庫》著錄《雲莊禮記說》十卷，今世通行皆然，此是原編，故三十卷也。前有後學東匯澤陳澔自序，次爲《禮記》篇目。序後列嘉靖十一年十二月日福建等處提刑按察司爲書籍事，照得五經四書，士子第一切要之書，舊刻頗稱善本。近時書坊射利，改刻袖珍等板，款制褊狹，字多差譌。如"巽與"訛爲"巽語"，"由吾"譌作"猶吾"之類，豈但有誤初學，雖士子在場屋，亦譌寫被黜，其爲誤亦已甚矣。該本司看得書傳海內，板在閩中，若不精校另刊，以正書坊之謬，恐致益誤後學。議呈巡按察院詳允，會督學道選委明經師生，將各書一遵欽頒官本，重複校讐，字畫句讀音釋，俱頗明的。

《書》《詩》《禮記》四書傳說如舊，《易經》加刻程《傳》，恐只窮《本義》，涉偏廢也，《春秋》以胡傳爲主，而《左》《公》《穀》三《傳》附焉，資參考也。刻成，合發刊佈，爲此牒。仰本府着發落當該官吏，卽將發去各學，轉發建陽縣拘各刻書匠戶到官，每給一部，嚴督務要照式翻刊，縣仍選委師生對同，方許刷賣。書尾就刻匠戶姓名查考，再不許故違官式，另自改刊。如有違謬，拿問重罪，追板剗毀，決不輕貸，仍取近戶不致違謬結狀同依准繳來，故牒。建寧府。每半葉九行，行十七字，小字雙行字數同，大黑口板，板心魚尾下《禮記集說》卷幾，又下一魚尾載葉數、刻工姓名，黑地白文。牒文有“本司看得書傳海內，板在閩中”等語，可見當時雕刻經籍，閩中爲盛。閩本之《十三經注疏》，爲前明板刻之有聲者，可以證也。牒文稱《易經》本用朱子《本義》，而程《傳》則新加，《春秋》僅用胡《傳》，而《左傳》《公》《穀》亦新加，是嘉靖以後又與洪武以來取士之制有異，士子窮經，皆依朝家定制。班固所謂利祿之路，非歟。著錄此本，可以略見明代科舉之沿革史，且以徵閩刻關繫之大焉。前有“楊大堉印”朱文章。大堉字雅輪，江蘇江寧人，胡培翬弟子，爲胡補《儀禮正義》者也。

禮記集説十卷 明巾箱本。

元陳澔撰。前有至治壬戌陳澔序，後有凡例五則；一，校讎經史，分列蜀大字本、宋舊監本、興國于氏本、盱郡重刊廖氏本、建本注疏、南康《經傳通解》。二，搜引書籍。三，注說去取，云凡名物度數，據古注、正義；道學正論，宗程子、朱子；精義詳盡，則泛取諸家，發明未備，則足以己意。四，意文反切。五，章句分段。半葉九行，行十八字，小注雙行，低一格十七字，上下黑口。

小戴記纂言三十六卷 元刊本。

　　元臨川吳澄撰。前有吳氏識語曰，《小戴記》三十六篇，澄所序次。漢興得先儒所記禮書二百餘篇，大戴氏刪合爲八十五，小戴氏又損益爲四十三，《曲禮》《檀弓》《雜記》分上下，馬氏增以《月令》《明堂位》《樂記》，鄭氏從而註之，總四十九篇。精麤雜記，靡所不有，秦火之餘，區區掇拾，所謂存十一于千百，雖不能以皆醇，然先王之遺制，聖賢之格言，往往賴之而存。第其諸篇出於先儒著作之全書者無幾，多是記者旁搜博采，剟取殘篇斷簡，會粹成書，無復詮次，讀者每病其雜亂而無章。唐魏鄭公爲是作《類禮》二十篇，不知其書果何如也，而不可得見。朱子嘗與東萊先生吕氏商訂三禮篇次，欲取《戴記》中有關於《儀禮》者附之經，其不係於《儀禮》者仍別爲記，吕氏既不及答，而朱子亦不及爲。幸其大綱存於文集，猶可攷也。晚年編校《儀禮》經傳，則其條例與前所商訂又不同矣，其間所附《戴記》數篇，或削本篇之文，而補以它篇之文，今則不取。故祇就其本篇之中，科分櫛剔，以類相從，俾其上下章文義聯屬，章之大旨，標識於左，庶讀者開卷瞭然。若其篇第，則《大學》《中庸》程子、朱子既表章之，與《論語》《孟子》並而爲四書，固不容復廁之禮篇；而《投壺》《奔喪》，實爲禮之正經，亦不可以雜之於記；其《冠義》《昏義》《鄉飲酒義》《射義》《燕義》《聘義》六篇，正釋《儀禮》，別輯爲傳，以附經後矣。此外猶三十六篇，曰通禮者九，《曲禮》《內則》《少儀》《玉藻》，通記小大儀文，而《深衣》附焉；《月令》《王制》，專記國家制度，而《文王世子》《明堂位》附焉；

曰喪禮者十有一，《喪大記》《雜記》《喪服小記》《服問》《檀弓》《曾子問》，六篇既喪，而《大傳》《間傳》《問喪》《三年問》《喪服四制》五篇，則喪之義也；曰祭禮者四，《祭法》一篇，既祭而《郊特牲》《祭儀》《祭統》三篇，則祭之義也；曰通論者十有二，《禮運》《禮器》《經解》一類，《哀公問》《仲尼燕居》《孔子閒居》一類，《儒行》自爲一類，《學記》《樂記》其文雅馴，非諸篇比，則以爲是書之終。嗚呼，由漢以來，此書千有餘歲矣，而其顛倒糾紛，至朱子始欲爲之是正，而未及竟，豈無所望於後之人與。用敢竊取其意，修而成之，篇章文句，秩然有倫，先後始終，頗爲精審。將來學禮之君子於此考信，或者其有取乎，非但爲戴氏之忠臣而已也。以上吳文正早歲序次《小戴記》正文時，發抒其意而考論之。刊刻此書時，取以識諸首簡者，非爲此書作序也。前人論此書詮解詳贍，勝於陳氏，而明以來取士，舍此用彼者，以經文少十篇，而一篇之中，前後移易，於初學誦習不便故也。半葉十行，行二十字。
吾家別有明刻本，爲汪季青舊藏。

三禮考註六十四卷明刊本。

前題元翰林學士臨川吳澄考正，翰林修撰吉豐羅倫校正，建昌知府長樂謝士元重校刊行。前有成化間羅倫序，略云，宋大儒紫陽朱文公嘗考定《易》《詩》《書》《春秋》四經，以三禮體大，未能叙正。元臨川吳文正公，用繼其志，考《周官》以正六典，以《大司徒》之半，補《冬官》之闕，蓋取陳氏、俞氏之論也；以《儀禮》爲經，《禮記》爲傳，蓋取朱子之論也。我朝東里楊文貞公曰，吳邑康宗武受學於公。元季兵亂，書藏康氏，亂後郡人晏璧彦文從康之孫求得之，掩爲己作。以公《支言敍錄》考之，《逸禮》八篇，今存者六篇，《儀傳》十篇，今增者五篇，傳外又增《曲禮》八篇，凡增十三篇。又聞長老言，文正晚年於此書，欲復加考訂不及，臨没授其意於孫當，當嘗爲之而未就。今此書增入者，禮義率混淆無別，決非當所爲，豈璧所增邪？文貞之疑是矣。倫嘗因其言考之，《士相見義》《公食大夫義》敍錄用劉原甫所補，今此書二義所補者，皆出《戴記》，《叙錄》成於耆年，此書不載《年譜》，先後不可考，而《纂言》之成，明年公易簀矣，其可徵無疑也。凡考註所取經，若“諸侯釁廟”取諸《大戴》，而《小戴·喪大記》亦載之，傳若《冠義》等，取諸《小戴》者，《纂言》悉寘不錄，今此書增入。若《服義》《喪大記》《喪義》《祭法》《祭禮》《學記》《樂記》諸篇，皆複出，先後取舍，矛盾特甚。凡《叙錄》所載，若《冠義》《昏義》等篇，編注精審，文義粲然，其餘《士相見》《公食大夫》二義，及所增十三編者，綜彙混淆，註釋粗略，悉取陳氏《集説》中語，割裂而補綴之，可考也，非公手筆無疑矣。公著述之功，未有大於此者，惜其書未及成，而爲後人所亂者如此。成化庚寅，大理寺卿仁和夏公時正巡撫江右，得是本於憲副夏正夫，正夫得於編修張廷祥，廷祥得於祭酒胡若思。若思之本，其文貞之所錄者乎。長樂謝公仲仁時守建昌，時正畀繡梓以傳，且屬倫校讎之，乃訪善本於臨川文正之子孫，已不知有是書矣。倫時卧病深山，僻無書籍，仲仁乃取通解注疏諸書，旁正而訂之，善本未得，恐不無訛謬也，然聖賢之遺經，因是而傳焉。三公之用心，亦可尚矣。成化九年，賜進士及第翰林修撰吉豐湖西羅倫叙。末有長樂謝士元跋。半葉九行，行廿四字，上下黑口，成化原刊本也。

禮經會元四卷 元至正間刊本，孔氏三十三萬卷堂舊藏。

前題宋龍圖閣學士、光祿大夫、贈開府儀同三司、南陽郡開國公食邑二千一百戶實封一百戶諡文康葉時著。時字秀發，錢唐人。淳熙甲辰進士，與紫陽朱氏友善，尤精《周禮》，晚居嘉興著此書，授門人三山翁合，時自號竹埜愚叟。博學善屬文，有《竹埜詩集》。《檇李詩繫》卷二，有《還桑澤卿蘭亭考》二首。前有至正二十六年陳基序，略云，文康公取經文之所存者，蒐羅罥括，曲暢旁通，達事覈理，當如指諸掌。其《補亡》一篇，以經補經，盡洗漢儒之陋云云。言雖過當，然亦當時有名之著作也。次有潘氏序，略云，余蒞政之暇，就文康公六世孫江浙提學廣居得其書而讀之，其出入諸經，援引明贍，比事漢唐，考核精詳，誠有裨於治化者。舊板之廢已久，因重鋟梓，以廣其傳。至正乙巳，榮祿大夫江浙行省右丞兼同知行樞密院事海陵潘元明序。伯驥按：此書不見《宋志》，晁、陳、馬諸家目錄亦不載，意當時必未嘗刊行，而潘序謂舊板之廢已久，當是考之未確也。元明，他書作允明。《七修類稿》記元明事，謂為史所未載，見之實錄，聞之先達，故記之，云云。前清夏氏荃撰《退庵筆記》，於潘氏事實，及刻印此書之始末極詳，為照錄之，以資考證。夏氏云，錢竹汀先生《跋通鑑總類》曰，宋詹事沈樞撰《通鑑總類》，分二百七十一門。嘉定元年，樞之季子守潮陽，梓板以行，樓攻媿為之序。元末，江浙行中書省左丞海、蔣德明分省於吳，命郡庠重刻，且令都事錢逵求序於周伯琦，則至正二十三年秋事也。方是時吳中丁兵燹之餘，日不暇給，而行省猶知崇尚古學，懼故書之失傳，而表章之，亦可謂賢矣。云云。玫淮張於至正二十三年秋七月自立為吳王，治

宮室、建官屬，改是年爲吳王元年。德明蓋泰州人，而臣於吳
者，計其鋟版之歲，正淮張自王之日也。當是時，王開賓賢館，
卑禮厚幣，招致東南才雋之士，一時如楊廉夫、陳敬白、王元
吉之徒，號稱傑出，率皆從容幕府，珥筆陪從，王悉厚遇之。
故士樂爲之用，彬彬乎開國之規模有足觀者，而其時在廷諸臣，
如蔣君輩類能篤學嗜古，留心故籍，蓋亦當時之賢士夫也。同
時有潘原明者亦泰人，官浙江行省右丞，與蔣爲同官，至正二
十五年秋，亦有《禮經會元》之刻，或僚佐相勖而爲之，抑其
時好尚同然歟。蔣君事蹟無可攷，案陶南村《輟耕録》云，誠
改至正十六年爲天祐三年，除丞相以下官，以蔣輝爲右丞居内
省，理庶務，潘原明爲左丞鎮吳興云云。德明疑即輝，殆以字
行。州志稱原明與李伯昇俱起鹽徒，疑皆亡命梟黠，乘亂竊取
富貴者，非能望其敦詩禮、徵文攷獻，慨然以搜殘補缺爲己任
也。今讀原明所撰《禮經會元序》，立言體要，加惠來兹，始有
古大臣風焉。竹汀賢蔣君，余於潘公亦云，特惜其專城授敵，
所事不終，吾無取焉爾。又一節云，蘇州七姬墓，乃淮張壻浙
江行省左丞潘元紹妾也，七姬殉節事，具張羽所撰《權厝志》
內。卞氏，海陵人，《明州志》採入列女。《堅瓠集》謂潘原明
名元紹，爲僞吳行省左丞，不知原明泰州人。見原明所撰《禮
經會元序》署銜，及《七脩類稿》、《明州志・武勳》載之。元
紹字仲昭，本姓趙，宋魏王廷美之後裔，其先以避禍易今姓，
滎陽人。見《羽志》。《堅瓠集》合爲一人，誤矣。況原明以平
章守杭，非官左丞，及李文忠攻杭，原明納款，乃至正二十六
年十月事也。史稱是年八月吳王朱元璋命徐常規取平江，士誠
遣呂珍、朱暹及五太子屯城東之舊館，其壻潘元紹屯烏鎮，爲
珍等聲援，達兵乘夜擊元紹遁去。九日，右丞徐義與潘元紹以

赤龍兵屯平望乘小舟潛至烏鎮，欲援舊館。十月，遇春攻烏鎮，
徐義、潘元紹敗走。次年丁未九月八日平江破，而七姬之死在
七月五日。史又稱平江破，達遺士誠舊將李伯昇諭誠降，又令
潘元紹共曉之，反覆數四，士誠不答。計元紹降吳，當在平江
未破之先，七姬既死之後，此確鑿可攷者。二潘賣國則一，然
事屬兩年，一在杭，一在吳，安得牽合爲一人耶？卷首有"南
海孔氏嶽雪樓章"，蓋三十三萬卷堂遺物。

五服圖解一卷 元刊本，述古堂錢氏、士禮居黃氏舊藏。

元龔端禮撰。前人著錄此書者，惟常熟錢氏絳雲樓，及錢
曾《述古堂書目》《讀書敏求記》有之，遵王之本，當亦出於
牧齋也。朱氏《經義考》，已云未見。儀徵阮氏《四庫未收書
目》本，係從元至治刊本景寫進呈。此爲至治原刊，錢氏舊藏，
蓋海内孤本也。《敏求記》云，端禮以布衣上書闕下，蓋有心世
道之士。阮氏云，端禮祖名頤正，宋時宣教郎，充樞密院編修
官，嘗著《服圖》。端禮是學，淵源有自。又復精勤參攷，越十
載而後成書，劃圖分章，展卷釐然，頗足爲參攷禮制之助。前
有自序云，夫有國者莫不以刑法爲治統，有家者莫不以服紀別
親疏，是故禮有五禮，服有五服，刑有五刑。聖人以禮制而定
服紀，以服紀而立刑章，然服有加降，刑分重輕，欲正刑名，
先明服紀，服紀正則刑罰正，服紀不正則刑罰不中矣。此迺萬
古不易，治國齊□□□□□□戀小才，不學無術，貌不足以動
時，言不足以警世，俛仰天地之間，如白駒之過隙。昨自大德
八年春，欽奉詔書，内一款節該，三年之喪，古今通制，三年實
二十七個月。今後除應當怯薛人員征戍軍官外，其餘官吏，父母喪
亡，丁憂終制，方許叙仕，奪情起復，不拘此例。庶民父母，

及夫亡之喪，一遵前制。欽此。伏覩通例，典賣田宅，先儘有
服房親，及親族相盜，減等科罪，或有毆緦麻之長，罿小功之
尊，皆須以服制而定論。故讀先大父襲宣教家傳《五服圖》本，
求採易氏圖書，精勤參攷，始知其服原於舜，備於商、周，歷
代相承，初非世之闕文，爲其去古逾遠，紛紜異同，若有若無
而實若虛也。謂如兄弟之妻，與己本是平交，往復小功，諸圖
變古，多作大功，似此差舛，何以齊刑，縱傳之者訛，未免失
於推究也。又如苴枲二麻，雌雄子實，不克辨明，非古之文不
載，此亦工夫之不到也，而況《服圖》上有族曾祖父姑、從祖
祖父姑、族祖父姑、從祖父姑、族父姑，中有從父兄弟、從祖
兄弟、族兄弟之類，似非逐章細解，俗難卒省。余以五服列五
門，每門分立男女已未成人之科，分正加降義四等之服，分章
劃圖，窮理究義，推古詳今，兼通世俗，逐一辨正。拈放十年，
始編成集，不欲科之於家，期與衆共，故不辭衰老，細字夜書，
厥始厥終，皆出一筆。用倒羞囊之餘，以資鋟梓之費，非惟便
於人觀，其於指以從宜從俗，而未究其源者，亦可以少補於萬
一云。時至治壬戌嘉平月既望，檇李子龔端禮仁夫叙。有木刻
"檇李子龔氏仁父章"。伯驥按：龔氏序中述大德詔書，謂應當
怯薛人員，不拘三年喪制，攷《元史·兵志》有所謂四怯薛，
怯薛者猶言番直宿衛也，每三日而一更。又《食貨志·歲賜》
篇別有也可怯薛、有忽都荅兒怯薛、有帖古迭兒怯薛、有目赤
察兒怯薛。也可，蒙語，大爲也可，凡官名也可者，第一之稱。
又《輟耕錄》卷一云，國朝有怯薛太官，怯薛者分宿衛供奉之
士爲四番，番三晝夜。凡上之起居、飲食、諸服御之政令，怯
薛之長皆總焉。中有云都赤，乃侍衛之至親近者。又《輟耕錄》
卷廿八云，杜清碧先生本應召至錢唐，諸儒者爭趨其門。燕孟

初作詩嘲之，有"紫藤帽子高麗靴，處士門前當怯薛"之句，聞者傳以爲笑。用紫色櫻藤縛帽而製作高麗國樣，皆一時所尚。怯薛則内府執役者之譯語也，蓋元制怯薛之職及怯薛之義如此。龔氏序又謂不辭衰老，細字夜書，然則此書全本皆仁父自寫，其結體能於圓整之中，有活脱之致。與鷗波伯仲，蓋好學深思之士，餘藝亦足千古也。次有葉氏序云，愚少年學於西蜀，先季明先生嘗曰，吾儒之學，有關於民彝世教者，皆當講明。一日論喪禮曰，喪服之制，降殺五等，聖人之意淵矣哉。人以仁爲心，仁莫大於孝弟，推其孝弟之心，則尊嫡内外大小尊卑之別，其恩義之輕重厚薄，聖人皆於五服見之，非聖人強爲之也，蓋因人心天理不容已者，而品節之，以立教耳。烏有反哺之愛，雁有終身之孤，蚨有相戀之感，禽蟲猶爾，而況於人乎！宋時監察御史李定不服所生母喪，東坡諸賢指爲不孝。混一後，江南俗薄，儒官有不服父母喪者，近人爲吏急於進取，執唐律八母之説，皆所生母爲無服，豈知文公家禮，明載齊衰條下，匿而不用，是禽犢之不如也。夫喪制有正有從，有義有報，禮疑從厚，皆出于人心之天，不然雖衰絰在身，亦不免蠿績蟹匡之譏也。自喪服不修，家不知有恩義重輕，而彝倫斁；民不知有孝弟禮義，而風俗壞；官不知有綱常名教，而刑法繁；可嘆也已。先皇帝龍飛在天，首命爲臣者得封贈其祖若父母，在官者得居憂終制，蓋甚欲以孝治天下也。知本常作萬言書，中間一事，乞班行五服，使民知孝義以厚風俗，草茅書成而身廢，鼎湖龍去而莫攀，席稿閭閻，終天抱恨。忽有隱君子下訪，袖出巨編示愚曰，此《喪服五服圖》也，家居十年，蒐羅攷證而成此集，匪以求名也，將以正人心也。幸子叙之，試使讀其凡而聽之，作而嘆之，曰是可尚也，是有補於國家之政教者也。吾以賤且貧，不足爲子重。昔漢司馬長卿著《大人賦》，不過駕説鈴繡鑾帨耳，狗監楊得意一薦而召爲近臣。方今右文敦孝，公卿林立，必有賢於狗監者，子之書與身其遇必矣。子無呇鏤板之費，取經傳中居喪之禮，參之朱子《家禮》所載，俾爲全書，庶阮籍、趙光之儔，或有所警，則子之書庶有功於民彝世教，司馬長卿之文，立下風矣。鶴鳴於九皋，聲聞於天。謂予不信，請質之詩。君龔姓，端禮名，仁夫其字，宋儒紳之冑也。時至治癸酉端陽日，麋民葉知本叙。有木刻“竹岡”二字圖章。伯驥按：葉序於文公朱子二處皆離一字，蓋是時朝章已有四書五經皆用程朱訓義之規定。元孫華贈《日本僧詩》，有“也知中國尊朱子”之句。見《大雅集》卷八。明薛文清瑄引元人詩云，“不宗朱氏原非學”。二詩蓋即代表其時尊朱之風氣，葉氏之意，亦猶是也。次有龔氏《上萬言書》，首題至順元年四月一日，嘉興布衣臣龔端禮，次《進服書呈文》，次《箚付嘉興路總府》，次《服例》，次《五服標目》，總共一百九十二章。目後列錢唐顧道方、蘇臺胡惟一評論，敕授嘉興路儒學教授羅應龍校正，承事郎江西等處榷茶都轉運使司經歷侯邦考正，敕授杭州路儒學教授何庚孫校勘，承事郎江浙等處儒學提舉宋士元保勘，文林郎江浙等處儒學提舉楊剛中重保，朝引大夫僉江南浙西道肅政廉訪司事當師簡覆考。次《五服》八圖，分本族、外族、嫁女爲父族。次漢制鷄籠之圖。次妻爲夫家，夫爲妻家。次《禮制六父十二母圖》，本族三殤之圖，泰定三年新注易曉之圖。次喪服圖式。又有《鷄圖源》云，元康二年，西漢宣帝登石渠閣，集羣臣講論喪服，帝問曰，古宗枝圖列九族，世猶難曉。諫大夫王章奏曰，臣詳古之法律，其間多是王言，事罕通俗，似非精議，不克備知。臣觀《廣雅》云，昔日巴蜀有味羾上音朱，下音

祝。二姓之家，養雞之始甚衆，大高三尺名曰鶤鷗雞，自一至
九，取陽極之數，每種雞雛，名曰蜀子雜，音餘。各籠罩大小不
相烏雜。臣今當以雞籠爲圖曉之也，故以禮制書中有此圖。《上
萬言書》前有“汪印士鐘”白文章、“閬源眞賞”朱文章。末
有黃氏蕘圃跋云，龔端禮《五服圖解》一卷，見《讀書敏求
記》。其《述古堂書目》，以爲元板，此册郎遵王舊藏也，因墨
敝紙渝，損而重裝，復以襯紙副其四圍，不能覩舊時面目矣。
裝成並記，嘉興丁卯除夕前四日復翁。有“丕烈之印”白文章，
末葉有“士禮居藏”白文章。護葉有蕘圃題字云，述古堂藏書，
士禮居重裝，龔端禮《五服圖解》，元刻一卷，半葉十三行，行
廿五字，大册子。錢曾，字遵王，常熟人。少學於族祖牧齋，
謂能紹其緒。絳雲樓燼餘書籍，及詩文稿，悉付藏弃，述古堂
藏書多善本。見《蘇州府志》卷一百。遵王詩學晚唐，牧齋撰
《吾炙集》，以遵王《宿破山寺詩》爲壓卷。並書其後云，每觀
吾越間名流詩，句字襞績，殊苦眼中金屑。今觀遵王新句，靈
心慧眼，玲瓏漏穿，本之怡性，出乎毫端。推許如此，遵王爲
牧齋注詩，廋辭讔語，悉發其覆。梵書道笈，各溯其原，著有
《讀書敏求記》《懷園》《鶯花》《交蘆》《判春》《奚囊》等集。
蕘圃名丕烈，嘉慶己酉科舉人，挑發直隸知縣，未就。加捐主
事，假歸，傾資購宋刻及精鈔舊本書，收藏甲於海内，題其所
居曰讀未見書齋。見瞿中溶《練祁藁》卷一。又瞿氏《金昌
集》卷二云，蕘圃得《儀禮》宋版注疏各一本，因以士禮居顔
其齋。

禮書一百五十卷 元刊本。

前題宋左宣議郎太常博士臣陳祥道上進。前有虞氏序略云，

我皇元太祖皇帝，受天命以興，列聖繼作，至於世祖皇帝，一統天下，立朝廷、定制度，以御萬方。郊廟社稷之祀享，朝廷之會同，斟酌前代衣服、鼎俎之制，金石、羽佾之節，以奉於天地神祇祖宗，以合其宗王臣鄰百官及四方之來賓者，駸駸乎禮樂之殷矣。然而喪亂既久，生息未復，舊染之俗，未盡變通，乃建郡縣、置守令，托之以民社，統之以方伯連率，聯絡周密，治法修明，而又寄耳目於御史之臺，分中外爲廿四道，稽諸近代，置提刑按察之官，蓋將約其民而使盡協於中者矣。後又易提刑爲肅政，其意豈不欲刑錯不用，率之以正，而民無不正焉，意禮樂其在是矣。閩爲東南文物富庶之邦，具部置憲踰六十年，吏民之所共識者，其長貳數有儒臣來居以治教之，所以養體聖心於行事之間者，亦莫不思其思矣。去年僉憲前進士趙君承禧宗吉，始欲發明其微而推充之，乃得故宋太常博士陳祥道所著《禮書》，與其弟暘所進《樂書》，送郡學官，刻而傳之，方鳩工而趙君移節浙右，於是經歷前進士達里惟實可、行知事前國學貢士張君汝遜允中，相與讐校而完成之，二君與趙君之意，所以見憲府設官之本旨，而欲贊成聖治於今日者也。乃使郡儒學訓導韋泰訪集於臨川山中，而使之叙焉。陳氏之言曰，考六藝百家之文，以究先王禮樂之迹，辨形名度數之制，發仁義道德之蘊，凡廿年而後成，可謂勤矣。進書在元祐更政之初，其有待而發者歟。或曰陳氏之爲書，因聶崇義之圖，辨疑補缺，采繪尤精。書存，繪本不甚傳於世，爲可惜也。方是時濂洛關西諸君子之言具在，學者得其說而有考於陳氏之世，則道器精粗兼備矣。雍虞集書。次有余氏序，略云，宋元祐間，三山陳祥道作《禮書》，他日其弟暘又作《樂書》，粲然明白，成一家言。惜時尚安石新説，二書雖出，竟未有傳習之者。皇元積德百有餘年，聖上銳意中古禮樂之治，儒臣行四方購求遺書，不知幾人，兩陳之書莫有知者。晋寧趙公宗吉來僉聞憲，求二書於民間，二年而始得之，送郡學官鋟梓。是歲仲秋釋奠之前一日，翰林學士臨川邵庵虞先生序成，將命適至。夫作者不蘄人之知，知之者常在百世之後，二書不行於昔，而行於文明盛時，豈偶然哉！必有服習而得其說以贊聖代之制作者，非曰小補云爾。至正七年，三山後學余載謹序。次有校勘督工直學楊聰，直學張文俊，司書張伯通，六齋訓導葉鉞、黃誠、陳良琛、鄭拱辰、韋泰、福州路儒學正陳彬、福州路儒學教授林光大數行。次《進禮書表》，次自序，次《建中靖國元年尚書禮部牒》。此書爲南宋刊本，元人得其版而重修之。半葉八行，行二十一字，小字雙行，行三十四字。

大戴禮記十三卷　元至正刊本，陳上舍舊藏。

前題漢九江太守戴德。《漢書·儒林傳》德字孝宣，嘗爲信都太傅。戴聖則爲九江太守。今德書乃題聖官，前人已有辨論。原書本八十五篇，《隋志》所錄已佚其四十七篇，周盧辯注十三卷中，亦僅八卷，餘五卷無注也。後有韓元吉序，蓋淳熙乙未刻於建安郡齋時所作。辯，《周書》有傳，其傳曰，辯字景宣，范陽泳人。累世儒學，辯少好學，博通經籍，舉秀才，爲太學博士。以《大戴禮》未有解詁，辯乃註之。自魏末離亂，孝武西遷，朝章禮度，湮墜咸盡，辯因時制宜，皆合軌度。性強記默契，能斷大事，凡所創制，處之不疑。累遷尚書右僕射，世宗卽位，進位大將軍，帝嘗與諸公幸其第，儒者榮之。出爲宜州刺史，薨，配食太祖廟庭。元吉字无咎，潁川人，寧宗時官吏部尚書。此爲至正甲午嘉興路總管劉貞所梓，鄭元祐有序。

每半葉十行，行二十字，版心刊大小字數、刻工姓名。篇後間注章數、字數，卷末有墨筆題記，謂此爲陳上舍遺本。考孔氏《對嶽樓詩續錄》卷二有陳上舍詩云，"上舍抱遺經，器職鮮塵塎。著書希精華，琢句謝藻繢。海內有藏書，君家亦稱最。原註君先世藏書最富，姚姬傳先生爲作藏書樓記。且讀萬卷餘，博約自相賴"。殆卽其人歟。

大戴禮記十三卷明嘉趣堂翻宋本。

漢戴德撰，周盧辯注。前有淳熙乙未穎川韓元吉序云，以范太史家本刊置建安郡齋。嘉靖癸巳吳郡袁氏嘉趣堂據以重雕，爲《大戴記》佳本。二十行，十八字，目連正文，宋諱缺筆。上海商務印書館《四部叢刊》，卽以此影印。孔氏廣森《補注》所云宋本，卽此本也。《大戴禮》一書，在漢時統稱《禮記》，《後漢書·桓郁傳》竇憲疏所引《禮記》，楊終《與馬廖書》所稱禮制，均屬《大戴禮》也。後周盧氏注，多有缺略，清曲阜孔氏所爲《補注》，較爲詳贍。王文簡引之《大戴禮記》（《經義述聞》），務求其當，又在孔注之上。阮氏序孔氏書，謂其於《大戴禮》亦有所作，惜未見也。又，王氏聘珍亦有《解詁》一書。劉氏恭冕《廣經室記》云，今世治經者言十三經尚矣，金壇段若膺先生謂宜益以《國語》《大戴禮》《史記》《漢書》《資治通鑑》《說文解字》《九章算術》《周髀算經》廿一經。嘉興沈匏廬先生，又以五經合諸緯書，取周續之言爲十經。冕則取《國語》《大戴禮》《周髀算經》《九章算術》《說文解字》，而益以《逸周書》《荀子》入焉。見《廣經室文鈔》。蓋至清世，而學人之於《大戴禮》益加研求，亦益加重視矣。伯夔按：王詠霓《函雅堂集卷》三十六云，西王母之名，始見於《大戴禮》,《少間篇》。《爾雅》《釋地》。而致詳於《山海經》。後之讀者,皆以爲神人之稱,以予觀之,蓋西戎之女主也。西戎貴女而賤男,故以女爲王母,死則傳之於其女,其國或稱昆侖,或稱夭野,而皆以女爲王,故稱之爲西王母,嘗列十六證以明之。又按:西王母,漢人皆以爲女仙人,見司馬相如《大人賦》及揚雄《甘泉賦》。後乃謂爲西方一國名。梁玉繩曰,西王母,西方一國名,如《周書·王會》篇東方有姑妹國,《後漢·桓帝紀》羌勒姐,《西羌傳》燒姐之類,其名見《爾雅·釋地》。《大戴禮·少間》篇云,舜時獻白琯。《竹書紀年》云,舜時西王母求獻白環玦。《賈子·修政語》上云,堯西見王母,卽《穆天子傳》叙西王母事,與曹奴巨蒐諸人無異,《竹書》亦但言王西征見西王母,其年來朝,賓於昭宮而已。自《山海·西山經》撰爲豹尾虎齒蓬髮戴勝之説,至《漢武内傳》又有天姿絶世之説,嗣後神仙家遞相附會,詭設姓名,何足述哉!《史記志疑·趙世家》。近人丁謙《穆天子傳地理考證》謂西王母邦,上古時名加勒底,炎黃時名巴比倫,商周時名亞細利亞。顧氏實《穆天子傳西征今地考》謂西王母之邦,蓋卽今之波斯。或亦足備一説也。卷首有"藝風審定"朱文小章,當是繆氏藏書。椠法紙墨,均臻精妙,所謂與宋板祗隔一塵者,此類是也。

大戴禮記十三卷 明刻本,日照許氏、江都汪氏校本。

卷二末有朱筆題記云,右篇謹依王君萱鈴手臨宋本校勘一過,並録其序于左:《隋書·經籍志》既列《大戴禮》十三卷,而《夏小正》别爲卷。《唐志》始無《夏小正》之目,古本遂不可考。宋傅崧卿又别出之,經爲經,傳爲傳。近時畢秋颿、孫淵如、孔巽軒各有椠本,然經或爲傳,傳或爲經,各以私意

增損其間，不足据也。余得淳熙間韓元吉建安郡齋所刻《大戴
禮》本，録出原文，用存其真，以貽同志。古人云誤書思之，
更是一適，兹有取焉。昌平王萱鈴，道光九年己丑五月晦日。
日照許瀚録于東門客館，廿九年四月，又自据宋本校。卷四有
墨筆題字云，甘泉汪喜孫据《羣書治要》校。卷五有墨筆題字
云，道光九年六月大暑，病疽，力疾校于京師寓館。喜孫。喜
孫又名喜荀，容甫子也。劉氏《青溪老屋集》有其墓志，頗詳
其爲人。伯驥按：阮氏元《曾子十篇注釋序》曰，近時爲《大
戴》之學者，有仁和盧紹弓學士文弨校盧雅雨見曾刻本；有休
寧戴東原吉士震校刻武英殿聚珍板本；有高郵王懷祖給事念孫、
江都汪容甫拔貢中，在朱竹君學使筠署中同校本；有歸安丁小
雅教授杰本。而檢討《補注》亦其一也，出入於盧、戴之間，
搜索於王、汪之外，亦拔戟而自成一隊者。又按：戴氏東原集，
其中辨正盧校頗多。其《與盧侍講書》云，《大戴禮記》刻後，
校俗字太多。明嘉靖癸巳袁氏依宋本重刻之《大戴禮記》，齊皆
作厽，後人不識古字，遂譌參，而厹字不可通矣。又暑而渴，
宋元本渴並作喝，《通解》載此文作喝，注云喝，傷暑也。渴皆
字形之譌。《武王踐阼》篇，於百姓未，文端本作十百世，蓋十
譌作于，轉而爲於，妄改者不知此解其量十世百世也。《本命》
篇人資始焉，袁氏本作人莫違，焉始二字似後人所改入。云云。
蓋汪氏於《大戴禮》實爲家學，故喜校之，而印林又欲於盧、
戴之後致力此書，故亦有校筆也。印林名瀚，山東日照人。道
光舉人，官嶧縣教諭，深於訓詁，好金石文字，校勘宋、元、
明本書，尤爲精審。並著有《別雅訂》《攀古小盧文》《韓詩外
傳勘誤》。印林幼承庭誥，復以專精許、鄭，受知於高郵王文
簡、道州何文安、蕭山湯協揆。王氏《說文釋例》引王汾泉

《説文音義》，及劉申受何願船、許印林諸家説，而與印林辨論尤多，印林蓋精治《説文》者。護葉有墨筆題字云，日照許印林先生批校本，壬子春坊記。坊姓徐，字士言，又字矩庵，號梧生，山東臨清直隷州今改臨清縣。人。前清曾官學部國子丞，歷充京師圖書館副監督、禮部禮學館顧問官。辛亥改革，清皇室授毓慶宮行走，授遜帝讀書。丙辰年卒，清皇室贈太子少保銜，予謚忠勤。遺詩文詞集若干卷。《藝風堂藏書記》卷一云，宋本《周易正義》，先藏徐星伯先生家。見《程侍郎遺集詩註》。近聞由長沙何氏歸吾友徐梧生户部，惜南北隔絶，未能借校異同。又《藝風堂藏書記緣起》云，通籍後供職十六年，搜羅羣籍，考訂版片。邇時談收藏者，潘吳縣師、翁常熟師、張南皮師、文冶庵丈、汪郎亭前輩、蔡松夫、黄再同兩同年，盛伯義、黄廉生兩祭酒，周薵生編修，王弗卿、徐梧生兩户部，陸純伯中翰，互出所藏，以相攷訂云云。江安傅氏以徐氏無書目爲可惜，見其所著《雙鑑樓書目序》中。徐氏遺書散出時，吾家得有若干種。

大戴禮補註十三卷 孔氏家刻本，龔孝拱手校。

清曲阜孔廣森補註。前有阮元序，稱從其子昭虔得觀是書，其弟廣廉，以乾隆五十九年春付刻。孔氏自序稱，《大戴》全篇八十有五，今所存見，劣及四十，文句譌互，卷帙散亡。唯北周僕射范陽公盧辯景宣始爲之注，但經記綿褫，詞旨簡略，大義雖舉，微言仍隱，不揣淺聞，輒爲補注，更釐亥虎，參證乖穀。其第一、第二、第七、第九、第十二凡五卷，舊注既逸，稍以己意，備其詁訓云。卷末有云，庚申四月寓上海，從英吉利官威妥瑪借得朱高安本對一過。高安本即重刊淳熙本，而與孔校不同，蓋高安有從他本改者，即幼時讀本，爲武英殿戴校

本。癸丑之灾，後來不得戴校，實亦未盡善也。橙。時月之十
二，賊陷蘇州。此墨筆共六行，當爲仁和龔氏遺蹟。從英人借
中國古經書本，亦新聞也。橙字昌匏，更名公襄，字孝拱。有
遺書手稿，雜用古籀爲今隸，曰《理董許書》，曰《象篇》，曰
《詩三百五篇》，即《詩》本誼之學。曰《古器文錄》，曰《石
刻文錄》，曰《秦漢金石文錄》，曰《秦漢金石篆隸記誤》，曰
《漢石刻文補遺》，曰《魏晉南北朝隋唐石刻錄》。又曰《六經
傳記逸詩用書音韻表》《易韻表》《論語諸子屈原韻表》。詳見
《復堂日記》。孝拱有校元本《汲冢周書》，見於某家書目。其
題記云，同治元年在上海購得此袁校元刻本。五年冬，書賈以
黃藏元刊本來，無泉得之，因復校一過。知袁校有遺誤，或袁
所據又一元本，元本誤缺甚多，惜不獲見惠定宇所見宋本也。
橙志。孝拱又有校《韓詩外傳》通津草堂本，此本出自元劉雁
軨本，某家書目著錄之。其題記云，孝拱學問淹貫，而性情乖
僻，觀其字可知也。孝拱頗非禮部之文，有大令之風，制行豪
縱。伯驥按：禮部謂其父定庵也。

三山陳先生樂書二百卷目錄二十卷正誤一卷元刊本。

宋陳暘撰。暘字晉之，祥道之弟。中紹聖制科，授順昌軍
節度推官，以勸導紹述，得太學博士、禮部侍郎。前題迪功郎
建昌軍南豐縣主簿林宇沖校勘。有自序及《進書表》。案太常既
作《禮書》，弟正字復著此書以相輔而行。自謂閉戶四十年而
成，建中靖國初表上於朝，中更多難，不傳於世。至慶元庚申
其鄉人陳氏岐訪得之，屬弟子林宇沖刻之。此元至治重刻本，
悉依宋刻之舊。前列楊萬里序，次暘《進表》並序，次趙挺之
《請寫錄樂書箚子》、準行詔旨。附《正誤》一卷，半葉八行，

行不等，白口單邊，無魚尾，中刻"樂書正誤"四字。此卷配以鈔本，亦甚精。全書半葉十三行，行廿一字。

樂律全書四十七卷_{明刊本。}

明朱載堉撰。《明史》稱，鄭恭王厚烷以言時政獲罪，降爲庶人，錮之鳳陽。子載堉痛父見繫，築土室宮門外，席藁獨處者十九年，厚烷還邸，始入宮。上《算曆歲差法》，及所著《樂律書》，攷辨詳確，識者稱之。卒，諡端清。此書計《律呂精議內篇》十卷、《外篇》十卷、《律學新説》四卷、《學樂新説》一卷、《算學新説》一卷、《聖壽萬年曆》二卷、《萬年曆備考》三卷、《律曆融通》四卷，《附録》一卷、《操縵古樂譜》一卷、《旋宮合樂譜》一卷、《鄉飲詩樂譜》六卷、《六代小舞譜》一卷，共四十七卷。堉《進書表》列前，略云，臣檢閲書笥，除《曆書》已進外，其《律書》內有數目字樣，及樂舞圖，恐謄寫舛誤，就令圖畫刊板，是以延遲十年，今始成書，爲此具本。謹以所撰《律呂精義》一部計六冊，《律學新説》一部計六冊，《樂舞全譜》一部計八冊，裝潢成帙，專差右長史李德齎奉進獻。朱氏彝尊《經義考》謂，河間獻王之後，言禮樂者莫過是書，至圖繪之精，尤其餘事也。《道古堂集》二十六稱，有明藩獻之著述，獨鄭世子學得其正。《曆學新説》一書，宣城梅徵君定九稱其能言《授時》《大統》之同異得失，以《授時》消分太驟，稍爲之通問，考春秋以來日食及史漢以後諸曆志所載，以證其説。明興三百年，能深言《授時》法者一人而已。《明史·曆志》成於湯文正公，而改於黃聘君梨洲，頗載世子曆議數則，梅徵君以爲稍見大意。《養一齋文集》卷六云，嘉靖癸巳《大統曆》推日食不驗，《回回曆》驗，因時議遂以《回回曆》

篡入《大統曆》中。嘉靖鄭世子載堉進《聖壽萬年曆》，計皆與此編同。時鄭亦本《授時》大曆而參酌裁之，蓋以《回回曆》之備于《大統》也。

樂典三十六卷拜詩閣寫本。

明黃佐撰。佐字才伯，號泰泉，香山人。正德庚辰進士，歷官翰林宮詹侍讀學士，卒贈禮部右侍郎，諡文裕。《泰泉集》附載門人黎民表撰公行狀，稱公所著有《詩文集》六十卷、《樂典》三十六卷、《詩經通解》二十五卷、《春秋傳意》十二卷、《庸言》十二卷、《鄉禮》七卷、《革除遺事》十六卷、《翰林記》二十卷、《廣州府志》六十卷、《廣東通志》七十卷、《廣西通志》六十卷、《南廱志》二十四卷、《香山志》八卷、《小學古訓》《姆訓》《兩京賦》《敷斁錄》各一卷。餘有門人編次者，有未成書者。行狀又稱時人多宗象山之學，謂朱子爲支離者，公因折衷告之曰，朱子有萬世不易之定論，亦有一時答問之言偶書於傳注者，則非定論也。如《易》曰，一陰一陽之謂道，《本義》曰陰陽迭運者氣也，而其理則所謂道，此定論也。若注《中庸》《太極圖說》《語類》，采入《性理大全》者，則非定論矣。《集註》於《論語》首章曰，學以明善復初，而本諸性，則尊德性不可以不道問學，道問學卽所以尊德性也。若注《中庸》分道體之大小，而謂陸子靜尊德性之功多，又取其上下之載等語，以解無極，則非定論也。又，文集有張氏序云，公博極羣書，而能反約於心，故發自由衷，質鉅而力雄，渾乎班馬詞章，程朱名理，合而貫一，實醇乎道者，蓋二人皆稱道公之學而並及其文者也。《明史》本傳云，嘗自稱此書爲洩造化之秘。然清《四庫》則多不滿之詞，謂其徒爲異說，存此以俟專家攷論可耳。卷一至十二卷爲《樂均》，自十三卷至二十一卷爲《樂義》，自二十二卷至二十四卷爲《大司樂義》，自二十五卷至三十五卷爲《樂記》，三十六卷爲《詩樂》，其所重者則尤在《樂均》。此書有明刻，此爲寫本，護葉有"拜詩閣"三字。攷黄蕘圃藏宋刻《劉後村分類大全集詩》十五卷，有拜詩閣單學傅跋語云，後村詩步趨誠齋、放翁，年八十冥搜不倦，但才力未逮耳。《和居厚弟壽詩》云，"符葦安能劖且編，可憐辛苦事雕鎪"。《贈錢道人》云，"一般難曉處，裝背貴人詩"。黄蕘圃乃即其所刊書裝背于五百年之後，而我輩猶且披吟，後村有知，不當發大噱于九原下耶。道光十年七月七日跋于南郊之拜詩閣。有"海虞老秀才章"，則其人固好學不倦者也。

古樂經傳全書上下卷_{明嘉靖本。}

明湛若水撰。若水字元明，增城人。官至尚書，謚文簡。前有蔣信序，略云，六籍厄於秦，古六經亡也久矣。炎漢之興，遺經漸出，雖《樂記》一篇《戴記》存焉，然亦非《樂經》正傳也。兹《古樂經傳全書》者何？經者，吾師甘泉湛翁，年望九十，隱居樵山，擬補《古樂經》爲之者也；傳者吾友吕巾石氏，心悟圖書，遂達律吕，因而推衍爲律吕古義也。經成於樵山之巔，則即孔子興歎歸魯删《詩》序《書》之日；傳成於心悟圖書之後，則適當養望留都從容俟命之辰，固非有意期相發明而先後之者。其合之爲經傳者何？翁之經以律吕爲本，以長九寸空圍九分積八百一十分爲黄鍾之律，雖未嘗覩古完經，然律以和聲，本之《虞書》，正五音必由六律，徵之《孟子》則其以補《樂經》，要之不可易也。巾石之傳，推十二律五聲、旋宫納音之制，悉本天地陰陽、五行六氣自然之變，而不假夫

絲毫人力之爲，雖其自爲一家之言，未嘗預見翁書期與之合，
然大本大原同歸律呂，固已若嘗相與訂正一堂，至其從之橫之，
分之合之，錯綜發揮，以盡其變化之妙。則律呂精義，前儒或
求之而不得其端，或得其一二而未究其終始者，蓋皆有以發之，
竭盡無餘，其於翁之經，真猶棟楹榱桷之於屋，輪輻蓋軫之於
車也，其當爲傳，又何疑哉！然則其必合之者何居，曰聖人感
通神人之用寓於樂，作樂之道盡於律呂，律呂者天地自然之和，
託器而傳，待數而顯者也。律呂不正，則聲音之道乖，而感通
神人之用廢。故茲經也者，程伯子嘗有意焉，弗及爲，待翁而
繼其志。次有南京禮部尚書開州門生王崇慶序，次有嘉靖戊申
自序，後有嘉靖戊申門人始興陳爵跋，有嘉靖乙卯門人呂懷後
語。最末有湛氏致巾石函，略云，今之編集《樂書》者，海內
凡幾家，但多説用樂，未見作樂之本，雖《周官》亦然。水未
曾理會細碎用樂處，獨得作樂之本於《孟子》。不以六律不能正
五音，律呂乃作樂本原，故編補《樂經》，而以《周官》諸書
作傳，不若吾巾石《樂書》之精細，如以作傳附於《樂經》之
後，合爲一家，聖人有作者，恐不能舍之矣。巾石者，呂懷之
號也，補《樂經》湛氏所擬，呂氏十篇，則謂之傳。清《四
庫》謂其自信太過，附存目中。庫目題《古樂經傳》三卷，與
此明刻本有異。半葉九行，行二十字。

雅樂發微八卷明刊本。

明番濱老人張敔撰。前有孫氏序云，番濱先生既謝事，著
《雅樂發微》八卷，嘉靖乙未來進于廟，下大宗伯。時廟堂諸
公，僉謂九廟工成，必有歌詩以揄揚聖祖神宗之功德，必詢知
樂者以調歌詩之律，今有是編，樂之議然無難也已。明年先生

復作《雅義》三卷，推明發微之旨，附末簡，併寄以示沐。沐閲之浹月，始得其大要。夫虞初稗官之説，蟲魚竹樹之書，尚稱有裨于世，況千載之絶學，繫學士大夫者甚大，顧可少乎哉！沐與江陰兼山徐子擴並受業於先生，因共加校讎而梓之。嘉靖十七年門人國子生丹陽孫沐序。次有張氏上表，略云，禮部祠祭清吏司署員外郎事主事致仕臣張敔誠惶誠懼稽首頓首上言，臣敔曩廁名於鄉薦，恒存報國之誠，繼待罪於祠曹，蚤遂歸田之願。生無寸善，媿莫罄於涓埃；居有餘閒，得潛心于律吕。以研窮之既久，覺肯綮之粗通，遂抒意於斯編，求無負於所學。草澤將陳其獨見，廟堂方集於衆思，是以踵遷史而成書，聞其略也；效姜夔而獻議，非曰能之。儻蒙見試於宫懸，或可用宣乎元化，謹以所撰《雅樂發微》八卷，裝潢成帙，併奉表隨進以聞。次有嘉靖戊戌費寀序，次有嘉靖甲午敔自序。半葉十二行，行二十字。

樂經元義八卷明刻本，繼蓮龕舊藏。

明劉濂著。前有自序，略謂，六經缺《樂經》，古今有是論矣，予謂《樂經》不缺，三百篇者《樂經》也。仲尼没而微言絶，談經者知有辭不復知有音，滅學之後，此道益加淪謬，文義且不能解，況不可傳之聲音，無怪以《詩》爲詩，不以《詩》爲樂也。《詩》者以辭義寓乎聲音，以聲音附之辭義，讀之則爲言，歌之則爲曲，被之金石絃管則爲樂，三百篇非《樂經》而何?《虞書》詩言志數語，萬世詩樂之宗也，自是而下，言樂之詳者莫如《樂記》，及《周禮·大司樂》，其言過當失實，無一語可裨於樂，蓋遺詩而言樂，故其失如此。夫自周至今，上下數千年，中間聖哲不知有幾，未聞擬三百篇爲宫、商二調者，未聞定樂器之品爲宮商角徵羽，及各具六律及旋宮之法者，未聞辨黃鐘之法爲陽生陰成，尺量之法爲累黍容黍、及以夷則、無射、直指爲二變調者，乃今輒擬之定之辨之，此吾之所以作元義也。卷一律吕篇，卷二八音篇，卷三萬舞篇，卷四、五、六、七古詩音調篇。卷八微言篇。前題南宮微山劉濂著。半葉十行，行廿一字，版心無書名，祇題卷數葉數。每卷首均有"蓮龕"二字朱文章，當是滿人繼昌遺物。繼昌號蓮龕，嘉慶甲子舉人，歷官廣西、浙江、江南、江西布政使，嘗官馬蘭鎮總兵，每自稱爲武夫。爲浙藩以縱酒聞於上，内召申戒之，仍藩江西，自是常節飲。見梁氏《師友集》。

吹豳録五十卷寫本。

清吳穎芳撰，蓋論樂之作也。穎芳，仁和人，府志入文苑傳中。王氏《春融堂集》有其家傳，傳云，杭有績學篤行安貧樂潛之儒，曰臨江吳西林先生，名穎芳，西林其字也，居仁和之臨江鄉，因自號臨江鄉人。初攻舉子業，嘗一赴童試，場中爲役隸所訶斥，曰是求榮而先辱也。自是不復應，惟一志於稽古。嘗怪鄭氏夾漈之著書務與先儒爲難，詆諆過當，而持論反有所偏，於是取《二十略》中之《六書》《七音》《樂略》一尊先儒而探其原。其用力則自樂始，謂律管器調，其理本顯，諸儒但能致其説而不能習其器，俗工則能習其器而不能得其説，遂成不可究詰之學。乃案曲籍，證衆器，百試千推，引繩批根，而後成《吹豳録》五十卷。次及《六書》，則尊許氏之説，而於轉注一義，尤闡其奥，先爲凡例，暢論其指，後疏許説。謂今本《説文》取一字爲篆書，而細書其説爲注，不知許氏原文，上下相連，皆當作大書。如鶬黃爲倉庚之名，後人誤讀爲黃倉之類。又，許氏所列文字，閒有未備，每於說中見之，如某字從某，則所從之某字，即可補爲正文，成《說文理董》四十卷。因《六書》而及《音韻》，謂字讀有古音、有正音，經傳反切，皆經先儒審定，頒之學官，垂爲功令，不可執後人口音以取證，成《音韻討論》四卷。又因《說文》而考製字之原，分字之類爲六，曰觀象於天，曰觀法於地，曰近取諸身，曰遠取諸物，曰視鳥獸之文，曰與地之宜。各溯其原之所從始，而沿其孳生之流，成《文字源流》六卷。又取鐘鼎文字有成篇可讀者，皆釋其文、箋其義，詳論於前後到互之例，讀之皆能文從字順，成《金石文釋》六卷。此皆著述之大者，功在先儒，教施來學，孜孜矻矻，垂數十年而後成也。卒乾隆四十六年，年八十。此書有乾隆間自序，及朱氏文藻識語。朱氏稱，西林窮數十年精力，從事音律之學，顧曲試器，證驗無憾，而後成之。凡分義例、律解、管解、管議、器考、調論、樂述，而以《半字譜》附於調論，即今樂工所用五六工尺上等字也。《別樂曲》附於《樂述》，即唐宋以來曲譜也。曾爲盧抱經之弟兝盧校閱一過，改正誤字，自序謂命爲吹豳者，蓋取祈年吹豳雅之義云。西林著有《周易類經》《金屑錄》《詩稿》等書，《周易類經》《金屑錄》，著錄丁氏《善本書室藏書志》。《金屑》者蓋摘新奇典句，著之于編，實類書之屬，未見傳本。詩刻最流行，所謂《臨江鄉人稿》者也。按沈氏廷芳《隱拙齋集》卷二十云，吳西林本碩學，于音樂更洞其微，旁通內典道籙，雷學使貫一，題其齋楣曰盛世鴻才。又沈氏大成《學福齋集》卷六《金壽門遺集十種序》云，浙之西有處約名高之士三人，曰金壽門、曰丁龍泓、曰吳西林，三人者生同方，學同志，壯而或游或處，其蹤跡若不同，而芒然徜徉於塵垢之外，而消搖於無事之業，浩浩蕩蕩

乎機械之巧，弗載于心，則無不同。吳君于書無所不究，而尤
專象緯、樂律、說文、音韻之學，撰著能補古人云云。可知西
林于樂律夙所研精，故當時學人深加折服也。又杭氏世駿曰，
厲君太鴻、吳君西林，皆予與晴江畏友也。又《詞科餘話》云，
西林居艮山門外，足不入城市，熟精選理，兼長史學，深自韜
晦，不求世知。吾鄉有三布衣，以其所詣，律之于古，誠可以
不愧，皆辭榮守貞，其品尤可尚也。見卷七。蓋西林固遺世獨
立之士，故其能爲世人不爲之學耳。此錄未見刻本，傳抄亦罕，
《北平圖書館目》載有舊鈔本，或卽朱跋所云程易田屬其覓友傳
抄之第二本，亦未可定。中央大學圖書館《松軒書錄》則著錄
殘存二十六之三十卷，四十六之五十卷，共十卷，爲嘉慶九年
武林汪璐過錄振綺堂藏朱文藻抄本，末葉有“嘉慶九年秋九月，
向天潛四弟借原本覓鈔胥影寫，九一翁汪璐識”一行。又“嘉
慶十一年夏六月，借原本屬表弟葉載歐較對一過，十村汪誠識”
一行，并過錄乾隆五十一年朱文藻跋二則。伯驥按：清人論樂
之書，如凌氏燕《樂攷原》、陳氏《聲律通攷》，均有名，然番
禺徐氏灝曾致書東塾，摘正其誤，可知今人說古樂，其中固多
隔閡也。徐氏之說，見其《通介堂集》。徐別有《樂律攷》二
卷，若毛氏乾《乾之樂述》，則詳備不若吳書矣。昔黃梨洲稱明
韓邦奇《苑洛志樂》一書，始刻之日，九鶴飛舞於庭，傳其術
者爲楊椒山，手製十二律管吹之，而其聲合。《潛研堂集》卷三
十八云，惠士奇撰《琴簶理數考》四卷，書成，惟嘉定王進士
恪見而喜之，餘皆莫能辨。西林之作，孰槧刻是，孰研求是，
此則不能無望於好事者爲之耳。

明會通館活字銅板校正音釋春秋十二卷一册子。

大板，半葉九行，行十七字。前無序文銜名，後附陸氏

《釋文》。雙行注，摺口，板心中，上有小字二行云"弘治歲在彊圉大荒落"，下有二行云"會通館活字銅板印"，蓋錫山華氏所印行也。考我國雕印經籍，前明胡氏元瑞徧綜諸家之說，謂雕本肇自隋時，行於唐世，擴於五代，精於宋人。伯驥按：清乾隆間，洪氏騰蛟所撰《壽山叢録》則述《北史》揚俊之位常侍，嘗作《六言歌》，其詞淫蕩俚拙，村市流傳，名爲揚五伴侶，書賈梓而賣之。謂印書不始於隋文帝開雕釋氏遺經。其後伯驥讀明益藩莊王《勿齋集》卷一，謂漢靈帝時詔刊章捕張儉等，是刻印之法，漢已有之。既有刻印之法，而書籍乃日用不可缺之物，却乃抄寫，恐無是理。則刻書實始於漢人，其說亦未嘗無據。上虞羅氏《跋山左出土濰縣陳氏所藏秦瓦量》，謂其文字精絶，每行二字，每二行共四字，作一陽文範，合十範而印成全文，每範四周必見方郭，觀此知古代刻字之術，發明甚早。古金文有陰款，有陽識，皆先作範而鑄成之，款之隆起者用陰範，識之凹下者則用陽範，此等之範，卽雕板之濫觴。又如近代所出龜卜文，以刀筆刻字於上，及古金貨之石範，石鼓文之刻石，均爲三代已有雕刻之明證。且不但有陰刻，且有陽刻也，此量亦陽範，故印成陰文。近人考中國經籍雕板始於五代，不知三代時已有雕字，又謂活字板始於宋之畢昇，見《夢溪筆談》，至元代而用益廣，見王禎《農書》。今此量以四字範多數排印而成全文，此實是聚珍板之原始云云。蓋吾國文明，開發最早，既有雕金刻石之發明，自有削竹槧木之制作。羅氏攷論，雖未有三代木刻實物足供證明，而其理未嘗不塙也。前人謂活字印板經籍，創作於北宋慶曆中畢昇，沈氏存中頗詳言之，蓋燒膠泥而爲字，遂用以排列成文。近人所撰《扶桑百八吟》，則述東京文科大學講師黑板勝美出示一小木塔，腹藏小經卷，高二寸許，長不盈尺，乃活字板所印，字體絕類隋造像，云《神護景雲間造塔藏經》，大率類此，今已星鳳矣。此爲唐時已有活字板之證，又在畢氏之前，其是否用膠泥製字，則未見詳及。蓋我國宋時活字之書，今尚有流傳，如前清《天祿琳琅後編》二有《毛詩》四卷，云宋活字本，因《唐風》內有字橫置可證。又，江陰繆氏《藏書續記》，載范祖禹《帝學》八卷，活字本，末有印書緣起，爲嘉定辛巳季夏望日青社齋礪書，其字之爲泥爲銅，則未有攷證。唯畢氏遺法，至清世猶多仿製，乾隆間《御製武英殿聚珍板十韻序詩》，有“埏泥體粗”之語。趙紹祖《琴士詩鈔》卷四又云，盛春谷以黃泥鑄字，草火煉之，卽古活字遺制。秋夜出詩盤，各取數千，分賦微蟲，於盤上排列成詩，余得三首云云。皆是法也。若夫鑄銅成字，則宋岳倦翁《九經三傳沿革例》已述及晋天福銅板本，知其起源已古。《常州志》云，安國字民泰，無錫人。居積諸貨，人棄我取，贍宗黨、惠鄉里，嘗以活字銅版印《吳中水利通志》。又陸氏《儼山外集》稱，近時毘陵人用銅鉛爲活字，視板尤巧便。此二者皆明事也。清初亦沿用其法，《京師坊巷志》卷一云，內務府册，乾隆三十八年創置活字版，賜名聚珍，置局西華門外北長街之東，排印各書。按此是爲木刻字，武英殿聚珍板書，皆木刻活字也。乾隆間御製武英殿聚珍板《十韻詩注》云，康熙年間編輯《古今圖書集成》，刻銅字爲活板，排印藏功，貯之武英殿。歷年既久，銅字或破殘缺少，司事者懼干咎，適值乾隆初年，京師錢貴，遂請毀銅字供鑄，從之。所得有限，而所耗甚多，已爲非計，且使銅字尚存，則今之印書，不更事半功倍乎，深爲惜之云云。故明清兩朝，銅版之法，均不廢焉。前明則安氏華氏，每以銅板印書，吾家藏之頗多，不獨此一種也。羅氏所述元王楨之活字板，伯驥於本目之《農書》

詳之。益藩之集、壽山之書，皆近人言雕板者所未考及也。

春秋經傳集解三十卷 <small>明覆相臺岳氏刻本，明嘉興項氏舊藏。</small>

晉杜預撰。此爲明繙宋岳氏荆溪家塾本之一，海昌陳鱣仲魚《經籍跋文》題是書岳本云。首題《春秋傳集解》隱公第一，次低四格杜氏註，越三格盡十一年。次傳文起，每葉十六行，行十七字，註雙行，附釋音。每葉末上刻篇識，經與傳俱加句讀，前後序俱全，惟無亞形"相臺岳氏刻荆溪家塾"印耳。明時繙刻有三，嘗與杜林合注校之，方知合注本之誤，隱元年《傳》非君命，作公命；二年《傳》費庢父，作庨父；三年《傳》百祿是荷，作是何；四年《經》庚戌衛州吁弒其君完，作戊申；公及宋人遇於清，作宋公；七年《傳》告終嗣世，終下有稱字；九年天子使南季來聘，作天王；十一年《傳》遂與鄭氏歸而立其主，作尹氏；桓二年《傳》以照臨百官，作臨照；五年《傳》況敢凌天子乎，作敢陵；六年齊使乞師於鄭，齊下有侯字；十年《傳》乃獻又求其寶劍，獻下有之字；十一年《經》公會宋公于夫鐘，作夫鍾；十七年《傳》疆場之事，作疆揚，後仿此；莊六年《傳》必度於本末，作度其；八年《經》殺其君諸兒，作殺其；《傳》刼稟之，作刼而；十八年《傳》遷權於那處，作邢處；二十一年《傳》王巡守虢，作虢守；二十二年《傳》使爲工政，作工正；鳳凰于飛，作鳳皇；二十三年《傳》王有巡狩，作巡守；閔二年《傳》及狄人戰于滎澤，作熒澤；僖元年《經》獲莒挐傳君子以齊人殺哀姜也，人下有之字；九年《經》晉侯詭諸卒，作佹諸；十八年《傳》而從師於菑妻，作而後；二十三年《傳》懷其安寔敗名，作與安；二十四年《傳》屛括摟嬰，作樓嬰；二十五年《傳》晉於是始起南陽，作始啓；乃降秦師囚申公子儀，重秦師二字；二十八年《傳》命晉侯侑宥及其元孫，作及而；三十年《傳》爲用亡鄭以倍鄰，作陪鄰；文五年《傳》楚子燮滅蓼，楚下有公字；六年《傳》辟刑獄，作獄刑；謂之得禮，作德禮；十一年《經》會郤缺于承筐，作承匡；十四年《傳》廬戢棃，作戢棃，下同；十五年《經》齊人侵我西鄙，齊上有秋字；《傳》蔡侯、鄭伯、許男、曹伯盟于扈，蔡侯下有陳侯二字；十六年《傳》楚子乘驛，作乘駟；鱗鱹，作鱗矔；賜左右以使行，作而使；十七年《傳》而從於疆令，作彊令；宣四年《傳》汏輈，作汰輈；楚人爲乳穀，作謂乳，下爲虎同；九年《傳》厚賂之，作厚賄之；十一年《傳》反之可乎曰可哉，曰上有對字；十二年《傳》屈蕩屍之，作戶之；又何以爲京觀乎，作可以；成二年《傳》士燮將上軍，作佐上；衆之不可已也，可下有以字；九年《傳》謂修好結成，作請修；十三年虔劉我邊陲，作邊垂；而我之昏姻也，無之字；十五年《傳》會吳鍾離，吳下有于字；襄九年《傳》公族穆子有廢疾，作癈疾；十年《傳》伐我西鄙，作侵我；十三年《傳》獲保首領以歿於地，作以没；十四年《傳》吾今寔過，作吾；夫君神之主也民之望也，上也字作而；十年《傳》郰叔紇，作鄹叔；妨于農功，作農收；十九年《傳》穆叔曰，叔下有歸字；二十一年《傳》欒盈出奔楚，欒上有秋字；二十二年《傳》鄭游販，作游販；二十三年《傳》非鼠何如，作如何；二十四年《傳》樂只君子，作樂旨，後只同；二十五年《傳》賦兵車徒卒，作徒兵；二十七年《經》冬十有二月乙卯朔，作乙亥；《傳》晉荀寅遂如楚涖盟，作荀盈；二十八年《傳》武王有亂臣十人，無臣字；二十九年《傳》展玉父，作王父；三十一年《傳》年均擇賢，作年鈞，下句同；

昭元年《傳》趙孟曰天乎，作天乎；三年《傳》豆區釜鍾，作釜鐘；四年《傳》咸尹宜咎，作箴尹；五年《傳》自王以下，作已下；明之未融，作明而；九年《傳》饍宰屠蒯趨入，作膳宰；十年《傳》邾人莒人下，有滕人二字；十三年《傳》饑者食之，作飢者；十九年《傳》耶陽封人之女，作鄖陽；二十五年《傳》吾聞文武之世，作文成；戮力壹心，作勠力；二十八年《傳》僚安楊氏大夫，作陳氏；三十年《經》徐子章羽奔楚，作章禹；定元年《傳》凡從公出，作君出；四年《傳》子沇漢而與之上下，作沿漢；五年《傳》民之攸墍，作攸曁；八年《傳》獲叔子與析朱鉏，作朱鉏；十五年《傳》事死如事生，無下事字；十六年《傳》日月以幾，作日日；十七年《傳》言過於其志，作吉過；二十三年《傳》非敢耀武也，作耀武，二十六年《傳》獻公孫於衛齊，無衛字。大都與《唐石經》合，其註之勝於今本者尚多，茲不具述。此本惟百祿是荷，不作何，餘悉與陳仲魚所勘本同，善本也。卷前有"少溪主人"四字朱文章，蓋明嘉興項夢原物也。夢原爲篤壽之子，別號少溪，萬曆己未進士。

古文春秋左氏傳賈服注十二卷_{曲阜孔氏鈔本。}

卷前題浚儀王應麟撰集。搜輯賈氏逵、服氏虔舊註，並鄭康成、馬季長、王子雍之説。諸家書目，均未著錄，惟吳中惠氏藏有鈔本，虞山瞿氏藏十二卷，亦鈔本。惠氏所輯《左傳補注》，如丘賦卒兩之説不從杜，遂扶以下作遂跋以下，以爲燕飲解轡之證，皆源於此。《鐵琴銅劍樓書目》卷五所錄之本，未審與惠本有無異同。此本得之燕京，審爲曲阜孔氏遺書，是可珍也。伯驤按：漢初左氏之學不立，自劉歆治左氏，而章句義理

始備。和帝時，鄭興父子創通大義，奏上，始得立學，遂行於
世。至章帝時，賈逵上《春秋大義》四十條，以詆《公羊》
《穀梁》，帝賜布五百疋。蓋《左氏傳》以劉歆章句爲最古，
《正義》《釋文》引之，賈逵、潁容、許淑三家，皆祖述劉氏。
故賈逵《解詁》，《隋志》三十卷，王氏輯古文《春秋》，載賈
佚說，馬氏以爲疏漏，更補綴爲二卷。賈逵《春秋經章句》，
《隋志》二十卷，本傳載奏一篇，章懷注公羊疏皆引其說。王肅
注則漢魏時之古本也，肅父朗有《傳注》十二卷，肅因父書增
多十八卷，其字與杜氏異，杜《集解》非一家，則異字或由杜
而改。晉孫毓《義注》，《隋志》十八卷，大旨申賈而駁服。蓋
服注受於康成，王肅說由于賈逵，孫則朋於王。《南史·儒林
傳》云，崔靈恩先習《左傳》服解，不爲江東所行，乃改杜義。
每文句常申服以難杜，遂著《左氏條義》以明之。時助教虞僧
誕又精杜學，因作《申杜難服》以答靈恩，世並傳焉。又《王
元規傳》，自梁代諸儒相傳爲《左氏》學者，皆以賈逵、服虔之
義，難駁杜預，凡一百八十條。文引證條析，無復凝滯。陳志
云，服虔、杜預注，俱立國學，而後學惟傳服義，至隋杜氏盛
行，而服義浸微，今佚。王氏所輯服注，馬氏補其缺漏爲四卷。
凡此皆漢魏六朝隋唐賈、杜、服、王《春秋左氏傳注》盛衰之
大略也。王氏後起，始爲輯佚，至清世而攻杜之著作遂滋益多，
顧氏、惠氏其先河也。惠氏《九曜齋筆記》二云，《左傳》不
用服虔而用杜預，此孔穎達、顏師古之無識，杜預創短喪之説，
以媚時君，《春秋》之罪人也。杜預注《左傳》，遠不逮服子
愼，唯地理勝於服，當時有京相璠撰《春秋土地名》三卷，預
資取其説，故其書可觀，預貴而璠賤，故璠書不傳云云。嘉興
李氏著《左傳賈服註義》，援引甚博，字比句櫛，於義有未安

者，亦加駁難。序之者謂使冲遠復生，終未敢專樹征南之幟而盡棄舊義也。劉氏恭冕《廣經室文鈔》，亦有李氏《春秋左氏傳賈服註輯述跋》云，漢儒注《左氏》者自賈誼始，其後劉歆、鄭衆、賈逵、馬融、延篤、彭汪淑、潁容、謝該、服虔、孔嘉各爲之訓釋，而諸家中以賈、服爲最備，故學者多竝稱之。顧自杜氏《集解》孔氏《疏》出，而二家遂亡。近時金谿王氏謨始有輯本，次白輯此註稍後王氏，而搜采較多，抉擇尤愼。蓋《春秋左氏》經傳，自國朝以來爲此學者，若顧氏炎武之《杜解補正》、沈氏彤之小疏、惠氏棟、馬氏宗槤之補註、洪氏亮吉之詁，雖昌言古註，而遺略實多，又無可發明，均未有能及此書者也。次白同時有吳沈文起、儀徵劉孟瞻兩先生，皆專治是經，俾古注爲杜乾没者，得以衆著於世，使及見此書，當必說服稱爲同志云云。則劉氏亦未讀深寧此書矣。段氏玉裁曰，今所謂十三經者，《左傳》用杜元凱經傳《集解》，自唐人作《正義》而然，前此之註皆亡矣，其書說天子諸侯喪服最爲非聖，其他訓詁、名物、地理、曆法，時多疵纇。自唐以來，多有相訾謷者，蓋亦未盡得眞是與。鄭氏之於三禮得眞是者最多，杜氏之於《左傳》得眞是者較少。今張君阮林有左癖，蘊積既久，乃取自漢以來及於國朝諸儒說異杜者，匯集其成，參以己說，爲《刊杜》若干卷。見《經韵樓集》卷四。是賈服古註，清世不勦輯佚，征南疏略譌繆，亦已暴露無遺。王氏此書，實爲大輅椎輪，本可不讀，然前清經術，鉤沈搜逸，勞苦功高，胡竹村撰《朱氏經學文鈔序》已言之。深寧當宋、元之交，已有此手眼，則其遺著，與經學史尤有關係焉。此伯夔著錄之意也。前有"孔氏繼涵"、"葒谷"兩章。繼涵字體生，號葒谷，山東曲阜人。乾隆三十六年進士，官户部郎中。爲孔子六十七代孫，篤於內行，天性過人，校刻戴氏遺書，著《春秋閏例》《日食例》，又著《考工車度記》《林氏考工記解》《勾股粟米法釋數》《同度記》各一卷。在京師七年，所手校之書數千百帙，集漢唐以來金石刻千餘種，悉攷覈其事，與經義史志相比附，遇藏書家罕傳之本，必校勘付鋟，以廣其傳。所著名《紅榈書屋集》。見《國朝經學名儒記》及翁方綱《孔君墓誌銘》。

春秋公羊傳二十卷　明刊本，蕭夢松、丁儉卿舊藏，伯驥手校。

此爲明隆慶間《公》《穀》合刻本。前有長洲張獻翼序，略云，隆慶改元之日，客有好事者，以《左氏》事詳而義疏，《公》《穀》義精而事略，有不能相通，乃別取《公》《穀》並梓而傳云云。此雖隆慶所刊，然字體頗大，板刻尚佳。伯驥曾取《唐石經》及各善本校之，知其多有可取焉。其與《唐石經》宋景德本、宋鄂泮官書本不合者，如隱公元年三月，公及邾婁儀父盟于眜，以上各本皆作眜，而此本則作昧，蓋眜之音爲妹，目不明也，眜則地名，固自不同，此本之誤可知矣。桓公十有五年，祭仲存則存矣，祭仲亡則亡矣，《唐石經》存下無矣字，此則有之。莊公七年，列星不見，何以知夜之中，《唐石經》《九經誤字》見字下有則字，此本無之。莊公二十有六年，公伐戎，《唐石經》年字下有春字，而此無之。武英殿本考證云，春秋從未有去春字者，當爲刊本脫落是也。僖公十有九年，鄫子會於邾婁，《唐石經》作鄫子會盟于邾婁。文公十有三年，周公白牲，《唐石經》則作白牡。武英殿本考證，曾引《詩·魯頌》《禮·明堂位》《春秋繁露·郊事對》篇，以證白牡，其義長矣。成公十有六年，成公將會厲公，《唐石經》會字上有晋字，此則無之。襄公二十有七年，獻公曰子苟納我，《唐石經》

宋景德本、宋鄂泲官書本作子苟欲納我，此無欲字，且苟亦誤
苟；又携其妻子而與之，《唐石經》則作携其妻子而去之。昭公
二十有六年，盟於剸陵，《唐石經》作郣陵。其與《唐石經》
合而勝於監本坊本者，如桓公二年，隱賢而桓賤，監本作桓賊，
何注既云賤不爲諱，自當以賤爲長。桓公三年秋七月壬辰，坊
本作壬申，此則與《唐石經》合。桓公十有一年，鄭伯有善于
鄶公者，監本作�… 公，此則與《唐石經》合。莊公九年，辭殺
子糾也，殺監本作役，《唐石經》作殺。僖公四年，桓公救中國
而攘夷狄卒怗荆，監本作帖荆，《唐石經》唐元度《九經字樣》
皆作怗，《干祿字書》怗怗服，帖券帖，怗諠爲長。僖公二十有
一年，吾不從子之言，以至乎此，《唐石經》宋景德本、宋鄂泲
官書本皆同，唯監本作此乎。宣公八年，公至自會，坊本作自
齊，此與《唐石經》同。宣公十有六年，成周宣謝災，監本作
宣榭，此同《唐石經》。成公五年，梁山者何，河上之山也，
《唐石經》作河上，監本作江上。《乾隆御定石經考文提要》
云，按晉地不得至江，且下明云壅河三日不流，據此更可證此
本校勘之善矣。成公六年秋，仲孫蔑、叔孫僑如率師侵宋，監
本無率師二字，此尚是據《唐石經》。成公十有一年有冬十日三
字，與《唐石經》同，若監本則無之矣。襄公十有二年春王三
月，與《唐石經》同，監本則作正月。昭公二十有一年，葬薛
獻公，監本作晉獻，諸本與此本皆作薛獻。定公四年，用事乎
河，坊本作用是，以此爲長。哀公十有四年，有麕而角者，《唐
石經》作麕，與《石經》郭注合。半葉十行，行十八字。護葉
有白文"柘塘居士"白文章、"閩中蓼亭蕭夢松圖史之章"兩
方形印，"藏之名山，傳之其人"朱文方形章，"名山草堂，蕭
然獨居。門無車馬，室有圖書。沈酣枕藉，不知其餘。俯仰今

昔，樂且晏如。蕭蓼亭銘"白文大印。前有"松雲古夢"、"九
仙山裏人家"、"山陽丁晏之章"三印。序上有"閑中日月，醉
裏乾坤"大方印。卷第一前有"蘭話堂書畫印"長方形章，
"蕭氏夢松静君氏"兩章，"山陽丁晏藏書章"。是此書先爲閩
人蕭家所藏，後歸丁儉卿頤志齋者。柘塘爲淮安聚落，《淮安藝
文志》卷十録李氏《鎮柘塘詩》有云，"尋河五十程，柘塘千
萬家。家家事耕種，蔽野多桑麻"。卽其地也。儉卿山陽人，此
章當亦丁氏所捺。"蕭蓼亭銘"一印，葉氏《藏書紀事詩》卷
四稱，曾在潘氏滂喜齋見明刻《劉屏山集》有之，又有"蕭蓼
亭四世家藏圖籍"印，而此書"藏之名山"等章則葉氏未及，
故稍詳記。葉氏據林吉人《樸學齋稿》，知蕭君爲康熙間人，而
事實則無可考云。儉卿之子壽昌《睦州存稿》，有《頤志齋藏書
目敍》，中有云，聚書之難，不以貪多爲富。藏書之善，必以識
僞爲先。則丁氏所藏，當不陋矣。而葉氏之詩，何以遺之？晏，
字儉卿，道光辛巳舉人。《山陽縣志·文苑》有傳。

春秋公羊傳注疏二十八卷

清乾隆四年刊本，李柯溪過録何小山、惠松崖校筆。

原本爲清乾隆四年校刊，柯溪李氏用朱墨筆勘對。卷三末
題字云，"嘉慶庚午二月廿三日，墨筆從惠定宇先生本校録，内
草書難辨，烏焉之疑，尚容再校，柯溪識"。又朱字二行云，
"借蜀本大字校此三卷，鄂州州學官書最爲精善，惜無單疏本校
疏文脱譌也。康熙五十六年冬十月望日，小山何煌記。廿八日
呵凍覆校，從周友書校本録"。據此數行，知柯溪此本實從何、
惠二家過録校語也。卷四迻寫惠氏識語云，乾隆己未冬，偶見
曹通政寅所藏蜀本《公羊》于友人沈君騰友，許借以校，六、

七、八三卷未畢，適有閩中之行，輟筆而往。此書騰友嗣君鬻諸他氏，遂不見，悵然者久之。今歲偶借小山何氏校本，與沈君略同，大喜過望，校畢兩卷，因書於後云。乾隆壬申九月卅日記，松崖。又云，壬申九月，得吳江沈君所藏小山何氏本校僅五册，今歲春始獲何氏手校足本校正，遂成完璧。癸酉二月下澣又記，松崖。卷二十八末云，經傳二千二十一字，注三千三百八十九字，《音義》八百八十九字，余仁仲刊于家塾，癸亥仲秋重校。《公羊》一部，凡四萬四千七百四十八字《石經》。康熙丁酉冬假同門李廣文秉成所買宋槧官本手校，再令張翼庭、倪穎仲各校一過。今以其手校本相勘，猶有漏落，三人僅敵一手，何秉成之絲髮爲心也，書以識愧。己亥初夏何仲友。嘉慶己巳王西莊鳴盛所藏萬曆二十一年刻板，是何仲友借李廣文官本手校，又有惠定宇棟黑筆，索價甚鉅。今與殿本勘校，殿本經□門鉅公校，較宋本稍有互異，良於汲古本遠甚。其高頭黑筆者，皆惠定宇筆。與毛本校者，乃近人吳門周友香與殿本校，從此毫髮無誤矣。今□程二十金得之，友香十三經校本亦歸程□矣。庚午上巳泊潮上海黄浦舟中，柯溪識。按：黄蕘圃題跋云，蕭山李柯谿僑居吳市，頗收古書，余友吳枚菴與往還，枚菴云柯谿回家，屬其以原本帶出，俟其假到時，當更以原本勘之。乙亥端五後一日復翁記。柯溪去官業賈，人本麤豪。余雖于枚菴座中一識其面，未敢與訂交矣。其所收書，大概爲轉鬻計。蓋蕭山有陸姓豪于財，向喜收書。近日能收書者，大半能蓄財者，可慨也夫。又李氏《越縵堂日記》云，桂氏《札樸》，同邑李吏目宏信所刻。吏目號柯溪，居柯山里村，與予家同姓而不宗。凡山陰會稽城鄉李氏，約十餘宗，吏目爲柯山李氏，別爲一宗，亦有祠堂，而無爲弟子員者。吏目官雲南，據此書

跋尾，自言在滇時，謬以下僚蒙被推許，朝夕商榷，因以此稿
屬其刊刻。考末谷以永平縣知縣攝鄧川州，則李君蓋爲鄧川州
吏目也。其小李山房藏書極精，今後嗣已絕，書亦久散矣。據
此二則，可略知柯溪小史。

春秋五禮例宗七卷寫本。

宋雪川張大亨集。前有張序云，晋杜元凱作《釋例》以明
《春秋》異同之義，事類相發，各爲條綱，使覽者用力少而見功
多，可謂善矣。然其間雜以傳例，與經踳駁，而又止數端，不
能該盡，學者病之。唐陸淳乃因啖趙之餘，別爲《纂例》。其所
條列，一出於經，比於杜公，詳顯完密，後之說者，謂之要例。
然淳拘於微文，捨事從例，故事有相濟以成，而反裂爲數門者，
非特差失其始終，抑亦汨昏其義趣。聖經大旨支離失真，迷眩
後生，莫此爲甚。蓋人之美惡小大萬殊，聖人因其實而被之以
名，豈顓拘於繩約，若乃定其筆削，以示後世，則固有典要存
焉。善學者因其人美惡而以推聖人之心，而究觀其典要之所在，
則旨不辨而自白矣。顧予非知經者，特懼子弟之溺於斯，乃綴
緝本文，通其乖舛，以刊前作之誤，名曰《春秋五禮例宗》。蓋
《周禮》盡在魯矣，聖人以爲法，凡欲求經之軌範，非五禮何以
質其從違，觀者或無間於古今，則當信予言之不妄也。紹聖四
年，雪川張大亨序。大亨字嘉父，雪川人。元豐八年登乙科，
少問《春秋》於蘇軾，著有《春秋通訓》十六卷、《春秋五禮
例宗》十卷。歷官直祕閣提學。見《書錄解題》、《春渚紀聞》。

音點春秋左傳括例始末句解綱目高麗舊刻本。

前題後學梅谿林堯叟唐翁，蓋林氏所編也。其例如下：——

註解正經，如繪天地、畫日月，何敢僭越？今但以甲子紀其年，某公釋其人，某地釋其地，直述其事關於春秋之終始者，以示綱目，蓋爲初學設也。——經變爲史，自《左氏》始，執史筆者必來取法，然則左氏之書，一字一畫，不可刊也。但其名姓重複，地理互異，初學病之，今之句讀、訓詁、直解，如名姓、地理之重複互異者，直註云即某人、即某地，庶便初學之觀覽。——周王紀年，及列國紀年，並載于十二公之始年，其易世嗣位，亦各注于十二公之始年。——諸國見於《春秋》者甚多，今具列二十國于十二公之始年。先周，尊王室也；次鄭，衰，鄭爲之也；齊僖小霸，齊威刱霸，此齊所以次鄭也；次宋晋，宋代齊霸，晋代宋霸，此晋所以次宋，宋所以次齊也；次蔡、衛、曹、滕，先同姓也；次陳杞，崇先代也；次薛，後庶姓也；次莒邾許小邾，内中國也；次楚秦吴越，外夷狄也；其餘小國不盡書，略之也，以爲無繫乎王霸夷夏之輕重也。——王霸及齊、晋、秦、楚大夫爲政，並詳註于十二公始年列國之下，及詳註于各年之編，庶幾一覽便知時變。——句讀直解，並依杜氏古註，及采取止齋陳先生議論，而附益之；其有潤色古註，別出新意者，並以愚按別之。半葉十行，行十七字，板心記《左傳》幾，匡外左方，注某公二字。《郘亭書目》著録元坊翻宋版《音注全文春秋括例始末左傳句讀直解》，宋林堯叟注。猶缺宋諱，半葉十二行，十三十四行不等，行二十一至二十四五字不等。其經文某公某侯，旁注謚法，間有旁注音義，亦有不旁注者，皆坊間所爲。此高麗本，其標題與元刻無異，當是同出舊本也。日人島田翰《古文舊書考》卷四云，高麗之書，小板則可，大板則不可。蓋以大板之原於明本以下，又頗有韓人校改妄增，而小板之出於宋元舊刻也。此書大板，故不佳。《甲乙賸言》云，劉元子從朝鮮還，言彼中書籍多中國人所無，且刻本精良，無一字不仿趙文敏。惜多所殘毀，圖涊之間，往往以書拭穢，亦典籍一大厄也。然則高麗舊本，亦不多矣。《古文舊書考》卷四又云，趙孟頫以宋氏之裔，爲程鉅夫所羅，而其翰墨文采，冠絕一代，元之書法，乃多出於此，而吳興初學鐵門限及宋思陵，晚乃得之於蘭亭及李北海，結構精嚴，丰神瀟洒。而書胥學之不達，側筆取妍，徒求似其面目，遂致痄陋欹仄也。依是觀之，元本之陋，又多出於元時吳興之書盛行，而民間學究書胥董學吳興不至也。是猶宋時高麗刻本，多是精絕。自胡元有天下，降忠烈王以公主忽都魯揭里迷失作甥舅，其後歷世諸王，皆娶妃元室，又建征東省，置達魯花赤，事皆關決，衣冠禮樂，一以元俗爲準的。於是其刻書亦多吳興筆意也，此書字體亦出鷗波。

新刊詳增補注東萊先生左氏博議二十五卷

明正德六年郭氏安正堂本，葉郋園舊藏。

此爲長沙葉氏藏本。葉氏有跋云，童時塾師授讀呂東萊先生《左氏博議》，謂是先生新婚中之作，初不知說之所本，稍長讀《四庫全書總目提要》，亦載有此說，未援所出之書。《提要》據自序及先生年譜，力闢其說之謬。流俗傳聞之失，固不必持爲典要矣。《四庫》著錄爲浙江巡撫採進本，標題稱《詳注東萊左氏博議》二十五卷，與此本標題稱《新刊詳增補注東萊先生左氏博議》者不同。《提要》云，每題之下附載《左氏傳》文，中間徵引典故，亦略爲注釋，是注不知何人作，觀其標題版式，蓋麻沙所刊。考《宋史·藝文志》有祖謙門人張成招標注《左氏博議目》一卷，疑當時書肆以成招標注，散入各篇也，

《提要》所云核之此本，亦正相合。此本前有題目，目錄後有牌記，述刻書原委甚詳。末題"皇明正德六年秋書林劉氏安正堂刊行"。二十五卷後有木牌記云，"正德辛未季秋書林安正堂刊"。又有後序一篇，末題正德己巳孟秋既望五日，後學江東張偉謹識。而《提要》云黃虞稷稱，有明正德中二十卷刊本未見，疑卽此本，特二十五卷訛作二十卷耳，然則此本雖明時坊刻，在當時固希見矣。坊間通行本祇十二卷，不知何人節删。道光己亥有浙人瞿世瑛刻本，據云據宋足本刊行，其標題與四庫本同，而與此異，蓋同爲明初刻本，其版式似宋非真宋本也。是書四庫本有董其昌名字印，又有朱彝尊收藏印，謂爲舊帙之可寶者。此本則自天一閣中散出，亦係足本舊刊，且爲黃虞稷所稱許，精刻雖不如宋元，而槧法古雅，黑口雙闌固猶有元槧遺風者。吾吳自黃蕘翁、顧澗蘋、孫淵翁諸先輩，卽重視明本，載之題跋記中。今更百年，古刻日稀，此書更可寶矣。

春秋屬辭十八卷_{元刊本。}

元趙汸撰。汸字子常，休寧人。師事九江黃澤楚望，受《易》象《春秋》之學，隱居著述，築東山精舍以奉母，輔元師汪同起兵保鄉井，授江南行樞密院都事。丙申內附，結茅星溪古閬山。洪武二年召修《元史》，不願仕，還，未幾卒，年五十有二。前人謂子常於《春秋》發明師說，本經會傳，度越漢宋諸儒，爲當時儒林第一。前有汸自序，略云，間嘗得筆削之大凡有八：蓋製作之原也，《春秋》魯史也，雖有筆有削，而一國之紀綱本末，未嘗不具，蓋有有筆而無削者，以爲猶魯春秋也，故其一曰存策書之大體；聖人撥亂以經世，而國書有定體，非假筆削無以寄文，故其二曰假筆削以行權；然事有非常、情有特異，雖筆削有不足以盡其義者，於是有變文、有特筆，而變文之別爲類者，曰辯名實、曰謹華夷，故其三曰變文以示義；其四曰辯名實之際；其五曰謹華夷之辯；其六曰特筆以正名，上下內外之殊分，輕重淺深之弗齊，六者不能自見，則以日月之法，區而別之，然後六義皆成，無微不顯，故其七曰因日月以明類；自非有所是正，皆從史文，然特筆亦不過數簡，故其八曰辭從主人。是皆所謂議而弗辯者也，乃離經辯類，析類爲凡，發其隱蔽，辯而釋之，爲八篇曰《春秋屬辭》。將使學者由《春秋》之教，以求製作之原，既得而後聖人經世之義可言矣，安得屬辭比事而不亂者，相與訂其説哉。半葉十三行，行二十七字。卷十五後有“前鄉貢進士池州路儒學學正朱升校正，學士倪尚誼校對，金居正覆校”三行。

春秋左氏傳補注十卷春秋師説三卷元刊本。

《補注》題曰新安趙汸學。半葉十一行，行二十四字，注雙行，版心有字數及刊工姓名。前有汸自序，商山書塾與《屬辭》同刻，始于至正庚辰，乙巳畢工。見程性跋。其書出經文一句，而補注于下，以陳止齋《春秋章旨》爲宗，兼採孔氏穎達、劉氏敞、葉氏夢得諸家之説，附益之。至名物度數，訓詁地理，固不若漢學家之詳確也。《師説》題曰新安趙汸編，前有汸序，行款、字數、版心，皆與《春秋屬辭》同，至正甲辰商山書塾與《左傳補注》同刊。見程性跋。附錄上爲黃澤所作《思古吟》《六經辨説》《補注序》《易學濫觴》《春秋指要序》，附錄下已缺。以目錄攷之，當爲《黃楚望行狀》。至正庚寅，迄今五百餘年，而卷帙如新，至足珍矣。

春秋胡氏傳纂疏卅卷元刊本。

前題新安汪克寬學。克寬字德輔，號環谷，祁門人。環谷之學，得諸黃勉齋門人雙峯饒氏，又與胡炳文、吳仲迂、許謙諸君子相師友，宜其學之有本也。別有《環谷集》八卷。前有引用諸儒姓氏、先儒格言，又有《春秋》胡氏《傳》，附錄《纂疏凡例》，後有汪克寬自序，至正辛巳虞集、至元四年汪澤民序，末有至正八年吳國英跋。此書以胡氏《傳》爲主，雜引各家之說以疏之。胡《傳》在《春秋》家中爲無本之學，此又從而揚其波。本不足重，以其古刻存之。黑口板，半葉十一行，行廿字。孫氏志祖曰，胡安國一生大節，本多可議，其始由秦檜薦用，得預講筵。呂頤浩謀逐檜，引朱勝非爲助，安國言勝非不可用。安國求去，檜三上章留之，頤浩問去檜之術於席益，益曰黨魁胡安國在瑣闈，宜先去之。安國嘗言檜賢於張浚諸人，檜亦力引安國。事見《宋史·秦檜傳》。則爲秦檜之黨明矣。明人無識，徒以《春秋》用胡《傳》，遂從祀兩序，然胡《傳》借《春秋》指陳時事，本不合于筆削之旨，其論亦多迂謬。近科場功令已斥胡《傳》不用，俱以《左傳》本文爲主，參用《公羊》《穀梁》之說，則從祀之典，亦所當議罷也。見《讀書脞錄》續四。前清初用胡《傳》試士，乾隆壬子禮臣紀昀言於朝，謂胡氏解經主義當宋紹興時，特借以託諷時事，於聖人之意不相比附，嗣後治《春秋》者竝從三傳，繇是遂廢不用云。明陸粲撰《春秋胡氏傳辨疑》二卷，謂胡氏說經，或失於過求，詞不厭煩，而聖人之意愈晦，故著此以辨論之。有明二百數十年，昌言以糾正胡《傳》者，自此書始，直至清代，始罷其書。

春秋諸傳會通二十四卷_{元至正刊本。}

　　元後學廬陵李廉輯。前有自序云，傳《春秋》者三家，《左氏》事詳而義疏，《公》《穀》義精而事略，有不能相通。兩漢專門，各有師説，至唐啖、趙氏始合三家所長，務以通經爲主，陸氏纂集，已爲小成。宋河南程夫子，始以廣大精微之學，發明奧義，真有以得筆削之心，而深有取于啖、趙，良有以也。高宗紹興初，武夷胡氏進講，篤意此經，於是承詔作傳，事按《左氏》，義取《公》《穀》之精，大綱本《孟子》主程氏，而集大成矣。方今取士用三傳及胡氏，誠不易之法也。然四家之外，如陳氏《後傳》、張氏《集注》，皆爲全書，學者所當考，而孫氏之《發微》、劉氏之《意林權衡》、吕氏之《集解》，與其餘諸家之議論，亦不可以不究，但汗漫紛雜，有非初學所能備閲者。余讀經三十年，竊第南歸，叨禄劇司，心勞力耗，舊所記憶，大懼荒落，而又竊觀近來書肆所刻此經，類傳雖多，或源委之不備，或去取之莫别，不能無憾，於是不揆謭陋，盡取諸傳會粹成編。先《左氏》，事之按也；次《公》《穀》，傳經之始也；次杜氏、何氏、范氏，三傳專門也；次疏釋，義所疑也；總之以胡氏，貴斷也；陳、張並列，擇所長也。而又備采諸儒説，及諸傳記，略加梳剔，於異同、是非、始末之際，每究心焉，謂之《春秋諸傳會通》，藏之家塾，以備遺忘，訓子弟耳，非敢與學者道也。邇年頗有傳寫者弗克禁，而豐城揭恭逎取而刻之梓，亟欲止之，則已成功矣。書來求序，拒之弗可，且念其力之勤而費之重也，姑識於卷端，與我同志尚加訂正焉。至正九年己丑七月朔後學廬陵廉謹書。次凡例、《讀春秋綱領》。此元刊元印本，半葉十二行，行二十二字，小字雙行。李廉序後有"至正辛卯臘月崇川書院重刊"木記。

春秋列傳五卷_{明刻本。}

明大庾劉節重編,蘄水周瑯校。前有貴谿丘九仞序,略云
夫春秋二百四十二年,人臣之賢否得失,《左傳》詳矣,然事以
附年,年以附國,未及夫人爲之傳也,至子長《史記》則稍爲
之傳矣,未之能詳也。自是古史諸書亦踵爲之,大率子長之緒
餘耳,獨樵氏《通志》始爲加詳,然亦未盡也。予觀夫梅國劉
公之爲是書,本之《左傳》,參之《國語》,兼采夫先秦兩漢諸
書,互相考訂,該括不遺,真足以補史氏之未及云。伯驤按:
《唐書·藝文志》有孫敏《春秋列國名臣傳》九卷,《宋·儒林
傳》載眉山王當《春秋列國名臣傳》五十卷,熙寧間錢唐沈括
著《春秋紀傳》五十卷。山谷謂存中於《左氏》取之左右逢其
原者也。《文獻通考》及《兩浙名賢錄》稱,南宋乾道間山陰
唐閱嘗以《左氏春秋》仿遷、固例,撰《左史傳》五十一卷,
至明而又有此書。前清康熙間,李鳳雛紫翔氏編《春秋紀傳》,
自序乃謂補前人未備之缺典,何其陋也。

左傳注評測義六十卷_{明刊本。}

明凌稚隆著。前有萬歷戊子范應期序,略云,元凱湛淫
《左氏》,參互羣傳,勒成《集解》,觀其例敍嚴密,庶幾不負
忠臣之稱。嗣後述者紛紛,宋林堯叟、呂祖謙、陳傅良輩,更
爲釋解,至近世專門之家,辨論考覈甚詳,而人各一書,書各
一旨,反爲殽亂。余友凌以棟氏,已校評馬、班二史,梓行海
內,頃復潛心《左氏》,閱五載而成《注義》,大都宗元凱之
旨,離則傳之;總諸家之粹,複則鑲之。余不敏,嘗讀《中祕

石經》，無能效膏肓之鍼，試以此質諸新都汪司馬、鴛湖許京
兆，論可定云。前有《世系譜》《名號異稱便覽》《地名配古
籍》數十葉。半葉十行，行廿字。

左氏始末九卷明刊本。

明唐順之編。前有嘉靖壬戌族孫一鏖序，略云，先經以起
義，與後經以終事，是《左氏》之所以善于考證也。而事或錯
出，文或片見，則執經以求其斷案者，每病於條理之難尋，而
屬辭此事之旨，因亦以不白於世，於是乃合其始末而次敍之，
以爲一書。然後事歸其類，人繫其事，首尾血脈，通貫若一。
《始末》以《左氏》內傳爲主，而纖悉委曲，有逸出於《外傳》
《史記》者亦入焉。前題門人金九皋、弟唐正之、後學鄭激編
次，弟唐立之校正。半葉十行，行廿字。

春秋地理志　卷寫本。

清吳偉業撰。偉業字駿公，太倉州人。所居梅村，名曰鹿
樵精舍，本王士騏賁園，花木翳然，因取以自號。見《春融堂
集》六十四。王氏又稱偉業晚年著《春秋氏族地理》二志，支
分派別，證以《史記》《漢書》及後碑記之文，蓋不欲以詩人
終也。兩書皆未刻，藏於家，今兩書尠見流傳。此爲精寫本，
蓋清初所錄也。清世如高士奇等，於《春秋》職官、地理，皆
嘗有所撰述，然疏陋者多。陳維鑣《補讀書齋遺稿》卷四，又
稱高藏菴著《春秋官制考略》，其確當者有六：分國分類，以官
之尊卑大小爲次，一也。爲官在前，見傳在後，按年敍入，二
也。同一官而始爲要職，繼爲閒秩；在此爲尊官，在彼爲散職；
或一官而數名，或數官而一名；則以事爲別，以類相從，三也。

正杜注之缺略，四也。不牽引秦漢以後《職官志》，五也。兼考
諸國世族，六也。云云。正宜彙集前人諸作，一爲訂正，以爲
考古之資糧。

五十萬卷樓藏書目錄初編卷三

經　部　三

唐御注八分孝經三卷 明刊本，竹素堂舊藏。

前列《孝經表》，後署天寶四載九月一日銀青光禄大夫國子祭酒上柱國臣李齊古上表，又題《孝經序》《御製序》并注及書，小字題"皇太子臣亨奉敕題額"，末題《孝經序》終。正卷題《孝經》，次列《開宗明義章》第一卷。西安府學墨洞有玄宗御注《孝經》，大亭覆之，下承石臺，束以巨鐵，上下通計高二丈，四面遍書，小注分寫兩行，其下有晋國公臣林甫等四十五人姓名。此本初以碑拓剪作書帙，削去玄宗批答三十八字，及四十五臣銜名，鋟分三卷。後有郭虯跋，則明崇禎甲申也。卷首有"竹素堂章"，當是前清上海陸氏所藏。陸名錫熊，字健男，一字耳山。乾隆間官至都察院左副都御史。著《寶奎堂文集》《篔墩詩集》。王氏昶《春融堂集》五十五有陸墓志，稱余嘗至上海，過君竹素堂，方池老屋，不蔽風雨。又云皇上稽古典學，開《四庫全書》之館，令仿劉向、曾鞏之例，作《提要》載於卷首，而特命陸君錫熊偕紀君昀任之。兩君者攷字畫之譌誤、卷帙之脱落，與他本之互異、篇第之倒置，蕲其是否，不謬於聖人，又博綜前代著録諸家之不同，以折衷於一是，總撰人之生平，撮全書之大概，凡十年書成。論者謂陸君之功爲最多云。

孝經大義三卷 <small>明寫本。</small>

宋鄱陽董鼎注。前有熊氏序，略云，孔門之學，惟曾氏得其宗，曾氏之書有二：曰《大學》，曰《孝經》。經傳章句，頗亦相似，學以《大學》爲本，行以《孝經》爲先，自天子至庶人一也。世入春秋，皇綱紐解，孔子傷之，三復昔者明王孝治之言，思之深，望之切矣。誠使天子公卿躬行其上，凡禮樂刑政之具，壹是以孝爲本，則斯道也，固天性之自然，人心之固有。一轉移間，王道顧不易易乎。惜也徒託之空言，而僅見于門人記錄之書也。今此經之可考者，不過《漢・藝文志》而已，而其篇次，則顏注古文二十二章，孔壁所藏本也；今文一十八章，河間王所得顏芝本，而劉向之所參校者也。要之出于諸儒傅會，皆非曾氏門人所記舊文矣。唐玄宗開元勅議，意非不美，而司馬貞淺學陋識，並以《閨門》一章去之，卒啓玄宗無禮無度之禍。而其所製序文，至以禮爲外飾之所資，仁義爲後來之漸，有不知所謂因心之孝者。桓桓文公，特起南夏，平生精力，用工《易》、四書爲多，至此書則僅成《刊誤》一篇，注釋大義，猶有所未及，蓋嘗有志彙集諸家傳註，以明一經而未果。一日余友胡庭芳挈其高第董真卿訪余雲谷山中，手攜《孝經大義》一書，取而閱之，則其家君深山先生董君季亨父所輯也。其書爲初學設，故其詞皆明白而切實，族兄明仲敬爲刊之書塾，以廣其傳。歲在乙巳，前進士武夷熊禾序，時大德之九年也。

大學章句重訂輯釋章圖通義大成一卷朱子大學或問重訂輯釋通義大成一卷中庸朱子章句重訂輯釋通義大成一卷中庸或問重訂輯釋通義大成一卷論語集註重訂輯釋章圖通義大成二十卷孟子集註重訂輯釋章圖通義大成十四卷書章圖隱括總要發義二卷新刊重訂輯釋通義源流本末一卷元刊本。

《通義大成》元新安道川倪士毅重訂輯釋，新安東山趙汸同訂，鄱陽克升朱公遷約說，新安林隱程復心章圖，莆田後學王元善通致，後學鄱陽王逢訂定。《通義總要》林隱程復心了見撰，經進源流本末松塢門人京兆劉用章輯重訂。前列姓氏、凡例、源流。次有汪氏序，略云，四書者，六經之階梯。東魯聖師，以暨顏、曾、思、孟得心之要，舍是無以它求也。孟子沒，聖學湮晦，千五百年，迨濂洛諸儒啓不傳之祕。而我紫陽子朱子，且復集諸儒之大成，撫往聖之遺蘊，作爲《集註》《章句》《或問》，以惠後學。昭至理於皦日，蓋旛乎不可尚已，而其詞意渾然猶經，雖及門之士，且或未能究其精微，得其體要，矧初學之昧昧乎。近世儒者懼誦習之難，於是取子朱子平日之所以語學者，并其高第弟子訓釋疏之辭，疏於朱子註文之左。真氏有《集義》，祝氏有《附錄》，蔡氏、趙氏有《集疏》《纂疏》，相繼成編。而吳氏《集成》最晚出，蓋欲博采而統之，但辨論之際未爲明備，去取之間頗欠精審，覽者病焉。比年以來，家自爲學，人自爲書，架屋下之屋，疊牀上之牀，爭奇衒異，竊自附於作者之列，鋟於木而傳諸人，不知其幾，益可嘆矣。同郡定宇陳先生、雲峯胡先生，睹《集成》之書，行於東南，輾轉承誤，莫知所擇，乃各摭其精純，刊剔繁複，缺略者又足以己意。陳先生著《四書發明》，胡先生著《四書通》，皆足以磨刮屫者之敝，而陳先生晚年且欲合二書而一之，而未遂也。友人倪君仲弘寔從游於陳先生，迺會粹二家之説，名曰《四書輯釋》，學者由是而求子朱子之意，則思過半矣。至正辛巳，建陽劉叔簡得其本而刻之。後二年倪君復慮其猶有未底於盡善者，爰即舊本重加校正，視前益加精密，徵余序其所以然者。至正丙戌新安汪克寬。半頁十二行，行二十字。

四書纂疏二十六卷元刊本，安麓村舊藏。

宋趙順孫纂疏。前有自序云，子朱子四書註釋，其意精密，其語簡嚴，渾然猶經也。順孫舊讀數百過，茫若望洋，因徧取子朱子諸書，及諸高第講解，有可發明注意者悉彙於下，以便觀省，間亦以鄙見一二附焉，因名《纂疏》。顧子朱子之奧，順孫何足以知之，架屋下之屋，強陪於穎達、公彦後，滋不韙爾。遇大方之家，則斯疏也，當在所削。後學趙順孫書。次列引用書目。此爲元刊本，半葉十行，行二十字，小字雙行，行二十四字。每卷前有“麓村安氏章”。按：安岐字儀周，號麓村，高麗人。從貢使入都，因得故相明珠家窖金鈔本書，雖係隱語，細加研索，能盡得其數，與地址所在地，即俗所稱爲大觀園是也。乃求見明公子孫，告以窖藏所在，盡發之，用其金爲母，往天津淮南業鹽，富甲天下。儀周復好賓客，雅善鑒別，收藏之富，亦甲於一時，撰《墨緣彙觀》四卷，刊入《粵雅堂叢書》中，初不知爲儀周物也。儀周後盡載收藏回高麗，其子孫留中國者，仍爲安氏。詳見富陽周芸皋凱《内自訟齋文鈔》書安儀周事中。近人劉氏稱儀周在揚州置巨宅，豪侈不可言。事閱百餘年，揚州人尚知有安二達

子者，有地名盧刮刮巷，原係安家夾巷，因俗呼而訛，雖屢經兵
燹，仍未易稱，可見安氏在當日赫赫在人耳目云。

癸巳論語解十卷抄本。

宋南軒張栻撰。前有自序，略云，學者學乎孔子《論語》
之書，孔子之言行莫詳焉，所當終身盡心者，宜莫先乎此也。
聖人之道至矣，而其所以教人者，自始學則教之以爲弟、爲子
之職，其品章條貫，不過於聲氣容色之間，灑埽應對進退之事。
此雖爲人事之始，然所謂天道之至賾者，初亦不外乎是，故原
其始則有致知行之地，而極其終則有非思勉之所能及者，亦貴
於行著習察，盡其道而已矣。秦漢以來，學者失其傳，其間雖
或有志於力行，而其知不明，冥擿索塗，莫適所依，以卒背於
中庸。本朝河南君子始以窮理居敬之方，開示學者，使之致知
力行有循守，以入堯舜之道。然近歲以來，學者又失其旨，汲
汲求所謂知，而於躬行則忽焉。本之不立，故其所知特出于臆
度之見，而無以有諸躬，識者蓋憂之。孔子曰，學而不思則罔，
思而不學則殆。歷考聖賢之意，蓋欲使學者於此二端兼致其力，
始則據其所知而行之。行之力則知愈進，知之深則行愈達。是
知嘗在先，而行未嘗不隨之也。顧栻何足以與明斯道，輒因河
南餘論推以己見，輯《論語》說爲同志者切磋之資，而又以此
序冠於篇首焉。乾道九年廣漢張栻序。

大學章句一卷中庸章句一卷論語集註 十卷孟子集註十四卷元刊宋本。

是書板心均題"晦庵大學中庸論語孟子"等字，每葉十四
行，行大字十五，小字雙行，魚尾上有字數。每卷後有《音

攷》，凡節義章旨，皆有旁抹，衍文加圓圈，誤字加方圍，主意字眼加上下圓圈。陳簡莊所藏淳祐本《大學》，維雜作新；《中庸》蛟龍作鮫龍，攷諸三王而不謬，謬作繆。《論語》女得人焉耳乎，耳作爾；忽然在後，作忽焉；没階趨進，無進字；冉子退朝，作冉有。《孟子》古公亶父，作亶甫；井地不均，作不鈞，有小人之事，作小民；此率獸而食人，獸上有禽字；必至於彀，作必志。其註之異者，《大學》中欲其必自慊，作欲其一於善之類，此皆相同，可資考核者也。瞿氏藏宋刊本，卷末題"從政郎提領江淮茶鹽所準備差遣劉夢高校正"一行。後有跋云，當塗郡齋舊有文公《語孟集註》，註與本文皆大字，於老眼爲宜。蓋正肅吳公所刊，見謂善本。光祖毼來假守，依倣規製，取《中庸大學章句》併刊之，足成四書。《語》《孟》歲月浸久，間有漫滅，就加整治。是書在天地間，無窮達老少，皆不可一日廢，熟復玩味，則施之行事，其有不敬且畏哉。淳祐壬子孟秋朔旦，金華馬光祖敬識。卷中如《孟子》南面而征北狄怨，作北夷；疑涉上文夷字而誤。有攸不爲臣，作惟臣，注同。案趙注無不惟念臣子之，節本作惟也。好勇鬥狠，作鬥很；則其小者不能奪也，作弗能；見且猶不得亟，作由不；無不知愛其親也，作親者；可以無飢矣，作足以；亦不隕厥問，作不殞；四肢之於安佚也，作四枝；來者不拒，作不距；人能充無穿窬之心，作穿踰；萬章曰一鄉皆稱原人焉，作萬子曰。俱與唐宋石經及《七經孟子考文補遺》符合。瞿氏灝《四書攷異·梁惠王》篇云，行者有裹糧也，宋本作裹囊，今是本仍作裹糧。《公孫丑》篇云，古之爲市者，宋本作市也，今是本仍作市者。以上均經瞿氏校過，與今本有異同者也，此本實與之合，洵爲善本。

孟子節文二卷 從明洪武刊本傳録。

　　明劉三吾撰。前有題辭，其中於《孟子》之旨趣，分別論之者，以明太祖嘗於《孟子》"民貴君輕"、"世卿易位"等語有所貶抑也。題辭云，《孟子》七篇，聖賢扶持名教之書，但其生於戰國之世，其時諸侯方務合縱連橫，以功利爲尚，不復知有大義。唯魏惠王首以禮聘至其國，彼其介於齊秦楚三大國之間，事多齟齬，故一見孟子，即問何以利便其國。非財利之利也。孟子恐利源一開，不但有害仁義，且將有弑奪之禍。仁義正論也，所答非所問矣。是以所如不合，終莫能聽納其說。及其欲爲死者雪恥，非兵連禍結不可也，乃謂能行仁政，可使制梃以撻秦楚之堅甲利兵，則益迂且遠矣。臺池鳥獸之樂，引文王靈臺之事，善矣；《湯誓》時日害喪之喻，豈不太甚哉。雪宮之樂，謂賢者有此樂，宜矣；謂人不得即有非議其上之心，又豈不太甚哉。其他或將朝而聞命中止，或相待如草芥而見報施以仇讐，或以諫大過不聽而易位，或以諸侯危社稷則變置其君，或所就三、所去三而不輕其去就於時君，固其崇高之節，抗浮雲之素志，抑斯類也，在當時列國諸侯可也。若夫天下一君，四海一國，人人同一尊君親上之心，學者或不得其扶持名教之本意，於所不當言、不當施者，概以言焉，概以施焉，則學非所學，而用非所用矣。今翰林儒臣三吾等既請旨與徵來者儒同校蔡氏書，蒙賜其名曰《書傳會選》。又《孟子》一書，中間詞氣之間，抑揚太過者八十五條，其餘一百七十餘條，悉頒之中外校官，俾讀是書者，知所本旨。自今八十五條之內，課試不以命題，科舉不以取士，壹以聖賢中正之學爲本，則高不至於抗，卑不至於諂矣。抑《孟子》一書，其有關於名教之大，爲孔子賢於堯舜，後人因其推尊堯舜，而益知尊孔子之道。諸侯之禮，吾未之學，而知其所學者周天子盛時之禮，非列國諸侯所僭之禮，皆所謂摭前聖所未發者，其關世教，詎小補哉。洪武二十七年十月癸酉翰林學士奉議大夫臣劉三吾等謹上。伯驤按：惠氏《九曜齋筆記》卷二云，《應庵隨意録》稱，洪武初翰林學士劉三吾奉勑爲《孟子節文》，總一百七十餘條，前有三吾題辭，刻在南京國子監，課試不以命題，科舉不以取士，今不見印行。即此書也。

爾雅二卷 <small>元刻巾箱本，佛嚨武舊藏。</small>

卷上《釋詁》《釋言》《釋訓》《釋親》，卷下《釋草》《釋木》《釋虫》《釋魚》《釋鳥》《釋獸》《釋畜》，皆附《音釋》。序後有木記云，"一物不知，儒者所恥，聞患乎寡，不患乎多也。"《爾雅》之書，漢初嘗立博士矣，其所載精粗巨細畢備，是以博物君子有取焉。今得郭景純集注善本，精加訂正，殆無毫髮訛舛，用鋟諸梓，與四方學者共之。大德己亥平水曹氏進德齋謹誌。半葉八行，行十五字。前有"佛嚨武"白文長方形章。佛嚨武字純齋，正白旗人。居近杭之天妃宮，性好藏書。任廣平參將，旋調喜峯口，後派塞外巡邊，又至和闐、西藏、新疆回國，周行幾徧，久之歸。以年邁乞休，反杭時，宦橐蕭然，惟古書奇石。著《瀚海雪山游記》八卷。見《杭郡詩三輯》。

爾雅二卷 <small>從元刻巾箱本景寫，滁山堂舊藏。</small>

前題郭璞注。首載郭序，後有《音釋》，其中字句與吳本略異。序後有墨長記，題"大德己亥平水曹氏進德齋謹誌"。全書有校筆，瞿氏亦藏此種刻本，以宋本覆勘一過，知其全書無後人竄亂處，郭注中某音某者，完善無闕。其經文不同於《唐石經》者，如《釋宮》屋上薄，薄不作簿。宋刻《廣韻》三十五，笑篴屋上薄也，亦從草。《釋天》何鼓不作河鼓，與郭氏擔荷之訓合，蓋古擔荷之荷實作何也。《釋水》縣出不作縣出。《釋文》縣音元，是古本作縣之證。又《釋畜》騋牝驪牡，不同雪窗書院作騋牝驪牧。武進臧氏謂，鄭高密孫叔然本作驪牡，郭作驪牝。《釋草》其萌虇注音纞綣，不同雪窗本譌作匸阮。近之釋經家皆以吳本、雪窗本爲單經之善本，當是未見此本云云。伯虁按：愛日精廬所記《釋訓》綽綽，爰爰也，以下重語及小註，雪窗本及閩、監、毛本俱脫。又《釋文》私改各條，此本俱不誤，與海源閣楊氏藏本同，是可貴也。武進董氏嘗以燉煌本、六朝本《爾雅》一卷存釋天八、釋地九，與阮刻互校，除別體字及註語尾增加助詞從略外，可以是正刻本者約卅四條。如十月爲陽下注云，純陰用事，嫌於無陽，故以名之。今本作純陽，則與下句抵觸，此譌訛之顯然者也。又古本形似之字，每多通用，如唐人寫本循、備、脩三字互書，閱者繹其文義當可明晰。此本戴、載二字雖近似，然戴則注之於首，屬於上，載有載重之義，屬於下。本卷各戴字皆含注於首之義，刻本作載，非是，以是知《禮記》之載鴻載鳴鳶，亦宜從戴云云。此爲《爾雅》最古之本，當勝于元刊，惜殘缺太甚耳。卷末有“滁山書堂”大方章，當是盱眙吳尚書棠遺本。棠號仲宣，官蜀最久，致仕寓滁州，故有此章。平素則以“望三益章”捺於各藏本也。張氏之洞《廣雅堂詩集》有《滁山書堂歌》，中有云，“忽憶家園萬牙籤，蛛絲蠹迹無人掃”。注云，藏書甚富，率皆善本舊槧。又云，“滁山深蔚滁泉香，中有尚書讀書堂。宋槧明鈔四羅列，朱履白髮中徜徉。不

惜餅金購一軸，充棟都曾經手觸。狳座牙旗十五年，長物止此
堪誇目"。吳又嘗聘秀水高均儒校勘經籍，見《嘉興府志》五十
二。葉氏《藏書紀事詩》未及，當補之。

爾雅二卷<small>明刊本，揚州阮氏舊藏。</small>

晋郭璞注。上下卷别爲音釋。《釋訓》綽綽、爰爰，緩也，
注云，皆寬緩也。悠悠、稱稱、丕丕、簡簡、存存、懋懋、庸庸、
綽綽盡重語，雪窗本、閩、監本俱脱，此本有之。《釋草》菀雀
弁，不作芫，與《唐石經》《釋文》合；又晢無實棗，不作皙，
與單疏本合；《釋魚》螣螣蛇首，螣不作騰，亦與單疏本合。以
上各條，日本翻宋本亦如此，可知此本來源之古矣。又瞿氏《書
目》載有《音釋》之宋本，如《釋詁》縱縮亂也，注縱放掣縮，
縮不作緒。《釋言》馹遽傳也注，皆傳車驛馬之名，傳不作轉；
《釋宫》闑謂之槷，闑不作闑。《釋天》在壬曰玄黓，黓不作默。
《釋水》穴出仄出也，仄不作庂；又所渠并千七百一川色黄注，
汩漱沙壤，壤不作壞。《釋草》羊棗注，曾晳嗜羊棗，嗜不作嗜；
楼赤楝注，葉細而岐鋭，岐不作岐。《釋蟲》蠦蜰蜙蝑注，俗呼
蟅蝑，蝑不作蟓。《釋鳥》注憨急尋飛，憨不作憨；又鵨鯆叔，
鵨不作鳩。《釋畜》尾本白騥注，尾株白，株不作林；此本皆與
之合。郭注單行，皆出宋刻，前人所云，殆不誣矣。半葉十行，
行二十字。卷上、下前有"文選樓"長方形章、"家住揚州文選
樓隋曹憲故里"方形章，上墨而下朱，此爲前清阮氏元藏本。考
阮氏有藏章云"揚州阮伯元氏"，藏書處曰琅嬛仙館，藏金石處
曰積古齋，藏硯處曰譜硯齋，著書處曰揅經室。此章曾見於他家
藏書，然阮氏藏本則以用"文選樓"一章爲最多，"文選樓"章
銅質爲之，今歸南海黄氏攷學齋，伯驥曾摩抄及之。王培荀《鄉

園夢憶錄》卷三云，阮芸臺母林太夫人性耽墳典，繪有石室藏書
小照，獨坐石上，芸臺執書侍立。主事郝懿行室王氏照圓題詩有
云，"齋名積古從公定，室有藏書是母留"。芸臺續古齋後改名積
古，故云。葉氏《藏書紀事詩》未及此節，爲照錄之，以彰母教
焉。張氏《月齋文集》卷八云，阮氏於嘉慶十二年進呈《四庫》
未收書六十餘種，仁宗命庋其書於天壇前殿之西廊，御題額曰
"宛委別藏"，原本則阮氏悉弃之文選樓。道光癸卯夏阮氏內書堂
被火，生平所蓄宋元舊袠，灰燼無餘。又道光三十年《儀徵縣
志》阮氏序云，嘉慶己巳余在翰林院，檢《永樂大典》，見其中
有《紹熙儀徵志》《嘉定真州志》，命小史鈔一副本，藏諸篋笥。
道光癸卯春，里第爲鄰火所焚，此書遂遺失。是文達藏本，曾遭
大厄，然吾家所藏文達遺書，固有多種，最佳者則爲宋刻史炤
《通鑑釋文》，此書則其次也。

爾雅注疏十一卷曲阜孔氏校乾隆四年刊本。

　　此爲曲阜孔氏廣栻手校之本，目錄前有"丙申二月十八日
校起正字共三卷"一行。《爾雅》注解傳述人第七行張揖，校云
《經典釋文》作楫。《爾雅注疏序》，校云元本每葉十八行，行
十七字，無空格。卷二《釋言》疏，后稷之在其母終人道十月
而生也。校云在其二字；元本作聖，終誤然。卷三《釋訓》，綽
綽、爰爰緩也注，皆寬緩也。校云皆寬緩也下，脫"悠悠、偁
偁、丕丕、簡簡、存存、懋懋、庸庸、綽綽盡重語"一十九字；
從疏校，毛本並"注皆寬緩也"五字亦脫去。《釋親》妻黨，
校云元本在妻之父行前。又校云，案《鄭風丰》篇疏云，對文
則有異，散則可以通；《我行其野》箋云，新特外昏也，謂婦家
爲昏也；隱元年《左傳》說葬之月數云，士踰月外姻至，非獨

謂壻家也。卷四《釋宮》注坫，端也。校云，端毛本作端，元本誤瑞。《正字》云，端《釋文》作墇。云達結達，計二反，高貌。又，正門謂之應門，校云，《禮記‧明堂位》疏引李巡云，宮中南鄉大門，應門也。應是當也，以當朝正門，故謂之應門。觀謂之闕，案《鄭風‧子衿》疏引孫炎云，宮門雙闕，舊章懸焉，使民觀之，因謂之觀。衖門謂之閎，案《周禮‧秋官‧脩閭氏》序官及士師職疏引此文云，巷門謂之閭。案衖，戶絳反。《釋文》云，聲類以爲巷字，是衖、巷字同也，而《周禮》疏引之，以證閭字不容有誤，豈閎字古本亦有作閭也。卷五《釋樂》大鍾謂之鏞。疏云，東晋元興年，會稽剡縣人家井中得一鍾，長三寸，口徑四寸。校云元興，《釋文》作興元，《晋書‧郭璞傳》興上有太字。又《晋書》云，鍾長七寸二分，口徑四寸半，與此不同。《釋天》疾雷爲庭霓，雨霓爲霄雪。校云，庭元本作霆。陸氏佃云，霓從睍省，霄從消省。《詩》曰見睍曰消，蓋雪以微温摶之，故散而成霓。《說文》霰，稷雪也。今閩俗謂之米雪，言其霰粒如米，所謂稷雪，義蓋如此。卷七《釋山》霍山爲南嶽注，即天柱山，潛水所出也。校云《周禮‧春官‧大司樂》疏引《爾雅》郭注云，霍山今在廬江潛縣西南，潛水出焉，別名天柱山。武帝沈廷芳云，武上脱漢字。以衡山遼遠，因讖緯皆以霍山爲南嶽，故移其神於此。今其土俗人皆謂之南嶽，南嶽本自以兩山爲名，非如近來。卷八《釋草》疏，《說文》別有草字，自保切。校云元本字誤子，自誤百。又，莤蔓于，校云案《本草》作薚，李時珍云，莖頗似蕙而臭，故《左傳》云一薰一蕕，十年尚猶有臭。又蕨虌，校云虌，《釋文》作蘩，案《埤雅》蕨狀如大雀拳足，又如其足之蹶也，故謂之蕨。《山谷詩》"蕨芽初長小兒拳"，是其狀也。元本虌音鼈。卷十疏云，鷗鶊似黄雀而其喙尖如錐，取茅莠爲窠。校云巢誤作窠。
《小爾雅》云，鳥之所乳謂之巢，雞雉所乳謂之窠。全書皆據舊
本校勘，采述他書不尠，字小而密，讎對入微，可采者甚多，
以上不過略述之以見其概耳。卷十一有字二行云，“孔廣栻按
《左傳·桓五年》不以畜牲，孔疏引《爾雅》之《釋畜》於馬牛
羊豕狗雞之下題曰六畜云”。其餘亦有題廣栻按者，故定爲孔氏校
本。《闕里孔氏詩鈔》八云，廣栻字伯誠，號一齋，乾隆己亥舉
人。著有《藤梧館詩鈔》八卷。一齋爲葒谷長子，生有異稟，讀
書過目不忘，少受知於戴東原、盧抱經諸先生，比長，益銳於學，
自經傳子史莫不研究。葒谷早世，所著書未竟者，悉踵成之云云。
寒家藏葒谷遺籍頗多，一齋校本，衹此一種，珍之珍之。

五雅小爾雅一卷爾雅二卷逸雅八卷

廣雅十卷埤雅二十卷　明寫本，單氏鈺舊藏。

　　卷首有天啓丙寅郎氏自序，版心下有“堂策檻”三字，可
證此書係從明郎氏校刊本傳錄。按近人吳氏《蕉廊脞錄》云，
江干徐村，俗所稱九龍頭者，美國教士設之江學堂，丙辰春拓
地建築，掘地得古墓，有地券文一，中有云，郎斗金、奎金、
壁金，有父親郎兆玉，號明懷，賜進士第。兆玉字元白，萬曆
癸丑進士。著《無纇生詩集》。西湖金沙港先覺祠，列名入祀。
子壁金，字公是，工詩，嘗刊《五雅》，固杭州舊族云。《逸
雅》即《釋名》，足成五雅之數。改易書名，明人刻書，往往如
是，不足爲異也。序前有單鈺章。鈺，清初人，籍易水。有
《鏤冰詩鈔》。卷五有《買書詩》云，“信步城隅得異書，擬將
誦讀伴耕鋤。重編目錄分庚甲，細檢遺亡訂魯魚”。是其人固好
書者也。紀氏昀序其詩云，畿輔詩人，惟任丘麗雪厓名最著。

其時漁洋山人以談詩奔走天下士，惟益都趙飴山齟齬相争。雪
厓與德州田山薑，則不相攻擊，亦不相附和。爲單氏序詩，而
述及諸人，然則單氏亦清初詩人之雄駿歟。

爾雅新義二十卷伊蒿學廬墨格寫本。

宋陸佃撰。佃字農師，越州山陰人。少遊王安石之門，熙
寧三年擢進士甲科。授蔡州推官，選爲鄆州教授，召補國子監
直講，歷轉至左丞，後出知亳州，卒於官。《宋史》有傳。卷首
有元符二年自序，其説《爾雅》之義曰，萬物汝故有之，此書
能爲爾正，非能與爾以其所無也，名之曰《爾雅》以此，以爾
爲爾汝之爾，蓋其所創，此其所以取名《新義》也。据陳氏
《書録解題》謂，佃曾孫子遹，嘗刻此書於嚴州。然元明以來，
藏書家絶不著録，《經義考》亦云未見，張氏《愛日精廬藏書
志》謂《永樂大典》不收，然據清《四庫總目》卷四十，則云
散見《大典》中，文句譌闕，不能排纂成袠。月霄蓋誤也。嘉
慶間丁杰、嚴元照等始有傳鈔本，阮元嘗以進呈。嚴氏謂全書
穿鑿荒鄙，難以言喻。其注履帝武敏，引武未盡善，注大者謂
之栱，引大舜有大焉。何不經若是，覺陳氏所譏玩物喪志，未
足蔽辜也。佃又號通小學，宜稍知識字。閵字從門，《經典釋
文》《開成石經》，皆從門，自是隋唐繆體。佃不知正其誤，於
閵恨也，注反附會之曰門内之事，則竟以爲從門矣。其所讀破
句亦不少，狄臧槗賁緂，郭不分句讀，《釋文》《廣韻》以狄臧
槗爲句，佃以槗字屬下讀。樸抱者謂櫬采薪，佃以謂字爲句。
蠪蚳螘蠜莫貃蟷蜋虰蛵負勞，各以四字爲句，虰屬蟷蜋爲句。
皆由杜篡，絶無所本，然則奚取乎此書而存之，曰《爾雅》文
字多譌。毛晉所刻注疏本，譌誤多至不可枚舉。此書乃北宋本，

經文多可是正俗本。如《釋詁》底底尼定曷遏，止也，與《釋文》、石經合，《釋文》底丁禮反，底之視反，後人妄疑是重文，輒改底字爲廢。《釋言》榰柱也，榰從木旁。《説文》榰訓柱砥，《玉篇》榰柱也，皆在木部。《釋文》、石經亦同，近本誤從手，《説文》《玉篇》手部無此字。華皇也，與《釋文》、石經合，近本倒其文作皇華也，誤。《釋訓》忯忯惕惕愛也，《説文》忯愛也，從心氏聲，巨支切。《玉篇》忯敬也，亦愛也。近本誤從氏，《説文》無忯字，《玉篇》有之，都替切，悶也，音義與忯別。鑠贲之也，鑠字從金，近本誤連上濃字，亦從水。《釋天》四氣和謂之玉燭，李善注《文選》屢引皆同，石經亦同，後來誤作四時，不知下有四時和謂之通正之文，不可混也。《釋地》珣玗琪從于，枳首蛇枳從木，皆與《釋文》合，近本誤作玗、作軌。《釋丘》當途梧丘，邢氏疏云，當道有丘名梧丘，言若相遇於道路然也。近本誤作堂途。《釋水》河水清且瀾漪，瀾從蘭，與《釋文》合，近本誤從闌。《釋艸》孟狼尾，與石經同，近本孟譌盂。澤烏蕍，與《釋文》、石經同，郭注云，即土蕠也。近本竟作蘾，則重文矣。杬魚毒，杬從元，《釋文》同，近本譌作杭。還味棯棗，棯旁從木，《釋文》、石經同，《玉篇》木部、《廣韻》棯字注，皆引此文，近本誤從手。蔽者翳，近本蔽譌弊，《釋文》、石經作蔽。祝州木，《釋文》、石經祝皆從示，近本誤從木。鷽白鷽，《釋文》、石經同，《玉篇》鳥部、《廣韻》鷽字注引此文，近本誤分爲兩字，作楊鳥白鷽。

清朱氏學勤云，《爾雅·釋鳥》楊鳥白鷽，《釋文》、石經俱作鷽。鷽字始見于《玉篇》，梁陳間俗字爾。攷《古今注》，楊鳥白鷽也。《廣韻》十月白鷽一名楊鳥，《兼明書》亦引作楊鳥，而《太平御覽·禽類》獨列楊鳥部，則古本《爾雅》與今本不異矣。邵氏正義好奇，定從鷽字，云監本誤分爲二字，是未悟《説文》無此字也。張參於羣經所有之字備載《五經文字》中，獨無鷽字，又安知石經之非誤邪？見

《結一廬遺文》此又以分二字，爲不誤矣。凡此皆宜據以正俗本之譌也。嚴氏所舉甚詳，此略述之。張氏月霄又舉其《釋木》庮木符，婁注云木病傴僂臃腫，本樊光注。《釋樂》小者謂之棧，注云棧云淺矣，本李巡註。《釋天》東風謂之谷風，注云谷風生物之風，本孫炎注。《釋宮》四達謂之衢，注云交道四出，本郭璞注。《釋訓》子之子爲孫，注云子又有子，於是當遜矣，則義本《釋名》。《釋宮》九達謂之逵，注云逵龜也，似龜背，故謂之逵，則義本《說文》。江之爲貢，園之爲援，此《風俗通》之說也。訓父爲矩，訓姊爲咨，此《白虎通》之說也。祖者且也，則本之《檀弓》。子者孜也，則本之《廣雅》。小以大爲丕，則本之《法言》。處獨之美曰縺，則本之《中論》。可以援人曰媛，則本之鄭氏《詩箋》。知其擇善而從，所採不止荆公《字說》也，陳振孫曰大率不出王氏之學，斯言過矣。《清學部圖書館善本書目》有此書，嘉定陳氏《詩庭跋》稱其中精核者，不可枚舉。謂嘗以常州臧氏拜經堂翻宋本，及家藏永懷堂本注疏本，手自校核，與宋本合者居多。內如《釋親》篇宗族等各小題，俱在每章之後，卷末小題，有六畜二字，俱與古本合而與今本異者。又其讀每與人異，如樸枹者謂四字爲句，則錢宮詹《答問》已主此說。又《釋詁》台朕賚畀卜陽予也，注予一名而兩讀，台朕、陽予也，賚畀、卜予也，近儒錢宮詹、王石臞先生甚發此義，豈知此書先已言之。則余序所稱爲良足寶貴，比於十五連城，果不誣云。此書全部用黑格精寫，欄外有“伊蒿學廬鈔本”一行。伯驥按：《詩·小雅·蓼莪》篇，“蓼蓼者莪，匪莪伊蒿”。《毛傳》蓼蓼，長大貌。鄭箋云，莪已長大，視之以爲匪莪，故謂之蒿，由行役憂思，心不精識。顧承《吳門耆舊記》云，張德榮，字充之，號伊蒿，長洲縣學生艮思之子。家貧力學，平生好古，手鈔書數百卷藏於家。此書或爲張氏鈔本。又清咸豐間盱眙王效成有《伊篙集》五卷，前有魯一同序，謂君與吳山尊、李申耆友善，時桐城之學盛行，君獨經世綜物，出入賈董間，與可之、牧之相出入，竟其身名不出百里，卒自沈於淮以死云云。今檢其集卷四有《伊篙室記》，此本是否爲其鈔録，亦一疑問，蓋二人均未聞其用學廬字以爲標目，故仍俟攷定也。清嘉慶十三年，陸氏芝榮、陳氏培，得宋氏大樽手校此書，審定鏤板，王氏宗炎序之，世所謂三間草堂本也，亦精善可讀。

爾雅翼三十二卷明正德刊本。

宋羅願撰。護葉有民國三年周貞亮手書識語云，余初得之書友，索值甚昂，審其紙墨古雅可觀，斷爲出自嘉靖以前所製，顧前序已失，刻書年月無從考證。檢瞿氏《鐵琴銅劍樓書目》收有此本，云明正德間願十六世孫文殊所刊。前有都穆序，卷末有曾姪孫裳記，及方回跋，與此本卷末所載合。再考《藝風藏書記》亦載此本，稱前有穆序，每卷後有《音釋》，版心上有字數，下有刻工名，審視此本，與記所載亦符，乃斷其爲正德己卯刻本。己卯即正德十四年也，逆數付梓之時，歷歲已逾四百，斷縑零楮，猶爲可寶，矧戛然巨帙之全本耶，因酬以善價收之。此書據穆序實從其家宋本翻雕而出，則元洪焱祖《音釋》自無由羼入，繆氏記乃謂每卷後有《音釋》，一似出元人《音釋》之本也者，而細審此書，則惟首二卷有《音釋》數條，餘均無之，疑羅氏原本所有，而非後人所加。又《四庫》著録此書，即以《音釋》本爲據，《提要》稱焱祖於願序及王應麟後序隸事稍僻者，亦併注焉。此本無王序，願序則列在卷尾，並無《音釋》，其斷非洪氏音序本可知。繆氏講求目録，於羣書攷訂極詳，今於此本既據穆序信其從宋本出，又謂每卷後有《音釋》，何於本書既不加讅視，而於《音釋》本之出自元人，而非宋本所有，亦不一深考耶，余故詳著之正其失。此書穆序既失，中間第六、第八兩卷復各損一葉，同模之本，既不可得，僅借得畢效欽本，細爲對勘，則此本闕葉，畢本均留作空行，始知係屬原闕，蓋自宋本所傳，即已失此二葉，無從抄補矣。惟穆序之失，損却刻書年月，殊爲一憾。因據《經義考》《小學考》所載寫補卷端，二考又載顧璘一跋，末題正德己卯，與穆序同時所作，而跋在序前，以理揆之，當爲此本所有，爰并寫補移附序後。至願自序一篇，文極古雅，此本列在卷末，或宋本原式如此，尚可見古人序書古法。惟深寧後序，不知何以失載，并寫於後，以存其真。其他洪焱祖跋及別本刻書序，既非此本所應有，則概略之，勿令羼亂，異時得見同模之本，尚當一對勘之耳。願字端良，歙人。博學好古，法秦漢爲詞章，高雅精鍊，朱子極稱重之。知鄂州有政績，所著別有《鄂州小集》。事蹟附《宋史》其父《汝楫傳》，穆序謂《宋史》闕傳，亦失之不考，並著於此，俟後之博雅者考正焉。以上皆周氏考論此書之言也。正德十四年都穆序，略云，《爾雅翼》者嘗一刻於宋，再刻於元，以屢經兵燹，人間罕存，雖公之後人與鄉之士夫間有藏者，率皆繕寫，且多譌缺。余家舊藏乃宋刻本，後以歸李工部彦夫。蓋彦夫新安人也。今羅公十六世孫文殊持是書來謁，詢之，知其捐資新刻，即予向所遺李君者也。是書之出後於陸氏，而考覈名物，援引百家，所謂其涵如海，其負如山者，誠非虛語，若其博視陸氏殆又過之。惜乎史闕公傳，《文獻通考》亦不載其書，兹非文殊不能使其晦而復傳。正德己卯顧璘跋云，予向嘗讀宋《羅鄂州集》，見朱子敬服其文，以爲南渡以來文人之所鮮有。近復得鄂州所著《爾雅翼》於其遠孫惟菱，則又以見鄂州之學之博。王氏後序，全文用韻，洋洋數百言，引據甚多，具見深寧根柢之博厚。中有“爲雅忠臣，翼之以飛”二語，最爲精警。末云歲甲午書成，迨庚午九十七歲。出若有期，自今顯行，式永厥垂。繇是進大學之道，學者葆之。先是公之從曾孫裳録藏家楹，訪求得其書，則前大學博士方君回也；識卷後而刊於郡者，浚儀王應麟也。蓋此書在元時刊行之源流如此。明人李贄所著《疑耀》卷四云，蘇秦説韓，寧爲雞口無爲牛後，今本《國策》《史記》皆同，惟《爾雅翼》《釋獸》篇寧爲雞尸，無爲牛從。尸，主也，一羣之主，所以將衆者；從，從物者也，隨羣而往，制不在我矣。此必有據，且於縱橫事相合，知前人已有考論此書者矣。半葉十行，行十九字。

埤雅二十卷 明仿宋黑口本，顧河之舊藏。

宋陸佃撰。葉氏郋園亦藏此種黑口本，其識語云，《埤雅》明本甚多，而以此本爲最善。孫星衍《平津館鑒藏書籍記續編》明版類，所稱黑口版，每葉二十行，行二十字，每卷後皆有《音釋》，別本《釋天》後有“後缺”二字，此本無之者，即此本也。郋園又云，《四庫全書總目·經部·小學類》著録爲浙江巡撫採進本，《釋天》之末注“後闕”二字，然則併此書亦有脱佚，非完本矣，是館臣未見此刻本，故亦不知有《音釋》。近人丁丙《善本書室藏書志》載有《重刊埤雅》二十卷，明刊黑口本。朱學勤《結一廬書目》載有《埤雅》二十卷，明初細字。瞿鏞《鐵琴銅劍樓藏書目録》載有《埤雅》二十卷，明刊本。均未詳記行字，惟繆氏《藝風堂藏書記》有明仿宋本云，每半葉十行，行二十字，與此行字合，殆即一本，所謂明仿宋也。伯驥按：晁氏《客語》云，神廟問陸農師，疏布以冪八尊，畫布以冪六彝，何必別疏布？對云，疏取其氣達，非密布也。又一條云，農師上殿，神廟問洛河何以不凍？奏云，臣聞之有礜石焉，礜石之力，比鍾乳十倍。是陸氏固嘗以博通名世者，宜其著述此書。農師者，佃之字也。伯驥又按：明《王遵巖集》有《讀埤雅》一文云，陸農師於名物，可謂多識矣。然其爲書，有自亂其法，所引雖博，而非其著書本旨，不足相證而反以自病者亦多矣。釋翬雉而釋後后服，釋馬而釋車，釋騏而釋服，釋龍而釋占，釋蓍而釋重卦，皆非其著書本指。釋竹而釋衛武公之德，已去之遠，而又及於明器。釋倉庚摘引《月令》可耳，而全録其文。釋艾則因五十曰艾之文，而録禮文全篇。釋《螽斯》《甘棠》，既不當釋《詩》，而復旁引《莊子》華封之祝、劉歆宗廟之議。釋臺漢其説尤迂緩，謂之《詩箋》義可也，苹之爲籟蕭，知其爲在野之草而鹿之所食也，顧不從《箋》而從毛與《爾雅》，則水萍豈野生，而亦豈鹿之所食耶？白華之爲菅，菅其名而白華其詞也，乃立白華一名而釋之，由《箋》有白華於野之文而誤，不思《毛傳》已明也。蒲盧之爲野蜂，則不當爲草，乃兩立其名而兩引《中庸》之文。羊之始生曰達，小曰羔，未成羊曰羜，既成曰羊，則羔與羜乃羊之小與未成之通名，不當各立以爲名也。木之自斃者曰椔，蓋斃木之通名，而非一木之名也，而乃有釋椔。豕者豬之通名，豶其牝，豚其牡，牡之去勢曰豚，而其牡者豭，今乃釋豕與豚，不爲明也。豝豵豜並見於《詩》，毛、鄭皆以爲小豕，惟毛以歲紀數，鄭以生紀數爲異，要之皆野豬也。若爲豢獸，則豈狩獵之所射，且虞人致獸，亦不當驅家畜以待田，雖有一歲豵、二師一特之異釋，知其當爲獸者，以《詩》之文義推之當然也。今乃釋豬而遺其它，與豕聯釋，疑於爲豢畜歟！大抵所釋者多，而所取者博，固不能無失歟！至其釋貓引《畫譜》小言，釋芍藥全錄《花譜》，此無異童兒之識。農師之學，不宜其陋至此，或其家子弟或他人誤增入之，是王氏固不以農師爲然也。卷一雨而晝晴曰啓。按吳人謂晝晴曰啓，讀如欠聲。《廣韻》啓字在霽韻中，作去戰切，注云，雨而晝止。是也，陸誤。此焦氏《説楛》駁正陸氏之説也。見卷五。新城王氏謂農師受經荆公，爲禮部侍郎，持議多爲之隱諱，山谷目爲佞史。予讀其《埤雅》《説魚》《説木》二篇，元豐間經進御覽，首一條云，今相士謂曾公亮得龍之脊，王安石得龍之睛。夫姑布之言，何關故實，況進御之書，尤乖理體，此之爲佞，不既多乎！此亦抨擊陸氏者也。此本卷末有“河之顧氏”白文章，當爲吳縣顧家遺物。顧瑞清，字河之，吳縣人，千里先生孫也。咸豐二年舉人，會試薦不售，名心遂淡。性好聚書，千里先生零星手澤，珍重藏之，不輕示人。《思適齋集》之刻，君之力也。同治二年夏歿於上海，年四十七。著作甚富，惜多未成書。見張氏《仰蕭樓文集》。

埤雅二十卷明刊本。

前題宋中大夫守尚書左丞上柱國吳郡開國公賜紫金魚袋陸佃撰。前序云，嘉祐前經義未作，先公獨以説《詩》得名，其於鳥獸草木蟲魚，尤所多識。熙寧後始以經術革詞賦，先公《詩講義》遂盛傳于時，學校爭相筆受，如恐不及。元豐間預修《説文》，因進書獲對神考，縱言至於物性。先公又奏臣嘗試爲之未成，未敢進也。天意欣然，便欲見之。因進《説魚》《説木》二篇，纂將終而永裕上賓矣。先公旋亦補外，所至以平易

臨民，故其事簡政清，因得專意論譔，既注《爾雅》，乃賡此
書，號《埤雅》，言爲《爾雅》之輔也。《埤雅》比之物性門
類，蓋愈精詳，文亦簡要。先公作此書，自初迄終僅四十年，
不獨博涉羣書，而農父牧夫、百工技藝，下至輿臺皂隸，莫不
諏詢，苟有所聞，別加試驗，然後紀録，則其深微淵懿，宜窮
天下之理矣。後有博雅君子覽之，當自知其美焉。宣和七年六
月旦謹序。半葉十行，行二十一字。

説文解字義證五十卷_{底本有諸名人手校。}

清桂馥撰。前清《説文》之學，莫盛於乾嘉間，而集其成
者三家，南則金壇段玉裁之《説文解字注》，北則安丘王筠之
《説文解字句讀》及《釋例》、曲阜桂馥之《説文解字義證》，
王、桂皆山東人也。段氏之書，早已風行，而桂書藁本，久而
未付刊刻。陳氏慶鏞謂，己亥夏從漢陽葉丈東卿假得寫本謄録，
壬寅冬余門生楊生子言，又從余假鈔，於是桂先生之書，都中
藏寫本三部。又謂楊氏已於沛上開雕一册，尋以遷任，事不果
行。蓋此書之字，幾及二百萬，刊板爲難，諸城李方赤得其藁，
延許印林、許珊林、王菉友諸小學家校訂，頗欲刪節，菉友以爲
不可，譚復堂則稱《義證》縣引載籍，無甚裁制，大似類書，
蓋稿本未寫定，身後刻者欲商略校删，其子姓必欲全刻，以上
二説不同。然丁艮善引菉友言，謂桂氏引徵雖富，脈絡貫通，
前説未盡，則以後説補苴之，前説有誤，則以後説辨正之，凡
所稱引，皆有次第，取足達許説而止，故專臚古籍，不下己意，
讀者乃視爲類書，不亦昧乎！則謂菉友主張全刊，似較有理，
而當時學者門户之私，亦因刊此書而表現。張氏穆《月齋集》
云，桂書邇頗有大力者謀爲刊行，工既勻矣，以有所撓而罷。

彔友批其上云指汪孟慈，以孟慈意恐未谷奪茂堂之席也，不知未谷去茂堂甚遠，惟嚴鐵橋足以奪其席，次之則我耳。蓋此節則近來新發見者也。道光己酉，聊城楊至堂河帥駐清江，平定張石洲爲山右楊墨林刻《連筠簃叢書》，願以此書刻入，初浼汪孟慈校讐，後交印林獨校，即在清江集工開雕。孔氏《對嶽樓詩鈔》卷三云，袁江訪許印林，知其扶病重來校刻《說文義證》，慨然賦贈。又云，山右楊墨林以刻書事屬君。又云，桂書屢次付梓未成，今又幾至中輟。《月齋集》三又稱，印林以校刊此書客淮，可知當時於校刊桂書一節，皆爲屬目。繆小山氏稱，印林爲此書立校例三，一曰補例，一曰刪例，一曰改例。又撰《汪孟慈校語條辨》，復增校例七條。印林因父病不能遠離，再移局於贛榆之清口鎮，距印林家止百里，俾之照料。咸豐辛亥始藏事，未印多書，而墨林、石洲前後殁，未能移板入都，板即庪印林家。辛酉八月，捻逆竄日照，印林家破，室廬書籍，均燬于寇，桂板亦燼焉。逮南皮張文襄公刻於鄂局，海內乃得讀桂氏之書。文襄公序言，楊氏書板質於廠肆，不知桂書並不在內，臨清徐君梧生又言板燬於拳匪之亂，皆傳聞之辭，不如印林與高伯平書爲可據。蓋同治九年湖北官書局始以桂書復板，張公謂此書世少傳本，之洞奉使來湖北，乃從布政使香山何君許得見之。會江南湖北各行省，奉詔開局雕印經典，時武昌書局已刻經史數種，議刻段氏《說文解字注》，之洞語何君曰，段本固善，然聞元版未燬，其原書收入《學海堂經解》中，是不必縟複也，宜刻莫如桂氏書。何君謂然，乃以此本付書局翻刻。夫以張公當日覓原刻如此之難，則楊氏印本之不多，已可概見。葉郎園氏稱，光緒丙申，余重入都中，見廠甸翰文齋插架有其書，索價貳佰金。鼎革後，甲寅春再至都門，見其書猶在，落價貳佰圓。余問主人韓姓云，此書插架二十餘年，既無買者，亦不減價，此何理也？主人云，此書元刻本極難得，余父子業兩世書行，廠肆僅有此一部在余，可賣不可賣，實無心居奇，不過不得高價，寧留以壯觀瞻耳。後於道州何氏散出之書，乃購入楊氏原刻，可稱鎮庫之寶笈云云。伯驥得此本於舊京，實爲原刻之底本，全書一人手寫，到底不懈，小篆整峻，亦非俗筆所能，必出當時名手。所有校筆，有署名有不署名，校語皆精審。丁氏稱，道光、咸豐間，印林爲楊氏校刊，分校者薛君壽、汪君士鐸、田君普實，未畢而止。後印林獨任校讎，數年乃成，蓋其始則合力校之，其後則印林一人獨任也。陳氏慶鏞序此書，謂桂氏自諸生以至通籍，垂四十餘年，取諸經之義，與許說相發明者，作爲《義證》。蓋著書固糜攷證之工夫，校讐亦費丹黃之究討矣。馥字未谷，一字冬卉，曲阜人。乾隆進士，官雲南永平知縣。以分隸篆刻擅名，精於考正碑版，署其書室曰十二篆師精舍。有《繆篆分韻》《札樸》《晚學集》。名此書爲《義證》者，桂氏引《梁書・孔子袪傳》，高祖撰《五經講疏》及《孔子正言》，專使子袪檢閱羣書，以爲義證。馥爲《說文》之學，亦取證於羣書，故以《義證》爲題。桂氏未刻書，尚有《說文諧聲譜考證》若干卷，本欲與《義證》並行，草稿尚未繕清，兵燹之後，散失數卷，尋繹揚雲難付之言，至可惜矣。印林有《校說文桂氏注條辨》，自謂右廿條本無須辨，恐有誤信其說者，則於桂書大有害，不得已而辨之，懼得罪於先達也，姑隱其名，應幾後有悔云。許氏事蹟，已詳《大戴禮》校本中，此略之。《藝風堂文漫存》謂京師圖書館亦只藏有桂氏《義證》大字寫本，卷三。又未審有校筆否。小山、郘園皆以得楊刊本爲幸，則吾家校本之儲藏，不更可貴哉。

通雅五十二卷清康熙刻，前人朱筆精校本。

明方以智撰。以智字密之，桐城人。翰林院檢討，晚爲僧，名宏智，字無可，別號藥地和尚。有《浮山全集》，別有《博依集》十卷、《聞過集》十卷。見黃氏《千頃堂書目》。明福王監國，阮大鋮用事，商丘侯方域、宜興陳貞慧、如皋冒襄，與密之於酒座中辱大鋮，使聞，幾被禍，世稱爲四公子。見前清易氏順鼎《國朝文苑傳》。密之没于清康熙壬子年。王船山自定六十稿，壬子年有《聞極丸翁凶問輒吟》七律二首，又有《哭李雨蒼詩目》，注言，密之閣老以是年棄世。極丸翁即密之別號也，密之僧號藥地，有莊子解，名《藥地炮莊》，共九卷，蓋以莊子之説爲藥，而己解爲藥之炮，故有此名，殆亦雷公炮製之義，清《四庫總目》嘗論及之。伯驥按：密之著述頗多，文氏震孟《博依集序》稱，方氏爲桐城世族，余所交最厚善者仁植先生，又今覩其鳳毛，蓋年甫弱冠，已著書數十萬言，樂府古歌行，直追漢魏，筆陣縱橫，亦在晋唐人間云云。可見其概略矣。又按《博依集》中有詩目曰，取稽古堂各種雜録合編之，曰《通雅》，詩云，“少駭新都博，後來知不然。魯魚空薈蕞，真贗各譌傳。幸以三冬力，抄成五雅箋。輶車時借問，鐵硯莫辭穿”。此詩又見桐城《方氏詩輯》卷二十六。明代著作，以新都楊升庵爲最富，密之欲與之抗衡，故詩云爾也。《道古堂文集》卷二十六云，方密之撰《通雅》，顧景范輯《方輿紀要》，時時竊取《通鑑地理通釋》之説，輒嘆學人著書，必有藍本，則方氏已爲大宗所平議矣。朱氏洊《文選集釋》又多抨擊之，卷四云張平子《東京賦》龍雀蟠蜿，天馬半漢。薛注云，蟠蜿、半漢，皆形容也。方氏《通雅》讀半漢爲盤桓，而謂漢與觀煥叶韻，不當讀平聲。不知漢以前無四聲之分。卷十二云王文考《魯靈光殿賦》鼬鼩鸚而睽睢。案方氏《通雅》云，盧照鄰文用鼬顙，即凹磽也。皮、陸唱和皆押此顊字。《説文》作贅顙，云高也，實即顊顙，古用磝碻，皆不平也，借以狀面部不同。余謂《説文》顙高長頭贅字下，段氏以爲當云頭高也，幽與敖音可通。《詩·碩人》敖敖，《毛傳》敖敖猶頎頎也，又頎長貌。《説文》無顊字，則正當作贅。方氏轉據唐人所用以駁《説文》，非是。卷十五云傅武仲《舞賦》旴般鼓則騰清眸，引《通雅》云，《呂覽》曰帝嚳作鼙鼓之樂，鞞舞不起自漢，以此證般鼓，意蓋謂鼙即般，般、鼙聲之轉。然《禮記》投壺，鄭注圓者擊鼙，方者擊鼓，則鼙亦鼓也。《樂記》君子聽鼓鼙之聲，則思將帥之臣。《隋志》曰，鞞舞，漢巴渝舞也，是鞞舞乃武舞，非般舞矣。又云，鞶舞漢曲，晋加之以杯，謂之世寧舞。鞶與盤通，則盤即杯盤之盤，余謂鞶盤似皆爲般旋之借字。然此注引王粲《七釋》曰，七盤陳於廣庭，是實有盤也，鼓者所以爲節。故《七釋》又云，睆鼓下伉音赴節也。至加以杯，則前《西京賦》已云，振朱屣於盤樽，奮長袖之颮纚。樽即杯也，是亦非始於晋時。卷十九云，卜居安能以皓皓之白，蒙世俗之塵埃乎。案《史記》塵埃作溫蠖，又案，《朱子集注》云，白音薄，與蠖叶韻，然或漢時楚人改之，必當時解溫蠖爲塵埃也，此説是。而《通雅》云，北人讀白爲幫該切，正與埃叶，不必以《史記》之是。《膠言》駁之，以爲不可援北人之言證南人。

伯驥按：《膠言》當是張氏雲璈所撰之《文選膠言》。《魏都賦》云，牽膠言而踰始。注引李克書曰言語辨聰之説，而不度於義者謂之膠言，張氏蓋用此語。又，明陸深撰《停驂錄》解《論語》《詩》《書》執禮，疑執即埶字，埶、蓺古通用，所謂游于藝也。古稱六經亦謂之六藝，此之雅言，或是詩書禮樂耳，穿鑿不當于理。密之作《通雅》，又本其說，後來多以爲誤，是學人每有不滿於《通雅》者。清《四庫總目》云，明之中葉，以博洽著聞者稱楊慎，而陳耀文起與之爭，然慎有僞説以售欺，耀文好蔓引以求勝。次則焦竑亦喜考證，而習與李贄游，動輒牽綴佛書，傷於蕪雜。惟方以智崛起崇禎初，考據精核，迥出其上。館臣此言，似得其允。密之子中通有《浮山文集》若干卷，中履撰《古今釋疑》十八卷，則一家述作，尤勝於楊、陳矣。此本爲前人精校，書眉間滿布識語，引申考證，正譌發疑，密行細字，至爲不苟。卷前有"陳仲魚象"章、"陳鱣校讀章"。或陳校而後人傳録，或前人校而陳藏，未可遽定，蓋其字畫頗不類陳鱣手迹也。陳鱣謂仲魚，吳氏騫《愚谷文存》卷五云，嘉慶癸亥春，予遊陽羨將返，陳君景辰相與連舫至金昌，與仲魚脩士相見禮，予爲之介。蓋以予昔有兩鱣行之作也，二君皆美鬚髯，而力學嗜古，亦大略相伯仲。仲魚一見，便相傾契。又吳振棫《杭郡詩輯》云，陳鱣字仲魚，號簡莊，海寧人。嘉慶丙辰孝廉方正，戊午舉人。營別業於硤川之果園，購藏宋雕元槧甚夥。又蔣光煦《東湖叢記》云，吾鄉陳仲魚徵君，向山閣藏書，大半歸馬二槎上舍。其藏書印記云"得此書，費辛苦，後之人，其鑒我"。又刻仲魚圖像鈐于上，今觀其像，固豐於鬚髯者也。

經傳釋詞續編上中下卷　胡甘伯手編，精寫本。

清孫經世撰，胡澍編。經世字濟侯，一字惕齋，惠安諸生。嘗謂不通經學，無以爲理學；不明訓詁，無以通經；不知聲音文字之原，無以明訓詁。著《説文會通》十六卷、《爾雅音疏》六卷、《釋文辨證》十四卷、《韻學溯源》四卷、《十三經正讀定本》八卷、《經傳釋詞附録》八卷。見《福建省志》。又《桐西話舊》云，乾嘉以來，考據日盛，於是有漢學、宋學之名，別户分門，若冰與炭。孫氏經世，亦治漢學之表表者也，所著説經之書，多至百三十餘卷。陳恭甫先生極爲傾倒，陳碩士督閩學，以優貢携之入都，詡於人曰，吾歸裝得一孫愓齋，可敵笥河三百石矣。今所刊者，惟《續經傳釋詞》及《讀經校語》二書而已。又杜彦士《輓孫愓齋詩》云，“一代江王戴，如君足抗顔。書窮秦漢上，學在鄭、毛間。大業能旁紹，浮名付等閒。影徂心尚在，千古重藏山”。見《温陵詩紀》卷第九。又日本高田忠周《學古發凡》卷一下引孫愓齋曰，六書之有叚借也，本無其字而依聲託事，後聖所爲濟指事、象形、形聲、會意、轉注之窮，而通其用於無窮者，舍是末由云。此皆愓齋行略著作之可考者也。按：愓齋遺書，多未傳世，長洲蔣氏有孫氏《經傳釋詞補》，爲附録之緒餘，成都書局亦有刊本。此爲胡氏編定之本，卷首有其志語云，右《經傳釋詞續編》，惠安孫愓齋明經經世繼續高郵王文簡公《經傳釋詞》而作，王氏書所載各字，其義已著，如與猶以也、與猶爲也之類，本其義而詳證焉；義有未備，如與猶并也與猶因也之類，則下己意以推廣之；又補其未載之字，曰必、曰縱、曰未，凡三。合二書以觀，語詞義恉，大略備矣。涇包氏慎伯撰《明經墓志》云，著《經傳釋詞續編》八卷，昨歲趙撝叔同年得刻本於京師，實衹二卷，而排比失次，今依王氏書叙次寫定，必、縱、未三字，退置簡末，釐爲上中下三卷。伯驥按：高郵王氏之書，後儒多有校訂，例如王氏《史記雜志》曰，《蘇秦列傳》王何不使辨士以此苦言説秦。念孫案：苦當爲若之誤，此若言，猶云此言。上文云王何不使辨士以此言説秦，下文云秦王聞若説，若亦此也，説亦言也，連言此若者，古人自有複語耳。《管子·山國軌》篇曰，此若言何謂也？《地數》篇曰，此若言何得聞乎？《輕重·丁篇》曰，此若言曷謂也？《墨子·尚賢》篇曰，此若言之謂也。《禮記·曾子問》篇曰，子游之徒，有庶子祭者，以此若義也。《荀子·儒效》篇曰，此若義信乎人矣。皆竝用此若二字。近人湘鄉陳士芑《黃學廬雜述》則謂此若言，猶云如此言，古人自有倒字之例。《燕策》作若此言，其明證也。所引各書，此若言竝當讀爲如此言，俱訓爲此，於文頗不詞，雖古人自有複語，要不如訓如此之義較長也。卷二。孫氏之詳證訂補，亦猶斯意。澍字甘伯，號石生，績溪人。清咸豐己未舉人，官郎中。詩學太白，工駢體文，通聲音詁訓之學。工篆書，得秦漢人遺意。著有《釋文疏證》《内經校義》。見《昭代名人尺牘續集》小傳。又鄭文焯《醫故》上云，績溪胡氏澍纂《素問校義》，謂素者法也。鄭注《士喪禮》曰，形法定爲素，宣十一年《左傳》曰，不愆于素，並訓素爲法。素問者，法問也，猶揚雄著書謂之《法言》也。伯驥按：鄭氏所謂《素問校義》，當即上文所云之《内經校義》。又四明吳省盦《清代名人手札》景印本甲集，戴望《致勞蕘卿書》有“胡荄甫爲竹村先生族孫，具有家學”之語，蓋甘伯又字荄甫也。甘伯以能書名，故此本所寫至精工。目前有“胡氏長守閣藏書印”，每卷前有“胡澍校讀”朱文方形章。

九經三傳沿革例一卷曲阜孔氏寫本。

宋岳珂撰。岳氏既刊《九經三傳》，作此《總例》，足爲校勘典籍之式。張氏適園藏景宋抄本，謂此書今世行本有四：乾隆戊申興化任氏始刻，既而知不足齋鮑氏刻桐花館訂本，嘉慶甲戌揚州某氏以影宋本翻刻，若郡中璜川吳氏所刻，即出自此

本。各本互有出入，而是本爲勝。惟書中"以平爲便"句，當
與上"以頗爲陂"一例，任本、鮑本作以便爲平，自較此本爲
優。若《泰誓》注，不如周家之少仁人，任本少謁多。又《顧
命》一人冕執銳實鈗字也，鮑本與此本同，任本銳謁鈗、鈗謁
銳。岳氏以神祇之祇從示而無畫，祇敬之祇從示而有畫，底音
抵者上有點，底音止者無點，鮑本、汪本於底音止，下無畫，
則謁矣。《説文》惟疒部疧從氏，若厂部無從氏之字也。此本所
寫皆不謁。張氏之言如此，以校孔本，適與之符合。又，前人
謂倦翁此書，以考訂注疏爲主，精心校對，不使有毫釐之差，
而亦不蹈泥古之失，其刊正前人之誤者，大書以明其當改，其
介在疑似而未敢遽改者，則用小字附書於後，以待後人之酌取。
書中戌與戍之分，神祇祇敬之別，稍食與家削異義，藉田之藉
當從在亦反，熒澤之熒，榮從火、從水俱可通用諸條，援據確
鑿，其用心之密，於宋儒不在黄伯思之下。特是其書既以《九
經三傳》標題，則《儀禮》自在其中，乃無一字説及何也。顏
元孫著《干禄字書》，元孫爲杲卿之父，於真卿爲叔父，真卿於
是書不過嘗書之以上石，乃遂以爲顏魯公《干禄書》，則不免千
慮之一失耳。以上皆校讀此書者所當考也。

七經孟子考文補遺周易十卷尚書二十卷

毛詩二十卷左傳六十卷禮記六十三卷

論語十卷古文孝經一卷孟子十四卷_{高郵王氏舊藏寫本。}

日本國掌書記山井鼎之原輯，東都講官物觀，又據足利學
所有《周易》三通，《毛詩》二通，《尚書》《禮記》《孝經》

《孟子》各一通，《論語》二通，《魯論》《皇侃義疏》各一通，
活字板《周易》《尚書》《毛詩》《左傳》《禮記》各一通而彙
校之，謂之《考文補遺》。每條各四目，曰經，曰注，曰文，曰
疏，仿前書之舊合而成編。攷日本足利學活字本七經，實印行
於慶長時，當我國明萬歷年間，原據其國古鈔本，或去其注末
虛字，又參校宋本，故其不與宋本合者，皆出古鈔本也。日本
刻經，始見正平《論語》及翻興國本《左傳》，又有五山本
《毛詩》鄭箋。其全印七經者，實始自慶長活字本，故日儒據之
以著書也。彭氏元瑞藏此書爲鈔本，故其言曰，祕書多寫本，
惟是正文字之書，不可不刻，傳寫既多，展轉譌誤，恐歸於無
可考正。此本鈔自海佔，猶可見唐時經典舊文，足與陸氏《釋
文》，張氏《文字》，唐氏《字樣》參互，其中傳寫之誤，以館
中檿取刻本校正之。歐陽公《日本刀歌》："徐福行時書未焚，
逸書百篇今尚存。令嚴不許傳中國，舉世無人識古文。"觀卷中
《尚書》，與中國本本無不同者，足徵詩人託興之語，不可泥鑿云
云。至《四庫》著録，則爲汪啓淑家藏本，阮文達重寫付刊據
文瀾閣傳鈔本，即世行文選樓巾箱本也。日本原刻，初流入江
浙間，旋登内府，外間所傳多阮刻，陽湖孫氏《祠堂書目》所
載，亦僅阮本，無原本也。陳增《月墀遺稿·題周松靄藏日本
人古梅園墨譜詩》注云，揚州江氏隨月讀書樓，藏日本國人所
著《七經孟子考文補遺》，是以原刻爲可貴。阮氏重刊序稱，所
見爲江氏隨月讀書樓舊藏，乃日本元板𥿄印本。蓋阮氏以江
氏爲外家，江刻詩集載文達撰墓志，盛稱其文采風流，與江浙
大藏書家比美，宜其有此原刻也。前清乾隆中，海舶帶日本所
刻梁皇甫侃《論語集解義疏》，及《七經孟子攷文》至，好事
者皆以翻刻通行，具載《四庫提要》中。又《詁經精舍文集》

有洪頤煊《七經孟子考文補遺跋》，言頗詳，不具述。日人松崎
復嘗以《開成石經》，益以《孟子》《大戴記》考訂以授梓。其
國天保十三年，大朝命列侯十萬石以上各刻典籍，復因注古典
善本，僅皇朝當急鎪者題曰擬刻書目，獻諸當路。明年肥後國
主亦召見，即建言請借足利所藏宋槧《五經注疏》而梓。又
《經籍訪古志》稱，慶長丁未活字本《文選六臣注》，與足利學
藏宋本同，蓋依足利活字刷印者，是足利藏本，至爲可據。宜
都楊氏謂《考文》一書，山井鼎校之於前，物觀又奉勅校之於
後，宜若彼國古本，不復有遺漏，不知《考文》刊於享保中當
我康熙末，故所傳《易》單疏本、《尚書》單疏本、《毛詩》黃
唐本、《左傳》古抄卷子本，皆爲《考文》所未見，其它遺漏
何怪云云。然其國足利所藏鈔本，多出舊刻，其可據固甚多矣。
夫古錢半兩，誤正醫方，小魚相連，謬匡石鼓，校勘一事，今
古稱之，槧刻日多，承譌益廣，綿歷既久，遂以此爲專家之學。
前人論清代學術之大凡，每盛推此種藝業，雍康之世，涂徑漸
開，迄於乾嘉，蔚爲大國。南皮張氏列舉已不一家，何、盧、
戴、顧刊出之書，亦不一其門類，咸爲精力所聚，更或一字驚
人，乃同文之國，妮古君子，當吾國清初，已有此裒然巨編，
則珠船泛海而來，寫入祕書，傳諸鴻博，固其宜矣。此爲舊鈔
本，字字端穆，當出學人手筆，與字匠殊科，察其結體，蓋乾
嘉間風尚也。卷前有“淮海世家”朱文章、“高郵王氏”白文
章。吾家有舊刻《昭明文選》，亦捺有此兩章，當爲高郵王文
肅、文簡仍世遺書。

佩觿三卷 校本。

此書爲前清澤存堂本。前人過録翁氏方綱、羅氏有高、丁

氏杰校語，字甚工細，眉端羅云、丁云是也。其不著某云者，
當爲翁氏校語。丁氏原跋云，羅君校此書，有極精者，有過拘
者，字母之類。有未允者，地理數條中所舉盒山、熒澤諸條是也，熒澤以錢辛
楣《金石文跋尾》爲的。後人若信以爲定論，而皆附刻郭書之內，則
非所以愛羅君矣。壬寅三月朔日丁杰記。翁氏記云，《佩觿》三
卷，卷前繫銜云，朝請大夫國子《周易》博士柱國臣郭忠恕記。
按：其傳稱，恕先周廣順初，召爲宗正丞兼國子《書學》博士、
《周易》博士，此書稱臣，則是作於周也。其末《辨證》一篇
內引《景祐集韻》，其非出恕先可知矣。至卷中音釋，雖或不盡
言出《說文》，而多與《說文》可相檢證者。毛斧季《校刊說
文識後》云，忠恕小字《說文字原》，宸今不得而見，但夢英
《篆書偏旁》，咸平二年今刊本咸誤延。所建者，中有五處次序不
佯，始竊疑之，及讀恕先《汗簡》次序與此悉同，乃知夢英之
誤也。徐鼎臣承詔校定《說文》在雍熙三年，而恕先卒於太平
興國二年，所用《說文》乃徐氏未校以前之本，其或原有訛脫，
而徐後訂正耶，或所見本異耶，凡此皆宜存以備考者也。郭氏
窮極博綜，揶揄當世，其作是書，蓋亦譏切俗學，以擴啓童蒙，
故未暇溯言作字之本始，至如唐人碑帖，經師俗寫，皆以入之，
是固不得與《說文》之每字必則古昔，可同年語矣。若歸安丁
君錦鴻之於《漢隸字原》、瑞金羅君有高之於是書，皆纍纍數千
百言，非徒校讎之勤而已。方綱既擇其言之要者過錄于卷，因
爲羅君言是書之不可概繩如此。乾隆四十三年歲次戊戌春二月
十一日，文淵閣校理翰林院編脩北平翁方綱。乾隆壬寅夏五月
三日，又以丁小疋過錄本校謄一遍，方綱記於蘇齋。

六書故三十三卷明刊本。

元戴侗撰。前題永嘉戴侗著，明嶺南張萱訂。侗字仲達，

淳祐中登進士第，由國子監簿守台州。德祐初，由祕書郎遷軍
器少監，辭疾不起。見《姓譜》。萱字孟奇，博羅人。萬歷壬午
舉人，官户部郎中。著有《彙雅》二十卷，《續編》二十八卷，
曾奉令編《内閣書目》。孟奇號清真居士，故所刊《雲笈七
籤》，版心有“清真館”三字。此書亦孟奇所刊，察其規模，固
留神槧印者也。前人謂孟奇自平越守鐫職歸，處林下者四十年，
手不釋卷，嘗謂寒可無衣，飢可無食，病可無藥，不可一日無
書，當時謂爲書淫傳癖。爲園榕溪之西，極水竹池臺之勝，以
奉母夫人歡。東莞張仲師嗣聞孟奇多奇書，至博羅就讀。新城
王氏謂孟奇嘗譔《西園聞見錄》一百二十卷，又《西省識小
錄》《西園彙史》各若干卷。張氏振綺堂著錄孟奇《彙雅前集》
三十卷，係景鈔本，而未見《續編》，其存佚不可知矣。《聞見
錄》聞閩人陳氏韜菴有其書，吾粵李氏泰華樓藏寫本，卷帙極
富，伯驥嘗讀之。此本前有延祐庚申古汴趙鳳儀序，略云，自
篆籀禪而隸楷行，刀筆廢而毫楮用，傳寫轉易，譌謬滋甚，有
求正於六書之故者蓋鮮。戴公侗獨能探索於千載之下，因許氏
遺文，釐其舛忒，弟其部居，傅以義訓，羣經子史百家之書，
莫不爰據，析爲部九，卷三十有三，約而不遺，通而不鑿。公
之父蒙，從學於武夷，兄仔舉郡孝廉，父子昆弟，自爲師友，
是書之成，淵源有自。延祐戊午，予來領郡，命其孫出諸家藏，
郡博士與諸儒咸謂是書誠有益於經訓，宜傳以惠後學。明年捐
俸廩以倡，刻而庋諸閣。徐騎省有言，非文字無以見聖人之心，
非篆籀無以見文字之義，通經者舍是書何以哉！次有自序，略
云，由秦而下，六書之學遂廢，雖有學焉者，往往支離傅會而
不適於道，至與曲藝小技下爲曹伍，故士益不屑，而其學益不
講，千載而下，殆無傳焉。先人既以是教於家，欲因許氏之遺

文，訂其得失而不果。小子懼先志之墜，爰摭舊聞，輯成三十
三卷，《通輯》一卷，姑藏家塾，以俟君子。次有張氏題辭，略
云，蘇子瞻自言，我聰明不及曾子固，子固能一日識九字，我
一日祇能識五字。余按其語，不知張生終日能識一字否。我朝
右文而治，載籍極博者代不乏人，獨於六書闕焉弗講。縉紳先
生每操觚伸紙，往往文與音乖、音與義乖，點畫偏傍、位置判
合，惟俗是襲，豈考文之世所宜有乎。余爲此懼，通籍西省日，
獲請祕閣所藏古今言六書者數十百家，而捃摭之，爲《字觸》
凡三百卷。因得元儒戴侗《六書故》於祕閣塵編中，則抄本也，
一時縉紳先生始知有《六書故》，競相抄謄，費至二十餘金。歲
戊申余典榷吳關，還里迎母，八年橐筆諸所著述幾籤，寓於白
門舊館，爲祝融氏所妬，並《字觸》而舉羣失之，數欲再爲捃
摭，而古今成書言六書在祕閣者，弗獲再請，乃攜此抄本授梓
榷署中，即吾子行數相抨射，第較之《復古篇》《六書精蘊》
《六書索隱》諸書數十百家，猶爲此善於彼，是書行亦巾車中不
可闕也。末題嶺南張萱孟奇甫題於榷署之懸塵齋。次目録，第
一數，第二天文上，第三天文下，第四、第五、第六、第七地
理，第八、第九、第十、第十一、第十二、第十三、第十四、
第十五、第十六人，第十七、第十八、第十九、第二十動物，
第二十一、第二十二、第二十三、第二十四植物，第二十五、
第二十六、二十七、第二十八、第二十九、第三十、第三十一
工事，第三十二雜，第三十三疑。末附識語三則，次《六書通
釋》。清《四庫提要》稱此書大旨主於以六書明字義，謂字義明
則貫通羣籍，理無不明。凡分九部，盡變《說文》之部分，實
自侗始，其文從鐘鼎，其註既用隸書，又皆改從篆體，非今非
古，頗礙施行，然其苦心考據，亦有不可盡泯者，略其紕繆，

而取其精要，於六書亦未嘗無所發明云云。伯驥按：元時極重
侗書，如曾氏所撰《書史會要序》，已盛稱之。蓋有元之世，如
包希魯之《說文解字補義》、楊桓《六書統》等作，皆欲於六
書之學，有所整理。包氏之書，後世亦有稱道者，如張月霄
《藏書志》述其釋位字云，《論語》曰，不患無位，患所以立。
故有位者人之所當立，故從人立。釋利字云，天以美利利乎人，
莫大乎五穀。禾，五穀之總名也，然必銍乂而後成其利也，故
從刀從禾。張氏極謂其精核。釋王字云，普天之下，莫非王土，
一土爲王。張氏謂其雖與《說文》違異，然有說可通，亦資參
攷。近世番禺徐氏灝著《說文段註箋》，亦多采侗說，蓋亦此意
也。至楊桓《六書統》象形、會意、轉注、形聲四例，大致因
戴氏門目而衍之。蓋變亂古文始於侗，而成於桓，迄明魏校諸
人，不根古學，穿鑿尤多，舛錯之罪彌甚，而其源則導自侗。
然此書可取之處，則館臣已言之，且存此以考小學之源流，亦
學人所勿棄也。每卷後題男張元光校，或題男張元煥校。大字
寫刻，半葉七行，行十七字。清乾隆間綿州李鼎元重刻此書，
序稱凡分九部，盡變《說文》之部分，其論假借之義，謂前人
以令長爲假借，不知二字皆從本義而生，非由外假。若韋本爲
韋背，借爲韋革之韋，豆本爲俎豆，借爲豆麥之豆，凡義無所
因，特借其聲者，然後謂之假借，說最詳辨。前明嶺南張氏曾
刻於粵壁，後板歸嶺南，流傳於世者甚少，購之書肆，絕不可
得，則此本亦希有矣。

六書正譌五卷 元刊本。

元鄱陽周伯琦編注。前有吳氏序，略云，古者小學以六藝
爲教，則六書之義，人所通習也。後世宿儒碩師，鮮或知之，

何邪？俗書行世，迷其文字之本原而爲譌謬，相承歷數千年，
孰能悉正之哉？史籀始變古文，謂之大篆，李斯又變籀法謂之
小篆，雖古法浸異，然其體猶未甚遠，而其義固可攷焉。隸興
於秦，而人情樂其簡捷，流而漢晋，篆法悉廢，人文幾泯矣。
始皇衡石程書，命邈爲隸，取便官府，隸者隸輩所書爾，固非
士所宜習也，矧由是姿媚轉而爲楷，率略降而爲草，則大失真
矣。後漢許叔重氏爲《説文解字》，頗存古訓，然專用小篆，其
間失之鑿。唐三百年以篆名家，惟李當塗而已，於六書之旨無
聞焉。宋初徐騎省兄弟始宗許氏之説，攷辨推廣，其後夾漈鄭
漁仲明其類例，發其歸趣，多所補正，然亦見其大略，未能甚
悉也。近年永嘉戴氏父子之書行，於六書之義爲詳，讀者惟病
其辭之繁，亦可謂之成書矣。翰林直學士監察御史鄱陽周公伯
温，博聞明識，精于辭藝，侍講之餘，潛心古學，舉筆作篆，妙
絶一世，乃著《説文字原》，以辨昔之鑿而補其闕。又於世俗通
行之字，正其點畫偏旁音義訓詁之譌，使不繆於篆籀六義製作之
本旨，名曰《六書正譌》。玩味二書，究古文之原，正俗書之失，
豈惟游藝者有補，而同文之治深有賴焉。當嘗待制翰林爲寮屬，
聞公之論、尊公之書，而不敢忽也，謹以所知者叙于左方。至正
十二年承德郎中書禮部員外郎臨川吳當述。半葉十行，小字雙行，
行二十字，小黑口。卷末有"男宗義同門人謝以信校正"一行。

説文字原一卷 _{元刊本。}

　　元鄱陽周伯琦編注。前有序，略云，《説文解字》五百四
十，象形、指事者文也，會意、諧聲者字也，轉注假借者文字
之變也。文最古，字次之，變又次之，肇於羲、頡，備於史籀，
約於秦斯，暴君焚滅，雖有八體之名，講學遂絶。漢興，儒者

各以所記者私相授受，類多踳駁，惟許愼氏受學賈逵，稽古討論，集次是編，部分類屬，燦然可攷，或謂即漢史所謂《倉頡篇》者也。蓋文字之初，止此五百四十而已，餘字八千八百一十又三，繫於各部者胥此焉出。漢制，學僮十七已上，始試諷誦籀書九千字，乃得爲吏，又以八體試之，郡移太史，并課最者以爲尚書史，書或不正，輒舉劾之，故遷、固之書，字頗近古，六經書皆古文。唐天寶三年詔集賢學士衛包改古文更作楷書，以便習讀，今世所傳，反雜俗體，學者慊之。烏乎，不能識字，則不能讀書；不能讀書，則不能明理；不能明理，則修己治人，酬酢萬變，有不舛戾者乎！是以君子大博文而貴約禮也。先君汝南公研精書學餘四十年，嘗謂許氏之書雖經李陽冰、徐鉉、鍇輩訓釋，猶恨牽於師傳，不能正其錯簡，強爲鑿說，紊然無叙，遂使學者昧於本源，六書大義鬱而不彰，苟非更定，何以垂世。伯琦服承有年，忘失是懼，緬維畫卦造書之義，參以歷代諸家之說，質以家庭所聞，未敢釐其全書，且以文字五百四十，定其次叙，撰述贊語，以著其說，複者刪之、闕者補之、點畫音訓之、譌者正之，系於文，猶子之隨母也。分爲十有二章，以應十又二月之象，疏六書于下，於是許氏之學，漸有可攷，不待繙其全書，而思過半矣，名之曰《說文字原》，留之家塾以授蒙士，或小學之一助云。至正九年鄱陽周伯琦伯溫父叙。此爲元刊本，半葉十行，小字雙行，行二十字。卷末有"男宗義同門人謝以信同校正"一行。

五侯鯖字海附五經難字二十一卷明刊本，前清天禄琳琅舊藏。

不著撰人姓名。著錄前清《天禄琳琅書目續編》卷十三。

首卷列製字之始及六書八體諸篆，次四聲平仄、翻切字母、五音六體、五星五姓，次四聲輕清重濁，次字義辨異，凡十八門。次二類字辨，凡十三門。次夷語、夷字音釋。其一卷至二十卷，始金部，終爻部，凡八百五十七，每字皆用直音，間註字義。其書粗淺不倫，八體諸篆多出杜撰，至有蒼頡、伏羲之字，又鈔禮部譯字生所習之書，自詡異聞，彌形荒鄙。前有陳繼儒序，謂取海若原本遵《洪武正韻》參合成書，則其脫胎之處畢見矣。後附《五經難字》一卷，經註不分，字多習見。標五經而有四書，標《春秋》而實《左傳》，皆坊賈倩不學人所爲。標題俱稱海若湯先生校訂，考湯顯祖號若士，亦曰海若，臨川人。萬歷癸未進士，以忤張居正降遂昌知縣。《明史》有傳。顯祖當日勝流，必不至此。書中有潭陽蕭鳴盛校，又譯字後有劉孔當跋文，亦粗淺，或若輩所爲，嫁名顯祖耳。而鎸刻極精雅，故存之。以上皆原日編録者之言也，《四庫全書提要》其言亦與之略同。伯驥按：《石墨鎸華》卷五云，黃魯直稱李龍眠得金銅戟於市，漢製也，泥金六字，字家不能讀，於今諸家未見此一種，乃知唐玄度、僧夢瑛皆妄作耳。然則今所傳十八體，出英公杜撰欺世，非古實有之，可知《字海》所列之字體，前代頗有傳習者。張氏《適園藏書志》著録宋刻《忠經》一卷，舊題漢馬融撰。張氏謂此書以玉筯、倒韰、芝英、古文、垂露、墳書、柳葉、纓絡、垂雲、懸鍼、剪刀、奇字、轉宿、雕蟲、金錯、大篆、龍爪十八體書之，經既僞作，字亦離奇，昔人以宋板推之。錢天樹跋云，此係宋刻本，以各體篆文書刻，尤爲不可多得之祕笈。李兆洛跋云，《漢書·藝文志》有六體八體之辨，三十六體之説，乃六朝人妄言之，實未嘗有是書也。宋僧夢英始創爲之，緣名造狀，遂成魔道云云。又其證也。盧氏《抱經堂文集》十五云，當南北朝多有世俗創造之字，如《顏氏家訓》之所譏者，此類斷不可以涉筆。邇來士君子多知崇尚《說文》，凡古書相傳之舊，非許慎氏之所有者，一切改令復古，又似未免矯枉過直，此則學人之標準矣。卷前後有六璽，文曰“古稀天子之寶”、“八徵耄念之寶”，曰“五福五代堂”。按前清江藩《舟車聞見錄》上有五福五代堂一條，稱五福堂乃聖祖御書賜世宗者，乾隆甲辰，高宗因有玄孫，增五代二字。江浦陳氏《匋雅》第二卷云，乾隆有五福堂，御製文以記之。堂內所藏盌，萬花攢繞，所畫皆外國奇卉，“天青堆料”四字篆款，盌係黃地，內畫紅蝙蝠五尾，猶五福之義也。又《皇清文穎續編》卷首二，有高宗御製《古稀說》云，余以今年登七裘，因用杜甫句刻“古稀天子之寶”，其次章即繼之曰猶日孜孜，蓋予宿志有年，至八旬有六，即歸政而頤志於寧壽宮。其未歸政以前，不敢弛乾惕。猶日孜孜，即以答天麻而勵已躬也。正壽之慶，羣臣例當進獻辭賦，於是彭元瑞有《九稀之九頌》，既以文房等件賜之，以旌其用意新而遣辭雅。顧一再翻閱，頗有不得不爲之說，以申予意者。三代以上弗論矣，三代以下，爲天子而壽登古稀者，纔得六人，已見之近作矣。原注，自三代以下，帝王年逾七十者，漢武帝、梁高祖、唐明皇、宋高宗、元世祖，明太祖，凡六帝，《昨七旬慶典詩》有“七旬屈指數古今，六帝因心驗法懲”之句。且前代所以亡國者，曰強藩、曰外患、曰權臣、曰外戚、曰女謁、曰宦寺、曰奸臣、曰佞倖，今皆無一彷彿者，即所謂得古稀之六帝，元、明二祖，爲創業之君，禮樂政刑，有未遑焉。其餘予所不足爲法，而其時其政，亦豈有若今日哉！是誠古稀而已矣。夫值此古稀者，非上天所賜乎！又高宗《繙譯全藏經序》云，予所舉之大事多矣，皆賴昊乾默佑，以底有成，武功之事，向屢言之。若訂

《四庫全書》，及以國語譯漢全藏經二事，胥舉於癸巳年六旬之後，既而悔之，恐難觀其成，越十餘載而全書成，茲未達二十載，而所譯漢全藏經又畢藏。夫耳順古稀，已爲人生所艱致，而況八旬哉，茲以六旬後所靳爲之典，逮八旬而得觀國語大藏之全成，非昊乾嘉庇，其孰能與於斯云云。蓋以爲天子萬年，至可慶幸，故云爾也。

九經補韻一卷 宋刊本，朱豐芑舊藏。

前題代郡楊伯嵒彥瞻集。伯嵒字彥瞻，博聞強記，下筆驚人，雖治郡叢劇，手不釋卷。嘗與竹坡呂午唱和。淳祐七年，以吏部郎官，提點兩浙刑獄。八年除樞密院檢詳文字。見《會稽續志》。前有自序云，經學淹廢已久，學者無以痛疑辨惑。僕耆古癖書傳，因涉獵諸經訓釋，或同字殊音，或假音如字，若此者衆，韻書率多不載，竊有惑焉。如《禮部韻》一書，政爲聲律舉子設，紹興間三山黃進士嘗補選進上，乃亦闕略弗備。近嘉禾吳教杜復申明僅增三字，僕之惑滋甚。蓋若《禮記》斂般請以機封，《毛詩》猗儺其枝之類，庸可諉曰是喪制所出，非程文所當用，或音義弗順，非韻語所可狎，至如《周禮》舍采合舞之爲釋菜，《毛詩》鱮鮪發發之爲鱍鱍，皆足正後學之傳譌，助文場之窘步，一切置之可乎。迺即經緯搜羅，粹爲一編，非敢上於官以求增補，亦非敢淑諸人以侈聞見，姑藏家塾，以擊蒙昧。博識君子，幸毋我誚。嘉定十有七年，代郡揚伯嵒彥瞻叙。次有俞氏序云，《禮部韻》以略言，人多隘之，而議欲增也。自元祐國子博士孫諤陳乞添收，繼其後則黃啓宗有《補韻》，吳棫有《補韻補音》，毛晃有《增韻》，張貴謨有《韻略補遺》，近世黃子厚、蔣全甫，則又各有論說。然疏者隨韻輯僅得一二，詳者至盡採子史蒼雅方言，欲增入二千六百五十五，而難於行，此《禮部韻略》所以至今未備也。泳齋先生治衢之暇日，揖任禮於柯山堂，舉其所纂《九經韻補》。先生於書無不讀，而以經爲根源，補韻之作，凡九經中字之假借，音之旁通，攷訂分彙，各疏其下，若星象之錯落於天，而燦然以明，平齋洪端明所謂杜門論著佳哉者也。此平齋欲著語而後弗果，他日上之朝而頒行于禮部，使後世知國家之淑士以經，則豈但爲聲韻之助。任禮敢寫平齋之志，而繫于後。門生文林郎充衢州州學教授俞任禮謹題。半葉十二行，行二十字。卷首有"石隱山人章"。按：朱駿聲字豐芑，元和人。任黟縣訓導，罷後買田宅寓石村，自號石隱山人。嘉慶二十三年鄉舉，除旌德訓導，以終制改黟，尋升揚州府教授。以曝書揚州文滙閣，盡窺東觀祕藏，著書凡九十三種。見《元和縣志》。朱氏著《說文通訓定聲》，此殆其藏本也。

增修互注禮部韻略五卷 宋刊本，寶墨樓舊藏。

宋毛晃增注。首行題《增修互注禮部韻略》某聲第某，次行衢州免解進士毛晃增注三男進士居正校勘重增。按：魏了翁《跋毛氏增韻》云，三衢毛氏《增韻》奏御之六十二年，其子居正應大司成校正經籍之聘，始克鋟梓於胄序。又《九經三傳沿革例》云，柯山毛居士誼父，以其父晃所注《禮部韻》，乾淳間進之朝，後又校訂增益，申明於嘉定之初。辛巳春，朝廷命胄監刊正經籍，司成謂無以易誼父等語，知居正於國子監刊正經籍時鏤板。了翁謂《增韻》奏御之六十二年，自以晃高宗時上表計之，即《玉海》所云晃上《增修互注韻略》在紹興三十二年也。後孝宗乾道、淳熙間，居正又上之朝，而書猶未刊，直待寧宗十四年辛巳應聘，至十六年癸未刊成，上距晃上表之

歲，正六十二年。前人據了翁言，斷爲嘉定國子監本，故十九
絳無寧宗嫌名，至爲有據。是書爲宋末國子監本，至明初尚存
南京國子監，《古今書刻》可考也。半葉十行，行大小字二十
八、三十不等。白口單邊，板心上魚尾上記大字數，魚尾下記
刻工姓名，中題《增韻》及葉數。卷前有"安丘張氏"朱文
章。伯驥按：清初安丘張貞《渠亭山人半部稿》有《寶墨樓書
目序》，略云，余家東土，僻處下邑，百物皆不易致，而聚書爲
尤難，邑中近代收藏之富推中丞定宇馬公，同卿懷泉王公。馬
則州次部居，饒有統緒，王則縹囊緗帙，裝潢整齊。余家自高
王父以經術起家，至先大人明經公、世父孝廉公，妮古好文，
力耕所入，悉以市書。叔父侍御公宦游所至，輒留心裒訪，未
嘗以他嗜少分其好，謝政而圖書滿車，歸來庋于所構寶墨樓。
余有事四方，亦多訪求逸典，二十餘年，自經史子集，亦略能
備，閒居無事，手録其目。貞，清康熙間人，字起元，號杞園，
與王士禎、高珩諸人爲友，著《渠亭稿》《娱老集》，此書當是
張氏家藏本。

韻府羣玉二十卷元刊本。

首有滕賓、姚雲、趙孟頫、陰竹野等各序，陰復春、陰勁
弦二序，及《目録》《凡例》《事類總目》。卷首題《韻府羣玉》
卷之一，上平聲，晚學陰時夫勁弦編輯、新吳陰中夫復春編注。
此爲元時舊刻，目録末有"元統甲戌春梅溪書院刊"木記，可
以爲證。明正統丁巳刻本，則題《新增説文韻府羣玉》，板式亦
略與元本同，每卷題目冠"新增説文"四字，每字据《説文》
《禮部韻》添入音義，更增注事件。凡例後有識語云，瑞陽陰君
所編《韻府羣玉》，以事繫韻，以韻摘事，乃韻書而兼類書也，

檢閱便益，觀者無不稱善本。嘗令將元本重加校正，每字音切之下，續增許氏《說文》以明之，間有事未備者以補之，韻書之編，誠爲盡美矣。敬刻梓行，嘉與四方學者共之。正統丁巳孟春，梁氏安定堂謹白。此增修之大意也。元刻半葉十行，行十五字，注文則二十九字，明刻不若此雅飭矣。

古今韻會舉要三十卷 元刊本。

元熊忠撰。前有壬辰劉翁《韻會序》、丁酉熊忠序，均行書。孛术魯翀序、余謙題識，則正書也。次《凡例》一卷，題昭武黃公紹直翁編輯，昭武熊忠子中舉要，又有《禮部韻略七音三十六母通攷》一卷。熊序稱，同郡在軒先生黃公公紹作《古今韻會》，僕惜其編帙浩瀚，隱屏以來，因取《禮部韻略》增以毛、劉二韻，及經傳當收未載之字，別爲《韻會舉要》一編。是《舉要》爲熊氏所撰，毫無疑義。序後刻有陳宷告白云，宷昨承先師架閣黃公在軒先生委刊《古今韻會舉要》，凡三十卷，古今字畫音義，瞭然在目，誠千百年未睹之祕也。今繡諸梓，三復讐校，並無譌誤，願與天下士大夫共之。但是編系私著之文，與書鋪所刊見成文籍不同，竊恐嗜利之徒，改換名目節略翻刊，致誤學者，已經所屬陳告。乞行禁約外，收書君子，伏幸藻鑑，後學陳宷謹白。四方牌子，十行，行十三字。是宷以此書爲黃氏原書。孛术魯翀序亦稱，文宗皇帝御奎章閣得昭武黃氏《韻略舉要》寫本，至順二年春敕應奉翰林文字余謙校正，亦與宷同，皆誤也。蓋此書實出三人手筆，前人引王山史《山志》，謂黃氏《韻會舉要》乃以蜀王昶《書林韻會》本而舉其要，實則宋刻《書林韻會》，不著撰人姓名，乃以韻類典之書，並非韻書。山史所云，乃出自楊升菴《丹鉛總錄》，不足爲據，歸安陸氏攷此書與前人頗有異同，此略之。半葉八行，小字雙行，行二十二字。

古今韻會舉要三十卷附禮部韻略七音三十六母通攷 明嘉靖刊本，俞理初舊藏。

前題元昭武黃公紹直翁編輯，昭武熊忠子中舉要。前有張氏序云，初愚谷李子謂子鯤曰，余購覿韻書多矣，未有善于《古今韻會》者也。夫《古今韻會》，編自昭武黃直翁氏，上本《說文》，中參籀古，下極隸俗，以至律書方技，樂府方言，經史子集，六書七音，靡不研究，聲音之學，其不在茲乎！乃者鎮江之板殘虧，書幾淪沒不傳也。嗟夫，子鯤有嘉本藏之久矣，盍刻諸！時則十有四年冬，愚谷李子提學江西，乃請之撫臺嶼湖秦中丞、巡臺容舉陳侍御，僉曰，可焉。于是鳩工重刻，其明年春三月甲子，梓人告成事，當是時愚谷李子則又司業南雍，行矣。子鯤適帶理學政，因覽而嘆曰，竊聞之司馬君實云，備萬物之體用者存乎字，包衆家字之形聲者存乎類。是故字韻也者，式備三才之道，禮樂刑政之所由生也。粵自六經有韻書，五方之音，各以韻叶耳，獨異梁有沈子約也，創以吳音，製爲《類韻》，而聲音之道次第稱病矣。唯武夷吳棫者出，方能采掇經傳，輯纂韻補，由是字學稍稍復古，而用者希罕焉。迨我太祖高皇帝龍飛八年，召命詞臣樂韶鳳、宋濂諸學士大夫，刊定《洪武正韻》，以括舉一切補韻者五十家之偏陋，以風同文，而學士大夫一時號稱博雅，竝以《韻會》爲之證據，然後經生學子始知《韻會》者，藝圃之實也。嗟乎，當今聖人撫世，稽古右文，製禮作樂，蠻夷猾夏，罔不改觀而易聽。是書也家藏一帙，下以破沈吳元宋之惑，上以接漢魏唐虞之響，或者因字沿聲，更求律吕之正，于以被金石而薦郊廟，其縱横之助，實與《正韻》相表裏，豈曰小補乎哉！載攷《韻會》之集，蓋以《禮部韻略》《禮韻續降》《禮韻補遺》《毛氏韻增》《平水韻增》，綴集舊業，勒成一家者也。《韻略》元收九千五百九十字，《續降》則增一百八十三字，《補遺》則增六十一字，毛晃則增一千七百一十字，劉淵則增四百三十六字，公紹則增六百七十六字，統計《韻會》凡萬有二千六百五十二字云。嘉靖十五年崧小山人張鯤序。半葉八行，行二十二字。分甲乙至壬癸十册，每册首均有"理初"二字章，殆前清黟俞氏物。俞正燮，字理初，少隨父之官句容，好讀書，擁數萬卷，手繙不輟。與句容王喬年同撰《陰律疑》，實窮理盡性之書也。道光元年中江南舉人，海内以著述相延。手成官私宏鉅書，如《欽定左傳讀本》《行水金鑑》，及果勇侯楊芳六壬書之類，不自名者甚多。其自名者，《癸巳類稿》《癸巳存稿》，詩三卷，《積精篇》《説文部緯》各一卷，《校補海國紀聞》二卷。見《黟縣三志》卷六下。

洪武正韻十六卷明寫本。

明洪武八年奉勑撰。前有宋濂序，略云，人之生也則有聲，聲出而七音具焉。所謂七音者，牙舌唇齒喉及舌齒各半是也，然則音者其韻書之權輿乎。單出爲聲，成文爲音，音則自然協和，不假勉強而後成。自梁之沈約拘以四聲八病，始分爲平上去入，號曰《類譜》，大抵多吳音也。及唐以詩賦設科，益嚴聲律之禁，因禮部之掌貢舉，易名曰《禮部韻略》，遂至毫髮弗敢違背，雖中經二三大儒，且謂承襲之久，不欲變更，縱有患其不通，以不出於朝廷，學者亦未能盡信。唯武夷吳棫患之尤深，乃稽《易》《詩》《書》而下逮於近世，凡五十家，以爲

《補韻》。新安朱熹據其説以協三百篇之音，識者雖或信之，而韻之行世者猶自若也。皇上萬幾之暇，親閲韻書，見其比類失倫，聲音乖舛，召詞臣諭之，於是欽遵明詔，壹以中原雅音爲定，凡六謄稿，始克成編。其音諧韻協者併入之，否則析之，義同、字同而兩見者合之，舊避宋諱而不收者補之，註釋則一依毛晃父子之舊，勒成一十六卷，計七十六韻，共若干萬言。書奏，賜名曰《洪武正韻》。勅臣濂爲之序，臣濂竊惟江左製韻之初，但知縱有四韻，而不知衡有七音，故經緯不交，而失立音韻之原，往往拘礙不相爲用。宋之有司，雖嘗通併，僅稍異於《類譜》，君子患之。今隨音刊正，以洗千古之陋習，而音韻之學，悉復於古云。洪武八年翰林侍講學士中順大夫知制誥同脩國史兼太子贊善大夫臣宋濂謹序。次有《凡例》，中有云，宋景祐間，丁度與司馬光諸儒作《集韻》，始以平聲上下定爲卷目，今不從。唯以四聲爲正，一舊韻上平聲二十八韻，下平聲二十九韻，平水劉淵始併通用者以省重複，上平聲十五韻，下平聲十五韻，今通作二十二韻。舊韻上聲五十五韻，劉氏三十韻，今作二十二韻。舊韻去聲六十韻，劉氏三十韻，今作二十二韻。舊韻入聲三十四韻，劉氏一十七韻，今作一十韻。蓋舊韻以同一音者，加分析愈見繁碎，今竝革之，作七十六韻，庶從簡易也。舊韻元收九千五百九十字，毛晃二千六百五十五字，劉淵增四百三十六字，今一依毛晃所載，有闕略者，以它韻參補之。一天地生人即有聲音，五方殊習，人人不同，鮮有能一之者。如吳楚傷於輕浮，燕趙失於重濁，秦隴去聲爲入，梁益平聲似去。江東河北取韻尤遠，知何者爲正聲，五方之人，皆能通解者，斯爲正音也。沈約以區區吳音，欲一天下之音，難矣，今竝正之。一字畫當以《説文》爲正，俗書承襲之久，猝

難遽革，今偏旁點畫舛錯者，竝依毛晃正之。—翻切之法，率
用一字相摩，上字爲聲，下字爲韻，聲韻苟叶，則無有不通。
今但取其聲歸於韻母，不拘拘泥古云。《孤樹裒談》卷二云，國
朝之制，臣民奏事稱奏本，後以奏本用長紙，字畫必依《洪武
正韻》。查氏《人海記》云，《洪武正韻》初成，定爲七十六
韻，其後重刻是書，一依新定次序，而字下所繫諸字，並從陰
氏時夫之舊，宋景濂有序。今世之所傳者，又與明初刻本不同。
伯驥按：此書之價值，自以清《四庫提要》之言爲得其當，惟
明陳氏繼儒則盛稱此書，蓋生當明代，且於斯道未爲明瞭，固
無足怪也。陳氏撰有《楊氏洪武正韻箋補序》，略云，沈約之四
聲，合東冬清青爲一，分虞模麻遮爲二，惟《洪武正韻》則然，
此亙古神聖莫能及也。垂二百餘年，有大儒楊先生《箋補》出
焉，采孔壁之遺文，汲冢之斷簡，自經史子集，釋道二藏，以
及本草稗官者流，箋釋無少憾，拈提古韻以諸於七十一韻中，
又拈提逸字以廣於二千八百五十字外，借《洪武》以示《春
秋》大一統之義，實字學之祕書，韻府之類書，而吳棫、陳第、
黃公紹之所未曾總彙者也。見明刊《陳眉公先生集》卷五。明
代韻書有名者，惟陳第之遺著，至楊氏《箋補》，伯驥蒙陋，未
見其書。

轉注古音略五卷 明刊本。

　　明楊慎撰，李元陽校。半葉九行，行二十字，注雙行，亦
廿字。卷五有云，廿，《說文》二十并也。顏之推《稽聖賦》
“魏嫗何多，一孕四十，中山何夥，有子百廿”。毛曰音入，今
直以爲二十字，凡滿漢菫席庶之類，皆從此。慎按，廿字，諸
韻書皆音入，惟市井商賈音念，而學士大夫亦從其誤。如《程

篁墩文集》中書廿日作念日，古學不明，俗學勝也。伯夔按：
朱氏述之《金石記》卷六云，《説文》十部，廿，二十并也，
古文省多。人汁切。段玉裁注《考工記》程長倍之四尺者二，
十分寸之一謂之枚，本於二字爲句絶，故書十與上二合爲廿。
此可證周時凡言二十可爲廿也。古文碑廿仍讀二十，秦碑小篆
維廿六年、維廿九年，皆讀一字以合四言，廿之讀如入。《唐石
經》二十皆作廿，仍讀爲二十。《玉篇》十部作廿，如拾切。
《廣韻》廿今作廿。《集韻》廿俱存二十六緝與入同音。《類篇》
廿，日執切。《古今韻會》入聲緝獨用廿。顏之推《稽聖賦》
“中山何夥，有子百廿”。毛氏《增韻》音入，凡滿漢菫席庶之
類，皆從此。漢《孔龢碑》三月廿七日。薛尚功《漢器欵識》，
丞相府漏壺廿一斤十二兩、甘泉内者鐙廿五斤十二兩、紅燭鐙
廿三斤四兩。徧考古書無有以廿字讀奴店切如念音者，或作廿、
或作卄，亦未有作念者。惟顧亭林《金石文字記‧開善寺碑宋
人題名》有曰，濟南李跋至道、王亢退之沿檄過此，同宿承天
佛舍，元祐辛未陽月念五日題。以念爲廿，始見於此。楊用修
謂廿字韻書皆音入，惟市井商賈音念，而學士大夫亦從其誤者
也。今《湯君碑》云，大中十二年十一月念八日，則唐末俗音
已有以念爲廿者矣。戴侗《六書故》廿二十切，二十之合稱也。
按今俗呼若念，蓋二十有尼至切之音，故又轉而爲念。朱説又
可爲升庵引申矣。李氏校楊升庵書，計有《古書叢目》五卷、
《古音獵要》五卷、《古音略例》一卷、《古音餘》五卷、《奇字
韻》一卷、《轉注古音略》五卷、《古音後語》《古音餘録》各
一卷，此其一種也。伯夔藏有明寫本，八種皆備，二編當考論之。

五十萬卷樓藏書目録初編卷四

史　部　一

明南監二十一史

　　此書嘉靖、萬曆先後刊成。計《史記》一百三十卷，嘉靖九年祭酒張邦奇、司業江汝璧校刊，又列萬曆二年祭酒余有丁、司業周子義校刊題字，又列萬曆二十四年祭酒馮夢楨序，司業黃汝良同校刊。《前漢書》一百二十卷，嘉靖八年祭酒張邦奇、司業江汝璧校刊。《後漢書》一百二十卷，嘉靖八年祭酒張邦奇、司業江汝璧校刊。《三國志》六十五卷，萬曆二十四年祭酒馮夢楨序，司業案黃汝良重鏤版。《晋書》一百三十卷，前有舊板，嘉靖戊午刊補，萬曆十年祭酒高啟愚、司業劉珹重修刊。《宋書》一百卷，萬曆二十二年司業馮夢楨序，祭酒陸可敬、司業季道統校刊。《南齊書》五十九卷，萬曆十七年祭酒趙用賢、司業張一桂序，并校。《梁書》五十六卷，萬曆三年祭酒余有丁序稱，南雍故藏二十一史，版多漫漶，《梁書》尤甚，武林許侍御三省督齪淮陽，捐鏹付梓，同司業周子義校。《陳書》三十六卷，萬曆十六年祭酒趙用賢序，司業余孟麟同校刊。《魏書》一百十四卷，萬曆二十四年祭酒馮夢楨、司業黃汝良同校刊并同序。《北齊書》五十卷，萬曆十六年祭酒趙用賢序，同司業張一桂校刊。《周書》五十卷，萬曆十六年祭酒趙用賢、司業余孟麟同校刊。《隋書》八十五卷，萬曆二十二年祭酒季道統校刊。
《南史》八十卷，萬曆十七年祭酒趙用賢、司業張一桂校刊，并
題辭。《北史》一百卷，萬曆二十年祭酒鄧以讚、司業劉應秋校
正，前祭酒陸可敬、前司業馮夢楨同校閱，并序。《新唐書》二
百五十卷，前有舊版，嘉靖、萬曆間監官先後重補。《新五代
史》七十五卷，萬曆四年祭酒余有丁、司業周子義校刊。《宋
史》四百九十六卷，成化十六年總督兩廣兼巡撫朱英刊，嘉靖
丁巳取入監重補修刊。《遼史》一百十六卷，嘉靖八年祭酒張邦
奇、司業江汝璧依元刻本校刊，足稱善本。《元史》二百十卷，
本洪武舊板，崇禎間祭酒侯恪、司業謝德溥補刊。伯驥按：上
虞羅氏嘗校南雍本《陳書》，與汲古本異同甚多。如《高祖紀》
加九錫策衣製杖戈，毛本作秉羽杖戈。《張種傳》遷建康令大舟
卿，毛本作大府卿。均以南雍本爲當。衣製杖戈，用《春秋·定
公九年左傳》郭書晳幘而衣狸製故事。大舟卿卽都使者，《隋
書·百官志》梁天監七年，改都水使者爲大舟卿，陳仍梁制，校
者不知妄改，賴此正之。又，毛本廢帝光大二年紀，淳于量爲侍
中，上脱“中撫大將軍新除征南大將軍”十二字，亦賴此補之。
南北雍本諸史不爲世重，然所益已如此，耳受之學，固不可盡信。
見陸庵所著書文甲。然則此種南監本書，其中可資校勘者，固不
尠也。

二十一史 明萬曆間奉敕刊本。

《史記》，漢司馬遷撰，宋裴駰《集解》，唐司馬貞《索
隱》，張守節《正義》，一百三十卷。前有貞《索隱》前、後二
序，《補史記序》，駰《集解序》，守節《正義序》，《論列諡法
解》。《漢書》，漢班固撰，唐顏師古註，一百卷。前顏師古

《漢書序例》，宋余靖《刊誤進表》，宋祁《參校諸本目録》，劉之問識語。《後漢書》，宋范蔚宗撰，唐章懷太子賢註，一百三十卷。内志三十卷，梁劉昭註補，前宋余靖序。《三國志》，晋陳壽撰，宋裴松之註，六十五卷。《晋書》，唐太宗御撰，一百三十卷。後附唐楊齊宣序，並《音義》三卷。《宋書》，梁沈約撰，一百卷。《南齊書》，梁蕭子顯撰，五十九卷。前宋曾鞏序。《梁書》，唐姚思廉撰，五十六卷。《陳書》，唐姚思廉撰，三十六卷。前宋曾鞏序。《魏書》，齊魏收撰，一百十四卷。前宋劉攽等序。《北齊書》，隋李百藥撰，五十卷。《周書》，唐令狐德棻等撰，五十卷。前宋梁燾等序。《南史》，唐李延壽撰，八十卷。《北史》，唐李延壽撰，一百卷。《隋書》，唐魏徵、長孫無忌等撰，八十五卷。《唐書》，宋歐陽修、宋祁撰，二百二十五卷。前宋曾公亮等《進書表》，後宋董衝《唐書釋音》二十五卷。《五代史》，宋歐陽修撰，七十四卷。前宋陳師錫序。《宋史》，元脱脱等撰，四百九十六卷。《遼史》，元脱脱等撰，一百十六卷。前脱脱等《進書表》。《金史》，元脱脱等撰，一百三十五卷。前元阿魯圖《進書表》。《元史》，明宋濂、王禕等撰，二百十卷。前有李善長等《進書表》。萬曆二十一年雕刻十三經既成，旋於二十四年開雕此書，迨三十四年竣工，所列校刊、重脩之祭酒司業銜名，與經部同。

史記一百三十卷 明嘉靖震澤王氏刊本。

漢司馬遷撰，宋中郎外兵曹參軍裴駰《集解》，唐朝散大夫國子博士宏文館學士河内司馬貞《索隱》，諸王侍讀宣義郎守右清道率府長史張守節《正義》。前有《索隱序》，《補史記序》，《正義序》，《集解序》，《索隱後序》。此爲明嘉靖王延喆摹刻，

始嘉靖乙酉臘月，迄丁亥三月刻成，精美與宋本等。目錄後有
"震澤王氏校刊篆書"兩行，多有割之以充宋刻者。蓋此書刻字
至精，前賢已多稱其善，如四庫館臣及王西莊等均譽之。王氏
《池北偶談》云，明尚寶少卿王延喆，文恪少子也，其母張氏壽
寧侯鶴齡之妹，昭聖皇后同產。延喆少以椒房入宮中，性豪侈，
一日有持宋槧《史記》求鬻者，索價三百金。延喆謂其人曰，
姑留此，一月後可來取值。乃鳩集善工就宋板本模刻，甫一月
而畢工，其人如期至索直。故給之曰，以原書還汝。其人不辨
真贗，持去。既而復來曰，此亦宋槧，而紙差不如吾書，豈誤
耶？延喆大笑，告以故，因取新雕本數十部散置堂上示之曰，
吾意在獲三百金耳，今如數予君，且爲君書幻千萬億化身矣。
其人大喜過望。今所傳有震澤王氏摹刻印，卽此本也云云。此
說前人已多辨其誤，聊述之以資談柄耳。錢氏泰吉《王刻史記
跋文》云，文恪後人有居海昌者，假其家譜觀之。延喆字子貞，
爲文恪長子，以蔭入官，由中書舍人擢太常寺右丞副，出爲兗
州府推官，謝病歸。子有壬爲尚寶丞，贈如其官，故王氏稱子
貞爲尚寶公。今觀跋尾述文恪語，謂吳中刻《左傳》、郢中刻
《國語》、閩中刻《漢書》，而《史記》尚未板行，延喆因所藏
宋刻重加校讎，翻刻於家塾，則宋本爲文恪舊藏云云。是此本
出於宋，而世人遂以此冒宋刻也。丁氏持靜齋藏此本，吾家邵
亭爲編《紀要》云，其書以黃柏染綿紙，凡序目或卷尾有王氏
校刊木記處悉裁去，以冒宋本。《周本紀》第二十七葉，王氏所
據宋本失之，以意補綴，失載《索隱》數條，此正相合。然宋
本不可得，得王本如此者，亦宋之次矣。伯驥按：明刊《史記》
以王本、柯本爲最善，然柯本《秦本紀》第三十一葉脫《索
隱》一條、《正義》五條，當兩本互勘，以歸於善。邵亭之言，

祇論王本之脫誤，尚未及柯本之誤處，王本正可補苴也。半葉十行，行十八字，注雙行，二十三字。柯本比王本少訛字，聞南潯劉氏前仿刊宋本，意欲得柯本參校，而未可得，則傳本之稀不可見哉。

史記一百三十卷明柯氏校刊本。

漢司馬遷撰。前有費氏題《新刻史記》一葉云，司馬遷《史記》近時苦乏善本，雖陝西有翻刻宋板本，江西有白鹿書院新刻本，差強人意，然藏之官司，非權門要津，弗可輒得。余家故近白鹿，然尤未能購之，他可知矣。金臺汪諒得舊本，遂重刻焉，間質余求正其訛謬，余未之承諾。諒遂懇諸大行人柯君奇徵，君佳其志，欣然從之，遂徧求諸家舊本，參互考訂，反覆數四，焚膏繼晷，歷兩歲而始就。視陝西之刻，尤號精絕，由是而窮儒寒畯，揮金往市，亦可得之，而二刻不足觀矣。柯君篤學嗜古，於事無所苟且，校閱之精，覽者當自得之。向微君，則是書雖成猶未刻也。白鹿本無《正義》，陝西雖有之，而《封禪》《河渠》《平準》三書特缺焉，柯君悉爲增入，刻既成，因書此，以識歲月云。大明嘉靖四年秋九月既望，鉛山費懋中書。有"求我齋費氏民受"木刻章。次裴駰《史記集解序》，次司馬貞《史記索隱序》，次小司馬《補史記序》，次張守節《史記正義序》，次目錄。《史記》《漢書》書前之有目錄，自有板本以來即有之，爲便於檢閱耳，然於二史之本旨所失多矣。夫《太史公自序》即《史記》之目錄也；班固之《敍傳》，即《漢書》之目錄也。及後人以其艱於尋求，而復爲之條列，以繫於首，後人又誤認書前之目錄，即以爲作者所自定，致有據之妄訾謷本書者。夫《孟荀列傳》，以兩大儒總括之，何嘗齒淳于髠、慎到、騶奭於其列哉！《貨殖》等傳以事名篇，與八書差相類，固未嘗一一標姓名也。乃譏《漢書》者，謂范蠡、子貢、白圭非漢人而入《漢書》，以爲失於限斷，其實班氏何嘗爲范蠡諸人立傳，卽彼蜀卓宛孔閭里猥瑣之流，亦豈屑屑爲之標目，與夫因人立傳者同哉！明毛氏梓《史記集解》，葛氏梓《漢書》正文，其前卽據《自》《敘傳》爲目錄，亦爲便於觀者，而尚不失其舊，在諸本中爲最善矣。古書目錄，往往置於末，如《淮南》之《要略》，《法言》之十三篇序皆然，吾以爲《易》之序卦傳，非卽六十四卦之目錄歟。《史》《漢》諸序，殆昉於此。見盧氏《鍾山札記》。前題漢太史令龍門司馬遷著，目後題明嘉靖四年乙酉金臺汪諒氏刊行，《三皇本紀》前題莆田柯維熊校正。後有嘉靖六年上元日維熊自跋云，凡一百三十卷，五十二萬六千五百言，并其注內讐校之者，亦未暇悉數。蓋信者正，疑者闕，蔑敢苟焉耳矣。伯驥案：明嘉靖刻《史記》，柯本、王本均刻於四年乙酉，秦藩刻於甲午，則遲九年。費序言陝西三注本，缺《封禪》《河渠》《平準》三書者，白鹿本止兩注，均宋刻。錢辛楣《養新錄》以白鹿本爲三注者，誤也。三書中《正義》爲柯君所補，意是另得別本補之，而語意含混，則似柯君自補正義矣，言之不可苟如此。半葉十行，行十八字。

史記一百三十卷 明秦藩刊本。

　　宋裴駰《集解》，唐司馬貞《索隱》，張守節《正義》合刻，有嘉靖十三年秦藩鑒抑道人序，以天地玄黃，宇宙洪荒，日月盈昃，辰宿列張，寒來暑往爲次，共分二十冊，每卷有"史若干字注若干字"兩行。明藩好刻書，此是定王惟焯刻本。震澤王延喆刻《史記》，板式與此同，蓋仿宋刻也。說者以此本爲愈，蓋專就形式而言也。半葉十行，行十八字。伯驥按：朱氏謀垏《藩獻記》卷一云，秦愍王樉，高皇帝第二子，洪武十一年之國西安，數傳至簡王。嘉靖元年，王孫定王惟焯緝其詩文二卷，表上之，詔送史館。嘉靖十九年，陝西巡撫臣任洛以王賢行上聞，此書當是定王所刊。秦藩又於嘉靖二十九年刻

《天原發微》，三十六年刻蔡沈《尚書》，隆慶六年刻《千金寶要》。分見孫、丁、張、陸諸目。

史紀集解附索隱殘本六十五卷覆刻元中統本。

錢詹事《養新錄》記所見《史記》舊槧，一宋乾道蔡傅卿本，二宋淳熙耿直之本，三元中統本。其第三本則如海寧吳槎客藏，計刻時已在南宋之季，首有中統二年校理董浦序，蓋拜經樓藏本則避宋諱，《楹書隅錄》著錄中統本則否，吳藏每葉末行上角標題篇名，楊本則無之，是中統本有兩刻矣。楊氏謂中統二年，其時尚稱蒙古，迨至元八年十一月始改國號曰元，董浦序中統上署皇元二字，自是後人追改，必非原刊之舊。顧追改者既稱皇元，則猶是元繙可知。錢詹事直謂吳本刊於中統時，則非也。楊氏此言，分晰至爲明白。吾家邵亭，以爲中統二年，當宋理宗景定二年，是時蒙古實未有元號，當是覆刊，或易其行，與楊氏之說合。綜兩人之考核，知此書實爲覆刻中統原本無疑。此本每葉上角標題及避宋諱，與吳氏藏本同，其可貴當在楊氏藏本上矣。阮文達《研經室集》卷□云，劉孟瞻明經文淇作《項羽都江都考》，據《史記·秦楚之際月表》第三格，知項羽自立爲西楚霸王都江都，此說甚爲新異可喜。及檢《新楊州府志》有項羽都彭城，一本又云都江都，諸書無羽都江都之事，殆傳刻之誤。此蓋嘉慶年間修志見無江都之本，而致疑也。余檢至此，亦爲之疑，因思余家文選樓有舊本《史記》檢之，則是元中統二年連《索隱》之板，明明有都江都一事，爲之大快。元中統與宋理宗時相值，則與宋板無異。此書古色古香，恐勝於今單行《索隱》之處尚多，俟再校之，江都王者，以項氏爲最先，此事黯然不彰，幸賴明眼人於旁行斜上蠅頭細

書之《月表》識別而出，又得此霉爛蠹蝕五百餘年之故紙，爲
之確證，所以古本之可貴如此。劉氏《青溪舊屋文集》卷四亦
附録阮氏之言，是中統本《史記》久爲前人矜重，惜僅存半數，
然斷圭殘璧，亦乙部之璆琳也。半葉十四行，行二十五字。罟
里瞿氏藏元刊殘本《史記》七十六卷，其《十二諸侯年表》
後，有墨圖記云，"安成郡彭寅翁鼎新刊行"。蓋又别一元刊，
此書當是世稱元槧游明本。考《江西通志》中之《選舉志》
《人物志》，明字大昇，實爲明人，則此不爲元槧，可決然矣，
前人每有誤，爲辨析之。

史記題評一百三十卷 明刊本。

　　此爲嘉靖十六年丁酉太和李元陽刊本。元陽字中谿，按閩
時所爲也。明楊升庵慎在滇時，從游者衆，有楊門六學士之目，
蓋以比黄、秦、晁、張諸人。張半谷愈光、楊宏山士雲、王純
菴廷表、胡在軒廷禄、李中溪元陽、唐池南錡，所謂六學士也，
又合吴高何懋爲七子。升庵謂七子文藻皆在滇南，一時盛事，
即指此。《升庵集》有己未六月病中訣李、張、唐三君詩，李謂
元陽也。吾家邵亭云，此書亦具三家注，惟《索隱》述贊不録，
而集諸家評語于書眉，其不係名氏者，則中谿説也。每卷題明
李元陽輯訂，高世魁校正，亦有不題者，亦有數卷李元陽上增
題楊慎名者，此本蓋即升庵輯本，因增益以付雕，故題云爾。
明人好尚評論，是書刻有評者，蓋昉于此。後凌稚隆爲《評
林》，則又因此增益。伯驥按：元陽又嘗校刊宋倪思《班馬異
同》。洪氏頤煊謂《史記·司馬相如列傳》相如乃與馳歸成都家
居，徒四壁立，今本無成都二字，惟李氏此本與南宋大字本有
之，然則李氏刻本固甚善矣。鄭康成注《周禮》，稱鄭大夫鄭司

農，述衆、興之説也。三國時，楊脩則曰脩家子雲。前清孫淵如
衍《冶城遺集》内題家頤谷侍御深柳勘書圖詩，有"天與吾家難
王蕭"之句。伯夔謂邸亭爲吾家，蓋從後例也。半葉□行，行
□字。

漢書一百三十卷 明德藩最樂軒刻本，葉郋園舊藏。

此書爲長沙葉氏舊藏。《郋園讀書志》有識語云，《漢書》
一百卷，内紀、表、志、傳中分卷，實一百三十卷，明德藩最
樂軒刻，無注本。每半葉十行，行二十一字，版心上有"德藩
最樂軒"五字，下有刻工姓名，其刻工有與嘉靖十三年徐焴刻
《唐文粹》同者，則是明嘉靖時刻矣。明時各藩府皆喜刻書，德
藩所刻僅此種，且自來藏書家皆未寓目，故官私書目均不載之。
取明南監本、汪文盛本、汲古閣本，及乾隆中武英殿刻本，互
相參校，文字頗有異同。長沙王葵園祭酒撰《漢書補注》，全録
以去。江陰繆筱山編修見其名以爲海内孤本。二公爲余乙酉座
主，福山謝南川師之鄉會房師，沅澧相承，每蒙獎藉。繆公尤
精目録版本之學，據云此本彼未見過，則其希有可知矣。光緒
壬寅夏四月小滿後五日，德輝記。

漢書一百二十卷後漢書一百二十卷 明嘉靖間廣東崇正書院刊本。

宋監《漢書》，始淳化，次景德，次景祐二年余靖、王洙重
校定，下則熙寧、嘉祐、宣和、紹興，先後凡七刻，今世流傳，
已極稀有，官刻私刻，均多散軼。范書宋本，完整者亦寥寥焉，
明世則有重修宋福堂本、正統翻淳化本、汪文盛本、重刊元大
德本各種，而嘉靖丁酉廣東崇正書院重脩本，則存在無多。民
二十一年冬，伯夔得此本於京估之手，班、范兩書皆備，爲之

狂喜。往者伯驥嘗點讀二十四史一過，二書則用先人所遺之毛刻十七史本，未能多取善本以爲校勘也，於是略覆讀之，覺其善處甚多。嘉興錢氏泰吉嘗借拜經樓宋本《漢書》，校其與汲古閣本異者，撰《攷異》詳之。《外戚傳》童謠云燕毛涎涎。師古曰，涎涎光澤之貌也，音徒見反。《五行志》中之上同。按，《玉篇》水部涎字徒見切，涎涎好貌。《廣韻》三十二霰電紐下涎字注，涎涎美好貌，與口液之涎迥殊。《類篇》水部涎又堂練切，涎涎光澤貌。《集韻》三十二霰電紐下正涎字注，涎涎光澤貌，正用顏氏《漢書》注文也。近刻《漢書》誤作涎涎，《經籍籑詁》於一先涎字下列《五行志》及《外戚傳》，亦沿近刻《漢書》之誤。《杜鄴傳》昔文侯寤犬雁之獻，而父子益親。他本《漢書》俱作大雁，獨此正文及註皆作犬雁，真可謂一字千金矣。伯驥今按：崇正本涎涎不作涎涎，犬雁不作大雁，實與宋本合，不與俗本同，此其可貴者一也。歸安陸氏藏宋槧湖北庾司本《漢書》，爲慶元間刻本，陸氏嘗略校之。《宣帝紀》夏四月庚午地震，詔內郡國舉文學高第各一人。韋昭注，汲古閣本誤作師古。地節三年自丞相以下，汲古閣本奪“自丞相”三字。哀帝紀元壽二年，各本皆衍“元壽”二字，此本不衍。《高惠高后文功臣表》曲成侯蠱達下二格大書“位次曰夜侯恒”六字，各本皆誤作小注。《百官公卿表》竟寧元年安平侯王章子然爲執金吾，安平皆誤作安年。鴻嘉元年平臺侯史中爲太常，平臺各本皆誤作平喜。孝哀建平三年右將軍公孫祿爲左將軍，三年免，今本三皆譌一。錢氏竹汀曰，《何武傳》哀帝崩，武爲前將軍，與左將軍公孫祿相善，武舉祿可大司馬，而祿亦舉武，有司劾奏武、祿互相稱舉，皆免。事在元壽三年，距建平三年四歲矣，當以此本作三年免爲長。《人表》上中履叔安，師古注

《左氏傳》作廱，與《左氏傳》合，各本廱皆譌戮。以上皆存齋校語也。伯驥今按：崇正本皆與宋慶元本合，此其可貴者又一也。陸氏藏宋蔡琪一經堂本《後漢書》，蓋嘉定戊辰刻本，其校語云，《和帝紀》諱肇，其字從戈從聿，與從支從聿之字不同，見許氏《說文》，今通行本誤作肇，此本不誤。《鄭康成傳》師事京兆第五元先，通行本奪先字。吾家舊貧，爲父母羣弟所容。唐史承節《鄭公碑》同，言爲父母所優容也，今各本妄加不字，作不爲父母羣弟所容，蔡本不誤。伯驥按：陸氏之前，已有陳氏鱣《元本後漢書跋》，證明不字之誤。《金石萃編》七十六所載史氏碑文，及阮氏《山左金石志跋語》云，爲父母羣弟所容者，言徒學不能爲吏，以益生產，爲父母兄弟所含容，始得去廝役之吏，遊學周秦。故傳曰少爲鄉嗇夫，得休歸，常詣學官，不樂爲吏，父數怒。夫父怒之，而己云爲所容，儒者之言也。蓋宋元本范書皆無不字，未審何時妄加，非得舊刻，則康成之心事不得白，善本之足寶蓋如此。今崇正本獨無不字，與宋元同，此其可貴者又一也。《宋史·廖德明傳》稱，德明在南粵立師悟堂，刻朱子《家禮》。而黃勉齋《書晦菴正本大學後》又云榦嘗獲受業於晦菴先生之門，竊觀先生訓釋諸書，皆虛心平氣以玩其詞，研精覃思以究其旨，字尋句索，縷析毫分，《大學》修改無虛日，諸生傳錄幾數十本。《誠意》一章，猶未終前三日所更定，既以語門人曰，《大學》一書，至是始無憾矣。今惟建陽後山蔡氏所刊爲定本，潮倅廖君德明得之，以授潮陽尉趙君師恕，趙君鋟板縣庠。又，清世《天祿琳琅書目》卷三著錄宋刊《九家集注杜詩》，刻於宋孝宗淳熙八年，至理宗寶慶元年。曾噩爲廣南東路轉運判官，重爲校刊，序稱蜀本紙惡字缺，不滿人意，茲摹蜀本刊於海南漕臺，會士友以正其脫誤。書後有承議郎通判潮州軍事劉鎔、潮州學賓辛安中、進士陳大信同校勘銜名。又明成化、弘治間，張習亦曾刻明初四大家楊基《眉庵集》、張羽《靜居集》、徐賁《北郭集》、高啓《槎軒集》于廣東，密行細字，至爲精善。習字企翱，曾官廣東僉憲。又明南監經史板，多由各省徵集，《南雍志》云，四方多以書板送入是也。《宋史》四百九十一卷，成化中巡撫兩廣都御史朱英刻於廣州，嘉靖初南京國子監祭酒張邦奇等請校刻史書，上命將監中十七史舊板攷對修補，仍取廣東《宋史》板付監，以上皆廣東前代官刻書之有明證者，隻鱗片羽，猶見流貽。崇正書院之本，則傳布不廣，嘗檢范閣《書目》祇著録崇正《後漢書》，而無班書，皕宋樓亦然，卽其一證。皕宋樓范書爲何義門校本，有手跋曰，初讀此書，嫌其訛謬爲多，及觀劉氏《刊誤》諸條，乃知在北宋卽罕善本，緣前人重之不如班書故也。嘉靖中，南京國子監開者，注經删削，此猶完書，故是一長。崇正書院所在地，考明嘉靖本《田叔禾集》，及清《道光南海縣志》引黃氏《省志》，知其原在藥洲，所謂西湖故址也。其後遷至都府街西察院故基，則見於《乾隆廣州府志》及《乾隆南海縣志》。遷時當在嘉靖以後，蓋田氏藝蘅爲其父叔禾刻集、黃文裕撰省志，均嘉靖間事，咸謂此院在西湖藥洲也，此書刻於嘉靖十六年。蓋自明以來，今九曜坊等處，皆刻書之聚矣。平江黃氏《刻博物志跋》云，去歲謀刻是書，命兒子玉堂依影宋鈔者録一帙，與粵東買人往古藥洲開雕。據田集所列叔禾著述，如《藥洲先生詩文集》《學約》《試約》《講章》等書，均謂板存崇正，可知當時雕槧必多，今已不見，唯兩《漢書》有崇正本流傳。如唐棲朱氏結一廬、江陰繆氏藝風堂，其目均著録之。往者海上涵芬樓亦有其本，今想已遭刼灰矣。明《晁氏寶文堂書目》無廣東刻兩《漢書》，殆亦此種。此外藏家則尠有焉，蓋罕見之祕笈

也。牌子所謂重脩，當是翻刻余襄公靖校定之本，故能如此精
善。襄公粵人，崇正粵地，田氏粵官，洵書林之雅談矣。田氏
於嘉靖十三年官廣東提學僉事，李氏《閒居集》云，國初學無多端，教有
成法，立儒學足矣。乃又有書院，設教官足矣。乃又有提學，提學始於正統中年，
書院盛於嘉靖初年，今則多不可言矣。提學、書院俱不可無，而書院似不宜多，多
則災土木、費供應，而紛立門牆，長院設教者，安得一一得人耶！自予所傳聞者，
海内書院十餘處，其不及聞者，何啻數十餘處哉！故能於崇正刻書眞板。
《范目》卷四又著録陳塏輯《名家表選》，自序稱刻之崇正書
院，以與嶺海諸士共之，又與田氏同一例者也。吾家《邵亭知
見傳本書目》著録明刻崇正堂本《周易傳義》，寒家亦有其書，
勘其字畫，與此書不類，當是別刻。明錫山華麟祥校刊吳淑
《事類賦》，版心上方刊“崇正書院”四字。考《常州府志》，
宋寶祐中無錫令袁從爲祠，以祀楊時、陸九淵、張栻、李簡、
袁燮、袁甫、喻樗、尤袤、蔣重珍，曰九先生祠。元教授虞荐
廢去陸九淵、張栻、楊簡、袁燮、袁甫，益以李祥，名五先生
祠。嘉靖八年，邑人華雲益以李綱、邵寶爲七賢祠，而榜曰崇
正書院。華氏既爲錫山人，此書自是刊於錫山之崇正，其後之
寧壽堂刊本，卽由此出，蓋與廣東之崇正同名，言板本者所宜
分別也。《皕宋樓藏書志》著録明崇正書院刊《亢倉子》《元眞
子》《天隱子》，此又未審其爲廣東抑常州矣。此本《漢書》前
列《序例》五葉，次列景祐二年秘書丞余靖上言一葉，高似孫
《史略》引《宋會要》，咸平中真宗命晁迥覆校兩《漢書》板本。景祐元年，余靖又
以監印文字舛訛，詔翰林學士讎對，二年九月畢，爲景祐刊誤本。次目録十七
葉，目録後有牌子曰“嘉靖丁酉冬月廣東崇正書院重脩”。半葉
十行，行二十二字，小注雙行，行亦二十二字。《後漢書》前列
景祐元年九月秘書丞余靖上言二葉，板心有“後漢序”三字，
牌子在第二葉之末，文與上同，次列目録二十五葉。全書行字

與《前漢》不異。伯驥記於五十萬卷樓。

前漢書一百二十卷後漢書一百二十卷_{明汪文盛刊本。}

《漢書》漢班固撰，《後漢書》宋范曄撰。此爲明汪氏文盛刊本。文盛字希周，崇陽人，正德間進士。歷官僉都御史，巡撫雲南，進大理卿。《明史》附見《毛伯溫傳》中。有《節愛府君遺詩》二卷，見清《四庫總目》集部附存卷三。吾家藏明刻《鄭善夫詩集》十二卷，亦汪氏編集，是汪氏固好詩者，故朱氏《明詩綜》亦録其詩。汪氏生當正、嘉之間，爲前明刻書最盛之時，所刻兩《漢書》《五代史》均有盛名。徐氏康《前塵夢影録》稱明汪文盛等復刊兩《漢書》，祖本爲湖廣轚務官校刻。予於劫後游虞山，見於楊濠叟案頭，卷首有元人字，及葉石林墨迹，紙薄而韌，極可愛玩。聞之老輩云，汪文盛尚有《史記》及《三國志》，惜罕見矣，是其校雕之本，久爲前人所重。拜經樓吳氏藏宋刻《漢書》殘本十四卷，盧氏抱經跋云，誤字不多，今所通行者，顔注尚有脱落，何論蕭賅、子京、三劉，而此獨全，可寶也。汪文盛本當從此出。杭氏世駿《欣託齋藏書記》云，宋刻兩《漢書》，板縮而行密，字畫活脱，注有遺落，可以補入，此眞宋字也。汪文盛猶得其遺意，盧氏蓋謂其淵源之善，杭氏則謂其板刻之精矣。半葉十二行，行二十二字，注雙行，二十八字。

漢書一百二十卷_{明高麗本。}

漢班固撰。《敍傳》第七十下云，班固《前漢書》凡百篇，總一百二十卷。十二帝紀，一十三卷；八表，一十卷；十志，一十八卷；七十列傳，七十九卷。二年九月校書畢，凡增七百

四十一字，損二百一十二字，改正一千三百三十九字。次有詳
定所准慶曆二年三月初一日轉運司牒，禮部貢院牒，准勅命指
揮，毀弃淫僞浮淺，俚曲穢辭，并近年及第進士一時程式文字，
不可行者，除已追取印板，當官毀弃外，有《前漢書》一部，
百二十卷，可以印行。今於元印板後錄略詳定條制，照會施行
者。詳定官，登仕郎試秘書省校書郎守杭州司法參軍潘說；重
詳定，宣德郎守秘書省著作佐郎監杭州裝御斛升錢帛綱運兼粮
料院權書記廳公事馬元康。末有跋語云，鑄字之設，可印羣書，
以傳永世，誠爲無窮之利矣。然其始鑄字樣，有未盡善者，印
書者病其功不易就。永樂庚子冬十有一月，我殿下發於宸衷，
命工曹參判臣李蕆新鑄字樣，極爲精緻，命知申事臣金益精、
左代言臣鄭招等監掌其事，七閱月而功訖，印書便之，而一日
所印多至二十餘紙矣。恭惟我恭定大王作之於前，今我主上殿
下述之於後，而條理之密，又有加焉者，由是而無書不印，無
人不學，文教之興當日進，而世道之隆當益盛矣。視彼漢唐人
主，規規於財利兵革，以爲國家之先務者，不啻霄壤矣，實我
朝鮮萬無疆之福也。宣德三年閏四月日，崇政大夫判右軍都總
制府事集賢殿大提學知經筵春秋館事兼成均大司成世子貳師臣
卞季良拜手稽首敬跋。半葉　　行，行　　字。伯驥按：高麗
本《國語韋昭註》有跋語，於高麗活字印書史頗詳，爲照錄之，
以資參考。跋云：我東活字印書之法，始自太宗朝，癸未以經
筵古註《詩》《書》《左傳》爲本，命判司平府事李稷等鑄十萬
字，是爲癸未字。世宗朝庚子，命工曹參判李蕆等改鑄，是爲
庚子字。甲寅，以《孝順事實》《爲善陰隲》等書爲字本，命
集賢殿直提學金墩等鑄二十餘萬字，是爲甲寅字。英宗朝壬辰，
正宗大王在東宮，仰請大朝，以甲寅字所印《心經》《萬病回

春》二書爲字本，鑄十五萬字，藏於芸閣，是爲壬辰字。正宗朝丁酉，命平安道觀察使徐命膺以甲寅字爲本，鑄十五萬字，儲之內閣。又於壬寅，命平安道觀察使徐浩修以本朝人韓構書爲字本，鑄八萬餘字，亦儲之內閣。壬子，命仿中國四庫書聚珍板式，取字典字本，刻大小三十二萬餘字，名之曰生生字。甲寅，命內閣銅字移藏於昌慶宮之舊宏文館，稱以鑄字所，丙辰整理《儀軌》將印行，命奎章閣直提學李晚秀、奎章閣原任直閣尹行恁監董，以生生字爲本，鑄大字十六萬，小字十四萬餘，名之曰整理字，分儲七櫃，藏於鑄字所。後六十三年，當貯丁巳字鑄字所失火。戊午，命奎章閣檢校提學金炳冀、奎章閣提學尹定鉉、奎章閣提學金炳國，主館鑄整理大字八萬九千二百三字，小字三萬九千四百十六字，韓構字三萬一千八百二十九字，與爐餘完字十七萬五千六百九十八字，藏於鑄字所。己未，命以整理字印《國語》，蓋鑄字成試印一書，例也。此種《漢書》，爲高麗舊活字本，實當我國前明所印，所據之本甚善，卞氏所舉鑄字之李蕆，亦與《國語跋》合。日本元和七年六月，鑄造銅字數萬，刷印宋江少虞《皇朝事實類苑》七十八卷，賜幕府公卿諸臣，此例亦與高麗相同。《經籍訪古志》稱，永樂初朝鮮王命造活字，又著錄朝鮮活字本《纂圖互註周禮》，是此類活字本書，日人固重視也。黃伯思《東觀餘論・跋章草鷄林紙卷後》云，政和丁酉歲五月於丹陽城南第暴書，得此鷄林小紙一卷。伯驥按：雞林者，唐時新羅國，本弁韓之苗裔，其國在漢氏樂浪之地，東南濱海，西接百濟，北鄰高峯，其後新羅漸有高麗、百濟之地，唐龍朔三年詔以其國爲雞林州都督，故黃氏之所謂雞林紙，即高麗紙也。前清滿人揆敍《隙光亭雜識》卷一云，高麗紙堅緻光澤，人言是搗繭爲之。余昔年奉使朝鮮，詢之土人，云是楮皮所作。按《本草·釋名》穀亦作構。陸機《詩疏》云，構，幽州謂之穀桑，或曰楮桑，荆、揚、交、廣謂之穀。李時珍曰，楮本作柠，其皮可績爲紵故也。楚人呼乳爲穀，其木中白汁如乳，故以名之。陸佃《埤雅》作穀米之穀，訓爲善，誤矣。陶弘景曰，南人呼穀紙，亦爲楮紙。陸氏又云，江南人績其皮以爲布，又擣以爲紙，長數丈，光澤甚好，用之最博，楮布不見有之。由斯以觀，則楮皮爲紙，其來遠矣。然今江南罕得其法，蓋中華失傳，流於外裔者，往往有之，寧惟楮紙云云。又，近人稱武英殿板，如《朱子全書》、二十四史、《全唐詩》當時初印，俱用開花紙，棉質光緻，似高麗紙之雜以蠶絲者，其紙往往有褐班，蓋如織緞者之澤以江豬油，此則未諳制紙之理者也。此本紙質大佳，故附論之。

漢書地理志補注一百三卷_{寫本。}

清昭文吳卓信撰。此書安徽包氏有刻本，此爲李氏兆洛鈔本。前有識語云，常熟許君伯堅，留心邑中文獻，爲我借得此書，搜輯該博，大致備矣。因以訂證訛舛，補其缺略，爲檢稽者所藉手，其爲利益甚大，亟録副而藏之，并録伯堅所爲小傳於首。道光十七年七月既望，武進李兆洛識。又附《吳傳》云，吳卓信字立峯，一字頊儒，常熟縣之何家市。合河康中丞基田器賞之，勖以習制舉業，一試輒冠其曹，年三十餘矣。再與鄉試，卽厭棄去，以客授歷游齊、魯、燕、趙、秦、晋間，年六十餘卒。所著曰《漢書地理志補注》、曰《三國傳補注》、曰《廣説親》，伯驤按：日本岩崎静嘉堂藏吳氏《釋親廣義》二十五卷，鈔本，計分宗族、母黨、婚姻、方言、夷語、俗呼、假號各門，當卽《廣親説》。凡百許卷。邑人有陳揆者，爲刻其古文，甫竟而陳亦卒，未印行，所

著皆散佚，惟《漢書地理志補注》存焉云云。《昭代叢書》刊
吳氏《約喪禮經傳》一卷，梁氏啓超謂其合《儀禮》《戴記》
經文注疏而序次之，於極複雜中得其條貫，詢善於治經者。若
用此法施諸羣經及子史，其省後學心力之勞，豈有量哉。卓信
之學通粹乃爾，而清儒不甚推挹之何耶？見《飲冰室書目》。

後漢書一百二十卷明正統翻淳化本，沈十峯舊藏。

劉宋范曄撰，唐章懷太子賢注。案宋初淳化中，國子監曾
刊《五經正義》。而《麟臺故事》又稱，淳化五年七月，詔選
官分校《史記》、前後《漢書》，命太常博士直昭文館陳充、國
子博士史官檢討阮思道、著作佐郎直昭文館尹少連、著作佐郎
直史館趙況、著作佐郎直集賢院趙安仁、將作監丞直史館孫何
校前後《漢書》，既畢，遣內侍裴愈齎本就杭州鏤板，是當時雕
刻此書，至爲不苟。景祐間，余襄公靖校正兩《漢書》，即由淳
化本出，而元大德本，又從景祐本出。黃蕘圃云，《漢書》宋刻
佳者淳化本不可得見，景祐本殘者有之，此外如建安劉原起本，
又有一大字本，皆名爲宋，而實則不及元明刊本。何以明之？
蓋所從出異也，惟正統本最稱善，以所從出爲淳化本，蓋祖本
真出北宋耳。是黃氏絕重此本也。卷末有刻字云，“有奉淳化五
年七月二十五日勅重校定刊正”。半葉十行，行十九字，小字二
十七字，《漢書》行格皆如比。惟《後漢》則夾注小字二十五
爲多。紀傳後有志，分《律歷》上、中、下卷，《禮儀》上、
中、下卷，《祭祀》上、中、下卷，《天文》上、中、下卷，
《五行》六卷，《郡國》五卷，《百官》五卷，《輿服》上、下
卷，共三十卷，則題劉昭注補。蓋范氏握筆作書時，原以志屬
謝瞻，范氏敗後，志竟無傳。今本八志，實原於司馬彪之《續

漢書》，而梁劉昭補注之。《隋書・經籍志》《唐書・藝文志》著録彪書，而《宋志》不録。陳氏《書録解題》謂，宋乾興初判國子監孫奭建議校勘，以昭所注司馬彪《續漢書志》，與范書合爲一編。伯驥按：唐太宗有《詠司馬彪續漢志》一篇，邵位西氏云，酈道元《水經注》嘗引司馬彪《州郡志》，疑彪之諸志，在六朝已有單行之本，故昭獨爲之注。杜佑《通典》述科舉之制，以《後漢書》《續漢志》連類而舉，則知以司馬志附見范書，實始於唐人。陳氏謂案乾興初校勘合爲一書者，致之不審也。《宋史・藝文志》亦祗載昭書，而彪名不復見於志内，後來凡引述後漢各志者，每渾稱范書，而並不著昭之名，殊可異也。昭撰注補，本有總敘，何義門《讀書記》謂，諸本多失載，而此本有之。略云，昔司馬遷作《史記》，爰建八書，班固因廣，是曰十志。至乎永平執簡東觀，記傳雖顯，書志未聞。司馬續書，總爲八志，王教之要，國典之源，粲然略備，迺借舊志，注以補之，分爲三十卷，以合范史。昔褚生補子長之削少，馬氏接孟堅之不畢，相成之義，古有之矣。引彼先志，又何猜焉云云。則前後撰述之端緒，固可考矣。明吳安國《甓瓦編》云，按，昭字宣卿，梁武時嘗爲剡令，《梁書》有傳。今有《補志注》存，且別本亦有題梁剡令劉昭注者，實爲讀范書所應知也。清《四庫提要》謂，今於此三十卷，並題司馬彪名，庶以祛流俗之譌，蓋更爲核實矣。近日南潯劉氏重翻宋本兩《漢書》，《前漢》白鷺洲書院本，《後漢》一經堂本，其行款相同。此二種宋本，初爲郭氏嵩燾所藏，洪、楊之役，幸逃刼火。繆氏藝風謂此兩本皆嘉定時翻淳化本，據海源閣《跋錢虞山所藏兩漢書》，亦南宋翻雕，如諸經單疏《莊子》，昔人推爲北宋，無不南渡重刻，不害其爲佳作也。何義門祗爲惡本，儀顧竭力揚之，本書實佳，惟以司馬志署范曄，則不能掩其失。見《乙丁藁》一。據繆氏之言，知南宋刻本，已不能無玷累，此雖翻雕北宋原槧，然张燔《漢紀》曰，虎賁士有貌似蔡邕者，邕每酒酣，輒引與同坐曰，雖無老成人，尚有典型。《三國志》十二，裴注引。細翫斯編，則北宋規模，猶可見也。版心上記大小字數，下記正統八年刻工姓名。書估挖去正統字樣，謂爲元刻，冀得厚直，而不知此刻爲北宋本之子，元槧爲北宋本之孫，時代先後不同，而血統反分遠近，目錄板本之學，又豈游談無根者所能知耶！前人謂路慎莊子端藏書甚富，其後人筮仕於淮，捆載遺本求售，有正統本兩《漢書》，陳簡莊歎爲至佳者，爲丁泳之所得，於此本之藏散留意如此，其可貴亦可想矣。丁氏《善本書室藏書志》著錄此書，今據江都梁公約《盦山書錄》卷二謂，丁本有刊配鈔、配冊，有尚寶司卿“袁氏家藏”方印。伯驥有友某君，謂袁氏明洪武、永樂間人，不應藏正統刻本之書。不知袁氏自生至卒，實歷洪武、建文、永樂、洪熙、宣德、正統、景泰、天順八朝，據《今言類編》知袁氏年八十三歲，乃始就木，時天順二年也。除正統十四年不計外，中間尚隔景泰八年，是刻印此書，尚在其卒前多年，則丁氏所藏袁氏遺書，當是初印，而入篋之時，袁氏亦年屆古稀矣。此本有“宗伯”、“永以爲好”、“沈慈”、“十峯”、“曾在雲間獻園沈氏”等章，蓋有名之藏書家也。“宗伯”或爲虞山錢氏所捺。黃蕘圃《唐宋婦人集跋》云，往年沈君綺雲，有《唐宋婦人集》之刻，皆借本於余家，復欲刻《斷腸集》以儷之，一時苦無善本，遂不果行。及余購得元刻注本，而綺雲已歸道山，頃其令弟十峯訪余，以《綠窗遺稿》屬爲付梓。沈氏昆仲好風雅，留傳昔賢著述，洵爲藝林佳話。又徐氏康云，宋板《魚玄機集》只二十餘葉，大字

歐體，乃宋槧之最精者，黃蕘翁得之，裝潢爲胡蝶式。後爲一
達官某所賞，倩許翰屏影橅上板，又託改七薌補繪玄機小象於
卷首。橅本鏤工，不下原刻，時爲嘉慶中葉，惜其時祇印一次，
流傳甚少。達官歸田後，板亦攜去。余僅收得一冊，間壺園汪
氏，亦購藏一本，此外不多見也。江氏標云，此書爲松江沈十
峯慈古倪園所刻，余有印本二種，一初印、一後印。初印本名
《三婦人集》，乃同刻明本《薛濤詩》、宋鈔《楊太后宮詞》也，
後印本又附《綠窗遺稿》，兩種皆沈氏刻。按：綺雲名恕，十峯
名慈，雲間人。嘯園、古倪園，皆其家所有也。莫伯驥記。

三國志六十五卷　元大德丙午池州路刊本。

　晉平陽侯相陳壽撰，宋裴松之註。首有元嘉六年七月中書
侍郎西鄉侯臣裴松之《上三國志注表》，凡《魏志》三十卷，
《蜀志》十五卷，《吳志》二十卷。有大德丙午日南至前進士桐
鄉朱天錫跋語云，自經止獲麟之後，馬遷以紀傳易編年，歷代
信史流傳，不忝董狐之筆。厥今奎運昌隆，文風丕振，江左憲
臺命諸路學校，分派十七史鋟梓，池庠所刊者《三國志》，池之
爲郡，士類率多貧寠，學計歲入寡贏，是舉幾至中綴。總管王
公元宗，奧學宏才，慨然以化今傳後爲己任，表倡之下，其應
如響，用能鳩工竣事，不勞餘力。郡博士孔淳孫式克奉命，董
提以底於成。隸也淺見寡聞，嘉與稽古之彥，身際斯文鼎新之
幸會，敢拜手書於左方。《邵亭經眼錄》卷二稱，所見上海瞿氏
藏元本《三國志註》行款，係半葉十行，行二十九字，注二十
二、三不等，惜補換過半云云。當同此本矣。邵亭云行二十九
字者，二字當是衍文，蓋九路所刊之史，行款多同，此則十九
字爲特異也。

舊唐書二百卷_{明嘉靖間聞人氏刊本。}

明餘姚聞人詮校刻，蘇州學儒學訓導門人嘉興沈桐同校。
詮，《明史》無傳。按朱彝尊《明詩綜小序》，詮字邦正，餘姚
人。嘉靖丙戌進士，除寶應知縣，擢山西道御史，巡視兩關，
歷湖廣按察副使，有《芷蘭集》。今觀書中列銜稱督學畿內，彝
尊作小序時，未經考及。《浙江通志》又稱其從事陽明之學云。
邦正立意刊復此書，而吳令朱子得列傳於光祿張氏，長洲賀子
得紀、志於守溪公，乃紹興初年朱倬仵秦檜出爲越州教授時所
刊本。因督蘇庠司訓沈桐校刊，詮自爲序，楊循吉、文徵明並
序之。嘉靖十八年，沈桐更詳紀惠借藏書，捐俸助膳，分番校
對，出資經費諸人姓名於後。伯驥按：清乾嘉間，安康董詔
《正誼堂遺集》云，《五代史》劉昫以明宗長興三年拜中書侍
郎，廢帝入，遷門下監修國史，蓋沙陀自附唐餘，所謂國史卽
此書，故《哀紀》及諸方鎮傳，每云事在中興也。又考《宋
史·張昭傳》，晉天福五年以唐史未成，詔與呂琦、崔稅等續
修，迨開運三年始成，則此書實藏於晉矣。及細閱全編諸帝紀，
體例不同，列傳父子祖孫，每多斷代，蓋全集當時實録之舊耳。
至若《竇參》《吳通元傳》，於萱公加姜菲之誣；《李贊皇》《牛
奇章傳》，於維州無持平之論。當時史官，不無門戶，易代之
後，並趁發明，不亦慎乎。且《王求禮》《楊朝晟傳》皆再見，
李光進二人也，而臨淮之弟之事，載於光顏之兄傳中，亦失於
檢點矣。《新唐書》廓清糾正之功，所以不可少也。顧力黜駢
辭，遂使一代詔令奏議，湮没不傳，則此書又何可廢哉！聞人
氏刻是書，自云博訪藏家，始復舊觀，其搜羅綦勤，及沈氏身
任校讎，而《肅紀》上元、寶應之間，缺字幾於四百；《代紀》

永泰數年，錯亂至不可讀，則亦難與成人之美矣。乾隆中勅命
儒臣重加校刊，亦以此刻爲底本，是聞人氏之有功於是史，固
不可没云云。此論頗確，特附於此。後唐長興中詔修《唐書》，
至後晉開運二年方纂成奏上。宋嘉祐五年頒《新唐書》於天下，
而《舊書》遂不甚行。《舊唐書》之流傳於明代者，以此刻爲
最，聞板久亡，其書尤爲難覓，此書宋刻本流傳尤尠。季滄葦
《與梁蕉林書》稱，向聞嘉興高氏有宋刻《舊唐書》，歸之鄞
架。門人不揣冒昧，求見賜，倘得遂此願，不敢忘重報，道遠
數千，望夫子憐而慰之。見《庚子銷夏記》卷五。然則聞刻之
足貴，又以宋板之難求矣。半葉十四行，行二十五字。

唐書二百二十五卷元大德建康路刊本。

前題翰林學士兼龍圖閣學士朝散大夫給事中知制誥充史館
修撰判祕閣臣歐陽修奉勅撰。前有嘉祐五年六月曾公亮《進新
唐書表》，目録前題推忠佐理功臣正奉大夫尚書禮部侍郎參知政
事柱國盧陵郡開國公食邑二千一百户實封貳佰户賜紫金魚袋臣
曾公亮奉勅提舉編修。清天禄琳琅所藏元大德太平路學刊《漢
書》目録後，有大德乙巳孔文聲跋云，江東建康道肅政廉訪司
以十七史書艱得善本，從太平路學之請，徧牒九路，令本路以
《西漢書》率先，俾諸路咸取而式之云云。當時九路實同刊板，
故寧國路之《後漢書》，池州路之《三國志》，信州路之《北
史》，瑞州路之《隋書》，建唐路之《新唐書》等，今日尚有流
傳。此爲大德建康路明道書院監刊。有戚明瑞序云，大德丙午，
拜都侍御，持節江東，嘗欲部下各路分刊十七史，昇所錄者
《唐書》，建康路推官吕承務提其綱，前甘州路教授趙伯升日涖
四學監造，且敦儒尋友，縷緝毫聯，自一校至三校，用心亦勤。

時僕鼓篋昇序，命述其事云。各路所刊者多十行，行二十二字，惟池州路之《三國志》，則行十九字。此種《唐書》，亦十行，行二十二字也。

五代史記七十五卷元刊本，程魚門舊藏。

前有建安陳師錫序，次目録。前題歐陽修撰，徐無黨注。目録共十八葉，其第十二、第十三兩葉明補，目後有徐無黨雙行識語。陳序略云，五代距今百餘年，故老遺俗，往往垂絶，無能道説者。史官秉筆之士，或文采不足以耀無窮，道學不足以繼述作，使五十餘年廢興存亡之迹，姦臣賊子之罪，忠臣義士之節，不傳於後世，來者無所考焉。惟盧陵歐陽公慨然以自任，蓋潛心累年而後成書，其事跡實録，詳於舊記，而褒貶義例，仰師《春秋》，由千古而來，未之有也。至於論朋黨宦女，忠孝兩全，義子降服，豈小補哉，豈小補哉！宋刻《五代史記》，原有慶元五年刊本，有魯郡曾三異校本等字，版縮而字略小。此本則爲元刊，板匡闊大，實大德乙巳丙午九路所刊，半葉十行，行二十二字，前有"桂宦"二字朱文章。按：程晉芳字魚門，又號蕺園，乾隆辛卯進士，由吏部薦入詞館。爲人秀眉方頤，髯飄飄然左右拂，吟咏意得，闊步摇摇，袍褶風生，與人言暖暖姝姝，雖臧獲無凌誶。遇文學人，慄然意下，或出己下者，亦必推轂延譽，使滿其意。故京師語曰，自竹君先生死，士無談處；自魚門先生死，士無走處。竹君者，大興朱學士筠也；程氏先世以鹽莢起家，及魚門以聚書好客而中落。見袁枚撰《墓志銘》。又有《桂宦書目》《羣書題跋》，見《振綺堂書目》中，故此本知爲魚門舊藏。

五代史記七十五卷從元宗文書院本傳録，馬遠林舊藏。

宋歐陽修撰，徐無黨註。前有陳師錫序。伯驤按：薛居正所纂梁、唐諸史，本謂之《梁書》《唐書》《晉書》《漢書》《周書》，各自爲部，其稱《五代史》者，以十志言之，五書與十志並行，因從志謂之《五代史》。歐陽修氏則自别名之曰《五代史記》。李心傳《建炎以來朝野雜記》，嘗言范季才作《五代史記正誤》，又如吳縝《纂誤》，汪文盛刻本，均有記字，自監本落去記字，遂與薛史無別。舊刻存於今者，止有宋十行十九字本、元宗文書院本、明南監初印本、汪文盛本。唯藝風堂得一小字本，與丁氏八千卷樓小字《晉書》，爲自來收藏家所未見之書，其本爲宜都揚氏所藏，輾轉歸之繆氏者，此外甚少著録。此本從元時宗文書院刻本傳録，首卷有字一行，可證也。《郡齋讀書志》謂，皇朝歐陽修永叔以薛居正史繁猥失實，加修定，藏於家。永叔没後，朝廷聞之，取以付國子監刊行。蓋舊五代史之作，在宋開寶中，奉詔者盧多遜、扈蒙、張澹、李昉、劉兼、李穆、李九齡諸人，而薛居正則爲其監修也。厥後歐公約尹師魯重修，既而不果。師魯別撰《五代春秋》，而諸帝紀實取其材。晁公武謂，永叔没後始呈於朝，然《新史》實自金泰和中始立于學官，《舊書》因而逐漸散佚，此新、舊兩史顯隱之大凡也。伯驤按：《齊東野語》稱舊傳焦千之學於歐陽公，一日造劉貢父，劉問五代史成耶？焦對將脱稿。劉問爲韓堂眼立傳乎？焦默然。劉笑曰：如此亦是第二等文字耳。《唐餘録》者，直集賢院王皞子融所撰，寶元二年上之，時惟有薛居正《五代史》，歐陽書未出也。此書有紀志傳，又博采諸家之説，倣裴松之《三國志註》附見下方，表韓通於《忠義傳》，且冠以國初褒贈之典，新舊史皆不及焉。其後呂伯恭編《文鑑》制詔一類，亦以褒贈通制爲首，蓋祖子融之意云云。又按：《陳後山叢談》嘗譏歐公《五代史》以拓跋思恭、拓跋思敬兄弟二人，誤合爲一人。清人孫志祖謂歐公史法謹嚴，不應有此巨謬。今攷《五代史》止有拓跋思敬，無思恭之名。後攷《李仁福傳》及《通鑑》卷二百六十，知思敬、思恭判然二人，而歐公誤合之者，蓋緣宋人避敬字諱，多以恭字代之，後人輾轉改易，遂誤合爲一。見《脞錄續編》三。蓋《宋史》作周三臣傳以補歐史不爲韓通立傳之闕，實爲史家之變例，而孫氏又爲歐陽公解辨誤合拓跋二人之失，夫執簡者之不能無誤，固自古爲然矣。邵氏晉涵撰《五代史記提要》，謂朱子已譏其張居翰爲失實，陳師道譏其李思恭、李思敬爲失考，又如王彥章則過事推崇，元行欽、烏震則過爲詆毀，褒貶之不平，復爲李心傳諸人所譏議。伯驤上述二條，或可補邵氏之不逮也。前人謂《公羊傳》眣晉大夫使與公盟，注謂以目通旨曰眣，卽今俗語所謂眼色也。《史記》項梁將殺會稽守殷通，詐召籍入，梁眴籍曰可行矣。籍遂斬守。眴義與眣同。又，《楚辭》曰，“滿堂兮美人，獨與予兮目成”。《樂府·子夜歌》云，“賣眼拂長袖，含笑留上客”。《獨酌謠》云，“眼語送杯嬌”。《五代史·韓建傳》云，天子與宮人眼語。皆此意也。又，伖卽奴字，此字屢見《五代史》中。《蘇鶚演義》古之奴字從人邊作女。清鄞陳僅《捫燭脞存》謂，在江西幕，閱吉安各邑育嬰堂名册，奴字皆寫作伖。則伖字實歐陽公鄉里俗書，此又讀此書者所宜考論也。無黨，永康人，登皇祐癸巳進士第，官金華府教授，嘗宰河南屬縣。見《敬鄉錄》，其姓名又見歐陽公《送歸序》。吳師道曰，無黨蚤從歐公游，後舉進士。歐公稱其文詞日進，如水涌山出。又謂史註甚簡，或終卷不出一字，間特發明其書法而已。吳縝作《纂誤》，稱公授徐子爲註，而牾牴缺略者，不能辨釋，以是其過。又以洪興祖記五代史歐陽公未及考正而薨，其家遽以進御，後人傳刻，舛繆增多，今按其說良是，亦不得過徐子也。俞氏正燮謂，歐書本有注，署其甥徐無黨名，其註於新義隱義，以一二語抉之甚精到，但未整理文詞耳。疑歐自註，而署徐名者，後人譏其淺陋，似屬非是。又近代好古之士，往往以徐註於義無補，曾再有作矣。卷首有"馬釗"二字方形白文章。釗字燕郊，號遠林，長洲縣人。道光二十四年舉人，嘗從陳碩甫奐遊，通六書音韻，於羣書中用力《集韻》最久，手校數過，成《集韻校勘記》若干卷。見《仰蕭樓文集》。

五代史記七十五卷 明汪文盛刊本。

宋歐陽修撰，徐無黨注。前有陳師錫序，首葉題汪文盛、高瀨、傅汝舟校。半葉十二行，行二十二字，版式與文盛所刊兩《漢書》同，惟字體略肥。范氏天一閣、陸氏皕宋樓、丁氏八千卷樓所藏，皆有此刻本。伯驥嘗以元本校此本，如《唐本紀》第四，汪本賜姓名曰李國昌，元本名下無曰字；元本克用還據新城，汪本據作掠；元本代北招討使，北監本代州；元本至于太谷，汪本作大；元本克用與可舉相拒，汪本拒作距；元本李鴉兒其一目眇，汪作眇；元本三年正月至于河中，汪至作出；元敗趙辛、尚讓於長田，汪章作璋；元自光泰門先入戰望春宮，汪脫去望字；元邢、洛、澀三州，汪作磁；元比至封丘，汪比作此；元至於冤胸，汪胸作朐；元注克用不僭號故不稱王焉，汪無焉字；元孟方玄死其弟遷，汪死下無其字；元馬都統韓建爲副，汪副下有使字；元汾、慈、隰三州，汪本同，當作

礎；元沙陀，汪作沱；元夷狄無姓氏，汪作狄。其餘異同頗多，
已成《校記》三卷。

遼史一百十六卷元刊本。

首行小題在上，大題在下，次行題開府儀同三司上柱國録
軍國重事中書右丞相監修國史領經筵事都總裁臣脱脱奉勅修，
前有至正三年三月十四日二十八日聖旨二道，及脱脱進表，及
修史官都總裁脱脱、總裁官鉄睦爾達世等、纂修官廉惠山海牙
等、提調官伯彦等銜名。目録後有紀三十卷、志三十一卷、表
八卷、列傳四十六卷，總一百十六卷三行，及校勘臣彭衡、岳
信、楊鑄、牟思善、卜勝、揭模姓名。版心刊工姓名，間有黑
白章者。明北監本，削去聖旨及總裁纂修提調官銜名。則此書
似出脱脱一人之手矣，殊爲乖謬。半葉十行，行二十二字。

元史二百十卷明洪武間刊本。

明宋濂、王禕等奉勅修。卷首有洪武二年宋濂、王禕協恭
刊裁，儒士汪克寬、胡翰、宋僖、陶凱、陳基、趙壎、曾魯、
趙汸、張文海、徐尊生、黃篪、傅恕、王錡、傅著、謝微、高
啓分科纂修標識。計本紀三十七卷、志五十三卷、表六卷、傳
六十三卷，《目録》二卷，又《凡例》五則。前人多議其書，
蓋歲月迫促，大致草略，順帝時事，雖採補亦復不詳。太祖嘗
命解縉改修，亦未成書，官家政事，往往如此，不獨修史爲然
也。半葉十行，行二十字。

漢紀三十卷明弘治間吕氏校刊本，龔稚川舊藏。

漢荀悦撰，明吕柟校正。目録後有悦序，前有何大復序。

悦字仲豫，潁陰人。獻帝時，官祕書監侍中。前清天祿琳琅藏
宋本前後《漢紀》，末有紹興十二年汝陰王銍後序，稱二書祥符
刊板錢唐，版廢幾百年，今始以二書用諸家傳本校刊，兩書合
刻，由此始也。悦書本名《漢紀》，因合刻故以前別之。瞿氏藏
影鈔宋本，其目云，前行題曰《漢紀目錄》，越數格曰荀氏，以
後低一格列漢帝目，次接自序一篇，畢卽接本書。首標高祖第
一，越二格曰荀氏，末有"右通直郎時添差充紹興府會稽縣丞
莊革校正"一行，每半葉十三行，行二十四字，當是從紹興間
錢唐刻本影寫者。案：此書祥符、天聖中皆有刊本，昔人每謂
不若紹興本之善，明黃姬水亦得宋本以刊，相較則此本爲勝。
如《高祖紀》武臣自號爲武信君，黃刻誤君爲軍；今卒少惰矣，
誤卒爲年；別將銅功多封萬戶侯，誤萬爲舊；漢卽挑戰，愼勿
與戰，勿令得東而已，脫下勿字；吾乃今日知爲皇帝之貴，拜
通爲常奉，誤奉爲泰；皆足訂正云云。此爲前明弘治中涇陽呂
氏刻本，僅刻《前漢》，而無《後漢》。前有何氏大復序，略
云，往在京師，觀荀氏《漢紀》，其書則準諸《左氏》之例，
而取于《史記》之一體也，括倫鑒之要，深墳素之情，足以上
班良史。是書余得之侍讀徐子容氏，徐子謂吳下世家錄此書珍
藏之，而悋于傳，以故世無刻本。余至關中，涇野子呂仲木氏
移書求之，乃遂請呂子校正，而付高陵令瞿清氏刻布。此本已
脫去何序，伯驤從明本《何仲默集》卷二十三補錄，復節大略
如上。《隋書・經籍志》云，漢獻帝雅好典籍，以班固《漢書》
文繁難省，命悦仿《春秋左傳》之體爲《漢紀》。校其自序，
始于建安元年，成於五年，尚書給紙筆，虎賁給書吏。其鄭重
如此，漢人所著，存者無幾，此獨完善，至足珍矣。獻帝謂班
書文繁。伯驤按：班書《楚元王傳》云，德字路叔，少修黃老

術，德常持老子知足之計。妻死，大將軍光欲以女妻之，德不
敢取，畏盛滿也。而《漢紀》十八云，宗正陽成侯劉德者，辟
彊之子，好黃老術。二文相校，自以《漢紀》爲簡。又《苕溪
漁隱》曰，《後出塞詩》云，"借問大將誰，恐是霍嫖姚"。《陪
柏中丞宴將士詩》曰，"漢朝頻選將，應拜霍嫖姚"。按：《漢
書》霍去病再從大將軍受詔，予壯士爲票姚校尉。服虔曰，音
飄搖。師古云，票音頻妙反，姚音羊召反。票姚，勁疾之貌也。
荀悦《漢紀》作票鷂字，去病後爲驃騎將軍，尚取票姚之字耳。
今讀書音飄遙，不當其義也。余謂子美今以平聲用此兩字，蓋
從服虔音耳。見卷九。此則後來考訂家之言論也。荀氏此書，
清世有蔣氏刻本，然孫氏《平津館鑒藏書籍記》卷二，已糾其
失二條，《高帝紀》蕭何無有汗馬之勞，徒恃文墨議論而已。
《史記》《漢書》皆作文墨，蔣本改作文物。《宣帝紀》昔周公
躬吐握之勞，故有周室之隆，蔣本反據俗本《漢書》作圍空，
皆不及此本。半葉十行，行二十四字。卷首有"汪肇龍章"。肇
龍字稚川，精三禮學，程氏瑤田《通藝録五友記》稱，肇龍於
三禮多心得，能補先儒所不及，未嘗著書。其弟慎川哀其所常
披讀之書付予，其書上下方丹墨所記，余將爲録出，若不能成
一書，則條舉件繫，揚榷存之云。此當是其藏本。

前漢紀三十卷後漢紀三十卷

明嘉靖刊，前清果親王點讀，番禺陳蘭甫批校本。

前《漢紀》漢荀悦撰，後《紀》晋袁宏撰。悦略歷見前，
宏字彦伯，陽夏人。兩紀各三十卷，各自有序。此爲明嘉靖戊
申刻本，黃姬水序略云，何景明曾刻前《漢紀》，袁氏書尤罕
覯，得雲間朱氏宋本，輒復梓行。此書明刻復有萬曆二十六年

夏四月南京國子監鏤版者，版心上分記帝王廟號，如高、惠、高后、文、景等，下記字數及刻工姓名，則不及黃本之善矣。按錢氏泰吉云，余讀荀悦《漢紀》，苦其太簡，欲求王氏益之《西漢年紀》不可得，丁酉夏日屠筱園爲傳鈔於文瀾閣。益之字行甫，東陽人。其弟象之撰《輿地紀勝》。行甫於《漢書》不去手者三十年，始考置官、置兵本末爲總録，晚歲乃成《年紀》。《四庫》從《永樂大典》搜輯成書，《考異》十卷幸散附年紀各條下，忝稽互覆，實有出於三劉《刊誤》、吳氏《補遺》之外者，於荀《紀》亦多所訂正，讀《漢書》者，有徐氏《會要》以考一代之掌故，有王氏《年紀》以觀一代之事蹟，則事半古人，功必倍之。荀氏《漢紀》，康熙年襄平蔣毓英與袁氏《後漢紀》同刊，後附《字句異同考》一卷，號稱精審。然此書自宋時已鮮善本，故王氏《困學紀聞》據顏注《漢書》，謂壺關三老，脱令狐茂姓名。巽巖李氏跋語謂衍文助語，亂布錯置。蓋荀《紀》雖出於班書，而時有改易。況今所見班書，與荀氏所見本，當有不同。校者但據所見班書以改荀《紀》，彌失荀氏之舊矣。應劭等註、後魏崔浩所撰《音義》，俱見《新唐書·藝文志》今亦不傳，更無從考其文字異同，所以校《荀紀》倍難於班書也，若其確然沿訛者。余讀《史》《漢》注、《通鑑考異》《西漢年紀考異》，凡有所得，筆於簡端，亦未敢遽改以俟考定云云。據錢氏之説，可知校勘此書，至爲不易。即清初蔣氏兩紀合刻本、光緒間南城蔡學蘇合刻本、潮州鄭氏龍溪精舍合刻本，恐亦未能勘對精審。此本爲前清果親王用朱筆點讀，番禺陳京卿澧用紫筆批校，極爲不苟，卷中並夾字條多張，蓋精心讎勘之本也。卷前有兩人藏章。

西漢年紀三十卷寫本，有校筆。

宋王益之撰。前有自序云，王仲淹曰史之失自遷、固始，或問荀悦曰，史乎史乎，余三復斯言，未嘗不廢卷而嘆也。蓋自《黍離》降而爲國風，國異政，家殊俗，天下不復有周矣。《詩》亡然後《春秋》作，天子冠王於政，以示一統，所以立萬世君臣之大法也。遷、固易編年以爲紀傳，事之大較，雖繫於紀，而人臣之議論功勛，自見於傳，殊不知孔子當列國紛紜之際，首王綱以明大義，遷、固於大漢一統之時，顧使人自爲傳，臣自爲功，毋乃非《春秋》之旨歟！下是述作滋多，轉相師用，卒未有能復編年之體者，獨荀氏有見於古文廢墜之餘，此仲淹所以既咎遷、固之失，而且幸荀氏之可考也。余幼喜誦遷、固史，已復感於仲淹之論，取荀《紀》一再讀之，愛其有功于古史，猶憾經始之初，間多舛迕。司馬公《通鑑》從而正之，先後次第，爛然有別，固已整齊于荀氏矣。獨其刊落盈辭求爲省約，以便人主之觀覽，而當時論議所及、制度所關，不無遺者，竊不自揆，取遷、固史與其軼見於他説者，以荀《紀》、《通鑑》凡例裁之。其間月日明具，則載於月日之下；有年無月，則總于是歲之末；歲月俱闕，則約其事之先後而志焉。起于高祖，終于王莽之誅，凡二百二十九年，爲《西漢年紀》三十卷；史傳互載，不無牴牾，因爲訂正爲《考異》十卷；諸儒之議，多所發明，因爲詮次爲《鑑論》若干卷。考諸《年紀》，一代之升降著矣；求諸《考異》，一時之去取見矣；參諸《鑑論》，當時之事情得矣。或病余曰，紀傳之作尚矣，子顧欲廢之可乎？答曰不然。紀傳存一人之始末，論人物者有考焉；編年著一代之升降，觀治亂者有紀焉。以一人之始末，視一代之升降，重輕何如也？荀氏之作、温氏之述、仲淹之論，夫子之志也。全書朱筆批勘，極爲精細。

資治通鑑二百九十四卷元刊本。

前題朝散大夫右諫議大夫權御史中丞充理檢使上護軍賜紫金魚袋臣司馬光奉敕編集，後學天台胡三省音註。前有興文署刊版翰林學士王磐序，《元史》王磐字文炳，廣平永年人。至大四年，擢經義進士第，累官翰林學士，遷太常少卿。以年老，屢乞骸骨，進資德大夫致仕，年九十二卒。贈端真雅亮佐治功臣太傅開府儀同三司，追封洛國公，謚文忠。仁宗御製序，胡三省音註序。後有温公《進書表》，同修劉攽、劉恕、范祖禹，檢閱文字司馬康等銜名，及元豐七年獎諭詔書，元祐元年奉旨下杭州鏤版校定范祖禹等銜名，紹興二年兩浙東路提舉茶鹽司公使庫王然等、紹興府餘姚縣刊板銜名、校勘監視張九成等銜名。考至元二十七年正月立興文署，召集良工刊刻諸經子史，以《通鑑》爲起端。王磐序謂，興文署刊諸書，以《資治通鑑》爲始，故近人以此元人胡注刊本，謂之興文署本，相沿無異説，惟王氏國維則以此説爲誤。王云，興文署之立，未知何年，然《祕書監志》言至元十年十一月初七日太保大司農奏過事内一件興文署掌雕印文書，交屬祕書監呵。是至元十年已有興文署，而是年署中已雕字匠花名四十名、印匠一十六名，則刊刻《通鑑》當在是時，而胡梅磵《通鑑注》成于至元二十三年。王磐致仕，亦在至元二十一年以前，且王氏序中無一語及於梅磵。則興文署所刊，王氏所序，自爲温公原書，非胡註也。梅磵自序初撰《通鑑廣注》九十七卷，本用陸氏《經典釋文》例，與本書別行。丙子，避地越之新昌，失其書，亂定反室，復購得他本爲之注，始以《攷異》及所注者，散入

《通鑑》各文之下。案丙子卽宋亡之歲，梅磵丙子後所購得之他
本，蓋卽興文署本，卽注於是本之上，後來刊注時，遂並王磐
序刊之，實則與胡註無與也。王氏攷論，甚爲有據。《台州府
志》云，三省字身之，寧海人。寶祐間進士，終朝奉郎。因
《資治通鑑》《音義》《釋文》，各本乖異，刊正爲《廣註》九十
七卷，著《論》十卷。以薦參賈似道軍，言輒不用，歸而遇亂，
失前書，復購他本爲之註，始以《考異》及所著散入《通鑑》
各文之下，別有《辯誤》十二卷，又有《行素稿》一百卷。前
清張氏宗泰《魯巖所學集》卷一云，胡氏注《通鑑》，或云館
賈相館三十年，説爲未確。考胡氏鑒注自序云，咸淳庚午從淮
壖歸杭都，延平廖公見而韙之，禮致諸家。廖轉薦諸賈相國。
德祐乙亥，從軍江上，言輒不用，既而軍潰，間道歸鄉里。丙
子，浙東始騷，避地越上之新昌。計三省與似道庚午始相識，
至乙亥始歸里，中間纔五六年耳，則三省之依似道，不過偶然
失擇木之智，既而知其人之不足與共功名，遂脱然遠去，又安
有三十年館賈相之事乎！又云，宋理宗《寶祐四年登科錄》所
以流傳至今者，以文文山、謝叠山、陸秀夫三人足重也。若三
省者殫畢生之精力，爲《通鑑》之功臣，徵引宏富，考訂精詳，
讀其書者如仰江河之流，令人挹取不盡，亦是榜之琤然有聲者
也。又云，胡注屢言《通鑑》不語怪，則不盡然。如卷七、卷
十三、卷二十四、卷三十四、卷五十一、五十七、一百十四、
二百四十七，有數條皆尋常不經見之事。又云，胡註多附以史
評，然有以輕於持論而失之者。如梁簡文帝大寶二年，湘東王
繹謂將佐一事，蓋不曾參驗前後情事而云云者，皆足爲讀是書
者之攷論。蓋胡氏之註，前人每多訂正，閻氏若璩《與劉超宗
三扎》云，胡三省注《通鑑》，其於地理最詳確，于敗之于壽河

之下，亦無註。勞格《晋書校勘記》云，《王徵傳》劉琨謂澄
曰，卿形雖散朗，内實動俠，以此處世，難得其死。動俠，《世
説·讒險篇》作勁俠。劉注引鄧粲《晋紀》亦作勁狹。胡三省
《通鑑音註》曰，其性輕易動，又豪俠自喜，未免迂曲。見卷
二。蓋二三百卷之史事，生於古人之後，從而注釋，自不能無
缺誤，固其勢也。明正嘉以來，元板歸入南廱，遞有修補。清
嘉慶間鄱陽胡氏仿元刻，固稱善本，唯未能畢似，今元本當有
流傳。此本雖有明修之葉，然尚不多，半葉十行，行二十字。

資治通鑑二百九十四卷考異三十卷　明嘉靖間仿宋本。

　　宋司馬光奉勅撰。前有《治平資治通鑑事略》兩葉，版心
題“袁電刊”三字，次司馬光《進資治通鑑表》兩葉，版心題
“袁電”二字，次孔天胤題辭兩葉，次目錄八葉。卷一第一行題
《資治通鑑》卷第一，次行題朝散大夫右諫議大夫權御史中丞充
理檢使上護軍賜紫金魚袋臣司馬光奉勅編集。版心題“袁電刊”
三字，以下或題“袁”字，或題“袁電”，或題“章言”，或題
“言”字，或題“王朝鳴”、“丁恩”，或無字不等。孔氏題辭略
云，自温公善述此編，而《綱目》《紀事》《詳節》等書，咸探
珠璿淵而不匱，搴芳桂林而有滋，則編纂之中要，述事之善，
焉可誣也。猶有拘方臆見，恣不滿於三國事者，則難以語述而
不作矣，《綱目》可也。世傳《少微通鑑》，乃學究爲淺近求應
舉者，取譬不遠，殆今卜者之百中經爾，非所以論歷也，使學
者祇如百中以希賣卜，安可問也？余謬領提調，與諸生修《大
學》之道，居經史之業，遂私以前説質諸有道，僉謂不愆，乃
狀其事。先巡按雲川舒公、今瀛山高公、先巡鹽小江陳公、今
南山高公，並承準裁，從事雕繢，用布學宫弟子，擇善而多識

之。乃委付杭郡太守陳君一貫總其紘要，仁和令程良，錢塘令
龔雲從，縣丞周璉，歸安學諭浦南金，錢塘學諭張鳴鶴，仁和
學諭梁木，桐鄉學諭謝明德，武康學訓鄔縉，錢塘學訓林公惠，
秀才王文祥、邵文珮、李東瀛、錢昕、鈕經、李敬孫等，分其
校理。自嘉靖甲辰六月開局，明歲春三月完，其書凡二百九十
四卷，另《考異》三十卷，俱從唐太史家宋板文字。中憲大夫
提督浙江學校按察副使河汾孔天胤題記。此記末有"姑蘇章仕
寫並刻"一行。半葉十行，行二十字，版心魚尾下《通鑑》卷
幾，下列刊工姓名。天胤字汝錫，號文谷，又號管涔山人，汾
州人。嘉靖壬辰進士第二，故事當授編修，以藩戚外補陝西提
學僉事，官至浙江布政司參政，有《文谷詩文集》。清《四庫》
存目。胤爲清諱，以允易之。近人豐城熊氏羅宿曾得明成化中
三原王端毅公舊藏元本《通鑑》，取校胡刻，元本固可證胡刻之
誤，亦有元本誤而孔刻本不誤者，則此本之可貴，豈讓元刻。
蓋以其同出於宋故也，惟此本則無註耳。陸氏心源嘗以元刊胡
三省註本校此本一過，知胡本頗多奪落，而此本不奪者甚多。
據天胤序以唐荊川家宋本付雕，故皆與紹興監本同。此外字句
脫落，尚不下數千字，而以周赧王五十一年缺文二十二字爲尤
謬。或疑所缺各字于文義無礙，當爲梅磵所刪，然梅磵據紹興
監本作注，刊本于紹興，刊板諸臣銜名全載不刪，豈有反刪
《通鑑》正文之理。蓋由卷帙繁重，校對不易耳。宋刊孤本僅
存，世所通行皆胡梅磵注本，若非此本，安知胡注竟非全本乎，
當與宋本同觀可也，則此書之價值，陸氏已有定論矣。明嘉靖
己酉張松刊小字本《藝文類聚》，鄭先溥序稱，巡按莆田黃公翠
岩出所得於汾陽文谷氏處《藝文類聚》一部，凡十二册，授知
平陽府事前溪張子松命工校刻，以永其傳。文谷當時並刻有

《文獻通考》《三輔黄圖》等書，意亦藏書家之好刻書者。嘉靖癸丑唐霽軒刻《三輔黄圖》，前有謝少南序，稱先一年壬子有孔天胤刻。蓋孔氏刻本，固有名於世，前人未詳，特著之。伯驥嘗以元刻《通鑑》與此本互校，積成校記若干卷。

資治通鑑考異三十卷<small>明嘉靖間仿宋本，周季貺舊藏。</small>

宋司馬光奉敕編集。温公作《通鑑》，採録之書至三百數十種，其中不無異同，迺參校各書以明去取之意，元豐七年隨《通鑑》同奏上。明嘉靖中孔天胤序稱，以唐荆川家宋本付雕，此爲周氏季貺藏本，有識語在首簡。伯驥按：晁氏《嵩山集》有一文可證《考異》出自劉氏羲仲之手者，爲略録之。文云，《長編》者温公《資治通鑑藁草》之私號也，温公自洛中以所修《藁草》，寄其屬官南康軍監酒劉道原，而自名之歟，抑道原之名歟。道原日誦萬言而勤，廢飲食寢處，遂忘其身之流落而家寒餓也。其忠憤耿介，當寧熙初不爲大丞相毫髮少貶者，雖自其天姿，亦博學精思之助哉。《通鑑》之爲書，有賢傑輔相，攻堅析微如此，安得不善邪！惜其初不自珍，而公卧病二年之久，家人單弱憂瘁之中，幸而存者，姑五十有五種也。公之子羲仲壯輿，政和戊戌爲唐州曹官，録以寄説之東里草堂。初拜嘉而不甚器之，以壯輿作《資治通鑑考異》，待其異日之成書也。今壯輿死已累年，斯事已矣，誰能措手，不覺涕泪無從，漬于殘缺僅存之書。宣和五年五月，嵩山晁説之題。

資治通鑑釋文三十卷<small>宋刊本，阮文達舊藏。</small>

宋史炤撰。每卷第一行題"資治通鑑釋文"第幾，次行低格，題"右宣義郎監成都府糧料院史炤"。前有紹興三十年縉雲

馮時行序，略云，《通鑑》之成殆百年，未有釋文，學者讀其
書，間有難字，必舍卷尋繹，淹移暑景，一字既通，則已忘失
前覽矣。於是眉山史見可著《釋文》，字有疑難，求於本史，本
史無據，則雜取六經諸子釋音，《説文》《爾雅》，及古今小學
家訓詁辯釋，地理、姓纂、單聞、小説，精力疲疚，積十年而
書成。見可名炤，嘉祐、治平間眉州三卿，爲縉紳所宗，東坡
兄弟以鄉先生事之。見可即清卿之曾孫也，温恭誠信，見於言
貌，年幾七十，好學之志不衰。馮之結銜曰左朝散郎權發遣黎
州軍事主管學事。蓋胡氏未註《通鑑》之前，爲之音釋者，曰
司馬公休、曰廣都費氏，其一則爲見可。公休本海陵郡齋刊之，
襲見可書以爲資料。費本則全采史書，而稍下己意，世謂爲龍
爪本。公休本二十卷，史本三十卷，兩書在當時均各自爲書以
行，其後海陵本《通鑑》附公休書於後，蜀費氏註《通鑑》附
見可書於中。自元刻音註本出，而前二本皆不顯於世，藏書家
尠有著録，明以後流傳甚尠，歸安陸氏謂《升庵外集》一再徵
引，蓋以揚氏之閎博，始見其書，他家則罕傳本矣。前清中葉
王西莊氏曾於吳興書估購得見可《釋文》祕鈔本，喜古籍之尚
存，而惜其未能鏤板。平江黃氏所藏，則宋刻本，與王氏鈔本
未審有無異同，然《百宋一廛賦》所謂見可《釋鑑》，音訓是
優，行明字繡，終卷無修。蕘圃蓋甚愛此種祕籍矣，其後黃氏
本輾轉歸於陸氏，遂刻於《十萬卷樓叢書》，所謂完善無缺，因
仿雕以廣其傳者也。光緒十五年，長沙胡氏元常以楚南重刻
《通鑑》，因取陸本重寫刻之，謂陸氏校刻雖善，仍有誤字，今
無他本可校，其的然知爲誤者則改之。比年海上據烏程蔣氏密
韻樓所藏黃、陸相傳原本景印，傳布至廣，雖屬化身，買王得
羊，亦足快意。吾家得此宋本，則爲揚州阮氏琅嬛仙館舊藏，

有其藏章，絲帙木函，猶是舊物，函外題字，實爲文達分書附
刻，馮序景寫。前錄嘉定錢竹汀氏跋文，次錄文達題語，行款
與前本不同。蓋史氏之書，在宋時甚行，板刻當不止一種也。
王西莊鈔宋本後歸虞山張氏，今則不知流傳何所。瞿《目》著
錄亦景宋鈔。竹汀所跋，則爲顧校景寫宋本，今亦不知藏於何
家。然則吾家之宋刻宋印本，求之海內，不亦如天球河圖、弘
璧琬琰哉！瞿《目》謂宋時史炤有二人，一眉山人字見可，咸
淳中官利路統制。見《度宗紀》，即作《釋文》者。一穎昌人，
嘉祐中提舉常平，乃文彥博嘗從受學者也。史炤，一眉山人，字見可，
撰《通鑑釋文》者。一穎昌人，文彥博嘗從受學。嘉祐中提舉常平史炤，熙寧四年
前知襄州史炤。言開修古淳河一百六里，灌田六千六百餘頃，當即穎昌之史炤也。
一咸淳中利路統制，見《度宗紀》。錢氏《養新錄》卷十二，攷之至詳，瞿《目》
尚略。陸氏謂馮序作於紹興三十年，已云見可年幾七十，好學之
志不衰。其人當生於元祐末，而終於孝宗時。瞿氏以《度宗紀》
之利州路統制當之，實爲謬誤。伯驤檢《尚友錄》謂炤字子熙，
其父清卿，蘇氏兄弟以師事之，亦謬。蓋馮序已明云見可爲清
卿曾孫也。天祿琳琅藏宋刻《資治通鑑考異》，有“史氏家傳翰
林收藏書畫圖章”，以爲即史炤，理或有之。《朱子大全文集》
卷七十一、卷七十二，均有論及馮氏者，略云，馮當可字時行，
蜀人。博學能文，其集中有《封事》云，願陛下遠便佞，疎近
習，清心寡欲，以臨事變。此興事造業之根本，《洪範》所謂皇
建其有極者也。此紹興庚辰辛巳之間所上。其謀畫議論，皆奇
偉的當，而所論皇建有極，又深明治本，而略識經意，古今論
《洪範》者少能及也。余嘗作《皇極辨》，與之暗合，因筆其
語，以證余舊見。時行之文，號《縉雲集》云云。馮序自題時
行，而朱子則謂時行名當可，蓋以字行矣。陸氏跋時行《縉雲
文集》，爲景寫明李璽刊本。陸稱時行事蹟詳《宋史》補傳，

《宋史・藝文志》載時行文集五十五卷，今所存不及十之一。史
炤《通鑑釋文》前有時行序，《繫年要録》載時行《奏議》三
首，今本皆不載，其佚多矣。時行卒於隆興元年，見集後附録
塞駒《馮侯廟碑》，而廟碑之後，附李璽《公移》，稱時行嘉熙
間狀元及第，豈知嘉熙在隆興後七十餘年乎，明人不學至此。
陸氏又藏宋郭印《雲溪集》四卷，謂印與蒲大受、馮時行、何
耕道爲詩友，見馮氏《縉雲集》，《雙流縣志》。可知馮氏之聲
華，在宋時亦甚盛矣。陸氏稱宏覽，而朱子所舉時行事實，顧
未之及，故詳述之。伯驥記於五十萬卷樓。

資治通鑑釋文辨誤十二卷_{元刊本，王文敏舊藏。}

　　元胡三省撰。後有自序，略云，《通鑑釋文》，世有史炤本、
有公休本。史炤本馮時行爲之序，公休本刻於海陵郡齋，無序
無跋，録公休官位姓名而已。又有成都府廣都縣費氏進修堂版
行《通鑑》，於正文下附注，多本之史炤，間以己意附見，世人
謂之善本，號曰龍爪《通鑑》，要之海陵《釋文》龍爪注，大
同小異，皆蹈襲史炤者也，譌謬相傳。今爲公休辨誣，以公休
本爲海陵本，龍爪本爲費氏本，先舉史炤之誤，二本與之同者，
則分注其下曰同，然後辨其非而歸於是，如直音之淺謬，皆略
而不録云。此書爲福山王文敏懿榮所藏，有其藏章。民十八年
冬，伯驥以國幣四百圓得之北平。按樊增祥《王文敏公奏議序》
云，公少承家學，受業於周夢白先生，篤耆金石，精於考訂，
三代而後彝器、泉幣、銅玉、陶瓦、碑刻之屬，廣蒐博識，於
其真贋灼然也。自漢及今之學派，洞澈源流，《漢學師承》《宋
學淵源》二記，並能提其要而補其所不及，宏總萬流，貫穿百
家，言之鑿然也。宋元以來，迄於本朝之精鈔、舊槧，目覽手

覯，靡所不窺，凡板本之佳惡，點畫、音訓之淆謌，鉤攷詳密，洞若觀火，廠肆諸估，奉若嚴師，勿敢欺也。作院體書，而有金石氣，嘗云作一字，須含十二意。一箋一扇，世人得之，以爲奇瑤。自入翰林值南齋，尚方貼絡所需，其章幅較大者，孝欽皇太后必降口敕曰，令王懿榮書。醇賢親王薨主，特旨命繕寫供奉。又李氏云，庚子夏，拳民亂作，王文敏公奉命爲團練大臣，知事不可爲，志在必死。錫鑛胡同寓舍舊有井，以口隘命鑿而大之，至七月乘輿出狩，公聞之，具衣冠投井死焉。見《舊學庵筆記》。

稽古錄二十卷宋刊本。

宋司馬光撰。此書半葉九行，行十九字，小注雙行，行十八字，板心均有刊工姓名。卷一首葉有"范正祥寫"四字，卷首司馬光進表，結銜格式，均依原樣。末有紹興十二年汝陰王銍重刊後序。前人謂司馬公以人主不可不觀史，顧以載籍浩博，非一日、二日所能徧閱而周知，且提其綱目，撮其精英，然後可以見治亂存亡之大略也。司馬公于英宗時采獵經史，上自周威烈王二十三年，盡周世宗顯德六年，爲歷年圖上之。又於神宗時受詔修《國朝百官公卿表》，自建隆元年至治平四年，各記大事於上方，書成上之。至是更討論經史，上自伏羲，下至周威烈王二十二年，略序大要，以補二書之闕，合爲二十卷，名曰《稽古錄》以進。朱子曰，溫公之言，如桑麻穀粟，且如《稽古錄》極好，是也。明徐氏熥曰，溫公《進稽古錄表》，黃魯直代筆也。黃刻集中，而司馬集不收，足見古人虛懷處。然兩公文名俱重，亦不嫌其假手耳。今士大夫往往求人代作而復諱言，或者掩爲己有，收入集中，胥不古人若也。

稽古録二十卷_{明刊本。}

宋司馬光撰。前有司馬公《進稽古録表》二葉，刻工題名翟良才，次有朱文公《與鄭知院書》，及朱文公《語録》中語。書中述在長沙時，嘗得溫公《稽古録》正本，每念溫公此書，更歷三朝而成，其論人君之德有三而才有五者，尤爲懇切，不可不使聖主聞之。不知可以一言及之，行下本縣取索投進否，然不宜及熹姓名，恐罪戾之跡，延及先賢，反致忠言不得聞達也。半葉九行，行十九字，版心魚尾上題《稽古録》卷幾，下題刊工姓名，每葉有之。

入註附音資治通鑑外紀一百卷_{宋刊本，劉氏竹樓舊藏。}

首載神宗《御製資治通鑑序》《獎諭詔書》，《進通鑑表》溫公《親節資治通鑑序》，劉祕丞《外紀序》，溫公《外紀序》《通鑑釋文序》《歷代帝王圖》及目録。卷首題"入註附音資治通鑑外紀"卷之一，次行題"外紀劉恕"。卷末題云"入註附音司馬溫公資治通鑑詳節"，名卷、題目亦小異。半葉十四行，行二十三字，左右雙邊，烏絲外標題，板心記字數，界上有層欄標記，貞、慎、徵、匡等字闕筆，元代依宋刻重修者。目録後有識語，此則無之。卷末有"竹樓藏書"四字章。讀《適適齋文集》，知爲大興劉子重遺本。子重，大興舊族也。自其上世好蓄書，至尊甫寬夫先生及君尤好甚，見可喜者值匱乏，雖稱貸典質必購之。人有得異書，爲世不經見者，君架上必已有之，偶出與較，紙本精美，必踞其上。喜借人觀，庋書連棟，躡几榻取畀無倦色，人亦多君不吝，故借者無不歸且速也。又多巧思，時出己意，教肆工潢治之，無金玉錦繡之侈，而精雅可愛玩。朋好遊書肆，見異本力不能致者，多樂以告君，謂書入他人家，不若在君家爲得所也，以故君藏書日益富。嘗屬善畫者作竹樓藏書圖，以娛先生。以上皆集内《竹樓藏書記》中文也。寬夫，名位坦；子重，名銓福。

陸狀元集百家注資治通鑑詳節一百二十卷宋刊本

宋會稽陸唐老集注，建安蔡文子校正。前有神宗《御製資治通鑑序》《獎諭詔書》、温公《進表》、温公《資治通鑑序》、劉祕丞《外紀序》、温公《外紀序》、《通鑑釋文序》，敍撰十七史姓氏，集注十七史姓氏。此南宋麻沙本，半葉十四行，行二十三字，小字雙行，行二十六字，版心有字數，小黑口，朗、殷、匡、貞、恒、桓、愼、構皆缺避。卷一《看通鑑法》，卷二《通鑑總例》《通鑑圖譜》，卷三至卷五《通鑑舉要厤》，卷六至十二《通鑑君臣事實分紀》，卷十五、十六《通鑑外紀》，卷十七至一百二十《通鑑》。是書清《四庫》不收，附存其目。唐老，諸暨人，紹熙元年進士。

續宋中興編年資治通鑑十五卷元刊本。

宋通直郎户部架閣國史實錄院檢討兼編修官劉時舉撰。目錄後有"陳氏餘慶堂刊"六字。無名氏跋曰，是編繫年有考據，載事有本末，增入諸儒論議，三復校正一新刊行。宋朝中興自高宗至于寧宗，四朝政治之得失，國勢之安危，一開卷間，瞭然在目矣，幸鑒。案：是書元時有兩刊，一爲張氏日新堂，一爲陳氏餘慶堂。此則陳氏刊也，半葉十三行，行二十二字。

通鑑前編十八卷舉要二卷元刊本。

元金履祥撰。前有天曆元年門人金華許謙序，略云，《通鑑

前編》者，仁山先生之所著也。先生姓金氏，諱履祥，字吉甫，
婺州蘭溪人。幼知嚮方，長而好學，天文、地形、禮樂、刑法、
田乘、兵謀、陰陽、律曆之書，靡不畢究。及壯，事文憲王先
生柏，從登文定何先生基之門，講貫愈精，造詣益邃。何先生
蓋受業於黃文肅公幹，文肅則朱子之高弟子也。先生嘗一舉進
士不利，遂絕意進取，以布衣游諸公間，率以文義相處。當宋
季年，睹國勢阽危，慨然欲以奇策匡濟，爲在位所沮，議格弗
上，其語祕不傳。德祐初，以迪功郎召，解巾褐入史館編校，
蓋將漸進用之，而國已不可爲矣。中年以來，遺落世務，築居
仁山之下，頹以講學著書爲事，所著述有《書表註》《論語孟子
集註攷證》《大學章句疏義》，文集若干卷。先生嘗謂司馬文正
作《資治通鑑》、祕書丞劉恕作《外紀》，以記前事，顧其志不
本於經，而信百家之說，是非既繆於聖人，此不足以傳信。自
帝堯以前，不經夫子所定，固野而難質，夫子因魯史以作《春
秋》，始於魯隱之元，實周平王之四十九年也，然王朝列國之
事，非有玉帛之使，則魯史不得而書，非聖人草削之所加。況
左氏所記，或闕或誣，凡若此類，皆不得以辟經爲辭。迺用邵
氏《皇極經世曆》、胡氏《皇王大紀》之例，損益折衷，一以
《尚書》爲主，下及《詩》《禮》《春秋》，旁採舊史諸子，表年
繫事，復加訓釋，斷自唐堯以下，接于《通鑑》之前，勒爲一
書，名曰《通鑑前編》，凡有十八卷，《舉要》二卷。既成，以
授門人許謙，而門人御史臺都事汝南郭炯嘗欲刊行，有志未果。
今肅政廉訪使平陽鄭公允中載閱是編，謂宜立於學官，迺詢之
監憲左吉公，暨僚列賓佐，罔不協從。亟命有司，鋟諸文梓，
共捐秩錄，以佐其費，厥功告備，將表上送官，而命謙爲之序。
次《進書表》。板心有弓日華、王清谷、翁子和、沈君玉、詹仲

亨等，當是元時刻工姓名。其題成化十二年南京吏部重刊者，則明時修板也。《前編》卷十八末，有“門人御史臺都事汝南郭炯校正、門人金華許謙校正”兩行。末有金氏自爲後序，略云，起帝堯元載甲辰，止周威烈王二十三年戊寅，凡一千九百五十五年，二帝、三王之事，粗見首尾，大抵出於《尚書》諸經者，爲可考信，其出於子史雜書者，不失之誕妄，則失之淺陋。劉道原《外紀》之作，《尚書》不入，雖曰尊經避聖，然帝王之事，舍《尚書》則諸家真稗小說之流耳。今不敢從，而從胡氏《大紀》之例，子史雜書之不棄者，則以古今共傳，不可盡廢。周平王以後，《春秋》自有全書，獲麟以後事多亡逸，欲備古今以接《通鑑》，則於《春秋》所不能避，亦不敢盡入也。伯驥按：邵氏晉涵曰，金氏援據既博，論古有特識，如解《國語》十五王而文始平之，謂自公劉數至文王，以《世本》爲據；而辨《史記·周本紀》稱后稷子爲不窋，曾孫爲公劉者，殊誤；《春秋》書尹氏卒，即與隱公同歸於魯之鄭大夫尹氏，而不主《公》《穀》之說，皆其證也。陸氏心源曰，是書集經傳史子之文，按年編次曰《通鑑》，每年各爲表，題曰《舉要》。雖名《通鑑》，實仿《綱目》之例，惟《舉要》低三格，《通鑑》皆頂格，此則小變乎涑水、紫陽之例者也。或謂《舉要》卽《通鑑》中之綱，何必別爲一書，不知《舉要》三卷，專爲注明每條出處而作。如帝堯甲辰元載，乃命羲和，注曰，邵氏《經世歷》，漢、晉《天文志》，《春秋文耀鈞》《尚書》修。二載定閏法，注曰，用《尚書》朱子小傳修。餘皆仿此。明人重刊，不刻《舉要》，豈以《舉要》爲重複乎，大失作者本旨矣。或謂《舉要》《通鑑》《訓釋》，三者錯其間，始于明人，重刻者良由未見《舉要》，亦未見元刊耳。邵、陸二氏之説如此，則此書之價值可知。而明南軒撰《通鑑綱目前編》二十五卷，實合金履祥、陳涇諸作删削爲一書，所引《爾雅》《左傳》各條，本無其文，至爲可笑。前人已辨論及之，此不詳。半葉十行，行二十二字。

通鑑續編二十四卷元刊本。

元陳桱撰。前有至正間周氏序，略云，史學尚矣，紀事肇於《書》，編年剏於《春秋》。宋司馬文正公睹史之汗漫，而有國家者不能盡究而勸戒也。徧紬全帙，研稽事實，自周威烈王二十三年，訖于五代，自成一書，名之曰《資治通鑑》。文公子朱子，取其成書，芟緐薙杝，一以《春秋》爲法，書年以正統，書事以提綱，又疏其詳而目之，名曰《通鑑綱目》。然而前乎威烈者，未有編次，後乎五代者，未有論述。近世浙東大儒金仁山氏，由威烈王而上溯其年代，始陶唐氏，悉本諸書，名曰《通鑑前編》，而陶唐之前茫焉。四明陳君桱子經甫是編既成，足補前人之不逮，積歲苦貧，不能脫槀。今行中書省賓佐海陵馬君玉麟國瑞甫好古君子也，令長洲時，訪子經得其槀以錄之，始成全書焉。松江貳守昭陽顧君逖思邈甫，將鋟梓以廣其傳，請予序之。子經之大父諱著，字子微，宋祕監，知召州，精於史學，晚歲隱居，撰《歷代紀統》，以淑子弟。父諱泌，字汝泉，又傳注《紀統》千百言，至子經蓋三世矣。子經又嘗集前代事跡爲筆記百卷，與此互相發明，其績學討論非一日。鄱陽周伯琦伯温書。次有陳氏序，略云，近世東陽金先生病劉氏《外紀》之不本於經，而是非或繆於聖人。乃麿搋《通鑑》以前，由威烈王上至唐堯者，纂爲《前編》，出入經史百氏，而一以《尚書》爲主，若夫盤古以下逮于高辛，述作之家，類以爲世遠而難言，然百家所記，豈無近理而可徵者乎。五代而降，宋三百年，度越漢唐，而其世運有盛衰，夷夏有消長，帝王將相，禮樂刑政，有得有失。此吾友陳君子經《續編》之作所以爲不苟也。上論盤古逮于高辛，下據三世會于有宋，或近理而有徵，或損繁以致約。前乎唐堯者，既有以補其未備，後乎五代者，又有以嗣其方來。傳之學者，當與《前編》並存。至正十八年臨海陳基序。次有張紳序，略云，其紀年司馬氏之《補遺》也，而不敢自謂之《補遺》，書法紫陽先生之《綱目》而不敢自擬於《綱目》，故題之曰《通鑑續編》。其體蓋亦本於《春秋》者。因憶曩時朝廷纂修三史，一時士論雖知宋爲正統，物議以宋勝國而疑之。史臣王理因著《三史正統論》，欲以遼爲北史，金亦爲北史，宋自太祖至靖康爲宋史。建炎以後爲南宋史，其言專，其論力，朝廷亦未之從。而卒爲三國立史，正統卒不能定，至今大夫士雖慊然，終未有能持至當一定之論，以驅天下百世之惑者。子經不與史事於當時，不得持此論於朝，而使三史有憾于後。雖然，子經之書得與三史並行於世，亦可謂無愧于心矣。書廿四卷，盤古至高辛爲一卷，契丹建國之始合五代爲一卷，宋爲二十二卷。自序略云，盤古至高辛，傳疑之言近理有徵者，不可不知也；契丹因俗纂華，其國所志者，不可不存也；宋三百年之治亂興亡，新史緐而寡要，觀者思約而未得也。吾不易舊文，直書見義，仿佛《通鑑》，而規模《綱目》，述近理而刪緐辭。至正十年四明陳樫題。半葉九行，行二十二字，小字雙行，版心有刻工姓名。

續資治通鑑長編五百二十卷寫本。

宋李燾撰。此書清以前無刊本，寫本惟泰興季氏有之，亦僅百餘卷，開四庫館時，始于《永樂大典》得此五百餘卷，此本鈔手甚工，至爲大雅。檢鄒氏《午風堂集》卷七，曾備載輯錄此書本末，爲照錄之，此本或亦其時所寫歟。鄒氏云，李燾《續資治通鑑長編》，《文獻通考》載其《進書狀》四篇，一在隆興元年知榮州時，先以建隆迄開寶年事一十七卷上進；一在乾道四年爲禮部郎時，以整齊建隆元年至治平四年閏三月五朝事迹共一百八卷上進；一在淳熙元年知瀘州時，以治平後至靖康凡二百八十卷上進；一在淳熙九年知遂寧府重別寫呈，并《舉要》目錄，計一千六十三卷，六百八十七冊上進。燾《進狀》自稱如司馬光與范祖禹所云，《長編》寧失之繁，毋失於累者。然《通考》所載，《長編》僅一百六十八卷、《舉要》六十八卷，與進狀多寡迥殊。陳振孫《書錄解題》稱，其卷數雖如此，而冊數至逾三百，蓋逐卷又分子卷，或至十餘云云。其書卷帙既多，當時艱於傳寫，書坊所刻本及蜀中舊本，已有詳略之不同。又神、哲、徽、欽四朝之書，乾道中祇降祕書省依《通鑑》紙樣繕寫一部，未經鏤板，遂鮮傳本。康熙初，徐健菴始獲其本於泰興季氏，凡一百七十五卷，嘗具疏呈進，然所載僅至英宗治平而止，神宗以後闕如。《永樂大典》宋字韻中，備錄斯編，以與徐氏本相較，其前五朝雖大略相合，而分注考異，往往加詳。至熙寧至元符三十餘年事迹，終元符四年正月。徐氏本所闕，朱彝尊以爲失傳者，今皆粲然具在。斯誠藝林鉅觀，其所分千餘卷之次第，已不可考。今四庫擬鈔釐爲五百二十卷，葉正則所謂《春秋》之後，纔有此書，誠非過論云。

重刻通鑑集要二十八卷明刊本。

卷一前題前進士餘姚理齋諸燮輯。前有譚氏序，略云，史籍所載歷代治亂安危、興廢存亡之理，無不備焉，故人皆謂史

學之難也。予於髫年在風簷中，亦嘗患其浩瀚斷濫矣。逮遊於
甘泉湛先生、東廓鄒先生之門，嘗以史學之難爲質，而欲得其
要焉。二先生不俟於贅，而皆示以明道先生讀史之法，予就其
説而攷之，則曰讀史不要看事跡，讀一半便掩卷思量，夫思者
本於心也，謂得諸心，則雖博而不見其爲泛，不得諸心，則雖
約而無以明其理。故每以心會之，見其支離者可以合而一，浩
繁者可以會而約，扞格者可以曲而通，然後喟然嘆曰，此先生
謂我矣。學者能以心求之，則雖《史記》《綱目》諸書，亦有
所指歸，而不見其難矣。予弟淮因子姪輩謂理齋諸先生《通鑑
集要》節去繁文，以致其約，備存統紀，以昭其全。事實缺略
者，間注以增之；題目正大者，標題以繫之。簡而明，要而不
漏，數千年治亂安危興廢存亡，歷之如指諸掌，誠讀史之門户，
稽古之筌蹄也。近欲增其題，校其字，捐貲而鋟之，以廣其傳。
時請序於予焉。予曰，此提挈綱維，開示切要，俾射策者易於
誦閲，意亦勤矣。然反之於甘泉、東廓先生之教，終不若求之
於心之爲要，因其請而筆之，直欲以是而望諸來學也。嘉靖甲
子孟春既望，太邑文林郎知嵊縣事仰松譚潛謹識。序後有《歷
代傳授圖》，次有《目録》，次《讀通鑑法》，次《通鑑總論》。
半葉十二行，行二十六字，有夾注。此類著作，本不足存，輒
録一二，知前人有此讀史法耳。

資治通鑑綱目五十九卷<small>宋刊本，嚴子静舊藏。</small>

宋朱熹撰。前有神宗《御製資治通鑑序》、司馬光《進資治
通鑑表》、《獎諭詔書》《與范夢得論修書帖》《資治通鑑目録
序》、紹興四年胡安國《資治通鑑舉要補遺序》、乾道壬辰朱子
自序。半葉八行，行十五字，小字雙行，行二十二字，徵、敦

等字缺筆，版心上注字數，中刻《通鑑綱目》，下葉數、刻工姓名。如大宋受命，及太祖等字，均離一字；卷數第某某而無卷字；《綱目》之綱字，有作綱者。每卷有嚴觀章。觀，號子靜，冬友侍讀之子。善承家學，博通金石，著《元和郡縣志補》《江寧金石記》諸書。見《白下瑣言》二。

皇朝編年備要二十五卷補刊編年備要五卷舊寫本，有校筆。

宋壺山陳均編。前有自識云，皇朝國史諸書，勒琬琰，揭日月，固將與五三載籍相爲無窮。均衡茅下士，蓋嘗竊觀皇綱帝範巨麗之萬一，況以均之資稟魯鈍，不能強志，輯成此書，深以詮次失倫而有所乖刺是懼，私質諸友朋，或有誚均者曰，子志良苦、力良勞，其如犯三不韙何？以私家而袞國史，以偏見而折衷諸書，則僭；册書重大，未易編摩，而以數十萬言該之，則疎；諸書雜出，寧免牴牾，去取之間，一或失當，則舛。均應之曰，國朝信史，與夫名公鉅儒所纂諸書，並行於世，家傳人誦。今所輯者，特欲便繙繹，備遺忘，固非敢求與之並行而偕傳也，奚其僭！博參諸書，文雖少損於舊，事則不增於前，諸書固自若也，奚其疎！或要其終，或以附見，或以類從，舉宏撮要，主於事實，而不敢必以日月爲斷，亦信其可信，闕其可疑云爾。如欲質其疑、求其詳，則有太史氏及諸書在。前太學生莆田陳均。次有真氏序，略云，莆田陳君均，以其所輯《皇朝編年舉要》與《備要》之書，合若干卷，踵門而告曰，均之幼也，侍從祖丞相正獻公，獲觀國朝史錄諸書及眉山李氏《續通鑑長編》，獨患篇帙之繁，未易識其本末，則欲刪煩撮要爲一書，以便省閱。又以出入當世名流之門，得見先儒所纂次，若司馬文正公之《稽古錄》、侍郎徐公度之《國紀》，以及《九朝通略》等書，亡慮十數家，博考而互訂之，於是輯成此編。大綱本李氏，而其異同詳略之際，則或參以他書。昔嘗讀朱文公《通鑑綱目》，歎其義例之精密，自司馬公《目録》《舉要》之作，至是始集大成，觀者亡復遺憾。均竊輒放而依之，然文公所述前代之史，故其書法或寓褒貶於其間。均今所書，則惟據事實録而已，不敢盡同文公之法也，願一言以述之。君逮事正獻公，得其家學，既又出從賢士大夫游，以博其見聞，於是書斟酌損益，皆有條理，非安危所繫，則略而弗書，其志固將有補於世，非徒區區事記覽而已。紹定二年建安真德秀書。次有紹定己丑長樂鄭性之序。次有林氏序，略云，國史尚矣，太祖、太宗、真宗爲《三朝》，仁宗、英宗爲《兩朝》，神、哲、徽、欽四宗爲《四朝》，史用班馬體，非一世一有司所能就也。《續通鑑長編》稽國史、倣溫公、運之左氏，則眉山李氏專其家，聞有提綱挈領之書，書未之見。今所見者，太學生莆陽陳均爲之名曰《皇朝編年舉要備要》，其取類博、其收功精，取李氏之目，而頗加節文，且網羅天下放失舊聞。朝議大夫直敷文閣新知漳州林岊。此書著録《直齋書録解題》卷四、《文獻通考》一百九十三、《玉海》四十七、《菉竹堂書目》二、《國史經籍志》三、《潛研堂文集》二十八。《儀顧堂題跋》三云，《宋史·理宗紀》端平二年三月乙未，詔太學生陳均編《長編綱目》，補迪功郎，即此書也。又，歸安陸氏藏此書，爲宋紹定二年刊本，前有真西山德秀、鄭文定性之、林岊序及自序，每葉十六行，每行大字十六，雙行小字二十四。其跋語云，均，字平甫，號雲岩，福建莆田縣人。謐正獻俊卿之從孫也，濡染家世舊聞，又時親炙于從父復齋先生宓，刻厲自奮。初肄業太學，及以累舉恩當大對不就，歸著此書。端平初，簽書樞密院鄭性之言于朝，有旨令本軍繕録以進，授迪功郎不受。郡守楊棟延入郡學爲矜式，力辭不獲，深衣大帶一至而返。閩帥王居安聞其名，延至福州，甚禮敬之，年七十餘卒。性之題其墓曰篤行君子。著有《編年舉要備要》《中興紀要備要》。見《文獻通考》《書録解題》《福建通志》。其書本爲《續綱目》而作，而不敢居其名，證以真西山序《舉要》《備要》今若干卷，林岊序名曰《皇朝編年舉要》二語。知《舉要》《備要》並非兩書，所謂舉要者，其大書之綱也，備要者，其夾注之目也，非備要存而舉要佚也。均既不敢居《綱目》之名，此書仍題《綱目備要》，恐初刊本名《綱目》，及就正于真、鄭諸公，始改其名曰《舉要》，請列二證以明之。版刊紹定二年，書進于端平元年，刻在前而進于後，刻名《綱目》，進曰《舉要》，其證一也。余又藏有影宋抄本，每卷題名《綱目》二字挖空，必挖去“綱目”，補刻“舉要”，版片經久，挖補《舉要》二字奪落，遂成空白，其證二也。均本鄉曲老儒，罔知忌諱，及質於中朝士大夫，遂改其名，亦可見好學不倦云。

資治通鑑綱目集説五十九卷前編二卷明刊本

明扶安原輯，晏宏補校。是書首列朱子《序例》，次朱子《與趙師淵論綱目書》，次元汪克寬《攷異序》、徐昭文《攷證序》、宋王幼學《集覽序》、明陳濟《正誤序》、馮智舒《質實序》、尹起莘《發明序》，元揭傒斯《書法序》，次歷代先儒姓氏，次晏宏識語，次朱子《綱目凡例》及《綱目目録》。前有户部尚書致仕關中劉璣序云，《通鑑綱目》，朱子本司馬温公《資治通鑑》而修，此又今鎮守陝西束齋晏先生以音注、謚法、正統、地理、綱目所未載者，則集胡三省、吕東萊《少微通鑑》

《大明一統志》、丘瓊臺《世史正綱》諸家之説，合而爲一者也。其書法雖本《綱目》，然中間亦有應書主而書帝，應書死而書卒，悉攷正之。且《集説》質實正誤多在逐段之末，則移之於各句之下；及字有難識，一字數音而義各不同者，則遍攷《洪武正韻》《玉篇》《五音集韻》《篇海》《韻府》諸書，亦標諸簡端，以便後學觀覽。稿雖師馬平扶先生手自刓立，然實先生自閒居至鎮守，凡閲二十餘寒暑而成。宏字約之，號束齋，以官者鎮守陝西。伯驥按：明人著作，每稱宦官爲公或先生，劉序以先生稱晏，蓋亦一時之通例也。明陸容《菽園雜記》卷五云，本朝自己巳之變，各邊防守之寄益周於前。如各方面有險要者，俱設鎮守太監、總兵官、巡撫都御史各一員，下人名爲三堂。近來添設鎮守内官，守備内官於各處，武官稱是。武官分布要害，遇有警急，各任其責。内官之設，特眉目而已。晏爲鎮守，蓋即三堂之一，儼然與於方鎮之列，從而先生之固亦宜矣。又明伍袁萃《貽安堂稿金集》云，世廟潛龍時，稔知鎮守内官之横，故元年從大司農孫公交之請，已裁經通諸倉監督矣。未幾，給舍張公翀請查革鎮守，雖不即允，而上心已動，既而悉行裁革焉。此中興聖主第一英斷也，據此可見鎮守内官之可畏。然其中内官又每近文墨，清天禄琳琅著録《羣書集事淵海》有劉健序，稱内官監左少監賈公性近於書家，得書四十七卷，若類聚合璧之比，愛而重之，因新諸梓。編者謂明季中官資饒而工審，宜其摹印獨精。又，崇禎四年總督東廠司禮監太監宋晉重刻《説文字原》《六書正譌》，晉有序，墨印二，一曰“癸未選士”、一曰“司禮視篆”，是以士人净身，論者謂足見明綱之弛。輒因晏氏刻本而附記之。

資治通鑑綱目大全五十九卷明刊本。

　　前題後學遂昌尹起莘《發明》、後學盧陵劉友益《書法》、後學新安汪克寬《考異》、後學慈湖王幼學《集覽》、後學上虞徐昭文《考證》、後學毗陵陳濟《正誤》、後學建安馮智舒《質實集刻》。關於《綱目》之著作，網羅可謂至富。伯驤按：清康熙間，有懷寧錢氏撰《綱目考訂》，其書實精審，卓然爲紫陽功臣，而《四庫》未收，學者不盡得見。錢名選，字枚一，學者稱涉園先生，以進士官廣東知縣。以九法讀《綱目》，曰音、曰注、曰考、曰補、曰辨、曰記、曰評、曰訂、曰按，集諸家之大成。見俞氏《春在堂集文三編》卷三。似此當可賅宋、明人之著述，此書應作筌蹄矣。卷首有《資治通鑑綱目大全序例》，末題“乾道壬辰夏四月甲子新安朱熹謹書”，次《綱目大全凡例》，次朱子《與訥高趙氏師淵論綱目》手書。次《綱目大全後序》，中云歲在庚午，方子始獲傳此於嗣子寺正君而服膺焉，試吏南來，負以與俱。會建安真侯德秀惠臨此邦，暇日取而讀之，乃相與隱覈滲漏之餘財，復求寺正君新校之本，參定而鋟諸木，閲歲書成，而侯易帥江右，於是亟以告諸朝廷請上其板於成均，以給四方之求，又俾方子書其所爲刻之。末題“嘉定己卯冬十月庚午，門人文林郎泉州觀察推官李方子書”。次《綱目大全後語》，次《綱目大全書法凡例》，末題友益謹識。次《綱目大全集覽敍例》，末題“時歲次甲子泰定元年正月古舒望江慈湖王幼學行卿端拜謹書”。次《綱目大全書法序》，末題“至順壬申門人賀善再拜謹序”。次《綱目大全書法後跋》，末題“至元二年丙子男槃百拜謹述”。次《綱目大全序》，次《綱目大全考異凡例序》，次《綱目大全考異凡例》，次《綱目大全考證序》，次《綱目大全總目録》。其書惟《綱目》原文大書，所引司馬光曰云云皆低一字，雙行小注，後列《書法》《發明》，又低一字而別標其目，其《考異》《集覽》《考證》《正誤》《質實》等，皆隨條附入，不提行，皆以長方雙綫匡圍，標大字"考異"等字於上，以別異之。以上如《發明》《集覽》等皆有序跋，惟《正誤》《質實》，則前皆無序跋可攷。《質實》云者，或標作摭實，乃專引《一統志》以證地名也。半葉十一行，行二十三字。

續編資治宋元綱目大全二十七卷_{寫本。}

前題劉友益《書法》、汪克寬《考異》、王幼學《集覽》、馮智舒《質實》，建邑書林楊氏清江堂新刊。前有成化十二年《御製續資治通鑑綱目序》，略云，我太宗文皇帝表章五經四書，輯成《大全》，綱常之道，燦然復明。朕閒閱歷代史書，舛雜浩繁，不可殫紀，惟宋儒朱子因司馬氏《通鑑》著爲《綱目》，權度精切，筆削謹嚴，蓋深有得於《春秋》之心法者也。展玩之餘，因命儒臣重加校訂，鋟梓頒行。顧宋、元二代之史，迄無定本，雖有《長編》《續編》之作，然采擇不精，是非頗謬，概以朱子書法，未能盡合，乃申勑儒臣，一本朱子凡例，編纂二史，俾上接《通鑑綱目》，共爲一書，始於宋建隆庚申，終於元至正丁未，總二十有七卷，名曰《續資治通鑑綱目》。次有進表，署名爲商輅、萬安等。次有《進續資治宋元綱目發明表》，稱弘治十一年，餘杭縣儒學增廣生員援例冠帶臣周禮，謹以所撰《續綱目發明》二十卷上進。

宋元通鑑一百五十七卷_{明刊本。}

前題浙江按察司提學副使兩京吏禮部郎中武進薛應旂編集，陝西布政司參政陽江王道行陝西按察司副使蘄水朱衫校正。前有《義例》七葉，第一條云，鑑者監也，文章固非所諭，然而文章亦不可廢者。故今歷覽宋、元之史，及諸名家紀録及詔令、奏疏、議論、啓劄，直掇全文，多不裁減，恐其抑而不揚，則志意不舒，無以快心明目。又一條云，《資治通鑑》多致詳於名臣碩輔之經國政事，而於儒學隱逸，或從節略，愚於此則並著之。全書自宋太祖建隆元年迄元順帝至正二十七年，前人嘗糾此書之失曰，朱子門人有胡安定，安定其名也。《宋理宗本紀》淳祐六年，詔朱熹門人胡安定、吕燾、蔡模並迪功郎，本州州學教授。薛氏編集《通鑑》，認作北宋胡翼之，改曰詔授朱熹門人胡瑗云云，亦不考之甚矣。《義例》第一葉，板心下題“張本刻”，其餘各卷葉皆有刻工姓名，目録第一葉下題“江陰繆淵寫”。半葉十行，行二十字。

五十萬卷樓藏書目錄初編卷五

史　部　二

大明實錄殘本三十卷明寫本，明晁氏寶文堂舊藏。

此爲明人藍絲欄寫本，前無序目及撰人年月。檢《平津館
鑒藏書籍記續編》有云，《大明實錄》六冊，不著撰人名氏，前
後無序跋。載明太祖初生及乙未起兵，至洪武二十三年五月止，
中缺洪武九年至十六年止，蓋殘缺之本。此與《成祖實錄》余
從天一閣寫得之。《明史·藝文志》、焦氏《經籍志》、王圻
《續文獻通考》俱不載。伯驥按：孫氏之本首載明祖誕生之初。
此本第一葉則云，一日仁祖坐東室簷下，上侍側。有道士長髯
朱衣，排垣柵直入，遽揖仁祖曰，好箇公公，八十八當大貴。
仁祖異其言，留之茶，不顧而去，既出門不及見。上卽位，上
尊號，扣其年數，適符其言。後卽續述壬辰上與徐達等二十四
人南略定遠，遇疾而還一事，是與孫本稍有同異。卷首不詳撰
人名氏，則伯驥所見實錄多同，考《皇明大紀》稱纂修《太祖
高皇帝實錄》，以公徐輝祖爲監修，侍郎兼學士董倫、侍郎兼侍
講王景彰、侍郎方孝孺爲總裁，太常少卿廖昇、侍講學士高巽
志爲副總裁，修撰李貫、博士王紳、教授胡子昭、審理副楊士
奇、訓導道羅恢、吏目程本立等爲纂修官。見卷九。又《孤樹
裒談》卷三云，國朝《太祖高皇帝實錄》，永樂初命曹國公李景

隆暨翰林學士解縉等脩，後命户部尚書夏原吉等。凡經筵進二次，解縉表内開一百八十三卷，計一百六十五册，以元年六月十五日進；夏原吉表内開二百五十七卷，計二百五十册，又《寶訓》十五卷，計十五册，以十六年五月一日進。解《表》今載《皇明文衡》，夏《表》刻其家集，可考也。夏《表》乃是約解《表》爲之者，其云頒修史之詔，在嗣位之初，爰纂成書，實由聖斷。謂事貴直而文貴簡，理必明而義必彰。乃敕命乎儒臣，重編刪於歲月，可以見再修者，此數言耳，《實録》既出再修，而《文衡》乃載其初進之表，殆有深意云云。此本未悉果爲初編或再修，惟其中所載事實，間與其他各書所述明事不同。蓋前朝實録，其編撰諸臣，每有不能舉其職者。《郡齋讀書志》曰，《太宗實録》八十卷，皇朝錢若水等撰。至道三年，命若水監修，不隸史局。若水卽引柴成務、宋度、吳淑、楊億爲佐，咸平元年書成上於朝。初，太宗有馴犬常在乘輿側，及崩，犬輒不食。李至嘗作歌紀其事，以遺若水，其斷章曰，“白麟赤雁君勿書，勸君書此懲浮俗”。而若水不爲載。吕端雖爲監修，而未嘗蒞局，書成不署端名。至抉其事以爲專美，若水援唐朝故事若此者甚衆，世人不能奪。又傳億子娶張洎女而不終，故洎傳多醜辭。嗚呼，若水及億，天下稱賢，尚不能免於流議若此，信乎執史筆者之難也。晁氏所言如是，則明代所編，當亦同斯例耳。卷首有晁瑮藏書銘楷字章云，“曹誠廣舍，眞廟賜名。丁顗聚書，子孫繇興。匪學胡成，匪書胡學。蓄斯貽後，珍如渾璞。龜蒙緝借，張公却嚮。咨我同志，遵此軌躅。嚮爲不孝，借爲一癡。咨我後昆，戒之敬之。春陵晁瑮藏書銘”。此銘僅見於是書，前人著述，似未及也。瑮字君石，號春陵，開州人。宋太子太傅迥之後，嘉靖辛丑進士，官至國子監司業。

有《寶文堂分類書目》三卷，以御製諸書冠首。今所傳嘉靖間刻本之《晁氏客語》《法藏碎金録》《具茨集》等書，板心標“晁氏寶文堂”字樣，或卷末刻“裔孫瑮東吳重刊”字樣。蓋瑮子東吳嘉靖癸丑進士，選翰林院庶吉士，亦嗜收藏。明章丘李中麓開先《閒居集》有《寄題晁春陵藏書屋詩》，謂春陵父子俱官翰林，其詩有“牙籤悉付傒奴掌，緗帙頻勞使者將”之句，此事關於藏書家雅故，稍詳之。

明太祖實録二百五十七卷_{明寫本。}

　　實録之名，六朝以來定爲帝制，《隋書·經籍志》所録，班班可攷也。《隋志》著録《梁皇帝實録》三卷，記武帝事，《梁書·周興嗣傳》稱興嗣撰《皇帝實録》，當卽此書，而《唐志》則作二卷，入實録類。《隋志》又著録梁中書郎謝吳撰《梁皇帝實録》五卷，亦記武帝事，而《唐志》亦入實録。《唐六典》云，史官本《起居注》以爲《實録》。故唐時修《實録》者凡二十一，宋時修《實録》者凡十七，莫不本於《起居注》。歐陽文忠云，《實録》起於唐世，自高祖至於武宗，其後兵盜相交，史不暇録，而賈緯作《補録》，十或得其一二。見《崇文總目敍釋》。蓋宋自眞宗修《實録》後，而《起居注》缺，嗣後遞舉遞廢，至明而每帝皆有《實録》，直無起居注之制矣。顧氏炎武《文集》卷三云，先朝之史，皆天子之大臣與侍從之官，承命爲之，而世莫得見，其藏書之所曰皇史宬。每一帝崩，修《實録》，則請前一朝之書出之，以相對勘，非是莫得見者。人間所傳，止有《太祖實録》。國初，人樸厚不敢言朝廷事，而史學因以廢失。正德以後，始有纂爲一書，附於野史者，大抵草澤之所聞，與事實絶遠，而反行於世，世之不見實録者，從而信之。萬曆中，天子蕩然無諱，於是《實錄》始稍稍傳寫流布，至於光宗而十六朝之事具全，然其卷帙重大，非士大夫累數千金之家不能購，以是野史日盛，而謬悠之談徧於海內。餘姚邵氏《南江書錄》云，鄭曉《吾學編》、鄧元錫《明書》、薛應旂《憲章錄》、何喬遠《名山藏》，實有志於正史，彙累朝之詔誥，與夫名臣言行之見於州郡志乘、諸家文集，薈萃成書。然曉等未嘗得見《實錄》，凡夫碑傳誌狀之虛詞，説部流傳之訛舛，及年月先後、爵位遷除之乖互，皆憒然莫辨，毀譽失眞，編排無法，識者病之。至王世貞史料始據《實錄》，以考正諸家之失。據顧、邵二氏之言，可知《實錄》之價值，而爲不易得之本。雖以范閣之宏富，其著錄者僅《明成祖文皇帝實錄》九卷、《仁宗昭皇帝實錄》十卷、《寧宗章皇帝實錄》一百十五卷、《英宗睿皇帝實錄》六十六卷、《憲宗純皇帝實錄》一百九十三卷、《孝宗敬皇帝實錄》二百二十卷、《武宗毅皇帝實錄》一百九十七卷、《世宗肅皇帝穆宗莊皇帝實錄》七十卷，共九種。今相去數百年，則此本洵宜珍襲矣。吾家除此種外，別有《太宗實錄》等本，藍格綿紙，本子甚厚，亦明寫也。清《四庫總目》六十二謂，明焦竑撰《熙朝名臣實錄》二十七卷，自序謂明代諸帝有《實錄》，而諸臣之事不詳，因撰此書。自王侯、將相及士庶人、方外緇黃，僮僕妾伎，無不備載。人各爲傳，蓋宋人《實錄》之體。凡書諸臣之卒，必附列本傳，以紀其始末。而明代《實錄》則廢此例，故竑補修之云云。伯驥按：明代《實錄》亦多有大臣本傳，館臣之言似誤。然王禕《忠文公集·國朝名臣傳序》云，古者作史之體，大要有二，曰實錄，曰正史是已。實錄之體，倣乎編年，而臣僚之得立傳者，其傳皆系乎月日薨卒之下。及爲正史，然後紀表志傳，門雖品別，而傳又分名定目，各以類相從焉。然傳之在實錄者，不過具其行能勞烈之始末，而正史之傳，加以論贊之詞者。實錄修於當時，正史撰於後代，且其體有不同故也。國朝沿襲舊制，其修累聖實錄咸有常憲，而名臣之當附傳其間者文猶闕如。蓋自大德丙午，迫今至正戊子，屢詔使臣纂修，以補《實錄》之闕，而金匱所藏，人無由窺之，則是元時已罕附傳，似又不始於明矣。柴夢梵《天廬叢錄》卷十八《青布實錄條》云，道光末，仙居楊氏藏《明思宗實錄》七十六軸，修錄者爲倪鴻寶元璐，皆以青布寫之，堅厚光潔，炫耀人目。軸長二丈五尺，寫三千字，字大徑寸，兩端錦裱，似古人卷子。閗於壬子、癸丑間，陸續鬻諸碧眼胡矣。識者謂明思宗之密詔、密件，皆以青布書之。上蓋朱璽，命近侍持至臺閣，經諸宰跪讀後，別以青布一軸謄出，藏諸謹身殿，凡實錄稿亦以青布寫之。蓋紙脆易壞，而布則年代較久，亦可如新。此係鴻寶創議，帝樂從之。洎鴻寶殉國，時謹身殿中青布稿已數千軸，李自成盡取以出，付坊複染，以作軍士衣袴。

憲章錄四十七卷 明刊本，南海孔氏、上虞羅氏舊藏。

明薛應旂撰。萬曆甲戌刻本，前有上虞羅氏墨筆識語云，前有應旂自序及陸光宅跋，起洪武元年訖正德十六年。《澹生堂書目》及《明史·藝文志》作四十六卷，疑誤。《澹生堂》尚有《續錄》二十卷，亦應旂撰，此本無之，殆別行者。光緒甲辰，得之南海孔氏嶽雪樓。戊申正月上虞羅振玉題記。薛自序略云，自鼓篋以至入仕，凡我昭代之成憲典章，或紀載於館閣，或傳布於邸舍，見輒手錄，妄意當可爲之際，可備參考。邇來盡出予所錄者，摘什一於千百，彙爲斯編，與經世者共之，題曰《憲章》，竊從周之義也。書首有"唐風樓章"，蓋羅氏所捺，猶是南海孔氏三十三萬卷樓舊裝釘。

昭代典則廿八卷 明刊本。

前題賜進士太子少保刑部尙書晉江黃光昇編輯，吳郡陸翀

之校閱，金陵周曰校刊行。前有祝氏序，略云，夫史難言哉，
學者宏辨典記，考摭曩古，然於當代之故靡幾焉，大之則宏謨
洪烈之盛，銳意鋪張；閟之則金匱石室之藏，煩思紬繹。公之
則是非袞鉞之施，叶謀而權定，甚有未易易者。司馬氏世職天
官，宜古今稱史者亡如《史記》，乃評者猶恨焉，其稱三五之際
略矣。若漢興以來故實、功令行事之迹，靡不畢究，而八書諸
志，嵬然隻千古焉，以啓班氏，羽翼《春秋》，良不虛耳。夫家
史興而善失眞，美而溢者也；野史興而善涉謬，傳而誤者也；
稗史興而善入譌，瑣而鄙者也。以余所槪見，東莞《通紀》矣，
猥管雜而觀欲吐；京山《鴻猷》確矣，斷取節而時代閡焉，毗
陵雋李《憲章》矣。一僅提綱而闕於節目，一逞胸臆而鑿於事。
至弇州以論著高一代，國故家乘，異同亡所不訂，闕疑無所不
考，沾沾命世，自左史而下，若范、陳諸人，不勝乙而衙官之。
及其《別集》出，掇拾斷爛，附益成文，以此言史，史何容易！
至若文直事覈，綱舉目張，紀考傳表，體裁具而道法兼，其
《吾學編》乎。國之大諱難於史者，天造則建文，中葉則景泰，
端簡則既舉之矣。上遡高皇，迄嘉靖而止，當是時世宗神聖，
威靈莫測，惜乎端簡之縮於筆也。閩中恭肅黃公，起端簡之後，
故有史材，倫鳩百氏，編次日月，祖左氏而禰司馬，撰述成一
家言，命曰《昭代典則》。邇者天子允輔臣之請，釐修國朝正
史，迄今六七載，館閣作者如林，寥寥未竣者何哉？古之史者
有專任而無分曹，有獨裁而無軋筆，故史於今者難且百倍古。
明世弗紹，史牒放遺，恭肅之於端簡，官同而人品同，立朝建
白略同，及纂述而史亦無乎不同。余故從周氏之請爲直序之，
以附於三代之遺。末題萬曆庚子賜進士第南京吏科給事中兼署
戶禮兵刑工五科事欽差巡視京營九庫督理後湖黃冊豫章祝世祿

撰。卷一太祖高皇帝至正壬辰起兵，二十八卷則爲嘉靖十九年至隆慶六年，此書之起訖如是。半葉十一行，行二十二字。封面題“皇明十二朝正史，萬曆辛丑萃慶堂刊”字樣。蓋洪武革除，永樂、洪熙、宣德、正統、景泰、天順、成化、弘治、正德、嘉靖、隆慶，謂之十二朝。

兩朝從信録三十五卷明刊本。

前題秀水沈國元撰。此書自萬曆四十八年泰昌元年起，至天啓七年止，以年爲提綱，而以事置條貫其下。前有詹事府少詹事翰林院學士陳懿典序，略云，草澤所聞朝家故實，一憑邸抄，而直省流傳，詳略已異，其他遺散，益復無紀，苟網羅或闕，即薈萃不光，其難一也。取材欲博，而義例欲簡，多棄則梗枏亦斷溝中，賅存則瓦礫何當席上，三長所重，識莫先焉，其難二也。朝廷是非得失之林，甲可乙否，朝佞暮賢，自匪持折衷，何由斠若畫一，其難三也。而以語於兩朝，則更有難焉者，隱、桓則彰，定、哀則微，自孔氏著書，不無避忌，而今之載列，多屬生存，即勇於筆而健於舌，其能皆直達而無婉轉乎！此數年內，良未易有成書，沈生國元，乃能殫見洽聞，芟繁舉要，博采獨斷，爲此書。介門人吳生天泰以序請。沈生先有《皇明從信録》，自洪武至萬曆，稿創於辛酉歲，刻竣於丁卯春，已不踁走四方，時璫焰方張，忌者竟借以行贄。是秋，生試浙闈，感有異夢，逾月而聞今上自信邸入登大寶録，堅志復爲是書。昔陳東莞著《通紀》，既懸書累代，我郡支司理著《永昭兩陵史》，亦貴紙一時。彼皆服官涉練，退食餘閒，詮次成篇，猶易爲力。生雋才未售，則其專勿如，家固富於牙籤，尚未獲與觀中祕，則其籍勿如，而旋已脫稿，僅七載而簡

帙過於前編，經營止二朞，而淹悉有如舊業。觀者勿以稗官而
懟置，勿以典册而求多云。次列述意六葉，一尊旨，次因述，
次全錄，次節摘，次彙纂，次存信，次是非，次平論，次缺疑，
次采輯，皆沈氏自述其執筆之意也。半葉十行，行二十二字。

明政統宗三十卷明刊本。

　　明豫章涂山撰。前有李維楨序，略云，豫章涂生爲《明政
統宗》成，介其友傅生屬余序。余聞之昌黎，凡作史者不有人
禍必有天刑，抑柳州歷引古人以折其非，然而昌黎自有見，其
失在近代之爲國史者少，而爲野史者多。國史非一人手，容有
忌憚，野史則可憑恣智臆矣，其失在縉紳者少，在韋布者多，
縉紳聞見猶廣，歷練差深，韋布則因陋就寡，自用自專，弊所
不免。傅生曰，生所爲非史也，本朝無史，唯有列聖《實錄》，
與史不同體。頃修國史，中道而輟，天子命之，宰執主之，一
時文學侍從之臣分曹載筆，尚損數年功緒，涂生則何敢言史。
生見今世有爲《通紀》者，爲《吾學編》者，爲《憲章錄》
者，爲《大政紀》者，爲《昭代典則》者，意製相詭，莫適折
衷，而竊以編年之法會通衰序，使修史者便於討論云耳。次有
萬曆乙卯張思鐸序，略云，明無史，非無史也，夫人而能爲史
也，弇州氏言之矣。國史之人恣，野史之人臆，家史之人諛，
諛者可以蓋小人，恣者不免誣君子，臆者可以亂一時耳目之實，
恣者不免殽萬世斧鉞之公。我明僅僅一弇州，身負異才，家世
閥閱，皙於事矣。近始行其史料，佐討論耳。天祿、石渠間，
必有起肩正史事者，屬之誰氏之子未可知，謀於野則獲此編。
次有涂喬遷序，次有衛承芳序，次《目錄》。計卷一之六爲太祖
肇基之由，附建文遜位革除；卷七之八爲成祖靖難之勛；卷九

爲仁宗洪熙一年宣德三年；卷十爲宣宗承統之烈；卷十一爲英宗居貞；卷十二爲景帝監國之由；卷十三爲英宗復辟之誼；卷十四、十五爲憲宗承休之懿；卷十六、十七、十八爲孝宗紹天之麻；卷十九、二十爲武宗廟算之靈；卷二十一、二十二、二十三、二十四、二十五、二十六、二十七、二十八爲世宗繼統之盛；卷二十九、三十爲穆宗延祚之謨，今皇帝萬曆凝禧無疆之慶。半葉九行，行十九字。

通鑑紀事本末四十二卷<small>宋刊元印本。硯山堂舊藏。</small>

宋袁樞編撰。前有元延祐六年陳良弼序，略云，《通鑑紀事本末》有功於温公《通鑑》者，不可無也。誠齋敍之於前，節齋敍之於後，發明盡矣。節齋患嚴陵本字小且訛，於是精加讐校，易爲大字，刊板而家藏之，凡四千五百面，可謂天下之善本也。頃年士學陋、藝苑蕪，此板束之高閣者四十餘年，又慮其爲勢家所奪也，祕不示人。一日，節齋孫趙明安者始出所藏書板示余曰，昔有雲間好事者，出中統鈔三百定求市，吾不忍售，願實之嘉禾學宮，償吾半值，亦無憾矣。余集學之士議之，或曰此書幸矣，然挾貴勢而覘覬者得毋爲學校累歟！或曰合是書以惠後學者，厚德也，挾貴勢而不償直者，賢者不爲。議未決，良弼白其事於御史宋公、僉憲鄧公，二公喜曰，其速成之，學宮方有助刱試闈之費，力不能如趙所需，乃出中統鈔七十五定償之。伯驥按：元沿金制，以中統、至元兩鈔子母相權，害略減于金源，然至末葉，料鈔十錠亦不能易斗粟，則以七十五定易此繁重之板片，亦廉甚矣。次有宋趙與懃序、楊萬里序。楊序進有行而無徵，“徵”字缺末筆。卷一第五葉魏“桓”子之桓字，卷一第十二葉願以甲子合戰正殷討事之“殷”字，卷一第三十葉完璧而歸趙之"完"字，卷一第四十一葉雖往請媾秦之"媾"字，第三十一卷姦臣聚斂一條，楊慎矜之"慎"字，皆缺末筆，其餘亦多缺避。半葉十一行，行十九字，板心魚尾上記字數，魚尾下刻《通鑑紀事本末》卷幾，次紀葉數，次記刻工姓名。嘗檢元刻《金陵新志》，爲張鉉撰本，《序例》有云，此書一十五卷，一十三册，分派溧陽州學刊五卷，溧水州學、明道書院各三卷，本路儒學刊造三卷，及序文圖本，照依元料工物合用價錢，於各學院錢糧內破除，共中統鈔一百四十三定二十九兩八錢九分九釐。蓋陳序所舉中統鈔數，則爲買舊板之費，《金陵志》所舉中統鈔數，則爲新刊板用款，細核之可得當日經籍靡費之狀況，附記於此，以資攷核。卷首有"硯山堂"朱文章。按：吳文溥字澹川，嘉興人。家世務農讀書，曾祖遜庵嗜硯，建硯山堂以貯之。此本當是吳氏所藏。

通鑑紀事本末殘本五卷宋刊小字本。

《玉海》淳熙三年，參政龔茂良言，袁樞所編《紀事》，有益見聞，詔嚴州摹印十部，仍先以印本上之，故後世所得宋刻小字本《通鑑紀事本末》，稱爲嚴州本。此本半葉十三行，行二十六字，當是嚴州遺刻。考陸氏皕宋樓、清學部圖書館，均有宋刊小字本。繆氏稱，爲書法秀整，體兼顏、柳，譌字極少者也，惜皆不全。大字本尚多見於各家藏目，蓋板刻之保存或較易矣。江安傅氏藏小字本一卷，可見流傳不多。《思適齋集》卷十四云，大字之板，前明尚在南監，故外間印本不少，小字本則僅有宋印，道光癸未得見崑山徐尚書遺本，可以證矣。《松江詩話》稱，華亭諸生林子卿撰《通鑑紀事本末箋注》一百卷，蔡仁莽借刻行世，罕傳本，附記待攷。又，《通鑑紀事本末補後編》，清張星曜編，以袁氏《本末》未有專紀崇信釋老之亂國亡家以爲篇者，乃雜引正史所載，附以稗官雜記及諸儒明辨之語，條分類集，以爲此書。

蜀鑑十卷_{明刊本。}

宋李文子撰。前有端平三年昭武李文子序，略云，文子久仕於蜀，身履目擊而動心焉，燕居深念細繹前聞，因俾資中郭允蹈緝爲一編。起自秦取南鄭，迄于王師平孟昶，凡地形之阨塞，山川之險阻，邇雍而隣荆者，稽之舊史，按之圖志，悉紀于篇。西南夷爲蜀後户，未形之憂難忽，而已事之鑒可師，則又條其本末而附之，間又論其得失之要者，定爲十卷。凡千三百年蜀事之大凡，亦可以概見於此，覽是書者可以鑒焉，因名曰《蜀鑑》云。次有漢中府學教授方孝孺序，略云，殿下受封兹土，暇日覽是書而有取焉，俾臣序之，將重鋟而傳於世。恭維殿下之國甫五載，寬大仁厚之政，忠孝慎恭之德，固已超乎千載之表，尚何俟此書以爲鑑，抑書之意亦何俟臣之言而後明？然聖智之慮，不止於善一身、安一時，而必欲垂法子孫黎民，以傳示後世，則示之以往古之鑑，非過也。而臣承命而有言焉，雖自知其過而亦不敢辭云。所謂殿下者，蓋明之蜀藩也。次有張佳胤識語云，《蜀鑑》宋刻甚精，藏於李蒲汀司徒，司徒殁而子孫不能守，遂爲澶汾晁太史所得。余尹滑，乃從晁太史所借而録之，略記此書始末於首云。時嘉靖乙卯夏日罏山主人佳胤題。末有嘉熙丁西文子跋，略謂，余與資中士友郭允蹈居仁，爲《蜀鑑》一篇，使凡仕蜀者知古今成敗興衰治亂之蹟，以爲龜鑑，復取大《易》習《坎》設險之義，與孟軻氏天時地利人和之說，吳起在德不在險之對，以附諸編末。次有淳祐五年古郪□□跋。半葉八行，行十五字。大字精槧，備有宋人風格，蓋蜀刻之善者。

周書十卷 元刊本，有校筆。

前題晉孔晁註。此書曰《逸》，曰《汲冢》，爲宋元以來通稱，至清修四庫書則題曰《逸》，遂爲定號。《提要》云，是書自《隋志》稱《汲冢》，然《晉書·荀勖》《束晳》諸傳有《汲冢書》，無《周書》。《漢志》乃有《周書》七十一篇，與今本合，是《隋志》誤也，今從郭璞《爾雅注》題曰《逸周書》。清道光間，海康丁氏宗洛撰有《逸周書管箋》，攷之頗詳，謂此書分兩大派，一《漢志》，一《隋志》。晉以前應以《漢志》爲據，晉以後應以《隋志》爲據，然均有可疑者，《漢志》無逸字，至《說文》始曰逸也。而鄭氏、蔡氏在許氏後，則不言逸。張氏在魏言逸，而杜氏在晉則不言逸，郭氏與杜氏同時而略後卻又言逸，是則《漢志》以來稱逸一派之可疑也。《隋志》曰《周書》，本符《漢志》，其註云《汲冢書》，遂成岐出矣。《唐志》正文曰《汲冢周書》，則此書號《汲冢》牢不可破矣。但隋唐諸儒，凡引述此書，均未有稱汲冢者，至宋其號始熾，則是《隋志》以來稱汲冢一派之可疑也。見其書內提要中，此不備述。此元刊本則題曰《周書》，自《度訓》至《器服》七十篇，序一篇居末，與陳直齋《書錄解題》合，若京江本以序散在諸篇者，則不符矣。前有至正甲午黃玠序、嘉定十五年東徐丁黼序，是書南宋以前無刻本。寧宗時，丁文伯得李巽巖家本，脫誤頗甚，後得陳正卿本，參校修補，遂於嘉定十五年序而刊之，至正中劉廷幹覆刊于嘉興學宮，黃玠爲之序。《程寤》《秦陰》《九政》《九開》《劉法》《文開》《保開》《八繁》《箕子》《耆德》《月令》十一篇，原缺，《酆保》《酆謀》《大開》《小開》《文儆》《度邑》《武儆》《五權》《嘗麥》《本典》《官人》《周月》《時訓》《武紀》《銓法》《器服》《周書序》十八篇無注，脫簡尤多，以空圍識之。觀《文獻通攷》引李巽嚴說，則自宋時已如此。丁氏又云，七十一篇併序爲數，唐劉氏《史通》與《漢志》同，但序之在前在後，未曾辨晰，至宋陳氏已言序一篇在其末，是爲明證。吾獨怪李巽嚴、劉後村皆博洽多聞，何以皆言缺一，意者京口刊本，倣孔安國《尚書》，以序散各篇首，李、劉二公所見皆此本，故爲此言耶。然元黃氏玢尚言敍後，不應元時本又與宋時異也。伯驥按：此本其序實在十卷之末，卽次《器服解》後，序後題《周書》第十卷終，蓋書序本在十卷內，而程氏刻《漢魏叢書》移於卷首，失其舊矣。此本每卷有總目，而程本亦無，其他字句之異，足正程本者甚夥。清王氏頌蔚嘗據元本以校他本，卷七第八葉《王會解》自“卜人以丹沙”至“其西魚復鼓鍾鍾牛”注，程本全脫，是尤足資補正者也。作注之孔氏，《晉書》無傳，攷《册府元龜》知晁曾撰《尚書義問》。宋庠《國語序》又稱，晉五經博士孔晁注《春秋外傳國語》凡二十卷，則固淹雅之士矣。清《四庫書目》不詳，爲攷論之。歸安陸氏藏此書，亦元本，曾攷丁、劉二人行述甚詳，此不著。半葉十一行，行二十字。

汲冢周書十卷<small>元刊本。</small>

　　晉孔晁注。前有黃氏序云，古書之存者，六籍之外，蓋亦無幾，《汲冢周書》其一也，其書十卷，自《度訓》至于《器服》，凡七十解，《自敍》其後爲一篇，若書之有小序，同孔晁爲之注。晉太康中，盜發汲郡魏安釐王冢而得之，故繫之汲冢，所言文王與紂之事，故謂之《周書》。劉向謂是周時誓誥令，孔子刪書之餘。班固《藝文志》亦有其篇目，司馬遷記武王伐紂之事，正與此合，然則兩漢之時，已在中祕，非始出於汲冢也。觀其屬辭成章，體制絶不與百篇相似，亦不類西京文字，是蓋戰國之世逸文，處士之所纂緝，以備私藏者。性命道德之幾微，文武政教之要略，與夫《謚法》《職方》《時訓》《月令》，無不切於修己治人，雖其駁雜而不純，要不失爲古書也。太守劉公廷榦好古尤至，出先世所藏，命刻板學宮，俾行于出，上不負古人之用心，下得以廣諸生之聞見，其淑惠後人，不既多乎！至正甲午冬十一月四明後學黄玠謹志。次有丁氏識語云，夫子定書爲百篇矣，孟子於《武成》取其二三策，謂血流漂杵等语，近於誇也。今所謂《汲冢周書》者，中多誇詡之辭，且雜以鬼譎之説，此豈文武周公之所傳，而孔孟之所取哉。然其間畏天敬民、尊賢尚德，古先聖王之格言遺制，尚多有之。至於《時訓》《明堂》記禮者之所采録，《克殷》《度邑》司馬遷之所援據，是蓋有不可盡廢者。晉狼瞫曰，《周志》有之，勇則害上，不登于明堂，其語今見之篇中，此吾夫子未定之書也。漢蕭何云，《周書》曰天予不取，返受其咎，此則夫子既定之後，而書無其語，意者其在逸篇乎。其後班固志藝文書，凡九家，有《周書》七十一篇。劉向云，周時誥誓號令，蓋孔子所論百篇之餘也。以兩漢諸人之所纂記推之，則非始出於汲冢也明矣。惜乎，後世不復重，文字日就舛訛。予始得本於李巽岩家，脱誤爲甚，繼得陳正卿本，用相參校，修補頗多，其間數篇，尚有不可句讀者，脱文衍字亦有不容强解者，姑且刻之，俟求善本，更加增削，庶使流傳，以爲近古之書云。嘉定十五年夏四月十一日，東徐丁黼謹識。半葉十行，行二十字，小字雙行。

東觀漢記二十四卷寫本。

漢班固等撰，原本一百四十三卷。漢明帝時，班固等奉詔
撰述，至獻帝時楊彪復有所增補，實熹平中始成書。錢氏大昕
謂《續漢書·郡國志》，今錄中興以來，郡縣改異，及《春秋》
三史會同征伐地名。三史謂《史記》《漢書》及《東觀記》也。
《吳志·呂蒙傳》注引《江表傳》權謂蒙曰，孤統軍以來，有
三史諸家兵書，大有益。又，《孫峻傳》注引《吳書》留贊好
讀兵書及三史。《晉書·傅休奕傳》撰論三史故事，評斷得失。
《隋·經籍志》有《三史略》二十九卷，吳太子傅張溫撰，皆
指此。自唐以來，《東觀記》失傳，乃以范氏書當三史之一。竹
汀考論此節，至爲詳確。又按：宋《邵氏聞見後錄》云，神宗
惡范曄之名，欲更修《後漢書》，求《東觀漢紀》久之不得，
後高麗以其本付醫官某來上，神宗已厭代矣。元祐中，高麗使
人言狀，訪于書省無知者，醫已死，於其家得之，藏於中祕。
予嘗寫本于呂汲公家，亦棄之兵火中。今荀悅《漢紀》與袁宏
《後漢紀》，皆傳於世，而此獨缺如。前清錢塘姚魯斯之軭掇拾
殘文，僅得八卷，刊入《八家後漢書補逸》二十二卷中。乾隆
間四庫館又從《永樂大典》所載補輯成書，編爲二十四卷，較
之原本，不過十分二三而已。此本分卷與庫本同，當從庫本出。
桐城姚氏柬之任大定府知府，得一北宋刊本，全書共五十冊，
姚氏祇得四十八冊，初擬進呈內府，未果。咸豐間，桐城有兵
事，此書被燬，至可惜矣。

古史六十卷宋刻本。

宋蘇轍撰。清《四庫總目》作六十五卷，據殿本。然檢轍序，

實七本紀，十六世家、二十七列傳，計六十卷，云六十五卷者，館臣誤也。吾粵人潘君明訓寓居海上，藏有北宋刊本《古史》，半葉十一行，行二十二三四五字不等，避宋諱至哲宗止，宜都楊氏定爲紹聖原刻。伯夔按：此書流傳宋元本頗多，天祿琳琅有宋刊小字本一部、大字本二部，未知與潘氏及吾家藏本如何？惟吾家藏本，則與虞山瞿氏鐵琴銅劍樓本相若，首葉明補亦同。楊氏所刻《留真譜》有元刊《古史》，半葉十四行，行二十四字。楊氏又有明初刊本，曾於題記潘書時之。伯夔攷明陸氏《中和堂隨筆》稱，洪武二十三年，福建布政使司進《南唐書》《金史》、蘇轍《古史》，初上，命禮部遣使購天下遺書，令書坊刊行，至是三書先成，進之。楊氏之本，當卽此時所刻，然流傳極尠。伯夔收書三四十年，尚未之見，惟見南雍本、掃葉山房本而已，然則此本不益可貴哉。子由此書，每爲朱子深許，讀《大全集》及《語類》自知之，故《古史》自序所云，古之帝王其必爲善，如火之必熱，水之必寒，其不爲不善，如騶虞之不殺，竊脂之不穀。朱子尤爲歎服，以謂非子長所及。惟明陸深則以爲東坡《范文正集》序所云，其於仁義禮樂、忠信孝弟，蓋如飢渴之於飲食，如火之熱、水之濕，天性有不得不然者。其言與子由如出一轍，若其名理，則當以水之濕爲勝。世有温泉湯泉，寒固不足以盡水也。見陸所著《續停驂錄》。楊氏愼云，太史公信戰國游士之說，載子貢一出，存魯亂齊，破吳强晉而霸越，其文震耀，其辭辨利，人皆信之。雖朱文公亦惑之，獨蘇子由作《古史》考而知其妄。考《左傳》齊之伐魯，本于悼公之怒季姬，而非田常；吳之伐齊，本怒悼公之反覆，而非子貢，其事始白。若如太史公之言，則子貢一蘇秦耳。又宋人《漁隱叢話》曰，子由《古史》云，二世屠戮諸公子殆

盡，而後授首于劉、項。余按《史記》二世爲趙高所殺，子嬰
立，降漢王，漢王以屬吏項王。至斬之，則授首于劉。項者乃
子嬰，非二世也。又云，陸遜之于孫權，高熲之于隋文，言聽
計從，致君于王伯矣，而忮心一起，二臣不得其死。余按《吳
志》《北史》，則與此言牴牾，子由譏司馬遷作《史記》淺近而
不學，疎略而輕信，乃反若是。而《庶齋老學叢談》中述潁濱
《古史論》曰，善乎子夏之教人也，始於洒掃應對進退，而不急
于道，使來者自盡於學，日引月長而道自至。今世之教者，非
性命道德，不出乎口，雖禮樂刑政，有所不言，而況于洒掃應
對進退也哉，蓋有所謂也。是前人於子由此書，毀譽不一，後
世學人每以子由此書爲提倡道家而作。清《四庫提要》謂其書
去取不苟，與遷書相參攷，固亦無不可。伯驥以爲子由著作，
如《潁濱詩傳》《論語拾遺》《道德經附》等編，不無可采，此
書尚爲下駟耳。范氏《天一閣書目》有《蘇氏史拾》六十卷，
爲明陳子龍鑒、吳宏基箋、鍾禾土校本，所録子由序與《古史》
同，當卽此書。而其下又列《古史本紀》三十五卷，謂自序與
前不同，又有《古史》七卷，未審與前二本同否。范閣書多殘
缺，不可得而詳矣。子由序有云，季子遜侍予紬繹往牒，知予
去取之意，學爲之註。《提要》乃云，以葉大慶《考古質疑》
考之，謂書中間有附註，蓋其子遜之所作，豈館臣於此書序尚
未之讀耶！伯驥有《四庫書目舉正》若干卷。楊氏謂元明本或有前序，
無後序，遂不知其註爲其子遜作，然萬曆本則皆有後序者也。
半葉十一行，行二十二字。

通志二百卷 元刊本。

宋鄭樵撰。樵字漁仲，莆田人。紹興中以薦授右迪功郎兵

部架閣，尋監潭州南嶽廟給札，所撰《通志》書成，授樞密院編修。事見《宋史》。是書二百卷集合三千年事，實爲通史，其精華則在《二十略》，讀《通志》諸略，即可統括諸史之志。前有樵總序一篇，總目一卷。前有至治壬戌吳澤序，略云，是集梓於三山郡庠，既獻之天府，藏之祕閣下。北方學者猶未之見，乃募僚屬捐己俸摹印五十部，散之江北諸郡。半葉九行，行二十一字。市上每有此書，然多模糊，此則精整。

藏書六十八卷續藏書二十七卷 明刊本

　　明李贄撰。前有萬曆己亥焦竑序，略云，卓吾先生之爲人，與其所爲書，疑信者往往相半。余謂此兩者皆遥聞聲而相思，未見形而吠影者耳。先生高邁蕭潔，如泰華崇嚴，不可昵近，聽其言泠泠然塵土俱盡，而實本人情切物理，一一當實不虛。吾慨學者沈錮於俗流，而迷沿於聞見，先生程量今古，獨出胸臆，無所規放，聞者或河漢其言，無足多怪。夫孔翠矜其華采，顧影自耀，人咸惜之，固矣。若蛟龍之興雲雨，雷電皆至，霑霈百里，即震驚者不無而卒賴其用，豈區區露細，巧媚世好而足哉！先生之言，何以異是，總之衆人之疑，不勝賢豪者之信，疑者之恍忽，不勝信者之堅決。余知先生之書當必傳，久之學者復耳熟於先生之書，且以爲衡鑑，且以爲蓍龜。余又知後之學者當無疑，雖然此非先生之欲也，有能抉腸剔腎盡翻窠臼，舉先生所是非者而非是之，斯先生忻然以爲旦暮遇之矣。書三種，一《藏書》、一《焚書》、一《説書》，《焚書》《説書》刻於亭州。今爲《藏書》刻於金陵。次有劉東星序，略云，予爲左轄時，獲交卓吾先生於楚，先生手不釋卷，終日抄寫，自批自點，自歌自讚，不肯出以示人。茲遊金陵，聞其書已爲好事者所梓，業與四方人士共之。次有衡湘梅國楨序，略云，余友李禿翁，豪傑之士也。當其時士方持文墨，矩步繩趨，談性命之糟粕。獨一禿翁，其識趣議論，誰從而信之，故官至二千石，輒自劾免。取漢以來至金元君臣名士，撮其行事，分類定品，一切斷以己意，不必合於儒者相沿之是非，知其與世不相入，而曰吾姑書之而姑藏之，以俟夫千百世之下有知我者。次有祝世祿、耿定力撰序。《目錄》前有《藏書紀傳總目前論》，則卓吾自標之主旨也。論云，人之是非，初無定質，人之是非人也，亦無定論。然則今日之是非，謂予李卓吾一人之是非可也，謂爲千萬世之公是非，亦可也。謂爲顚倒千萬世之是非，而復非是予之所非是亦可。前三代吾無論矣，後三代漢、唐、宋是也，中間千百餘年，咸以孔子之是非爲是非，故未嘗有是非耳。然則予之是非人也，又安能已。半葉十行，行十一字，有圈點旁批。卓吾、禿翁，皆李氏別號也。《續藏書序》，李維楨譔，略云，卓吾先生沒，而其遺書盛傳，有《説書》，有《藏書》，有《焚書》。《説書》以制義發孔、孟、曾、思之精蘊；《焚書》所雜著詩文，談經評史大義微言；《藏書》始周末迄胡元，筆削諸史，斷以己意；《續藏書》則自明興及慶、曆諸臣列傳也，其目有功臣、有名臣。功臣有開國、有靖難；名臣有開國、有遜國、有靖難、有內閣、有勳封、有經濟、有清正、有理學、有忠節、有孝義、有文學、有郡縣。蓋王侯、將相、士庶人、方外緇黃、傭僕、妾妓、無不載矣。名臣或有功，功臣不必有名，抑或以功封而不書，或於傳附見其名，或名兩見而從其所重，或沒未久而得傳，或負俗之議，而爲分明之，秉權衡，破拘攣，顯微闡幽，標新領異，與《藏書》略同，惟一於揚善不刺惡爲異耳。先生出入三朝，勤學好問，博古通今，所師友正人君子，故其甄别去取，若奇而正，若嚴而恕，若疎而覈，若朴而藻，可謂良史。先生生平與焦太史揚挖爲多，而絶筆趙人馬侍御家，閩人蘇郡伯得之，金陵王維儼行之，新都江似孫校之，兩君雅意文獻，使名山之副，流布人間，有功于李先生，庶幾揚子雲之桓譚矣。又焦氏譔序，略云，宏甫藏書於國朝事未備，因取余家藏《名公事跡》緒正之，未就而之通州。宏甫歿，遺書四出，學者争傳誦之，其實真贋相錯，非盡出其手也。歲己酉，眉源蘇公弔宏甫之墓，而訪其遺編於馬氏，於是《續藏書》始出，余鄉王君維儼梓行之，而屬余引其簡端。前史有紀有志有列傳，其體乃具，宏甫前後二編，列傳獨詳，於紀若志缺如也，而列傳之中，又獨存其美者。按：宏甫亦李氏別號，李氏名贄，晉江人，嘉靖壬子舉人，初名贄，後更名載贄，與耿天台講學京師，知名士多從之游。周柳塘曰，天台重名教，卓吾識真機，蓋其學尚元遠，機鋒迅利，焦弱侯、陶石簣之流也。漁洋《居易録》云，卓吾寓通州馬城所經綸别業，多謾罵，縉紳輩相接，或終日不與語。有袁住者，通州人，日爲馬侍御家傭水，一見輒曰，好男子好男子。一日不見，輒曰目中何無袁住。卓吾死詔獄，方暑尸腐，馬氏諸僕亡敢近者，獨住日夜抱持，痛哭殮含，曲盡其事。今墓在通州，當時葬之者馬御史，表之者某中丞，而書者麻城丘坦，迄今巋然無恙。據此則卓吾身後之事皆能豫知，而三尺孤墳，保全至今，豈得佛學之報歟！此前人所記李氏之略歷也。又，張雲鸞字羽臣，從顧憲成、高攀龍遊，以經師教授里中，謂贄用異學蠱惑人心，爲《四書經正録》闢之。崇禎中，齎書自獻於朝，特旨充貢。疏云，國朝設科取士，聖賢之書，家習戶誦，而其説一宗先儒，學者守之。神祖時，有舉人罷官李贄，猖狂淫恣，首倡邪説，所刻有《焚書》《藏書》《說書》，及批點諸書，隨被參劾，奉旨拏問，搜毀其書，嚴禁私藏。詎意天啓年間，其書復行，人心士習皆壞於此，略舉其一二言之。如李斯者，燔詩書，坑儒生，矯詔爲逆者也，而稱之爲才力名臣；如呂不韋、李園者，陰用姦謀，潛移國姓，此萬古巨盜大猾也，而稱之爲智謀名臣；如曹操者，弒伏后，篡漢帝，此亂賊之最慘惡者也，而津津稱其才智；如馮道者，歷事五朝，朝爲君臣，暮爲讐敵，而稱之爲史隱。至於詆毀聖賢，則謂孟子執一害道，又謂孟子舛謬不通，又曰孟子願學孔子，此吾所不足於孟子者也。又謂孔子之事功，非有嘉於管仲，又曰以孔子之是非則無是非，其書之妄誕悖戾一至於此。乃士子見其書如飲狂藥，既喜其新奇，又樂其放肆，舉業文字，染此習氣，寖入邪詭，識者憂之，伯驥按：明林希元撰刊《全補四書存疑》十二卷，嘉靖中有詔焚其書。事見沈德符《野獲篇》。嘉興袁黃批削《四書集註》，名曰《刪正》刊行，陳幼學敢正其書，抗疏論列。見《明史·幼學傳》中。伏乞聖明採納。蓋當時攻擊李氏者固甚多也。武進董氏撰《書舶庸譚》云，明時小說家撰述最富者，無過李卓吾、馮夢龍二人。余亦素喜收購，今見《日本內閣書目錄》二家之書頗備，姑誌于後：《異史》第五卷，李氏《藏書》六十八卷、《續》二十七卷、《皇明三異人錄》、俞允諧編評。《墨子批選》四卷、《坡仙集》十六卷、編《李子文集》十八卷、《李溫陵集》二十卷、李氏《焚書》六卷、《帖式手鏡》一卷、《家中書札》一卷、《三異人文集》、《方正學》十二卷、《于節闇》九卷、《楊椒山》五卷、評選。《明詩選》二卷、《續》二卷、選。《千文印藪書鏡》、編。《枕中十書》十卷。《李氏叢書》十一種、《李氏逸書》十三卷、《指掌雜字全集》一卷、《士民指掌雜言》二卷、《初潭集》三十卷、《世說新語補》二卷、評。《忠義水滸傳》一百卷、評。

《繡像龍圖公案》十卷、評。《開卷一笑》十四卷、《英雄譜》二十卷、《圖像》一卷《目》一卷、評，熊飛編。一名《三國》《水滸》全傳。《西遊記》一百回、評。《西遊真詮》一百回、評。《水滸全書》一百二十回、評。《讀升庵集》二十卷。董氏所錄，蓋依日本原目次第，僅係編選或評點者注其旁，其中明、清刻本俱有之。上列皆李氏著作也。

十八史略二卷元刊本。

元曾先之撰。卷端葉頭題云，勤德書堂刊增修宋季古今通要《十八史略》。《通略》之書行世久矣，惜其太簡，讀者憾焉，是編詳略得宜，誠便後學，□梓與世共之。《目錄》首題新增校正《十八史略綱目》，本文首題《古今歷代十八史略》，前進士曾先之編。半葉十四行，行二十六字。所謂《十八史略》者，於十七史外，益以宋事也。伯驥按：明初臨川梁孟益以元事稱《十九史略》，高麗金忠文《楓皋集》卷十六云，曾先之《十九史略》，不著於藝文志中，可知書非中國可傳，而先之非負名之士也，且其所載歷代文字太脫略，如今人抄錄人家世譜，殊無可觀者。東人必以此教初學，與小學相先後，不讀此謂無入頭處，良亦可笑。然中國所不傳之書，獨遍于一隅海中，遂爲業文者權輿。書之顯晦，亦有其地耶。又，日人安重繹《成齋文集》云，塾師課童之書，概皆前儒所校刻，如《文選》《唐詩選》及《十八史略》是也。諸書布世之久，幾乎家貯戶藏，然近世文盛，而昭明之選將替，宋明詩行，而滄溟之選殆廢，獨曾氏《史略》，二百餘年如一日。今諸學又以此課生徒，則其行倍蓰昔日，於是鏤版屢改，而箋註加精，大鄉穆卿之副詮，亦其一也。是此書又流行于東國矣。

西晋新語不分卷 揚州吳氏測海樓舊藏，寫本四厚册。

前題宋熊克撰。克字子復，建陽人。見《宋史·文苑傳》。其父蕃嘗著《宣和北苑貢茶録》一卷，有抄本流傳，子復有跋語。子復所自著，有《九朝通略》《鎮江志》《中興小紀》等書，而未見此編。《清波雜志》卷九云，克所著《九朝通略》書富弼繳還遂國之封，《實録》《本傳》不載，止見于蘇轍《龍川別志》。而《宋史·藝文志》則著録克撰《鎮江志》十卷，至《中興小紀》一書，則吾粵刻之。南海廖氏廷相跋云，《宋史》稱克好學，善屬文，尤淹習宋朝典故，然觀此書所紀，多詆抑李綱、趙鼎諸賢，而傅會和議，是非已謬。於當時君臣諛頌之辭，瑣屑必録，而韓、岳戰功反略，武穆之冤，未能表白，所徵引如汪伯彦《時政記》、朱勝非《閒居録》等，尤屬誣辭，殊少別擇，文語亦復艱澀。陳伯玉譏其書往往疏略多牴牾，非苛論也。《雜記》載克以上所著《九朝通略》遷官，而此書未嘗進御。乾道八年秋，商人戴十六者，私持渡淮，盱眙軍以聞，遂命諸師道帥憲臣察郡邑書坊所鬻，凡事干國體者，悉令毁棄，則當時已少傳本，要録所引，類多摘瑕訂誤。以其爲宋人舊帙，於中興事蹟，亦有可備參考者，故刊而存之。凡上所云，皆未嘗及子復此書。又，陳氏《書録解題》云，日本獻鄭注《孝經》，世少有其本，乾道中熊克子復、袁樞機仲得之，刻於京口學宮，是子復又喜刻書矣，而亦未見子復曾著《新語》之證。伯驥得此本於揚州吳氏測海樓，屢思爲之論訂，考《五朝名臣録》卷四引《蓬山志》稱，真宗詔選官校勘《三國志》《晉》《唐書》，或言兩晉事多鄙惡不可流行者。上以語宰相畢士安。畢曰，惡能戒世，善以勸後，善惡之事，《春秋》備載。上然

之，命刊刻。而葉氏《習學記言》又述朱子説，謂《晉書》皆
爲許敬宗胡寫入小説，多改壞了。清南昌彭氏知聖道齋藏有
《兩晉南北奇談》一種，文勤跋稱，朱子謂《南北史》除却
《通鑑》所採，祇是一部小説，此正朱子所謂小説耳，且裁截無
法，不足貴也。從可知《晉書》已與小説爲鄰，外此如《奇
談》等作，尤爲榛楛不剪，是以修改《晉書》者，明蔣之翹
《晉書別本》一百三十卷、茅國縉《晉史删》四十卷、清郭倫
《晉記》六十八卷、周濟《晉略》六十六卷。而《江寧府志》
又稱黟縣諸生湯球讀史，用力於《晉書》尤深，廣蒐載籍，補
《晉史》之闕，成書二十三種，曰王隱、虞預、朱鳳、何法盛、
謝靈運、臧榮緒、蕭子顯、沈約九家《晉書》，皆正史也；曰陸
機、干寶、曹嘉之、鄧粲、劉謙之、王韶之、徐廣、裴松之、
郭季彥九家《晉記》，曰習鑿齒《晉春秋》、孫盛《晉陽秋》、
檀道鸞《續晉陽秋》、杜延業《晉春秋》、蕭方等《三十國春
秋》，皆編年也。又輯常璩、和苞、田融、王度、陸翽、范亨、
張詮、王景暉、高閭、裴景仁、姚和都、張諮、劉昞、喻歸、
車頻、段龜龍等所譔偏霸各史。而崔鴻《十六國春秋》百卷爲
巨觀，又補譔《年表》一卷、《校定纂録》十卷，其所删訂，
足正屠喬孫之失，尤稱精核。又旁輯《兩晉詔鈔》《晉起居注
鈔》，庾詵《晉朝雜事》、張敞《東宮舊事》、車灌《修陵故
事》、盧綝《八王故事》、《四王起事》，應詹《陶公故事》《桓
玄僞事》、傅暢《晉諸公敍讚》《晉公卿禮秩故事》、荀綽《晉
後略記》、《晉百官表注》《晉百官屬名》、杜預《律本》、賈充
《晉令》、張裴《漢晉律序》、江贄虞沃《疑要注》，皆典午一代
掌故所資；其區宇則輯《太康地記》《鄴中記》《林邑記》三
種；其言行則輯《晉諸公別傳》、袁宏《名士傳》、郭頒《世

語》、裴啓《語林》、《山公啓事》五種；又著録晉別集三百家、晉文集五百家，裒輯閎富，卓越一代。以上皆嘗致力於《晉書》者，未審有無述及子復此書，皆當細觀，而後事實可定。郭氏倫曰，初倫祖任之嘗爲《晉書摘謬》二卷，倫習聞其説，又嘗讀《荀勗傳》，見"高貴鄉公欲爲變"一語，以爲大悖於理，以君欲誅臣而曰爲變，則倫常汩矣，因悉取原書删正之，以成祖志。且謂原書蕪謬甚多，約舉其失，如宣、景、文及身不帝，而列諸本紀；諸助亂孫旂、牽秀之徒，附見足矣，而反與繆播、閻鼎同類列之；其《賈充》《姚萇傳》傳鬼神事，竟如優俳者之所爲；諸國載紀，不年不月，複雜無章。北魏雖有本史，自力微通貢，猗盧封代，以至道武稱帝，百十五年之間，皆有當時戰伐之事，譙登、許甫忠義之臣，皆闕而不書。潘岳諸人之文，無關治亂之數，而盡臚之本傳。又如武帝平吳，混一區夏，其間謀臣碩士，如華、祐、預、濬、琨、遜、導、侃、嶠、安之謨猷經略，至今猶想見其人，而本傳蕪宂，曾不足以發其不可磨之概。今所定論事必達其要，記言必覈其實，於詳略分合，間多更易舊文云云。近歲吳氏士鑑、劉氏承幹，又輯刊《晉書注》，皆當與蔣、茅、郭、周諸作徧爲披覽，他日當別爲此書攷異以發之。往者《陳氏文述》嘗欲裒孫盛、何法盛以來十八家之遺文，仿裴氏《三國志注》，以注《晉書》，有章曰"注晉書齋"，周雪客有《晉稗》之作，亦此意也。熊克博學有文。王季海守富沙日，漕使開宴，命子復譔《樂語》，季海讀之稱善。詢司謁者曰，誰爲之？答曰，新某州熊教授也。自此甚見前席。別後，子復一向官湖湘間，不聞者幾二十年。及改秩作邑滿，造朝謁光範。季海時爲元樞，詢子復曰，近亦有著述乎，子復以兩編獻。一日後殿奏事畢，阜陵從容曰，卿見近日有作四六

者乎？時學士院闕官，上不訪之趙丞相，而訪之季海，於是以
陸務觀等數人對。上云，朕自知之，今欲得在下僚未知名者耳。
海即及子復姓名。上云，此人有近作可進來。季海退以所獻繳
入。翼日，上謂季海曰，熊克之文，朕嘗觀之，可喜。蓋欲置
之三館兼翰苑也。季海奏云，如此恐太驟，不如且除院轄，徐
召試，使克之聲著於士大夫間，則人無間言。阜陵然之，遂除
提轄文思院。他日，趙丞相進擬，上曰，朕自有人，趙曰，何
人？上曰，熊克。又曰，陛下何以知之？曰，朕嘗見其文字。
又問，陛下何從得其文字，此必有近習爲道地者。上曰，不然。
季海雖知由己所薦，以上既不言，亦不敢泄，而趙終疑之。未
幾召試。故事，學士院發策，率先示大略，試者得爲之備。趙
乃以喻周子堯云，此非佳士也。克屢造詣求問目，子堯不答。
及對策，殊略，克大以爲恨。故在玉堂，每當子堯制詔，輒無
美辭，後竟出知台州，《齊東野語》。克家素儉約，除起居郎，嘗愛
臨川童子王克勤之才，將妻以女，而乏資遣，會草制獲賜金，
遂以歸之，人稱其介。《宏簡錄》。以上兩則，爲子復軼事，附
記之。

宋史新編二百卷 明嘉靖刊本，吳氏測海樓舊藏。

明柯維騏撰。維騏字奇純，嘉靖癸未進士，授南京戶部主
事。此書前有嘉靖乙卯泰泉黃佐序，略謂宋舊史始於元至正己
酉丞相脫脫爲總裁，契丹、女真亦各爲史，與宋並稱帝，謂之
宋、遼、金三史，是非不公，冠屨莫辨。景泰間翰林學士吉水
周公敍，嘗疏于朝，自任筆削，羈於職務，書竟弗成。今吾友
莆田柯子維騏，筮仕戶曹，輒謝病歸，乃能會通三史，復參諸
家紀載可傳信者，補其闕遺，歷二十寒暑，始克成書，合二百

卷，名之曰《宋史新編》，示不沿舊也。本紀則正大綱而存孤危、志、表則略細務而舉要領，列傳則崇勳德而誅亂賊，先道學而後吏治，遼金與夏皆列外國傳，等諸四裔焉，於是《春秋》大義，始昭著於萬世，而論贊之文，竝非因襲。予竊謂是編行則三史廢，稽天運、陳人紀者，其誰舍諸！末有同邑康太和序。卷一百六十一卷、六十二卷，仍編《道學列傳》，計周敦頤、程顥、程頤、張載弟戩、邵雍子伯溫、劉絢、李籲、謝良佐、游酢、張繹、蘇昞、尹焞、楊時、羅從彥、李侗。註云，劉絢以下俱程子門人。朱熹、張栻、蔡元定子沉、黃榦、李燔、張洽、陳淳、李方子、黃灝。注云，蔡元定以下，俱朱子門人。伯驥按：道學之目，乃賈同、胡紘諸奸柄之以攻朱子者，故前人多謂《宋史》不宜立道學傳，然焦氏《易餘籥錄》卷八云，《宋史》分道學于儒林最精善，道學乃宋儒特創一門户，異乎唐以前之儒林，分之是也。且鄭丙立道學之名以斥諸儒，卽用其名以爲傳，猶范史之有黨錮也，惟蔡元定不入道學，則未畫一。又按：章實齋謂欲作《宋史》成一家言，當以維持宋學爲命意所在，又謂周官師儒本分，師者道學，儒者儒林，《宋史》分立道學、儒林爲合。由焦、章二氏之言，道學傳固宜有矣。降至明，而又有理學、心學之分，黃氏宗羲謂始自鄧潛谷，言心學者則無事乎讀書窮理，言理學者其所讀之書，不過經生之章句，其所窮之理，不過字義之從違，薄文范爲詞章，惜儒林於皓首，封己守殘，摘索不出一卷之内。見《南雷文定前集》卷一。此則灑醴之末，變爲澆漓，於學術豈有補哉！潛研錢氏曰，柯氏書義例有勝於舊史者，惜其見聞未廣，有史才而無史學耳。吳門陳黃中和叔《宋史稿》二百十九卷較柯史當在伯仲之間。見全集卷二十八。又曰，柯氏論崔公度諸人，引高尚「毋以政事

殺百姓，毋以學術殺天下後世"兩語，誤以高尚爲人姓名。劉
卞功字子民，濱州安定人。徽宗嘗三往聘之，辭疾不至，賜號
高尚先生。費袞《梁谿漫録》、趙與旹《賓退録》俱載其事。
見《養新録》卷七。蓋其書之得失，前人論之如此。伯驥得此
書於揚州吳氏，先檢其目，則蔡氏傳在焉，焦氏當謂得我心之
同然矣。前人謂柯氏著此書，欲專一心志，因發憤而自宫，與
前清羅茗香士琳撰《四元玉鑑細草》四卷，致疽發於背三次，
將毋同，皆可謂之拚命著書者也。南海曾氏面城樓藏此書，有
缺卷，謂不易補鈔，然則傳本固不多矣。半葉十行，行二十
一字。

東都事略一百三十卷 宋刊配明覆本。

前題承議郎新權知龍州軍州兼管内勸農事管界沿邊都巡檢
使借紫臣王偁上進。次有箚子云，翰林學士正奉大夫知制誥兼
侍講兼修國史洪邁箚子奏，臣切謂國家史册，雖本于金匱石室
之藏，然天下遺文軼事，散落人間，實賴山林博洽之士廣記備
言，上送有司以爲汗青之助。臣比以猥瑣下材，承乏四朝文院，
玩歲引日僅能奏篇，既蒙聖恩，策其襃粹寸長，襃進崇秩，於
此有人焉，蓋嘗展施功緒，卓然成勞。臣若隱而不言，掠人之
功，以爲己力，揆之心顔，安所置愧，敢以龔敦頤、王偁姓名
冒聞宸扆。敦頤者，和州布衣也，其曾祖原昔爲秦陵實録院官，
故其家藏書，念元祐黨籍諸臣及建中上書等人，多表表立名節，
經崇寧禁錮，靖康流離，子孫不能盡存，平生施爲漫不可考，
故慨然屬意訪求缺遺，遂成列傳譜述一百卷，凡名在兩籍者三
百九人，而書於編者三百五，其不可得而詳者四人而已。偁之
父賞在紹興中亦爲實録修撰，偁承其緒餘，刻意史學，斷自太

祖，至于欽宗上下九朝，爲《東都事略》一百三十卷，其非國
史所載，而得之於旁搜者，居十之一，皆信而有證，可以據依。
臣之成書，實于二者有賴。敦頤舉進士不第，僅今以承議郎知
龍州，欲望聖慈鑒二人鈆槧之勤，特加甄録以爲學士大夫之勸。
臣不勝昧死皇恐俟命之至，取進止。三月十八日三省同奉聖旨，
王偁除直祕閣，龔敦頤特補上州文學。次有《誥詞》，略之。次
有王氏上表云，臣偁言，伏奉告命除臣直祕閣者，謬述一經，
冒徹宸旒之邃，誤膺再命，躐陞芸閣之華省，已競惶荷恩深厚。
臣偁誠惶誠恐，頓首頓首。伏念臣賦才穴瑣受學空疎，畚結髮
於荐紳，粗服膺於簡策，未聞儒者之六藝，安有史官之三長。
念昔先臣少登鼎甲，忝甘泉之侍從，陪南渡之衣冠，曾與編摩，
肆掌書命。臣猥名牛馬之下走，敢謂箕裘之故家，聞《詩》
《禮》以僅傳，撫簞瓢而無恙。冥搜故實，坐閱歲時，疊疊記録
之多，寢寢編秩之廣，念含芹而甚美，亟抱璞以直前。上祈折
衷於聖人，下將以俟於君子。曲荷帝心之善貸，驟加儒館之清
名，幸則已多，報於何有。此蓋伏遇皇帝陛下睿謨天錫，聖學
日新，事深鑒於本朝，政若稽於先烈。宏遠之度，同符於藝祖；
忠厚之澤，合德於仁宗。前事誠後事之師，家法乃治法所出，
致兹菅蒯，亦與甄陶。臣敢不博采舊聞，仰酌洪造，不與校讐
之列，夢長到於石渠，遠瞻咫尺之威，心日馳於魏闕。臣偁誠
惶誠恐，頓首頓首，謹言。十月日承議郎直祕閣權知龍州軍州
兼管内勸農事兼管沿邊都巡檢使借紫臣王偁上表。目後有"眉
山程舍人宅刊行，已申上司，不許覆版"木記，半葉十二行，
行二十四字，版心間有字數。宋、明刊配合成書。

三朝北盟會編二百五十卷寫本，吳縣潘氏滂喜齋藏。

宋朝散大夫清江徐夢莘商老撰。分三編，上宣政、中靖康、

下炎興。靖康以後，採諸家纂紀二百六十餘種，最爲詳洽，後有《集補》五十卷，則未見也。前有自序，略云，搢紳草茅傷時感事，忠憤所激，據所聞見，筆而爲記錄者，無慮數百家。然説有同異，事有疑信，深懼日月浸久是非混併，臣子大節邪正莫辨，一介忠凝，湮没不傳。于是取諸家所撰，及詔勅、制誥、書疏、奏議、記傳、行實、碑誌、文集雜著，事涉北盟者，悉取詮次，總名曰《三朝北盟集編》，蓋四十有六年，分二百五十卷。其辭則因元本之舊，其事則集諸家之説，不敢私爲去取，不敢妄立褒貶。參考折衷，其實自見，使忠臣義士，亂臣賊子，善惡之迹，萬世之下，不得而掩，自成一家之書，以補史官之闕，此集編之本志云。伯驥按：天台潘可大哀宋自建炎丁未，迄德祐庚子；金自天輔戊戌，迄天興甲午，撥提綱要，各爲南北紀年。見之《剡源集》，附記備攷。此書爲吳縣潘氏滂喜齋藏，有其藏章。

大金國志四十卷寫本，翁季霖舊藏。

宋宇文懋昭撰。前有《金初興國本末》云，金國本名朱里真，番語舌音訛爲女真，或曰慮貞，避契丹興宗名，又曰女直。世居混同江之東，長白山下，其山乃鴨綠水源，南鄰高麗。次有端平元年宇文懋昭《經進大金國志表》云，臣偷生淮浦，竊禄金朝。少讀父書，因獲清流之選，日親文苑，粗知載記之詳，迹其所以興亡，是以可爲鑑戒。其《金國志》起自武元天輔，至于義宗，九主百一十七年，哀集成編。次目錄，次《金國九主年譜》，次《金國世系之圖》。伯驥按：元蘇天爵《三史質疑》謂，葉隆禮、宇文懋昭遼、《金國志》，皆不見及國史，其説多得之傳聞。蓋遼末金初稗官小説，中間失實處甚多，至於

建元改號，傳次征伐，及將相姓名往往杜撰，絶不可信。見
《滋溪文稿》卷二十五。至于金之年號，亦多聚訟，岳珂《愧郯
録》引范成大《攬轡録》曰，金本無年號，自阿骨打始有天輔
之稱，今四十八年矣。小本《歷通》具百二十歲相屬某年生，
而四十八歲以前金無號，乃撰造以足之。重熙四年，清寧、咸
雍、太康、太安各十年，壽昌六年，乾統十年，大慶四年，收
國二年，以接天輔。珂按：此年號皆遼故名，女真世奉遼正朔，
又滅遼而代之，以其紀曆爲歷，固其所也，豈范未之見耶？清
陳氏僅謂，岳說誠然，然重熙二十四年，此作四年，太康、太
安、壽昌、大慶，遼號自作大康、大安、壽隆、天慶。天慶五
年，金主旻始號收國元年，至三年正月稱帝，始改元天輔，收
國自是金主年號也。見《捫燭脞存》卷四。王氏國維曰，金天
會、皇統間，蒙古寇金及金人款蒙一事，在蒙古上世史中，自
爲最重大之事項。宋時記此事者有二專書，今雖並佚，而尚散
見於他籍，其中《大金國志》一種，傳世尤廣。西人多桑作
《蒙古史》於千一百四十七年，書蒙古忽都剌伐金，金與議和而
退，與《國志》所記年歲相合，蓋卽本諸《國志》者也。嗣後
洪侍郎鈞、屠敬山寄、柯學士劭忞，皆參取宇文《國志》及多
桑書。以記此事。日本那珂博士通世於《成吉思汗實録注》中，
引宇文氏書，但以宇文氏書中之熬羅孛極烈，爲蒙古之合不勒
罕，而非忽都剌罕，然其信宇文氏書，與諸家無異。余去歲草
《遼金時蒙古考》，亦但就《國志》録之，當時雖未敢深信，顧
未得其所本，姑過而存之，亦未加以辨證。嗣讀李心傳《建炎
以來繫年要録》，及劉時舉《續宋中興編年資治通鑑》，並記此
事，而《要録》尤詳，始知《續鑑》《國志》皆本李氏。據王
氏之言，則宇文氏書，其中正多可取也。此書行世各本，上方

多無小字標目，而此有之，實與平江黃氏所藏元本《契丹國志》同，則此本可證爲從元刊傳錄。各家著錄，有天一閣鈔本、有五硯樓鈔校本、有掃葉山房刻本，安得借而校之。每卷均有"季霖"二字白文章。按：翁澍字季霖，東洞庭山人。博學知名，家多藏書，能詩文。喜結納，所交率當世賢士大夫，與下堡金侃交最善，延至家塾，晨夕相對，商榷古今，著《具區志》一編，自謂經濟之學，有以補蔡、王二書之未逮云。見《吳門補乘》。

國語二十一卷 明翻宋本。

首卷首行上題《周語》上，中題《國語》，下題韋氏解。前有序二葉，首題《國語解敍》，次行下題"韋昭"二字，尾行《國語解敍》，下旁註"畢"字，其下題小字云，"嘉靖戊子吳郡後學金李校刻於澤遠堂"。避諱缺筆之字，一一不苟，當從宋刻翻雕，其文異於今本者甚多。有臨寫瞿氏中溶此書題識附後，以其可資攷核，備錄之。如《周語》上第一，昔我先王世后稷，無王字；況爾小醜乎，無乎字；猶其原隰之有衍沃也，作猶其有原隰衍沃也；川源塞國必亡川必塞下無"源塞國必亡"句及上句之注；小土無所演，無所字；歌歌不息樂禍也，作歌舞不思憂五字；是實臨照周之子孫，無是字；其丹朱之神乎，無之神二字；替其贄，贄作摯，下同。《周語》中第二，由之利內則福利外則取禍，由之二字在下句利外上；其流別旅於裔土，無旅字；故未承命，未作臣；左右皆免冑而下拜，無皆字、拜字；故歲飫不倦，無故字。《周語》下第三，間仲呂，仲作中，注同。《魯語》上第四，莫不能使共祀，無能使二字。《魯語》下第五，君之所以貺使臣，貺作況，下皆同。夫婦學於舅姑者禮也，無禮字。《齊語》第六，使不凍餒，餒作餧；由狩單戈，單作畢。《晉語》第七，夫子誠之，誠作戒，之作也。《晉語》第九，若無天乎，下有云字。《晉語》第十，然則請止狐偃，無然字；是君子之言也，無是字、之言二字。《晉語》第十一，子金嘔索士整，整作憖，注同；整頓也，作願也。《晉語》第十四，後箴戒圖以待之，箴戒作戒箴，圖作國；故不可損也，損作捐。《晉語》第十五，及斷獄之日，斷作蔽，注同；爾心事君，心作口。《楚語》上第十七，皆有元德也，無有字；椒舉娶於，椒作湫，下及注七字皆同；鄭幾不克，克作封；居寢有褻御之箴，褻作蓺，注同；臨事有瞽史之導，導作道。其注文亦多不同，似皆有可以證今本之譌者，而莊字漢人避諱，多改作嚴，故古書每以嚴爲莊，乃漢儒相傳之舊本也。此書雖已有改嚴爲莊者，然如《魯語》上正文及注有十四字，《齊語》第六有二字，《晉語》第七及《楚語》上有七字，皆作嚴。黃蕘圃新刊明道本，號稱精美，然亦多與此本不合，攷第十七湫舉今本皆作椒舉，明道本同，考《漢書古今人表》作湫。又攷第十七蓺御之蓺，見《毛詩》。錢曾《讀書敏求記》所云宋公序《補音》之南宋本，當卽此刻之藍本云。中溶號木夫，嘉定人，錢氏大昕女夫。收藏周秦彝器、漢晉瓦甎，摩挲考訂孜孜忘倦，所居有銅象書屋、古泉山館、吉羊鐙室、綠鏡軒、富貴長樂之舫，皆以所藏名之。撰著三十餘種，洪、楊之役多半散佚，如《唐石經考異補》，係訂考錢氏之書，《泉志補正》《吳郡金石志》《武梁祠畫象考》《古泉山館彝器圖録》《古玉圖録》等書，均已不存。他如《集古官印考證》六卷、《古泉山館金石目録》二卷、《書跋》一卷，《古泉山館詩集》八卷，均有刊本。聞有《古泉山館金石文編》稿本，後歸入道州何氏。

國語二十一卷明刻本。

前題吳高陵侯韋昭解，宋鄭國公宋庠《補音》，明侍御史蜀張一鯤、楚李時成閱，虞部郎豫章郭子章選，部郎東粵周光鎬校。前有張氏序，略云，世傳左氏書二，一《春秋傳》，一《八國語》，語中記其國中事，僅什一耳，而幽章戚紀，鴻纖並載，故猶曰《春秋外傳》也，語名《外傳》，則傳《內傳》也。劉成國曰，《春秋》以魯爲內，以諸國爲外，《國語》記諸君臣相與言語謀議之得失，傳外國事也。營朝室者內而宮堂廟闈、大扃小扃嚴矣，而門阿五雉，官隅七雉，城隅九雉，垣墉言言，離柵詵詵，而後稱完室。夫堂皇之內，與城圍之外，均之不可兩敝之居也；猶之魯之傳與夫諸國之語，均之不可兩亡之書也。外者所以翼其內而固之也。夫子曰，吾獨及史之闕文也，閔世亂也。當周之盛，內史掌王之八柄，掌敍事策命；外史掌書外令，掌四方之志，掌三皇五帝之書。官司書書紀事故，文、武、成、康穆昭之世，事班班如指掌，迨其標季，主自爲國，國自爲乘。今所憑者，《春秋傳》語與七國策數書，而猶巫且非，則必其出於汲冢石函者，始足憑耶！太史公之收採，劉中壘之讎校，王恭懿之章句，與夫鄭、虞、韋、唐諸君之註疏，夫豈不義而甘爲之忠臣與！先是同年李惟中刻《內傳》於督學署中，不佞與郭相奎取《外傳》各分四國訂之，註仍韋氏，益以宋氏《補音》，條註其下，字畫剞劂，一放《內傳》，庶幾稱左氏完書云。後學巴郡張一鯤撰。半葉九行，行二十字，小註雙行，行亦二十字。

戰國策校註十卷元刊本，黟縣李氏芸樓舊藏。

元吳師道撰。前題縉雲鮑彪校注，東陽吳師道重校。師道字正傳，蘭谿人。至治元年進士，仕至國子博士，致仕後授禮部郎中。事蹟具《元史·儒學傳》。師道以鮑彪注《戰國策》，雖云糾高誘之譌漏，然仍多未善。乃取姚宏續注，與彪注參校，而雜引諸書考正之，其篇第註文，一仍鮑氏之舊，每條之下，凡增其所闕者謂之補，凡糾其所失者謂之正，各以補曰、正曰別之。復取劉向、曾鞏所校三十三篇四百八十六首舊第，爲彪所改竄者，別存於首。蓋既用彪注爲槀本，如更其次第，則端緒益棼，節目皆不相應，如泯其變亂之迹，置之不論，又恐古本遂亡，故附録原次以存其舊。孔穎達《禮記正義》每篇之下，附録第幾，林億等《新校素問》，亦每篇之下，附著全元起本第幾，卽其前例。古來注是書者，固當以師道爲善，四庫館臣之言不謬也。前有師道自序，略云，高誘疎略，鮑彪亦不免謬妄，輒因鮑注，證以姚宏注本，參之諸書，而質之大事記，存其是而正其非，庶幾明事蹟之實，求義理之當，殆無媿辭矣。第三、四、五卷末，有“至正乙巳前藍山書院山長劉鏞重校勘”一行；第八、九、十卷末，有“平江路儒學正徐昭文校勘”一行。元時已有重刊本，行款不同，此爲至正二十五年平江路所刊。半葉十一行，行二十字，小黑口，欄外有國名，惜有缺脱。明刻本注多删節，惜陰軒依元本重刻，則後來居上也。每卷首有“芸樓”朱文方形章。李宗煝字爱得，黟縣人。家世富有，官道員，喜搜書，其藏書之所曰芸樓，此蓋李氏藏書矣。

貞觀政要十卷 明成化刊，王西莊舊藏。

前題唐衞尉少卿兼修國史修文館學士吳兢撰。元戈直集論。兢，浚儀人。累官太子左庶子，貶荆州司馬，歷洪、舒等三州刺史，入爲恒王傅。天寶初，年八十卒。《唐書》有傳。前有自

序。次有吳氏序，略云，三代以後，享國之久，唯漢與唐。唐
之可稱者三君而已，太宗文皇帝身兼創業、守成之事，納諫求
治，其效至于米斗三錢，外戶不閉，故貞觀之盛，有非開元、
元和之所可及，而太宗卓然爲唐三宗之冠。史臣兢類輯朝廷之
設施，君臣之問對，忠賢之諍議，萃成十卷，曰《貞觀政要》。
事覈辭質，讀者易曉，唐之子孫，奉爲祖訓，聖世亦重其書。
澄備位經筵時，嘗以是進講焉。庶士戈直考訂音釋，附以諸儒
論說，又足開廣將來進講此書者之視聽，其所裨益豈少哉。前
翰林學士資善大夫知制誥同修國史吳澄題辭。次有郭氏序，略
云，唐太宗以英武之資，克敵如拉朽，所向無前，天下甫定。
魏鄭公力排封德彝之繆，以仁義進，雖太宗未能允迪，其實有
愧於修齊。然四年之間，内安外暇，貞觀之治，亦仁義之明效
歟！史臣吳兢類爲《政要》，凡命令政教，詢謀之同，謇諤之
異，所以植國體而裕民生者。赫赫若前日事。江右戈直集前賢
之論以釋之，翰林草廬吳公敍其首，以屬於余。道廣陵，謀於
憲使日新程公，即以學廩之羨鋟諸梓。至順四年，前中奉大夫
江南諸道行御史臺侍御史奎章閣大學士郭思貞書。次有戈氏序，
略云，是書傳寫謬誤，竊嘗會萃衆本，參互考訂，而其義之難
明，音之難通，字爲之釋，句爲之述，章之不當分者合之，不
當合者分之。自唐以來，諸儒之論莫不采而輯之，間亦斷以己
意，附於其後，然後此書之旨，頗爲明白。雖于先儒窮理之學，
不敢妄議，然國家政治之方，未必無小補云。後學臨川戈直書。
卷有王西莊藏章。按：王鳴盛字鳳喈，號禮堂，嘉定人。乾隆
十九年進士，殿試第二人及第，官光祿寺卿。與惠松崖交，深
究羣經古義，著《尚書後案》及《軍賦考》，皆發鄭君之說。
嘗取杜少陵詩句，以西莊自號，學者稱西莊先生，後更號西沚。

撰《十七史商榷》百卷外，又有《蛾術編》百卷，蓋仿王深寧、顧亭林，而援據尤博贍云。見《湖海詩傳》《蒲褐山房詩話》，錢氏大昕所撰墓志銘。伯驤自收書以來，所見西莊藏章不尟。按：《逐志堂雜鈔》云，余好藏書，借鈔於盧抱經學士，王西莊光祿、吳槎客明經、楊列歐進士，當時稱道，想必不虛。今日披覽前人書目，亦恒見王氏藏章，如《太平寰宇記》二百卷，趙氏小山堂抄校本，卷一百五十末，有王西莊朱筆校記並印，卷一百八十八末有西莊記。見江蘇第一圖書館史部。《五代會要》三十卷，舊抄本，舊爲紅豆齋惠氏藏書，後歸西沚王光祿，復歸黃氏士禮居，竹汀錢氏嘗借自黃氏。見瞿氏《書目》十二。顧校影寫宋本《資治通鑑釋文》，有錢氏大昕跋云，自胡景參之註行，而史氏《釋文》，學者久束之高閣，近代藏書家鮮有著錄者，西莊光祿偶得之，詑爲枕中之祕，不肯示人。《元和郡縣誌》四十卷，舊鈔本，王西莊手跋。見《傳書堂善本書目》四。《春秋穀梁傳注疏》，明刊本，有"王鳴盛"白文方印、"鳳喈"朱文方印。見瑞安黃氏《蓼綏閣舊本書目初編》。是西莊固深嗜藏書者也。其弟名鳴韶，號鶴溪子，生平喜鈔書，所收多善本。葉氏《藏書記事詩》稱之，而不及西莊，未免寶珪而遺槿矣。

靖康孤臣泣血錄不分卷寫本。

前題宋太學生丁特起述。此爲張氏叔未所藏舊鈔本，有其藏章。卷首無序，末亦略有失脱。伯驤嘗見萬曆丙午刻本，半葉八行，行十六字，有玉峯王在公撰序，爲補錄之。序云，自昔談應敵者，不越戰與和，要必能戰者始能和，能和者必能戰。姑舉宋事，若澶淵之役是也，逮其積衰之後，致金人猖獗，始破河東，繼陷滑州等縣。朝廷之上，相顧倉皇，議戰議和，紛紜而莫決，迺議割三鎮地，范宗尹爲倡首，而和之者甚衆，言不可者僅三十人而已。然卒無有奇謀祕計，佐國家之急者，雖一時人才之乏，亦國勢浸弱，權在彼而不在我也。及再犯宮闕，二帝出郊，百官終日迎請而不得。乃僞立張邦昌，竟擁駕以去。當斯時卽有忠臣義士，惟有痛心扼腕，莫可誰何矣！雖然已往弗論，卽當虜挾二帝之日，苟大臣中有真心爲國，擔荷乾坤之人，如我朝于忠肅者出，申明社稷爲重之義，大修戰具，激發勇敢，期滅此而朝食，則虜寧不憚大宋之有備，而中原有主，空質何爲，其敢捆然數犯乎，且未必二帝之不還轅也，又何必根括馬匹金帛，至畿甸若掃，萬戶興嗟耶！至考慷慨死難之臣，止李侍郎若水一人，尤爲短氣。太學生丁特起數上書言戰和事，不報。目擊悲憤，緝爲《孤臣泣血録》，語甚具，雖無捄於一時，欲垂戒萬世，意深遠矣。長洲張豫誠出其先人藏本付梓，梓成余撮其大旨云云。嗚呼，康王既踐位，無志復仇，秦檜自金還，力主和議，凡主用兵者，輒致之死。蓋權尚可操，而明以授虜，二帝終以不還，國勢竟以不振，吾知特起之不瞑也。時萬曆丙午。

南渡録一卷竊憤南渡録一卷續録一卷寫本，曾剛父舊藏。

　　舊題宋辛棄疾著。首尾有揭陽曾氏習經題字，全書有其校筆。此書前人以爲冒辛氏名而作，久有定論，曾氏亦稍辨之。伯驤前檢張氏《雲璈文集》卷十一有此書題記，攷論尤詳，爲轉載之，以明真相焉。張云，書實僞造，嫁名幼安者也。按其前後似是朝夕隨侍者所日記，故纖悉畢載，非後人追敍者所可詳。幼安初爲耿京書記，奉表南歸，隨官於朝，累至安撫使，既未扈從，後亦無使金事。且綜核二帝蒙塵事，經三十餘年之久，亦非一人一手所可紀述。書謂帝后之外，惟金人監視，而左右更無一人，又誰知之，而誰記之耶！前數十葉，尚具史筆，後則俚言俗字，隨手填入，殊不足觀，豈幼安之所爲哉？所言絕無諱飾，如骨都及利澤之無禮於朱后，守衛之無禮於鄧太后，知軍之柳條鞭帝，及帝后死狀，豈是爲尊者諱之義，亦豈本朝臣子所忍言，是直肆口爲快，尚何竊憤之有！即金之待二帝，亦未必如書言之酷。他日尚肯歸韋妃，何至虐遇若此。即韋妃之爲蓋天王妻，且生有女，本無明文。書多曲筆文致之，尤爲汙衊，獨不畏高宗聞之乎！至移雲州，移五國城，移西均州，又移冒源，跋涉六七千里皆徒步，此常人所萬不能，況貴人乎？果爾則上皇不待五十四，欽宗不待六十，而早崩矣。其餘帝年及紀年之舛錯，多與正史不合。至謂土像起立，寺僧因果之語，更類俳優小説，尤可哂已。意必宋故臣而不爲其主所眷，遭其廢斥，故作此謷言，以寓醜詆。是乃幼安之罪人，尚敢竊其名，幼安當含怒於九泉矣。自靖康元年正月至二年二月，二帝北狩之前，或有記其事者，後遂因而續之，亦未可知。總之不可盡信也，且名《南渡録》，又名《竊憤南渡録》，亦無此體例。

元祕史十卷續二卷鈔本。

不著撰人名氏。按：張氏敦仁影元槧本，卷首標題下分注二行，右“忙豁侖紐察”五字，左“脱察安”三字，顧千里跋以爲撰書人所署名銜是也。此書敍太祖、太宗兩朝事實，及元世系最詳，明代藏書家已著録，而未甚顯。今世流傳，則有《永樂大典》本，乾隆間修《四庫書》時，書之出於《大典》者三百二十一種，著録不尠，而此書獨遺，想因文不雅馴，與

《元典章》同，故屏而不取。迨錢氏竹汀始表章之，謂論次太祖、太宗事迹，必於此書折其衷，而其書乃爲世重。靈石楊氏《連筠簃叢書》所收，卽此十五卷本也。桐鄉金氏德輿所藏殘元槧本，分卷則與《大典》本不同，阮氏《四庫未收書目提要》所稱，則舊鈔影寫本。而陽城張氏影寫元槧足本作十卷，又有續卷，當與金本同。此外又有蒙文本，或言順德李氏文田曾得之，然其注此書時，未之及也。洪文卿鈞言使泰西時，曾得俄羅斯人所著書記元代時事甚詳，足與《祕史》參互攷證，擬譯以爲注。今所傳《元史譯文證補》，其所據者有阿剌比文之拉施特書、英文之多桑書、俄文之具勒渾哀忒蠻諸人書，如能全譯原文與此書參稽同異，亦史學界之要務也。秀水高寶銓《元祕史李注補正》，多爲李氏所未備。沈氏家本又曾爲同里王仁山撰《元祕史潤文序》，稱李氏爲此書作注，以《大典》本爲主，而以張本校之，爬羅剔抉，疏通證明，然於正文之蹇拙俚鄙者，未遑潤色，而王氏致力於此，遂文從字順，煥然改觀。其人名、地名譯文歧出者，列爲二表，甄其同異，備載李注。而其所未及者，則加按語以證明之，編成顏之曰《潤文》。以上皆前人攷論此書者也。王氏詠霓《函雅堂集》又稱，奧斯馬加，本二國合成，馬加卽匈牙利，爲蒙古之後，其人皆黑髮，異於歐州諸國，惜未游維音都城，奧國都。求彼古史與此書相印證也。元太祖長子兀赤封俄羅斯，至萬曆間始亡，其歷代事迹，俄史當有紀載，他日擬幷訪之。卷二十九。元成吉思汗，其先曰孛端察爾，蒙先人名仍稱孛兒只斤，譯轉爲博爾濟吉，子孫因以爲氏，遂爲國姓。後世贅之以特者，特有部義，沿襲久故因之。史又作奇渥溫氏，奇渥溫特其貴族云耳，非國姓也。近人黃氏撰《蒙古博爾濟吉特氏喀喇巴拜公支譜序》，言之最詳。然則此書之斠正訂補，尚有待於後人者不尠。新會陳援庵垣講學舊京，購得舊本多種，萬里飛函，復徵寒家善本，聞正從事鉤稽，已成《譯音用字攷》一卷。陳君精熟元事，他日再有編摩，當可彌吾人之憾也。

建文朝野彙編二十卷明刊本。

前題原任廣東道監察御史秀水屠叔方纂。其自序云，叔方少從先臣之訓，每覽往記忠臣義士，輒正襟相對，感愴欷歔，願爲之執鞭，而不可得。少長，幸以柱下忝侍聖朝，嘗以建文仗節諸臣，請諡請祠，請修治塚墓，請恤録子孫，而交游姻黨之波及，以世世編成者，請一體赦宥。仰蒙皇上俯採末議，特賜允行，蓋萬曆甲申之十二年也，近者詔修正史，言臣亦以建文爲請。皇上許復年號，并綴其事於洪武末，噓枯吹生，繼志述事，一舉而帝皇之仁孝備矣。叔方跧伏田野，無所報稱，因鷺棐建文君臣遺事，以竟初志。凡朝政日繫月，月繫歲，令次第可攷，曰《遜國編年》。臣義絶者削不書，死與去者則書之，曰《報國列傳》。聞見相沿，而是非真訛，復相半者，曰《建文傳疑》。列聖之詔旨，與諸臣之章疏業已鑿鑿見諸施行，而事始大著白矣，曰《建文定論》。以上雖出鄙臆，而不敢增損一字、進減一辭，總名之曰《建文朝野彙編》。昔高皇帝既定胡服，遂命宋濂、王褘等纂修《元史》，元將福壽戰歿，勑以崇祀，諡以忠肅，擢其子爲太僕少卿，聖祖培植，不三四十年，而死國項背相望，豈非風厲之明驗歟！夫《元史》且修，何況建文，元臣且旌，何況諸君子。此叔方是編之所縣彙也。緬惟文皇帝入繼大統，黨禁嚴迫，凡係於諸臣手蹟，即零星片札，悉投水火中，惟恐告訐搜捕之踵及，故其事十無一存。賴有好義之士，

私識而祕藏之，禁解以後，稍稍始言革除事，開闢以來，未絶
之綱常，實續於此。愚以是不揣拙鈍，不憚綴瑣，凡國家之掌
故，郡縣之記牒，以及山經地志，崖鐫塚刻之屬，或檢一事，
而反覆他篇，或覈一人，而流連竟帙，或重複以證其蹟之同，
或互見以求其理之近，如是者三年，而此書始成，蓋萬曆戊戌
也。次有陳繼儒序，次有海鹽姚士粦序，後有跋。半葉九行，
行十八字。

左編一百四十二卷明刊本。

明唐順之撰。前有自序，略云，《左編》者爲治法而纂也，
非關於治者勿錄也。次有王畿所撰引言並凡例，略云，荆川子
取歷代諸史，纂其有關於治者，分爲若干類，間次錯陳，披抹
點竄，比事以聯，略加檃括。曰君，曰將相、名謀，言乎總與
輔也。曰妃后、外戚、儲宗、宦倖、奸篡、莽亂、方鎮、夷狄，
言乎支也。師儒繼承道脈，講明治典，所係尤重，纂《諸儒
傳》。而經生訓古文詞筆札次之，言乎儒之餘也。隱逸所以風
世，方技所以備物，纂《隱逸傳》《方技傳》，言乎以無用爲
用，至蹟而不可惡也。二氏與儒者之學，所爭毫髮，而迭爲盛
衰，老子沙門之紀，蓋基之矣，不可以異端而廢也，故纂《二
氏傳》以終焉。旁取諸家百氏、稗官野史，蒐羅綴輯，類以屬
之，編初名《史大紀》，更名《史纂左編》，凡七易稿而始成。
其第六稿，好事者嘗欲以數十金購而弗與，荆川子特挈以授予，
洎念庵子，各藏其半，以見生平友誼，且識苦心。第七稿則荆
川子家藏，今督府梅林公購梓以傳於世。予與荆川子久處山川，
是編每從商訂，得其筆削去取之故，間亦有折衷之助焉。承督
府之委，每類詮繫數語，發以見例。卷一前題明都察院右僉都

御史提督淮揚軍務前左春坊右司諫兼翰林院編修武進唐順之編輯，太子太保兵部尚書都察院右都御史總督浙直等處軍務新安胡宗憲校刊，門生宜興王華、武進左炁校正。半葉十行，行二十字。

唐大詔令集一百三十卷 明抄本，謙牧堂舊藏。

宋宋敏求編。敏求字次道，趙州平棘人。參知政事綬之子，進士及第，官至史館修撰，龍圖閣直學士。事蹟具《宋史》本傳。前有熙寧三年自序，此本爲其父綬原編，未次甲乙，亡後敏求重爲緒正，釐十三類，總一百三十卷，《目錄》三卷。此本無《目錄》，《四庫全書》所收本，中闕卷第十四至二十八、八十七至九十八二十三卷，此本闕卷正同。敏求嘗預修《唐書》，又私撰《唐武宗以下實錄》一百四十八卷，於唐代史事，最爲諳悉。自序稱繕寫成編，會忤權解職，顧翰墨無所事，第取唐詔令目其集而弆藏之云云。蓋其以封還李定詞頭，由知制誥罷奉朝請時也。其書世無刊本，輾轉鈔傳，譌誤頗甚，且有脫佚。清《四庫提要》謂，唐有天下三百年，號令文章，粲然明備，敏求父子復爲裒輯編類，使一代高文典冊，眉列掌示，頗足以資考據。其中不盡可解者，如裴度門下侍郎彰義軍節度使宣慰等使制，據《舊唐書》其文乃令狐楚所草，制出後，度請改制內剗其類，爲革其志；改更張琴瑟，爲近輟樞衡；改煩我召席，爲授以成算。憲宗從之。楚亦因此罷內職，是當時宣布者卽度奏改之辭。今此集所載，尚仍楚原文，不從改本，未詳何故。又《舊唐書》所載詔旨最多，今取以相較，其大半已入此集，而亦有遺落未載者，敏求博洽，不應疎於蒐採，或卽在散佚之中，亦未可定也。然唐朝實錄，今既無存，其詔誥命令之得以

考見者，實藉有是書，可稱典故之淵海云。潛研錢氏謂，此書
《敬宗寶曆元年南郊赦文》，有"亞獻嘉王運賜物一百匹"之
語，知《唐書》十一宗諸子傳及《德宗紀》俱書嘉王運薨於貞
元十七年之誤。錢氏《養新錄》又謂，唐大詔令載元微之撰
《嗣虢王溥太僕少卿制》、錢珝撰《宗正卿嗣鄭王遜大理卿制》，
此兩嗣王之名，《宗室世系表》皆闕而不載。蓋唐中葉以後，宗
室嗣王入仕之途益狹，譜牒散亡，史家無所徵信。伯驤又按：
《宋景文筆記》云，文有屬對平側用事，供公家一時宣讀施行似
健快，然不可施于史傳。余修《唐書》，未嘗以唐人一詔、一令
載於傳者，惟拾對偶之文近高古者，乃可著于篇。大抵詔令宜
近古，對偶宜今，以對偶之文入史，如粉黛飾壯士、笙匏佐鼙
鼓，非所宜施云云。可知此集足爲新、舊《唐書》考證者當不
少也。南昌彭氏曰，昔人每譏《新唐書》諸志太略，猶幸《六
典》《會要》《元和郡縣志》《唐律疏義》諸書尚存，《唐大詔
令》與《文苑英華》所收，亦可考見當時典章制度，補新
《書》所未及，不徒以其文也，斯言允矣。卷前後有"謙牧堂"
章，蓋出滿人揆敍家藏。藍格棉紙，鈔手樸雅，當是明代遺書。

宋大詔令集二百四十卷舊抄本，鳴野山房舊藏。

不著編輯者名氏。此書仿《唐大詔令》爲之，《玉海》云
出於宋綬之家，或敏求之後人歟！原書二百四十卷，今闕宰相
類卷七十一至九十三，武臣類卷一百六至一百十五，政事類卷
一百六十七至一百七十七，凡四十四卷。《郡齋讀書志》曰，
《皇朝大詔令》，宋宣獻公家所編纂也。中興以前之典故，嘉定
三年李大異刻於建寧。《直齋書錄解題》曰，本朝《大詔令》，
寶謨閣直學士豫章李大異伯珍刻於建寧，云紹興間宋宣獻公家

子孫所編纂也，而不著其名。始自國初，迄於宣政，分門別類，凡目至爲詳悉。蓋是書裒集北宋詔令，始建隆，迄宣和。分類編次，曰帝統，曰太皇太后，曰皇太妃，曰皇后，曰妃嬪，曰皇太子，曰皇子，曰親王，曰皇女，曰宗室，曰宰相，曰將帥，曰軍職，曰武臣，曰典禮，曰政事，存者凡十七類，每類又各分子目，實制誥之淵海也。雖已殘佚，而北宋典章，可資漁獵不少。前有“沈氏復粲”朱文章，蓋山陰沈氏物也。沈氏三昆季，隱於書肆。其季復粲字霞西，尤篤志好古，於明季殘文膡事尤珍祕，輯《蕺山忠惠書》行世。以哭兄致疾，卒。同時杜徵君哭之哀，曰斯人没而越中耆舊盡矣。蕭穆記《章實齋事略》，謂霞西家有四萬金藏書，至咸、同之間家漸落，乃將書悉售之於揚州書賈。此書當是霞西遺物。鳴野山房，其藏書處也。

五十萬卷樓藏書目錄初編卷六

史　部　三

歷代名臣奏議三百五十卷 明永樂官刊本。

　　明永樂十四年奉勅編。黃氏《千頃堂書目》卷十三云，初，帝諭翰林儒臣黃淮、楊士奇等，採古名臣如張良對漢高、鄧禹對光武、諸葛亮對昭烈，及董、賈、劉、向、谷永、陸贄奏疏之類彙集以便觀覽。永樂十四年十二月，書成進覽，帝嘉之，命刊印賜皇太子、皇太孫及諸大臣，卽此本也。《千頃堂目》所列書名，於歷代之上冠以“成祖諭輯”四字，後來著錄家則多簡稱。明魯鐸《文恪公集》卷十有《賜百官名臣奏議贊》，略云，明明我皇，萬邦之君。示我周行，古有謨訓。爰集奏議，率古名臣。由師尚父，至趙天麟。梨棗成書，凡若干卷。聿考前修，相觀爲善。責難陳善，人臣之職。導之使言，其可緘默。開卷正襟，莫匪我師。有官君子，庶幾勉之。可知當時對於此事極爲隆重，故崇禎間太倉張溥節錄之本，其序有生長三十年未嘗一見此書之言。蓋刊成之後，僅印數百本，藏版禁中，故流行頗尠，至於今日，則更鳳毛麟角矣。原書分六十四門，曰君德、聖學、孝親、敬天、郊廟、治道、儲嗣、內治、宗室、經國、守成、都邑、封建、仁民、務農、田制、學校、風俗、禮樂、用人、求賢、知人、建官、選舉、攷課、去邪、賞罰、勤政、節儉、戒侈、欲慎、微謹、名器、求言、聽言、法令、慎刑、赦宥、兵制、宿衛、征伐、任將、馬政、荒政、水利、賦役、屯田、漕運、理財、崇儒、經籍、圖讖、國史、律算、謚號、褒贈、禮臣下、巡幸外戚、寵倖近習、封禪、災祥、營繕、弭盜、禦邊、外域。清《四庫目提要》謂其收羅大備，凡歷代典制沿革之由，政治得失之故，爲古今奏議之淵海，實可與《通鑑》、三通互相攷正，非虛語也。半葉十二行，行二十六字。世行多見張氏節本，而此本絶少流傳，故藏書家矜重之。伯驥按：《丹鉛録》稱，寧宗時武學生華岳，池州人，上書極論韓侂胄之惡，並程松之納妾、倪儔售妹、蘇師旦獻妻。書奏，侂胄大怒，下之大理，貶建宣圜土中，死於獄。近觀《歷代名臣奏議》，可謂詳矣，而岳奏不在其中，故表出之。又，宋趙善括《應齋雜著》六卷，著録清《四庫》，館臣稱善括集中諸箚子，如論紛更之弊，糾賞罰之失，皆深中時弊，而永樂中修《歷代名臣奏議》，乃不載其一字，未明何故。見《四庫總目》一百六十。又，宋世海陵周麟之，有集名《海陵》，尤氏《遂初堂書目》，陳氏《書録解題》、馬氏《經籍考》、《宋史·藝文志》、徐氏《傳是樓書目》、清《四庫全書》，皆著録之，麟之以文章受知，洊歷通顯，故其集中制誥、樞奏居多，其間見《玉海》及《歷代名臣奏議》者，皆有目無文。近則海陵韓氏刻行其集。然則此三百五十卷之書，搜羅雖富，然遺漏亦多，其待後人之補闕者當不尠焉。伯驥正從事乎此也。

歷代名臣奏議一百六十一卷明刊本。

　　明張溥編。首葉題“陳明卿太史删正”七字，書籤有“致和堂”三字。前有陳氏序，略云，古來致治之書，編年莫大於

《通鑑》，紀實莫備於《通考》，然《通鑑》整齊往事，治亂兼設，《通考》證據舊聞，及乎明君顯相、貞臣碩士，口語辯對之文、頌諫之說，或闕而不録。當時司馬溫公置局自隨，一十九年，馬氏父子兩世聚書，續成大業，豈不欲弘收並載，顧以詳紀事者略考言，急徵實者緩虛論，限於作書之體，不得不有所棄也。明興，文皇帝稽古作人，詔翰林儒臣黄公淮、楊公士奇等，采古直言，彙録成書，賜名《歷代名臣奏議》。然奏議雖詔頒學宫，世無其板，余小子生長三十年，未嘗一見，詢之郡縣學宫掌故，有愕不知爲何書者。辛未游京師，始獲寓目，心好讀之，徧購不能得，歸訪之藏書家，多云無有。久之，同社友人出一本相示，字間摩脱難識，最後得太原藏本相讐正，乃竟讀。竊謂文皇尊經，則有《四書》《五經》《性理大全》，信史則有《歷代奏議》，博物則有《永樂大典》，卷溢二萬，謀梓未成，本藏内府，不達民間，好古者欲見未繇。《奏議》與諸經並列明令，天下學人，共通其義，而鋟板不行，受讀無路，絶而不問，同於禁書，其誰之責！間覽先民纂取《大全》，删括《性理》，本帙流通，誦習幾徧，意其法亦可施於《奏議》，又不敢僭忽，率依原卷標指詳略，踰二年成刻焉。永樂十四年十二月壬申，奏議書成進覽，上謂侍臣曰，致治之道，千古一揆，君能納善，臣能盡忠，天下未有不治。觀是書見人君之量、人臣之直，爲君者以前賢所言作今日耳聞，爲臣者以前賢事君之心爲心，天下國家之福也。遂命刊印，賜皇太子皇太孫及諸臣。昭代之鑒，莫切於宋，故《奏議》載宋尤詳，然文章爾雅之指，則漸遠矣。西漢奏事，率尚簡直，簡則明，直則當，疏言之體也。因世降則簡者益煩，直者彌曲。陸宣公之奏疏，陳同甫之上書，劉去華、文文山之對策，皆當日所豔稱，後代所師法。

絜之於漢，不無駢贅語，必經删剪，然後雅健可觀，讀而不厭。
或以奏議但載篇章，宜絶口語，然張良對漢高、鄧禹對光武、
諸葛亮對昭烈，非面談乎，祖宗作書之旨，采擇所先，烏可缺
也？是故《左》《國》、諸子、戰國縱横之言，爲《奏議》所録
者，備不敢爲，誠愼之也。且壺關三老之訟太子，湖三老之訟
王尊，豈漢世市里老人皆能爲文，亦司馬遷、班固記事潤色之
功耳。然則古人奏對之傳與否，作史者其與有責焉。末題崇禎
八年孟夏，陳明卿氏謹序。次有崇禎八年太倉張溥序，次總目，
《目録》前題吳郡張溥編次。此書删節原文過多，未爲善本，然
當日官本人間多未得讀，循覽此序，可見當時官刊《奏議》，印
行不多。此序所云，訪諸藏書家不得其本，久之得本於社友，
而摩脱難識者，當是紙墨之渝弊，並非棗字之模糊，蓋秘要之
本，印刷既尠，其字未至漫滅也。

諸臣奏議一百卷影宋本，章石卿舊藏。

宋趙汝愚編。前有淳熙十三年笏子，諸王孫希瀞、眉山史
季温二序，及趙氏自序。笏子稱，嘗備數三館，獲觀祕府四庫
所藏、及累朝史氏所載，忠臣良士便宜章奏，收拾編綴，殆千
餘卷，文字紛亂，疲於檢閱。自假守閩郡，輒因政事之暇，因
事爲目，以類分次，而去複重與不合者，猶餘數百卷，釐爲百
餘門。始自建隆，迄於靖康，推尋歲月，粗見本末，若非芟繁
舉要，恐勞乙夜之觀，欲更於其間，擇其至精要，尤切於道者，
每繕寫十卷，一次投進。序略云，伏覩建隆以來，諸臣莫盛於
慶曆、元祐之際，莫弊於熙寧、紹聖之時。方其盛也，朝廷庶
事微有過差，上自公卿大夫，下及郡縣小吏，皆得盡言極諫，
無所諱忌，其論議不已。至於舉國之士，咸出死力争之。然而

聖君相卒善遇而優容之，故其治效卓然，士以增氣。及其弊也，朝廷有大黜陟、大政令，至無一人敢論議者，縱或有之，其言委曲畏避，終無以感悟人主之意，而獻諛者遂以爲内外安静，若無一事可言，殊不知禍亂之機發於所伏，萬幾餘閑，幸賜紬繹。推觀慶曆、元祐諸臣，其詞直、其計從，而見效如此；熙寧、紹聖諸臣，其言切，其人放逐，而致禍如彼。則言路之通塞，國家之治亂，可以鑒矣。前人謂進書在孝宗時，故其言之切直如是，迨慶元、紹熙間，何澹、劉鈺輩僞學之説起，入黨籍者凡五十有九人，忠定爲之魁，永州之貶，實由於此，而紹聖之事再見矣。書中所紀北宋名臣碩畫宏猷不少，而丁謂、邢恕、章惇、李清臣、秦檜諸奸回，亦與其列，或亦朱子《名臣言行録》取吕惠卿之意歟？是未可知也。凡分君道、帝系、天道、百官、儒學、禮樂、賞刑、財賦、兵制、方域、邊防、總議十二門，子目一百一十四。每篇之末，各附注其人所居之官與奏進之年月，亦極詳核。半葉十一行，行二十三字。明會通館印本所据，比此本缺葉較多，此當是從早印本影寫也。有"石卿章氏"章，是清季會稽人章貞遺本。貞後改名壽康，石卿其號也。其父爲富順縣丞，石卿不求仕進，獨喜讀書，收藏精槧祕本不少，刻有徐星伯校注《漢書地理志》、嚴鐵橋校輯馬氏《意林》，又翻刻《絶妙好詞箋》，後附《皋文詞選》。

名臣經濟録五十三卷明刊本。

　　明黄訓編。訓，歙縣人，嘉靖己丑進士，官至副都御史。是書輯洪武至嘉靖九朝名臣經世之言，惟建文一朝，則以革除而諱之不録，分十門，凡開國一卷，保治十卷，内閣四卷，吏部四卷，户部五卷，禮部七卷，兵部十三卷，刑部三卷，工部

五卷，都察院、通正司、大理寺共一卷，每門各有子目。清
《四庫提要》謂，明永樂間敕黃淮等編《歷代名臣奏議》至元
而止，雖門目浩繁，不無冗雜，而二千年訏謨碩畫，歷歷可徵。
是編所載，如《陶安傳》《劉基行狀》《蹇義墓誌》《李東陽年
譜》，兼紀言行；漢府、趙府石亨、曹吉祥之變諸篇，併錄時
事。以及謝鐸焉用彼相說，向依休庵詩序之類，採及雜文，邱
濬《大學衍義補》之類，至節取所著之書，不純爲奏議之體，
故但以《經濟録》爲名，其實奏議居十之九，與淮等所編時代
相接，頗足以資考鏡，特附之奏議類中云。

右編四十卷明刊本。

明唐順之撰。前有自序，次有葉向高序，略云，《右編》其
卷四十，其世自周至元，其目自治道至六曹，無所不該。論事
之言十僅得四五，論人之言十僅得三四，諫争之言十僅得一二，
其説愈逆，則其勢愈拂也。我明文皇帝嘗命儒臣輯《歷代名臣
奏議》，因諭之曰，致治之道，千古一揆，君能納言，臣能盡言
不隱，天下未有不治。大哉王言，治亂興衰之故，盡於是矣。
惟是《奏議》一書，卷帙浩繁，尋究未易。兹編網羅既廣，澄
汰復精，以其體雖主記言，而其義實兼乎記事也。次有焦竑序，
略云，荆川先生於載籍無所不窺，其編纂成書以數十計，所輯
最巨者，有左、右《編》《儒編》《詩編》《文編》《稗編》凡
六種，世所行《左編》《文編》《稗編》，餘未出也。司成劉公
幼安，朱公文寧頃涖南雍，欲以經濟導之，則取《右編》刻焉。
余藏先生稿本，部分未定，且漢、唐名奏，遺軼尚多，幼安因
擇其要者補入，而緒正校讎則文寧有力焉。次劉日寧序，次朱
國禎序。半葉十行，行二十字，有圈點。

右編補十卷明寫本。

明姚文蔚編。自序，略云，我明文皇帝嘗命儒臣輯《歷代
名臣奏議》，自君德、治道而至禦邊、外域，分類數十，自有周
以迄宋元，歷載數千，天下國家興亡得失之故，弛張厝置之方，
亦大備矣。其書卷帙浩繁，尋究未易，而板藏内府，學士大夫
罕得見焉。余待罪户垣，署中素儲是書，看詳之下，時取搜尋，
有當余心及切時務者，輒丹鉛其旁。後得大司成劉公所補荆川
先生《右編》讀之，取以相校，於《奏議》得十二焉。其間論
劾旨切，合當世之故者，多所遺逸，或者二先生覽是書未竟，
而古人文集所存無幾，史傳不載，莫由攷見故也。余惟古名臣
嘉猷石畫出之忠誠，而研之歲月者湮没千載，始得我文皇帝表
章薈萃成書，二百餘年鮮有誦説之者，而今《右編》既行，無
復問及此書，則從此竟泯泯，益可惜矣。於是手爲校勘，凡余
所識記而《右編》所佚者，即録之，得十卷。其編目分類一仍
《奏議》之舊，而增以標題，與《右編》相爲經緯，命之曰
《右編補》，而藏諸笥中。余門人輩見而請付之梓，曰此經世之
書，不當爲帳中之祕，公之於人，有四善焉。是編所録，切近
當世，爲今日對證之良方，一也；文皇帝命官纂輯之意，俾學
士大夫得人人見之，至於今而始有實用，二也；是編文字，史
不盡收，世不傳者十九，使天下士讀人間未見之書，三也；《右
編》闕遺補之以劉，先生又補以兹編，四也。余韙其言，舉而
授之。次有萬曆間門人劉伸序，略云，荆川先生茸先代讜言、
直諫之有裨於世用者，裒爲《右編》，取右史記言而名之也。吾
卿大司成南昌劉師翁得公遺稿於焦太史，稍稍搜遺品彙，爲四
十卷刻之南雍，然不能不掛漏於有宋諸疏，則以集之未盡載者

而掛漏之也。吾師太供姚先生補其所未備，伸與同門二三子謀付之梓。次有西蜀門人鮑國忠序。前題"明南京太僕寺少卿錢唐姚文蔚編，門人歙令旴姥劉伸、南陵令當湖徐調元、宣城令涪陵鮑國忠、北助教當湖馬德澧校正，新都門人吳光胤、吳公治仝校。卷一板心題"黃應淳刊"。

秦漢書疏十八卷 明刊本。

明建德徐紳刊，武昌吳國倫校。前有嘉靖戊午聶豹序，略云，《秦漢書疏》，去古未遠，三代之遺風猶在，敷陳理要，功利生民，禆贊世教，究治亂之原，而不詭乎帝王之道。直而不激，婉而弗迂，曲而中，簡而該，博而要，使聽之無怒，循之寡失。自六經四書而下，謂文之古，不在茲乎。監察徐君獲是本於三泉林監察之所傳，讀而説之，謂是傳宜廣，但備采書疏而不及詔令。蓋詔令出於朝廷，當有大手筆在，固無假於秦漢也。刻板莊洞學，使士之遊學於洞者，獲縱觀焉，率監察意也。監察姓徐名紳，字思行，號五台，以名進士起家云。半葉十行，行十九字。范閣《書目》曾著録之。

皇明奏疏類鈔六十一卷 明刊本。

前有萬曆十年呂藿序，略云，陪都御史大夫汪公雅有家學，取國朝奏疏曰胅篋，而取其最者，得若干章，一日以授林、張兩侍御，皆謂宜諸剞劂。次有重刻序，爲萬曆十六年姜寶撰，略云，前御史大夫少泉汪公所編《皇明奏疏彙鈔》，頃侍御衛宇孫公、鍾嶽方公，以所收爲未備，乃與諸侍御蒐往牘、稽故實，多所增入，間亦有删去之者，命工重校刊。後世人臣進言於君曰疏，論事君前曰議，今内府所刊行《歷代名臣奏議》，與世所別編《宋名臣奏議》，卽疏與議並該載其中，中間人品有賢否，所論議有純疵，不容並録而混收，經前人編輯，必有選擇去取焉。我朝奏議，接前代而編，當收之内府，與所嘗刊行者，合而爲一書。倘自以昭代名編，又當無讓宋名臣所爲別編者，其選取固不得不詳且精也。孫公外補，去方公暨諸侍御更定，計共增入若干篇，删去若干篇云云。半葉十行，行二十字。

皇明疏議輯略三十七卷明鈔本。

明提督學校巡按直隸監察御史阮鶚裁定，直隸大名府知府張瀚纂輯。前有楊選序，又郡人晁瑮兩序。謂侍御阮公以《名臣經濟録》《名臣奏議》二書，去取猥雜，因屬大名太守張公删補，總三十門，附三百餘目，爲三十七卷，凡天人之孚應，邪正之區分，刑賞之懲勸，利害之行罷，以及軍旅財用之統要，禮樂刑政之綱目，靡不該載云。

李深之文集六卷舊鈔本，葉郋園舊藏。

此爲長沙葉氏舊藏，《讀書志》有題記云，此卽《四庫全書總目》史部傳記類之《李相國論事集》，唐史官蔣偕編。前有大中五年蔣偕序，每半葉十行，行二十一字。《四庫提要》云，舊本題曰《李深之文集》，唐李絳撰。深之其字也，今考其書雖以集名，實魏徵諫録之類。偕序稱，今中執法夏侯公授余以公平生所論諫凡數十事，始自内廷，終於罷相，次成七篇，目爲《李相國論事集》。其說甚明，今稱《李深之文集》，實不副也。宋晁公武《郡齋讀書志》稱，《李司空論諫集》七卷，云平生論諫數十百事，其甥夏侯孜所編，史官蔣偕序。按：偕序稱其書七篇，晁《志》七卷，今佚其一，已非原書。《提要》謂標題殆後人傳寫妄改，其信然歟。宋陸游文集有此書跋，稱舊有兩本，其一本七篇无序，其一本一卷，史臣蔣偕作序，是七卷本無蔣偕序。今此本有序，而序稱《李相國論事集》，與晁《志》所云《李司空論諫集》七卷蔣偕爲序者，名稱又不合。《提要》疑今本爲七卷殘本，偕序爲後人以游跋更正，則晁《志》所見七卷，已有偕序，是固非後人以游跋更正斷可知矣。然此書向無刻本，此本每卷皆標《論事》二字，而大題乃稱文集，其如何改易，無從詳知。要其原書，固猶十得七八，當時魏鄭公諫錄，陸宣公奏議，與此泂不愧有言責矣。有“葉氏麗廔臣德輝”方形章，有一極小字章云，“長沙葉氏郎園藏書處曰麗廔，藏金石處曰周情孔思室，藏泉處曰歸貨齋，著書處曰觀古堂”。刊刻甚精，葉氏藏本捃之不多。

范文正公奏議上下卷{明嘉靖本。}

宋范仲淹撰。卷上前題明賜進士及第資政大夫南京吏部尚書致仕睢陽後學朱希周、明賜進士出身資政大夫禮部尚書兼翰林苑學士致仕華亭後學孫承恩、明將仕佐郎翰林苑待詔雁門後學文徵明、明賜進士出身承德郎禮部儀制清吏司主事郡後學陸師道同校、明賜進士出身中順大夫浙江等處提刑按察司提學副史十六世孫惟一校刊，明賜同進士出身中天大夫浙江嚴州府知府韓叔陽重刊。前有韓琦序，稱公之所陳，用於時者，大則恢永圖，小則革衆弊，爲不少矣。其未用者，今副藳所存，爛然可究，一旦朝廷舉而行之，興起太平，如指掌之易耳。次子寺丞君緝公遺文，以琦昔帥西兵，翊內樞，與公並任，而出處之與公同也，俾序以冠其首。後有嘉靖辛酉滁上胡松序，謂後五百餘年而先生十六世孫學使君于中、嚴守韓君重梓。所謂于中，蓋卽校刊之惟一也。半葉十八行，行二十字，大板本。

盡言集十三卷明隆慶辛未仿宋淳熙刻本。

此爲長沙葉氏德輝舊藏。葉氏有跋云，宋劉安世《盡言集》
十三卷，實當時奏箚之文也。前有石星序，稱是集凡三卷，《四
庫全書總目》著録卽此本，亦十三卷。《提要》云，證以《永
樂大典》所載，一一相符，殆校讐偶疏，三字上脱十字也。余
案：宋陳振孫《直齋書録解題》章奏類載是集本十三卷，《大
典》所採，當卽此本。此明隆慶辛未重刻宋淳熙戊戌括蒼郡齋
本，每半葉十行，行十八字。自淳熙刻本以來，僅有此刻本。
安世立朝，不附朋黨，當時蜀洛之徒，互相水火，而安世於蘇
軾、程子並有彈劾，朱子撰《名臣言行録》，於王安石、吕惠卿
皆有所取，獨不録安世，豈非以其詆毁程子之故歟？安世，《宋
史》列傳稱其少師司馬光，哲宗初以光薦，除秘書省正字。謂
其忠孝正直，似司馬光，而剛勁過之，故彈劾權貴，盡言不諱，
當時有殿上虎之稱。今觀集中奏事諸文，無不義正詞嚴，絶無
忌避，嫉惡太甚，不無過激之辞，要其浩氣英光，使千載下人
讀之凛凛然猶有生氣。涑水淵源，因應有此高第弟子矣。此書
與明顧璘《近言》一卷，均四明范氏天一閣散出之書，其宋元
舊鈔，久爲京師、上海兩地人購去靡遺。吾所所得者，皆明本
及零星小種。

宋丞相李忠定公奏議六十九卷附録九卷明刊本。

宋李綱撰。前有少保觀文殿大學士醴泉觀使申國公陳俊卿
撰序，略謂，國朝祖宗，以仁覆天下，垂二百年，更夷狄之變
者三，皆得人以任其事。景德契丹之變，寇萊公任之；康定元

昊之變，范文正公、韓忠獻公任之；靖康金虜之禍，比是二者
尤鉅，而丞相隴西李公，亦慨然以身當其變。是數君子者，皆
忠烈英特之士也。予既敬服數公之行事，因欲覽觀其遺文，萊
公它文，不甚見於世，獨其詩傳，蓋百有餘篇，辭健而格高，
旨深而思遠，真作之傑者也。至於文正忠獻，則家集在，其言
之形於文字、奏議之間者，蓋與其謀謨勳業惟稱，李公近與予
耳目接，私不得其文爲恨。淳熙丙申，予帥三山，其子秀之裒
集其文以示予，求序以冠其端。蓋表章、奏剳至八十卷，而詩
文猶不與焉。世之有其學者，常患乎無其材，有其材者，常患
乎無其節，三者備矣，然使其辭之不達，則不足以動人主之聽，
言之不文，則不足以永後世之傳，是以君子貴其全也。予竊惟
方虜騎闖城之際，在廷之臣爭爲講解遷避之説，公孑然孤忠，
殆未易以口舌爭，卒能感悟萬乘，爲堅守之策。觀公之奏議，
明白條暢，反覆曲折，其叙成敗利害，灼然如在目前，宜乎感
悟明主之聽而亟從之也。使公之謀盡用，則胡騎必無再下之禍，
而其勳業可以絶寇萊、韓、范矣。惜乎，其奪於讒而不之竟也。
光堯中興，因天下之望而首相公，十議所陳，規摹宏遠矣。劉
麟之役，公雖在外，且畫三策六條，以獻王倫之使，公復憤惋
抗疏以爭之，與時論不合，不顧也。其後序云，使公之言用於
宣和之初，則都城必無圍迫之憂；用於靖康，則宗國必無顛覆
之禍；用於建炎，則中原必不至於淪陷；用於紹興，則旋軫舊
京，汎掃陵廟，以復祖宗之宇，而卒報不共戴天之仇其已久矣。
顧乃使公之數困於庸夫孺子之口，而不得卒就其志。今天子方總
羣策以圖恢復之功，使是書也，得備清閒之燕，而幸有以當上
心者焉，則有志之士，將不恨其不同於前日，而知天之所以生
公者，真非偶然矣。因次其説以附於八十卷之末，則淳熙十年

宣教郎直徽猷閣主管台州崇道觀朱熹撰也。末有正德年間胡文靜及林俊兩跋。半葉十行，行二十二字。

少保于公奏議十卷寫本。

明于謙撰。公之詩文集十三卷，世尚有之，而奏議單行本則殊尠。是帙首冠肅愍畫像，諭祭文、誥命、祠祭文、行狀、神道碑，《奏議》則分北伐類二，南征類二，雜行類六。巡按浙江監察御史對川王紳序云，公《奏牘》十卷，舊本失傳，且多散逸，屬杭郡陳守仕賢刊輯成書，成化丙申六月前南京兵部尚書溫陽李賓並爲序。後則嘉靖二十年十月知杭州府事福清陳仕賢刊行，世不多見。清光緒間，錢唐丁氏始爲重刊，流傳乃廣。丁氏復編輯《于忠肅公祠墓錄》十卷，首末二卷，搜輯諸書，至爲詳贍。吳氏《養吉餘錄》引《研經室集》云，于忠肅不諫易儲事，後人爭疑之。相傳齊次風侍郎嘗宿祠中，夢忠肅告曰，當日《諫易儲疏》留中不發，外人無知者。子異日入史館，當爲我表章之。既而侍郎果直禁廷，與修《明史》，遍檢前明檔案無之。餘姚邵二雲習聞其語，入館後留意搜訪，最後於通政使署得當時舊册，有大學士于某爲太子事一摺，具載月日。數百年疑案始定，惜疏稿卒不可得。此亦軼聞也。

鄭端簡公奏議十四卷明寫本，葉雲素舊藏。

明鄭曉撰，門人項篤壽校梓。曉《明史》有傳，端簡其謚也。此書卷一至十爲淮陽類，卷十一爲兵部類，十二至十四爲刑部類。曉之子塤項篤壽敘而梓之，蓋項之於端簡以女夫而兼門人，猶之黃勉齊之於朱子矣。《天一閣書目》止載曉《謝恩疏》一卷，清《四庫》祇著錄《端簡文集》而無十四卷之《奏疏》，當是未見也。卷首有"葉印繼雯"四字章。繼雯號雲素，乾隆庚戌進士，官給事中。梁氏章鉅《師友記》卷六云，君在樞值，年資較深，博學雄文，一時無出其右。每當直務填委，輒絮談書畫，以此爲同輩所嫉。又篤信道家言，於道教南北二宗，言之了了，嘗應同人觀劇之集，遇純陽真人登場，必拱立以俟其入，殊可笑也。

晏子春秋四卷 明刊本。

前有護都水使者光祿大夫臣向《進書表》，表後有"萬曆十六年冬月之吉後學吳懷保校梓"一行。表云，所校中書《晏子》十一篇，臣向謹與長社尉臣參，校讐太史書五篇，臣向爲一篇，參書十三篇，凡中外書三十篇，爲八百三十八章，除復重二十二篇，六百三十八章，定著四篇三百一十五章，外書無有三十六章，中書無有七十一章，中外皆有以相定。中書以夭爲芳、又爲備、先爲牛、章爲長，如此類者多，謹頗略楮，皆已定以殺青，書可繕寫。晏子名嬰，諡平仲，萊人。萊者今東萊地也。晏子博聞強記，通於古今，事齊靈公、莊公、景公，以節儉力行，盡忠極諫，道齊國君得以正行，百姓得以附親。不用則退耕於野，用則必不詘義，不可脅以邪。白刃雖交胸，終不受崔杼之劫，諫齊君懸而至、順而刻，及使諸侯莫能詘其辭，其博通如此。蓋次管仲，内能親親，外能厚賢，居相國之位，受萬鍾之祿，故親戚待其祿而衣食五百餘家，處士待而舉火者，亦甚眾。晏子衣苴布之衣、麋鹿之裘，駕敝車疲馬，盡以祿給親戚朋友，齊人以此重之。其書四卷，皆忠諫其君，文章可觀，義理可法，皆合六經之義。又有復重，文辭頗異，亦不敢遺失。又有頗不合經術，似非晏子之言，疑後世辨士所爲者，故亦不

敢失。斯書也可常置旁御觀，謹第錄。臣向昧死上聞。表中所
言晏子事實，多與《説苑》同，蓋均出向手也。半葉九行，行
二十字。

敬鄉錄二十三卷結一廬藍格寫本。

元吳師道撰。《前錄》自序，略云，師道曩侍先大父傍，及
見故時遺老談鄉里前輩事，頗竊聽一二，遺文殘棄，借玩傳鈔，
每樂而不厭。比年諸父淪喪，衣冠道消，出里門無與言儒者，
時時番閱故藏，則近因里中火後，散軼已多，俛仰四十年，欲
質其事而無從。因念蘭溪縣漢隸會稽，後爲三河戍，唐咸淳始
置縣，迄宋季，上下千數百年，其間豈無名世者。而郡志所載
僅六人，且仙佛之徒半之，則記載缺略可知已。南渡都杭，近
在畿甸，文學之風，何啻什百於前。碩儒才士、名卿賢相，相
望輩出，易世來未有紀者，若其人名位，著論顯然，固不可泯，
不幸而不爲人所稱。今遂浸微，更數十年豈復有知之者哉！因
比次得若干人，略識本末，間采詩文附焉，無則缺之，非徒尚
詞藻也。因其言論風旨，而其學問志節，與夫當時風俗人物亦
可概見。而祠廟碑志，則又是邦故實之所存，如《東峯亭記》
《進士鄉飲題名》之屬，亦當在所考，並置於前，名之曰《敬鄉
錄》焉。君子之學，上希聖人，生乎吾前者之所以階而至於聖
也，善往而弗存，歸求有餘，行遠自邇，況朱呂之傳，有在是
者乎。彼其闊視六合而狹小一鄉，凌厲千古而厭薄近代，則與
重鄉士尊前輩之意不類，非某所敢知也。《後錄》序曰，宋紹興
二十四年，婺通守洪遵修《東陽志》，其紀當代人物，僅僅數
人，蓋斷自渡江以前，理則宜然，而其所記有下及紹興者，又
不盡用此例，則所遺固多。仙釋之徒與賢士大夫執愈，若滕章

敏、宗忠簡輩又皆出於其前，而不見列，何也？最後《事類》一卷，凡稗官小説，怪誕猥褻之事，涉於婺者悉不棄，博則博矣，無乃詳於所不必録，而略於所當録者乎？按，吾婺昔隸會稽，後爲東陽郡，以至於今，千幾百年矣。晉魏以前，如江治中、王徵士，非劉孝標之文，則莫得而知，郡志亦失考，而賴是以傳，然猶不得其名，信乎，紀載之不可闕也。況自宋中葉以來，材賢繼出，其顯於靖康、炎、紹之際者，皆生於嘉祐以後，涵濡之深，風氣之開，豈苟然哉！忠義功名，宗公當爲第一，下逮乾道、淳熙，吕太史道德文章鄒魯一方，師表百代，視前世又遠過焉。於是名卿、賢相，大魁、碩儒，名人、偉士，肩摩踵接，蓋不可勝數。而其季年，北山何公、魯齋王公，則又紹紫陽之的傳，至今私淑者，獨不失其正，亦盛矣哉。夫其名爵在史編，論著在天下，章章傳頌之，決不遂泯没，無俟纂集可也。特沉微不著者，遺文逸事，稱道殆絶，或地望舛錯，文亦失真，逝者有知，豈無憾於冥冥耶！愚不自量，既集録蘭溪諸賢，因及一郡，兹事體重而聞見單寡，不能盡知，故所録僅止此。方且與同志博考而具載之，非敢有所舍取也。然初意主於表微，而並及顯者，其或人文俱顯，録所弗及者，亦不無微意焉。此書所記人物，自梁迄宋末，每人先次其行略，而附録其所著詩文，亦有止著其目者。清《四庫提要》謂所編輯宋人小傳，猶在《宋史》未成以前，故記載多有異同。又謂，元好問《中州集》以詩存史，爲世所重。師道此書，殆與相埒，以其因人物以存文章，非因文章以存人物，與好問體例略殊，故隸之於传記類云云。惟按《吴禮部集》，附録張樞撰《墓表》、杜本撰《墓銘》、宋濂撰碑皆云二十三卷，今《四庫》中止十四卷。又《吴禮部集》卷十五有《敬鄉前録》《敬鄉後録》

二序，是原書分前、後二錄，而庫本與之有異。明章楓山作
《蘭谿縣志序》，卽稱此書亡逸不存。陸氏䀉宋樓據文瀾閣本傳
鈔，丁氏八千卷樓據嗚野山房鈔本，均訛舛甚多，校讐不易。
吳興陸鈞衡《適園叢書》以《駢體文鈔》校駱賓王文，《唐文
粹》校馮宿文，《宋文鑑》校俞紫芝文，《中州集》校滕茂實
文，又以《宋元學案》《宋詩紀事》《姑蘇志》《陳龍川集》互
相參校，自稱十得其七。胡氏宗懋又據各家原集互校，紕繆仍
多，因成《考異》一卷，又作辨疑一篇，亦讀是書者所應取資
也。此書歸安陸氏刻之《十萬卷樓叢書》，此爲仁和朱氏藍格精
寫，蓋出舊本。繆氏《藝風堂藏書記續》云，朱澂字子清，江
蘇候補道，仁和人，太常寺卿脩伯先生長子也。脩丈官京師時，
正值庚申之變，舊刻名鈔散落廠肆，不惜重值所得獨多。子清
家學涵濡，嗜古尤篤。《結一廬書目》高出尋常收藏家萬萬。己
丑相遇滬瀆，子清曾言續有所得，出此目者幾及一倍。近代書
目，自以恬裕齋爲佳，宜仿爲。並有代編書目之約。別去未久，
子清卽歸道山，書亦盡歸張幼樵前輩。辛亥，張氏書籍流出東
洋云云。蓋朱氏固兩世藏書者也，脩伯名學勤，有《結一廬遺
文》。

名臣碑傳琬琰之集前集二十七卷中集五十五卷
下集二十五卷舊鈔本。

　　宋眉州進士杜大珪編。自序曰，國朝人物之盛，遠追唐虞
三代之英，秦漢以來鮮儷矣。自建隆、乾德之肇造，暨建炎、
紹興之中天，因時輩出，豐功偉烈，焜燿方冊。雖埋光鑱采，
位不稱其德者，亦各有紀於時。欲求之記事之書，則灝灝噩噩，
未易單究。雜出於野史見聞者，其事又裂而不全，未足以觀其

人之出處本末。好事者因集神道、誌銘、家傳之著者爲一編，以便後學之有志於前言往行者。韓退之《韓洪碑》、杜牧之《譚忠傳》，今質諸正史而皆合。學者將階此以攷信於得失之迹，不爲無助云。紹興甲寅暮春之初謹書。

伊洛淵源録十四卷續録六卷明刊本。

《伊洛淵源録》，宋朱熹撰；《續録》，明謝鐸撰。前有成化癸巳浙江等處承宣布政使司左布政孝感張瓚重刊序。次至正癸未黄清老序，略云，大參趙郡蘇公志在斯文，藏此本唯謹，既而嘆曰，詞章之盛，性命之衰也，盍廣吾傳乎？時湖北道貳憲仲温公見之曰，是録天命在焉，人不可以不聞道，豈獨學者哉！乃以公帑鋟於鄂宮。次至正癸未蘇天爵序，略云，《伊洛淵源録》者，新安子朱子之所輯也。朱子既輯《八朝名臣言行録》，復輯周、程、張、邵遺事以爲是書，則汴宋一代人材備矣。天爵藏是書有年，及來鄂省，謀於憲府諸公刊置郡學，與多士共傳焉。我世祖皇帝既定天下，惇崇文化，首徵覃懷許文正公爲之輔相。文正之學，尊明孔孟之傳經，以及伊洛諸儒之訓傳，故當時學術之正，人材之多，而文正之有功於聖世，蓋不可及。夫伊洛之書，固家傳而人有之，然學之者欲以見諸實用，非徒誦習其文以爲決科之計而已。《續録》前有成化庚子黄巖謝鐸序，略云，晦庵先生既没，其遺言緒論，散見六經四子者，固已家傳而人誦矣。獨其授受源委與夫出處、履歷之詳，窮鄉下邑之士或有所未究。鐸僭不自量，於是竊取先生之意，具録勉齋所撰《行狀》，與其師友之間凡有預於斯道者，定爲《續録》六卷，以見先生繼往開來之功於是爲大。半葉十行，行二十字。伯驥按：遠西諸邦有學史，朱子之書，實爲吾國學史之先導，明馮從吾之《元儒考略》、劉元卿之《諸儒學案》，則承其流風而興起者也。周氏汝登之《聖學宗傳》、孫氏鍾元之《理學宗傳》，又在黃梨洲《明儒學案》之前，然而梨洲宏博矣。梨洲又有《二程學案》二卷，吾家藏寫本，先君子遺書也。

廣卓異記十卷舊寫本。

宋樂史撰。其自序略云，昔李翱著《卓異記》三卷，述唐朝君臣超異之事，然未爲廣博。臣初入館殿日，亦嘗撰《續唐卓異記》，臣又讀漢魏以降至於五代史，竊見聖賢卓異之事，不下唐時之人，卽未聞有纂集者。臣今自漢魏以降至於周世宗並唐之人，總爲一集名曰《廣卓異記》，凡一十卷，並《目錄》二卷，無非異代簪纓蓋世功業，三復省之，不無所益。《易》曰積善之家，必有餘慶。且累代富貴，豈不曰積善之致焉。臣嘗撰《總仙記》，其間有全家爲卿相、累代居富貴者，何異焉？其或慶者在堂、弔者在閭，若能以道消息，寄懷於虛無之中，則躁競之心塞，清净之風生。壽骨欲低，自然高矣；禍門欲開，自然閉矣。此書既成，不敢不進。雖不補三館之新書，亦擬爲一家之小說。干冒宸辰，伏增憂越。謹序。卷第一帝王事，卷第二后妃、王子、公主，卷第三雜録，卷第四臣下貴盛之極者，卷第五、六、七臣下，卷第八臣下顯達之速者，卷第九、十、十一臣下，卷第十二雜録，卷第十三、十四、十五、十六臣下，卷十七無標題，十八雜録，十九無標題，卷第二十神仙。許真君全家登仙，張子房四世六人登仙，茅濛祖孫四人登仙之類，皆引述《總仙記》。

唐才子傳十卷陳仲魚手校三間草堂本。

元西域辛文房撰。此書前人頗尠著録，鄒氏《午風堂集》

卷七云，《楊東里集》載《唐才子傳》，總二百九十七人，皆有名當時，其見於《唐書》者百人。《池北偶談》惜其書之無傳。《永樂大典》載此書，尚存二百七十八人，輯成八卷。視計有功《唐詩紀事》較見詳備，傳後論斷亦往往切中利病。余錄得一本藏之云云。清《四庫》著錄本即源於此，所謂采摭繁富，不無少舛者也。庫本析爲八卷，《指海》本則十卷，《日本佚存叢書》活字本與此本亦十卷。前有自序曰，魏文帝著《論》稱文章經國之大業，不朽之盛事，年壽有時而盡，未若文章之無窮。唐興尚文，衣冠兼化，無慮不可勝計。擅美於詩，當復千家，歲月荐荐，遷逝淪落，亦且多矣。況乃浮沈畏途，黽勉卑官，存沒相半，不亦難乎！崇事奕葉，苦思積年，心神遊穹厚之倪，耳目及晏曠之際，幸成著述，更或凋零，兵火相仍，名逮於此，談何容易哉！夫詩所以動天地，感鬼神，厚人倫，移風俗也。發乎其情，止乎禮義，非苟尚辭而已。遡尋其來，國風、雅、頌開其端，《離騷》《招魂》放厥辭。蘇、李之高妙，足以定律。建安之遒壯，粲爾成家。爛熳於江左，濫觴於齊梁。皆襲祖沿流，坦然明白。鏗鏘愧金石，炳焕却丹青。理窮必通，因時爲變。勿訝於枳橘非土所宜，誰別於渭涇投膠自定，蓋係乎得失之連也。唐幾三百年，鼎鐘挾雅道，中間大體三變，故章句有焦心之人，聲律至穿楊之妙，於法而能備，於言無所假。及其逸度高標餘波遺韻，臨高能賦閑暇微吟。舊格近體、古風樂府之類，芳沃之忌，猶金碧助彩，宮商自協，端足以仰緒先塵，俯謝來世。清廟之瑟，熏風之琴，未或簡其沈鬱。兩晉風流，不相下於秋毫也。余遐想高情，身服斯道，窮其梗概行藏，散見錯出，使覽於述作，尚昧音容，洽彼姓名，未辨機軸，嘗切病之。頃以端居多暇，害事都損，遊目簡編，宅心史集，或求詳累帙，因備先傳，撰擬成篇，班班有據，以悉全時之盛，用成一家之言。各冠以時，定爲先後，遠陪公議，誰得而誣也。如方外高格、逃名散人，上漢仙侶，幽閨綺思，雖多微恐有誤。考實，故別總論之。天下英奇，所見略似，人心相去，苦亦不多。至若觸事興懷隨附篇末。異方之士弱冠斐然，狃於見聞，豈所能盡。敢倡斯盟，尚賴同志相與廣焉。庶乎作九京於長夢，詠一代之清風，後來奮飛可畏相激，百世之下，猶期賞音也。傳成凡二百七十八篇，因而附錄不泯者，又一百二十家，釐爲十卷，名以《唐才子傳》云。元大德甲辰春引。此爲嘉慶乙丑三間草堂校刊，陳氏加以校正，朱筆精寫。近人嘗錄其校語，活字印之，此則原本也。卷末有陳氏朱筆跋語，前有陳氏圖象章，有白文章云，"得此書，費辛苦，後之人，其鑒我"。末有"海寧陳氏向山閣圖書"一章。

<h2 style="text-align:center">潤州先賢事實錄六卷明天順刊本。</h2>

前題直隸鎮江府知府四明姚堂編輯，通判湘陰劉文徽同編。前有天順六年沈固序。次有天順七年姚堂自序，略謂，郡庠舊有清風大節祠，惟陳公東、陸公秀夫二賢得祀，餘先正諸公未易軒輊，而皆不預。各捐俸爲經營費，稟請於奉巡撫都憲劉公，迺於戟門之右，成聚門之南，鼎建祠宇。然諸賢事實，郡誌或遺或略，邦人罔知，復與通守劉君考摭傳記，旁采好事者，所得頗悉，輒編次成帙，名曰《潤州先賢錄》，將鋟梓以傳四方。次有同安鄭霦《潤州鄉賢祠記》，略謂，高風足以愧貪得者，如吳延陵季子札、漢隱士焦公先、宋漫塘劉公宰。忠節之足以驚鬼神者，唐扶陽王桓公彥範、在宋則開封府尹宗公澤、上舍陳公東、左丞相陸公秀夫。相業之得其宜者，右僕射蘇公頌、參

知政事張公綱。直諫之不避斧鉞者，徽猷閣學士洪公擬、龍圖閣學士王公遂。其他如尚書左丞王公存、太子中允石公曼卿、資政殿學士邵公亢之德望。與夫漢諫議大夫包公咸、吳侍中韋公昭、唐常山縣公馬公懷素、鄆州刺史許公渾、宋國子直講焦先生千之、敷文閣學士洪先生興祖之文學。四明姚公堂來爲郡守，偶閱郡志載諸君子之略，因移俸易材，建祠以祀之。此書分類，高風第一，忠孝第二，相業第三，直諫第四，德望第五，文學第六，共六卷。半葉十行，行二十一字，大板精刊。

莆陽文獻十三卷列傳七十五卷明刊本。

前有嘉靖甲申林俊序。次有嘉靖乙酉山齋鄭岳序，略謂，莆之地始闢於秦，吾祖南湖露公始以其學倡之，歷唐而宋，有海濱鄒魯之稱。歷代既久，遺文散落，未有蒐掇而會粹之，用備一郡之典。鄉望見素林公、松厓方公，因授役於予。次有萬曆四十四年黃起龍重刻序，略云，吾鄉鄭司馬山齋輯郡內梁、陳至今著作，凡十三卷，又取名公事蹟爲列傳七十四卷，名曰《莆陽文獻》。自國初百五十年，則鄭公修《文獻》時矣，再五十年，則柯希齋公續《文獻》時矣，再四十餘年則今日矣。是書遭嘉靖壬戌兵燹，僅存一部，龍思歷代人文之盛，懼鄭公手澤之湮，遂付剞劂，以廣其傳。前題兵部左侍郎山齋鄭岳編定，南京吏科給事中後學黃起龍重校梓。半葉十行，行二十字。鄭岳字汝華，《明史》有傳，有《山齋集》二十四卷，著錄清《四庫》。《明史》稱岳屢拒中官之干請，論寧王宸濠之不法，居官頗以風節稱。嘗與李夢陽互訐而罷官，又爲聶豹所劾，蓋不獨文藝優長，其人品亦足重矣。其後柯維騏有《續莆陽志》。

程氏貽範集三十卷從明成化間刻本傳錄。

明程敏政著。前有敏政自序云，甲集第一至第七卷，爲王言及公移閒附以識跋之文；乙集第一至第二十卷，爲行實、傳誌、碑表之類；丙集一卷爲像贊，有未備者，稍以奠章輓詞之類補之；丁集一卷爲譜辨，訂其異也；戊集一卷爲譜號，要其同也。敏政最究心譜學，曾爲《統宗世譜》二十卷，刻梓以傳。其後又成《貽範集》一百卷，顧篇帙浩繁，事力弗及，乃先撥其要如右集，以俟後賢之有續云。大抵程氏所編之譜，則祇錄其世次，似續之大凡，而此集則搜羅凡有關程氏之文字，所謂誦先人之清芬。如吾粵南海朱氏修譜，而附以《傳芳集》，此卽其先例也。自序後有云，婺源大畈汪道全、休寧西門汪克正繕寫，歙仇村黃文敬、文希、文達、文漢、文通、永暹、永昇、王充、仇以興、以茂、以忠、以森刊。此爲精寫刊本，觀其題名，可以見此等良工多是世業，而明時安徽板刻之精，又可見一斑矣。

關王事迹五卷玉泉志三卷舊刊本。

元巴郡胡琦撰。關王謂漢關羽，考宋大觀二年加封羽爲武安王，宣和五年加封爲義勇武安王，建炎二年加封爲壯繆義勇王，元文宗天曆元年加封爲顯靈義勇武安英濟王。至三界伏魔大帝神威遠鎮天尊關聖帝君字樣，則明萬曆四十二年始封。作者爲元人，故題關王也。前有至大元年琦自序云，予初讀《三國志》至《漢壽亭侯關壯繆傳》，未嘗不釋卷而歎，想見其爲人而哀其志之不伸也。後在當陽，訪求其所謂章鄉，章鄉者侯死所也。每過之尚凛凛如生，未嘗不徘徊瞻顧，慨然感動，而嘉其大節之不可奪也。嘗謂漢自中平以後，天下大亂，曹操遷天子於許都，孫權擅土地於江表，二人用心可知矣。是時羣材並出，從而附之者，莫非漢臣，漢危不扶而佐魏吳傾覆之，迹其所爲，遺臭於天下。孰若雲長大勇憤發，心不忘義，事漢昭烈，誓同生死。守荆州九年，賊畏之如虎，討樊之舉，鼓忠勇之氣，破奸雄之胆，可不謂壯哉！惜乎，事機垂成，禍生於所忽，乃守其志始終不回，卓然爲漢忠臣，獨見稱於後世。廟食玉泉，至今不絶，四方祈謁，靈應如響，不亦盛乎！及考其事迹，本末具存，《國志》所不載者，散在衆籍，文字交錯，難用檢尋，覽之者不無病焉。而世俗所傳，道聽塗説，鄙俚怪誕，予竊笑之，故嘗有刊正之志而未能也。舊令尹孫君吉甫，燕山之彦也，好古而文，大德丙午之春，過予漳濱，因問三國所以興亡，又問雲長成敗之由，及玉泉靈顯之迹。予一一據實以對，吉甫喜甚，且曰，先生盍裒爲一家之書？予應之曰，此僕本心也，不敢以愚賤辭。於是退而具草，以本傳爲主，旁搜前史，互閱故書，校其同異，差次而推衍之，編爲實録，其文則因於舊，其事則詳於前，遂乃晉而諭之，以備遺忘。又輒用己意，稽古驗今，列爲八圖，有《神像圖》，有《世系圖》，有《年譜圖》，有《司馬印圖》，有《亭侯印圖》，有《大王冢圖》，有《顯烈廟圖》，有《追封爵號圖》。又廣覽載記，採事摭實，析作四門，曰靈異、曰制命、曰碑記、曰題咏，積年而後成立，名曰《關王事迹》，凡五卷，別爲《玉泉志》三卷，以附其後。雖不足傳之將來，且欲抄之山房，以成吉甫之美意焉。卷第一、二實録、論説，卷第三圖，卷第四靈異、制命，卷第五碑記、題咏。卷一第六葉小註有云，雲長《辭曹書》，予得其本於荆門故人家，其文義不似漢時文字，蓋後人擬而作之也，玆不録。蓋撰者固頗矜慎矣。半葉八行，行十六字。此書之後，明有吳濬、吕柟、薛三省、戴光啓諸人，皆於關氏事實有所述作，戴氏之《關帝紀定本》，則清《四庫》著録之。清海鹽崔應榴又著《關帝事蹟徵信録》。

鄂國金佗稡編二十八卷續編三十卷<small>元刊本，清成哲親王舊藏。</small>

宋岳珂撰。前題孫奉議郎權發遣嘉興軍府兼管内勸農事岳珂。前有陳氏序云，宋高宗承祖宗之緒，雖間關播越，退保江南，然與漢光武不階尺土者異矣。而靖康之敵，又非新室、赤眉之比，南渡將相，肺腑爪牙之臣，亦非若曩時馮異仗劍而崛起者。加以重熙累洽之漸摩浸漬，淪膚浹髓，垂二百年，一旦兩宮蒙塵，宗社爲墟，中原父老，日夜欷歔，思宋不減三輔。然光武弟兄徒步南陽，左袒一呼，盡復高皇帝舊物，其故何哉？蓋光武知人，明見萬里。高宗舉國聽於權臣，故回溪之敗，馮異之罪小；朱仙鎮之捷，岳飛之功大。光武不以一挫之失忘遠圖，故卒以再造之功興漢室。高宗不能因戰之鋒用岳飛，而徇主和之失任秦檜，故以恢復自任者，適足以媒忌嫉之口，以忠貞許國者，卒無以逃鍛鍊之禍。夫所貴乎中興之主者，不以其能雪父兄之恥，光祖考之烈乎！今舉垂成之業而棄之，使馮異君臣專美於千載，岳飛父子唧冤於地下。此孝子忠臣所以讀《金陀稡編》者，未嘗不爲高宗惜也。飛父子歿餘二十年，孝宗受禪，其孫珂實始以《籲天辨誣録》詣闕訴上。由是詔賜墳廟，復爵位，頒封諡，禄遺孤。時高宗爲太上皇，猶及見之。吾意其北望舊京，必恨不誅秦檜以謝天下。嗚呼，已無及矣。編總若干卷，今浙行中書平章政事兼同知行樞密院事吳陵張公命斷事官經歷吳郡朱元佑重刻。且曰，西湖書院，岳氏故第也，宜序而藏諸。至正二十三年三月甲子，左右司郎中臨海陳基序。

後有戴洙序，略云，此書舊有嘉禾刻本，歲久脫壞，至正間朱元祐求得其本，參互考訂，重刻於西湖書院，較舊刻爲詳，即是本也。中有闕文，一仍其舊，蓋無從補輯。珂居在嘉興金陀坊，故以名書，《粹編》成于嘉定戊寅，凡《高宗宸翰》三卷，《鄂王行實編年錄》六卷，《鄂王家集》十卷，《籲天辨誣》五卷，《天定錄》三卷。《續編》成於紹定戊子，凡《宋高宗宸翰摭遺》一卷，《絲綸傳信錄》十一卷，《天定別錄》四卷，《百氏昭忠錄》十四卷。缺葉存空紙在內，印本尚早，某家書目謂爲宋板，並云《文集》十卷俱全，是最足之本。不知《家集》編入《初編》，非附錄之書也。編者似欠分曉，當是序跋脫去，以爲宋槧耳。半葉九行，行十七字。卷末有“詒晉齋章”，當爲前清成哲親王藏本。親王名永瑆，高宗第十一子，有《詒晉齋集》。集中有詩目云，家有書積漸多矣，以經史子集次其目，題以長句。又，李林《松易園集》卷六云，錢坤一先生載，手鈔元蘇宏道書延祐甲寅科江西鄉試第二場《石鼓賦》，李丙奎、徐汝士、王與玉、陳祖義、李路、羅曾、吳舜凱及宏道凡八篇爲一冊。先生亦題一章，翁覃谿、錢竹汀、姚姬傳、程魚門諸先生並有作。成邸跋考據尤詳云云，於此可見其媚古好書矣。

溫公年譜六卷 明刊本。

明馬巒撰。前有嘉靖間馬氏序，略云，儒者之澤，不施於民久矣。兩漢唐宋，非無賢佐事業從功名中來，雖能僅致一時小康，而終愧三代盛治，其至誠動物，真儒顯效，溫公一人而已。晦翁以公並周、程、張、邵稱六君子，祀於寒泉精舍，侑食先聖，上繼顏、曾、思、孟之統。當其存時，程子以公並康節、橫渠，稱爲純而不雜。敬軒薛子釋之曰，蓋所學純乎仁義禮智之道則不雜，或出入乎異端術數世俗之學則雜矣。周、程、朱皆有年譜，近世月湖楊公復撰《二程年表》，公顧少焉，非闕典歟？巒幸生公闕里，慨自髫年獲讀遺書，竊考諸史傳、文集、記事之書，掇取其要，次爲此編，期與周、朱、二程之譜同行於世，因欲並取康節、橫渠、南軒、東萊事傳，統爲編年，會濂溪、兩程、晦庵洎公會爲一集，號《九大儒譜》成一家言，而力猶未暇，尚圖嗣成於異日，副夙志云，嘉靖壬辰涑水鄉後學迁生馬巒子端甫謹識。次有萬曆四十六年欽差巡按山西等處督理河東鹽課監察御史益津後學王遠宜撰序。末有跋云，宋温國文正公，維予小子露十八世祖也，世爲夏縣人，元祐間所敕建塋墓碑，巋然具存。及高宗南渡，公曾孫吏部侍郎伋扈蹕南遷，子孫因家浙之紹興山陰，而吏部公贈開國伯，實爲會稽山陰之始祖云。胡元僭竊，終其代隱處，無一仕者。至我皇明，科第相望，若大司成恂、侍御垔、助教公輇，未易悉列。迨露王父按察使相、巴陵尹初，皆起家進士，堅有還夏之志，賫志而没。露父解元晰來夏奉祀事，顧奕世宦遊顯矣，而家儲蕭然無儋石，獨以詩禮聞吳越間。五百年來，世業所傳遞者，惟告身、耆英圖、譜系及《傳家集》諸書而已，言行歷履之詳，散列於諸書。有道馬公巒廣搜博採，集成《年譜》，露謹付諸剞劂氏，以傳之永世云。萬曆戊午不肖孫露識。半葉九行，行二十字。

蘇長公外紀十二卷　明刊本。

明王世貞編次，璚之樸校定。前有世貞序，《總目》後有璚識語，略云，弇州司寇手編《蘇長公外紀》十卷，爲目二十，約事六百九十有奇，序而授之陳仲淳。余從姜伯甫借閱抄本，其詮次大都紊亂，因徧考《長公全集》刊正，兼引宋元及我朝諸小史，並《弇州四部稿》所載長公事，撮百餘事次第補入，復旁采羣籍録之終卷，名曰《逸編》云。板心有“燕石齋刊”四字，當是之樓家刻本。

皇明三儒言行要録五卷 明隆慶刊本。

明郜承春撰。前有趙焞序，略云，皇明薛文清先生、陳白沙先生、王陽明先生相繼崛起，隱見不同，其所以發明心學，扶持世教，直得孔孟之正脈，天下仰而師之者久矣。第世遠言逸，願學之士恒以不得見三先生全書爲恨。焞承乏長垣，得侍御史仰蓬郜公，獲聆其素所集要數篇，謀欲梓之以大其傳，遂協而謀諸礪齋段子、益齋程子，增輯其要，越一月而繕成，名其書曰《三儒言行録》，雖其言、其行、其事功，不能一一悉載，究其所以爲心學道脈者端不外是。郜序從略。目録：《薛先生行實》卷之一，《語録》上下。《陳先生行實》卷一，《語録》卷之一。《王先生行實》卷之一，《語録》上中下。附《政事》卷之上、《政事》卷之下。半葉十行，行二十二字。

紹興十八年同年小録不分卷 景宋本，傅節子舊藏。

《宋志》載樂史《登科記》三十卷，又二卷，起建隆至宣和四年。崔氏《登科記》一卷，不知作者。洪适《宋登科記》二十一卷、《書録解題》載李椿《中興登科小録》三卷，今俱佚，惟寶佑四年榜尚存，以文文山、陸君實、謝疊山三公之故。而是榜則以朱文公名在五甲第九十之故。前載紹興十七年手詔及次年策問，次載執事各官姓名，又次載進士姓名字號，出生年月日，三代鄉貫，凡一甲十八人，二甲十九人，三甲三十七

人，四甲一百二十二人，五甲一百四十二人，特奏一人。清
《四庫提要》稱執事官姓名後尚有進士榜名，又有附録，記董德
三十二人之事，及狀元王佐等三人對策之語，蓋後來附益之本，
非其舊矣。前人有此録跋語云，《述古堂目》不題刊本或鈔本，
黃蕘圃謂其非宋本可知。近聞張東畬藏明弘治本，而張之跋語
則云宋刻，需直二十四兩，惜價太昂，難以求易，可知此書宋
本甚不易見。三數百年來，惟邵青門言有宋刻本，藏武林朱氏，
蓋奉考亭爲始祖者。《天禄目》亦有宋本，青門非板本當家，而
天禄所藏，亦未必真確，然則此景宋抄本，亦可貴矣云云。范
氏《天一閣目》史部第六十一葉云，宋紹興十八年，晦庵朱先
生登狀元王佐榜第五甲第九十人。《同年録》後有弘治莆中鄭紀
識語，稱紹興在宋南渡之初，於今三百有餘年矣，其中科甲之
録，不知有幾，而是本獨存於世。狀元不知若而人，而王佐獨
見稱於今，殆必有故矣。科甲果足恃耶！兹以欽差巡視學校，
侍御王君明仲將梓以示南畿士子，故著之，有志科目者尚勉圖
之。此卽前跋所云之明本也。伯驥按：《三國·魏志》司馬朗年
十二，試經爲童子郎，監試者以其身壯大，疑朗匿年，朗謂捐
年以求速成，非志所爲。故後世應舉，多注年貌，而漢、晉間
同時薦舉者謂之同歲。《後漢書·李固傳》有同歲生得罪於冀。
《風俗通》云，南陽五世公爲廣漢太守，與司徒長史段遼叔同
歲。《晉書·陶侃傳》，侃與陳侃同郡，又同歲舉吏。至唐謂之
同年，唐憲宗謂李絳曰，人於同年，固有情乎。卽其證也。李
氏《養一齋集》云，宋元《登科録》，藉是可知當時科場制度、
試人履歷之式。寶佑之制，已不如紹興之詳，元統更不著編排、
點、檢、詳定、參詳等官，而履歷則俱著其字，宋元之典，略
可覩矣。見卷七。若夫會試題名録，宋人謂之“小録”，見《靖

康緗素雜記》卷九。王氏菉友《蛾術篇》卷下曾述之。伯驥又
按：録中所謂特奏者，攷《宋史》載開寶二年三月壬寅詔，禮
部閲貢士十年舉以上曾終場者，具名以聞，特恩各賜本科出身。
此特奏之名所由始。而《獨醒雜志》載董德元《登第詩》云，
“故鄉若問登科事，便是當時老榜官”。老榜蓋卽特奏，可以考
見當日故事，而其中所載小名某某，又足徵一時風俗，殊可珍
也。此爲大興傅氏以禮舊藏，末有傅氏識語，稱此書乃景鈔宋
槧之最佳者，己巳秋日從三山陳氏買得。季川道兄喜儲書，與
余有同嗜，時將應京兆試去閩，爰檢是書，以贈其行，不僅爲
插架之助，且寓一舉登科之頌云。以禮字節子，大興人，官於閩。
博極羣書，有《華延年室題跋》，曾以莊氏史案事實，備録同時
人筆記，以具原委，共二卷，藝風堂有抄本。節子又號節庵，見
周氏所跋史案中。節子喜刻書，吾家有《傅忠肅集》，卽其刻本。

皇明歷科狀元録不分卷明刊本，洪武至隆慶朝共四册。

　　明陳魁占撰，前有徐師曾序，略云，我高皇帝龍飛御極，
創立國典，斟酌往古取士之制，斷自聖衷，專用進士一科，廢
而復舉，遂著爲定典，三歲一行之。志於用世者非此無以進，
其一甲第一人，朝宁以狀元稱之，寵眷之禮，極優渥矣。《皇朝
狀元録》所以紀諸公事蹟，自設科以至今皆備矣。夫諸公勳業
載在國史，然金匱石室之藏世未易見。此編採其梗槩，略具終
始，亦士君子尚友之資乎，他若陰功先兆，往往具載，此天時
人事之相應也。覽是編者，亦足以勵其志矣。雨泉陳公魁占，
游心典籍，隨類劄記，遂成此編。攷之吾蘇，自宋淳熙間黃公
由魁先下繼登鼎元者七人，憲朝時崑山一邑聯占廷元者三。蔚
哉文風，于今加盛，江右吉安之風有望焉。是編之作，意在於

此。第一葉有題字云，"科目姓名舊本有訛者，並從田汝成、俞憲所考"。

成化元年山東鄉試録一册不分卷明成化刻本。

前有山西平陽府霍州儒學學正吳啟序，略謂，成化紀元之初，適當大比，山東藩臬重臣，恭循故事禮聘儒紳，以司文衡。至期，合六郡及邊徼文學之士一千有奇而羣試之。於時巡撫左副都御史賈銓綱維經畫。內而提調，則左布政使原傑、左參政葉冕、監試則按察使副使莊歙。外而防範、贊襄，則右參政李讚、陳雲鵬，副使張穆李琮，左參議江玭，右參議賈恪，僉事劉進、莊昇、徐毅、王輅、周濠、茂彪。而巡按監察御史朱瞳，則嚴考較以杜倖進，除宿弊以靖文場，實臨蒞而總司之，得文之中式者七十五人，謹書成録，將獻諸上而傳之四方。次列監臨官、提調官、監試官、考試官、同考試官、印卷官、收掌試卷官、受卷官、彌封官、謄録官、對讀官、巡綽官、搜檢官、供給官，巡綽搜檢，則用武職充之。次第壹場題目，首四書題，《論語》《中庸》《孟子》各一道；次五經題，每經各四道。次第二場題，論一道，詔、誥、表各一道，判語五條。次第三場題，策五道，其第四道，問《理學類編》一書，皆集先儒之格言，而示學者以窮理之要也。姑舉其要以質之，陰陽氣和乃雨，亦有龍能致之者，何與？雷本氣也，或擊人與物而成斧石者，果神物所主與。雲亦氣也，或閃爍激疾如金蛇飛騰之狀者，何形氣若是歟。次中式舉人七十五名姓名、次第，次擇選中式中名文若干篇，末有考試官柴璇後序。

蘇松武舉録不分卷寫本。

此爲明嘉靖二十八年蘇松武舉事實。前有饒氏序，略云，皇上憲天立政，俞大司馬之請，若曰，文陽而武陰也，陽不可以無陰，則文不可以無武。凡三歲，羣天下學校之士，而各以其鄉舉之，已乃武略之科繼焉，例也。維茲三吳，財賦之邦，府衛森列，知勇輩出，乘時奮庸。歲己酉，合材官旗舍民士百十有五人如例行，錄其尤者三十有二。蓋一時將帥之選，從前未有錄，始於今，以義起也。諸士吳產也，吳之先王闔廬，孫武以兵法見奇，而用之破楚入郢，威齊晉以顯諸侯，武著書十三篇，談兵者往往祖之。其言曰，將者智、信、仁、勇、嚴也。夫智也者，以言夫其善謀也；信也者，以言乎其出令也；仁也者，以言乎其恤下也；勇也者，以言乎其決機也；嚴也者，以言乎其御衆也。能是五者，將材備矣。或曰，西北東南，人材不同，而武恒右西北，然見於前志者，如陸抗、檀道濟、全景文、陸子隆輩，皆以吳人抗衡天下，大立戰功，庶幾乎爲時名將，誠有志焉，孰謂人不相及哉！巡按直隸監察御史饒天民序。次武舉條格，次案驗。條格是申明定制者。案驗則由巡按御史告示，略謂國朝武舉之設，所以拔豪傑於草莽、收將材於下僚。初未拘類，各屬官旗軍民人等，凡弓馬閑熟，兼知韜略者，俱准應試，惟監生省祭官生員不許。其考試之科，則爲騎射、步射、策論。其策論俱要照題議答，參酌己見，以觀經略，不許剽竊陳言，虛應故事。中式者俱照儒學生員免本身差役，原係軍職者亦量委官事，以示優異。次列監臨、監試、考試各官名號、略歷，次題目，次中式人名字，錄中共錄策對二首、論文二首，論文題目則爲《有文事必有武備也》。末有後序，略云，初試騎射，磬控縱送，不以律者，簡汰之；再試步射，射疏及遠，而鏃不再樹者，簡汰之；終試論策，疎於謀而畔於法者，簡汰之，蓋拔其尤者僅若干人。末題整飭蘇松兵備山東按察司副使魏良貴序。良貴，監試官也。

御製紀非錄一卷明寫本，潘氏淵古樓舊藏。

　　明太祖御撰。前有御製序云，朕觀曩古之列土者，其數該萬，自黃帝至於堯、舜、禹、湯、周，其諸國在堯、舜時尚全，自禹後漸削，至周存者甚寡，爲何？爲上乖天意，阻君爲奉天勤民之道，茫然無知，奢侈無度，淫佚無厭，以致神人共怒，身亡國除，至秦盡滅之矣。惟漢、隋、唐、宋、南北諸國，以子孫列土異同，古制損益，授之以福，然其諸受封之子，放肆不才，殺身亡國，具載史册，善者能幾人哉！今朕諸子列土九州之内，朕願藩屏家邦，磐固社稷，子子孫孫，同始終於天命。何期周、齊、潭、魯擅敢如此非爲，此數子將後必至身亡國除，孝無施於我，使吾垂老之年，皇皇於宵晝驚懼不已，爲何？噫，軍功者皆英俊也，撫有餘則可宣有辱之用爲羽翼乎，急之必變，民天命也，有德者天與之、民從之，無德者天去之、民離之。今周、齊、潭、魯將所封軍民一槩凌辱，天將取而不與乎！是子等恐異日有累家邦，爲此册書前去，朝暮熟讀，以革前非，早回天意，庶幾可免，汝其敬乎！洪武二十年春二月十有六日序。原序文頗有譌誤，無從校正。錄中敍歷代藩王爲惡，叛逆自殺十二人，叛逆被誅者十六人，專權亂政被誅者二人，謀叛貶死者一人，殺人幽死者一人，廢爲庶人除去原封國土，因循絕滅者九人，貶爵削地者十二人，罪惡昭著宥罪復國者十三人。伯驥按：明洪武六年輯《成宗藩昭鑒錄》十一卷，初命禮部尚書陶凱、主事張籌等采錄漢、唐以來藩王善惡以爲鑒戒，後凱因事編輯未成，于是詔秦王傅文原吉等續修之，《明史》作五卷，而《浙江采進遺書總錄》則十一卷，寫本也。又，潞王常

芳撰《古今宗藩懿行考》十卷，蓋皆取法戒之義。今此錄又歷
指當時諸王罪惡，有嫌本處女子脚大，差人於蘇杭收買女子者，
當時風氣，蓋極重小足歟。有擅將山東府州縣學生員揀選在府
使喚者，可見當時頗重士人流品矣。其餘過失，諸王各自不同，
皆分列之。明藩罪惡，可謂不一而足。書爲前清潘元祉藏，有
"潘叔潤圖書記"、"古吳潘元祉叔潤氏考藏印記"、"潘氏淵古
樓藏書紀"各章。此書各家藏書目少見著錄，惟《讀書敏求記》
有之，考明事者，能勿珍之乎？叔潤爲吳縣文勤公族子，藏書
至富，買書時恒見其圖記也。

國朝列卿年表一百三十九卷明刊本。

明豐城雷禮著。前有雷氏自序，略云，予叨祿於朝，思景
前脩，以盡職守。因查自國初啓運，至嘉靖四十五年終，凡文
臣歷任中書省、御史臺，及殿閣、部院、府司、寺監各堂上官，
並各處總督巡撫，循世系錄爲《年表》，俾居其官者，鑒已往之
得失，知所以勸懲焉。庶副朝廷建官之初意，而於治道所係，
固不小云。復有項篤壽序，略云，此書裒蒐累朝卿寺題名，列
爲《年表》，建置沿革、官守事始，冠之篇端。經制草創，位號
未一，及南都行在者，繫之國初。兩京並建，則先京師，次南
京。其有因事建官，而事已卽罷者，亦如其舊。起自洪武迄隆
慶初，俾循名覈實者，次第按之。考諸清議，有可傳，有不足
傳，有不可傳，咸得稽焉。所撰原本，間有未詳，不復增訂，
謹仍浄草，付之梓人。半葉九行，行二十一字。

藩獻記三卷明刻本。

明朱謀埠鬱儀撰。前有萬曆庚子豫章魏廣國序，略云，今

天下同姓諸王子，不下二萬人，秦漢以來，莫敢望矣。以予觀
鬱儀所載，若秦、晉、周、楚、魯、蜀、潭、湘、代、肅、遼、
慶、寧、韓、瀋、唐、趙、鄭、襄、荆、秀、益、衡、隰川爲
藩二十有四，自親郡王、將軍、中尉爲傳六十有五。其義核，
其事約，其詞質，勸一諷百。又謂今本支日滋衍，省直征輸日
益以不給。間請弛禁四業，奉尉以下得辭爵，應制科矣，而廷
議猶依違不決。謀埠自序，略云，國家敦睦過豐，而造德之典
若未至者，故今諸藩受爵者以萬數，求其才行著顯、文德流譽
者，不能以十百取。蓋二人均以列藩坐食，無所用心，而思有
以改革之。半葉十行，行十八字。

殿閣詞林記卷明刊本。

前題皇明賜進士經筵日講同脩國史奉直大夫前翰林院侍講
學士臣廖道南謹譔。前有道南自序，略云，昔李肇撰《翰林
志》，祇載唐事；周必大撰《玉堂記》，亦繫宋典。臣道南嘗讀
中祕書，與泰泉黃君佐纂《翰林雜記》六册，暨屬居楚野恭撰
《興都通紀》之暇，乃列華蓋武英諸殿名曰殿學，文繡東閣名曰
閣學，其兼六部者名曰部學，晉詹事者名曰宫學，長春坊者名
曰坊學，屬弘文者名曰館學，典成均者名曰廱學，由寺署名曰
鄉學，死節義者名曰贈學，擅書翰名曰藝學，而終始本院者名
曰院學。蓋嘉靖乙巳也。半葉十行，行二十字，遇上諭皇太子
等字，皆提行。

通鑑總類二十卷明刊本。

宋沈樞撰。前有樓鑰序。按《安吉州志》，沈樞字持要，舉
進士，調彭澤丞。用葉義問薦賜對，首論君子小人之辨，高宗

嘉之，除監察御史。坐不附楊邦彥獲譴，謫端州，尋起溫州。終太子詹事，諡憲敏。此書以司馬公書類編之，爲二百七十一門。

十七史詳節二百七十三卷_{元刊本。}

舊題宋呂祖謙撰。《宋史·經籍志》載呂祖謙《大事記》二十七卷、《宋通鑑節》五卷、《通鑑節要》二十四卷。又《祖謙傳》，《大事記》之外，載《讀詩記》《考定古周易書說》《閫範官箴》《辨志錄》《歐陽公本末》諸書，不云有此著作。宋晁氏、陳氏、馬氏書目，亦不之及，惟明焦竑《經籍志》有呂祖謙《十七史詳節》二百八十三卷，較此本又溢出十卷，不知何故。此本版仿宋巾箱本式，驗其紙墨，當是元刊，各家書目亦定爲元本也。

通鑑類纂五十四卷_{寫本，王惕甫舊藏。}

清芮琪撰。此爲長洲王氏藏本。卷首有惕甫識語云，往年主講真州，歲暮歸休，書估小高以此書求售，余家無《資治通鑑》，因以銀十六兩得之。其時張古餘敦仁方在吳門，一日過余見之，謂此書尚苦疏漏，子何不再與增補，自成一書，卽藉是爲藁本，亦已得一半之功。余亦有意其言，侵尋十餘年，迄未下筆，而書爲蟲耗，手自裝綴，識之於此。惕甫。嘉慶壬申三月二日漚波舫燭下。次有臧氏序，略云，吾友芮子玉其，自幼穎悟，讀書稽古，具經濟才。其爲文千言立就，學識超人一籌，每膾炙人口。雖艱於遇，屯於棘闈，而文章聲價，自有真也。跡其心知篤好者唯史爲甚，凡聖帝明王，及賢宰輔與名公卿大夫，事蹟所垂，輒探索不忍釋手。但其中紀載紛紜，參錯不一，最難入目，非取而條貫之，無以綜核其名實，況乎君臣縱恣，奸邪債事，以至氣化盛衰，人事得失，足以垂戒後世者，尤當一一星列而詳晰之。芮子因《類纂》一編，爲之權其輕重，摘其大要，分其品類，合其源委。庚午嘉平擬刊布其集，誌之永久，郵寄披閱。庚午陽月年家眷弟臧錫眉介子撰。按：庚午爲康熙二十九年，乾隆十五年始有年家眷弟之稱，殆是乾隆中人爾。《漚波舫記》又有惕甫識語云，按此書之原序，似業已刻行，然未見諸家稱述，或甫欲刻之而未成，或已刻而不行於世，皆未可知。就温公《通鑑》分類編輯者，已有宋袁樞之《通鑑紀事本末》一書，於事蹟極爲該貫。今亦無事重儓，然用《通鑑》原文依類分排，却是前賢屐齒所未到，唯此中分目尚少，不足以賅舉通鑑之全。又温公本意專爲君臣行事標治術理亂之源，其他事迹亦可從略，苟藉是爲筆路藍縷之資，而補其闕遺、正其疏舛，其諸儒議論，亦勿專主南宋，未嘗不可於紀事本末之外，自立一家。計寒士爲之，一手經理，非十餘年不得；卽公卿之家，力能致賓客，分手纂錄，亦自須四五年工夫。僕老矣，頭顱如許，不能復爲，當傳付後來。異日果有成此志者，慎勿去芮君名氏。當明著所由，存其草剏之功，彼其終身不獲一第，仰屋梁於荒江寂寞之中，僅留此稿，意自有足悲者也。嘉慶壬申襖日，幼子嘉祿檢理家中藏帙及此，輒與識之。楞伽山人書於漚波舫，時年五十八。自序題庚午吉旦苕溪芮琪玉其甫撰。玉其當是芮號也。第一卷賢君類一開創，第二卷賢君類二守成，第三卷賢君類三中興，第四卷賢君類四春秋、戰國、三國、晉、五胡、南北朝、隋、五代，第五卷賢相類一，第六卷賢相類二，第七卷暴君類，第八卷奸相類，第九卷名將類，第十卷翰林類，第十一卷諫議類，第十二卷后妃類，第十三卷太子類，第十四卷外戚類，第十五卷宦官類，第十六卷賢奸類，十七循良類，十八節義類，十九道學，二十使臣，二十一隱逸，二十二簒逆，二十三夷狄，二十四義門，二十五賢父母，二十六孝子孝女，二十七建都，二十八郊祀，二十九封禪，三十封建，三十一民數，三十二刑名，三十三財賦，三十四錢法，三十五禮樂，三十六曆法，三十七學校、選舉，三十八銓衡，三十九信史，四十黨錮，四十一兵刑，四十二屯田，四十三邊防，四十四藩鎮，四十五水溢，四十六旱乾，四十七災異，四十八祥瑞，四十九釋教，五十道教，五十一神仙，五十二公子，五十三遊說，五十四盜賊。《敬孚類稿》卷四謂徐俟齋有《通鑑類聚》一百卷，未審卽用《通鑑》原文，依類分排，如玉其此書否，當再訪之。惕甫名芑孫，字念豐，惕甫，其自號也，長洲人。乾隆五十三年召試舉人，候補國子監博士。有《淵雅堂集》。秦氏瀛稱惕甫以詩聞於時，遇公卿若平交，人以是病惕甫狂。吾謂惕甫狷耳，輦下人士以萬數，其游於公卿者，大都借援聲勢，務爲關說。惕甫介然無所苟，館穀之外，不名一錢，嘗欲買田築室於其鄉之楞伽山，又號楞伽山人云。見《湖海詩傳》及秦氏所作《墓志》。

吳越春秋上下卷 元刊本。

前題後漢趙曄撰。前有徐天佑序。卷十末有「大德十年歲在丙午三月音注，越六月書成刊板，十二月畢工」兩行，「前文林郎國子監書庫官徐天佑音注」一行，「正議大夫紹興路總管提調學校官劉克昌及儒學梁相等銜名」四行。半葉九行，行十八字，小字雙行，每行二十六七字不等，版心分上、下兩卷。明覆本款式及卷末題名同，惟半葉八行，板心分十卷，與元槧有別。是書有宋汪綱刊本，行數字數與元刻同，卷九女卽捷末下多“操其本而刺處女女應卽入之三入處女因杖擊之”二十字，今不得見。宋元以後各本，多更動行款，改易卷第，刪削序文，宋本不易得，元刻本實肖子矣。天祐字受之，山陰人，景定三年進士。父耜知惠州，天祐初以父任爲將仕郎，銓試詞賦第一。注歸安尉，地近事煩，試以吏事，衆皆驚服。及第進士，爲大州教授，日與諸生講經義，聽者感發。德祐二年，以國子監書庫官召不赴。宋亡，退歸城南，杜門讀書，與人交終始不變，四方學者至越必進謁。天祐高冠大帶，議論卓卓，見者咸以爲儀型。見《萬姓統譜》。

吳越春秋十卷 明臥龍山房刊本。

後漢趙曄撰。前有徐天祐序，稱《吳越春秋》趙曄所著，隋、唐《經籍志》皆云十二卷，今存者十卷，殆非全書。志又云楊方撰《吳越春秋削繁》五卷，皇甫遵譔《吳越春秋傳》十卷，此二書今人罕見，獨曄書行於世。《曄傳》在《儒林》中，觀其所作，乃不類漢文。按：邯鄲李氏《圖書十志目》亦謂楊方嘗刊削曄所爲書，至皇甫遵遂合二家考正爲之《傳註》。又按：《史記》註有徐廣所引《吳越春秋》語，而《索隱》以爲今無此語者。他如《文選》注引季子見遺金事，《吳地記》載闔廬時夷亭事，及《水經注》嘗載越事數條，類皆援據《吳越春秋》，今曄本咸無其文，亦無所謂《傳注》，豈楊方所已刊削，而皇甫所未考正者耶？曄書最先出東都，時去古未甚遠，曄又山陰人，故綜述視他書所紀二國事爲詳，取節焉，可也。曄書越舊嘗鋟梓，歲久不復存。汴梁劉侯來治越，獎勵學校，蒐遺文，脩墜典，乃輟義田廩羨財，重刻于學，不鄙謏聞，屬以考訂，且命序其左端。既刊正疑訛，過不自量，復爲之《音注》，併考其與傳記同異者附見於下，而互存之，惜其間文義猶有滯凝不可訓知，不敢盡用臆見更定，又無皇甫本可證，姑從其舊。半葉八行，行十七字。序後有牌子云，“萬曆丙戌之秋，武林馮念祖重梓於臥龍山房”。

越絶書十四卷明雙柏堂仿宋丁黼本，黄東莊舊藏。

此書後有無名氏跋，丁黼跋。半葉八行，行十七字，版心有“雙柏堂校”四字，缺字與趙恒仿汪綱本同，而無缺葉。蓋趙恒刊出汪綱本，此則出丁黼刊也。陸氏心源曰，丁黼死節成都，《宋史・忠義》有傳。無名氏跋有綣綣于復仇語，或亦丁黼所爲歟。是書明刊甚多，此本之外，有趙恒本，有張佳允本，有吳琯《古今逸史》本，程榮《漢魏叢書》本，何鏜《漢魏叢書》本。論者以田汝成序本爲最善，愚謂以此本爲最善云云。前有“東莊”二字朱文章。按：前清李氏元度《國朝先正事略》云，黄中和字和叔，號東莊，吳江人。乾隆初，應博學鴻詞科，不遇。所著《宋史稿》一百七十卷、《新唐書刊誤》三卷、《國朝謚法考》三卷、《殿閣部院年表》《督撫年表》各六卷、《詩文集》四卷。此當是黄氏藏本。

九國志十二卷精鈔本，大興翁氏手校。

宋路振撰。振字子發，永州祁陽人。事跡詳《宋史》本傳。王伯厚云，《九國志》四十九卷，其孫綸增入荆南高氏，治平元年六月上之，實十國也。陳振孫則云，末二卷張唐英補撰，合五十一卷。其書久佚，前清餘姚邵二雲編修於《永樂大典》中録得，編爲十二卷，凡吳四十四、南唐一、吳越五、前蜀十八、後蜀二十七、東漢五、南漢八、閩八、楚十九、北楚一，計傳百三十六篇。北楚卽荆南高氏也。李燾《長編》稱，治平元年六月辛酉，駕部郎中路綸獻其父振所撰《九國志》五十卷，詔以付史館。蓋振撰實四十九卷，末二卷，荆南高氏張唐英補撰。宋《藝文志》、馬端臨《經籍考》俱云五十一卷，蓋並補編數云。所謂九國者，吳楊行密、南唐李昇、閩王潮、漢劉崇、南漢劉隱、楚馬商、殷，宋諱。西楚高季興、吳越錢鏐、蜀王建、孟知祥也。《世善堂書目》尚有其書，蓋佚於明末。清乾隆中四庫館開，邵二雲氏於《大典》中摘録散篇，未及進呈。孔氏得底本，屬周有香夢棠編次，同人互相傳鈔，阮氏據抄本進呈，而不知出於《大典》，徐星伯先生屬龍燮堂以活字板印之，而跋其上。又，守山閣本有周序，略云，乾隆四十年，二雲先生自都南歸，留所輯路氏《九國志稿》於孔氏繼涵處。此書散見於《永樂大典》中，雖卷帙殘缺，而所傳諸傳俱首尾完善，可補五代正史之遺，故先生編校《舊五代史》時，嘗采用之。江陰繆氏云，《永樂大典》將字韻載《百將傳》，五代之將皆引《九國志》，此卷卽從中輯出，故所載不及文臣也。後金山錢氏刊入《守山閣叢書》。後附拾遺一卷三十八條，蓋據《通鑑考異》《通鑑注》《六帖》《五代世家》所引。劉燕庭方伯推錢刻爲善本，而痛詆龍氏活板。荃孫得星伯先生手校龍本，而以校錢氏本，亦不盡如劉氏所説，今校正如右。又輯《長編注》《職官分紀》等書，共得一百十三條附於後云。繆氏此種已有刻本矣，此本爲覃溪手校，每以墨筆題於書眉。

南唐書注十八卷 汪季青舊藏，寫本。

宋陸游撰，清周在浚雪客注。附戚光《唐年世總釋》、馬令

《建國譜》、吳非《三唐傳國編年圖》、楊維楨《正統辨》、李清《南唐書年世總釋前論》、丘鐘仁《南唐承唐統論》，以申陸氏正統之論。朱氏述之《讀書志》卷二有此書跋云，漁洋山人嘗稱其書，然世無傳本，余求諸金陵及大梁，亦未見。近有青浦湯氏運泰注，於《江表志》《南唐近事》《江南餘載》《江南野史》《五國故事》《玉壺清話》及宋人雜家小說，無不采輯，獨惜其未見徐鼎臣《騎省集》耳。今年權篆海昌，見《拜經樓藏書目》，知吳槎客藏有雪客注，亟借觀之。附朱竹垞《致蔣蘿村札》云，攜過廣陵曹荔帷見之，勸其弟燕客郡丞開雕，未果。張文魚徵君得於易州，吳槎客、周耕厓校訂粘簽眉間，有陳無軒學博，及槎客、耕厓跋，《徐騎省集》均經采入，精博迥勝湯注，録副本，以原書歸之。余前得陳致雍《曲臺奏議》十卷，《全唐文》亦采入，不及余藏爲原書，致雍仕南唐，多議禮、議謚之文。又得《宋詔令》一百卷，平江南諸詔令，多《建康志》所未載。此外如宋人文集中各碑誌，叙及先世官南唐者，其可掇補者尤夥。余先師曹寶書森先生云，曾見胡恢《南唐書》十卷，爲司馬西虹泰家藏，後歸丁蓮侶家，近爲有力者所購得。余僅於《蘇魏公文集》中與胡恢《推官論》、南唐主紀載《公卿表》、李氏《詔令》，知其大概。李映碧清《南唐書合注》亦以陸爲主，取馬附益之，余有其書。馬令自序云，先祖太博元康，家世金陵。考《咸淳毗陵志》，景祐元年進士馬元康，《赤城志》有馬元康知台州，未知卽其人否云云。此書今有南潯劉氏補註本，經付刊印。此本爲休寧汪季青家藏，鈔手精雅不苟，可爲校勘之資，故存之。《昭代名人尺牘小傳》：周在浚字雪客，亮工長子，官經歷。有《云烟過眼録》《晉稗》《梨莊集》《秋水軒集》。又，《徵刻唐宋祕本書例》云，大梁周子梨莊，櫟園司農長公，司農世以書爲業，嘉隆以來，雕板行世，周氏實始其事，遊宦所至，訪求不遺餘力。遭患難，數世所積，化爲烏有，然此繕寫祕本二百餘種，梨莊竭力珍護，巋然獨存。

南詔野史一卷寫本，前人手校，曾剛父舊藏。

前題昆明倪輅集。此書有明成都楊慎校刻本，此或從之錄出。伯驥按：前清大理府文殊寺僧同揆撰《洱海叢談》一卷，紀滇南未入版圖之初，引《隋書》西海阿育國王仲子封蒼洱之間，爲南詔之始祖，其後世滅而復興者，有段氏、蒙氏、高氏，相承至明初，始皆內附。又桂氏馥於南詔事頗嘗研究，所著書中多述之，桂氏曰，《南詔傳》坦綽酋龍僭稱皇帝，建元建極，自號大禮疑禮之誤。國。案：事在宣宗既崩之後，懿宗卽位之初，當是咸通元年。今太和崇聖寺大鐘有建極年號，保山縣有巡檢駐防之地曰杉木和，此六詔舊名也。《南詔傳》云夷語山坡陀爲和，案開元末，南詔逐河蠻取大和城。貞元十年韋皋敗吐蕃，克峨和城，施浪詔居苴和城，施各皮據石和城。西爨有龍和城，南詔碑石和子丘、遷和，皆羌夷稱和之證。點蒼山有草類芹，紫莖辛香可食，呼爲高和菜，亦南詔舊名。太和城北崇聖寺，開元元年南詔盛羅皮所造，外起三塔，長慶二年晟豐佑更改之，工倍於初。咸通十二年，佑世隆鑄大士像，高丈餘。又鑄大鐘，上有諸佛像，並建極紀年，今俱存。太和城南感通寺，本名蕩山寺，南詔隆舜重修，因改名。寺有楊升庵畫像，其《轉注古音略》成於寺中，官路旁有明人書"靈鷲"兩大字刻石。六月二十五日夕，家家樹火於門外，謂之火把節，蓋祀鄧賧詔夫婦也。五詔於是日同爲南詔焚死，鄧賧詔妻慈善夫人，又畏逼死，土人哀之，故歲祀至今不絕。鄧川州城東有渠潭，潭上有故城

遺址，即鄧賧所居，今名德媛城。以上皆未谷所攷論也。火把
節又名星回節，漢元封間，楪榆有曼阿娜爲漢裨將郭世宗所害，
併欲得其妻阿南。阿南約以三事，一設幕祭故夫，二焚故夫衣
易新衣，三令國人遍知郭以禮娶。郭皆如其言，於六月二十五
日聚國人張松幕置火其下，阿南祭夫畢，俟火熾焚故夫衣，遂
躍入死焉。國人哀之，每歲於是日燃炬火，謂之弔阿南。其後
唐開元間，有鄧賧詔者，六詔之一也。南詔欲併五詔，因星回
節構松明樓，召詔酋會飲，鄧賧酋妻慈善懼難，尼弗行，不可，
乃以鐵釧約臂而別。比至南詔，火其樓，諸酋燼骸不可辨，獨
慈善以鐵釧爲識，負骸以歸。南詔異其慧，以幣聘之，辭以未
葬。葬則嬰城固守，圍之三月，食盡，慈善盛服端坐餓死，臣
民從死者數千人。南詔旌其城曰德源。德源，桂氏作德媛。今自建昌
以南，滇省全境，均以是日爲星回節，家家取松明然燎火，蓋
舊俗也。以上所述鄧賧詔事，比桂氏爲詳。六詔者，蒙舍詔、
浪穹詔、鄧賧詔、施浪詔、摩些詔、蒙嶲詔。據宋周煇《清波
雜志》則有八詔，志云八詔者，六詔外傍、矣川羅識二族，通
號八詔，其後二族爲閣羅鳳所滅，獨有六詔。夷語謂王爲詔，
或曰當八詔皆在，歲有事，天子各賜一詔，故曰八詔。《讀史方
輿紀要》引《滇記》云，又有時旁詔、矣川羅識詔，謂之八詔，
名與《清波雜志》異。温庭筠詩，"招客先開二十雙"。雙，五
畝也，二十雙一百畝也。《唐書·南詔傳》官給田四十雙，爲二
百畝也。《輟耕録》則謂一雙爲四畝。此皆前人攷論南詔之見於
各書者也。此書朱筆批校，有曾氏藏章。

朝鮮史略六卷寫本。

不著撰人名氏，蓋明代朝鮮國人作也。萬曆丁巳刊本，本

名《東國史略》。振綺堂有趙清常鈔本，附《百夷傳》，此則從之傳録者也。卷之一檀君朝鮮、箕子朝鮮、衛滿朝鮮、四郡二府、三韓三國新羅、高勾麗、百濟，卷之二新羅紀，卷之三高麗紀，卷之四高麗紀，卷之五高麗紀，卷之六高麗紀。目後識語云，高麗太祖以後梁末帝貞明四年戊寅即位都松岳郡，至恭讓王四年壬申，明太祖高皇洪武二十五年而亡，合三十二王，共四百七十五年。卷五有云，初徵職税，六品以上布帛五十匹，七品以下百匹，散職十五匹。聞令下，或挈家登山，或乘舟而遁，民甚怨之。時慶尚道有一散員同正貧甚，盡賣家産，不充其額。其女斷髮貿布以納，父及女搤死。初，嬖人甯夫金承命往江陵道索人參，參貴不多得，懼罪擅徵職税。還，説王曰，見有職者退居鄉里，病民頗衆，故爲徵其職税，藏諸州郡，以待上命，非獨江陵五道皆然。王納之。代言閔渙勸之，於是分遣徵之。此可見其横征之弊。卷四有云，毅宗莊孝王禁親族相婚。卷五有云，忠烈王元年，大府卿朴楡上疏言，我國男少女多，而尊卑止于一妻，其無子者亦不敢畜妾，異國人來娶妻無定限。臣恐人物皆將北流，宜令臣僚許娶庶妻，隨品降殺，庶人得娶一妻一妾，其庶妻所生子得仕于朝，怨曠以消，户口日增。疏上，宰執有畏妻者寢其議。此又可見其昏姻之制矣。卷六有云，以判開城府事李穡兼大司成，增置生員，選經術之士金九容、鄭夢周、扑尚衷、扑宜中、李崇仁等皆兼學官。初，館生不過數十，穡更定學式，每日坐明倫堂，分經授業，講畢論難忘倦，於是學者坌集。程朱性理之學始興，時京書至東方，只朱子《集註》耳，且夢周講説發越，超出人意，聞者頗疑，及得胡炳文《四書通》，無不脗合。穡曰，夢周論理，横説竪説，無非當理，推爲東方理學之祖，此則理學濫觴之始也。卷

三云，仁宗恭孝王詔云，厩焚，孔子曰，傷人乎？不問馬，此
聖人貴人賤畜之義也。今法官論殺牛准人之罪，鈹面配島，此
非律文本意，自今以本罪罪之。卷六云，定喪服制一依大明之
制，唯外祖父母、妻父母，服與親伯叔同。無後人以三歲前遺
棄兒冒姓付籍者，即同己子。其同宗之子，以親近繼後者，許
行其服。唯軍官只可行百日喪，三年內不許娶婦及宴飲。此又
律文改革之可考者也。吾國桐嚴有九姓漁船嫂之陋俗，今讀此
書，知東國亦有故事稍近于桐嚴，而其實不同者。如卷四云，
楊水尺者，太祖攻甄萱時所難制之遺種也，多居雲中道。初，
李義旼子至榮爲朔州將軍，以水尺等本無賦役，乃招諭屬於率
妓紫雲仙，盡籍其名徵貢。及至榮死，崔忠獻又以紫雲仙爲妾，
計口徵貢滋甚，水尺等大怨，故丹兵至迎降鄉導之。水尺本無
籍，好逐水草，遷徙無常，唯事田獵，又編柳爲器，販鬻資業，
凡妓種多出柳器匠家云。其足與吾國前史相證者。如燕人衛滿
誘逐箕準據王儉城，今高麗平壤卽其地。此作王儉，《漢書》則
作王險。又卷三云，高麗紀定宗文明王始行後漢年號，皆可考
也。前有萬曆庚戌海虞清常道人趙琦美題字，云《東國史略》
六卷，不著作者姓名。于燕京馮滄州仲纓齋頭見之，因借錄一
冊。其書雖簡略，而上下數千年間事，歷歷可指諸掌，可謂東
國之良史。滄州別有《東國通鑑》三十冊，爲東明石大司馬星
取去。聞其史更精於此，惜不得覩。後有戚氏識語，此略之。

五十萬卷樓藏書目錄初編卷七

史　部　四

元和郡縣圖志四十卷精鈔本，陳仲魚手校，黃蕘圃題記。

　　唐李吉甫撰。海寧陳仲魚全部點勘，後有黃蕘圃及仲魚跋
語。黃跋云，《郡縣志》近始有聚珍本，及岱南閣刻，前此則惟
鈔本流傳，然鈔必以舊乃佳，此本出冶坊浜陳冶泉家。冶泉名
樹華，承累代書香之後，由茂才作官，官至司馬而止。居平手
自鈔校諸書，猶及與惠松崖、余蕭客諸君相周旋，故所藏書皆
有淵源。罷官後，余猶及其一面，身後書籍零落，半歸他姓。
聞有《蜀石經》《左傳》殘本見質諸葑門宋于庭孝廉處，宋又
隨父任貴州作縣，其物攜行篋中，物主屢欲贖而無由，未知其
作何歸結也。今仲魚從坊間易得，不知其書之何來，余悉其原
委，因誌數語。并著物之聚散，亦甚無定也，爲之慨然。蕘翁
書於石泉古舍，乙丑六月十日。陳跋云，是書爲冶泉司馬鈔本，
吾友黃君蕘圃既識其原委矣。越二年，又見錢獻之別駕所藏鈔
本，每卷題武陵文弨校閱，蓋從吾郡盧抱經學士校本傳錄，而
誤書武林作武陵也。中有孫淵如觀察跋語及評校處，知觀察曾
校閱一過，後即刻入《岱南閣叢書》者。然脫誤甚多，不及此
本遠甚，因互爲一校，而并錄錢、孫兩家之說，雖寥寥數則，
究屬通人之筆，非憑空臆譔比耳。嘉慶十二年秋日，海寧陳鱣

記。又云，校後數日，有書賈持鈔本來，係吳中周有香孝廉手校，蓋以孔荭谷、農部翁覃谿、學士戴東原吉士各家藏本，彼此相參，補正千有餘處，可稱善本。孫觀察亦據以付刻，因覆對校於是本，復補得第十七卷所缺一葉，然是本亦有勝於周本者，知舊鈔正不可偏廢也。鱣再筆。閱者以蕘圃跋語衹稱《郡縣志》而不冠“元和”二字爲不合。伯驥謂，此自是黃氏一時疏誤，實則此書初本有圖，應題爲《元和郡縣圖志》，單稱《元和郡縣志》，尚非其朔也。吉甫自序云，謹上《元和郡縣圖志》，凡四十七鎮，成四十卷。每鎮皆圖在篇首，冠於敍事之前。其後宋程大昌、洪邁、張子顏等跋此書，亦皆稱《元和郡縣圖志》，程跋稱圖已亡，獨志存焉。《中興書目》及晁公武《讀書志》皆云圖闕不存，蓋亡於宋矣。故陳氏《書錄解題》惟稱《元和郡縣志》，而清《四庫目》因之，至嘉慶間陽湖孫氏刻本，及光緒間局本，則仍題《圖志》也。

太平寰宇記一百九十三卷寫本，錢竹汀手校。

宋樂史撰。此書我國無宋槧本，藏家多屬舊鈔，若朱氏潛采堂，若趙氏小山堂，清四庫據汪氏啓淑進本著錄皆寫本，皆有缺佚，惟汪氏則佚七卷，且有校語，故館臣以爲最善焉。吾粵曾氏面城樓藏汲古閣舊鈔本，內闕第四、八、十二、一百十一至百十九，凡十一卷。題記稱毛本所附校勘，間有脫誤，不如近刻之詳，然以其舊鈔，終有佳處，故並存於笥，以俟考云。至日本所藏宋槧，楊氏訪書時始據以補刻。楊氏言，此爲北宋刊本，存三十三卷，半葉十一行，行二十一字。卷中府縣名，以白文別之，板式橫闊，中縫特爲寬展，寫刻工麗，字體豐華。從官庫借出，校勘一過，卷一百十三至一百十八，中土所缺，遂重刊《古逸叢書》中。近年則武進董氏亦嘗赴日本讀宋刊《太平寰宇記》，謂原書二百卷，二十五冊，内缺卷甚多，如有譌誤，付校勘於後。並非每卷有之，僅閲前後各五冊，餘不盡悉云云。惜未嘗借校以傳於世也。蓋宋太宗時，閩、越、北漢初平，而幽、嫣、營、檀等十六州，尚屬遼疆，史因太宗志復燕雲，探知意志，遂合輿圖所隸，尋究始末，起於東京，迄于四裔，採繁取博，於列朝人物古蹟題咏，一一並載。後來方志體例，實祖斯編，在地志中實爲要籍。《文獻通考》作《太平寰宇志》。庫本所據汪本，標題實作《太平寰宇記》，諸書所引名亦兩歧，考史進書原序亦作記字，則《通考》爲傳寫之誤，不足爲據，故庫本仍題《太平寰宇記》云。此爲舊寫本，嘉定錢氏大昕手校，護葉有墨筆題字，日人《經籍訪古志》稱，羽倉用九藏有錢少詹手校《安南志略》十九卷。錢氏喜校古地志，又一證也。

大明一統志九十卷明官刊本，朱稻孫舊藏。

明李賢等奉勅撰。初，成祖命文淵閣大學士陳循等編纂《寰宇通志》一百十九卷，至景泰間始成。英宗復命儒臣約前書爲《一統志》，自此志行，而前書遂晦。前有天順五年御製序云，朕惟我太祖高皇帝受天明命，混一天下，薄海内外，悉入版圖。顧惟覆載之内，古今已然之迹，精粗巨細，皆所當知。雖歷代地志，具存可考，然其間簡或脱略，詳或冗複，甚至得此失彼，舛訛殽雜，往往不能無遺憾也。肆我太宗文皇帝，慨然有志于是，遂遣使徧采天下郡邑圖籍，特命儒臣大加修纂，惜乎書未就緒，而龍馭上賓。朕念祖宗之志有未成者，謹當繼述，乃命重加編輯，泛求約取，參極羣書，三閱寒暑，乃克成

編，名曰《大明一統志》，既藏之祕府，復命工鋟梓以傳。《進
書表》云，京師爲四方之極，方岳爲諸郡之綱。疆域必系于九
州，分野悉稽乎列宿。形勝風俗，奚遠邇之分。物產山川，靡
大小之間。藩封著維城之固，公署嚴禦侮之威。書學校書院以
重育賢，書宮室關梁以昭資世。信方來，則寺觀祠廟之兼錄；
鑒已往，則陵墓古蹟之並存。述宦蹟，備舉夫諸司，取人才，
不遺於一善。列女彰節行之異，仙釋見方技之奇。計所列之官，
有總裁、副總裁、纂修、催纂、謄錄等。謄錄有太常寺卿、順
天府府丞、禮部郎中員外等官，有所謂翰林院修撰姜立綱者。
又云，元氏内立中書省一，以領腹裏諸路，外立行中書省十，
以領天下諸路。今則列十三布政司，爲山西、山東、河南、陝
西、浙江、江西、湖廣、四川、福建、廣東、廣西、云南、貴
州。伯驥按：前清朱氏士端謂《明一統志》以漢臧、陳二烈士
列於《淮安人物傳》爲不合。據《後漢書·臧洪傳》云，廣陵
射陽人也。注云，射陽故城在今楚州安宜縣東，是今之射陽聚，
卽射陽故城也。在縣治東六十里，地多漢時古墓，如孔子見老
子畫象石闕，前賢金石諸書，得之寶應射陽聚者，卽此地也。
是安宜爲寶應舊治。其徵一也。《前漢書·地理志》廣陵國江都
有江水祠。渠水首受江，北至射陽入湖。高郵、平安。士端按：
安宜縣，前漢爲平安，志云北至射陽入湖，卽今吾邑射陽故地。
《漢書·郡國志》廣陵郡江都、高郵、平安。士端按：志於射陽
下注引《地道記》有博支湖，考湖與射陽通，亦隸吾邑。先九
江太守《山帶閣集》有《贈湖上博文子歌》，据此射陽本屬安
宜。其徵二也。前明熊公尚文官整飭淮陽兵備，特建專祠以垂
祀典。碑云臧、陳皆寶應產也。如繫淮安人，決不於寶應立祠
建碑，大書深刻。其徵三也。乾隆七年，程公國棟重修《鹽城

縣志》云，臧、陳竝歐陽澈，俱非本縣人，鄉賢祠祀典雖存之，而不以入《人物傳》，體例謹嚴，其徵四也。汪容甫先生《廣陵通典》，列射陽臧洪具爲信史。又云唐嗣聖元年十月，楚州司馬李崇福率山陽、安宜、鹽城應敬業。按：唐初，三縣屬楚州，章懷注稱楚州安宜，其時去漢未遠，舊蹟不至謊謬。縣志晉置廣陵郡射陽縣，齊置陽平郡領縣四，安宜縣屬焉。魏置臨杜郡，領縣二，其一曰安平，隋文帝置安宜縣屬揚州，煬帝時屬江都。唐武德四年立倉州，領安宜縣，尋廢州以縣屬楚州。又《廣陵對》云，漢室傾危，董卓干紀。其有區區郡史，義感邦君，結盟討皋，升壇慷慨，必死爲期。則臧洪説張超起兵糾合牧守，以誅賊臣也。又《答錢少詹事》云，承問《陳書》宣帝太建五年六年、十二年所云廣陵，皆在今揚州府治之北四里，漢之廣陵國、隋之江陽縣也。其徵五也。宋秦觀《揚州集序》廣陵在二漢時，嘗爲吳國、江都國、廣陵郡，凡稱廣陵者，皆今之揚州也。又按：陳壽《三國志》列陳琳亦係射陽人，乃李賢于《揚州人物傳》稱琳爲廣陵人，於《淮安人物傳》又稱琳爲射陽人，一人重出，其紕繆可想。朱氏之言如此，蓋糾其失也。又按：《孤樹哀談》卷六云，纂修《寰宇通志》，館中諸公日多不至，閣老乃令吏具報到否，揭不至者職名于東閣上。又云，景泰中，初修《寰宇志》，采事實凡例，一準祝穆《方輿勝覽》。予以爲祝氏此書趙宋偏安之初，未可爲法，如地圖、道里、户口之類，皆未可闕，必永樂中志善凡例而益之可也。太和陳先生不從曰，此非造黃册子，何用户口？后聞此書竟以屢題狀元之名可厭，而改爲之。此非科舉科，何爲而詳列進士之名。由此觀之，可見官書之未能盡善矣。後志與前書雖詳略不同，然亦互有長短，不能併爲一談。前志有關隘各門，後志删之，恐亦未當。此書半葉十行，行二十二字。大字本末有"稼翁"二字朱文章，當是秀水朱氏遺書。《鶴徵後錄》云，朱稻孫字稼翁，一字芊陂，晚號漁村，著《六峯閣集》。伯驥按：集中卷二有云，"祕閣心勞久，沙隄手澤存。一經余舊業，七錄此重編。原注先文恪公賜書，兵後盡失。先大夫於甲申、乙未間，復爲搜輯。簡蝕神仙字，籤題甲乙年。三冬期盡讀，忍廢蓼莪篇"。此曝書詩句也。前序稱稼翁少隨其祖竹垞左右，薰習經籍，宜其有此雅尚矣。

大明一統志九十卷明歸仁齋刻本。

明勅修本。前有《御製大明一統志序》，次有天順五年《進書表》，次有勅修官員職名，職名後有木牌子云，"皇明嘉靖己未歸仁齋重刊行"，書面題"御製新頒大明一統志，劉雙松重梓"。蓋官刊本外，此爲重刻本也。有朱章捺於書面曰，"每部實價紋銀叁兩"。此則當時之書價也。九十卷書，分裝三十本子，是每一本子直銀壹錢矣。半葉十行，行二十三或二十四云，小註雙行。楊氏歸仁齋亦稱清白堂。楊氏、丁氏著録其嘉靖丁巳所刻《事文類聚》一百十七卷，丁志又著其所刻陳子桱《資治通鑑綱目外紀》一卷、金履祥《通鑑前編》十八卷、朱子《通鑑綱目》五十九卷、商輅《通鑑續編》二十七卷。此書則剟見各家著録，當亦楊氏所刻。

方輿勝覽七十卷宋刊本，吳耘石舊藏。

宋祝穆撰。穆字和父，建陽人。幼從文公諸大賢游，性溫行淳，學富文贍。嘗往來閩浙、江淮、湖廣間，所至必登臨訪風土事，經史子集、稗官野史、金石刻、列郡志，有可采摭，鈔録無倦。所紀僅浙西及利州十七路州郡，首敍建置沿革，次爲事要，以白質黑文别之。事要之中，分郡名、風俗、形勝、山川、宮殿、宗廟、館閣、學校、井泉、堂亭、佛寺、道觀、祠廟、古迹、名宦、人物、題詠、四六各類，以黑質白文别之。陸存齋謂王象之《輿地紀勝》亦成於理宗時，與穆同時，不相謀而相似，象之繁而和父簡。象之意在備作詩之用，故所抄詩幾倍於和父；此則意在備四六之用，故所採四六倍於象之。觀李埴《輿地紀勝序》，及穆自序可見。《提要》謂名爲地理實類書，誠篤論也。穆爲朱子母黨，曾從朱子游，而沾沾於兔園册子，亦淺之乎爲丈夫矣。楊氏守敬以此書字多減畫，定爲麻沙坊本，謂各標題於浙西之嚴州改稱建德府，浙東路之温州改稱瑞安府，廣西路之宜州改稱慶遠府，夔州路之忠州改稱咸淳府。按和父自序，書成於嘉熙己亥，而改嚴、温、宜、忠等州爲府，在咸淳元年，相去三十六年，其爲後人改編可知。書中亦多所增添，非祝氏之舊，然其所增，亦皆據方志、舊記編入，猶有知識者所爲，不似坊買之屬亂妄作，故亦可貴。每半葉七行，小字雙行，行二十三字，大字一字占二格，線外註州名，流傳尚多。著録家謂元明來無翻本，然東瀛有元槧本，每半板十四行，行二十五字。又謂某氏藏元槧本，與此板式有别，卷端頁頭題"日新書堂新刊"六字。日新堂，則固元之坊買也。前有"耘石"二字方形朱文章。《寒松閣談藝瑣録》卷一云，吳若準字次平，一字耘石，錢唐人，菘圃相國之孫。相國晚年卜居平湖北門内之趙家濱，流水到門，園林幽邃，遂家焉。若準少孤，奮志力學，官京曹日，研究典墳，長於攷據。兼通六法，所作山水，與海鹽李乾齋相頡頏，著有《洛陽伽藍記集證》一卷。

乾道臨安志三卷 精寫本，倪米樓舊藏。

宋吳興周淙彥廣著。當是從宋槧錄出者，原書十五卷，此三卷，則佚存者也。末有杭氏世駿、厲氏鶚跋。杭跋引《直齋書錄解題》，譏其首卷爲行在，於宮闕殿閣全不記載，其他沿革亦多疏略。又謂此書世所罕傳，孫晴崖得宋槧本於京師故家，祇一卷至三卷，所載園亭、坊巷及職官、姓氏，爲潛君高《咸淳志》藍本，其他惜無從更覓云。卷首有"米樓所藏"方形白文章，當是仁和倪氏稻孫物。黃士珣《北隅掌錄》卷下云，稻孫字穀民，號米樓。十齡以《河伯觀海賦》，受知於學使朱文正公，補諸生。米樓工隸書，雅擅倚聲，刊有《翦云樓詞》及《蘆中秋瑟譜》，皆吳祭酒菊人爲之序。又梁氏同書《頻羅庵集》有《秋鴻館記》，謂米樓與歸安嚴元照、錢唐何元錫、仁和汪家禧等游，則其人蓋雅士也。書內多朱筆批校，或亦出米樓手歟。

咸淳臨安志九十六卷 曲阜孔氏青曨書屋鈔本。

宋潛說友撰。前有朱彝尊、杭世駿、張燕昌、孔繼涵等題字。朱氏云，南宋咸淳四年，中奉大夫權户部尚書知臨安軍府事縉雲縣開國男處州潛說友君高葺正府志，增益舊聞，凡一百卷，予從海鹽明氏、常熟毛氏，先後得宋槧八十卷，又借鈔一十三卷，其七卷終缺焉。宋人地志幸存者，若宋次道之志《長安》、梁叔子之志《三山》、范致能之志《吳郡》、施武子之志《會稽》、羅端良之志《新安》、陳壽老之志《赤城》，每患其太簡，惟潛氏此志獨詳，合之《吳越備史》《中興館閣錄》《續錄》《都城紀勝》《武林舊事》《夢梁錄》《大滌洞天志》，庶幾文獻是徵。惜後之作通志者，目未覩此，以致舊聞放失，可嘆

也夫。小長蘆彝尊跋。孔氏云，乾隆乙未之冬，自周書昌編修
許得見浙江省經進遺書，壽松堂孫仰曾家鈔本云缺七卷，即從
秀水朱氏本録出，假歸寫之。所缺之卷，則六十四之志歷朝人
物，六十五、六十六之志本朝人物，九十之記遺事，九十八、
九十九之紀遺文，一百之志歷代碑刻目也。丙申二月將爲裒緝，
因識得書之由，并録朱跋於上。十八日春陰欲雨，孔繼涵記。
杭氏云，縉雲潛説友君高撰。説友，史家不爲立傳，其序末列
銜，可以見説友官閥。書凡百卷，舊藏花山馬氏，吾友吳尺鳧
以二十千購鈔其半，其半得之王店朱檢討家，碑刻七卷，仍闕
如也。好事者往往從吳氏借鈔，鈔胥憚煩，每削去長文大記，
以是世鮮善本。辛亥歲同在志局，尺鳧携是書來，予與趙子誠
夫共相參校，乃得悉睹真贋，輒歎求書之難。適簡討孫稼翁以
宋槧十七册求售，亟從奥誠夫以三十金易之，山川古跡祠廟寺
觀，湖志全弐獲于此，吾郡之文獻，又無論也。施愕《淳祐志》
已佚不傳，説友間一稱引之，序所謂漏且舛者，亦藉是見梗概
云。仁和杭世駿跋。張氏云，《咸淳臨安志》凡百卷，潛説友
撰，世鮮傳本，兹鈔爲灤江黃先生三易寒暑所成，裝二十四册。
乾隆辛卯長至前五日，余遊杭，寓居龍泓館，先生見過，珍重
出示，備言手鈔辛苦，今幸得告成，願君飛白書其前，不欲以
人間墨汁污之耳。噫，自五代以來，圖籍不雕本，不知得書之
艱，惟前賢好學，多手自鈔校，而讀書亦百倍於今。先生之手
鈔是書，可謂無愧前賢之讀書矣。燕昌自幼好書，展對是鈔，
覺三十年來皆虛度也，於古人讀書之法，全未有合，先生其有
以教我矣，即爲蘸墨揮灑，用報謬賞。海鹽張燕昌謹識。伯驥
按：杭州古志南宋有三種：《乾道志》十五卷，惟壽松堂孫氏藏
宋槧殘本三卷，前清采入《四庫全書》，其後凡有三刻。《淳祐

志》存者僅六卷，見阮氏《四庫未收書目》。胡書農從《永樂大典》錄出，分爲十六卷，見《學士崇雅堂詩集》自注。丁氏《武林掌故叢編本》八卷，題曰《淳祐臨安志輯逸》，則原稿已佚其半矣。《咸淳臨安志》百卷，流傳僅得九十六卷，前清著錄於藏書家者僅傳鈔本，其後汪氏刻之。此鈔本每葉板心有“青櫃書屋”四字，當是孔氏繼涵遺書。翁氏方綱集有《過濊谷齋同觀石鼓文舊拓本詩》云，“積雨青櫃潤，苔花似古文”。自注，青櫃，濊谷齋名。此書板心有青櫃字樣，是可證也。卷首有“孔氏繼涵”白文章、“荁谷”朱文章。至《兩浙輶軒錄補遺》云，倪象占字九山，象山優貢，著有《青櫃館詩》。此則別一青櫃矣。卷首有張氏燕昌飛白題字。伯驥按：李氏兆洛稱飛白書相傳出于蔡邕，見役人堊帚，因以成字。六朝人多能之，而流傳絶少，惟墨池堂帖刻“江南之人兮”五字，云衛夫人書，然無確證。唐、宋後所傳，則多帝王所書者，亦尠見遺蹟也。《玉海》謂宋真宗見飛白筆，遂爲飛白書，是飛白別有筆矣。飛白之白，古文原作帛。厥後代有其人，見於前人著錄者甚多，匯爲專書以資考證者，若前清吳越陸白齋紹曾、海鹽張文魚燕昌同輯《飛白錄》二卷，後附張燕昌《論飛帛文》一篇，海鹽黃椒升錫蕃參訂，寧化劉星高爲之序，蒐輯頗詳，古今人之工飛白書者略備。書爲海鹽黃氏校刊於三山官舍之擘荔軒，雖有刊本，流行不廣云。文魚名燕昌，字芑堂，手有魚文，因號文魚，又號金粟山人，海鹽人。嘉慶丙辰，薦舉孝廉方正。

咸淳臨安志卷　　卷　　卷 梁山舟烏絲欄寫本。

此三卷爲清嘉慶間梁氏同書手寫，海鹽張氏燕昌藏。前有張氏章，後有梁氏八十歲時朱字題記二行，謂此爲五十歲時握筆。按：張云璈撰《翰林學士梁公傳》云，公諱同書，字元穎，錢唐人。嘗得元貫酸齋書“山舟”二大字，遂以自號，並顔其齋，學者稱爲山舟先生。後自以不生、不滅、不垢、不净，因稱不翁，晚年又號新吾長翁。公書法超絶前後，名滿天下，雖兒童走卒，皆知公書。《簡松堂文集》卷三。近時論書者多云南梁北孔，謂山舟與孔谷園也。大都梁用弱翰，孔用强筆，翰弱則力全於腕，筆强則力半藉乎手。梁性靈在功夫之先，孔性靈在功夫之後，性靈勝者如仙，功夫勝者如佛。人樂於遨游四海，而憚於面壁九年，亦自然之情也。《簡松堂文集》卷十一。又云，摹刻山舟先生手書，裒然成集者，濮院陳氏之瓣香樓、海鹽吳氏之青霞館外，又有鳴和馮氏。先生没，後世之寶真蹟，甚於辨才之藏蘭亭，祕不可見。伯驥按：張氏爲山舟中表親，集中言山舟書事甚多，蓋心醉其翰墨者。又言，文莊相公書法，早年師文待詔，終致力於顔魯公，其手録蘇詩，似初由文入顔者，故端莊中時露秀逸之氣，平日所鈔書，成帙甚多。《簡松堂文集》卷十一。文莊謂詩正，蓋山舟之父，家世夙以寫書稱，此三卷之字裏行間，正符端莊秀逸之評語，洵趾美而有餘也。據吳縣李氏福之言，則當時又有翁梁並駕之美稱。李氏云，近日書家輒推北翁南梁，而兩先生論書輒不相合，翁尚學力，梁取性靈也。兩先生非標榜者，殆各自道其得力之處，而不覺其言之稍偏歟！見《花嶼讀書堂文鈔》卷二。翁謂覃溪也。《世説新語》述劉太常之言曰，櫨梨柚橘，各有其美。上文所論，蓋前清書史之故實也，故稍詳焉。杭氏世駿撰《文莊墓志》，謂其臨池初學誠懸，繼參文、趙，晚師顔、李，格凡三變。山舟之書，似亦如此。故王氏昶撰《山舟八十壽序》，謂其法書獨出冠時，上溯鍾、王，下兼趙、董，聰明如故，眼食有加，明燈矮紙，猶復能書細楷，與歐陽信本、文衡山並傳千古。王氏又跋《山舟書賢首經後》云，雪窗梵莢，蕭然滌筆。可想見其寫書興趣。然山舟不獨以其翰墨之工，讀嚴氏元照《悔庵學文》卷一《致山舟書》，略謂蒙以手校《說文繫傳》見賜，喜快何如，伏閱閣下校勘，精到無比。復備録盧學士、孫監察校語，不愧爲叔重之功臣，楚金之靜友云云。又可想其勇於校勘矣，故此本尤足珍云。

吳郡志五十卷毛刻本，韓履卿手校。

宋范成大撰。清《四庫提要》稱是書爲成大末年所作，郡人龔頤、滕茂、周南相與贊成之。時有求附於籍不得者，會成大殁，乃騰謗謂不出於成大手，遂寢不行。故《至元嘉和志》序謂《吳郡志》以妄議不得刊也。紹定初，廣德李壽明始爲鋟版，趙汝談爲之序，以周必大所撰《成大墓誌》，定是書實所自爲，其論乃定。壽明又以是書止紹興三年，其後諸大建置，如百萬倉、嘉定新邑、許浦水軍顧逕移屯，皆未及載，復令校官汪泰亨補之。自謂仿褚少孫補《史記》例，然少孫補《史記》雖爲妄陋，猶不混本書，泰亨所續當時不別署爲續志，遂與本書淆亂，體例殊乖。其書凡十九門，徵引浩博，而敍述簡核，爲地志中之善本。刊版久佚，此本猶紹定舊槧，往往夾注，考成大以前惟姚宏補注《戰國策》，嘗有此例，而不及此書之多，亦可云著作之刱體矣。是庫本係據宋刻。此本爲毛氏汲古閣刻成，韓履卿據以校勘者，卷末有其題字。

吳郡圖經續紀三卷黃蕘圃校本。

宋朱長文撰。長文字伯原，蘇州人。未冠，登進士乙科，以足疾不仕。後以蘇軾薦，充本州教授，召爲太常博士，遷祕書省正字、樞密院編修。吳郡先有大中祥符間官撰《圖經》，長文於元豐中續之。上卷爲封域、城邑、戶口、坊市、物產、風俗、學校、倉務、海道、亭館、牧守、人物，中卷爲橋梁、祠廟、宮觀、寺院、山水，下卷爲治水、往迹、門第、冢墓、碑碣、事志、雜錄，凡二十八門。前有自序，後有元祐元年常安民、元祐七年林慮、元符二年祝安上、紹興四年孫祐四序，又蘇軾薦文長劄子。世傳張海鵬《學津討原》本出於明嘉靖錢穀刻本，兩本訛奪相同。咸豐中，仁和胡珽得宋刻本，以活字排印，彙入《琳琅祕室叢書》，後附校勘記，於錢、張兩本之繆誤，一一比勘，使讀者益知宋本之足貴，有功是書不少。此爲清乾隆間刻行，平江黃氏手校本。卷首有蕘圃題字云，壬子春仲，假得錢馨室校刊《吳地記》《吳郡圖經續記》，二書合裝一册，爰以吳琯所刻《古今逸史》中《吳地記》校訖，思欲傳錄《吳郡圖經續記》，余家未有其書，遂從同年沈書山借得此本，臨校一過，魚豕之訛，有錢本更甚於此本者，可知新刻之書，亦未始無佳處也。黃蕘圃識。又云，蕘圃案，凡事必求其古，如書之原序，亦必照舊式，如序中擡頭，及序後結銜，皆古式也，後人重刊，不可妄易舊觀。如錢叔寶本猶知此義，因据以改正。蕘圃別藏此書宋刻本，其題語云，余向聞任蔣橋顧氏有宋刻《吳郡志》，倩人訪求，得諸華陽橋顧聽玉家。蓋華陽卽任蔣之分支也，聽玉之祖雨時先生，喜蓄異書，手自讐勘。余從其裔處得舊鈔本《續圖經》，有跋云，雍正十二年夏五月既望，於崑山徐氏購得葉文莊宋刻本，校勘一過，始得顧氏所蓄宋刻地志之書，范成大《吳郡志》而外，又有朱長文《吳郡圖經續記》。一日觀書華陽，適覩是書，楮墨精良，實勝范志，爰詢其值，需白鏹六十金，心愛甚而未之得也。閱載餘以他事故至聽

玉家，聽玉云，此書於子爲雙璧之合，吾且非子不售矣。子曷
歸之，以比延平劍乎？余重其書之不易覯，遂以五十金得之。
卷中有鈔補處，皆明人錢罄室手迹。余嘗見錢氏有刊本，云是
從宋本校勘者，今取宋本對之，不特本弗同，且訛舛誠復不少，
則宋本之可珍益信。卷中又有新刻以僞亂真者兩半葉，亦後人
過於求全，固無損宋刻面目，今而後搜輯吾郡故實者，得此益
徵詳備云。附録於此，以資對勘。

嘉泰會稽志二十卷寶慶續志八卷明正德重刊本。

《會稽志》宋施宿撰。《續志》宋張淏撰。施志前有嘉泰元
年陸游序，略云，昔在夏禹會諸侯於會稽，歷三千歲，而我高
宗皇帝駐蹕彌年，定中興之業，於是用唐幸梁州故事，陞州爲
府，冠以紀元。今天下鉅鎮，惟金陵與會稽耳。則山川圖諜，
宜其廣載備書，顧未暇及者，縣數十年。直龍圖閣沈公作賓來
爲守，慨然以爲己任。沈公去爲轉運副使，猶經營此書不已。
華文閣待制趙公不迹、寶文閣學士袁公説友繼爲守，亦力成之，
而始終其事者，通判府事施君宿也。書雖本之《圖經》，《圖
經》出於先朝，非藩郡所可附益，乃用長安、河南、成都、相
臺之比，名《會稽志》。會稽爲郡，雖遷徙靡常，而郡本以山得
名，又禹所巡也，故卒以名之。既成，屬游參訂其概，且爲之
序。《續志》前有寶慶元年梁國張淏序，略云，《會稽志》作於
嘉泰辛酉，距今二十有五年。夫物有變遷，事有沿革，況城府
內外，斬然一新，則越又非曩之越矣，苟不隨時紀録，後將何
所攷。淏雖世本中原，僑寓是邦，蓋有年矣。曩嘗坊聞，茲又
目擊，越事亦粗諗，懼其久而遺亡，輒裒輯而彙次之，而前志
偶有遺逸者，因追補之，疎略者因增廣之，譌誤者因是正之。

半葉十行，行二十字。卷末有"正德五年龍集庚午九月初吉重刊"一行。

淳熙三山志四十二卷寫本。

宋梁克家撰。克家字叔子，泉州晉江人。紹興三十年廷試第一，授平江簽判，召爲祕書省正字。乾道中累官右丞相，封儀國公，卒謚文靖。事具《宋史》本傳，史稱其爲文淵厚明白，自成一家，制命尤温雅，多行于世。今所作已罕流傳，惟此書尚有傳本。前有淳熙九年清源梁克家序，略云，予領郡暇日，訪無諸以來遺跡故俗，聞晉太康既置郡之一百一十三年，太守陶夔始有撰記，又四百五十六年，至唐郡人林諝復增爲之，皆散逸無存者。獨最後一百九十二年，本朝慶曆三年，郡人林世程所作傳於世，自言親視前志頗究悉，然衰次亦復缺略。迄今又一百三十九年，乃約諸里居與仕於此者相與纂集，討尋斷簡，援據公牘，採諸長老所傳，得諸閭里所記。上窮千載建創之始，中閱累朝因革之由，而益之以今日所聞見，厥類惟九，靡不論載。所謂九類者，今考其目，則地里類、公廨類、版籍類、財賦類、兵防類、秩官類、人物類、寺觀類、士俗類。按：徐氏《紅雨樓題跋》云，宋《三山志》四十二卷，林都諫先生捐資授梓，數百年不絕如綫，一旦翻摹，傳之來禩，甚盛心也。又恐祕之家塾，傳弗能廣，乃徙置法海禪寺，今主僧守之，以便好事者印行云云。館臣謂只見寫書，則林刻或已佚矣。

浙江通志七十二卷明嘉靖刊本。

明薛應旂撰。前有嘉靖辛酉華亭徐階序，略云，浙江故未有通志，今爲志若干卷，凡若干萬言。總督軍務太子太保兵部尚書兼右都御史梅林胡公，謀諸巡按御史際岩周君、春洲崔君，聘前提學副使方山薛君所輯也。予聞之，志之體與史相類，其要在紀政治之得失，垂諸後來，使足爲勸戒，非徒炫博逞奇已也。公爲政於浙，亦既竭其心力矣，若乃調護補葺以求善其終也，非所望於後之君子乎，是公作志意。分地理、建置、貢賦、祠祀、官師、人物、選舉、藝文、經武、都令、雜志各門。雜志門又分爲天文、祥異、形勢、風俗、兩浙前代官制、仙釋、術藝、物産、寺觀、野史各類。目後有嘉靖辛酉薛應旂識語，校録生員姓名。板心有"布政司吏孫子良何具刻"，"布政司吏范淵沈應元刻"，"布政司吏施孝寫"各字樣。半葉十行，行二十字。

徽州府志二十二卷 明嘉靖刊本。

明汪尚寧洪垣撰。前有汪氏序，略云，人有恒言，郡邑之志，乃列國之史。予謂郡邑之志，猶有家之籍也。夫有家者，其先斤斤而作之，門户既樹，詳明於册契簿記，附之訓言，其纖至於土田工作服食器用，靡不畢具，蓋以纂其辛勤之緒，爲一家之文獻，俾繼世恃以不泯。予遍聞一叟云，《周禮》紀六官之職，自三公六卿大夫三士，下逮酒醬之屬，卑官細事，宛如有家之籍，彼誠以家視天下矣。爲政者欲知民之性，以制寬猛之宜；物土之利，以經出入之法；察俗之尚，以節豐儉之中。通一國之政如其家，當講盡詳明，細大不捐，然疆域殊方，風土異宜，讓地之所自出，貢賦之所由生，凡所以盡人之情，而極事之變。與夫建置沿革之因時，名宦鄉賢之代作，足以示勸戒而係人心之好惡，其稱名也博，其爲類也賾，而不可厭。其爲術也，莫要於志，故志之爲道，切於民生，益於治理，以佐

家國之安，可不重乎！乃若爲志者，或輕重失倫，詳略無紀，
敍山川無關於險夷潴洩之用，載風俗無與乎觀民省方之實，瑕
瑜錯品，是非謬置，後將何觀焉！然董狐南史，在國史則然，
若恂恂鄉居，必有所託以直其志。序後有凡例頗詳，有四則可
資討論者録之。一朱子集諸儒大成，道統攸屬，倣孔子作世
家；一孝友，舊載者勿論矣，今所收採必取其軌于中正可訓者
書之，不泥於刲股、廬墓之類，稍涉誕異者不録，恐長僞
也；一詞翰類，舊志多泛收之，今取其有關政要大體者摘入各
類之下，以便覽鏡焉；一舊志採拾放失舊聞爲拾遺類，本之羅
鄂州、洪香庭，其用心亦已勤矣。今稍加損益，以俟來哲。前
題總裁郡人汪尚寧洪垣。半葉九行，行二十三字。

嘉靖彰德府志八卷 明刊本，虞山瞿氏鐵琴銅劍樓舊藏。

目録前題崔銑輯。卷一、二地理，卷三建置，卷四田賦、
祠祀，卷五官師，卷六人物，卷七選舉，卷八鄴都宮室，雜志
付焉。目後有崔氏敍曰，正德己卯，太保湯陰李公於中祕得
《宋相臺志》十二卷、《元續志》十卷。郡守陳公萬言令所部各
以其志送官，是歲冬以予輯而正之。明年春，銑遭先母淑人憂，
又兩閲歲，既禫袝矣，始啓書讀之。宋志事略具，而文義蕪鄙，
元以下止觀焉。乃別爲例作九志，凡八卷。其事兼采諸史，其
文則刪潤者過半矣。夫志者郡史也，備物垂軌，不軌不物，眩
觀感鄉，雖文奚用哉！故地理稽實而黜附會，建置遵制而明則，
田賦以恤隱，祠祀以正典，官師均列而信教，人物選舉上行而
下秩，宮室刺奢，雜志輔化，崇正義而黜異端，損浮冗而要簡
確，然後府事稍可誦覽，斯竊取諸君子之志焉。銑也才淺能薄，
意長力短，況府居衝衢，海內兵作，先被茶棘，今土著之家，

十不存一。舊典湮滅，後學寡聞，循長鄉哲，靡由彈述。舊志涉誤近諛者，並以義刪之，不能登載。孔子曰，多聞闕疑，慎言其餘。夫述不師聖，其胡用訓，罪我者其以是夫。嘉靖改元歲，後渠崔銑書。志内有云，今府城外西北有開元寺，寺後有河亶甲冢，冢在洹水南岸，有故城曰畿城，一曰亶甲城。又有地曰商亭，《城冢記》曰，亶甲所居。夫湯居亳，仲丁遷囂，亶甲自囂徙居相，祖乙居耿，盤庚歸治亳，凡五遷。商之諸王以十日互爲帝號，惟亶甲加河者。《漢書·地理志》，魏郡有大河，有滏有汙，今府東永和及鄴、臨漳之間尚多卑下，必水圮其都，祖乙乃遷耿爾。又云，安陽縣本殷墟及邶、鄘、衛之地，亶甲、祖乙之王畿。又云，有黃堆冢，在亶甲冢西南，亶甲后也。宋元豐二年夏，亶甲冢穿，野人探取得古銅器，質文完好，衆疑觸法，碎而鬻之。伯韜按：前清光緒己亥，彰德府西北五里之小屯，發見龜甲文，世人稱爲近世四大發見之一，較元豐所得爲創獲矣。卷八云，世傳鄴城古瓦硯，皆曰曹魏銅雀瓦，塼硯曰冰井，蓋狗名而未審其實。魏去今千有餘歲，若此物者，已毀碎爲飛塵。齊磚至今未及千年，村夫剖土求之，踰年不得，鄴民乃僞造以給遠方。王荆公詩曰，"甄陶往往成今手，尚託虛名動世人"云云。此又足爲收藏家箴正矣。卷八又云，鄴都比城自曹操基構，制度壯麗，奢淫未終，旋遭篡奪，石虎異類藉勒威業，攘神器、興宮室，復命徙洛陽鐘簾九龍銅駝飛廉，置諸殿庭，起一橋而費億萬之功，築一苑而役六十萬人，可見當時營造之宏壯矣。湯陰爲彰德屬縣，古傳文皇囚於羑里，卽此地，而又爲宋岳武穆所降生者也。讀此志知哲人挺生於彰德者不尠，而此志亦無攀附影響之談，考證極確，其中且有訂正前人附録來歷者。如卷一志劉神川墓云，神字京叔，渾源人。閉户讀書，務窮遠大，涵蓄鍛淬，後復講明六經，推於踐履。自注云，出《王秋澗集》。卷六陳薦，武安人，墓在武安靳固里。自注云，《宋史》載薦爲沙河人，蓋沙、武接境，武安，嘗隸邢州也。卷六《胡景崧傳》，自注云，舊志作胡嵩，今據《遺山集》正之。正德末，孝明村民得胡氏志石，亦作景崧，皆可證也。卷五云，趙準官趙府紀善，門人常數十。時太守有子驕縱甚，一日聞趙先生矩艭嚴，領其五子來，且遺一朴，書其面曰，專治五子，毋及餘生。諸子畏趙先生，皆折節學。銑家君未冠時，從趙先生。予家今皆治詩，趙先生傳也。此又仿馬、班之例，因史而及其家世矣。卷八末有"生員任秀謄寫，武安縣儒學訓導蘇則曾校勘，儒學教授劉昆、彰德府安陽縣知縣韓德理工"四行。半葉八行，行十八字。崔《志》流傳極罕，此本舊爲虞山瞿氏鐵琴銅劍樓藏，有其藏章。按：瞿氏《書目後序》稱其藏書，適遭咸豐庚申之難，絪載書籍轉徙流離，最後渡江而北，藏之海門，中更兵燹波濤之險，其書十亡六七，然則此本或在此時流出也。近日瞿氏宣穎所撰《方志考稿》，搜羅極備，著錄《彰德府志》祇乾隆本，謂志中有崔氏序，並述及萬曆辛巳、清順治十六年、康熙丙子、乾隆五年、二十五年，皆嘗重修，而不得崔《志》。攷崔《志》見稱於徐元文，而《日下舊聞考》《四庫提要》，亦皆許其謹嚴，可與康氏武功相比。蓋瞿氏深慕崔《志》而未得見，故論及之耳。

上虞縣志二十卷明萬曆本。

前有萬曆三十四年知上虞縣事徐待聘序，略云，虞於浙爲望邑，襟江負海，陂澗四集，水之功用，尤洽於邦，邦之生齒，含嚅膏腴，奚啻鉅萬！輸庚奏帑，以佐大官，分毫皆灌注之力，

宜莫急於水利者。余受事之初，數延見父老問疾苦，爰討夏蓋、
上白、皂李、漳汀諸湖之故道，暨玉帶諸溪之廢趾。按湖而爲
之周覽陂渠高下之勢，一視漢南臻南北堤與石閘陰溝之法，脩
築閘堰，旱則蓄以沾溉，潦則決而注之海，不令湖額侵於豪右，
漫自潴溢，水之權遂爲我民操。夫諸湖幾爲禾黍之場者以無徵，
無徵以無志，況枚舉邑務，則典故之因革，俗尚之淳漓，戶口
錢穀之數，山田盈縮之額，關梁險易之由，水陸物產之宜，以
至丘陵祠廟，災祥變故之紛賾，又無一非當究心者，奈何視志
置弗講乎？輒不量膚魯，不避勞怨，敦請學博當湖馬君明端、
虞徵士葛君曉、車君任遠總其成。編內最條析者則水利爲重，
指撝鑿鑿，將湖利盡歸之民，意固有獨至也。次有萬曆丙午山
陰朱敬循序。計分輿地、建置、食貨、官師、選舉、人物、典
籍、古蹟、叢林、雜紀各門，而雜紀又分軼事、方伎、災祥三
類。夫方伎豈不可以入人物志乎？《風俗志》有云，世廟時分宜
當國，權傾中外。虞入仕籍者，輒毅然首斥其姦，雷霆震加，
殫至踵接，至其父子有云，天下容我，獨虞人不能容我。此可
槩其俗矣，亦軼聞也。又云，四民之中，有戶以丐稱者，例不
得與良民等，相傳爲宋罪俘之遺，然遠不可攷。《會稽志》謂其
如人身之瘤，蓋其男女業非四民之所業，而四民亦恥爲其業也。
此亦社會史之資料矣。半葉九行，行十九字。

寧志備攷十二卷 明寫本。

　明趙維寰撰。前有崇禎庚午許令典序，略云，當湖趙無聲
先生，其學博綜抉奧，下筆排山倒峽。而其人則慷慨木强，困
公車三十年，研穿裘敝，邑邑不得志。乃退而振鐸吾寧，每恨
邑志築舍，以忝文獻，乃爲作《備攷》，其目凡十有二，其法詳

古略今，詳舊略新。次有葛徵奇序，略云，吾邑乘蕪廢，踰一
甲子矣。受事茲土者，或手摘簿書，棘刺難脫，或放情流浪，
說鬼談神，而於垂志，則棄如嚼蠟。趙先生振鐸吾寧，日與羣
弟子冥搜逖覽，上自星緯雲石，下自鳥獸草木，中及興亡成敗
悔吝憂虞之故，靡不早夕殫究，既彙快編，作渡世津梁，退而
作《備攷》，曷備乎，文獻無徵，志士扼腕。後世得知己，足以
不憾，亦曰備乎云爾。次有崇禎庚午攝杭州知府劉元瀚序，略
云，趙先生爲寧士師六年，以刪潤二十一史墨汁之餘，撰《寧
志備攷》，比於舊誌倍十之五，爰捐俸錢，以襄厥氏，文出於一
手，而功竣乎三旬。次有海昌門人談以訓序，略云，《周禮》外
史掌四方之志。今郡若邑博士，古外史秩，國初郡邑博士，得
參中祕之席，百年來第飽蠹蝕而歎侏儒，嗟乎，博士不當史乎！
吾師趙先生冥搜逖覽，下上二千年間，既已多所撰者。酒頃來
吾寧，登壇之暇，復讀《寧志》而喟然，以諸生請，輒操不律
從事。次參校姓氏，次目錄，分沿革、星野、疆域、形勢、山
水、城池、坊市、衢巷、橋梁、郵傳、壇壝、祠廟、縣署制、
分土、編户、風俗、土產、土貢、土賦、課程、鹽課、征徭、
卹政、水利、祥異、古蹟、縣官制、縣官題名、牧政、學宮制、
學田、學職、禮樂、典籍、選舉諸科、名賢、名臣、名儒、逸
民、獨行、義俠、流寓、方技、武衛、方外、佚事、遺文、遺
詠各門。

齊乘六卷　明刊本。

　　元于欽撰。附《釋音》四葉，前題男潛述。前有蘇天爵序，
略云，《齊乘》六卷，故兵部侍郎于公志齊之山川、風土、郡
邑、城廓、亭館、丘壟、人物而作也。古者郡各有志，中土多

兵難，書弗克存。我國家大德初，始從集賢待制趙忭之請，作《大一統志》，蓋欲盡述天下都邑之盛，書成藏之祕府，世莫得而見焉。于公生於齊，官于齊，考訂古今，歲久始克成編，辭約而事核。公在中朝爲御史憲臺都事左司員外郎，終蓋都田賦總管，以文雅擅名當時。既卒，其家蕭然，獨遺是書于其子潛，余官淮揚始得閲之。公諱欽，字思容，益都人。潛擢南行臺掾云。至元五年己卯嘉議大夫江北淮東道肅政廉訪使蘇天爵序。第一葉第二行題“郡人于欽思容纂”。版心有刻工姓、大小字數，半葉八行，行十五字。明刊大字本，出于元。

雍大記三十六卷明刊本。

明何景明撰。前有嘉靖壬午關西逸史段炅序，略云，其爲體裁者三：以擬於疆域者屬之攷，謂散涣者有以稽也；擬於人代者屬之紀，謂政時有以著也；以成諸修立者屬之志，謂有以録其存知也。大復子何氏仲默，汝南人。是書開局立例，召學官生徒，分輯成編，訂改甫就，即病而休去。憲僉辰陽周公宗化攝學政，乃命校録畢刊。次《序例》，略云，《雍大記》者，記雍之大也。夫括方數千百里之地，貫穿數千百代之事，有不可勝載者，必博收約文，微詞廣義，以勒成一家之言，斯可久遠行矣。又一條云，今之人文其存者弗録，何也？君子畢身而是定，言行身後而始章，弗録存者，俟也。卷一至卷八攷易，卷九至十三攷迹，卷十四至十八紀運，卷十九至二十五紀治，卷二十六至三十志獻，卷三十一至三十六志貢。半葉十行，行二十一字。

汴京遺跡志二十四卷舊鈔本。

明大梁李濂撰。《宋史·藝文志》及馬氏《文獻通考》，載

宋敏求本韋述《東》《西京記》撰《河南》《長安》二志，世稱
該洽，實爲此志前導。此志係明嘉靖中李濂輯，當時有盛名，
《絳雲樓書目》載其刊本，清世寫本流傳，比年有刊本矣。全書
體例，先書宋京城大內諸司官署，繼書山岳，次詳河渠，次及
宮室、臺池、祠廟。其雜志二卷，詳載靖康變故。藝文十一，
悉閱汴京文獻，其不涉地理者，則不書也。此本先後爲長沙王
氏先謙、葉氏德輝藏，有兩人藏章。

合刻秦漢圖記三輔黃圖六卷西京雜記六卷明刻本。

　　前有萬曆乙酉廬陵祁子章序，略云，海陽令莆中柯堯叟刻
《西京雜記》於邑署。今上令郡國各貢書籍實翰苑國學，子章以
是刻並郡諸刻上之岳伯華亭蔡公，公曰，粵中故無此刻，若合
《三輔黃圖》並刻，以備秦漢故，亦一奇也。子章以語別駕梁君
質夫，總付剞劂，名曰《秦漢圖記》。考之二書，皆未著作者，
《黃圖》紀關中宮室、苑囿，或謂出梁、陳間，或謂出漢、魏
間，新安程泰之辨其有唐邑名，直以爲唐書。《雜記》載西漢遺
事，或謂出劉子駿，或謂出葛稚川，而晁氏又謂吳均依託爲之，
俱未可知云。此序共四葉。次有《三輔黃圖》原序共三葉，次
有嘉靖間劉景韶《重刻三輔黃圖序》。次《目錄》，目前題“萬
曆壬寅仲秋，陝西布政使司重刊”共二行，正文末有“參校古
本諸書補正九十六字”一行。末有嘉靖己未通州江一山刻《三
輔黃圖跋》。《西京雜記》前有莆柯茂竹堯叟撰序，題萬曆乙亥，
次有嘉靖吳郡黃省曾撰序。卷一前題丹陽葛洪《稚川集》，次題
萬曆陝西重刊，如前書。半葉九行，行十八字。

泰山志四卷明刊本。

　　明汪子卿撰。前有嘉靖甲寅南京刑部右侍郎吳興沈應龍序，

嘉靖乙卯巡按山東巡察御史臨洮雍焯序，嘉靖三十二年新安洪
章序。雍序略云，岱往無志，同寅吳侍御始爲之，侍御以権務
按部濟南，例得有事於岱，爰登覽諸峯，因之訪靈異、稽故實，
見秦漢以來殘鐫斷碣逸仆荒榛，及近代聞人之賦述勝蹟者，咸
散漫巖崖，而莫可畢覩，於是詢得鈔本，付梓郡中，梓成，濟
南守項君亟以敍請。洪序略云，《泰山志》四卷，汪仲蘇氏譔。
仲蘇氏名子卿，歙產也，勤游天目、錢唐之間，以示學行誼顯
吳越。吳越故材藝藪澤，咸帖帖推轂，然數奇射策有司，屢進
屢報罷。仲蘇氏孜孜自樹不少衰，聲聞益踔厲藉甚，既以經行
爲督學使臣所獻。赴上都，發揚粵，泝淮泗，仰孔林，登泰山，
凌日觀，摩穹蒼，樓巉巖，探泉溜，捫縣厓，蒐殘碑，抉晦蝕，
稽故牒，蹤迹文字以來，帝王聖哲，瑰奇幽異，壇墠、臺殿、
樓觀、亭障、府寺、鳥獸、蟲魚、藥草、木石，上下數千百年，
亡間於微顯，罔不畢志。卷一爲圖志，圖分泰山、星野、岳廟、
五岳真形、岳治等門；志分山水、狩典、望典、封禪等門；卷
二遺跡，分帝王、聖賢、列仙等門；遺蹟外又有靈宇、宮室二
類；卷三登覽；卷四岳治、治蹟、人物、物產、祥異、雜誌。
前題明巡按直隸監察御史婺吳伯朋裁定，山東按察司僉事大梁
曹金校訂，順天府僧學訓導歙汪子卿編輯。卷末有"泰安州知
州鄭聚東校補，學正陳龍、訓導盧楓新、泰縣教諭林宇中校正，
生員侯貴、鄧霓、尹鳳儀、李汝桂同校"八行。半葉九行，行
二十一字。

華嶽全集十三卷 明刊本。

明張維新撰。前有萬曆丁酉巡撫陝西等處地方贊理軍務兵
部右侍郎冀都察院右僉都御史洛水賈待問序，略云，不佞自解

褐入關，迄建旄分陝，其道華下者數矣。顧讀所爲華山集者，
既品折之棼殽，亦蒐羅之掛漏，山靈幾涸，文獻曷徵。貳憲天
中張君鎮潼之暇，亦斯是慨，乃謀手編，俾鑱掌故，不再月而
工竣，謁敘不佞。張君是役也，冥搜窮索，摭故增新，豕亥刊
訛，魚珍覈謬，不惟使西嶽之雄秀畢呈，東林之文明載煜，而
按圖牒見神奇之天造，稽藏育識英淑之地靈，攷秩祀而典神厚
下之義明，諦詞賦而颺休寄興之思遠。他若神蹟仙踪，玄樓道
宇，物有異而胥書，事無詭而不纂，用意不其勤歟！次有萬曆
丙申天中張維新序，略云，索掌故得《華嶽全集》，蓋嘉靖玄默
閹茂李尹時芳纂脩，舊本多豕亥，遂檄華陰令馬明卿謀，稍稍
第置，越兩月而就緒。序後分列目錄。卷一圖，卷二前題欽差
整飭直隸潼關河南閿靈陝山同華蒲州等處兵備陝西按察司副使
天中張維新輯，知華陰縣事貴陽馬明卿校。半葉九行，行二十
字。前清湯斌有重訂本，蓋湯曾官於潼關也。此猶是明印本。

茅山志十五卷明永樂重刊元本，錢青文舊藏。

　　前題上清嗣宗劉大彬造，蓋元道士也。前有趙氏序，略云，
皇慶改元，制賜茅山四十五代宗師劉大彬洞觀微妙玄真人，後
五年襃封三茅真君，徽號各加二字，曰真應、曰妙應、曰神應，
仍勅三峯爲觀，曰聖佑、曰德祐、曰仁祐。明年傳壇之玉印久
湮，至是復出。有司上其事，奉旨嘉畀本山，於是神人以和，
凡經籙棟宇，百廢之宜餙治繕完者，宗師得以悉其力焉。又病
夫《山志》前約而後闕也，乃囑諸入室弟子采集成書，來徵予
序。閱其所載，詔誥之隆，仙真之異，洞府之邃，壇籙之傳，
人物之偉，樓觀之盛，山水之清，草木之秀，碑刻之紀，題詠
之工，莫不臚分類析，粲然大備。按：茅山本句曲山第八華陽

洞天，第一地肺福地。漢茅君昆季栖真，風靈蹟欝，爲寰宇之
名山，種靈之區奧也。皇元治尚清静，自板圖歸職方氏，主壇
席者徵至闕下，優降璽書，金湯其教，至宗師始顯，被恩數度
越前躅，蓋山水之氣發舒於休息既久，亦宗師之道行升聞寂通
之妙，其在斯乎。顧《山志》不可不輯，而丕覬不可无述也。
泰定甲子集賢大學士光禄大夫西秦趙世延序。次有吳氏序，略
云，欽惟皇元之有天下也，首崇清静之道，以開泰平之基，是
以方外祠臣特蒙簡注，恩輝炫焯，表章山林，若不著爲成書，
後世何以考見？顧余斯語，名山實聞。至大庚戌，予以祀事至
茅山，因閲其山之舊志，遺闕甚多，嘗以語之四十四代宗師牧
齋王真人。未幾，真人傳真，《山志》無所聞。後五年復祀其
山，又以語之嗣宗師劉真人。十又三年爲泰定丙寅，今天子用
故事醮其山，予實代理，始獲覩其成書，凡十有五卷。自漢、
晉而下及齊、梁、唐、宋之書，搜括无遺。其首篇曰誥副墨，
則國朝所封三真君制詞，三峯觀賜額勅書具在，皆予所奏請者。
其末篇曰雜著，則有仁皇用先開府張公所奏還賜玉章始末，前
後凡二十年始成。泰定丁卯特進上卿玄教太宗師吳全節序。次
有劉氏敍録，略云，句曲有記尚矣，宋紹興二十年，南豐曾悀
孚仲、昭臺道士傅霄子昂脩《山記》四卷，所書山水、祠宇，
粗録名號而已，考古述事則尤略焉。大彬登壇一紀，始克修
《證傳宗經籙》，又五載而成是書，凡十二篇，十五卷，題曰
《茅山志》。大元天曆元年，嗣上清經籙四十五代宗師洞觀微妙
玄應真人劉大彬序。全書以漢、齊、梁、唐詔誥爲第一篇上卷，
既卷第一；宋元詔誥爲第一篇下卷，即卷第二；茅君真胄爲第
二篇，即第三卷；以山水洞、石礱、橋亭爲第三篇，即卷第四；
以壇井、池臺爲第四篇，既卷第五；以道經圖籙、道書爲第五

篇，即卷第六；以聖師七傳宗師四十五傳系代虛其左方，即卷
第七；男真女仙爲第七篇，即卷第八；高士女官爲第八篇，即
卷第九；宮觀、山房、庵院爲第九篇，既卷第十；神芝、奇藥、
名木、異卉爲第十篇，即卷十一；梁、唐碑爲第十一篇上，即
卷十二；宋元碑爲十一篇下，即卷十三；齊、梁、唐詩爲十二
篇上，即卷十四；宋詩、元詩、雜著爲十二篇下，即卷十五。
半葉十三行，行二十三字。第十四卷後，有"吳興朱德明刊
行"。末有"金華道士錢唐西湖隱真庵開山何道堅施梓"一行。
明李氏日華《六硯齋筆記》云，《茅山舊志》，前元四十五代宗
師劉大彬編，句曲外史張伯雨手書，刻之甚精，國初燬于火。
此則從元本重雕者也。徐康《前塵夢影錄》云，元代不但士大
夫競學趙書，如鮮于困學、康里子山，即方外如伯雨輩，亦刻
意力追，且各存自己面目。其時如官本刻經史，私家刊詩文集，
亦皆摹吳興體。至明初吳中四傑高、楊、張、徐，尚沿其法。
即刊板所見，如《茅山志》《周府袖珍方》，皆狹行細字，宛然
元刻，字形仍作趙體，沿至《匏庵家藏集》《東里文集》，仍不
失元人遺意，是徐氏固心愛此種刻本矣。各卷首有"錢印王炯"
朱文章。王炯，蓋竹汀祖也。《嘉興縣志》卷十九云，王炯字青
文，一字陳人，諸生。博學好古，旁通術數，尤精音韻之學，
或舉《滕王閣詩序》"蘭亭已矣，梓澤丘墟"，爲屬對不倫，王
炯謂，已矣叠韻，丘墟雙聲，各自爲對。如庾子山《哀江南賦》
云，"陸士衡聞而拊掌，是所甘心；張平子見而陋之，固其宜
矣"。掌與心對，之與矣對，亦即此例。

南嶽總勝集三卷 宋刻本，元人王元伯舊藏。

　　宋陳田夫撰。此書《宋史·藝文志》不載，晁氏《郡齋讀

書志》有之，自元迄明，不見刻本，清乾隆時修四庫書未嘗著録，儀徵阮氏巡撫浙江，始得明人影宋本鈔録進呈。阮氏《揅經室外集》云，田夫字耕叟，居南嶽九真洞老圃菴。首卷列總圖一、分圖五，及五峯靈迹，又洞天福地，以至歷代帝王，爲類二十有七；中卷敍寺觀，及所産珍禽、雜藥、異花、靈草，纖悉畢載；下卷敍唐宋異人、高僧，末附以隱逸之士。徵引博而敍述簡，深有體要。前有隆興甲申拙叟序，稱耕叟居南嶽，往來七十二峯間三十餘年，訪求前古異人、高僧靈蹤祕迹，考其事而紀之。按宋《地理志》傳者頗希，此則較唐李沖昭《南嶽小録》更爲詳備，尤足以證《文淵閣書目》作《南嶽集》三册，乃傳寫脱誤耳。其時孫氏星衍亦有此書，亦景宋寫本。孫氏《平津館書籍題跋》云，宋本，每葉二十行，每行二十字。嘉慶壬戌，善化唐陶山仲冕曾假孫本刻於金陵，行數如舊，而易其字爲二十一，蓋已有變更矣。阮、孫二氏之本，不知流傳何所，而唐氏重雕者，亦因亂板失，人間尠見。清季溇陽端方得此宋本於京師，貽諸長沙葉氏德輝，於是《郋園讀書志》始著録之。葉氏云，此爲溇陽尚書端方公所贈，聞其去白金七十兩，得之京師估人。常熟龐劬庵中丞鴻書見而歎賞，助資屬余影橅刊行。二公稽古尚文，有同好也。余刻此書，一依宋本舊式。爲余摹寫者，零陵老友艾作霖。刻成，余以日本繭紙印十許部。宜都楊惺吾校官守敬見之書估去余前序，給以爲宋本，竟獲番餅八十元之善價。楊喜告江陰繆筱珊學丞荃孫，不覺大笑。楊殊驚詫，繆述其爲余刻，始懊恨而去。然余刻雖精，終不及原本之古香古色，無怪世間好宋版書之人，雖斷簡殘篇，亦視爲零金碎玉之珍重也。楊每以舊刻僞充宋本售人，此次乃竟爲書估所給矣。楊集宋元明本書之首葉或序跋，摹爲《留真譜》一書，楊固素精版本學者，老孃倒綳，<small>伯驥按：張師正《倦遊録》云，三十年爲老娘，倒綳孩兒。而翟氏《通俗編》引多年做老娘婆，錯剪臍帶以爲證。</small>聞者無不開顔，因記於此，以資後人揮麈云。《郋園志·晏子春秋條》下又稱，光緒戊申三月，余回蘇州洞庭展墓，道出江寧，因訪陶齋尚書端方公於金陵節署，時方有買仁和丁氏八千卷樓藏書儲之江南圖書館之議，居間媒介者，爲江陰繆小山夫子荃孫，所有宋元舊本，均取頭本呈送。活字本《晏子春秋》亦在其内，當時均以爲元本，余力證其爲明時活字印本，且告以余有藏本，與此無異。陶齋曰，卽是明活字印，亦見所未見，能割愛以貽我乎？余曰，公前年贈余以宋本《南嶽總勝集》，余正未有以報也，是直可謂抛玉引磚矣。五月還湘，遂郵寄歸之。然則此書蓋以明本《晏子春秋》易得，斯文雅尚，至足慕也。葉氏以此欲絶未絶之書，因校勘以傳刻之，行款悉依宋本，宋諱缺筆及缺文墨塊，皆仍其舊，原本誤字以别紙附識卷末。卷上四十五葉龍字以下脱簡，唐刻本同，因無别本可校，並從闕如。卷下《隱逸傳》及敍古蹟四葉，唐刻有之，爲仿寫補入，其中尚缺二百餘字，則孫本相傳如此，無從校補也。葉氏又謂，推驗孫氏原書，實卽從此本傳録，今有數處可以證之。如卷上四十四葉二十行我上缺一字，審係板損脱文，唐刻本作墨塊。卷下一葉十八行遺下缺一字作墨塊，唐刻本同。又卷上四十四葉十行檢較二字，因紙近板心損其半字，唐刻臆補爲險餃，尤足證孫氏所藏景宋寫本確從此書也。至卷下《隱逸傳》以下四葉，缺於何時，則不可考。江陽繆筱珊太夫子贈余以所撰《藝風堂書藏記》，載有此書校宋本，行字與此本同，而云前缺圖六葉，後缺《隱逸傳》及《敍古跋》共四葉。其本假之徐梧生户部，證以此本，一一符合，則其缺佚由來已久，唐刻前有圖六葉，以其改易宋本之舊，未可信以據補，以待完本續刻，然恐海內祇此孤本，不復再遇矣。以上皆葉氏重刻此書之序言也。唐人《南嶽小錄》，著錄清《四庫》，其後順德龍氏曾刻之知服齋，惟其書甚簡略，得此庶可掩襲前編，蓋數百年祕笈，若隱若見，葉氏所有，不知何時流出，展轉入京估手，竟歸吾家，書福可云不薄矣。每卷第一葉均有"王氏元伯"朱文章、"王氏家藏"朱文章，葉氏未有論及。伯驥檢《江南志》，知王氏實爲元人，細察圖記，其文字刀法，亦是元時風氣也。志云，王元伯，金壇人，四世不異爨，家人百餘口無間言，日使諸女婦聚一室爲女工，畢斂貯一庫，室無私藏。兄宣伯卒，以家事付兄子軌，軌辭，元伯曰，若宗子也，宗子宜主之。相讓既久，卒以付軌。搢紳之家，咸自謂不如，至元間旌表其門。噫，淳行可風，遺書不益可寶乎。端方託話絡氏，號午橋，又號陶齋，溰陽人。藏金石經籍至富，金石曾編目，而經籍闕如。丁氏八千卷樓之書，得歸於江南圖書館者，陶齋力也。所遺《忠愍公奏議》中亦有言圖籍事者，葉鞠裳《藏書紀事詩》，應續斯人。伯驥所撰《滿人漢化史》，則已詳之矣。至葉氏謂悝吾誤新刊爲舊槧，恐未必實有其事，文人相輕，自昔云然，蝕腦蟣肝，其細已甚，戒之戒之。每卷一冊，上、中、下三卷，共分三冊。冊首題字，陶齋以泥金絹手書之，蓋與宋周密《癸辛雜識》所記廖羣玉諸書之裝褫略同，旌寵此書，亦云至矣。東莞莫伯驥記。

盧山紀事十二卷 明刊本。

明廣陵桑喬撰。喬字子木，江都人，嘉靖壬辰進士。此書外又著有《博蒐錄》一卷。其著書在朱謀瑋之前，而體例頗似

《駢雅》，自天地、文字、音義，下至草木、魚蟲、鳥獸，無不輯載。丁氏《讀書志》著錄，明世廟時前後劾嚴嵩、世蕃者，桑喬、沈良才、謝瑜、喻時、周怡、葉經、童漢臣、王宗茂、趙錦、何維柏、王曄、陳塏、陳紹、厲汝進、徐學詩、周冕、王與齡、董傳策皆被譴，經用他過置之死。此書前有喬自序，略云，紀事有三恧，一，古有周景式《廬山記》、張僧鑒《得陽記》諸篇，今不及見，獨見其數語於類書中，宋陳舜俞《廬山記》、馬玕《續廬山記》、戴師愈《廬山文物列傳》，亦購之不得，潛德休光，多所闕遺。二，古今名賢篇什不少，喬旅泊既乏典籍，今時諸名製，散逸者十九，屢搜羅亦無從得其蹟。三，九江者喬之并州也，事宜内山北，業已成編，雙江方公見之曰，是爲九江南康言，非爲廬山言也。夫苟爲廬山言，則宜先山之面者也，捨其面而背是先，議者將謂斯何？且使子志二郡内九江可也，子以子觀廬山，不若以天下觀廬山，亟易之。喬無以奪其議也，故紀事先山南。首葉有“宸翰樓”、“雪翁”兩章，蓋爲上虞羅氏藏本。

天台山方外志三十卷明刊本。

明釋無盡傳燈撰。前有萬曆辛酉自序，略云，夫志猶史也，亦傳也。有天下之史，一國之史、一縣之史、一家之史，有僧史、儒史、高士之史、名山之史。史雖不同，所以記言、記事一也。漢明以來，佛教東漸，三寶事蹟，班班可紀。故太史有左右之官，僧錄亦設左右之職，矧山林碩德，著述猶多，曰教、曰禪、曰律，人齊七衆，門備十科，矯矯人龍，翼翼義虎。有一言之悟人，必書之，有一行之合道，必書之，其啓迪後昆，弘範時俗，功德可勝言哉！天台山者，域内之名區，東方之聖境也，地靈人傑，先靈於老釋，後杰於儒宗。僊風綿邈，資始於軒商，佛法祕藏，肇基於方廣。正言緇門著蹟，則爰自東晉曇猷棲神，蕭梁定光顯聖，洎我陳隋，智者大師，立宗命教，因山爲家，海内之宗事佛法者，必以台教爲司南。降唐及宋、元，至我皇明，師資相繼，千有餘年，無論天下教釁之盛，卽兹山流衍，考諸僧史，不減數百餘人，名言懿德，膾炙人口，豈不以此山泉石，足以疏練神明，産育聖賢而然耶！然則山因人顯，人以山名，山已有志，人胡可略。舊爲是志者，謂釋老非志所急，故存而不書，或書而不詳。然有世間法、出世間法，若分門立户，不啻冰炭。志之爲類者，凡二十：首以山名考；次以山體考；次以台教考，教得人以弘，人得教以立；次以高僧考，桐柏桃源，洞府在焉；次以神仙考，察嶺歡溪，考槃是宮；次以隱士考，名山勝刹，賴神功爲之密護；次以神明考，三寶陰翊世道，藉權貴爲之顯持；次以金湯考，歷代奉法者，咸有匱遺，如陳宣帝之捐調、隋煬帝之施品，物雖歸化，事尚傳聞，爲法門盛事；次以盛典考，石梁之現光、現花，佛隴之見橋、見雀，同乎見聞，異乎常論；次以靈異考，古佛舍利，奉安高顯，諸祖靈骨，瘞之方墳；次以塔廟考，智者降魔於華頂，壽公入定於天柱，至於一石一泉，皆前人之遺蹟；次以古蹟考，人與山名，欲同垂於不朽，或刻石以記名，或樹碑而頌德；次以碑刻考，菩提琪樹靈根，託於名山，羅漢怪松天葩，生於勝地；次以異産考，上之王臣以及墨客，或因人而著作，或緣景以細思，皆足以光彩名山、憲章人物；次以文章考，發前人之所不發，書前人之所未書，述而不作，以成一家之書，名曰《天台山方外志》，蓋取異於縣志之所略爾，觀者請以此意恕之。皇明萬曆歲在辛丑太末，釋無盡傳燈命筆。半葉九行，行十八字。版心有"幽溪講堂"四字。

西湖遊覽志二十四卷西湖遊覽志餘二十六卷_{嘉靖刊本。}

明錢唐田汝成撰。前有嘉靖二十六年田氏自序，略云，海內名山率皆有志，而西湖獨無，詎非闕典。五岳人黃勉之嘗謂予曰，西湖無志，猶西子不寫照，霓裳不按譜也。子盍圖之！五六年前，予宦遊無暇，迄乎宅憂服除，聊寓目焉，因念古人踰祥授琴，將以舒其菀結，聞篷作賦，用以感於幽冥。子竊此山水於笙歌，擬佔畢以酹諾，一物二義，爰契我心，於是紬集見聞，再證履討，輯撰此書。叙列山川，附以勝蹟，揭綱統目，題曰《西湖遊覽志》。裁剪之遺，兼收並蓄，分門彙種，題曰《西湖遊覽志餘》，客有病予此書多述遊冶之事、歌舞之談，導慾宣奢，非以長化也。予則以爲志者，史家之一體也，史不實錄，則觀者何稽焉？故泰華、終南，守國者恃爲金湯之固；武夷、雁蕩，棲真者隱爲解化之區；嶽麓、鵝湖，講學者闢爲都授之所。西湖，三者無一居焉，而欲諱遊冶之事、歌舞之談，假借雄觀，祇益浮僞耳，史家不爲也。客又病予此書名繫西湖，而旁及城市，覈實不符。予則以爲，西湖者南北兩山之秀液也，南北兩山者西湖之護沙也，滋靈釀淑，條貫同之。若非元本山川，要原別委，則西湖之全體不章，故旁及城市，正以摹寫西湖也。學使文谷孔公嘗覽而嘉之曰，殆郡史也，美刺具陳。侍郎劍泉鄢公按部兩浙，布憲之暇訪及此書，覽而嘉之，謂郡守嚴公曰，誠可以傳矣。嚴公敬諾，屬貳守丘公綜理之。而民部秋軒薛公、水部洪宇王公咸榷稅於杭，聞兹盛舉亦捐貲焉，未浹兩旬，勒梓已竟。伯驥按：田氏著述甚多，有《藥洲先生詩集》凡六卷、《學約》三章、《試約》凡九章、《講章》二卷、

《斷藤峽紀》一卷、《西湖遊詠》一卷、《學政集講義》二卷、《征南碑》一卷、《立後論》二卷、《南遊賦》一卷、《釐正丁祭禮樂彝典》一卷、《武夷遊詠》一卷、《炎徼紀聞》凡四卷、《大觀堂策目》二卷、《揚園集》凡三十五卷、《藥洲九略》九卷、《九邊志》九卷、《唐詩人苑》二十卷。見其子藝薌所編《遺集》卷首。各書多刻於廣東、福建、杭州等處，此志則杭刻也，書法方整。

西湖遊覽志二十四卷西湖遊覽

志餘二十六卷明萬曆刊本，孔東塘舊藏。

此爲明萬曆間商濬所刊，前有圖，分南宋京城、國朝省城，並吳山一覽、西湖諸勝、十景十錦龍井雲棲詩圖，共二十一葉。《宋朝京城圖》有商濬題字，略云，宋自藝祖開基，而太宗、真、仁，富甲漢唐，時號三登。故汴京之盛，超越三秦。及高廟南來，和議已後，創造湔城，與汴無異，兩湖圍繞，四山環抱，廣袤延江數十里，周迴雄峙百餘里。今圖遵舊刻以備後。其《花港觀魚圖》有商濬詩云，"斷汲惟餘舊姓傳，倚欄投餌説當年。沙鷗會見園興廢，近日遊人又玉泉"。《浙江省城圖》有題字云，萬曆初年以至甲午，增新坊里，圖畫極備。其《十景詩編》亦從新創，故城圖列於十景之先，所以遵時耳。亦商濬筆也。後有"半埜堂"木刻章。其《西湖圖》則分蘇堤春曉、花港觀魚、柳浪聞鶯、麯院風荷、兩峯插云、平湖秋月、三潭印月、雷峯夕照、南屏晚鐘、斷橋殘雪。每圖後有時人詩詞。卷前題錢唐田汝成輯撰，會稽商濬重校。半葉十行，行二十一字。板心有"西湖志"三字。卷末有藏書章曰"云亭山人"，當是曲阜孔氏尚任遺物。尚任字聘之，又字季重，號東塘，別號岸堂，自稱云亭山人，爲孔子六十四代孫。官至户部員外郎，著有《禮樂志》二卷、《闕里新志》二十四卷、《會心錄》四卷、《節序同風錄》十二卷、《岸堂文集》六卷、《湖海集》十三卷。見《闕里孔氏詩鈔》卷第三。山人所著《周尺考》等篇，有功樂律，尤爲海内所推重。工樂府，譜《桃花扇》《小忽雷院本》，盛傳於世。

海内奇觀十卷明刊本。

明楊爾曾撰。前有陳氏序，略云，近代名山有紀，始於吳門都玄敬，而備於括蒼何振卿，增都損何，自命撮勝者，吳興慎氏也。每攬三家之帙，幾括寓内之奇，然雖文中有畫，而目前無山，賞心者猶遺恨焉。武林楊子博雅多奇，神情散逸，雖生長湖山之會，而尤抗志天游之表，妙杼心靈，先窮目界，寄興盤礴，假技丹青。首標華夷之巨畛，指掌五嶽之真形，靈山異境，略存髣髴，福地洞天，盡入形容，丹崖翠壁，依稀若覿，猿啼鶴唳，惝怳如聞。比諸三家，得未曾有，命曰《奇觀》，信不誣耳！昔宗少文自歉足迹未遍名山，遂圖四壁以供臥游，每爲之援琴動操，欲令衆山皆響。楊子之意，實倣古人，然彼僅豁己之己目，此以傳之同好，趣尚雖均，廣狹迥矣。夫置幼輿於巖石，僅愜幽棲，畢向平之婚嫁，雖俟遲舉，然則夷猶一室，而汗漫九垓，策杖欲前，長嘯未果，其於神賞，能廢是編乎！比於馭風騎氣，與造物者爲徒，然則楊子之業亦偉矣。高安陳邦瞻德遠書。次有錢唐葛寅亮題字，次有萬曆己酉錢唐楊爾曾字聖魯敍次。有凡例十三條，第一條云，我太祖驅逐胡元，海内外皆入版圖，而是刻獨云海内者，以四海至廣，華裔區分，内則足迹可到，外則舟楫難通。總爲名利牽攘，無暇窮奇搜異，故觀以海內之奇爲主。末云鎸衡山臥遊道人楊爾曾識於夷白堂，錢唐陳一貫繪，新安汪忠信鎸。半葉十行，行二十四字。

武林舊事六卷 寫本，黃蕘圃題記。

前題四水潛夫輯。末有跋云，杭郡地卑隘，不可以國。宋高宗南播，樂其湖山之秀，物產之美，遂建都焉，傳五帝，享國百二十有餘年，雖曰偏安，其制度禮文，尤足以彷彿東京之盛。可恨者當時之君臣，忘君父之讎，而沉酣于湖山之樂，使中原不復，九廟爲墟，數百載之下，讀此書者，不能不爲之興歎。書凡六卷，四水潛夫輯，潛夫亦不知爲誰，其紀武林之事，較他書爲備，因命工刊置郡庠，俾博雅者有攷焉。武林，杭郡名。正德戊寅孟夏，巡按浙江監察御史奉天宋廷佑題。次有杭州知府留志淑跋云，《武林舊事》凡若干卷，南宋氏百二十餘年之典章儀物，習尚風流，盡於此矣。而其彌文之勝情，宴安之溺志，固非有國者所以昭德而塞違也。天下大事，卒不可復圖，果天耶人耶！侍御奉天宋公命志淑鋟梓以傳，豈特備參訂資博洽補史記之遺而已，蓋有風人之義存焉。觀斯集者，當有得之。護葉有蕘圃墨筆題字云，《武林舊事》六卷，本爲明正德中宋廷佐所刻，余向亦有之，因非十卷本，與坊友易書，不知流落何所矣。既而校勘群籍，始知書舊一日，則其佳處猶在不改，爲庸妄人刪潤，歸于文從字順，故舊刻爲佳也。此本出宋廷佐本，雖不知影鈔與否，而佳處尚存，是可信矣。近校錢述古本，取此相勘，如祭埽條之淚粧，禁中納涼條之御笑，佳字未經泯滅，故特表而出之，以著此本之善云。辛未秋日復翁識。又云，鮑氏刻入《知不足齋叢書》中之《武林舊事》據惠紅豆家鈔本，然參校者六卷以前據宋廷佐本，七至十卷則據寶顏堂祕笈本。

余欲尋訪祕笈本，坊間竟蔑如也。昨歲大除，往五柳居晤語，主人以新收全部祕笈對，卽從之借《武林舊事》歸，自一至六，題曰《前武林舊事》，末載留《跋》，所據亦宋廷佐本也。其續刊者，別標《後武林舊事》，分卷一至五，末附弘治人跋，其書起某待詔已下爲一卷，以乾淳奉親之事起至末爲二、三、四、五卷。余玩鮑叢書跋，知某待詔云卽卷六文而佚之者，因誌其祕笈卷第如此。壬申歲初二日丕烈識。檢繆刻本薆圃題識，知黃氏別有十卷校本，首有元人識語云，《武林舊事》乃弁陽老人草窗周密公謹所集也。刊本止第六卷，山中仇先生所藏本終十卷，後歸西河莫氏家。余就假於莫氏，因手鈔成全書，以識歲月。至元後戊寅正月忻厚德和父。讀此，知此書有六卷、十卷之別，張氏《愛日精廬書目》所藏鈔本，亦有此識語，亦十卷也。伯驥按：此書撰人，題曰泗水潛夫者，實爲周密別號。徐氏《紅雨樓題跋》云，《武林舊事》六卷，題曰泗水潛夫輯。正德中，浙江巡按御史宋廷珪刻之，跋語云潛夫不知爲誰。余攷《七修類稿》，載元人周密字公謹，居齊作《齊東野語》，居杭癸辛街作《癸辛雜志》，自號泗水潛夫。又嘗居華不注，號弁陽老人。以周子窗草不除，號草窗，《類稿》不言其作《舊事》，余考泗水潛夫卽密也，當是居杭日所著耳。又朱竹垞云，周公謹氏寓居西吳，自稱弁陽老人，而《武林遺事》題曰泗水潛水者，《研北雜誌》謂卽公謹。見朱氏《樂府補題序》，可參證也。又鄭元慶《湖錄》云，四水者湖城以苕水、餘不水、前溪水、北流水，合而入於郡雪溪，故名四水，舊人詩"四水交流雪雪聲"是也，是泗水又可稱四水矣。興公謂刻此書者爲宋廷珪，而薆圃則云廷佐，待考。目錄前有"玉音潛心著述"、"静觀樓"、"麈見亭讀一過"、"歸安陸聲叔桐父印"、"章翼詵堂法書名畫記"、"張公之束"各章。公束名鳴珂，一字玉珊，嘉興人，拔貢官江西知縣。有《説文佚字考》《寒松閣集》。

中吳紀聞六卷 何義門、馮云伯校毛刻本。

宋龔明之撰。明之字希仲，號五林居士，崑山人。紹興間以鄉貢爲高州文學，淳熙初舉經明行修，授宣教郎，賜緋魚袋致仕。是書成於淳熙九年，明之年已九十有二矣。其自序略云，幼事王父，每講論鄉之先進誨化當世者，未嘗不注意景仰。少長，從父黨游，皆名人魁士，從事虞庠，同舍亦多文人行士，揭德振華，咸可以紀，口授小子昱鈔其大端，不惟可稽往迹資談柄。其間有係王化關士風者，皆新舊圖經，及《吳郡志》所不載者，至於鬼神夢卜，談諧嘲謔，亦録而弗棄云。書久罕傳，元至正二十五年，武寧盧熊訪得之，明崇禎時毛晉校刻，然有脱誤，此爲何義門、馮雲伯校毛本，改正一百三十餘處，多翟超一則，遂爲此書善本。何焯字屺瞻，晚號茶山，江蘇長州人。先世以義門旌，學者稱義門先生。康熙中官編修，直武英殿修書，長於攷訂，所居曰賚硯齋，多蓄宋、元舊槧，互證參稽，評校之書，爲世推重。所傳者《義門讀書記》十八種五十八卷，文集十二卷，其校定兩《漢書》《三國志》最有名。乾隆五年，從禮部侍郎方苞請，令寫其本付國子監，爲新刊本所取正。見沈氏《果堂集》卷十一。又徐松《義門小集跋》云，曩者覃谿先生與予論虞永興廟堂書，言國朝人善學虞書者，惟義門何先生，嘗欲表章其著作而未果。因言義門先生生於順治十八年二月二十七日，初字曰潤千，一號無勇，因哭母更字屺瞻，而印章則作岐瞻。爲人短小麻髯，綽號袖珍曹操，又有"髯"字紅文圓印。幼時頗魯，因游道院，見胡蝶飛而心開，始學於邵僧

彌。年二十四，延閣百詩主其家，刺取閻氏之説，以箋《困學
紀聞》，其書法得虞山馮定遠氏父子之傳，後有姚薏田，最私淑
義門云。江藩《舟車見聞録》所記何氏事實亦詳，此略之。馮
登府字雲伯，號柳東，浙江嘉興人。嘉慶進士，官至寧波府教
授。著《石經補考》《三家詩義文疏證》《論語異文攷》《金石
綜例》《浙江甎録》《石經閣文集》《拜竹詩龕詩存》。前人謂其
早歲潛心古學，於《易》悟爻辰，《書》信今文，《詩》總三
家，《禮》兼大戴，《春秋》參三傳，以至《論》《孟》《爾雅》
之屬，皆各有成書。而聲音詁訓尤爲深邃，能發前人所未言，
而并糾其紕繆，成《十四經詁問答》六卷。儀徵阮氏深重君經
學云。有《柳界勘書圖》，《繼雅堂詩集》十八有《題圖詩》，
他文集亦有之，蓋雲伯固長於校勘也。

金陵瑣事四卷二續上下卷 萬曆刊本。

　　明周暉撰。前有焦竑序，略云，金陵六代舊都，文獻之淵
藪也。高皇帝奠鼎於斯，其顯謨大烈，紀於石渠、天祿，彬彬
備矣。以故寰寓推爲奥區，士林重其清議，及夫餘風細故，昔
稱游麗，辯論彈射，臧否剖析，豪釐肌分者，至今猶然，如吉
甫此編，亦其一也。吉甫周姓，名暉，吉甫其字。弱冠爲博士
弟子，出楊道南先生之門。先生覃思大道，有所獨契，而博學
多通，旁及時事，吉甫久從之游，其大者既別爲紀載，乃錯綜
餘緒，以爲是書。上關典常，微及俶詭，包前修之往行，具名
流之嘉話；下而街談巷議，與聖人所不語者，往往在焉。吉甫
胸饒韞畜，性好編録，曩綴《金陵舊事》二卷，朋輩謂此書當
相輔而行，乃醵錢梓之，而余引其端。半葉八行，行十六字。

荆溪外紀二十五卷<small>明刊本。</small>

　　前題邑人楚山沈敕編輯，真州云壁李文校正。前有真州李文孟博甫序，略云，廣輪之數，大統之紀，蓋皆目在綱中，要焉可也。一方之史，一地之乘，貴在文周事悉，詳焉可也。體裁莫當，而迹實鮮徵，則將使觀者弗信，謂之妄史辱國、妄志辱鄉。余觀義興自昔有志，第以古今綿邈，則詳略不容以相因。沈子克寅以爲未足，尤汲汲乎鄉之逸文墜典，居常撫觀舊志，訪拾闕漏，創爲別紀，釐爲二十五卷。余嘗僭與校讐，輯録則昉嘉靖戊戌，而梓成則畢於乙巳。目録則卷一四言絶句，卷二五言絶句，卷三五言八句，卷四五言古風，卷五六言絶句，卷六七言絶句，卷七七言八句，卷八七言古風，卷九長短句，卷十歌，卷十一行，卷十二詞，卷十三賦，卷十四碑，卷十五序，卷十六七記，卷十八奏議，卷十九書，卷二十題跋，卷二十一節義傳祭文賦，卷二十二列傳，卷二十三寓賢，卷二十四風土記，拾遺，卷二十五紀遺雜説。其《凡例》略云，列傳邑志所載不全，間有差誤，考之歷代史傳補其闕略。又云善權，古寺名也，舊碑所載俱權字，國朝避王諱，人書卷字，後人臆説，遂爲堯時善卷曾隱於此，謬矣，今不避仍書權。末有沈敕跋云，吾邑古爲陽羨，晉周玘屢興義兵，匡國安民，遂表爲義興。宋避太宗諱改今宜興。其鎮曰荆南，其川曰荆溪，其浸曰太湖，故古今多稱之曰荆溪，山水之勝甲江南。嘉靖戊戌秋，卒業南雍，歸臥山齋，不復苦意經術，妄希進取，迺閲晉、唐、宋諸家之集而孜索之、二十一史之列傳而訂正之，歷公署、寺觀、祠宇之碑記，兼郡邑志所載而備録之，及選國朝諸公之作並付之。半葉十行，行二十二字。版心有“宇邨書屋”四字。

潘司空河防榷十二卷_{明刊本。}

明潘季馴撰。前有萬曆辛卯禮部尚書濟北于慎行序，略云，公自嘉靖乙丑迄於今日，奉三朝簡命，以從事於河漕之間，前後二十七槧。公之防河有大役者三，其功皆成于因，始而飛雲之決，則開南陽以往新渠二百，以避河之險，因而避之；已而清河之役，則合河淮之流以趣于海，因而合之；其後銅瓦之決，則堤大名上流以防其潰，因而隄之。公之成功，淮河之績爲最，萬世不能易焉。次潘氏《刻河防一覽自序》，略云，萬曆庚辰河工告成，司道諸君曾以不佞奏議及諸名公贈言，編刻成書，名曰《宸斷大工録》，然其事止于江北，而諸省直無所發明，故復加增削，類輯成書，名曰《河防一覽》，首載璽書，通王命也；繼以圖説，明地利也；河議辨惑，闡水道也；河防險要，慎厥守也；修守事宜，定章程也；河源河決考，昭往鑒也；古今稽證，備考覈也；而諸臣章奏，次第纂入，便檢括也。前題吳興潘季馴時良父著，男潘大復徵復榷、孫潘振藻生、潘湛朗叔校。清鄭元慶《湖録》云，《河防榷》既《一覽》中删去部覆諸奏，汰其雷同，存其精要。子大復所榷定，即此書也。清乾隆二十二年上諭，有明一代治河之臣，最著者惟陳瑄潘、季馴二人，而季馴之功實優於瑄，運道民生至今攸賴。今以潘季馴與陳瑄合祠，有司春秋致祭，用昭崇德報功之典，而乾隆間南河有《河防一覽》之刻。前有高斌、張師載、何焞序。張序則云，公最後于高堰之築，言者譁然，雖勉底于成，而目論者猶斷斷不置，但奕世之後，利賴昭然云云。蓋所謂凡民可與樂成，難與圖始也。今通行多是乾隆間刻本。此半葉八行，行二十字之明刻，頗不昭著，故特存之。

五十萬卷樓藏書目録初編卷八

史　部　五

宣和奉使高麗圖經四十卷　彭氏知聖道齋寫本。

宋吳兢撰。護葉有彭文勤朱筆識語云，宋與高麗往來由登州，後以遼阻，改至明州。今寧波。兢奉使在宣和四年，進書在六年，時已得燕山，而北道不通。故書中約略其詞曰，由燕山路陸走三千七百九十里而已，方王俣病求醫於宋，留二年遣還。楷附言約金滅遼之不可，當時外邦議論如此。而採風入告者，方侈言天德地業，萬國畢朝，庸詎知越一年而金師至汴城下，道君内禪南走，以馴致靖康之事也。考《朝鮮史略》與書中世系不同，武弟曰堯、曰昭，仙爲武子，誦爲仙子，而運之子曰昱。《宋史》與此合，而無隆、欽、亨三王，蓋當仁宗以後，絶不通者四十三年中事也。庚子九月望，校竣漫記，芸楣。前有奉議郎充奉使高麗國信所提轄人船禮物賜緋魚袋徐兢自序，略云，臣聞天子元正大朝會畢，列四海圖籍於庭，而王公侯伯萬國輻湊，此皆有以揆之。故有司所藏，嚴祕特甚，而使者之職，尤以是爲急。所以一人之尊，深居高拱於九重，而察四方萬里之遠，如指諸掌。乘輶軒而使邦國者，其于圖籍，固所先務。矧惟高麗在遼東，非若侯甸近服，可以朝下令而夕來上，故圖籍之作，尤爲難也。皇帝天德地業，畢朝萬國，乃眷高麗，被遇神考，益加懷悚，遴擇在廷將命撫賜，恩隆禮厚，前未之有。
時給事中臣允迪以通經之才，超世之文，取甲科，耆宿望，中
書舍人臣墨卿學問高明，見於踐履，恪守忠孝，臨事不回，並
命而行，非獨其執節專對，不減古人之睿使，而風采聞望，自
足以壯朝廷之威靈，聳外人之觀聽。命拜未行，會聞王俁薨，
遂以奠慰之禮兼往。臣愚猥承人之乏，獲聯使屬之末，事之大
者固從其長，而區區得以專達者，又不足以補報朝廷器使之萬
一，退而自訟曰，周爰咨詢，歌于"皇華"之詩，則編問以事，
正使者之職。謹因耳目所及，博采衆說，簡汰其同于中國者，
而取其異焉。凡三百餘條，釐爲四十卷，物圖其形，事爲之說，
名曰《宣和奉使高麗圖經》。臣嘗觀崇寧中王雲所撰《雞林
志》，始疏其說，而未圖其形，比者使行，取以稽考，爲補已
多。今臣所著《圖經》，手搜目覽，而邅陟異域，舉萃於前，蓋
倣聚米之遺制也。臣愚在高麗纔及月餘，授館之後則守以兵衛，
凡出館不過五六，而驅馳車馬之間，獻酬尊俎之上，耳目所及，
亦粗能得其建國立政之體，風俗事物之宜，使不逃於繪畫紀次
之列，非敢矜博洽、飾浮剽，以塵冕旒之聽，蓋撫其事寔，以
復於朝庶，少逭將命之責也。有詔上之御府，謹掇其大槩，爲
之序云。宣和六年八月日。次有競姪葳識語，謂刻是留澂江郡
齋，來者尚有考，蓋乾道間常有刻本也。伯驥按：文勤識語稱，
高麗往來由登州，後改由明州。攷《唐書·地理志》，玄宗開元
二十六年，江南東道採訪使齊澣奏以越州之鄮縣置明州，《唐會
要》亦載其事。《宋史·高麗傳》高麗往返皆自登州，其臣金良
鑑來言欲遠契丹，乞改途由明州詣闕，從之。而《寶慶志》稱，
明州始困供頓。《玉照新志》云，熙寧間中書省箚子，奉使高麗
船第一隻號凌虛致遠安濟神舟，第二隻賜號靈飛順濟神舟，亦

造於明州。元豐三年，高麗使朴寅亮至明州。見《澠水燕談》。元豐七年，明州置高麗司，墾州之廣德湖田。見《寶慶志》。欽宗靖康元年，高麗遣使入貢，既至明州，會京師多難。見《宋史‧欽宗紀》《衛膚敏傳》，皆可證也。前清天祿琳琅有宋乾道三年刊本，爲兢從子蕆鏤版置澂江郡齋者，卷一第四葉、卷八第五、六葉並缺，前人補鈔。其見於各家藏目者，多是寫本。昭文張氏愛日精廬有毛斧季校宋本，後歸常熟瞿氏，書末有毛跋，所云闕葉，亦與此同。聞高麗有槧刻，若吾國刊本，則有海鹽鄭休清、長塘鮑淥飲二家，鄭本不知何出，鮑本則依舊鈔，參之鄭刻，錯簡脫漏，往往有之。今則故宮所藏宋本，已付景印，可取以爲校訂矣。近人段氏有《宋刊宣和奉使高麗圖經校記》二卷，知不足齋本，以宋乾道本校，計第二十七卷西郊條補入二十字，儒學條脫二百七十三字。吾家藏高麗人鄭麟趾撰《高麗史》，裒然巨編，藏家稱爲秘要，亦爲知聖道齋寫本。《書目二編》當詳之。

東國通鑑五十六卷從日本刊本傳錄。

明高麗純明亮佐理功臣崇政大夫達誠君兼弘文館大提學藝文館大提學知經筵春秋館成均館事徐君正等撰。前有徐氏等《進東國通鑑箋》，略云，歷觀條史之規，或以編年爲本，《通鑑》託始於涑水，袪馬史記傳之冗長；《綱目》發揮於晦庵，得麟經袞鉞之奧妙。少微因之作《節要》，劉剡述而著《長編》，雖紀載詳略之殊，其體裁義例則一。念我朝鮮有國，古稱文獻之邦，檀君並立於唐堯，民自淳而俗自朴，箕子受封於周武，過者化而存者神，然古籍之無徵，豈空言之可載！迨乎郡瓜分之後，及以府幅裂之餘，諸韓蜂起而寖衰，三國鼎峙而割據，新羅肇基東土，三易姓而歷年最長。麗、濟皆出朔方，兩立國而境壤相接，然各誇强而詫大，曾不息兵而善鄰，時干戈之相尋，日疆場之自釁。考隆替有遲速之異，論得失無彼此之分，第國乘之僅存，而文理之或鑿，事涉不經而荒恠，語多無稽以繆悠，雖再經先儒之校讐，猶是襲本史之疎漏。泰封自絶，麗祖乃興，經營四方，劃羣雄而耆定，削平二國，合三韓以爲家，二十代籙既傳子而傳孫，五百歲期間或治而或亂，簡策俱在，臧否焉逃。時運已窮於前朝，曆數竟歸於真主。太祖康獻大王，握符興運，稽古彌文，法漢祖收秦圖書，體唐宗購隋典籍，命搜勝國之史，以備秘府之藏。逮三宗之相承，宣重光而致治，乃設史局，乃掌編摩，有全史既蒐剔而包羅，有節要復研劘而簡切，更數紀而告訖，爲一代之成書。世宗惠莊大王，慨我國雖有舊籍，無長編可擬前修，方金櫃之欲紬，遽鼎湖之云邈。恭維主上殿中，研窮至理，恢廓先猷，《通鑑》之成，適當今日。臣等俱譾薄之屧質，叨奉撰述之綸音，博採羣書，袞爲巨帙。凡例皆倣於《資治》，大義實秉乎《春秋》，上下千四百年，前者覆而後者戒，彙粹五十六卷，義欲正而辭欲嚴。成化二十一年乙巳七月二十六日。次有成化乙巳李克墩序。伯驥按：《進書箋》稱檀君並立於唐堯，今據高麗人李敬一《聽軒遺稿》卷二云，《東京志》所載六部大人，皆從天而降，蓋因神人降于太山檀木下而爲檀君，與蘿井部卵遂爲佐命功臣之說，沿襲而爲此云云，然則此事固彼中之神話也。又《東國史略》卷一云，檀君名王儉，古紀云檀君與堯並立，至商武丁八年爲神，壽四千十八。然權近《應制詩》云，“傳世不知幾，歷年曾過千”。蓋傳世歷年數，非檀君壽也。

職方外紀五卷明刊本。

前題西海艾儒略增譯，東海楊廷筠彙記。前有泌園居士楊

廷筠序，略云，方域大矣，其間位置馮生，日新富有，在一方
卽有一方物用，滿足周匝，不相假貸，是孰使之然哉？有大主
宰在也。《楚辭》問天地際，儒者不能對。西方之人，獨出千
古，開創一家，攷圖証説，歷歷可據。揆厥所由，西國有未經
焚劫之書籍，有遠游窮海之畸人，其所聞見，比世獨詳。是編
所摘，猶是圖籍中之百一，卽彼國圖籍中所紀，又是宇宙中之
萬一。次有海虞瞿式榖識語云，吾夫子作《春秋》攘夷狄，亦
謂吳楚實周之臣而首奸王號，故斥而弗與，非謂凡在遐荒，盡
可夷狄之也。試觀嵩高河洛，古所謂天下之中，自嵩高河洛而
外，皆四夷也。今其地曷嘗不受冠帶而祠春秋，何獨海外，不
然則亦見之未廣也。常試按圖而論，中國居亞細亞十之一，亞
細亞又居天下五之一，則自赤縣神州而外，且十其九，而戔戔
持此一方，胥天下而盡斥爲蠻貊，得無紛井蛙之誚乎！次有錢
唐許胥臣識語。次有天啓三年西海艾儒略識語云，昔神皇盛際，
聖化翔洽，無遠弗賓。吾友利氏齎進《萬國圖志》，已而吾友龐
氏又奉繙繹西刻地圖之命，據所聞見，譯爲圖説以獻，都人士
多樂道之者，但未經刻本以傳。迨至今上御極，駸駸乎王會萬
國之盛。儒略不敏，幸厠觀光，慨慕前庥，誠不忍其久而湮没
也，偶從蠹簡，得覩所遺舊稿，乃更竊取西來所攜手輯方域梗
概，爲增補以成一編，名曰《職方外紀》。淇園楊公雅相孚賞，
又爲訂其蕪拙梓以行。所願戴天履地者，溯流窮源，循本求末，
言念創設萬有一大主宰，而喟然昭事之是惕，則卮言薈粹，其
不貽説鈴之誚乎！伯驥按：明之季，西洋人如利氏、艾氏、龐
氏等，皆喜以其國之學輸入中華，而各書多所譯述。利氏言天
地間有三行：曰水，曰火，曰土。又以氣爲一行，時人頗以爲
誕妄。然吾國古籍，如歧伯對黃帝曰，大氣舉之。其後如葛稚

川、鮑景翔，均祖此説。宋邵子則曰天依形、地附氣，與利説
實無甚出入，而水、火、土三者正相循環於無窮焉，不得以其
説出自外人而不納也。清開四庫館，以紀氏爲總裁，紀曾函高
麗人洪氏曰，西洋書入中國者，秘閣皆有，除其算法書外，餘
皆闕畋。見洪氏《耳溪集》中。此函正可爲當時拒絕外學之證，
蓋主持學柄者所謂微旨也。讀此書諸序，頗有觸於心，故稍言
之如此。此書半葉九行，行十九字。既藏寫本《天學初函》，此
爲刊本之一種，因著錄之。

古今游名山記十七卷_{明刊本。}

　　明何鏜撰。前有王氏序，略云，友人觀察使何君振卿曠朗
宏博，縱心世外，而猶邃於仁智之樂。自其爲諸生偕計吏敦歷
中外，足跡幾天下半，而君之所謂樂者不衰，凡遇佳山水必游，
遊必有詠歌敍述之類，而猶未嗛于志，乃搆古今名雋之紀游者，
自大都而留京，而五嶽，極而羅施鬼方之域，若而山，其水附
之。自漢應劭，而唐柳宗元，而至于今。若而人，自《漢官儀》
而記，而《詩》序，而題壁者。若而篇，其有文而不獲全者，
事而不獲專者，標韻蕞勝，臚列而品分之，曰勝紀、曰名言、
曰類考，爲卷僅十七，其文已五十萬餘言。自君之成此書，則
日夕侍其尊大夫公，雖亟荐亟起，不復肯出爲世用。時展卷而
一談其昔所游者，儼乎其若歸，又若與其故人晤。然自是探奇
慕異之士，踵相尋於君閭以問所謂記者，君不勝其繁，則梓而
應之，以廣其好。而屬序於余，所蓄數十編，雖不能盡如君，
間或有出於君之表者，因悉而歸之，而敍其所以。吳郡王世貞
撰。次有王穉登序。次有黃佐序，略稱何氏，嘉靖丁未以《毛
詩》大魁多士，當簡入中祕爲詞林宗，而才大數奇，遇躓復起，

以尚書刑部郎出守吾廣潮郡，羽檄旁午，然公處之裕如，積倉
裹糧，兵食饒足。且夕方與嘉賓名士，載酒游韓山，如無事時，
且刻韓文而誦諷之，上下皆服其德量，則其學術豈顯外而遺内
者耶！次有廬陵吳炳用晦序，次有萬曆丁酉門生臨川湯顯祖
《補刻序》。目録分總録，勝紀，名言，類考，西苑，北京，諸
山泉附。金陵，南京，諸山泉附。琅琊山，江北諸山泉附。齊
雲山，江南諸山泉附。東嶽泰山，山東諸山泉附。中嶽嵩山，
河南諸山泉附。西嶽華山，陝西諸山泉附。北嶽恒山，山西諸
山泉附。南嶽恒山，湖廣諸山泉附。鴈蕩山，兩浙諸山泉附。
雪竇山，浙江諸山泉附。匡廬山，江西諸山泉附。武功山，江
西諸山泉附。武夷山，福建諸山泉附。羅浮山，廣東諸山泉附。
隱山，廣西諸山洞附。峨嵋山，四川諸山泉附。點蒼山，云南
諸山泉附。天然洞，貴州諸山泉附。半葉十四行，行二十七字。

長春真人西遊記二卷 抄本。

前題門人真常子李志常述。前有孫氏序，略云，長春真人
蓋有道之士，中年以來意此老人，固已飛昇變化久矣，恨其不
可得而見也。己卯之冬，流聞師在海上，被安車之徵。明年春，
果次于燕，駐車玉虛觀，始得一識其面，尸居而柴立，雷動而
風行，真異人也。與之言，又知博物洽聞，於書無所不讀，由
是日益敬其風，而願執弟子禮者不可勝計。自二三遺老，且樂
與之遊，其餘可知也。居無何，有龍陽之行，及使者再至，始
啟途而西，將別，道衆請還期，語以三載，時辛巳夾鐘之月也。
迨甲申孟陬，師至西域，果如其旨，識者歎異之。自是月七日
入居燕京大天長觀，從疏請也，噫今人將事，行役出門，徬徨
有離別可憐之色。師之是行也，崎嶇數萬里之遠，際版圖之所

不載，雨露之所弗濡，雖其所以禮遇之者，不爲不厚，然勞憊亦甚矣。所至輒徜徉容與，以樂山水之勝，賦詩談笑，視死生若寒暑，於其胸中曾不蔕芥，非有道者能如是乎！門人李志常從行者也，掇其所歷而爲之記，凡山川道里之險易，水土風氣之差，與夫衣服飲食，百果草木禽虫之別，粲然靡不畢載，目之曰《西游》，而徵序於僕。戊子西溪居士孫錫序。次有過録錢氏識語云，《長春眞人西遊記》二卷，其弟子李志常所編，於西域道里風俗，多可資攷證者，而世鮮傳。予始從《道藏》鈔得之，邨俗小説，演唐玄奘故事，亦稱西遊記，乃明人所作。蕭山毛大可據《輟耕録》以爲出處機之手，眞郢書燕説矣。《記》云，辛巳歲十月至塞藍城，回紇王來迎入館，十一月四日土人以爲年，旁午相賀。攷回回術有太陽年，彼中謂之官分，有太陰年，彼中謂之月分，而其齋期則以太陰年爲準，又不在第一月，而在第九月，滿齋一月，至第十月一日，則相賀如正旦焉。其所謂月一日者，又不在朔而以見新月爲準，其命日又起午正，而不起子正，故有十一月四日土人旁午相賀之語。然回回術有閏日無閏月，與中國不同，故每年相賀之期無一定也。其云斡長大王者，皇弟斡赤近也。太師移剌國公者，阿海也；燕京行省石抹公者，明安之子咸得不也；吉思利答剌罕者，剌哈孫之曾大父，啓昔禮也。乙卯閏二月辛亥晦，竹汀居士錢大昕書。又云，邱長春以丁亥七月卒，而元太祖之殂，亦卽在是月，此事之可異者，當拈出之。竹汀居士記。

大唐六典三十卷<small>明嘉靖刊本</small>

　　唐玄宗皇帝御撰。集賢院學士兵部尚書兼中書令修國史上柱國開國公臣李林甫奉勅注上。前有詹氏題語云，《唐六典》載

古者制度備，因草成一王書，可爲後世標準。比緣兵火，所在
闕文。械承乏永嘉，得本于州學教授張公同，以太白守徽學新
安程公一見，肅然曰，周公之典，所謂設官分職，以爲民極，
蓋具體矣。其階品有差，其尊卑有序，其名官有義，公等能廣
其傳，則朝廷於焉若稽，搢紳於焉矩儀，士子於焉講究，一舉
三得，不其偉歟！因命張公校其訛闕，而械募工鏤板，幾年成，
乃藏諸學，以傳久遠，資其直以養士類云。左文林郎充溫州州
學教授張希亮校正，右宣教郎知溫州永嘉縣主簿勸農公事詹械
題誌。次有正德乙亥王鏊序，序後有"嘉靖甲辰長至浙江按察
司校録重刊"一行。半葉十一行，行二十字，小字雙行。

職官分紀五十卷舊鈔本，陳妙士、張石州、何子貞舊藏。

宋孫逢吉彥同撰。前有元祐七年祕書省校對黄本舊籍秦觀
序云，職官之書，前世所著爲《漢官儀》《魏官儀》《唐六典》
之類，而附見類書中者，如《御覽》《通典》《會要》之類，又
十餘家。咸平中，華陰楊侃采諸家之書，次有《職林》十一卷，
號稱精博，而斷自五代以前，不及本朝之事。元豐中，富春孫
彥同取《職林》廣之，具載新制，又增門目之亡闕，凡五十卷，
號《職官分紀》，古今之事備矣。范氏《閣目》史部四十二葉，
著録此書，略存秦序。清《四庫提要》以逢吉隆興元年進士，
紹熙五年代朱子講《詩》，距元祐一百三年，秦序當出僞託，且
《淮海集》亦無此文，顯然謬誤。陸氏心源以爲此五十卷所采各
書，及所敍官制，均至神、哲時止，徽宗以後無一字，頗疑爲
北宋人作，因而遍攷各書，知宋時孫逢吉有三：一蜀人，孟昶
時爲國子《毛詩》博士，附《宋史·勾中正傳》。一吉州龍泉
人，字從之，隆興元年進士，官至權吏部侍郎，謚獻簡，《宋

史》四百四有傳，生紹興五年，卒慶元五年，著有《静閟居士
集》七十卷、《外集》三十卷。樓攻媿撰《神道碑》不字彦同，
亦不言著有《職官分紀》。一杭州富春人，字彦同，《浙江通
志》有傳，卽著此書者。所採《五代史・職官志》，爲薛《史》
舊文。邵二雲輯薛《史》時，僅校内職一條，其餘尚未詳校，
其採宋代事迹，頗有出《宋史》外者，亦攷《宋史》者所當知
也。是書宋以後無刊本，傳抄多譌。順德李若農侍郎從南書房
借鈔半部，光緒己丑典試浙江攜其所鈔，屬爲校正補完，行款
與此同。余命兒子樹藩爲之校對，李鈔尚多脱落云云。按此書
自前朝已無善本，清常道人惜舊鈔譌謬，借金陵焦太史本讐勘，
而焦本亦多殘缺，清常又從書賈搜得宋槧本第七卷補訂，而第
三十八卷内有錯簡。錢氏大昕嘗以意改正，矜爲無縫天衣。見
《潛研堂集》。足證存齋之言不妄。此本鈔手樸雅，非近世物，
惜略有殘缺。順德李氏藏本，伯夔曾讀之泰華樓中，倘得閒緣，
互爲勘對，亦佳事也。侍郎遺書每多題識，朱墨燦爛，攷覈精
嚴，咸循乾嘉遺軌，文子文孫，珍護拳拳，經艱苦而如昨，非
其人不易登樓，家風淳篤，至足敬矣。書中每官先列周官典章，
次序歷代制度沿革、名姓故事，根據經注，沿考史傳，搜采繁
富，引用書凡三百二十種，多已佚者。《直齋書錄解題》謂此書
條理精密，事實詳備。《曝書亭集》四十四云，予既爲史官，思
於詞林典故翰苑須知外，别撰一書，題曰《瀛洲道古錄》，晚得
孫逢吉《職官分紀》、陳騤《中興館閣錄》《續錄》、元王士點
《元祕書志》，頗快於心，近又得洪遵《翰苑羣書》足本，於是
詞臣之典故略備。是前人固絶重其書，陸氏謂足補《宋史》尤
確，蓋存齋固嘗編《宋史翼》，語當有據也。清《四庫》以此
書列子部二十一類書類，伯夔特編入職官類焉。此本前爲陳氏

詩庭、張氏穆及道州何氏先後收藏，有藏章及題字可證。詩庭字令華，一字妙士，嘉定人，嘉慶己未進士。精心六書，謂作書之初，依類象形謂之文，形聲相益謂之字，而聲亦有義，聲同義同，聲近義近，文字聲音訓詁，一以貫之。如《易》"井谷射鮒"，子夏《傳》鮒謂鰕蟇，《淮南子》謂之去蚑，鮒卽蚑也。《書》時暘若，暘與雨對文，卽雨晴之晴，暘可讀爲晴，猶錫可讀如睛也。《詩》"吉蠲爲饎"，蠲從益聲，音圭；《說文》哇讀若醫，醫、益聲轉，故圭、益相通也。《左傳》五雉夷民，夷卽雉字，古文雉作彝，《爾雅・釋詁》夷、弟同訓易也。《祭法》堯能賞，賞、讓聲近，賞從尚聲，讓從襄聲，徜徉字作襄羊，是賞可讀作讓也。討論經義，精審詳確，多前人所未及。嘗與吳凌雲同校《說文解字》。見程其珏《嘉定縣志》卷十九。

宋宰輔編年録二十卷　寫本。

宋徐自明撰。前有陸氏序，略云，本朝《大詔令》登載相麻，不及執政之制，《宰輔拜罷録》僅紀歲月名氏，而揚廷之命無述焉。覽者病之，故太常博士徐君自明纂成《宋朝宰輔編年録》二十卷，首起建隆庚申，至於嘉定乙亥，凡二百五十餘年，本之以《長編》《繫年録》，緯之以《大詔令》《拜罷録》，與夫《玉堂制草》諸書，而一時黜陟之由，羣公評品之論，奉常行實之攷，旁引曲彙，靡有漏略，其用心亦勤矣。夫一代之盛，則有一代之元勳碩輔，鉅德豐功銘書於彝鼎旂常，其間賢佞進退、正邪消長，關於世道泰否者，瞭然一覽之頃辭令云乎哉！彼齊魯大臣史失其名，漢相列傳獨書免册。是編也，其亦足爲信史羽翼歟！君之子居誼，宰永陽有廉稱，輟奉鋟梓於學，可謂能成先志者。寶佑丁巳寶章閣學士通議大夫提舉隆興府玉隆萬壽宮嘉興開國子食邑六百户陸德興序。次有寶祐五年趙氏序，略云，宰輔者安危治亂之所寄也。天將開建隆以來之治，故名臣相項背；天將兆靖康之禍，故姦兇接武。李公忠定綱，言驗於疏水，功驗於圍城，高皇帝以其爲命世之英而相之，不越七十有五日，間之者黄潛善也。趙公鼎、張公浚，忠定之亞也，相皆不得久，而久於其位者，秦檜也。賢者則不見久，而佪胄之徒，皆得久於其位，此豈人耶？次有陳氏序，略云，徐公永嘉之經師宿儒，論著滿室，蠅頭手筆，無一字不端楷，皆有益於世教。其録宰輔也，昉時年十八九，執册應對其間，粗審顛末。後三十餘歲，欲板於三山郡齋而未果。會公之子居誼來宰永福，政成，能以倅金刻之縣。公字誠甫，號愷堂，終零陵郡守云。寶祐五年朝散郎集英殿修撰提舉建寧府武夷山沖佑觀永嘉縣開國男食邑三百户賜紫金魚袋陳昉書。次有章氏序，略云，司馬温公既體《春秋左氏傳》，爲編年一書，又欲倣班史，敍宋興以來百官沿革、公卿除拜，作《百官公卿表》，以便省覽。今觀徐公《編年》，惟及宰輔，而百官不及，則于省覽爲尤便。宋朝歷代名德，布滿百職，輝映史册，先後相望，温公猶思表而出之，而公之《編年》曰姑舍是非略也。夫大臣之進退、臧否，國之否泰繫焉，關涉至大，故公之爲此書也。自建隆庚申，訖嘉定乙亥，其間元臣碩輔，誥命所褒，建議所否，出處之顛末，德業之污隆，《長編》《繫年》所不載，《拜罷録》《年表》所不具，而雜出於他書，旁搜遠括，靡有遺棄，釐爲卷帙。寶祐丁巳中奉大夫福建路轉運判官章鑄序。此書宋寶祐間自明子居誼刻於永福縣學，日漸久佚。明嘉靖中，大興吕邦耀得鈔本於焦弱侯處，中缺二卷，足以周潘所莊殘本復刊，有寶祐間陸德興，及宗正趙某、陳昉、章鑄原序四篇，而萬曆間重刊本有陳邦瞻、馮盛明、呂邦燿、孟習孔、王惟儉、朱勤美序六篇。此舊寫本，當是從嘉靖本録出。

中興館閣録十卷續録十卷 舊鈔本，韓對亭、王文敏舊藏。

《前録》宋陳騤撰，《續録》不著撰人名氏。騤字叔進，台州臨海人，紹興二十四年進士第一。慶元初，官至知樞密院事，兼參知政事，忤韓侂胄，提舉洞霄宮，卒諡文簡。此書《書録解題》《通考》俱著録，陳撰闕卷一沿革，《續録》闕卷九禄廪。《前録》有李氏序云，《中興館閣録》十卷，淳熙四年秋天台陳騤叔進與其僚所共編集也。上世官修其方，故物不坻伏，後世弗安厥官，置方莫修，職棄因以放失。夫方云者書也，究其本原事迹，及朝夕所當思營者悉書之。法術具焉，使居是官者，奉以周旋，雖百世可考爾。周官三百六十官，各有書，小人行適四方，則物爲一書，多至五書，蓋古之人將有行也，舉必及三，惟始衷終，依據審諦，則其施設，斯可傳久。彼狡焉滅棄典籍，縱意自如，幸□六龍駐蹕臨安踰四十年，三省樞密院制度尚稽復舊。惟三館祕閣，巋然傑出，非百司比。自唐開元韋述所集《注記》，元祐間宋宣獻之孫匪躬作《館閣録》，紹興改元程俱致道作《麟臺故事》，宋氏皆祖韋氏，而程氏《故事》并國初，它則多闕，蓋未知其有宋《録》也，惜最後四卷俄空焉。余屢蒐采弗獲，欲補又弗暇，每每太息。今所編集，第斷自建炎以來，凡物巨細，靡有脱遺。視程氏誠當且密，官修其方，行古道者，不當如是耶。昏忘倦游，喜見此書，乃援筆爲之序。李燾仁父。《續録序》曰，《中興館閣録》，淳熙四年成書，其後附録者，多訛舛缺略，嘉定三年十月重行編次，是正訛舛，其缺略者增補之，名曰《館閣續録》，逐卷之末，不題卷數，貴在他日可以旋入，繼今每於歲杪分委省官取歲中合載事，略加删潤刊於末。《前録凡例》其目有九，今並從其舊云。叔進官祕書監時，與同官修纂建炎以來，迄於淳熙四年館閣事實，爲此編。至嘉定三年，館閣重行編次淳熙五年以來事實以續之，後人又次第補録，迄於咸淳五年，皆用程致道《麟臺故事》前例，分爲九門，曰沿革、曰省舍、曰儲藏、曰修纂、曰撰述、曰故實、曰官秩、曰廩禄、曰職掌，每門各爲一卷。原本殘闕，清四庫館臣從《永樂大典》補完焉。伯驥按，陳氏曾編《中興館閣書目》七十卷、《序例》一卷，今雖佚，然考《建炎以來朝野雜記》《宋史·藝文志》等，猶可知其大略。蓋此書爲孝宗淳熙中所脩，命館職爲書目，其例皆倣《崇文總目》焉。其時實叔進領其事也，陳氏久於館閣，故著作甚精覈，而《後録》亦足以副之。盧氏《抱經堂文集》有是書跋，言之頗詳，可以取證。此本爲韓荼亭、王文敏舊藏，有"荼亭"朱文章二，此外曰"慈聖御賜多受福祉"、曰"翰林供奉"、曰"王印懿榮"，則文敏章也。卷首何墨筆記曰乾隆甲辰二月鈔，蓋從庫本録出。

文獻通考三百四十八卷元刻本，紅蘭主人舊藏。

馬端臨撰。前有至大戊申李謹思序、延祐六年王壽衍《采進表》、饒州路達魯花赤總管府准江浙行中省《劄付轉行公文》、端臨自序。《目録》後余謙分書跋，自壽衍進書之後，泰定元年江浙行省始刊版于杭州之西湖書院，尚有譌缺。至元初，余謙爲江浙儒學提舉，乃命貴與之壻就馬家借本與西湖山長同校，始成完書。其版明時在南京國子監，諸家藏書編目於刊刻時代，頗不明瞭，實則延祐進書，至治發刻，而刻成則在泰定元年也。是書以杜佑《通典》八門，廣爲一十有九，而增經籍、帝系、封建、象緯、物異五門，共爲二十四門，分條排纂，具有鑒裁，前人久有論定。壽衎字眉叟，杭州人。出家爲道士，受知晉邸，後以宏文輔道粹德真人，管領開元宮。見《輟耕録》。而《忠文集‧王真人碑》又稱，壽衎家世以武顯，壽衎少好道。年十五，張道陵後裔留孫之弟子陳義高爲梁王文學，見而器之，度爲道士，從至上京，備受艱苦。成宗時，屢與張留孫建醮受賞貲。延祐甲寅，授弘文輔道粹德真人，領杭州道教，居開元宮，壽衎屢辭真人之號。戊申，表上戴侗《六書故》及此書，移疾居餘不溪上，自號溪月山人。至正十年卒，年八十一。版式闊大，每半葉十三行，行二十六字。卷首有“紅蘭主人”四字朱文章，當是前清滿人岳端遺物。岳端爲安親王子、安節王弟。善詩詞，其邸中多文學士，安王命教諸子弟，故康熙間宗室文風，以安邸爲最盛。主人嘗選孟郊、賈島詩爲《寒瘦集》行世。見《師竹廬隨筆》卷一。

文獻通考三百四十八卷明嘉靖三年司禮監刻本。

宋馬端臨撰。明嘉靖三年司禮監刻，大字黑口，所謂經廠本也。明宦官劉若愚撰《酌中志》載《内版經書記》略云，《文獻通考》一百本，一萬八百三十六葉者卽此本。經廠者，通俗稱爲經板庫，又稱大藏經廠。《金鼇退食筆記》云，大藏經廠在玉熙宮遺址之西，貯經書典籍，及釋藏諸經，今仍舊制。《燕都遊覽志》云，《藏經廠碑記》言廠隸司禮監，寫印上用書籍，造制敕龍箋。藏庫則堆貯經史文籍、三教番漢經典，及御製書詩文印板。建自正統甲子，歷嘉靖戊午，世宗造玄都宮殿，將本廠大門拆占，隆慶改元都拆毀，其後内監展拓舊基，重加修飾，始萬曆三年二月，落成於五月。《經廠書目》一卷，清《四

庫》著錄明內府刊本，《提要》謂明世以宦官主內翻經廠，書籍
刊版皆貯於此，所列書一百十四部，凡冊數葉數，紙幅多寡，
一一詳載，蓋卽當時通行則例，好事者錄而傳之。然大抵皆習
見之書，甚至《神童詩》《百家姓》亦廁其中，殊爲猥雜。今
印行之本，尚有流傳，往往舛錯，疑誤後生。蓋天祿、石渠之
任，而以寺人領之，此與唐魚朝恩判國子監何異？長沙葉氏曰，
明嘉靖時刻書頗爲藏書家所珍重，惟司禮監以內閣主其事，校
勘訛誤，爲士大夫所輕。往時京師書估，一言及經廠本書籍，
則攢眉搖首，若視坊刻書爲尤賤者然。故其書無不字大如錢，
且兼白棉紙精印，而列之插架，塵封漏濕，等於廢紙殘編，乃
聞近二三十年聲價頗增，廠甸列肆中幾無一冊之存在。詢之書
友，則云邇來一干部員，相與爭購明版白紙印本書，不問有用
無用，但求裝潢精好，列屋壯觀，故昔年極不行之明人書，今
皆有俄空之勢。繆筱珊學丞當與予戲言，今日買書人多，讀書
人少，真咄咄怪事，然則此書雖爲司禮監本，余以爲康瓠，人
且以爲寶鼎矣。郎園此言，爲四、五十年前情況，然今日此種
書，價亦未嘗稍貶也。半葉十行，行二十字。

文獻通考三百四十八卷明馮氏校刊本。

宋馬端臨撰。馬氏自序後有“吳應龍寫”四字，前題宋鄱
陽馬端臨貴與著，明蘄陽馮天馭應房校刊。前有延祐六年弘文
輔道真人臣王衍壽《進文獻通考表》，提行抬寫，猶照原式。半
葉十三行，行二十四字。版心魚尾上刻其分類，魚尾下記書名
卷幾，次記葉數，次刊工姓名，字法刻刀，均嚴整可觀。

謚法通考十八卷明萬曆丙申刻本，孫淵如題識。

明王圻撰。萬曆丙戌刻本。王圻著有《續文獻通考》，於

《禮考》之末，增謚法一類，以補馬氏《通考》之闕，但袛錄及前代，未載明朝。此則自上古以至萬曆丙申，凡有謚之人，皆備載其全，實有益於史。葉氏郎園謂，《四庫全書總目》史部政書存目，而於明鮑應鰲《明臣謚彙考》二卷，採列于政書典禮之屬。前代謚法，未有專書，鮑書僅紀有明一朝，不如此書之詳備，而四庫諸臣一錄一不錄，誠不知其去取之旨，何所見而云然。若謂圻撰《續通考》已增謚法一門，則此不必重出，然二書各自爲體例，亦不相同。《四庫全書》如此類應互錄之書，多所疏略，不知《漢書·藝文志》有兩類互見之例，《隋書·經籍志》亦有分載、總載之書，四庫昧于前事之師，宜其知有二五，不知有十云云。此本爲陽湖孫氏舊藏，首葉有其題記。

政和御製冠禮十卷五禮新儀二百二十卷舊抄本。

宋議禮局官知樞密院鄭居中等奉勅撰。前有御筆指揮及尚書省議禮院所上劄子，次《御製冠禮》十卷，蓋當時頒此十卷爲格式，故以弁首，不入二百二十卷內也。御製序略云，禮緣人情而爲之節文，先王稽其典常，制其等差，辨其儀物，秩其名位，所以正人倫、定尊卑、別貴賤也。天下有萬不同之情，先王同之於一堂之上，薄海內外，雖愚夫愚婦，莫敢以私智側言改度易制者，以分定故也。夫人倫正尊卑定，貴賤別則分守明，分守明則人志一，人志一而好作亂者，未之有也。歷考前世承平之久，莫如今日，然承五季禮廢樂壞，大亂之後，先王之澤竭，士弊於俗學，人溺於末習，忘君臣之分，廢父子之親，失夫婦之道，絕兄弟之好。至以衆暴寡，以智欺愚，以勇威怯，以彊陵弱。庶從服侯服，牆壁被文繡，公卿與皂隸同制，倡優下賤，得爲后飾，昏冠喪祭，宮室器用，家殊俗異，人自爲制，

無復綱紀，幾年於兹，未之能革者。在神考慮道立政，稽若往
古，作新斯人，以追三代之隆，謂安上治民，別嫌明徵，釋回
增美，莫善於禮。親降策問，下詢承學造庭之士，命官討論郊
祀之儀、服章之飾，是正訛舛，大勳未集，仰惟先志，明發不
寐，繼而承之，罔敢忽怠。乃詔有司張官設屬，講求此次，以
書來上。朕正夜省閲，考驗先王制禮之文，親加筆削，復命有
司，循古之意而勿泥於古，適今之宜而勿牽於今，乃作吉禮、
凶禮、賓禮、軍禮、嘉禮。有不可施於今，則用之有時，示不
廢古；有不可用於時，則惟法其義，示不違令。使士安於分，
無見利忘義之心；人知所守，無犯令陵政之悖。争訟之端庶幾
永息，廉恥之道庶幾乎興，而刑其措歟！政和新元三月一日序。
尚書省牒議禮院知樞密院事鄭居中等劄子，略云，遭秦變古，
書缺簡脱，遠則開元之紀，多襲隋餘，近則開寶之傳，間存唐
舊。在昔神考，躋時極治，新美憲章，是正郊廟，緝熙先猷，
實在今日，謹編成《政和五禮新儀》并《序例》總二百二十
卷，《目録》六卷，共一百二十六册。辨疑正誤，推本六經，朝
著官稱，一遵近制，上之御府，恭候宸筆裁定。若夫蒐補闕遺，
講明稀闊，告成功而示德意，則臣等顧雖匪材，猶當時順聖志
而成之，取進止。牒奉敕，宜頒降，牒至准敕，故牒。政和三
年四月二十九日牒。計《目録》六卷，《序例》二十四卷，吉
禮一百一十一卷，賓禮二十一卷，軍禮八卷，嘉禮四十二卷，
凶禮十四卷。闕卷七十四卷、八十八至九十卷，一百八至一百
十二卷，一百二十八至一百三十七，卷二百，共闕二十卷。清
《四庫總目》謂是書頗爲朱子所不取，自《中興禮書》既出，
遂格不行，故流傳絶少，論掌故者所宜參攷云。

太常因革禮一百卷抄本。

前題推忠協謀佐理功臣光祿大夫行尚書吏部侍郎參知政事
上柱國樂安郡開國公食邑三千三百戶食實封八百戶臣歐陽修等
奉勅編。前列提舉編纂臣歐陽修，龍圖閣直學士尚書兵部侍郎
兼侍讀同判太常寺兼禮儀事臣李東之、龍圖閣直學士左諫議大
夫兼侍講崇文院檢討官同判太常事兼禮儀事臣呂公著、工部郎
中知制誥兼同判太常寺兼禮儀事臣宋敏求、屯田員外郎充集賢
殿修撰同判太常寺兼禮儀事臣周孟陽、度支員外郎直祕閣充史
館檢討同知禮院兼丞事臣呂夏卿、祠部員外郎充祕閣校理同知
禮院臣李育、祕書丞充集賢校理同知禮院陳繹、太常博士禮院
編纂姚闢、守霸州文安縣主簿禮院編纂蘇洵等上進，後有淳熙
十五年李壁序。《上進序》略云，臣修等聞昔秦燔滅《詩》
《書》，而禮樂尤其所惡，故漢興二百餘年，而郊祀之禮，聽於
方士，及至顯宗然後發憤太息，鑿空耕荒，以有三雍七郊，百
官備物，輅車袞冕，以祀天地，養三老、五更於學，然後後世
有述焉。漢末喪亂，永平遺文，復就湮滅，而江左學者猶能言
之。蕭梁之間，日不暇給，猶命陸連、賀場等五人，分治五禮，
及至隋文，天下初合，享國日淺，亦能於兵燼之餘，收集南北
儀注，爲三十篇。故唐興得以沿襲爲貞觀、顯慶、開元之禮。
宋有天下，承平百年，憲章文物，遠追三代，而觀書於太常者，
獨有《開寶通禮》，得爲完書，其餘顛倒無所考正，至不及漢
者，此有司失職、學者不講之過也。昔太祖皇帝始命大臣約唐
之舊，爲《開寶通禮》，事爲之制，以待將來。其後更歷三朝，
隨事損益，與《通禮》異者十常三四，故天聖中，禮官王皞等
論次已行之事，名曰《禮閣新編》，止於天禧之五年。《太常新

禮》止於慶曆之三年，又多遺略，不能兼收博采，以示後世。
而二書之外，存於簡牘者，當不可勝數，付之胥史，日以殘脫，
故嘉祐中臣修以爲言，而先帝命臣闢、臣洵專領其局，始自建
隆以來，訖於嘉祐，巨細必載，罔羅殆盡。以爲《開寶通禮》
者一代之成法，故以通爲主，而記其變，其不變者，則有《通
禮》有存焉，凡變者皆有所沿於《通禮》也，其無所沿者謂之
《新禮》，《通禮》之所有，而建隆以來不復舉者，謂之廢禮。
凡始立廟，皆有議論，不可不有特見，謂之廟議，其餘皆卽用
《通禮》條目爲一百篇以聞，賜名曰《太常因革禮》。李氏序略
云，《因革禮》老蘇先生奉詔所修也。先是歐陽文忠公同判太常
寺，始建編修禮書之議，朝廷雖從其請，然猶重置局就以命禮
官，既不專任，閱歲久之，書不果成。嘉祐六年七月己酉，乃
以先生爲霸州文安縣簿，使食其祿，與陳州項城縣令姚闢同編
纂，判寺官督趣，歐陽公以參知政事提舉，閱五年，當治平二年
九月辛酉而奏書成。其書以《開寶通禮》爲本，而以儀注例冊附
見之，且參以《實錄》《封禪記》《鹵簿記》，大及他書，經禮於
是兩備。錢侯太虛爲吾州，盡刻蘇氏之書於學宮，所以加惠諸生
厚，且屬壁識其歲月，因備列之於末云。《郡齋讀書志》謂其繁
簡失中，訛闕不補。明《文淵閣書目》、焦氏《經籍志》俱著錄，
而清《四庫總目》則云，北宋一代典章，如《開寶禮》《太常因
革禮》《禮閣新儀》，今俱不傳。則是書之佚久矣，阮氏始以進
呈。此爲舊抄本，缺卷五十一卷至六十七，凡十七卷。陸氏心源
藏本，從淳熙本傳錄者亦同，蓋無可校補矣。

慶元條法事類八十卷附開禧重修尚書
吏部侍郎右選格二卷抄本，洪倦舫舊藏。

不著撰人名氏。《直齋書錄解題》曰，《嘉泰條法事類》八

十卷，天台謝深甫子肅等嘉泰二年表上。初，吏部七司有《條法總類》，淳熙新書既成，孝宗詔做七司體，分門修纂，別爲一書，以《事類》爲名，至是以《慶元新書》修定頒降。伯驥案：《宋史·寧宗本紀》嘉泰二年，謝深甫等上《慶元條法事類》。而《書錄解題》則云，《嘉泰條法事類》者，蓋奉詔之時則爲慶元，成書之日則爲嘉泰，實一書而異名也。惜闕卷一、卷二、卷十八至二十七、卷三十三至三十五、卷三十八至四十六、卷五十三至七十二，共缺四十四卷，已逾半數。末附《開禧重修尚書吏部侍郎右選格》二卷，《宋史》所載《開禧重修七司法》即此。前人謂此書雖殘缺，可以補史志之缺者尚多，如《玉海》載建隆考課條有四善四最，而四最僅有其三，至民籍增益進丁入老，爲生齒之最一條，則惟見于此書。他如十科薦舉之合，由于紹興三年三省樞密請復舉行元祐司馬光之法，見《宋史·選舉志》；武臣薦舉之格，由于隆興元年正月三省密院所奏。見《玉海》銓選類。其沿革損益，不及此書所載之詳云。每冊首均有“倦舫”二字白文章，當是臨海洪氏遺書。蓋倦舫爲洪氏頤煊晚年自號，《光緒台州府志·經籍攷八》著錄《倦舫書目》九卷、《補遺》三卷，有道光十二年洪氏自序云，少年即好聚書，後館孫淵如觀察德州使署七年。觀察富於藏書，屬予撰書目，又取宋元版本并明刻之佳者，撰《平津書記》，於是盡窺書之藩籬，迨服官廣東，始稍稍購集。廣東風氣醇樸，市上時多舊書，而收藏人少，價值亦不甚昂，歷年既久，因得積有卷冊，歸里後復多方購求，漸臻富有。《志》又云，咸豐辛酉，其書悉災於寇，今存者無幾。伯驥按：洪氏著作，有刊行者，藏書之富，則葉氏亦未之述也。

大元聖政國朝典章六十卷附新集　卷景寫元刊本，璜川吳氏舊藏。

此書大綱，分詔令、卷一。聖政、卷二。朝綱、卷一。臺綱、卷二。吏部、卷八。户部、卷十三。禮部、卷六。兵部、卷五。刑部、卷十九。工部卷三。十類。其目則詔令爲世祖、成宗、武宗、仁宗、今上。謂英宗。聖政二十四。朝綱二。臺綱六。吏部四，子目凡五十一。户部十五，子目凡七十五。禮部四，子目凡二十三。兵部五，子目凡三十九。刑部十四，子目凡一百三十二。工部二，子目凡七。總計目爲八十一，其六部之子目，別爲三百二十七。清《四庫總目》稱其凡三百七十三，與此本不甚相應，豈别有一本歟！《新集》之綱，分國典、朝綱、吏、户、禮、兵、刑、工八類，其目三十九，子目九十四，與《前集》不盡同。前有記七行云，大德七年中書省劄節文，准江西奉宣撫呈，乞照中統以至今日所定格例，編集成書，頒行天下。照得先據御史臺比及國家定立統建元，至今聖旨條畫及朝廷已行格例，置簿編寫檢舉。是此書當日乃官刊，以資遵守。刻於江西，故有江西奉劄之語。《新集》目前有記云，大元聖政典章，自中統建元，至延祐四年，所降條畫板行四方已有年。今謹自至治新元，以迄今日頒降條畫，及前所未刊新例，類聚梓行。目後有至治二年六月日之文，是此書初刊於大德，嗣後隨時續增各朝法令，分門臚載，至爲詳悉。蒙古故事，得以考見。館臣謂其所載皆案牘之文，兼雜方言俗語，浮詞妨要者十之七八，又體例瞀亂，漫無端緒，乃吏胥鈔記之條格，不可以資考證，是何言歟！杭氏世駿《道古堂集》卷二十六云，至治條例，爲英宗即位以來頒降條畫，訖於至治二年，而延祐七年之事，亦備其中。吾友厲君太鴻嘗欲取以爲《元史補遺》，嫌其語句多質俚，

不可入史志，如稱俺稱呵、如那裏、如可憐見，皆出自聖旨，
蓋據當時頒降原文，未經儒臣潤色者，然一代之制，可因此以
得梗概。此言庶得其允。若徒以文字之故蔑視古書，則惑之甚
矣。又考《四庫總目》於政書類法令之屬，收錄不多。沈氏家
本謂《隋書·經籍志》於前代法令，雖亡逸猶存其名，唐宋
《藝文》亦皆甄取，隋唐天府書目不傳，所傳者僅有宋《崇文總
目》，其於歷代法令，錄之甚詳。惟《明史·藝文》始以祕書已
亡，無憑記載，第就當代爲斷，實非古法。《總目》既以蒐羅古
籍爲宗旨，自無取乎明《志》之例，且瑣語稗編，猶不以冗雜
廢之，而典章之大者，多歸屏黜，殆百思而不得其故。見《寄
簃文存》卷八。蓋古之法律書，既以刑措高談，廢棄不錄，而
無文如《元典章》，又僅存其目，弗寫其書。是識春香之爲馥，
而不知秋蘭之亦芳也。伯夔檢讀此書，既取其可愛好者，寫之
以備著作資糧，而其中所載之俗語，如一路過去上頭百姓，及
攧掇段匹之類，則別紙記錄，以與他書參證焉，庶幾無負重直
買書之意。此書明清間無刻本，至寫本亦流傳甚稀。嘉定錢氏
大昕求借於友而不得，後人都始從吳氏企晉得之，見其題識中。
不知何時爲獨山莫氏所有，捺有“銅井文房”章，蓋吾家楚生
先生棠藏本。楚生上承睸叟，竹素殊豐，冢柏方新，遺珍邐出，
伯夔以友人之介，得之海上。檢日人島田翰所著《古文舊書
考》，其《訪書餘錄》所載，謂江浙間所見秘要，有此書元末刻
本及抄本二通，並有竹汀疏本。按島田所謂疏本者，或即從此
本抄書，以備下筆考訂之資，頗與漢人秘書之副爲近，其原日
吳氏景寫元刊本，則留爲藏篋之需焉。此書蓋吳、錢、莫三家
遞傳之景元祕籍也，至所謂元刊本，則吾國前人著錄，多未之
見，其後乃發見於故宮，時在島田來游吾國之後多年矣。島田

又稱《元典章》起世祖，終英宗，分爲詔令、聖政、朝綱、臺綱、吏、户、禮、兵、刑、工各門，五朝典章燦然具備，可以訂補明脩《元史》之草漏，錢氏史稿多采之。《典章》之流布，始於余所獲錢塘丁氏善本書室之德清許宗彦鑑止水齋抄本，武進董綬經借至北京法律學堂，取以入梓，但其書爛脱訛壞，實非一處。其出於繆藝風之知聖道齋抄本者，亦略與丁氏同，錯倒極多。竹汀疏本，則就舊抄本行間欄上，蠅頭細注，多未發之祕。按：島田所謂北京法律學堂者，實清末奏辦之校，主其事者爲沈氏家本，卽校刻此書者。其時伯夔正從事新聞業務，每見報牘載子敦從公之勤、著述之鋭，而敬慕之心，未嘗不油然而生。子敦，沈氏字也，島田謂竹汀細注書眉，多發祕奥，沈氏當時或未見此本，否則以法家者流，而又多讀古書，胡不附刊錢氏遺筆歟！書前有璜川吳氏、嘉定錢氏、獨山莫氏各章，並有楚生識語一葉。有清摽季，楚生官粤中，伯夔嘗與之論流略之學，備承嘉與，其後遯居滬濱，所好羣書，恒以易米，頗有采獲。此書則楚生没世後而歸之吾家者也。曾氏釗《面城樓集鈔》卷三云，吳成德，號懶庵，其父號容齋，藏書甚富，北宋《禮記》單疏本其最著也。與惠松崖徵君遊，世稱璜川吳氏。容齋卒後，書稍散佚，懶菴重自蒐羅，築書樓三楹，題曰樂意軒。其孫名志忠，號有堂，亦好刻古書。余藏正德本《孫可之集》，有堂手校，字小如蜉蟻，端楷可愛，然則吳氏讀書蓋數世矣。伯夔按：容齋名銓，別字璜川，長洲人。爲吉安太守，罷官歸築遂初園於木瀆，插架萬卷，皆祕笈也。其藏章有曰"璜川吳氏探梅山房印"、有曰"璜川吳氏收藏圖書印"。至錢氏題識所云企晉者，名泰來，號竹嶼，企晉其字也。乾隆庚戌進士，官内閣中書舍人，有《硯山堂集》。見王氏鳴盛《苔岑集》卷一。蓋企晉固容齋後人之能誦清芬者也。

大明會典一百八十卷 明官刊本。

明弘治十五年奉勅撰。前有弘治十五年《御製序》，略云，自古帝王君臨天下，必有一代之典，以成四海之治。純乎天理，則垂之萬世而無弊；雜以人爲，則施之一時而有違。自秦以下，世之稱治者，曰漢、曰唐、曰宋，其間典制之行，因陋就簡，雜以人爲而未盡天理，故宋儒歐陽氏謂其治出於二。朕卽位以來，欲仰紹先烈，而累朝典制未會於一，乃勅儒臣，發中祕所藏諸司職掌諸書，參以有司之籍册，凡事關禮度者，悉分館編輯之，名曰《大明會典》，總一百八十卷，命工鋟梓，頒示中外。次有正德四年《御製序》，次皇帝勅諭內閣，次弘治十年內閣題奉旨書名做《大明會典》，次正德六年司禮監太監張永等奉聖旨，司禮監使命工刊印頒賜羣臣，次《進書表》，李東陽署名。半葉十行，行廿字。有圈句。

大明律三十卷 明鈔本，陳雪逸舊藏。

首有洪武三十年五月□日《御製序》曰，朕有天下，做古爲治，明禮以導民，定律以繩頑，刊著爲令，行之已久，奈何犯者相繼。由是出五刑酷法以治之，欲民畏而不犯，作《大誥》昭示民間，使知所趨避，又有年矣。然法在有司，民不周知，特飭六部都察院官將《大誥》內條目撮其要略，附載於律，使知遵守云。次洪武七年刑部尚書等官劉德謙等《進大明律表》，內稱德謙以洪武六年十一月受詔，明年二月書成。篇目一準之於唐，曰名例、曰衞禁、曰職制、曰戶婚、曰廏庫、曰擅興、曰賊盜、曰鬬訟、曰詐僞、曰雜犯、曰捕亡、曰斷獄，采用已頒舊律二百八十八條，續律百二十八條，舊令改律三十六條，因事制律三十一條，掇《唐律》以補遺一百二十三條，合六百有六，分爲三十卷。上卷一之十二爲名例、吏戶禮三律，下卷十三之三十爲兵刑工三律。先列律目，次釋義，次律條直引，皆黑質白文，以分眉目。其第一卷名例律，下有刑部街張氏校正總集一條，殆經承刊賣之書坊歟！卷末有"姚衡"小字朱文章。衡字雪逸，歸安人，文僖第五子，廣東布政使覲元之父。衡工書，曾佐廣東巡撫怡良幕。

康濟譜二十二卷抄本。

明荆南潘游龍撰。前有郭紹儀序，謂國朝以六事責守令，不過興學校、勸農桑、增戶口、辦田里、簡詞訟、息盜賊。次有范文光序，略謂，今天子下明詔，九卿各舉一人爲守，詞林臺省曹郎各舉一人爲令，凡古之所爲材可將相及使絕域者，皆置不問，其重民事如此。潘子言，吏治䵝隋莫急守令，因取古循吏之政，分類備載，刻于姑蘇，明詔下而譜適成。次沈幾序，次有崇禎丙午顧宗孟序，次自序，次《凡例》，其末所列嗣出之書，尚有《古今康濟譜》《帝王康濟譜》《二十一史用人理財全書》。此書目錄自春秋之孟獻子、公儀休，至元張養浩、虞集、張寬，則其所列之氏籍，卽其所譜之人也。高皇帝語儒士許瓊曰，廣攬羣議，博收衆策，共成康濟之功。顧宗孟序引此語，以明其名書之故。

舉業正式六卷明官刊本。

前有禮部萬曆十五年題，爲士風隨文體一壞，懇乞嚴禁，得以正人心事。略謂近年科場文字，漸趨奇詭，而坊間所刻，及各處士子之所肄習者，更益怪異不經，致誤後學，轉相視效，及今不爲嚴禁，恐益灌漬人心，浸尋世道，其爲洪水，甚於異端。洪武二年詔頒取士條格，五經義限五百字以上，四書義限三百字以上，論亦如上，策限一千字以上，惟務直述，不尚文藻。自臣等初習舉業，見有用六經語者，其後以六經爲濫套，而引用《左傳》《國語》，又數年以《左》《國》爲常談，而引用《史記》《漢書》，《史》《漢》窮而用六子，六子窮而用百家，甚至取佛經、道藏，摘其句法口語而用之，鑿朴散淳，離經叛道。文體則恥循矩矱，喜創新格，以清虛不實講爲妙，以艱澀不可讀爲工，用眼底不常見之字，謂爲博聞，道人間不必有之言，謂爲玄解。苟奇矣理不必通，苟新矣題不必合，斷聖賢語脈，以就己之鋪叙，出自己之意見，以亂道之經常，及一一細與解明，則語語都無深識，白日青天之下，爲杳冥魍魎之談，此世間一怪異事也。臣等不以文爲重，而爲世道人心計，心竊憂之。嘗以爲古今書籍，有益於身心治道，如四書五經、《性理》、司馬光《通鑑》、真德秀《大學衍義》、丘濬《衍義補》、《大明律》《會典》《文獻通考》諸書，皆諸生所宜講習。其間寒素之士，不能徧讀者，臣等不能强；博雅之士，涉獵羣書，臣等不敢禁。但使官師所訓迪，提學所課試，鄉會試所舉進者，非是不得旁及焉。仍乞容臣等會同翰林院掌印官，將弘治、正德及嘉靖初年一、二、三場中式文字，取其純正典雅者，或百餘篇，或十數篇，刊布學宮，以爲準則，恭候命下。容臣等咨都察院、行兩直隸提學御史，及各省巡按御史，轉行各提學憲臣，相率以正文體、端士習、轉移世道爲己任，如復有於經義中引用莊、列、釋、老等書句語者，即使文采可觀，亦不得甄録。次《凡例》七則，計卷一、二四書義，卷三論，卷四

表，卷五、六策，所錄之文，祇書某年某科鄉會試，而不書撰
人。惟成化十年應天鄉試、成化十一年會試王鏊，嘉靖八年會
試唐順之，嘉靖二十三年會試瞿景淳皆題名，蓋以此數人均制
義名家，特著之以爲程式歟！四書義內有《事君敬其事而後其
食》一首，爲嘉靖二十三年會試第一名瞿景淳作，其末云善乎
張子敬夫之言曰，無所爲而爲者義也，必如是而後可以正學者
之心。此蓋引用宋儒之言，以爲文之結論，若前清之八股文，
則例不可於文內見春秋以後人之姓名矣，此亦論經義沿革者之
資料也。半葉十二行，行二十五字，大本精刻，蓋官書之善
槧也。

山東鹽法志四卷寫本。

明查志隆撰。前有萬曆十七年劉應龍、查志隆序，萬曆十
六年《公移》及著書《凡例》。分志圖考、志山川、志政令、
志職官、志竈課、志商課、志疏檄、志公署、志人物、志藝文
各子目。藝文類末錄楊維楨《賣鹽婦詩》一首、郭五常《憫鹽
丁詩》一首，當時苦況，描寫當得其真。

七錄上下卷前清臧鏞堂輯寫本。

前題梁阮氏，此爲武進臧鏞堂輯本。標目下云，載梁釋僧
佑《宏明集》、唐終南山釋道宣《廣宏明集》。上卷爲序，序稱
孝成之世，使謁者陳農求遺書於天下，命光祿大夫劉向及子俊、
歆等校讎篇籍。臧氏引莊氏葆琛云，俊當作伋。鏞堂按《漢
書‧藝文志》但言向、歆，不云劉伋，而《楚元王傳》曰，向
三子皆好學，長子伋以《易》教授，官至郡守。則漢成校書，
兼用劉伋矣。阮《錄》可補班《志》所闕。下卷爲阮氏《七錄

附考》，述《梁書》列傳四十五及《南史》列傳六十六之《阮
孝緒傳》、《宏明集》本傳，與《隋書·經籍志》亦並録焉。末
有鏞堂按語云，《隋志》雖王、阮並稱者再，然簿録部載梁目
録，有殷、阮、二劉四家。朱氏《經義考》凡於《隋志》所言
梁有者，皆鑿指爲阮氏《七録》，失之不審矣。壬戌正月七日鏞
堂識於拜經家塾。最末題“臧禮堂録”四字，是此編爲鏞堂編
訂，而禮堂手録者。編中按語極多，當亦全出鏞堂手也。臧堂
字在東，號拜經，初名鏞堂，江蘇武進人，諸生琳之玄孫，琳
蓋撰《拜經雜記》者也。庸與弟禮堂同師盧氏文弨，盧稱庸校
書天下第一。其爲學具有家法，根據經傳，剖析微茫，所著書
擬經義雜記爲《拜經日記》，又著《拜經文集》《月令雜説》
《樂記二十三篇注》《孝經考異》《臧氏文獲考》校輯經傳十餘
種。許氏宗彦嘗謂其爲學深造，如皇侃、熊安生，當求之唐以
上也。阮氏元《揅經室集》有《臧氏拜經別傳》。禮堂字和貴，
師事其兄庸，後問學於錢氏大昕。時段玉裁、丁杰、孫星衍皆
譽禮堂，謂之二臧。禮堂著有《説文解字經考》，《增訂孫氏倉
頡篇》《重編通俗文》《尚書集解》《三禮注校字》《春秋註疏校
正》《補嚴氏蔚左傳賈服注》《南宋石經考》《小徐説文纂補》。

新刊經籍考　卷明刊本。

宋馬端臨撰。前有弘治九年何喬新序云，《通考》卷帙重
大，人不易致，《經籍考》自可孤行，以資博洽。江西按察司僉
司莆陽黄公仲昭奉勅來董學政，因以告之，乃取國子監本付南
昌，付同知張君汝舟俾刊之。伯驥按：《明史》稱何氏博綜典
籍，鈔書三萬餘帙，然則目録之學，固所夙究，故刊此書以行
世歟！半葉十行，行十九字。

遂初堂書目一卷_{寫本。}

　　前題晉陵尤袤延之撰。前有毛幷序，後有魏了翁跋，陸友
仁跋。《書錄解題》云，延之，淳熙名臣，藏書至多，法書尤
富。李文簡云，延之喜鈔書，每公退日計鈔若干葉，其子弟諸
女亦令鈔之。其好書如此，故所藏甚富，後遭鬱攸之厄，此本
殆爐餘之目矣。且《放翁集》亦錄入，是出尤氏後人所輯，非
原書也。陸氏心源曰，宋以前書目，如《崇文總目》、晁氏《讀
書志》、陳氏《書錄解題》、鄭氏《通志‧藝文略》、馬氏端臨
《經籍考》，皆著書名，不載刻本、校本，惟此書所載有杭本
《周易》《周禮》《公羊》《穀梁》，舊監本《尚書》《禮記》《論
語》《孟子》《爾雅》《國語》，京本《毛詩》，高麗本《尚書》，
江西本《九經》，川本《史記》《前漢書》《後漢書》《三國志》
《晉書》，嚴州本《史記》，吉州本《前漢》，越州本《前漢》
《後漢》，湖北本《前漢》，杭本《舊唐書》《後唐書》，川本小
字、大字《舊唐書》，川本大字《通鑑》、小字《通鑑》，校本
《戰國策》。羅列版刻，兼載校本，爲自來書目創格，延陵季氏、
傳是徐氏宋元刻本書目之濫觴也。伯驤按：袤字延之，紹興十
八年進士，爲泰興令，進將作監。大宗正闕丞，人爭求之，陳
俊卿曰，當與不求者。乃除袤。歷祕書丞著作郎兼太子侍讀，
出守台州。有毀袤者，上使人密察，民誦其善政不置。累進樞
密院正，兼左諭德，除太常少卿。會高宗崩，自南渡後恤禮散
失，事出倉卒，上下罔措，每有討論，悉付之袤。袤與禮官定
號高宗，洪邁請號世祖，袤抗疏，力陳其不可，邁議遂屈。靈
駕將發引，忽定配享之議，袤引典故，請自既祔之後。進禮部
侍郎，同修國史。淳熙十四年將有事于明堂，詔議升配，袤奏，

方在几筵，不可配享，歷舉郊歲在喪服中者四，唯元祐明堂用
呂大防請，升配神考，時去大禪不遠，且祖宗悉用以日易月，
故升侑無嫌。今陛下行三年喪，百官猶未吉服，不宜近違紹興，
遠法元祐。從之。孝宗嘗語宰執曰：“尤袤甚好，前此無一人言
之，何也？”權中書舍人，兼直學士院，力辭不許。時內禪議已
定，上諭袤曰，旦夕制冊甚多，故處卿以文字之職。袤乃拜命，
一時內禪制冊，人服其雅正焉。光宗卽位，進禮部尚書。上屢
不省重華宮，袤前後極諫，駕亦隨出。兼侍讀，致仕歸，卒諡
文簡。袤嘗取孫綽《遂初賦》以自號，光宗書扁賜之。有《遂
初小藁》六十卷、《內外制》十卷。《宋史》有傳。南宋以詩名
家者，曰尤、楊、范、陸，楊范陸三家，全集皆存，獨尤集久
佚。清康熙中，尤西堂侗自謂延之裔孫，搜集各書，編爲《梁
溪遺稿》一卷，後收入《四庫》，館臣所謂片羽一鱗，猶見龍鸞
之章采者也。又按：《續清言》云，延之潛心理蘊，所著《梁溪
集》長短句尤工，其《詠落梅瑞鷓鴣》云，“清溪西畔小橋東，
落月紛紛水映空。五夜客愁花片裏，一年春事角聲中。歌殘玉
樹人何在，舞破山香曲未終。却憶孤山醉歸路，馬蹄香雪襯東
風”。又按《梁溪文鈔》錄延之《言攻道學之非疏》云，夫道
學者堯、舜所以帝，禹、湯、武所以王，周公、孔、孟所以設
教。近立此名，詆訾士君子，故臨財不苟得，所謂廉介，安貧
守分，所謂恬退，擇言顧行，所謂踐履，行己有恥，所謂名節，
皆目之爲道學。此名一立，賢人君子欲自見於世，一舉足且入
其中，俱無得免。此豈盛世所宜有？願徇名必責其實，聽言必
觀其行，人才庶不壞於疑似。吾家藏宋本《呂氏家塾讀詩記》，
有延之撰序，亦可誦也。前清閩縣陳蘭隣徵芝《帶經堂書目》
中載有延之《梁溪集》五十卷，元刊本。並注云，此元大德刊

本，與宋時卷數相合。前有曾幾序，及"杭州聚德堂鋟梓"一
條。明建安楊榮曾經收藏，陳氏書久已散佚，莫可尋求，真憾
事矣。因錄延之書目，附記之。

千頃堂書目三十二卷舊抄本，有校筆。

　　明黃虞稷撰。前題溫陵黃虞稷俞邰彙輯，蓋俞邰本閩人，
後乃寓上元耳，溫陵固舊籍也。所錄皆前明著作，經部十一類，
曰易、曰書、曰詩、曰三禮、曰春秋、曰孝經、曰論語、曰孟
子、曰經解、曰四書、曰小學；史部十八門，曰國史、曰正史、
曰通史、曰編年、曰別史、曰霸史、曰史學、曰史鈔、曰地理、
曰職官、曰典故、曰時令、曰食貨、曰儀注、曰政形、曰傳記、
曰譜系、曰簿錄；子部十二門，則儒家、雜家、農家、小說家、
兵家、天文家、曆數家、五行家、醫家、藝術家、類書、釋家、
道家；集部八門，則別集、制誥、表奏、騷賦、詞曲、制舉、
總集、文史也。每類後附宋、金、遼、元人之書，意欲補三史
藝文之闕略，五代以前撰著，則不及也。前清大學士張廷玉等
奉詔撰《明史》，而《藝文志》多采錄是書，其詳備可想。俞
邰承其父明立之遺，家富藏書，《靜志居詩話》所謂歲增月益，
太倉之米五升，文館之燭一把，曉夜孳孳，不廢讎勘者也。其
父有《千頃齋集》，故錢牧齋爲虞稷作《齋記》，亦題千頃齋，
而此目則名千頃堂，何時改易，不可考矣。金陵《朱氏家集》
云，南仲公朱廷佐入吳郡庠，與周忠介友善，南渡後面折馬、
阮，不求仕進，手寫古今書目，爲黃俞邰、龔蘅圃所得，以備
史料。《千頃堂書目》，蓋卽參取南仲公書目而成，公之原書，
不可得見，是此目或卽以朱氏本重編，亦未可定，然別無他證
也。各家著錄此書，多是鈔本，近年適園張氏刻之，是爲刊本

之始。此爲舊寫本，前後有杭氏世駿序跋，序見於《道古堂集》，而後跋則集中似未見。跋云，右《千頃堂書目》，金陵黃俞邰所輯。俞邰徵修《明史》，爲此書以備《藝文志》採用。橫雲山人刪去宋、遼、金、元四朝，刺取其中十之七八爲史志，史館重修仍而不改，失俞邰初旨矣。元修三史，獨闕藝文，全在《明史》網羅，如後漢、晉、五代不列此志，《隋書》特補其闕，不必定在一朝也。歲在辛亥，從曝書亭購得此書，亟錄出以箴史官之失，說者得無笑其迂乎！戊辰六月一日，舊史杭世駿。全書有前人朱筆點勘，條籤句注，字小如蟣，極爲詳贍，不知何人手筆？行間曾有“駒案”二字，亦不審其爲誰某也。清康熙間，史官倪燦闇公有《明史藝文志稿》，與《千頃堂目》相出入，當其時長洲尤侗亦有述作。黃氏、倪氏以《宋志》自咸淳後缺略不具，而遼、金、元三史又無藝文志，頗欲補述於《明史》，惟尤氏則堅持斷自朱明，史館諸公韙其說，傅以黃、倪所著，就西堂之稿，重爲編修，今《明史·藝文志》是也。尤氏撰《志稿》，收朱公遷、史伯璿、程端禮、王惲、楊元孚、王楨、張養浩、李冶、范梈、周伯琦、陸輔之、李存、吳海諸作，皆以爲明人，潘昂霄《河源志》誤作潘昂，其後經館臣舉誤焉。陳簡莊隨第，又稱董浦先生，輯歷代《藝文志》，用數十年之功，搜羅記注，誠鉅觀也。稿存於家，其子以半部質於維揚馬氏玉玲瓏館，半部質於武林孫氏壽松堂，今馬氏藏書俱散，不知歸誰何云云。此志今未見傳本，不審尚在人間否也。濟寧李氏鈔本礦墨亭業書，有《千頃堂書目》三十二卷，前有乾隆乙未吳騫序，杭氏序跋皆全，此書見存江安傅氏家。

萬卷堂藝文記一卷舊寫本。

明朱睦㮮撰。隆慶庚午八月仲秋，東陂居士睦㮮自序曰，

余宅西建堂五楹，儲書其中，傚唐人法，分經史子集，用各色
牙籤識別。經凡十一類，六百八十部；史凡十二類，九百三十
部；子凡十類，一千二百部；集凡三類，一千五百部，編爲四
部。人代姓氏，各具撰述之下。余喜收書，然無四方之緣，不
能多見多致，大梁又自金、元屢經兵燹，藏書之家甚少，間或
假之中吳、兩浙、東郡、耀州、澶淵、應山諸處，或寫録，或
補綴，蓋亦有年，所得僅此，信積書之難也。庚午秋日，出曝
編記。伯驤按：《藩獻記》云，鎮國中尉睦㮮，周鎮平王諸孫
也。父奉國將軍安河，以孝行聞，嘉靖十二年正月賜勑嘉獎。
㮮字灌甫，博洽文雅，好著述，尤深于經。家故饒資財，僮奴
數百人，皆逐贏車屑麥執藝自給。㮮傾身游諸貴顯間，名譽藉
甚，自督撫重臣以下，莫不敬禮之如上賓。嘉靖四十二年六月
上疏，清以資爲父安河建祠廟，令有司歲時崇祀，詔許之，第
令㮮自主祠事。已而舉㮮文行卓異，爲周藩宗正者十餘年，以
經義督課宗生，大興宗學。周藩宿習，煥然改觀，凡國中有大
製作，皆屬㮮具草，㮮名動海内。撰《河南通志》《中州人物
志》若干卷。見卷一。又按前明之制，太子外則分封一字王，
王之嫡長襲王；次封二字王，二字王，嫡長襲封；其次封鎮國
將軍，鎮國將軍之子封輔國將軍，輔國之子封奉國將軍，將軍
之子封鎮國中尉，鎮國中尉之子封輔國中尉，輔國中尉之子封
奉國中尉。灌甫之爲鎮國中尉，固定制也。

山陰祁氏藏書目不分卷精寫本，二厚冊，楊雪滄舊藏。

此爲明代祁氏《澹生堂書目》，經之目凡十，曰經總，曰
易，曰尚書，曰詩，曰春秋，曰禮，曰孝經，曰四書，曰理學，
曰小學。小學又分爲四類，一爾雅、二字學、三音韻、四書法。

史之目凡十，曰正史，正史之一爲別史，正史之二爲節史。曰編年，曰哀輯，曰記傳，曰典故，曰政實，曰外史，曰評論，曰譜録，曰圖志。子之類十，曰諸子，曰釋家，曰道家，曰兵家，曰五行家，曰醫學，曰雜家，雜家之一爲農圃食貨、雜家之二藝術圖象，曰類家，曰稗乘家，稗乘又分爲四，説彙、説叢、雜筆、演義，曰樂府家，樂府之一爲評譜、二爲傳奇、三爲雜劇、四爲散詞。集之目凡八，曰文總，曰詩總，曰章疏，曰尺牘，曰騷賦，曰詩餘，曰前代詩文，曰國朝詩文。經史子集四部之外，又有四部彙，如邵寶之《經史全書》《劉須溪九種》《范子雜彙》《漢魏叢書》《遠山堂雜彙》《三百一種》之屬。祁承爜字爾光，紹興山陰人。萬曆甲辰進士，歷官至河南按察僉事副使、江西右參政。有《澹生堂集》。見《明詩綜》卷五十九。《静志居詩話》云，參政富於藏書，將亂，其家悉載至雲門山。時其手録羣書目八册，今存古林曹氏，所儲已盡流轉於姚江禦兒鄉。又黃氏宗羲《天一閣藏書記》云，祁氏曠園之書，初庋家中，不甚發視。余每借觀，惟德公知其首尾，按目録而取之，俄頃即得。亂後遷至化鹿寺，往往散見市肆。丙午，余與書賈入山翻閲三晝夜，余載十捆而出。又全謝山《祁氏遺書記》，初南雷黃公講學於石門，吕氏以三千金求購澹生堂書，南雷亦以束修之入參焉。吕氏使者中途竊南雷所取衛湜《禮記集説》、王偁《東都事略》以去，則吕氏所授意也。又沈玉清氏《冰壺集》云，石門吕留良與梨洲先生素善，延課其子，既而以事隙。相傳晚村以金託先生買祁氏藏書，先生擇其奇祕難得者自買，而以其餘致晚村，晚村怒。又晚村欲刻劉蕺山遺書，致刻資三百金，先生受金不刻，而嗾姜定庵刻之，坿晚村名於後。晚村愠甚，輒於時文評語中陰詆先生爲僞學，甚且遷怒陽明，而先生亦蛲之爲紙尾之學。兩家子弟門人，各樹幟而爭，幾於讎仇，而先生之名，亦爲之稍減矣。以上可見祁氏書聚散之蹟，全氏、沈氏二説不同，故兩存之。沈氏之説，葉氏《藏書紀事詩》未之及也。此書前有“侯官楊浚”白文章、“太史之章”朱文章，閣中楊氏雪滄舊物也。雪滄於清季官京師，友何蝯叟、張石舟諸人，修祭顧亭林祠堂，曾與其役。伯驤收書時每見其印識，蓋富於儲藏者也。陸存齋撰《丘釣磯詩集序》，稱温陵楊侍讀雪滄，博學嗜古，存齋藏宋刊明補本《賈子新書》，官閩時曾借雪滄藏正德十年吉藩重刊本校之，而金陵鄧氏所藏楊氏遺本《釣磯集》，有雪滄識語，謂向存齋借得足本照鈔一個，是其人與歸安陸氏爲友，書本固互相通假矣。寒家有《雪滄詩集》，詩中有及儲書者，其藏章曰“雪滄所得”、曰“雪滄手校”。

輿地碑目四卷 寫本，吳兔牀舊藏。

宋王象之撰。象之字肖父，東陽人，慶元丙辰進士。博學多識，著《輿地紀勝》二百卷。見吳師道《敬鄉録》。陸氏心源曰，是書從《輿地紀勝》每州碑記門擇出，疑明儒楊用修所爲，惟所見《輿地紀勝》似亦不全，故舛奪亦往往而有。如安吉州碑所據宋本《輿地紀勝》卷四，第二十六葉與二十七葉倒訂，致《吳大帝廟碑》下，誤以《湖州刺史題名記注》、晁公武《合州廳記》云云羼入，接連《紹興府碑》，從《嚴寺碑》起。考紹興有香嚴寺，無嚴寺，蓋所見宋本《紀勝》，缺卷十之第三十一葉，其三十二葉從嚴字起故也。其前尚有禹陵窆石遺字，秦李斯《秦望山碑》《曹娥碑》《蕭將軍廟碑》《桐柏山金庭館碑》，齊永明中《石佛銘》《南明山梁碑》《隋禹廟碑》《江

淹碑》《虞世南碑》《賀知章二誥》《龍瑞宮記》《高行先生徐師
道碑》及注約四百字。卷二《茶陵軍碑記》後有《江陵府上碑
記》缺七字。考《紀勝》江陵府分上、下二卷，上卷爲沿革、
風俗、形勝景物三門，本無碑記，殆抄胥不知文義者所妄加也。
卷前有"臨安志百卷人家"長方白文章。陸氏以湉《冷廬雜
識》云，仁和吳兎牀明經，得宋本《咸淳臨安志》，又得乾道、
淳祐二《志》，刻一印曰"臨安志百卷人家"。此蓋吳氏藏本也。

考古圖記十卷 元刊本。

宋呂大臨著。前有大臨自序，略云，予於士大夫之家，所
閱多矣，每得傳摹圖寫，寖盈卷軸，尚病寡啓，未能深考，暇
日論次成書。觀其器，誦其言，形容髣髴，以追三代之遺風，
如見其人矣。以意逆志，或探其制作之原，以補經傳之闕亡，
正諸儒之謬誤，天下後世之君子，有意於古者，亦將有考。次
有大德間古迂陳才子題語，略云，器之寶傳或弊，書之流傳匪
窮。汲郡呂公彙諸大家所藏卣、敦、盂之屬，繪爲巨編，兵後
多磨滅。吾弟冀備又廣呂公好古素志，屬羅兄更翁臨本，且更
翁刻以傳世，並採諸家辨證附左方，用心良苦。次有大德間茶
陵陳翼子翼備識語，略云，予嗜古得先秦罍洗、錞釪奇物，多
珍襲不釋手。偶閱汲郡呂先生舊輯《考古圖》十卷，慨慕古先
聖賢制作大意，命友臨本，刊訛刻傳，且采諸君子辯證附其下。
或嗤予刓精鏤狗之器者，予曰，物生而有象，象成而有器，器
卽道，道卽器，本不相離也。輪輿軫輻，寓天地也；權衡斗量，
象律呂也；深衣十三幅，寓期月爲閏也。錯然而陳，維理之存，
窾號而虛，維德之居，豈徒器乎哉！是以觀湯盤者知日新之義，
觀周杖者知嗜慾之失，觀叔向讒鼎者知昧與不顯之勤。聖賢君

子，或因是洗心，刻此以淑好古者云云。前哲喜談文以載道，此則言器以載道，當時金石學家之用意如此。首葉有"默齋羅更翁考訂"一行。半葉八行，每行低一格，或十八、十九、二十字，或十六字不等，上下黑口。此書繪圖亦不及明刻之精，惟葉數缺處皆留空葉，尚有形迹可尋，明刻連屬以泯其迹，宜陸存齋謂其謬也。

法帖刊誤上下卷　葉德榮黑格精寫大字本，黄蕘圃題記。

前題左朝奉郎行秘書省秘書郎黄伯思撰。此爲葉氏德榮寫本，前後有其識語。前云，予不善書，而喜翫法書古帖，蓋自先世藏書幾數萬卷，秦漢以來碑碣，無不搜購摹搨，垂二百載矣，歲辛卯一朝散盡，可勝嘆惋。今存者僅僅先大父手葺之書，然亦十亡其五，中有宋板《東觀餘論》，聞已轉入富室，而架頭止留十數葉，爲宋板之精善者，予欲覩其全不可得也。獻歲從友人借歸，愛其《法帖刊誤》一卷，考鑒洞確，足供臨池之助，輒呵凍録之。戊午春正月二十六書於娛齋，德榮氏。後云，宋黄伯思考據辨析，津津中窾，且鑿鑿可證，再三玩之，不覺心花爲頓開。此載《東觀餘論》中，僅摘出而録之，俟覓全抄可也。當時董氏彥遠之精博，亦可與伯思相上下焉者。前上陳眉公語次秘笈中何以不及黄、董所著，彼亦深以爲恨耳。末有平江黄氏跋云，余借小讀書堆所藏葉文莊抄本《金石録》，見有文莊六世孫國華跋，筆墨淋漓，古氣溢於故紙，余絶愛之。今春友人顧澗蘋歲試玉峯，從書攤購得德榮甫手抄《法帖刊誤》一册，因余素愛名抄秘册，遂以歸余。思伯思爲吾宗先哲，以博雅校祕書，可謂遭矣。勝朝項子長曾稱之，子長取宋本文字校而刻之，《東觀餘論》其一也。《法帖刊誤》者，卽《東觀餘

論》之綱領，故列在《東觀餘論》上，別刊行世者，見諸《百
川學海》，德榮摘出而録之，亦其例耶。余於去冬得項氏本，係
伯思全書，既又得舊抄本《東觀》餘册，不啻爲兩美之合矣，
爰什襲藏之，而著數語於後。嘉慶歲在己未孟夏四月中澣二日
書於士禮居，棘人黄丕烈。半葉七行，行十六字。卷首有“德
榮”、“葉印國華”、“葉德榮甫世藏”、“葉氏藏書章”、末有
“與古爲徒，錢氏祕笈章”。明世葉文莊公盛菉竹堂藏書至富，
流風餘韵，至孫曾而未沫。其五世孫恭焕字伯寅，刊有《雲仙
散録》《清異録》等書，如此二僞書之佳刻，蓋隆慶間本也。六
世孫則爲國華，當其時菉竹書已流出人間矣，而清芬不墜，猶
有一錢之流貽，詩書之澤，不亦遠乎。薲圃又有舊鈔本《東觀
餘論》三卷，其跋語云，戊午冬所得，惜《法帖刊誤》未録，
不爲完璧。今得葉德榮手鈔《刊誤》一册，與此可稱並美，遂
并儲之。見繆刻黄氏題識。此《刊誤》上下二卷，當是繆、章、
吳諸氏所未見，故所刻題識，未之及也。

隸續殘存八卷黄薲圃手校，汪氏樓松書屋翻元本。

宋洪适撰。此書原二十一卷，據《盤州文集》洪氏自跋此
書，謂乾道戊子始刻十卷於越，淳熙丁酉姑蘇范至能增刻四卷
於蜀，後二年靈川李秀叔又增刻五卷於越，明年錫山尤延之刻
二卷於江東，其板始備。洪跋尚曰，未能合數板爲一書，以歸
嚴整。故明末崐山葉九來奕苞家藏此書僅七卷；長洲趙凡夫有
此書，亦失第九、第十兩卷；毛氏汲古閣本雖尚完好，而第十
二、十五、二十一三卷，尚多闕葉；後曹棟亭揚州使院刻本，
係二十一卷之全書，其中尚多闕佚、參錯，而第九、第十兩卷
仍缺；瞿木夫有照元鈔本，祇得四卷；是此書完本，已不可得，

汪氏刻本亦缺九、十兩卷。伯驥兒時曾藏汪刻，今得蕘圃校本，
祇前八卷，其下則付闕如。余重其爲名校，一並藏之。卷第七
武梁殿碑圖下有"無鹽醜女"四字，蕘圃以朱筆乙之。有案語
云，元刻《隸續》無此四字，余友顧建屏云，約略記得《列女
傳》上無鹽醜女與鍾離春是一人。後檢宋刊《列女傳》有云，
鍾離春者齊無鹽邑之女也，則言無鹽醜女，不必言鍾離春，言
鍾離春不必言無鹽醜女矣。觀此書十八載荆州刺史李剛石室殘
畫像有云，無鹽醜女齊宣王，益可信顧説之確，此處之誤也。
其餘所校，亦甚信確。蕘圃校此書，係據影宋本及元本，故點
勘至精。清《四庫》著録者，則爲明萬曆間王雲鷺刻本，而王
之所據，則爲元人手鈔本，可知此書在宋元間，傳本甚稀，得
此校筆，直可作宋元本讀，而惜乎其僅有此數卷也。長沙葉氏
《郋園讀書志》有《隸續跋文》，謂得明刻王本，未始非買王得
羊之比，以無宋本可繙之故也，若見此黃校，其忻慰又不知何
如矣。蓋《隸釋》二十七卷，黃氏嘗有刊誤之刻，其序據《讀
書敏求記》，謂遵王尚未見此書宋槧本，故据崑山葉九來、貞節
居袁氏、周香岩藏隆慶間錢氏各舊鈔，以刊錢塘汪氏新刻之誤，
偕顧千里訂諸本之異同，並資婁彦發《字源》爲證，摘記千有
餘條，今所傳刻本是也。惟《隸續》則述古堂有元版七卷本，
宋板書目又列一目，卷數亦同。今蕘圃此本，當是依此宋元本
而下筆焉。蓋《隸釋》刻誤，僅据舊鈔而手校，《隸續》則有
宋、元本以爲資糧，更足貴矣。又，朱文藻有《校定存疑》十
八卷，藏江蘇省立國學圖書館。校書凡七種，其第七種則爲宋
洪氏《隸續》，朱氏謂從汪氏欣託山房新刊本校閱一過，而録其
可疑者。按汪氏所據以刊者，一曰金風亭長鈔本，曰棟亭曹氏
刊本，而自卷一至卷六，則又據泰定乙丑寧國路儒學重刊本。

鈔本之誤，多於棟亭，然頗足補棟亭之闕。泰定本最爲精善，而亦不免有數處難從云，當以此本勘之。

絳帖平六卷 郁氏東歗軒寫本。

宋姜夔撰。夔字堯章，鄱陽人。此書據《宦游紀聞》卷七，目爲姜夔《絳帖評》。清《四庫提要》目錄類本書條下，謂宋之論法帖者，米芾、黃長睿以下，互有疎密，夔欲折衷其論，故取《漢書·張釋之傳》廷尉天下之平語，以名其書。嘉泰癸亥自序云，帖雖小技，而上下千載，關涉史傳爲多。《提要》謂其書考據精博，可謂不負其言，惟第五卷內有考論偶疎者。《墨莊漫錄》謂其書本二卷，舊止鈔本相傳，未及雕刻。所載字號止於山字，其河字以下，亡佚十四卷，竟不可復得，然殘珪斷璧，終可寶也。此本板心有“東歗軒”三字，實爲郁氏藏本。東城郁氏禮，字佩宣，號潛亭，錢塘諸生。家素封，藏書充牣，潛亭又增益所未備。時小山堂書已散，所餘殘帙尚多異本，潛亭悉力購之。所居駱駝橋，去厲徵君樊榭山房一里而近，傳抄秘冊尤多。徵君歿後，其家出所著《遼史拾遺》手稿，要索厚價，久之不售，潛亭以四十金購得之。中間尚缺五十葉，百計求之不得。鮑廷博以文偶步至青雲街，見拾字僧肩廢紙兩巨籢，檢視之皆厲氏所棄，徵君所錄《遼史拾遺》稿本在焉，亟市歸授佩宣。棼如亂絲，一一爲之整理，閉戶兩月，綴輯成編，適符所闕之數。藏書之室曰東歗軒，軒額爲董香光書。亭中古桂二株，相傳明萬曆間所植，交柯接葉，清陰覆檐，室中牙籤萬軸，都成碧色，潛亭晨夕校錄于其間。百年以來，滄桑幾易，東城郁氏，子姓寂寥，里中故老，無復有知潛亭其人者。以上見鮑廷博《庶齋老學叢談跋尾》、吳氏《蕉廊脞錄》卷三。又黄蕘圃題識云，吳槎客家有《笠澤叢書》七卷附《補遺》一卷本，有合校諸本之碧筠草堂本七卷附《補遺》本，當是蜀本。而合校本則兼集衆長矣，朱黄璨然，幾至迷目，内有朱筆校者，係從錢唐郁佩宣東歡軒舊鈔本。余取舊鈔本重校刊正四卷、《補遺》一卷、《續補遺》一卷，勘之悉合，槎客云郁本最佳云云，可見郁氏遺本至有足取。此本書法大佳，絕無俗筆，以此字鈔此書，洵相稱矣。

史通二十卷 明萬曆張之象刊本，清汪文端手校。

前題唐鳳閣舍人彭城劉子玄撰，子玄本名知幾，避明皇嫌名，以字行。弱冠擢進士第，遷鳳閣舍人。開元初，官至左散騎常侍，坐事貶安州別駕，卒於官。《唐書》有傳。是書前有景龍四年子玄自序，内篇皆論史家體例，辨別是非，外篇則述史籍源流，及雜評古人得失。錢唐丁氏著録此本，謂嘉靖間陸文裕公所刻蜀本，錢遵王著録於《讀書敏求記》，而惜其《補注》《因習》《曲筆》《鑒識》四篇，殘脱疑誤，無從是正。此爲萬曆五年雲間張元超之象得梁溪秦中翰汝立柱家藏宋本，因爲鏤版。盧抱經學士云，何氏堂以朱氏影宋本校張之象本，知張本無大乖舛。惟《羣書拾補》按之《曲筆》篇中，“安可言於史耶”下有一百九十九字，脱在《鑒識》篇中，自“夫史之曲筆諛書”起，至“盜僧主人之甚乎”止，則遵王所稱殘脱疑誤者，大段不外是矣。又按，鄒氏《午風堂集》卷六云，唐人著《史通析微》十卷，以劉子玄《疑古》《惑經》諸篇詆誣聖哲，因討其謬妄，當時人盛稱之，惜其書不傳。蓋緣子玄熟悉史例，其書史家奉爲圭臬，故置《析微》一書不行，而不知子玄之往往入於妄也。吾鄉浦氏起龍著《史通通釋》二十卷，箋釋詳明，而於《疑古》《惑經》等篇絶未糾正，亦未見《析微》一書耶云云。是《史通》一書，得浦氏而疑誤仍未盡明，蓋《玉海》中所引《史通》亦有譌字脱文，可證自宋時已尟佳本。此本爲前清汪文端精校，細字精書，考證頗有出前人外者，亦可貴也。前有汪氏由敦及謹堂章。

史通二十卷明萬曆間張之象校刻本。

唐劉子玄撰。前有張之象序，略云，以漢求司馬遷後封爲史通子，兼取《白虎通》之義，命曰《史通》，蓋知幾所自定若此。知幾當神龍間，三爲史官，頗不得志，數欲求退，既而以前代史書序其體法、因習廢置，掇其述作深淺曲直，分内外篇著爲評議，備載史册之要，剖擊愜當，證據詳博。獲麟以後，罕覘是書，當國徐堅重之，云居史職者宜置座右。玄宗朝，詔其家録進，上讀而善之，其書遂盛行於世。歷歲滋久，寖就散逸，宋儒朱晦翁猶以未獲見《史通》爲恨。逮我明嘉靖間，吾鄉儼山先生陸文裕公始購得《史通》抄本及他刻本，采撰會要多所闡明，已而是正，翻刻川蜀，猶自謂譌舛尚多，惜無別本可校。邇吳興凌子迪知纂刻《史記評林》，曾不研審，往往自用，至以知幾爲宋人。嗟乎，其人且不知，又安知《史通》何書哉？及覽《龜策傳》首列評語，則曰槐野王公，而不知《史通》固已具載也，疑誤後學，爲惋悵者久之。偶梁溪友人秦中翰汝立視予家藏宋刻本，字整句暢，大勝蜀刻。小子何幸，覯此祕籍，乃相與銓訂，尋討指歸，復與郡中諸賢雋參合衆本，大較以宋本爲正，餘義通者仍兩存之，乃倡義捐貲，鏤板流布。每卷末均有校字者姓名，卷終仍刻陸深題寫本《史通》識語。自第一至二十卷，均題唐鳳閣舍人彭城劉子玄撰，當是宋式。

半葉十行，行十九字。版心記刻工姓名，字尚方整，蓋明季之
善椠也。

讀史管見三十卷 明寫本。

宋胡寅撰。寅字明仲，號致堂，崇安人。官至禮部侍郎，
謚文忠。《宋史》有傳。此書乃其謫居時讀《資治通鑑》而作，
書成於紹興乙亥，見其猶子大壯序中。大壯又稱寅父安國受知
高宗，奉詔撰《春秋傳》，宏綱大義，日月著明，《通鑑》則事
雖備而立議少，實因用《春秋》經旨，尚論詳評，是大壯以胡
《傳》爲繼《春秋》而作，涑水鴻編尚未之能逮矣，殊不然也。
清《四庫提要》曾述趙與時《賓退錄》，謂《管見》有所爲而
著，言之頗悉。然周密《齊東野語》卷六，明正德本。於此事亦
詳。周氏云，致堂貴顯，不復爲本生母持服，爲右正言章復所
劾，會秦丞相亦惡之，遂謫新州安置。嘗於謫所著《讀史管見》
數十萬言，極意譏貶秦氏。如論桑維翰，雖因耶律德光而相，
其意特欲興晉而已，固無挾虜以自重，劫主以盜權之意，猶足
爲賢等語甚多。及論漢宣帝立皇考廟曰，既爲伯父母、叔父母
之後，而父母亡，則當降所生父母，而伯父母、叔父母之稱昭
昭然矣。稱謂既如此，則三年之喪宜降其服期，又昭昭然矣。
稱謂既如此，則情之隆所當隆，殺所當殺，不敢交奪於幽隱之
中，又昭昭然矣。其論哀帝議立定陶王後曰，故爲人後者，不
顧私親，安而行之，猶天性也。當是時而責爲人後者，絶私親
之顧，彼反得以旁緣不孝之似而責之。顧私親者至以孝自居，
不顧者反蹈於罪辟。其論晉出帝追封敬儒爲宋王曰，服而或加
或降者，以恩屈於義也，屈所生之恩，而伸所厚之義，則恩輕
而義重矣。恩輕而義重，則所生父母，固可名之曰伯父母、叔

父母矣。爲此論者，是皆欲借此以自解，然持論太過，所謂欲
蓋而彌彰，前輩蓋嘗評之。周氏又云，致堂文定公安國之庶子
也。將生，欲不舉。文定夫人夢大魚躍盆中，急往救，則已溺
將死矣，遂抱以爲己子。少桀黠難制，父閉之空閣中，其上有
木，過數旬寅盡刻爲人形。安國曰，當思所以移其心，遂引置
書數千卷於其上，年餘悉能成誦，不遺一卷，遂爲名儒。據周
氏之言，宜乎其言論之刻酷矣。清《四庫》以此書存目，伯驥
以其可備一格，著録之。致堂遺著，此書外有《崇正辨》，有
《斐然集》，集中有自辨不持所生母服語。

唐宋名賢歷代確論一百卷明弘治間刊本。

前題錫山錢孟潘刊行。前有弘治間吳寬序，略云，《名賢確
論》一百卷，皆唐宋人所著也，其說散見於文集中，或病其不
歸於一，輯成此篇，以便觀覽。其所論遠自三皇，近至五季，
或論其世，或論其人，或論其事，或專論，或通論，上下數千
百年，皆具於此。夫人生乎千萬年之下，而欲論乎千百年之上，
其世遠，其人亡，其事隱，考其治忽，辨其賢否，求其得失，
以爲定論，其亦難矣。蓋人生同時者，每有愛憎之心，其居異
代者，必無好惡之念，以人之常情，而名世之賢，又不必以此
語之也。惟世之立論者，逞異以爲高，出奇以相勝，人自爲說，
不肯附和，如法家之斷獄，得其情者固多，至失於慘劇，流於
姑息者，其刑未必皆平也。故雖文章大家，君如武王以爲非聖，
臣如馮道猶以爲賢。史筆操縱，一至於此，他尚何望哉！錫山
錢孟潘出江南大族，好爲義舉，以此編不能家有，因刻以傳世。
來請序於予，自顧區區末學，何足以知者，既久始克書而歸之。
惟此編特出於唐宋之人，予猶恨其不上及於漢，如賈誼《過秦》

之類，豈漢以來別自有編耶！弘治十七年資善大夫掌詹事府事
禮部尚書兼翰林院學士長洲吳寬序。次《目録》，共五十七葉。
半葉十一行，行二十字，大字精刊。清《天禄琳琅》卷二著録
宋刊《唐宋名賢歷代確論》，其題語略謂宋陳振孫《書録解題》
云，《歷代確論》一百一卷，不知何人集。自三皇五帝以及五
代，凡有論述者，隨世次編次。《宋史·藝文志》載《名賢十七
史確論》一百四卷，不知作者。卷帙雖少異，意即是書，其榜
題唐宋名賢，疑爲後人所加，然《宋志》有詹玠《唐宋遺史》，
又有無名氏《唐宋名賢詩話》，蓋當時習有此稱。

宋論三卷 明刊本。

　　明永新劉定之著。前有吳氏序，略云，讀史非難，評史爲
難，何者？史雖浩瀚，然能循行數墨，口耳佔畢，或可誦其文、
悉其事，固不爲無得。至若數百年政治得失，數十帝心術邪正，
一展覽之餘，瞭然於心鏡，確然於筆談，非見道分明，識見高
遠，孰得而容喙！此予讀劉文安公所作《宋論》，不能不爲之起
敬而仰歎，竊有以知其之史筆絶人也。公江右永新世家，尊甫
艮齋先生，深於《易》學，隱居教授。公天資穎異，日侍顔誨，
世有之書無不讀，書載之理無不窮。童年時，即能肆意辭賦，
文不屬稿。迨第進士，官禮部侍郎、知制誥，置諸内相，於製
作之暇，乃取《宋史》自太祖起至帝昺止，節文以提要，雄辭
以立論，顯微闡幽，褒善貶惡，輕重予奪，不假毫髮，公謝世
後，貽稿於家。公弟寅之，少參湖藩，政暇持而索予言引其端。
公名定之，字主静，號保齋，卒贈禮部尚書，諡文安公云。成
化八年，奉勑巡撫湖廣贊理軍務賜進士中憲大夫都察院右僉都
御史繁昌吳琛書。共二十八篇，末有劉寅之跋。黑口雙欄，半

葉十行，行二十一字。

續宋論三卷 明刊本，謝在杭、姚潛坤舊藏。

　　明蔣誼撰。前有成化間夏時化序，略云，《宋論》作於永新劉文安定之先生，紹興府節推淮南蔣君宗誼作《宋論》，蓋取諸文安之未論論之，實所以補其未備，而云續者，謙辭也。卷一前有蔣氏自識語，略云，劉文安作《宋論》二十八篇，而猶有攎撦不盡，事雖涉幽隱，而關繫不少者，故復得二十四篇焉。末有成化間嵊縣儒學訓導金陵王淇跋尾，略云，蔣君與予同游京庠，相知最密。君之大父恭靖公，以儒術之正、醫藥之良，歷事累朝，賞賚之隆，終始無間。尊翁諸父，克世其業，家庭之間，學有源委，後登甲科，肆餘力作《續宋論》。嘗得其初稿，欲鋟而傳諸，嵊縣令潮陽許岳英亟相於成。半葉十行，行二十字。序前有"謝氏在杭"白文章、"潛坤"朱文章、"姚舜咨圖書"白文章。昔黃蕘圃得明唐子言手寫《緯略》，係摹姚潛坤手錄家藏本，初不知潛坤爲何人，後屬長孫秉剛徧檢家藏姚舜咨手錄本，于《清異錄》上得"潛坤"一長方叠字印，下又有"茶夢散人"一方印，始知卽舜咨云云。伯驥得此書，亦不審潛坤爲何人，讀此跋而知之，然則此書曾經兩名家收藏矣。

五十萬卷樓藏書目錄初編卷九

子　部　一

孔子家語八卷　明嘉靖刊本，藤花榭舊藏。

　　明何孟春注。前錄漢博士孔衍上言，次魏王肅序，次低一
格題正德二年丁卯郴陽何孟春序。略云，春謹卽他書，有明著
《家語》云云。而今缺略者以補綴之，今本不少概見，不知舊本
爲在何篇，而不敢以入焉。分四十四篇爲八卷，他書所記，事
同語異者箋其下，而一二愚得附焉。其不敢以入者，仍別錄之，
並春秋、戰國、秦、漢間文字，載有孔子語者，錄爲《家語外
集》，以竢博雅君子，或得肅舊本是正焉。末有嘉靖癸未閩諸生
高應禎識語云，燕泉先生以《家語》載聖言與其行事也，參互
考訂，深以王肅所傳者爲得其宗，安國之所撰次，劉向之所校
定，無所於取信。原本刻於滇南，其傳未廣，是用再梓而行之
云。燕泉，孟春號也。伯驤按：《家語》一編，前人抨擊其僞
者，已有定論。唯錢氏馥《小學庵遺書》三云，《家語》王肅
所增加，馬昭之言當得其實。仁和孫侍御撰《疏證》六卷，凡
《家語》之文之見於他說者，輒斷爲王肅剽竊，然諸子傳說每多
雷同，其見之《荀子》《吕覽》者，復見之《韓詩外傳》《大戴
禮記》、劉氏《說苑》等者比比也，則百家之書於詞豈必已出
哉！馥非朋於王也，欲持其論之平耳，更願與爲鄭學者訂之。

又《秋窗隨筆》云，《家語》大有謬處，如孔子厄于陳蔡，絕
糧七日，從者皆病。子曰，汝以仁者爲必信也，則伯夷、叔齊
不餓死首陽；汝以智者爲必用也，則王子比干不見剖心；汝以
忠者爲必報也，則關龍逢不見刑；汝以諫者爲必聽也，則伍子
胥不見殺。據孔子攝相在靈公三十九年三月，卽去魯適陳，在
陳主司城貞子家。靈公四十一年至衛，卽有絕糧之厄，是年孔
子五十八歲，魯哀公之元年、吳夫差之二年。是年吳破楚，子
胥未死也，諫死在吳王之十三年，尚隔十一年，孔子何由先知
其見殺乎？後人僞作明矣，此又助前人以攻其僞者也。半葉十
行，行二十字。卷首捺有“約齋”二字白文章，當是前清額勒
布所藏。額勒布字履豐，一字約齋，官至侍郎。前人謂其深於
《易》學，藤花榭本《說文》，卽其所刻也。

顏子七卷附錄一卷 元刊本。

前題文安後學李鼐元鎮編集補注。後有自序云，僕留滯江
南，近以校正《大學衍義》，受知於平章紫微史公，猥以庸愚，
疊叨薦舉。值公分省贛城，挈之俱行，暇日論及聖門諸弟子，
僕以所聞者對。公曰，聖門三千之徒，或升堂、或入室，聞道
有淺深，傳道有言語。顏子去聖人才一間耳，何獨無書以垂後
世耶！僕避席曰，孔顏之道一也，聖人久同乾坤，明普日月，
其大無外，其小無內，凡見於聖門問答，門人言論，皆此道之
寓也。□在於書，抑孔子嘗曰，予欲無言，逮夫傳道，而見於
言語文字，非聖人之得已也。公曰，雖然，顏子言行，散見羣
籍者，子爲我萃成編，吾將服膺焉。僕再辭不獲，乃采摭經史
子集，伊洛格言，萃爲一編，以成公之志，仍次第章句，以註
付其下。大德甲辰，後學文安李鼐書於卷末。伯驥按：《漢志》，

《曾子》十八篇、《子思子》二十三篇，其書佚已久矣。宋紹興間，新安汪晫編《曾子》十二篇、《子思子》九篇。吳草廬序高安李純仁所編《顏子》，言宋儒有以《論語》諸書，合《大戴記》十篇爲曾子書，又輯子思所言爲《子思子》，此皆後來所輯錄，非原書也。元人輯傳道四子書，《顏子》二卷、《曾子》二卷、《子思》二卷、《孟子》二卷，題吳郡後學徐達左編。每書各立內外篇，內篇載經書，附以周程張朱之言；外篇載傳記，附諸子百家之論。《顏子》《子思子》《孟子》篇目皆十，《曾子》篇目十四。曾子全載《孝經》，而有分析移易，《孟子》僅取二十餘條入內篇，殊近于妄。陸氏藏元本。此《顏子》七卷，與陸氏元本不同，明武進薛應旂輯《顏子》二卷，有吳維嶽後跋。范氏天一閣著錄之，然卷數不及此元本之富。此類述作，頗爲無謂，亦陋巷志之類耳，以其舊本存之。半葉九行，行二十字，間有不及二十字者。

荀子二十卷 影寫宋吕夏卿大字本。

唐登仕郎守大理評事楊倞注。後有"將仕郎守祕書省著作佐郎充御史臺主簿臣王子韶同校，朝奉郎尚書兵部員外郎知制誥上騎都尉賜紫金魚袋臣吕夏卿重校"兩行。伯驥按：張氏月霄曰，吕夏卿本宋槧尚存，惟是本從宋槧初印本影寫。現存之宋槧，則紙質破損，字迹模糊，且爲庸妄子據俗本描補，殊失廬山真面，故宋槧轉不若影宋本之可貴也。金吾聞之黃蕘圃先生云，前有元和十三年楊倞序，並過錄顧氏手跋曰，《荀子》唯明世德堂本最行於世，乃其本即從元纂圖互注本出，故重意之删而未盡者，猶存兩條于楊注中。一《修身篇》"立山崇成"句下，一《王制篇》"何獨後我也"句下，又何怪乎本之不精也。餘姚盧抱經學士彙諸本，參以己意，校定重梓，首列影抄宋大字本，卽今此本，從朱文游家見之也。考《困學紀聞》所引，如"青取之於藍"、"請占之五帝"諸條，殆監本是已採用頗多，或足證世德堂之誤。然如《君道篇》"狂生者不胥時而樂"，正與《爾雅·釋詁》"暴樂"、"桑柔"毛傳及鄭箋爆爍所用字同，則樂不得如世德堂本之改爲落明甚，而盧學士不及此本之有樂字，然則此書不幾亡此字乎！他亦每有漏略牴牾，皆當依以正之。今鄉岩周君收藏，蕘圃借得，命校一過，兼訪知宋槧印本在東城藏書家，持來擬售，略一寓目，樂字槧本與抄同，他日倘竟爲蕘圃所有，當仍假此本一一覆審之。嘉慶元年八月書于黄氏之士禮居，澗薲顧廣圻。此本當與張本同出一源。

纂圖互注荀子二十卷 宋刊本。

前題唐大理評事楊倞注。前有楊氏序及篇目、欹器之圖、《天子大輅龍旗九斿圖》一。行款字數，皆與《互注重意重言道德經》同，每葉格闌外有篇名。陸氏心源亦藏此種，其校語曰，《勸學篇》"青出之藍"，不作"青取之於藍"；"聖人循焉"，不作"聖人備焉"；"玉在山而木潤"，不作"草木潤"；"君子如嚮矣"，不作如響矣。《賦篇》"請占之五泰"，不作"請占之五帝"；注有"五泰五帝也"一句，與唐與政重雕監本不同，而與王伯厚《困學紀聞》所稱建本合。他如《勸學篇》"蟺無爪牙之利"，蟺上不衍"蚓"字，注有"蚯蚓也"三字；"目不兩視而明，耳不兩聽而聰"，兩"不"字上不衍"能"字；"謹順其身"，與《呂氏讀書記》所引同，順不誤慎。《修身篇》《詩》曰，"噏噏呰呰"，與《詩考》合，不誤瀸瀸訛訛；"保利棄義"，"棄"不誤"非"。《不苟篇》"小心則淫而傾"，淫上不衍

"流"字；"故君子不下堂"，堂上不衍"室"字。《榮辱篇》"危足無所履者"，者下不衍"也"字；"政法令"不作"政令法"，注有"當作攻令法或曰政當爲正"十一字；"糧食大侈"不作"太侈"，注有"大讀爲太"四字。《非相篇》注形法，不誤"刑法"；"二十四篇"，篇不誤"卷"；"節族久而絕"，注節奏久則絕，節不誤"宗"。《儒效篇》"人之所道也"下，不衍"君子之所以道也"一句；"外闔不閉"，閉不作"悶"，"人無師法則隆性矣，有師法則隆積矣"，性不誤"情"，積不誤"性"；注"厚性謂恣其本性之欲，厚于積習，謂化爲善也"，不誤厚于情謂恣其情之所欲，厚于性謂本于善也；"積土謂之山，積水謂之海"，與下數句一律，兩謂之不誤而"爲"。《王制篇》"不待須而廢"，須不誤"頃"；"小節一出焉一入焉"，一出上不衍"非也"二字；"承強大之敝"下，不衍"也知疆大之敝"六字。《王霸篇》"不考而得甲兵"，甲不誤"用"。《君道篇》"勝斛敦槩者"，勝不作升；"百吏乘是而後鄙"，不奪"鄙"字。《天論篇》"勉力不時，則牛馬相生，六畜作祅"三句，不錯在"義禮不修"之上。《解蔽篇》注，"王之所罪，盡不善者也，罪不善，善者故爲畏，王欲羣臣之畏也，不若無辨其善與不善"，不誤作"王罰不善者，善者何爲畏，王少羣臣之畏也，不若無辨其善"。《成相篇》"高其臺榭"，不奪"榭"字。《大略篇》"是弁國捐身之道也"，捐不誤"損"。《宥坐篇》關龍逢，逢不誤"逢"。皆其勝處。王伯厚謂監本未必是，建本未必非，則此本在宋時亦稱善本矣。

新語二卷 <small>明兩京遺編本，明千頃齋舊藏。</small>

漢陸賈撰。賈，《漢書》有傳，其事功最著者，爲使粵一

節，蠻夷大長老夫臣佗，因賈言而撤王號。今吾粤人所稱爲開
越大夫者也，其才當有大過人者，還朝後以粤裝分其子，家庭
之内饒有歐風，頗爲讀史者所樂道，遺著有《楚漢春秋》及
《新語》等書。前書已佚，清世頗有輯本，前人亦謂《新語》
頗有疑問。清《四庫提要》引《戰國策》《論衡》《穀梁傳》，
以爲前三書所述按之今本，或無其文，或時代牴牾，《新語》殆
出後人依託，非賈原本。據《文選》註，知其僞猶在唐前。又
謂《玉海》祇云此書僅存七篇，今有十二篇，反多於宋本，爲
不可解。唯嘉慶間烏程嚴氏可均則以館臣所論爲不諦，雖不明
斥《提要》，然已針鋒相對矣。嚴云，此書《藝文志》作二十
三篇，疑兼他所論譔計之，《史記正義》引梁《七録》，《新語》
二卷，陸賈撰。《隋志》、舊新《唐書》同。《崇文總目》、《郡
齋讀書志》、《直齋書録解題》皆不著録。王伯厚《藝文志考
證》云，今存《道基》《雜事》《輔政》《無爲》《資質》《至
德》《懷慮》七篇，蓋宋時此書佚而復出，出亦不全，至明弘治
間莆陽李廷梧字仲陽得十二篇足本，刻板於桐鄉縣治。後此有
姜思復本，胡維新本，《子彙》本，程榮、何鏜《叢書》本，
皆祖李廷梧。或疑明本十二篇，反多於王伯厚所見，恐是後人
因不全之本補綴五篇，以言本傳篇數。今知不然者，《羣書治
要》載有八篇，其《辨惑》《本行》《明誡》《思務》四篇，皆
非王伯厚所見，而與明本相同。《文選》張載《雜詩》注引
“建大功於天下者，必垂名於萬世”；《古詩·行行重行行》注，
引“邪臣之蔽賢，猶浮雲之鄣日月”；今在《辨惑篇》。王粲
《從軍詩》注引“聖人承天威，承天功，與之爭功，豈不難
哉”，今在《本行篇》。《意林》所載“衆口毀譽，浮石沈木，
羣邪相抑，以直爲曲”，今在《辨惑編》。“玉斗酌酒，金椀刻

鏤，所以夸小人，非厚己也”，今在《本行篇》。足知多出五篇，是隋、唐原本，至《論衡·本性篇》引陸賈曰，“天地生人也，以禮義之性，人能察己所以受命則順，順謂之道”。今十二篇無此文，《論衡》但云陸賈，不云《新語》，或當在《漢志》之二十三篇中。又《穀梁傳》，孝武始立學，非陸賈所預見，今此《道基篇》引《穀梁傳》曰，“仁者以治親，義者以利尊”，乃是穀梁舊《傳》，故今《傳》無此文。因知瑕丘江公所受於魯申公者，其本復經改造，非穀梁赤之舊也。漢代子書，《新語》最純、最早，卓然儒者之言，史遷目為辨士，未足以盡之。其詞皆協韻云。見《鐵橋漫藁》卷三。伯驥又按：近人《青學齋集》二十三云，王充《論衡·本性篇》引陸賈曰“天地生人也，以禮義之性，人能察己所以受命則順，順謂之道”。今《新語》無此文，似非元書。考《藝文志》陸賈二十三篇，殆統賈之論述計之，《新語》則定著為十二篇，《論衡》兩引，安知非在《新語》外十一篇中。《意林》引《新語》八條，其見《文選注》五條，雖或與此本微異，大致無甚懸殊，是唐人所見《新語》，卽此十二篇本矣，亦足為嚴氏之應聲。又易氏順鼎《經義莛撞》卷三云，陸賈《新語·道基篇》云，“關雎以意鳴其雄”，按此《魯詩》説也。《漢書·杜欽傳》珮玉晏鳴，關雎觀之。李奇曰，后夫人鷄鳴珮玉去君所，周康王后不然，故詩人歌而傷。臣瓚曰，此《魯詩》也，是《魯詩》以《關雎》為刺康臣王后作，意后夫人珮玉晏鳴，不能為脱簪待罪之舉，故借關雎能以義鳴其雄，喻康王不能以義警其君。《魯詩》蓋解關雎為鳴聲相警之意，故《新語》謂以義鳴，與《毛詩》以關關為和聲者不同，然毛謂摯而有利，則亦有義意矣，知陸賈所述為《魯詩》者。《新語·資執篇》云，鮑丘之德行，非不高

於李斯、趙高也，然伏隱於蒿廬之下，而不録於世，利口之臣
害之也。鮑丘卽浮丘伯，申公所從受《詩》者。《鹽鐵論·毀學
篇》，李斯與包丘子俱事荀卿，李斯入秦取三公，包丘子不免於
甕牖蒿廬。正本《新語》之文或作浮，或作包作鮑，古字相通。
據此疑賈本浮丘門人，《新語》所稱《詩》必皆魯義，近人輯
《魯詩》未見及此也，是易氏亦絶重此書矣。至於焦氏《易餘籥
録》四云，《新語輔政篇》天道以小制大，以重顛輕。此顛字乃
鎮字之假借，如《說文》天，顛也；《白虎通》云，天之爲言
鎮也，顛與鎮通，則其爲西漢故書，此亦一證也。此本刻於明
萬曆十年，卽世所盛稱之胡維新《兩京遺編》本，繆氏藝風堂
亦藏此刻，稱其板刻猶有古意。《術事篇》至要不作致要，《資
質篇》名不作資執，殊勝他本，校讎之審，又可見矣。此爲前
明晉江黄氏千頃齋所藏，首有“居中”、“名立”二小章，末有
“黄氏虞稷”、“俞邰”二小章。案：朱氏《明詩綜小傳》云，
黄居中，字明立，晉江人。有《千頃齋集》。又，錢氏謙益有
《黄氏千頃齋藏書記》謂，明立自爲舉子以迄學官，脩脯所入，
衣食所餘，未嘗不以市書也。藏書約六萬餘卷，其子裒録而互
益，又不下數千卷。見《有學集》。其子蓋俞邰也。秦瀛《己未
詞科録》云，黄虞稷字俞邰，號楮園。著有《千頃堂書目》三
十卷、《楮園集》十卷。王氏《池北偶談》云，金陵黄俞邰以
諸生召入明史館，食七品俸。予時向其借書，以漁洋而猶與之作
一甔之假，則其架上可知矣。《桐溪話舊》稱俞邰嘗建古歡社，
與同志校刻羣書，故古籍多賴以傳。伯驥案：黄氏刻本尟見，吾
家藏胡氏《兩京遺編》全部，以此本爲黄氏仍世守藏，故別著之。

鹽鐵論十卷明刻本，有校筆。

漢桓寬撰。漢武帝四征諸夷，財用日匱，迺興鹽鐵之利，

民以爲病。杭氏世駿記西漢鹽鐵，謂《食貨志》不專言鹽鐵事，以詳於《地理》也，大約產鹽者凡三十四處，產鐵者凡四十七處。見《鴻辭所業》上。考昭帝始元六年，奉詔問民所疾苦，賢良文學請罷鹽鐵酒榷，昭帝從焉。迄宣帝時，汝南桓寬次公推衍鹽鐵之議，著書六十篇，即今所傳之《鹽鐵論》是也。此論舊有注，北宋時猶存，其後乃佚。明嘉靖間雲間張之象繼爲之，刻於猗蘭堂，今通行張氏注本，頗有删節，非之象原書。清乾隆間四明盧氏嘗校張注，是正不尠。其後顧氏千里亦嘗校明涂禎十卷本，附以《考證》，涂刻勝於張書，久有定評。光緒間長沙王氏又嘗究心此書，剖析疑滯，用力至勤，後起者復多創獲。近者楊氏復有校注之作，疏證出處、校正誤文。近代諸儒之書，有涉及桓書者，亦加甄采，可云有功古人，有益來者矣。半葉九行，行十八字。有前人校筆。

申鑒五卷 明刊本，有墨筆校。

漢荀悅撰，明黃省曾注。前有正德乙卯吳郡黃省曾序，略云，荀卿建安初辟於操府，遷黃門侍郎，時從弟或適守尚書令，而孔融自山東徵來，以是得同侍講中禁。但政移曹氏，雖有嘉猷，將安用之！悅恐意蘊終不得披露，遂拾漢故新事，及所欲獻替者，爲《申鑒》五篇以進。余嘗悲其所遭，而讀其書，間窺其要領，遂爲之注，浹旬而成，共爲萬四千餘言，以笥藏之。雖不能無揭竿求海之病，而事可證引者，亦略具矣。半葉九行，行十七字。歸安陸氏藏明本，有何屺瞻跋曰，仲豫之文，擬《法言》而爲也。其謂匹夫匹婦處眈猷之間，必禮樂存焉，雖聖門亦必取諸。又陸氏跋云，《申鑒》黃省曾注本，以《羣書治要》所引，校勘一過，知今本奪略甚多，此外如傅子《帝範注》

所引，《困學紀聞》所引，亦當有可補此本之缺。是書刊於正德中，當時宋本必多，省曾意在作注，以抒寄託，不暇訪求善本，故譌奪如此耳。陸氏此書，見歸日人岩崎氏，此題記見《靜嘉堂祕籍志》。仲像，悅字也。省曾字勉之，弱冠與兄魯曾散金購書，罩精藝苑。先達王鏊、楊循吉，皆爲延譽。負笈南都，游尚書喬宇之門。嘉靖辛卯魁鄉榜，累舉不第。交游益廣，王守仁講道越東，省曾執贄往見，作《會稽問道録》。又從湛若水游，李夢陽以詩雄於河洛，又北面稱弟子受學焉。爲文學六朝，好談經濟，每月朔望，必陳五經而拜之。所著有《五嶽山人集》，又有《經説》《易繁奧旨》《懷賢録》《詩言龍鳳》等書。見《蘇州府志》卷九十九。

説苑二十卷　明楚藩大字本。

漢劉向撰。隋、唐《志》卷數同，曾鞏序稱《崇文總目》存五篇，餘皆亡，從士大夫間得之者十有五篇，與舊爲二十篇。晁公武《讀書志》，《説苑》以《君道》《臣術》《建本》《立節》《貴德》《復恩》《政理》《尊賢》《正諫》《法誡》《善説》《奉使》《權謀》《至公》《指武》《談叢》《雜言》《辨物》《修文》爲目，鴻嘉四年上之。闕第二十卷。曾氏所得之二十篇，正是析十九卷作《修文》上下篇，是曾氏所謂二十篇，於原書實止十九篇。考今本《説苑》第十爲題《敬慎》，與《讀書志》稱《法誡》者不同，《反質》篇爲高麗所進之本。見陸氏游《渭南集》。案：《全漢文》編目録，《説苑》佚文之見各書徵引者凡二十四條，則《説苑》似未可信爲原本。葉大慶《考古質疑》歷舉其孔子稱趙襄子賞晉陽之功，晏子使吳見夫差，晉昭公時戰邲等事，時代均不相接。黃朝英《緗素雜記》謂，固桑

對晉平公論養士，固桑，《新序》作舟人古乘，晉平公作趙簡
子。楚文爵筦饒，《新序》文王作共王；筦饒作筦蘇。一人所
作，而名號迥別，尤可異也。曾鞏謂，此向采傳記百家所載行
事之迹，以爲此書，奏之欲以爲法戒，古書容多傳聞異辭，在
向要必各有據。觀於《邶風·燕燕》詩，鄭君箋《詩》則作者
莊姜，《禮·坊記》注則作者定姜。詁經不嫌並存異義，況此書
之旨，乃意存規戒，使讀者因其事而會其理，人名時代，偶有
差忒，所不必計也。前人謂此書以書例論，或述往事，證以古
經，則《韓詩外傳》之體也。或舉經文而下己意申解之，與
《春秋繁露》之體相近，自是西京時製作無疑，其尤足寶重者。
《漢書·藝文志》儒家有《河間獻王》八篇，《隋志》已不著
録，而《説苑》載有四條，略見賢王立論純正，端緒尚可推尋。
然則《説苑》即非向奏上原書，而古來嘉言懿行，固異於稗官
雜家已，此則定論也。陸氏校是書，謂明凡五刻，有四川蜀府
本、嘉靖何良俊本、程榮《漢魏叢書》本、何鏜《漢魏叢書》
本，及此而五。何鏜本出於程榮，程榮本出於何良俊。此本字
大悦目，與何良俊互有得失，別有宋咸淳本，盧抱經以程榮本
互校，《復恩篇》多"蘧伯玉得罪於衛君、晉大夫有木門子高"
一條，"尾生殺身以成其信"一句，見《羣書拾補》。此本比程
榮本《復恩篇》晉趙盾舉韓厥條"欲誅趙氏"下多"初趙盾在
時"五字，與宋本同，而少"楚莊王賜羣臣酒"一條、"陽虎
得罪北見簡子"一條。半葉十行，行十九字。

劉氏二書説苑二十卷新序　卷明刊本。

漢劉向撰。前有嘉靖己未賜進士第巡按山西監察御史前行
人司行人鄞邑楊美益序，略云，向以漢宗室明經有行被選，歷

事三帝，奉詔領校中秘書，憤王氏擅朝政，而上方嚮古文，於是揆祥異之端，著天人之應，嚴正邪之辨，推廢興之由，其言必準古以驗今，察微以彰軌，深有合於納約自牖之義。而南豐氏乃譏其所取不當於理，蔽於羣説不知折衷，殆未之諒乎！故史氏贊其爲直諒多聞，先儒亦謂其優於屈原。以予觀之，同姓之臣如向者，可不謂賢矣乎！我國家宗支蕃衍，而至盛則莫如汾陽，其間博物洽聞，爲善不怠者，不可謂無其人。或亦有恧於舊章，不能以禮自飭而抵於法者，則狃於宴安未嘗學問之過也。予又以知此二書者，固亦今之鑑戒所存也，易驕恣之習，篤忠貞之心，枝葉暢茂，而本根愈固，實我國家無疆之福矣。吾之刻二書於汾陽也，重有所感，亦深有所望也。次有曾鞏序，次《目録》。半葉十一行，行十八字。

纂圖互注揚子法言十卷 宋刊本

　　前題晉李軌、唐柳宗元注，聖宋宋咸、吳祕、司馬光重添注。前有宋咸序，及《進廣注法言表》，司馬溫公序，篇目，《渾儀圖》，《五聲十二律圖》。宋咸序後有木記云，"本宅今將監本《四子纂圖互注》，附入重言重意，精加校正，殆無謬誤，膽作大字刊行。務令學者得以參考，互相發明，誠爲益之大也。建安□□謹咨"。共六行。前清王氏頌蔚嘗以世德堂本校此本，其間脱誤甚多，然勝處亦復不少。如《學行篇》"丘陵學山而不至於山"，司馬光注 "故曰學海" 下，有 "丘陵亦山之類而小故曰學山" 十二字，世德堂本並脱。又 "市井相與言，則以財與利" 注，咸曰 "彼利我義"，祕曰 "言當以義"。世德堂本作祕曰 "彼利我義，言當以義"，誤合爲一。《吾子篇》"或問蒼蠅白黑" 注，"蒼蠅二蠅字，此本俱誤爲蠅。間乎白黑紅紫，似朱而

非朱"。咸曰，"言欲辨蒼蠅白黑與紫亂朱之義也"。世德堂本作
"蒼蠅間乎白黑紅紫，似朱而非，紫亂朱之義也"，脫十一字。
又合李軌、宋咸注爲一，文義不可通矣。《問道篇》"搥提仁
義"，司馬光注，"提徒計切，亦擲也"。此七言世德堂本脫。又
"惟聖人爲可以開明，佗則苓。李軌注開發，與治平本同，世德
堂本混入正文，誤。《五百篇》"在德不在星"節，吳祕注"應
有德無德而已，聖人知其然，務在修德，豈在星乎！德之隆盛，
然後規星無不順；規星之隆盛，亦規德而已"。世德堂本作"應
有德無德之隆盛，亦規德而已"，中脫二十八字。《重黎篇》
"趙程嬰公孫杵臼"，吳祕注屠岸賈殺趙朔、趙同、趙括、趙嬰
齊，皆滅其族。朔妻成公姊也，有遺腹子，走公宮居，程嬰、
杵臼不死"。世德堂本自"齊皆至程嬰"廿一字，並脫。尤踳駮
之甚者，凡此諸條，皆足正世德堂之誤。其餘文義兩通，及一
字之得失，尚不能更僕也，以是知舊槧之可貴，雖麻沙如此本，
其佳處猶有不可没云。陸心源曰，司馬公《法言注》十三卷，
本名《集四家注》，見《宋史‧藝文志》。故《直齋書錄》李軌
注《法言》解題有"建寧四注不同"之言。振孫，寶慶時人。
是理宗初建寧已有刊本，至景定時龔士卨刊入《六子全書》，改
題《纂圖互注》，而《集四家注》之名，遂不可見矣。《提要》
未及李、宋、吳三人仕履、里貫，陸氏考之至詳，此略之。半
葉十一行，行二十一字，小字雙行，行二十五字。

中説十卷　明刊本，明紐氏世學樓舊藏。

　　舊題隋王通撰，宋阮逸注。通之書《隋志》不載，知唐初
其書尚未出。新、舊《唐志》始載其書，作五卷。《通志》《崇
文目》作十卷。《郡齋讀書志》作《阮逸注》十卷，《書錄解

題》既載《中説》十卷，又有《阮逸注》十卷。《通考》作
《文中子》十卷，《宋志》同，注云宋阮逸注。命名《中説》，
比之《法言》《中論》，皆擬《論語》二字也，《通考》《宋志》
皆改作《文中子》，殆沿刊本之誤。晁氏云，隋王通之門人，共
集其師之語爲是書。通行略無徵，《隋唐通録》稱其有穢行，爲
史臣所削。未知確否。明鄭氏《井觀瑣言》稱宋咸作《駁中
説》，謂文中子後人所假託，實無其人。按：王績有《負苓者傳
·陳叔達答績書》有曰，賢兄文中子，恐後之筆削，陷於繁碎，
宏洞正論，暗而不宣，乃興元經，以定真統。陸龜蒙《送豆盧
處士序》亦曰，昔文中子生於隋代，知聖人之道不行，歸河汾
間，修先王之業。又云，後司空圖、皮日休俱有《文中子碑》。
五子皆唐人，績乃文中子之弟，而叔達又親及門者也，文中子
果不誣矣。但史失其傳，其書亦出後人所增益，在唐時已不甚
爲人所尊仰，故韓、柳諸賢俱無稱述，或謂即宋阮逸僞作亦非。
李翱《答王載言書》云，理有是者，而辭章不能工，王氏《中
説》是也。宋龔鼎臣嘗得唐本《中説》於齊州李冠家，則《中
説》之傳久矣。然陳同父類次《文中子》，云分十篇，舉其端三
字以冠篇，篇各有序，惟阮逸本有之。又云，阮氏本與龔本文
各不同，則逸或不能無增損於其間，以啓後人之疑也。又，前
清鄭氏中孚謂，見此書所述李德林、關朗、薛道衡事，然後知
其皆妄也。通生於開皇四年，而德林卒於十一年，通適八歲，
固未有門人。通仁壽四年嘗一到長安，時德林卒已九載矣。其
書乃有予在長安，德林請見，歸，授琴鼓《蕩》之什，門人皆
霑襟。朗在太和中見魏孝文，自太和丁巳，至通生之年甲辰，
蓋一百七年矣，而其書有問《禮》於關子朗。《隋書·薛道衡
傳》稱，道衡仁壽中，出爲襄州總管，至煬帝即位召還。《本

紀》仁壽二年九月，襄州總管周搖卒。道衡之出，當在此年也。通仁壽四年始到長安，是年高祖崩，蓋仁壽末也。又《隋書》稱，道衡子收初生卽出繼族父孺，養於孺家，至于長大，不識本生。其書有内史薛公見子於長安，語子收曰，汝往事之。用此三事推之，則以房、杜輩爲門人，抑又可知矣。考自宋以來，辨是書之僞妄者，莫先於晁氏，其餘諸家辨僞之説，莫備於《經義考》所引。大抵所謂《文中子》者，據楊盈川、杜樊川兩集所載，則實有其人，至所謂《中説》者，蓋其子福郊、福疇等依託爲之。迨天隱作注時，又加以傅益而冠以序，適成爲僞中之僞矣。卷末附序一篇，及杜淹所撰《文中子世家》一篇，福疇録《唐太宗與房魏論禮樂事》一篇，東皋子《答陳叔達書》一篇，《關子朗事》一篇，《王氏家書雜録》一篇，亦皆福郊等所僞作耳。中孚之言，蓋比前説爲詳確矣。明有馮渠字謙川，新城人，萬曆癸未進士。撰《進修録》三卷，全仿《論語》，復仿《論語》分爲二十篇，蓋亦僞《文中子》之故智也。書序前有“紐氏世學樓圖籍章”。伯驥按：黄氏宗羲《天一閣藏書記》云，越中藏書之家，鈕石溪世學樓其著也。余見其小説家目録亦數百種，商氏之《稗海》，皆從彼借刻。崇禎庚午間，其書初散，余僅從故書鋪得十餘種。又商濬輯《稗海》，自序謂取紐氏世學樓本選校付梓。而近世郎廷極序云，《稗海》纂於會稽紐黄門石溪，其甥商景哲雕之。景哲，濬之號也。全氏《鮚埼亭文集前編》卷十一《梨洲先生神道碑》云，公憤科舉之學，思所以變之，既盡發家藏書讀之，不足則鈔之同里世學樓紐氏、澹生堂祁氏、南中則千頃堂黄氏、吳中則絳雲樓錢氏。又光緒己亥《八千卷樓書目序》稱吾浙藏書之家，曰范氏天一閣、項氏天籟閣、紐氏世學樓云云。又按：明張時徹《皇明文範》，有周文燭《贈石溪紐仲文之祁門序》，略謂，今子由書生一旦宰煩劇邑而不懼，意者其有所預定於胷中乎。石溪子曰，勤以撫之，莫如以寬，寬而有制，政是以立；矯寬之過，莫如以嚴，教而不虐，政是以宜云。清嘉慶間，周源撰《山陰後村周氏淵源錄》，稱文燭號六峯，爲明嘉靖間進士，歷官國子監祭酒。著《六峯文集》二十卷。然則石溪固亦正德嘉靖時人矣。丁氏編《善本書室藏書志》，以里中後進亦不詳石溪之爲人，謂須待訪，故稍詳之。查氏《人海記》則稱會稽紐氏萬卷樓，沈氏《水曹清暇錄》則稱爲世學堂，恐有誤。

溫公家範　卷明刊本。

宋司馬光撰。前有萬曆乙亥賜進士出身觀禮部政溫公十六世孫治下門生司馬祉序，略云，予祖溫公，夏人也。自公曾孫吏部侍郎伋扈宋高宗駕南渡，遷浙之山陰，子孫因家焉。顧自奔旅之後，遺書湮失，自傳《家集》而外，《稽古錄》《潛虛》《徽言錄》僅僅數卷，相與珍守。邑有馬氏好古多經籍，間出其所藏《家範》者示予，於是計晷而錄。適默翁陳侯來蒞茲土，所行事一以公爲師，索而梓之，不越旬而工竣。前題宋司馬溫國文正公《家範》卷之一，第二行題"明知夏縣事鉅鹿陳世寶刊"。半葉九行，行廿二字。分上下兩冊，猶是前明裝訂。

新刊音點性理羣書句解後集二十三卷宋刊本。

此爲宋麻沙刊本，每半葉十三行，每行大字二十四，小字二十五六不等。前題晦庵先生朱文公集編，東萊先生呂成公同編，考亭後學熊剛大集解。卷一至卷十二《近思錄》，卷十四至卷二十《近思續錄》，卷廿二廿三《近思別錄》。《續錄》爲節

齋蔡模所編，取朱文公之格言，依《近思錄》門類編錄，故曰
《續錄》。《別錄》亦節齋所編，所取皆南軒、東萊之格言，故
曰《別錄》。其題語云，已上《近思錄》，迺文公朱先生、東萊
呂先生，淳熙乙未夏於寒泉精舍相與共讀周張二程之書，歎其
廣大閎博，懼初學不知所入，因共掇取其關於大體而切於日用
者，集爲是編。以謂窮鄉晚進，有志於學，而無明師良友得此
玩心，亦足以得其門而入矣。《續錄》乃蔡先生髣髴文公纂集之
遺意，卽其格言，依其門類編集。《別錄》亦蔡先生編，集南
軒、東萊二先生格言，學者得是一編，上泝濂洛，近酌考亭，
與夫南軒、東萊之浩博，閎辭奧語，盡在是書。此書清《四庫》
著錄前集，陸存齋有後集，繆小山則前後集俱有之，故能知其
原委。若《拜經樓藏書題跋記》則題爲《近思正續錄》，而不
明始末，當是未加考覈也。蓋《宋元學案》亦未及剛大之名，
則吳氏之疏略，固無足怪矣。《紅雨樓題跋》云，客遊衢州，旅
寓祥符寺，於佛座後敗篋拾《性理羣書句解》一册，視之元板
也。卷首有像、有贊，字畫不類本朝，余所藏元板書，字畫多
類此本云，未審與此異同何如耳。

麗澤論説集録十卷_{宋刊本。}

　　宋呂祖謙撰。前有識語云，伯父太史説經唯《讀詩記》爲
成書，後再刊定迄於《公劉》之首章，《尚書》自《秦誓》上
至《洛誥》口授爲《講義》，其他則皆講説所及，而門人記錄
之者也。伯父無恙時，固嘗以其所及多舛，戒勿傳習，而終不
能止。伯父没，流散益廣，無所是正，然其大義奧指，蓋猶賴
是以存，而此編則先君子嘗所袞輯，不可以不傳也。故今仍据
舊，頗附益次比之，不敢輒有删改。若夫聽者之淺深，記者之

工拙，則覽者當自得之。喬季謹記。此爲南宋刊本，半葉十行，行二十字，版心有字數及刻工姓名。

朱子語類一百四十卷<small>宋刊本，仙蝶齋舊藏。</small>

宋朱熹撰，宋導江黎靖德類編。前有黄榦《池州刊本序》、李性傳《饒州刊續録序》，皆嘉定間所撰也。次有蔡抗《饒州刊後録序》、吳堅《建安刊別録序》，則淳祐咸淳間撰也。又有黄士毅《後序》、黄士毅跋，魏了翁《眉州刊本序》，蔡氏《徽州刊本序》，王秘《後録序》。黎氏識語略云，《朱子語録》之行於世也盛矣。蓋本其舊，本其舊者有三，而從以類者二，靖德嘗受讀而病其難也。昔朱子嘗次程子之書矣，著記録者主名，而稍第其所聞歲月，且以精擇審取，戒后之學者。李公性傳之刊池《録》也，蓋用此法，黄公榦既序之矣，后乃不滿意，蓋亦懼夫讀者之不得其方也。二公之心，其亦韓子所謂堯舜之利民也大，而禹之慮民也深者乎。是以黄公不自出其所録，其後李公性傳刊《續録》于饒，以備池《録》之所未備。蔡公抗刊《後録》，又益富矣。然饒《録》最後三家，李公嘗附致其疑。而其四十二卷元題《文説》者，以靖德考之，疑包公楊所録，蓋公之子尚書恢嘗刻公所輯《文説》一編，視此卷雖略，而饒《後録》所刊包公《録》中，往往有此卷中語，是知謂爲公所録亡疑，獨所載胡子知言一章，謂書爲溺心志之大穽者，爲最疑忌後學，使不知者謂爲先生語，是當削去亡疑。而李公不能察也，語録之難讀如此，黄公之慮，豈爲過哉！昔張宣公類洙泗言仁，祖程子意也，而朱子以滋學者入耳出口之弊疑之，魏公了翁援是爲學者慮，當矣。蔡公乃曰，《論語》諸篇記亦以類，則議者亦莫能破也，然三《録》二《類》凡五書者並行，而錯出不相統壹，蓋蜀《類》增多池《錄》三十餘家，饒《錄》增多蜀《類》八九家，而蜀《類》續《類》又有池饒王《錄》所無者，王公謂蜀《類》作於池、饒各爲《錄》之後者，蓋失之。而今池《錄》中語尚多蜀《類》所未收，則不可曉已，豈池《錄》嘗再增定邪？抑猶有遺邪？子洪所定門目頗精詳，爲力厪矣。廉叔刻之，不復讐校，故文字甚差脱，或至不可讀。徽本附以饒《錄》，續《類》又增前《類》所未入，亦爲有功，惜其雜亂重複，讀者尤以爲病，而饒《後錄》新增數家，王公或未之見，未及收也。靖德忘其晚陋，輒合五書而參校之，考其同異，而削其複者一千一百五十餘條，越數歲編成，可繕寫。景定癸亥，後學導江黎靖德書。黎氏又云，李公性傳敍饒《錄》，謂先生有《別錄》多譚炎、興大事，未敢傳而亡於火，猶幸存一二，頃嘗問諸其家，則所云存者亦不存矣，甚可惜也。因讀蔡公所刻包公《錄》凡四卷，其一卷既與元題《文説》者相出入，而他三卷所言大抵多炎、興間事，疑即李公昔藏而今亡者。但略無互見於諸家之所錄，則與其子樞密所跋《文説》謂，公所錄多且詳，與世所傳大概無異，故藏而不出云者不相似。樞密又謂，公所錄已亡於建安之火，不復存，而湯氏乃有藏本，是皆不能使人亡疑焉者。靖德來旴，樞密甫下世，恨不及質之也。近歲吳公堅在建安又刊《別錄》二册，蓋收池、饒三《錄》所遺，而亦多已見他錄者，併參校而附益之，粗爲定編。靖德適行郡事，因輒刻之郡齋，與學者共之。咸淳庚午正月辛亥靖德再書。此爲宋咸淳刊本，補修之葉則在宋後矣，半葉十四行，行二十四字。版心有字數，每卷下有計若干板等字。每卷有“仙蝶齋”白文章，此當是嘉定錢氏遺本。按：錢儀吉字藹人，嘉慶戊辰進士。庶常散館，授户部主事，升刑科給事中。主講粵東學海堂、河南大梁書院。著《經典證文》《說文雅厤》《三國晉南北朝會要》，甄錄魏吳都城、金墉城圖之類，無慮數十百篇。仿焦氏竑《徵獻錄》，裒集國朝文集千餘家，節錄名人事狀，輯先正事略。病徐乾學《通志堂經解》采摭未備，搜羅宋元來說經家，彙《經苑》一編，皋比數十寒暑。有仙蝶齋藏書所。以上節錄蘇源生撰《次遺事錢氏行狀》。

朱子語類大全一百四十卷明刊本。

宋朱熹撰，宋導江黎靖德類編。前有補刊序，略云，成化癸巳歲，江西藩司重刊《朱子語類大全》，凡百四十卷，傳之四方，學者賴焉。或者艱於應索，乃深祕之，久而蕪没，雖來旬者亦弗知之矣。予按是邦求之，以資淺薄，僉以無言。左轄孫君用吉說道者也，驅吏遍索於故櫝中獲之，蝕而逸者居半，遂謀諸同人相爲脩補，白于予。予曰，江西爲朱子仕學之地，《語類》復傳，其神一蘇矣。宜有言。次有成化九年吏部尚書文淵閣大學士彭時序，略云，文公傳註成言，至精至粹，固已家傳人誦之矣。而一時門人進而請益，退而各記所聞者，其語尤詳，其詳辯博喻，尤爲易曉。如此者殆百餘家，最後導江黎靖德參校諸書，去其重複謬誤，因黃士毅門目，以類附焉，而名曰《語類大全》，凡一百四十卷。惜乎板本今不復傳，三山陳君煒成化庚寅副憲江右，始訪得印本，中缺二十餘卷。明年分巡湖東，又訪於崇仁吳聘君康齋家，得全本，而缺者尚一二，合而校補，遂成全書，欲重刻以廣其傳。謀於憲使嚴郡余公倡諸寅捐俸，並勸部民之好義者出資，以相其成。徵予序之。次列前人所撰《語錄》、《語類》各序，次列姓氏，次《目錄》。半葉十四行，行二十四字。

朱子成書元刊本。

元廬陵黃瑞節輯。《吉安府志》云，瑞節字觀樂，安福人，舉鄉試，授泰和州學正。元季棄官隱居，嘗輯《太極圖》《通書》《西銘》《易學啓蒙》《家禮》《律吕精義》《皇極經世》諸書，並並加釋註，名曰《朱子成書》，《陰符經》及《參同契》，蓋亦其中之二種。《府志》豈以其學涉道家，故諱而不載歟！此書目錄如下：《太極圖》濂溪先生周敦頤茂叔譔，晦庵先生朱熹元晦解；《通書》濂溪先生周敦頤茂叔譔，晦庵先生朱熹元晦解；《西銘》橫渠先生張載子厚譔，晦庵先生朱熹元晦解；《正蒙》橫渠先生張載子厚譔，晦庵先生朱熹元晦解；《家禮》晦庵先生朱熹元晦譔；《律吕新書》西山先生蔡元定季通譔，晦庵先生朱熹元晦校正；《皇極經世指要》西山先生蔡元定季通譔，晦庵先生朱熹元晦校正；《周易參同契》漢魏伯陽譔，晦庵先生朱熹元晦解；《陰符經》唐李筌述，西山先生蔡元定季通解，晦庵先生朱熹元晦校正。凡書各爲集，不分卷目，各書本文下，大字爲朱子解，解之下小字爲附錄，附錄以朱子爲主。他書之互見，同時之講明，門弟子之疑難，後來之闡説俱付焉。間有一二聞見，得之父師者，復附錄後，以按字別之。凡目共九條，節錄四條如上。首有大德乙巳廬陵劉將孫序，序云，吾友黃觀樂取晦庵朱氏書在四書外者，粹爲十，加博注增説，名之曰《朱子成書》。《太極圖》《通書》，此所爲異象山而費論辨者也；《正蒙》由《易》以起，而《啓蒙》又《本義》之所以本也；《西銘》則天地萬物之同，所以施之天下國家之道也；《皇極指要》則西山相與沈潛超悟天人之要，而門弟子之不得聞者也；冠昏喪祭，折衷三千年之異同，而歸之一，莫備於《家禮》；陰陽水火流行造化之妙，度量權衡統和天人之本，莫博於《參同契》；《律吕》書若《陰符》之説，所以袪世惑而反之正者，皆不可以不之知也。半葉十一行，行二十字。

家禮儀節八卷 明成化甲午寫刊本。

明丘濬撰。卷首有濬自序，略云，成周以禮持世，秦火之厄，所餘無幾。漢魏以來，王朝郡國之禮，雖或有所施行，而民庶之家，則蕩然無餘矣。士夫之好禮者，在唐有孟詵、在宋有韓琦諸人，雖或有所著述，然皆略而未備，駁而未純。文公先生因温公《書儀》，參以程張二家之説，而爲《家禮》一書，議者乃謂此書初成，爲人所竊去，雖文公亦未盡行。夫儒教所以不振者，異端亂之也，異端所以能肆行者，以儒者失禮之柄也。世之學儒者，徒知讀書，而不能執禮，而吾禮之柄，遂爲異教所竊弄而不自覺。自吾失吾禮之柄，而彼因得以乘間陰竊吾喪祭之土苴，以爲追薦禱禳之事，而吾之士大夫名能文章通經術者，亦且甘心隨其步趨，遵其約束，而不能以爲非。無怪乎舉世之人靡然從之，安以爲常也。世儒方呶呶然作爲文章，以攻擊異端爲事。竊以謂《家禮》一書，誠闢邪説、正人心之本也，使天下之人人誦此書，家行此禮，慎終有道，追遠有儀，則彼自息矣。濬生遐方，自少有志於禮學，意謂海内文獻所在，其於是禮必能家行而人習之也。及出而祈仕於中朝，然後知世之行是禮者，蓋亦鮮焉。詢其所以不行之故，咸曰禮文深奥，而其事未易以行也。是以不揆愚陋，竊取文公《家禮》本註約爲《儀節》，而易以淺近之言，使人易曉而可行。每半葉八行，行十八字。引用書目列前，自《儀禮》《禮記》至《大明集禮》，共四十種，中有朱氏《白雲稿》，當是明朱右集。序後有“學生傅佐謄稿”字樣，全書筆法一律，可證爲傅氏寫刊矣。

家禮會通十卷明刊本。

卷一前題金陵後學蘄陽湯鐸編輯。前有朱熹原序，後有篆文木刻章曰“天理節文”，又有“右序臨南京國監舊板”一行，牌子云，“文公《家禮》之書，歷年已久，板老字昏。近有諸刊者，注釋詳密，而亦不無牽強。觀者因其舊本模糊，新書同異，蓋兩病焉。今一遵舊註，更增入御製《孝慈錄》，會集諸家之善”。末題樗散道人湯鐸敬白。次有王佐序，略云，冠婚喪祭，禮之大者，自世教衰，人鮮行之。唐之盛時冠禮不行已久矣，有孫昌胤者獨發憤行之。明日造朝曰，某子冠畢。衆咸憮然，京兆尹鄭叔怫然曳笏卻立曰，何預我耶！廷中皆大笑。蓋當時不以鄭尹爲非，而怪昌胤獨爲所不爲，況後世乎！宋興百餘年，諸儒始講求四禮，晦庵先生慨然有志三代之治，因取《禮經》所載，而參用司馬溫公《書儀》、伊川先生《家禮》，斟酌損益，以通禮、祠堂冠於篇首，以冠婚喪祭類次於後。門人三山楊復間取先生後來之考訂議論，爲之附註，復軒劉垓孫又爲之增註，而上饒周復又删取楊氏之說，以附錄其後，俾不間斷朱之本文，或者猶病其有不宜於今者。於是潮州知府王源、桐城教諭馮善，各爲《家禮易覽》《集說》，煩瑣細碎，偏執己見，雖曰皆欲發明朱子《家禮》，而反戾乎《家禮》之本意，況《易覽》一書，正統中刑部官焚之矣，獨《集說》猶存於世。金陵有樗散道人湯鐸者，前貴州都指揮清之仲子，今南京虎賁左衛指揮瑀之從父，實蘄陽人。自少有志於學，以儒爲業，教授於時，嘗觀王、馮之註，不能無惑，乃參以國朝廟制及《孝慈錄》，稽古定制，洪武禮制諸書於其間，而一以《家禮》爲主，題曰《家禮會通》。歲癸酉賜宣德丁未進士出身奉政大夫南京刑部郎中吉水竹齋王佐謹序。次有南京翰林院侍講學士奉直大夫前兼國史經筵官後學吉水周敍序，次有正統己巳濟南陶元素序，次有景泰辛未永嘉葉衡序。末有《新刻家禮會通疏》，略云，竊見文公《家禮》一書，爲吾儒者曾不留心，況彼常人豈肯一於寓目。間欲有行之者，猛觀於臨事急遽之際，驟覽於擗踊哭泣之時，因諸家註釋之異同，不加參酌尋繹，又復掩卷棄置。蓋以兆民有溺於釋老，各以風土之相尚，或依違而奢僭，或苟簡以略焉。欽惟太祖高皇帝御製《孝慈錄》，發先聖之所未發。太宗皇帝《性理大全》，書成後賢之所未成，頒布天下學宮，而民未易獲覩。況是經常之禮，能無好之者乎！爰始爰謀，以圖以寫，僭不慚於自揣，既期載以成篇。時景泰改元，蘄陽後學湯鐸謹題。次有跋，題景泰元年南京武學教授錢塘陳信秋鴻書。半葉十一行，行二十二字。

元城先生語錄上下卷 明刊本，清四庫底本。

卷首有翰林院印，第一葉題"左朝散郎主管江州太平觀賜緋魚袋馬永卿編，後學開州靖溪子王崇慶解"兩行，用墨筆勾去，其中點校，均用墨筆，當是四庫館臣校定發寫之本。前有紹興間張九成序，略云，余觀馬永卿所著《元城語錄》，而知先生所學所論，皆自不妄語中來。其論時事、論經史，皆考訂是非，別白長短，不詭隨，不雷同，不期於心，而終之以慎重，此皆不妄語之助也。司馬溫公心法，先生其得之矣。次有馬氏序，略云，僕家高郵，少從外家張氏諸舅學問。大觀三年冬，將赴亳州永城縣主簿，七舅氏戒僕曰，永城有寄居劉待制者，汝知之乎？爲言先生出處起居之詳，且曰，汝到任，可以書求教。僕到任三兩日一造門，後數日先生以僕爲可教，意亦自喜。是時先生寓於縣之回車院，年六十三四，容貌堂堂，精神言語，雄偉闓爽。每見無寒暑、無早晏，必冠巾而出，雖談論踰時，體無剞側，肩背聳直，身不少動，至手足亦不移，噫，可畏人也。僕從之學，凡一年有餘。後先生居南京，僕往來數見之，退必疏其語，今已二十六年矣。不能追録先生之言，使之泯絶，則僕之罪大。僕懷此志久矣，獨以奔走因循，欲作復止，比因竊祿祠廩，晨昏之暇，輒追録之，以傳子孫。先生元城人，諱安世，字器之，事在國史。紹興五年正月維揚馬永卿大年序。半葉十行，行廿字。

黃氏日鈔分類九十七卷 元刊本，江飛濤舊藏。

前題慈溪黃震東發編輯。半葉十三行，行二十四字。語涉宋帝皆空格，蓋仍宋本舊式。前有至正三年廬江沈遠序，下有印曰"肩吾子"。是書原本百卷，東發身前已梓行，元初兵燬，至正中孫禮之搜輯補刊，僅存九十七卷，即今所傳本也。卷八十一、八十九注曰，原官板無文字，則元以後版片缺失矣。前人謂東發傳朱子之學，於書無所不讀。與空談性命、專攻《語錄》者不同，《日抄》於經史子集，皆有所發明，摘要訂訛，兼補其闕。又以其所見者，真北宋本也，其書之價值如此。前有"飛濤"二字章。按：江聲字飛濤，號白沙，詩文之外，尤以畫竹篆刻有名邑中。有《匏葉齋稿》。性嗜書，得祕本輒手録，校讐精確。曾從蕭姓，故有《蕭江聲讀書記》，及飛濤、白沙諸朱記。見《常昭合志稿》。

讀書記乙集上大學衍義四十三卷宋刊本。

　　宋真德秀撰。前有真氏自序，略云，臣始讀《大學》一書，知此書所陳，實百聖傳心之要典，而非孔氏之私言也。三代而下，此學失傳，其書雖存，概以傳記目之，求治者既莫之或考，言治者亦不以望其君。獨唐韓愈、李翱嘗舉其說，見於《原道》《復性》之篇，而立朝論議，曾弗之及。蓋自秦漢以後，尊信此書者，惟愈及翱，而亦不知其爲聖學之淵源、治道之根柢也，況其他乎？近世大儒朱熹嘗爲《章句》《或問》，以析其義。寧皇之初，入侍經帷，又嘗以此書進講，願治之君，儻取其書玩而繹之，則凡帝王爲治之序、爲學之本，洞然于胸次矣！故掇取經文二百有五字載于是編，而先之以《堯典》《皋謨》《伊訓》，與《思齊》之詩，《家人》之卦者，見前聖之規模，不異乎此也。繼之以子思、孟子、荀況、董仲舒、揚雄、周敦頤之說者，見後賢之議論，不能外乎此也。堯、舜、禹、湯、文武之學，純乎此者也；商高宗周成王之學，庶幾乎此者也；漢唐賢君之所謂學，已不能無悖乎此矣。而漢孝元以下數君之學，或以技藝，或以文辭，則甚繆乎此者也。每條之中，首以聖賢之明訓，參以前古之事蹟、得失之鑑，炳然可觀。昔入侍邇英，蓋嘗有志乎是，比年以來，屏居無事，乃得繙閱經傳，彙而輯之，其書之指，皆本《大學》。前列二者之綱，後分四者之目，所以推衍《大學》之義也，故題之曰《大學衍義》云。臣德秀謹序。次《進大學衍義表》，次尚書省劄子，次《中書門下省時政記房申狀》。此爲南宋刊本，半葉十行，行二十字。明以後刊本，則削去“乙集上”三字矣。

西山先生真文忠公讀書記甲集三十七卷乙集十六卷丁集八卷_{宋刊本。}

宋真德秀撰。前有湯氏識語云，西山先生《讀書記》，惟甲、乙、丁爲成書，甲、乙二記，近年三山學官已刊。乙記上則《大學衍義》，下卷未及繕寫，學者罕見之。漢來建安，請於先生之嗣子仁夫右司，傳鈔以來，手自校定，釐爲二十二卷。漢疇昔從先生遊，實聞述作之大指。中惟乙記最爲世間奇偉未嘗有之書，先生既以《衍義》上之帝所，讀之經幃，獨輔治之法，既不及見諸行事，而塵編蠹簡，久蟄屋壁，乃令出而流布，使夫有志於尊主庇民者讀是書，一日當大任，据千載而施四事，真儒之效庶幾復見於天下。綱目訖于五季，而藁本僅至李文饒，今不輒補。又元藁閒有附注別説者，乃漢一時所見，先生未及有所去取，今皆削之。開慶改元十月初吉，門人番陽湯漢謹書。次有識記云，監雕迪功郎福州福清縣縣學主張桂，提督奉議郎通判福州軍州事業西外宗正丞黃岩孫，提督奉議郎特添差福建安撫司參議官仍釐務涂。此爲宋開慶元年福州官刊本，半葉九行，行十六字，雙行二十四字。

程氏家塾讀書分年日程二卷_{明翻元本。}

元程端禮撰。前有延祐二年程氏序，略云，今士之讀經，雖知主朱子説，不知讀之固自有法也，讀之無法，故猶不免以語言文字求之，而爲程試之資。昔胡文定公於程學盛行之時，有不絶如綫之歎，輒恐此歎將復見於今日也。余不自揆，用敢輯爲《讀書分年日程》，與朋友共讀，以救斯弊。蓋一本輔漢卿所粹朱子讀書法修之，而先儒之論有裨於此者，亦間取一二焉。末云鄭程端禮書於池之建德學。書法端謹，當是手書上板者。半葉九行，有點句勾勒，其注意之字，則以黑質白章識之，此爲明仿元本。虞山瞿氏有元槧出於汲古閣舊藏，所謂甬東家塾刊本也。前有余謙、趙世延序，至順三年永嘉李孝光序。後有元統三年自跋，至治改元巴西鄧文原跋，元統三年甬東薛觀處跋。神采與此大異，蓋元槧則饒有古拙之致。此本板匡、行款，與元刻同，當出元本，已變古拙爲嚴整耳。

重刊性理大全七十卷 明刊本。

此爲明代官書，敘爲嘉靖三十五年建寧府知府程秀民撰。略云，我國朝以文教治天下，彙儒先之遺言格論爲《性理》一書，頒行海內久矣。建陽書林數有刻本，而字畫差訛，卷帙簡略，讀者憾焉。乃巡臺山泉吉公按臨兹土，爰命秀民梓集之，謀之藩臬暨守巡道諸公，咸相與贊成，遂令學官、弟子員十數人，夙夜從事，越三月而刻成。後題巡按福建監察御史開州吉澄校正，福建承宣布政使司左布政永寧趙維垣質實，福建提刑按察使司按察使固始李磐考誤，福建承宣布政司右參議慈谿顧翀詳覽，福建提刑按察司僉事鄱陽舒春芳彙輯，福建按察司提學僉事增城胡廷蘭重訂，建寧府同知董燧督刻。其永樂十三年《御製序》略云，厥初聖人未生，道在天地；聖人既生，道在聖人；聖人已往，道在六經。六經者聖人爲治之迹也，六經之道明，則天地聖人之心可見，六經之道不明，則人之心術不正，欲求善治，烏可得乎？朕爲此懼，乃命儒臣編脩五經四書，集諸家傳注而《大全》，凡有發明經義者取之，悖於經旨者去之。又輯先儒成書及其論議格言，輔翼五經四書，有裨於斯道者，

類編爲帙，名曰《性理大全》。編成來進，遂命工鋟梓頒布天
下。次《進書表》，次先儒姓氏，次奉勅纂脩銜名。此書共七十
卷，卷一《太極圖》，卷二、三《通書》，卷四《西銘》，卷五、
六《正學》，卷七、八、九、十、十一、十二、十三《皇極經世
書》，卷十四、十五、十六、十七《易學啓蒙》，卷十八、十九、
二十、二十一《家禮》，卷二十二、二十三《律呂新書》，卷二
十四、二十五《洪範皇極內篇》，卷二十六、二十七理氣，卷二
十八鬼神，卷二十九、三十、三十一、三十二、三十三、三十
四、三十五、三十六、三十七性理，卷三十八道統，卷三十九、
四十、四十一、四十二諸儒，卷四十三至五十六聖學，卷五十
七、五十八諸子，卷五十九至六十四歷代，卷六十五至六十九
君道治道，卷七十詩文。半葉十行，行二十字，小注雙行。

五倫書六十二卷_{明正統刻本。}

明宣宗御撰。前有英宗御製序，首《五倫總論》，次《五倫
分門》，君道二十二，臣道三十，父道二，子道三，夫婦、兄
弟、朋友之道各二。每門分嘉言、善行二目。君道分子目四十
八，臣道分子目四十二。父道附母伯叔叔母，子道附女婦，兄
弟附宗族，明友附師生。

御製孝順事實十卷_{明官刊本，孔佩秋舊藏。}

明永樂十八年御撰。前有序云，朕惟天經地義，莫尊乎親；
降衷秉彝，莫先於孝；故孝者百行之本、萬善之原。大足以動
天地、感鬼神，微足以化彊暴、格鳥獸、孚草木，是皆出於天
理民彝之自然，非有所矯揉而爲之者也。然自古帝王公卿下及
民庶，孝行見稱於當時，有傳於後世者，不可殫紀，往往散見

於篇籍，難以考索。朕嘗歷求史傳諸書所載孝行，卓然可述者，約二百七人，復各爲之論斷，並系以詩，次爲十卷，名曰《孝順事實》，俾觀者屬目之頃，可以盡得其爲孝之道，油然興其愛親之心，歡然盡其爲子之職，則人倫明、風俗美，豈不有禆於世教者乎！然尚慮聞見之不廣，采輯之未備，致有滄海遺珠之歎，後之君子，苟能體朕是心，廣搜博采，以續夫是編之作，則於天下後世，深有賴焉。是爲序。永樂十八年五月十一日。半葉十行，行十八字。所錄之人，多不著朝代，大字本。卷末有“金印德昌”朱文章。孔祥霖《曲阜清儒著述記》云，德昌字佩秋，光緒時貢生考職州判，英才卓犖，好學深思。尤留心時務，發憤著書，未及用世，鬱鬱而卒。有《續明史紀事本末》二十卷。

道一編六卷從明弘治刊本傳錄。

明程敏政撰。前有程氏自序，略云，朱、陸二氏之學，始異而終同，見於書者可考也。不知者往往尊朱而斥陸，豈非以其早年未定之論，而致夫終身不同之決，惑於門人記錄之手，而不取正於朱子親筆之書耶！以今考之，志同道合之語，著於奠文，反身入德之言，見於義跋。又屢自咎夫支離之失，而盛稱其爲己之功，於其高弟子楊簡、沈煥、舒璘、袁燮之流，拳拳敬服，俾學者往資之。齋居之暇，取無極七書、鵝湖三詩，鈔爲二卷，用著其異同之始，所謂早年未定論也。別取朱子書，凡有及於陸子者，釐爲二卷，而陸子之說附焉。其初則誠若冰炭之相反，其中則覺夫疑信之相半，至於終則有若輔車之相倚，且深取於孟子道性善收放心之兩言，讀至此而後知朱子晚年所以推重陸子之學，殆出於南軒、東萊之右，顧不考者斥之爲異，是固不知陸子，而亦豈知朱子晚年者哉！編後附以虞氏、鄭氏、趙氏之説，以爲朱陸之學，蓋得其真。若其餘之紛紛者，殆不足録，亦不暇録也，因總命之曰《道一編》，序而藏之。

讀書録十卷<small>明萬曆間官刊本。</small>

明薛瑄撰。卷首有自識，略謂，横渠張子云，心中有所開卽便劄記，不思則樸塞之矣。余讀書至心有所開處，隨卽録之，蓋以備不思而樸塞也。全書共十卷，半葉十行，行二十字。其所謂第十一卷，則萬曆元年刻《讀書録》牌子也。前有孫應鰲序，略云，掃除儒先之謨訓，謾立一己之話柄，號稱宗旨，聖經賢傳，盡屬棄蠲，命曰立門户。置天下國家之事於不知，當天下國家之事不復能理，謂吾治身心道固在是，不知身心者外天下國家以爲言與，抑亦合天下國家輈以爲言也，命曰匱實。用口所譚説，與身所踐蹈，歧判兩途，學至此壞裂極矣，命曰事講説。本朝倡明理學，自薛敬軒先生始，然理學名臣，瑩粹無疵纇，亦惟敬軒先生一人。汝泉趙公撫楚三年，政教大行，因世所刊布先生《讀書録》，皆節略語，爰梓其全。次有趙賢序，略云，國初表章六經，諸儒臣始純用紫陽，草創以來，學者守其章句，尺尺而寸寸之，卽無大超悟。而弘治以前，人才猶稱近實，其後儒者頗病其支離，則復主象山，喜以定悟神解教人，欲一切劃去注脚，直窺心體。今觀公《讀書》一録，上自唐虞，下逮濂洛關閩，遜覽載籍，抽繹古昔，嘉言善行，靡不綜博，固未嘗廢章句也，而根極要領，原本身心，必約之以居敬而止宿焉。余以全録屬方伯陳君梓之，匪直章薛氏，蓋閔孔氏之日晦云。

性理纂要標題四卷_{明刊本。}

前有嘉靖戊申徽歙莘墟吳輯刻引言，畧云，《性理》一書，天地鬼神之奧，道德性命之微，脩齊治平之本，繼往開來之緒，古今興亡之跡，靡不悉備。顧茲始學，苦難徧覽，嘗有集其語要，標其大致者矣。惜每收之不詳，擇之不精，用是博聚反約，於其句法之關於文辭者，纂而集之，摘後以彙於前，大書以便於覽。首書某曰而有不書者，同夫前也；於其句語之關於論策者，采而標之。大書以提其綱，分註以詳其實，題記某言而有不記者，仍夫上也，積成四卷，名曰《性理纂要標題》。庶初學之士，或有取焉。半葉十一行，行三十二字。

諸儒語要十卷_{明刊本。}

明唐順之撰。前有萬曆壬寅順之子鶴徵識語，謂先君子荆川翁，早劌心於聖人之學，自濂溪先生以至陽明先生，錄其成文者爲《儒編》，又錄其言句之純者以爲《語要》。始之披沙而索金，終之鎔金於大冶，於是乎言無弗簡，亦無弗純，先之論學，以見諸先生之所從入，與所自得。次之品藻以鏡得失，次之辨正以析是非，次之佛老以辟疑似，俾觀者若登諸先生之堂，而親聆其訓誨也。吳君叔行之尊人別駕公及其師萬文恭公，皆受學於先君子者。方叔爲孺子也，別駕公首以是編授之。今之能守諸先生之説者，無若江右。叔行於其按江右也，因售之梓。次吳可達序。半葉九行，行二十字，版心有刊工姓名，大板精刻。

格物明通一百卷_{明刊本。}

明湛若水撰。前有若水自序，次《進書表》，次《謝恩進書

疏》，疏後載《明世宗諭旨》，次若水纂《要録》一卷，後有周
相、吕柟二序，高簡跋。若水此書，係仿《大學衍義補》而作，
以《大學》明德之事，莫先於格物，格之爲功，在於誠意正心
修身，遂可以齊家治國平天下。故自誠意以下，類其物之繁簡，
列以目之多寡，或綴經史格言，或闡祖宗大訓，類聚條分，加
以論列，書成百卷。進於嘉靖七年，世宗嘉之。周相、吕柟、
高簡各序跋，皆作於嘉靖十二年，三人皆若水門下士也。若水
字元明，增城人，初名露，更名雨，字民澤。從白沙游，弘治
壬子，以書魁鄉薦，遂焚引隱居，更今名。日侍白沙講心性之
學，豁然有得，久之，母命復出。僉事徐紘爲勸駕，過南昌，
謁莊定山問學，亟爲稱詡。讀書南廱，祭酒章楓山懋試晬面盎
背論，奇之。乙丑會試，學士張元禎、楊廷和主考，見其論用
至近至神等語，知爲白沙高徒，登進士，選庶吉士，授編修。
時陽明王守仁在吏部，相與倡明正學，而修撰吕柟、主事王崇
慶輩，往來辨論，時名大著。出使安南，陽明贈文中有晚得友
甘泉而志益堅，其學務求自得者，世未之知，且疑爲禪，甘泉
其聖人之徒與！推重若此。既至安南，嚴却餽金，黎晭贈詩有
"白沙門下更何人"之句，便道奉母南都，日設講席，有《甘泉
問辨》諸書。正德丁亥宅母憂，廬墓三年，卜築西樵，多士來
學。嘉靖初以補原官，累績遷南祭酒，與諸生講學，刻《心性
圖説》，教以隨處體驗天理爲要，晉禮部侍郎上天德王道本於慎
獨，即聖諭所謂敬一。《敬一箴》序文首云，敬者存其心而不
忽，一者純乎理而不雜。上嘉納之所著《獻納篇》。又做《大學
衍義補》作《格物通》録進，足補《衍義》所未發者。累遷南
禮、吏、兵三部尚書，講學新泉書院，滿九年考，年逾七十致
仕。所著有《心性書》《遵道録》《樵語》《古小學》《四書測》

《五經測》《楊簡折衷》《非老子》及《甘泉全集》，嘗於天關精舍立祝聖臺，置講田以贍四方學者，卒年九十五。隆慶初，賜諡曰文簡。呂柟字仲木，高陵人，正德戊辰進士第一。歷官至侍郎，贈尚書，諡文簡。有《涇野集》。見《明史·儒林傳》。周相，吳江人，高簡，縣州人，俱嘉靖己丑進士。見《太學題名碑》。此爲湛氏家刻本。

桃岡日録　　卷明刊本。

明蔣道林撰。前有周傳誦序，略云，國家文教誕敷，真儒輩出，從祀四君子尚矣。武陵有蔣道林先生，不佞曾一見《桃岡訓規》，私心慕焉。及官楚，從楚志中詳爵里出處，暨學問淵源所自，益切仰止，廬居田間。修齡楊侯，以制科高等，拜長安令，已出《桃岡日録》一帙，謂不佞序之。則尊人封公手校，而付侯梓行者。先生之學，以慎獨爲主，以篤倫修行爲實踐，以明理、通世務爲致用之具，録中所述心性理氣之談，吾儒二氏之辨，即謂追蹤四君子，直接濂洛關閩之傳可也。蓋先生之學，淵源姚江、增城兩先生，而尤多獨證，不作空虛玄遠語，頃關中同志，津津切劘，頗知嚮學，兹録之刻，若發矇然。次有重刻後序，略云，余年十五六，家君與先生之孫正之讀書桃岡精舍，携余俱往，朝夕謁先生遺像。吾鄉自先生没後，罕言學者。乙巳入長安，聞少墟馮先生倡明理學，竊竊然慕之，已又見達菴周先生，狎主齊盟，往來叩門請益，數問我桃岡遺事，余始津津嚮往。久之，稍取河津、新會、姚江諸書讀之，始喟然歎曰，非是幾虛過一生。又久之，家君遺書正之，索《桃岡訓規》《講義》《日録》諸書俱至。余次第受讀，知先生處己接物，如太和元氣，雖三尺之童，皆含笑待之，陽明一見，許以顔子深潛純粹氣象。至今讀其語言文字，猶可想見。是編舊本漫漶不可讀，家君手校訛字，意欲公之同志，且屬余服賸，敬付剞劂。請馮、周兩公序之，發明先生之學甚詳。萬曆戊申後學楊鶴序。半葉九行，行十七字。

武經直解二十五卷<small>明成化間刊本。</small>

明劉寅撰。前有成化間李氏序，略云，曩予奉命巡撫大同，日親戎馬之事，自恨軍旅未學，始求孫吳之書觀之，迺知用兵自有法度，將不學而兵不教，其能取勝也難矣。越三載，召爲兵部右侍郎，佐理軍政。欽惟皇上銳意治理，文武並用，設武學於都城之内，自公侯而下，咸遣入學，設官以教之，給廩以養之。月命總兵一員，會兵部文臣詣武學，閲試弓馬謀策，歲終次其等第。聞於上，賜楮幣有差。無非作養將材，爲邊方計。一日予與英國張公懋親臨會考，見武生讀誦者，皆市肆板行《孫武》舊注，間有不明，《吳子》諸書尤多舛謬。張公患之，迺出其家藏拱辰劉先生《武經直解》示予，見其注釋詳明，引據切當，將謀鋟梓以廣其傳。會余遘疾，賜告歸養於鄉，而志不果。既而以左副都御史召命撫巡畿内提督邊關，遂携此書偕往，駐節保定，託守制知府清苑王琮校正，繕寫既成。適監察御史趙英來知府事，命工刊行，請予序其端。予惟此書成於劉先生之手，計其時已百年，曁余得之又數載，今始傳焉。或曰，公以儒發身，當事仁義道德，權謀功利之書，奚尚焉。余曰不然，古人安不忘危，雖文武成康之世，猶拳拳以戎兵是詰，矧夷狄奸宄，世常有之。不有良將，孰能戡定禍亂而輯寧邦家也哉！湯武用之則爲仁義之師，孫吳用之則爲譎詐之術，仁義得之愈久而愈昌，詐術取之隨得而隨失，觀之前代，概可考矣。

成化二十二年賜進士通議大夫都察院左副都御史襄城李敏敍。
次有洪武戊寅劉寅序，次《讀兵書法》。次《凡例》，略云，
《直解》爲初學者作，若失之略，恐未能曉，不若不解耳。《七
書》次序宋國子司業朱服校定，先《孫》而後《六韜》，亦未
知何義？今姑因其舊。《孫武子》舊注互有得失，今選其理明而
辭順者取之。《孫子》張預注，論道字甚重，諸家説得極略，軍
爭九變，錯簡處預皆訂正，今從之。《漢書‧藝文志》云《吳孫
子》八十二篇，《吳起》四十八篇。今《孫子》止有十三篇，
《吳子》止有六篇，恐是後人删而取之，篇章只依舊日，次序並
不改易。次《武經直解引用》，略云，《孫子》舊註一十一家，
魏武帝、杜牧、張預、李筌、陳皥、賈林、孟氏、杜佑、梅堯
臣、王晳、何氏。以上十一家註，今止有魏武、杜牧、張預三
家而已，餘未之見也。張預註，予少時避兵山谷間受讀於先人
菊齋處士，亡其書已四十餘年，今但能記其大略耳。儒書十一
家，《易》《書》《詩》《春秋》《左傳》《胡傳》《論語》《孟
子》《中庸》《通鑑綱目》《宋鑑》《元史》，次陣圖，次國名，
次《目錄》，次《附錄》。半葉十行，行十九字。伯驥按：此書
范閣著錄嘉靖崇明恒齋施一德編本，而楊氏《日本訪書志》卷
七，著錄明萬曆刊本，伯驥又按：崇禎間，義烏虞國鎮應召對措置、兵餉等
事稱旨，授檢討，後奉敕脩纂《武經七書》，是萬曆前後均有校刊此書，然罕傳本
矣。《七書》完全，雖較清《四庫》之僅錄《三略》一種、阮氏
僅進呈《司馬法》《尉僚子》二種爲勝，然祇有劉氏序而無李
敏序，然則此固罕見之本也。山谷曰，書囊無底，不其然乎！

武經直解十二卷日本重刊明萬曆本。

明劉寅撰。凡《孫子》三卷，《吳子》一卷，《司馬法》一

卷，《李衛公問對》二卷，《尉繚子》二卷，《三略》一卷，《六
韜》二卷。首自序，次萬曆五年張居正《增訂序》，次翁鴻業
序。劉氏自序云，洪武三十年，年在丁丑，太祖高皇帝有旨，
俾軍官子孫講讀武書通曉者臨期試用。寅觀舊註數家，矛盾不
一，學者難於統會，市肆板行者闕誤亦多，雖嘗口授於人，而
竟不能曉達其理。於是取其書刪繁撮要，斷以經傳所載先儒之
奧旨，質以平日所聞父師之格言，訛舛者稽而正之，脱誤者訂
而增之，幽微者彰而顯之，傅會者辨而析之。越明年彙就，又
明年書成，凡一十二卷，一百一十四篇，題曰《武經直解》。嗚
呼，兵豈易言哉，觀形勢，審虛實，出正奇，定勝負，凡所以
禁暴弭亂，安民守國，鎮邊疆，威四夷者，無越於此也。聖人
於是重之，故仁義忠信，知勇明決，兵之本也。行伍部曲，有
節有制，兵之用也。其潛謀密運，料敵取勝者，兵之機也。一
徐一疾，一動一静，一予一奪，一文一武，兵之權也。不有大
智，其何能謀？不有深謀，其何能將？不有良將，其何能兵？
不有鋭兵，其何能武？不有武備，其何能國？欲有智而多謀，
善將而能兵，提兵而用武，備武而守國，舍是書何以哉！兵者
詭道，是以孫吳之流，專爲詐謀。《司馬法》以下數書，論仁義
節制之兵者，間亦有之，在學者推廣默識，心融而意會耳。雖
然，兵謀師律，儒者罕言，譎詭變詐，聖人不取。仁義節制，
其猶大匠之規矩準繩乎，大匠能誨人以規矩準繩，而不能使之
巧。寅爲此書，但直解經文，而授人以規矩準繩耳。出奇用功，
在臨時應變者自爲之，非寅所敢預言也。狂斐踰僭，得罪聖門，
誠不可免，然於國家戡定禍亂之道，學者脩爲戰守之方，亦或
有所小補云。洪武戊寅歲律中太原劉寅序。伯驥按：《續資治通
鑑長編》三百二，元豐三年四月乙未，詔校定《孫子》《吳子》

《六韜》《司馬法》《三略》《尉繚子》《李靖問對》等書，鏤板
行之。晁氏《郡齋讀書志》亦稱，宋元豐中以《六韜》等書頒
行，號曰七書。蓋宋仁宗時嘗建武學，既而中輟，神宗時復置。
元豐中，七書始定爲官書。至劉寅《直解》之明瞭，學者亦久
有定論，比諸施氏《講義》，其博奧不及，而武經善本，則劉著
實足當之。清《四庫提要》著錄寅《三略直解》一種。據《太
學進士題名碑》，知寅爲崞縣人。阮氏經進書錄，論寅以兵家言
注兵書，猶儒者之以經注經。又謂寅多切實近理之言。今讀此
書，洵爲不謬。藏書家鮮有明本《七書》全備者，此本爲東瀛
重刊，《七書》完整。

孫子三卷寫校本，王文敏舊藏。

　　周孫武撰，魏武帝注。孫子，齊人。《史記》有傳。陳氏
《書錄解題》《孫子》下云，孫氏事吳王闔廬，而不見於《左氏
傳》，未知果何時人也。是直齋因《左傳》不見孫子，遂疑
《史記》之無據矣。近人補釋姚氏《僞書考》，言之頗詳，此略
之。《三國志·魏書·武帝紀》裴注，引孫盛《異同雜語》云，
太祖博覽羣書，特好兵法，抄集諸家兵法，名曰《接要》。又注
《孫武》十三篇，皆傳於世。《隋書·經籍志》，《兵書接要》十
卷，又《兵法要論》七卷，又《兵法接要》三卷，又《兵法略
要》九卷，並魏武帝撰。《太平御覽》八及十一，均有引魏武
《兵書接要》。伯驤按：魏武所集兵法今不傳，惟《孫子注》猶
存。唐杜牧《注孫子序》云，武所著書凡十數萬言，曹魏武帝
削其繁剩，筆其精切，凡十三篇，成爲一編。曹自爲序，因注
解之曰，吾讀兵書戰策多矣，孫武深矣。然其所爲注解，十不
釋一，此者蓋非曹武不能盡注解也。予尋《魏志》，見曹自作兵

書十餘萬言，諸將征伐，皆以新書從事，從令者剋捷，違教者負敗。意曹自於新書中馳驟其說，自成一家事業，不欲隨孫武後盡解其書，不然者曹豈不能耶！今新書已亡，不可復知。予因取孫武書備其注，曹之所注亦盡存之，分爲上、中、下三卷。見《唐文粹》九十五。是魏武之注，爲牧所深許。吾家藏《洪武實錄》中有云，上與侍臣論孫子，或曰武之書，自易以及難，其法先粗而後精，其言約而要，故叩之而不窮，求之而益隱。或曰武之術，其高者在於用常而知變，若實在彼則變而爲虛，虛在此則變而爲實，機妙莫測，此用武之權衡，千古不可易也。或又曰武之術于詭道勝，至於用間，苟遇不可間之君，無可乘之隙，將何以得其情哉！人各持其說。上曰，以朕觀之，書雜出於古之權書，特未純耳。其曰不仁之主，非勝之至，此說極是。若虛實變詐之說則淺矣，苟君如湯武，用兵行師，不待虛實變詐，而自無不勝。虛實變詐之所以取勝者，特一時詭遇之術，非王者之師也，然其術終亦窮耳。蓋用仁者無敵，恃術者必亡，觀武之言與其術，亦有相悖。武之書必有所授，而武之術則不能盡如其書也。是孫氏書，用兵者頗引以爲重。故宋刊《武經七書》，以之爲首。宋刊始於宋元豐二年，至元豐六年國子司業朱服言，承詔校定《孫子》《吳子》《司馬法》《衞公問對》《三略》《六韜》，諸子所注《孫子》，互有得失，未能去取，他書雖有註解，淺陋無足采者。臣謂宜去注行本書，以待學者之自得。詔《孫子》止用魏武帝註，餘不用註。見李氏《續通鑑長編》。唯陸氏心源藏宋本《七書》，其題跋謂《孫子》無魏武注，或因朱說而削去云云。則是魏武註盛行於唐，而衰於宋矣。今考明嘉靖乙卯錫山談塏刊於虔州本，則有十家註，曹操、李筌、杜牧、陳皥、賈林、梅堯臣、杜祐、張預、王晢、何氏是也。清《四庫》未録，惟《道藏·太清部》收之，收藏者多萬曆本，而談刊則罕見焉。至前人有論《孫子》之文者，如宋《呂氏童蒙訓》云，《孫子》十三篇，論戰守次第，與山川險易、長短、大小之狀，皆曲盡其妙，摧高發隱，使物無遁情，此尤文章妙處。又明人所撰《文斷》引《文章精義》云，《老子》《孫武子》一句一理，如串八寶珠瑰間錯而不斷，文字極難學。又引《緯文瑣語》云，戰國文章，孟、莊子而下，孫武、韓非所爲最善，餘人莫及。《孫武》十三篇，戰國時書也，以比春秋時文差不類。以上皆論文之言，出於各註之外者也。若夫《孫子算經》一書，舊說以孫子爲孫武，清《四庫提要》據書中有長安洛陽相去九百里，及佛書二十九章、章六十三字兩言，證作者爲漢明帝以後人。然書中説度之所由起云，五十尺爲一端，四十尺爲一疋。考古制，布帛二丈爲端，兩端爲疋，疋四十尺。唐制調法，布五丈而當疋絹，故布五丈爲端。又云今有棊局一十九度，問用棊幾何，據邯鄲淳《藝經》棊局十七道，此云十九道，可證其爲晉宋以後人語。蓋此書實爲先秦舊本，其中或有後人增益，近人《緟齋讀書記》亦有此説。謂此書實武撰或非武撰，尚無確實之證，至孫氏兵法，則出自武手，似無疑義也。此爲福山王文敏懿榮所藏，前後有其題字及藏章不少，蓋以預備刻《齊魯遺書》者，卷中並述及喬鶴僑之言。鶴僑名松年，山西徐溝人，道光乙未進士，官至河道總督。著作甚多，已刻者《蘿摩亭雜記》《論語淺解》《緯廬》。見吳昆田《漱六山房集》卷十一。文敏藏章有"廉生登來"四字。伯驥按：《公羊·隱五年傳》云，登來之也。何休《解詁》云，登讀爲得，得來者齊人語也，齊人名求得爲得來，作登來者，其言大而急，由口授也。劉氏《助字辨略》卷二云，今山東人呼得字爲德歸切，與登字音近，故以得來爲登來。于氏《香草校書》五十三云，孟子使虞登匠，曩案敦蓋讀爲督。朱駿聲《説文通訓》屯部云，敦、督一聲之轉，然則敦匠卽督匠矣。疑此乃齊之方俗語，督之爲敦，蓋亦由其言大而急耳。敦督、登得，並雙聲也。《荀子·榮辱篇》云，以敦比其事業，敦亦當訓督。荀子居齊最久，故其書亦有齊語。文敏山東人，是以其章云爾。卷首有“孫武”二字古章搽上。吳氏大澂有題字。伯驥考顧氏《思適齋集》三有《孫武私印詩》，蓋爲淵如孫氏作者，詩云，“宮中教戰事依然，此印沈埋定幾年。天與文孫重管領，猩紅鈐上十三篇”。自注云，時方刊宋本《孫子》。

趙注孫子五卷　日本舊刻本

題趙本學解引類。並有二行云，原本薊遼舊刻，明季亡逸，謄傳極少，舊題孫子書，今更冠趙注二字。前有日人序，略云，宋梅堯臣評《孫子》，以爲戰國相傾之説，余則以謂仁於用兵者，莫若《孫子》。其言曰，用兵之法，全國爲上，破國次之，至軍旅卒伍亦云爾。兢兢然常以多殺爲戒，惻怛憫恤之意，往往見諸篇中。其猶未免乎譎詐用數者，則又出勢之不得已焉耳矣。夫虎豹出山，跳踉咆吼，以逞搏噬之威，欲速除之，弓矢矛戟之用，固弗若陷阱誘殺之便。古今論兵者推孫吳，以爲武經之冠，非過論也。修業堂窪田先生藏明趙虛舟所注《孫武子》一部，余嘗讀之，解義簡明，引類的確，諸注家蓋莫能及也。先生潛神韜略，武技精妙，齡已踰七十，心力克壯，適值大朝振起武風，竭力訓練，以副上命，晨入暮歸，日不暇給，遂欲梓是書以公之於世，一何其幸也！雖然所貴於讀者，在獲作者之心，倘學者不以孫子之心爲心，而徒殺伐討滅爲快，是豈先

生改刻之本旨哉！文久癸亥昌平學儒員若山拯撰。次有郭氏序，
略云，楚故彊國，將材號前茅，年來銳氣銷於紈袴，奭毳茸乎
尺籍，洞庭青草，竊伏修蛇，槃瓠廩君，包藏封豕，尤非可晏
然忘武服之地也。不佞雖軍旅未學，平居常蒿目腐心，圖未雨
之備久矣。比于梁李官處得看薊遼舊刻《孫子》書，乃出自吾
同邑人趙虛舟所校者，章句有解，解有引類，解之使意顯，引
之使事嚴。趙君不知何時人，聞之爲草澤也，彼不擔一爵，猶
然以匹夫懷世慮，肆力是篇，期貽人國之安。吾儕責在封疆，
寧能諱兵不譚，計反出趙君下耶！雖其所疏者法也，而非其所
以法也，書中如所謂藏於九地之下，動於九天之上，微乎微至
於無形，神乎神至於無聲，此猶規矩中之巧，亦惟孫子能自得
之耳。賜進士第中憲大夫奉勅巡撫湖廣提督軍務兼制黎平等處
地方都察院右僉都御史晉江郭惟賢譔。次有梁氏序，略云，歲
乙未希宇郭先生假節鉞鎮湖湘，時方泰寧，不忘武服，亟取不
佞笥中《孫子》書付之剞劂，嘉與材官良家子共圖誦習，以備
緩急。不佞校讎隱括，無復訛，稱善本，越二十歲濫膺全楚封
疆之寄。追惟往事，物色前刻，化爲烏有，遺書在焉，不勝簪
履之念。屬郎守若理覆刊成書，視前加精，頒示諸材官家子，
以廣郭先生之志。賜進士第中憲大夫奉勅巡撫湖廣提督軍務兼
制黎平等處地方都察院右僉都御史保定梁見孟譔。末有俞大猷
後序，長山貫《孫子考》附。

孫子參同十三篇 明刊朱墨本。

　明李贄撰。前有王世貞序及李贄序，衡湘梅國禎序。國禎
序稱，余友禿翁先生，深於禪者也，於兵法獨取《孫子》，於註
《孫子》者獨取魏武帝，而以餘六經附於各篇之後，註而未盡，

悉以其意明之。余在雲中，始得讀之，雲中於兵猶齊魯之於文學，其天性也，故爲廣其傳。余家居與禿翁未數見，見亦未與深譚，且不知有禪，亡論兵。及余在行間，無與語者，思可共事者無如禿翁。時禿翁寓楚，楚諸大夫正憂賊，禿翁曰無憂，梅生往矣，是必能辦賊者。禿翁者李贄，號卓吾子。

武編　卷明刊本，鄂怡雲舊藏。

明唐順之撰。前有吳用先序。次有南京太僕寺少卿錢唐姚文蔚序，略云，荆川先生著述甚富，其大者爲四編，曰《左》、曰《右》、曰《文》、曰《稗》，而又有《武編》。焦澹園先生出所藏以畀徐象樗氏付之剞劂，余因得窺其厓略，貫穿七書，包絡通典，出入《百將傳》《紀効新書》等集，通古今，該細大，軍旅之事，亦云備矣。象樗爲吾友徐三雅子，其言曰，士之子常爲士，不肖以貧故營什一。鬻書爲業，庶幾往來皆士人耳。焦先生憐而欲振之，每出祕藏，以資匱乏，殺青斯竟，載之兼兩，而焦先生施不倦也。復惠此編使流通，以繼荆川先生之志，雲天之誼，非今所有。次有郭一鶚序，次郎文晚序。前題琅邪焦竑校，每卷目後均記校梓姓氏。前卷一目録有"茂苑許自昌校"一行，許固前明喜於校刻經籍者也。版心有"曼山館"三字，魚尾上題"纂輯武編"四字。卷末有"怡雲藏章"，怡雲爲前清鄂折之號，文端公鄂爾泰第五子，莊親王額駙也。額駙蓋與前朝之駙馬都尉爲近，尚公主者拜此官。清劉氏寶楠《愈愚録》卷四考此事甚詳。

少林棍法闡宗三卷蹶張心法一卷長鎗法選一卷單刀法選一卷明刊本大册子。

明程宗猷撰。宗猷字沖斗，海陽人。此書少見著録，張氏

《適園藏書志》有此書。張《志》云，少林者，元至正間有神僧以棍法傳人，至今呼爲少林派。冲斗爲書並圖以傳之，刊刻至精，有益學者。包愼伯言鎗法通於字學，又言習武者色潤澤而不肥，亦可通於養生之術。伯驥按：此書統名《耕餘剩技》，所言楊家槍及楊安兒棒矛等事，雖涉瑣屑，然其中遺軼，頗資故實。爲詳考之，《宋史》楊業有子曰延昭、延浦、延環、延貴、延彬，其後延昭改名延郎，史稱其知勇善戰，在邊防二十餘年，契丹憚之，目爲楊六郎。《續文獻通考》云，使槍之家十七，一曰楊家三十六路花鎗。《小知錄》曰，槍法之傳，始於楊氏，謂之梨花鎗，天下盛尚之，卽其證也。李全在《宋史·叛臣傳》，略云，李全者，濰州北海農家子，弓馬趫捷，能運鐵鎗，時號李鐵鎗。初元兵破中都，金主竄汴，賦斂益橫，遺民保岩阻思亂。於是楊安兒起掠莒、密。後元兵至山東，全母及其長兄死焉。全與仲兄福聚衆數千，元兵退，金乃命完顏霆爲山東行省，討安兒誅之。安兒無子，從子友偽稱九大王，不閑軍務。安兒妹四娘子狡悍善騎射，收潰卒，稱曰姑姑，衆尚萬餘，掠食至磨旗山。全以其衆附楊氏，通焉，遂嫁之。後全授武翼大夫京東副總管，又以化陂湖之功進達州刺史，妻楊氏封令人云云。皆讀此書者所宜知也。《清異錄》曰，槍材難得十全，魏州石屋林多有之，最佳者名聖龍筋，此卽今世所謂白蠟杆也，以爲槍甚貴重。若卒伍所持者，多以竹爲之。今皖北人所用矛極長，皆竹竿也。陳眉公《見聞錄》云，高帝御用槍，其大者長丈六尺，正與今皖北人所用相似。委巷小說嘗謂宋太祖以一棒取天下，其言極鄙陋。《鐵圍山叢談》天子講武，以二物從，一鐵棒，棒乃藝祖微時以至受命後所持鐵桿棒也。以上皆見《蘿藦亭札記》。俚語尉遲用鞭，叔寶用鐧。王圻《續通

考》列之《軍器圖》，學者多謂爲無稽，然《宋史・王珪傳》
云，珪開封人也，少拳勇善騎射，能用鐵杵、鐵鞭，可知此類
故實，前史已有之矣。伯驥别藏《儒張鎗譜》，係清康熙間人録
明慶隆二年撰者，此書陋甚，不若程著矣。

五十萬卷樓藏書目錄初編卷十

子　部　二

管子纂詁　卷日本刊本。

　　日本安井衡撰。前有元治紀元鹽谷世弘序，略云，管子書
多精語良猷，間成乎門人手者，雖踦駁不一，要亦可攷其跡，
善讀者擇而致諸用，可以參《周官》而匹孟、荀焉。自科舉之
學興，古書束諸高閣，加以舊註疏謬，傳寫又多譌誤，遂至使
人不樂讀焉。飫肥安井仲平識高天下，其於諸子最好《管子》，
研鑽數年，終作《纂詁》一書，管子之言，由此而昭矣。韓昌
黎有言，求觀聖人之道者，必自《孟子》始。余謂求觀三代制
作之意者，必自《管子》始。善攷制度者，觀意於法外，唐虞
夏殷之制作，周公善酌而裁之；周公之制作，管子又變而通之。
遡其流而討其源，審損益之故，而知繁簡之宜，於治平之道蓋
思過半矣。仲平於《周官》《儀禮》等書，亦嘗有撰述，周公
之所裁宜，管子之所應時，必有所洞觀而通悟。然此其意中事，
《纂詁》之書，固不及筆之也。次有安井氏自序，題昌平學儒
員，蓋斯時正官於昌平也。其《凡例》略云，一舊本題房玄齡
註，先儒多疑之，至《四庫全書總目提要》，定爲尹知章註，今
從之。享元而降，文運日旺，物徂徠嘗著讀《管子》，其他或亦
有訓釋者，然予未經見。昌平學有一本無註，其粹者勝今本，

蓋元刻也。明學未興，古本之存於世者猶多，豈元時有不慊於
尹本者梓而付之與！注中所稱古本者，即是書也。明趙用賢校
《管子》，自云所改三萬餘言，正其訛誤，然參考其說，殊少發
明，安知其無誤改哉！幸有是本，得以訂證趙誤。伯驥按：日
人蒲生重章《近世偉人傳三編》卷上云，衡字仲平，安井氏，
號息軒，又號半九子，飫肥藩士。弱冠游江戶，入昌平黌，師
事古賀精里，學成歸鄉，闔藩敬信，藩主伊東祐相亦深信之。
初飫肥之俗，有洗子之弊。藩主用先生之建議，凡婦人受胎五
月，告之有司，伍家保之，墜胎洗子者有罪。弘化、嘉永間，
洋夷事起，先生作《防海策》數篇，人以比諸老泉審勢審敵。
皇政維新時，嘗有諸生來說歐米共和政事之美，先生力辨其非，
又作《辨妄論》五篇，以闢洋學。年七十八，於書無所不窺，
著書甚衆，《左傳輯》《管子纂詁》二書，傳至清國，邱潾恪、
應寶時皆嘆賞。又《安井息軒遺稿》，明治戊寅，甕江川田剛序
云，先生家世仕飫肥侯，篤信好古，研精六經，旁治子史。嘗
爲侍讀，尋參機務，釐革諸弊法。俗吏不喜，乃東遊授徒江戶，
四方才俊來執贄者年多一年。列侯往往延爲賓師，或有就詢國
政者。晚爲霸府所辟列儒員，念天下多故，先生屬獻之當路，
不報，遂告老致仕，專力著述。《三禮》《國語》《戰國策》諸
書，漸次就緒，而《管子纂詁》《左傳輯釋》《論語集》，先經
刊行，學者爭誦，遠傳播海外。又《成齋文集》卷三云，江戶
幕府二百有餘年，文運之盛，前推元祿享保，後稱寬政文政。
有二大儒生長於二政之間，碩學鴻文，誘掖後進，以資國家異
日之用，其人謂誰？安井息軒、鹽谷宕陰是也。又鹽谷世弘
《宕陰存稿》卷三云，仲平於歲之甲午來入昌平學，讀書眼透紙
背，議論出人意表，歸鄉後講學益勤，時從師友，出其新得，

讀書日必盈寸，作文年可以囊計。古人云性敏者多不好學，仲平以最敏之質，嗜學甚於食色，故格致日新，自治家推至邦國天下利病，得失確有成算，咸可施行云。世弘字毅侯，號宕陰，一號九里香園，江戶人。著有《丙丁烱戒録》《丕揚録》《阿芙蓉彙聞》《籌海私議》《隔鞾論》《大統歌》《鞭駝録》《視志緒言》《學制彙集》《文集》《日垂》《享保叢書》《昭代記》若干卷。蓋安井與鹽谷均於吾國之學有所攷論者也。此書清世譚氏獻已論及之，可存之處不尠，故著録焉。

商子五卷 _{明刻本。}

前題秦丞相商鞅撰。前有黃氏序，略云，商鞅以耕戰教秦，秦以日強，其言至詆《詩》《書》《禮》義爲蝨官，而亡益於治。其後蘇秦亦以戰說秦，秦不用而六國用之，然飾車騎，連與國，六國卒無加於秦，而地不免於削。商鞅寵耕戰之士，下辯說技藝之民，作一以搏力。謂民勇則殺之以其欲，民怯則殺之以其惡，以死人之力，與客生力戰，其城拔者，死人之力也。國好生金於境内，則金、粟兩死、倉府兩實。又曰不歸其力於耕，即食屈於内，不歸其節於戰，即兵弱於外，入而食屈於内，出而兵弱於外。雖有地萬里，帶甲百萬，與獨立平原一實也，使民聞戰而以相賀也，起居飲食所歌謠者戰也。國強而不戰，則毒輸於内，禮樂蝨官生必削，國遂戰則毒輸於外必強。其說切至洞達，深中事機，有蘇秦所不能窺其端際者矣。然兩人受禍何一也，蓋蘇迫於飢寒，以苟富貴，初非有忠于謀人國之心。鞅刼民以逞，操切踔厲，而無先王至誠惻怛百年必世之澤，皆天道所必棄，而人理稱不祥者也。是書録之笥中有年，來令商南，庠生李舒芬謂縣爲商閟地，宜傳之商南。予因授之以梓，然開望之文，見於周書，墾草之令，傳於神農。其書頗有祖述，非苟爲創者，此書雖非治平之粱肉，亦已病之藥石也。孔明寫申韓進後主，法家之説，經國者固所不棄矣。篇目舊題曰《商子》，今曰《商君書》，本《史記》之文也。天啓元年知商南縣事江夏黄養正。《目錄》前題《商君書》，篇目卷一前題《商子》，署簽則曰《商君書》，版心則題《商子》。半葉九行，行二十一字。

韓非子廿卷附顧氏識誤三卷清嘉慶二十三年重刊乾道本，曾氏習經過錄，陳氏澧簽注。

　　周韓非撰，此爲全椒吳氏四世學士堂重刊宋乾道本。前有吳鼒序，略謂，翰林前輩夏邑李書年先生，好藏古書精槧，而宋乾道刻本《韓非子》，尤其善者。嘉慶辛未，先生方爲吾省布政使，察賑鳳、潁，鼒以後進禮，謁於塗次，求借是書。又六年，先生督漕淮上，專使送是册來，洒屬好手景鈔一本，以原本還先生。明年丁丑，攜至江寧，孫淵如前輩慫恿付梓，又明年刻成。是本爲明趙文毅刻本所自出，卻有以他本改易處。元和顧君千里實爲余校刊，千里別有《識誤》三卷，出以贈余，附刻書後。書衣有曾氏朱筆題記云，四年前，得東塾先生簽注《韓非子》喜甚，匆匆檢閲一過，即寄奉節庵師武昌，久思照錄一册，以資誦習。頃節師持入京，命付工重裝，遂以兩日之力，移錄此本。案簽注各條，皆顧氏《識誤》所未及，此本誠祕笈矣。甲寅七夕蟄庵題記。下有“經”字朱文章、《目錄》前有“剛甫”二字朱文章、卷一前有“蟄盦藏書”方形章、“潛齋”二字小章、“校定”朱文章。

棠陰比事原編不分卷補編不分卷
續編不分卷寫本，振綺堂舊藏。

　　原編前題宋四明桂萬榮輯，明海虞吳訥刪正，《補編》《續編》則吳訥撰也。原編前後有桂氏自序，《補編》有正統間吳氏序，包孝肅杖吏一條，桂氏原載之篇中，吳乃取以終篇，蓋欲讀者知所警也。吳氏之言曰，孝肅由進士除大理評事，出知建昌、天長二縣，拜監察御史，歷三司判官，改工部員外，直集賢院，出知端、瀛、楊、廬、池五州，四爲京東陝西河北轉運使，遷二司副使，天章閣待制，知諫院，陞龍圖閣直學士，知江寧府，由江寧召拜京兆，歷練不爲不深，聲望不爲不重，資稟不爲不高，然爲吏人所賣若此，況初學古入官之士云云。改易舊書次第，固明人通例也。原編後有按語云，桂氏前序題曰重光協洽，是辛未之歲，乃宋寧宗嘉定四年也。後序題曰端平改元，則理宗甲午歲也，兩序相去二十有四載，蓋萬榮自釋褐筮仕縣尉，敻歷三十年，乃知是郡，惜乎史冊無傳，莫能攷其履歷之終始也。桂氏自序曰，暇日取和魯公父子《疑獄集》，參以開封鄭公《折獄龜鑑》，比事屬詞，聯成七十二韻，號曰《棠陰比事》。凡與我同志者，類能上體歷代欽恤之意，下究諸公編劇之心，研精極慮，不謂空言，則棠陰著明教，棘林無夜哭，曷勝多禮之幸。是用弗嫌於近名，擬鋟諸木，以廣其傳。此其著作之旨也。書中按語稱，桂氏履歷終始莫攷。按：萬榮字夢協，慈谿人，慶元二年進士。授餘干尉，邑多豪右，一裁以剛介，而御小民以慈愛。秩滿，調建康司理，尋通判平江。時守朱在政尚嚴刻，因鹽課拘繫甚衆。萬榮書告在，不從，乃挾行裝與所拘人同寢，在愧，即委縱遣焉。陞守南康，檢吏奸，省浮費，征税以法。進直祕，遷尚書右丞奉祠。見《成化四明郡志》。則夢協固懷刑剛直君子人也。此書前有"汪魚亭藏閱書"、"振綺堂兵燹後攽藏書"兩章。汪憲號魚亭，錢唐人。有《振綺堂書目》不分卷。板心下有"金石録十卷人家鈔書"九字，凡鈔本書均標明，間有校字。近有汪氏家刊四卷本，以廚架格位排次，卷末有光緒十二年丙戌汪維曾跋，其藏書印云，"聚書藏書，良匪易事。善觀書者，澄神端慮，淨几焚香。勿捲腦，勿折角，勿以爪侵字，勿以唾揭幅，勿把穢手，勿展食案，勿以作枕，勿以夾刺。隨損隨修，隨開隨掩，後有得吾書者，並奉贈此法"。蓋楷書方木記也。

農書三十六卷_{寫本}

元王禎撰。禎字伯善，東平人，官至永豐令。見《秦安府志》。書凡《農桑通訣》六卷、《農器圖譜》二十卷、《穀譜》十卷，并及南北治農、治蠶之法。前有嘉靖庚寅山東臨清閻閎爲序。後有顧應祥《刊行文移》一通，内稱梨版刻字畫匠工食銀兩，於司庫貯泰山頂廟香錢内動支。附載禎前任宣州旌德縣尹時方撰《農書用活字印行之法》，因字數甚多，難於刊印，故以己意命匠創製，試印一如刊板，實爲印書省便之方。蓋自宋畢昇創泥字新法，爲吾國第二次活字之製造者禎也。禎不特農事有所解悟，實工科之發明家矣。此書於目集之一附説云，古之文字，皆用竹帛，逮後漢始用紙成卷軸，以其可以舒卷也。至五代後漢明宗長興二年，詔九經版行於世，俱作集冊，今宜改卷爲集。卷二十二有附録發明活字印書法頗詳，分爲造活字印書法、寫韻刻字法、鎪字修字法、作盔嵌字法、造輪法、取字法、作盔安字刷印法。其末云，前任宣州旌德縣尹時方撰

《農書》，因其字數甚多，難於刊印，故尚己意，命匠創活字，二年而工畢，試印本縣志書，約六萬餘字，不一月而百部齊成，一如刊板，便知其可用。後二年，予遷任信州永豐縣，挈而之官，是時《農書》方成，欲以活字嵌印，今知江西見行命工刊板，故且收貯，以待別用。然古今此法，未有所傳，故編録於此，以待世之好事者，爲印書省便之法，傳於永久。本爲《農書》而作，因附於後云。鄒氏《午風堂集》卷五云，宋鄧御夫隱居不仕，作《農曆》二百卷，較《齊民要術》爲詳，濟守王子韶上之於朝，其書不傳。元世祖時，司農司撰《農桑輯要》七卷，頒之於民，有至元十年王磐序，見《永樂大典》中。其書分典訓、耕墾、播種、栽桑、養蠶、瓜菜、果實、竹木、藥草、孳畜等目，末附以《歲用雜事》，博採經史及諸子雜家，益以試驗之法，考核詳贍，而一一切於實用。今所傳王氏《農書》，殆不足云。又歸安陸氏藏本，題爲《原本農書》，其識語云，與聚珍本分卷有異，而大旨多同，《農桑通訣》首農事起本、牛耕起本、蠶事起本三條，列于集一之前，上圖下說。《穀譜》集一之前，有《神農嘗穀圖》《黃帝火食圖》，每集之前各有總目。《農桑通訣》目首有雙行注五十餘字，言所以名集不名卷之由，聚珍本所無。楨自序云，爲集三十有六，目二百有七十，則集之名爲楨原本所有，非明人妄加也。凡遇國家皆頂格，當從元刊翻刻者。《提要》云，今外間所有王楨《農務集》，即從是集摘鈔。又云《永樂大典》所載，併爲八卷，割裂綴合，已非其舊，則原本之罕見可知矣。徵引古書，多本《齊民要術》，而不著所出，已開明人剽竊之習。惟《要術》久無善本，脫譌幾不可讀，當藉此書校正之。吾家邸亭云，明萬曆末鄧溪刊删併爲十卷，固屬不完。四庫本依《永樂大典》

重編，亦不及此本猶是王氏原帙云云。則此本爲鄒氏及館臣所未見矣。

新刊補註釋文黃帝内經素問十二卷素問遺編一卷運氣論奧三卷黃帝内經靈樞十二卷_{元古林書堂刊本。}

《素問》總目後有木記曰，"是書乃醫家至切、至要之文，惜乎舊本訛舛漏落，有誤學者。本堂今求元豐孫校正家莊善本，重加訂正，分爲一十二卷，以便檢閱。衛生君子，幸垂藻鑑"。又《目錄》後刊有題記曰，元本二十四卷，今併爲一十二卷刊行。又末有木記題至元己卯菖節古林書堂新刊。《靈樞目錄》後題元作二十四卷，今併爲十二卷，計八十一篇，並有"至元己卯，古林胡氏新刊第一卷"牌子。末題至元庚辰菖節古林書堂印行。《目錄》及卷二題云《黃帝素問》《靈樞》集註，每註末附《音釋》。首有史崧序。

補注釋文黃帝内經素問十二卷_{明趙府居敬堂本。}

前有《校正黃帝内經素問序》，題國子博士臣高保衡、光祿卿直祕閣臣林億等謹上。後列高保衡、孫奇、林億銜名三行，次有大唐寶應元年啓元子王冰撰《黃帝内經素問序》。《目錄》前題《補注釋文黃帝内經素問》，目後云元本二十四卷，今併爲一十二卷，八十一篇。卷一第二行題啓元子次註，林億、孫奇、高保衡等奉敕校正，孫兆重改誤。第三行新校正云。按：王氏不解所以名《素問》之義，及《素問》之名，起於何代。《隋書·經籍志》始有《素問》之名，甲乙經序晉皇甫謐之文，已云《素問》論病精辯。王叔和西晉人，撰《脈經》云，出《素問》《鍼經》，漢張仲景撰《傷寒卒病論集》云撰用《素問》，

是則《素問》之名，著於《隋志》，上見於漢代也。所以名
《素問》之義，全元起有說云，素者本也，問者黃帝問岐伯也。
方陳性情之源、五行之本，故曰《素問》。元起雖有此解，義未
甚明。按《乾鑿度》云，夫有形生於無形，故有太易，有太初，
有太始，有太素。太素者質之始也，氣形質具，而痾瘵由是前
生，故黃帝問此太素質之始，《素問》之名義或由此。版心上魚
尾上題"趙府居敬堂"，下題《黃帝素問》卷幾。半葉八行，
行十七字，小註雙行，亦十七字。

重廣補註黃帝內經素問二十四卷明仿宋本。

《玉海》稱天聖四年十月十二日，命集賢校理晁宗愨、王舉
正，校定《黃帝內經素問》。五年四月乙未，命國子監摹印頒
行。景祐二年七月庚子，命丁度校正《素問》，是宋世校刻此
書，至爲審慎。此本每半葉十行，行二十字，注文雙行三十字。
每卷末附《釋音》。板心記刻手名氏，不記刊行年月，蓋與明顧
氏所刻同，皆從宋板重雕者，殷、匡、炅、恒、玄、徵、鏡字，
並缺末筆。按《素問》一書，明代覆刻者，凡有三種：其一嘉
靖庚戌顧定芳所重彫，行款體式，一與此同。其一爲無名氏所
刊，板式亦同，不記梓行歲月，文字或有譌，蓋係坊間重彫。
其一爲吳勉學重彫顧氏本，收在《醫統正脈》中。又有萬曆甲
申周曰校刊本，卷數與此同，今細勘之，實從無名氏仿宋本出。
潘之恒黃海所收本，亦依無名氏仿宋本。

王氏脈經十卷明成化十年仿元泰定四年刊本，葉郋園舊藏。

此爲長沙葉氏藏本。葉氏有跋云，《脈經》十卷，晉王叔和
撰。宋晁公武《郡齋讀書志》載之，《志》又載《脈訣》一卷，

題晉王叔和撰，云皆歌訣鄙淺之言，後人依託者，然最行於世。
據此則《脈訣》在宋時固已盛行。今《四庫全書總目提要》皆
不著錄，惟存目有明張世賢《圖注脈訣》四卷，《附方》一卷，
《提要》云，《脈訣》出於僞撰。今《脈經》十卷，尚有明趙邸
居敬堂本，然則館臣並非不見原本《脈經》，何以《四庫》並
未收入，是可怪也。其後嘉慶間阮文達影寫宋本進呈，見《揅
經室外集》。阮云從宋嘉定何大任刻本影寫，有宋國子博士高保
衡、尚書屯田郎孫奇、光禄卿直祕閣林億等校上序，卷末有熙
寧二年進書銜名，又紹聖三年六月國子監開雕札子及各銜名。
此爲明成化十年重刻元泰定四年龍興路醫學本，前熙寧二年進
書各官銜，及紹聖三年雕版札子猶存，蓋元本即依據宋本重刻
者。何大任本，明有嘉靖中袁表仿刻，及今光緒癸巳宜都楊氏
仿刻白口版大字，此則黑口小字。考唐甘伯宗《名醫傳》云，
叔和《脈經》凡九十七篇，今刻本篇數正同，可知宋本又出於
唐，來歷分明，非《脈訣》僞書之比，世間通行爲《借月山
房》《守山閣》兩叢書本，今已少見，何況明刻乎！夫明刻之可
貴者，貴其出於宋、元也，不獨文字校勘，如泰定本謝翁識語
所云，其中疑處並係元本，不敢輕改，爲其矜慎也。即以版式
論，行字疏朗，能使讀書爽心豁目，無論白口大字本之出於宋，
黑口小字本之出於元，要皆一時瑜亮，不可多得也。吾向有明
袁表本、趙府居敬堂本，及楊氏仿何本，今又獲此小字本。明
刻、近刻善本，皆萃於吾架中，日日檢校摩挲，可以延年却病，
何必更讀養生論耶！丙辰仲冬月之既望南陽葉德輝識。

重刊孫真人備急千金要方三十卷元刊本，蔡一帆舊藏。

前題朝奉郎守太常少卿充祕閣校理判登聞檢院上護軍賜緋

魚袋臣林億等校正，每卷首均如之。首列《綱目》，次《目
録》，又次爲高保衡等《校正備急千金要方序》，又次後序，序
末列高保衡、孫奇、林億、錢象先四人銜名，次爲《凡例》。
《目録》後有墨圖記七行云，"醫家之書，不爲不多，獨孫真人
《千金方》決不可闕。真人以千金名之，則其珍之也明矣。口證
方論、鍼灸孔穴、瘡毒制度，靡所不載。近得前宋西蜀經進官
本，不敢祕，重加校正，□□繡梓，與世共之。凡以醫鳴者，
將見家扁鵲人叔和，孰不曰衛生之一助云耳"。序中涉及宋帝
事，皆提行頂格，猶宋本舊式，可證其出於蜀刻也。半葉十二
行，行二十二字。卷首有"蔡泳"二字朱文章。考《經韻樓
集》卷九有《蔡一帆傳略》云，一帆先生，一字珠淵，諱泳，
金壇人，姓蔡氏。先生生而穎異，時義、詩詞、律賦，髫年即
工爲之。弱冠爲名諸生，於書篆、隸、真、草皆工，圖章尤工
絶，逼雪漁、三橋諸名手。自當代先輩達人，以及一時髦俊，
無不推服。五十拔貢入都，以考職第一，例銓州同。卒於乾隆
二十三四年間，年蓋未七十，身後著述星散。玉裁弱冠時，從
先生遊，得詩賦、時義之說。先生於詩有《唐詩欣遇集》之選，
於時義有《裁僞集》《舉業適中》之選，晚歲於詩餘有《詞式
精華》之選。詞式精華者，取萬紅友詞律，以正諸譜之譌，簡
唐、宋、元、明詞之最佳者，以正花間草堂之失，蓋言詩餘者
至善之本也。其於韻學，著有《律韻辨通》。言律韻者，謂近體
律詩、律賦所用無需奇古鄙俗字，專取可用字也；曰辨通者，
病下里坊刻小韻書說通轉最謬，故本諸宋鄭庠分六部者而詳別
之。玉裁之言古韻，實權輿於是云。此書當是其遺本，其章絶
精。據懋堂先生撰傳文，當是其手刻也。

重刻外臺祕要方四十卷明刊本。

　　唐王燾撰。前有賜進士出身翰林院庶吉士奉命參佐軍務欽
授山東道監察御史金聲序。次有江西等處提刑按察司副使奉勅
提督學政當湖陸錫明序，略云，天寶王司馬燾有《外臺祕要
方》，縷析條分，采摭幾備。沿及政和，有《聖濟總錄》二百
卷，迄元大德重加訂梓，惜貯之內府，不落人間。新安程生衍
道，購得家藏善本，矢願訂讎，不計歲月，且謀棗棃，以公海
內，請先從王司馬《祕方》始。次有奉勅巡撫湖廣等處地方提
督軍務都察院右僉都御史唐暉序。次程氏序，略云，上古之世，
方不如醫，中古之世，醫不如方，甚矣醫與方之並重也。世降
而方愈凌雜，莫不各據一家言，彼此各相是非，間有一、二驗
方，亦惟是父師傳之子弟，絕不輕以示人。而其鏤行於世者，
率皆依樣葫蘆，時或改頭換面，以博名高則已矣。唐有孫真人
者，初著方三十卷，晚復增三十卷，自珍其方曰《千金醫方》，
較明備焉，蓋大宗也。乃前後乎孫真人者，門分派別，編帙浩
繁，從未有綜而輯之者。獨刺史王燾先生前居館閣二十年，採
摭羣書，彙成方略，唐以前之方靡有遺佚，《千金》則多焉，卷
凡四十，方餘六千，蓋集醫方之大成者，題曰《祕要》。自宋皇
祐詔諭刊布後，無復鋟梓，以廣其傳。向購寫本，訛缺頗多，
因復殫力校讐，十載始竣厥工。次有宋皇祐三年《校正外臺祕
要方公文》。次王氏原序，前題唐銀青光祿大夫持節鄴郡諸軍事
兼守郡史上柱國清源縣開國伯王燾撰，中有云，余幼多疾病，
長好醫術，遭逢有道，遂躡亨衢。七登南宮，兩拜東掖，便繁
臺閣，二十餘載，久知弘文館圖籍方書等，由是覩奧升堂，皆
探其祕要。以婚姻之故，貶守房陵，量移大寧郡，提攜江上，

冒犯蒸暑，自南徂北，既僻且陋，染瘴嬰痾，十有六七，死生
契闊，不可問天，賴有經方，僅得存者。神功妙用，固難稱述，
遂發情刊削，庶幾一隅，凡古方纂得五六十家，新撰者尚數千
百卷，蓋天寶十一年作也。次有將仕郎守殿中丞同較正醫書孫
兆《校正外臺祕要方序》，略云，外臺者刺史之任也，祕要者祕
密樞要之謂也。以出守於外，故曰外臺。臣謂三代而下，文物
之盛者必曰西漢，止以侍醫李柱國校方技，亦未嘗命儒臣也。
臣雖濫吹儒學，但盡所聞見以修正之，有所闕疑以待來哲，蓋
奉詔校正此書，序而上之也。前題宋朝散大夫守光禄卿直祕閣
判登聞檢院上護軍林億等上進、奉政大夫同知徽州府事陋陽許
倜一彦父校、新安後學程衍道通父訂梓。卷一後題朝奉郎提舉
藥局兼太醫令醫學博士臣裴宗元校正、右從事郎充兩浙東路提
舉茶鹽司幹辦公事趙子孟校勘。卷二後題右迪功郎充兩浙東路
提舉茶鹽司幹辦公事張實校勘，猶仍宋式。伯驥按：《唐書》言
燾性至孝，爲徐州司馬。母有疾，彌年不廢帶，視絮湯劑。數
從高醫游，遂窮其術，因以所學作《外臺祕要》，討繹精明，世
寶焉。見《王珪傳》，燾，珪之孫也。《唐志》又載其書四十
卷，別有《外臺要略》十卷，則已佚矣。《郡齋讀書志》及
《中興書目》，並言燾居臺閣二十餘年，久知宏文館，得古今方
書數千百卷，則其人固思而又學者也。歸安陸氏藏宋刻完本，
其題記云，黃蕘圃孝廉宋刊之富，甲於東南，僅得《目録》及
第二、十三兩卷。見《百宋一廛賦注》。此本宋刊初印，無一斷
爛。書中痰字皆作淡，明本改作痰；擔字皆作檐，明本改作擔。
案：《説文》無痰字。《廣韻》始有痰字，云胸上水病。《一切
經音義》卷三，淡，飲胸上液也。其字作淡不作痰，與此本合。
伯驥按：《華嚴經》"入法界品風黃淡熱"。慧苑《音義》引《文字集略》曰，淡謂

胸中液也。又引鶱師注《方言》曰，淡字又作痰。《說文》亦無擔字，人部儋何也，即今擔字。《漢書·貨殖傳》漿千儋，《西域傳》負水儋糧，此儋之正字也。《楚辭·哀時命》“負檐荷以丈尺兮”，《史記·虞卿列傳》檐簦，皆從木作檐。《禮記·喪服四制》或曰檐主，宋本注疏亦從木作檐，與此書合，此儋之假借字也。明刻改淡爲痰，改檐爲擔，此明人不識字之通病也。是此書不但有功醫學，並可參正小學，宋本之可貴如此。燾書原有雙行夾注，明刊往往於原書夾注上，加通按二字，竊爲己說，尤可笑云。此本雖不及宋刊，然亦可讀。半葉十行，行二十二字。

太平惠民和劑局方十卷用藥總論上中下卷藥性總論一卷元高氏日新堂刊本。

前有陳承、裴宗元、陳師文《上書表文》，陳結銜云將仕郎措置藥局檢閱方書，裴結銜云奉議郎守太醫令兼措置藥局檢閱方書，陳結銜云朝奉郎守尚書庫部郎中提轄措置藥局。表文略云，爰自崇寧增置柒局，揭以和劑惠民之名，俾夫修製給賣，各有攸司。又設收買藥材，以革僞濫之弊，比詔會府，咸置藥局。自創局以來，或取於鬻藥之家，或得於陳獻之士，可見當時政府慎重醫藥之至意矣。次《目録》。卷一治諸風，卷二治傷寒，卷三治一切氣，卷四治痰飲，卷五治諸虚、治痼冷，卷六治積熱、治瀉痢，卷七治眼目、治咽喉口齒，卷八治雜病、治瘡腫瘍折，卷九治婦人諸疾、治小兒諸疾，卷十諸湯諸香。《目録》後有“建安丙午年高氏日新堂刊行”一行。朱氏《曝書亭集》有此書跋文，亦稱高氏刊本，惟無《藥性總論》一卷耳。每一方之標目，皆以黑質白文表之，其每類之目，則跨兩行，

而其上則別以雕鏤之文別異之，凡十四門，七百七十八方，與
陳氏《書錄》及《玉海》作五卷爲二十門二百九十七方不合。
瞿氏《書目》謂陳氏、王氏所載爲師文原本，此則紹興以後增
修本，是也。《文獻通考》作十卷，殆即此本。《玉海》稱紹興
六年正月置藥局四所，其一曰和劑局，至紹興十八年又八月始
改熟藥所爲太平惠民局。大觀中詔通醫刊正藥局方，師文等所
校正者，初止五卷，其後添入紹興、寶慶、淳祐諸方，遂爲十
卷。此則置局及校方之源流可考者也。張氏海鵬《學津討原》
刊有此書，原出同里舊鈔本，多增廣二字。瞿《目》曾校出張
本脫誤處數十條，末附《指南》《總論》二卷，題勅授太醫助
教前差充四川總領所檢察惠民局許洪編，張氏本固無此，而並
以《圖經本草》一種爲《用藥總論》，宜瞿《目》之議其失矣。
蓋瞿藏亦元本，《目錄》後有"建安宗文書堂鄭天澤新刊"一
行者也。《四庫》著錄本有《用藥總論》《指南》三卷，而《提
要》云，不知何時所加，則庫本未著撰人，當非出自元刻。《學
津討原》刊無《指南》，而《藥性總論》較此多二卷，此本則
作一卷。張刻所據，殆後來別撰之本矣。陸氏所收亦此本，而
後附者並無之，則此本不誠可貴哉。瞿氏藏黃琴六從宋槧鈔出
《太平聖惠方》殘本三卷，僅存眼、齒二門，書中丸字作圓，宋
諱桓字嫌名也。此本均以圓代丸，猶仍宋本之舊。黃蕘圃藏殘
宋本《普濟方》，曾有詩云，"版係宋雕何處認，真珠丸已諱爲
圓"。自注云，宋刻方書，都諱丸爲圓，此書開卷真珠圓是其證
云云。然則此本雖元刻，洵與宋槧無異矣。伯驥按：元盛如梓
《庶齋老學叢談》卷下云，放翁《與村鄰聚飲詩》"蟹供牢九
美，魚煮膾殘香"。自注，聞人懋德言《餅賦》所謂牢九，今包
子也。又有《食野味包子詩》"叠雙初中鵠，牢九已登盤"。或

謂牢九者，牢丸也，即蒸餅。宋諱丸字，去一點，相承已久云云。蓋丸爲宋諱嫌名，有去一點而作九者、有用圓以代之者，前人未及去點一事，特録之以資考證。《鼠璞》本朝避嫌名，如勾姓本避高宗諱，故改名鈎，或加金於傍，或加絲於傍，或加草於上，或改爲句，增爲勾龍，實同一勾也，今讀勾踐作平聲者本此。又《淳熙文書式》所載一帝之諱，多至五十餘字。《禮部韻略》，與廟諱音同之字，皆不收。《玉海》例言宋極重廟諱，如桓譚爲亘，荀勖爲荀勉，魏徵爲魏證，及貞觀作正觀，胤征作嗣征，宮縣作宮垂，桓圭作植圭，姤卦作遇卦，此類甚多。《五雜俎》，真德秀原姓慎，因避孝宗諱而改。宋時避君上之諱最嚴，宋版諸集中，凡嫌名皆闕不書，皆足參考也。半葉十四行，行二十三字。

活人事證藥方二十卷_{宋刊本。}

前有《總目》一葉，有長方牌子云，"余幼習儒醫，長游海外，凡用藥救人取效者及祕傳妙方，隨手鈔録，集成部帙，分爲門類，計二十餘卷。每方各有事件引證，皆可取信於人，並係已試經効之方，爲諸方之祖，不私於己，以廣其傳，庶使此方以活天下也。桃谿居士劉信甫編"。《目録》分諸風、諸氣、傷寒、虛勞、補益、婦人、脾胃、水腫、瀉痢、喘嗽、小腸氣、腳氣、頭風、痔漏、癰疽、瘡瘍補損、小兒、消渴、通類，二十四門，每門一卷。次有嘉定丙子從政郎新監行在惠民和劑局葉麟之棠伯序云，醫家之攻疾，如兵家之攻敵，其術一也。是以古之善用兵者，決機制勝，雖若縱橫出於己，然求其謀計之所施，無不暗合古法。如韓信之背水，虞詡之增竈，往往皆祖孫吳之故智，此無他，取事之已然者以爲證，果何往而不收効耶！兵家且然，而況於醫家之療病者哉！考之往昔，以醫名世者，無出扁鵲和緩之右，觀其望齊侯而退走，辭晉侯而弗治，亦不過按疾在骨髓膏肓而辭之，然後知不證以古方，而嘗試以私意者，皆非三折肱之良醫也。桃溪居士劉君信父，本儒家者流，原擅名場，而壯志弗就。迺斂活國之手，而爲活人之謀，既而思之，囊有妙劑，僅可以濟一隅，曷若鳩千金之祕方，足以惠天下之爲博也，於是此書作焉。夫作非己私，而證以成効，欲使觀者有據，而用者不疑，仁矣哉，信父之用心也。予嘗怪世之庸醫，未必得周官十全之術，設或遇危篤之疾，反欲自珍其藥，以爲要利之媒，貪心未饜，雖七劑而不輕試，尚何望其以祕訣而授人哉！斯人也，其不爲孫思邈之罪人者幾希矣。正爾傷夫醫道之趨薄，而深有感於劉君之近厚。此所以伻來請序，兩不敢辭。序後有“建安余恭禮宅刻梓”木牌子，分目共二十六葉，前有木牌子云，“藥有金石、草木、魚蟲、禽獸等物，且出溫涼、寒熱、酸鹹、甘苦、有毒、無毒、相反、相互之類，切慮《本草》浩繁，卒難檢閱。今將常用藥性四百餘件，附於卷首，庶得易於□藥性也”。卷中薏苡人圓，治腰脚走疰疼痛，人不作仁；郁李人味酸平無毒，人亦不作仁；惟桃仁、杏仁，則均作仁。至於丸均作圓，則與宋刊醫藥各書同，蓋避宋諱嫌名也。半葉十一行，每行字數，則有多有少，不能一律。日本宮内省圖書寮藏宋冠宗奭撰、許洪校之《新編類要圖註本草》四十二卷、《序例》五卷，宋刊本。《目錄》前題桃溪儒醫劉信甫校正，並有牌子。《目錄》末又有牌子云，“建安余彦國刊於勵賢堂”。按：劉氏於前書題儒醫，於此書題居士。此書牌子云，“余幼習儒醫，長游海外”，當非鄉曲庸醫矣。勵賢之堂、恭禮之宅，皆建安余氏，當以善槧鳴，又豈獨勤有堂之有聞於世哉！董氏《書舶庸譚》述在日本時，見宋刻許學士《類證普濟本事方》十卷，《後集》十卷，其序爲清《四庫》本所未有。序中有云，題爲《普濟本事方》者，猶孟啓《本事詩》、楊元素《本事曲》之意，皆爲當時事實，庶觀者見其曲折也。今桃谿居士之書，亦每方各有事件引證，皆可取信於人，亦是此意。

三因極一病證方論十八卷仿宋寫錄，日人森立之舊藏。

宋陳言撰。言字無擇，號鶴溪，青田人。《書錄解題》及《通考》俱作《三因極一方》，《宋志》作《三因病源方》。三因者，内因、外因、不内外因。其説出《金匱要略》，所述方論，多屬古書，全書條理井井，方論簡要，加以文詞諧雅，無冗雜鄙俚之弊，後來濟生方即根源於此。陳氏原序略云，以醫事之要，無出三因，辨因之初，無踰脈息，遂舉《脈經》曰關前一分，人命之主。左爲人迎，右爲氣口。蓋以人迎候外因，氣口候内因，其不應人迎、氣口，皆不内外因。倘識三因，病無餘蘊，故曰醫事之要，無出此也。因編集分類一百八十門，得方一千五百餘道，題曰《三因極一病證方論》。蓋十般病源，不越三因，以此詳之，病源都盡就此書中。尋其類例，別其三因，或内外兼并，淫情交錯，推其淺深，斷以所因爲病源，然後配合諸證，隨因所治，藥石鍼艾，無施不可矣。昔黄蕘圃嘗言，初在揚州，書友謂有宋板《太醫集業》四册欲售，後聞已售與他姓。顧千里謂在楊州郡齋借到此書尋覽，見板口有"三因"字，遂取《三因極一病證方論》互勘，知即割裂其殘本爲之。陸氏《嘉趣堂書目》以爲實有此書，誤也。據此跋，則此書舊本頗不易得矣。吳縣潘氏藏宋刻此書，滂喜齋題記謂此書前有陳氏自序，半葉十三行，行二十三字。卷一至九卷、十四至十

六精槧可愛，餘六卷麻沙本，似元人覆刻。蓋以二本合成，卷
末二葉補鈔，墨筆記稱，雍正七年仲夏影述古堂珍藏宋本補全
云云。此爲景宋本，結體完密，用筆和雅，原刻固佳，摹手亦
不俗，當不讓文勤所藏。按：日人亦喜景寫書本，如齋藤謙撰
《養源藤堂影本資治通鑑序》云，君貴爲公孫，食祿三千石，嘗
讀司馬光《資治通鑑》，患其浩瀚難熟，因誦羅景綸之言云，讀
十遍不如寫一過，於是筆舌並用，且寫且誦，數年而畢，可謂
勤矣。昔洪容齋兄弟寫此書，特其正文耳，千古猶傳爲談欄。
今君則并及胡氏之注，且其始學以來，所手寫大日本史以下凡
數百千卷，使令不乏人，而未嘗假其力，求之千古，未見其儔
也。今君齡僅弱冠耳，平生所寫且讀者外則滿架連檐，内則拄
腹撐腸，士庶之刻屬者，未之能過，可畏哉！見《月性名家文
鈔》卷四。性，日本僧也，此本景寫出自何人，未有證明。原
書爲日人森立之藏本，後歸上虞羅氏，均有題記。

新刊仁齋直指方論二十六卷明刊本。

宋楊士瀛撰。前有楊氏自序，略云，余始撰《活人總括》
《嬰兒指要》，俗皆以沽名譏。及脈書一行，於是斂肅而相告曰，
誠不易也。雖然人有四百四病，或出於前三册之外者，可不原
證擇方，揭爲直指之捷徑乎！明白易曉之謂直，發蹤以示之謂
指。剖前哲未來之蘊，擇諸家已効之方，濟以家傳，參之肘後，
使讀者心目瞭然，對病識證，因病得藥，庶幾仁義周流，疊疊
相續，非深願歟！景定甲子三山楊士瀛登父序。《目錄》前題
《新刊仁齋直指方論》，次行題新安歙西虬川黃鏔刊行。卷一總
論，卷二證治提綱，卷三以下則分列各證，惟卷二十六婦人門，
則附子嗣，目後題新刊仁齋直指附遺方目錄終。半葉十四行，

行二十四字。丸藥之丸字，均作圓。此書日人森立之《訪古志》稱聿修堂藏宋刻本，楊氏守敬得影鈔本，經用朱筆校勘者。《目錄》前有"環溪書院刊行"一行，卷一題三山名醫仁齋楊士瀛登父編撰、建安儒醫翠峯詹中洪道校定。每半葉十二行，行十九字。每卷或題新刊，或題新編，或題增修。楊氏謂莫知其義例所在，卷二十六爲婦人類，有血氣、拾遺二子目。楊氏又述《訪古志》稱懷仙閣、酌源堂均有朝鮮《婦人良方》，同裝一檔，其篇幅、行款皆同，謂此從朝鮮活字板出無疑。蓋朝鮮重印《直指》，而以陳自明《婦人良方》配之，故行款皆同也。以上均見楊氏此書手跋。此外如歸安之陸、錢唐之丁所藏均明刊朱崇正本。此本爲前明黃鍍刊行，當與各本有別，安得一爲對勘耶！字極雅健，槧手亦佳，洵明刊之上駟。黃鍍何人，未之詳也。楊氏舊本，今藏北平故宮圖書館，蓋楊氏遺書，已全爲國有，不止此種矣。

傷寒總病論六卷附音訓一卷修治藥法一卷_{宋刊本。}

宋蘄水龐安時撰。前有題字云，啓久不爲問，思企日深。過辱存記，遠枉書教。具聞起居佳勝，感慰兼集。惠示《傷寒論》，真得古聖賢救人之意，豈獨爲傳世不朽之資，蓋已義貫幽明矣，謹當爲作題首一篇寄去。方苦多事，故未能便付去人，然亦不久作也，老倦甚矣。秋初決當求去，未知何日會見，臨書惘惘，惟萬萬以時自愛，不宣。再拜安常處士閣下，五月二十八日。殆當時之函札也。次有政和歲次癸巳門人布衣魏炳編十餘行。次有黃氏題字云，龐安常自少時喜醫方，爲人治病處方多驗，名傾淮南諸醫。然爲氣任，鬬雞、走狗、蹴鞠、擊毬，少年豪縱事，無所不爲，博弈音技，一工所難而兼能之。家富多後房，不出戶而所欲得。人以醫聘之也，皆多陳其所好，以順適其意，其來也病如市，其疾已也，君脱然不受謝而去。中年乃屏絶戲弄，閉門讀書，自《神農黄帝經方》、扁鵲《八十一難經》、皇甫謐《甲乙》，無不貫穿。其簡策紛錯，黄素朽蠹，先師或失其意，學術淺薄，私智穿鑿，曲士或竄其文。安常悉能辨論發揮，每用以治病，幾乎十全矣。然人疾詣門，不問貧富，爲便房曲齋，調護寒暑所宜，珍膳美蔬，時節其飢飽之度，愛老而慈幼，不以人疾嘗試其方，如疾痛在己也。蓋其輕財如糞土，耐事如慈母而有常，似秦漢間任俠而不害人，似戰國四公子，而不争利，所以能動而得意，起人之疾，不可爲數，他日過之，未嘗有德色也。其所總輯《傷寒論》，皆其日用書也，欲掇其大要，論其精妙，使士大夫稍知之。然未嘗游其庭者，雖得吾説而不解，若有意於斯者，讀其書自足以攬其精微，故著其行事，以爲後序。前序海上人諾爲之，故虛其右以待。元符三年豫章黄□序。此爲政和癸巳刊本，半葉十行，行二十字。

新刊圖解素問要旨論八卷_{元刊本。}

前題金劉守真撰，馬完素重編。前有河間劉守真序，字多訛奪，不録。次有記云，今求到河間劉守真先生親傳的本，仍請明醫之士精加校定，中間並無訛舛，重加編類，鼎新綉木，以廣其傳。好生君子，書眼如月，必有賞音，謹咨。次有馬氏序，略云，《素問》者五太之名也，太者大之極也，素者形質潔白，非華綺之問也。素問者，問答形質之始也，形質具而痾瘵由是萌生，然啓玄子詮註朱書其文間，其理隱奥，習之者濫觴其説，遺而不解者多矣。今將太古靈文，迺《素問》之關鑰也，究其源流，發明解惑。後之學者識天地之大紀，變化之殊邈。

妙哉太素，視如深淵，如迎浮雲，莫窮其涯際，玄通隱奧，不可測量。若非劉氏孰可發明，用釋元機，敬資昭告。平陽洪洞馬完素謹序。半葉十五行，行二十四字，小黑口。

濟生拔粹方十九卷 元刊本。

元杜思敬輯。前有自序，略云，醫之爲業，切於用世，而學士大夫目爲工技賤不之省，業其家者又或不能至到，苟焉以自肥，此醫道之晦而不弘也。若乃發於論注，開惠後學，則安得不資於前人也。《素問》述鍼刺，仲景始《方論》，今諸家所集浩繁，孰能徧覽枚試，而果適用者，固在乎明者之擇焉也。昔嘗聞許文正公語及近代醫術，謂潔古之書，醫中之王道，服膺斯言，未暇尋繹。潔古張元素也，潔古其號也，雲歧子璧，其子也。東垣李杲明之，海藏王好古進之，宗其道者也。羅天益謙夫，紹述其術者也，皆有書行於世。往年版政中書，家居沁上，因取而讀之，大抵其言理勝，不尚幸功，圓融變化，不滯一隔，開闔抑揚，所趣中會其要，以扶護元氣爲主，謂類王道，良有以也。於是擇其尤切用者，節而録之，門分類析，有論有方，詳不至宂，簡不至略。仍首鍼法，以倣古制，並及餘人之不戾而同者，以示取舍之公，劃爲五帙，帙具各書，總名之曰《濟生拔粹》，蓋不敢徇人言，妄以諸家爲非，尤不敢執己見，証以此書爲是。自度行年八十有一，目力心思，不逮前日，從事簡要，庶於己便，復思刻板廣傳，嘉與羣人，同兹開惠。雖然醫不專於藥，而舍藥無以全醫，藥不必於方，而舍方無以爲藥。若夫學究天人，洞識物理，意之所會，治法以之者，將不屑於此。延祐二年寶善老人銅鞮杜思敬序。半葉十二行，行二十四字。卷一《鍼經節要》，卷二《潔古雲歧鍼法》，卷三

《鍼經摘英》，卷四《雲歧子脈法》，卷五《潔古珍珠囊》，卷六《醫學發明》，卷七《脾胃論》，卷八《潔古家珍》，卷九《此事難知》，卷十《醫壘元戎》，卷十一《陰證略例》，卷十二《直傷寒保命集類要》，卷十四《癍論萃英》，卷十五《保嬰集》，卷十六《蘭室祕藏節》，卷十七《活法圓機》，卷十八《衛生寶鑑》，卷十九《雜方》。

類編南北經驗醫方大成十卷元刊本。

元文江孫允賢編纂。前有題記云，《醫方集成》一書，四方尚之久矣。蓋所謂《濟生拔萃》《宣明論》《瑞竹堂》，張子和、徐同知計方，尤爲切要，所不可遺本。今得名醫選取奇方，增入孫氏方中，俾得通貫，名曰《醫方大成》，重新繡梓，以廣其傳。合衆流而歸一源，使覽者便之，不必求之他書可也。明醫之士，幸共鑒之。是書清《四庫》附存其目，此元刊本也。半葉十四行，行二十四字。

辨惑論三卷舊刊本，清怡府舊藏。

元李杲撰。杲字明之，所謂東垣老人也，虞集有《杲傳》，序述極詳，頗得史公《扁鵲倉公傳》遺意，《元史》即以之爲《杲傳》底本。此書是杲晚年所作，其自序曰，幼受《難》《素》於易水張元素先生，稍有所得，曾撰《內外傷辨惑論》一篇，以證世人用藥之誤。陵谷變遷，忽成老境，神志既惰，懶於語言，此論束之高閣十六年矣。崑崙范尊師屬以活人爲言，謂此書果行，使天下人不致夭折，是亦濟人利物之事。就今著述不已，精力衰耗，書成而死，不愈於無益，而生平敬受其言，力疾成之。聊答尊師慈憫之志，師宋文正公之後也。半葉十行，行十七字。有"安樂堂""明善堂"兩章，當爲清怡王府藏書。
又有"百宋千元"一小章，刻字極精。

壽親養老新書四卷 元刊本。

檢瞿《目》此書有前序，此本已佚。《目錄》前題敬直老
人鄒鉉編次，玉膓黃應紫點校。目錄卷之一題養老奉親書承奉
郎泰州興化縣令陳直撰。卷首有目。卷之二古今嘉言善行七十
二事。卷之三則太上玉軸、六字氣訣、食後將息法、養性、安
車、遊山具等。卷之四則爲保養、服藥等事。卷二前略云，經
史傳記，述孝子順孫，嘉言懿行，聯篇累牘，不勝其紀。今略
舉數十條，以激發孝愛之心，必有目之心之而興起者。目錄分
飲食調治第一，形證脈候第二，醫藥扶持第三，性氣好嗜第四，
宴處起居第五，貧富分限第六，戒忌保護第七，四時養老總序
第八，春時攝養第九，夏時攝養第十，秋時攝養第十一，冬時
攝養第十二，食治養老序第十三，食治老人諸疾方第十四，簡
妙老人備急方第十五。目中第六題貧富分限，而正文內則題貧
富禍福第六，謂慮孝子順孫有窘乏，不能依此法者，意有不足，
故立此貧富禍福之説以齊之。卷四第五十六葉有云，陳令尹書
精細最好處，在食治諸方。然老人晚景兒孫眷輯團欒，侍奉諸
婦妊娠望得雄之喜，諸孫襁褓快食飴之樂，其間在目前者，豈
不縈懷。余疇昔聞見所抄有婦人小兒食治諸方，用之良驗，今
附益於編末，亦以資耆英閑覽，且以備用云。

活人心上下卷 明刊本。

明玄洲道人涵虚子編。前有涵虚子自序，略云，太乙氏始
有修養之法，有巢氏始有藥餌之説，陰康氏始有導引之術，故

人無夭傷。太卦既散，民多疾死，厥後軒轅氏作，岐伯氏出，而有醫藥之方行焉。故至人治於未病之先，醫家治於已病，治於未病之先者，曰治心、曰修養，治於已病之後者，曰藥餌、曰砭焫。雖治之法有二，而病之源則一，未必不由目心而生也。今述其二家之説，自成一家新經，編爲上下二卷，目之曰《活人心》，然世之醫書各家所編者，何暇千本，紛然雜具，徒多無補，但此書方雖不多，皆能奪命於懸絶。凡爲醫者，而能察其受病之源而用之，止此一書，醫道足矣。人能行其修養之術而用之，止此一書，仙道成矣。序後署“臞仙”二字，有“涵虚子”方章，章下花押神字。臞仙者，明太祖子，封寧獻王，明徐春甫《古今醫統》卷一稱其性敏穎，有過人之資，博涉經史，諸子百氏之書，無不該覽，過目輒解奥旨，而各造其妙。誠哉，宗室之白眉也，尤以生物爲心，獨精於醫方，所著《活人心》《乾坤生意時後》等方行於世。伯驥按：寧獻王之題署，或爲涵虚子，或爲臞仙，曾於明刻《白玉蟾集》詳載其小史，及其遺著目録。此本後得，故專述徐氏之説，綴録於此，以《活人心》一書關於醫學故也。此書半葉八行，行十八字，上下黑口，字畫疏勁，宜估人以爲元刻也。

古今醫統大全一百卷明刊本。

明徐春甫撰。前有許國序，略云，《古今醫統》四十帙，釐爲百卷。初徐君春甫所裒輯，上自太昊炎黄，迄於我明，本原醫經藥品禁方諸名家論著，旁及經史國典諸雜家言，凡二百七十餘家，二百八十餘部，區别類從，鉅纖畢舉，斯已勤矣。徐君有言，譬之儒家，《内經》尚矣，斯醫之六經也。《本草》其《爾雅》也，南陽、河間、東垣，其四子書也。今世祖《難經》

《脈訣》與《内經》等，宗高平、義烏與南陽諸家等。徐君獨
謂醫學壞於《難經》《脈經》，故世宗高平非也。彦修誦法南
陽、河間、東垣，能讀三家書，而不知合變。蓋其用藥執泥，
如士人用帖括耳，故世泥義烏亦非也。次有趙志皋序，次有隆
慶庚午王家屏序。次有沈一貫序，略謂，徐君新安人，名春甫。
今爲太醫之官，太師成國朱公客之，公卿皆名其術。始徐君行
四方，挾書多。其在京師，會國家有大編摩，公卿得觀祕書，
故聚方滋富。次有余孟麟序，次嘉靖丙辰自序，次湯世隆序。
次助梓縉紳諸公氏號兩葉，首列者爲太師兼太子太師成國公朱
希忠、太子太保恭順侯吳繼爵、中軍都督府管府事臨淮侯李言
恭。次凡例，次歷代聖賢名醫姓氏。次《古今醫統卷集字號
詩》，福集，“富貴榮華客，清閒自在仙”；壽集，“鵬程九萬
里，鶴算八千年”；康集，“玉質成飛步，朱顔永駐延”；宣集，
“平安無量刼，静默有真玄”。

古今醫統正脈全書四十四種明刊本。

　　前有萬歷辛丑新安吳勉學序，略云，勉學聞見寡昧，而於
醫學獨加意焉。竊謂醫有統、有脈，得其正脈，而後可以接醫
家之統。醫之正脈，始於神農、黄帝，而諸賢直遡正脈，以紹
其統於不衰，猶之禪家仙派，千萬世相續而不絶，未可令其闕
略不全，使觀者無所考見也，因詮次成編，名曰《醫統正脈》
而刻之。次全書總目。前題金壇王肯堂宇泰甫彙輯。《内經》
《素問》，即從顧從德本翻雕。有“明新安吳勉學重校梓”一
行。計書四十四種。

新編西方子明堂灸經八卷_{明山西平陽府重刊，前清怡府、平陽汪氏、獨山莫氏舊藏。}

不著撰人姓氏，卷一《正人頭面圖》《正人胸膺圖》《正人腹肚圖》，卷二《正人手圖》，卷三《正人足圖》，卷四《伏人頭圖》，卷五《伏人手圖》，卷六《伏人手圖》《伏人足圖》，卷七《正人頭頸圖》《側人脅圖》《側人手圖》，卷八《側人足圖》。半葉十行，行二十一字。檢古黃周宏祖輯《古今書刻》，平陽府刊祇有《銅人鍼灸經》，而未列此書。前人謂《黃帝内經明堂》十三卷，取《素問》《靈樞》《腧穴》《鍼灸論治》分十二經編類，而音釋之，此《明堂灸經》，大約沿其名，本其治，而專論灸，故曰《灸經》，與《銅人鍼灸經》不同。楊氏《日本訪書志》著録卷子本《黃帝明堂》一卷，首題通直郎守太子文學臣楊上善奉敕撰注。前有自序云，是以十二經脈各爲一卷，《奇經八脈》復爲一卷，合爲十三卷，今僅存第一卷。《舊唐志》有楊上善《黃帝内經明堂類成》十三卷，此無“類成”二字，當別爲一書。按：此書當與西方子書有異。又按：元建安竇桂芳編《鍼灸四書》八卷，明《文淵閣書目》著録。一曰《流注指微鍼賦》，金南唐何若愚撰集，常山閻明廣注。一曰《黃帝明堂灸經》凡三卷。一曰《灸膏肓腧穴法》一卷，宋清源莊綽季裕撰。《灸經》則三卷。又當與此不同。吾國古世，鍼灸並稱，《禮記·曲禮》醫不三世，不服其藥。疏謂父子相承至三世，又引一説以爲《黃帝針灸》《神農本草》《素女脈訣》三世書，釋經三世。前清鄭文焯《醫故》云，《説文》“砭，以石刺痛也”。《漢書》“用度箴石”。顏師古注石，謂砭石即石箴也。古者攻病則有砭，今其術絶矣。《春秋傳》“美疢不如惡石”。服虔云，石，砭石也。季世無復佳石，故以鐵代之，是季漢始用鐵鍼之證。古法多鍼灸並言，自唐王燾力言鍼害，凡鍼法、鍼穴俱删不錄，惟立灸法爲一門。其後西方子撰《明堂灸經》，仍其義例，是鄭氏亦以此書爲古代著名之作矣。前有“明善堂覽書畫印記”、“汪厚齋藏書”、“汪印士鐘”、“平陽伯子”、“莫氏祕笈”各章，蓋迭藏清怡親王府，及吳人汪家、獨山莫氏者也。厚齋名文琛，爲士鐘之父。黃蕘圃云，北宋精刊景祐本《漢書》，爲予百宋一廛中史部之冠，非至好不輕示人。郡中厚齋都轉，偶過小齋，曾一出示，繼於朋好中時一及之。奈余惜書癖深，未忍輕棄，並不敢以議價，致蔑視寶物。因思都轉崇儒重道，昔年出資數萬，敬修吾郡文廟，其誠摯爲何如。知天必昌大其後，以振家聲，故近日收藏古籍，嗜好之篤，訪求之勤，一至於此。則余又何敢自祕所藏，獨寶其寶耶！君家當必有能讀是書者，敢以鎮庫之物輒贈爲預兆云。黃氏蓋題此文於北宋刻《漢書》者，今此書歸之盍山。蕘圃又云，閬源觀察，英年力學，讀其尊甫都轉厚齋先生所藏書，以爲猶是尋常習見之本，必廣蒐宋元舊刻，以及《四庫》未經采輯者。於是厚價收書，不一二年藏弆日富，猶恐見聞未逮，日從事於諸家簿錄，計其源流，究其同異，俾古書面目畢羅於心胸。兹則衢本《郡齋讀書志》跋文也，於此可得其仍世之風流餘韻矣。

鍼灸擇日編集不分卷 舊寫本，日本吉家氏、多紀氏舊藏。

高麗全循義金義同撰。前有正統十二年金氏序云，醫之道有二焉，曰藥餌也，鍼灸也。而療病簡易之法，莫妙於鍼灸，要在精於心應於手耳，苟能審榮衛、辨筋骸、明孔穴之部，定尺寸之分，則雖沉疴痼疾，何憂乎弗瘳。古人云，知藥而不知鍼灸，而知鍼而不知灸，不足爲上醫。信乎，鍼灸之爲重也。
然鍼灸之法，雜出於諸方，擇日之際，或迷於吉凶，業斯術者
嘗病焉。内醫院醫官護軍臣全循義、司直臣金義，孜孜乎此者
也，搜撮羣書，裒集一編，人神太乙之所生，天醫雜忌之所在，
條分縷析，纖悉無遺，書成以進，命臣序之。臣竊念鍼灸有劫
病之功，而又有立效之能，信斯術之爲重也。然人受天地之中，
稟陰陽之氣，甲膽乙肝，臟腑自分於十干，春井夏榮，經絡皆
通於四時，則時日支干與人身而運焉，吉凶悔吝，隨人事而應
焉。故《鍼經》云，得時鍼之，必除其病，失時鍼之，難愈其
病。則鍼灸之道，尤莫重於擇日也。是書之廣布，蓋欲使人辨
吉凶於過眼之頃，療膏肓於投手之餘。共挽夭札之患，同躋仁
壽之域。凡囿於聖化者，可不知聖朝仁心仁政之所自歟。正統
十二年正月初六日，奉訓郎集賢殿副校理知制教兼春秋館記注
官世子左司經臣金禮蒙謹序。引用書名列於卷首，計有孫真人
《備急千金方》《黄帝明堂灸經補註》《銅人腧穴鍼灸圖經》、竇
漢卿編集《鍼經指南》《新刊銅人鍼灸經》《鍼灸廣愛書括》
《太平聖惠方》《事林廣記》《齊人千金月令》《元龜集》《龍木
總論》《資生經》《素問靈樞經》《巢氏病源論》《易簡方》《龍
樹菩薩眼論》。書内各條，皆舉所出，至爲不苟。序前有"吉家
氏藏"白文章，"多紀氏藏書"朱文章。此書當是東鄰遺本，楊
氏《訪書志》述日本安政元年，有侍醫尚藥醫學教諭法印臣多紀
元堅、侍醫醫學教諭專督務法眼臣多紀元昕，後有多紀元琰、多
紀元佶皆爲醫官，校刻永觀二年丹波宿稱康賴撰進之《醫心方》
三十卷，其二十七卷中引嵇康《養生論》，多溢出今本之外。知
《文選》所載，爲昭明删削，蓋多紀、丹波均日東著名醫家。伯
驤按：丹波雅忠，阿智使主裔也，世居丹波。曾祖康賴，賜姓丹

波宿禰，以醫術著，任右衛門佐，兼鍼醫博士。永觀中著《醫心方》上之。祖重雅，父忠明，亦爲侍醫。義歷中，高麗王妃疾，王附商舶牒太宰府，以厚幣求雅忠，朝廷不許，令太宰府報牒，有"扁鵲何入雞林之云"語。自是世稱雅忠爲日本扁鵲。見日本權忠納言從三位源光圀《大日本史》二百二十七。

古今律曆考七十二卷明刊本，于香草舊藏。

前題陝西按察使安肅邢雲路編輯，都察院右都御史渭南孫瑋訂閱，總理紫荆保定右參政雁門張崇禮校梓。雲路字士登，安肅人，萬曆庚辰進士。官至陝西按察司副使。是書談律法者六卷，談曆法者六十六卷，自六經以迄明代，一一考訂。梅勿菴《曆算書記》頗不滿士登，然推步之學，後出尤精。《提要》之言，前人以爲持平。前有孫氏序，略云，國朝之興，承元臣郭守敬《授時曆》之舊，迄今二百餘年，疇人子弟，不過案策布算。上谷邢士登氏，自其未第時，耽耆斯學，後請告在里，則又窮覽委宛之藏，諸與律曆相涉者，靡不參稽。久之，上書言日食分刻不合，宜有所更改於《授時曆》。萬曆戊申渭南孫瑋純玉父書。次有李氏序，略云，近代儒者謂天道遠，律曆之學，一切置不談，藉口禁習天文，以文其陋。往在史館，四明相國嘗拉余從其里人同天者學，余謝未能。久之官大梁，會日食時不相應，衆竊懷怪，而諸日者恒言曆有誤。安肅邢士登僉憲大梁時，上書言國家《大統曆》，本元郭守敬《授時曆》，而頃者日食刻分不合，兩至適子半之交，率間一日，宜亟改氣閏轉交，以合天行。明興用夏變夷，何得以勝國至元辛巳爲曆元？守敬嘗稱諸應等數不用爲元，正欲後人隨時改革耳，故十七年作曆，至三十一年而三應業有加減。隆慶間，監臣周相議年遠數盈，天度漸差失，今不考所差必甚，此豈細故，可以因仍！大宗伯題其言，請召士登爲京朝官主欽天監事。士登又言律與曆相通，而律不可以爲曆，名律考者，故實耳。諸史志天文、志五行，各爲一家，而非曆則莫得原委。李維楨本寧父譔。次有朱之蕃撰序，次有王邦俊序。次有孫承宗序，略云，王郡公翼廷以大中丞孫公藍石、大參執張公和節之檄，刻其書予郡，且以予郡人也，而弁之辭。次有自序，略云，律生於曆，則曆其由重也，自重黎道喪，馬彪記誤，末流轉乖，全矽莫準，絲棼輒鶩，如斯者衆，匪天庀之差殊，攷察異意故也。余博訪當世，求我黨類於山中，得魏生焉，生名文魁，古之祖冲之陳得一其人也。余乃相與校讎羣籍，營於至當，然後起而上之。上嘉悅，下庭議，僉曰可。會中涓思而格不行。下署上谷邢雲路士登甫。次有滿城魏文魁序。半葉九行，行十八字。末有"醴尊"二字朱文章，當是南匯于氏舊藏。于氏名鬯，字醴尊，自號香艸。專力治經，不屑屑爲俗學。十六補諸生，登光緒丁酉拔貢，得直隸州州判。宣統間卒，年五十有七。君墨守漢學，以形聲故訓展轉通假之例，徧讀周秦漢魏古書，刊正奪誤，稽合同異，成《校書》六十卷、《續校》二十三卷、《戰國策注》三十三卷。近時與俞氏《平議》、孫氏《札迻》，卓然爲三大師。見《藝風堂文別存》卷二。《香草校書》已板行，伯夔曾藏，《國策注》尚未見也。

準齋心製几漏圖式一卷抄本。

宋孫逢吉撰。前有孫氏序，略云，昔挈壺氏之製漏壺也有四，其一曰天池，其二曰平水，三曰受水，四曰減水，規模宏大，惟可施之官府，若夫燕居則煩矣。近時雖有異製，多是不準，蓋推測不得其法故也，祇知百刻平分，殊不容水之昇降，方其滿則速，淺則遲，差舛由此。逢吉以心法創茲小壺，因水之淺滿、昇降推測，上契天運，昏曉相符，晝參日景，夜應中星，略無頃刻之差。尤且水之去來不露，內可施之堂奧，外可帶之舟車，至於夙夜在公，優游燕處，皆可置之坐隅，備知時刻之正。箭分兩面，自卯至酉爲晝，自酉至卯爲夜，下卯酉之餘刻，以備晝夜長短之候。裝水之法，遇早以濾水篩搭於壺口，以新水和舊水，濾入壺中，或遇日出，更以景輪圭格印證其端的，無分毫爽。器不洗濯，則埃塺不除，水不篩濾，則塵垢成積，或有滯澀，當以豬髮透之，此荊公《明州刻漏銘》所謂匪器則弊，人存政舉者也。凡晝夜百刻，節序短長，日出爲晝，日入爲夜，發更皆在日入二刻半後，攢點皆在日出二刻半前。分界定數，二十有五箭，如冬至後自第一箭順數之，夏至後自二十五箭逆數之，却依日曆，參照節候令序，分晝夜更點、昏曉之度圖述於後。惟此小壺準的，隨水校定，功在一竅，孔竅微細，僅通絲髮。惟要澄濾水清，略無塵滓，不滯水道爲佳。上壺水滿則疾，流注如線，水至半壺漸遲，將漏滴至下水綫，其滴尤慢，蓋水有重輕，流有遲疾，不可視之常流。或有垢滯，只可用豬髮穿透，切不可用竹木與針動及竅眼，略有分毫侵損，便成廢器，切宜慎之。如遇收拾，須管拭抹乾凈，常以豬髮穿透，庶無塞塞之弊也，事宜畢備，用贊古嚴。準齋孫逢吉敍。伯驥按：《宋史·蘇頌傳》稱頌總吏部時，請別製渾儀，以吏部令史韓公廉曉算術，奏用之。授以古法，爲臺三層，上設渾儀，中設渾象，下授司晨，貫以一機，激水轉輪，不假人力，晝夜晦明，皆可推見。頌有《新儀象法要》三卷，又平江黃氏藏景宋本《銅壺漏箭制度》《準齋心製几漏圖式》各一卷。此二種見諸《文淵閣書目》陰陽書宇字號，《準齋》宇五十四，《銅壺》宇五十五。此本敍次先後互易，從其古本之流傳也。原書舊鈔，當是影宋，余恐未廣流傳，錄副以便互相鈔錄云云。可知宋人留心此事，又可知此種書多是流傳寫本也。

焦氏易林上下卷 _{明潘藩刻本，清金氏二酉山房藏。}

漢天水焦延壽字贛著。漢世《易》學，京氏與施孟、梁丘並稱。京氏授於焦氏，見《漢書·京傳》。攷《易林》之名，不見《漢藝文志》，至《隋經籍志》，始著錄《易林》及《易林變占》各十六卷。今則《易林變占》已佚，惟《易林》尚有流傳。馬氏《通攷》謂《易林》名《大易通變》，唐王俞序之。世行本無王序，而此本存焉。序略云，大凡變化象數莫逃乎《易》，惟人之情僞，最爲難知。筮者尚占，憂者與處，貢明且哲，乃留其術。俞嚴耕東鄙，客以焦辭數軸出示。俞嘗讀班史列傳及歷代名臣譜系、諸家雜說之文，盛稱自夫子授《易》於商瞿，僅餘十輩，延壽經傳於孟喜，固是同時。當西漢元、成之間，凌夷厥政，先生或出或處，輒以《易》道上梁王，遂爲郡察舉，詔補小黃令，而邑中隱伏之事皆預知其情，得以寵異蒙遷秩，亦卒於官。次所著《大易通變》，其卦總四千九十六題，事本彌綸，同歸簡易，辭假出於經史，其意合於神明。但齋潔精專，舉無不中，而言近意遠，易識難詳，不可瀆蒙，以爲辭費。前有嘉靖辛酉潘藩西屏道人書於敕賜勉學書院之修業堂序，略云，《易林》一書，所撰者乃焦延壽名貢，梁人也。因一卦之變爲六十四卦，六十四卦之變，則爻爻有應，變變無窮，故得若干焉。又且首開沙隨之記驗，鑿鑿可觀而可用者，特用工翻之。次有宋黃氏校定序，略云，承議郎行祕書省校書郎黃

伯思所校焦延壽《易林》中或字誤，以快爲快、以羊爲手、以
喜爲嘉、以鸛爲鵲，義可兩存。世人謂延壽之法，凡筮得某卦，
則觀其所之卦林，以占吉凶，或卦爻不動，則但觀本卦林辭爻
本影。有王佖者，於雍熙二年春，遇異人筮得觀之賁林云，東
行無門，西出華山，道塞於難，遊子爲患之語，最爲有準，後
之觀者不可不辨。延壽所著雖卜筮之書，出於陰陽家流，然當
西漢中葉，去三代未遠，文辭雅淡，頗有可觀覽，謹錄上。次
雜識，次記驗。半葉十二行，行二十二字。卷末有“門詔”二
字白文章，“二酉”二字朱文章，當是金氏遺書。金門詔，字東
山，江蘇江都縣人，乾隆元年欽賜進士。六年出知壽陽縣事，
嘗取《漢藝文志》《隋經籍志》、唐宋《藝文志》、焦竑《經籍
志》，又以遼、金、元三史不志經籍，補撰《三史藝文志》，合
爲一書，各系以序，謂之《古今經籍志》。是時朝廷適修《古今
圖書集成》，門詔獨任《經籍典》一門，成五百卷。又嘗撰
《明史·經籍志》，今存其《序錄》於文集中。晚歸建二酉山
房，敘錄其所藏書，年八十卒。遺著有《明史經籍志敘錄》《明
史傳總論》《補三史藝文志》《讀史自娛雜文》等書。前清嚴氏
豹人齋名亦署二酉，此書捺金氏名印，而兼有齋名章，當非嚴
氏藏矣。

元包經傳八卷 _{明刊本。}

前題後周衛元嵩述，唐祕書少監武功蘇元明傳，唐國子監
四門助教趙郡李江注并序。前有政和元年奉議郎知漢州什□縣
事楊楫序，謂楊公元素內翰傳祕閣本，俾鏤板以貽同志。然妙
用所寄，奇字居多，大率類楊雄準《易》，非深於道者不能知。
先生名元嵩，益州成都人。少不事家產，潛心至道，明陰陽、

曆算，獻策後周，賜爵持節蜀郡公，武帝尊禮不敢臣之。有傳
在《北史》。序後附紹興三十一年張洸識語。李江序，略謂，夏
曰《連山》，殷曰《歸藏》，周曰《周易》，而唐謂之《元包》。
包者藏也，言善惡、是非、吉凶、得失皆藏其書也。蘇源明洗
心澄思，爲之修傳，考於訓詁，耽於講習，輒演元義，庶傳於
學者焉。半葉八行，行十六字，小字雙行，六十六字。板心魚
尾上無字，魚尾下記《元包》卷幾，下記葉數刻工姓名。

靈棋經二卷寫本，許丹臣、朱少河校藏。

　　護葉有墨筆識語云，此書前爲吳中許丹臣所藏，後歸大興
朱少河，黃蕘圃士禮居題跋聞之周香巖云，丹臣爲葉九來之壻，
藏書流傳，具有淵源。此書朱筆校正處，多據胡、葉二本，其
爲丹臣手校，斷無可疑。至少河於道光初年重裝書，而題簽及
跋語兩條，則係少河筆跡，惜四中三下卦脫去顏、何、陳三註，
校者但補《象辭》，未補註語，當覓善本錄入也。絃鄉老民書於
海王村北衍園。次有朱氏少河識語云，《靈棋經》二卷，舊本題
漢東方朔撰，或題淮南王劉安撰，皆依託也。然考以《南史》
所引，此書實出於六朝，故《隋志》已著錄。其法以棋十二枚，
以所擲面背相乘，得一百二十四卦，卦各有繇詞，其文雅奧，
非後世術家所能僞。劉基之註，似亦非依託。晁無咎《求志
賦》，"訊黃石以吉凶兮，棋十二而星羅，曰由小基火兮，何有
顚沛"。謂《靈棋經》也。《異苑》云，十二棋卜出自張文成受
法於黃石公，行師用兵，萬不失一，東方朔密以占眾事。見
《困學紀聞》卷十七。辛巳十月十四日。前有正德庚辰榮國重刊
序，略云，《靈棋經》者以十二棋子三分之，上、中、下一擲而
成卦，各以分陰陽，蓋一陰一陽之謂道。吾觀其術似乎精於

《易》道者爲之歟！考書披辭，盡得其理，意者上爲天，中爲人，下爲地，三才之象也。一三爲陽，二四爲陰，陰陽之道也。十二棋子，皆有陰陽，布而成卦，卦占而有辭，吉凶禍福，隨占而見，故名之曰《靈棋》。吾不知造端託始於何時，考之先正，或云漢留侯張良受之於黃石公，公能知未然事，侯以之占時用兵，萬無一失。至於漢武帝時，東方朔覆占，萬事無不奇中，用此書也。但世變書遺，頗有錯雜，魯魚亥豕，間或有差。吾於理藩之暇，時常閱之，參互攷訂，去繆存正，集爲全書，命工壽梓，以永其傳。末有括蒼劉基後序，略云，昔者聖人作《易》以前民用，《靈棋》象《易》而作者也，《易》道奧而難知，故作《靈棋》以象之，《靈棋》之像，雖不足以盡《易》之蘊，然非精於《易》者，又焉能爲《靈棋》之辭也哉！《靈棋》之式，以三爲經，四爲緯。三以上爲天，中爲人，下爲地；上爲君，中爲臣，下爲民。四以一爲少陽，三爲太陽，二爲少陰，四爲老陰。少陽與少陰爲偶，而太陽與老陰爲敵，得偶而悦，得敵而爭，其常也。或失其道，而偶反爲仇，或得其行，而敵反爲用，其變也。陽多則道同而相助，陰多則志異而相乖，君子小人之分也。陰陽迭用，體有不同，而名隨之異，變易之道也。余喜其占之驗，而病解之者不能盡作者之旨，故爲申其意而爲之言。序後有成化三年南郡汪浩識語，弘治五年烏程縣丞南郡徐冕識語。末又有墨筆識語云，此書鐵琴銅劍樓著録明正德間杭州刊本，善本書室著録舊抄本，無序跋，疑是古本傳抄。此本係從正德十五年榮府重刊本鈔出，未知與杭刻孰爲先後，然此有成化丁亥南郡汪浩、弘治壬子南郡徐冕兩跋。攷諸家書目，更無先於此者。又有高陽許氏硃筆校正，復經笥河先生之子少河重裝題記。又，汪、徐二公皆吾楚先輩，刻書流傳，雖未能得見原本，然有此兩跋，足備鄉邦文獻之遺，藉資談助，尤可寶也。衍圃又記。道光元年辛巳中秋後一日重裝。

景祐遁甲符應經三卷精抄本。

宋楊維德等奉敕撰。前有宋仁宗御製序，略云，遁甲之書，出於河圖，黃帝之世，命風后創名，始立陰陽二遁共一千八十局，迨大公約七十二局。留侯佐漢，議一十八局。朕順天時而陳兵，法神道而設教，有蓬山之藏室，有龍甲之祕經，雖絍帙甚多，而繁文彌猥，因取其書，命太子洗馬兼司天春官正權同判監楊維德、春官副王用立、翰林天文李自正何湛等，於資善堂撰集，又命內侍省東頭供奉官管勾御藥院仕成亮鄧保信、皇甫繼和、周維德總其工程，成書三卷，命曰《景祐遁甲符應經》。朕觀其書，陰陽變化，百端千緒，賢者豈遂能知，智者豈遂能用，日者豈遽能盡，上之於國家，下之於庶民，一切有爲，皆宜用也。卷首有《遁甲總序》云，遁者隱也，幽隱之道，甲者儀也，謂六甲、六儀，互爲直符。天之貴神也，常隱於六戊之下，蓋取用兵機通神明之德，故以遁甲爲名云云。前序述撰書之由來，此則釋遁甲之意義。卷上分三十二節，卷中分四十四節，卷下分二十節，大者以遁甲衍行軍趨避之說，而分論之。此書《宋史・藝文志》子部五行類著錄。陳氏《書錄解題》陰陽家，有《景祐遁甲玉函經》二卷，謂司天春官楊維德撰，御製序，當即此書，增“玉函”二字，則不知其何說也。清《四庫總目》未著錄，儀徵阮氏嘗以影抄舊本進呈，其《提要》謂不見於《宋志》，則失檢矣。卷末有臣楊維德等奉敕修撰，司天少監臣劉天亮較正字樣，當是源出於宋。阮氏謂末有永樂間欽天監五官司曆王巽序，此本無之。維德附《宋史・方技・韓顯傳》，顯稱其能傳渾儀法，殆精於五行之學者。《養一齋》卷六云，《景祐乾象新編》惟見鄭氏《通志》，而諸家不著，且鄭以爲楊維德所撰，而所題銜名中不出維德，或者別是一書。

邵子全書二十四卷明刊本。

宋邵雍著。前有南京國子監司業朱國禎序，略云，宋邵堯夫先生所著書，有《皇極經世》《觀物內外篇》《伊川擊壤集》各若干卷，考功玄仗徐公刻之以傳。先生之學，《易》學也，古聖人洗心退藏，而吉凶與民同患者，其理微矣，而盡之於《易》。先生事李之才，殫厥心力，始盡其學，而一時獨秦珍、鄭夬、查伯復、俞邦翰數人，稍通其說，餘或以爲數字而忽之。程伯子推爲內聖外王之學，而先生亦以經世名其書，雖學出希夷，而實本諸先天方圓圖，編中律呂圖聲音圖十二辰與十六位圖，不一而足，而絕無一語述其所以然。伊川乃稱堯夫差法，冠絕古今，又以爲似楊雄而不盡如之。噫，此豈雄之所能辨哉！次有萬曆丙午徐必達序，略云，先生書以元會運世相經者三十四篇，以聲音律呂唱和爲圖者十六篇，統名之曰《觀物篇》凡五十，爲卷十。《內篇》十二，舊爲卷二，今仍性理本；益以伯溫解爲卷三；《外篇》上下，出門弟子所記爲卷二；《擊壤詩》二千餘首爲卷六，而性理本首二卷。內一元消長之數圖，則三十四篇之總也。四象體用之數圖，則十六篇之總也。大概出伯溫所著《指要》等書，則出蔡伯山所衍說者，謂當刪去。而晦翁嘗稱其推究縝密，故寧過而存之，通爲二十四卷。伯驥按：《鶴林玉露》卷二云，濂溪、明道、伊川、橫渠之講道盛矣，因數明理，復有一邵康節出焉；晦菴、南軒、東萊、象山講道盛矣，因數明理，復有一蔡西山出焉。八君子之學，固人傳其訓，家有其書，而邵蔡之學，則幾於無傳。杭氏《道古堂》卷十八云，《皇極經世》一書，悉本於庖羲氏先天之《易》，創爲十圖，明道謂其純一不雜，汪洋浩大；東萊謂其思致幽遠，妙極道數；朱子謂其駕風鞭霆，歷覽無際，手探月窟，足躡天根。然則邵子之學，洵所謂天人合一者乎！經世之書，朱子、西山而後，心知其大義者，張行成、祝泌、朱隱老、黃佐外無幾人也。而錢氏大昕則謂康節元會運世之數，後儒尊信，莫敢有異議者。獨趙氏緣督《革象新書》，訊其不可準，謂以諸家術求皇極之元，不特七政無總會之事，抑且散亂無論。此真通人之論，非精於推步者不能知，非胸有定見者不能言云。蓋邵子因學數，推見至理，其所見處甚超，殆與二程無異，而二程不甚許之者，蓋以其發本要歸，不離於數而已。其作用既別，未免與理爲二，故其出處語默，揆之大中至正之道，時或過之。此羅氏《困知記》之言，實爲邵子真相。而黃宗羲氏述朱子與蔡季通極喜數學，乃其所言者影響之理，不可施之實用。康節作《皇極書》，死板排定，亦是緯書末流，祇有一沈括號爲博洽，而春秋日食三十六，又有衝樸所欺，有明真度越之，此則專就曆學一事言之。錢氏又云，晁以道嘗以書問之學於伊川，伊以答云，頤與堯夫同里巷居三十餘年，世間事無取不問，惟未嘗一字及數。明道爲堯夫志墓，稱其闊步長趨，凌高厲空，探幽索隱，曲貫旁通。又云，先生之道，就所至而論之，可謂安且誠矣，蓋未敢以聖賢之徒許之也。至述其傳授所自，則云先生得之李挺之，挺之得之穆伯長，絶不及陳希夷，亦絶不及《先天圖》一字云云。蓋邵子《易》學出於陳摶，本道家的派。毛奇齡《圖書原舛篇》，先天古《易》陳摶傳种放，放傳穆修，修傳李挺，挺傳邵雍。所著《皇極經世書》，用《易》治曆，朱子以爲《易》

外別傳。清《四庫提要》引之。秦氏蕙田以爲鶡突曆書，紀氏昀以爲揣摩影響，非從推步而知，故《四庫》入之術數類，此則定論矣。前題明後學嘉興徐必達校正。半葉十行，行二十字。

天原發微五卷明刊本。

元鮑雲龍撰。前有元貞二年方回序，雲龍自序。回序略云，天果有原乎，曰有，即所謂形而上之道也。漢儒曰，道之大原出於天，如此則是先有天而後有道。原，本也。當曰道者天之原，而天之形象，氣數萬物，道之末也，器也。回別有至元辛卯序，於天原之理，剖析尤多。其辨正《凡例》十二條，則列於序目之後。按方回《桐江續集》云，景翔諱雲龍，歙縣北鄉人。長回一歲，嘗以《易》魁鄉舉，著《天原發微》二十五篇，首曰動靜，次曰靜動，深得周子動靜無始、陰陽無端之奧。《周易·乾卦》從元而起，而元之前已有貞，所謂誠之通、誠之復蓋如此。《歸藏》首坤，亦此之謂。丙申歲卒，壽七十一。提學鄭君昭祖許刊其書傳世。回詩云，"高年開八袠，細字尚親抄。能傳言外意，始識畫前爻"。是前人絕重其書。明天順辛巳歙西鮑氏耕讀書堂五卷本，卷後牌子刊有兩行，莫、邵二《目》，謂天順刊三卷誤。

禽遁大全四卷明刊本。

明池本理撰。本理贛州人。此書著錄黃氏《千頃堂書目》，而《明史·藝文志》，載池氏所著，有《禽遁大全》四卷、《禽星易見》四卷，清《四庫》著錄《禽星易見》僅一卷，或傳鈔者併也。伯驥按：禽星之用不一。王棠燕《在閣日知錄》云，古者術數有三十六禽，蓋每辰而三，子則鼠也、蝠也、燕也，

丑則水牛、黃牛、兕牛，寅則虎、豹、貙，卯則兔、狐、貉，
辰則龍、蝮、蛟，巳則蛇、蚓、蛞蝓，午則馬、鹿、獐，未則
羊、犴、羚，申則猿、猴、狄，酉則雞、雉、烏，戌則狗、狼、
豺，亥則豚、貐、蒿豬。陶隱居略引之，李淳風引《詩緯推災
度》，以十五國風應十五星禽，亦此意也。今世祇知十二支各屬
一物，及十二宮屬二十八宿之禽耳，不知支屬三十六物云云。
蓋十二禽屬之說，散見漢儒所著書中，其後演爲三十六禽，則
蕭吉《五行大義》引《六壬經法》詳其理。今觀池氏之書，實
以三十六禽爲推演。前有教諭蕭承流序，略云，隱雲之編《禽
通》，欲示後來驗法可用，事雖今之不同，而理合古之一者也。
予因隱雲請之至，故序其首，以爲萬世之龜監。隱雲，當是本
理之號也。中有《禽星出兵論》云，兵法曰將既授命於君，興
師動衆，選吉日、鑿凶門，而長驅十萬之衆，張設輜重什物軍
需之類，穿山涉水，過險度關，人馬紛紜。事有萬端，不可不
明於禽通。池氏又云，蓋聞天上禽星，各有落泊之所。世間學
者，當明喜忌之宮，遇凶則凶，遇吉則吉。蓋此類之書，不僅
爲兵家所取，專以七元甲子局，用翻禽倒將之法，推時日吉凶，
以利於用。清《四庫提要》云，或以爲其法始於張良，本風后、
神樞、鬼藏之旨，爲兵家祕傳。蓋好事者附會之說，其實於一
切人事得失趨避，無所不占。《四庫》又著錄《演禽通纂》二
卷，不著撰人姓名，其書以演禽法推人祿命、造化，實同斯意。
《提要》謂，相傳出於黃帝七元之說。唐時有《都利聿斯經本梵
書》五卷，貞元中李彌乾將至京師，推十二星行歷，知人貴賤。
至宋而又有《秤星經》者，演十二宮宿度，以推休咎，亦以爲
出於梵學。晁公武《讀書志》復有《鮮翳經》十卷，以星禽推
之吉凶，言其性情嗜好。說者謂本神仙之說，故載於《道藏》。

其書均已失傳，而詳溯源流，要皆爲談演禽者所自祖。今世亦
頗有通其術者，則以爲本於明之劉基，然其中如《甲子寶瓶》
之類，與《回回曆》所載名目相近，似其源亦出於西域，蓋即
《秤星》《鮮鸜》之支流，傳者忘其自來，遂舉而歸之於基，非
其實也。其書上卷載三十六禽喜好吞啗，干支取化，及旬頭胎
命流星十二宮行限入手之法。下卷《鑒形賦》，具論窮達、夭
壽、吉凶變幻之理，其詞爲俗師所綴集，大抵鄙俚不文。而其
法則相承已久，實符三命之學，故存之以備一家，可與壬遁諸
書參覽云。池氏以斗牛獬爲斗牛蟹，謂其性最弱，靜而安閑，
非獬豸之獬。《四庫提要》謂其足訂星家之訛異。葉氏德輝謂丑
之爲蟹，出《易·中孚》鄭注爻辰，其說在池氏之先。葉氏喜
談此術，或有所見也。蓋唐宋以來，此類學說，甚爲流行，著
之可以見前代國風民俗，並非侈談之以起信也。此書末有“詹
氏進賢書舍寫正新刊”牌子，蓋明刻本。森立之《經籍訪古志》
著録詹氏進德精舍弘治壬子翻刻南山書院本《廣韻》五卷，陸
氏心源亦有其書。進賢、進德，或昆仲行與。

三命通會十二卷明刊本。

明萬民英撰。前有萬曆六年自序，略云，羲皇作《易》，乃
因數究理；周茂叔作《太極圖通書》，乃因理明數。今星命家者
流，乃於人有生之初，推年月日時，立名四柱，而謂之命。其
說肇於珞琭子，衍於李虛中，盛於徐居易。余博求古今之書，
凡語及陰陽五行、生尅制化有關星命者，必深探其所以然之理，
知古人推命論、納音論、干支論、格局論，所用變化，要皆有
至理寓焉。然人有日時同而貴賤迥然，乃月令節氣淺深之辯；
有八字等而壽夭不齊，實內外業緣所感之殊。矧時差刻漏，氣

判正初，世分治亂，運隨古今，風水可奪神工，陰陽可改天命。人生遭際修爲，安得一例論乎！末題前進士楚江易水育吾山人萬民英書。卷十二有《元理賦》《骨髓歌》，蓋又近於醫家之《湯頭歌訣》矣。半葉十行，行二十字，有點句。按命理之書，以隋蕭吉《五行大義》爲最古，次則唐李虛中《命書》。《四庫》全書開館時，館臣從《永樂大典》采出。復有珞琭子《三命消息賦》注二家，又有《新刊祕訣三命指迷賦》一卷，而宋廖中撰《五行精記》三十四卷，最爲繁富，論者以爲此書所從出。康熙《圖書集成》收《三命通會》三十四卷，即全襲其文，可以證也。此書祗十二卷，又不及其富矣。

人象大成一册寫本。

　　明袁忠徹撰。前有自序云，太宗文皇帝在潛邸時，乃遣典膳井泉等齎楮帛以聘示觀相人之書。諭之曰，夫三才者天、地、人，是天有天文之書，地有地理之書，人稟五常，靈於萬物，古之善相者，亦各有書，當集爲一家，名之曰《人象大成》。爾父袁廷玉曩受異人之傳，得相人之妙，爾既克紹承家學，當究心是書。今特命爾與內使哈喇帖木、識字人朱秀沈淳、畫士白晳，以類編書成錄進。爰述聖諭於編端。伯驥按：廷玉初名珙，以相術受知成祖潛邸。王錡《寓園雜記》稱，廷玉在潛藩，屢相有驗，登極受以太常丞。太宗一日出宋、元諸帝容命相，袁見太祖、太宗曰，英武之主。自真宗至度宗曰，此皆秀才皇帝。元自世祖至太宗曰，皆是吃綿羊肉郎主。見順帝則曰，是秀才皇帝也。太宗大笑，厚賜之。蓋相人之妙，固袁氏家學也。《今言類編》云，廷玉少游海上，遇異人授相術，論人吉凶輒驗。成祖聞廷玉名，洪武二十三年九月密召至北平。一見，伏地叩頭曰，真太平天子。靖難後，召爲太常寺丞。子忠徹序班，未幾珙請老歸，卒，贈太常少卿。忠徹能傳父術，宣德中，嘗侍上言天顏慘肅，恐宗人有急變。未七日，高煦反書至。官尚寶少卿，致仕卒，年八十有三。

玉髓真經二十一卷明刊本。

題國師張洞玄子微祕傳。前有嘉靖間提督兩廣軍務兼理巡撫侯官張經序，略云，周秦之間，宅兆是卜，《漢·藝文志》有《地形書》二十卷，則相地之法漸詳於此。厥後有《囊經》，説者謂其文古雅，出自黃初年，至晉郭景純遂得而祖述焉，斯乃相地攸宗。近世惟以楊筠松之《畫筴圖》、劉江東之《金函經》爲準。宋張子微氏，洞曉陰陽，推測造化，乃采諸家所長，而參以獨見。凡前人所未發者，皆發明無隱，而劉允中之注釋，蔡季通之發揮，皆互相表章。曰玉髓，以其言乎至精，曰真經，以其言乎至當。蓋集其大成，而爲地理全書也。惟書祕鮮傳，間傳或非善本。侍御少嶽陳公按閩暇，乃出所錄本，又以杜給舍及予家所藏者，屬郡守吳君校刻而傳。昔者王公設險以守其國，周營洛邑，謂居天下之中，是皆擇地以定至計。《周禮》有墓大夫之職，其制甚詳，先儒又謂人子不可不知地理，蓋以其親體魄不宜置於非地。是地理之學，固關治道、翊風化，乃聖人之所先務，亦儒者窮理之大端。乃若所謂枯骸得氣，遺體受榮，意之所存，豈專於是。次有紹興丙辰長沙劉允中序，略云，初得開寶國師張子微所傳其徒前後三卷。後漫浪金陵，遇道士郭守一，自稱爲景純之後，因納質北面，願究其學，始獲其書，乃張子微《玉髓經》也。次有紹興芻牧謫隸蔡季通序，略云，得《玉髓真經》善本於子微七世孫駕部公，遂錄而寶之。嘗欲

注釋而未暇也，繼以罪謫離索荒郡，平生所悉既爲僞學，不敢
復談義理以速大禍，乃玩閱此經，而允中已釋之矣。余乃爲之
發揮，其形象圖錄，間有分毫訛謬者，皆以駕部家藏善本正之。
次《目錄》，分《玉髓真經總目》共三十論，《玉髓後卷總目》
十八論，《玉髓本原》三卷，《玉髓祕傳》三卷。半葉十二行，
行二十三、二十四字不等，板匡內無墨綫。別有一本，則題
《玉髓真經》三十卷，宋張洞玄撰，劉允中注。後二十一卷，後
門人等述。前題宋國師張洞玄子微祕傳，蔡元定發揮。有題字
云，“張洞玄宋初人，太祖將定都，徵地師十七人議之，子微實
定汴京之策”。見後二十卷慕容德修序。元貢師泰謂卜宅之法，
莫善於郭氏《葬書》，莫精於曾揚之學，欲知郭書，必求之曾
揚，欲知曾揚，必求之《玉髓》。又言，朱子嘗篤信而辨論之，
至正李仁齋撮其微旨，著爲《圖經》。見《玩齋集》卷第八。
是宋元之際，此書頗爲儒者所重，乾隆中開四庫館未見此書。
《敏求記》雖著於錄，無後二十一卷，其流傳之罕可知。後第十
八卷張楷所記與朱子論《玉髓》語，名曰《嶽麓問答》，憑空
肊造，黃氏所謂朱子嘗篤信而辨論之者歟！見日人岩崎《靜嘉
堂秘籍志》卷二十五。

墨子十五卷 明刊本。

　　舊題周墨翟著。前題新刊《墨子》。有嘉靖癸丑吳興陸穩序
云，余讀賈生《過秦論》，至孔、墨並稱，竊疑焉，以爲墨非聖
人類也，賈生特言之過耳。及觀韓昌黎《讀墨篇》，謂其道與聖
人相爲用，又疑焉。昌黎宗孟氏之學者，孟氏闢墨甚嚴，而昌
黎乃稱取至此，何其言之殊耶，抑果墨之道可尚，而無所背於
聖耶？余既不敢以爲是，而亦不敢以昌黎爲非，惜乎不見墨氏

之書，以決胸臆之疑，而徒懸兩可之見。前年居京師，幸於友
人家覓內府本讀之，乃知墨之道果眞異於自私自利之徒，而其
言足以鼓動天下之人，天下尊而信之，不在於孔氏下，其與孔
並稱宜也。孟氏出其後，獨取天下之所尊信者，闢而絕之，得
無防其流歟！嗚呼，子夏之後爲子方，子方之後爲莊周，謂周
之學出於孔子乎？學者資稟趨向，自人人殊，而其師學術，或
有未端，果能導其流乎？否也。別駕唐公以博學聞於世，視郡
暇，訪余於山堂，得墨原本，將歸而梓之。故余効昌黎之説表
章之云。此書分十五卷，七十一篇。第十三卷十五葉第一行外
字下有"太祖廟諱上字"雙行六字，可爲出自宋刻之證。卷十
五第二十七葉第七行"城"字下注元本空三字，當亦宋本缺字
也。墨子舊刻，宋元本絕尟，惟明嘉靖間唐堯臣陸穩刻本，尚
有流傳，此外尚有明江藩據唐氏重刻，江刻流傳不尟，而唐刻
原本則不多見。此本當是別有重刻唐本者，曾見友人藏本有草
書字序，今本佚之，殆書買去之以冒唐刻。至楊氏《鞦韆樓遺
稿》，稱許萬曆茅刻《墨子》，謂爲孫氏詒讓所未見，然所謂茅
刻者，實書買以陸序改爲茅序，亂人耳目。已數百年，可知此
本雖重刻唐本，亦勝於爲僞之茅刻，談目錄板本者所宜知也。

吕氏春秋二十六卷 元刊本。

　　秦吕不韋撰。前有元鄭元祐序，略云，江南內附初，北方
賢士大夫宦轍南邁者，往往嗜古績學。元祐恨生晚，無以參侍
諸大老。若徐公子方父、暢公純父、劉公居敬父號節軒先生，
尚及以諸生拜之於老先生坐席間。久之，金華胡汲仲先生講道
虎林山之僧舍，賓友終日相過從，其獲延致中座，與先生劇談
古今，北南士大夫不數人，即節軒先生則其一也。公時時與先

生論先秦古書，以爲秦自用商鞅，驅其民不戰則畊，禁絕先王之學，固不行李斯建言之時也。然呂不韋迺能招延四方辨博之士，成《呂覽》一書，其書雖醇疵相參，至於奇聞異見，有裨世教。若《月令》爲書，小戴取之以記《禮》，先儒不謂其爲不可也。顧其書版本不復刊，而讀者亦甚寡，節軒先生不樂仕，僅以監察御史終。其子嘉興公，以文儒起家，爲嘉興路總管，念其家所藏書皆節軒先生所手校，於是出其一二，俾以刊於嘉禾之學宮，而《呂氏春秋》其一也。公念元祐嘗受學於胡先生之門，固以諸生拜御史公者矣。《呂覽》既刊版，乃俾元祐爲之序。御史公，海岱人，諱克試，字居敬，累贈至禮部尚書。嘉興公，名貞字庭幹，由嘉興擢授海道都漕運萬戶云。遂昌鄭元祐序。次低一格，有慶湖遺老識語云，右《呂氏春秋》總二十六卷，凡百六十篇，餘杭鏤本亡三十篇，而脫句漏字，合三萬餘言。此本傳之於東牟王氏，今四明使君元豐初奉詔修書於資善堂，取太清樓所藏本校定。元祐壬申，余臥疾京師，喜得此書，每藥艾之間手校之，自秋涉冬，朱黃始就，即爲一客挾之而去。後三年見歸，而頗有欲得色，余亦心許之。得官江夏，因募筆工錄之，竟以手校本寄欲得者云。半葉十行，行二十字。

呂氏春秋二十六卷 元刻明修本，張良御舊藏。

秦呂不韋撰。前有方氏《讀呂氏春秋》及自儆庵識語云，《呂氏春秋》十二紀、八覽、六論，凡百六十篇，呂不韋爲秦相時，使其賓客所著者也。太史公以爲不韋徙蜀，乃作《呂覽》，夫不韋以見疑去國，歲餘即飲酖死，何有賓客，何暇著書哉！史又稱不韋書成，懸之咸陽市，置千金其上，有易一字，輒與之。不韋已徙蜀，安得懸書於咸陽！由此而言，必爲相時所著，

太史公之言誤也。不韋以大賈乘勢，市奇貨，致富貴，而行不
謹，其功業無足道者。特以賓客之書，顯其名於後世，況乎人
君任賢以致治者乎！然書誠有足取者，其《節喪》《安死》篇
譏厚葬之弊。其《勿躬》篇言人君之要在任人，《用民》篇言
刑罰不如德禮，《達鬱》《分職》篇皆盡君人之道，切中始皇之
病。其後秦卒以是數者債敗亡國，非知幾之士，豈足以爲之哉。
第其時去聖人稍遠，論道德皆本黃老，書出於諸人之所傳聞，
事多舛謬。如以桑穀共生爲成湯，以魯莊與顏闔論馬，與齊桓
伐魯，魯請比關內侯，皆非其事，而其時竟無敢易一字者，豈
畏不韋勢而然耶！然予獨有感焉，世之謂嚴酷者必曰秦法，而
爲相者乃廣致賓客以著書，書皆詆訾時君爲俗主，數秦先王之
過無所憚，若是者皆後世之所甚諱，而秦不以罪。嗚呼，然則
秦法猶寬也。右天台方遜志先生讀《呂氏春秋》作也。先生氣
節冠代，而於是書有取焉，誠不以人廢矣。南雍舊有板刻，蓋
自元時，歲久刓闕，余慮其逾久而廢逸也，爰覓善本校補之。
顧許、楚二刻，胥倣菴板，而仍其闕者，六續得舊本，迺補其
半，餘尚虛木，俟好古者。甲戌秋日自儆庵識。次有元鄭氏序，
及慶湖遺老記語。蓋此本爲元刻，而明南雍修補者，半葉十行，
行二十字。卷末有墨筆題字云，康熙五十二年七月讀。捺有
"依歸"二字白文章，考《嘉慶揚州府志·文苑傳》，張符驤字
良御，泰州人。中康熙六十年進士，官庶吉士。少承家學，著
有《自長吟詩集》《依歸草文集》，與陳大始等論性理，反復辨
難，多前儒所未發云云。張氏《書目答問》，列《依歸草》於
集部，而不詳其人，尚爲疏略。此當是張氏藏讀本，蓋張氏之
文，實宗法震川者也。

淮南鴻列解二十卷 明刊本，有校筆。

前題漢太尉祭酒許慎記上，後學劉績補注，後學王溥較刊。
前有高誘序，不題姓氏。大黑口，上下左右雙綫，上魚尾下題
《淮南》卷幾，下魚尾下記葉數，半葉九行，行十七字，小註雙
行，行亦十七字。《淮南子》世有二本，一爲二十一卷，出於宋
槧；一爲二十八卷本，源出《道藏》。至二十卷本，則俗本而
已，此正二十卷本，原不足存，以其有前人校語，頗爲精審，
特著錄之。

儒門經濟長短經九卷 舊鈔本，王于陽舊藏。

前題唐梓州郪縣長平山安昌岩草莽臣趙蕤撰，其自序曰，
成輿者憂人不貴，作箭者恐人不傷，彼豈有愛憎哉！實伎業驅
之然耳。是知當代之士，馳騖之曹，書讀縱橫則思諸侯之變，
藝長奇正則念風塵之會。故先師孔子深採其本，憂其未遂，作
《春秋》大乎王道，製《孝經》美乎德行，防萌杜漸，預有所
抑，斯聖人製作之本意也。然作法於理，其弊必亂，若至於亂，
將焉救之？是以御世之理，罕聞沿襲，三代不同禮，五霸不同
法，非其相反，蓋以救弊也。是故國容一致，而忠文之道必殊，
聖哲同風，而皇王之名或異，豈非隨時設教沿乎此，因物成務
孚乎彼。沿乎此者，醇薄繫於所遭，孚乎彼者，王霸存於所遇。
故古之理者，其政有三，王者之政化也，霸者之政威也，強國
之政脅之，各有所施，不可易也。夫霸者駁道也，雖稱仁引義，
不及三王，而扶顛定傾，其歸一揆。恐儒者溺於所聞，不知王
霸殊略，故敘以長短，術以經論，通變者翅立題目，總六十有
四篇，合爲九卷，名曰《長短經》，大旨在乎寧固根蔕，革易時

弊，興亡治亂，具載諸篇。爲沿襲之遠圖，作經濟之至道，非
欲矯世誇俗，希聲慕名。輒露見聞，逗機來哲，凡厥有位，幸
望詳焉。蕤字太賓，梓州鹽亭人，博學韜鈐，長於經世。開元
中召之不赴，著有《長短經》十卷。見《唐書·藝文志》及孫光憲《北
夢瑣言》。李白嘗師之。見《唐詩紀事》。此爲前清齊河縣丞王于陽藏
寫本，卷末有其識語。于陽名初桐，嘉定人。王培荀《鄉園憶
舊錄》卷五，有于陽《泰山觀磨崖碑詩》。又王氏昶《雪鴻再
錄》第二十葉云，得王氏初桐信，時爲齊河縣丞，蓋詞人也。
又于陽有《巀嵲山人雜著》，乾隆本，並有《京邸校書錄》六
十卷。

化書六卷弘治甲子刊本。

　　前題紫霄真人譚景昇譔。前有李紳序，略云，五代時南唐
有道之士譚景昇，所撰《化書》一冊，凡六卷，分道、術、德、
仁、食、儉六化，共百一十篇。其意謂道不足繼之以術，術不
足繼之以德，德不足繼之以仁，仁不足繼之以食，食不足繼之
以儉，其名愈下，其化愈悉。是書在天順間代府板行，歲久磨
滅，見之者罕。方外友鄭君常清，深得是書之旨，恐後人之不
及見也，欲翻刊之，謀於定州善士劉達字景亨者，即慨然捐資
命工壽梓。間以序屬余。弘治甲子賜進士奉政大夫修正庶尹光
祿寺少卿抱犢山人李紳縉卿序。半葉九行，行二十字。峭字景
昇，著《化書》，宋齊丘攘爲己作，故亦謂之《齊丘子》。而前
清章氏學誠《文史通義·言公篇》，乃云譚峭竊《化書》於齊
丘，殊誤。

法藏碎金錄十卷明刊本。

　　宋晁迥譔。迥字明遠，世爲澶州清豐人。徙家彭門，官至

禮部尚書，謚文元。前有自序，略云，予爰自弱齡，逮茲暮齒，探古聖之域，闚衆妙之門，涉獵儒道諸經，必也攷求微旨，修身慎行，著爲箴規。又於貝典詳觀，倦聞世諦，洞見至理，新新無窮。挂冠之後，棲息乎浚都昭德坊之舊居，別輯靜齋，翛然獨處，素所樂欲，習以成性，手不釋卷，筆不停綴。貫微臻極，深入骨髓，消憂釋結，大沃襟靈，斐然章句，聯翩衍溢，開陳有補，弗忍遐棄，衆製詞律，存乎別集，每分類例，頗煩命篇。自今聽覽機會，或該演勸，屬文導意，靡拘詳略，片言鱗次，混而編之，數無預定，興盡當止。奉法寶而推美，非小智之自矜，故名之曰《法藏碎金錄》，内有意涉重出，積習之故，前輩亦爾，不復刪簡。若其束於教者，或以迦談見誚，亦無憚焉，不能以外妨内也。時天聖五年丁卯歲季秋望日序云爾。天聖九年仲冬月稍量字數，分爲十卷。錢唐丁氏《善本藏書志》謂晁、陳二家，俱作《法藏碎金》。文元裔孫瑈跋語，及此本版心，亦無“錄”字，則卷首標題，當是後來臆加。伯驤按：自序已有“錄”字，晁氏説之《嵩山集·送郭先生序》，亦有此稱，丁《志》尚考之未審也。《送郭先生序》曰，説之高祖太師文元公，自國初爲聞人，仕宦極禮樂文章之選。逮仁宗即位，始獲如請致仕。著書於八十歲之餘，其書凡三十有四卷，而十卷名之曰《法藏碎金錄》，今行於世。其肯熟讀酷好者有二人焉，一曰窮悴之世，爲儒不肆其胸臆，禪侶不私於宗派，道人能厭飛鍊者；其二曰得意方顯仕，而中道逆風垂翅，乃懼富貴，而恐無以勝憂患者。與夫白首謝事得歸，而未有以忘平昔之豪習而自勝杜門者，必吾祖是書之好。若慧林覺海冲老，每舉揚是書，以勉其學徒。文潞公奉之終身，篤名理之談，則未易可必以得之也。臨邛郭先生敏修，早出游中州，與公卿大夫周旋，

得是書而三嘆息焉，自謂吾得異人而師之，其語微妙奧密，不
若此之璀粲光明，可以衆共之也。先生曰，夫予之所以生生者，
智水不可不崇，而禮火則卑之也，此卦之所以既濟也。其崇其
卑，至於効法天地，而與乾坤並列，乾坤泰否，既濟未濟，皆
一卦也。三十輻共一轂，則六十四卦同爲一車之輻也。生死之
徒十有三，而乾坤之一二，離坎之六七，則共爲一輻之運萬里
也。每恨巴蜀僻陋，不得與上國之禮文，乃以《法藏碎金》委
鄉人刻之之版久矣，今幸見其著書主人之孫子，悟語如故舊，則
吾之所得者多矣。説之起拜而謝之。觀此則《碎金》之在宋，
已有盛名，且蜀中亦經板刻矣。此書晁《志》附載《道院集
要》後，陳《錄》列之釋家，然其旨蓋包涵諸家，融會壹是，
故此目特錄之雜家，傳本絶罕。明嘉靖乙巳裔孫翰林檢討㻧始
從館閣錄出，鏤版以行，附載文元公逸事。丁氏著錄者舊爲季
滄葦藏，有"季振宜藏書印"，及"古吳王氏"。印，黄蕘圃手
跋謂明刻之可貴，直將過於宋元鈔校本，洵不誣也。清《四庫
總目》列此書於釋家類，殊未諦。此陽湖孫氏、長沙葉氏，所
以多所變更《庫》例也。伯驥於孫、葉諸家，亦間有訂誤，拙
撰《四庫書目舉正》，屢罝論之，此不復著。

芻言上中下卷前清四庫館寫底本。

　　宋崔敦禮撰。前有翰林院印。卷上有崔氏題首云，敦禮居
山間，有書三卷，上卷言政，中卷言行，下卷言學，凡三百有
五篇，言簡語樸，不知緣飾，其芻蕘之愚乎？乃命曰《芻言》。
卷上第十葉有云，倕作弓，夷牟作矢。館臣案語云，夷牟，徐
堅《初學記》引《世本》作牟夷，然《吕覽》及許慎《説文》，
亦作夷牟，今從原本書之。卷上第十二葉，客有一昔於驛，小

註云，一昔一夜也。《列子》昔昔，註訓爲夜夜。亦館臣校語。敦禮本河北人，南渡後與弟敦詩同登紹興進士，官至諸王宫大小學教授，愛溧陽山水，買田築室居焉。序首所謂居山間，有書三卷，是此編固南渡後所作。清《四庫提要》謂此書首卷以道德仁義分析差等，中又以諸經傳注爲蠹道之書。其旨頗雜於黄老，未爲粹然儒者之言。至其間指切事理，於人情物態，抉摘隱微，多中竅要，則亦不可盡廢者。亦平心之論也。

鳴道集説一卷_{明寫本。}

　　金李之純撰。之純號純甫，襄陵人。承安中進士，前後三入翰林，正大末出倅坊州，未赴。改京兆府判官，卒於南京。是書列周、程、張、邵、朱、吕、蔡諸人之説，加以條辨，大旨以佛爲歸，因而力駁孔子之道，滔滔翻瀾，主要不外乎此。至號爲中國心學，則李氏之創論也。前有明王禪序，略云，古者立言之君子，皆卓然有所自見，其學術不苟同於衆人，而惟道之是合，故其言足以自成一家，有託以不朽。是故聖人没，道術爲天下裂，諸子者出，言人人殊，然要其旨歸，未始不合乎道，夫苟合乎道矣，而其言有不傳者，未諸有也。先生資識英邁，天下書無不讀，其於莊周《列禦寇》《左氏》《戰國策》爲尤長，文亦略能似之。三十歲後徧觀佛書，既而取道學諸書讀之，一旦有會於其心，乃合三家爲一，取先儒之説，箋其不相合者，著爲成書，所謂《鳴道集説》也。遺山元公嘗以中原豪傑稱之，謂其庶幾古者立言之君子，豈不信乎！世之學者知守經以篤信，而不知會通以求道，故有以一人之見，而決千載之是非者，鮮不羣疑而衆駭之。先生是書，其雄辨閎論，以一人之見，決千載之是非者，往往而是。予故竊論其大旨著於篇端。

居家必用事類全集十卷 明黑口本，葉郎園舊藏。

此爲長沙葉氏藏本。葉氏有跋云，《居家必用事類全集》十
卷，以十干計卷，明大黑口本，每半葉九行，行十六字。無刻
本書序，亦無撰人。《四庫全書總目》雜家類存目七云，內府藏
本。《提要》稱不著撰人名氏，載歷代名賢格訓，及居家日用事
宜，以十干分集，體例頗爲簡潔。辛集中有大德五年吳郡徐元
瑞《吏學指南序》，聖朝字俱跳行。又《永樂大典》屢引用之，
其爲元人書無疑。黄虞稷《千頃堂書目》云，或謂熊宗立撰，
恐未必然也。按集中引前人言行，及所著書，至吳草廬止，誠
如《提要》所云爲元人書。其各集所載宋趙師俠《拜命曆》、
孫偉《祭饗儀範》、《周書祕奧》《營造宅經》，皆不傳之祕笈，
苟非此書全録其文，則亡佚久矣，過而存之，不且有功舊籍哉。

子 部 三

白虎通德論十卷_{元大德刊本。}

前題漢臣班固纂集。前有識語云,漢、唐書籍以通名者五,惟《白虎通》與《風俗通》乃諸儒之所討論,實爲鉅典。而所至缺此板,余嘗持節七閩,如建安書市,號爲羣籍所稡,訪求無有也。今錫學得守平父家藏《白虎通》善本,繡梓以廣其傳,是亦明經之一助,豈小補哉!大德乙巳四月望日,中奉大夫雲南諸路行中書省參知政事東平嚴度恪齋題。又云,《白虎通》之爲書,考之載籍,始於漢建初中淳于恭作《白虎奏議》,又《班固傳》作《白虎通德論》,《唐·藝文志》亦載班固等《白虎通義》六卷,此其所自歟!平生欲見其完書,未之得也。余分水監歷常之無錫,有郡之耆儒李顯翁晦識余於官舍,翌日攜是帙來,且云州府守劉公家藏舊本。公名世常,字平父,迺大元開國之初行省公之子,魯齊許左轄之高弟,收書不啻萬卷。其經史子籍,士夫之家亦或互有,惟此帙世所罕見。郡之博士與二三子請歸之於學,將鏤板以廣其傳,守慨然許之,今募匠矣。余識其卷首。余謂是書韜晦何止數百歲而已,一旦顯於是邦,殆亦有數而然耶!以郡守之博古廣文,暨諸生之好學,俱可嘉尚,於是乎書。大德九年四月旦日,東平克齋張楷序。劉氏序

云，或謂是書中間多有魚魯之嫌，如首篇授尚書言迎子劉一事，
即《尚書·顧命》考之，迎本作逆，劉本作釗，其當時傳寫之
誤耶。借曰初得舊本如斯，今既重刊，改而正諸，不亦宜乎？
殊不思《大學》以《尚書·堯典》俊德作峻德，《孟子》以
《毛詩》烝民秉彝作秉夷，誰不知其然，千古至今讀誦，豈無宗
工鉅儒者出，蔑有一人敢爲改正。由是觀之，《白虎》亦由是
也，間有不安，盡從其舊。纂之者班固，漢時人，去古未遠，
必有所祖，假借通用，未可盡知。後人未得班固之心，安得輕
議班固之述作。儻能知《禮記·緇衣》以君牙爲君雅，《說命》
爲兌命之意，則能釋魚魯之疑矣。昔人有云，讀書未到康成處，
安敢高談議漢儒。觀書者試思之。劉世常序。謹案：《後漢·章
帝紀》曰，四月十一月壬戌詔諸儒會白虎觀，講議五經同異，
使五官中郎將魏應承制問，侍中淳于恭奏，帝親稱制臨決，如
孝宣甘露石渠故事，作《白虎奏議》。注云，今《白虎通》。又
按《班固傳》曰，天子會諸儒講論五經，作《白虎通德論》，
令固撰集其事。此書所作之因也。書肆舊嘗鋟木，歲久摩滅，
竟亡此集，學者欲見而不可得。邇者朝廷崇尚實學，敬以家藏
監本刊行，與眾共之。此則識末之語也。半葉九行，行十七字，
小黑口。伯驥按：鄒氏《午風堂集》卷一云，班孟堅《白虎
通》，晉、宋迄唐諸史志及釋經集類之書，皆曰《白虎通》。近
盧抱經刊本，斥《崇文總目》標題《白虎通德論》之非，其說
未安。愚按：《章帝紀》則曰下太常，將、大夫、博士、議郎及
諸生諸儒會白虎觀，講議五經同異，作《白虎議奏》。於《班固
傳》則曰，會諸儒講論五經，作《白虎通德論》。於《儒林傳》
則曰，命史臣著爲《通義》。曰奏議、曰通德論、曰通義，皆諸
儒論奏之文，卷帙繁多，無慮百餘篇，觀《蔡中郎集》巴郡太

守謝前後賜書可見，迨因撰集成書，始名曰《白虎通》。觀《班固傳》上云，天子會諸儒講論五經，作《白虎通德論》。下云，令固撰集其事，文義顯然。蓋古人解經並謂之通，通義、通德，皆可名曰通。洪容齋云，如洼丹《易通論》，名爲《洼君通》是也。盧氏本採周廣業之説，謂通德二字本不連讀，疑《白虎通》之外，別有《德論》，復引李善《文選注》孟堅有《功德論》云云，失之遠矣。此説攷覈至碻，特附記之。

白虎通德論十卷 元刊本，有校筆。

前題臣班固纂集。大德九年劉平父刻本，卷數與陳氏《書録解題》合，以《爵》《號》《謚》爲首，《五祀》《社稷》《禮樂》次之，《封公侯》《京師》《五行》次之，《三軍》《誅伐》《諫諍》《鄉射》《致仕》《辟雍》《災變》《耕桑》次之，《封禪》《巡狩》《考黜》次之，《王者不臣》《蓍龜》《聖人》《八風》《商賈》次之，《瑞贄》《三政》《三教》《三綱六紀》次之，《情性》《壽命》《宗族》《姓名》《天地》《日月》《四時》《衣裳》《五刑》《五經》次之，《嫁娶》次之，《紳冕》《喪服》《崩薨》終焉。每半葉九行，行十七字。黃蕘圃曾得汲古閣舊本於太倉故家，《目録》上卷《封禪》下脱《巡狩》《考黜》兩條，世所傳爲宋刊小字本，即吳槎客所藏盧抱經所見之本也。核其板刻字體，實元時重刊本，每半葉十二行，行二十三字，匡字、戌字有缺筆。《目録》前有小序云，《白虎通德論》者，後漢孝章帝詔於白虎殿，會羣儒講論五經同異所作也。後漢玄武司馬班固，字孟堅，奉詔纂其事奏御凡十卷。今作上、下卷云，其細目上作圓圈者凡十，猶仍十卷之舊。上卷以《爵》《號》《謚》爲首，《崩薨》《喪服》《紳冕》次之，《五祀》《社

稷》《禮樂》次之，《封公侯》《京師》《五行》次之，《三軍》
至《耕桑》凡八篇　《封禪》《巡狩》《玫黜》次之。下卷以
《王者不臣》至《商賈》凡五篇爲首，《瑞贄》至《三綱六紀》
凡四篇次之，《情性》至《五經》凡十篇次之，以《嫁娶》終
焉。其編次又略異矣，此本自始至末，均有校語。

白虎通德論十卷　明汪士漢刻本，有校筆。

前刻元大德間嚴氏序。次低一格，有汪氏題記云，按，班
固字孟堅，扶風人。漢章帝詔諸儒會白虎觀，講論五經同異，
今固作《白虎通》，固因集是書。王鳳洲曰，班固取經傳不背理
學，大抵出於不韋、仲舒之緒論，而立賞罰，議褒貶，則《公》
《穀》之義居多。新安汪士漢考輯。半葉十行，行二十字。書爲
海寧陳氏仲魚舊藏，有朱筆校語。

東觀餘論二卷附錄一卷　天一閣舊鈔本。

宋黃伯思撰，其子詡編。詡官右宣教郎。清《四庫全書》
著錄不數《附錄》一卷，《書錄解題》別集類、《通考》集類、
《宋志》小學類，俱載之，《通考》則作三卷，字之誤也。是書
前有大觀戊子自序稱，僕自幼觀古帖至多，雖豪墨積習未至，
而心悟神解，時有所得，故作《法帖刊誤》。《附錄》中有紹興
丁卯詡跋稱，以先人所著《法帖刊誤》《祕閣古器說論辨題
跋》，共十卷，總目之曰《東觀餘論》。據此知詡合《法帖刊
誤》，及《博古圖說》爲一篇，總題此名，以其父終於祕書郎，
故稱東觀也。陳氏稱，李伯紀爲長睿志墓，言所著《古器說》
四百二十六篇，悉載《博古圖》，今以圖考之，固多出於伯思，
亦有不盡然者，是本所載《古器說》，不足四百二十六篇之數，

而以陳氏説校之，亦殊不合，或詘有所去取於其間也。王氏
《鳶尾文》卷七謂，秀水項氏校刻此書大字本，仿佛宋槧，後附
李忠定公撰《墓誌銘》，末有子詘紹興丁卯後序、嘉定中樓攻媿
序。詘云，紹興初寓居福唐，以先人秘閣學士校定《杜子美集》
二十二卷，槧本流傳。忠定稱其有《東觀文集》一百卷。又序
其校定《杜工部集》云，武陽黃長睿父博雅好古，尤篤喜工部
詩，用東坡之説，隨手編纂，以古律相參，先後始末，皆有次
第。然後子美之出處，及少壯老成之作，粲然可觀。自開元全
盛之時，迄於至德、大曆干戈亂離之際，詩凡千四百四十餘篇。
長睿父官洛下，與名士大夫游，又得逸詩數十篇，參於卷中，
及在秘閣得御府定本，校讎益號精密，非世所行者比。忠定此
序，作於紹興六年丙辰，距長睿之殁十有七年。雲林博雅擅宋
代，編校必精，今其書不知尚傳否。吳若校杜詩自序稱，雜引
樊晃開運二年官書王介甫、宋景文、黃魯直、陳無己、晁以道
諸家，亦無一語及長睿。按若序作於紹興三年，而長睿書列於
紹興六年，則未見此書明矣。唯胡仔所見八本，有長睿校定
《杜工部集》，記之俟訪於藏書者云云。王氏之言，亦讀此書者
所應知也。秀水項氏仿川刻重鎸本，弗廣流布，王氏書苑與諸
書同梓，近於坊買所爲，譌謬脱簡，不一而足。前人所舉，如
《周雲雷鐘跋》，原與周罍、周洗及一柱爵各自著説，條然四簡，
混爲一段，疑銘首尾無從摸索。又劉原父《跋弤仲匜銘》，全文
百五十餘言，謹存二行半，甚失長睿本色。刻本甚少佳者，范
閣此本，可資攷勘，藍格精寫，有范氏藏章。

西溪叢語二卷 明鶡鳴館刻本。

宋姚寬著。前有宋紹興間自序，略云，予以生平父兄師友

相與談説履歷見聞、疑誤考證，積而漸富，有足采者，因綴輯成編，目爲《叢語》，不敢誇於多聞，聊以自怡而已。次有明嘉靖戊申錫山俞憲汝成氏撰刻此書序，此本缺去俞序第二葉，兹從黄蕘圃題跋中補録之。序云，宋馬端臨紀載小説家，無慮什百，近世每刻輒彙數十家，然雅俗並陳，正靡間出，覽者或不慊云。往過西京馬西玄氏，獲見姚寬《西溪叢語》，文質而達，辨據而晢，事縱而博，義質而新，往往足備攷證，有裨經史，匪直括异紀談，啓顔資暇而已。余竊愛焉，久不去於心。頃過三石喬子文復見之，問所從，卽西玄鈔本也。第多脱訛，不便披省，遂相與校覆一過，屬臨溪楊子刻之武昌。敍曰，宋姚寬無顯名，觀其自序，蓋博聞多識之士。又自言嘗按嶺外，出守會稽。或曰寬善天文，言時事有驗，將除郎，卒。官止六部監門。今皆不可攷見。然其書則藝苑不可廢者，别有《西溪集》五卷，見端臨《通攷》，獨此不見於小説，豈以瑣辭綴緝，歷數百載，尚有表著之者，況大於此乎！故君子進以功烈自顯樹，退則與道德爲徒，不得已沈冥述作，亦不失爲一家之言，要不棼棼泯泯，草壤同敝而已。余故於寬書有感也，是刻既出，又必有蒐《居士集》而新之者，因可並傳不朽云。伯驥兒時初讀此書，係得於明商濬刻之《稗海》中，訛脱甚多，至爲憾事。後檢漁洋《王氏全集》，於《蠶尾文》卷八見有此書跋文，謂爲明刻鷦鳴館本，得之慈仁寺市，上、下卷各闕二紙，乃取汲古閣本讎對補完，此書首尾無序，不知刻者誰何云云。今此本原序具存，亦有刻書時代，并知刻者爲臨溪楊子，是漁洋所見本，雖是鷦鳴舊刻，序首當必脱去矣。漁洋解釋鷦鳴之義，引《山海經》及陶詩以證之，其説過簡，未甚明白。今按此説實見《叢語》卷下第五葉，云拒山西臨黄，北望諸毗，東望長右，有鳥焉，其狀如鴟而人手，其音如痺，其名曰鵺，其鳴自號，見則其國有放士放逐也。此蓋《山海經》文，而姚氏引之以釋陶潛《讀山海經詩》者，陶詩云，"鵁鵒見城邑，其國有放士。念彼懷王世，當時數來止。青丘有奇鳥，自言獨見爾，本爲迷者生，不以喻君子"。青丘國有奇鳥，不詳其狀，鵁鵒或爲鶊鵝，或爲鳴鵲，皆非也。以上皆姚氏之言，漁洋蓋約舉之，而不言其所出。漁洋謂以鵺鳴名館，殆正嘉朝士之被放逐者。今考刻書時爲嘉靖，與漁洋之説正合，惜不得臨溪楊子之名號略歷耳。《四庫》本係據江蘇採進而來，《提要》謂寬嵊縣人，父舜明，紹聖四年進士，南渡歷官户部侍郎，徽猷閣待制。寬以父任補官，仕至權尚書户部員外郎，樞密院編脩官。其敍寬之行略，俞序所言者，此亦略之。是江蘇之本，亦當無俞序，與漁洋本同，若有序而館臣未見，則未必然也。前人於寬之事實，未甚詳，爲考各書以補前人之略。蓋寬少有令望，筮仕之始，一時名流爭禮致之。吕頤浩、李光帥江東，皆招置幕中。傅崧卿繼至，以主管機宜文字辟之，辭不就。崧卿移書交舊，有愧恨之語。秦檜執政，以舊怨抑而不用，寬亦不屈己求進。後以賀允中、徐林、張孝祥等薦，始任職。寬博學強記，於天文、推算尤精。完顔亮入寇，中外皆以爲憂，具云虜百萬何可當，惟有退保爾。寬獨抗論沮止，且上書執政，言今八月歲入翼，明年七月入軫，又其行在己巳者，東南屏蔽也。昔越得歲而吳伐越，吳卒以亡，晉得歲而苻堅伐晉，堅隨以滅。今狂虜背盟犯歲，滅亡指日可待。又推太歲熒惑所次，皆賊必滅之兆。未幾，亮果自斃。從上幸金陵，以其言驗，令除郎。召對，上首問歲星之詳。寬敷奏移晷，復論當世要務。奏未畢，疾作仆於榻前。上面諭令優假將理，俟愈復入對。後一日，卒。上甚念之，特官其一子，且用其弟子憲於朝。寬詞章之外，頗工於篆隸及工技之事。嘗謂守險莫如弩，因裒集古今用弩事實，及造弩制度，爲《弩守書》以獻。且請用韓世忠舊法，以意增損爲三弓合蟬弩，詔許之。既成，矢激二里所中，皆飲羽。又嘗論大駕鹵簿指南車，得古不傳之法。所著有《西溪集》十卷，注司馬遷《史記》一百三卷，補注《戰國策》三十一卷，《五行祕記》《玉璽書》一卷，注《韓文公集》未畢，尚數卷。寬每語人曰，古稱圖書，豈可偏廢。故其述《史記》《戰國策》，辭有所不盡，必畫而爲圖。見王明清《揮麈後錄》等書。黃蕘圃藏此書有數本，一爲校明抄者，而鶡鳴館本則有二，其所據以校勘者，若明沈辨之野竹齋校鈔本，若錢遵王校本，若壽松堂蔣氏藍格抄本、黑格本，若葉石君藏嘉魚館鈔本，若吳枚庵臨何小山校本，不一而足。而其題識則謂鶡鳴館刻貯諸家塾中，不以爲難得之書。迨後見壽松蔣氏收顧氏書中，有錢遵王家鈔本並手校者，始知卽從是刻鈔出，遂重之。錢本缺失多同，因視鶡鳴刻爲難得，而登諸舊刻之列。頃湖估來說，新開環經閣有舊刻《西溪叢語》，甚完全清爽。果是鶡鳴舊刻，實勝向來所有之本，遂買之。蓋黃氏所藏鶡鳴館第二本矣。蕘圃校本後歸茂苑蔣氏，今其書已散，不知歸諸何人。近世大藏書家有此書者，丁氏、陸氏，均見於其目。丁書爲吳尺鳧舊藏，謂爲華山馬基中所貽。陸氏《儀顧堂題記》則見於卷八，謂鮑淥飲據澹生堂抄本補二條，卷上海上人條後、趙純師孟條前，補“凡木一歲生一節來歲後於節再生也”十六字；宣和貴人條後、李商隱條前，補“《樹萱錄》引杜詩云‘虯鬚似太宗，色映寒夜春’。又云‘子章髑髏血模糊，懷中得出呈大夫’，”三十三字。汲古本卽從此本出，而佚令威自序云。毛子晉刊入《津逮祕書》校勘未審。清嘉慶間，黃氏廷鑑合商氏

《稗海》本，略加訂正，張氏遂取以付刊，不若嘉靖本之善，若《説郛》本則更不足取矣。總之《叢語》一書，有抄本、刻本二種流傳，而《士禮居題跋》則云，最舊爲鵁鳴館刻，今閲數百年，而此本復入吾家，不亦足珍乎！《四庫提要》謂，其書多攷證典籍之異同，並舉數條，證其具有根柢，瑜多瑕少。復引葉水心所撰之《西溪集跋》，謂其著書二百卷，古今同異，無不賅括。今其書既不盡傳，無從攷覈，然讀《叢語》全書，除館臣所舉之外，如卷上第二十葉，訂正黃山谷牧護歌之誤，謂祆之教法蓋遠，而牧護所傳則自唐。此書卷上，唐貞觀五年有傳法穆護何祿將祆教，詣闕聞奏，敕令長安崇化坊立祆寺，號大秦寺，又名波斯寺。前人多疑姚氏此語實沿襲贊寧之誤，混火祆摩尼與景教爲一，又以宋敏求《長安志》崇化坊並無祆寺，遂謂《叢語》有訛。民二十一年，方氏獲唐故米國大首領米公墓誌銘，丹書甎中有“長安縣崇化里”字樣，坊與里雖異文，考證者遂謂崇化坊實有祆寺，足見《叢語》不謬。卷下第三十五葉，謂五臣注《文選》謝瞻、張子房詩“苛匿暴三傷”一句，引苛政猛於虎爲證，而不引宣遠詩，實爲謬誤，又因葛蘩校蘇州《韋刺史集》，而搜求應物之行略，及與詩關繫者數百言，與趙氏《賓退録》所言，正可互相證明，非富於研求，不能攷辨如此詳確。吾家藏有清人錢圓沙批校本韋《集》，當以趙氏所舉，及姚氏此條，録於韋《集》卷首，資爲攷覈，以《唐書》無韋傳故也。杜詩“尚想東方朔，詼諧割肉歸”，社日用伏日事，蘇、黃皆以爲誤，《叢語》引《史記年表》秦德公二年始作伏祠，社乃同日也。至漢方有春秋二社與伏分，以訂正之。明人張鼎思所撰《瑯邪代醉編》，已述此事，卷二。此亦足證《叢語》考證之不妄。又前人以《酉陽雜俎》有所謂諸皋、支諸皋，《叢語》引《左傳·襄十八年》中行獻子見梗陽之巫皋，以爲取義出此，實爲影響寡聞。蓋《遁甲中經》住山林咒曰，諸皋太陰將軍，則諸皋乃太陰名耳。《抱朴子》亦謂道士入山禹步三呪諾皋太陰將軍云云。據此則《叢語》實誤矣。至《四庫提要》卷一百四十二云，《叢語》謂潘岳《閒居賦》"房陵朱仲之李"，李善云未詳。梁任昉《述異記》，乃有其事，遂摭以補善注之逸。今考李善《閒居賦》注，此句下引《荊州記》曰，房陵縣有朱仲者，家有縹李，代所希有，並無未詳之語。蓋寬誤也。此則偶然記憶之譌，不足爲寬全書病也。清道光乙丑扶荔山房刻本《南宋雜事詩》序例稱，翻閱書籍幾及千種，而引用書目又有姚寬《殘語》，此則伯驥所未見也。水心又謂，姚氏近體詩，絕去尖巧，乃全造古律，加於作者一等，惜其集已佚矣。半葉十行，行二十一字。卷上首葉、卷下首葉，均有"宋筠"、"蘭揮"兩章，卷末有"賜書堂孫氏藏章"，蓋經前人珍弄，故能流傳至今也。筠，商丘人，宋牧仲犖次子。官至奉天府尹。沈氏《德潛集》有其墓誌銘，《青綸館書目》，筠所撰也。陸氏《儀顧堂續跋》卷十，著錄元槧大字《白虎通》，有毛晉宋筠章。存齋謂《汲古閣祕本書目》，爲潘稼堂開值，議價不諧，其書多爲商丘宋氏所得，宋氏藏書之富不亦可想哉！伯驥藏黃蕘圃手校毛氏汲古閣刊本《西溪叢語》。別詳《書目二編》。

學林十卷清四庫底本。

宋王觀國撰。清《四庫提要》云，觀國字至道，長沙人。其事蹟不見於《宋史》，《湖廣通志》亦未之載。歸安陸氏考觀國實政和九年進士，簽書川陝節度判官，以招諭逋逃勞轉一官。紹興初官左承務郎，知汀州寧化縣，主管內勸農事，兼兵馬監押，累升祠部郎中。十四年御史李文會劾觀國與直學士院劉才邵皆万俟卨腹心，出知邵州。據《繫年要錄》《宰輔編年錄》《羣經音辨後跋》、劉才邵《檆溪居士集》，而詳列之。此書本名《學林新編》，稱《學林》者省文也。《書録題》《通考》《宋志》及《宋志補》俱不載。書中凡三百五十八則。周氏中孚云，其間攷書籍之僞脱，證事蹟之歧異，辨文字之正借，審音讀之是非，故取《漢書·敍傳》"正文字惟學林"語以名之，所述皆元元本本，不爲響壁虚造之談，於宋人説部中最稱精核。蓋宋人説部雖能徧攷四部，而多毛舉雜事雜説，資其論難，求其專精小學，以發前人所未發，則惟有此書而已。在近儒則專務爲此，如一字音訓動辨數百言，集以成帙，動輒數十卷，則又誤認舁轎者爲轎中人，恐未免爲戴東原之所譏耳。此書舊本流傳頗鮮，武英殿因取浙江吳氏藏本以聚珍版印行，冠以提要二篇。閩中覆刻本閒有譌舛，故陳氏重録開雕，列入《湖海樓叢書》云。此爲脩四庫書時底本，館臣校筆猶存，簽條則略有破損矣，"翰林院印"捺於首葉。

容齋五筆隨筆十六卷續筆十六卷三筆十六卷四筆十六卷五筆十卷明會通館活字本

宋洪邁著。邁字景盧，鄱陽人，號容齋，忠宣公皓子，與兄文惠适、文安遵，皆中博學宏詞科，時人謂之三洪。累官翰林學士，進煥章閣學士，知紹興。告老，以端明殿學士致仕，卒年八十，謚文敏。邁以博學受知孝宗，謂其文備衆體。著有《容齋五筆》《夷堅志》《唐人萬首絶句》《野處類稿》。板心上有雙行小字云，"弘治歲在旃蒙單閼"。下亦有二行云，"会通館活字銅版"，可證爲華氏活字本也。華序云，博學而詳説，將以反説約也，然博而不約者有矣，未有不博而能至於約也。《容齋隨筆》書之博者也，提綱挈領，博而能約者也。書成於宋學士

洪景盧，學者歆羨，而未得其真者久矣。太醫院醫士吳郡盛用
美得之於京師，士夫欲板其行，邑宰邢君揚民用而未行。適僉
憲雷公水利江南，巡行吾錫，遂致禮會通館，以達君志。嗚呼，
燧生當文明之運，而活字銅板樂天之成，苟以是心，至應之惟
謹，況士夫以稽古爲事，君以愛民爲心，而公禮意兼至者乎！
雖然學者徒務其博，而不能反說以至於約，則是書爲糟粕，豈
公之所望於人者哉！弘治八年中秋錫山華燧序。《初筆》前有何
異序，二、三、四《筆》皆有自序，《五筆》後有丘櫓跋、洪
級跋、周某刊板跋。每半葉十八行，每行十七字。語涉宋帝，
或提行、或空一格，宋諱多缺筆，蓋悉照宋刊摹寫者。當弘治
間，李瀚亦有此書刊本，係以宋紹定間本重雕，陸氏心源曾以
兩本互校，謂李本似以宋本上板，故少奪落。此本以活字擺印，
略更行款，故奪誤較多，而丘櫓、洪級、周某三跋，則爲活字
本所獨有，皆不失爲善本云。

緯略十二卷影寫明沈士龍刻本，玉函山房、葉郎園遞藏。

　　原裝二冊，爲長沙葉氏舊藏。葉氏有跋云，宋高似孫《緯
略》，最舊本惟此。明沈士龍刻本，《四庫》據以著錄，後來張
海鵬《墨海金壺》所刻，道光末年，全書板爲火燬，殘板歸全山錢熙祚守山
閣。凡《守山閣叢書》中與《墨海金壺》同者，皆張原板也。及白鹿山房活
字排印，其本皆出於此。故近人藏書家目錄罕有言及宋元版者。
嘉慶間吳縣黃丕烈《士禮居藏書題跋記》，有舊鈔本，爲明柳大
中校本，亦不云出自宋元。其本後藏歸安陸心源皕宋樓，近爲
其子以全樓書售之日本去矣。余向藏有白鹿山房活字本，癸卯，
購張姓書一單，中有此影鈔沈本。卷首有"玉函山房藏書"朱
文印記，蓋歷城馬國翰家中物。張姓先人曾宦山東，載歸長沙

者也。辛亥四月，回江蘇洞庭原籍，道出上海，有吳姓書估持
明仿宋本，詫爲宋刻，索價百金。時余以齎斧不繼，嫌其價昂，
遂未還減，留一宿去。適行笥此本在手，匆匆翻校，似亦無甚
異同，惟首無似孫自序，及十二卷末所闕金剛石經、贊漢令甲
二條，均完好具在。又末多竹宮甲、觀書堂、八陣圖、風馬牛
四條，余嘔草草録出。回湘有間，手書二分，一附活字本後，
一附此本後。偶檢宜都楊守敬《日本訪書志》中載有宋本，云
半葉十二行，行二十二字，與余所見明仿宋本行格相同。又檢
楊刻《留真譜》中橅宋本一葉，似卽余所見者。或楊誤以明刻
爲宋本，抑余所見果宋本，非明仿歟？惜非余書，當時不得細
校耳。考楊《志》于似孫序及多出之四條，原闕之二條，全附
《敍録》之後，惟多顛倒訛脱之文，不可爲據。又複載未闕之筆
橐一條，使後人未見原書者，以不闕爲是，亦疏於考訂矣。似
孫原書，引據雖博，而記憶多疏，卽此六條，已有誤記、誤引
之處。如竹宮條，引武帝祠泰畤竹宮，望拜神光，稱《漢書・
郊祀志》，而志無其文。《武帝本紀》有其事，其文句又復不合，
殆合併他書誤引及之。然據序云，此書一月而成，宜乎不及檢
討，有此訛誤。第南宋人説部書，似此見聞淹洽者，本不多見，
故一部、兩部，不惜重叠購之。豈惟資乎談助，亦有待於折衷，
一二微疵，固不能掩其大體矣。宣統三年辛亥夏六月初伏葉德
輝記。

古今考三十八卷 明刊本。

　　前題宋鶴山魏了翁華父撰，元紫陽方回萬里續。鶴山自序，
略云，渠陽山中，暇日編校經傳，自兩漢諸儒去古未遠，已不
能盡識三代遺制，凡冕服車旗，類以叔孫通所作漢禮器制度爲

據，其所憶度者，無以名之，則曰猶今之某物，然孔、賈諸儒
爲之疏義，則又謂去漢久遠，雖漢法亦不可考。因嘆三代遺制，
始變於周末，大壞於秦漢，而盡亡於魏晉以後。雖名物稱謂、
字義音釋，亦鮮有存者，故使經生學士，白首窮經，而疲弊於
訓詁佔畢之末，有終其身而不能盡知者？嗚呼，是誰之咎歟？
《解》之繇曰："無所往，其來復吉。有攸往，夙吉。"漢承秦
弊，大難既解，是無所往也，而昧於來復夙往之戒，徒能隨世
就事，爲秦漢以後規模，蓋自是人情習於簡陋，古制蓋不可考
矣。姑即《漢紀》隨文辨證，作《古今考》。次有方氏序，略
云，右鶴山先生初藁所撰，先生次子故大府卿浙西安按使知臨
安府靜齋先生家藏，回客門下，借觀筆繹觀，遂錄諸。此所謂
《古今考》者，僅成二十則而未竟，所以今大全集不載，謹錄二
十則者，復以見夫前輩讀書用功有如此，而亦以見夫此書之不
成，遂使後學無繇考知古今異同之變，爲可惜也。靜齋謂鶴山
之意，以漢最近古，用班固書《帝紀》隨解句釋，則知古制之
所以變者在於周末及秦，而古制之所以不復者，在乎漢之因秦
之陋，善學者從是而推之，亦可髣髴其遺意云。紫陽方回書。
次有元代周氏識語云，泰定甲子先君文英任監官州幙職，時知
州方公存心乃虛谷先生冢子也。間嘗論《易》，蓋以先君深嗜
《易》學者也，每以魏文靖公《十七家易集義》爲言。文靖公
仲子靜齋先生知徽州時，嘗以《集義》與《九經要義》同刊於
紫陽書院，墨本則藏於虛谷家，南於侍旁猶及見之，今亦已矣。
當宋之季，真、魏之學，大鳴於南北，《讀書記》乃義理之本
根，《九經要義》乃典故之淵藪，誠學者所由入之門也。今又得
觀此二書，則知文靖公之學，實真切之學也，豈習於簡陋者可
窺測哉！遂親校讎其故藁，俾能書者謄寫二本，擇楷正者歸於

知州，圖壽諸梓，以次本藏於家。後十年知州來吳，則知其所藏者皆燬於火。又十年先君亦奄棄，二書未能板行。丙申兵興，南家所留經世書考亦失之，僅有存者《古今考》耳。竊嘗考之，西山先生真文忠公建寧浦城人，鶴山先生魏文靖公邛州蒲江人，天下謂之真、魏，同生淳熙五年戊戌，同登慶元五年己未進士第，同顯於朝。文靖公以權工部侍郎坐言爭忤時相謫靖州，因縶閴僻，日從經史，精研極討，臥五溪窮處，踰七年，類聚成編，遂傳於時。至正二十年周南書於卷末。

困學紀聞二十卷　元刊本。

宋王應麟撰。前有泰定二年門人袁桷敍，至治二年應龍序，《目録》前有深寧叟識語，書末有泰定二年十二月癸卯慶元路儒學教授吳郡陸晉之敍。據閣校本閻詠序，稱此本最善，唯誤慶元爲應元，其中文字亦不盡與閣校合，第二卷乃命三后條，閣本脫“於禽獸”三字；第四卷管子地員條，“次曰五强”下，各本空三格，此不空；第五卷“猶金縢之新逆”，各本誤作迎；第八卷陳烈條注，“前賢貴之讀書如此”，各本前賢作古人；第十卷“引尸子儉者爲獵者表虎”，各本儉作狩，此與《御覽》引合；第十四卷引《溫彦博傳》“有時而傷”，各本作賜，此與《新唐書》合。以上各條，前人定爲伯厚原書，未經後人校改者也。黑口板，半葉十行，行十八字。聞番禺陶氏有何義門手校元刻本，未之見也。

疑耀七卷　明刻本。

每卷前題温陵李贄閎甫著，嶺南張萱孟奇訂。清《四庫》改題張萱撰。吾家邵亭《知見傳本目》，著録張氏刊本，當與伯

驥今藏之舊槧同，而撰人亦題張氏，豈未見原書，而不加細察，
遽從館臣之説耶！《疑耀》者，蓋取《莊子》"滑疑之耀，聖人
所圖"語意，明賈三近有《滑耀編》，鄒迪光有《文府滑耀》
十二卷，蓋皆取蒙莊意義。前有張氏序云，萬曆己亥，卓吾先
生《藏書》出，一時士大夫翕然醉心，凡操觚染翰之流，靡不
争搆，急於水火菽粟，既而《焚書》《説書》《易因》諸刻，漸
次播傳海内。曩予在青衿時，修謁先生之門，出一編見示，屬
以訂正。其書上遡黄虞，近該昭代，卷止七篇，做子輿氏，題
曰《疑耀》。若以莊叟自居，皆先生之謙也。戊申歲余叨以地官
分務吳會，視事之暇，登梓以廣其傳。先生《藏書》諸集，或
專揚榷古今，或專研精訓詁，至求上下貫徹，天人會通，當以
是編爲首出云。萬曆戊申嶺南張萱題，太原王稺登書。清《四
庫》著録此書，謂舊本題明李贄撰，贄恃才妄誕，敢以邪説誣
民，至謂毋以孔夫子之是非是非我。其他著作，無一非狂悖之
詞。而是編考證故實，循循有法，雖間倡儒佛歸一之説，其言
謹而不肆。至云儒不必援佛，佛不必援儒。又云經典出六朝人
潤色，非其本真。且與贄論相反，斷乎不出其手。《提要》又述
王士禎《古夫子亭雜録》云，余嘗疑《疑耀》一書爲萱自纂，
而嫁名於贄，以中數有校祕閣書及修玉牒等語，萱嘗爲中書舍
人，纂《文淵閣書目》，而贄未嘗一官禁近也。《提要》舉温公
一條、奉朝請一條、蘭香一條、東坡一條、文天祥一條以證之。
蘭香條見本書卷六，原文云，余里中製蘭香，乃以土香曰白木
香者爲骨，即今牙香粗幹也，剉成片以水漬之，數日去其水氣，
然後暴烈日下，候乾燥，方採樹蘭與此香片用紙包裹，暴於烈
日，凡數易花而後成。今俗云傳於吳商，不知此熏香法，在宋
已有之，自吾廣始，不始於吳也，樹蘭一名珍珠蘭。伯驥按：

吾縣人製香之法，則以糖塗於白木香之刀切處，羣蟻聚糖中，生新變化，逐漸有一部分腐蝕，以火焚之，香氣絕異，俗云牙香。張氏所言遺制，今似不行。張博羅人，吾縣與之毗鄰，故風物往往符合。館臣謂以上各條，多爲廣東人語，與萱之鄉貫相合，贄本閩人，無由作此語也。知此書確出於萱，士禎所言爲不謬。伯驥按：此書每卷之首，均題李氏著，張氏訂，是明示此書爲卓吾起草，而孟奇爲之修訂者。館臣引新城王氏之說，遽定爲張氏僞託，豈所據之本，無此標題耶！檢閱全書，正不祇如館臣所舉之數條，關涉粵人粵事，且有全涉及張氏本身者，卽如卷三云，“宋楊敬仲曰，仕官以孤寒爲安身，讀書以飢寒爲進道，骨肉以不得信爲平安，朋友以相見疏爲久要。此誠理到語，余於仕宦讀書朋友，請從事矣。獨骨肉一語，不能如命，衰慈八十，膝下止萱一兒，宦遠祿微，不能迎養，亡弟一兒，猶未成立，平安之耗，兩目欲枯。若於此事，可不相關，尚何事可相關”云云。合前數條，皆張氏訂此書之實據也。此爲萬曆間本，蓋原刻也。池北書庫及《四庫》所收，當是別一本，無此兩行標題，故疑之，否則庫本當不致改題張撰矣。或謂爲僞伎倆，其意正謂標題如斯，可掩其迹，不知古今人於前人著作，或有考訂引申，往往加以己見。此書亦沿前例，編中張氏明言一己之所歷者，當是於原書外有所附益，不言其別有聞見者，當是原書如此，未嘗有所討論。且張氏有類於《疑耀》之作者，積稿數十册，未嘗刻木，伯驥曾見之順德李氏泰華樓，似不必爲此僞冒之舉。總之，此書體例，不甚分明，故後人謂其有所假託，倘於原文之外，或用萱按以別前人，或用小字以防淆混，庶符著作之體。張氏撰述頗多，此書未免囿於明人習氣，殊可惜也。館臣又謂此書多由記憶而成，歷舉其譌誤者數

事。伯驥以爲卷二佛字辨一條尤誤，《提要》胡以不舉。蓋佛之
原譯，實爲佛陀，則譯音也，佛訓爲覺，則譯其義，著者似未
能晰別。按《宋高僧傳・翻譯篇》論云，譯字譯音，例有四句，
一譯字不譯音者，如陀羅尼是；二譯音不譯字，如佛胸前卍字
是；三音字俱譯，卽諸經律中純華言是；四音字俱不譯，如經
題上〢〢二字是。又牟子曰，漢明帝夢神人身有日光，飛在殿
前，以問羣臣。傅毅對曰，天竺有佛，將其神也。牟子又曰，
佛者謚號也，猶言三皇神五帝聖也。又曰佛之言覺也。蓋天竺
語音實謂佛陀，所覺之法曰菩提，能覺之人曰佛陀，固一音之
轉。《疑耀》原文云，今人以佛爲覺，余嘗求之不得其說，使此
佛字爲西方所製，則譯之爲覺可也。第佛未入中國時，先有此
佛矣。《曲禮》曰獻鳥者佛其首，畜鳥者則勿佛，佛者拗戾而不
從之言也。又《釋名》曰轡，佛也，言牽引拂戾以制馬也。是
佛卽爲拂，而古文拂作㢲，又作弣。古人觀象而後製字，以兩
弓從一矢，拂之謂也。是佛者拂人者也，其弃父母，離妻子，
山河大地，一切而歸於空，皆拂之謂也。以佛爲覺，蓋譯者專
信其說，而故爲此美釋云云。蓋《玉篇》《廣韻》《類篇》等皆
未明佛字之由來，則《疑耀》云云，又不足怪矣。著者之意，
又喜與新都楊氏爲難，如卷二云，古有紒字而無髻字，紒音界，
卽髻也。《史記・西南夷傳》魋結卽魋髻，乃借結爲髻。韓退之
《石鼎聯句》長頸高結，卽用此字。高結之下，有喉中作楚語
句。蘇東坡有云，長頸高結喉，是不知結卽爲髻也，故結讀作
髻是也。楊用脩乃欲讀凡結髮皆爲髻髮，似誤。又一條云，人
名未有三字者，楊用脩以戰國董之繁菁是三字名也，余不敢以
爲然。《左傳》介之推、燭之武，介與燭皆地名，兩之字皆語
助，非名也。董之繁菁，猶之稱楊用脩楊之用脩云爾。卷三又

有楊用脩妄改杜詩一條，倘非考訂詳礲，當不敢大言欺世。館臣曰，其書往往有依據，蓋平心之言，若改題萱名，未免不加細考，是以伯驥詳言之如此，續脩庫書時，應訂正之。温陵李氏，著作頗多，前清多被擯斥，未登祕閣，而此書以改題張撰之故，竟獲著録，亦奇事也。半葉八行，行十六字。

説楛七卷寫本。

明焦周撰。周字孝茂，竑子，嘗舉於鄉。楛者苟且粗略，《荀子》問楛者勿告是也。此書多考訂前人撰著，其中不無特見，然亦《筆乘》之緒餘耳。清《四庫》存目，此從明刊傳録，大致好抨擊楊慎、王世貞，然未免蘇糞壤以充幃，謂申椒其不芳矣。下文所舉數條，尚可訂正楊、王，今録之。焦云，用修既謂天禄爲蝦蟆，又謂一角爲天禄，兩角爲辟邪，蝦蟆豈有角耶？沈約《宋書》純靈之獸，五色光耀，洞明天鹿，疑卽天禄。卷二。用修謂唐人云君苗無姓，因引應瑒《與從弟君苗書》，訓人不可不通《文選》。按陸士龍《與平原書》云，前登城門，意有懷作登臺賦，極未能成，而崔君苗作之。又云，君苗文天才中亦少爾，然自復能作文，雲惟見其《登臺賦》及詩頌，作《愁霖賦》極佳，見兄文輒云欲燒筆硯，以爲此故不喜出之。觀此是有兩君苗，一姓崔，一姓應，若唐人所謂當爲崔。卷四。阮籍《詠懷詩》，“西游咸陽中，趙李相經過”。顧延年以爲趙飛燕、李夫人，固爲説夢。用修謂《漢書·谷永傳》小臣趙李從微賤尊寵，成帝常與微行者，則亦非也。按《漢書·何並傳》，輕俠趙季、李款，多蓄賓客，以氣力漁食閭里。何並曰，趙李桀惡，當得其頭以謝百姓是也。小臣趙李，豈阮之所謂輕薄耶！班史非僻書，乃瞢瞢如此，以知淹通之難也。卷五。

元美謂古有木蘭無玉蘭，今有玉蘭無木蘭，疑爲一物，此無稽之言。用修謂木蘭卽楠樹，亦似是而非也。按木蘭零陵、襄、沅皆有之，狀如楠，皮甚薄而味辛香，益州産者皮厚如厚朴，氣味爲勝。《圖經》云樹高數仞，葉似菌桂，葉有三道縱文，皮如板桂，有縱橫文，入藥用。卷四。世傳小説最害事，如《典則憲章録》中多未確，鄭公《吾學編》、雷公《大政紀》，尚已。二書未出之先，《通紀》獨能入人耳目已久，無識者多信之。其人性忌而寡學，於高賢名碩，往往輕肆誣衊，業奉旨毀板，近有永昭二陵編年，尤極誕妄。王元美《史乘考誤》之作，最爲審諦，欲做其書，一訂諸説之謬，尚未暇耳。卷七。此條似於元美有襃詞。然焦氏又云，近日刻蘇長公《外紀》，於公往蹟，搜索無遺矣。一日夜坐，家君偶舉稗官所載十數事，因並筆之，卷三。《外紀》亦元美作也，則亦笑其著作之疏矣。卷七云近庸劣無知之人，取前人成書，謬加增損，以苟小利，然往往訛之名人，最爲可惡。金陵書坊十數年來有刻必歸家君，曩見新安之墓石、太山之銅碑，往往皆然。此則稱揚其父澹園之言，固不足爲怪，而世人無識，未能執錫分銀，操橙證柚，不亦可見乎。焦氏循《易餘龠録》卷十九云，《本草》芍藥不分赤白，今人分之，相傳赤花者爲赤芍藥，白花者爲白芍藥，然驗之殊不然，問之采藥者，則曰芍藥煮一過則白，未煮者則赤也。按《説楛》云，劚土取芍藥根，濯而暴之，天晴日烈，抵暮中邊皆燥，斷之雪如也，偶陰雲信宿後乾色正赤矣。蓋得至陽之氣則色白，善補；受陽氣不全者則色赤，善瀉，醫不知也。《説楛》不載所出書名，後閲沈作喆《寓簡》乃知其本此云云，此則明人著作，每没其來源，固通弊矣。明人以楊氏慎、焦氏竑、朱氏鬱儀、方氏以智等，爲最博洽。焦氏既有周，而楊氏亦有孫名宗吾，著《檢蠹隨筆》三十卷，清《四庫》存目謂，其採掇瑣碎，分條編載，體近類書，而當時邸報及其祖父遺事，亦間附焉。又有數條，乃駁陳耀文正楊之非，及陳建《通紀》載楊廷和事之誤。又麗句、瑣語二門，專取詩文詞藻，與全書體例，皆不相類，殊爲猥雜。則更不如《說楛》，方氏後嗣著作，亦不如《通雅》之博通，於以見家學之難傳矣。

日知錄三十二卷 過録李敬堂批校本。

清顧炎武撰。乾隆覆康熙本，錢唐吳成勳過録嘉興李敬堂集校語。集字繹初，以進士知郾縣，少潛心儒先之書。學使者雷鋐謂之曰，當爲正學中不朽人物。在郾多惠政，晚精經學。著有《周易學編》《尚書信古録》《毛詩無邪訓》《孝經玉律》《六忍居詩文集》。見《嘉興府志》卷五十。首有吳氏識語云，嘉慶壬申七月，予與張教諭迎煦同客江南學使署，見其行篋中有嘉興李敬堂大令所評是録，依之點定一過。大令簡端識語，率多搰擊紫陽，蓋大令墨守陸、王，自尊所聞，而不覺其愎也。夫亭林固難陸、王以申紫陽者，讀其書、背其旨，豈爲善讀歟？然校勘同異，其長亦不可没，其附論於植躬經世之方，更見剴切。嗚呼，前人無口耳之學，言雖偏不失爲可傳，夫予非能別擇夫大令之言也，期不失爲是録之意，故從節取云。此皆吳氏之識語也。朱子《周易本義》條校语云，按朱子亦讀王氏《易》，故其注《繫辭》云，無經可注，亦以費、王之本爲簡便可循也。後始從吕氏，欲復古《易》。選補條下校语云，按先生是書之例，凡詔勑必書年號，或每朝有重者，則必書某朝。如云後魏太和，則以後主曹叡亦號太和也。其一朝有同者，則必書某君，如上元之注高宗，則以肅宗亦號上元也。然分注其下者，從其朔也，若肅宗則必書曰肅宗上元某年矣，其精密如此。長城條下校語云，按《管子》曰長城之陽魯也，長城之陰齊也，是春秋時已有長城矣。又《齊記》曰齊宣王乘山嶺之上築長城，東至海，西至濟州千餘里，此亦失引。全書用朱筆點勘，考訂頗詳，特舉此數條以概其餘耳。其爲顧氏原刻所有者，則用一元字以別之。伯驥考《亭林文集》有《初刻日知録序》，稱初刻八卷，漸次增改，得二十餘卷，欲更刻之而猶未敢以爲定，故先以舊本質之同志。又《答曾庭問書》云，《日知録》三十卷，已行其八，而尚未愜意。又《與潘次耕書》云，《日知録》再待十年，以臨終絶筆爲定。蓋所謂原刻者爲八卷本，其定本則潘氏於先生身後刻於閩，卽康熙本也。段玉裁《娛親雅言序》云，以説部爲體，不取冗散無用之言，取古經史子集，類分而枚舉其所知以爲書，在宋莫著於《困學紀聞》，當代莫著於《日知録》。又嚴氏《悔庵學文》云，《潛邱劄記》攷證經史，頗多髀益，然於己所知者，雖甚微，必鋪張而揚搉之，且有矜色；於人所不知者，雖甚微，必指摘而痛詆之，不覺失儒者謹厚之風矣。論者以《日知録》比之，予謂亭林所見者大，議論有條貫，閻氏非其倫也。見卷八。故《日知録》一書，至爲學者所重。錢氏《曝書雜記》，稱梅會里李敬堂先生示學徒讀書法，欲舉讀《困學紀聞》會課，謂十人爲朋，人出朱提十銖，各置一部，丹黃手糅，墨守如心，編爲卷二十。覽卷之半，約十五葉，四十日而畢功。每五日一會，持錢治餐具，如文課，人出五條問對，似射覆，似帖經，疾書格紙，俟甲乙既畢，互勘詰難，以徵得失。一會得五十條，十會得五百條，不洋洋乎大觀也哉。其書簡而愈精，其功約而愈博，不出數寸，不踰百日，而得學問之總龜，古今之元鑑，夫亦何憚而不爲也。詳見《願學齋文鈔》。是以敬堂從孫《富孫集》中有《困學紀聞書後》云，余弱冠時，讀書願學齋，先從祖敬堂先生教以根柢之學，嘗謂深寧叟《困學紀聞》博而能精，簡而有要。亭林先生《日知錄》明體達用，具有經濟，於讀經史外，二書不可不熟復也。有手所評點，及原齋從叔校本，分授孫輩。又《書日知錄後》云，《日知錄》三十二卷，三通之精華也。從祖敬堂老人嘗出是錄以示富孫曰，熟此書，學術經濟文章具焉。蓋其於經史典禮，無不稽攷詳覈，闡發精微。而其規畫時事，國計民生，洞悉利弊，上下古今，實能鑿乎言其得失善敗之故，後有作者起而行之，直可追三代之盛治，豈漢唐以下云乎哉！吾里徐敬齋云，《日知錄》一書內聖外王之學，撫世宰物，措之裕如，雖洪容齋《隨筆》、王伯厚《紀聞》皆不及也。然卽先生當日亦自信其書必可用於世，有與人書云，上篇經術，中篇治道，下篇博聞，後王復起，當亦見諸施行也，則是錄洵非一世之書矣。此本卽依老人所評點，且以先生所詒先徵士公元刻，勘其異同，分別標記，誠爲善本。富孫覆讀數過，稍得窺其崖略，間有譌字不合者，輒請正之。後見金山汪君令韓有何義門學士勘本，讎校頗精，因與轉假，一一校改，自此烏焉亥豕可差免云云。此則敬堂重視此書之證也。攷亭林此錄既出，閻百詩首先補正五十餘條。見《潛丘箚記》。其後如王元啓之《舉正》，及左暄《三餘贅筆》等，均有所訂正。江陰楊武屏名宁，其女季嫁盧召弓爲繼室，甚好學，亦嘗增訂《日知錄》。見《章實齋遺書外編》卷五。今讀李氏評校之語，可稱詳覈，洵足爲亭林之益友，是編之功臣矣。世行黃氏集釋本，若以此本及黃本，與考訂此書各家，條舉而總錄之，刊布於世，則搜羅繙檢之勞，不更可省哉。亭林著述，刊行者已多，此外有《區言》五十卷，何義門稱曾

見於東海相國家者，見《觚中隨筆序》。《古今集論》五十卷，刪取
其切於經學治術之要者，付之梓人，名曰《近儒名論甲集》，見
盛百二《柚堂續筆談》。《皇明修文備史》四十帙，中間所輯書七十
五種，皆有明一代之事，見鄒福保《刻日知錄之餘序》中。此數書未審
尚易尋求否。又高安朱舲《古懽齋文錄》卷四云，舲客保定，
鍾刺史官城云，亭林著有《明史稿》一百二十卷、《弘光實錄》
二卷，海鹽陳刺史笠雨藏有鈔本，《實錄》則京師一上官借匿。
案：《實錄》卽坊刻《聖安本紀》，先生有其後序，文集失載。
而謂先生修《明史》者，乃趙收菴之誤，李養一辨之爲可信。
至《宋史》之修，先生有草本九十餘册，身後歸徐尚書。見
《鮚埼亭外集・答李臨川問湯氏宋史帖》。朱氏之言如此，可見
亭林著作遺佚至多。《蘇州府志・藝文志》所載猶有十四種，爲
他書所未見，《志》爲道光三年石氏韞玉所修，當必有所依據，
計《二十一史年表》十卷，《十九陵圖志》六卷，《萬歲山考》
一卷，《岱嶽記》八卷，《北平古今記》十卷，《建康古今記》
十卷，《營平二州史事》六卷，《莆錄》十五卷，《詩律蒙告》
一卷，《下學指南》一卷，《當務書》六卷，《經世編》十二卷，
《官由始末考》一卷，《日知餘錄》一卷。又乙巳《國粹學報》
撰錄類中，有李既足雲霑《與人論亭林遺書牋》，言亭林著作甚
富，卽以所見者而言，尚有《熹宗諒陰記》一卷，三大案皆在
內。《昭夏遺聲》二卷，昭夏者中夏也，選明季殉節諸公詩，每
人有小序一篇。又言亭林著述纂輯各書目，備見山陽徐嘉《亭
林詩譜》，亦無《昭夏遺聲》，則亭林先生遺著缺佚者多矣云云。
《養一齋文集》卷七云，《皇明修文備史》，疑爲清初人留心明
代者所裒錄，決不出亭林手。又，日本長澤學士規矩也撰《顧
亭林之著書》一種。近聞亭林《肇城志稿》復爲南潯劉氏收藏，

遂牽連述之。

十駕齋養新録二十卷餘録三卷<small>原刊本，毛生甫校讀。</small>

清錢大昕撰。大昕字曉徵，號竹汀，一字辛楣，嘉定人。官至詹事府少詹事。十駕者，蓋取《荀子》駑馬十駕之義。楊注言，駑馬十度引車，則亦及騏驥之一躍，據下云駑馬十駕，則亦及之，此亦當同，疑脫一句。劉氏台拱曰，十駕十日之程也，旦而受駕，至暮説之，故以一日所行爲一駕，若十度引車，則不過十步耳，非駕義也。《脩身篇》云，夫驥一日而千里，駑馬十駕，則亦及之矣。此不言千里者，蒙上騏驥省文，非脫也。見《端臨先生遺書》四卷。考蔣氏《湖南游藝録》卷二，謂聖人治天下之術，九流並用，不專用儒家也。儒家乃《地官·司徒》之一術，主教化而已。周室東遷，官司失守，各家之學皆放失，孔子崛起爲儒宗，取各家精華而會於六藝。爲此學者，必通天、地、人而後得名之爲儒。漢代通天地人者，祇鄭司農一人，鄭公而後，二千年始得一漳浦黄公，而我朝乃有三人，則黄南雷、戴東原、錢竹汀也。又乾隆間上元戴祖啓《答人問經學書》曰，抱經盧學士、辛楣錢少詹事，此兩公者能兼今人之所專，而亦不悖於古之正傳，故爲獨出。而辛楣於諸經列史、古文詞詩賦、駢體皆精之，天文、地理、算術、國家之典，世務之宜，問焉而不窮，索焉而皆獲，可謂當代鴻博大儒矣。又臧氏鏞堂《上王鳳喈光祿書》云，聞海内有博學通經大儒三人，一餘姚盧學士、一嘉定錢少詹、其一爲閣下。是前人於錢氏之學，至爲推重。段氏玉裁《潛研堂文集序》云，先生始以辭章鳴一時，既乃研精經史，因文見道，於經文之舛誤、經義之聚訟而難決者，皆能剖析源流。凡文字、音韻、訓詁之精微，地理之沿革，歷代官制之體例，氏族之流派，古人姓字、里居、官爵、年齒之紛繁，古金石刻、畫象、篆隸可訂六書、故實可裨史傳者，以及古九章算術，自漢迄今，中西曆法，無不瞭如指掌。至於累朝人物之賢姦，行事之是非疑似難明者，大典制度昔人不能明斷其當否者，皆確有定見。蓋先生致知格物之功，可謂深矣。先生於儒者應有之藝，無弗習、無弗精，其學固一軌於正，不參以老佛功利之言。觀於懋堂此序，則竹汀學術之淵涵，尤爲皦然明白矣。竹汀遺著甚多，此爲緒餘，然前人甚重之。張氏魯巖酌分此書門目如左，卷一、二、三論經義，卷四、五論文字聲韻，卷六、七、八、九攷史，卷十論官職、科舉，卷十一論地理，卷十二辨姓名及同姓名，卷十三、四考論書籍，卷十五講金石，卷十六談詞章，卷十七講術數，卷十八、九、二十爲雜考證。《餘錄》則以補其遺也，論古音無輕脣及舌音類隔之說，謂古讀某如某，皆博引他書，用作證佐，於古韻、今韻之分，辨析昭然。論西遼延國八十八年，亡於辛未，而非亡於辛酉，其說爲前人所未及。《元史》潦草成書，疏舛不可枚舉，並能廣搜博討，以增補其所未備。又謂晉元帝建康稱制，僑置徐、兗、青、豫諸郡，未有加南字者。至宋武帝永初元年，始詔寓立於南者，以南爲號。而唐初脩《晉書》諸臣，竟以永初之事，加諸東晉開國之始，其誤爲更甚。全書似此精審者，不一而足。見《所學集》卷十。魯巖蓋舉此《錄》之最精者以示人也。《錄》中有云，《四庫總目》引《癸辛雜識》楊氏子婦一條，又陳周士一條，予檢汲古閣毛氏所刊《癸辛雜識》無此兩條，未知《總目》所據何本也。陸氏心源謂莆田楊氏子婦一條，見《齊東野語》卷之八；陳周氏一條，見《齊東野語》卷之九，《總目》所引，雖書名不同，確有所本。錢氏殆未檢云，

此則舉其失矣。嶽生字生甫，嘉定人。父際盛，從竹汀學。嶽
生則從姚鼐游，凡聲音、訓詁、名物、度數、天文輿地之學，
罔不綜貫，書法疏落，得古意。上海郁氏刻《宜稼堂叢書》，其
本有出自嶽生者，錢塘《淮南天文訓補注》，亦其手校。見錢氏
《曝書雜記》《光緒嘉定縣志》。又姚椿《晚學齋文集》中《毛
生甫墓志銘》，言生甫嘗病《元史》冗漏，見錢詹事大昕所爲殘
稿，因加補輯，纂錄異冊數十種未已，奔走道路，年又限之，
卒未克底於成。吳縣沈恩孚《元書后妃公主列傳後跋》云，此
書舊附《休復居文集》後，爲嘉定黃氏西谿草廬刊本。元和陳
梁叔跋云，先生撰《元書》雖未竟，按《與李申耆書》中明言
諸表皆定，又言成考辨數卷，其書當存於家，僅以所見《后妃》
《公主》二傳附文集後云。其後《元史》改正之稿，先入蔣溥
徐氏，繼歸永康應氏。同治初，予外舅楊月如先生，曾親見於
懷寧汪氏寓所。蓋應氏弗之寶，由書賈挾出傳假者，恐此數十
年中，亦在蠹落之數。先生家蓄元代書甚多，其所考辨，或當
別有發明，而手定諸表，隱於歷代史表外，踵增一席，度爲蹙
心之作無疑，顧不獲並永其傳，滋可慨耳。今其詩文已不多見，
予所藏者非足本，而此二傳幸完好，爰錄出編入叢書云云。此
尤可見生甫於竹汀撰著，深喜輔相而研求。此種校筆，其中可
資攷論者當不尠也。

大德新刊校正風俗通義十卷<small>元刊本。</small>

漢太山守應劭撰。前有自序，次有李氏題記云，上行下傚
謂之風，衆心安定謂之俗，移風易俗，在則人，亡則書。此應
劭風俗通所由作也。然漢世有其書，後人著述多引以爲證，今
罕見全本。錫學比刊《白虎通》矣，《風俗通》弋體書也，尚

缺焉。三衢毛希聖挈來橫經，錫守劉平父一見，以此勉之，遂
綉梓於學。客有自錫山來者，道廣文此意，徵予跋語。余深嘉
文教之浹洽，異書迭出，可爲斯道賀，敬因其請而題於篇首云。
大德丁未中和節太中大夫行都水監李果題。又，丁氏記云，余
在餘杭，借本於會稽陳正卿，正卿蓋得於中書徐淵子，訛舛已
甚，殆不可讀。愛其近古，抄録藏之，攜至中都，得館中本及
孔復君寺丞本，互加參考，始可句讀。令刻之夔子，好古者或
得善本從而增改，是所望云。嘉定十三年秋七月庚子東徐丁黼
書。此爲元大德刊本，半葉十行，行十六字。此書前清有盧氏
校本，讀臧氏鏞堂《拜經堂集》亦有校訂。如《祀典篇》魯郊
祀常以丹雞祝一條，當據《説文》正之，與嘉定錢少詹所校合。
餘如《聲音篇》，《詩》曰鶴鳴九皋，凡漢唐人引《詩》皆無于
字，此正同，今《詩》有者，係衍文。《禮記》管漆竹長一尺
六孔，《漢書・律厤志》注，孟康引此作禮樂器，江正義載《樂
記》二十三篇目有樂器即此，《白虎通》亦引之。籥三孔籥也，
大者謂之産，其中謂之仲，小者謂之筠。按《説文》竹部云，
籥三孔籥也，大者謂之笙，其中謂之籥，小者謂之筠。産字當
從《説文》作笙，因形近譌。李善注《文選》潘安仁《笙賦》
引《爾雅》亦作大籥謂之笙。據《説文》仲當作籥，上目題籥
字，而正文無之，可見仲字爲後人依《爾雅》改也。《窮通篇》
伐木有鳥鳴之刺，此三家説，蔡伯喈《正交論》亦有此説。褉
者，潔也。《續漢・禮儀志》上注、《文選》顏延年三月三日《曲
水詩序》注引《風俗通》皆作褉者絜。按絜爲古潔字，當從之云
云。伯驥既録盧説，復迻此於書内，兹以編目，並節存之。

論衡三十卷 通津草堂本。

漢王充撰。充字仲任，嘗受業太學，師事班彪，博覽而不

守章句。家貧無書，嘗遊雒陽市肆，閲所賣書，一見輒能誦憶，遂博通衆流百家之言。著《論衡》八十五篇，二十餘萬言。見《後漢書》。此書東瀛藏有宋刻殘本，半葉十行，行十九字至二十一字，板心記刻手名氏。謂其文字遒勁，筆畫端正，絶有顔公筆法。加之鎸刻鮮明，紙質净緻，墨光焕發，若法帖然，實宋槧之絶佳者。卷中如完、慎、貞、桓、徵、匡、朗、竟、恒、讓、玄、殷、弘、照、構、敬、樹等字皆闕末筆，《累害篇》夫如是市虎之訛云云一張，諸本並脱，唯此本巋然獨存，當補其闕，尤爲可珍。虞山瞿氏則藏宋刊元、明補本，謂爲慶曆中楊文昌刊，迨元至元間紹興路總管宋文瓚補刊之，故有至元七年安陽韓性後序。《目録》後有墨圖記二行云，“正德辛巳四月吉旦，南京國子監補刊完”。則明補之證也。至平江黃氏所藏錢東澗評校本，爲宋刻元修明補者。蕘圃云，以校程榮本，知其佳處不少，程本實本通津草堂本，通津本乃從此本出，此本文字之勝於他本者特多。朱氏結一廬得明鈔本於京都書肆，謂爲明人從宋槧本傳録。卷一《累害篇》增多四百餘字，其餘異同亦以鈔本爲長，然《招致》之缺、倉光之訛，則兩本俱同也。朱氏謂此書自宋已無善本，慶曆五年楊文昌合校諸本，改補一萬一千二百餘字，始爲完書，乾道乙亥洪文惠重鍜諸會稽，至元間劉氏又刊之，正德之初板存南雍，今俱不可得見矣。世所通行者通津草堂本爲最古，而脱誤無從是正云。此本首有《目録》，卷端體式與宋本同，實依宋本刊者，半板十行，行二十字，板心有“通津草堂”四字。卷末題曰周慈寫，攷嘉靖中袁褧刻本六家《文選》，亦題周慈寫，可證此本亦嘉靖間所刊。《累害篇》内一張脱去，蓋其所據本亦偶逸也，文句不屬，增一毫字以接前後，程榮已下諸本，沿而不改，貽誤後來，不可以讀，實踵謬於此本。今補錄書中，而此目略之。朱氏稱仲任自謂庶幾之才，正俗決疑，每多爭辨，雖失之煩宂，而解頤者亦多。至謂孔壁中得《尚書》百篇、《禮》三百、《左氏傳》三十篇，又謂壁中《論語》得二十一篇，齊、魯、河間得九篇，本三十篇。此與晉楊所言《周官》出自孔壁中者，皆疏舛之甚，恐學者以仲任爲漢人，其言可信，故附辨之。李氏慈銘謂《論衡》爲蔡中郎帳中物，理淺詞複，漢人之文，尠有拙宂至此者，中郎之事，顯出附會。惟言多警俗，不嫌俚直，以曉蒙愚，間亦有理解，故世爭傳之。其《亂虛》《論死》《紀妖》三篇，最有名理，乃一書之警策。《紀妖篇》論鬼神會易之情狀，可作《中庸》義疏。朱氏士端謂《論衡·正說篇》云，堯老求禪，四嶽舉舜，堯曰我其試哉。又曰女於時觀厥刑於二女。又曰四門穆穆，入於大麓，烈風雷雨不迷。又曰舜知佞，堯知聖。堯聞舜賢，四嶽舉之，心知其奇，而未必知其能，故言我其試哉。試之於職，妻以二女，觀其夫婦職修而不廢，烈風疾雨終不迷惑，堯乃知其聖，授以天下。据此則充所見安國真古文《堯典》本爲一篇，並無曰若稽古帝舜二十八字橫亘於中。此條可補馮氏《解春集》、江氏《尚書集注音疏》諸家未引。又汪氏之昌述《示兒編》引經誤條，《立政》曰，以父我受民。《論衡·明雩篇》引之曰，以友我愛民。案今《論衡》與《尚書》同，則非宋人所見之本矣。見《青學齋集》二十七。近日孫氏人和、楊氏樹達，於此書均有校讀，所獲當不少也。杭氏世駿謂范史之傳充也，曰充少孤，鄉里以孝稱。杭子曰，吾所聞於充者有異焉，充世族孤門。世祖勇任氣卒，咸不揆於人，歲凶橫道傷殺怨讎衆多。祖父汎，買販爲事，生子蒙及誦，任氣滋甚，在錢塘勇勢凌人。誦卽充父也。充作《論衡》，悉書不諱。臨川陳際泰小慧人也，而闇於大道，作書誡子，而以村學究刻畫其所生。禾中無識之徒，刊其文以詔，而以斯語冠首簡，承學胥喜談而樂道之，而其端實發自充。杭氏之前，如宋黃東發《讀論衡》云，充謂天地無生育之恩，而譬之人身之生蟣蝨，欲以盡廢百神之祀。雖人生之父母骨肉，亦以人死無知，不能爲鬼，而忽蔑之。此皆後來掊擊仲任之意見也。

論衡三十卷明刊本。

前題漢稽王充著，黃嘉惠閱。前有虞淳熙序，略云，余覽東京永元之季，名能立言者，王節信、仲長公理，及王仲任三君子。《潛夫》一論，指訐時短，牴牾鹵略，罔所考鏡；而公理之《昌言》，好澶漫而澹宕，輒齟齬於世而不相入。彼二氏世且敝帚視之，奚其傳。仲任少宗扶風叔皮，而又腹笥洛陽之籍，其於衆流百氏，一一啓其扃而洞其竅，憤俗儒矜吊詭侈，曲學轉相訛贗而失真，迺創題鑄意，所著《逢遇》，迄《自紀》十餘萬言，大較旁引博證，釋同異、正嫌疑，事卽絲棼複遝，而前後條委深密，矩矱精篤。漢世好虛辭異説，爲斸其法，嚴其旨，務袪謬悠夸毗以近理實，而不憚與昔賢聚訟。譬一闤之市，一提衡者至，而貨直錙銖，率畫一無殊喙。史稱仲任年漸七十，志力衰耗，造《養性書》十六篇，不知誰何氏匿之。半葉九行，行二十字，有圈點。

塵史一卷舊抄本。

前題宋鳳臺子王得臣彥輔撰。前有自識云，予年甫成童，親命從學於京師，凡十閲寒暑，始竊一第，已而宦牒奔走，轍環南北，而逮歷三紀，故自師友之餘論，賓僚之燕談，與耳目

之所及，苟有所得，輒皆記之。晚踰耳順，自大農致爲臣而歸，
闔扉養疴，日益無事，發取所記，積稿猥多，於是重加刊定，
得二百八十四事。其間自朝廷至州里，有可訓、可法、可誡者
無不載，又病其艱於討究，遂類以相從，別爲四十四門，總成
三卷，名曰《塵史》。蓋取出夫實錄，以其無溢美無隱惡而已。
雖小道必有可觀者焉，覽之者幸毋我誚。時行年八十，皇宋政
和歲在乙未中元日追爲之序。鳳臺子王德臣字彥輔。伯驥按：
明王氏世懋《讀史訂疑》云，靈寶之西，函谷之東，有澗直下
黃河，曰弘農澗，《大明一統志》載之，云宋避英宗諱，改爲鴻
蘆。余竊疑宋爲太祖父諱弘殷耳，何必並農字改之。英宗初名
及後更名俱不犯二字，以爲英宗，尤誤也。後閱王得臣《塵
史》，始知其大謬不然，得臣曾脩《陝志》，云靈寶之西有澗曰
洪溜，不知其名之因也，比見《水經》云，縣有鴻臚圍池，是
水津渠沿注，故謂斯川爲鴻臚澗，於是知洪溜語之訛也。灑然
始悟當時俗名是洪溜，原非弘農，所謂鴻臚者，即得臣援證
《水經》脩志時改之耳。彼自云鴻臚，非云鴻蘆也。得臣政和時
年八十，所著書，正當英宗前後，何嘗有避諱之説乎！蓋陝州
古名弘農，而是澗先名鴻溜，後名鴻臚，其聲近於弘農。措大
強解事，遂以意傅會其説，以爲復古而名之，事固有雅而非真
者。予故拈出之，以雪斯澗之誤名。今靈寶人亦順呼爲弘農，
無有知其非者。仍當稱鴻臚爲是，不然稱洪溜，猶是宋以前語
也。然則此書之足資攷證者，固不尠矣。

夢溪筆談二十六卷_{宋刊本。}

宋沈括撰。前有自序，後有跋語，可知宋代刊書養士遺意。
跋云，廣陵曩丁雲擾，幸存黌宮兩廡，析爲官舍儲粟之所，士

皆暴露，時有子衿之歎。大帥周侯開藩之二年，慨然謂成俗之方本乎禮義，學宮又禮義之本。一日盡屏官舍儲廩於外，因其舊扶顛易圮而新之，繼廣田租，稍增生員。尋又斥其餘刊沈公《筆談》，爲養士亡窮之利。今方領佗袂，彬彬然禮義之風，皆昔之在城闕者也。夫教養相須，既教而養之蔑如，雖唐、虞不能以化民，此稷、契二官所以相爲表裏也。今既闢絃歌之地，又開資給之源，可謂教養兼得矣。此書公庫舊有之，往往貿易以充郡帑，不及學校。今兹及是，益見薄於己而厚於士，賢前人遠矣。修年代匱泮宮，備校書之職，謹識其本末，且證辨訛舛，凡五十餘字，疑者無他本，不敢以意驟易，姑存其舊，以俟好古博雅君子。《筆談》所紀，皆祖宗盛時典故，卿相太平事業，及前世制作之美，雖目見耳聞者，皆有補於世，非他雜誌之比云。乾道二年六月日，左迪功郎充揚州州學教授湯修年跋。案此書前人均謂爲宋刊本，語涉宋帝，皆空格，惟不避宋諱。半葉十二行，行十八字，黑口。

夢溪筆談二十六卷 元刊本，明百城樓舊藏，有校筆。

宋沈括撰。括字存中，錢塘人，嘉祐二年進士，熙寧中，官翰林學士，龍圖閣待制，謫均州團練副使，後復光祿少卿。《宋史》有傳。括博聞强記，一時無匹。晚居潤州，見其山川之勝，與舊時夢游之境相合，遂買地築室，名曰夢溪，暇著《筆談》。每半葉十一行，行二十一字，黑口雙邊，與他本不同。序跋當是脱去，無從景補矣。每卷有"百城樓章"，當是前明徐萬齡遺本。萬齡字介壽，蘭谿人。有《百城樓藏書自序》，略云，大父宦跡半天下，無他嗜好，惟有書淫，至撫閩候代，止以圖書自隨，乃稽天暴漲，數萬卷俱沉。賦歸倒官橐購書，稍得粗

備。大父既逝，居守者竊去過半，所存尚三千三百餘冊，今俱
烏有。先君以書生專力，不吝重資，又交遊聲氣之廣，時以一
編相授，三十餘年，典籍之富，甲於浙東。去城北五六里，築
百城別墅，吟詠其中。亡何，入燕請邺，遷書經鼎齋，時丙寅
秋也。父子分試南北，每每致異書，父子計書之所入，歲增若
干卷，角多少以爲樂，如是七載。壬申大火，化爲飛塵，先君
鬱成痞疾，至次年竟不起。是冊自丙寅纔四萬卷，至壬申，約
幾萬卷，全目亦焚去云云。見《金華詩錄》卷三十一。

晁氏客語不分卷 明刊本，張芷齋舊藏。

宋晁說之撰。前題"澶淵晁說之以道"一行，前後無序跋，
末有"慶元己未校官黃汝嘉刊"，"嘉靖甲寅裔孫瑮東吳重刊"
兩行，版心魚尾上"晁氏寶文堂"五字，魚尾下題書名及葉數。
首葉有"芷齋圖籍"、"張印載華"、"佩兼"三章，卷末有"烏
夜村農"章，當是海鹽張氏之物。護葉題書鈔閣重裝，當是祥
符周氏曾藏者。《海鹽縣志》云，張載華，字佩兼，貢生。藏書
萬卷，遇一善本，手自抄錄，著有《寄林殘編》。見《續檇李詩
繫》。又，海鹽陸以謙明經芷齋《張先生墓誌》云，海鹽出南郭
門里許，卽烏夜村，望之林木翁鬱，蔚然深秀，園亭第宅，衡
宇相望，是爲涉園張氏。園之東相隔不數武，中田有廬，是爲
芷齋先生所居。先生有田三百畝，治家有程度，他無所好，而
獨好飲酒讀書。年十八補弟子員，旋貢成均，棄舉子業，肆力
於經史百氏之書。若溪書賈持祕冊求售，或爲諸兄所得，先生
戲曰，於此微有妬意，然彼此傳鈔，各藏一本，互相讎校以爲
樂。先生著述甚夥，其已付剞劂者《初白庵詩評》，考訂精核，
如《東坡集》劉貢父見余謔詞數首，以詩見戲，聊次其韻。《半

山集》《嚴陵祠堂》兩詩，原注偶誤引，悉爲犁正，他多類此。
仲兄含广纂輯《帶經堂詩話》，采擇羣賢評論，與漁洋發明，附
識諸條，先生商略之功多焉。芷齋，載華號也。周氏名星詒，
號季貺，得舊本《北堂書鈔》，遂以名其閣云。季貺有《書鈔閣
行篋書目》，目中多國朝名人校本。周氏自跋其目曰，書貴舊槧
本，以其近古也。然當蒙古朝宋亡未久，槧本已爲藏書家所珍，
及明中葉，豐坊爲華氏《真賞齋賦》注中，所列宋本經籍，與
六朝三唐法書名畫等重，時去宋代不過百餘年，已難得如此。
及後常熟諸藏書家，益相推重，毛子晉至計卷償金錢，遵王以
佞宋爲號，及崐山徐氏、泰興季氏，又併推及元槧，甚以宋元
板書名目，而貴重極矣。流風餘韻，徧及東南，好事者得一宋
本，互相誇尚，形諸序跋詩歌，於是上動天子之聽。《天祿琳
瑯》一編，宋元槧本外，更及明刻之精者，而有明翻宋諸刻，
亦遂與天水蒙古並爲世珍矣。嚴鐵橋云，數十年前舊刻尚不甚
貴，當嘉、道間，嚴修能以二百千買魏了翁《儀禮要義》，猶云
是宋槧，見《東湖叢記》。仲魚以十金得《周易集解》於黃復翁，見
《經籍跋文》。以四十金得《淮南鴻烈解》，見陳碩甫先生跋。則皆影鈔
耳。復翁收百宋一廛諸刻本，售與山塘益美布商汪閬源，雖殘
帙十數葉，亦有至十數金者，閬源購書，有復翁跋，雖一行數
字，必重價獲之。以故吳中書買，於舊刻舊鈔，雖僅有一二卷，
儻有復翁藏印，增價必倍，若題識數行，價輒至十數金矣。卽
至殘破籤題、毀損跋語，亦可單售一二金，至今猶然，蓋自汪
氏始。若顧澗𧮽、吳枚庵則更罕覯而無定價矣。周季貺識。張、
周二人藏章外，又有“胡爾榮豫波印”、“柯逢時印”、“屺思手
校”諸章。

賓退錄十卷仿宋刻本，吳縣潘氏桐西書屋藏，傳錄胡心耘校筆。

前題大梁趙與峕。首葉有"存恕堂藏板，字畫悉照宋本"字樣。卷八末有潘氏題字云，光緒己卯十二月初十日，椒坡閱於臨湘雲溪驛舍，展翫前題，已距十九年矣。撫今追昔，愴然於懷，雪窗記此，寒風瑟然。卷末云，咸豐辛酉三月，假胡心耘藏舊校本傳錄，二十一日校訖，識於申江寓齋之晴雪堂。是日又得舊鈔《盤洲樂章》，毛氏故物也，并記。三月十七日。屬書客鮑蓮江重裝，同治丁卯五月閱訖記，時久晴得雨。有"潘氏桐西書屋之印"、"茮坡藏書""茮坡"各章。其校筆略列如下：蘭亭石刻條云，危太璞云，金人陷淮陽裹以去，金主怒棄之河中。此説不知何自得之，又前人所未有也。林靈素條云，與唐史所載多不合。州縣治率南面條，包咸《論語注》云，可使南面者，言任諸侯之治，何謂人臣不得用。《章貢志》條云，《章貢志》之誤，本於酈道元《水經注》，酈云贛水又北經南昌縣城西，於春秋屬楚，即令子尹子蕩師於豫章者也。秦以爲廬江南部，漢高祖六年，如命灌嬰以爲豫章郡治，此即灌嬰所築也。酈書灌字，未必非傳寫之誤。作志者又節廬江南部爲江南，彌瞶瞶耳。駒父山谷外甥，何亦不加詳攷耶？毛麾《過龍德故宮詩》條云，《中州集》第七卷有麾詩七首，嘗以校書改入教宮掖。梁武帝命袁昂作書評條云，庾肩吾書品，施吳拔萃，謂吳體尚施方泰也，此云吳施即其人，人微故但舉其氏。《戰國策》舊注一條云，録中此條爲最善，出草廬吳氏之先。知欽州林千之坐食人肉削籍隸海南條云，《三國志》程昱嘗食人，《五代史》中趙思綰亦食人肉，不惟從簡也。吳將呂蒙病，孫權命道士條云，《晉書》中亦通謂學佛者爲道士。卷八王建《宮詞》

條云，今所傳《仲初集》中，止有《紅燈睡裏》以下三篇，以上皆精確可信者也。校筆出自胡氏，按吳氏《蕉廊脞錄》五云，仁和胡珽字心耘，官太常寺博士，僑居吳下，將收宋元舊本書，手自校勘，有得卽記。與吳廷瑄調生友善，咸豐庚申避變滬瀆，辛酉四月没於旅舍，年四十，藏書散亡。所著《石林燕語集辨》《嬾真子錄集證》，二書皆未刊行。余輯《杭州藝文志》，錄其目以傳其人，蓋里中無復有知其人者矣。調生《吹網錄》卷五，付載其所記校勘十二條，則亂後追憶，病中以屬調生者。卷六載心耘輯宇文紹弈事實六條，尤吉光之片羽云。歸安陸氏藏朱竹垞此書手抄本，半葉十行，行十八字，行格與此同，當是同出宋本。朱本凡遇本朝、國朝、皇朝、國初、聖旨、禁中、上諭、至尊、聖世，及太祖、太宗、真宗、仁宗、光獻、英宗、宣仁后、神宗、徽廟、哲宗、欽宗、郭皇后、高宗、孝宗、太上皇、太子等字，皆空一格，蓋照宋本摹寫者。第十卷末有"臨安府睦親坊南陳宅經籍舖印"一行，蓋從宋板照錄。後有與峕續記，此本亦同，惟此本空格連寫則有移動矣。

冷齋夜話十卷元刊本。

宋僧惠洪撰。前有識語云，是書僧惠洪所編也。洪本筠州彭氏子，祝髮爲僧，以詩名聞海內，與蘇黃爲方外交。是書古今傳記，與夫騷人墨客，多所取用。惜舊本訛謬，且兵火散失之餘，幾不傳於今。本堂藏善本，與舊本編次大有不同，再加訂正，以繡諸梓，與同志者共之，幸鑒。至正癸未春新刊，三衢石林葉敦印。半葉九行，行十七字。

石林燕語十卷明正德刊本。

宋葉夢得撰。前有夢得題石林山人自序，略謂宣和五年，

卜築卞山之石林谷，故人親戚時相過周旋。嵬巖之下，縱談所
及，多故實舊聞，或古今嘉言善行，皆少日所傳聞於長老名流，
及出入中朝，身所踐更者，下至田夫野老之言，與夫滑稽諧謔
之辭，時以抵掌一笑，偶遇筆札，隨輒書之。其言先後無倫次，
不復更整齊云。前題子棟、程模編，末有正德元年楊武後序，
楊之結銜則爲奉勅督清軍政監察御史。楊謂始得李憲長叔淵抄
本，字頗脫誤，託方伯王德華讎正，吳憲之、歐孚先兩方伯辦
梓行焉，則此本固非坊刻可比也。伯驥按：鄒氏《午風堂集》
卷一云，《石林燕語》皆關當時掌故，於官制科目言之尤詳。陳
振孫謂其書成於宣和五年。其論館伴契丹一條，及論宰相一條，
俱係建炎時事。振孫蓋據自序首四字言之耳。汪應辰嘗作《石
林燕語辨》，而成都宇文紹弈亦作《考異》以糾之。見《永樂
大典》。中如馬周御史裏行一條，引宋人《唐書》以駁唐人
《六典》，頗類劉炫之規杜預，吳縝之糾歐陽修，然詳確者實足
訂石林之誤。余爲史官時以紹弈《考異》附夢得各條之下，列
入四庫，於史學大有神益。此則《燕語》之定評也。半葉九行，
行十八字，寫刻精勁，每行均低一格，以字計，實十七耳。上
下黑口，魚尾下記卷數及葉數。

鶴林玉露十六卷明小字本。

宋羅大經撰。卷一前題廬陵羅大經景綸，前有自引八行，
大字刻，共一葉，每行九字，稱自引而不云自序。引云，余閒
居無營，日與清客談鶴林之下。或欣然會心，或慨然興懷，輒
命童子筆之，久而成編，目曰《鶴林玉露》。蓋"清談玉露
翻"，杜少陵之句云爾。版心魚尾上題"鶴林玉露"卷幾，或無
之，半葉九行，行二十一字。此書明以來刻本，皆十六卷。唯

日本古活字本，則分十八卷，作三集。江安傅氏謂其與世行本多異，當是原出宋刻，標題稱新刻，一也；分甲、乙、丙集十八卷，二也；趙琦美家存宋活字本，甲集六卷，正與此合，三也；所增各條遠出南臺之外，四也；各集各有小序，五也；以明本校之，固自不同。然此小字本亦佳槧也。

齊東野語二十卷明正德刊本。

題齊人周密公謹父。前有密自序，提行猶是宋本原款，後有正德十年胡文璧序，正德乙亥盛杲序。胡序略云，此編多載南渡以後時事，據其耳目聞見，與實錄互有同異。客謂，所書苻離、富平等役，頗涉南軒之父，若唐、陳之隙，生母之服，則晦庵、致堂有嫌焉。書似不必刻，刻則請去數事。夫一時之見未定固也，千載而下，猶有所顧忌而弗之敢承，是非於何而始定哉！瞽瞍頑嚚，鯀以殛死，述典謨者，略不爲堯舜諱。假令今作周、孔傳，則於命管、蔡，評魯昭諸篇，悉削除不錄矣。嘗怪實錄一朝臣相列傳，多就其家取行狀、碑銘、贈記、贊述稍加粉飾，即爲直筆。夫卽文字之表，儘士夫之稱述，則其人品制行皆古聖賢之所不能爲者，而獨爲之。而聖賢光明俊偉事業，獨不見於後世，豈非紀事之不足憑哉。盛序略云，宋季士大夫，議論多而成效少，小有得失，彼此相軋，若聚訟然，國勢不競，不當專責之秦史輩也。是書正以補史傳之缺，國家之是非，人才之進退，議論之是非，種種可辨。下至詞章、技藝之末，靡不具載。郡伯石亭胡公，懼夫愈久而愈失其真也，命杲姑鋟諸梓。蓋文璧時官鳳陽府知府，而杲則其所屬知縣事者也。每葉二十二行，行十八字。卷四以上，每葉空二格，卷十以上，每葉空一格，此書明刻不多見。若《稗海》本，則更無

足觀，斯刻洵明槧之上乘也。有"費莫氏鑒賞圖書"白文章、
"偉人珍藏"朱文章，當是清代滿人費莫文良所藏。同治九年刻
《四庫書目略》者，即其人也。

庶齋老學叢談上中下卷周季貺校寫本。

前題從仕郎崇明州判官致仕盛如梓，蓋元人盛氏撰也。清
《四庫提要》云，如梓，衢州人，庶齋其自號。鮑校則云庶齋揚
州人，曾爲衢州教官。庫本分三卷，而第二卷則析一子卷，實
爲四卷。此本中卷無子卷之別析，當與庫本有異同。末有林氏
佶跋云，右《庶齋老學叢談》三卷，乃宋從仕郎崇明州判官致
仕盛公如梓著。其於經史、天文、地理、名物，以及文章流派、
儒先格言，引證辨駁，皆有根據，足以覘其學之有本也。觀叢
談語氣，知公是揚州人。其談賈平章佚事數則，似曾受賈之知
者，要其晚年誤國之罪，亦未嘗爲之諱也。大抵宋末諸公流入
元者，率隱居以著述自適，如盛公輩何可勝道，然有傳有不傳，
即如此集其存者亦幾希矣。但卷帙無多，倘有好事君子爲重刊
之，介夫先生宜爲留意也。康熙己亥十月大雪前三日，鹿原林
佶借觀力疾跋。又云，或疑開卷即頌元受命之符，以公非仕宋
者。予以爲書成於元之世，安得不出此。且崇明稱州寺判官，
皆宋制也。惜客寓藏書少，不能博徵廣引以證，尚其俟諸他日
乎。佶又跋。最末有周氏跋云，同治乙丑閏月十九日禱雨城隍
廟歸，以知不足齋校本對勘，鮑以文是據錢功父手鈔校郁潛亭
贈本。其校語曰，郁本作某者，與此悉同。以文跋中所記有善
本借不肯出，僅録林吉人之跋相授云云，蓋謂汪氏啓淑也。此
本林跋具在，第二跋低一格，當是元式如此，或即出自汪本也。
其籍鮑本校補脱誤者固多，而與鮑本互異處亦復不少，宜以文

以不見爲恨矣，校畢記此。時亢旱不雨已兩月，自十六設壇連禱，每日皆雨，新涼藉人，几硯生潤，坐中隱堂，煩憂盡釋，此樂雖萬金不易也。星詒在邵武記。館臣稱其書多辨論經史、評隲詩文之語，而朝野逸事，亦間及之，大抵皆隨時掇拾而成。如載陸游《姚將軍》《趙宗印》二詩，惜不得姚名字，而《渭南集》實有《姚平仲傳》，王士禎《居易録》已摘其疎。他若引《左傳》晉景公病如廁，陷而卒，謂國君何必如廁，而以爲文勝其實，不知《國策》趙襄子、《史記》慎夫人皆載有此事，古人朴質，不以爲怪，豈可執此以證《左傳》之誣哉！又於賈似道有豪傑之譽，載曹東畎媒俚之詞，皆爲失當，然如駁《吹劍録》謂《廣陵散》不始於王陵、毋邱儉，以故姑蔑墓證韋昭註《國語》之非，此類亦頗見考據。又各條之下，間註出某人説。蓋如梓猶及與元初故老游，故所紀多前人緒論，頗有可採云。伯驥以爲此書尤以元人遺聞軼事爲多，間有他書所未見者，其可珍處實在此。卷首有“漢潛室手校”、“周印星詒”、“祥符周氏瑞瓜堂圖書”、“茂苑香生蔣鳳藻秦漢十印齋祕篋圖書”、“敦夙好齋珍藏書畫”、“武昌柯逢時攷藏校定本”諸印，蓋迭經名家收藏者。某年柯氏書散出，北平書友以多種餉我，此其一也。

七脩類藳五十一卷　明刊本，前清天禄琳琅舊藏。

明郎瑛撰。前有浙縣知事雲間張之象序，略謂先生他作，如《七脩彙稿》等書凡十種，大半行世，著述繁富，固不止此。嘗鼎一臠，可知餘味。若先生志行高潔，安貧樂道，居然有林宗孺子之風，其詳見於本傳。讀其書當考其人，恐世之不知者，徒以文士視先生也，故并著之。《目録》二十三葉，目後有牌子云，"拙稿初爲備忘謬陋不計。討論，相知展轉録出。昨承諸公刊之於閩，愧罪不勝。字有乙者、漏者、魯魚者，目録不對，而間斷失款者。由書者非人，而刻非一時，貧賤未能更也，願覽者情照而教焉。仁和郎瑛頓首告"。每本首有"天祿繼鑑"、"乾隆御覽之寶"，末有"乾隆御覽之寶"、"天祿琳琅"四章。檢《天祿琳琅書目續》卷十六著録此書，分裝二十四册，適相符合。書分七門，曰天地，曰國事，曰義禮，曰辨證，曰詩文，曰事物，曰奇譎。之象字月麓，上海人，官浙江按察同知事。半葉十一行，行二十三字，每行各字均低一格。繆氏藝風堂有此書，首有陳仕賢序，亦有牌子，惟行款不知如何。而此本則不見陳序，或別一本也。繆藏之牌缺字六，此則完整。伯驥案：《明文海》有許應元撰《草橋先生傳》，其略云，先生姓郎氏，名瑛，字仁寶，仁和人。生有異質，少長與邑人王一槐蔭伯相友，兩人既高才，素重期許。自以寡儔，又淺少當世之爲舉子學者，乃相與馳騁古昔，以踔厲廣博絶出庸近爲奇。家故餘財，自奉親外，一以購書，所藏經籍諸子史文章雜家言甚盛，奇記逸篇古圖畫金石之刻，寖以益富。而資日以貧，先生不顧，獨危坐諷誦，攬要躪華，刺抉眇細，摘瑕指纇，辯同異得失，而著爲書，凡類種數十百篇。先生爲人率直，言議不能阿貴人，亦時時撽寧談天下事。正德末年，寧藩計始萌牙，未有覺之者，獨先生以爲憂，其後聞陽明先生在汀贛，曰豎子不足圖矣。在顧公座論士習，頗詆訾吳人，然顧公故吳人，亦無諱也。所著詩文及聯句若干卷、《訂正孝經》《大學》《格物傳》各一卷、《萃忠録》二卷、《青史袞鉞》六十卷、《七脩類稿》若干卷。

榖山子文定公筆塵十八卷明刊本。

明于慎行撰。前有北海馮琦題辭，略云，世言新都博而不

核，弇州核而不精。博而核，核而精，余於先生見之矣。比歸
卧東山，益得以其閑，討探當世得失之故，於是旁搜博採，屬
詞比事，史摘《漫録》《筆麈》，次第而成書，客歲手《筆麈》
稿以示余。余受而展之，則朝家之典章，人物之權衡，經籍子
史，禮樂兵制，以至財賦阨塞之區，耳目覩聞之概，纖悉具備。
而又綜二氏之異同，考四商之源委，運折衝於寸管。其目分制
典上、制典下，紀述一、紀述二，迎鑾、藩封，思澤，國體，
相鑒，臣品，勳戚，閹伶，經子，典籍，詩文，選舉，官制，
月俸，謹禮，建言，明刑，籌邊，形勢，賦幣，儀音，冠服，
稱謂，雜解，雜考，雜記一、雜記二、雜記三、雜記四，雜聞，
雜說，瓛言，論略，夢語，釋道，夷考等門。末有門人郭應寵
識語，略謂吾師于公有《穀城全集》及《讀史漫録》行世，小
子寵間嘗少効編次之役矣。復出所爲《筆麈》手稿示寵，寵竊
彙緣緒言，紬繹條貫，敬釐爲卷者十有八，爲類者三十有五。
時萬曆癸丑也。半葉九行，行十八字。

味水軒日記八卷戴松門手寫本。

明李日華撰。日華字君實，號竹嬾，嘉興人，萬曆壬辰進
士。官至太僕寺少卿。《明史·文苑傳》附載《王維儉傳》中。
此書明世未刊，近年南潯劉氏始刻之。此爲嘉慶間戴氏手寫本，
前有其識語云，吾鄉李竹嬾先生，著述甚富，大半已刊刻行世。
此未刊《味水軒日記》八卷，迺先生養親家居時蒙本，其圈點
塗書處，皆先生手筆也。所記評賞書畫爲多，而前言往行，有
關吾禾掌故者不少，世無副本，故知之者尠。嘉慶庚申，余分
纂郡志於鴛湖，志局友人吳餘山承慶得此書於倦圃曹氏舊居，
索重值求售，余因其中有可備志乘採擇者，亟購而藏之。越歲，

淥飲鮑丈廷博見是書，必欲購去，且許另繕副本寄余。越今十有餘年，徒往來余懷耳。壬申二月客武林，于趙晉齋魏齋頭復見是書，蓋淥飲已轉售他人。晉齋復借鈔其副欲售者，因促其刻期鈔竣，鈔費頗重，傾囊償之，并假原本，悉心讎校。其圈點處悉照舊硃，因得展閱一過，非惟足廣見聞，而竹嬾先生之流風餘韻，益可想見矣。是歲六月十日，同里後學戴光曾識於從好齋。次有君實子識语云，《味水軒日記》，起萬曆己酉正月，終丙辰十二月，凡八年，釐爲八卷。其間所紀翻閱書畫，評論翰墨，十居八九，而時事、異聞、奇物、酒茗、花鳥，寄情觸目者附之。所絕不涉入者，月旦雌黄，陞除寵辱，種種俗慮，亦可仰見先大夫篤嗜之曠懷，卓品之一二矣。不孝肇亨謹述。光曾字松門，嘉興貢生。官至河工同知。有省心齋藏書。平江黃氏藏書題跋，每及松門，所藏《漁笛小稿》七卷，其識語云，嘉禾戴君松門，余舊交也，數年來踪跡不甚密。今春有事至禾中，夜訪松門於吳涇橋，閱所藏之書，兼談彼此心曲。余作詩贈之，有句云“從好招朋共，傷心失子才”。蓋松門與余嗜好同，而境遇亦相等也。頃來吳中，行篋帶有叢殘舊本，欲以歸余。又丁氏八千卷樓藏何義門批校明刻本《菽園雜記》十五卷，有松門識語云，此七冊舊藏士禮居，予與黃復翁往還最密，出此贈予，良友之遺，不敢忘也。又程穆衡《箋吳梅村詩集》鈔本，其識语云，歲辛未閏三月三日，有事至嘉興，因訪戴君松門於吳涇橋。松門愛素好古，圖書滿家，余造訪之夕，挑燈茶話，祕笈遍觀，松門以此書相示，勾歸錄副云云。程書近年已將景鈔本活字印行，松門原錄之本，不知尚存否？此日記數巨冊，則松門手跡宛然，結體完密，到底不懈，鈔書工夫如此公者，乾嘉諸老，尚多有之，近則已成廣陵散矣。前賢遺墨，能勿寶諸。

意林五卷從明刊本傳錄。

　　唐馬總撰。前題錫山錢普以德校刊，其前序略云，郡大夫錢公刻《意林》成，手授余謂曰，此唐右僕射馬總氏所輯語也，語非一家，而叢其意，拔雋永者彙之。雖非諸子全書，而天道、人事、物理之紀，無不該貫，故稱《意林》云，非稗官小說類也。吾將下其帙於郡，畀學官弟子讀之。余嘗有《意林語要》一本，與此書正相同，元刻之雲中，年久舛不可讀。今得公善本遂讀之，絕灑然快也。郡刻尚有《檀弓》《勸善》《居官》《日省》等錄，先是示余，皆公手自爲序，余已盡讀之。大率《檀弓》志禮，《勸善》檢躬，《日省》明政，皆學問源頭之大者。公名普，無錫人，別號少虛。時守真定。萬曆六年前進士郡人楊綵譔。伯驥按：前清周氏廣業有《意林注》，邵氏晉涵序之，其序可資考證，錄如下：序云，班固序列諸子，凡百八十九家，四千三百二十四篇，以爲合其要歸，亦六經之支與流裔。漢世大儒註經，皆慎取諸子之言爲六經之輔佐。魏晉而降，崇尚空言，爲說經之一變，而諸子亦漸微。然唐人及宋初聚類之書，徵引諸子尚夥，至南宋後，而子書之存者益稀矣。唐馬總《意林》鈔撮諸子，多近世所未經見者，嗜古者胥寶愛之，顧行世無善本。歲在庚子，余從京師友人所見海寧周君耕厓所校註，引證詳贍。周君曰，此書行世者，舊止廖御史自顯本，刻於明嘉靖中，近已尠傳，鈔本多舛互。今據《道藏》本相參定，其中篇冊紛糅，如《莊子》割屬《王孫子》，《新序》併歸《說苑》，《中論》雜入《物理論》，此不可不爲釐正也。馬氏祖述庾仲容《子鈔》，當得百有七家，今目七十有一，是闕三十六家，而《鶡冠》《王孫子》已有錄無書，今取諸書所引《意林》，爲今本所無者，彙爲《意林逸文》。洪容齋《續筆》諸書所載《意林》子目，遺文佚句，散存羣籍，袞集爲《意林逸篇》，共得十有八家，而究莫能盡復其舊也。近時嗜古者表章子書，悉心校勘，其意誠善，然或過有偏主，務伸其說，幾幾乎欲引諸子與六經相詰難，斯非好奇之過歟！此文又見《南江文鈔》卷四。

皇朝事實類苑七十八卷傳錄日本舊活字本。

前題左朝請大夫權發遣吉州軍州事江少虞撰。少虞字虞中，常山人，政和八年進士。調天臺學官，拒寇有功，擢守饒、延、吉三州。見《衢州府志》。自序略云，我宋肇興，聖神克繼，二百年太平憲典，踰古治而增華。不刊信史，誠不足表覈萬代，然而祕省邃嚴，非外學所得見。若其遺文逸說，事美一時，語流千載者，搢紳先生尚能言之，筆之載錄傳紀，無慮數十家，嘗惜其畔散不屬，難人稽考，曩因餘暇，備極討論，自一話一言，皆比附倫類而整齊之，合爲一書，名曰《皇宋事實類苑》。聖謨神訓，朝事典物，與夫勳名賢達，前言往行，藝術、仙釋、神怪之事，夷狄風俗之殊，纖悉備有，釐爲二十八門。選義按部，考詞就班，如出一家。語不待旁搜遠覽，而太平遺逸之美麗具在，足人觀見當時風政，庶幾乎尚有典型哉！紹興十五年月日序。此書《宋史·藝文志》《文獻通考》，俱作二十六卷，漁洋王氏所見則四十六卷，文瑞樓寫本六十三卷，皆與清四庫本不符卷數，而庫本與此本較，又觖四門。日人森立之《經籍訪古志》卷四，有舊活字本。略云，元和七年六月勑鑄造銅字數萬，刷印《事實類苑》，賜幕府及公卿諸臣。目錄標題"麻沙新雕皇朝事實類苑"，目錄末記"紹興二十三年癸酉歲中元日麻沙書坊印行"。蓋以紹興麻沙刻爲底本，故活字本人多稱其善也。此本實從之出。

自警編五卷 宋刊本。

宋趙善璙撰。善璙太宗七世孫，家於南海，嘗知江州。前有自序云，嘗讀《詩》之《抑》，衛武公所以自警者，凡十二章，紬繹辭旨，反覆切至，猗歟休哉！予辛巳去國，屛跡甌溪，省愆餘暇，集我朝諸公言行，越三年而成編，名以《自警》。蓋警飭予之所不能，而庶幾古人萬一云耳。書甫成，市書徐生售典刑錄，嘉言善行，臚分品列，間類予所編，因廣教育撫養好生使命數門，置之座右，期無負初意云。嘉定甲申正月望漢國趙善璙序。末有刻書自跋云，噫，是編也，藥石予疢多矣，却掃八年，安之義命，宦馳六載，粗不愧見吏民，皆是編助之也。客有好事者，從予抄錄。予曰，單見謏聞，藉是强而進耳，何敢以示人。客曰，蘧伯玉恥獨爲君子，豈用心之未廣耶。予嘉其說，遂鋟木於九江郡齋，端平改元三月旦善璙再書。書分九類，曰學問，曰操修，曰齊家，曰接物，曰出處，曰事君上下，曰政事，曰拾遺，每類各分子目，凡五十有五。皆編集北宋名臣大儒嘉言懿行，以垂法則。以甲、乙、丙、丁、戊五編分別其書。伯驥按：宋理宗寶祐四年《登科錄》，凡五甲共六百一人，其中出於玉牒者第一甲二人，第二甲二人，第三甲十八人，第四甲五十一人，獨未有在第五甲者，此可證宋室待宗藩之禮，而公族中每多才哲。如善字派之趙善繼，與於汴京石經之役，嘗進《古文篆韻》一書。見《宋史‧經籍志》及《玉海》。又《宋史‧趙善湘傳》，載其說《易》之書，有《約說》八卷、

《或問》四卷、《指要》四卷、《續問》八卷、《補過》六卷。其
子汝楳亦精《易》學。又趙善譽字靜之，乾道五年試禮部第一。
《宋史·宗室傳》詳之，有《易說》四卷，著錄清《四庫》。
《宋史·藝文志》史鈔類，有趙善譽《讀史輿地攷》六十三卷。
陳氏《書錄解題》云，《南北攻守類》三十六卷，監奏進院趙
善譽撰進。以三國六朝攻守之變，鑒古事以攷今地，每事爲圖。
又，善湘撰《洪範統一》，前人謂其以大中釋皇極本諸注疏，與
陸九淵合；以九疇皆運於君心，發爲至治，與朱子建極之旨合。
實能兼朱、陸二家之長，類皆著作斐然，足傳於後。又如趙與
時撰《賓退錄》十卷，其陳氏前序有云，吾宋德麟生華屋而身
寒士，心明氣肅，文藝亦稱，金枝玉葉中一人而已，及得此，
見其包羅今古，抉隱發微，有耆儒碩生所未及者，然後知公族
未嘗無人。可爲一證。又，楊氏萬里序趙善括《應齋雜著》云，
孝宗皇帝一日御正拱殿，顧見廷臣，天顏怡愉，因問左右，宗
子在廷者爲誰，凡若干人。皆謹對曰，無之。帝蹇然喟曰，克
明俊德，首乎九族，周封八百，同姓孔庶。今吾聖神子孫，枝
葉疎俊。詔近臣各舉屬籍之良者二人，而應齋訖不求諸公之舉，
而諸公亦無求應齋者。又可證公族中亦未嘗無甘心淡泊者矣。
今觀善璙序稱，去國後屏跡省愆，亦是以恬退自甘者，殆借著
述以善全者歟！每半葉十行，行二十字，白口單邊，大字精刊，
有顏柳遺意，下有刻工人名。所引書名猶存，可資校補。明嘉
靖四十年，陳善按察雲南，重刊於大理，改編九卷。萬曆元年，
姑蘇徐栻巡撫江右，就滇本校刊，四年移撫兩浙，又重刊之。
皆不及此之精，且變更卷數，抹去從出之書名，殊不足取矣。
或以此書中宋諱或缺、或否爲疑，然前人已据周益公《文苑英
華》序云，廟諱未祧以前當缺筆，而校正者或以商易殷，以洪

易弘，唐諱及本朝諱，仍改不定。官書校刊，蓋有此失，無足怪也。岳刊五經，在宋刊中爲最精，於諱字或缺、或否，亦是一證。

自警編九卷 明刊本。

宋趙善璙著。卷首有嘉靖二十四年唐曜序，略云，善璙宋宗室，仕光寧，時不甚顯。是編述有宋諸賢言行政事頗詳，然摭靖康以上事爲多，南渡後稍略矣。播遷會盟，結元入金，皆宋事之大者，顧真弗錄，何居？宋之負鼎而南也。國事日非，以言爲諱，卽雖繢飾治具，實無足觀。紹熙慶元間，學禁起矣，强虜睥睨，恬不知戒，老成典型，曾是弗省，斯有志之士，所爲癙嘆悲惋，欲剖心見意而無郵也。《詩》曰“我思古人，實獲我心”。其所託以示警者，微而婉，曲而中，豈真自警也哉！書分學問類、操修類、齊家類，接物、出處、事君上下、政事類，拾遺類數門，而拾遺錄則分議論及復報二項，已將宋刻原本次第門類改易矣。卷首列宋名臣、名儒姓氏號紀，自趙普至王曖，共一百二十餘人。

御製為善陰隲十卷 明官刊本。

明永樂十七年御撰。前有御製序，略云，朕惟天人之理，一而已矣。《書》曰“惟天陰隲下民”，蓋謂天之所以默相保佑之於冥冥之中，俾得以享其利益，有莫知其然而然者，此天之陰隲也。人之敷德施惠於人，不求其知，而又無責報之心者，亦曰陰隲。且人之陰隲，固無損於天，而天之所以報之者，其應如響。嘗博觀古人往往身致顯榮，慶流後裔，芳聲偉烈，傳之千萬世，與天地相爲悠久者，未有不由乎陰隲之所致也。然

而代有先後，時有古今，簡籍浩穰，難於徧閱，萬幾之暇，因
采輯傳記，得百六十五人，復各爲論斷，以附其後，并系以詩，
次爲十卷，名曰《爲善陰隲》，特命刻梓以傳。半葉十行，行十
九字。前有王陽明章，文曰"王守仁印"。

劉子威雜俎十卷明刊本。

明長洲劉鳳子威撰。前有自序云，子孫學讀書，患不能博
觀遐覽，予乃取諸書要者著之篇，曰玄覽、稽度者，考天象、
推度數歲差積分也；曰地員者，明郡邑保聚自昔所轄四海四夷
也；曰兵謀者，舉軍書武策、討伐戡定之計也；曰藻覽者，舉
蔚有辭華爽勁、利便典紀肇開者也；曰原化者，則原人所生化
也；曰問水者，則地員之餘也。若予所該涉，則不可勝述也，
且此以示始學者，非敢以請於四方君子也。燕語附焉，則老生
之常談哉。首葉題冢孫儁孺校編，共分玄覽篇上、玄覽篇下，
稽度篇，地員篇上、地員篇下，兵謀篇一、兵謀篇二、兵謀篇
三，藻覽篇上、藻覽篇下，原化篇，問水篇，詞令篇一上、詞
令篇一下，詞令篇二，詞令篇三，附燕語、吳郡考二門。半葉
九行，行十八字。

欣賞編十集續編十集明刊本。

前有正德六年長洲沈杰序。略云，吾宗姪津嗜古勤學，嘗
得諸家圖籍若干卷，彙而名之曰《欣賞編》，刻之梓。首之以
《古玉圖》，崇其德也；次之以《印章譜》，達其用也；次從
《文房圖贊》《茶具圖贊》，又次之以《硯譜》《燕几圖》，皆語
成器而動者也。既而又次之以《古局圖譜》《雙打馬圖》，斯則
游於藝之謂也，凡十集。而其間可疑者，謂燕几、局戲之事，

於學者爲無益，然而孔子席不正不坐；又曰不有博弈者爲之猶賢乎已，然則博雅之士又奚可廢哉！前題吳郡沈津潤卿編集。《續編》總目則爲詩法、弈選、繪妙、詞評、曲藻、十友、茶譜、色譜、牌譜、修眞六十集。前有天目山人徐中行撰序，略云，弟子康伯愛沈氏所定《欣賞編》，復以己意爲續，始乎詩法和之以天倪，因之以曼衍也，終於修眞呼吸吐納、熊經鳥伸之術。至若詞也、曲也，卽詩之餘也，其弈選、繪妙之類，皆所謂瀟洒送日月者也。其要歸於自得自適而已，豈徒玩物云乎哉！前題吳興茅一相康伯父集。

羣芳清玩不分卷汲古閣本

前有徐亮題辭，前題吳門李璵惠時編。次總目，分鼎錄、刀劍錄、研史、畫鑒、石譜、瓶史、弈律、蘭譜、茗芨、香國、采菊雜咏，蝶几譜十二種。畫鑒後有毛子晉識語云，自南齊至今，評論續事，不下數十家，求其甄明體法，講練精微者，頗難其人。予向梓謝赫、姚最、李嗣眞、沙門彥悰、張彥遠、郭若虛、鄧椿、董逌、米芾及宣和諸書，可稱畫海矣。但未見陳德輝《續畫紀》，凡乾道三年以後諸名家無從考據，因取夏文彥《圖繪寶鑑》、韓昂《續編》補其尾。壬午秋，於秦淮遇虞部周公浩若，酷嗜秘書，收藏之富，不下癸辛草窗，出一編示予，乃湯君畫載也。予狂喜授梓，不五日而書成。半葉八行，行十九字，板心有"汲古閣"三字，亦有無字者。

玄玄碁經一卷

宋晏天章、嚴德上同撰。前有至正七年虞集序云，蓋其學之通玄，可以擬諸老子衆妙之門、揚雄大易之準，且其爲數，

出没變化，深不可測。往往皆神仙豪傑玩好巧力之所爲，故其
妙悟，傳之者鮮。惟漢之班固、馬融善賦其事，唐之張説、李
泌善論其理，他非所可及也。近代以來，碁經之説獨多，碁經
之妙獨少，今晏、嚴二君子，乃能會諸家之要，成一代之書。
其於古者聖人制作之初意，必有以深求其故，而非泥於區區智
巧之末者。次有至元九年歐陽玄序云，余性狷且拙，少賤力學
乏暇，於琴於弈皆懵然。每爲士大夫所哂，愧不能言弈之異妙
以答之。次有至正間晏天章序。半葉十二行，行十八字，小字
雙行，亦十八字。

五十萬卷樓藏書目錄初編 下

莫伯驥 著

曾貽芬 整理

中華書局

五十萬卷樓藏書目錄初編卷十二

子　部　四

新增格古要論十三卷_{明刻本。}

　　前題雲間曹昭明仲著，雲間舒敏志學編校，吉水王佐功載校增，新都黃琪拱璧重校。前有雲間舒敏序，略云，雲間曹明仲，世爲吳下舊族，博雅好古。凡世之一事一物，莫不推其理，明其原，而是非真僞，不能逃其鑑，著爲《格古要論》，以辨析器物，使玉石、金珠、琴書、圖畫、古器異材，莫不明其出處，表其指歸。予竊觀而愛之，頗爲增校，訂其次第，敍其篇端。次有洪武二十一年雲間曹昭明仲自序，略云，先君子平生好古，素蓄古法書、名畫、彝鼎、琴硯之屬，置之齋閣，以爲珍玩，其售之者往來尤多。予自幼性亦嗜之，今老尤弗怠，因取古銅器、書法、異物，分其高下，辨其真僞，正其要略，書而成篇。次有《新增格古要論凡例》。半葉十行，行二十字。

石雲先生印譜釋文考上中下卷_{明刊本。}

　　明孫楨撰。萬曆丁巳姜志鄒校刻。鄒有識語在末云，此譜舊有浮黏印文，年久脫落，不可復得。考之顧氏《印藪》，大略具載，故不復摹入。此書無前序，有陸芝跋云，孫仲牆考定《印譜》，其秦漢官屬，當亦不遠，而吳季子之類，尤爲有見。

識者毋徒謂其玩物爲也。按：此書上卷爲官印。中、下卷爲私印。私印卷內著錄延陵季子印，楨定爲宋吳季子字節卿之物。附石雲先生《金石評考》不分卷，亦孫楨著。前後無序跋，末有識語一行云，萬曆丁巳歲菊月外孫姜志鄒重生父校刊。卷內間有按語，當亦姜所附筆者。

圖繪寶鑑五卷續編一卷明刊本。

卷一前題吳興夏文彥士良纂，賓山吳麒子仁謹錄。卷六前題玉泉韓昂孟顒續纂，賓山吳麒子仁謹錄。半葉十行，行二十字。前有楊氏維楨序，略謂，雲間義門夏氏士良，集歷代能畫姓名，由史皇封膜而下，訖於有元，凡若干人，釐爲五卷。介其友天台陶君九成謂余曰，鄧椿有言，其爲人也多文，雖有不曉畫者寡矣；其爲人也無文，雖有曉畫者寡矣。先生名能文，賜一言標其端。士良好古嗜學，風清高簡，自其先公愛閑處士以來，家藏諸書名畫爲最多，朝披夕覽，有得於中，足以知其品藻矣。次有建安滕霄《圖繪寶鑑續編序》，略云，在唐時則有若張彥遠氏著《歷代名畫記》，自軒轅至會昌凡三百七十餘人；宋時則有郭若虛著《圖畫見聞志》，自會昌至熙寧凡二百七十四人；鄧椿著《畫繼》，則自熙寧至乾道凡百一十九人，有若陳德輝著《續畫記》，則自高宗訖宋終凡百五十人。其在勝國時，有若湯垕之《畫鑒》，而實其備於《寶鑑》，蓋衷集諸志記見聞而成編，故自軒轅以至宋，又自宋以至元，凡一千五百餘人。國朝承平百五十年，才藝之士輩出，顧未有嗣記以追配古作者，錦衣苗公益之，乃取自國初以至今日能畫者若干人，彙爲一卷，以續夏氏之編，爰命工重刊，總爲六卷。苗公名增，泌陽人，巽齋其別號云。滕氏敍稱苗公《彙續》一卷，即第六卷也，而

第六卷前乃題韓昂孟顒續纂，未詳其故。

廣川書跋十卷明文氏玉蘭堂鈔本，葉郋園舊藏。

原裝四册，爲長沙葉氏郋園遺書。葉氏跋云，此《廣川書跋》十卷，爲明人舊鈔本，每半葉十一行，行二十四字。卷首鈐"江左"二字朱文小長方印、"梅谿精舍"四字白文方印、"辛夷館印"四字朱文方印、"竹塢"二字朱文小長方印，皆明文衡山徵明印記也。又有"季振宜印"四字朱文方印、"滄葦"二字朱文方印、"御史之章"四字白文大方印，則入國朝已入泰興季氏矣。又有"大興朱氏竹君藏書印"九字朱文大長方印。竹君先生名筠，別號笥河，朱文正公諱珪之弟。又有"少河"二字朱文小長方印。少河名錫庚，竹君先生之子。又有"何紹基印"四字白文方印、"子貞"二字朱文方印，則道州何蝯叟也。卷六及卷十後有"安麓村藏書印"六字朱文大長方印，則三韓安岐也。卷七首亦鈐"季振宜印"、"滄葦印"、"大興朱氏竹君藏書印"，又鈐"朱錫庚印"四字白文方印。孫從添《藏書紀要》盛稱文衡山家鈔本，此本又歷經南北藏書家鑒賞珍藏，宜乎非尋常鈔本可比矣。從子啓藩藏有明錫山秦氏雁里草堂鈔本，偶取以勘此本，則此本謬誤脱錯，幾乎不可卒讀。如卷二石鼓文辨子信爲成王頌下接古篆魯旅同文云云，龔伯尊彝銘其自諸侯卿大下接何前世未有考者云云，魯公尊彝銘首行起夫則無金飾也云云。以秦鈔證之，"何前世未有考者"，乃"子信爲成王頌"下之文，"古篆魯旅同文"，乃魯公尊彝銘首行以下文，"夫則無金飾也"乃"龔伯尊彝銘其自諸侯卿大"以下之文，如此顛倒竄亂，幾歷明末國初諸公收藏，曾未一校。迨乾隆時，始經朱少河先生以汲古閣本勘正，注字於書之上楣，其中誤字，

亦多據汲古閣本改正，然汲古閣本不如秦鈔本之佳，惜朱氏未
之見也。卷三宋君夫人鍊餰鼎則糝以相下而但守一物云云，乃
《宋公寶簋銘》"後世不得其制"以下之文，《寶穌鐘銘》首行
參爲名目以下云云，乃接則糝以相以下之文，亦以秦鈔勘出。
而朱氏則以汲古閣本勘正，注字於書之上楣。卷五《韓明府碑》
首行窮困而受封云云，乃《孫叔敖碑》後半之文。《韓明府碑》
全文，乃誤竄在《西岳華山碑》"昔歐陽公謂集靈"之下，集
靈以下，全然脱失。而《孫叔敖碑》而不可爲者其後躬祖以下
川漢作濕云云，乃《郙閣頌》後半之文，而《郙閣頌》前半，
則與《西岳華山碑》同脱失。此亦經朱氏以汲古閣本校補於書
之上楣，殆原本書葉錯釘，又有脱葉，鈔手不通文法，遂有此
謬誤耳。卷六以下，別一鈔手，尚無十分大謬，然視秦鈔則遠
遜矣。惟卷三《宋公經鐘銘》其六以下，秦鈔缺文兩行半，補
録卷末。汲古閣本同缺，而卷末未曾補録。此則全文具在，讀
之文從字順，是較秦鈔毛刻爲優。若其他小勝小謬之處，當以
秦鈔爲主，別爲校記，兹不暇詳舉矣。後附《法帖刊誤》，當析
出別爲一册。壬戌閏端午德輝記。此本前護葉上有少河先生手
跋二行云，"是編所載，多鐘鼎款識及漢唐碑刻，末附宋人數
帖，論斷考證，多爲精核"。下鈐"錫庚閲目"白文四字方印。
卷一末葉有蠅頭小楷一行云，"乾隆甲申九月二日，以汲古閣所
刻津逮祕書本校一卷訖"。又卷二《石鼓文》上有校云，"按汲
古本此文載之卷二.之末，次第字句，亦多不同，略爲校正書其
旁，皆少河先生手蹟。此本石鼓次第，全同秦鈔，則知汲古以
意改之也，德輝再記"。

書史會要九卷 明初刊本。

明陶宗儀撰。前有洪武九年宋濂序，略云，天台陶君九成，

新著《書史會要》成，翰墨之家，競欲觀之，以謄鈔之不易，共鍥諸梓，而以首簡授予。九成本衣冠子，自青年即精究六書之法，備知文字相生之意，乃辨析古文篆籀分隸、行、草諸家異同，并載其人而付見。起自三皇，迄於國朝，凡名一善者，悉具錄之，編采史傳，及前脩所著書，不復以異議參其間，書成釐爲九卷。九成嘗覽雜傳記一千餘家，多士林所未見者，因倣曾慥《類說》，作《說郛》若干卷，曾所編者則略去之。次有宗儀自序二葉，次《目錄》，次引用書目共三葉。末有洪武丙辰四明鄭真後序，謂吾鄉先生袁衷德嘗著《書學纂要》，其於八法之微，衆體之懿，蓋備論之。巴西鄧文肅公以爲前人所未發，而未若先生之載出處之詳者，蓋此爲紀實之成法，彼爲游藝之一端云云。孫作所撰《南村先生傳》附焉，謂南村所著《說郛》一百卷、《輟耕錄》三十卷、《書史會要》九卷外，尚有《四書備遺》二卷，而未及其詩集。此書各卷末皆記助刊人姓名，宋序所謂共鍥諸梓也。附錄如下：第一卷後山居士張氏瑞卿珏命工鋟梓，第二卷三味軒主者張氏國祥麒助刊，第三卷盧氏祥夫祥、景旻文龍、林氏伯時應麟，張氏昇善宗仁、宗文斌、宗武桓合貲助刊，第四卷沈氏德賢賢、夏氏用莊莊、夏氏叔明顯、王氏仁伯師顏、王氏志學吾有助刊，第五卷金氏廷用禮、周氏彥實思誠、莊氏子正仁正、錢氏叔謙坰、黃氏性初良、宋氏魯章鼎助貲以刊，第六卷徐氏仲寬彥裕、王氏復初、吳氏景元本、陳氏伯敬文肅、姚氏舜俞助貲刊板，第七卷夏氏元威大有、夏氏元舟中孚、張氏公路宗義、章氏叔簡夔命工刻梓，第八卷無，第九卷張氏以行有管刻此卷，補遺張氏昇遠宗禮、賓暘昕、朝陽暾、克宣昭、曦升昉、曦采曄、林氏魯郊坰合貲鋟梓。半葉十一行，行二十字。槧刻工雅，望之與宋元本無異，蓋明初精槧，考板本源流者，不可不一覽也。

畫史會要五卷 明刊本。

前題厭原山人朱謀垔隱之撰。侄朱寶符夢得較，所列引用諸書，自《尚書》《周禮》至《僊居》《諸暨縣志》，計百餘種。前有朱氏序，略云，國初天台陶九成著《書史會要》九卷，余爲《續》一卷，既梓行之矣。客有過余者曰，書畫之道，可偏舉乎，昔者河出圖，洛出書，聖人則之。故庖犧始畫，爰有卦象；蒼頡作字，乃萌六書。謂天地萬物之情，與夫人事之紀，非書無以傳其意，非圖無以暴其形，是以古之君子，必左圖而右書，則夫繪畫之事，奚必戴安道《南都賦》後明其重哉！今子既於羲、獻、曹、陸之跡而兼綜之矣，《續書史》以八法家明之天下，而遺所云六法者可乎哉？余唯唯久之。乃取謝、張、朱、劉衆氏之書，而旁搜於經史雜家，採其要言，依陶氏篇法，爰自庖犧，以迄我明，上而帝王，以及縉紳韋布、道釋女流，各爲小傳，或如封膜之類，則正其譌誤。後錄諸家文賦之可誦者，若夫雜論則以六法爲綱，而條列之。其卷仍書史之數，書成出以視客，客曰，吾閱王氏《畫苑》，病其太繁，繁則學習者，莫得其徑；閱夏士良《寶鑑》，又苦其大簡，簡則考鏡者難厭其心。今子斟酌二家，芟所不急，而足其所未備，子之功亦勤矣。崇禎四載辛未豫章朱謀垔識。半葉十行，行二十字。

畫史會要五卷 舊寫本，珊瑚閣舊藏。

前題雲岩默老金賚敷奇撰，顏巷逸人較。此書清《四庫提要》作朱謀垔撰，當即上文著錄之刊本，而《佩文齋書畫譜纂輯書》作金賚撰，《續編》爲朱謀垔撰，未知所據。《孫氏祠堂

書目》亦題撰人爲金賚。伯驥得此寫本，初閲題名，頗以爲疑，
書之前序，則刻本與寫本同，而寫本則多後跋，爲金氏表弟所
撰者。跋云，表兄敷奇氏，撰《畫史會要》，令予較而録之。兄
於丹青家能原本伊始以及支裔，採摭博而比屬精，立諸小傳，
必甄量品行，後及藝事。兄少負奇志，力自奮於膏粱紈綺中，
好苦吟，爲山居百詠，明枕流漱石之意，故其風寄高脱，馳驟
筆墨間，蚤擅旭、素之長；更從雙鈎響搨，探得衞、王遺法，
登涉之餘，即景成圖，一時能者驚服其雅不可及。兄既高介自
立，無世俗游，寓蒼玉居，吟嘯其間，其詩可求，其人不可得
而識，著作日富，歲有成刻，兹其庚申夏五告成者也。是金賚
確有其人，朱氏爲明藩，故刊本卷四載樂安靖王孫之多爐，則
題先子，當即謀㙳之父也。而寫本則題朱子諱多爐，刊本載多
爐之藝事，則題先從叔。而寫本則直題朱多㷫，刊本題石城王
孫統鋃，而寫本則直題朱氏，而無王孫字樣。今記刊本三則如
下，資參考焉。先子諱多爐，字垣佐，號崇謙，樂安靖莊王孫。
好友詩文君子，與之揚榷。家有清暉樓，法書名畫，盈積几架。
春秋晴雨，蒼潤滿簾，披卷臨玩，怡然自遠，善寫墨菊，亦喜
作仙道人物。子八人，令各習一雅技。先從叔多㷫，字啓明，
號履謙，外朴中慧，得全於酒。其時吾宗詩多以名附七子間，
從其聲調，叔獨宗尚六朝，苦心琢句，鮮秀自異，有《滋蘭堂
稿》數卷。寫墨竹自謂具真、草、篆、隸四法。石城王孫統鋃，
字伯璽，號輦玉山樵，爵輔國中尉。父謀埠以著書擅名，鋃世
其業，兼精繪事，山水寫梅花道人，花鳥初學陸叔平，後學周
服卿，都入雅品。武林劉奇授以和色之法，所作雖踰數十年，
而花色鮮麗如新。其餘異同亦多，如卷一尹長生，寫本缺；張
僧繇，刻本四行，寫本多十餘行；寫本僧繇下有十一人，刻本

無之；十一人中列釋迦佛佗，寫本於梁後，列陳一人曰顧野王，刻本無之；隋曇摩拙义，刻本如此，寫本則作曇摩拙义；刻本唐左全，寫本作尤全；刻本裴諿，寫本作裴靖；刻本韋鷗，寫本亦作鷗，墨筆改爲鷗；刻本胡瓌范陽人，寫本作山後契丹人；刻本杜楷一作措；寫本云杜一作措；卷二刻本右武衛將軍，寫本作古武衛；刻本李甲，寫本李申；卷三刻本周廉，寫本則作周兼；卷四程志契下，寫本脫“劉原起字我用，長洲人”一行；刻本先子諱多爌，寫本作朱子諱多爌；刻本多王顯、許寶、米萬鍾三人；張萱刻本官□□太守，寫本官至郡太守。伯驥按：此書似是金氏手撰，久而未刻，遂爲謀玺託名流布者，故後來惟明人流傳寫本，尚題金氏姓名，特留此以窺破朱氏伎倆。近人余氏撰《書畫書錄解題》，於此節未見説明，蓋余氏僅見文瀾閣傳鈔本，而明刊本、舊寫本，或未寓目也。卷前有“珊瑚閣珍藏印”朱文長方形章，前人每以此爲康熙間納喇性德藏書印，然閲其刀法文字，則爲嘉道間風氣，當是嘉慶間百齡物，世所稱百文敏公亦以珊瑚名其閣者也。卷前後並捺有滿漢合璧關防數章，當是藏者所歷之官。此種風氣，自前世已開其端矣。

翰墨會紀十九卷　明刻本。

明武林金階撰。前有萬曆二十四年金氏自序，略云，國朝館閣禁重之地，搦管摛毫，僚屬而祇承之者，始皆由能書進供役，歲久陳卿長，登亞秩，書固可貌視哉。但今朝著之書，與古先名賢之札，曈乎頓殊，雖擅譽若沈公度，姜公立綱，而南禺豐公斥之曰俗品。今中祕書法，律之古翰，體度天淵，允曰俗矣。草楷正方嚴，較若畫一，固非時時尚之所同，顏魯公所謂《干禄書》者，亦此類也。我朝書固多人，然惟衡山之楷、豐祝之草，晃耀累世。當今舍篆隸之外，書法不過三體，曰眞、曰行、曰草，兼美者或罕其人。每閱典籍，凡有關於書法者，即爲采録成帙，臆名曰《翰墨會紀》。序文當是自寫，全書端楷，似亦金氏所爲，因其自序有潛心古帖，年將臻暮，書似略可等語也。半葉十五行，行二十二字。

程氏墨苑十二卷明刻本。

明程大約撰。大約字君房，自號篠野山人，新都人。哀其家製圖形，輯有《墨苑》十二卷，明萬曆甲辰刊，雕縷甚精。前有焦竑序云，上古典策，以竹梴染漆而書之，魏晉所用，則延安石液之類，無近世所謂墨也，陸雲與兄書登三台得曹公所藏石墨數十斤是已。陸存中帥鄜、延，猶以石燭烟作墨，堅重而黑，在松煙之上，而中原近無此物。有唐始立墨官，以上黨松心爲佳，故易水祖氏爲最著，江南奚超父子獨步古今，亦易水産也，然名存而物不可見矣。後世潘谷、張遇常和翁彥卿之倫，代不乏人，如葉世英造仁壽宮墨，葉邦憲造復古殿墨，劉士元造緝熙殿墨，藝冠時流，名澈黼黻，抑何盛也。明興作者莫踰新安，而羅氏益有聞，然墨之色澤眞味，以天質勝，而以金珠龍麝雜之，譬諸高材勝而生綺紈之家，寧不損其韻度哉。頃日增雕飾，以塗人之耳目，而物料精好，又非羅比，雖馳譽一時，不足貴也。程鴻臚君房，博雅能詩文，而心解和膠點漆之法，自謂古人所未及。近以數十丸與《墨苑》遺余，嘗一再試之，輕乾黝黑，入研無聲，蓋備墨之衆美，而體製精妙，種種擅奇，至令人應接不暇，豈世之所艷在是，雖君有不得而盡廢者耶。昔楊和鬻墨少室，取其贏創三清殿，而不以自給。潘谷者墨既精美而口不二價，士或不持錢以求，無多寡與之。此其人品要有過人者，而後能不朽於世，相傳和墨歲久鋒可截紙。至於遇不爲五百歲名，而減膠售俗，稅日以下，噫孰謂一陥麛之細，而可苟也哉。君房豪爽磊落之才，不究於用，而一寓其奇於此，宜其非常墨所能彷彿也。余於□交戟內嘗識君，尋余柄鑿於世，君亦投劾南歸，以四詩贄余金陵。蓋畸嶇患難之餘，而得相講於紙墨文字之道，亦足樂矣。瀕行以此編，屬余爲敍，聊述余之所感而歸之。卷首八卷爲墨苑名氏爵里，及墨苑人文目錄，與同時人詠墨之詩文。大旨分玄工、輿地、人官、物華、儒藏、緇黃等爲六類，每類一卷，又析分爲上下二卷。新安程氏，家世以墨爲業，而君房又兼工古文詞，復長於詩賦，撰有《圖中集》《志益集》等書，清《四庫》著錄《墨苑》，《提要》述沈德符《飛鳧語》略載，方、程兩人以名相軋爲深讎。程墨嘗分介內廷，進之神宗。方于魯恨之，程以不良死，實方之力，真墨妖亦墨兵也。姜紹書《韻石齋筆談》則云，方、程以治墨互相角勝，方彙《墨譜》，倩名手爲圖，刻畫研精，細入毫髮。程作《墨苑》以矯之。蓋於魯微時，曾受造墨法於君房，仍假館授粲。程有妾頗美麗，其妻妬而出之。正方所慕，令媒者輾轉謀娶。程訟之有司，遂成隙。未幾，程坐殺人繫獄，疑方陰嗾之。故《墨苑》內繪中山狼以詆方焉。二書所載，雖情事稍殊，而其爲構釁則一。夫以松煤小技，而互相傾陷若此，方之傾險，固不足道，程必百計以圖報，是何所見之未廣乎。《池北偶談》稱，宣城梅清嘗得墨一枚，其堅如石，文曰程明房造云。程君房初字明房，此其早年所製。徐氏康《窳叟墨錄》稱，程氏圖繪之工，丁雲鵬、吳左千居多，琱鏤之精，爲萬曆時絕作。因夥友方于魯負心，冊後附《中山狼傳》並圖四幅，所記負心者不止于魯。然于魯亦以鬻墨起家，中山狼一出，方氏蒙垢，遂刻《墨譜》一書以相敵，並出資購烻此傳，故傳此者絶少。方氏書刻工不及程氏，即松烟工料亦不逮。乾嘉年間，藏墨者置程、方二子不加品藻，以其設肆不足珍賞，第至今又越百年，且遭兵燹，即程、方所製之墨，亦不可得。相傳二子皆有上乘，凡一兩以内者，皆名流託觬，無不佳妙，若大塊文章，祗堪悦目云。此又關於程、方墨事之軼聞也。

方氏墨譜六卷明刻本。

明方于魯撰。于魯，新安人，初名大澂，字于魯，後以于魯墨聞于神宗。上亟稱于魯，遂更以名製墨，入妙品。明人有羅文龍小華、邵正己格之、程大約君房，咸以製墨稱，而于魯所製甚多，凡三百八十五式，刊成《圖譜》。所造雲箋，非止成都十樣。嘗以百花香露和墨自作長歌，汪伯玉曾招之入豐干社，有《佳日樓詩集》。譜中分國寶、國華、博古、博物、法寶、鴻寶六類，萬曆癸未汪氏序之。吳廷字左千，與丁南羽同郡，蓋徽州人也，真蹟少覯，方氏《墨譜》，多出其手，亦甚精雅。見之圖繪譜録中，當不虛也。清《四庫提要》謂方氏得程君房墨法而製墨，與君房相軋，彎弓射羿，世兩譏之云云。鑒古者謂于魯墨品在君房之下，煙微濃，膠微重，著紙頗有色澤，蓋其取烟以松，取油用桐，而膠不免雜皮耳，然世亦重之。明李氏《維楨集》有書于魯事甚詳者，或出標榜，然編庫書時，館臣當未見及，暇當録附此書，以傳好事君子。

洞天清録不分卷明刊本。

前題宋趙希鵠著，明張萱訂。前有張氏辭題，略云，余生平無他嗜，獨書淫一痼，老而彌篤。家藏幸踰萬卷，鉛槧可驅

蠹魚，既足療飢，亦幸卒歲。此外更有劉原父、李伯時之癖，
往家金陵，數遊吳越間，幸通籍，輒居長安，數爲海内好事家
所妮，苦力薄不能多購藏，而物聚所好，几案中亦頗有一二可
供近玩者。及罷歸，子舍溫清之餘，耕鑿之暇，得一園於榕水
之西，構百尺樓以萬卷貯焉。而竄身其上，時或手倦抛書，畫
長攤飯，息疲津以隱几，破睡魔而憑欄，輒出所藏，回環玩弄，
第此僅可爲深山中退院僧一拈出耳。希鵠所云以聲色爲受用者，
即聞斯語，寧非癡前説夢耶。余嘗嗟海内好事家，非要津之高
足，即金穴之素封，雖異寶奇珍，森羅駢列，不過以邀貂璫紈
袴之浮華，而佐肥酒大肉之餘歡，自明豪舉云爾。與明妃降呼
韓，邯鄲嫁廝養何異？年來兒輩稍知手澤，能愛家雞，乃出法
書名畫重加裝池，詳加題識，以分授之，因采輯古今書畫、譜
牒數十百種，蕢爲一書，論次其説曰《西園翰墨林》，公諸同
好。希鵠此録，雖於原父諸人不能什一，即古玉古窯，未及窺
斑，書畫二門，寥寥數語，獨其所載，皆几案中不可少。評騭
考核，又嗜古之士不可不知者，故授剞劂，藏於家塾，亦百尺
樓中善讀父書者大快事也。希鵠，宋宗室子，亦原父、伯時之
流亞也，史傳未載，履閲莫詳。次有趙氏自序，末附張氏題龍
眠居士《博古圖》卷四葉。半葉九行，行二十字。

香乘二十八卷_{明刊本。}

卷一前題明淮海周嘉量江左纂輯。前有萬曆間李維楨序，
略云，吾友周江左爲《香乘》，所載天文、地理、人事、物産，
囊括古今殆盡矣。余無復可措一辭，葉石林《燕語》述章子厚
自嶺表還，言神仙昇舉，形滯難脱，臨行須焚名香百餘勵以佐
之。盧山有道人積香斛，一日盡發，命弟子焚於五老峯下，默

坐其傍，烟盛不相辨，忽躍起在峯頂。言出子厚與所謂返魂香
之説，皆未可深信。然《詩》《禮》所稱燔柴事天，蕭炳供祭，
蒸享苾芬，升香椒馨，達神明、通幽隱，其來久遠矣。佛有衆
香國，而養生煉形者，亦必焚香，言豈盡誣哉！古人香臭字通
謂之臭，故《大學》如惡惡臭，而《孟子》以鼻之於臭爲性，
性之所欲，不得而安於命。余老矣，薄命不能得致奇香，展讀
此乘，芳菲菲兮襲余。計人性有同好者，案頭各置一册，作如
是鼻觀否。次有崇禎間自序，略云，余好睡嗜香，性習成癖，
有生之樂在兹，遁世之情彌篤。通天集靈，祀先供聖禮佛，藉
以導誠祈仙，因之昇舉。至返魂袪疫，辟邪飛氣，功可回天，
殊珍異物，纍纍徵奇。豈惟幽窗破寂，繡閣助歡已耶！少時嘗
爲此書，鳩集一十三卷，時欲命梓，殊歉挂漏，乃復窮搜遍輯，
積有年月，通得二十八卷，嗣後次第獲觀洪、顏、沈、業四氏
《香譜》，每譜卷帙寥寥，似未賅博，然又皆俗合香方過半，且
四氏所纂，互相重複，至如《幽蘭》《木蘭》等賦，於譜無關，
經余所採通不多則，而辯論精審，業氏居優，其俗合諸方，實
有資焉。復得《晦齋香譜》一卷，《墨娥小録香譜》一卷，并
全録之。更欲纂《睡旨》一書，以副初志。半葉九行，行十
七字。

儒學警悟七集四十卷 明嘉靖寫本，盛伯兮、繆小山舊藏。

　　此爲宋人所編，蓋叢書初祖也。清季發見孤本，近年遂有
刊行。兹爲刊本所自出，蓋明嘉靖間精寫，而江陰繆氏朱筆手
校者也。末有江安傅氏墨筆題語，此書著録繆氏《藝風堂藏書
續記》卷五，題記頗詳。其後武進陶氏刻之，而原日祖本，遂
歸予家。刻者固居傳布之功，而伯驥以重幣獲此原本，永唯明

嘉靖之遺帙，又奚翅宋嘉泰之初編，且江陰校筆，藉此而窺見
精詳。使古今人面目精神，綿綿延延永留天壤，談書林故實者，
當亦謂伯驥與有微勞，不讓繆、傅諸君子焉。敢告稽勳，或有
取爾也。刻本繆序云，唐以來有類書，宋以來有叢書，朱氏
《紺珠》、曾氏《類説》，已彙數十種而刻之，然皆删節不全。
至取各書之全者，並序跋不遺，前人以左圭《百川學海》爲叢
書之祖，顧學海刻於咸淳癸酉。先七十餘年，已有《儒學警悟》
一書，俞鼎孫、俞經編，計七集，四十卷。首爲《石林燕語辨》
十卷，玉山汪應辰撰，有石林山人原序，俞聞中跋語。按：《石
林燕語》十卷，宋葉夢得撰，其子棟、楏、模編。明正德元年
御史楊武重刊，萬曆間商維濬刻於《稗海》中。《四庫總目》
云，夢得爲紹聖舊人，徽宗時嘗司綸誥，於朝章國典，夙所究
心，故是書纂述舊聞，皆有關當時掌故，於官制科目，言之尤
詳。又云，陳振孫《書録解題》謂其書成於宣和五年，然其中
論館伴遼使一條，稱建炎三年；又論宰相一條，謂自元祐五年
至今紹興六年，則書成於南渡之後。振孫之書未核矣。惟夢得
當南北宋間，戈甲倥傯，圖籍散失，或有記憶失真考據未詳之
處，故汪應辰作《石林燕語辨》，而成都宇文紹奕亦作《考異》
以糾之。應辰之書，振孫已稱未見。蓋宋末傳本即稀，僅《儒
學警悟》間引數條，與紹奕《考異》同散見《永樂大典》中，
然寥寥無幾，難以成編。惟紹奕之書，尚可裒集，謹蒐采《考
異》各附夢得書本條之下云云。咸豐間仁和胡珽心耘在京師，
詣清祕堂親檢《大典》第一萬四千八百卷“悟”字韻中，鈔得
汪氏《辨目》二百有二條，有目無書，歸與葉廷琯調生撰《集
辨》一書，初印於《琳瑯祕室叢書》第五集，後又於印本覆校，
加數十籤，荃孫見於周荇農師處，曾假副本將各籤編入。光緒

壬辰，有書賈自山西得《儒學警悟》全編六册，内有嘉靖壬辰
吉庵王良棟録藏題識一行，明鈔明裝，持來求售，則汪《辨》
十卷在焉，議價未成，即爲宗室伯羲祭酒購去。向伯羲借觀，
伯羲鈔界一帙，而未許見原書。荃孫轉付長沙葉奐彬幷《燕語》
及《考異》各校本刻之，固未知其鈔未全也。近數年來，伯羲
所藏散出，以重價購得此書。始知俞成序爲嘉泰元年辛酉，正
前乎《百川學海》七十二年也。荃孫勘汪《辨》全書二百有二
條，與《大典》目合，其中有目無文者止三條。再按：紹奕
《考異》五十八條，僅當汪《辨》四之一，而此五十八條中，
與汪《辨》同者有四十八條之多，略異者八條，不同者祇二條。
卷臣通判劍州，即聖錫所薦賓僚晉接互相切磋，大旨固然相同，
而何以二書展轉吻合如出一手，豈傳鈔者於名目訛誤耶？館臣
以汪《辨》寥寥無幾，難以成編，而《考異》尚可裒集。今汪
《辨》二百二條，全書俱在，而《考異》之不同於《辨》者僅
二條，寧不異歟！《儒學警悟》既爲叢書之鼻祖，又爲海内之孤
帙，其中《燕語辨》一集，更爲直齋未見、《大典》未録之書，
一旦復出，不可謂非人生之幸事也。次爲《演繁露》六卷，新
安程大昌撰。淳熙七年庚子自序，八年辛丑陳應行跋，俞成再
跋。按：《説郛》本删節不全，嘉靖己酉程文簡裔孫煦刻十六
卷，此本六卷，即煦刻卷第十一至卷第十六也。此本條目卷第
一止六事，煦刻卷第十一有三十事，其二、三、四卷與煦刻十
二、三、四卷同，其五卷内較煦刻卷第十五内多唐世疆境一事，
六卷内較煦刻卷第十六内多壓角一事。此鈔本在嘉靖壬辰，而
煦刻在嘉靖己酉，相距止十八年，不可謂非同時，而卷帙參差，
未知孰是。又按：此本目内注明《别録》十卷，續刊於乙集，
是原書固亦十六卷也，而萬曆間鄧渼刻本，亦十六卷，外有續

集六卷。張海鵬重刊於《學津討原》中。三爲《嬾真子》五卷，廣陵馬永卿撰。按：《説郛》本亦删節不全，維濬刻入《稗海》作五卷，天一閣鈔本同。此本亦五卷，有篇名目録，足正商本之舛錯。四爲《考古編》十卷，亦程大昌撰。淳熙八年辛丑自序，按目内《考古編》下注共十卷，《續編》十五卷，再刊於丙集。今李調元《函海》、張海鵬《學津討原》，均刻十卷，與此本同。五爲《捫蝨新話》八卷，三山陳善撰。上集紹興十九年乙巳自跋，淳熙元年甲子陳益序，下集紹興二十七年丁丑自跋，淳熙五年戊戌檇李張諫跋。按：《説郛》本删節不全，錢曾藏本有二，一宋鈔本，不分卷數，帙末有陳善跋。一影摹宋刻本，標題爲朝溪先生《捫蝨新話》，釐爲十卷，不列子姓名氏。陳繼儒刻入《寶顏堂祕笈》作四卷，毛晉刻入《津逮祕書》作十五卷，按事分類，雖卷次不同，而條目相等，然皆不足二百條。此本上、下兩集，有目録序跋，二百則全目内注明，析爲八卷，與《宋史志》合，在《敏求記》之上，爲最快事。六爲《螢雪叢説》二卷，即俞成自撰，附於其後，有自序，已開後人以己撰編入叢書之例。按目内《螢雪叢説》下注共二卷，餘八卷，再刊於丁集。左氏刊於《百川學海》，商氏《稗海》繼之，均作二卷，與此本同，惟此本上卷内聲律及詩題兩條，《學海》《稗海》均列於下卷之末，此外亦無出入。《説郛》删節，不足論矣。共書六種，總四十卷，是爲完書。前四書即甲、乙、丙、丁部，《捫蝨新話》爲續，《螢雪叢説》爲附，而云七集四十一卷者，《捫蝨新話》一種，分上、下兩集，《螢雪叢説》兩卷，并爲第四十卷，而又分上、下也，至目内所謂續刊於乙丙丁集者，殆有志未逮歟。在荃孫架首尾五年，汪氏《石林燕語辨》是孤本，《演繁露》《嬾真子録》《考古編》《捫

勘新話》《螢雪叢説》均以各本參互考訂，歸陶君蘭泉付之梓
人，固與安印《百川學海》同有功於藝林矣。是書荃孫始表章
之，而蘭泉傳古之功，爲不可没。缺葉多，訛字亦多，明鈔本
往往如是，多讀書自能辨之。傅跋云，毘陵陶君蘭泉校刻《儒
學警悟》七集既藏事，徵言於余。余於是書雅有因緣，始也藝
風前輩屬以搜訪之役，繼也蘭泉委以校勘之事，兹觀其成，寧
可無一言焉。憶壬子之春，宗室盛祭酒遺書散出，余就意園中
視之，北室五楹、南室三楹，鈔刻新故，錯雜紛糅，賈人第其
甲乙，標爲籤記者，凡百有七十餘號。上者充棟，下者委地，
曾不之惜。即炫赫一時之宋刻《禮記正義》四十鉅册，宣綾包
角藏經籤，亦散置几下，高可隱人。余竭一日之力，視其刻之
古者鈔之，善者校勘之，有名者粗籍於小册中，曾不匝月，而
駸駸爲廠市巧計簒取以盡。藝風聞之，馳書屬余物色《儒學警
悟》所在。時宋元刻本之有名者，率爲朋輩分攜以去。此書以
名字黯淡，巋然尚存於宏遠書肆，乃以重值收之。此以見世人
鶩名炫實之多，而真賞之難遇有如此也。書留案頭數月，嗣以
事至海上，因攜致焉。藝風忻喜過望，因言是乃古今叢書之祖，
視《百川學海》早出七十餘年，惟傳世祇此明人寫本。昔商之
於意園欲乞傳鈔一帙而不可得，今幸入吾篋，當付剞劂，與世
人共之。蘭泉聞之，慨然引爲己任，乃舉藝風所校，就商於余。
因爲檢索羣書，參訂各本，正其訛誤，補其脱逸，自開梓以迄
斷手，凡閲六年，而藝風已墓有宿草，不及見矣。嗟夫，自唐
宋以來，諸家譔述，浩如煙海，其目存而書亡者，何可勝數！
即幸而厪存，然脱於水火之災者，或不免飽蠹魚之口；能迨逃
於悍兵劇盜蕩子孤嫠之手者，或湮没於通人顯宦崇樓邃閣之中。
蓋自道、咸以還，號爲藏書者，往往得一袐笈，視同璵寶，不

以示人。或欲錄鈔副帙，校定異文，亦必多方閉拒，若凜謖藏
冶容之戒者，自非與古人爲仇，何至視此一綫之延，聽其斬絕
胤嗣，而曾不之恤。今茲得藝風一言而拔之沉霾之中，又得蘭
泉一念而播之海寓之内，而余得以微力周旋其間，不可謂非是
書之幸遇也。蘭泉嗜學媚古，曾續刻雙照樓宋元本詞，合四十
家，已盛行於時，茲又成此鉅編，復有涉園雜纂之輯，其有功
於藝林至偉，倘欲爲古人續命乎！余篋中尚有君家之《說郛》
百卷本在，決不敢扃鐍深藏，以蹈仇視古人之譏也。甲子五月
藏園居士傅增湘書。寫本中之傅氏墨筆題記，所述不及此跋之
詳，故不載。

百川學海十集<small>方扶南批校明刊本。</small>

　　宋左圭輯。伯驥按：《揚子・舉行篇》"百川學海而至於海，
丘陵學山而不至於山"。是故惡乎畫也。此書當即取此旨，凡彙
刻羣書百種，分十集，甲《聖門事業圖》《漁樵問對》《學齋佔
畢》《獨斷》《刊誤》《九經補韻》《中華古今註》《釋常談》，
乙《隋遺録》《翰林志》《燕翼貽謀録》《春明退朝録》《玉堂雜
記》《揮塵録》《丁晉公談録》《王文正公筆録》《開天傳信記》，
丙《厚德録》《韓忠獻公遺事》《王文正公遺事》《濟南師友談
苑》《萍州可談》《龍城録》《前定録》《國老談苑》《晁氏客
語》《道山清話》，丁《畫簾緒論》《官箴》《袪疑說》《劉賓客
因話筆記》《鼠璞》《善誘文》，戊《志林》《螢雪叢說》《龍川
略志》《西疇常言》《欒城遺言》《東谷所見》《雞肋》《談圃》，
已《王公四六話》《四六談塵》《文房四友除授集》《耕祿稿》
《子略》《騷略》《獻醜集》，庚《選詩句圖》《石林詩話》《六
一詩話》《東萊詩話》《珊瑚鉤詩話》《貢父詩話》《後山詩話》

《許彥周詩話》《温公詩話》《庚溪詩話》《竹坡詩話》，辛《法帖釋文》《海嶽名言》《寶章待訪録》《書史》《書斷》《續書譜》《歐公試筆》、孫過庭《書譜》《法帖刊誤》《翰墨志》《法帖譜系》，壬《端溪硯譜》《歙州硯譜》《硯史》《刀劍録》《香譜》《茶經》《煎茶水記》《茶録》《試茶録》《酒譜》《蔬食譜》《筍譜》《蟹譜》，癸《荔枝譜》《橘録》《南方草木狀》《竹譜》《劉蒙菊譜》《石湖菊譜》《史老圃菊譜》《梅譜》《牡丹記》《牡丹榮辱志》《芍藥譜》《海棠譜》《禽經》《名山洞天福地記》。前有圭自序。叢書撰刻，前人以爲始於此書。清光緒間滿人祭酒盛昱得一書，名曰《儒學警悟》，計其編刊年代，實先於左氏，其本爲前明嘉靖間人手寫，於是叢書初祖，遂推此種矣。明寫本見歸吾家，已詳此書題記。左氏所編，止及百種，較陶氏《說郛》，不及其博；而卷帙多完，序跋不缺，又較陶氏爲優；且大字善刻，亦精於《說郛》之槧本。至於明吳永《續百川學海》百二十種，馮賓可《廣百川學海》百三十種，皆繼此而作，然其善不及左書遠甚矣。此本爲桐城方氏全部批校，每種卷首多有“方扶南入京後所得”朱文長方形章，卷中朱字精細，考訂極詳，百種之書，首尾不懈，可寶也。扶南名世舉，晚年自號息翁，與從弟貞觀，竝以詩鳴。少遊秀水朱氏彝尊之門，多見古書祕本。康熙間北遊京師，賢豪長者，多就唱和，質疑辨難無虛日。中年以本宗孝標學士書案牽連，遠戍塞外，後放歸田里。當寓揚州時，朝廷方開博學宏詞科，某侍郎欲羅致扶南舉以應詔，婉謝不就。生平所閱古今載籍，均有評訂，或屢加塗改，上下朱墨交錯，其議論考據，多有前人所未及者，卒於乾隆己卯，年八十有五。著《江關集》《春及草堂詩鈔》《漢書辯注》《世說考義》《家塾恒言》《蘭叢詩話》。其《韓昌

黎詩集編年箋注》，兩淮鹽運使盧見曾爲刊於揚州。又有《李義
山詩集箋注》，其表弟江都程夢星借刊之。見《方氏詩輯》、蕭
穆《敬孚類稿》、《桐城耆舊傳》等書。姚氏蕭云，鄉之前輩，以文章
稱，而年與蕭接者十餘人。蕭自童幼，受書一室，足希出外，苟非常至吾家者，率
不得見，若望谿宗伯、襲參司業、南堂息翁諸先生。異鄉學者見其詩文，或生愛慕，
恨莫接其形容，而烏知生同里閈者，固亦若是也。

説郛一百卷 明刊本。

明陶宗儀撰。前有弘治九年上海郁文博《較正説郛序》，文
博字文博，景泰五年進士，湖廣副使。致仕歸，居萬卷樓，年
七十九，丹鉛校核不去手。見《上海縣志》。序云，《説郛》一
百卷，成化辛丑予罷官歸鄉，於士人龔某家得借錄之，然字多
訛缺，兼有重出與當併者，未暇較正。繼而屢爲司牧部使者借
去，分命人錄，而取錄之人不謹，遇有字誤，慮對出被責，輒
將予舊本字塗改相同，以掩其過，而字之訛缺者加多。予憤其
人而無可奈何。邇年借錄者頗簡，遂欲較正，復遍閱之，見其
間編入《百川學海》中六十三事。《學海》近在錫山華令通先
生家，翻刊銅版活字盛行於世，不宜存此，徒煩人錄。於是以
其編入並重出者盡删去之，當併者併之，字之訛缺者亦取諸載
籍，逐一比對，訛者正之，缺者補之，無載籍者以義釐正之，
仍編爲一百卷，俟後之君子重較而刊行焉。予之校正，經歷歲
月，竭盡目力心思，不知有益於後人否乎。因賦一絕云，“白頭
林下一耆儒，終歲樓中校《説郛》。目力心思俱盡竭，不知有益
後人無”。予生平嗜書，少而從父宦游江湖數年，壯而出仕四方
二十九載，耆老而歸休林下十四年，今年已七十有九，所收所
錄，書積萬餘卷，貯之樓中，名其樓爲萬卷，以資暇日閱玩。
惜乎老耄無用於時，欲傳之子孫，而子孫不能讀，抑且不能守，

而散之權豪，若不敘其意以貽後，則予勞心苦思較是書，與素
耽嗜書籍之志，何以表見於天下後世哉。次有楊維楨序，前人
謂道書以一卷爲一弓，陶九成《說郛》用之；佛書以一條爲一
則，洪景盧《容齋隨筆》用之。此書已易弓爲卷矣。半葉八行，
行十七字。

世德堂六子_{明刻本。}

計老子《道德經》二卷，河上公注；莊子《南華真經》十
卷，郭象注；列子《冲虛至德真經》八卷，張湛注；揚子《法
言》十卷，五臣注；文中子《中說》十卷，阮逸注。明世德堂
顧氏刻，世推善本，別本有去板心"世德堂"字樣者，則印本
已後矣。顧氏手跋曰，先刑部府君，少敦仁義之學，晚慕道德
之言，故於六子書無不講貫，春之得於過庭者侈矣。自先君下
世，每對是書，未嘗不悵然若有所慕焉，而弗得也，將究其意
旨，而無善本，脫謬不可考定。嘉靖庚寅冬，因治先君墓於銅
井山，遂廬其側，校讎授梓，參文羣籍，考義多方，越癸巳夏
乃成。膏宵雞晨，寢食爲廢，匪敢言勞，用脩先君之志云爾。
是歲秋八月，東滄居士吳郡顧春識。

二十子全書_{明寫本。}

明吳勉學彙刊。老子《道德經》二卷，有葛元序；關尹子
《文始真經》一卷，有劉向校上奏；《文子》二卷，明彭好古
輯，有集道翼言引，又文子題辭；莊子《南華真經》三卷，有
郭象序，又顏素識，又《莊子難字音義》；列子《冲虛真經》
八卷，有劉向校上奏，唐加"至德"二字按語；《管子》二十
四卷，有劉向校上奏；《晏子春秋》四卷，有劉向校上奏；《荀

子》二十卷;《韓非子》二十卷;《商子》五卷;《鬼谷子》一卷, 有舊序;《吴子》一卷, 有《史記·吴起列傳》;《孫子》一卷, 有《史記·孫武子列傳》;《黄石公素書》一卷, 有張商英序;《吕氏春秋》二十六卷, 有高誘序;《淮南子》三十一卷, 有高誘序; 揚子《法言》十卷; 文中子《中説》十卷, 有杜淹《文中子世家録》, 唐太宗與房魏論禮樂事, 東皋子《答陳尚書》書録關子明事; 司馬子《坐忘論》一卷, 有一壑居士題辭; 譚子《化書》六卷。

中都四子集六十四卷明刊本。

明朱光東編。東光字元曦, 浦城人。官分巡淮徐道。前有萬曆己卯朱氏自序, 略云, 中都古塗山國, 神禹會諸侯所, 後數千年高皇帝龍興, 始復爲都天府也。夫帝王其大者, 即賢儒文藻, 往往雄千古。在亳《老子》, 在濠梁《莊子》, 在潁《管子》, 在壽《淮南子》, 今皆轄中立, 非至之至者與。余曰, 四子故有刻, 緊中都亡。中立守張攀龍曰, 守臣責也。惟註脱漏, 則義難曉暢, 本漫漶則如讀者何? 四子註無慮百家, 惟河上丈人註《老》, 郭子重註《莊》, 房僕射玄齡註《管》, 許孝廉叔重註《淮南》, 乃中窾肯, 手分訂補, 而命休寧吴生校之, 逾年竣, 始梓云。前題明臨川朱光東輯訂, 寧陽張登雲參補, 休寧吴子玉繙校, 版心題“中立四子集”。伯驥按: 中都者,《大明一統志》卷七云, 洪武三年改中立府, 定爲中都, 七年改爲鳳陽府。又, 明柳瑛撰《中都志》十卷, 蓋以明太祖吴元年改濠州爲臨濠府, 洪武三年改名中立, 建宗社、立宫室, 故謂爲中都, 七年雖改鳳陽, 而志仍曰中都, 蓋不忘舊制也。四子皆謂爲中都人, 故曰《中都四子》。半葉十行, 行二十一字。

子彙十二冊_{明萬曆刊本。}

此書一冊，儒家一，《鬻子》唐逢行珪注，一卷；儒家二，《晏子春秋》二卷，二冊；儒家三，《孔叢子》三卷，三冊；儒家四，賈誼《新書》二卷，四冊；儒家五，陸賈《新語》二卷；儒家六，小荀子《申鑒》一卷；儒家七，唐皮日休《鹿門子》一卷，五冊。道家一，《文子》二卷，六冊；道家二，《關尹子》一卷；道家三，唐王士元《亢倉子》一卷，七冊；道家四，《鶡冠子》陸佃解一卷，八冊；道家五，《黃石公素書》一卷；道家六，唐司馬承禎《天隱子》一卷；道家七，唐張志和《玄真子》一卷；道家八，無撰人《无能子》三卷；道家九，《齊邱子》一卷，即譚峭《化書》九冊。名家一，《鄧析子》一卷；名家二，《尹文子》一卷；名家三，《公孫龍子》一卷。法家一，《慎子》一卷。縱橫家一，《鬼谷子》一卷，十冊。墨家一，《墨子》一卷，十一冊。雜家一，《子華子》二卷，十二冊；雜家二，劉晝《劉子》二卷。每半葉十行，行二十一字。版心上刻"萬曆五年刊"五字，間有四年者。版心下記刻工姓名，各書首尾，間有丁丑夏日潛庵子識語。從前著錄此書者，多不悉潛庵子爲何如人，唯陸氏心源則定其人爲周子義。陸云，案孫繼皋《宗伯集》，有《吏部侍郎諡文恪儆菴周公行狀》，公名子義，字以方，儆菴其自號也。嘉靖乙丑進士，改庶吉士。公故嗜書，既入選則多購求書，窮日夜讀不休。隆慶六年升南國子司業，攝祭酒事，萬曆六年升北祭酒，十一年晉禮部侍郎，改吏部，萬曆十四年，年五十六。所訂正書，梓在南雍者，有《周禮》《史記》《五代史》，而《子彙》則所自編輯者也，則《子彙》爲周子義所刊無疑矣。丁丑爲萬曆五年，正子義爲南京司業兼攝祭酒時也。《行狀》不言其又號潛菴子者，略之也。此刻所據，雖多善本，《墨子》《晏子》有删併移易處，則不免明人習氣云云。伯驥按：向、歆父子校書，必述撰人始末。陸氏題跋深得此旨，而刻書之人，亦多求得其事略，書之内容恒考辨其是非得失。前人稱儀顧堂羣書題記合板本、校勘、考證三者而爲一，非虚語也。

五子七卷明歐陽清刊本。

前有嘉靖甲辰賜進士第中順大夫浙江按察司副使上饒歐陽清撰序云，五子有書，《鬻子》十四篇一卷，《子華子》十篇二卷，《鶡冠子》十九篇三卷，《尹文子》二篇、《公孫龍子》六篇各一卷，故刻在關中，有取而刻之括者，久未及校序。予始讀之，爲之改誤若干字，漫漫脱落者補正之，刻完迺可觀。六經垂訓，大道孔昭，羣言之紛，徒多逕竇，存諸子果足以翼經、匡教可乎哉！夫有取爾也，至理具於人之心，心未能純，言斯雜矣，觀言者苟能致吾真知，以爲決擇之準，則精粗錯出，不害於窮理，粹駁並陳，不害於知言也。說者謂鬻子文王之師，不必盡信，而子華子者又稱與吾夫子同時，且特賢之焉。鶡冠子者楚人，尹文子則齊人，公孫龍子趙人也，外是益紛紛籍籍，考之志載，今可知者，一百八十九家，大抵皆春秋戰國之産。而自吾夫子及孟軻氏以下，至周、程、張、朱諸大儒，凡皆目染耳濡所不但已者也。是蓋性知之真，決擇有準，知言窮理，交致其功，斯於諸子兼有取焉，不然毫釐千里，雖聖賢之言，亦不能保其學之無弊，子夏之門，固已不免爲莊周之流矣，又何怪乎學荀卿之李斯也。今觀諸子之書，恢弘辯博，多所彌綸，莫非組織仁義、經緯道德，原禮樂之本，厲名實之詳，叙述三才，而究達天人，變通今古，以推明治亂。至若曲暢人情，旁通物理，往往見之奇言奧旨之中，固有不可得而棄者。雖云不皆盡然，乃或出入於黃老刑名，固唯觀言者之決擇焉。半葉八行，行十九字。

兩京遺編十二種 明萬曆十年刻本。

計《賈子》十卷，李元陽序；《春秋繁露》八卷，嘉靖甲寅趙維垣序；《鹽鐵論》十卷，弘治辛酉涂禎議都穆後序；《風俗通》十卷，翻大德本；《潛夫論》十卷；《仲長統論》一卷；《中論》二卷，宋紹興石邦哲議，元至治陸友仁記；《申鑒》五卷，明黃省曾注，何孟春王鏊序，省曾自序；《人物志》三卷，明王三省後序；《白虎通》二卷，明陽佶跋；校《文心雕龍》十卷。全書前有胡氏序。後有原氏序云，明興，因沿勝國之陋，調靡而不振，詞采而不新，蓋於觀無當焉。弘正之間，異人並出，玄構綺綴，希步作者，迄於今百餘年，而家家以東西京爲嚆矢矣。然自《史》《漢》《文選》而外，世不能概覬，即覬之不能得善本也。惟是觀察胡公實用慨焉，一日命余曰，陸賈、賈誼輩，業已著書名世，成一家言，若能檢付剞劂，與《史》《漢》《文選》並行於世乎，則此數子爲不朽矣。余因搜得十二種，曰《新語》，曰《春秋繁露》，曰《賈子》，曰《鹽鐵論》，曰《白虎通》，曰《潛夫論》，曰《昌言》，曰《風俗通》，曰《申鑒》，曰《中論》，曰《人物志》，曰《文心雕龍》，捐金償梓，約二載餘，殺青始就。雲屏胡公業有序序其首，發諸家之要矣。余不佞，竊謂此數家者時不相偶，而才各至；文不相沿，而意各至。夫其苞孕元氣，不琢不雕，陸、賈二子，似爲西京之冠。而羨衍推廣，洞析秋毫，則寬亦後來之英也。雍容儒雅，

高議廟堂，班、應二子，似爲東京之傑。而繫心睠顧，反復時
政，則仲、王亦先達之匹也。實而不浮，雅而不俳，荀、徐、
劉三子似猶兩都之遺。而陶冶萬彙，組織千秋，則緦亦六朝之
高品也。譬彼羣芳，均屬造物；譬彼洪鐘，均無細響。昔李獻
吉有言，修古屬辭，開元以下，不必旁及，但於是編朝夕把玩，
亦足以快心神而給筆札矣。諺曰登山登華，觀水觀海。謂是乎。
謂是乎。萬曆十年賜進士第文林郎知魏縣事東萊原一魁序。孫
氏平津館僅得景寫本數種，此刻流傳不多，已可概見。此則首
尾完整，自可貴矣。按：鄒氏《午風集》卷三云，明初所收圖
籍，多係古本，故《永樂大典》内編集諸書與今本迥別，子書
人間尤少善本，脱漏訛舛，歷久滋甚，後人未見古本，復以意
强爲註解，遂至艱澀難通。及觀《大典》本，乃知古書無不文
從字順，余與同年莊編修亭叔校正《莊子》《鹽鐵論》二書，
方見真面，書局事冗，未暇取諸子一一參校，至今耿然云云。
蓋明世所存宋本至多，《大典》多從之出，實勝俗刻。然以子部
論，明刻佳者絶尠，此胡氏之編，所以盛爲人道也。

山居雜志二十種明刊本。

明新安程榮校。前有萬曆癸巳新都謝陛序，略云，伯仁發
始燥，即挾重貨豪遊江湖間，二十年所矣，將反初服，結廬山
居，乃以昔人所著諸書二十種，輯爲一部，名曰《山居雜志》。
予爲序之。有客謂予，山居之人，其植宜竹，其花宜梅、宜菊，
其食宜筍、宜菌、宜蔬。食宜野菜，其飲宜茶，左手持蟹，右
手持酒杯，致足樂矣。其他諸種，或宜上苑，或宜名園，或在
遐方，或在異域，而悉皆志之，毋乃臥遊而耳食乎！余曰不然。
仲尼有云，多識於鳥獸草木之名。楚大夫《離騷》，世之芳草，

無所不有，蓋被仁服義，辟邪棄穢之意，非必盡羅致之。就嗜玩好，世之所謂園客也，伯仁其亦有所託哉。獨於茶一端，有所未盡。今治茶之法，遠懷古人，其於陸羽諸公，且臣虜之，江左諸公，當必有續著者。伯仁其續收之，則以俟異日云云。目錄如下：《南方草木狀》《筍譜》《竹譜》《梅譜》《洛陽牡丹譜》《牡丹榮辱志》《天彭牡丹譜》《亳州牡丹志》《芍藥譜》《海棠譜》《荔枝譜》《橘譜》《百菊集譜》《茶經》《茶譜》《酒經》《疏食譜》《菌譜》《野菜譜》《蟹譜》《禽蟲述》。半葉九行，行二十字。伯仁，程氏字也。

稽古堂叢刊 明高承埏校刊。

《雲仙散錄》十卷，《劇談錄》二卷，《隋唐嘉話》三卷，《劉賓客嘉話》一卷，《友會談叢》三卷，《史剡》一卷，《梁谿漫志》十卷，《南部新書》十卷，《平江紀事》一卷，《灌畦暇語》一卷，《續倦曝談餘》一卷。嘗據舊鈔本《雲仙散錄》校之，此本序文第八行，撮其高髓，高舊鈔本作膏；第十行急於應文方之用，方作房；第十一行復得終篇者，篇作編；第十二行□戰應題錄，戰作戟；末行天復元年作天成。高氏以藏書名家，其所校刊者，乃訛誤如此，殆刻而未較者乎，其他各卷，亦多誤字。

祕册彙函 卷 明刊本，鮑薇省舊藏。

明胡震亨刻，其後毛氏收其殘板爲《津逮祕書》者也。按余氏《秋室學古錄》卷五云，勝國時士大夫家物力饒裕，無謀生之苦，其賢者留心博雅，爭購法書、名畫、圖籍、彝鼎之屬，以成習尚。更或搜訪古人遺册，以充篋衍，或以刊布，若海鹽

胡氏、虞山毛氏、吳興閔氏，家刻之本，無慮千百十種，雖精
審不及宋、元槧本，然延緒已往，津逮方來，不爲無補。蓋明
人刻書風氣，固甚廣矣。前有萬曆癸卯繡水沈士龍、武原胡震
亨。新都孫震卿題引云，僕輩墳典之好，頗叶如蘭，至乃閲王
充之肆，無恡典質，乞班嗣之本，屢逢訊答，癖誠有之，聚亦
富焉。但經籍肇興，亟罹厄運，煨燼所餘，百不一二。若使仙
洞藏書，同石髓以俱迸，荒陵斷簡，並玉魚而宛出，而汗竹猶
青，蚪文未蝕，亦有美虛談，羌無事實者矣。所以擁書囊以自
珍，撫舊録而割慕，鈔書舊有百函，今刻其論序已定者。導夫
先路，續而廣之，未見其正，書應分四部，而本少未須倫别，
略以撰人年代爲次而已。中更轉寫，讎校乏功，雖巧悟間合，
而闕疑居多，亦恃别風淮雨，武仲偏入鉅文，尋思誤書，子才
更謂一適爾。總目：《易解》十卷，《附録》一卷，李鼎祚；
《於陵子》一卷，《道德指歸論》六卷，嚴遵；《周髀算經》一
卷、《音義》一卷，趙君卿；《數術記遺》一卷，徐岳；《漢雜
事祕辛》一卷；《山海經圖讚》二卷；郭璞；《搜神記》，二十
卷，干寶；《搜神後記》十卷，陶潛；《齊民要術》十卷，賈思
勰；《大唐創業起居注》三卷，溫大雅；《歲華紀麗》四卷，韓
鄂；《録異記》八卷，杜光庭；《靈寶真靈位業圖》一卷，陶弘
景；《周氏冥通記》四卷，陶弘景；《佛國記》一卷，釋法顯；
《異苑》十卷，劉敬；《銅劍讚》一卷，江淹；《益都方物略記》
一卷，宋祁；《泉志》十五卷，洪遵；《南唐書》十八卷，陸
游；《東京夢華録》十卷，孟元老。卷首有“薇省”二字白文
章。薇省，爲安徽歙縣優貢鮑倚雲之字，著有《壽藤齋詩》三
十五卷，寫刻甚精，其孫覺生侍郎桂星所刻也。此當是其藏本。

古今逸史四十二種_{明吳琯刊本。}

明吳琯彙刊，名爲《逸史》，實叢書也。前有琯自序，略云，愚不自揆，披帷之暇，旁拾載籍，凡若干卷，名其編曰《古今逸史》。所萃諸書，非校從延閣，則抉自藏山。事言無係，則正史寧削而不書；政教有關，則異書旁采而不廢。逸史之目，端由此耳。是書之設，匪直記籍之奧區，殆亦情辭之息壤也，間有未徨者，《元經》《陰符》，古人指爲僞撰，《齊諧》《諾臯》，君子病其無稽。是役也，起自鶉首，迄於玄枵，阡陌粗通，自謂篳路藍縷之不媿；川岸未竭，不無徧承彌縫之是望耳。《凡例》十二則，其第一則云，正史止存二十一家，而謝承、王隱諸書毋論其亡矣，他若近世所刻，如《然犀》《揮麈》《虞初》《夷堅》，以至瑣言、膚說、小史、戲史之類，或怪其誣，或褻或陋，不重關於紀，且無裨於摛辭，史之不良，何逸之有。是編所集，其人則一時鉅公，其文則千載鴻筆，入正史則可補其闕，出正史則可拾其遺，名曰《古今逸史》，其義則小子竊取之矣。又一則云，是編俱存作者之舊，然間有裁削，如《風俗通》損其數卷，緣仲遠紀事，闌出闌入，無大關係，不存可也。又一則云，校書最難，古人至以比之隨風掃葉，隨掃隨有，是編諸書，不列學官，不收祕閣，山鑱冢出，幾亡僅存，毋論善本，即全本亦希，無論刻本即鈔本亦誤，故今所集，幸使流傳，少加訂證，何從伐異黨同，願以保殘守闕云耳。其目分逸史、逸記二門，而逸史分合志、分志，逸記則分紀、列傳、世家三門。合志則如《方言》《釋名》《白虎通》之屬，分志則如《山海經》《吳地記》《岳陽風土記》《桂海虞衡志》之屬。逸記則紀如《三墳》《穆天子傳》之屬，世家則如《晉史乘》《楚史檮杌》之屬，列傳則如《高士傳》《列仙傳》之屬。計揚雄《方言》十三卷，郭璞解并序，附録劉歆及雄《取送方言書》，李孟傳跋；劉熙《釋名》八卷，熙自序；班固《白虎通德論》二卷，張楷、嚴度序；應劭《風俗通義》四卷，劭自序；孔鮒《小爾雅》一卷，宋咸注；蔡邕《獨斷》一卷；崔豹《古今注》三卷；張華《博物志》十卷；季石《續博物志》十卷，以上九種，入合志。《山海經》十八卷，郭璞注并序；陸廣微《吳地志》一卷、後集一卷；范致明《岳陽風土記》一卷；范成大《桂海虞衡志》一卷，自序；李文叔《洛陽名園記》一卷，張德和序；東方朔《十洲記》一卷；程大昌《北邊備對》一卷，自序；周達觀《真臘風土記》一卷；《三輔黃圖》六卷，舊序；陽衒之《洛陽伽藍記》五卷，自序；殷安節《樂府雜録》一卷，自序；崔令欽《教坊記》一卷；楊伯嵒《九經補韻》一卷，自序，以上十五種入分志。《三墳》一卷；《穆天子傳》六卷，郭璞注，荀勖序；《竹書紀年》二卷，沈約附注；劉歆《西京雜記》六卷，葛洪序；郭憲《別國洞冥記》四卷，自序；張敦頤《六朝事跡》二卷，自序，以上六種入逸記。《晉史乘》一卷，吾衍序；《楚史檮杌》一卷；趙煜《吳越春秋》六卷；吳平《越絶書》十五卷；常璩《華陽國志》十二卷，吕大防序，以上五種入世家。皇甫謐《高士傳》二卷，自序；劉向《列仙傳》二卷、《劍俠傳》四卷；葉隆禮《遼志》一卷；宇文懋昭《金志》一卷；洪皓《松漠紀聞》一卷；洪遵《補遺十一事》；吳均《續齊諧記》一卷；谷神子《博異記》一卷，自序；薛用弱《集異記》一卷，以上九種入列傳。其中如《風俗通》僅四卷，琯已自承删減。《大唐西域記》十二卷，清《四庫》據以入録，其第十一卷僧伽羅國下，有明永樂三年，太監鄭和見國王阿烈苦奈兒事，前人謂此爲校者之語，吳氏誤連入正文，想吳氏所得必傳鈔本，故有斯誤。其實此書明南、北藏俱有其本，皆不附鄭和事。吳氏疏略，於此可見矣。然陸氏心源藏宋本《釋名》，謂《釋天》彗星上脱"霧冒也，氣蒙亂覆冒物也，蒙日光不明蒙蒙然也"十九字，程榮、何鏜《漢魏叢書》皆仍其譌，惟吳氏《古今逸史》本不脱，與宋本合，此又斯本之佳處也。《凡例》所云，矯强傅會，以牽入《逸史》之名，偽至於《三墳》《晉乘》《楚檮杌》，近至於《真臘風土記》，纖至於《教坊記》，雖與《漢魏叢書》同時競勝，而稱名取類，相去遠甚。清天禄琳琅欸其椠法最爲精工，其取勝當以此。琯自序名下鈐朱印，猶當時初印也。半葉十行，行二十字。

百家類纂四十卷　明刻本。

前題明浙東慈谿後學沈津纂輯。前有張氏序，略云，余耕句章之野，樹藝之暇，則數與沈子問之談説藝文，蓋自黃虞以迄今兹，率臆舉作者次第，而獵其旨要，亦稍稍有所評騭云。比沈子戰藝南宫，不得志上林之棲，而出振含山之鐸，莫邪苴履，南威下陳，余甚惑焉。已聞督學使者頗加物色，庶幾自見其奇，不徒碌碌也。兹以書來，視我以《百家類纂》，蓋大都昔所談説者也。集凡四十卷，作者凡若干人，乃輯錄之旨，則凡例、題辭載之詳矣。皇明隆慶元年，資政大夫南京兵部尚書致仕明州張時徹譔。次有《刻百家類纂敍》，略云，今之經史集三者，業既块然備矣。迺若諸子言，雖人人殊，固皆六籍之旁流，而百家之要徑也。自司馬遷、劉歆、班固之徒，故常錄有《輯略》《藝文志》，迄於今則湮没散逸，士尟睹全書，兹豈非博綜者之一缺事乎！比承乏歷陽，日事於簿書奔走，所謂一行作吏，

此事便成廢閣，信矣，然此志固在也。暇日輒與郡邑博士弟子
員講道較藝、評騭往昔，稍稍以舊盟於同志者示之，諸士亦多
脈脈感動興起。越明年秋，含諭沈子持所集名曰《百家類纂》
者謁余，余見而重有契焉。見其首法孔氏，下逮莊、列，遠追
黄虞，近及昭代，抉玄擷英，剔盡正謬，斯實快余志哉！隆慶
元年，賜進士出身奉訓大夫知直隸知州事古肥張思忠譔。序後
有《凡例》《總敍》五葉，每類有總題，每書有題辭。儒家類
如《家語》《國語》《晏子春秋》，其末則《説林》，爲張時徹
撰。道家類如《老》《列》《莊》，其末則《玉華子》，明盛若林
著。法家類如《管》《韓》，末爲《大復論》，則明何景明撰。
名家類如《尹子》《鄧子》《公孫子》。墨家類則爲《墨子》。縱
橫家類則爲《鬼谷子》《戰國策》。雜家類則《鶡子》《吕覽》。
兵家類則《六韜》《司馬子》，末則爲《韜鈐内篇》，明趙本學
撰；《韜鈐續編》，明俞大猷撰。半葉十一行，行二十二字。明
刻各書，頗昧於流略之學，此刻亦然，以其舊本著録之。趙、
俞兩書，亦資參證。

天學初函五十二卷寫本。

　　明李之藻編。前有涼庵題詞，略云，天學者唐稱景教，自
貞觀九年入中國，歷千載矣。其學刻苦，頗與俗情相盩，要於
知天、事天，不詭六經之旨。皇朝有利瑪寶者，九萬里抱道來
賓，重演斯義，迄今又五十年，多賢似續，翻譯漸廣，顯自法
象名理，微及性命根宗，義暢旨元，得未曾有。顧其書散在四
方，願學者每以不能盡覩爲憾，兹爲叢諸舊刻，臚作《理》
《器》二編，編各十種，以公同志，其曰《初函》，蓋尚有唐譯
多部，散在釋氏藏中者，未及檢入，又近歲西來七千卷方在候

旨，將來問奇探賾，尚有待云。今按其書《理編》本九種，而云十種者，以所附《唐大秦寺碑》一篇共數之，且舉成數也。自《職方外紀》《四庫全書》著錄外，餘多存目。《器編》本十一種，而云十種者，以《測量異同》一卷，統於《測量法義》爲一卷也。計《西學》凡一卷，明艾儒略撰。附《唐大秦寺碑》一篇，《疇人十篇》二卷，《交友論》一卷，《二十五言》一卷，《天主實義》二卷，《辨學遺牘》一卷，以上俱明利瑪竇撰。《七克》一卷，明龐迪我撰。《靈言蠡勺》二卷，明畢文濟撰。以上《理編》。《泰西水法》六卷，明熊三拔撰，清《四庫》子部農類著錄。《渾益通憲圖說》二卷，明李之藻撰。《幾何原本》六卷，西洋薩儿里得撰，利瑪竇口譯，徐光啓筆受。《表度說》一卷，明熊三拔撰。《天問略》一卷，明西洋陽瑪諾撰。《簡平儀說》一卷，明熊三拔撰。《同文算指前編》二卷、《通編》八卷，明李之藻演利瑪竇之書也。《圜容較義》一卷，明李之藻撰。《測量法義》一卷，附《測量異同》一卷，明徐光啓撰，《句股義》一卷，同上。

藝文類聚一百卷_{元宗文堂刊本。}

前題唐太子率更令弘文館學士歐陽詢撰。前有自序。次有無名氏跋曰，夫《藝文類聚》一書，出自唐統大學士歐陽詢所著，編成百卷。載天文、歲時、地理、山川、社稷、州郡、帝王、后妃、儲宮、人品、禮樂、職爵、冠婚、喪祭、詩書、金寶、器械、祥瑞、災異、華夷、草木、禽獸。品天下勝跡，諸事巨細畢具，節節有條，并名儒古體文論策表，靡所不全。高明君子觀之，亦得以一助云耳。今書坊宗文堂購得是書，即便命工梓行，溥傳海宇，售播四方，賢哲士夫，以廣斯文，幸鑑。

半葉七行，行二十八字。明小字本，即從此出。

藝文類聚一百卷 明活字本。

　　題唐太子率更令弘文館學士渤海男歐陽詢，與宋本同，明某氏刻本，脫去“渤海男”三字，每條惟空一格。此則逐條提行，每半葉七行，行十三字，小註雙行。目後有墨圖記云，“乙亥冬，錫山蘭雪堂華堅允剛活字銅板校正印行。”版心魚尾上“蘭雪堂”三字，魚尾下“藝文”卷幾，或“藝文”幾，下記葉數，刻工名在葉下，或在卷幾下不等。各卷末葉間有“錫山”二篆文圓形圖記，“蘭雪堂華堅活字版印行”篆文長方形圖記。書名及朝代，每以黑質白章之字表著之。

白孔六帖一百六卷 明刊本，巴陵方氏舊藏。

　　唐白居易撰，宋孔傳續編。前有宋韓駒序，傳字世文，兗州人，孔子五十世孫，精於易學。建炎初，與孔端友南渡，寓居衢州，率族人拜疏於闕下，敘家門故事，歷知邠州、陝州、撫州，改知建昌。進《續白氏六帖》《文樞要覽》，詔送祕書省。所著有《東家雜記》《杉溪集》，官至中散大夫。見凌氏《萬姓統譜》。又《漁隱叢話》三十六引《復齋漫錄》云，東魯孔傳，字聖傳，先聖之裔，而中丞道輔之孫也。爲人博學多聞，取唐以來至於吾宋詩頌、銘贊，奇編、典錄，窮力討論，撮其樞要，區分彙聚，有益於世者，續白居易《六帖》，謂之《六帖新書》。韓子蒼爲篇引，以爲孔侯之書，如富家之儲材，棟樑枅栱雲委山積，匠者得之應手不窮，其用豈小，至貪多務得，晦而不出。幸人之不知，以成已之名者，孔侯之所恥也。惜乎出於東魯兵火之餘，南北隔絕，其半不傳於江左，使學者不獲增益聞見耳。駒字子蒼，仙井監人，政和中賜進士出身，累官中書舍人，兼權直學士院，贈中奉大夫。《宋史》有傳。考程大昌《演繁露》，謂開元課試之法裁紙爲帖，白書爲制科特設，故以帖爲名。其載於《宋史·藝文志》者，則稱《白氏六帖》三十卷、《前後六帖》三十卷，注云，前白居易撰，後宋孔傳撰。所云《前後六帖》三十卷者，蓋謂前後各三十卷，共六十卷也，故宋世著録家，皆先列《六帖》三十卷，後列《六帖》三十卷，合之皆止六十卷。今本分爲百卷，則不知何時所更，已非宋本舊第矣。宋刻《六帖》，流傳極尠，段氏《經韻樓集》有宋槧三十卷本跋語云，白氏之爲是書也，本曰《白氏經史事類》，見《新唐書志》《玉海》，不名《六帖》也。《六帖》者，蓋科舉人以爲帖括之用而名之。陳振孫引《醉吟先生墓志》云，又著《事類集要》三十部，時人目爲《白氏六帖》。唐盛均以其未備，廣之爲十三家貼，貼、帖字同。趙希弁《讀書後志》云，《六帖》白居易撰，凡天地、事物，分門類爲對偶，而不載所出書，曾祖父祕閣公爲之注。世傳居易作《六帖》，以陶家瓶數十，各題名目置齋中，命諸生採集其事類投瓶，倒取之鈔録成書，故所記時代，多無次敍。如趙言，是本不注所出，爲之注者，乃宋人。此本每卷首署云《新雕添注白氏事類出經六帖》卷第幾，正是初有注而坊刻行之合本，以俗名而署之也，迨其後則專名《六帖》矣。自宋孔傳《續六帖》三十卷出，或合爲一書，析爲一百六卷，名之《白孔六帖》，而二氏各單行三十卷者，皆不可見矣。國朝紀文達撰《四庫全書目録》云，《六帖》自合併以後，世遂無單行本，蓋人間祇有《白孔六帖》一百六卷，絕無白氏三十卷。則此本文達亦未見，乾隆甲辰余於江寧承恩寺書肆，廉其爲宋板也，以元絲二定得之，不甚重之也，

乃以贈王蘭泉少司寇，亦不之重也。余偶以告周明經漪塘，漪
塘曰，嘻，世所希有也。索諸蘭泉而得之，遂爲漪塘物。余轉
從漪塘借鈔，存其副焉。此跋可資目錄家之考證，爲照錄之。
漪塘名錫瓚，與黃蕘圃爲友，沈大成《學福齋集》有《周漪塘
五十壽序》。劉禧延《研六齋筆記》，謂錢辛楣、段茂堂諸公，
常過從漪塘借書。段跋謂其藏書最富，於今古板刻源流變易，
剖析娓娓可聽，是也。此本爲巴陵方氏故物，有其藏章。中華
民國六年，得之金陵。

事類賦三十卷<small>元翻宋本，藝風堂舊藏。</small>

　　宋吳淑撰。《宋史·文苑傳》淑字正儀，潤州丹陽人。以近
臣延薦，試學士院，授大理評事。太宗賞其學問優博，官職方
員外郎。淑善筆札，好篆籀，取《說文》有字義者千八百餘條，
撰《說文互義》三卷，此書在荊公《字說》前，已不傳。今所
傳者惟《事類賦》最顯，而《江淮異人傳》，鮑氏叢書刻之，
《異人錄》所紀多道流、俠客、術士之事。淑外舅徐鉉著作以小
學爲精，而《稽神錄》一種，亦爲藝林所重。此書前有紹興丙
寅邊惇德序，後有銜名三行，題“宋紹興丙寅右迪功郎特差監
潭州南嶽廟邊惇德，右儒林郎紹興府觀察推官主管文字陳右，
從政郎充浙東提舉茶鹽司幹辦公事李端民校勘”。惇德字公辯，
本開封人，祖珉居蘇城，惇德遂家於崑山。以詩文名一時，屢
與石湖唱和，以連五薦就名第三，歷任舉員及格，會舉將坐累
失改秩，年踰六旬即掛冠。有《脂韋子》五十卷。見宋楊譓
《崑郡志》卷四。此書爲藝風堂舊藏，有“江陰繆氏藏書”朱
文長方章，著錄《讀書記》。

事物紀原十卷明正統十二年閻敬刊本，海鹽張氏、長沙葉氏舊藏。

此爲長沙葉氏藏本。葉氏有跋云，《事物紀原》十卷，無撰人，明正統十二年南昌閻敬序刻本，每半葉十二行，行二十四字。閻序云，作者佚其姓名，《四庫全書》子部類書類著録者即此正統本，誤作序之閻敬爲簡敬，殆校刻之訛。殿本、浙刻本均作簡敬。《提要》云，宋趙希弁《讀書附志》云，《事物紀原》十卷，高承撰，承，開封人。陳振孫《書録解題》亦云，《中興書目》作十卷，高承撰，元豐中人，凡二百十七事。今此書多十卷，且多數百事，當是後人廣之耳云云。是此書在宋時已非高承之舊，今此本所載凡一千七百六十五事，較振孫所見，已數倍過之，而仍作十卷，蓋後人又有增益，是非宋本之舊矣。前人重宋元版書，而於明初黑口本，亦極珍貴。此書雖有道光中《惜陰軒叢書》本，而不及此本槧刻之古，有宋元遺風。序前有"古鹽張氏"四字白文篆書半長方印、"宗楠"二字白文篆書半長方印、"泳川"二字朱文篆書半長方印，《目録》前有"古吳潘介社叔潤氏收藏印記"十二字朱文篆書大方印、"古吳潘念慈收藏印記"九字朱文篆書大方印，卷一有"叔潤藏書"四字朱文篆書方印、"潘叔潤圖書記"六字朱文篆書長方印、"潘介社印"四字白文篆書方印、"玉第"二字朱文篆書方印。宗楠爲順治乙未進士張螺浮給諫惟赤之第六曾孫，字皓亭、名脂者之孫。給諫有涉園，擅一時之勝。先族祖橫山公與之交好，《己畦文集》載有《涉園記》，時公館皓亭家旬月，爲作是記。宗楠字泳川，號思巖。撰有《詞林紀事》二十二卷、《附録》三卷，又輯王文簡《帶經堂詩話》三十卷、《藕村詞》一卷。風流文采，餘韻猶存。同年友菊生侍郎元濟，即其裔孫也。潘叔潤介社，吳縣人，潘文勤祖蔭族子。喜藏書，余居蘇城數年，恆於書肆見其家散出之書，均有印記。曾在友人莫楚生觀察棠案上，見所藏宋濂《文粹》《續文粹》二書，有其藏印。知所藏祕册古本正不少也，比之前哲，猶錢牧翁之遵王乎！乙丑嘉平月郋園。

海録碎事二十二卷明刊本。

前題宋泉州太守葉廷珪集著。伯驤按：廷珪字嗣忠，號翠岩，政和五年進士。紹興中爲太常寺丞，與秦檜忤，出知泉州。《清河書畫舫》有廷珪《茉莉詩》云，“露花洗出通身白，沉水熏成換骨香。近説苗根移上苑，休憩系出小南強”。當是葉氏真蹟。陸氏心源嘗論《武夷學案》列葉廷珪爲同調，而不詳其里貫。以廷珪爲福建甌寧縣人，稱其著有《海録本事詩》《海録選句圖》《海録碎事》等書，惟《海録碎事》，今傳於世。觀其自序《海録》諸書，皆爲詩料而設，其人亦詩人也。傅自得序稱其無日不作詩，並未講學，亦非治經家，蓋辭章之士也。《萬姓統譜》誤《海録》爲《誨録》，《學案》遂列之武夷同調，濫矣云云。今按：《檇李詩繫》則以廷珪爲嘉興人，尚待考。前有傅氏序云，予幼學爲詩，嘗從先生長者質問爲詩之利病。或告之曰，詩當博當專，能專能博，未有不造其妙者也。韓退之謂張旭善草書，不治他技，喜怒窘窮，憂倫佚怨，恨慕悲思，酣醉無聊，有動於心，必草聖發之，故其變動不可端倪，謂詩爲當專者之論如此。夫詩之爲用，所以摹狀四時之造化，陶寫平生喜怒哀樂之性靈。前輩言凡天下之書，雖山經地志，花譜藥録，小説細碎，當無所不觀。古今之詩，雖巖棲谷隱，漏篇缺句，當無所不講，謂博者之論又如此。予深然其説。曩時爲高澴者

作送行序，私竊識焉，曲折累數千百字，其説甚備，獨恨後學
之士，或能專而不能博，或能博而不能專，而予於斯二者，皆
不能致力焉。若今泉州太守前兵部郎中翠巖葉侯嗣忠，其可謂
兼之者乎。予嘗得見侯所謂《海録》者凡十數大册，皆親書蠅
頭細字惟謹，蓋無慮十餘萬事，大抵皆詩才也。侯因自言游宦
四十餘年，未嘗一日不作詩，食以飴口，怠以怡神。此書之力
爲多，其博與專乃如此，以是其詩老而益工。如《題琴泉軒》
云，“不是妙音生妙指，只緣流水似流泉”。《無名木》云，“人
休清樾摩挲認，烏泊高枝睥睨看”。置於唐人詩集中，殆不能
辨。至其《和錢起江行百詩》，用事精當，寓意清高，與起詩甚
類，士大夫間多傳録之。故吏部員外郎宋侯高年，與予雅游厚
善。高年有能詩聲，議論高，甚少許可。顧常喜稱侯詩，暨侯
來守泉南，而予實客寓此郡，聲聞豫熟，既見歡如平生。雖月
卒不過一二還往，然見輒論詩無他談，凡一歲間，相與更酬迭
唱甚樂，間一日侯誦所作《郡舍羅漢室詩》示予，其斷章言
“幾行雁鶩行間吏，衙退頻來禮釋迦”。《韋蘇州詩》云，“今朝
郡齋間，欲問楞迦字”。某每讀至此，未嘗不廢卷太息，想像應
物之風流醖籍，而有以知蘇臺當時之無事也。泉爲劇，侯能鎮
之以靜而不擾，使吏輩優游如此，抑可以見大府辨治，而侯之
風度矣。侯忻然以予爲會心之友，未幾，予來佐臨漳郡事，侯
送之以詩，有“戍兵數有流星遞，元白詩筒幸寄將”之句。予
益知侯專於詩，未嘗頃刻忘也。雖然使侯向者不能博極羣書，
撮其機要，廣録而儲用之，雖能專如此，吾恐發而爲詩，事不
足以副力，枯而不腴，華而不實，未必能如是之工也。然則所
謂《海録》者，其可謂之小補云乎哉！侯既自序此書，登載門
類卷帙之目詳矣。又以書謁予文，乃爲具道少時所以聞於先生

長者之說，及屬者於侯酬唱論議之益，著之首。夫《春秋》美
君子樂道人之善，況於會心之知乎！此則予之意也，覽觀者其
自知之。紹興十九年河陽傅自得安首敍。葉氏自叙云，始予爲
兒童時知嗜書，家本田舍，貧無書可讀。曾大夫以差法押綱至
京師，傾行橐市書數十部以歸，因得盡讀。至其後肄業郡學，
升貢上庠，登名桂籍，牽絲入仕，蓋四十餘年，見書益多。未
嘗一日釋手卷秩，食以飴口，怠以爲枕，雖老而不衰。每聞士
大夫家有異書，無不借，借無不讀，讀無不終篇而後止。嘗恨
無貲不能盡得寫，間作數十大册，擇其可用者手鈔之，名曰
《海録》，其文多成片段者爲《海録雜事》，其細碎如竹頭木屑
者，爲《海録碎事》；其未知故事所出者，爲《海録未見事》；
其事物興造之原，爲《海録事始》；詩人佳句，曾經前輩所稱道
者，爲《海録警句》；圖其有事跡著見作詩之由，爲《海録本事
詩》。獨《碎事》文字最多，初謂之《一四録》，言其自一字至
四字有可取者，皆信手録之，未嘗有倫次。閱歲既久，所編猥
繁，檢閱非易，嘗以爲病。紹興十八年秋，得郡泉山，公餘無
事，因取而類之，爲門百七十五，爲卷二十有二。雖摘裂章句，
破碎大道，要之多新奇事，未經前人文字中用，實可以爲文章
歆助，豈小補哉！左朝請大夫知泉州軍州主管學事葉廷珪序。
此書爲劉鳳校刻，署衙曰河南僉憲，坊賈割補明字爲宋，以售
其贗。編天禄琳琅書目者，謂宋地無河南，官亦無僉憲，是也。

漢雋十卷　宋刊本。

　　宋林鉞撰。此書《天禄琳琅續編》四著録宋版兩部，前紹
興壬午鉞自序，後淳熙戊戌魏汝功序。又淳熙十年楊王休題，
又記象山縣學《漢雋》，每部二册，見賣錢六百文足，印造用紙

一百六十幅、碧紙二幅，賃板錢一百文足，工墨裝背錢一百六十文足。列銜從事郎知明州象山縣主管勸農公事兼主管王泉監場蔣鶚、迪功郎明州象山縣主簿徐晟、鄉貢免解進士縣學長章鎔校正、鄉貢進士門生樊三英校正。又一部楊王休序，及附記工價，俱脫佚。惟版式行款，未經載入。檢瞿氏《鐵琴銅劍樓書目》載有嘉定本，云有林鉞自序、魏汝功後序，趙時侃題記。半葉九行，大書分注，每行大字十五，小字三十。首行標《漢雋》卷第幾，次行低二格列目，次低四格列篇名，下接本文，猶存古本之式。蓋此書成於紹興壬午，魏汝功守徐州序刻之。又五年癸卯，蔣鶚刻置象山縣郡庠，楊王休爲之題後。至嘉定辛未，浚儀趙時侃又重刻焉。徐州本少見著錄，象山所刻，即此本也。篇中宋諱缺筆者匡、桓等字，敦、惇則否，是淳熙原刻之證也。前序及附記已脫失，非楊王休題記尚存，則無以知其爲象山本矣。

漢雋十卷 元刊本。

前題宋林越撰。越之名實作鉞，《處州府志》及宋板《漢雋》均同，當是元刻誤也。此爲元延祐庚申袁桷序刻本，前有紹興壬午括蒼林越自序。上下黑口，每半葉九行，每行大字十五，小字三十。此書取《漢書》古疋之字，分彙排纂，爲書五十篇，以首二字爲名。每卷首行標《漢雋》第幾，次行低二格列四目，次低四格列篇名，下接本文。清《四庫提要》列入存目，謂其割裂字句，漫無端緒。伯驥以爲此書因詞科而設，與洪邁《史記法語》，及南朝《史精語》等書，同備修詞，有何不可。明凌迪知因鉞書止於西漢，仿其體例續十一卷至十六卷，改爲《兩漢雋言》，亦是此意。袁氏序論，最爲平允。由館臣之言，是猶責織婢耕奴，而謂其不足任經國之大業也。袁氏後序云，昌黎爲文，纂言以鈎玄，故後之爲文者咸宗之。司馬公道德著當代，其所編纂，甚於鈎玄之詳何耶，文尚理致。漢世所作，不若今之俚，尚論五經，潔净嚴簡，而其發於情性者，彌謹守不妄語，則聖賢傳心之祕，失是直致而率爾焉，可乎？番陽洪文敏作《法語》，斷自古經，或者議之，曰經其可揀擇耶？旨哉言矣，《漢雋》之作，蓋爲習宏博便利，文至於此，不能以有進矣。縣舊有刻本，歲久湮落，先皇帝崇人文、設科舉，是書之設，深有益詞賦，吾徒知之，而莫能爲也。是縣之長撒的迷矢忠顯能首補是書，其意厚矣。集賢之屬爲典文署，掌天下圖籍木本，桷歸朝廷，必以告知邑侯愛儒士，其廣是書也，願與辟雍學子共之。延祐七年歲在庚申十月□日集賢直學士袁桷書。

錦繡萬花谷前集四十卷後集
四十卷續集四十卷　明徽藩刻本。

前有淳熙間無姓名序，略云，凡古人文集，佛老異書，至於百家傳記，醫技稗官，齊諧小説，荒録怪志，聞必求，求必覽焉，久之浩浩如也。乃略有敍，又附之以唐人及國家諸公之詩，編粗成，凡二百二十八門，析爲四十卷。古今之事物，天下之可聞可見者，粲乎其有條矣。先是烏江蕭恭父、河南胡恪，聞其大概，爲余命名曰《錦繡萬花谷》，今從其名。淳熙十五年十月一日敍。次有賈詠序，略云，洪惟我祖宗列聖，憲天垂統，車書混一，製作纂述，典章大明，而文無不備，郁乎炳然，蓋亘古所獨盛也。用是諸藩府率仰皇猷，聿崇文獻，以各自附，而無忿忘。迺者徽藩親王殿下，躭嗜書史，留心格物，奉藩之暇，餘力學文。因檢先莊正所遺書笥，得《錦繡萬花谷》一帙，蓋弘治間無錫華燧氏之所翻印，但輯者之姓氏無考，即其自敍，殆亦勤學會文之士，爲有宋淳熙時人也。王心嗜之，如獲拱璧，朝夕披閱，不忍釋手，間謂是書無板，人不多得。於是重加讎校，正其訛舛，命工鋟梓，用廣其傳，嘉與四方學者共之。皇明嘉靖十四年，特進光禄大夫柱國少保兼太子太保禮部尚書武英殿大學士知制誥同知經筵國史總裁致仕臨穎賈詠敬書。板心有"勅賜崇古書院刻"字樣，半葉九行，每行平列，如雙行小註式，書名則以黑質白章表之。

新編古今事文類聚前集六十卷後集五十卷續集二十八卷別集二十二卷新集三十六卷外集十五卷明刊本。

前、後、續、別四集，宋祝穆編，餘爲富大用編。首有穆自序，此書《宋史》不著録，或穆雖撰成斯編，尚未刊刻故也。書中《新集》《外集》，皆爲富大用所編，因其於職官一門獨略，特爲增輯，全部用"新編"二字，自與穆書原本有別，而著録者專屬之祝氏，未免混淆矣。祝穆字和甫，其先由江陵遷歙。穆從朱子授業，以儒學昌其家。所著《事文類聚》之外，別有《方輿勝覽》諸書。見凌迪知《萬姓統譜》，前已略及之。

山堂先生羣書考索前集六十六卷後集六十五卷續集五十六卷別集二十五卷元刊本。

宋章如愚撰。第一葉首行題山堂先生羣書考索目録，次行題山堂□講章如愚俊卿編。前有綱目一葉，分《前集》《後集》字樣，以黑質白章標識之。目録如六經門、諸子諸經門、諸子百家門、韻學字學門，此數字則分跨兩行，而其子目亦以墨質白章標識之。其每卷之細目，亦黑質白章，文內有黑釘，版心上下小黑口，半葉十五行，行二十四字。

山堂先生羣書考索前集六十六卷後集六十五卷續集五十六卷別集二十五卷明慎獨齋本。

宋章如愚撰。前有山堂先生真像，次綱目，次目錄，目前題山堂先生章俊卿編輯，建陽知縣區玉刊行，縣丞受詔校正。目後有"皇明正德戊寅慎獨齋刊行"牌子，卷之一目前照目錄前題三行外又多"羅源知縣徐珪校正"一行，卷內各標題，則無黑質白章，以墨圍圍之。半葉十四行，行二十八字。標目頂格，文低一行，實二十七字。版心上題《考索》某集卷之幾，中標門類，下爲葉數，上下小黑口。前有序文，可資考證。照錄之，序云，人不通古今，如面牆而立。然文籍浩瀚，汗牛充棟，或家藏人祕，一時欲得全書而徧覽之，亦艱矣。有能旁搜博採，類萃成帙，則不費搜求而得效□矣。《山堂考索》一書，板行於世間，被回祿失傳久矣。文獻故家或有存者，又祕之以爲己寶，乃者吾閩僉憲院公賓巡抵建陽，手出是書，以示邑宰區公玉，謂欲繡梓以廣其傳，非得深獵古今且裕於資本者，莫堪是任，子於書林可得若人以供是役否？區退而商諸義士劉君洪，劉唯唯。區遂以劉應命，貳守胡公瑛、通府程公寬、推府馬公敬，聞而韙之，僉以白諸新守費公愚，各捐俸金以資顧直。且因區宰初意，復劉徭役一年，以償其勞。劉兩閱春秋，始克成書。正德戊辰莆田守素軒鄭京序。按：明慎獨齋刻書至有名，因刻此書而復徭役一年，亦可攷見故實。

萬卷菁華前集八十卷後集七十八卷

續集三十四卷明藍絲欄精寫本，明項氏萬卷樓舊藏。

此書不著撰人，前後亦無序跋。三集俱全者，唯范氏天一閣有之，清開四庫館時，曾以進呈，故《總目》卷一百三十七有《提要》云，觀其體例，蓋宋人科舉之書，前、後集皆分一百七十門，每門又分子目，一目之中，首以名君事要、名臣事要，亦間有增入聖賢事要，及君臣事要合編者；次事括，則雜錄也；次譬喻；次反說；次賦偶；次賦隔，皆摘錄程試之句。《續編》則冠以《歷代世系譜》，前二十二卷爲帝王，後三卷爲聖賢，亦各以事實議論，隸於諸人之下。館臣謂其皆餖飣殘賸之學，殊無可取。故祇附存目而不寫其書。至道光間吾粵曾氏釗藏此書殘本，所撰《面城樓集鈔》卷三有跋語云，核其避宋諱嫌名匡、耿、恒、徵、讓、樹、頊、桓、構、慎、惇、輴等字，而不避昀字，則是光宗時太學生徒所作也。《孝經》《論語》，自唐時已列爲經，《孟子》列於經，亦在北宋已前，此書引歸子類中，豈當時有此議，不久而復，故史未詳耶。書中分門極繁瑣，似爲題解而作，取便查檢而已。近世流傳頗稀，《文淵閣書目》止載十冊，《菉竹堂書目》止載五冊，惟范氏天一閣前、後、續三集俱全，或以其多習見之書少之。然其中引《孝經鉤命決》《尚書中候》《春秋演孔圖》、劉向《洪範五行論》、《春秋釋例》《三禮義宗》《五經通義》《五經異義》《五經要義》《五經析疑》、薛瑩《漢記》、《東觀漢記》、華嶠《漢書》、劉昭補後漢《志》《序》《漢書·百官表注》、王隱《晉書》、何法盛《晉中興書》、曹嘉之《晉紀》、劉向《列仙傳》、《帝王世紀》《三輔決錄注》《陳書耆舊傳》、張隱《文士傳》、《汝南先

賢傳》《晉起居注》《漢雜事記》《晉東宮舊事》、魚豢《典略》、
時鑑《新書》、劉氏《瑞應圖》、顧野王《符瑞圖》、環濟《要
略》、張華《博物志》、梁元帝《纂要》、《玉燭寶典》、胡廣
《漢官漢舊儀》、應劭《漢官儀》、翼鳳《風角書》、《風俗通》
《白虎通》、桓譚《新論》、《唐三朝訓鑒》《唐職林》《慎子》，
不下四五十種，核之於今，或全書已亡，其存者或佚其句。此
書所引，猶足以資考證，第以碎寶埋沙礫中，難於倉卒識拔耳。
此本爲明人舊鈔，較《天一閣書目》，《後集》缺七十九、八
十，凡二卷；《續集》缺十九、二十、二十一、二十二、二十
五、二十六，凡六卷。剗暇日披覽，將所引《孝經鈎命決》《春
秋演孔圖》《春秋釋例》《東觀漢記》《漢舊儀》、胡廣《漢官》、
應劭《漢官儀》、《漢書百官表注》《風俗通》《白虎通》《慎
子》《博物志》諸佚文，鈎沉起墜，簽識於各書中，復詳記此書
之後，以俟他日採掇，存亡書梗概。可見宋人類書，雖最下者，
猶有取如此，不獨《孝經》《論語》列於子類，爲足備異聞已
也。曾氏又有《呂衡州集後跋》云，宋人《萬卷菁華》卷之二
十九，引《魏鄭公贊》"爲唐宗臣""致唐無疆"二語，在此集
卷九《凌烟閣勳臣頌》中，據頌序之以河間元王爲讚首，則是
贊而非頌，審矣，當從《萬卷菁華》題作《勳臣贊》爲確。是
此書之可取，自曾氏而論定，蓋幾與《太平御覽》《初學記》
等同其價值矣。武進董氏《書舶庸譚》述在日本訪前田侯邸，
見宋槧巾箱本《重廣會史》一百卷，謂所引多唐以前史書，每
條冠以書名，可備校讎宋本之一助，不得以類書輕視之。伯驥
按：《重廣會史》當爲吾國佚書，而《萬卷菁華》亦幾於絕無
僅有，祕典珍聞，遺留不尠。館臣棄之，正前人所謂翫其磧礫，
而不覩玉淵者，未知驪龍之所蟠也。《吳都賦》。曾氏此書藏本，

聞尚在粵中某家，惜多殘闕。伯驤此本，爲前明項氏萬卷堂藏，綿紙精鈔，首尾完善，嘗以曾氏讀此書之法檢校一過，覺所得尚有在其所舉之外者，書價雖昂，不以爲介也。項氏名篤壽，字子長，嘉靖壬戌進士，廣東參議。見《嘉興府志》。朱氏彝尊謂子長性好藏書，見祕冊輒令小胥傳鈔，儲之舍北萬卷樓。見《曝書亭集》。釗字敏脩，又字勉士，道光乙酉拔貢，官欽州學正。讀一書必將其訛字脱文校勘精審。喜藏書，其祕本或雇人影寫，或懷餅就鈔。性不喜詩，而購宋槧《李太白集》，雛直至白金四十兩。插架之多，爲郡邑最。有《古輪廖山館藏書目錄》《面城樓文存》。見《南海縣志》。曾氏藏書，共數萬卷，及身而質於人。見陳氏璞《面城樓集鈔序》。項氏藏書事實，曾於經類略及之。

記纂淵海一百卷明刊本。

宋潘自牧撰。前有萬曆己卯臨川陳文燧序，略云，自昭明聚精於漢《選》，宋帝擷秀於《英華》，杜氏羅例於《通典》，好古修文之士，至今便之。挈綱者不詳，撮要者不博，且專主采摭，而無裨勸懲，毋怪乎博物者緣以爲資，而志道者謂其索然無餘味也。有宋金華潘自牧氏，性既嗜古，學亦溯源，彙集全書，命曰《記纂淵海》，蓋兼經史之義，而集諸書之大成者也。余先世强恕公牧石諸公，求之蜀閩，得其前編，周流吳越，復購後編，寶玩蓋幾百年，中葉零替，蠹魚殘缺。余自通籍時業，有志讀之，今冬承乏南畿，公暇謬爲補註，剥落太甚者，屬別駕蔡公、司理顧公、學博吳君，采輯諸書補缺序次。一日示諸太守越峯王公、邑令吳君，皆願捐俸梓之。次有萬曆己卯勾餘胡維新序，次刻書姓氏。前題宋教授金華潘自牧纂集，明大名知府東魯王嘉賓補遺，其餘則編次及校正姓氏。半葉十二

行，行二十二字。瞿氏藏宋刊本一百九十卷，當是原書。此爲
重編本，於原書有所增損，已非潘氏原編矣。

新箋決科古今源流至論前集十卷後集十卷
續集十卷別集十卷_{元刊本。}

　　前題閩川林駉德頌編，《別集》題進士三山黃履吉父編。前
有黃氏序云，財貨而費於源流之知，德義而取夫源流之喻，治
不結繩，文籍以生。三代而來，至於我宋，上下三千餘年，帝
王代興，聖明繼作，典章文物，宏模懿範。其本末源流，所當
講明者，奚獨財貨德義。而儒家者流，以多閱爲貴，以博聞爲
高。塞胸滿腹，澒洞殽昧，而無條貫，或舉其中而不知其本，
或原其始而不要其終，高談有餘，待問不足。三山先生林君德
頌，雅有遠度，志在邦典，博古通今，出於生知，平居私淑。
嘗取夫治體之大者，約百餘目，參古今之宜，窮始終之要，問
而辨之，端如貫珠，舉而行之，審如中鵠。嘻，有大學問而後
有大議論。先生以其淹貫之學，發而爲經濟之文，是非品藻，
確乎其當。昔漢武帝之策仲舒，欲叩大道至論，先生之論，其
至論也歟，故名之曰《古今源流至論》，以廣其傳焉。時嘉熙丁
酉三山前進士黃履翁吉父書。《別集》亦有黃序云，昌黎外藁，
後來所次，坡老數論，又文集之續者。至論之作，豈能無遺論
耶！予擢第西歸，又有逐海濱之臭者，而求續作。伎癢未歇，
不免復爲之索筆，噫，斯集果盛傳於世耶。予不敢効福畤《中
說》以盜人之名，果未足重於世耶，又安敢爲魏泰《碧雲騢》
嫁惡於人哉！故特於篇首言之以自見云。癸巳書雲之旦，合沙
西峯主人黃履翁吉父序。清《四庫提要》云，宋自神宗罷詩賦，
用策論取士，以博綜古今，參考典制相尚，而又苦其浩瀚不可

猝窮，於是類事之家，往往排比聯貫，薈粹成書，以供場屋採
掇之用。其時麻沙書坊，刊本最多，大抵出自鄉塾陋儒，勦襲
陳因，多無足取。惟章俊卿《山堂羣書考索》，最爲精博。是編
於經史百家之異同、歷代制度之沿革，條列件繋，亦尚有體要。
雖其書亦專爲科舉而設，然宋一代之朝章國典，分門別類，序
述詳明，多有諸書不載者，實考證家所取資，未可以體例近俗
廢也。伯驥按：此書不特於宋代典章詳述，即如《續集》卷一
衛兵類云，三代畿兵，皆有是制。史自遷、固不治兵，而漢南
北漫然無考，諸儒議論，往往異同。今參訂信史之所互載，及
先儒之所發明，緯而爲圖焉。可證作者於典制實所究心，與其
他類書有異。前人藏此書元本，有虞山張氏、錢唐丁氏。張氏
本爲延祐丁巳圓沙書院刊行。丁氏藏本，《目録》後有大德丁未
建陽書林劉克識云，"此書版行於世，因回祿殘缺，今求到校官
孟聲董先生鏞鈔本，端請名儒參考無誤，仍分四集，壽諸梓，
與四方共之"。蓋木記也。半葉十五行，行二十五字。此本行、
字與丁藏相同，唯木記已脱。長沙葉氏藏圓沙書院本，爲孫淵
如舊物，《續集》前餘葉有孫氏題識四行云，《源流至論續集》
所載官制沿革等，頗備掌故，惟卷一載《太極圖》、心學等，殊
屬不經。宋人積習難除，存之鄴架，子孫切勿惑之。五松居士
記。又云，《易》有太極，極之言中，太極函三爲一，未有以分
陰陽爲太極者，謬甚。又云，既是性，又名氣質之性，甚乖五
常所稟，可恨云云。淵如以漢學自鳴，宜其於宋人之説，有所
彈擊也。

全芳備祖前集二十七卷後集三十一卷寫本，徐柳泉舊藏。

　宋陳景沂撰。景沂號肥遯，天台人，仕履未詳。前有寶祐

元年韓境序，略云，類書之作，自唐率更有《藝文類聚》，白傅有《六帖》，至我朝元獻有《類要》，近世乃有建章《萬花谷》《事類本末》諸書，大概誇多於品彙，競美於纂輯，而原本祖萃羣芳者闕焉。天台陳君讀書數萬卷，感萬物敷榮，乃獨致意於草木蕃廡，積而爲書，思襲前賢之躅，以補後來者之闕意。於是物推其祖，詞掇其芳，數十大家之作具在，而騷人墨客之詠亦不廢，而《全芳備祖》之書成矣。陳君益斂華就實，由博趨約，研精洙泗濂洛之書，折衷於渡江諸老，凡昔之泥於物者，今皆反諸心矣；心有經，困知有錄，凡昔之會於心者，今皆筆於書矣。名公鉅卿，嘉歎不少置，嘗以塵天子之覽。次有自序，略云，古今類書，錄此遺彼，不可謂全；取末棄本，不可謂備；皆纂集之病也。姑以生植一類言之，史傳新紀之所編摩，騷人墨客之所諷詠，自非家藏萬卷，目閱羣書，祇是其擇焉不精，語焉不詳耳。予初館西浙，繼寓京庠，暨姑蘇、金陵、兩淮諸鄉校，晨窗夜燈，不倦披閱，獨於花果草木，尤全且備。所集凡四百餘門，非全備乎，事實、賦詠、樂府必稽其始，非備祖乎。寶祐丙辰孟秋，江淮肥遯愚一子陳景沂謹識。日本圖書寮有元刻本，題江淮肥遯愚一子陳景沂編輯，建安祝穆訂正。然書已不全，我國藏書家未見刻本，勞氏校鈔本，校亦不全，未識所據即此本否。《書舶庸譚》卷二。前清武水顧嵒誡民有《全芳備祖續編》，不分卷，卷首列康熙甲子自序，書分三十一門，子目甚詳，隸事皆用駢語，如吳淑《事類賦》之體，惟不疏出處爲異。據自序所述，此書乃就何士抑《類鎔》删節成裘，故與陳景沂書名同實異也，稿本藏王氏頌蔚家。此書爲清同治間徐氏時棟藏本，有城西草堂章，有柳泉記三行。又有識語云，謹案此書體例與《羣芳譜》無異，乃《四庫書目》入《羣芳》於子部譜錄類，而此書則入之子部類書類中，不知以何分別之也。時棟又記。按此書可備輯佚，徐氏之言，則目錄學也。

誠齋文膾前集十二卷後集十二卷_{宋刊本，周林汲舊藏。}

宋楊萬里撰。前有逄辰方氏序，所謂方蛟峯先生也。半葉十二行，行十九字，小黑口，有圈點。首行批點分類《誠齋先生文膾》卷一前集，陰文。次行君心門，三、四兩行"君心"分占兩行，"謹嗜慾作"一行。前清《學部圖書館善本書目》著錄殘本，繆氏定爲宋刻。清《四庫總目》一百七十四著錄《後集》十二卷，《提要》云，不著編輯者名氏，其書分三十二類，取萬里《易傳》《千慮策》中之語，摘錄標題，各加批點，殊爲庸俗。又有題見此集，而註云文見《前集》者，亦非完書。相其版式，乃麻沙舊刻，蓋宋末坊本也。《四庫》中又著錄《千慮策》二卷，凡君道三策，國勢三策，治原三策，人才三策，論相三策，論將三策，論兵二策，馭吏三策，選法二策，刑法二策，冗官二策，民政三策。前有自序，已載於誠齋集中。本傳稱，虞允文爲相，見此策，薦爲國子博士。則此策當時已別行，而策中警練之語，又爲《文膾》所采也。伯夔按：此類之書，大抵因制舉而設，故《唐書・藝文志》總集類有《文場秀句》一卷，類書類有韋稔《應用類對》十卷，高測《韻對》十卷。《舊五代史・馮道傳》云，道謂任贊曰，兔園册皆名儒所集，道能諷之。今士子祇看《文場秀句》，便爲舉業。《愧郯錄》云，政和四年六月十九日，黃潛善奏，比年以來，求舉者於時文中采摭陳言，區別事類，編次成集，便於剽竊，謂之決科機要，詔立賞錢百貫告捉，仍拘板毀棄。凡此皆爲《文膾》之類，唯前記之書，則選擇諸人之文而成，《文膾》則專就誠齋諸文而薈萃之，以便場屋，及臨時掇拾，

是則不同耳。別有宋刊殘本《誠齋先生四六發遣膏馥集》十卷、
《續集》十一卷、《別集》十卷，見於某家書目。考乾隆時四庫館
從《大典》輯出逸書目。載有此書，然僅七卷，著其名於目中。
前人謂其書刺取諸家文集中排句及偶字，分類編列，以備士子撏
撦之用，殆坊賈射利之所爲，託之誠齋諸人以爲重，蓋亦此類也。
《文膾》方氏序見《蛟峯集》中，當非僞作。蛟峯中式狀元，科
目至顯，或取以見重於世，故蛟峯又有批點《止齋論祖》四卷，
尚存明刻。序稱止齋門人曹叔遠謂其片言落筆，傳誦震響，場屋
相師，而紹興之文丕變，即謂此種。前有論訣，曰認題、曰立意、
曰造語、曰破題、曰原題、曰講道、曰使證、曰結尾，分甲、乙、
丙、丁四體。今邵君清叟復加蛟峯批點，其體制大意，則見於各
篇之評；其法度微旨，則見於各段之注脚。一展卷間，義理粲然，
甚明且備，論學其得所祖矣。後有淮南冰蘖子朱暐識云，《論祖》
一帙，止齋陳先生所作，蛟峯方狀元所批點。成化戊子，余按巡
滇南，得廉憲莊公尚源藏本，凡三十九篇，謀刻廣傳，瓜代弗果。
持歸，尋擢守嚴郡，校正壽梓，以成初志云。蓋與《文膾》又遥
遥相對也。明顧氏充編《捷録大成》，其束周論平王微而周轍東
下，引《誠齋文膾》西周之轍轉而東，南門之禾徙而北，則取材
於《文膾》之證矣。卷前有籍書園林汲山人圖記。林汲字書昌，
名永年，姓周氏，歷城人。嗜古多聞，讀書過目不忘，以薦入四
庫全書館，賜編脩。性好書，有僕四人，專爲收掌。王氏培荀云，
先王父在都日，寓舍比鄰，家僕田升，亦代爲料理，所刻書多寄
余家，代爲消散。其家藏書最多，在館時蒙上垂問家藏書籍，刻
有書目二部，遂以進呈。點出一千餘部進之，後印以御寶發還。
堂官某求暫留借觀，未數日而其家籍没，書遂入大内矣。出門每
以五車自隨，在德州書院將歸，以書寄朋好處，逮反而其書盡爲

人竊去。在濟宣時，留書某家，爲水漂失。益都李南澗文藻，窮經好古，肆力於漢唐注疏，嘗與林汲取經史著述之未傳世者，刻爲《貸園叢書》，未竟而卒。林汲一號書倉，以七品官奉旨國史立傳，異數也。見王氏《鄉園夢憶錄》二。

玉海二百卷附詞學指南四卷 元刊元印本。

宋王應麟撰。元至元六年浙東道宣慰使司都元帥也乞里不花刊板於慶元路儒學，公之孫厚孫、寧孫承命校勘，書寫者爲王秉、王陞、楊德載三人，并刻《詩考》《詩地理考》《漢藝文志考》《通鑑地理通釋》《踐阼篇補注》《急就篇補注》《王會篇補注》《漢制考》《小學紺珠》《姓氏急就篇》《六經天文編》《鄭氏易注》《通鑑答問》十三種附於後。逮至正十二年，慶元路總管阿殷圖復命厚孫校正誤漏六萬字，遂爲完書。明代以板置國子監，遞有修補，正德元年缺五十餘版，正德二年缺二百餘版，續修至萬曆止，而元刊十不存一，其存者多模糊不能辨，又缺二百餘葉，亦未補完。此本偶有缺葉，然不漶滅，尚是元印也。《目錄》後列慶元路儒學刊造《玉海》書籍提調官姓氏，卷首有自題四言韻語，及至元三年浙東道宣慰使司都元帥府牒，又厚孫跋，胡助、李桓、阿殷圖、王介序，薛元德後序。歸安陸氏藏元刊早印本，稱先是道光中上海郁泰峯松年以六百金得此書於揚州鹽商家。同治初，豐順丁雨生昌開府江蘇，余過其官舍，出以相誇，並載入《持靜齋書目》，所稱墨光燭天者也。及余自閩中罷歸，有以郁氏書求售者，余閱其目，是書在焉，因以善價得之。蓋歸郁氏後，曾入丁手，後仍以還之郁氏者也。《玉海》舊本，當以此爲最精云。

五十萬卷樓藏書目錄初編卷十三

子　部　五

李氏蒙求補注二卷_{寫本，有校筆。}

遼資政殿學士李瀚撰。前有邵氏晉涵序云，舊注頗疎略，杭州金君源醴爲之審覈事實，辨章字句，釐爲兩卷，見者比諸王伯厚之《急就篇補注》焉。瀚事遼，嘗謀南。見《穆宗紀》及《文學傳》，《宋史》附見《李濤傳》後。瀚或作瀚，實一人也，遼人重文，瀚謀歸不果，始終以詞藻見重於時。篇中錯舉古人，而終之以陳琳書檄，阮瑀詞翰，殆以自寓歟！遼人撰著流傳於今者蓋尟，而此書與《龍龕手鏡》，同爲小學家所取資，瀚有《丁年集》今亦失傳，而此書因源醴之《補注》而顯，然則書之顯晦固有時哉。此文又見《南江文鈔》卷四。此寫本有前人朱筆校勘，并於書眉訂辨頗詳，可資考覈。

重刊增廣分門類林雜説十五卷_{舊抄本。}

金平陽王朋壽編。分一百門，始孝行，終禽獸蟲魚，徵引古籍，多有他書所未載者。原書十卷，今本十五卷，序云多至三倍者，蓋言三分之中多一分耳。其自序云，傳記百家之學，率皆有補於時，然多散漫不倫，難於綂紀，故前賢有區別而爲書，號曰《類林》者，其來尙矣。惜乎次第失序，門類不備，

予因暇日，輒爲增廣，第其次序，將舊篇章之中，添入事實者
加倍，又復增益至一百門，逐篇係之以贊，爲十五卷。較之舊
書多至三倍，若夫人君之聖智聰明，臣子之忠貞節義，父子兄
弟之孝慈友愛，將相之權謀大體，鄉士之廉潔果斷，隱遁之潛
德幽光，文章之麗藻清新，風俗之好尙，陰德之報應，酒醴之
耽沈，恩怨之報施，形軀之長短，容貌之美惡，男子之任俠剛
方，婦人之妍醜賢愚，神仙之清修，鬼神之情狀，宮室之華靡，
屋宇之卑崇，天地之運移，日星之行度，山海之靈潤，醫筮之
精專，草木之奇秀，金玉之純良，蠻夷之頑獷，禽魚之巨細，
凡六合之內，所有無不概舉。雖不敢謂之知所未知，亦可謂之
具體而微矣。其於善者不敢加於襃飾，惡者不敢遂有貶斥，姑
齊其本所出處，芟其繁，節其要而已。覽者味其雅正，則可以
爲法，視其悖戾，則可以爲戒，豈止資談柄而詫多聞，不爲無
可取也。鄉人李子文一見曰，專門之學不可旁及，至如此書，
無施不可，好學通變之士所願見，我爲君刊鏤，以廣其傳如何？
予謹應之曰諾。於是舉以畀之。時大定己酉歲夏晦平陽王朋壽
魯老序。

增修詩學集成押韻淵海二十卷元刊本，前清天禄琳琅舊藏。

元嚴毅著。前題建安後學嚴毅子仁編輯。前有至元庚辰前
進士張復行書序，字有松雪筆意，當是張手寫上版者。序略云，
士必學詩，而詩必須善押韻，況乎賡歌用韻，舉世所尙。往往
一唱百和，而較以應之敏鈍，押之工拙，讀不萬卷，烏得不求
益于是書。序後有《凡例》一葉，共四則。第一則云，是編韻
銓禮部，句選名賢。每韻之下，事聯偶對，詩料羣分，非惟資
初學之用，而詩人騷客，亦得以觸長引申，此著書之旨也。《目

録》《凡例》之前，題《增修詩學集成押韻淵海》，卷一前題則無“增修”二字，其餘各卷則題“新編”，蓋以元時書肆，舊曾刊廬陵胡氏建安丁氏《詩學活套押韻大成》，而此則新加編輯者也。《天禄琳琅》嘗引解縉大庖西封事，謂考元吳澄《支言集》有張壽翁《事韻擷英序》，稱東坡、山谷始以用韻奇險爲工，儻學者記誦之博不及前賢，則不免於檢閱，於是乎有《詩韻》等書。是《押韻》之書，盛于元時。至明成祖最愛《韻府羣玉》，故流傳最久。此書清《四庫全書》則歸入存目類，《提要》見卷一百三十七，謂其體例與《韻府羣玉》相近，而更爲簡略。每字之下，首列活套。次爲體字，體字者如東字下列青、位、震、方四字，童字下列兒、曹二字，即宋人所謂換字也。次爲事類。次爲詩料，則多采五、七言詩句，而不著其由來，所載惟有上、下、平聲，而無仄聲，蓋專爲近體設。計分二十九部，而三江一部則删之不載，蓋韻窄字少故也。館臣譏爲猥陋，語誠不誣，然宋元之間，此類之書至爲不少。試觀太學爲育才之地，而有《璧水羣英待問》之編，《易經》爲四聖手定之書，而有《三場通用周易活法》之作，以較《淵海》，可笑更多。伯驥以嚴氏之書，尚屬古椠，過而存之，當亦通人所莞爾也。此本原藏前清大學士明珠之子揆敍家，故各卷均有謙牧堂各圖記。明珠頗能詩，今鐵保所編之《熙朝雅頌集》，有其詩選入，而其子成德揆敍，又受詩法於唐東江查聲山、查初白，一門風雅，蓋滿人之漢化頗深者。或容若凱功初學詩時，以此書爲資糧，亦未可知也。前後有天禄琳瑯各章，其蓋有六璽之護葉，則已脱佚。檢《天禄琳瑯書目》，謂卷五缺第一葉，卷十四缺第一、第二葉，卷十七缺第一、第二、第三、第四葉，卷二十缺末葉，皆原日抄補，其數適符。謙牧堂舊藏已如此，可

想見當時所謂天府之儲者，已極珍秘此書矣。謙牧堂遺籍，吾
家收藏頗多，而曾入天祿者僅此。《琳琅目》列謙牧書極多，以
謙牧書多由徐氏傳是樓來，故重視之歟。

新編古今姓氏遙華韻九十九卷寫本，陳漁珊舊藏。

　　元臨川布衣洪景修進可編。共分十集，甲十一、乙十、丙
十一、丁十、戊十一、己八、庚十、辛十、壬八、癸十，通九
十九卷，清《四庫》未收，阮氏亦未進呈。嘉定錢氏《補元史
藝文志》著錄揚譓《姓氏通辨》，及不著撰人《排韻增廣事類
氏族大全》，皆不傳之本，亦不見是書，其罕秘可想見矣。原缺
乙集卷四至丙集卷十一，無從補足。前有程氏序云，譜系之學，
古有專門，其書浩如煙海，其言雜如軍市，至唐文帝始刪去繁
濫勒成《族志》，不幸火於邪辭，別加紀錄，世不尊信，譜學遂
荒。洪君進可以韻纂姓，以姓萃事，臧否小大，悉所不損，雖
有所祖述，然亦勤且勞矣。又却縮衣食，鋟板布行，其博文之
心，亦可謂篤矣。視終日據梧，呻其佔畢，而殊無一字可對人
言者，亦有逕庭哉！惜余眼昏，且復病暑，未能考其著書之旨、
立言之凡，而徒志其太息起敬於篇端而已。至大三年歲在庚戌
立秋後一日庚辰程鉅夫書。次有晏氏題語，略云，達觀洪先生
至元壬午處吾齋三年，授受之際，見其蟲鏤鼉績之書，而幼不
識何書也。至大戊申，先生又處吾齋，昔年書者堆案沓几，視
之則《姓韻》成書矣。先生於是書，精神寄於歲月之茫茫，姓
字承於古今之落落，豈洸洋自恣以適己，將與千金懸之咸陽市
門，求一字增損。予是以述此書之本末。至大元年三月三日門
人晏姓仁題。次自序云，有達尊大雅問僕曰，姓氏有初乎？曰
有。姓氏源三皇，派春秋，涵濁於《河南官氏志》。黃帝二十五

子得姓十四，春秋國百二十四，爵姓具者四十有七，爵姓俱亡者三十有三，有爵無姓十有七，有姓無爵者十有八。富、辰、日、管、蔡、郕、霍、魯、衞、毛、聃、郜、雍、曹、滕、畢、源、酆、郇，文之昭也；邗、晉、應、韓，武之穆也。凡蔣邢茅胙祭，周公之胤也。或地或官，或王父字謚，若柳下、展氏、南官、司馬、魯三桓、鄭七穆是也。魏以拓跋爲長孫，丘穆陵爲穆，獨孤爲劉，弗忸于爲于。《河南官氏志》八姓勳族，四姓衣冠，列爲著姓。梁元時魏九十九姓，復如舊，於是古今姓氏淆濁滋甚。王通謂任、薛、王、劉、崔、盧之婚，非古也，何以視譜？唐太宗命高士廉、岑文本志氏族二百九十三姓，首宗室，次外戚，褒忠良，貶姦逆。至韋述選《開元譜》，柳冲撰《氏族系錄》，宋洪忠宣公撰《姓氏指南》，今孰從而見之。僕生晚學膚，自咸淳戊辰敎半餘力，隨見輒筆，積歲月得姓九百有奇，抄爲《姓氏遙華韻》，凡千一百八十九姓，無其人者，無信不徵。鄭夾漈《姓氏略》太簡無倫，僕起敬忠臣孝子、義夫烈女、英雄豪傑，師友淵源，家法官箴，相業將略，有益民彝世教，必加詳錄。其有風流詼諧，亦可助談資笑，開卷思齊自省，千載對面，又思死節名臣，尚宜表章，以廣唐人褒忠盛心。第慚讀書不多，譌舛曷正，惟冀達尊大雅，特賜貶愚。至大元年歲在戊申南呂月吉，臨川布衣洪景修進可拜手稽首謹志。張氏愛日精盧藏本，係從天一閣舊鈔本景寫，月霄謂，戊集王姓末，附載董更生《王烈女傳》一篇，備錄全文，與全書體例不符。是蓋褒揚忠烈，俾後世知宋社淪亡，抗節損生者，自文文山、謝疊山諸人外，宮禁中尚有一王烈女其人也。而賣國降臣，如傳中所列張晏然、陳奕、范文虎輩，讀書亦可少媿矣，是殆洪君微意所在，故特表出之。洪君自題臨川布衣，意者入元不仕，以勝國遺民終歟。其所引《元和姓纂》，多有出今本外者，是亦足資參考云。卷前有“漁珊”二字朱文章，當是鄞人陳氏僅遺書。僅字餘山，又號漁珊。道光間官陝西，歷延長、紫陽、安康諸縣，有惠政。所著《濟荒必備》一卷、《捕蝗彙編》四卷、《南山保甲書》一卷、《竹林答問》一卷、《讀選意籤》一卷、《文莫書屋詹詹言》二卷、《繼雅堂詩集》二十卷。其《王深寧年譜》一卷，訂錢竹汀《王譜》之譌，尤《四明文獻》所繫也。見吳氏慶坻《蕉廊脞錄》卷五。陳氏著述，吾家亦稍備。

新編事文類聚翰墨全書一百二十七卷 元刊本。

元鄉貢進士劉應李撰。清《四庫提要》存目以此書爲宋人撰，非也。首有大德十一年考亭熊禾序，有“應李與之講學武夷洪源山中十有二年”一語，應李之事實無可考，有據此序定應李爲閩人者，亦不確也。書分前、後二集，甲集十二卷、乙集九卷、丙集五卷、丁集五卷、戊集五卷、己集七卷、庚集二十四卷、辛集十卷、壬集十二卷、癸集十一卷。後甲集八卷、乙集三卷、丙集五卷、丁集八卷、戊集九卷。卷中凡事實每半葉十二行，凡文類每半葉十行。其後書估改刻此書，有稱爲《啓制天章》者，有改題爲《翰墨大全》者，然於此書原文，固有節削矣。此書以對聯套語入錄，固不足語於大雅，然首采經傳，次錄宋元人遺文，凡宋元遺集不存者，猶賴此以見片玉零璣焉。《聖朝混一方輿勝覽》三卷，《潛研堂文集》及《拜經樓藏書題跋》均有題記，而實見於此書後乙集中，宜考古者珍之矣。大致每葉二十四行，行二十字，小字精整，實元時坊刻之佳本也。

事文類聚翰墨大全一百十七卷明嘉靖刊本。

元劉應李撰。此爲揚氏歸仁齋所刊，前有大德間熊禾序云，文公嘗言，制誥是君誶其臣，表牋是臣誶其君。然則近世士大夫以啓劄相尚，無乃交相誶者乎！書坊之書，徧行天下，凡平日交際應用之書，概以啓劄名，其亦文體之變乎。省軒劉君應李爲此編，命曰《翰墨大全》。凡儒者操翰行墨之文，大約變俗歸雅，返澆從厚，去深華，從質實，多是先哲大家數，而時賢之作亦在所不遺，斯亦可謂之大全矣。蓋嘗因是而論之，文之體莫善於《書》《詩》，君之於臣，誥命而已，即後世詔令之體也。臣之於君，謨訓而已，即後世書疏之體也。紀實之體，如《堯典》《禹貢》等作，後世紀志、碑記、敍事之文始於此。問答之體，如《微子》《君奭》等篇，後世論辨、往復之文始於是。若後世詩詞一類，則自虞夏賡歌而下，備見於三百篇之風、雅、頌。舍是之外，亦未見有能易是者。至制誥、表牋啓劄，胥爲駢儷，而後文始盡變矣，甚者紀事實之史，亦爲四六之體，吟詠性情，且尚對偶之工。至末流連篇累牘，雖有千萬言，而辭不足，果何日而可復返於雅厚質實之歸乎！且劉君此篇，自冠婚以至喪祭，近自人倫日用，遠而至於天地萬物，凡可寓之文者，莫不畢備，其亦異乎世之所謂啓劄者矣。其間俚俗之言，異怪之說，雖不能悉去，亦必爲之訂其謬誤，而究其旨歸。劉君之用志，亦可尚已。劉君力學善文，與余講學武夷、洪源山中者十有二年，所造甚深，此特其遊藝之末耳。平間伯氏爲刊是書，君之可傳於世者，固不止於是也。輒書編端，以諗覽者。歲在丁未正月元日，爲大德之十有一年，前進士考亭熊禾去非父。

羣書鉤元十卷　元刻本，孔堯山舊藏。

前題臨邛後學高恥傳輯。前有隸書序，頗漶漫。次有至正七年高氏自序云，余少嗜書，苦於質魯，朝記憶而夕忘之，遂銳意於筆札，凡涉獵羣書，見一事之美、一辭之善，必錄之。積四十餘年，笥篋不能容，徙置他室，以册計者三百餘，以紙記者莫知數。乙亥、壬午兩遭鬱攸之厄，所存者十之二三，掇拾灰燼之餘，得治郡邑之善者千有餘事，名爲《政龜鑒》，歸之趙侯伯常父名知彰。其他片言隻字，膾炙人口者，尤不忍棄，亦彙而成之，凡十卷，見者多筆之。居數日，而一舊友出示數紙，則已取第三卷刻之矣，竟弗能止。復請曰，此皆羣書之精粹，昔昌黎韓子有言，纂言者，必鉤其元，願以《羣書鉤元》名之。吾無以易，遂用冠諸編首，或可以資初學之萬一，非敢以示大方之家也。有小字附記云，近來詩卷簡牘中，多用古字，展讀之際，其義難通。今於舊監本《玉篇》中抄出若干字，刊於卷首，以便檢閱云。半葉九行，行之字數不等。板心上方有王益助、王文獻助、嚴匡華助，吳彥常助字樣，當是助刻此書姓氏。卷首有“千秋”二字白文章。按江陰孔堯山布衣千秋，通六書，工篆刻。嘗游錫山，見漢人孔千秋銅印，喜與己名相合，囊無一錢，典臥具購得之。有《夢餘小草》若干首，佳句云，“春蠶絲已盡，苦殺不成綿”。甚得齊梁古意，嘗著《說文疑疑》一書，謂《說文》自漢以來，傳寫詰屈，亥豕溷淆。又當塗李氏鼎臣兄弟，各附新說，熒惑後世，故以鐘鼎古文及歷來字學之書，參考得失，臆說頗多，而大旨尚不謬於許。見沈氏《匏廬詩話》卷下。此當是其遺本也。

萬姓統譜一百四十卷附二十卷明刻本。

明凌迪知撰。《統譜》一百四十卷，前列《帝王姓系》六卷，後附《氏族博考》十四卷，共一百六十卷。取材正史，博覽羣書，凡郡縣之志乘，名家之文集，就其所知者，采録參校而成。清乾隆時修《四庫全書》，館臣既采其書入子部類書，而于四部書撰人，其中多引據此譜，得其大略。孫氏星衍《祠堂書目》亦列此于内編類書之内，唯杭氏世駿所撰《亢宗録》，則頗不滿此書。杭氏云，譜稱伯禹少子封於餘杭，爲吾杭得姓受氏之始。然則杭固以地爲氏，他書多引後漢長沙太守抗徐以當杭氏之望，夫徐在《度尚傳》，史策昭著，抗之非杭明矣。明嘉靖時吳興凌膳部迪知著《萬姓統譜》迺兩收之，重見疊出，荒謬不足與辨。焦氏循《易餘籥録》卷二十亦譏其不博，蓋二人均舉其姓族之闕失，屬於專家。凌氏以普徧爲宗，則其疏略，固無足怪也。焦氏云，《統譜》中兩漢僅舉焦延壽、焦儉、焦先三人，按《後漢書》有博士焦永，爲河東太守，又《鄭宏傳》，宏會稽山陰人，師同郡河東太守焦貺。袁宏《漢記》稱貺嘗爲博士，後爲河東太守，蓋永即貺也。鄭康成弟子有焦氏名喬，《月令正義》引鄭《志》，焦喬答王權問高禖云，先契之時，必自有禖氏袚除之祀，位在於南郊，蓋以元鳥至之日祀之矣。然其禋祀，乃於上帝也，娀簡狄吞鳳子之後，後王爲禖官嘉祥，祀之以配帝，謂之高禖。《詩生民》疏亦引。又崇精問焦氏曰，鄭云三王同六卿，殷應六卿，此云五官何也？焦氏答曰，殷立天官與五行，其取象異耳。是司徒以下法五行，并此太宰即爲六官也。《曲禮》疏。崇精問曰，獄周曰圜土，殷曰羑里，夏曰均臺，圖圄何代之獄？焦氏答曰，《月令》秦書，則秦獄名也，漢曰若盧，魏曰司空是也。《月令》疏。又，張逸答焦氏問三苗，見《檀弓》疏。焦士問張逸鳩化爲鷂，見《月令》疏。焦氏以經學顯于西漢者，有延壽一人，以經學顯于東漢者，有貺、喬二人，而凌氏未知也。此書原版爲毛晉汲古閣校刻，當時已海内風行，近日已少。坊刻翻印，訛謬百出，讀者審之。

類書三才圖會一百六卷明刊本。

前題雲間王圻纂集，曾孫爾賓重較。前有萬曆臨川周孔教序，略云，雲間侍御王公嗜學好古，沉酣仰屋之業。仲子思義，能讀父書，以著述世其家，輯所謂《三才圖會》，上自天文，下至地理，中及人物，精而禮樂經史，粗而宮室舟車，幻而神仙鬼怪，遠而卉服鳥章，重而珍奇玩好，細而飛潜動植，卷帙盈百，號爲《圖海》。未有如此書之刱見者也。圖之益有二，圖之窮亦有二，然天下有有用之用、無用之用，世終不以爰居廢鐘鼓，裸國棄冠冕，是輯圖意也。次有陳繼儒序，略云，漢初典籍無紀，自中壘創意總括，分爲《七略》，收書而不收圖，一厄；武帝置秘閣以聚圖書，明帝別開畫室，董卓之亂，軍人裂縑布爲帷囊以去，二厄也；梁太子綱數夢秦始皇，更欲焚天下書，侯景於漢高善寶，相繼焚刼，圖籍二十四萬餘，悉化煨爐，三厄也；陳之圖史隋得之，隋之圖史唐得之，一覆於揚，一没於砥柱，四厄也；劉裕、楊堅惡符命讖緯之書，凡有圖者皆指爲圖讖，發使四出搜焚之，爲吏糾者至死，五厄也；徽、欽建稽古、博古、尚古等閣，録所藏大小禮器，裒至萬餘，南渡後象尊牛鼎、龍瓶雁鐙，悉輦虜地，即高宗好寫五經，宣付畫院補圖，而所圖幾何哉，六厄也；王濬平吴，應詹破蜀，皇甫真之定新都，辛術之克維郡，不取秋毫，但收圖籍，此曹好文，寧可多得，卒付之搶攘狼藉而已，七厄也；任宏、王儉之圖譜，阮孝緒散而歸之雜部，已自可恨，然總記内外篇尚存圖八百七十餘卷，鄭樵去古雖逖，《通志》所記，亦不下二百三十二圖，經勝國而胡與漢文字不相知，八厄也。吾朝藏書，秘文逸典，次第而出，獨所謂圖，寥寥十不得一，此王公《三才圖會》之所由作也。次有玉峯顧秉謙序，次有萬曆丁未王圻自序。總目：天文四卷、地理十六卷、人物十四卷、時令四卷、宮室四卷、器用十二卷、身體七卷、衣服三卷、人事十卷、儀制八卷、珍寶二卷、文史四卷、鳥獸六卷、草木十二卷、共分十四集。半葉九行，行二十二字。

圖書編二百一十七卷_{寫本。}

明章潢撰。潢字本清，南昌人，萬曆乙巳薦授順天府學訓導，時年已七十八，不能赴官。詔用陳獻章例，官給月米，後至八十二歲終於家。有《周易象義》十卷，清《四庫》存目。前有萬曆癸丑門人萬尚烈序，略云，是編卷凡二百一十七，葉凡柒千有奇，久不能刻，依違閩郡，五年有半。其俸入專給是役，未敢移濟他窘，又必去閩入燕，間關拮据，再越歲而後就。次有《章先生年譜》，爲門人丘曰敬、萬尚烈、周誠學，男自省編。次有自敍，略云，古今類編，如杜氏《通典》、馬氏《文獻通考》、丘氏《大學衍義補》，皆有裨國家實用，可備考索，《圖書編》得無沿襲於茲乎？若果沿襲，則三書備矣，奚取於此！蓋斯道不明，聖學湮塞，非惟不知祖聖人之經典，抑不知追原天地之文章也，《河圖》《洛書》非天地之文章歟！後儒學聚問辨，未之潛神，間有留意探索者，又穿鑿傅會，莫知反求諸身心，以求合德於天地，此圖書所以日益晦已。予因備采其切於身心，關於國家者，以類編之，題曰《圖書編》。次有《凡例》二葉，次列《考證書目》。

稗編一百二十卷 明刊本。

明唐順之撰。前有萬曆辛巳茅坤序，略云，荊川中丞公沒，予過弔其家，訪其遺文，間得公所爲左、右《編》與《文編》《稗編》者之序。已而督府胡宗憲則梓《左編》，蓋按春秋戰國以來傳記而纂之者，然其傳記或甲乙相互見，而公則並按名氏而哀係之，或傳記所不載，而公復自他書旁求之。已而門弟祭酒姜公寶則梓《文編》，頃之予姪一相復得公《稗編》，刻既成，予覆之躍然。蓋公生平所最鑱刻者六經，所欲以經世自表見者六官，故其參相考次爲詳。然六經所研者理也，六經所不能盡，公則條次之以諸家之學，曰法、曰名、曰墨、曰縱橫、曰雜、曰兵、曰農、曰圃、曰賈、曰工、曰天文歷、曰地理、曰理數、曰術數、曰醫、曰道、曰釋。又次之以文藝，曰史、曰詞賦、曰文、曰書法、曰畫、曰古器、曰琴、曰射、曰弈。六官所考見者治也，六官所不能盡，公則條次之以天下之大，曰君、曰相、曰將、曰謀、曰諫、曰政、曰后、曰儲、曰宗、曰戚、曰主、曰宦、曰倖、曰奸、曰簒、曰封建、曰鎮、曰亂、曰夷、曰名世、曰節、曰俠、曰隱逸、曰烈婦、曰方技、末復終之以曰吏、曰戶、曰禮、曰兵、曰刑、曰工。名其書曰《稗編》者，蓋按莊生所謂道在稊稗而言之，而不敢自謂識其大者也。惜乎公之編次雖勤，而自爲折衷其至，猶未之考見。次自序。次《文霞閣刻稗編引》，爲茅一相所撰，略謂先生以今文、古文名天下，而猶勤於撰述，最著者有四：曰《左編》、曰《右編》、曰《文編》、曰《稗編》。《左編》梓於浙西，《文編》梓於閩中，而是編則初成於先生門人左丞，左没而復廢，頗多殘闕之失。庚辰歲，余始得而讀之，數匝月乃竟殺青。前題新刊唐荊川先生《稗編》，門生昆陵左丞考校。

博物策會十七卷 明嘉靖刊本，天一閣舊藏。

前題屏石戴璟著。前有嘉靖十七年張治道序，略云，屏石嘆載籍之浩繁，世代之懸邈，山川之悠隔，而人物雜出於其間，乃采之諸史以索其跡，參之列傳以察其微，博之諸儒以盡其辨。本之聖經以定其極，而又區揭省府，冠以河嶽，發其靈秀，而人物繫之，題曰《博物策略》。因域以考世，緣世以考才，不勞咨索，而古今人代，一覽無餘。次有康海序，次有段炅序。次《凡例》，其第一條云，三代以上，人才盛於西北，兩漢以下，人才盛於東南。士子讀書，所貴尚友，而生於其鄉，不知其姓名有之，緣此遂欲起意成一書，一以寓尚友之意，一以爲稽古之助。第二條云，此書專主於彰善，凡大奸惡不齒，嘗著《諸史品藻》三十卷，則所以考其慝云。第三條云，此書頗學十科策體式。第五條云，凡自堯舜至今三千餘年人物，逐一搜括，然其祖父兄弟子孫炳焕多至三十人以上者，弗敢掛漏，悉采錄以昭其盛。目末題正德十六年寧郡末學屏石戴璟書。十七卷後有李復初跋云，余聞戴君嘗著《通鑑品藻》《博物策會》二集，《品藻》刻之福建，《策會》尚未有刻也。今年戊戌，侍御李君駐蹕會城，三學諸生以此爲請，戴君始出二集與之觀，李君乃檄諸司府用刻以布。予謂策士掄才，傳自古昔，雖賈董公孫，亦借知遇，然其時發問簡直，敷陳汗漫，猶有弗難者。自有宋以迄我明，擬格定體，先之以往指，次之以時事，或隱名求行，或寧事索人。而對者詞義雖脩，旨歸多昧，不有囊括凡備之書，而徒馳騖羣籍，紛稽衆典，雖白首有弗能識者。以是知《策會》一集，必沛然傳世也。半葉十二行，行二十一字。序首有"少明"二字朱文章、"范氏子受"四字章，蓋范司馬欽子。又有"真州吳氏有福讀書堂藏書"朱文章。重其爲范閣遺物也，因著錄之。

姓源珠璣四卷 從明宣德刊本傳錄

明楊信民著。前有王直序，稱信民博洽多聞，嘗爲日照知縣。太宗皇帝在位時，修《永樂大典》，徵天下文字之士集館閣，信民與焉，因得觀中秘書，其所見益廣。既老而歸，乃於暇日輯錄前人行事之跡，得二千餘條，各附於其姓，而以音韻統之，又分類八十一，別著目錄，使欲觀者得因是而求焉，此其書之大凡也。書分四卷，其末又有數葉，專述佛門子弟者，不在四卷之内。

萬寶詩山三十八卷 舊刻巾箱本。

首行題"選編省監新奇萬寶詩山"大字跨兩行，次行空白，第三行題"書林葉氏廣勤堂新刊"。伯驥按：《虛皇》二十九章云，"子能登寶山，周行左右。萬寶縱橫，無不可愛。當下山際，能勿持乎"，題名爲《萬寶詩山》，當或取此。分爲天文門、時序門、節令門、地理門、天下門、京師門、第宅門、花卉門、木門、果實門、草門、獸及鱗介門，而每門之中，又分多類，例如天文門分爲太極類、元氣類、和氣類、造化類、乾坤類、天地類、日類、月類、春日類、夏日類、秋日類、冬日類、曉日類、落日類、春雨類、夏雨類、秋雨類、冬雨類、夜雨類、霖雨類、風雨類、雷雨類、雷雲類、虹霓類、雲類、風雲類、青雲類、河漢類，烟類，霞類、霧類、露類、風露類、雨露類、霜類、雪類，悉取宋代省監所試五言六韻詩，分類編録，體式略如清世坊估所刻《袖珍試律大觀》之屬，約三行一詩，全部綜計之，大抵有詩一萬六千餘首，宋人帖體，亦大略備矣。前有蒲陽余性初序云，天下之寶多矣，夫有天下者以道德爲寶，有國家者以政事爲寶。文學之士所寶經書，豪富之家所寶珠玉。仁親以爲寶，惟善以爲寶，不貪以爲寶，此仁人賢士之寶也。若夫吟咏風月，繪畫煙雲，摛章摘句，以詩賦爲寶，此亦皆本夫性情之正，而達於政事之體也。蓋《詩》自虞廷賡歌，以至周、召、雅、頌之什，皆古聖賢製作，以淑人心而垂教法，雖閭巷俚俗之謠，聖人亦有取焉。三百篇以降，作者非一。宋以詞科取士，故有省監之詩，而文人才子業於是者，未免淘金揀玉，以用其心，詞語之華、篇章之粹，真希世之寶也。書林三峯葉景逵氏，掇拾類聚，繡梓以傳於世，目之曰《萬寶詩山》，俾後學者有所矜式，其用心亦弘矣。梓成攜以示余，因屬余序。余惟夫子有言曰，小子何莫學夫《詩》，《詩》可以興，可以觀。至於事父事君，多識烏獸草木之名，則士羣誠意正心之要，進德修業之方，與夫薦郊廟，格神人，以鳴國家之盛者，皆由《詩》而致，務學之士，其可忽諸！余不敏，特以此敍其概云。每卷約五十葉，半葉十五行，行二十三字。此書前人每稱爲宋板，惟然亦有以爲不然者，蓋刻書之葉景逵，實明正統嘉靖間人，當是前人誤認爲宋也。潘氏滂喜齋亦稱藏宋刻殘本，惟存三十一、三十二兩卷，爲木門之松柏類，竹類、筍類、松竹類、楓類、梧桐類、槐類、榆枌類、楊柳類、柳絮類、木類草木類、雜木類、茱萸類、葉類。伯驥按：前明陸氏容云，國初書板，惟國子監有之，外郡縣疑未有。觀宋潛谿《送東陽馬生序》可知矣。宣德、正統間，書籍印板尙未廣，今各省書板，日增月益，天下右文之象，愈隆於前。但今士習浮靡，能刻正大古書以惠後學者少，所刻皆古今詩文集，內有無益今人可厭者，如《唐詩品彙》《萬寶詩山》《雅音會編》《瀛奎律髓》之類是已。況上官多以餽送往來，動輒印以百部，有司所費亦繁，偏州下邑，寒素之士有志佔畢，而不得一見者多矣。嘗愛元人詔書籍必經中書省議過，事下有司，才能刻印。想當時無擅刻者，此法亦好。今日捄弊，必須如此才好，而無人及此，意者以其近於不厚歟。見《菽園雜記》卷十。是則此書明刻固甚多矣。

宋四六叢珠彙選十卷明刊本。

前有王明嶅序云，甚矣，辭之不可以已也，所從來久遠矣，質任自然者，止於達意，而有渾成之雅。體尙駢儷者，工於組織，而極藻繢之絢。自有書契至於西京，上之訓誥、詔令，下之陳謨箴獻，皆據理敷陳，矢口成章。延及東漢，入於六朝，而駢儷之製興焉。間有所作，抒情淡藻，纍瓦結繩，炳若縟繡，燦若琬琰，非不足以諛耳悅目，而離醇散朴，採華忘實。或遺理以存異，或放奔以詭合，或清虛以婉約，遂來淫哇之誚，類俳之譏，陵夷至於西崑，弊也極矣。故語文體之壞，自駢儷始，雖然，朝廷之慶賀祝頌，郊廟之享裸禋望，辭命之交際來往，非藉莊雅之詞、和諧之韻，何以嚴君父而格天地，交神鬼而通人心哉！然則非駢儷之患，患駢儷之過而失之雕鏤也。有宋以來，理學漸明，諸名賢所作，大都以意勝而不專工於辭，以實勝而不專事於華，構思寸心，摛辭尺素，頗有自然之趣，而非徒組織之工，故世之談四六者，歸美於宋，有繇然也。宋季葉氏，採當代名家，彙集成編，名曰《四六叢珠》。凡青瑣之騰

奏，赤牘之酢酬，賓嘉之成禮，禱賽之餘用，百僚之冗，萬緒
之夥，莫不班班具載，而成帙累千，汗漫繁浩，難於披閱，而
傳寫日久，不無亥豕魯魚之謬。郡守荊山陳公，政清刑理之暇，
出是編以示小子明嗸，命與繁昌諭黃君金璽同校選之，雖分聯
摘句，未免破碎，而歸彙編凡，頗有條理，蓋一稟命於公也，
集成凡十卷。公閱而可之，命曰《彙選》，而付之剞劂，或可爲
操觚含豪者之一助云耳。署當塗縣儒學事晉江王明嗸戀㠱書。
半葉十行，寫刊本。

山海經　卷 畢氏刻本，楊氏手校。

清新城楊希閔匯校本。楊有題識，照錄如下：吾所見《山
海經》凡四本，吳任臣廣注本、畢秋帆校正本、郝蘭皋廣疏本、
沈沃田點閱本。吳啓蓽路，功固不細，微嫌說薈譚叢，徵引龐
雜，無關義實，反失簡嚴。畢殫疏通，厥績閎偉，形聲段借，
不乖古義，關此書之康塗，祛小儒之煩惑。今即以爲柢本，郝
有補苴，卻多因襲，有全用畢說不著名者，其著名十三四耳。間有糾正出
畢外者，如獲珠船也。沈本止點圈，文字無詮釋，顧旨趣張皇，
亦益人神智。今合校之，錄各本於畢本上，皆著明某氏。惟沈
本點圈則否，鄙有所見，以閔案別之。此書舊說以爲志怪小說
之屬，今得諸家疏通，頓成佳勝，雖非地理正書，以之輔翼
《禹貢》《職方》，譬之《爾雅》之後，又有《釋名》《廣雅》
也。此書舊說謂禹、益紀述相傳，然無碻證也，中及文王事與
秦、漢地名，則謂劉秀輩遞有附益，亦想當然。大概此書秦、
漢間人作，而淵源則自上古，如《素問》《靈樞》，亦秦、漢間
人作，其稱《黃帝歧伯問答》，淵源亦自上古也，必欲指人以實
之，固矣。注此書者有一病，經言其草如藑，其狀如龍骨，其

實如楝子，如赤菽，其葉如葵者，蓋如之云爾，非真是物也。吳注徑以九者釋爲真物，失之遠矣。此書宜有圖，而自晉、唐來已佚之。吳本有圖出明人意繪，不足據，姑附卷末。郭注外又有《圖讚》，文義斐然，郝本有之，今亦附後。同治四年歲次乙丑六月二十五日江西新城楊希閔息齋書。初用靛筆，錄吳本及隨見各家_{無專書雜見文集者}與己說，付刻則壹以某氏爲別，不分色筆。_{畢本凡沅曰改爲畢氏曰，符全書例。}吳任臣字志伊，仁和人，撰《山海經廣注》。沈大成號沃田，有《山海經》點閱本。畢沅號秋帆，鎮洋人，撰《山海經新校正》。郝懿行號蘭皋，棲霞人，撰《山海經廣疏》。前人謂新城楊臥雲明經希閔，嘗主講臺陽海東書院講席，平生著作甚多，其彙集宋元明名儒名臣事蹟，取《孟子》答曹交“子歸而求之有餘師”之義，名其書曰《餘師錄》，《前集》十四卷，錄名儒；《後集》十卷，錄名臣。《續集》八卷，前四卷補錄名儒，後四卷補錄名臣。光緒四年大倉孫太守壽銘福州刊本，則其人固勤於點勘編輯者也。

世說新語三卷_{從明袁氏刊本傳錄，有校筆。}

宋劉義慶撰，梁劉孝標注。書各分上、下凡三十六門，末刻嘉靖乙未歲吳郡袁氏嘉趣堂重雕，蓋從宋淳熙間陸本翻刻者。書之節次尙完，與王世貞所刻，於注文有所刪節者，有天壤之別。

玉壺清話十卷_{明范氏天一閣寫本。}

宋釋文瑩撰。文瑩字道溫，錢唐人。《文獻通考》引晁《志》以爲吳僧，今檢晁《志》實無吳字。《宋藝文志》《郡齋讀書志》《書錄解題》、馬氏《通考》，均題《清話》之名，惟

《絳雲樓書目》《讀書敏求記》，均題爲《玉壺野史》，蓋舊有此
稱。清《四庫提要》謂元人《南溪詩話》已如此，伯驥有此書爲前
明正德刻本，題《南溪筆錄羣賢詩話》分前、後、續三集。是其證矣。《四庫
全書》著錄者，亦以《野史》爲題，蓋據兩淮采進本也。《敏
求記》著錄此書爲抄本，出自牧齋，謂稗官家罕刻是書，行間
誤脱字，牧翁一一補錄完，蓋居榮木樓時手校本云云。後來藏
家，如吳氏繡谷亭、惠氏紅豆山房，均屬寫本。黃蕘圃曾藏毛
斧季校本，及宋刊元人補鈔本，黃氏嘗取《津逮秘書》本校之，
知毛刻尚多訛脱，謂其當日付梓，尚未見及此等舊本。王氏《春融
堂集》卷四十五有此書宋本題記，謂刊於臨安太廟前尹家書籍鋪者。未審與蕘圃之
宋刊元人補鈔本有無異同。至於杭州丁氏八千卷樓有明抄《湘山野
錄》，而無此書，故近世惟津逮及鮑氏叢書本，流傳最多，宋明
舊刻，固渺不可得，明鈔本亦等於祥鱗威鳳矣。此本爲四明范
氏寫本，且有堯卿先生題字，彌可貴也。前有文瑩自序，略云，
玉壺者，隱居之潭也。文瑩收古今文章著述最多，自國初至熙
寧間，得文集二百餘家，數千卷。其間神道碑、墓誌、行狀、
實錄，及奏議、碑表、野編小說之類，傾十紀之文字，聚衆學
之醇郁，君臣行事之蹟，禮樂寶章之範，惜其散在衆帙，世不
能盡見，因取其未聞而有勸者，聚爲一家之書。及纂江南逸事，
並爲李先主昇立傳。古之有史者必欲其傳，無其傳則聖賢治亂
之迹，都寂寥於天地間。末題餘杭沙門文瑩湘公草堂序。伯驥
按：自古詩僧最多，能文者少，宋之契嵩、元之圓至，其文佳
矣，至留意朝章國故者，則絕少其人。文瑩於熙寧中既在荆州
金鑾寺撰《湘山野錄》，復於元豐戊子編述此書。明成化間，尹
直等奉敕編纂《續宋元資治通鑑綱目》，辨宋太祖、太宗傳禪之
誤，曾引《野錄》以證李燾之非，則文瑩所述，可與史傳印證

者，當不賸其事。此書體例與《野錄》略同，以之肩隨，實爲璧合。蓋留心當代故事，洵方外之士之翹然特出者也，惟文瑩談詩之語，張氏魯巖《所學錄》，辨正已有多條。范欽，字安卿，又字堯卿，號東明，鄞人。嘉靖壬辰進士，官至兵部右侍郎，天一閣主人也。《山海經》謂東有山曰勾餘，實維四明，蓋浙河以東，山水名天下，四明爲最。而四明山東屬鄞，東南屬奉化，東北屬慈谿，西連紹之餘姚、上虞、嵊三縣，南接天台，北包翠碕，最高有四穴，以通日月之光，故號四明。而東四明脈七十峯之正派爲鄞，又有東明山，黄東發、方達材諸賢，曾讀書于此。見《鄞縣志》《四明文獻集》、全祖望《東四明山脈說》、徐兆昺《四明談助》等書。堯卿所居，適在此山之東，故別自號東明，實由於此，是以閣《目》所列，如《三場文海》則捺"東明"二字章，《周易古經》則捺"東明草堂"章，《譚苑醍醐》《冠忠愍公詩集》《曲洧舊聞》等書，則捺"東明山人"章，《乾坤變異錄》則捺"東明外史"章。此書題識，一則曰東明，再則曰東明山人，亦捺章之前例也。范閣舊本，吾家所得亦有多種，然有其題記者頗少，檢閣《目》亦賸有識語，惟史部著錄之《史通》則有之，略云，是本蓋第三刻者，萬曆四年二月借他本校之，稍有更正，删去諸序，視沈本爲勝，然宋本所具者固闕也，因增正之。更取從子大澈宋刻鈔本檢對，亦有更定。昔人云校書如掃落葉，逾掃逾有，洵然。史部第十二葉，吾家藏有東海藏書樓傳錄庫本宋俞文豹《吹劍錄外集》，其末亦有范氏識語，云是書余借之揚州守芝山，冗病相纏，禿置几閣，亦且數月。夏五下旬，乃抽閑錄之，四日而就。念予善忘，擲筆固不能一一憶也。辛亥歲，甬東范欽識。是堯卿不特家有寫官，且手自繕校矣。館臣脩書，往往乙去前人序跋，

而此跋不乙者，毋亦珍重司馬遺蹟歟！上云閣《目》，係據阮氏
編本，檢焦氏《經籍志》，有《四明范氏書目》二卷，范欽撰。
或曰其家另有書目，不以示人，今所傳者特贋本耳。清乾隆間，
沈叔埏《頤綵堂集》又云，范《目》有五千種書之本，不分門
類，不加詮次，秘册絶少，而先牛亥豕，又參錯其間，當屬尋
常官簿。此兩本今不傳，故以阮本爲據也。大澈字子宣，以太
學生再試不第，補鴻臚寺序班，凡七奉璽書，進秩二品。所過
名山大川，留覽題咏，傳于一時。性酷嗜鈔書，與里中賢士大
夫品書題畫，垂二十年，卒年八十七。初司馬公歸里，于宅中
起天一閣，藏書極浙東之盛，子宣數從借觀，司馬不時應。子
宣拂然，益徧搜海内異書秘本，不惜重價購之，充其家。凡得
一種，知爲天一閣所未有，輒具酒茗佳設，迎司馬至其家，以
所得書置几上，司馬取閱之，默然而去，其嗜奇相尚若此。子
宣有從子名汝梓，字君材，官南漳府知府，性嗜學，所積四部
與司馬鴻臚略等，博學好文，著有《落迦山房集》。見《甬上耆
舊傳》。近世葉氏《藏書紀事詩》，曾據《鄭寒村集》以著大澈
之好書，而未及此事，故備述之。此書藍格寫本，半葉九行，
行二十字。第五卷後堯卿墨筆題字云，此五卷得於蘇之書儈家，
爲妄人删節，中有塗抹，乃令書史録出，遂爲此帙。蓋嘉靖二
十六年秋中東明山人識。第十卷後堯卿題字云，嘉靖四十五年
秋七月，余從吳門方山吳君岫借録後五卷，於是爲完書矣。東
明識。第十卷後別有一行題字云，傳海内者止五卷，岫訪於松
江士人家得十卷。麗宋樓藏有吳翌鳳校本云，此書前明止傳五卷，吳人吳岫訪
得後五卷，乃成完書。第五卷後又有題記云，此五卷多與知不足齋本
一本作某同，較鮑刻本佳處，尚有數則。第十卷後有題字云，辛
丑仲春重來京師，過琉璃廠，脩文堂坊友以此本見示，並云此

真明鈔，自去歲收得，未敢示人，子能得之否？問其値則白金六星，予因買之歸。以知不足齋本對勘，此本脫落舛錯，時復不免，然往往與知不足齋本所云吳本作某合。此本出於吳鈔，蓋可知也。又云，此本一卷至五又與知不足齋本一本作某者多同，則此本定爲明鈔本，亦確然不拔矣。孝劼記。伯驤按：錢氏《列朝詩傳》云，百年以來，老生宿儒起於古學衰落之餘，笥經盡書往往有之。吳岫方山非通人也，聚書逾萬卷。又黃氏千頃堂著錄姑山《吳氏書目》一卷，即方山簿錄，蓋嘉靖間之藏書家也。孝劼名寶康，滿洲人。官至知府，爲祭酒盛昱女夫。酷好經籍，當時有冰清玉潤之譽。上元鄧氏近刻《書目》，著錄明本《蔡中郎集》，有其點勘。又有鈔本《歷代職官表》，前爲半聾道人藏。有孝劼題記，稱道人與文治庵錫厚庵相友善，同時爲琉璃廠三友，皆滿洲世胄，皆知好書。今之富兒，惟嗜賭博、烟酒，可勝浩歎云云。於此可見孝劼平時耆書之癖矣。吾家藏范氏天一閣集明刻本，詳《書目二編》。

桯史十五卷　明刊本，謝在杭舊藏。

前題相臺岳珂著，雲間陳文東批點。前有嘉靖乙酉桐溪錢如京重刊序，略云，今涮臬司，故宋岳武穆王故宅也。嘉靖癸未冬，予來總司事，循其遺跡，則水監之亭、孝娥之井存焉，而金陀之編，與《桯史》諸典籍足徵也。用是錄《桯史》，校而刊之。因以觀宋治之概，亦以昭岳氏有人也。次有成化十一年建安江沂題記，略云，《桯史》一書，所載皆當時史書不及收者，暨時達詩文、世俗謔語，或倔奇峻怪之事，不純於史體，故曰《桯史》。舊板刻於浙之嘉興，脫落既多，訪求未見其全者。近奉朝命來按廣東，大參劉公欽謨問學該博，良由富蓄，忽出善本，嘗經陳文東批點者，遂命翻登諸梓。卷末附《岳鄂武穆王本傳》共二十四葉，傳後附《武穆詩文》、岳珂《經進百韻詩》《籲天辯誣通敍》，及他人文字數篇。祝鑾、潘旦跋，並刊於後。半葉十行，行二十字。卷首有"謝在杭藏書印"朱文長方形章、"遠山樓"長方形朱文章、"見山子印"小方形章、"閩方子端父印"白文方形章，當爲前明謝肇淛遺本。肇淛字在杭，長樂人，萬曆壬辰進士。官至廣西按察使，歷左布政使。見朱氏《明詩綜》小傳。至其著作，清《四庫》著錄《滇略》《北河紀》兩種，而《史觿》《長谿瑣語》《方廣巖志》《文海披沙》《游燕集》則存目。杭氏《榕城詩話》，則述其《小草齋》《下菰居》《東巒江》諸集外，又有《五雜俎》《西吳枝乘》《百粵風土記》《支提山志》《郡國職林考》各書。明世閩人藏書家，如曹學佺能始、徐燉興公均有名，在杭蓋同蜚清譽者也。

清波雜志十二卷別志三卷知不足齋寫校本。

宋周煇撰。煇字昭禮，邦彦之子，祖居錢唐，至煇始遷淮海。曾試宏詞，奏名。《宋志》祇載《別志》二卷，當是脫去《雜志》而誤三爲二。自序作於紹熙壬子，略謂，煇早侍先生長者，與聆前言往行，有可傳者，歲晚遺忘，十不二三，暇日因筆之，時居都下清波門，目爲《清波雜志》。越三年，又裒《別志》三卷。自序謂煇嘗作志十二卷，復省記平昔見聞，尚多遺佚，乃成此《別志》三卷。清《四庫提要》謂其書多記兩宋間君臣雜事，並家世舊聞，及一人涉歷，而雜說瑣聞，亦參錯其間。煇曾祖與王介甫爲親，故書中頗回護荆文。然於當時之賢士大夫，亦不至詆斥譏評，猶存三代之直道，說者謂可補史事

遺缺。伯驥按：館臣之言，實本于方回，而不詳其所自，蓋回
詆譭所著《清波雜志》推尊介甫爲非，故館臣述之於《提要》
中，然今觀二志不滿介甫之處正多，不盡如回所言，正不得援
引王明清《揮塵錄》多爲曾布解免相比。回之言固誤，而館臣
讀不終編，遂隨意掇拾，亦可謂疏舛之尤矣。鮑氏知不足齋刻
本，前有紹熙癸丑古括張費譔序，後有紹熙丙寅曹炎跋，而渌
飲之跋亦附錄焉。此爲知不足齋寫本，篇中多渌飲朱筆，校勘
極爲精細，或刻書時底本歟。

山居新話東園友聞不分卷<small>舊鈔本，吳漫士、黃蕘圃手校。</small>

前有吳漫士、黃蕘圃墨筆手記。吳記云，乾隆丙午五月買
得此本，閱月借松陵楊慧樓進士藏本校對，補錄前後序文并卷
尾脫葉，可稱完本矣。慧樓淡於功名，鈔撮元人說部甚多，又
集前賢翰墨爲《昭代叢書續編》，振奇好古，近日鮮有其人矣。
并書於此，亦樂吾道之不孤云。漫士記。黃記云，楊瑀《山居
新話》四卷、夏頤《東園友聞》二卷，錢少詹《補元史藝文
志》曾收之。頃從坊間買得此二種，是合裝者，皆舊鈔，然俱
無卷數，案其文義非不全者，當是傳本之異。至楊瑀書，《四
庫》亦收之，夏頤書則未有也。《山居新話》，錢作《新語》，
恐誤。蕘翁識。前清周中孚《鄭堂讀書記》亦有此二書，惟
《山居新話》則作《山居新語》，係據《知不足齋叢書》本著
錄。其《提要》云，瑀字元誠，杭州人，天曆間擢中瑞可司典
簿，後官至中奉大夫浙東道宣慰使都元帥。是書乃其於至正庚
子致仕以後所作，故曰《山居新話》。前有楊鐵厓序，稱其備古
訓，類《說苑》，摭國史之闕文，類筆語。其史斷詩評，繩前人
之愆。天菑人妖，垂世俗之警，視妖詭媚佚，敗世教者遠矣。

今觀其書，大致似陶南村《輟耕錄》，而所記亦頗不猥雜，誠有
益於世道，有資於談柄，有助於信史，且有裨於考證，實非陶氏
書所可及也。末有自撰後序。《說郛》所載，僅節錄本云。《東園
友聞》一卷，鄭氏則據陸氏《古今說海本》著錄，其《提要》
云，此書不著撰人名氏。《四庫全書》存目。按：明正德間，華
亭孫景周道昌有《東園客語》一書，皆錄名人嘉言懿行，及遷代
聞見諸事，於每條不各標其名，凡三十人，皆元之遺老。其書本
五十帙，散佚不全，僅存一卷，作僞者剽剟其書，改題此名。陸
思豫不知而誤收之，所載凡二十三條，未知有所刪節否？陶珽所
增《說郛》僅刪存十條，《歷代小史》則刪存十六條云。伯驥按：
《山居新話》極稱道高克恭之爲人。檢鄧文原《巴西集》，稱克
恭字彥敬，其先西域人，後占籍大同，至元十二年由京師貢補
工部令史。王逢《梧溪集》卷五，稱其經理田糧，致甌、婺小
梗，遂焚經理册，罷免，民頌其德。王士熙《高尚書畫跋》稱
其官刑部時，侃侃有所建白，言子不得證父，妻不得證夫，奴
不得訐主，著爲令格。則楊氏之書，固非游談無根者可比也。

輟耕錄三十卷明成化刻本。

　　明陶宗儀撰。前有成化十年歲舍甲午協正庶尹國志總裁直
文華殿賜一品服改掌南京翰林院事華亭錢溥序，略云，陶九成
先生天台人，少負儁才，一不利於場屋，遂棄去，而來隱於松
南橫泖之上，故自號南村。著述甚富，而《輟耕錄》其一也，
紀事必關節義忠孝之大，纂言必極制度文爲之詳，幽怪類《左
氏》而不誣，風刺合《韓傳》而不妄，博非六帖之繁，約有一
覽之要。惜傳寫訛舛，久失其真。近得陝右白公大本，由内臺
守吾松之又明年訪求得先生的本，乃質於督學侍御史浮梁戴公

廷珍覽而是之，刻置郡橫，而囑予序。夫史自漢唐以來，莫詳於宋，莫略於元，詳多失之不同，略故病其不足。先生於宋則傳而聞，於元則見而知，故能得其實也。次有至正丙午江陰孫大雅序，次有青溪野史邵亨貞疏。孫序略云，南村田叟陶九成著書三十卷，凡六合之內、朝野之間，天理人事有關於風化者，皆采而錄之，非徒作也。然又能不忘稼穡艱難，蓋有取於聖門餒在其中、祿在其中之旨，乃名之曰《南村輟耕錄》。朋游間咸欲爲之版行，以備太史氏采摘，而未有倡首之者，於是僭爲疏引，以伸其意。次《南村先生》傳，孫作撰。次《總目》。卷四後第十五葉，加刻三葉，其文云，《輟耕錄》發宋諸陵事未備，謹案元世祖二十一年甲申桑哥爲相，與江南浮屠總攝楊輦真珈相表裏，嗾僧嗣古妙高上言，欲毀宋諸陵。明年乙酉正月，桑哥矯制可其奏，於是發諸陵，實利其寶也。又裒諸帝遺骸，建白塔於杭故宮曰鎮南，以厭勝之。截理宗頂以爲飲器，未幾髠胡事敗，飲器亦籍入于官，以賜帝師。發陵時，義士唐珏玉潛雷門先生，與尙書省架閣林景熙竊痛之，陰相躬拾不盡遺骨，葬別山中，植冬青爲識，過寒食則密祭之。珏後獲黃袍引兒報德之夢，果生子璹爲名儒。羅雲溪爲傳其事，謝翱爲作《冬青引》。珏又有《感雷震白塔詩》曰，“冬青花，不堪折，南風吹涼積香雪。搖搖華蓋萬年枝，上有鳳巢下龍穴。羊兒年，犬兒月，霹靂一聲天地裂”。其後至正十九年張士誠遣人守杭，壞白塔甃城，塔亡而元亦馴至於亡矣。洪武元年，高皇帝遣人索飲器於西僧，後命啓瘞南歸，藏諸舊陵。是錄所載重複，或又不免傳疑。今據史臣宋景濂諸說，訂補其未備。成化己丑中秋華彥彭緯識。此爲成化本之證，半葉十行，行二十二字。

輟耕録三十卷 明玉蘭草堂刻本，查伊璜舊藏。

　　明陶宗儀撰。此書以毛氏《津逮秘書》本爲通行，然藏書家多盛稱玉蘭草堂本。明徐興公燉《紅雨樓題跋記》云，余家舊藏有《輟耕録》，闕首一册，覓之十數載無從得。友人高景倩偶購雜書，中有此書僅半部，首册可補余之闕，遂捐見惠。在景倩爲無用之物，在余實爲完書，版雖少異何傷乎？是此書舊刻，在前明時已甚稀，況玉蘭本尤可貴也。此本版心刻《輟耕録》卷幾，下“玉蘭草堂”四字，間有刻工姓名，大題《南村輟耕録》卷之幾。次行題天台陶宗儀九成，半葉十行，行二十一字。前爲海寧查氏藏本，有“查氏繼佐”章。繼佐，海寧人，明崇禎癸酉舉人。國變後，魯王授兵部職方主事，兵敗歸里，開敬修堂，聚門人講學。南潯史案起，牽連被逮，釋歸，卒年七十六。居海寧袁化鎮龍山，在其居之西，呼其山爲東山，學者均稱東山先生。著有《國壽録》《罪惟録》《魯之春秋》《東山國語》《同學出處偶記》《族譜徵異》《得案日記》《敬修變風集》《釣業》《先甲集》《後甲集》。十八歲出應試，名繼祐，以試册誤書佐，遂仍之。初字三秀，更字支三，號伊璜。標題書畫稱釣史，或稱釣玉，當世珍之。又申酉之後，更名省，字不省，入粵後又隱姓名。見《東山年譜》。莊氏私史之獄，錢唐陸麗京、仁和范文白及伊璜，皆被逮，而粵人吳六奇則脱伊璜於難者也。至《罪惟録》一百册，分紀、傳、志三門，紀前有序一首，即爲全書之敍。草書學晉人，繆藝風定爲伊璜自書。爲弘光作紀，大書廟謚，雍、乾間書禁至嚴。此書二百餘年，復出人間，書中於清朝未入關前，則書曰東師，入關以後書曰北師，原著本名《明書》，爲一百二十卷，後改名《罪惟録》，其

自序署名左尹，字曰非人。有他時復原名之日，即此書亦復舊
之日語。此書現歸劉翰怡京卿。見吳氏《蕉廊脞録》五。

水東日記三十七卷<small>明寫本，陳六吉舊藏。</small>

明葉盛撰。伯驥按：明陸容《澣瀋文稿》，謂葉氏此書，在
巡撫宣府時所彙萃。陸氏云，公在天順初，受知睿皇，由山西
布政司右參政，起爲都察右僉都御史，巡撫廣東西，以直道忤
物，讒人百計間之，卒見抑於閣老李文達公，於是有宣撫之命。
文達既亡，始得賜還，爲禮部右侍郎，時成化丁亥歲也。又七
年甲午，以吏部右侍郎終于位。公在二部時，經綸天下大政，
所見所聞，當別有記者，惜求之而不可得，欲續之而不能矣。
今觀其所存者，或記事、或記言、或記古今制度文章，不遺善、
不揚惡、不志怪、不雜諧謔，近代記事之書，公得之矣，然其
間可删者，蓋亦不能無焉。它日公之賢子孫，必有能成其美者，
姑書此以俟云云。則此書之價值，可由此而定矣。寫手極工雅，
前有"六吉"二字朱文章，當是粵人陳氏在謙遺本。在謙字六
吉，號雪漁，肇慶新興人，年二十二中嘉慶九年鄉試，好治詩
古文，自少往來南北，游跡所及，多見於詩。既歸，乃益肆力
於古文，論文之要曰不失真，論人之要曰本色。著《夢香居集》
十五卷、《七十二峯堂文勺》四卷、所選《嶺南文鈔》十八卷、
《續鈔》三卷。畫學元人，晚益變化。見彭氏泰來撰傳。

陸文裕公外集四十卷<small>明刊本。</small>

明陸深撰。前有徐氏序，略云，詹事府詹事兼翰林院學士
贈禮部右侍郎諡文裕《儼山先生外集》者，輯略古義，有《傳
疑録》；在史館立義，有《史通會要》；以編脩官入試院，有

《科場條貫》；書法造極三昧，有《書輯》；性嗜古，有《古奇
器録》；其寓游歷覽，有《淮封南遷日記》、有《河汾燕間》
《知命》《停驂録》、有《蜀都》《豫章雜抄》、有《金臺紀聞》
《玉堂漫筆》；其燕私有《春風中和堂隨筆》《願豐堂漫書》《春
雨堂雜抄》，及《谿山餘話》，又有《同異録》，發明格心之業，
是皆可以昭世軌，歆人情，名一家言也。其言出入四部，精究
《七略》，大昭時憲，而細綜物曲，蓋兼子史稗官之要而寓經世
之略。公平生絶他好弄，飲食政事之外，必與翰札相親，其對
晤賓客，劇談指斥必古今。尤好接引人，雖卑門後進，苟可與
言，亦氣類相許與，而畢其餘論。以是論著之多，凡可以式獻
當世，付之記室，無不纂録云。公簉仕來，外直史館，内侍講
筵，簪筆含香之日，蓋將三十年。及外補司省，轍迹所至幾半
天下，其家居不過三數年而已，中更料理酬應，歲時周覽，安
能從暇，乃有窮居抱藝之士爲之不逮，公獨以其餘力，能自廣
如此。吾松濱于漲海，猶以名郡著稱，初非有寶玉珠璣之產，
徒以人文跨越江左而已。至稱大方之家，則自機、雲而後，千
數百年，始得公一人焉。先所次《詩文集》共若干卷，此因名
《外集》，子楫校，授中表黃子標銓次如此云。嘉靖乙巳郡人徐
獻忠撰。半葉十行，行二十字。

琅邪代醉編四十卷 明刊本，盧德水舊藏

前題姑蘇張鼎思睿父父輯，暨陽陳性學所養父校。鼎思字
睿父，長洲人，萬曆丁丑進士。官至南京太僕丞，署在滁州琅
邪，時雜鈔諸史百家之言，臚次成書，名曰《代醉編》。歐陽修
在滁州時有醉翁亭，鼎思適官其地，以著書代飲酒也。《四庫提
要》譏其體例龐雜。然"三水小牘"一條，即他書所未見，披

沙采金，不可謂中無金，則其書又未可廢也。前有陳氏序，略云，余年友憲副張公睿父，姑蘇之秀，奮羽南宮，讀書中秘，尋爲諫垣長，諤諤讜言，風生丹陛。已而忤執政落職，稍遷留都冏丞，丞故閑秩，署在滁陽，琅邪其州鎮也，茂林翳薈，叢石蟠踞，紆迴而南，亭曰醉翁，蓋歐陽永叔謫官時觴詠于此，芳標在焉。公牧政之暇，慕其風、想其人，每從僚長躡屐探奇，盤礴於澄潭峭壁之上，恍乎吏隱矣。乃消暑陶情，則嘗對几青山，取賦頌、圖經、傳記、小史、百家言寓之目，而獲我心者，悉引毫囊括之，旷分臚列，凡四十卷，命曰《琅邪代醉編》，做醉翁意也。萬曆二十五年，溮暨陽陳性學所養父序於闓泉之澄清堂。半葉十行，行二十一字。卷首有朱文"南村病叟"、"杜亭亭長"長方章。按盧見曾《漁洋感舊集小傳》云，盧世㴭，字德水，別號紫房，山東德州人，天啓乙丑進士。授户部主事，知世將亂，無意仕進，請歸養母。母歿服闋，補禮部，旋改御史，巡視漕運，移疾歸。入本朝即家拜御史，徵詣京師，以疾不起。卜居平原，自號南村病叟。有《尊水園》等集。公早負海內聞望，與虞山錢宗伯牧齋齊名，詩以老杜爲宗，著《讀杜私言》《杜詩胥抄》。牧齋亦云，余爲讀杜箋，應盧德水之請也。《精華録·論詩絕句》："杜家箋註太紛挐，虞、趙諸賢盡守株，若爲南華求向、郭，前惟山谷後錢、盧。"然與漁洋宗派不同，故所選止一首。又《鄉園憶舊録》卷四云，德州尊水園，盧户部德水先生所築也，先生酷嗜杜詩，請某鉅公爲杜作箋，園內築杜亭，自稱杜亭亭長。其園後爲田中丞蒙齋所有，移居時作詩以祭南村，齋署盧齋，亭仍杜亭，作四六一篇甚佳。據此二書，則此本當是盧氏遺物。《尊水園集》中多有爲書題跋之作，書多手寫，故近日山東圖書館刊特表章之。

文海披沙　卷　日本舊刻本。

明晉安謝肇淛撰。前有日本寬文三年洞津魚目道人序，略
云，謝在杭《五雜組》膾炙於世，而《文海披沙》思一覯其書
而不得，後看《百川學海》收載此書，但抄數段而已。此書本
因海舶不多齎來，本邦未有刻者，今掃水先生梓以與同志，而
予躬校正之勞。次有萬曆間焦竑序，謂研味此編有三益，蓋殫
力錯綜，隨方滲漉，即《皇覽》《要略》，未易擬倫，而秘府太
常，靡不捃摭，可以折羣言之衷，望果然之腹，一也。古典人
所屬心，而時事罕或載筆，乃遇見瞥觀，無不疏記，可以備當
代之文獻，廣方來之耳目，二也。語怪徵奇，曲士所絀，而窮
幽極異，罔羅不遺，徵感應之不虛，激中人之爲善，不藉弼刑，
默裨世教，三也。次有萬曆己酉陳五昌序。此本略有掃水校釋
之語，如卷一笇笄一條，在杭引《風俗通》載豫章徐孺子爲太
尉黃瓊所辟，初不答命。瓊薨既葬，負笇笄涉齋一盤醊哭於墳
前。無有謁刺，事訖去。原書祇如此，而無所考訂。掃水則於
卷一目錄後有識語云，笇笄恐誤，箇夆簆同筥，夆同奔，負筥
奔走跋涉也。謝標二字，何沒說耶？又曰《風俗通》收之《愆
禮》，按禮知死不知生，傷而不吊，徐子或不識子琰，則何須問
勞，應劭之糾之何也？謝蓋欲辨駁不及也。伯巙案：錢氏《養
新錄》卷十四云，盧召弓學士嘗寓書問《風俗通義·愆禮篇》
載徐孺子負笇笄涉齋一盤，"笇笄"二字何義？予答云，此必算
字之譌，《史記·鄭當時傳》，其餽遺人不過算器食。徐廣云，
算竹器也。算與匴同，《說文》匴淥米籔也。《士冠禮》爵弁、
皮弁、緇皮冠各一匴。注，匴竹器名，本算字，誤分爲兩字，
遂不可識矣。此與掃水之說不同。

留青日札四十卷明刊本。

明田藝蘅撰。前有萬曆元年德安劉紹恤長欽撰序。次有餘杭蔣灼序，略云，子藝不留其所難留，而留其所不得不留；不札其所不可札，而札其所不得不札。則是其所留者自有必不可遺者存，而所札者自有必不可削者寓。予故札其一言，以留于《留青》之首。古人取巨竹炙青汗之以書曰殺青，田子藝氏名所著之書曰《留青日札》，或曰均之爲青也，古以殺，子以留，何居？子藝曰，均之爲青也，殺則易書，留則易致，惟其易爾，又何殊乎云云。是其命名之意，纖佻已甚矣。二序後有隆慶六年南海龐嵩龐一德、博羅周坦書一通，蓋述其書之善也。次畫像及贊。卷一第一節之目曰笑著書，大意述梁湘東王繹勤心著述，巵酒未嘗妄進。衡山侯恭尙華侈，好賓友，酣讌終日，座客滿庭。每從容謂人曰，下官歷觀世人多有不好歡樂，迺仰眠牀上，看屋梁而著書，千秋萬歲，誰傳此者，勞神苦思，竟不成名。豈如臨清風，對朗月，登山泛水，肆意酣歌也。此言頗切苦心著述形狀，然亦有性癖所耽，至老不倦者。秦子勑密曰，僕文不能盡言，言不能盡意，何文藻之可揚乎？虎生而文炳，鳳生而五色，豈以采自飾畫哉！性自然也。至於退之則云，化當世莫若口，傳來世莫若書。嗚呼，此可爲知者道，難與俗人言也。田氏之意，蓋自命爲著述名家矣。半葉十行，行二十字。

濯纓亭筆記七卷嘉靖刊本。

明長洲戴冠著。前有陸氏序云，故紹興郡學訓導戴先生著書一編，曰《濯纓亭筆記》。余爲緒正譌闕，除其復重，離爲七卷，華學士子潛取而刻之。戴先生名冠字章甫，吳之長洲人也。

少穎敏篤學，始游鄉校，已刻意爲古詩文，博覽無所不通。而伉爽負氣，高自許與，不能詘折狥物。八舉不中，以貢上禮部，入試内廷，奏名第一，然例止得學官。王三原自巡撫江南時，則愛重先生。及是方掌銓，先生貽之書條刺十事，皆經國大務，語不及私，三原爲歛容降歎。李長沙爲學士亦奇其文，皆不及薦也。在紹興久之，與貴人語不相下，棄官歸，年七十一終於家。先生早有志用世，自兵農水利之説，靡不論究。既連蹇弗試，益洩其感憤於文辭，廉峭精確，多所風切。平生未嘗一日廢書不觀，得奇文奥義，爲抵掌自喜，輒命筆識之。是編所存，僅什二三，蓋非其至者，爰敍列大校，令後來者得考覽焉。先生嘗作《禮記集説辨疑》未竟，今掇其存者若干章附之編末，他所纂述，若《詩文集》尚數十卷藏其家。嘉靖丁未前進士邑人陸粲序。半葉九行，行十八字。

酉陽雜俎二十卷續十卷明刊本。

　　唐段成式撰。前有萬曆戊申賜進士第内京四川道監察御史内鄉李雲鵠序，略云，臺郎玄度趙君，出其先宗伯所藏《酉陽雜俎》見眎，余少即披誦其策，經緯事物，跌宕古今，可以代捉麈之談，資捫蝨之論，故足述也。而傳寫往往脱誤，因取玄度所緒正而梓之臺中。嗚呼，老子藏室，王氏青箱，斯亦御史之掌故也，夫不佞亦猶行古之道也。次有嘉定癸未武陽鄧復應甫題字。次有南京都察院照磨所照磨海虞趙琦美序，略云，《文獻通考》載《酉陽雜俎》前集二十卷，《續集》十卷，世僅行其前集。吳中廛市閙處，輒有書籍列入簺蔀下，謂之書攤子，所鬻者悉小説門事唱本之類。所謂門事，皆閨中兒女子之所唱説也，或有一二遺編斷簡，如玄珠落地，間爲罔象得之。美每從吳門過，必於書攤子上覓書一遍。歲戊子，偶一攤見《雜俎續集》十卷，乃易歸。堂兄可庵案頭有校本《雜俎前集》，因詢其據何本校定，兄曰，婦翁繆含齋可貞氏，平生好讀奇書，嘗見崑山俞質夫先生有宋刻《雜俎》，因讎是書。吾轉錄此册耳。美攜歸，較三四過，如數則合爲一則者輒分之，脫者輒補之，魚亥者就正之。又爲搜廣記類書及雜說所引，隨錄續補。嘉禾項羣玉復以數條見示，復爲續所未備。丁未官留臺，侍郎內鄉李公欣然欲刻焉。次有淳祐十載無名序。次有嘉定七禩永康周登書序，略云，其書類多仙佛、詭怪、幽經、秘錄之所出，至於推析物理，器奇藝絕，廣動植等篇，則有前哲之所未及知者。其載唐事，修史者或取之。按唐史，成式世居青徐，齊褒公志元四世孫，宰相文昌子也。文昌少客荆州，酉陽荆之屬，成式豈嘗寓游於此耶！余聞《方輿記》云，昔秦人隱學於小西山，石穴中有所藏書千卷，梁湘東王尤好聚書，故其賦曰訪酉陽之逸典，或者成式以所著有異乎世俗，故取諸逸典之義以名之也。前題唐太常少卿臨溜柯古段成式撰，明四川監察御史內鄉李雲鵠校。半葉十行，行二十一字。

湘煙錄十六卷明刻本。

明閔元京、凌義渠同編。元京字子京，烏程人，義渠之舅也，未詳其所終。義渠字駿甫，號茗柯，烏程人。頎體美鬋豐采照人。爲諸生時，與溫璜同爲縣令馬理器重。天啓甲子、乙丑聯捷進士，授行人，三使不辱命。崇禎庚午，選禮科給事中，時流氛正熾，上疏極論其失，歷兵科都給事中，前後四十九疏，論當時兵事，皆切中機宜，洞燭竅要。時當國者梓里密戚，不爲附和，出爲福建參政，歷山東布政，懸魚拔薤，清風灑然。

癸未升大理卿。明年三月乙巳，闖賊犯闕，丁未昧旦夜傳入對，義渠疾趨長安門，則無入門焉者，拱立達旦，門竟不啓，返就舍。俄聞城陷，義渠授几端坐，須髮怒張，取生平著述，及所評騭書悉焚之。是日傳上升遐，僕遽以告。義渠徒跣出舍，顧謂館舍曰，吾見君則隨君。遇賊則亦罵賊死耳，已知凶問果確，急回號呼，舉首觸柱，流血沾襟。易緋袍，設香案正笏，向闕拜，復南向拜，援筆上父書曰，盡忠即所以盡孝，男視死如歸，含笑入地。以書授僕，僕跪泣請遺命，但曰，死後可書我棺曰死節孤臣凌義渠之柩。遂揮僕掩扉，以短綆繫窗欞，奮身一縣，手拂長髯出綆外，奄忽而逝。南都贈刑部尚書，諡忠清。義渠主山東試，得士如王謹、張合錫、魯友、徐丕訓等，皆殉國難，而馬理亦于浙中死節。蓋師友一轍云，順治九年賜諡忠介，命建祠京師。後人貧不能葬，太守吳綺數問遺其家，且捐俸葬之。著《焚餘奏牘》《湘煙錄》，見范氏鍇所著書中。《四庫提要》謂其人自足不朽，而其書乃不出明末山人之習，所分門類，大致欲仿段成式《酉陽雜俎》，其雜採事各註所出之書，則欲仿馮贄《雲仙雜記》，意在舉幽異，而不免於剽竊類書。如杜甫“舊雨今雨”之語，見於本集，原非僻書，而註曰《六帖》，不知白居易《六帖》無唐事者，既已疏漏，且復舛誤。又卷首參訂姓名，列董斯張爲第二，而書中多引《廣博物志》，既云斯張所纂類書，非其所自撰，何不出斯張所著書名乎？捃拾無根，斯亦顯證云云。以忠介爲人可敬，故存之。

太平廣記五百卷目錄十卷明寫本。

宋翰林學士中順大夫戶部尚書上柱國賜紫金魚袋李昉等編，與昉同修者計十二人，爲扈蒙、李穆、湯悦、徐鉉、宋白、王克貞、張泊、董淳、趙鄰幾、陳鄂、呂文仲、吳淑。此書凡分五十五部，所採書三百四十五種，古來遺軼瑣事，賴之而存。卷前列昉《進書表》，附列同修諸臣銜名，及引用書目，并《目錄》。表云，臣昉言，臣先奉勅撰集《太平廣記》五百卷者，伏以六經既分，九流並起，皆得聖人之道，以盡萬物之情，足以啓迪聰明，鑒照今古。伏惟皇帝陛下體周聖啓，德邁文思，博綜羣言，不遺衆善，以爲編秩既廣，觀覽難周，故使采摭菁英，裁成類例，惟茲重事，宜屬通儒。臣等謬以謏聞，幸塵清賞，猥奉修文之寄，曾無敍事之能，退省疎蕪，惟增靦冒。其書五百卷，並《目錄》十卷，共五百十卷，謹詣東上閣門奉表上進以聞。冒瀆天聽，臣昉等誠惶誠恐，頓首頓首謹言。《玉海》引《會要》云，先是帝閱類書門目紛雜，遂詔修此書。興國二年三月，詔昉等取野史小説，集爲五百。二年八月書成，號曰《太平廣記》。六年詔令鏤板，自《廣記》鏤本頒天下，而言者以爲非學者所亟，於是收墨板藏太清樓。明嘉靖丙寅，都察院右都御史致仕十山談愷校刊附記，曾論及之，並謂《崇文總目》不及《廣記》，鄭樵乃以爲《御覽》中別出《廣記》，誤兩爲一，傳世甚罕。因與秦汴强仕唐詩同校，尚闕"嗤鄙類"二卷、"無賴類"二卷、"輕薄類"一卷，"酷暴類"闕胡湛等五事，"婦人類"闕李誕等七事，今從別本鈔足云。此本藍絲欄小字鈔寫，蓋出明世，或從談氏刊本過錄。

三國志通俗演義二十四卷明嘉靖壬午刻本，潘榕臯舊藏。

前題晉平陽侯陳壽史傳，後學羅本貫中編行。伯驥案：宋人語錄，每以俗語解經。元監察御史鄭鎮孫撰《直説通略》十卷，取司馬氏《通鑑》以俗語衍之，與小説無異，今猶有傳本。

可知研經繹史，用通俗語言，前人已開其端，羅氏實沿其例。
前有嘉靖壬午孟夏吉望關中修髯子序，略云，客有問於余曰，
劉先主、曹操、孫權各據漢地爲三國，史已志顚末，傳世久矣。
復有所謂《三國志通俗演義》者，不幾近於贅乎？余曰否。史
氏所志，事詳而文古，義微而旨深，非通儒宿學，展卷間鮮不
便思困睡。故好事者以俗近語隱括成編，欲天下之人入耳而通
其事，因事而悟其義，因義而興乎感，不待研精覃思，知正統
必當扶，竊位必當誅，忠孝節義必當師，姦貪諛佞必當去，是
是非非，了然於心目之下，裨益風教，廣且大焉。何病其贅耶？
客仰而大嘘曰，有是哉，子之不我誣也。是可謂羽翼信史而不
違者矣。簡帙浩瀚，善本甚艱，請壽諸梓，公之四方可乎？余
不揣譾劣，原作者之意，綴俚語四十韻於卷端，庶幾歌詠而有
所得歟。於戲，牛溲馬勃，良醫所珍，孰謂稗官小説，不足爲
世道重輕哉！其所謂四十韻，頗多諷刺，中有云，“人言三國多
才俊，我獨沉吟未深信。鷹太騫騰麟鳳孤，四海徒令蹈白刃。
天假數年壽孔明，山河未必輕歸晉。此編非直口耳資，萬古綱
常期復振”。次列《三國志》宗僚二十葉，蓋演義中三國人之小
史也。伯驤按：蜀之費禕爲魏降人郭循所刺殺，事見《三國志》
本傳，而陸氏《入蜀記》，乃據俗傳謂禕飛升於黃鶴樓，後忽乘
黃鶴來歸，未加駁正，是宋人已有正史外之傳說。又沈氏《交
翠軒筆記》，述《東坡集》記王彭論曹、劉之澤云，涂巷小兒薄
劣，爲其家所厭苦，輒與數泉，令聚坐聽説古話。至説三國事，
聞玄德敗，則嚬蹙有出涕者，聞曹操敗，則喜躍暢快。是北宋
時已有衍説三國野史云云。蓋平話盛行於宋、元之世，以話言
通俗，既流行於茶坊、酒肆之間，復傳播於黧父園公之口。宋
吳自牧《夢粱錄》所記之小説人，蓋以口舌摹寫，今所傳之演

義，則以簡牘形容，而其爲用則一也。《三國演義》爲元羅氏所創作，今日最古之本，則有元至治間建安虞氏所刊，明弘治甲寅亦有善槧。此爲嘉靖壬午開雕者，行格與弘治本同，當以前刊爲祖本。而其序則云善本甚艱，想其時弘治本已不可多得，年閱數百，今此本益不易求，坊肆通行者，板皆漫滅，蓋多陋刻，明人善本，殆稀如星鳳矣。此種演義，原甚風行，故明末李定國、孫可望並爲賊，其後定國殉身緬海，人亦謂其受《三國演義》之影響。清太宗崇德四年，命大學士達海譯是書，順治七年告竣。清初，滿洲武將不識漢文者，類多喜讀此書。魏源《聖武記》謂，乾嘉中紫光名將海額諸人皆嘗得力於此。其餘如三國英雄之遺事，流傳於羣衆之談塵者，亦多根據於《演義》焉。甚至士夫且有以《演義》爲正史者，《三國志‧龐統傳》云，先主進圍雒縣，統率衆攻城，爲流矢所中，卒。按：統致命處在鹿頭山下，今其墓尚存。而《演義》載統進兵至此，勒馬問其地，知爲落鳳坡，驚曰，吾道號鳳坡，其不利於吾乎。落鳳坡之稱，蓋小說家妝點之辭，而後人遂名其地。王氏士禎詩中有吊龐士元之作，竟以落鳳坡三字著之於題，前人所笑爲謬誤者也。清雍正間，有某侍郎保舉人才，引孔明不識馬謖事。清憲宗責其不當以小說入奏，責四十，仍枷示焉。見《竹葉亭雜記》。嘉魚劉氏撰《奇觚室金文述‧跋五牧錞》云，關王青龍偃月刀，一名冷艷鋸，可知鋸亦是兵器。不意金石書中乃引及《演義》。《竹葉亭雜記》又述乾隆初某侍衛擢荆州將軍，人賀之，輒痛哭。怪問其故，將軍曰，此地以關瑪法尚守不住，今遣老夫，是欲殺老夫也。此蓋熟讀《演義》而憒憒者。瑪法，滿洲語呼祖之稱，此則尤可笑也。世之讀此《演義》者，多留意於關侯、諸葛之史，然關西故事述關侯少年不檢之事，梁氏

《歸田瑣記》以爲《演義》所由出。實則前史亦有此種傳説，裴注引《獻帝傳》曰，秦朗父宜祿，爲吕布使詣袁術，術妻以宗室女，其前妻杜氏留下邳。布之被圍，關羽屢請於太祖，求以杜氏爲妻。既見《魏明帝紀》注，又引《蜀記》附見羽本傳，是可證也。此書所列宗僚第二葉云，關某字雲長，河東解良人。官至壽亭侯，前將軍。去漢而云壽，實不可通。宋洪邁《漢壽亭侯辨》謂，建炎二年，復州寶相院於土中得一印，文曰"漢建安二十年壽亭侯印"，漢壽地名，不應去漢字。雲長以五年受印，不應在二十年。伯驥按：秦法，十里一亭。亭侯乃侯封之最下者，《漢楚春秋》高祖封許負爲鳴雌亭候，《漢桓帝紀》封尹勳等七人爲亭侯是也。若亭長不過主亭之吏，《漢書》高祖爲亭長一段，其註甚明。陳眉公《秘笈》中有謂漢壽亭侯即亭長者，則誤之甚矣。漢獻帝建安二十四年關侯失事，前人於此事多痛惜之詞，謂當關侯之攻曹仁於樊也，降于禁、殺龐德，威震華夏，曹操且欲遷都以避其鋒。奈孤軍獨立，孫氏謀其後，曹氏謀其前，而司馬懿、蔣濟輩亦復算無遺策，以一人而搘柱于兩大敵之間，處處入於坎窖而不覺。南郡既破，進退失據，而時勢遂不可爲。《演義》於此節亦有摹寫，方氏《望溪集·雜著答問》一篇，謂關公遇難時，魏、吳之士民羣聚而祀之，其君臣必見爲當然，故震動宇宙，而結聚於人心者，深固而光昭。張氏宗泰謂吳、魏與蜀爲仇敵之國，二國之臣，所謂多方以誤公者，不肯爲公稍留餘地，而其民亦似不敢祀公於境内。公之血食祠宇遍天下，當肇始於宋元之間，蓋神理之顯晦興廢，其氣運亦各有其時。望溪之辭，未必核也。魯巖《所學集》十三。今《演義》中亦無望溪之説。魏叔子《日録》云，余嘗覽《三國演義》，孔明於空城中，焚香掃地，司馬懿遇之而退，若

遇今日山賊，直入城門，捉將孔明去矣。叔子之言誠是，然孔
明空城一事，自出郭冲所紀諸葛隱謀五事，非盡《演義》之説。
冲之所記不確，裴松之已駁之。見汪氏《松煙小録》。劉先主謂
關侯、張益德曰，孤之有孔明如魚之有水也，願諸君勿復言。
迨至臨危託孤曰，嗣子可輔則輔之，如其不才，君可自取。孫
盛謂先主付託之言爲亂命，又詆其辭涉於詭，今《演義》亦述
前二説。至呼關侯爲夫子，後世多有此稱，錢馥《小學庵遺書》
四有《關夫子贊》云，孔夫子、關夫子，世之相後七百歲，地
之相去千餘里，同此心、同此理。按：陳《志》本傳稱侯誦
《春秋》略上口，而《演義》遂謂侯通《春秋》，後世且有以志
在《春秋》頌之者，夫子之名，或由之而起也。《演義》中有呂
布、貂蟬及奪戟争鬪事，按《呂布傳》言布少失意，卓拔手戟擲
布，布拳捷避之。又言布與卓侍婢私通，恐事發覺，心不自安。
布因朝會，手刃刺卓。侍婢或即貂蟬，元曲亦有此説。元至治本、
明弘治本，海上已有景印。此本雕槧不苟，亦舊刻小説之足珍者
也。半葉九行，行十七字，上下黑口，大板本。前序有“水雲漫
士”圓形章。按水雲漫士，爲吳縣潘奕儁之別號。奕儁字守愚，
號榕臯，官户部主事。著有《三松堂詩文集》《水云詞》等書。

釋迦譜十卷舊寫本。

蕭齊釋僧佑撰。前有僧佑自序，略云，爰自降胎，至於分
塔，瑋化千條，靈瑞萬變，並義炳經典，事盈記傳，而羣言參
差，首尾散出。祐以不敏，頗存尋翫，遂乃披經按記，原始要
終，敬述《釋迦譜記》，列爲十卷。胤裔託生之源，大得度人之
要，泥垣塔像之徵，遺法將滅之相，總衆經以正本，綴世記以
附末云。每卷後並附《音釋》。

釋氏源流上下卷明刊本。

不著撰人名氏。前有題語云，如來應跡投緣，隨機闡教，化啓憍陳，道宗須跋，漢明感夢，靈應彌彰，諸祖繼出，弘揚此道。文積巨萬，簡累大千，像法浸末，信樂彌衰。文句浩漫，尠能該覽，備抄衆典，顯證深文。控會神宗，辭略意曉，標題圖書，取則成規，目曰《釋氏源流》。摹緣鋟梓，用廣流通，使見聞者，可不勞而博矣。卷下第一百節，於膽巴國師一節，引述神僧傳此傳，係明永樂間御撰。此書述作當在明代，京估謂此爲元槧，非也。一百二節述善世禪師，引《八支齋戒略》，則洪武間事，更可證其非元矣。下卷有題字云，"大興隆寺摹緣比丘圓道發心重刊"。上下卷末均有《音義》，大册字。

佛祖歷代通載二十二卷明宣德刊本。

元嘉興路大中祥符禪寺住持華亭念常集。念常字梅屋，華亭黄氏子。至治癸亥，嘗乘驛赴京繕寫黄金佛經，與佘山住持覺岸最善，故念常是書有覺岸序，而覺岸之《稽古略》念常序之也。前有虞氏序略云，浮圖氏之論世，動以大刼小劫爲言，中國文字未通，蓋不可知也。摩騰竺法蘭至漢，而後釋迦佛之生滅，可以逆推其歲年，自是中國之人，得以華言記之。自天竺及旁近諸國東來者，莫盛於西晉，至于姚秦、石趙等國，其人則鳩摩羅什、佛圖澄、那連、耶舍、曇無讖諸師，而東土卓絶之士生肇融叡等，相爲羽翼，翻譯經義，盡爲華言。而佛理之精，無不洞究，佛學之行，莫博于此時矣。彌天道安，至於遠公，辟地東南，佛陀耶舍，遠相從游。而辟世君子，相依于離亂之世，乃若寶公雙林諸公，起而説法，而佛學大盛於東南

矣。若夫智者弘《法華》於天臺，三藏開《般若》於唐初，清
涼廣《華嚴》於五臺，密公説《圓覺》於草堂，宣公嚴律教於
南山，《金剛》啓秘密於天寶。大小三乘唯識等論，專門名家，
毫分縷析，汗牛充棟，有皓首而不能窮極者。達摩之來，則有
五傳其衣、五宗斯立，同源異派，自梁歷宋，謂之傳法正宗。
我國朝秘密之興，義學之廣，亦前代之所未有，此其大略也。
記載之書，昔有《寶林》等傳，世久失，《傳燈》之録，僧寶
之史，僅及禪宗。若夫經論之師，各傳於其教，宰臣外護，因
事而見録，豈無遺闕。近世有爲《佛祖統紀》者，儗諸《史
記》，書事無法，識者病焉。時則有若嘉興祥符禪寺住持華亭念
常，得臨濟之旨於晦機之室，禪悦之外，博及群書。及取佛祖
住世之本末，説法之因緣，譯經宏教之師，衣法嫡傳之裔，正
流旁出，散聖異僧，時君世主之所尊尚，王臣將相之所護持，
論駁異同，參考訛正。二十餘年，始克成編，謂之《佛祖歷代
通載》，凡二十二卷。微笑菴道人虞集序。又有"至正四年覺岸
集"字樣，"宣德五年大慈恩寺首座比丘廣議洪興謹募衆緣重刊
流通"，則卷首所題也。半葉十行，行二十字，版心間有字數，
大黑口。《道古堂集》二十七云，萬曆間信受居士吳世忠，輯
《袈裟集》，自釋迦牟尼以金襴袈裟付囑摩訶迦葉，止於惠能大
師，共三十三祖，更益以青原南嶽永嘉智隍，以衍曹溪之派，
斯釋門之道統圖也。《佛祖統紀》《通載》諸書，皆繁賾不可卒
覽，此獨鈎元提要，簡而能賅，然此書究爲包舉也。

十一面神呪心經 宋刊本。

第一行下列"良"字，大唐沙門玄奘奉詔譯。末題延聖院
比丘清滿書，有《音釋》四行。有識語云，奉佛入内内侍省内

侍高班聽宣兼藥閣林良能所伸情旨，謹發誌誠，施净財刊雕《十一面神呪心經》版一卷，流通佛教，開導有情。乞福匡庇身宫康泰，福壽延洪，居家奉上無虞者。咸淳六年六月　日，入内内侍省内侍高班聽宣兼藥閣林良能謹題。

五經同卷　宋刊本。

第一行下列“學六”二字，《佛説孫多耶致經》，吴月支優婆塞支謙譯。《佛説父母恩難報經》，後漢沙門安世高譯。《佛説新歲經》《佛説犂牛譬經》，西晋沙門法炬譯。《佛經九横經》，後漢沙門安世高譯。《佛説父母恩難報經》後有識語云，平江府崐山縣漳潭里居住，奉佛弟子安人趙氏善真，謹誠心捨錢，恭入本府磧砂延聖院，起造大藏經坊。仍别施净財，刊造《父母恩難報經》一卷、《療痔病經》一卷，所集功德，上報四恩，下資三宿，仍保自身常安常樂，臨命終時，身心正念，其生安養。淳祐元年二月　日幹緣僧慧静、可暉、善成、可閑、法證、法昇、志圓謹題。

大方廣華嚴經八十卷　明萬曆辛丑徑山寂然庵刻本。

唐于闐國三藏沙門實叉難陀譯。前有永樂十年《御製序》，略云，《大方廣華嚴經》者，諸佛之性海，一真之法界，顯玄微之妙詮，演無盡之宗趣。語其廣大，則無所不包；語其精微，則無所不備。朕間窺真諦，略究旨歸，於是鏤梓，徧布流通，廣大乘之教宗，爲羣生之方便。書此爲序，以發其端。次有《天册金輪聖神皇帝製序》，略云，摩竭陀國，肇興妙會之緣；普光法堂，爰敷寂滅之理。緬惟奥義，譯在晋朝，時踰六代，年將四百，然圓一部之典，纔獲三萬餘言，唯啓半珠，未窺全寶。朕聞其梵本先在于闐國中，遣使奉迎，近方至此，既覩百千之妙頌，乃披十萬之正文。粵以證聖元年，歲次乙未，月旅姑洗，朔維戊申，以其十四日辛酉於大西徧空寺親受筆削，敬譯斯經，以聖曆二年歲次己亥十月壬午朔八日己丑繕寫畢功。每卷末約有校譌音釋及出資刻經人、校經寫刻人姓名。校譌係據《北藏》《南藏》本，如此本第二葉第十二行云，天册金輪聖神皇帝，校云，《北藏》作唐武則天；此本第十七葉第九行普字，校云，《南藏》作善。半葉十行，行二十字。

楞嚴經義海三十卷 明寫藍絲欄本，畢澗飛、方柳橋舊藏。

前題中天竺沙門般刺密諦譯經，烏萇國沙門彌伽釋迦譯語，菩薩戒弟子前正議大夫同中書門下平章事清河房融筆授，大唐羅浮沙門懷迪證譯，大宋江吳長水沙門子璿集義疏注經並科，大宋泐潭沙門曉月《標指要義》，大宋吳興沙門仁岳《集解》，大宋福唐沙門咸輝排經入注。前人謂此書皆長水之流派，月公與長水同參瑯琊得悟，晚居泐潭道濟庵，與其徒應乾論《楞嚴》指訣，其科節一依長水，取其文之精要删掇附註。乾道中，咸輝書記研究《標指》，知月公本依長水也，遂取疏義《標指》，排合經文，附以吳興《集解》，目爲《義海》，雖采集衆解，一以長水爲綱骨，其言曰諸師師承不同，得失互見，相與抑揚聖教，洗蕩物情，亦庶乎通人之言矣。前有鈔録宋朝國史院牒勘合，本院恭奉聖旨，開設三教法語寶藏御筆修輯，鈔録《法苑珠林》一百二十卷。訪覓《楞嚴經義海》寶典三十卷，福唐沙門咸輝排經入注。朝廷劄下諸路所管州縣細查搜羅寶藏事迹，訪藏書之家，如有其書者，仍許投獻，優賜錢帛，候賞，詢其取索。如部委官鈔録申發赴院，以憑參校文字，點對無差漏，

備儒士采擇。釋語典故，考據精華，謄寫付梓，以廣其傳。須
至公文牒請遵從，已降聖旨。乾道乙酉歲六月十七日頒行。次
有乾道八年，左太中大夫參知政司魯郡開國侯食邑一千一百戶
食實封二百戶賜紫金魚袋曾懷序。次有乾道改元乙酉歲，福唐
稟釋迦遺教比丘咸輝序，序中有云，一經而具多釋，非摩尼吐
輝，衆珍自至乎，政所謂百川同匯於海者，其在斯焉，故統名
之曰《楞嚴義海》。次有天聖八年中散大夫守御史丞充理檢使權
判史部流内銓上護軍瑯琊開國侯食邑一千九百戶食實封二百戶
賜紫金魚袋王隨撰序，次有譯經三藏朝散大夫鴻臚卿光梵大師
賜紫惟净上書，次有熙寧六年將仕郎秘書省著作郎洪州監苗米
倉兼發遣綱運范峋序，次有嘉祐己亥胡宿撰《集解》序。本書
卷三十有唐州制止寺《極量傳》，即譯經祖師也，出《大宋高僧
傳》。極量，中印度人也，梵名般剌密諦，唐言極量，懷道觀
方，隨緣濟物，展轉遊化，遂達支那。印度俗呼廣府爲支那，
名帝京爲摩訶支那，乃於廣州制止道場駐錫。衆知博達，祈請
頗多，量以利樂爲心，因敷秘賾。神龍元年乙巳五月二十三日
於灌頂部中，誦出一品，名《大佛頂如來密因修證了義諸菩薩
萬行首楞嚴經》，譯成一部十卷。烏萇國沙門彌伽釋迦，釋迦稍
訛，正云鑠佉，此翻曰雲峯。量翻傳事畢，會本國怒其擅出經
本，遣人追攝，泛舶西歸，後因南使入京，經遂流布。伯驥按：
宋皇祐間，苗振《新雕補闕楞嚴經白傘蓋真言後序》，知《楞
嚴》初譯時，闕失尙不尠。序云，壬辰歲冬，余權知蘇州，有
西天中印土摩竭陀國邦爛陀寺三藏知吉祥、天吉祥二僧，經由
見訪。雖言語不同，而傳譯頗曉，同其所能，且日誦神咒、結
印各三千六百道，粉壇一百八座，《解經論》一十七部。余因出
《楞嚴經白傘蓋真言》示之，乃曰是經神咒，頗多闕失。今有梵

本，質而可知。余對曰，是經之譯久矣，何歷代未能補之。彼
上人曰，唐譯《楞嚴經》主般剌密諦者，南印土人也。譯語者
又烏萇國人，去中印土西北二萬五千里，非中印土人，故不能
盡通中天語言。又譯主三藏不空者，龜兹國人也，嘗游中印土，
亦不能盡通中天語言。至今二本差殊，多所漏略。如智吉祥等，
即中印土人，本刹帝利之種族，净飯王之宗裔也，自離中天在
路一十六年，凡經十國。余因請梵本校勘《唐經白傘蓋真言》，
伯驥按：《元史》七十七《祭祀志》世祖至元七年，以帝師八思巴之言，於大明殿
御座上置白傘蓋一，頂用素段泥金書梵字於其上，謂鎮伏邪魔護安國刹。自後每歲
二月十五日，於大殿啓建白傘蓋佛事，用諸色儀仗社直，迎引傘蓋同遊皇城内外，
云與衆生祓除不祥，導迎福祉云云。所謂金書梵字，當即寫此真言也。般剌密諦
本，止有四百二十七句，許少二百七十四句，頭少梵音啓，并
三歸依。又不空譯本，止有四百八十一句，亦少二百十句。二
本俱少十方佛海相日月相、十吉祥、六大神通等，或句讀顛倒
不次。今以中印土梵本，離析詳正，排次補闕，共計七百一句，
次請梵書，并刊華字，募工雕印，庶廣流傳云云。此蓋考佛藏
者之所宜知也。又按：《法苑珠林》《净飯王太子説》六十四種
書中，有支那國書，注即此大唐國。《宋史·天竺國表》，有支
那皇帝之稱。《五燈會元》千歲寶掌和尚，中印度人。魏晉間東遊
此土，迄唐貞觀十五年，有“行盡支那四百州，此中偏稱道人
遊”之句。潭州石霜慈明禪師章次云，自從靈鷲分燈後，直至
支那耀今古。明州瑞巖石富禪師章次云，五天一隻蓬蒿箭，攬
動支那百萬兵。前人引此，以爲外邦稱中華爲支那之證。又曰
人《成齋文集》云，支那，竺語也。我邦浮屠之書，多書曰支
那，而儒者則曰漢、曰唐、曰宋明清，我之通於彼始於漢，盛
於唐，故泛稱曰漢土、唐土，而今則曰支那，從海外各國之所
稱也。此亦與前説相同，惟法人列維大《孔雀經藥叉名興地

考》，謂支那一名，舊爲印度雪山以北諸地之稱，後乃爲專稱中
國之號，則於沿革較詳。此書近人有譯本，今讀此經，則云名
廣府爲支那，名帝京爲摩訶支那，印度俗呼如此，此語罕見他
書。《法顯傳》云，度嶺已到北天竺，始入其境，有一小國名陀
歷，順嶺西南行十五日，躡懸絙過河，便到烏長。按陀歷當即
《唐書》之大勃律，嶺當是葱嶺，烏長當即朱雲《行記》之烏
場，《西域記》之烏仗那，《魏書·外國傳》則作烏萇。《唐
書·西域傳》云，烏荼者一曰烏仗那，亦曰烏萇。近年敦煌所
出寫本《慧超往五天竺國傳》，日人藤田豐八有箋證，謂烏萇即
印度河上游至陀歷之地方。《慧超傳》稱烏萇國王大敬三寶，百
姓村莊多分施入寺家供養，少分自留，以供養衣食，僧稍多於
俗人，專行大乘法云。則譯語之彌伽釋迦，當即其國人矣。房
融，河南人，則天時爲相，神龍元年，貶死高州，好浮屠法。
宋人朱翌《猗覺寮雜記》上云，融謫南海，過韶之廣果寺，今
之靈鷲也。有詩云，“零落嗟殘命，蕭條記勝因。方燒三界火，
遽洗六情塵。隔嶺天花發，凌空月殿新。誰憐鄉國思，終此學
分明”。融之文章，見《楞嚴經》，詩止此一篇。李嶠沈宋之流，
方爲律詩，谓之近體，此詩實近體之祖云云。又《開元釋教録》
云，懷迪，循州人，住羅浮山南樓寺，遇梵僧《賣梵經》一夾，
請共譯之，勒成十卷，即《楞嚴經》是也。錢氏謙益曰，按譯
場有證梵、本譯梵、義證、禪義各一員，私譯不具設員，故無
證梵等位，迪久習經論，備諳五梵，能兼三譯之任，故兼稱證
譯也。伯驤按：《嬾真子》云，顯慶元年，玄奘法師在大慈恩寺翻譯西天所得梵本
經論，勅令于志寧、來濟、許敬宗等，時爲閱看，有不穩當處，即隨時潤色之。此
又私譯所無也。首冊有“巴陵方氏功惠柳橋甫印”、“巴陵方氏碧琳
琅館珍藏秘笈”、“方家書庫”三章。曾氏序前有“寶翰齋”、

"婁東畢瀧澗飛氏藏"二章。卷末有"吳農元字長卿"、"延陵吳氏考藏"二章。瀧字澗飛，號竹癡，太倉人，秋帆沉弟。博綜金石，酷嗜書畫，凡遇名蹟，不惜重貲購藏。工山水及墨竹，得曹雲西遺意。工詩，見梁溪秦祖永桐陰論畫。又，澗飛有筆記一種，秋帆序之。

大佛頂首楞嚴經會解十卷 明洪武間寫刊本。

前題天竺沙門般剌密帝譯，烏萇國沙門彌伽釋迦譯，諸菩薩戒弟子前正議大夫同中書門下平章事房融筆受，師子林沙門惟則《會解》。前有師子林沙門惟則序，略云，首《楞嚴經》者，諸佛之慧命，衆生之達道，教網之宏綱，禪門之要關也。自唐而宋，解者凡十餘家，惟所見或各從一長，乃不能不少異，遂使行者位歧，莫辨良導。今余會諸家要解以通大途，異不公乎衆者節之，異而互通者互有之，互爲激揚者，審其的據而取之，間有隱略乖隔處，則又附己意自爲補注，若合殊流，同歸於海，故謂之《會解》。至正二年廬陵沙門惟則述於姑蘇城中之師子林。次低一格刊沙門克立題語云，昔天臺智者大師聞西域有是經，夙夜西望，願見而未及見也。唐武后長安末般剌密帝三藏始持梵本自南海至廣州，令宰相房融知南銓在廣請制止寺，譯出而筆受之。中宗神龍元年乙巳三月二十三日經成，謄寫入奏，適朝廷多故，未遑頒行。有神秀禪師入内道場，見所奏本，傳寫歸荆州度門寺。時慧振法師訪度門而得之，經始傳。天寶十年，西京興福寺惟愨法師復於故相房融家得其筆受之本，始作疏解而廣傳之。繼是則有長水孤山吳興諸公，遞相發明，而解益詳矣。然學者或困於詳，而莫能徧探。今師子林天如禪師《會解》一出，則不待徧探，而衆美具在，不勞辨覈，而羣疑自

消，誦習之便，莫便於是矣。愚與師遊從既久，自其搜括諸家，
參酌去取，凡三年而《會解》成，皆愚所目擊，蓋亦頗知其深
有功於是經者也。兹因募衆梓以流通，乃復記經來之歲月云，
臨川沙門克立題。次《會解》所引教禪諸師名目，興福法師惟
愨、資中法師弘沇、真際法師崇節、檇李法師洪敏、長水法師
子璿、孤山法師智圓、吳興法師仁岳、㴱潭禪師曉月，温陵禪
師戒環。第一卷後有識語云，平江在城樂橋北菩薩戒弟子張子
明施財刊此第一卷，奉爲父親張國英增固壽齡，發明實相，願
欽奉慈嚴，以求密義，永離二障所纏。蒙宣示深奧，以顯真心，
同問一門超出。第二卷後識語，平江在城樂橋北菩薩戒弟子張
子明施財刊此第二卷，所冀母親楊氏妙德開大慧目，得如意輪，
因八還以識見元，猶失乳兒，忽遇慈母，知五陰不離妙性。若
能轉物，即同如來。第三卷後識語，常熟州承化里何舍土地渡
江大王界居弟子殷憲同寶張氏妙真施財刊第三卷。第四卷後識
語，長洲縣石牌巷居弟子郁文英發心施財刊第四卷，專用薦導
先父正心居士義甫郁公，長揖娑婆，徑歸安養。如天王賜與華
屋，一門深入，無不包容。遇智者指示神智，願從心致大饒富。
以下各卷識語略之。卷末有惟則《勸持敍》，並有克立題語云，
《會解》並前後敍引，隨本經通爲十卷，昨於甲申歲間嘗刊爲梵
夾廣行矣。或謂梵夾固佳，惟四方禪講遊學之士，尚恨包笈中，
將帶未便。於有吳郡張子明復倡率同志，復刊爲方册書之者，
同郡羅元也，施梨板者王文勇也，杭州天龍禪寺住持釋行滿助
緣，武林童遵道刊。末有洪武辛酉弘道記重刊始末。伯驥按：
惟則號天如，吉之永新人。爲中峯國師門人，後建刹吳城，即
師子林是也。或曰中峯倡道天目師子巖，天如爲識其名，以示
不忘本。始天如著有《師子林剩語》五卷、《別録》五卷。《別

録》皆詩文，而《剩語》則禪録也。師子林在蘇州府城内，元
至正中天如禪師居寺中，倪瓚爲之疊石成山，地址偪仄，而起
伏曲折，有若窮谷深巖，遂爲勝地，頂一石狀㺊狔，故名曰獅
子林。勝流來往，題詠至多，明釋道恂裒集成編，名曰《獅子
林紀勝》，共二卷。清《四庫總目》一百九十三卷存目。此書半
葉十一行，行二十一字，上下小黑口。首葉版心記第五，有小
字在下云，一二三四在序，每卷後有音釋。此本書法圓勁整秀，
紙墨俱工。每有去洪武跋以充元槧者，故詳記之。

五十萬卷樓藏書目録初編卷十四

子　部　六

妙法蓮華經七卷 宋刊卷子本，日人向山黄村、宜都楊惺吾舊藏。

　　卷前題　　　　　　全卷共長營造尺　丈，每幅約長　尺，合　幅而成卷子，槧刻墨印，均極樸雅。我國中江李氏藏唐世《鬱單越經》，福山王氏藏《轉輪王經》，至有名，均用黄麻紙，其質理極爲堅韌。乙丑六月西湖雷峯塔圮，塼皆中空，内藏吴越國王錢俶捨入《一切如來心祕密全身舍利寶篋印陀羅尼經》一卷，亦黄麻紙印。此卷紙質色近黄，而質樸不脆，與此數種爲近。經字巉巉玉骨，宋刻諸書，尠見此體。蓋唐宋人刻寫經字，或柔媚如簪花格，或排比如算子體，求如此卷之戛戛獨造，殆不易得。有宋羣公往往以行、草法破楷法，惟張樗寮則整嚴削峭，不似蘇、黄諸賢。此經字法，與張氏爲近，且字體較小，尤屬難能。玫東坡《跋王晉卿所藏蓮華經》云，凡世之所貴，必貴其難，真書難於飄揚，草書難於嚴重，大字難於結密而無間，小字難於寬綽而有餘。又云，蝸牛之角可以戰蠻觸，棘刺之端可以刻沐猴。讀未終篇，目力皆廢。見《東坡先生外集》四十九。此卷各字，飄揚寬綽，殆符斯語。前人謂宋初去古未遠，書多出於卷子本，界欄尚是烏絲欄之舊，大抵用單邊書，

惟左右雙邊。南渡流風既遠，於是始有四周雙邊刻本，如岳氏
五經、巾箱《周禮》、景德本《儀禮疏》、巾箱本《周易》、七
十卷《禮記注疏》，則界用四周雙邊，汴本《尚書正義》，則畫
以左右雙邊，而修板則多四周雙邊。是四周雙邊，固非古法，
而左右雙邊，亦未可爲得舊樣也。《考槃餘事》云，宋木無四周
雙邊之書，不知宋中葉已有之。此卷子則用單邊畫焉，至其黏
合數紙而成卷子，糊經久而不脫。上虞羅氏讀敦皇本，嘗以此
爲疑。伯驥檢《疑耀》卷五，頗得解答。原文云，今祕閣中所
藏宋板書，皆蝴蝶裝，其糊經數百年不脫落。偶閱王古心《筆
錄》，有老僧永光相遇，古心問僧前代藏經接縫如線，日久不
脫，何也？光曰，古法用楮樹汁、飛麪、白芨末三物調和如糊，
以之糊紙，永不脫落，堅如膠漆。宋世裝書，豈即此法耶！又
陸烜《梅谷隨筆》謂，修補古書漿黏中必入白芨，則歲久不脫。
近購得宋余靖《武溪集》、趙璘《因話錄》、施彥執《北窗炙
輠》，皆汲古閣物，裝訂極精緻，而於破損接尾處皆脫，蓋不用
白芨之故云云。按三物合成，或起新變化而黏結性較大，故能
耐久，至白芨一物，吾國久已施用，《抱朴子》已及之。此卷有
一接縫不脫，其餘略脫，而仍不離，足見前人工巧，當是施用
前法。清余氏《集秋室學古錄》云，《妙法蓮華經》者，爲佛
演一切契經之主，其引蓮爲喻，則以三世同時、十方同會，方
其開時即有果，而於果中即有因，蓋其子雖分布，而會聚無隔
斷，此其所以名蓮也。昔人有誦持此經，至以秦王所贈二物託
之母手而降生者。亦有書寫此經，即身爲爛瓜香，舌爲青蓮香
者，一皆夙净願堅固力之所致。見卷四。以是之故，歷代書刻
此經者頗不少，如明永樂御題小楷《蓮華經》七冊，爲唐僧義
道書，有道衍跋。見胡爾榮《破鐵網》卷上。又北平圖書館藏

西夏文佛經，有《妙法蓮華經》凡一册爲卷，然簽題與經文不合，簽題有“增品”二字，簽題譯曰《妙法華淨經》云云。華淨者，即西夏蓮華之名，此即其證。伯驤得此卷於都門，今所傳宋刻磧砂本，海上羣賢已付景印，其所舉經文之佳勝於他本者。此卷均與之合，王氏筠彔友《蛾術篇》卷下云，《説文》眊目少精也，則《孟子》胸中不正之説也。蔑券目無精也，則以勞致然也，惟瞀目不明也，與今所謂昏花者近，且唐以前書少言目昏者，韓昌黎文而視茫茫，杜詩老年花似霧中看，然則目之花也，必巾箱五經爲之厲階矣。考《漢藝文志》説《尚書》一簡或二十二字，或二十五字。服虔注《左氏》云，古文篆書一簡八字，則其字之大可知。佛法自後漢入中國，釋典皆作大字，相傳至今不敢改，可知漢時寫書，無非大字者。後人以其費筆墨、費時日，而又不便舟車，於是趨於苟簡，紛紛作蠅頭，不知害及於目，爲終身之累也，於是知古人之慮遠矣。按王氏言釋典皆作大字，殆未閱覽之故，舊刻一寸二寸之佛經，流傳尚有之。卷首有“向山黃村”白文章、“楊氏惺吾海外訪得秘笈”朱文章。楊氏《日本訪書志緣起》云，日本收藏家余之所交者，森立之、向山黃村、島田重禮，三人嗜好略與予等，其有絕特之本，此志亦多采之。比來日人景印內閣書樣，其中如《無言童子經》二卷二軸，上卷頭有“黃村珍藏記印”，下卷頭有“東大寺印記”。明刊《金剛般若波羅蜜多經》一帖，首亦有“向山黃村珍藏印”。宋刊《大般若波羅蜜多經》關頭六卷四帖，每帖首有“向山黃村珍藏印”，可知其爲東瀛收藏賞鑒大家，而又於古刻佛典最所銘心者也。近人陳氏衍撰《楊氏傳略》云，守敬字惺吾，湖北宜都人。同治壬戌舉於鄉，選黃州府儒學教授，官舍與東坡雪堂鄰，故又號蘇鄰。守敬治舊地理，早著《歷代地理沿革圖》《隋書地理志考證》行世，晚成《禹貢本義》《水經注要删》《水經注圖》《晦明軒稿》。此外精目錄、金石之學，碑帖及宋元版古書，經考訂題跋景橅上石付梓者，不可勝數。所成有《日本訪書志》《續補寰宇訪碑錄》《留真譜》《泉錄》。《留真譜》者，湖北手民技劣甚，守敬多方指教刊本，至能景宋、元，於是四方刊刻之本，集於武昌。守敬各印其首葉，留以爲譜。《古佚叢書》數十種，則遵義黎庶昌屬爲搜刻者。

妙法蓮華經七卷宋刊兩面印摺本。

　　前題　　　　　　半葉　行，行　　字，兩面印字，共摺，孫氏從添《藏書紀要》云，宋刻數種中，有釋道二藏經典，刻本行款，非長條即闊本。此本爲長條式，自屬釋典通例，惟兩面印刷者，則流傳頗罕。王氏《春融堂集》稱，宋刊《華嚴經》，前鎸兜率仞利他化自在三天，暨逝多園林與夜摩天之普光明殿諸像，是經說于摩竭提國菩提場阿蘭若，藏于龍宮、錄于龍樹菩薩，實爲諸佛之密藏。所在皆有梵王帝釋俱胝金剛藥叉大將諸羅刹王，及主林主地神爲守護，雖弃置日久，光氣自發越不可掩云云。此經前後均有《華嚴經》所刻諸像，古拙樸雅，自非明後刻手所能。近人題宋槧本《文殊指南圖讚跋》，謂其雕造畫象甚精，我國乃無傳本，可知此種圖象，亦研究諸經版刻之要事也。《天祿琳琅續》卷二，著錄宋刻宋王宗傳《童溪先生易傳》，編者謂宋孝宗諱眘，古慎字。宋本諸《易經》多於“慎不害也”句闕筆，蓋“言慎也”句改順，此獨作“謹不害”也，蓋言謹也，與諸刻不同。今此經則慎字缺末筆，與宋本諸《易經》同，字體出於顏平原、柳誠懸。明董氏其昌《跋顏氏書送劉太沖序後》，有"宋四家書派皆宗魯公"之語，則知宋代官刊、私刻諸書，其佳本往往有顏柳筆意者，良由習尚使然。觀于此經，其説良信。王氏國維稱唐代刊書，歷日字書外，以佛經爲最早，《司空表聖集》有《爲東都敬愛寺講律僧惠確化摹雕刻律疏》云，自洛城罔遇時交，乃焚印本，漸虞散失，欲更雕鏤云云。是惠確以前，東都早有律藏印本，近敦煌所出《一切如來佛頂尊勝陀羅尼》，其二行"大朝灌頂國師三藏大廣智不空譯"十四字，國字上空一格，蓋亦唐刻本。敦煌所出，尚有晉大福十五年歸義軍節度使曹元忠所刊之《金剛經》，此五代刻本《寶篋印陀羅經》，其刊僅後於彼六年云云。今此經雖不及唐刻之古，然漢律捕虎購錢三百，其豿半之，則此天水遺刊，雖非虎而亦非豿也，亦良足貴矣。近人《碑傳集補》卷四十九，記黃守恒有《定盦年譜》藁本，謂定盦以佛書入震旦後，校讎者希，乃爲《龍藏考證》七卷，以《妙法蓮花經》爲北涼官中所亂，乃重定目次，分本迹二部，删七品，存廿一品，惜未得其遺編以爲此經考訂也。至於唐沙門湛然《妙法蓮華經言義》十卷，唐天台湛然《妙法蓮華經文句記》三十卷，明比丘通潤《妙法蓮華經大竅》六卷、比丘一如《集注妙法蓮華經》七卷，此類則明刻頗多，或可爲此經校訂之助。錢塘丁氏立誠《小槐簃吟稿》卷四，爲《雲溪上人題元刊蓮華經詩》云，"長二寸許闊寸許，七卷《妙法蓮華經》"。有元至正十一載，老僧慈育居西泠，是年世臘古稀壽，佛無量壽僧遐齡。同袍我識炬菩薩，_{助刻經者有慧炬。}咒潮江上驅雷霆。隨喜布施助剞劂，聚沙成塔歸奇零。盥手開卷不敢觸，字畫初寫如黃庭。宋仁宗贊冠經首，三佛祖臂留真形。直接嘉熙開永樂，不失開元唐典型。明登項氏天籟閣，芝紅押角鈐瓏玲。此經亦有宋　　宗贊冠首，三佛袒臂形象，镌刻大佳。字體與北宋爲近，若永樂本佛典，則不如其樸雅矣。附記於此，以助塵譚。

妙法蓮華經七卷 元人磁青紙、金銀泥書摺本。

用磁青紙，以金屑銀泥寫成，七卷均如此，每卷一本，共分七本，皆用摺疊式。卷前佛象數葉，全用金屑，經文凡有佛字皆用金，餘用銀。卷末有大德　年題字。此經當是元人手寫，察其佛象之描寫，亦屬元人風氣也。我國用金字書經，由來已古，考宋王銍《默記》稱，李後主手書金字《心經》一卷，賜其宮人喬氏。喬氏後入太宗禁中，聞後主薨，自内廷出其經捨在相國寺西塔，以資薦。且自書於後曰，故李氏國主宮人喬氏伏遇國主百日，謹捨昔時賜妾所書《般若心經》一卷在相國寺西塔院，伏願彌勒尊前，持一花而見佛云云。其後江南僧持歸故國，置之天禧寺塔相輪中。寺後失火，相輪自火中墮落，而經不損，爲金陵守王君玉所得，子孫不能保之，以歸寧鳳子儀家。喬氏所書在經後，字極整潔，而詞甚悽惋。又，宋周紫芝《太倉稊米集》六十四《題宗濱師金書妙法蓮經偈》云，涇水西有大道場，賜號崇慶，中有苾芻，名曰宗濱。嘗以黃金書《薩達磨奔茶利迦素咀纜文》，成一大部，緘以縹囊，貯以寶函，具諸莊嚴，供養受持。爾時南方羣盜徧起，諸有悉皆壞滅，獨是經典或在地上，或在他方，得是經者各持所得來獻。又《咸淳臨安志》七十六記梵天寺金銀書《大藏經》，謂吳越忠懿王建《大藏經》五千四百八卷，碧紙銀書，每至佛號，則以金書，牙籤銀軸，制甚莊嚴。又，元吳澄《文正公年譜》引至治三年七月勅澄撰《金書佛經序》云，時書經於慶壽寺，中書左丞速速傳旨讓序，仍諭上意，一追薦列聖，一祈天永命，一爲民祈福。

又，撰《佛祖通載》之元釋念常，史載其至治癸亥嘗驛召至京師，繕寫金字佛經，因受法於帝師帕克巴。是宋元之間，寫經之龍象者，實以金銀爲貴。葉氏《緣督廬日記鈔》五云，戊子，黃再同見示宋人書《妙法蓮華經》，爲開寶中物，磁青純金銀字，蒼勁盤鬱，魯公嫡乳，開寶去唐不遠，是以能之。若宋中葉以後，則不復有此筆矣。首卷前葉畫佛，次葉列《妙法蓮華經》弘傳序、終南山釋道宣述序。佛象後有題字三行，曰“信佛弟子杜遇特發志誠敬寫金銀字《妙法蓮華經》一十部”。卷末有朱筆數行，則永樂三年比丘文彬所題也。每卷每品首行及譯經述序人題名皆金字，經中凡遇經名及佛字亦金字，餘皆銀字。自開寶至今九百餘年，爛然奪目，非佛力護持，何以得之，爲之讚歎不已。尋繹葉氏之言，所記經卷，實與此本無異，則伯驥之歡喜贊頌，又豈有異於鞠裳耶！日本濟北沙門師鍊撰《元亨釋書》卷一，述高僧最澄於延曆二十一年賜入唐求法，二十四年秋，表上西土所得天台密宗諸教云，所獲經論疏記二百三十餘部，並五百卷。其餘金字《法華》《金剛》《般若》等經，智者大師禪鎮白角如意等，隨表奏進。又日本寬永中，佛眼山竺徹定輯録《古經題跋》，編爲二卷，於諸色紙金銀泥寫經，言之尤詳，可資考證。田氏汝成記高麗輪藏甚偉，宋時高麗國進金字《藏經》一部，貯其中，到今猶有存者。見《西湖游覽志餘》十四。蓋吾國及日本、高麗，皆有金銀泥寫諸色紙經，不過吾國流傳，似較尠耳。王氏昶《征緬紀聞》第十二葉，稱僕人吳榮以所得經卷獻，閱之，則《大陀羅尼神咒》也，用磁青紙泥銀書，字畫頗質雅可喜。此本經咒，與宋知禮法師懺本異云。蓋蘭泉夙研佛典，故僕人以此爲敬。緬人佞佛，故有銀字佛經。蘭泉之言曰，今天下士大夫能深入佛乘者，桐城姚南青

範、錢唐張無夜世榮、濟南周永年書昌及余四人。其餘率獵取
一二桑門語以爲詞助，于宗教之流別、性相之權實，蓋茫如也。
見《春融堂》卷四十五。在昔大槐王氏題記革書，塞外無紙，著述
以革寫之。溫陵黃氏、新城王氏皆著録此種。漁洋先人恤貧施粥，人稱大槐王家。
見陳氏繼儒集。東海儒家旁羅貝葉。森立之《經籍訪古志》收録貝多三葉。
先民有作，高榘遠貽，乃者型留梵夾，光照連厨。研經者固應
見而賞心，妮古者亦當聞而拊掌矣。伯韔記。

維摩詰所説經上中下卷明刊本。

　　姚秦三藏法師鳩摩羅什奉詔譯。前有後秦長安釋僧肇序，
略云，維摩詰不思議經者，蓋是窮微盡化絶妙之稱也。大道之
極者，豈可以形言權智而語其神域哉！然羣生長寢，非言莫曉，
道不孤運，弘之由人，是以如來命文殊於異方召維摩於他土，
爰集毗耶，共弘斯道。此經所明，統萬行則以權智爲主，樹德
本則以六度爲根，濟蒙惑則以慈悲爲首，語宗極則以不二爲門。
凡此衆説，皆不思議之本也。以弘始八年，命大將軍常山公、
右將軍安成侯，與義學沙門千三百人，於長安大寺，請羅什法
師重譯正本。什以高世之量，冥心真境，既盡環中。又善方言，
時手執梵文，口自宣譯，道俗虔虔，一言三復，陶冶精求，務
存聖意。其文約而詣，其旨婉而彰。卷中末尾有識語三行云，
"姚江孫門邵氏捐貲刻，男孫藉滋齋沐敬書，釋如筏校對。天啓
二年八月，法華山龍歸院識"。半葉八行，行十七字，每句
有圈。

成唯識論　卷明刊，精校本。

　　　　　撰，前有　　　　序。伯韔按：佛法有性、相二宗，唐以前相

宗典籍未東來也。自玄奘西遊，而唯識一宗始及震旦，京兆大慈恩寺沙門窺基，爲奘公高第弟子，承命翻譯《成唯識論》，實合十家而成，所謂斯本彙聚，十釋羣分，今總詳譯，糅爲一部。商榷華梵，徵詮輕重，甄陶諸義之差，有叶一師之製是也。蓋窺基並以聞於師者著爲《成唯識論述記》二十卷，而學相宗者，遂導源於此焉。有元季世，《述記》失傳，歷數百年，無從訪問，而《成唯識論》，則歸然獨存。蓋《成唯識論》，或名《静唯識論》，所謂總諸經之綱領，索隱涵宗，括衆論之菁華，掇奇提異是也。《成唯識》者，舉宏網，旌一部之都目，復言論者，提藻鏡，簡二藏之殊號。成乃能成之稱，以成立爲功，唯識所成之名，以簡了爲義。窺基之言，闡之至晰也。清光緒間，日人南條以《述記》一種，贈石埭揚氏，而沙門松岩等遂募資鋟板，唯識宗更藉窺基此編而益著矣。朱墨校筆極詳。

景德傳燈録殘本　　卷_{元刊本。}

　　言佛門之宗系者，凤稱五燈，所謂《傳燈録》《廣燈録》《續燈録》《聯燈會要》《普燈録》是也。條系詳明，讀者如睹大禹之行河，翕然稱善，惟卷帙頗繁，尋求不易。宋世已有會元之作，然行世者多明刻，宋元舊槧，搜訪綦難，若傳燈諸作，舊本尤罕。《景德傳燈》則唯錢唐丁氏藏元延祐本，存卷五至卷九，又十三至十九，又二十三、四，凡十四卷。每半葉十五行，行二十八、九字不等。常熟瞿氏《鐵琴銅劍樓藏書目録》載宋刻本，每半葉十三行，行二十一至二十五字不等。卷二、卷三闕卷鈔補，十至十二闕卷，以別一宋本補，每半葉十五行，行二十八字。清宣統間貴池劉氏得巴陵方柳橋舊藏元延祐刻本，每半葉十三行，行二十一字至二十五字不等，與瞿氏所藏宋本正同，且宋諱嫌名多有闕筆，黑口單邊，上有字數，間有刻工姓名。字跡樸雅，儼然宋槧，疑即宋紹興刻本，爲元延祐道場山禪幽菴所重刊者，遂以之景印行世。劉氏之言曰，祥符祖本，既斷不可求，丁本又歸江南圖書館，瞿本亦藏之深深，寓目匪易，而兩本並皆殘闕不全。此本獨首尾完整，雖爲元刊，實自宋出，可稱鴻寶，蓋定評也。此元刻殘本，伯驥得自海上，存

卷，察其篇帙，實元刻而早印之書，未審此劉氏藏本若何？觀其槧刻至精，紙墨古雅，不特爲元刊之上駟，即較諸天水遺籍，亦庶幾同時邢尹，兩不相慙。此書原本，前有翰林學士朝散大夫行左司諫知制誥同脩國史判史館事柱國南陽郡開國侯食邑千一百户賜紫金魚袋臣楊億撰序，略謂有東吴僧道原者，冥心禪悦，索隱空宗，披奕世之祖圖，采諸方之語録，次序其源派，錯綜其辭句，由七佛以至大法眼之嗣，凡五十二世，一千七百一人，三十卷，目之曰《景德傳燈録》，詣闕奉進，冀於流布。皇上爲佛法之外護，嘉釋子之勤業，載懷重慎，思致悠久，乃詔翰林學士左司諫知制誥臣億、兵部員外郎知制誥臣李維、太常丞臣王曙等，同加刊削，俾之裁定。臣等攷其論譔之意，蓋以真空爲本，事資紀實，必由於善敍，言以行遠，非可以無文。其有辭條紛舛，言筌俚俗，並從刊削，俾之綸貫。至有儒臣居士之問答，爵位姓氏之著名，校歲厤以愆殊，約史籍而差謬，咸用删去，以資傳信。若乃但述感應之徵符，專敍參遊之轍迹，此已標於僧史，亦奚取於禪詮，聊存世系之名，庶紀師承之自，然而舊録所載，或掇粗而遺精，别集具存，當尋文而補闕，率加采擷，爰從附益。逮於序論之作，或非古德之文，間厠編聯，徒增楦釀，楦釀二字，出唐《張燕公文集》，謂冗長也。亦用簡别，多所屏去。汔兹周歲，方遂終篇。次有《重刊景德

傳燈録狀》云，湖州路道場山護聖萬歲禪寺希渭，係慶元路昌
國州人氏，俗姓董，每念師恩，未由報効，伏覩從上佛祖《景
德傳燈録》三十卷，七佛至法眼之嗣，凡五十二世。景德至延
祐丙辰，三百一十七年，舊板銷朽無存，爲此發心重刊，思得
本路天聖禪寺松廬和尙所藏廬庵古册，最爲善本，良愜素志。
遂於丙辰年正月初十日，將衣鉢估唱得統金一萬二千餘緡，是
日命工刊行於世，流通祖道，此録總計三十六萬七千九百一十
七字，至當年臘月一日畢工，隨即印捨三百部於兩浙安衆名山
方丈、蒙堂衆寮各一部，以便湖海辦道禪衲參究，集玆善利，
用報四恩，併資三有者。大元延祐三年臘月一日，耆舊僧希渭
謹狀。伯驥按：清聖祖《校刻五燈全書序》稱，《五燈會元》
後，本朝沙門海寬念其支派繁衍，自宋金元明數百年來，傳述
闕然，乃著《纘續》一書。今聖感寺僧超永，復慮譜牒漸棼，
聞見不一，用是旁蒐博考，折衷於二編，而參訂之，删其煩蕪，
增所未備，以成《五燈全書》百數十卷。是吾人欲於曹溪之後，
分析五派源流，苟參稽於超永之書，自了然於宗門之同異，唯
禪宗語録，究以《傳燈》爲最古。李唐一代宗派，紀載精詳，
尤當披覽。此本雖缺佚之餘，然明徐興公見殘葉斷章，每收篋
中，以冀復獲。莪圃亦聞風悦効，言之津津，前哲微尙，先後
同符，晚進區區，輒復慕此。考《傳是樓書目》宇字二格，有
元本《傳燈録》二十四本、宋本《傳燈録》七本。丁《目》謂
傳是樓、藝芸精舍宋版書目，俱載是書，疑徐歸于汪，即祇一
帙。伯驥以爲宋本尤恐無完書，以徐氏亦祇七本也。徐氏於淸
初藏殘宋本，今距徐世已二百年，則殘元亦豈不與之比美耶！
桓譚《新論》引關東鄙語曰，人聞長安樂，則出門而西向笑；
知肉味美，則對屠門而大嚼。古刻難求，又詎以不完爲憾哉！又

按：日本貞和戊子有覆元延祐本。

五燈會元二十卷明嘉靖刻本，天一閣舊藏。

前有至正四年杭中天竺天曆萬壽永祚禪寺住持番易釋廷俊序，序後題江浙等處行中書省左右司員外郎林鏞書。序略云，菩提達磨遡大龜氏於釋迦文佛眴青蓮目，而得教外傳之旨之二十八代之祖也。既佩佛心印於梁普通之初，至東震旦時，學者方以講觀相高。迺曰，吾不立文字，直指人心，見性成佛之爲宗，六傳至曹溪大鑑支而爲五宗，溢于天下。圭峯密公禪原詮曰，禪之目有五，曰外道禪、曰凡夫禪、曰小乘禪、曰大乘禪、曰最上乘禪，若古高僧之功用。與夫他宗之所謂禪者，則皆前四種禪，惟達磨展轉相傳者，頓同佛體，迥異諸門，蓋最上乘禪也。紫陽朱文公曰，達磨盡翻窠臼，倡爲禪宗，視義学尤爲高妙。又曰顧盼指心性，名言超有無。用是知文公深明別傳之旨，要非言教所及，世之人徒見公衛道植教之語，而於吾氏未能窺斑嘗臠，輒肆訛訾，是不知公也。近時浙人黃氏自負博洽，以教外別傳爲非佛氏之學，而別爲一學，吁得稱通儒哉！是又朱子之罪人矣。別傳之道，本無言説，然必因言顯道，顧雖明悟如釋迦文佛，亦由然燈記別，故知祖祖授受機語，不得無述。宋景德間吳僧道原作《傳燈錄》，天聖中駙馬都尉李遵勗爲《廣燈錄》，建中靖國元年佛國白禪師成《續燈錄》，淳熙十年凈慧晦翁明禪師作《聯燈會要》，嘉泰中雷庵受禪師作《普燈錄》，斯五燈所由始，與藏典並傳。宋季靈隱大川禪師濟公，以五燈爲書浩博，乃集學徒作《五燈會元》，以惠後學。國朝至元間，于越雲壑瑞禪師作《心燈錄》，最爲詳盡，特援丘玄素所製《塔銘》，以龍潭信公出馬祖下，致或人沮抑，不大傳於世，識者惜焉。《法華經》曰，世尊放眉間白毫相光照東方萬八千世界，慈氏發問，文殊決疑，以謂日月燈明佛本光瑞如此。《維摩經》云，有法門名無盡燈，無盡燈者，如一燈然百千燈，冥者皆明，明終不盡。昔王介甫、呂吉甫同知譯經院，介甫曰，所謂日月燈明佛爲何義？吉甫曰，日月迭相爲明，而不能並明，其能並日月之明而破諸幽暗者，惟燈爲然。介甫擊節稱善，吾宗以傳燈喻諸心法而相授受者，其有旨哉！韓莊節公每慨《五燈會元》板燬，學者於佛祖機語無所攷見，於是罄衣鉢之資以倡施者。次有嘉靖辛酉陸光祖《重刻五燈會元募緣文》，謂徑山大慈上人以此書殘板燬，欲募緣刻梓，以惠後，不遠千里而來謀，因乞一言以爲倡等語。光祖自題爲前禮部郎中三一齋主人。第一卷目後有“板留嘉興府平湖縣德藏寺”一行，版心有“三一齋”三字。伯䮪按：明密藏禪師謂秀水東禪寺有板流行，當與此本有别。半葉十行，行二十字。此書前人定爲宋釋普濟撰，清四庫本及瞿氏所藏元本均如此。惟近人貴池劉氏景刻日人所藏宋寶祐本，其跋語則據宋王楙序“慧明首座萃五燈爲一集”之言，定此書撰人爲慧明，非普濟。謂内府本及瞿本當無王楙序，非此宋本復顯，無以訂正撰人之誤。伯䮪按：至正二十四年此書序云，宋季靈隱大川禪師濟公集學徒作《五燈會元》，是此書非一人手撰，慧明、普濟，當是同与斯役者。普濟當是首事之人，慧明當是總編纂之成者，兩題均當於事實，似非顯然謬誤也。普濟爲靈隱寺僧，人多知其事略。慧明字無晦，鹽官人，出家祥符寺，了一心三觀之旨。晚居常照寺，日誦《法華》以爲常課，《楞嚴》《圓覺》諸經，亦循環諷讀，持彌陀號，日數萬聲。慶元五年春，累足而逝。近人衡陽喻氏所編《新續高僧傳》四集，以普濟入《淨讀篇》，見卷四十二。明密藏禪師道開遺筆，藏逸經

書，謂《五燈》今藏中止收《景德傳燈》，餘燈未收，而世亦
鮮流行，則《五燈會元》，不得不收云云。是前人絕重其書。清
《四庫提要》謂《五燈會元》删掇精英，去其冗雜，考論宗系，
分篇臚列，以七佛爲首，次四祖、五祖、六祖，南嶽青原以下，
各按傳法世數載入。於釋氏之源流本末，指掌了然。可與僧寶
諸傳同資釋門之典故。固屬定評。近人況周儀夔笙所撰《筆
記》，謂其可資攷證，曾揭出數條。劉氏跋語又謂書中多唐、宋
人方言，及故訓雋字。如九白即九年，爲唐時印度方言，活鱍，
鱍不作潑，馬人鶴衆，犍稚𠫤哥，可備詞林攟摭。則館臣所謂
非諸方語録掉弄口舌者可比，其言良是矣。而明李蓘《黄谷謏
談》，謂，《五燈會元》諸僧偈，煞有佳者，無論入理也，尤爲讀
此書者針度。九白見此本卷一第三十一葉，“我止林間，已經九
白”，夾注云，印度以一年爲一白。卷一第五十三葉，述東土祖
師達磨凡三周寒暑達於南海，實梁普通七年庚午歲九月二十一
日也。廣州刺史蕭昂具主禮迎接，表聞武帝。帝覽奏，遣使齎
詔迎請，十月一日至金陵。夾註云，舊板年甲差誤，今依《梁
僧寶唱續法記》《宋嵩禪師正宗記》前後改正。景宋本則作普通
七年丙午，與此不同。所謂舊板，不知何本，景宋本謂武帝迎
請，當大通元年丁未歲。注云，普通八年三月改元，下云，十
月一日至金陵，是達磨丙午歲至南海，丁未歲入金陵。若如嘉
靖刻，則庚午九月至南海，十月一日即入金陵矣。以理測之，
道里遼遠，表聞齎詔，未必一月即辦，以宋本爲長。此又劉氏
所未及也。瞿氏元本，當尚寶藏，安得合此數本而一勘全書耶！
金少林寺僧志明，仿李瀚《蒙求》體，撰《禪苑蒙求》三卷，
融會釋氏事實，出於《五燈會元》者爲多。日本寬文九年有刊
本，此土未見舊本流傳也，亦可取以對勘。此書爲四明范氏天

一閣舊藏，每册首有"古司馬氏"朱文方形章。

廬山蓮宗寶鑑十卷元刻本。

元廬山東林禪寺白蓮宗善法祖堂勸修净業僧普度撰。前有
延祐甲寅沙門希陵題記，略云，雁門尊者，社結勝流，策勳净
業，是以念佛之道，唱行於世，迨今千年，謂之白蓮宗也。去
古已遠，法流成弊，邪道混淆，微旨曖昧。由是優曇和尚乘宿
願力，痛嗟正宗，奮真實心，探尋要旨，編次本末，剖分偽真，
定爲十門，名曰《寶鑑》。賫赴大都，咨扣罽賓班的荅灌頂國
師，證無叢脞，契合佛經，乃爲聞奏。欽遇皇上金輪皇帝，聖
通佛慧，道合天心，至照無私，獎稱曰善，教刊板印行，頒降
聖旨，遍行各省。明教上《仁宗正宗論》，息闢佛之議於當時；
優曇獻皇上《寶鑑編》，復白蓮之教於今日。雖年代相遠，蓋事
實相符，其名同芳而不萎，其功並垂而不朽矣。又普度自記云，
謹自編集《蓮宗寶鑑》一部，發明佛祖念佛三昧，已蒙諸尊宿
善知識題跋印證。來詣大都，禮拜罽賓國公班的荅師父主監佛
法。得奉法旨教般若室利長老賢耶那、室利闞羅羅司丞，於至
大元年十月十一日至隆福宮今上皇帝潛龍時分，月海怯薛第一
日親捧《蓮宗寶鑑》，啓奉令旨，教刊板印行者，敬此。即於大
都明理不花丞相施到無量壽法王寺内鏤板，已遂畢工。所集洪
因，端爲祝延皇帝聖壽萬安，皇太后、皇后齊年，太子、諸王
千秋，文武官僚高增禄位，皇圖永固，佛日光輝。凡曰見聞，
同成佛道。皇慶壬子正月圓日優曇普度謹識。次記助緣，高麗
助緣施財鏤板名字。次有普度敍列蓮宗歷史，略云，東晉遠公
祖師因聽彌天法師講《般若經》，豁然大悟，入於無量，甚深三
昧。遊止廬山，與高僧朝士結社修行，故云清教三昧。其名甚

衆，功高易進，念佛爲先，因以白蓮名其社焉。師乃著《念佛三昧序》，蓋發揚此理也。天台智者判教，謂觀《無量壽經》爲大乘終實之救，以三觀澄心者，蓋顯念佛之旨也。法照尊者若禮文殊而求指，蓋指此法也。省常禪師結淨行社，宰相名卿皈嚮同修者，蓋此道也。長蘆賾禪師結蓮花勝會感普賢、普慧二菩薩入會，蓋證明此道也。慈照宗主以本願力示現世間，發廣度心，引權就實，隨機化導，蓋欲令利根、鈍根俱悟此道也。集白蓮懺，開四土圖，以信行願爲資粮，以戒定慧爲樞要，蓋立此念佛正宗也。宋高宗御書“蓮社”二字，蓋崇此法門也。欽惟大元普天一統，諸國來朝，人心樂善。廬山東林禪寺巖圓應日禪師欽奉聖旨，住持道場，修營梵宇，集諸賢傳，乃追古而整宗綱，架大法橋名宗遠，而開祖道。一十八載，提倡宗乘之外，常以念佛三昧開導人天。至元壬辰秋，赴慶元路育王山廣利禪寺請，而遞席于開先悅堂閣禪師，相繼住持。元貞元年正月，述明居士燕覺道破衣和尚欽奉聖旨，賜白蓮宗善法堂護持教法。元真二年正月，又欽奉聖旨賜通慧大師白蓮宗主，仍賜金襴袈裟，於大德五年十月欽奉聖朝頒降御香、金籙到寺。自晉至今，僅乎千載，感斯恩耀，退方異域，若賢若愚，皆從化焉。

禪宗永嘉集注上下卷明刻本。

序前題云，唐慶州刺史魏靜述，宋石壁沙門行靖注。並云序者，緒也，如繭得緒，緒盡一繭之絲，茲集得緒，緒盡一集之事。卷上云，禪宗者，唐梵合目，梵云禪那，此翻思惟修，亦名靜慮，斯皆定慧之通稱也。宗者主也、尊也，良由尊於禪，故以禪爲主，融通諸法，唯一禪理，經云森羅及萬像一法之所

印，故曰禪宗。前有閩南宗沙門戒珠述序云，無相大師，東嘉
之有道者，南適曹溪，嗣法於六祖慧師，退而約三乘之義有述
焉。其述之書本一卷，勒爲十篇，損華固實，誅剪妄僞，大以
定慧遮照之旨，是其本也。有唐先天中，大師没，鉅鹿魏靜得
其書而嘗爲序，題其首。先天已還，移三百年，世以其所伸引，
沖邃汗漫，於聖賢之教，盛有樹立，不敢贅疣其義，往往興辭
發論，有所凝滯者，猶皆引而爲之證云云。次有楊億撰《無相
大師行狀》，略云，溫州永嘉玄覺禪師，永嘉人也，姓戴氏，丱
歲出家。徧探三藏，精天台旨，觀圓妙法門，後因左谿禪師激
勵，與東陽策禪師同詣曹谿，著《禪宗悟脩圓旨》，自淺之深，
慶州刺史魏靖緝而序之，成十篇，目爲《永嘉集》及《證道
歌》，並盛行於世。末題洪武二十五年赴郡沙門法臻重刊，正統
十三年山東靈岩寺比丘惟浩重刊，正德十三年金臺廣化等比丘
真聰重刻。半葉九行，行十八字。

林泉老人評唱投子青和尚頌古空谷傳聲三卷元刊本，楊理庵舊藏。

　　前題參學比丘義聰録。前有至元甲申樂然居士析津姜端禮
序，序有云，握空王之利劍，秉佛祖之威權，啓衲子之機關，
張叢柯之榜樣。人徒知聲出於谷，而不知谷本無聲；知道在于
書，而不知書本非道。蓋一言所捨，已爲雪上加霜；百則機緣，
盡是水中撈月。半葉十一行，行二十字。繆氏《藝風堂藏書續
紀》卷三著録元刊本《林泉老人虛堂習聽録》三卷，爲此丘慧
泉編。有元貞元年姜端禮序，行數、字數，雙邊白口，上有注
明字若干，亦與此同，當是同時刊本。此本前有"楊印泰亨"
白文章。檢《前清進士題名録》，知楊爲浙江慈谿人，同治乙丑

科第二名進士，授職檢討。是科狀元爲滿人崇綺，三甲一名則爲桐城吳氏汝綸也。會稽李氏《白華絳柎閣集》有《嶺嶠望雲圖詩》，爲楊理奄檢討泰亨題，又有《送楊理奄檢討重典試湖南》之作，則楊固當時名士矣。

弘明集十四卷_{從明支那本寫録。}

梁釋僧祐撰。祐姓俞氏，彭城下邳人。初出家揚都建初寺。武帝時居鍾山定林寺。前人謂其所輯自東漢以下至梁代闡明佛法之文，其學主於戒律，其說主於因果，大旨則獨伸釋氏之法，六代遺編，此爲最古。梁以前名流著作，世無專集者，頗賴以存，即此書也。《唐書·藝文志》著録。清《四庫》本僅有祐自撰後序，而無前序，諸家所藏皆然。此從明《釋藏》中鈔出，猶存前序，沈氏《匏廬詩話》卷下云，元妙明子《析疑論》五卷，設爲主客問難，其辨論、指歸，大抵取諦於牟融《理惑篇》，中兩引牟子，皆在三十七篇之外，則知《弘明集》所録，尚非太尉完書矣。又《章氏遺書》云，六朝之人多深於禮，《通典》禮議，諸史《禮志》《刑法》諸篇，駁議文多精鑿，根柢經術，大源固出《禮經》，亦頗參申、韓、名、法家言，戰國之一流也。更有見於《弘明集》中，如夷夏諸論，則清辨言妙，又是一種，蓋莊、列之餘，亦戰國之一流也。則此書之可資攷覈者，洵不尠矣。前有自序，略云，余所集《弘明》，爲法禦侮，通人雅論，勝士妙説，摧邪破惑之衝，弘道護法之塹，亦已備矣。然智者不迷，迷者乖智，若導以深法，終於莫領，故復撮舉世典，指事取徵，言非榮華，理歸質實，庶迷途之人，不遠而復，總釋衆疑，故曰《弘明》。論云，詳檢俗教並憲章五經，所尊唯天，所法唯聖，然莫測天形，莫窺聖心，雖敬而信

之，猶矇矓弗了。況乃佛尊於天，法妙於聖，化出域中，理絕
繫表，肩吾猶驚怖於河漢，俗士安得不疑駭於覺海哉！既駭覺
海，則驚同河漢，一疑經說迂誕，大而無徵；二疑人死神滅，
無有三世；三疑莫見真佛，無益國治；四疑古無法教，近出漢
世；五疑教在戎方，化非華俗；六疑漢魏法微，晉代始盛。以
此六疑，信心不樹，將溺宜拯，故較而論之。夫信順福基，迷
謗禍門，而況矇矓之徒，多不量力，以己所不知，而誣先覺之
徧知；以其所不見，而罔至人之明見。鑒達三世，反號邪僻，
事拘目前，自謂明智。於是迷疑塞胸，謗讟盈口，輕議以市重
苦，顯誹以賈幽罰。言無錙銖之功，慮無毫釐之益。逝川若飛，
藏山如電，一息不還，奄然後世，報隨影至，悔其可追。現世
幽徵，備詳典籍，來生冥應，布在尊經。但緣感理奧，因果義微，
微奧難領，故略而不陳。前哲所辨，關鍵已正，聊率鄙懷，繼之
於末。雖文非珪璋，而事足肇鑑，惟愷悌君子，自求多福焉。

弘明集十四卷明汪氏校刊本。

梁釋僧祐撰。前有萬曆丙戌汪道昆序，後人稱爲汪刻本者
也。序略云，由東漢以迄當時，凡諸論著，足以弘道明教，羽
翼法門者，總之則閟儒什七，開士什三。漢明釋教，始入中國，
西極之化，未之前聞。重以言語不通，謠俗不昌，久之則譯其
言，其言可譯，格其俗，其俗可因，於時學士大夫、比丘弟子，
羣然倡和，有若于喁，彼或薄以先聲，亦且建旗鼓當之矣。及
夫初祖既東，言筌畢廢，六祖南矣，登最上乘，故其教入梁滋
昌，躋唐滋大。梁則僧祐，唐則道宣，云作風行，會逢其適，
是二集之所由輯云。末題萬曆丙戌夏六月望方外司馬汪道昆著，
半葉十行，行一一十字，上黑口，魚尾下題弘明集卷之幾。

開元釋教録二十卷明寫本。

唐釋智昇撰。智昇開元中居長安西崇福寺著此，以三藏經
論，編爲《目録》。不分門目，但以譯人時代爲先後，起漢明帝
永平十年，迄開元十八年，中間傳經緇素，總二百七十六人，
所出大小二乘、三藏聖教及聖賢集傳，並及失譯，總二千二百
七十八部，合七千四十六卷，分爲二録。佛氏舊文，兹爲大備，
所列諸傳，尤資考證。前人謂朱彝尊作《經義考》，體例與此同
符，或源出於是編，則其書固不特爲佛教史所取資，亦目録家
之針度矣。宋周敦義《翻譯名義集序》謂，閱《大藏》，嘗有
意效《崇文總目》，撮取諸經要義，以爲《内典總目》。蓋佛法
入中國，經論日以加多，自晉道安法師，至唐智昇作爲《目録
圖經》，蓋十餘家。今《大藏》諸經，猶以昇法師《開元釋教
録》爲準，後人但增《宗鑑録》《法苑珠林》于下藏之外。如
四卷《金光明經摩訶衍論》，及此土《證道歌》，尚多有不入藏
者。吾國家常命宰軸爲譯經潤文使，所以流通佛法至矣。特未
有一人繼昇之後。翻譯久遠，流傳散亡，真贗相乘，可重歎也，
蓋前人久以此書爲有益於攷覈矣。

貞元新定釋教目録三十卷從日本享保刊本寫録。

唐西京西明寺沙門圓照奉敕撰。其書仿釋智昇《開元釋教
録》而作，而下止於貞元十六年，凡加一百三十九部三百四十
二卷，亦多有訂定《開元録》者，宋元明南北藏皆不載。斯本
從日本享保十六年書坊本抄出，卷後多署丙午歲、或署丁未歲
高麗國大藏都監奉敕雕造。前有高野山釋妙端序，稱此本得之
高麗藏粵山釋迦文院，又以其國祕書本及《開元録》《梁高僧

傳》等書校之，題於書楣，而圈記其下。原序爲圓照撰，序云，
夫目録之興也，蓋所以別真僞、明是非，記人代之古今，標卷
部之多少，撫拾遺漏，删夷駢贅，欲使正教合理，金言有緒，
提綱舉要，歷然可觀也。但以法門幽邃，化綱恢弘，前後翻傳，
年移代謝，屢經散滅，卷軸參差，復有異人，時增僞妄，致令
混離，難究蹤由。是以先德儒賢製斯條録，今其存者殆六七家，
然猶未極根源，尚多疎闕。昇以庸淺，久事披尋，參練異同，
指陳臧否，成兹部袠，庶免乖違，幸諸哲人，俯共詳覽。今觀
先覺所撰，冠絶羣英，伏從庚午以來，增七十袟，三藏繼踵，
於今四朝。聖上欽明，翻譯相次，一百餘部，經律特明，累降
鴻私，許令修述。圓照等才智短淺，思不延文，祇奉皇恩，俛
仰若命。今所詳者，約以類分，隨三藏文相次附入，自惟以索
繼組，以礫次金。疑則闕之，以俟來哲也。

一切經音義一百卷附續音義十卷日本刊

　　《一切經音義》，唐元和中釋慧琳撰，附《續音義》，遼釋
希麟撰。日本元文二年刻。羅氏陸庵所著書有此書跋云，考
《宋高僧傳》周會稽郡大善寺行瑶慨郭迻《音義》疏略、慧琳
《音義》不傳，遂述《大藏經音疏》五百許卷，則此書五季時
已不傳。其書有關考證處至夥，卷六引《説文》賈祕書説，日
月爲易。今本易字注作祕書説，段氏玉裁注祕書即緯書。據此
知今本奪“賈”字，《漢書·賈逵傳》逵兩校祕書，賈秘書殆
即賈逵，許君嘗從逵學，故《説文》引逵説，或稱賈祕，或稱
賈侍中，而不名。段注以爲緯書，誤也。《説文》又無“笑”
字，桂氏馥《説文義證》據《五經文字》引補，此書卷十五引
《古今正字》云，笑，喜也。《説文》闕。《文字釋要》云從竹

夭聲，據此知《説文》本無從夭之笑。《五經文字》往往誤以《字林》爲《説文》，桂氏據之，誤矣。此均有功於古籍者。至卷一載前字从止、从舟，蔡邕加刂，刂水也，音古外反，俗從刀，誤。尤爲治蒼疋家未聞之説，其所引字書，如《桂苑珠林》《文字釋要》《文字曲説》《文字音義》《古今正字》《宁鏡》《字苑》《音譍》《韻英》《韵圃》《字指》《字統考聲》《聲類》等，又中土久佚之祕籍，一一具載於此，尤可寶也。昔孫伯淵先生得玄應書，已詫爲祕册，今慧琳書又數倍於玄應，伯淵先生九原可作，當以此誇示之云云。又按：臧氏《拜經堂文集》云，予嘗欲合刊呂氏《古易音訓》、宋氏《國語補音》、孫氏《孟子音義》、殷氏《列子釋文》、蕭何氏《晉書音義》、釋玄應《一切經音義》、慧苑《華嚴經音義》，爲《續經典釋文》。是此類之書，前人久已重視矣。

教乘法數十二卷明宣德间刊本。

明會稽沙門圓瀞集。前有宣德六年行在僧録司右講經江左道遐序。此序後有慶壽寺松陰識語，略云，吾佛所説一大藏教，諸祖判釋疏記，其間名相數量，如海浩博，學者未易測其涯涘。昔有爲《藏乘法數》者，要而太簡，後深公繼集之，名《賢首法數》，間嘗閱之，未免有彼此廣略之見。圓瀞早遊天竺，從先師雨翁習天台教，既而從事長干，閒居觀室，得以披尋經教，采集名數，歷寒暑而藁始成。兹承檀施壽梓流行，學佛者覽之，亦少助進修云。全書楷寫，上、下小黑口。

象教皮編六卷明萬曆刻本。

明陳士元著。卷首有徐元太序。書分六卷，一曰梵譯、二

曰名數、三曰異談、四曰禪語、五曰評經、六曰移牘。名曰
《皮編》者，蓋取達磨以不執文字、不離文字，爲得吾皮之説以
立名也。士元自序稱，弱冠時習業南雍，期滿寓報恩、天界二
寺，凡八十餘日，盡取三藏並諸僧語録讀之，茫然無見於玄微
之旨。七十歸田，私擬平生所歷之境，操心酬應之概，似與釋
典暗合，乃彙輯《釋家語》六卷云云。按此書《梵譯》《名數》
兩卷，則類於三藏《法數》、佛《爾雅》，《禪語》《評經》《移
牘》等卷，則有似小説家言。全書不註出典，實蹈明人著書陋
習。士元在明代，號稱博洽，而所著往往如此，毋亦貪多之
過歟。

神僧傳九卷 明永樂官刊本，孫淵如舊藏。

明永樂間奉勅撰。前有御製序，略云，神僧者神化萬變而
超乎其類者也，然皆有傳，散見經典，觀者猝欲考求三藏之文，
宏博浩汗，未能周徧。故間繙閱采輯各傳，總爲九卷，如入寶
藏，衆美畢舉，遂用刻梓以傳，昭著其迹于天地間，使人皆知
神僧之所以爲神者，有可徵矣。用書此于編首，概見其大意云
爾。清《四庫總目》云，此書不著撰人名氏，焦竑《國史經籍
志》載此書，卷帙相符，亦不云誰作。所載始於漢明帝時摩騰
法蘭，終於元世祖時國師帕克巴，凡二百八人，蓋元人所撰。
《帕克巴傳》稱，大德七年卒，皇慶間追封大覺普惠廣照無上帝
師。則書成於仁宗以後也。二百八人中，宋僧僅十六人，十六
人中，北僧十三人，南僧僅三人，似爲北僧所著，然遼、金竟
無人，又不知其何意矣。大旨自神其教，必有靈怪之迹者乃載，
故以《神僧》爲名。而諸方大德談禪持律者，則概不録焉。伯
驥按：此書前既有永樂十五年正月初六日御製序，而王圻《續

文獻通考》亦云，《神僧傳》永樂間命侍臣輯，實得其真，館臣蓋考之未審也。至錢氏載入《元史・藝文志》，則誤之甚矣。半葉十二行，行二十一字。此本爲孫氏星衍所藏，有"忠愍侯祠堂"章。

續高僧傳四十卷明支那本。

唐釋道宣撰。道宣姓錢，丹徒人，一云長城人。隋大業中住終南山白泉寺，後遷豐德、西昭二寺，持戒精苦，釋家稱爲宣律師。嘗著《廣弘明集》三十卷，又撰《法門文記》《三寶錄》《羯磨戒疏》《行事鈔》《義鈔》等。唐乾封二年卒，春秋七十二，咸通十年敕謚澄照。是書承梁慧皎之書而作，亦分十科，曰繹經、曰解義、曰習禪、曰明律、曰護法、曰感通、曰遺身、曰讀誦、曰興福、曰雜科，與前書標目稍異。每科系以總論，每卷有音義。自序稱，始梁初運，終唐貞觀十有九年，凡三百三十一人，附見一百六十人。叙述宏瞻，不讓皎師。此萬曆中徑山寂照庵刻，卷後有墨圖記五行云，"福建福寧州福安縣尹丹陽賀學易施貲刻《續高僧傳》，計字若干、銀若干"。清《四庫》未收。卷三稱，融覺寺比丘曇謨最於義學，菩提留支見而禮之，號爲苦薛。讀其《大乘義章》，每彈指贊歎，唱言微妙，即爲胡書寫之，傳之於西域。西域沙門常東向而遙禮之，號爲東方聖人。與《洛陽伽藍記》所述略同。譯此土佛學之書爲他國文字者，此其權輿也。其餘可資考證者不少。

宋高僧傳三十五卷明刊本。

宋釋贊寧撰。此書所錄僧人，自唐高宗時爲始，意欲續唐釋道宣《續高僧傳》之後。蓋道宣之作，實繼梁釋慧皎《高僧傳》，迄唐貞觀而止也，凡正傳五百三十三人，而附見一百三十人。清《四庫總目》所謂傳授源流，最爲賅備，是矣。書爲奉詔而作，《咸淳臨安志》七十云，贊寧受業於祥符寺，學南山律，兼通六籍、史書、莊、老百氏之學。太平興國三年十月，贊寧奉阿商大王塔舍利歸，太宗皇帝賜號通慧大師。八年秋，詔撰《大宋高僧傳》三十卷。淳化二年，預史館集新書，五年爲右街僧録，三年遷左卿，崇寧三年賜號通慧圓明大師。王内翰元之與詩，有"詔修僧史涮江濱，萬卷書中老一身"之句，即其受詔撰書之事實也。晁氏《讀書後志》稱，贊寧，吳人，以博物稱於世。柳如京、徐騎省與之遊，或就質疑事。楊文公、歐陽文忠公，亦皆知其名。又王禹偁撰《通慧大師文集序》云，文穆王時，大師聲望日隆，文學益茂。時錢氏公族與大師以文義相切磋，浙中士大夫以詩什倡和。又《十國春秋》稱，贊寧本姓高氏，其先渤海人，隋末徙居德清縣。寶正中，捨身杭州靈隱寺爲僧，已而入天台山，受具足戒，習四分律，通南山著述毘尼，時人謂之律虎。遂署監壇，又爲西浙僧統。太平興國三年，忠懿王入宋，贊寧奉舍利真身塔以朝。太宗聞其名，召對滋福殿，賜紫方袍，尋賜號曰通慧，纂《高僧傳》三十卷，《内典集》一百五十卷、《外學集》四十九卷，又著《通論》，有駁董仲舒、難王充、斥顏師古、證蔡邕、非《史通》等説，及《筍譜》《物類相感志》諸書。伯驥按：《青箱雜記》謂贊寧常作七篇，以斥顏氏《匡繆正俗》，惜其書不傳，所謂斥顏師古者是也。《十國春秋》文與《咸淳臨安志》，互有詳略，故一併述之，是贊寧於史事、文學及攷訂，均有專書，宜其著述之足傳於後也。至宋釋惠洪撰《林間録》，所記高僧嘉言懿行，並非蹈襲前文，可資以訂正贊寧此傳之僞誤者不少焉。

諸佛世尊如來菩薩尊者名稱歌曲一卷 明永樂刻本。

明成祖撰。前有御製序。伯驥按：《十住斷結經》一不男音、二不女音、三不強音、四不奭音、五不清音、六不濁音、七不雄音、八不雌音，是爲八種梵音。可知梵天音聲，佛門所重，然改梵爲秦，失其藻蔚，雖得大意，殊隔文體，有似嚼飯與人，非徒失味，乃令嘔饍也。此又後來所譏。又，宋山陰黃度《書說》注云，予讀《晉書·鳩摩羅什傳》曰，天竺國俗甚重文，制其宮商體韻，以入管絃爲善。凡覲國王，必有贊德，佛經中偈頌，皆其式也。樓大防爲予言，其太師公嘗守括蒼，有樂工善譜曲，凡詩賦序記皆能譜之。有舉子使譜經義，亦能成曲。明年又使譜之，與陳譜無差錯，且曰凡文皆可譜，必作得好乃爾，謬妄之作，不能成曲云云。可知此種曲調，其來已古。又明鄭瑗《井觀瑣言》云，永樂四年，迎西僧尙師哈立麻至京師，車駕往視，無拜跪禮，合掌而已。五年啓建法壇於靈谷寺，薦祀皇考皇妣。尙師率天下僧伽，舉揚普度。十有四日，卿雲天花，甘露甘雨，舍利祥光，青鳥白鶴，連日畢集。一夕檜柏生金花，徧於成都。金仙羅漢，化現雲表。白象青獅，莊嚴妙相。天燈導引，幡蓋施繞。又聞梵唄空樂，自天而降。郡臣上表稱賀，自是上潛心釋典焉。後御製佛典，並刊佛曲以傳。陳氏建曰，番僧善幻，無亦其幻也歟。然則永樂間佛曲之成，殆由於哈立麻也。

纂圖互注老子道德經二卷 宋刊本，明张德载舊藏。

《道經》一卷，《德經》一卷，題說曰河上公章句注釋，宋景定刊本，此爲《六子》之一。前有景定改元龔士卨《六子全書序》、葛元道《德經序》，初真之圖，金丹之圖，《老氏聖紀圖》《混元三寶圖》。蓋南宋國子監先有荀、揚、老、莊四子小字本，建安書坊加以篆圖互注寫作大字爲此本，號《四子》。見楊子序後木記。景定中龔氏又加《文中子》《列子》爲《六子》，其書先河上公注；次解，“解曰”二字，以黑質白章小字別之；次互注，“互注”二字，以黑質白章大字別之；次音釋，以圜圍之；次重言重意，以黑質白章小字別之。音切皆本陸氏《釋文》，而不全録。所稱“解曰”者，不著作者姓名，徧攷王弼、蘇子由、王雱、林希逸各注，乃知出林希逸《盧齋老子口義》。希逸，福建人，士卨亦福建人，書亦建寧書坊所刊也。士卨字子質，號石盧子，不標明者，校刊人之陋也。前人以此書當刻自建寧，以龔氏、林氏皆閩人故知之。半葉十一行，行二十一字，注雙行，行二十五字。卷首有“吳江張基德載圖書”朱文長印。《吳江縣志》云，張基字德載，于書無所不窺，尤邃於經術，著述甚富。崇禎時贈翰林院待詔。

老子二卷　南宋坊刻巾箱本。

前列《老子道德經序》，次行越七格，題《太極左仙公葛玄造序》，後歷叙河上公出處凡四百二十八言，爲世德堂本所無。次列《老子車制圖》，又次爲篇目，蓋已分《道德經》爲二矣。首行題《篆圖附釋文重言互注老子道經》上，次行低一格題河上公章句第一，又次低三格，題體道第一，半葉十三行，行大小俱二十三字。前人謂是書較世德堂本絕勝，訂正可百許字，如春登台，不作登春。伯驥按：易順鼎《讀老札記》上云，如春登臺，按古本作如登春台，與上文“如享太牢”一例。俞氏謂當作“如春登台”，與十五章“若冬涉川”句法相似，其說甚辨，然《文選》張孟陽《魏都賦》注曰，異乎《老子》曰，若升春臺之爲樂焉。《秋興賦》云，"登春臺之熙熙"，注亦引《老子》作登春臺。是魏晉至唐，古本皆作登春台，無作春登臺者矣。河上本亦作如登春台，《文選・閒居賦》注所引不誤。

道德真經廣聖義五十卷 明寫本。

前題唐廣成先生杜光庭述。前有天復元年序。《道藏目錄》云，内述太上事跡、氏族、降生年代，敍經大義，即此書也。卷前有唐開元御贊，次真宗皇帝御製像贊并序，次老君度關銘並序，次孝宗皇帝《御製原道論辨》，次侍講程尙書《易老通言撮要》，次嘉定甲申周觀復序。第一卷序經大意解疏，序所引老君應跡；第二卷敍老君事跡、氏族，降生年代，聖唐册號；第三卷釋御疏序上；第四卷釋御疏序下，釋題訓明體用；第五卷已下釋經文。杜序略云，《道德經》自函關所授，累代尊行，哲后明君，鴻儒碩學，詮疏箋注，六十餘家，則有《節解》上下、老君與尹喜解。《内解》上下、尹喜以内法旨解之。《想爾》二卷，三天法師張道陵所註。河上公《章句》、漢文帝時降居陝州河濱，今有廟見存。嚴君平《指歸》十四卷、漢成帝時蜀人，名遵。山陽王弼注、字輔嗣，魏時尙書郎。南陽何晏、字平叔，魏駙馬都尉。河南郭象、字子玄，向秀弟子，魏晉時人。潁川鍾會、字士季，魏明帝時人。隱士孫登，字公和，魏文、明二帝時人。晉僕射太山羊祜、字叔子，注为四卷。沙門羅什、本西胡人，注二卷。沙門口口，後趙時西國胡僧也，口口口二卷。沙门僧肇、晉時人，注四卷。梁隱居陶弘景、武帝時人，貞白先生注四卷。范陽盧裕、後魏國子博士，名白頭翁，注二十卷。草萊臣劉仁會、後魏伊州梁縣人，注二卷。吳郡徵士顧歡、字景怡，南齊人，注四卷。靈仙人、隱青溪山，無名氏年代。晉人河東裴楚恩、注二卷。秦人京兆杜弼、注二卷。宋人河南張憑、字長明，太常博士，注四卷。梁武帝、蕭衍，注《道德經》四卷，證以因果爲義。梁簡文帝、蕭綱作《道德述義》十卷。清河張嗣、注四卷，不知年代。梁道士臧玄静、疏四卷。梁道士孟安排，號大孟，作《經義》二卷。梁道士孟智周、號小孟，注五卷。梁道士寶略、注四卷。陳道士諸糅、作《玄覽》六卷。隋道士劉進喜、作疏六卷。隋道士李播、注上、下二卷。唐太史令傅奕、注二卷，并作《音義》。唐嵩山道士魏徵、作《要義》五卷，爲太宗丞相。法師宗文明、作《義泉》五卷。仙人胡超、作《義疏》十卷，西山得道。道士安丘、作《指歸》五卷。道士尹文操、作《簡要義》五卷。法師韋録、字處玄，注《兼義》四卷。道士王玄辯、作《河上公釋義》一十卷。諫議大夫蕭明觀主尹愔、作《新義》十五卷。道士徐邈、注四卷。直翰林道士何思遠、作《指趣》二卷、《玄示》八卷。衡嶽道士薛季昌、作《事金繩》十卷、《數》一卷。洪源先生王鞮、注二卷、《玄訣》二卷。法師趙堅、作《講疏》六卷。太子司議郎楊上善、高宗時人，作《道德集注真言》二十卷。吏部侍郎賈至、作《述義》十一卷、《金鈕》一卷。道士車弼、作注七卷。任真子李榮、注上、下二卷。成都道士黎元興、作《注義》四卷。太原少尹王光庭、作《契原注》二卷。道士張惠超，作《志玄疏》四卷。襲法師、作《集解》四卷。通義郡道士任太玄、注二卷。道士沖虚先生、殿中監申甫、作疏五卷。岷山道士張君相、作《集解》四卷。□□□玄英，作《講疏》六卷。玄宗皇帝所注《道德》上下二卷，《講疏》六卷。即今所廣疏矣。所釋之理諸家不同，或深了重玄不滯空有，或溺推因果偏執三生，或引合儒宗，或趣歸空寂。我開元至道昭肅孝皇帝，降神龍變，接統象先，戡内難以乘乾，咨中興而御極，無爲在宥，四十五年躬注八十一章，製疏六卷。内則修身之本，囊括無遺；外則理國之方，洪纖畢舉。宸藻遐布，奪五雲之華，天光焕臨，增兩曜之色。固可以季仲十翼，輝映二南，冠九流而首出，垂萬古而不刊。則《大風》《朱鷹》之謌，誠難接武；《典論》《金樓》之作，詎可同年！但以疏注之中，引經合義，周書魯史，互有發明，四始漆園，或申屬類，後學披卷，多嘗本源。輒採撮衆書，研尋篇軸，隨有比況，咸得備書，纂成廣聖義五十卷，大明在上而爝火不休，巨澤溥天而灌浸不息。誠不知量，粗備闕文。天復元年龍集辛酉九月十六日甲子序。

老子鬳齋口義 元刊本，濮州李氏、北平孫氏舊藏。

前題鬳齋林希逸。蓋林著《三子口義》之一也。前有林氏序則稱《發題》，序云，老子姓李氏，名耳，字伯陽，以其耳漫無輪，故號曰聃，楚國苦縣人也。仕周，爲藏室史。當周景王時，吾夫子年三十，嘗問禮於聃，其言屢見於《禮記》。於夫子爲前一輩，《語》曰述而不作，竊比于我老彭。太史公謂夫子所嚴事，亦非過與也。及夫子没後百二十九年，有周太史儋，嘗見秦獻公言離合之數。或曰儋即老子，非也，儋與聃同音訛云。周室既衰，老子西遊將出散關，關令尹嘉知爲異人，強以著書，遂著上下篇五千餘言而去。其上下篇之中，雖有章數亦猶《繫辭》上下，然河上公分爲八十一章，乃曰上經法天，天數奇，其章三十七；下經法地，地數偶，其章四十四。嚴遵又分爲七十二，曰陰道八，陽道九，以八乘九，得七十二，上篇四十，下篇三十二。初非本旨，乃至逐章爲之名，皆非也。唐玄宗改定章句，以上篇言道，下篇言德，尤非也。今傳本多有異同，或因一字而盡失其一章之意者，識真愈難矣。大抵老子之書，其言皆借物以明道，或因時世習尚就以諭之，而讀者未得其所以言。故晦翁以爲老子勞攘，西山謂其間有陰謀之言。蓋此書爲道家所宗，道家者流，過爲崇尙其言，易至於誕，既不足以明其書，而吾儒又指以異端，幸其可非而非之，亦不復爲之參究。前後註解雖多，往往皆病於此。獨穎濱起而明之，可謂得其近似，而文義語脈，未能盡通，其間窒礙亦不少，且謂其多與佛書合。此却不然，莊子宗老子者也，其言實異於老子，故其自序以生與死與爲主，具見《天下篇》，所以多合於佛書。若《老子》所謂無爲而自化，不爭而善勝，皆不畔於吾書。其所異者，特矯世憤俗之辭，時有太過耳。伊川曰，老氏《谷神》一章，最佳。胡文定曰，五千言如我無事，我好静，我有三寶，皆至論也。朱文公亦曰，漢文帝、曹參只得《老子》皮膚，王導、謝安何曾得老子妙處。又曰，伯夷微似老子。又曰，晉宋人多説莊老，未足盡莊老實處。然則前輩諸儒亦未嘗不與之，但以其借寓之語，皆爲指實言之所，未免有所貶議也。此從來一宗未了疑案。若研究推尋，得其初意，真所謂千載而下，知其解者旦暮遇之也。此書爲明濮州李氏廷相遺本，有其藏章。廷相號蒲汀，家多藏書。明王氏《寄道原弟書》一云，李蒲汀家好書甚多，其子若相識，可時與之借録。不必求好，只以有此書爲貴，又要抄字不訛，須着吏查考參對。大抵蒲汀家書好者第一是板好，此不足喜，但是宋儒經義，及查考制度、樂律、水利、兵刑等項，名數之書爲上，文集次之，至於雜家小説又次之。此一事須着意，如飲食然乃可得，若游游泛泛，決不可得也。見《王遵岩集》家書類、李氏小史，又詳本目集部《歐陽文忠集題記》。此書又有孫氏萬卷樓章，蓋清初北平孫氏承澤舊藏也。承澤號退谷，宛平人。明崇禎辛未進士，爲給事中。入清朝，官至吏部侍郎。藏書處曰萬卷樓，與項篤壽同。此本有前人題記，謂爲淵如遺本，殆誤。書前並有項城袁寒雲墨筆題記一葉。

道德真經取善集十二卷 明抄本。

宋饒陽居士李霖撰。前有劉氏序，略云，道者人之所共由，
德者心之所自得。道者亘萬世而無弊，德者充一性而常存。老
子當周之末，道降而德衰，故著書以明道德，其辭簡，其旨遠。
當商之季，世道衰微，由乎文弊，於是思復太古之純，載暢玄
風，以激其流俗。至於輕蔑仁義，屏斥禮學，蓋非過直，無以
矯枉。仲尼所以欽服，既見則歎其猶龍，惟聖知聖，始云其然
也。關尹覩紫氣之瑞，識其真人度關，虔誠叩請，方垂至言。
議者咸謂五經浩浩，不如二篇之約，良有以也。莊周、列禦寇
羽翼其教，亦猶鼓大浪於滄溟，聳奇峻於喬嶽，此尚擬其迹，
而未盡其意。漢文、景間，治尚清静，世治隆平，率自曹參宗
蓋公之訓，足知道德範世之驗，果不虚云。惜乎，晉朝流爲浮
誕，王衍清談反壞淳風，阮籍猖狂又隳名教，失其本而循其末，
可不哀哉！賴隋之王仲淹深識其故，以謂虚玄長而晉室削，非
老莊之罪，以其用之不善也。唐韓愈猶譏其小仁義，如坐井觀
天。嗚呼，愈負其才而昧於道，是亦聾盲於心，而不知太山雷
霆，可以驚其耳而駴其視也。篤信之士，代不乏人，各隨其意，
爲之注解，殆數十家，不惟觀覽之煩，抑掊集之不易。饒陽李
霖字宗傳，性善恬淡，自幼至老，終身確然，研精於五千之文，
會聚諸家之長，并敘己見。譬若八音不同均適於耳，五味各異
皆可於口，庶廣其見而博其知。王賓迺先生之舊友也，賞其勤
而成其志，命工鏤板，俾好事者免繕寫之勞，時大定壬辰河間
劉允升序。次有李氏序，略云，物之共由者道也，道之在我者
德也。道妙無形，變化不測；德顯有體，同焉皆德。自其異者
視之，則有兩名；自其同者視之，其實一致。末學之人，言道

者每不及德，言德者同及於道。老子憫道德之衰微，著書九九篇，以明玄玄之妙，內則修心養命，外則活國安民，爲羣言之首，萬物之宗。自有書籍已來，未有如斯經之妙也。後之解者甚多，得其全者至寡，各隨所見，互有得失。通性者造金神之妙，道於命或有未至；達命者得養生之要訣，於性或有未盡。霖自幼及壯，漫誦玄言，以待有司之問。今已老矣，欲討深義，以修自己之真。今取諸家之善，斷以一己之善，非以啓迪後學，切要便於檢閱，目之曰《取善集》。饒陽居士李霖序。

道德經講義十二卷 明宣德刊本。

前題宋左街鑒義主管教門公事佑聖觀虛白齋高士呂知常撰進，前有宣德七年誥授履和養素崇教高士錢塘周思得序。次有淳熙十五年《進道德經講義表》，略云，濫叨高士，已愧異恩；薦補道官，又逾微分。雖敬奉香火於晨昏之際，亦竊窺簡册於灑掃之餘，輒研夫八十一篇，妄綴以十萬餘字。中有物，中有象，皆發揮上古之真詮；我無欲，我無爲，庶裨益聖朝之盛化。苟一言之可錄，雖萬死以奚辭。臣所撰《道德經講義》一部十二卷，謹隨表上進以聞。上下黑口，書名在上魚尾下，半葉十行，行十九字。本文字較大，講義字微小，句讀以圈斷之。

莊子郭注　卷 明刊本。

唐陸德明音義，明鄒之嶧校刊。前有馮夢禎序，略云，注莊子者郭子玄而下，凡數十家，而精奧淵深，有發莊義所未及者，莫如子玄氏。近世金陵焦弱侯並行老、莊《翼》，蓋全收郭注而並及諸家，趙女吳娃，俱充下陳。余則盡去諸家，而單宗郭氏，迴頭一顧，六宮無色。又有陳繼儒序，略云，古今文章

無首尾者，獨莊騷兩家，蓋屈原、莊周皆哀樂過人者也。哀者
毗於陰，故《離騷》孤沉而深往；樂者毗於陽，故南華奔放而
飄飛。哀樂之極，笑啼無端，笑啼之極，語言無端，乃註者定
以首尾求之。李北海所謂似我者拙，學我者死也。《莊子》註，
舊有四十九部，五百一十六卷，近世老、莊《翼》最稱駢辨，
而吾友鄒孟陽則謂餘註皆可盡廢，獨以郭子玄孤行足矣。莊生
之學，後世排斥太過，如《徐藻妻與妹書》，且以浮華目之，而
道家者流，更推而附之上真之籍，是皆可笑。陶都水言，周師
長桑公子隱抱犢山，服北育火丹，白日沖舉，補太極韋編郎，
唐玄宗遂號爲南華真人。京師置崇玄館，諸州生徒習老、莊、
文、列者，謂之四子，蔭第與國子監同，謂之道舉。而《莊子》
之稱《南華經》自此始。其後宋徽宗又追封微妙玄通真君，儼
若帝聃而相莊者。第三爲吳之鯨題辭，略云，余門人鄒孟陽嗜
書慕古，尤珍此編，惜無善本，因精校而付之梓。半葉九行，
行十八字。

列子八卷 明世德堂刊本，黃蕘圃手校，海源閣舊藏。

　　此爲世德堂顧氏刊本之一，蕘圃據宋本校之者，有題語三
則，均在卷末。其一云，此所校宋本《列子》，殷敬順《釋文》
未行以前本也，其中間附作注者舊音。此本字句，往往與《釋
文》所云一本作某者合，洵古本也。惜中多修板及補鈔處，一
一注明，而通體描寫粘補字，不無涉而致誤矣。丙子蕘圃記。
又云，校訖，并鉤勒每行起訖，前二卷於小注不到底者，亦鉤
勒之。三卷後止鉤勒到底行款矣。又云，校宋本訖，偶檢盧抱
經《羣書拾補》，有專校《列子》張湛注，其所校都有與宋本
合者，用墨圈識之。而余因取補爲證，復取宋本雠之，又得數

字，始知校書不易，讎書爲急也。天壤間物，莫能兩全，能讀
書矣，而不能藏書，故雖能讀書如抱經，而所見非宋刻，故區
別《釋文》於張湛注外，如賈逵姓氏英覽、用綦十二故二條，
尚誤仞《釋文》爲注，坐藏書不多故也。而余幸藏有宋板矣，
坐不能讀書，故藏宋板《列子》二十餘年，未經用力，直至日
莫途遠，始究心焉，得無爲炳燭之明乎！書此志憾。時丙子五
月二十二日蕘圃又記。卷第一首葉，蕘圃墨筆題記云，宋本無
序目，每葉二十八行，每行大二十七字，小三十一字，大小二
十六至二十九字不等。篇名上空二格，後同。有"東郡楊氏鑑
藏書畫印"、"宋存書室"、"聊城楊氏所藏"、"楊印以增"、"至
堂"、"臣紹和印"、"彦合珍玩"各章。

冲虚至德真經解八卷明刊本。

　　前題杭州州學内舍生江遹撰，蓋宋人遺著也。解注《列子》
之本，據錢氏《曝書雜記》云，秦氏刻盧重玄注《列》，蓋得
於金陵道院，坊間所刻《道藏目録》，僅有林希逸《口義》，江
遹解、宋徽宗御注、高守元《集解》、殷敬順《釋文》、盧注及
張湛注，均未著録。秦氏謂張湛注、殷敬順《釋文》，宋碧虛子
陳景元補其遺，《道藏目録》亦僅録陳景元《南華真經章句音
義》，及《章句餘事》，而無《列子》，則所見不全矣。又云，
明刻張湛注附殷氏《釋文》，淆亂不可辨別，《道藏》有《釋
文》單刻本，惜未能借校。又云，蕭山汪氏繼培，從錢塘何夢
華元錫得影宋鈔本《列子》張湛注，又録《釋文》專本於吳山
《道藏》，刻於湖海樓，注及《釋文》，各自爲卷。又云，興化
任氏大椿，從淮瀆廟《道藏》得殷氏《釋文》，刻於燕禧堂，
附《考異》一卷。又云，汪氏所刻在任氏後，而不及參校，殆

未見印本，惜宋陳景元補遺，皆不分別於殷氏元本，猶未見真面也，是錢氏似尚未見江書。又《道藏》本有《冲虛至德真經四解》二十卷，爲金大定中平陽逸民和光散人高守元善長，取晉光祿勳張湛處度、唐通事舍人盧重玄、宋徽宗皇帝，及宋左丞范致虛謙叔之注，勒爲一書者。清《四庫提要》謂《列子》注本存於世者，張湛、殷敬順以外，惟林希逸、江遹二書。似尚未見《道藏》本。故以江書著錄惟日人島田翰《古文舊書考》，則江書之外，復標吳澄、朱得之、焦竑等書，謂林、朱二氏及焦氏所解，極爲淺陋，但張氏得其玄旨，江、吳二氏，頗領其意義。卷四。館臣謂江氏之解，文詞都雅，思致玄遠，殆不誣也。《提要》又稱遹注仿郭象注《莊》之體，擺落訓詁，自抒心得。領要標新，往往得言外之旨。唯於《周穆王篇》注云，穆王亦丹臺之舊侶也，謫降人間，塵俗之氣，尚未深染，故能安棲聖境。此雖下乘之所居，豈胎生肉人所能到哉！此數言殆似杜光庭、林靈素輩，未免自穢其書。是又剔其疵累矣。遹自署杭州州學內舍生，《提要》引《宋史》徽宗時始立三舍法，言之不詳。伯驥按：李心傳《朝野雜記》稱，太學養士，最盛於崇觀間，紹興中詔以七百人爲額，上舍生三十員、內舍生百員、外舍生百七十員。每三年科場，率四人而一，若即行校藝而升上者，則不待選舉而徑釋褐焉。《宋史・選舉志》，畫人入院，由太學法試補，其居職升降。士流始入學，爲外舍，外舍升內舍，內舍升上舍。《貴耳錄》稱，成均舊規，引試凡先在三等，而今在四等者，謂之退舍。宋施氏《會稽志》卷一云，終神宗一朝，三舍之法止行於太學。崇寧初，始議頒太學三舍之法於天下。議者謂方三舍之法行，士子無敢以禿巾短後之服行道上者，遇長上無敢不避道拱揖者，茶肆酒壚無敢輒遊者，市人不逞者、醉者或凌嫚之士子皆避去，無與較者，則不可以爲無補於教養。以上於當時太學三舍故事，言之至晰，若江氏則州學之內舍生也。今本《列子》，非《漢志》著録原帙，自高似孫、黄震後，疑者紛紛。近人何氏治運曾證爲晉人僞作，馬氏敍倫又列二十事以攻其僞。此又讀《冲虛至德經》者所宜攷覈矣。

抱朴子内第二十卷外篇五十卷清嘉慶癸酉金陵道署校刻本，陳蘭甫校讀，曾剛父舊藏

晉葛洪撰。前有清嘉慶十七年方維甸《校刊序》，次有癸酉歲孫星衍《新校正抱朴子内篇序》，次《内篇目録》。孫氏《敍録》云，右目録依《道藏》本定。按：《抱朴子内篇敍》云，別爲此一部，名曰《内篇》，凡二十卷，《外篇》五十卷。又云，其《内篇》言神仙、方藥、鬼怪、變化、養生、延年、禳邪、却禍之事，屬道家。其《外篇》言人間得失、世事臧否，屬儒家。《隋書·經籍志》《内篇》，亦屬道家，與《外篇》分行。《道藏》雖并收《外篇》，原未合爲一部，觀其《内篇》之後，《外篇》之前，以《抱朴子》別旨一種間隔之，可曉然矣。明人刻此書，從《道藏》取出，而不知其爲三種，遂總名曰《抱朴子》，非也。今校刊《内篇》二十卷，不連外篇，以復葛氏之舊，兼正明人之誤。《舊唐書·經籍志》及各家書目，俱爲二十卷。《隋志》二十一卷、《音》一卷。或加《序目》及《音》爲二十二卷也，《音》久不傳。《道藏序》或在第一卷前，故不復列數云。或疑《別旨》既自爲一種，何以不見於自序，考《道藏》所收，又有《抱朴子養生論》及《稚川真人較證術》一卷，《抱朴子神仙金汋經》三卷、葛稚川《金木萬靈

論》，俱不見於自敍，然則《別旨》正同斯例，蓋皆非稚川所撰也。《内篇序》前有"陳澧之印"、"蘭甫"二章，末有"蘭甫校讀"章。書中朱筆點勘，每有校語識於書眉。原書爲曾氏習經所藏，今歸予家。伯驥記。

抱朴子内篇二十卷外篇五十卷 明魯藩刊本。

晉丹陽葛洪稚川撰。前列洪序。《内篇》論神仙修煉、符籙、劾治諸事，純爲道家言。《外篇》論時政得失、人事臧否。多作排偶之體，前人謂其詞旨辨博，饒有名理。此明嘉靖乙丑魯藩從正統十年《道藏》本繡梓，版心題"勅賜承訓書院"六字，雙列排行。前人於葛氏之書，頗有校訂，如顧澗薲謂《外篇》中《百家》《文行》與《尚博》篇文有複出，應删併改定，合自序恰得五十篇之舊。後孫淵如刻入《平津館叢書》，即權輿是本，然亦祗删《内篇》末之《別旨》一篇，及於《詰鮑》篇内二百七十字，疑當移易云云。餘則小小校正，無大異同也。故古刻此書，除《道藏》本，應以此本爲最善。焦氏《易餘籥錄》卷二十云，《抱朴子》引陳仲弓《異聞記》，稱某郡人張廣定遭亂常避地，有一女子年四歲，不能步涉，又不可擔負。計棄之固當餓死，不欲令其骸骨之露，村口有古大冢，上顛先有穿穴，乃以器盛縋之下此女於冢中，以數月許乾飯水漿與之而捨去。候此平定，其間三年，廣定乃得還鄉里，欲收冢中所棄女骨，更殯埋之。廣定往視，女故坐冢中，見其父猶識之甚喜，而父母初猶恐其鬼也。入就之，乃知其否。及問之從何得食？女言糧初盡時甚飢，見冢角有一物，伸頸吞氣，試效之，轉不復饑，日月爲之，以至於今。廣定乃索女所言物，乃是一大龜耳。女出食穀，初小腹痛嘔逆，久許乃習。蘇軾《志林》亦云，富彥國在青社，河北大飢，民争歸之。有夫婦褓負一子，未幾迫於飢困，不能皆全，棄之道左空冢中而去。歲定歸鄉，過此冢欲收其骨，則兒尚活，肥健愈於未棄時，見父母匍匐來就。視冢中空無有，惟有一竅滑易如蛇鼠，出入有大蟾蜍如車輪，氣咻咻然出穴中。意兒在冢中常呼吸此氣，故能不食而健，自爾遂不食，年六七歲肌膚如玉。其父抱兒來京師，以示小兒醫荆筐張，曰，物之有氣者能蟄，燕蛇蝦蟆之類是也。能蟄則能不食，不食則壽。此千歲蝦蟆也，決不當與藥，聽其不食不娶，長必得道。父喜攜去，今不知所在。張與余言，蓋嘉祐六年也。此事與前事同，當是張荆筐之讕言，東坡未見《抱朴子》，受其欺耳。陳仲弓《異聞記》漢人小說，書久佚。《抱朴子·論仙篇》又引董仲舒撰《李少君家錄》《至理篇》，引孔安國《祕記》，今皆無存，然則讀此書又可輯佚矣。此說前人未及，故述之。魯藩觀熰爲奉國將軍健根子，字中立，爵鎮國中尉。被服儒素，雅好著述，嘗繪《太平圖》一卷上獻，世宗皇帝嘉獎之，賜承訓書院名額，並五經諸書。所著《濟美堂稿》《書法權輿》若干卷，又輯《齊魯名士詩》二十一卷、《名海岳靈秀集》。見朱謀㙔《藩獻記》卷二。明賈三近《滑耀編傳類》第一百一葉，有魯藩中立所撰《清風君傳》云，姓善，名行可，字叔存。贊曰賢哉行可，清風佳契，能卷能舒，不剛不貳。非珪璋而有溫潤之資，非琴瑟而有中和之氣。賢哉行可，道高德備；惜哉行可，不出其位云云。此文或亦《濟美堂稿》所收歟。

道書十一種十二卷明鈔本，二册子，天一閣舊藏。

此爲范氏天一閣遺本，綿紙藍絲欄抄錄。計《丹房奧論》，學仙子程了一撰，有天禧四年自序。如一，《指歸集》，高蓋山人吳悟撰，前有自序。如二，二篇同卷，《還金述》，陶埴撰，分上中下三篇；《大丹鉛汞論》，唐金竹坡撰，中分九節，九節之外，另有論述。如三，《真人妙道要略》，真人妙思遠撰。如四，《丹方鑑源》上下卷，紫閣山叟獨孤滔撰，分爲二十五節。如五，《延陵先生集新舊服氣經》，前題桑榆子評。命一，《諸真聖胎神用訣》；命二，二篇同卷，《胎息抱一歌》《幻真先生服內元氣訣》；命三，二論同卷，《胎息精微論》《服氣精義論》；命四，《氣法要妙至訣》。訣云，要妙氣訣，真道者用之，其壽與天地齊矣。人自有六種導引，而不知吹、呵、噓、咽、呼、嘻，吹去寒氣，呵去煩氣，噓去痰積，咽去疲勞，呼去温熱，嘻去風氣。四篇同卷，《上清司命茅真君脩行指迷訣》《神氣養形論》《存神鍊氣銘》《保生銘》，《存神使氣銘》唐思邈孫真人述，《保生銘》同。《神仙食炁金櫃妙録》，京黑先生撰。命七以上各書，皆道家言，如一命七者。《道藏》以千文編號，此蓋從之寫出也。其中有不可究詰者，亦有妙義存焉者，如孫真人云，人若勞於形，百病不能成；飲酒忌大醉，諸疾自不生。又云，强知是大患，少欲終無累。此皆守身至言。至云每去鼻中毛，常習不唾地。上句則與科學違迕，下句亦至言也。核之嘉慶間阮刻《范閣書目》，則目中漏載數種，蓋此目不無譌誤，如風水書之《雪心賦》歸入集部之類，此則漏脱鈔目也。

羣仙語要纂集不分卷明刊本。

元董漢醇集。前有弘治十七年錫山馮虁序，略云，翠虛子鄭常清精脩老氏之教，其徒百數，皆異常流。其言曰要使此心與太虛同體，蓋妙於神而不窒於形者。嘗出《羣仙語要》一帙，謂予曰，此元人董漢醇所集，兩刻南畿，人多未覩，欲求玄珠，舍此奚適。定州善士劉達景亨繫緣番梓，共於四方。予爲序諸首簡。序末有"翠虛子鄭常清重刊"一行。次有成化間丁元吉序。次有宣德九年隆陽宮全真道者復玄子吳長古序。次有大德丙午脩真下士還初道人董漢醇序，略云，脩真學道之書，行於世多矣。讀者如水中捉月，鏡裏取頭，分明知得是箇脩仙徑路，只是無着脚移步處。徒執鉛汞之論、嬰姹之言，紛紛鬪口，到老無成，良可太息。是編句句真實，字字分明，執而行之，萬不失一。其纂集目錄，計有《太上日用經》、關尹子《節要》、譚景昇《化書》、吳尊師《玄綱論》、虛静天師《心説》、重陽祖師《論打坐》、司馬真人《坐忘論》、曹仙姑《大道歌》、然先生《論八關節》、白玉蟾《玄關顯祕論》《丹陽馬真人直言》、《譚真人語録》《長生劉真人直言》、丘真人《西州寄書》、太玄真人《雜語》《清和尹真人語録》、楊大師《論六通》、棲雲先生《論冲和》《棲雲先生後集》、劉先生《開迷論》、《離峯老人語録》。半葉十行，行二十字。

三洞羣仙録十卷　天一閣舊寫本。

前題正一道士陳葆光撰集。前有紹興甲戌年中元日闤里竹軒序，略云，嵇康謂神仙禀之自然，非積學所致。吳筠謂神仙可學而成。二人矛盾如此，僕謂未學之夫，謂神仙非積學所致，而怠於勤脩者，自賊其身者也；謂可學而能致者，欲磨磚爲鏡，坐禪成佛者也。修真之士，虛緣葆真，抱一冲素，以慈爲寶，以静爲基，其要不離於老子、莊周之書，捨是皆矯誣之論，非聖之書也。秦漢之君，侈於嗜慾，慕神仙之術，欲長年而保其尊榮。信金丹之説，資藥力以濟其荒淫，於是方士並出，而幻譎變化之術始彰。乃有合鉛汞、結丹砂，而名大藥，嚥津氣，存龍虎，以爲内丹。木公金母之名，姹女嬰兒之號，黄芽白雪之稱，七返、九還之訣。其上則玄都絳闕之異，赤明龍漢之紀，三洞符籙之科，九壇齋醮之式；下逮尸解鑑形，投胎奪舍，飛符布炁，劾鬼治邪之術。悉由恍惚而立象，從虚無以課有，及其成功，則殊途同歸，百慮而一致也。虚緣葆真，抱一冲素本也，變化飛昇，尸解布炁末也。江陰静應庵道士陳葆光，憤末學之失，怠於勤脩，果於自棄，乃網羅九流百氏之書，下逮稗官俚語之説，凡載神仙事者，哀爲此書。使知夫列仙修真之勤，濟物之功，奉天之嚴，得法之艱，勤苦勞勵，卒能有成，使開卷洞然，知神仙之可學云。全書體例，略如遼李瀚所撰之《蒙求》，四字爲句，每行兩句，對偶成文。次行低一格，列引用之書，分註其下，每八句同韻，頗爲大雅。所引述者，如《晉逸史》《賢己集》《仙傳拾遺》《高道傳》《托異記》《廣異記》《七命注》《野人閒話》《續仙傳》《西山真君傳》《詩史》《蘇仙傳》《王氏見聞録》《道學傳》《丹臺新録》《雅言》，《忠定公録》，《西山記》，《五代逸史》，《搜神祕覽》《丹訣》《實賓録》《翰府名談》《茅君記》《女仙傳》《三洞珠囊》《隱居傳》《漁歌記》《原化記》《散仙傳》《郡閣雅談》《翊聖傳》《西清詩話》《真境録》等，頗有人間所罕見者。卷三有老子函谷韓湘藍關一聯，引《青瑣高議》云，韓湘字清夫，文公姪也，嘗取土聚之以盆，俄頃開碧蓮二朵，類牡丹花，葉上有小金字云，“雲横秦嶺知何在，雪擁藍關馬不前”。公莫曉句意。後言佛骨謫潮州時，大雪塗中遇湘曰，憶向花上之句乎？詢地名乃藍關也。公方驚悟。然王氏昶《商洛行程記》第二葉，考此事頗詳，知前説實有謬誤。王云，湘爲公從子，老成之子，號介孫，長慶三年進士。賈島寄湘詩，有“過嶺行多少，潮州瘴滿川”之

句，是文公赴潮，湘實從行，非解后遇於藍關。而湘第進士，
去是年纔四年，後官至大理丞，亦未嘗仙舉也。考《文公遺
集‧贈族姪詩》云，“擊門者誰子，問之乃吾宗。自言有奇術，
妙探知天工”。意開頃刻花者即其人。《酉陽雜錄》亦云韓侍郎
有從子，從江淮來，有奇術，而不著名，其非湘明矣。湘爲公
從孫，相從於患難，其孝謹有足稱者。以上皆蘭泉之言，以其
可訂前人之誤，故錄之。

悟真篇集註三卷明刊本。

前題紫陽真人張伯端撰，紫陽真人薛道光註、子野真人陸
墅註、紫霄上真人陳致虛註。前有魏氏序，略云，余嘗留心仙
道，遇閩中曾公二休發明其端，授以先師紫陽張真人《悟真篇》
三卷，謂予曰，此書祕傳久矣，爾熟玩之，自然默有所得。自
是每觀之，愈觀愈美，欣然有若恍忽之中，神遊碧落，意注清
淵，倏然心君泰定。學者未遇至人，必須尋文解意，而求口訣，
方可下手。如先得師傳授，觀此丹書，則知陰陽五行造化，順
則成人，逆則成丹，信不誣矣。今觀《悟真篇》中有薛、陸、
陳三師注釋，發泄玄蘊，表裏煥然，惟其文義頗有不相連者，
或與正文支離者，或漏落重複二三字者，蓋因後之學人，遞相
謄錄祕傳，以訛轉訛耳。今幸遇混同子沈先生因談脩真之道，
出示《悟真篇》一本，余請以校之，刊梓流布，以廣其傳。還
陽子魏伯真序。半葉十行，行二十字，上下黑口，上魚尾下，
刻《悟真篇》卷幾。清《四庫》本，乃翁葆光注、戴起宗疏，
又與元刻五卷本不同，知此書有多種矣。

列仙傳上下卷明刊本。

前題漢劉向撰。前有華陽山人皇甫沖撰序，略云，書契以

來，言神仙者多矣，才命或乖，歧慮殊散，故言者牛毛，而識者麟角，學者知索，而得者象罔。漢劉子政會宣帝復興神仙方術之士，而其父德獲淮南枕中之書，聞見既多，考求益密，於是因八公之鴻寶，演鄒生之延命，採阮倉之仙圖，取周公之黃錄，上下數千載，編紀七十人，各爲傳贊，號曰《列仙》，斯足以明其真有矣。時遠言湮，寡傳罕覩，吳黃氏兄弟，共負靈資，咸通玄理，五嶽梓之於前，中南鋟之於後，揚彼昔蹤，證以今跡，兩序並列，聯珠駢耀。中南過我，持以詔示，復爲開說，爰命之序。次有嘉靖甲午五嶽山人黃省曾撰序，略云，國朝洪武初，周顚者顯於金陵鄱陽間，高皇紀碑廬山矣。永樂中則盛傳張三豐云，近有偏髩老者，寓太白峽，而方遊之士，皆稱道而宗之。今在密雲曰赤肚子，則冬春片衣，晝夕踞坐荊筐中，塞兌不言，密雲人少而老者恒見之也。予於嘉靖九年，遘其徒于吳之虎丘，亦髁棲弗寐，其行跳躍駃矯，庶幾有得者。迺讀劉向《列仙傳》載赤松至於玄俗七十人，因嘆仙人自古有。若曰恬虛靜泊，非治天下國家者所宜學討，斯爲可也。半葉十二行，行二十字。

黃庭經分節解證四册不分卷明刊本。

前有喻三玄《黃庭紫庭二經解證序》。次有萬曆壬辰黃守魁《梓兩經解註序》，略云，予第丙子壬午武鄉試，杖策薊門制府，奉簡命之浦任。適德園朱叟至，封自註《黃庭》《紫庭》之解註，持以爲贄。見老翁用心之密，積學之勤，其言便便惟謹，其論井井有條。次有彭紹賢《刻黃庭經解證引》，次有朱氏自序。此書分四册，不分卷數，板心題第壹册、第二册、第三册、第四册字樣，第壹册首題《新刊黃庭經分節解證》，太上老子著。晉右軍將軍會稽内史王逸少《統録》、明習静洞虜子德園朱樓解證。第一節云，《黄庭經》乃太上老子所作，與《道德經》同一軌轍，道德專言謙卑遜順，柔惠儉約，損之又損，以至於無。是篇專言養煉精神形氣，憫念後人不知脩養之可以長年，故于一身臟府，皆欲歴煉清静之極，使氣脈流通，以爲作丹之基。晉王右軍《統録》一篇，愚故以節分而解證之。第四册首葉有《黄庭辯》一篇，自首葉至十二葉，皆考論黄庭之原委，大旨不出於金丹一門，其言頗爲詳盡。自第十三葉至十八葉，爲《黄庭經考異》，訂今古本之異同，後則附刻宋陳泥丸仙師《紫庭經》，亦朱氏節註者。末有書跋兩則，《紫庭》乃言人之心爲絳宫天子，此身藏府，君主之宫。《黄庭經》所謂絳宫重樓十二級、宫室之中五炁集是也。半葉十行，行二十一字，板心魚尾上題《黄庭經節註》，魚尾下刻第某册，再下刻"如如齋"三字，當即刊書之人也。

三元延壽參贊書五卷精寫本，前清怡府舊藏。

元李鵬飛撰。前有至元辛卯李氏序，略云，僕生甫二周，而生母遷於淮，比壯，失所在，哀號奔走淮東西者凡三年。天憫其衷，見母於蕲之羅田，自是歲一涉淮。一日道出龐居士舊址，遇一道人，綠髮童顔，問姓，曰宫也。問所之，曰採藥。與語移日，清越可喜，同宿焉。道人夜坐達旦，問其齒，九十餘矣。詰其所以壽。曰，子聞三元之説乎？時匆匆，不暇叩。後十年戊辰，試太學至禮部，少憩飛來峯下。忽復遇其人，貌不減舊，始異之，攜手同飲，因詰向語。道人曰，此常理耳。余稽首請之，曰，人之壽，天元六十、地元六十、人元六十，共一百八十歲，不知戒慎，則加損焉。精炁不固，則天元之壽減矣；謀爲過當，則地元之壽減矣；飲食不節，則人元之壽減矣。當寶嗇而不知所愛，當禁忌而不知所避，神日以耗，病日以來，而壽日以促矣。其說皆具見於黃帝、岐伯《素問》，老聃、莊周及名醫書中，其與孔孟無異。子歸，以吾說求之，無他術也。復爲余細析其說，且遺以二圖。余再拜謝。夤夜以思之，前之所爲，其可憫者多矣，於是以其說搜諸書集而成編，以自警焉。僕年七十，父年且九十一矣，蒙恩免役侍奉，他無以仰報明時，願鋟諸梓，與衆共之，庶讀者詳焉。不敢以父母遺體行殆安樂壽考，以詠太平，似於天朝好生之德，不爲無補云。時至元辛卯菊月吉旦，九華澄心老人李鵬飛序。次《目錄》。日本月明修元本，首有鵬飛自序，半葉十二行，行二十三、四字至六、七字，疎密不定。卷末有歲次己卯孟秋空同體玄子劉淵然重刊於京城治城朝天宮西山道院記。又高麗刊本，體式行款略與此本同，末有皇明正統叁年歲次戊午孟秋重刊于全州府記。此爲墨格精寫本，半葉十二行，行二十六七字，當是從元刊照寫。字畫兼虞、褚之勝，《目錄》缺二葉，空格以待補鈔，蓋其愼也。前有“明善堂覽書書印記”、“安樂堂藏書印”、“孝劼所藏書畫金石”、“夢曦主人所藏佳書之印”，末有“孝劼”朱文章，蓋先後爲滿人所藏也。

真仙體道通鑑前集三十六卷後集六卷　寫本。

《前集》軒轅黃帝至趙元陽止，《後集》無上元君至孫仙姑止，蓋以女仙之故，而列於後歟！浮雲山道士趙道一編，前有表進之昊天上帝，則夸誕之詞矣。胡氏《破鐵網》著錄《歷代真仙體道通鑑》三十六册，舊寫本，有竹坨私印、王愷名印，又有康熙四十年何義門朱筆跋，未審與此有無異同。錢氏《元史補志》有趙道一《歷代真仙通鑑前集》六十卷、《後集》四卷，與此寫本卷數不符。考薛氏大訓有《列仙通紀》六十卷，亦始於黃帝，下至孫仙姑，凡八百七十七人，先刊於明崇禎間，至前清板燬，乃改此名，入《四庫存目》。薛書似即用道一書增補而成，館臣未見道一原書，故無所論列也。錢氏《敏求記》所錄乃明鈔本，首題“浮雲山聖壽萬年宮道士小兆臣趙道一編修”一行，目後有無年月玉真子手跋云，爲遵王所贈，已缺二十四至三十二共十卷。此本江安傅氏收之，《後集》六卷，補以《正統道藏》本。

墉城集仙錄六卷 舊寫本，呂月滄舊藏。

　　蜀杜光庭撰。所錄皆古之仙女，蓋欲補葛氏《神仙傳》之遺，自聖母元君，至西河少女，凡三十七人。以《道藏目錄》校之，增多昭靈李夫人、三元馮夫人、南極王夫人及女兒杜蘭香凡五人。然則此本當較《道藏》爲備矣。宋《藝文志》《廣成集》一百卷，而近世傳本則爲十七卷，當是合《道教靈驗記》，《神仙感遇傳》，《洞天福地嶽瀆名山記》諸著作而言，此錄當亦在其內也。卷末有“禮北”二字章，此爲粵西呂氏遺本。呂璜字禮北，別字月滄，永福人。嘉慶辛未進士，以知縣分發浙江，後褫職歸，徙居臨桂。所爲詩古文皆有法，有文六卷，詩二卷。見梁氏章鉅所撰《墓志銘》。

祕傳關尹子言外經旨三卷 元刊本。

　　前題宋抱一先生門弟子希微子王夷撰。王氏序略云，愚聞三教鼎立於天地間，如三光在天，相須爲明，不可偏廢也。三家經文，充府滿藏，其間各有精微極至之書，吾儒六經皆法言，而最精微者關尹子書也。三光雖明，人無眼目，無由見其明。此書雖妙，世無慧質，無由知其妙，故此書雖存，旨昧久矣。儒更三聖之後，《易》變而爲象數卜筮之書，道歷秦漢以來，《關尹子》書付淮南方術家矣。《易》自孔子之後數千年，至陳希夷始傳心法，今《關尹子》書，自老子西遊出關亦數千年矣。抱一先生始發明此書玄奧，先生證誤道真，慈愍後學，乃探老關骨髓，述成《言外經旨》，或因言而悉旨，或轉語以明經，或設喻以彰玄，或反辭而顯奧，或句下隱義，或言外漏機，或指意於言前，或顯微於意外，大率多關尹子言外之旨，故總其多者目之曰《言外經旨》。愚蒙師親授，得悟道真，無以報稱師恩，敬鋟于梓，傳之無窮。有宋寶祐二襖長至日，門弟子希微子王夷再拜炷香謹序。次列漢劉向《校進關尹子書語》，略云，關尹子名喜，號關尹子，或曰關令子，嘗請老子著《道德經》上下二篇。章皆首"關尹子曰"四字，汪洋大肆，然有式則，使人泠泠輕輕，不使人狂。蓋公授曹相國參，曹相國薨以書葬。至孝武皇帝時，有方士來以七篇上，上以僊處之。淮南王安好道聚書，有此不出。臣向父德因治淮南王事得之，臣向幼好焉。次有寶祐間抱一子序，次有丹陽葛稚川識語。末有"至元癸巳重陽日，平陽府洪洞縣萬安里龍詳萬壽宮住持提點保真文靖大師冲和子、姬致柔，於浙西道杭州路梅橋南玉屏福惠觀重新校正命工刊行"數行。《擘經室外集》云，《關尹子》，《四庫全書》已著錄。《言外經旨》，宋陳顯微撰，同時王夷鋟而傳之者，分上中下三卷，自一字以至九藥，莫不詳注而發明之。尹喜本屬依託之册，然在僞書中頗有理致，顯微《經旨》，吐屬亦復淵雅，可謂質有其文。按：顯微即抱一子。半葉十三行，行二十四字。

周易參同契發揮上中下三卷明刊本。

前題林屋山人全陽子俞琰述。前有朝請郎祕書監兼尙書左
右司阮登炳序，略云，《參同契》萬古丹經之祖，昔紫陽朱夫子
鳴道於淳熙、慶元間，獨愛伯陽之書，有注釋、有攷異。西山
蔡先生編置道州，夫子送之，留寒泉精舍，相與訂正是書，是
書之注，蓋行於西山既没之後，其間所未滿意者，正不無也。
石澗俞君所著《發揮》三篇，蓋所以補空同道士之不足，且以
發明彭氏、陳氏、鄭氏、王氏之所未發者，無所不至，蓋得至
人指授，非區區訓詁者比。次有宣德三年三山陳陵序，略云，
神仙者流，其能長生久視者，以有還丹耳。然古之仙人，必有
心傳口授，祕多不輕洩，世罕有述。間有不由大道，任其私智，
甚者服燥藥，飲熱餌，視爲神丹，卒以喪身。後漢魏公伯陽以
爲還丹之道，必本諸《易》然後可，此《參同契》之書所以作
也。參者謂與《易》參考之而不謬，同者謂與《易》同合之而
不違，契者謂與《易》契默而識之而自全也。此書朱夫子嘗爲
之考訂注釋，闕疑尙多，雖云有頭緒，猶來得其作料孔穴，況
其下於朱子，究之而易得哉！元全陽子俞玉吾始研精是書，博
采諸眞人祕訣，較之是書，無有不符於《易》之說，足以羽翼
是書。宣德戊申，京之耆士顧公仲德、傅公遵道，久慕立教，
近會武當玉虛宮全眞道士訥然篤信是書，乃勸朱文斌捐金募工，
得舊本爲之校正，繕寫重刊，字畫端楷，願與同志共之。次有
至元甲申俞琰玉吾自序，略云，僕初讀是書，莫省其說，既而
參以劉海蟾之《還金》、張紫陽之《悟眞》、薛紫賢之《復命》、
陳泥丸之《翠虛》，但見觸處皆同，而無有不契，敬爲是書添一
注脚。凡論陰陽則參以先儒之語，述藥火造化則證以諸仙之言，

反覆辨論，務欲發明魏公本旨。次有杜堅序及歌，序略云，朱文公謂《參同契》文章極好，其用字皆根據古書，遂與蔡季通相訂正之，又爲之解註。人見其解註之辭，尚多闕疑而未詳，遂謂文公且然，寧復有詳于文公者。殊不知仙家丹書，皆内景法象、隱語口訣之祕則，有師授，文公之於是書，豈文義有未究，蓋欠教外別傳云云。前人謂《郡齋讀書志》稱《參同契》未著錄隋、唐《經籍志》。今考《舊唐·經籍志》五行類，有《周易參同契》二卷，魏伯陽撰。《周易五相類》一卷，亦魏伯陽撰。《新唐書·藝文志》同，晁氏未免失考。升庵楊氏號博洽，撰《參同契序》亦沿其誤。繆氏藏明依元至大間嗣天師張與材重雕本，首有與材序，此本無之；又有《釋疑》一卷，此本亦缺。繆氏謂其所藏與鐵琴銅劍樓藏本同，陸本則少阮登炳、杜道堅兩序。蓋此書在前代當有數刻矣。上下黑口，半葉十行，行二十一字。

道藏闕經目錄上下卷_{舊寫本。}

宋世《道藏諸經目錄》，久已失傳，此册乃元人所記，合之今世流傳者，可以得宋藏之大略，蓋研求道書之要籍也。末有《道藏尊經歷代綱目》云，人者氣稟陰陽之和，體具剛柔之性，心根仁義之端，一身之中，三才道備。惜乎混沌鑿而純和散，澆漓扇而巧偽滋，滅天理而窮人欲。人欲既熾，罪業生焉，罪業既深，凶荒疫癘，水火刀兵，劫運至矣。薄俗相仍，莫脱輪迴之苦，天尊哀憫，大開方便之門。乃演道爲經，談玄立教，遂説《三洞真經》，洞真演大乘上法九聖之道，洞玄演中乘中法九真之道，洞神演小乘初法九仙之道，三部共一百九十三萬四千三百八十卷。祕在玉京玄都，洞天海嶽，未盡降世。《三洞真經》又分四輔，洞真則太玄輔之，洞玄則太平輔之，洞神則太清正一輔之，凡七科，號三洞四輔。自伏羲、神農之後，至殷湯武丁以前，歷聖相傳，經文流布者，一萬五千餘卷。其諸真文所受，修行得道之經，行於世者，計二萬九百八十卷。上三皇、中三皇、下三皇，九皇所受，謂之玄經。天皇、地皇、人皇所受，曰內文。五帝所受，曰真文。戒品、科品、章奏、符圖、諸醮方術、諸疏法律經義，皆隨經入藏。儒書、醫書、陰陽、卜筮、諸子百家皆與焉，宋簡寂先生陸修靜《經目》藏經一萬八千一百卷。宋明帝太始七年，考功郎中校勘僅存六千三百有餘卷。後周法師王延《珠囊經目》藏經八千三十卷。唐尹文操《玉緯經目》藏經七千三百卷。唐明皇御製《瓊綱經目》藏經五千七百卷。唐文宗太和二年，太清宮使奏陳止見五千三百定數。黃巢之亂，靈文祕軸，焚蕩之餘，散無統紀，幸有神隱子收合餘燼，拾遺補闕，復爲《三洞經》。再經五季亂離，篇章雜揉。會逢炎宋紹隆，聖明相繼，夅求瓊軸，大構銀題，申命校儲，條章森列。錄道藏卷目之首，冠寶文統錄之名，大闡玄風，式弘道化。丙申屬難，經藏俱廢。皇元啓運，有披雲子宋真人收索到藏經七千八百餘帙，鋟梓於平陽府永樂鎮東祖庭藏之。此道藏經歷朝興廢之大者也，敬刻之石，俾百世之後，尋經目者有考證焉。至元十二年歲次乙亥九月望日立石。

雲笈七籤一百二十二卷明刊本。

宋張君房輯並序。首標學幾，源出《道藏》，《總目》次行題張萱補。蓋藏本無總目也，其書采掇《道藏》菁華，述而不作。曰七籤者，三洞四輔，道家舊目也。萱自號清真居士，故板心有"清真館"三字。萱略歷見前《六書統》。君房字尹才，方壯始從學，逮遊場屋，甚有時名。登第時年已四十餘，以校道書得館職，後知隨、郢、信陽三郡，年六十三分司歸安陸，年六十九致仕。嘗撰《乘異記》三編、《科名定分錄》七卷、《儆戒會蕞五十事》《麗情集》十二卷，又《朝說》《野語》各三篇。洎退居，又撰《脞說》二十卷，年七十六，仍著詩賦雜文，其子百藥嘗纂爲《慶曆集》三十卷。見王得臣《麈史》。又宋王銍《默記》稱，君房同年白積者，有俊聲，亦以文名世，蚤卒，有文集行於世。常輕君房爲人，君房心銜之。及作《乘異記》，載白積死，其友行舟夢積曰，我死罰爲黿，汝來日舟過，當見我矣。如其言行舟，見人聚觀，而烏鵲噪於岸，倚舟問之，乃漁人網得大黿，其友買而放之江中。《乘異記》既行，君房一日朝退出東華門外，忽有年少拽君房下馬奮擊，冠巾毀裂，流血被體，幾至委頓。乃白積之子，問吾父安有是事，必死而後已。觀者爲釋解，且令君房毀其版，君房哀祈如約，乃得去。晁公武《讀書志》，以張唐英與張君房合爲一人，按君房太宗時人，唐英乃商英之兄，字次功，蜀之新津人也，何得爲一人乎？楊氏慎《丹鉛錄》卷十四，已糾其誤。

五十萬卷樓藏書目錄初編卷十五

集　部　一

楚辭八卷後語六卷 明成化刊本，陸潤之舊藏。

　　前有成化間何氏序，略云，《楚辭》八卷，紫陽朱夫子之所
校定，《後語》六卷，則朱子以晁氏所集錄，而刊補定著者也。
蓋《三百篇》之後，惟屈子之辭，最爲近古，漢王逸嘗爲之
《章句》，宋洪興祖又爲之《補注》，而晁無咎又取古今詞賦之
近騷者以續之。然王、洪之望文生義，未有能白作者之心；而
晁氏之書，辯説紛挐，亦無所發於義理。朱子乃取王氏、晁氏
之書删定以爲此書，又爲之註釋，顧書坊舊本，刓缺不可讀。
及承乏汲臺，公暇與僉憲吳君原明論朱子著述，偶及此書，吳
君欣然出家藏善本，正其譌、補其缺，命工鋟梓以傳。成化十
一年賜進士第嘉議大夫河南按察司按察使盱江何喬新書。半葉
八行，行十七字。有“陸時化章”。伯驤按：《庶老齋叢談》中
云，漢武帝《秋風辭》見於《文選·樂府》《文中子》，晦菴附
入《楚辭後語》，而《史記》《漢書》皆不載，《藝文志》又無
《漢武歌》，不知祖於何書。又《續停驂録》卷二十一云，朱子
注《楚詞》，在今餘干之東山，其意蓋爲趙汝愚作也，復爲《後
語》，以選古人之辭，世有議其去取之未當者。蓋《楚詞》之文
至東漢而病矣，況後世乎！文公之旨，則以無心而冥會，賢於

不病而呻吟者爾，此爲第一義也。又蕭穆《敬孚類稿》云，余以爲千古之第一知騷者，莫如太史公。至本書注事詳確，莫如王、洪兩注本。學者但熟讀太史公《屈原列傳》，可深得屈原各篇精義之所在，再讀王、洪注本，可知屈子用古之通博。而朱注本實未能高出前人，但偶有獨得處，采取之可也。若尊朱者因其一序，概將前人抹搬，則大謬云。此皆前人論朱注之得當者也。時化姓陸氏，號聽松，字潤之，太倉州國子監生。嗜法書名畫，精鑒别，嘗集生平所見數百種，記其紙絹，詳其行款，識者比之退谷《江村消夏録》。又聚書數萬卷，購善本而手校讎之，有"陸潤之嘯雲軒潤之所藏"、"陸時化印聽松老人"等朱記。乾隆四十四年，病没。子一愚卿，克承其家，見王氏昶撰《墓誌銘》。又潤之著《吳越所見書畫録》，自序云，於越余祖宗丘墓之鄉也，至宋渭南公益著，又八世遷吳。前明參政孟昭公、侍御晉川公，復以文章事業顯於吳會，至大父匪莪公，世次秩然，遺經在笥，未嘗失墜。是潤之固以藏書世其家者也。

楚辭章句十七卷明夫容館重刻宋本。

前題漢劉向編集，王逸章句。《目録》三葉，《目録》末幅有"隆慶辛未豫章夫容館宋板重雕"一行。次《史傳》《序騷》《辨騷》十二葉，次《楚辭疑字直音補》五葉。半葉八行，行十七字。前有秦氏朱筆題記云，此本最爲精善，而傳本甚稀，往在湖中見一本爲葉郎園從子定侯購去。余後十年客居海上，始求得之，亦可謂難矣。近代藏家惟范氏天一閣、朱氏結一廬、繆氏藝風堂、森立之《經籍訪古志》、楊守敬《日本訪書志》載有此本。《藝風藏書記》云，卷一末有姑蘇錢世傑寫、章芝刻雙行而無序，與予此本同。葉氏所得本，頃定侯來申攜在行篋，

因從借歸，對讀一過。彼本首有王弇州序，無書刻人姓名，宋
諱皆闕筆，驟觀之似若迥異，及諦其字之點畫，與夫邊闌格線，
自首徹尾無一不合。但印本彼略在後耳，然後知此書初印本無
序，有書刻人姓名，宋諱不闕筆，迨後增入王序，剗去書刻人
姓名，又將宋諱字末筆剗去，惟元、沉等字亦缺筆，未知何據。
或謂避欽宗嫌名。按，完字，乃以同聲而嫌，非以偏旁嫌也，
似元、沉字無所用其闕避，殆剗削之誤歟。要之，兩本實係一
板，非有二刻也。弇州序言宗人用晦得宋《楚辭》善本梓而見
屬序云云。刻書者姓字賴此著之，特爲拈出。其序載《四部稿》
六十七。今亦不復繕補，以存初本真面。丁卯七月，嬰闇。卷
首《目録》上有“嬰闇秦氏藏書”朱文方形章一，下有“曾在
秦嬰闇處”小長方形朱文章，卷一首葉有“秦印更年”、“秦曼
青”二小章。前人謂此本字體方正而清爽，猶與宋刻爲近。首
行題《楚辭》卷之一，次行題漢劉向編集，三行題王逸章句。
明刻別本題校書郎王逸章句者，特據《隋志》改題，未必舊本
如此也。又謂晁公武《讀書志》稱王逸續爲《九思》，取班固
二序附之，今此本班序不入卷中。又公武始以本傳冠首，則知
此本編次出於公武之後，然《楚辭》莫古於是本。嘉慶間大雅
堂雖重刊是本，而草率殊甚。近日武昌書局重刻洪氏《補注》
及朱子《集注》，而此本傳世頗罕，亦缺事云。目後有“夫容館
刊”字樣。伯驥按：夫容當即芙蓉，《漢書·司馬相如傳》外發
夫容，《史記》作芙蓉，是也。祁氏《澹山堂書目》著録明楊
一葵《芙蓉館集》十四卷。一葵，漳浦人。今刻書者署豫章，
當非楊氏。明芙蓉泉屋刊本《韓詩外傳》，夙著名，此則署芙蓉
館，似又非其人所刊，記此待考。

曹子建集十卷 明活字本，王文簡、沈椒園舊藏。

魏陳思王曹植撰。曹《集》《隋經籍志》《唐藝文志》均三十卷，《通志·藝文略》同，陳氏《書録解題》二十卷，唯《文獻通考》作十卷，蓋宋末已有闕佚也。黄蕘圃嘗稱宋板曹《集》載諸《述古堂書目》，今未見其書，所見者以明活字本爲最古。然郘里瞿氏實藏南宋刊本，《鐵琴銅劍樓書目》稱其字大悦目，凡賦四十三篇、詩六十三篇、文九十篇，與嘉靖郭刻本次第不同。卷四無《述征賦》，卷五無《七步詩》，卷七《班婕妤贊》在《禹妻贊》前，《漢高帝贊》在《巢父贊》前，卷八《謝賜柰表》在《求自試表》前。今按之此活字本，凡篇數及文字次第，實相符契，稍有差忒者，惟《禹妻贊》則先於《班婕妤贊》耳。蕘圃藏明銅活字本《開元天寶遺事》，其跋語云，古書自宋元板刻而外，其最可信者莫如銅板活字，蓋所據皆舊本，刻亦在先也。此本與宋板無甚異同，可證黄説之不謬。瞿《目》又有明刊曹《集》，謂此書舊藏馮氏，嘉慶間曾假同里張子謙所藏明初活字本對勘一過。張氏《適園書目》又稱，明長洲韓氏有活字本。今此本半葉九行，行十七字，當與張子謙所藏之明初活字本相同，而與韓氏本異。蓋韓本半葉十行，行十九字，則别一印本也。蕘圃又稱諸書中有會通館、蘭雪堂、錫山安氏館等名目，皆活字本也。此《開元天寶遺事》，則爲建業張氏本，是書外未見張氏再印他書。然則畢昇遺法，蕘圃已甚矜重之，惟未悉其活字曹《集》與此同異耳。卷末有王文簡墨筆題字云，宋刻《陳思王集》十卷，康熙乙酉八月余誕日，德州謝郎中方山以此書及陳氏《樂書》爲壽，故人之貽也。漁洋山人記。讀其識語，是文簡實以此爲宋刻，蓋明活字本多於板口上方記刊書人名，此本無之，字畫灑脫，詢便板之至精者，行款紙墨之佳，尤其餘事。蕘圃夙稱宏覽，而曹文尚未得宋鍥，則文簡之老眼偶花，當非如《抱朴子》所謂以蜥蜴爲神龍，乃如蔡家婦之認兄公爲夫壻矣。上元朱氏緖曾嘗謂子建之文，有裨於經、有資於史，著《子建集考異》十卷、《敍錄》一卷、《年譜》一卷，於曹《集》校訂甚詳。聊城楊氏擬於刻《蔡中郎集》後刊之而未果。今別有印本，讀之極資考證，他日當據此及各舊本以校此書。卷首有“大司馬印”、“吳興”、“廷芳印信”、“沈氏藏書”四章，卷末有“沈印廷芳”、“古柱下史”二章。前二章未詳何人，或謂大司馬當屬四明范氏，然天一閣之書，其章多捺“古司馬氏”，不作大也。蓋先藏王氏許，後歸仁和沈氏，則題記捺印可覆按矣。此爲前明印本，閱一二百年而歸池北書庫，又閱一二百年展轉而歸五十萬卷書樓，晴窗把翫，同符尼父之聞《韶》，誤書日思，頗笑葛亮之大略，勝緣清福，豈偶然耶！廷芳字畹叔，一字萩林，號椒園。監生舉鴻博，官至河南按察使。著有《十三經注疏正字》《隱拙齋集》，杭氏世駿所謂萩林以隱拙名其齋，即以齋名其集，求余一箴以施屋壁是也。萩林弱冠從學查氏慎行，查氏以氣靜卜其有成。沈氏德潛序其詩，稱其典而能清，真而不膚，骨幹森立，無雉竄文囿之誚，實定評云。楊氏《楹書隅錄》著錄沈氏舊藏宋刊《黃先生大全集》，後附萩林跋尾，有“吾家世藏宋本，僅留此種”之語，蓋世守青箱矣。

曹子建集十卷 明郭氏刊本。

半葉九行，行十九字。前有吳郡徐伯虬序，略云，魏鄴中數子，文學牧茂，若曹子建之徒。鍾參軍曰，曹、劉文章之聖，陸、謝體貳之才。今集中五言詩及賦表等作，是爲建安之冠也。
宛而不嶮，質而不靡，蓄而不虛，節而不巧，幽憤而有餘悲，
其可謂古之遺聲也已。究原作者，未有祖漢氏之風，而不本之
魏也耶。然陸平原、謝康樂二子，則又並祖於子建。按景初中，
植著凡百餘篇。隋爲三十卷，今卷止十，詩文反溢而近二百篇，
郭子萬程雅好是集，遂姑仍之，刊布以傳焉。伯驤按：劉鳳
《續吳先賢讚》卷十一云，徐禎卿昌穀，吳縣人，初與唐寅文璧
游，則其詩逸麗。迨舉進士，見李何制作，遂變而益遒研，極
詩之變。吳之文自昌穀始而爲六代。子伯虬，亦名能詩，蓋伯
虬固吳中之詩人也。《金樓子》卷三，稱子建善屬文，武帝見其
文謂植曰，汝倩人邪？植跪曰，臣言出爲論，下筆成章。故當
面試。時鄴銅爵臺新成，武帝悉將諸子登臺，使各爲賦。植援
筆立成，文采可觀。然遺集流傳既久，不無缺佚，如楊升庵所
舉之《棄婦篇》，即其一證。見《丹鉛錄》二十一。又《寰宇
記》云，酈食其墓在雍丘西南二十八里。《陳思王集》云，植獵
於高陽之下，過食其墓傾以斗酒，束藻薦於座。讚曰"野無旨
酒，惟茲行潦。食無嘉殽，宴用蘋藻"。此文今所傳曹《集》亦
失載，此刻亦無之。又《丹鉛錄》云，古書不可妄改，如子建
《名都篇》，膾鯉膾胎蝦，寒鱉炙熊膰，此舊本也。五臣妄改作
鮑鱉，蓋鮑鱉膾鯉，《毛詩》舊句，淺識者孰不以爲寒字誤而從
鮑字邪！不思寒與鮑字形相遠，音呼又別，何謂誤至於此。《文
選》李善注云，今之時餉謂之寒，蓋韓國饌用此法。《鹽鐵論》
羊淹鷄寒，《崔駰傳》亦有鷄寒，曹植文寒鵽蒸鳧。劉熙《釋
名》韓鷄爲正，古字寒與韓通也。見卷十三。今此集尚未誤改。
又沈氏《水曹清暇錄》卷八云，古人詩多複韻，如曹子建《美
女篇》，重押難字，木難蓋鳥名，一是難易之難，原有兩音。如

杜子美《飲八仙歌》，重押船字，一是衣領，一是舟楫，亦是兩意。但謝靈運《述祖德詩》押二人字，阮籍《詠懷詩》重押歸字，江淹《雜體詩》重押門字，王粲《從軍詩》重押人字，皆無二義。興之所到，不拘拘也，此又論詩者所宜知矣。

嵇康集十卷明寫本，邵僧彌舊藏，姚茫父補寫。

晉嵇康撰。此集無宋本流傳，祇有明刻。黃蕘圃所藏，舊鈔本，其題跋云，六朝人集，存者寥寥，苟非善本，雖有如無。此《嵇康集》十卷，爲叢書堂鈔本，且匏菴手自讎校，尤足寶貴。歷覽諸家書目，無此集宋刻，則舊鈔爲尚矣。余得此於知不足齋，潄飲年老患病，思以弄書爲買參之資。去冬曾作札往詢其舊藏殘本《元朝祕史》，今果寄余，并以此集及元刻《契丹國志》、活字本《范石湖集》爲副，余贈之番餅四十枚。觀張苣塘徵君跋，知此書舊出吳門，而時隔三十九年，又歸故土，物之聚散，可懼可喜云云。此爲前明寫本，卷一首行下有墨筆大字記云，七月二十六日較，公遠。卷十末行下云，崇禎己巳五月，弟夏爲僧彌世兄較，時避暑雲東淨室。驟雨初過，北窗涼氣如秋中，啜□□□，捉筆記此。蕘圃又藏黃省曾刊本，其題記云，嘗以舊鈔本校之。即謂伯驥此本，檢繆刻《蕘圃題識》，即可知之。此本無序及總目，十卷文字大略相似，吳匏庵本爲甲，明刻爲乙，舊鈔亦乙類也。蕘圃謂黃本非宋元板刻可比，而上有楊五川圖記，則當時已爲珍祕，是蕘圃以吳鈔第一，此鈔本及黃刻第二矣。閱時既久，卷帙略有殘蝕，近人姚茫父華補字若干，重裝之，樸雅可喜。邵彌字僧彌，善書畫。前清天祿琳琅藏宋刻《孫可之集》，末有墨蹟，題辛未十又二月，惠山石樵贈瓜疇。捺長圓章，文曰"種五色瓜"，乃用邵平故事，以瓜疇也。又，周氏《鄭堂讀書記》著録《平藩奏議》一卷、《平蠻奏議》二卷，爲王陽明撰。鄭堂謂錢遵王偶得卲僧彌所藏，遂蓋一藏書印，不矜爲創獲，故《讀書敏求記》《述古堂書目》俱不載，則僧彌固藏書家矣。《漢書·蕭何傳云》，邵平者，故秦東陵侯，秦破，爲布衣，貧，種瓜長安城東，瓜美，故世謂東陵瓜，從邵平始也。天禄琳琅所謂卲平故事，即指此。

陶靖節集何孟春注十卷　明正德癸未刻本，葉郋園舊藏。

此爲長沙葉氏所藏。其跋語云，《陶靖節集》十卷，明何孟春注，正德癸未刻。白口本，半葉十行，行二十字。《四庫全書總目》集部別集類未著録，亦未存目，蓋當時館臣未見，疆吏亦未採進也。此書自來藏書家書目均不載，近惟莫友芝《郘亭知見傳本書目》有此本，又有嘉靖癸未刻本，蓋前明兩次校刻，不知流傳何以如此之稀，豈當時印本均不多耶？孟春，《明史》列傳稱其少游李東陽之門，學問該博。《四庫目》史部政書類有《何文簡疏議》十卷，子部儒家類存目有《孔子家語注》八卷，雜家類存目四有其《餘冬序録》六十五卷，而集部無此書。《明史·藝文志》子部雜家類有其《餘冬序録》，集部別集類有其《疏議》，亦不言有此集注本。是不獨四庫館臣不知有是集，即修《明史》諸臣均不知有是集也。陶詩注本，馬端臨《通考·經籍考》載有宋湯漢《靖節詩注》四卷，嘉慶間阮文達元從宋槧本影寫進呈，《揅經室外集·提要》舉其《擬古詩》田子春作田子泰一條，謂其與《魏志》合。又云其他佳處允不勝指，而此本亦作田子春，餘亦與坊行俗本無異。明人不知版本佳劣，故沿譌襲謬，不能訂正其是非，如孟春此注，又無足深辨矣。

梁昭明太子文集五卷　明遼府寶訓堂刻本。

梁昭明太子蕭統撰。明遼府刻本，大題《梁昭明太子文集》，卷第一至卷第五同。次行大明遼國寶訓堂重梓，三行梁昭明太子撰，四行明成都楊慎、周滿，五行低一字東吳周復俊、皇甫汸校刊。半葉八行，行二十六字，版心"昭明集"三字。首載簡文帝劉孝綽《昭明太子集序》，簡文帝《上昭明太子集別傳等表》，蕭子範求撰《昭明太子集表》，後有淳熙八年袁說友跋。蓋宋時與《文選》雙字二書並刻於池陽郡齋。嘉靖乙卯成都周滿與楊慎校正，刊於滇中。此本卷首有"大明遼國寶訓堂重梓"一行，則又遼府重刊本也。《梁書》本傳稱，統有集二十卷，《隋書·經籍志》《唐書·藝文志》竝同，《宋史·藝文志》僅載五卷，已非其舊。《文獻通考》不著，想宋末已佚矣。清《四庫》著錄爲明嘉興葉紹泰所刊，凡詩賦一卷，雜文五卷，賦每篇不過數句，蓋自類書採掇而成，皆非完本。詩中《擬古》第二首、《林下作伎》一首、《照流看落釵》一首、《美人晨妝》一首、《名士悅傾城》一首，皆梁簡文帝詩。見於《玉臺新詠》，其書爲徐陵奉簡文之令而作，不容有誤，當由書中稱簡文帝爲皇太子，輾轉稗販，故誤作昭明。又《錦帶書》《十二月啓》，亦不類齊、梁文體，其《姑洗三月啓》中有"啼鶯出谷，爭傳求友之聲"句，考唐人《試鶯出谷詩》《李綽尚書故實》，譏其事無所出。使昭明先有此啓，綽豈不見乎？是亦作僞之明證也。張溥《百三家集》中，亦有統《集》，以兩本互校，此本《七召》一篇，與《東宮官屬令》一篇，《謝賚涅槃經講疏啓》一篇，《謝敕齎銅造善覺寺塔露盤啓》一篇，《謝賚魏國錦廣州㲲》《賚城邊橘》《賚河南菜》《賚大菘啓》五篇，《與劉孝儀》《與張纘》《與晉安王論張新安書》三篇，《駁舉樂議》一篇，皆溥本所無。溥本《與明山賓令》一篇，《詳東宮禮絕旁親議》一篇，《謝敕鑄慈覺寺鐘啓》一篇，亦此本所無。然則是二本者，皆明人所掇拾耳。遼府本出自宋池陽舊刻，較葉氏本爲有來歷，孫氏星衍《平津館鑒藏書籍記》明版類，亦載此本。《藩獻記》卷二，遼恭王寵浸，惠王子也，弟光澤王寵漵，已嘗出閣別邸。王飲膳服御，珍玩文繡，必與光澤共之。事靡巨細，恒相咨而後行。正德十六年薨，子致格嗣位，是爲莊王。嘉靖七年冬、光澤王上言聖製燕弁忠靖冠服，頒賜中外，臣工服者咸以爲榮。按明藩刻本，遼府不多見，各家書目尠見著錄。嘉靖戊子，光澤王得江陵毛秀校《林霽山集》，曾重刊之，《昭明集》未審爲光澤抑他王所刊，然善本也。重編庫書，當舍彼取此。

張子壽文集二十卷寫本，徐星伯手校。

　唐張九齡撰。前有徐氏題記云，月汀比部借鈔朱笥河先生所藏《曲江集》，復校以《全唐文》，極爲精審，惟原本於詩類《題畫山水障》下，失去《寄沈郎》《奉和聖製》《途次陝州作》《登總持寺閣》《晚憩王少府東閣》《洪州祈雨》《答王維六詩》；文類《與李讓侍御書》下，失去《上張燕公書》《請行郊禮》《請誅祿山》《劾牛仙客》三疏，《侍中不可賞功》《救太子》《劾李林甫》《諫廢三子》四奏，蓋鈔胥奪佚，非關傳本不善也。道光庚寅新秋，大興徐松識。按江陰繆氏云，松字星伯，原籍浙江上虞，僑居大興，遂爲大興人。嘉慶乙丑進士，改庶吉士，散館授編修，官至陝西榆林府。卒於道光戊申，年六十八。學識閎通，撰著精博，負重望者三十年。所居在順治門大

街，廳事前古槐一株，夭矯空際，顏之曰陰緑軒，讀書處曰治
樸學齋。身後遺書，散佚殆盡。所著書目：《新疆識略》十卷，
殿本，廠肆覆刻本。《新疆賦》二卷，道光四年刻本、元尚居
本、上海袖珍本。《西域水道記》五卷，道光三年刻本，《畿輔
通志·列傳》云一卷，誤。《唐兩京城坊考》五卷，連筠簃本、
《畿輔叢書》本。《唐登科記》三十卷，刻入《南菁叢書》。《新
斠注地理志集釋》十六卷，章碩卿刻之。《漢書西域傳補注》二
卷，道光九年刻，指海本、或訓堂本。《通志·列傳》云，《後
漢書西域傳補注》誤《元史西北地理考》。見沈垚《金山以東
地理釋》。《西夏地理考》，見沈垚《與先生書》。《宋三司條例
考》一卷，見《畿輔通志·列傳》。按傳云，所著尚有《長春
真人西游記考》。按《西游記》本二卷，先生有跋，非專書。
《明氏實録注》一卷，會稽趙氏叢書本。輯《大典》書《宋中
興禮書》二十四册，此書稿本歸瑞安孫太常衣言；《宋會要》五
百卷，此書稿本歸荃孫，今歸廣雅書局；《河南志》三卷，此書
稿本歸常熟師，荃孫録其副；《宋元馬政考》一册，此書稿本歸
荃孫。見《藝風堂文集》卷一。伯驤按：《宋會要》今藏北平國立圖書館。

楊盈川集十卷附録一卷明童子鳴校刊本，丁氏八千卷樓舊藏。

　　唐盈川令華陰楊炯撰。《唐詩紀事》云，炯，華陰人，永隆
二年皇太子已釋奠，求豪俊，充崇文館學士，後爲盈川令。張
燕公説以箴贈行，有"君服六藝，道德爲尊。君居百里，風化
之源。才勿驕怯，政勿苛煩"之言。炯至官，果以嚴酷稱，不
爲人所多，卒於官。中宗時賜著作郎。見卷十七。況氏周儀曰，
盈川序《王子安文集》云，薛令言朝右文宗，託末契而推一變。
盧照鄰人間才傑，覽清規而輟九知。所謂九知者，蓋用《漢書》

"九變復貫，知言之選"之語。其推許若是，何以又云愧在盧前，恥居王後也。見其所著筆記中。《范氏天一閣書目》著錄《盈川集》五卷，明永嘉張遜業校正，並序云，炯揮文宏富，平生著作，惟存是帙。三十卷者，惜未見之。此十卷爲明萬曆中龍游童佩校刊，後附本傳、祭文、《唐會要》《文獻通考》數條，是比范閣本爲勝矣。佩字子鳴，以詩名，有集六卷，吾家有之。此爲錢唐丁氏舊藏，猶是原日裝訂。

靈隱子六卷 明萬曆刻本。

唐駱賓王撰。前有萬曆丙申維揚陳大科序，略云，故舒城令陳君魁士博極羣書，爲注斯集，余以其暇稍爲删繁校訛，刻諸幕府，夫樹名駱丞，得毋疑於美新大夫歟！而又殿舉義之檄於雜著中，若謂小言詹詹云爾。余既已彈射唐事，則拔其檄錄諸首簡，又謀更名其集。或曰以賓王不事女主，去其丞而可矣。或又曰，嘗事佛，去其氏而可矣，遂題曰《靈隱子》，且以明夫己氏即善屠戮，而率不能得賓王也。次《新唐書·駱賓王》本傳，次外傳，次遺事，次列評共四葉。版心記字數、刊工姓名。半葉十行，行二十字，注雙行，行亦二十字，楷寫刻本。

唐駱先生文集六卷 明刊本。

唐駱賓王撰。前有萬曆辛卯汪道昆序，略云，武林虞君更生，嗜古而雅言詩，於初唐獨左袒義烏，因以暇蒐其全，文以行重，行以文遠，是寧以文士義烏，義烏益不朽。次有駱賓王本傳。次附錄，述唐魯國郄雲卿謂賓王於文明中與徐敬業起義廣陵，事不捷逃遁，文集悉皆散失。後中宗朝降勑搜訪賓王詩筆，令雲卿集焉。所載悉當時之遺漏，凡六卷。其餘述《唐詩紀事》楊升菴、徐獻忠、王鳳洲之言，亦可資考論。卷之一頌賦五言古詩，卷之二五言律詩，卷之三五言排律、五言絕句雜言，卷之四七言古詩、七言絕句、序類，卷之五表啓類、啓類，卷之六雜著類、檄類。前題烏程後學陸弘祚、仁和後學虞九章、錢唐後學童昌祚同訂釋。板心有范子章、余守、陳元等姓名，當是刻工。半葉九行，行十八字。

分類補注李太白詩二十五卷 元刊本。

唐李白撰。前有李陽冰《唐翰林李太白詩序》。次樂史後序，略云，李翰林歌詩，李陽冰纂爲《草堂集》十卷，又別收《歌詩》十卷，與《草堂集》互有得失，因校勘排爲二十卷，號曰《李翰林集》，今於三館中得李白賦、序、表、讚、書、頌等，亦排爲十卷，號曰《李翰林別集》。宋敏求後序又稱別有增益，曾鞏序述之，並有元豐三年毛漸序晏知止刻李《集》。目錄前題春陵楊齊賢從子見集注、章貢蕭士贇粹可補注，分古賦、古風、樂府、歌吟、贈寄、留別、□酬答、遊宴、登覽、行役、懷古、閑適、懷思、感遇、寫懷、懷咏物、題咏、雜咏、關情、哀傷等門，共二十五卷。每半葉十二行，行二十字，注雙行二十六字。有牌子，謂爲建安余氏刻本。前清《十朝東華錄》乾隆十一年丙寅諭，閱宋板古《列女傳》，書末有"建安余氏刊於勤有堂字樣"。考宋岳珂相台家塾論書板之精者，稱建安余仁仲，又他書所載明季余氏建板猶盛行。《余氏族譜》先世自北宋遷建陽縣之書林，即以刊書爲業。彼時外省板少，余氏獨於他處購選紙料印記"勤有"二字，是以建安書籍盛行。

分類補注李太白詩二十五卷 明刊本。

唐李白撰，前題春陵楊齊賢子見集注，章貢蕭士贇粹可補注，明長洲李自昌立祐甫校。前有唐宣州當塗令李陽冰撰《唐翰林李太白詩序》，次有朝散大夫行尚書職方員外郎直史館上柱國樂史後序，次有尚書膳部員外郎劉全白撰《唐翰林李君碣記》，次有宋敏求、曾鞏題字，次有元豐三年信安毛漸校正題字，次有關中薛仲邕《唐翰林李太白年譜》。半葉九行，行二十字。此本蕭、楊二氏之注，頗有誤字，不及元刻。清世王氏載菴有輯注之作，其序略稱，注杜者自宋以後已有千家，至我朝而錢、朱、顏、仇之書出，搜括無遺蘊矣。太白之集，歷五百年而始有蕭、楊二家，又歷五百年而始有監官胡氏孝轅，孝轅亡後，今且百餘年矣。吾友王君載菴以三家之注之典未核也，結轄之未疏瀹也，疵繆之未刓削也，一一叩其出處，而究其指歸。此序蓋杭氏世駿手筆也。王氏之書，蓋可補首注之所及矣。

集千家注批點杜工部詩集二十卷
文集二卷附錄一卷元刊本。

　唐杜甫撰，元高楚芳編。首有大德癸卯劉將孫序云，有杜詩來五百年，注者以二三百數，然無善本，至或僞蘇注謬妄鉗刼可笑。自或者謂少陵詩史，謂少陵一飯不忘君，於是注者深求而彊附，句句字字，必傅附時事曲折。不知所謂史，所謂不忘者，公之天下，寓意深婉，初不在此。詩有風有隱，工部大雅，與《三百篇》相望，詎有此心胸哉！此豈所以爲少陵，第知膚引以爲忠愛，而不知陷於險薄。凡注詩尚意者，又蹈此弊，而杜《集》爲甚，諸後來忌詩妬詩疑詩開詩，禍皆起此，而莫之悟，此不得不爲少陵辨者也。先君子須溪先生每浩歎，學詩者，各自爲宗，無能讀杜詩者，類尊丘垤而惡睹崑崙，平生屢看杜《集》，既選爲《興觀集》，評注尚多，批點皆各有意，非但謂其佳而已。高楚芳類梓刻之，復删舊注無稽者、泛濫者，特存精確，必不可無者，求爲序以傳。坡公謂杜詩似《史記》，今聞者特以坡語大不敢異，竟無能知其所以似《史記》者。予欲著之，此又似評詩爲僭，獨爲注本言之，注杜詩如注《莊子》，蓋謂衆人事，眼前語，一出盡變，事外意、意外事，一語而破無盡之書，一字而舍無涯之味。或可評不可注，或不必注，或不當注，舉之不可徧，執之不可著，常辭不極於情，故事不給於弗也，然詎能爾爾。是本净其繁蕪，可以使讀者得於神，而批評摽掇，足使靈悟，固《草堂集》之郭象本矣。楚芳於是注用力勤，去取當，校正審，賢它本草草，藉吾家名以欺者甚遠，相之者吾門劉郁云。大德癸卯冬廬陵劉將孫尚友書。序後載《杜工部年譜》及《目録》，卷首并《目録》首題須溪先生劉會孟評點。每半葉十四行，行二十四字或五、六字，注雙行。《目録》末有“雲衢會文堂戊申孟冬刊”木記，戊申乃大德十二年，是歲改元至大，距劉序此書時僅數歲，可證此本爲楚芳原刊矣。《孫氏祠堂書目》亦載大德刊本。

李嶠集上中下卷明活字本。

唐李嶠撰。嶠字巨山，趙州人。二十擢進士，遷監察御史，武后時同鳳閣鸞臺平章事。明皇將幸蜀，登花萼樓，使樓前善水調者奏歌，歌曰“山川滿目淚霑衣，富貴榮華能幾時。不見至今汾水上，惟有年年秋雁飛”。帝慘愴移時，顧詩者曰，誰爲此？對曰，故宰相李嶠之詞也。帝曰，真才子。舊集五十卷，此則後人摭拾而成，前後無序跋。卷上第一首爲《楚望賦》，賦作贓，且多闕字，“京臺之樂難忘”下，連空四字。五言古詩類第八葉，《安輯嶺表事平罷歸》一首，“紫陌衣裳會，百蠻委重關”，委重關三字，不與百蠻相聯，而另起行。卷中第三葉《田詩》連缺兩行。卷中第十六葉《酒詩》亦有缺字。卷下第三、第四葉文義亦不接連。半葉十行，行十九字。

類箋唐王右丞集十四卷 <small>明奇字齋刊本。</small>

唐王維撰。《詩集》十卷，《文集》四卷。前有顧起經序，次《凡例》，次開局氏里，次王集表敕，次王氏列傳，次王氏世系并圖。《目錄》末載《右丞詩畫評》一卷、《後唐諸家同詠集》一卷、《唐諸家贈題集》一卷、《右丞年譜》一卷、《外編》一卷。《外編》後有起經識語，後標嘉靖三十四年十二月望授鋟，三十五年六月朔完局。每卷末俱記刊書之月，并校閱諸姓氏，至爲審慎。字畫清朗，以板刻論，至稱佳本。起經字長濟，無錫人。以國子生謁選，授廣東監課副提舉，兼署市舶。弟起綸，輯明諸家詩，名國雅。見《常州志》。

元次山集十二卷 <small>明武定侯郭勛刻本。</small>

唐元結撰。前題武定侯郭勛刊，前有陳氏獻章序、宋郭思撰《千金寶要》八卷。明景泰六年，武定侯郭勛刻木於粵東，侯有序。楊氏守敬有其本，《訪書志》記之。是郭固喜刻書者，吾家邵亭嘗言《次山集》於十二卷外，蒐得《冰泉銘》及《再讓容州表》，與載本傳之《自釋》，凡三首，使其子繩孫別紙寫附卷尾，異日當仿爲之，此則輯集之佚者。沈氏家本《日南隨筆》卷五云，唐律諸道士女冠，宋本律文作女官，孫奭《律音義》女官，《昇元經》云女官如道士也。流俗以其戴冠，改作冠字，非也。據宣公此說，其字當作女官。然唐人詩如元結《九疑峯》云，"何人居此處，云是魯女冠"。顧況云"崦裏桃花逢女冠，林間杏葉落仙壇"。竝作女冠，玩顧氏冠字，又讀作去聲矣。
蓋此集之可資考訂者不少。集中有《引神送神小曲序》，知宋以
前之龍神廟，皆祀豢龍氏及地祇中之制龍者，至宋始竟祠龍，清
陸氏隴其撰《靈壽縣志》，乃采其説。又《文斷》引《觀堂志林》
云，元氏之文，如山人道士，高古可仰，但非經世之文。至《中
興頌》語含譏刺，婉而不露，可爲法則。容齋云，次山有《元
子》十卷，李紓作序，凡百五篇，大抵澶漫矯亢。而第八卷中所
載昬方國二十國最爲譎誕。次山《中興頌》，與日月争光，若此
書不作可也。又《困學紀聞》元次山惡圓，曰寧方爲皂，不圓爲
卿。范文正《靈烏賦》曰，寧鳴而死，不默而生。其言可以立
懦，此則論其人矣。

顔魯公文集十五卷附補遺明錫山安氏刊本。

　　唐顔真卿撰。前有嘉靖二年楊一清序，略云，公之文初輯
於宋人沈氏，劉原父序之，留元剛氏又續爲搜輯，刻之以傳。
今板不存，學者罕得而見，散見於金石間者，千百之一二耳。
近錫山安國民泰得傳錄舊本，志重梓之，請予序。顧是集未經
校訂，訛譌至不可讀，誠得知言者，釐正而銓次之，則詞林鉅
工，別自有序述之者矣，奚俟予言。楊序後有宋劉敞序。錢氏
泰吉《記事稿・跋忠義堂顔帖》云，此帖爲嘉定丁丑東平鞏嶸
所刻，此《鹿脯後帖》《與盧倉曹二帖》《一行帖》《南來帖》
《草篆帖》《江外帖》，又皆留氏所未及采，可補公集之闕。公
於永泰四年二月以論事忤元載，貶硤州司馬，《舊唐書》作陝州
者，傳刻之誤。集中《與李太保帖》，亦誤作陝，而此帖正作
硤，與公所撰《御書碑陰記》合。又集中《訊後帖》云，如公
之才，豈久在江左乎？一本才作儔，今驗此帖，實少一字，蓋

寫時偶脱，後人以意補之，殊失其真。又若《清遠道士詩》云，
"吟挽川之陰，步上山之岸"。意謂挽舟吟詠，正與下句相關，
而集作吟眺。《許彦周詩話》引此詩亦作吟眺，則傳誤已久。《送辛子序》
云，及滁州之美景，末至方歡。蓋用相如末至語，而集作未至。
《與夫人帖》中問訊卯卯者，蓋人名，而集作郎郎，皆當以帖爲
正。又《臨淮王李光弼碑》，陸氏心源亦詳舉以訂公集之誤，此
略之。半葉十行，行二十字，板心魚尾上有"錫山安氏館字
樣"，魚尾下題《魯公文集》卷之幾。墨釘空白處，往往有之，
尚不妄改。卷一第一葉，有"錫山安國刊"五字。元剛，字茂
潛，福建永春人。博學强記，爲文奇峭，開禧元年試博學宏詞
科，與浦城真德秀同應選。考官李大異批德秀云，宏而不博；
批元剛云，博而不宏。寧宗喜其文，命俱置異等，授元剛國子
監學録。嘉定初，累遷直學士院，嘗言今日有貧國民而無貧士
夫，聞者以爲至言。遷權起居舍人，奏言國朝左右史立御座後，
今乃躱殿東，乞後侍立，修明舊制。以内艱去，服闋起知溫州，
勤恤民隱，發刊摘伏，人推精敏。永嘉劉氏奄據晉王羲之墨池
且百年，劉本豪族，莫敢斥言者，元剛徑判歸於官。加直寶文
閣，移知贛州，爲言者論劾，詔與宮觀罷歸。元剛早負盛名，
自擬大用，使酒任氣。既歸後鬱鬱不適，築圃北山，自號雲麓
子。德秀初甚與之契，中年對客語及，則慨然不悦，蓋嫌其矜
才傲物，不能蓄德以待時也。《福建通志》一百七十六。

韋蘇州集十卷 明翻宋本。

　　唐韋應物撰。前有嘉祐元年太原王欽臣序，略云，韋蘇州
《唐史》不載其行事，引林寶《姓纂》、李肇《國史補》，以得
其梗概。有集十卷，而綴敍猥并，非舊次矣。今取諸本校定，

仍所部居，去其雜廁，分爲十五總類，合五百七十一篇，題曰
《韋蘇州集》，舊本或云《古風集》，別號《灃上西齋吟稿》。次
《目錄》，前題蘇州刺史韋應物。卷第一古賦一首、雜擬二十一
首、燕集二十一首，卷第二寄贈上六十二首，卷第三寄贈下十
二首，卷第四送別六十六首，第五卷酬答五十六首、逢遇七首，
以上皆云卷第幾，而卷第五，則云第五卷，與上文不同。第六
卷懷思十九首、行旅十首、感歎三十二首，卷第七登眺十五首、
遊覽五十八首，卷第八雜興八十九首，卷第九歌行上二十二首，
卷第十歌行下二十首。次拾遺，則據熙寧丙辰校本添四首、紹
興壬子校本添三首、乾道辛卯校本添一首。次宋沈明遠作喆補
撰《韋刺史傳》，共三葉。作喆字明遠，吳興人。丞相該之姪，
紹興五年進士，改官爲江西運管，有《寓山集》三卷。見《直
齋書錄解題》。板心魚尾下，有標識及葉數，半葉十行，行十
八字。

重刊陸宣公奏議二十二卷明金氏序刊本。

　　唐陸贄撰。贄事具《唐書》本傳。此書分三門，《制誥》
十卷、《奏草》六卷，《中書奏議》六卷。前有《進奏議劄》，
乃蘇軾之文。按《藝文志》載贄《議論表疏集》十二卷、又
《翰苑集》十卷。《書錄解題》載《陸宣公集》二十二卷，中分
《翰苑》《榜子》爲二集。晁公武《郡齋讀書志》稱《奏議》十
二卷，舊有《榜子集》五卷、《議論集》三卷、《翰苑集》十
卷。清《天祿琳琅》稱，元祐中蘇軾乞校正進呈，改從今名，
疑是裒諸集成書。據此則贄《翰苑集》之更名《奏議》，昉自
北宋，然孝宗淳熙八年《講筵劄子》有旨，陸贄《奏議》令日
讀五板。是《奏議》之名，久爲通稱矣。其名《陸宣公集》

者，實與此本同。陳振孫所載，實一書也。明刊本有二十四卷者，凡《制誥》十卷、《奏草》七卷、《中書奏議》七卷，而清《四庫》則著錄二十二卷，本名《翰苑集》。此本爲明初刊行，卷首有金氏序，略云，公本吴人，檇李舊有祠堂，歲久就圮。大理卿廬陵胡公元節方，以節鎮浙東西諸郡，既作新之，而文集奏議，故版漫滅，復命翻刊，以惠後學。書成，俾予識其端。衛府左長史奉議大夫三衢金寔書。半葉十行，行二十字，上下黑口。序後有《本朝名臣奏議箚子》《淳熙講筵箚子》，共五葉。復有宣公像。

重刻陸宣公奏議二十二卷 明葉氏刊本，獨山莫氏舊藏。

唐陸贄撰。前題明中憲大夫知廬州府事葉逢春重梓，六安州知州李懋、檜州同劉□校正。前有萬曆九年知廬州府事古姚葉逢春撰序，略云，余不自分其不敏，竊竊然有志於當世之務，故嗜采古策士之論。自漢以下，最推轂晁、董，董生之策本經術，晁錯明世務，然董則其論間有迂遠，而不切於事情，晁則過繳而寡恩。若宣公《奏議》，可謂兼之矣。其論達國體、切民隱、中事情，言言靡不當於注施，而皆本之六經、孔孟之要旨，故余嘗謂宣公有董子之經術，不失之迂，有晁錯之名實，而不淪於刻。舉此而措之，何難於理。自頃翰墨流梓書盈棟充宇，非莊之汪洋自恣，則禪之虚空無着也。至如經濟之書，若此者獨缺焉，是猶舍五穀而索瓊田之粟以療飢，棄井泉而冀瑤池之漿以止渴。余甚惑矣，而慨然有是書之梓。次有宣德三年望衛府左長史奉議大夫三衢金寔序，次有天順元年賜進士中憲大夫廣東等處提刑按察司副使同郡晚生項忠藎臣重刊序。蓋此本實據舊刻，故仍錄舊序也。半葉九行，行十七字。書爲獨山莫氏所藏，有藏章及題字。

權載之文集五十卷摭遺一卷附録一卷

海源閣藏孫淵如舊鈔本。

　　唐權德輿撰。德輿字載之，天水人。初辟河南幕府，歷中
書門下平章。《唐書》有傳。前有銀青光禄大夫充集賢殿大學士
楊嗣復撰序。末有海源閣楊氏墨筆跋云，案是集《四庫全書》
所載，乃明嘉靖二十年楊愼得之滇南，僅存《目録》及《詩
賦》十卷，劉大謨序而刻之本，五十卷之原帙，久佚不傳。
近祇漁洋《居易録》所稱無錫顧宸有藏本，劉體仁之子寫之以
贈，而其書亦不存。乾隆間大興朱竹君學士，得舊鈔全本，彭
文勤公從朱文正假之，親爲校勘，於嘉慶丙寅重付剞劂。文正
序謂詢之姪錫庚，問其所得之由。曰，五柳居陶書賈告予父曰，
有不可得之書在某公處，公能以宋槧名本易之可得也。予父允
之。陶果得其書，請假鈔一部，以原書歸予父。然則海内不過
二本耳，不敢輕以示人云云。則其珍寶可知。此本乃孫淵如先
生所藏，當與朱本同出一源。惟新刻本板式俗劣，校尤草略。
如卷一先賦後詩，故《目録》卷一後標賦詩二字，新刻竟倒作
詩賦。又《目録》每題自爲一行，新刻即分作兩重，遇題目字
多者任意芟削，幾不成語。又卷中一作云云者甚多，固未必盡
是，然存之足資參考。且原書所有，應從其朔，而新刻悉經刊
落，不識何以舛誤乃爾，微特非朱本之舊，恐並失彭校之真矣。
此本幸尚存廬山真面，卷中用朱筆勘正處，亦極詳密。卷末從
《文苑英華》《文粹》《古今歲時雜詠》《全芳備祖》《萬首絶
句》《全唐詩》，搜輯集中所無者，爲《摭遺》一卷。又集新、
舊《唐書》本傳、韓昌黎《墓碑》、楊於陵、李直方、王仲舒、
蕭籍《祭文》，並采《唐書・藝文志》《郡齋讀書志》《直齋書

録解題》《經籍志》《居易録》《欽定四庫全書總目》著録是集語，及明刻本楊慎序、劉大謨跋，<small>此二篇漏未寫入，予亦未有明刻本故無從補録。</small>爲《附録》一卷。《附録》之目，尚是淵翁自書，當即淵翁所摭録，故朱本無之。以世間僅有之祕籍，復經前賢手訂，亟當寶重，毋因其已有刻本而忽輕之也。東郡楊紹和識。《楹書隅録》卷四著録此本，並以此跋録之目後。伯夔按：《唐藝文志》權《集》分《童蒙集》五十卷、《文集》五十卷、《外制集》五十卷，宋《崇文總目》、晁《志》、陳《録》《宋志》著録均五十卷。元明以來，則已散佚，諸家著録，遂並五十卷而無之。清康熙時，新城王氏鈔本於劉考功公獻之子，則詩賦十卷，文四十卷。而又云碑銘八卷，議論二卷，記二卷，集序三卷，贈送序四卷，策問一卷，書二卷，疏表狀五卷，祭文三卷，於詩賦文五十卷外，又別記此三十卷，故《四庫提要》謂爲八十卷。若謂此三十卷即分文類記，則又少十卷，疑莫能明。《四庫》著録劉大謨十卷本，僅詩賦，又删其無書之目，權《集》遂不可考。惟近日江安傅氏所藏本，則云有目，傅氏又藏殘宋本四十三至五十凡八卷。而長沙葉氏啟勳，則藏康熙時舊刊，無刻書人姓名，謂校朱刻權《集》，覺其中多强爲分析，不無參差，故疑朱刻爲從殘宋本出，分湊成帙，以其四十三至五十八數卷，與康熙本無甚出入，其餘則不如康熙本之善也。朱刻第十三卷目有陸贄《翰苑集序》，第三十四卷目有《左武衛胄曹許君詩集序》，而文則刻入《補遺》。又有卷首有目，目後即接本文者，又有《目録》與卷中文敍次先後者，又有有文而無目者，當是朱氏强湊，期符《宋志》原卷，或朱氏從劉本之目，采獲他書以足成之，謂其源出宋槧，恐未必然。蓋朱刻之不善，楊氏已言之，而尚未罄，故再述之如此。人間既無宋刻完本，則此固權《集》之最善者矣。宋蔡寬夫《詩話》謂，《權文公集》皆不避其父名皋，此不可解。明吳安國《疊瓦編》又論其以古人姓名藏詩句中創爲此體。伯驥於讀書私記詳之，此不著。蓋予於權《集》曾點勘一過也。有"東魯觀察使者"、"孫星衍"及"楊氏印"。

宋之問集上下卷 明翻宋本，黃蕘圃、繆小山舊藏。

唐宋之問撰。前後無序跋，卷上爲《秋蓮賦》《太平公主池山賦》，次五言古詩，次七言古詩十六首。卷下爲五言律詩，五言排律，七言律詩，五言絕句，七言絕句，七言古詩。中有目曰"桂州三月三日"，明刊《搜玉小集》作"桂陽三日述懷"；詩中"登高望不見"，《搜玉》作不極；"曾爲人所羨"，《搜玉》曾作常；"二紀陪遊宴"，《搜玉》陪作歡；"千春獻壽多行樂"，《搜玉》作萬壽；"賜金分帛駐光輝"，《搜玉》駐作奉；"晨趨北闕鳴珂至"，《搜玉》作朝天去；"夜出南宮把燭歸"，《搜玉》宮作官；"越中山海高且深"，《搜玉》越中二字墨釘；"永和九年刺海郡"，《搜玉》刺作佐；"主人絲管清且悲"，《搜玉》作管弦；"曲水何能更被除"，《搜玉》作春水；"願得佳人錦字書"，《搜玉》作家人，蓋異同頗多。伯驥嘗校之，此首其尤著也。《本事詩》云，宋之問遊靈隱寺，夜月極明，長廊行吟曰，鷲嶺鬱岧嶤，龍宮鎖寂寥，第二聯搜奇思，終不如意。有老僧問曰，少年夜久不寐，何耶？曰偶題此寺，興思不屬。僧曰，何不云樓觀滄海日，門對浙江潮。之問愕然，訝其遒麗。有知者謂此僧爲駱賓王，未能證實也。此本有"求古居"、"繆荃蓀藏"兩章。按：繆氏藏元刊曾世榮《活幼心書》三卷，爲蕘圃舊藏本，缺葉皆蕘翁手補，封面蕘圃題云，五硯樓舊藏，求古

居重裝。黃氏跋此書，蓋謂得於五硯樓，重付裝池，而識其緣
起。求古居實爲黃氏齋名，葉鞠裳氏列蒐圖齋名頗富，尚未及
此也。蒐圖有《求古精舍金石圖序》云，余以求古名其居，爲
藏宋刻書籍也，因自號佞宋主人。古人一事一物，必有精神命
脈所係，故歷久不敝，然世遠年湮，不無顯晦之異，又有待於
後人之網羅散失，參考舊聞，此古之所以貴乎求也。余之求古，
介於汲古、述古之間，自求在昔，先民有作，凡事皆當作與古
爲徒之想與。求則得之，舍則失之，凡人皆當凜何求弗獲之戒
與。可證"求古居"章爲蒐翁所捝矣。

朱文公校昌黎先生文集四十卷影宋刊本。

　　唐韓愈撰。卷一列一行云，晦菴朱先生《考異》，留耕王先
生《音釋》。卷首又載《目錄》一卷，題李漢編集。前有寶慶
三年王伯大序，《凡例》稱朱文公《考異》一卷在正集之外，
自爲一書。留耕王先生倅南劍時，併將《考異》附於正集本文
之下，以便觀覽。留耕先生又集諸家之善，更定《音釋》，猶未
附入正集，仍於逐卷之左，空其下方，以待竄補，而觀者即此
較彼，又爲未便。今本宅所刊將南劍州官本爲據，併將《音釋》
附正集，使觀者一目可盡云云。觀此則今本匪特非朱子之舊，
併非留耕之舊矣。近世所行《韓文考異》，乃將《凡例》併卷
一首行删之，致文公裔孫竟爲校梓，誤矣。清世如陽湖孫氏所
藏，及邵亭《書目》，均載此本。吾粵番禺曾氏面城樓亦藏之，
謂此本俱載《凡例》，猶可考見朱、王及今本異同之故，爰識卷
末，俾後人知其可貴如此。若徒賞其體式古雅，猶爲骨董家習
氣耳。曾氏又謂在京師曾見南劍不全原本，以囊乏不能購歸。
此本《凡例》自稱本宅，又不自著其何氏，當更爲詳考之，蓋

三人均以此刻爲宋本矣。宋姚寬《西溪叢語》述韓退之《瀧吏詩》云，"不知官在朝，有益國家不。得無風其間，不武亦不文。仁義飾其躬，巧姦敗羣倫"。古本風作虱字，或引阮嗣宗"虱處褌中"爲解，非也。按：秦公孫鞅《靳命篇》云，國以功受官予爵，則治省言寡，以六虱授官予爵，則治煩言生。六虱曰禮樂、曰詩書、曰修善、曰孝悌、曰誠信、曰貞廉、曰仁義、曰非兵、曰羞戰。此謂六虱勝其政也。杜牧之云，彼商鞅者能耕能戰，能行其法，基秦爲強，曰彼仁義虱官也，可以置之，此昌黎之意也。見卷下。今此本仍作風。又集內《王屋縣尉畢垌墓志》，其大父名構，父名炕，弟名增。子四人，鎬、鈺、鈇、銳。東雅堂本炕作杭，注云杭本作炕，考《唐書·畢構傳》亦作炕，則杭本是也。前人曾校此字，今此本與杭本同。

朱文公校昌黎先生文集四十卷外集十卷

集傳遺文二卷元刊小字本。

前題晦庵朱先生《考異》，留耕王先生《音釋》。首列朱子序，次汪季路書，次《凡例》，次《目錄》，其王伯大序與諸家姓氏已佚去。開卷注曰，宋莒公云馮章靖親校舊，每卷首具列卷中篇目，馮悉以朱墨滅殺之，惟存其都凡，集外別有目錄一卷。今按李漢所作序云，總七百首并《目錄》，合四十一卷，則正與馮合。留耕名伯大，字幼學，福州人。《宋史》有傳。歸安陸氏著錄宋刻《名公書判清名集》殘本，僅存戶婚一門，分二十類，曰立繼、曰戶絕、曰歸宗、曰分析、曰檢校、曰孤幼、曰女承分、曰遺囑、曰別宅子、曰義子、曰取贖、曰爭業、曰違法交易、曰僞冒交易、曰墳墓、曰屋宇、曰庫本、曰爭財、曰婚嫁、曰離、曰接腳夫、曰雇妾，計二百三十六葉。所收諸人著述，今多不存，中有王留耕伯大撰記者，當即《音釋》韓文之王先生也。以朱子《韓文考異》，別爲卷帙，尋覽不便，重編析句，散入本集各句之下，刻於南劍州。又採洪興祖《年譜辨證》，樊汝霖《年譜注》孫汝聽解、報醇解、祝允解，爲之《音釋》，附各篇末。而麻沙坊估以注釋綴於篇末，仍不便檢閲，亦取而散諸句下，《凡例》已説明。半葉十三行，行二十三字，小字雙行。凡各本異同、名家注釋，皆以黑質白字别之，槧刻精善，更張朱子《考異》舊例，則其失也。

昌黎先生集四十卷外集十卷遺文一卷明徐氏刊本。

唐韓愈撰，門人李漢編。前有李漢編序，《敍説》七則，《凡例》十條。宋賈似道門客廖瑩中採建安魏仲舉五百家注，間引他書十之三，復删節朱子單行《攷異》散入各條下，所稱世綵堂本也。廖本舊在趙氏小山堂，屬樊榭有詩賦之，其後歸吾粤揭陽丁氏。與東雅堂此本，毫髮不差，蓋重刊廖本也。東雅堂主人徐時泰，吴人。萬曆間進士，歷官工部郎中。崇禎末，堂已易主，項宫詹煜居之。煜後以降賊名麗丹書，里人噪而焚其宅，堂遂燬，今僅存池塘遺跡云。

韓昌黎集　卷明刊本，陳明卿手校。

唐韓愈撰。明陳仁錫校刻本，前有陳氏序，略云，公之德行，具載本傳。考其政事，策淮西與裴中丞同上章，及請先入汴説韓弘擒元濟，已守潮而鱷魚遠，守袁而賣子贖，三爲侍郎，一拜祭酒，皆能於其官焉。其文學則奥衍閎深，沛然若有餘，卒澤於道德仁義。獨所謂言語者，世俗頗不解，或誤言語爲政事，或誤言語爲文學，甚或誤言語爲德行，然則言語如之何其列於四科也耶？以公叱王庭湊數語知之，彼且誇先太師血衣，公直曰以爲爾不記先太師也，若猶記之固善，未幾擐甲者皆爲

侍郎言是。廷湊泣受命，天子聞而悦之。郭令公見虜數語，皆
此類也。大敵在前，語言一亂，禍患助之，實關學力，歐陽文
忠不云乎，苟得禄矣，當盡力於斯文，以償其素志。故韓文得
之尹師魯，乃在舉進士後。嗚呼，宋人以時文爲古文，其體弱；
今人以古文爲時文，其體僞。且時嘐嘐慕古，一旦矢爲古文辭，
皆八股之唾餘也。顧安所得古乎？全部用朱筆點勘，上方有識
語，多是論文者，書内夾入字條二事，一在卷　條云，姖字疑
是嫗字，考《字書》煦嫗覆育，以氣曰煦，以體曰嫗，與下濟
附叶，此文身人叶、功於叶，末句□迿叶，功於嫗濟附叶。一
在卷　條云，《樊川集》自作墓志，内有年月日時，曉嵐説昌黎
作《李虚中墓志》云，君深於五行書，以人之始生年月所直日
辰，支干相生剋，衰死互相斟酌，推人壽夭貴賤利不利，舊以
所直爲句，非是。上條不知何人手寫，下條則舊藏此書者，定
爲大興翁氏方綱遺筆，閲之良是。紀氏之説，蓋謂虚中命術兼
用年月日時。伯驥按：宋人朱昱《猗覺寮雜記》則謂虚中命術
不用時，謂虚中以人生月日所值日辰支干衰勝王相，推人禍福
死生，百不失一。宜於自己禍福尤精，可安之也，乃燒水銀爲
黃金，冀不死，卒不免於發疽，豈靈於人不靈於己耶！虚中命
術，不用生時，今之閲命者，乃并與時參考，宜其尤精，乃鮮
有中者，蓋李術不傳久矣。其未死時，就傳其術者，已卒然失
之也。卷上。前清乾隆間，洪氏騰蛟亦謂虚中不用時。洪云，禄
命之説，世言昉於李虚中，非也。貞觀十五年太宗命吕才訂陰
陽雜書，已有禄命一家。《北齊書》有魏寧者，善推禄命。武成
親試之，以己生年月託爲異人以問。寧曰，極富貴，今年入墓。
武成驚曰，是我。寧變詞曰，若帝王又當別論。未幾武成崩，
是其術由來久矣。但寧僅推年月，李虚中兼推日，徐子平兼推

年月日時，法日以密而卒多不驗，宜吕才之辭而闢之也。《壽山叢録》卷二第三葉。顧亭林謂古無以一日分爲十二時之説，《洪範》言歲月日不言時，《周禮·馮相氏》掌十有二歲，十有二月，十有二辰，十日，二十有八星之位，不言時。屈子自序其生年月日，不及時。吕才《禄命書》亦止言年月日，不及時。又謂李虚中以人生年月日所值支干，推人禍福生死百不失一，初不用時也。據謝氏《五雜俎》謂，自宋而後，乃並其時參合之，謂之八字，是亭林亦謂虚中不用時也。惟近人陳士芑《黄學廬雜述》則述河間紀氏説，謂天有十二辰，故一日分爲十二時，日至某辰，即某時也，故時亦謂之日辰。《國語》星與北辰之位，皆在北維，是也。《詩》"跂彼織女，終日七襄"。是日辰即時之明證。《楚辭》"吉日兮辰良"，王逸注，日謂甲乙，辰謂寅卯，以辰與日分言，尤爲明白。紀氏又謂韓公作《李虚中墓誌》"所值日辰"四字應連上爲句，如屬下文爲句，即不用時之説所由生也。卷三。伯驥按：《朱子文集》卷七十五有《贈徐端叔命序》，謂世以人生年月日時所值支干納音，推知其人吉凶壽夭窮達者，其術雖若淺近，然學之者亦往往不能造其精微，是謝氏宋後乃有八字之説似確，惟紀氏以日辰二字連讀，且有《國語》《楚詞》爲據，則用時之法，已自古有之，自以紀言爲當矣。陳氏所述曉嵐之言，與翁氏字條相合。清《四庫》著録《李虚中命書》三卷，謂後世傳星命之學者，皆以虚中爲祖，此書義例首論六十甲子，不及生人時刻干支，其法頗與韓愈《墓誌》所言始生年月日者相合。而後半乃多稱四柱，其説實起於宋時，與前文殊相繆戾。見卷一百九。而卷一百二十一著録宋陳郁《藏一話腴》，謂李虚中以年月日時推命，而不知韓愈作《李虚中墓誌》，其推命實不用時。又劉氏毓崧《通義堂集》卷十二云，紀氏《閱微草堂筆記》疑虛中推命亦以八字，或昌黎略其詞，或韓文傳寫漏一字。觀方崧卿《舉正》、朱子《考異》，韓文訛脫原多也。今以各書參互考之，古人推算星命者，本兼用時，其證有六：《詩·小雅·小弁》云，"天之生我，我辰安在"。《周禮·春官》馮相氏、《秋官》硩蔟所掌，鄭注云，日謂從甲至癸，辰謂從子至亥。《左氏·昭七年傳》云，何謂六物，曰歲時日月星辰。論者以服氏之所謂十二辰，即每日之十二時。《昭五年傳》云，故有十時，亦當十位。《舊唐書·呂才傳》引《漢武故事》，武帝以乙酉之歲七月七日平旦時生。《太平御覽》三百六十二，引晉何禎《元壽賜名序》云，新婦荀氏所生女，以歲在丁丑四月五日始出時生，謂爲令月吉日善時云云。綜上文而論之，紀氏於官書則主不用時之說，《四庫提要》之言是也。於私著則主用時，《閱微草堂筆記》及翁氏字條所述是也。劉氏所述六證尤確，可以爲紀氏私說之應聲矣。仁錫字明卿，長洲人。天啓壬戌進士第三，官至南京國子監祭酒。事蹟見《明史·文苑傳》。有《繫辭十篇書》十卷、《易經頌》十二卷，清《四庫》存目。

唐韓昌黎集四十卷外集十卷附錄一卷 明崇禎癸酉蔣氏合刻本。

此爲長沙葉氏藏本。葉氏有跋云，唐《韓昌黎集》四十卷、《外集》十卷、《附錄》一卷，明檇李蔣之翹輯注，崇禎癸酉家刻本。版心無魚尾，上題《韓昌黎集》，旁小注卷數，下題三徑藏書。每半葉九行，每行十七字，小字同前。有陳繼儒序，稱韓、柳二集，直從六書八法中來，古文奇字纍纍錯綜於詩文之間，非卓識而大蓄善記而巧悟，精熟於音韻之學問，未易措手。

今檇李蔣君楚稑崛起諸生，便有盡天下古文奇字之志，凡韓、柳集中，師心妄駁肆手影撰者，皆竄削之，訂訛補缺，通計千有餘條。地理如指掌，歲月如貫珠，五易寒暑而後始成。昔六臣之注《文選》，以博勝也；郭象之注《南華》，以玄勝也；酈道元之注《水經》，以韻勝也；劉孝標之注《世說》、裴松之注《三國》，以旁出別見勝也；蔣楚稑之注《韓》《柳》，以精辨勝也云云。其推許未免太過，然按其全注，雖曰輯注，而不及自注之多。自注於前人訓詁音義，不甚詳稱，而於古今地理、當時史事，及其往來諸人交際歲月，皆旁搜博採，不憚其煩。是在注韓、柳諸家，可謂別闢門庭，實則注家應有之義也。陳序云地理如指掌，歲月如貫珠，二語可云括其要矣。此書明季始出，故藏書家多未著錄，張南皮制軍《書目答問》載有柳《集》，而不知有韓《集》，韓《集》殆以罕見而未寓目歟。

河東先生集四十五卷外集二卷附錄二卷

集傳一卷後序一卷　明濟美堂刊本，清阮氏學濬手校。

唐柳宗元撰，夔州刺史劉禹錫編。集序亦禹錫撰，宋刊本凡四十三卷，此并入《非國語》二卷，故四十有五。《外集》增《處士段宏古墓誌》三篇，附錄篇目，與宋本不同，《龍城錄》宋本亦無之。注不題撰人名氏，每卷尾俱有“東吳郭雲鵬校壽梓”篆文木印，版心有“濟美堂”三字，與增廣注釋音辨本有別。此本爲阮氏學濬校讀，字甚精工。學濬字澄園，號莒崖，江南山陽人。雍正癸丑科進士。其兄學浩，字裴園，著有《裴園詩鈔》。《道古堂詩集》卷七有《詠白秋海棠次阮編修學濬韻》四首，是其兄弟固擅長吟詠者。

唐柳河東集四十五卷外集五卷
遺文一卷_{明崇禎癸酉蔣氏合刻本。}

　　此爲長沙葉氏藏本。葉氏有跋云，唐《柳河東集》四十五
卷，内四十四，四十五爲《非國語》上下。《外集》五卷。《遺
文》一卷爲雜著。一《楊子新注》，一《龍城録》，《龍城録》
爲宋王銍僞託，乃并録之，是無識也。此亦蔣之翹注，一切與
韓《集》同。張南皮《書目答問》載有此本，云楊廷理刻本，
則非原刻也。又云，宋人柳文音辯五百家注，已括此書内。按
南皮云云，似未見其全注，亦不知其輯注之例，略於前人訓詁
音辯，詳於地理史事，與韓《集》同也。前載劉禹錫序，稱編
次爲四十五通行於世。據陳振孫《直齋書録解題》稱，劉禹錫
序言編次其文爲三十二通，此改爲四十五通，殊爲失實。之翹
事蹟，載《嘉興府志》云，秀水蔣之翹字楚稺，家貧好藏書。
明末避盜村居，收羅名人遺集數十種，選有《甲申前後集》。又
嘗重纂《晉書》，校注昌黎、河東《集》。朱彝尊《静志居詩
話》云，楚稺居射襄城，《楚詞》《晉書》，韓、柳《文集》，鏤
版以行。又嘗輯《檇李詩乘》四十卷。晚年無子，書籍散佚無
餘，《詩乘》亦亡，可嘆也。陸心源《䕶宋樓藏書志·九靈山房
集》後有跋云，我里蔣之翹，隱廛市間，有藏書之癖。虞山錢
宗伯編《國朝詩集》，嘗就其家借書。此卷首甲乙題字，宗伯蹟
也。壬戌上元前二日鉏菜翁記。按：鉏菜翁，曹倦圃溶别號，
蔣著有《天啓宮詞》，倦圃爲刻入《學海彙編》。蔣雖布衣，當
時士大夫羣相推重，則其人固有足稱者矣。伯驥按：《蔣氏詩
集》，近年有排字本，卷首於楚稺事略，搜羅頗多。吾家有之。

京本唐柳先生文集四十三卷 明刊本。

唐柳宗元撰。第一、二葉爲陸氏序，序云，余讀韓柳文，常思古人奇字，齟齬吾目，且柅吾喙也。開卷必與篇韻俱檢閱，反切終日不能通一紙，偶得二書《釋音》，如獲指南，猶恨字畫差小，不便老眼。至灃山郡齋，屬廣文是正，將大其刻以博學者。一旦，廣文攜《音訓》數帙示余曰，昌黎文有江山祝充《音義》，既反切又注其所從出，亡以復加。惟子厚集諸家《音義》不稱，是自詭規模。祝充撰《柳氏釋音》，數月書成。余實濫觴權輿是書者，序引其意，詎敢以言語不工爲解。自小學不興，六書罔詔，學者平日簡牘間，頗有不分點畫、不辨偏傍，任私意失本原，雖以字學名世者，未免斯弊。若虞永興不知姓，顏平原不知名，況下二子者耶！甚者以弄璋爲麞，伏臘爲獵，金根爲銀，至於古文奇字，能不失句讀、辨重輕清濁者，幾何人哉？惟柳州内、外《集》三十三通，莫不貫穿經史，轇轕傳記，諸子百家，虞初稗官之言，古文奇字，比韓文不啻倍蓗，非博學多識前言者，未易訓釋也。廣文中乙丑年甲科，恬於進取，尚淹選調，生平用心於内，不求諸外，遂能會粹所長，成一家言，將與柳文並行不朽無疑矣。非刻意是書者，未必知論著之不易也。廣文諱緯，字仲寶，雲間人，姓潘氏。乾道三年，吳郡陸之淵書，第三葉爲劉禹錫序，第四葉則備録京本注釋音辨唐《柳先生集》諸賢姓氏，中山劉禹錫編，河間穆修敍，眉山蘇軾評論，胥山沈晦辨，南城童宗説音詁，新安張敦頤音辯，新安汪藻記，張唐英論，雲間潘緯音義畢。半葉十行，行二十四字。板心柳文幾，在上魚尾下。京本者，謂京師之書，宋時刊刻多標其地之首字，即如建本、杭本、明本是也。明之書多題京本二字，大抵書林所誇稱，又與宋本舉其首字者自異矣。
《直齋書録解題》稱古京本五代開運丙午所刻《九經字樣》，遂
爲家藏籍中之最古者，此則真都中刻本也。

柳柳州集　卷 明廣西刊本。

唐柳宗元撰。前有吕氏序云，余□□入龍城，訪柳子厚刺
龍城時所作東軒，及植柳種甘遺處，無能舉其名跡者，已問公
集，盛傳於世，古今不芾廢。柳其故桐鄉地，宜有殺青，告云
闕如，因嘆名跡久湮，陵谷代變，昔所品題，隨作荒煙，無足
多怪。當公没後三年，有僧自永告劉夢得曰，愚溪無復曩時矣。
夢得泫然悲感。詩爲殘陽寂寞之詠，爾時便摧，何況今兹，可
復問哉。獨怪公之精神在文章，英魄在羅池，列之四大家，傳
之數千載，柳以子厚重，而文乃無傳本。此屬文獻一大缺陷事，
因語郡林丞裕陽，覓得善本，還桂屬桂李葉文華、梧李嚴九岳、
藩幕王松齡、學博蕭儀，校而刻之，成以歸於龍城，毋令後徵
者杞宗兹郡焉耳。庚戌夏孟清源吕圖南書於桂林之冰玉公署中。
半葉九行，行十七字。

孟東野詩集十卷 明弘治仿宋刊本，五硯樓舊藏。

前題山南西節度參謀試大理評事平昌孟郊。郊字東野，洛
陽人。初隱嵩少稱處士，性介不諧合，韓愈一見爲忘形交。貞
元十二年李程榜進士，時年五十矣，調溧陽尉。縣有投金瀨平
陵城，林薄翳蘙，下有積水，郊間往坐水傍，命酒揮琴，裴回
賦詩終日，而曹務多廢。縣令白府，以假尉代之，分其半俸，
辭官家居。李翺分司洛中，日與談讌，薦於興元節度使鄭餘慶，
遂奏爲參謀，試大理平事。卒，餘慶給錢數萬營葬，仍瞻其妻

子者累年，張籍謚爲貞曜先生，門人遠赴心喪。郊拙於生事，一貧徹骨，裘褐懸結，未嘗俛眉爲可憐之色，然好義者更遺之。工詩，大有理致，韓吏部極稱之。多傷不遇，年邁家空，思苦奇澀，讀之每令人不懌。如“借車載家具，家具少於車”。如《謝炭》云“吹霞弄日光不定，暖得曲身成直身”。如“愁人獨有夜燭見，一紙鄉書淚滴穿”。如《下第》云“棄置復棄置，情如刀刃傷”之類，皆哀怨清切，窮入冥搜。其《初登第吟》曰，“昔日齷齪不足誇，今朝曠蕩思無涯。春風得意馬蹄疾，一日看盡長安花”。當時議者亦見其氣衰窘促，卒漂淪薄宦，詩讖信有之矣。李觀論其詩曰，高處在古無上，平處下顧二謝云。有《咸池集》十卷行於世，見《唐才子傳》。《東野集》傳世，今所知者，黃蕘圃百宋一廛藏有北宋蜀本，半葉十二行，行二十一字。陸存齋《儀顧堂續跋》載藏汲古閣影宋精本，題銜作平昌，不作武康，與此同。後有宋敏求題，題後有“臨安府棚前北睦親坊南陳宅經籍鋪印”一行，前有《目錄》。半葉十行，行十八字。此本前有《目錄》，後有宋敏求題，行字與宋刻同，惟無臨安府棚前一行，可證其爲翻雕棚本矣。序中有提學按察邃庵先生以全集不多見，出藏本屬商州梓木行之。惟時同知於君霄奉命惟謹，閱兩月工完，先生欲晟識其後。此本蓋弘治時楊氏一清刊於陝西商州者，海上曾以此刻影印，此爲五硯樓舊藏，有章在卷首，蓋袁氏廷檮遺本。廷檮字又愷，又字壽階，世爲吳縣著姓，家饒於資，置不省，不事制舉業。遺書萬卷，點勘考索不少休，聞有善本，必得乃快。與周明經錫瓚、黃主事丕烈、顧明經之逵，號藏書四友。主事多宋槧本，往復商榷，尤契合。得遺硯五，其一清容居士硯，王侍郎所贈。奚布衣岡作《歸硯圖》，士林艷稱之，以五硯名其書樓，歲終陳硯，設酒脯以祭，作《祭硯文》勗其子。著有《紅蕙山房集》《五硯樓書目》《金石書畫所見記》《漁隱錄》諸書。其壻貝墉，次第剞劂，墉固傳君之學者也。見丁氏子復撰傳。

孟東野詩集十卷明嘉靖刊本，沈寶硯過錄，何義門手校。

前題唐山南西道節度參謀試大理評事武康孟郊著。明進士文林郎知武康縣事無錫秦禾重刻，前有嘉靖丙辰秦禾重刻序，稱宋學士敏求摘去重複及體制不類者，得五百十一首，彙爲十卷。宋景定間，武康令國材成德用宋本刻之，曩得其集於都氏元敬，因其宋刻而寶之。癸丑冬承乏武康，繙閱邑志，國令無聞焉。爰令杭士趙伯觀正譌重鋟，并錄國材原序及宋敏求序，前人所稱爲槧印極古雅者也。《梁谿漫志》卷七云，自六朝詩人以來，古淡之風衰，流爲綺靡，至唐爲尤甚。退之一世豪傑，而不能脫於習俗。東野獨一洗衆，其詩高妙簡古，力追漢魏作者，政如倡優雜沓前陳，衆所趨奔。而有大人君子，垂紳正笏，屹然中立。此退之所以深嘉屢歎，而謂其不可及也，然亦恨其大過，蓋矯世不得不爾。當時獨李習之見與退之合，後世不解此意，但見退之稱道東野過實，爭先譏誚東野反爲退之所累，惜乎無有原其本意者也。又《臨漢隱居詩話》云，孟郊詩蹇澀窮僻，琢削不假，真苦吟而成，觀其句法格律可見矣。其自謂夜吟曉不休，苦吟神鬼愁。而退之評其詩云，榮華肖天秀，捷疾愈響報。何也？《對牀夜語》卷四云，退之序孟東野詩云，東野之詩，其高出魏晉，不懈而及於古，其他浸淫乎漢氏矣。退之進之，而東坡貶之，豈所見有不同耶。《歸田詩話》卷上云，遺山論詩云，東野悲鳴死不休，高天厚地一詩囚。江山萬古潮陽筆，合臥元龍百尺樓。推尊退之，而鄙薄東野至矣。東坡亦

有“未足當韓豪”之句，又云我厭孟郊詩，復作孟郊語，蓋不
爲所取也。東野詩如食薺腸亦苦，强歌聲無歡，出門即有礙，
誰謂天地寬，氣象如此，宜其一世踽踽也。此皆前人論東野詩，
而兼及其品格者，輒附記之。此本爲前清何義門弟子沈寶硯岩
過錄其師校宋本。顧千里云，惠松崖假陸敕先校宋本《國語》
於寶研，寶研祕不肯出。前人又稱寶研居士藏明刻本《事物記
原事類》二十卷，雍正癸丑曾借何小山手校宋本對勘，是其人
固喜校讎書卷者，宜此本之精嚴如是也。原書爲前明文氏舊藏，
故有“停雲”圓章，及“玉磬山房”章。文徵明初名璧，以字
行，更字徵仲，別號衡山。正德末巡撫李充嗣薦授翰林院待詔，
乞歸。嘉靖十八年卒，年九十矣。見《明史》。待詔藏書引首，
皆用“江左”二字長方印，或用“竺塢”印，或用“停雲”圓
印，此外尚不勘。《列朝詩集》言待詔築室於舍東曰玉磬山房。
《鐵琴銅劍樓書目》著錄宋本《資治通鑑》，爲文氏藏本，有題
字云“丁亥九月玉磬山房閱”。李氏《福花峒讀書堂文鈔》卷
二《文待詔贊》云，玉磬一聲，到今未已。蓋謂文氏之聲譽，
至今不衰也。

孟東野詩集　卷明凌氏朱墨本，清何子貞批讀。

　　唐孟郊撰。前有景定成德序，次舒岳祥《和韓昌黎贈詩》，
次宋敏求序，次韓愈《貞曜先生墓志銘》。次有吳興凌蒙初題字
云，余既刻劉須溪所批諸家詩矣，已而思吳鄉孟東野，其奇險
可與長吉鬼怪對壘。且須溪評詩爲最廣，而唐諸選中，亦時見
有評其數首者，意必有其本如諸家，而無從見也。遍索之，偶
獲一宋雕本於武康故家，上有評點，以爲必須溪無疑，及閱其
序，則宋景定時天台國材成德以宰武康，爲梓行其集而評之者。

國於時無所表見，今世亦罕知之，宜其未必有當，乃字櫛句比，其雌黃處亦時時得三昧焉。宋人不能詩而能言詩，亦其偏有所至耶！獨其劇貶休文之品，而崇尚東野，謂其行吟溪曲，泊無宦情，然味其詩亦未免感時傷世，幽憤過多。如所謂"空將淚見花"等語，與襄陽之孟，純是曠達者，局器大小固有別也。余梓其詩以配長吉，亦因附其評以作須溪之未備，遂并言其所見如此。蒙初字玄房，《湖州府志》避清諱作元房。號初成，《四庫提要》作稚成。烏程人，生於萬曆間。崇禎四年始以副貢授官，歷任上海縣、徐州判，甲申死流寇之難。有朱墨本各書，流行至今。此本爲何子貞氏批讀，或用木刻選字，朱印於目下，其批校於書眉之上者頗不尠。字甚工，語亦諦也，何氏讀本，至爲世重。長沙葉氏藏舊本《樊川集》，其題記謂此本經何子貞太史句讀圈點。太史以書名海內，且工於詩，凡古人集經其批評，可以使後學作詩得無數門徑。雖王漁洋之評杜，朱竹垞之評玉谿，紀文達之評蘇詩，正不多讓也。書面題《樊川集》上、《樊川集》下，總評出奇無窮四字。卷中各詩，逐句皆有圈點，匡闌上間有評語，想見先輩讀書之用心，於古人集全不肯滑口讀過，是固可師云云。當不盡鄉黨之私也。伯驥又藏何氏批校本《積古齋鐘鼎款識》，眉端字如攢蟻，細若牛毛，考正校補，識解過於原著，尤足珍也。河間龐氏際雲藏何氏手鈔《歷朝東華錄》，共四大廚，聞已散失矣。何氏寫此，日五千言。見《曾文正日記》。

鮑溶詩集六卷集外詩一卷　寫本，曹秋嶽、張拱端校。

唐鮑溶撰。溶字德源，元和四年第進士，初隱江南山中避地。家苦貧，勁氣不擾，覊旅四方，登臨懷昔，皆古人絕唱。

過隴頭古天山大阪，泉水嗚咽分流四下，賦詩曰，"隴頭水，千古不堪聞，生歸蘇屬國，死別李將軍。細響風凋草，清哀鴈入雲"。其警絕大概如此，古詩樂府稱獨步，蓋其氣力宏贍，博識清度，雅正高古，眾才無不備具云。卒飄蓬薄宦，客死三川。有集五卷。見《唐才子傳》。按《元豐類稿》卷十一，有《鮑溶詩集目錄序》云，《鮑溶詩集》六卷，史館書舊題云《鮑防集》五卷，《崇文總目》敘別集亦然。知制誥宋敏求爲臣言，此集詩見《文粹》《唐詩類選》者，皆稱鮑溶作。又防之雜感詩最顯，而此集無之，知此詩非防作也。臣考之，知敏求言良是。又參知政事歐陽修所藏《鮑溶集》，與此集同，然後知爲溶集決也。溶詩清約謹嚴，而違理者少，亦近世之能言者也。清《四庫簡明目錄》卷十五云，鞏所編本凡二百首，而益以《外集》三十三首。此本《外集》之數，與鞏本同，《正集》比鞏本多一卷，而詩止一百四十五首，蓋殘闕之餘，重爲編次，已非鞏本之舊。故庫本《鮑詩》六卷、《外集》一卷。汲古閣《六家唐人集》之《鮑溶集》，附集外詩，大略無甚差異。庫本蓋出於江南葉裕家鈔本也。此本藍字爲曹秋嶽校，紅字孟公按明毛鈔校，墨筆不知何人照明本校。卷六末有康熙五年曹氏題字一行。伯驥按：《吳縣志》云，張孟公字孟恭，太原人，父慶昭勇將軍官於吳，遂家焉。先生以諸生應徵辟，授職方主事。好奇任俠，游楊廷樞徐、汗之門。國變後逃於禪，易名興機，築別墅於虎丘，棲隱其間。以其學授二子七女，皆工詩善畫。晚年失明，年九十餘卒。《明遺民詩》卷十六云，釋興機，字震巖，山西太原人，住金陵天界寺。即張孟公。孟公一字拱端。《馮鈍吟集》有《贈張孟公詩》，言"從予學符篆"。葉氏《藏書紀事詩》卷四，於張氏一節尚多影響之詞，未能切實，故稍詳焉。

李文公集十八卷_{宋刊本，明錢叔寶舊藏。}

　　唐李翱撰。翱字習之，隴西成紀人。貞元十四年進士，官
山東東道節度使，檢校戶部尚書。《唐書》有傳。《唐詩紀事》
云，鄭州嘗掘地得刺史李翱《戲贈詩》，此自一李翱，非習之
也。《唐書》習之傳亦不記爲鄭州。王深甫編次《習之集》，乃
收入此詩。錢氏《養新録》卷十二述之，蓋所以訂前人之誤也。
習之學術，出於昌黎，後世至加推重。有《易詮》七卷，宋
《藝文志》著録之，唐《志》不載，《玉海》則云三卷。《論語
筆解》二卷，舊本題韓愈、李翱同撰，《易詮》已佚，而《筆
解》猶存，舊刻有之，清《四庫》亦著録。宋歐陽修《書李翱
集後》云，予爲西京留守推官，得此書於魏君，讀《復性書》
三篇，《中庸》之義疏爾。智者誠其性，當讀《中庸》，愚者雖
讀之不曉，不作可也。先乎翱有道而能文者莫若韓愈，愈嘗有
賦矣，不過羡二鳥之光榮，歎一飽之無時爾，此其心使光榮而
飽，則不復云矣。翱獨不然，《幽懷賦》“衆囂囂而雜處兮，咸
歎老而嗟卑。視予心之不然兮，慮行道之猶非”。又怪神堯以一
旅取天下，後世子孫不能以天下取河北爲憂，使當時諸君子皆
易其歎老嗟卑之心，爲翱所憂之心，則唐之天下豈有亂與亡哉。
見歐《集》卷七十二七十三。又明李氏裳云，李翱《復性書》
謂致知在格物，曰物者萬物也；格者來也、至也。物至之時，
其心昭昭焉、明辨焉，而不應於物者是致知也，是知之至也。
此解亦通。翱書解《中庸》性命之旨，有非宋儒所班者，而反
謂淪於佛氏，知言之選難矣。見《黃谷讕談》一。孟子言性善
情亦善，即情因可見性。釋氏以情動最能害性，世儒遂据以排
佛。然姑勿辯，而試求之孔氏語曰，性相近，習相遠也。習固

情矣，曰相遠焉，豈復性之本耶。《記》曰，人生而靜，天之性
也，感於物而動，性之欲也，感於物情也，曰性之欲焉，豈復
性之靜耶。則夫孟之言非孔子之言也，而區區於排釋氏過矣。
後之君子有爲滅情復性之說，如李習之者甚衆，人一舉而揮之
曰，是皆沈於釋氏，而不思漢人多有是説，亦聞之釋氏耶？故
善觀於尼父之言，則在夷狄者可進矣。見《黃谷讕談》二。此
則專就《復性書》而論也。《石林詩話》云，人之材力信自有
限，李翱、皇甫湜皆韓退之高弟，而二人獨不傳，其詩不應散
亡無一篇存者，計非其所長，故多不作。苕溪漁隱曰，余讀
《傳燈錄》言朗州刺史李翱謁藥山問如何是道，師以手指上下
曰，會麼？翱曰不會。師曰雲在天，水在瓶。翱遂贈以詩曰，
"練得身形似鶴形，千株松下兩函經。我來問道無餘說，雲在青
天水在瓶"。余以《唐書》翱本傳考之，翱嘗爲朗州刺史，則
《傳燈錄》所載是也。《傳燈錄》有此詩，石林以爲翱詩散亡無
一篇存者，但一見遠游聯句而已，何也？見《苕溪漁隱叢話》
卷二十。此則深以爲習之不能詩篇誚矣。《左傳》宋襄公母弟敖
仕晉，敖之孫，即伯宗。而李之《柏良器神道碑》云，柏氏系
自有周，叔虞封晉，其支子食邑於周，因以爲氏，後世生宗，
其子州犂奔楚改伯爲柏，則又爲姬姓矣。前清范氏照藜《左傳
釋人》卷七，謂爲未之敢信，此則以習之之考覈爲疏舛矣。至
習之《答開元寺僧書》，見《文苑英華》，而《文粹》亦載之，
此集見遺。韓退之作《歐陽詹哀辭》，謂習之有詹《傳》，此本
亦闕此篇，是則日久缺佚，固常例也。《雲谿友議》載李翱在潭
州席上，有妓舞柘枝者，顏色憂悴，問知爲蘇州韋中丞女。段
堯藩當筵贈詩云，"姑蘇太守青娥女，流落長沙舞柘枝"。李乃
於賓榻中選士而嫁之。王氏士禎謂好事者爲之，娼嫉君子，污

巉大賢。不知漁洋烏從而知其不實也。習之所撰有《五木經》
一卷，范氏藏本，有羅浮外史識後云，古之言樗蒱者凡八，爲
《經》、爲《采名》、爲《象戲》、爲《廣象戲格》、爲《樗蒱
格》，總是經爲八部，今鄭浹漈之志藝術悉載焉，但初不錄作者
姓氏。至馬貴與作《經籍考》，迺收《五木經》於子類，稱唐
李翺撰，元革注，而署其卷目爲一，復及其《圖例》云者，今
且軼脱不可得而見矣。是卷幸載《李文公集》，其盧梟雉犢之
采，備紀帙中，後之癖染劉毅容寶之好者，當一披豁而嘉賞焉。
清《四庫提要》謂此書是翺戲作，借古樗蒱盧白雉犢之名，以
行打馬之法，實非古之五木。按之《後漢書‧梁冀傳》注，及
《列子‧楊朱篇》註，殊相繆戾，則是書爲翺自出新意云云。此
又習之之餘事也。習之文出於韓，《唐文粹》卷八十四，有裴晉
公《與習之論文書》云，昔人有見小人之違道者，恥與之同形
貌、共衣服，遂思倒置眉目，反易冠帶以異也，不知倒之反之
非也。故文之異，在氣格之高下、思致之淺深，不在磔裂章句，
隳廢聲韻也。人之異，在風神之清濁、心志之通塞，不在倒置
眉目，反易冠帶也。習之學於昌黎公，爲習之言，不僅爲習之
之文言也。洪容齋云，劉夢得、李習之、皇甫持正、李漢皆稱
頌韓公之文，各極其摯。習之云，建武以還，文卑質喪，氣萎
體弱，剿剥不讓，撥去其華，得其本根。包劉越嬴，並武同殷，
六經之文，絶而復新，學者有歸，大變於文。又《緯文瑣語》
云，習之韓之徒也，作《復性書》，時年未三十，可謂豪傑特出
之士。以如斯之才，終身從事於學問間，用工夫於文章，不爲
不至，然不能並驅於韓。人才高下，信乎其有定限也。又云，
習之質而緩，持正奇而不工。又云，韓、柳、李、皇甫四人，
皆於敍事中用力。又云，韓文縱橫奇正，皆不可名狀。當時學

者李習之只得正，皇甫持正祗得奇。《童蒙訓》云，學退之不
至，李翱、皇甫湜。然二人之文，足以窺測作文用力處。容齋
云，李習之《答朱載言書》，論文最爲明白周盡。此皆論習之文
章得力於韓。而蘇氏洵謂李文味黯然而長，光油然而幽，俯仰
揖讓，有執事之態。見於《上歐陽公書》中者，則似謂其下啓
廬陵矣。此本黑口版，半葉十行，行十九字。《目録》前題《李
文公集》，下云總一十八卷，凡一百三首，二首原闕。下一行云
唐山南東道節度使檢校户部尚書，又下一行云李翱字習之。版
心有“李文”二字，在上黑口下魚尾上。書賈求售時，不敢定
爲何時本，惟云紙墨甚古，紙薄而有羅紋，字體古茂疏勁，當
非明刻，索價頗奢。伯驥曾藏明本，每半葉十行，行二十字，
版心有卷一、卷二等字，而此則否，心遂度此爲宋元本。良由
張氏愛日精廬、陸氏皕宋樓所藏宋本極富，而李《集》均爲明
本，《四庫》著録亦由毛刻而來，估人不審此本爲宋，固無足怪
也。錢氏天樹《跋李文公集》云，余昔藏有兩本，審其字畫，
是明成、弘間所刻，《目録》之前無銜名一行。張氏鈞衡云，
《目録》有官銜，五、六卷首尾相接，皆宋本之徵。以上皆見
《適園藏書志》卷十。此本五、六卷相聯，銜名亦詳叙，與錢、
張之說無差異，遂以重幣得之。間出此書與友欣賞，友從海上
歸，時葉氏《郋園讀書志》初出版，友檢卷七出示，與此本如
符節之合，益可證明，然猶以黑口爲疑，以昔人謂宋版無黑口
也。惟《儀顧堂集》卷二十有云，愚見十行本《北史》、景定
嚴州《續志》、《中興館閣録》、咸淳板《揮麈録》、王注《蘇
詩》，皆黑口，然則黑口之興，當在宋季，而不始於元。可知葉
氏定爲南宋刻，誠非無見也。葉書爲湘鄉曾文正公舊藏，吾家
郘亭定爲南宋本，文正跋語及之。見葉氏《讀書志》中。此本

卷首有"中吳錢氏考藏印"、"縣罄室"兩章。卷末有"錢氏叔寶"、"三吳逸民"等章。明錢穀字叔寶，少孤貧，游文待詔門下，日取架上書讀之，晚葺故廬，讀書其中。聞有異書，雖病必強起匍匐請觀，手自鈔寫。子允治，酷似其父。見《列朝詩集》小傳。此即其藏本也，文震孟《姑蘇名賢小記》云，叔寶先生不爲家，家愈貧。先太史過而題其室曰縣罄，先生笑曰吾志哉。而其嗜讀日益甚，手錄古文金石書幾數千卷。所纂輯有《三國文類鈔》《南北史摭言》《隱逸集》《長洲志》《三刺史詩》《續吳都文粹》。伯驥按：縣罄二字蓋取《左傳》語。又《靜志居詩話》云，叔寶晚葺敝廬曰縣罄室，王元美爲賦詩，所謂"空梁頗受落月色，北窗靜竢涼風眠"者也。天樹號夢廬，張文虎《舒藝室詩存》稱其爲當湖老名士，以嗜古好客貧其家。錢氏《曝書雜記》謂夢廬篤嗜古籍，嘗於《愛日精廬藏書志》眉間記其所見。伯驥按：黃氏蕘圃題跋又屢及夢廬，是其人積學媚古，言當可信矣。

歐陽先生文集十卷附錄一卷 明焦澹園藏寫本。

唐歐陽詹撰。詹字行周，晉江人。舉進士，官四門助教，率其徒伏闕下，舉韓愈爲博士。年四十餘卒。此本前有李貽德序。按《行周集》有宋十卷本，有明弘治十七年莊槼翻宋十卷本，蔡清序。有正德間重刻十卷本，有嘉靖慎獨齋重刻十卷本。其後徐興公熥從《文粹》《文苑》輯出另編，只《秋月賦》一篇，爲刻本所無。按《唐書·詹傳》云，詹舉進士，與韓愈、李觀、李絳、崔羣玉、王涯、馮宿、庾丞宣聯第皆天下選，時稱龍虎榜，故先達詩曰"一舉首登龍虎榜，十年身到鳳凰池"。世以爲榮。蔡氏《寬夫詩話》云，唐自常袞以前，閩中未有讀書者，自衰教之，而歐陽詹之徒始出，而終唐世，亦不甚盛。今中舉子常數倍天下，而朝廷將相公卿，每居其四五，然則四門助教，固閩中科名仕宦之先河矣。詹有《贈妓詩》真蹟，至邵伯温時猶在。而錢氏《讀書敏求記》，以爲寄懷隱士之作，不爲確論。顧廣圻《思適齋集》跋此書云，第五卷《韓域西尉廳記》云，列縣出於千，乃文集最妙處，《文苑》八百六，《文粹》七十三，於千上多五字，皆大誤。舊《唐志》貞觀十三年定簿縣一千五百五十一，新書《志》開元二十八年户簿帳縣一千五百七十三，行周此記作於貞元十五年，已非復貞觀、開元之盛，其決無五千縣之多明矣。宜据集删《苑》《粹》衍字，而何義門校葉鈔反据以添集，何也？汪氏《水曹清暇録》卷三云，歐陽詹詩“并州細侯直下孫”，又“誰敵留侯直下孫”，直下猶言本支嫡派。以上皆讀此集者所宜考論者也。卷前有小章，文曰“焦竑”。紙墨極舊，鈔手甚工。竑字弱侯，一字澹園，上元人。萬曆己丑賜進士第一，授翰林院修撰，謫福寧州同知。追諡文憲，有《澹園集》。黃氏《千頃堂書目》，著録《焦氏藏書目》二卷。

孫可之集十卷 宋刊本，海源閣舊藏，黃蕘圃、顧千里批校。

唐孫樵撰。樵字可之，又字隱之，里貫無考。大中九年進士，廣明中授職方郎中。集十卷，得文三十五篇。以伯驥耳目所睹記，《可之集》惟前清天禄琳琅有宋本。此外大家，如瞿《目》則著録明王刻本，顧澗薲以宋本校過。丁氏則藏明王刻本外，有天啓吳馥序刻本、舊鈔本。而天禄本則《目録》後刻“大宋天聖元年戊辰祕閣校理仲淹家塾”字，編者謂其字畫濃重，與通部有異，當是書賈僞爲。詳其增印之作僞，與編者言語之游移，則天禄本是否確爲宋槧，尚未可定。武進董氏近著《書舶庸譚》，中言日本御藏之書，其佳處往往過於前清天禄琳琅，想亦確有所見也。楊氏《楹書隅録》卷四著録宋刻《昌黎先生集》，楊氏有跋語云，南宋初刻唐人集，每半葉十二行，行二十一字之本，凡數十種，與北宋蜀本每半葉十一行，行二十字唐人諸集並稱，最爲精善。顧今世流傳絶罕，偶或遇之，率已損闕，求完帙不易得也。藏予齋者凡三，一浩然、一可之，皆完帙，一殘本鈔補者，則爲《昌黎文集》。據楊氏之言，是孫《集》實爲南宋初刻本，今以各家藏本較之，孫《集》洵以此本爲首屈，天禄本不可信爲宋，固無庸論矣。此外正德王鏊本、林茂之閩本、毛子晉虞山本，更在其下，惟丁氏所藏之舊鈔本，尚比前數本爲可讀。即如集中“書出將軍邊事”云，“南蠻果大入成都，鬥其三門，四日而旋”，而正德本脱去“其三門四日而旋”七字。吳祁重訂本云，“大入成都”是一句，“鬥其三門”是一句，《文粹》削“其三門”三字不成語，《文苑》可證，此鈔本不誤，較正德本爲優，故《善本書室書目》特拈出之。然亦一節之長，仍不可與此宋槧絜比也。前清吾粤南海馮氏，校刻《三唐人集》，流行頗廣，然可之一集，考楊氏《日本訪書志》十四云，馮某自言得見澗薲兩校本，又見黃蕘圃校本，顧氏且云有《唐文粹辨正》之役，遍搜唐集勘正，知必於《文粹》所載可之文，一一校録，馮氏參校重刊，宜夫折衷一是。今以馮氏本對勘，不唯《文粹》佳處不能從，即此本是處，亦多改刊。如書“何易于城嘉陵江南”，蓋謂益昌縣城在嘉陵江南耳，馮本從俗本作河南刺史，而以“城嘉陵”斷句，爲不辭矣。且有各本不誤，而馮本獨誤者，此由重寫未得覆勘之故。由惺吾之言觀之，是馮刻似未嘗取校此本，迺歷數十年，而此宋刻

竟歸於我，是孫《集》善椠，與吾粤人究有夙緣，不可謂非事
之巧合者矣。按：《困學紀聞》稱孝宗問周益公云，唐孫樵讀
《開元録》雜報數事，内有宣政門宰相與百僚廷諫十刻罷，徧檢
新舊唐史及諸書並不載。益公奏《太平御覽總目》内有《開元
録》一書，祖宗朝此本尚存，近世偶不傳耳。容臣博加詢訪。
此則集内之可資考覈者。《捫蝨新話》云，孫樵嘗言自得爲文真
訣於宋無擇，無擇得之於皇甫持正，持正得之於韓吏部。據其
所言，似有來處，然樵之文牽强僻澀，氣象絶不類於韓作，而
過自稱許，嫫母捧心，信有之矣。唯明震澤王文恪鏊，論學古
文之法，則謂學古文必宗昌黎，當取徑韓門李習之、皇甫持正，
及後來能傳韓法之孫可之。又乾隆間江都馬榮祖辨本文集自序
云，太初之後，韓吏部獨立大宗，亦越慤、僖去韓已遠，孫可
之克自振拔，竟嗣元和，慶曆雖盛，未能或之先也。吏部生平
少所推服，至於紹述，則擬於地負海涵，獨怪古今著述之富，
莫過於樊，而至今不傳隻字。《絳守居園池記》係僞譔。可之苦心孤
進，雖沉埋掩蝕，至數百年之久，而所自定三十五首，卒大著
於明，此則論其文矣。可之自序謂，閲所著文及碑碣、書檄、
傳記、銘誌得二百餘篇，蘘其可觀者三十五篇，編爲十卷。今
按每卷之文只三篇半，其文篇幅亦甚短，以每篇三四百言計之，
一千餘言，即成一卷。其文集卷一、二，卷四、五，卷九、十，
每卷僅三篇，卷三六篇、卷六二篇，卷七四篇，卷八五篇。僖
宗廣明元年詔曰，行在三絶，右散騎常侍李瞳有曾、閔之行，
職方郎中孫樵有揚、馬之文，前進士司空圖有巢、由之風。列
在青史，以彰唐中興之德。其旌異如此。清四庫館臣以刻意求
奇議之，過矣。至前人引陶穀《清異録》，摘可之送茶與焦邢部
書，語近誹諧，蓋屬僞託，然當時著述，固不應止此十卷云云。

此則考辨可之遺文之譌觖，又當別論也。謝氏肇淛《五雜俎》云，書所以貴宋版者，不惟點畫無訛，亦且刻畫精好，若法帖然。凡宋刻有肥、瘦二種，肥者學顏，瘦者學歐，行款疏密，任意不一，而字勢皆生動，篆古色而極薄，不蛀。今觀此集，字畫界於歐、顏之間，骨肉停勻，調節環燕，雕鏤精美，捫之有稜，選楮用墨，咸臻佳妙。與在杭之言，適相符契，且朱字粲爛，新若未觸。蕘圃、澗蘋既評騭於前，四經四史齋復收藏於後，歷年六七百，時直二三千。二十年三月，山東省立圖書館季刊第一集第一期，有王氏獻唐所撰《海源閣藏書之損失與善後處置》一文，稱楊氏售書單發見於北平，最昂者爲宋本《柳先生文集》直一萬元，最低者爲宋本《會稽三賦》，直一千三百元，而宋本孫《集》，則介於低昂之間，厥直為二千八百元，即此本也。《晉書・陸機傳》稱桂生幽壑，終保彌年之丹。此書之能保至今，未必不藉黃、楊諸君子爲幽壑也。楊氏藏書，爲吾國百年來南北四大家之一，其書多出於吳中黃氏百宋一廛、汪氏藝芸書舍。洪楊之役，江以南圖書爲兵燹所孑遺者，南則歸仁和朱氏、豐順丁氏、湘潭袁氏、歸安陸氏，北則連騎接軫，盡入聊城。今所傳書錄，可按籍而稽也。天降喪亂，海源卷帙，近多散出。此爲閣中有名之本，北估不遠數千里求售於吾家，祕笈在前，能毋心動。當時楊閣軼書，伯驤所見不下百十種，所得亦有多種，然實以此爲巨擘焉。大弓在弢，美玉韞櫝，其可忽爾哉！

　　茲將黃蕘圃顧千里墨筆題語附錄如下。

　　《孫可之文集》，毛刻《三唐人集》而外，世無刻本，即毛氏所本，亦云震澤王守溪先生從內閣錄出者，究未識其爲刻與鈔也。余友顧抱沖得宋刻本於華陽橋顧聽玉家，楮墨精良，首尾完好，真宋刻中上駟。爰從假歸，校於毛刻本上，實有佳處，悉爲勘定。內卷二、卷三與毛刻互倒，自當以宋刻爲是。其脫落，如卷八《唐故倉部郎中康公墓誌銘》楊崮已下二十四字，

宋刻獨全，知内閣本非宋刻也。雖宋刻亦有譌脱，然無心之誤，
讀者自知。卷中朱筆所校改，已得其大半。夫抱冲與予之生後
守溪、子晉者幾何年，而所見有勝於前人者，不誠幸與。還書
之日，因誌數語於卷端，藉抱冲小讀書堆以並傳不朽云。大清
嘉慶元年正月上元日，書於讀未見書齋。棘人黄丕烈。在卷首。

　　王震澤於正德丁丑刻《孫可之集》，而自序之。謂獲内閣祕
本，手録以歸。毛子晉合習之、持正爲三唐人文者也。此宋槧
前在小讀書堆，今藏藝芸主人。丁亥夏閏，假來細勘正德本，
知傳之多失。卷中絶無賞鑑諸家圖記，或皆未見歟？凡取《文
粹》所有若干條入《辨證》。顧千里記，在卷末。

　　澗薲居士曰，《龍多山録》云，樵起辛而游，泊《思適齋集》
誤泊。甲而休，此用書辛壬癸甲也。刻《武侯碑陰》云，獨謂武
侯治於燕奭，此用《左傳》管夷吾治於高傒也。見宋刻而後知
正德本之謬，校定書籍，可不慎哉！又曰，道光丁亥因有《文
粹辨證》之役，徧搜唐賢遺集，得王濟之所刻孫可之内閣本，
復從長洲王氏借宋槧勘正，視汲古閣三唐人遠過之矣。右二則
亦居士跋此本者，見於《思適齋集》，故補録之。

　　予齋藏唐人集二十餘種，皆宋元槧之致佳者，而浩然、昌
黎兩集，並此本同出一刻，尤精古絶倫，蓋即復翁云南宋初年
鋟版者也。予年來海上仙船，風輒引去，昏波慧業，昇墜何常，
青簡浮名，正未知幾生修到，然而謨觴斟液，宛委搜奇。僕何
人斯，居然津逮，則如述古主人所謂駴心悦目，不數蓬山矣。
秋雨初霽，新凉襲人，偶理縹囊，漫志於後。時癸亥八月之二
十有四日也，彦合主人。均在卷末。

　　有“博依齋印”、“顧千里經眼記”各印。《禮記・學記》
“不學博依，不能安詩”。鄭注博依，廣譬喻也，依或爲衣，是

鄭以廣釋博，以譬喻釋依。恐讀者未達依訓譬喻之義，故又引或本爲衣，刻章者當取義於此。顧廣圻，字千里，以字行，號澗蘋，自號思適居士。元和縣學生，論古書訛舛處，細若毛髮，棼如亂絲，一經剖析，刲然心開目明。張古愚、黃蕘圃，皆推重之，延之刻書。君博極羣書，而研窮義理，昌明絕學，而留意文章。少以江處士聲爲師，長與孫兵備星衍爲友，晚而獨有所得，議論宏通，於亭林爲近。以上三語似近誇大。伯驤記。世徒以其勤於考證，遂共目爲章句之學，蓋未足以知君也。君以諸生屢應鄉試不利，孫兵備舉爲衍聖公典籍，封贈其親，以學官弟子爲素王家臣，數百年來惟君爲克稱其官云。明人讀書鹵莽，鏤板絕無善本，傳布既久，譌脫滋多。君讎校最精，爲當世所貴。道光十五年卒，年六十有九。見李兆洛《顧先生墓志銘》、葉氏《吹網録》、夏寶晉《奎文閣典籍·顧君墓志銘》。彦合主人者，海源閣主人楊氏以增子。《山東通志》云，楊紹和字彦和，咸豐二年舉鄉試，官郎中。邃於漢學，精研訓詁，《毛詩》《公羊》皆有劄記。

孫可之集十卷 明正德王氏刊本。

唐孫樵撰。每卷目録在前，前有中和四年樵自序。次有王鏊序云，近世文章家要以昌黎公爲聖，其法所從，蓋未有知其所始者，意其自得之於經，而得之鄒孟氏尤深，同時自柳柳州外，鮮克知者。昌黎授之皇甫持正，持正授之來無擇，無擇授之可之，故可之每自詫得吏部爲文真訣。可之卒，其法中絕。其後歐、蘇崛起百年之後，各以所長，振動一世，其二人卓絕，顧於是有若未暇數數然者，而亦多脗合焉。其時臨川荆公得之獨深，考其儲思注詞，無一弗合，顧視韓差狹耳，而後之爲文者，隨其成心而師之，子竊病焉。少讀《唐文粹》，得持正、可之文，則往返三復，惜不得其全觀之，後獲內閣祕本，手錄以歸。户部主事白水王君直夫，請刻以傳，遂授之。庶昌黎公不傳之祕，或有因是而得者。正德丁丑震澤王鏊序。末有己丑王諤跋，諤當即王序所云直夫也。半葉十二行，行二十一字。宜都楊氏嘗得明刻孫《集》，以《文粹》所載樵文十策校之，至多脱誤，然勝於汲古本。觀樵自序前不標《孫可之文集序》，題銜在序後，猶是舊式，異於妄改者，然則明刻亦有足珍矣。

孫職方集不分卷明崇禎庚辰閔齊伋刻本，葉郋園舊藏。

此爲長沙葉氏舊藏。其題記云，《孫樵文集》爲閔齊伋合刻大中兩傭本之一，版式行字，與《劉拾遺集》同，目分十卷，而刻本通爲一卷。孫樵自序後低二字附閔識云，家有寫本，爲吾亡友潘昭度所貽，存篋中久矣。庚辰春，客有示我南都吳門二刻者，方駕得異同幾二百字，文止三十五篇，異同爾許，是亦得失之林，敢就淹雅正焉。烏程閔齊伋。共字四行。按：閔稱吳門二刻者，蓋指天啓甲子吳馡合刻劉孫二家集本，及毛晉汲古閣刻《三唐人集》本也。《四庫全書總目》集部別集類，《孫可之集》十卷，《提要》云，《唐書·藝文志》《通志》《通考》皆載樵《經緯集》三卷，《書錄解題》稱樵自爲序，凡三十五篇。此本十卷，爲毛晉汲古閣刊，王鏊從內閣鈔出，是毛刻亦出傳鈔。其與齊伋所据之寫本多有異同，或別有所本，可以考信，當檢諸本一合勘之乎。牽於人事，未暇握管也。天啓吳馡刻本，題唐《孫樵集》與劉合刻，余有之。

劉拾遺集不分卷明崇禎庚辰閔齊伋刻本，葉郋園舊藏。

此爲長沙葉氏藏本。其題記云，此《劉蛻文集》爲明崇禎庚辰閔齊伋刻大中兩傷之一。首葉書面總題"大中兩傷"四字，版心上題《劉拾遺集》四字，無魚尾，葉數小字，刻近下闌匡內。每半葉九行，行十八字。前有閔序，稱其文集十卷，僅見新安吳氏所校本如干篇云云。按吳氏即天啓甲子吳琯合刻劉《集》及《孫樵集》二家之人。但吳本稱《劉蛻集》，前書面題"唐名家文集"五大字，"劉蛻孫樵合刻"六小字，每半葉七行，行十六字，其版式有闌匡，無墨線，如支那本佛經，無版心，中刻《劉蛻集》一卷至十卷。卷各有目，文即銜接刻，此則全改其版式行字。明人刻書，喜各出己意，不守舊第，又不獨閔刻如此。《四庫全書總目》集部別集類著錄《文泉子》一卷，《提要》云，集十卷，今已不傳。此本爲崇禎庚辰閩人韓錫所編，僅存一卷，蓋從《文苑英華》諸書採出，非其舊帙。則崇禎庚辰，同時有兩刻本矣。

李嘉祐集上下卷 明活字本。

唐李嘉祐撰。嘉祐字從一，趙州人。天寶七年楊譽榜進士，爲祕書正字，以罪謫南荒，未幾何有詔量移，爲鄱陽宰，又爲江陰令，後遷台、袁二州刺史。善爲詩，綺麗婉靡，與錢郎別爲一體，往往涉於齊、梁時風，人擬爲吳均、何遜之敵。見《唐才子傳》。丁氏《善本室藏書志》二十四，著錄何夢華舊藏活字本，謂東山席氏得影宋本李嘉祐所著之《臺閣集》於吳郡柳僉家，刊入《百家唐詩》，有建炎三年正月郡守陽夏謝克家序。而此活字本無之。至黃蕘圃所藏李《集》則題《臺閣集》，共一卷，爲汲古閣鈔元本。其跋語云，向藏精鈔本，惟無目與序，此皆有之。又藏一本，題《李嘉祐詩集》則五卷也，卷首題監察御史河中劉成德編，命名分卷，不如此集之古。分卷始於七言古詩，次以五言律詩，又五言排律，以五言絕句七言絕句終之。大抵皆劉之所編也，編類既不古，且五言後附六言，不別標題，殊爲疏忽，其所以分五卷者，特分體耳，然不及一卷爲是。後檢諸家藏書目，亦有標題《李嘉祐詩集》者，知與《臺閣集》并稱也，特五卷乃明人所編耳。是黃氏所見有一卷本、有五卷本，而此兩卷本，則莪圃未見也。伯驥嘗檢謝序有云，李肇記王維"漠漠水田飛白鷺，陰陰夏木囀黃鸝"之句，本於嘉祐，今卷中不復見此詩矣。可知嘉祐遺詩，已有散佚。閤百詩云，韓康伯名伯，潁川長社人，殷浩之外甥也，官太常。《晉書》有傳。唐李嘉祐詩"輔嗣外孫還解《易》，惠連羣從總能詩"。王輔嗣年二十四卒，無子絕嗣，未聞有外孫誰何傳其學，此必殷浩外孫之誤，詩人多不契勘耳。劉希向《三冬識餘》卷上亦述此說，此則訂正其誤者也。嘉祐爲大曆十才子之一，宋人江鄰幾所列則連嘉祐共十一人，王阮亭嘗疑之。然嘉祐詩在唐時久有聲華，如《御覽》詩則選録《鄱陽暮秋漢江春》原題《春日淇上》二首。高仲武《中興間氣集》卷上則選録八首，並稱嘉祐自振藻天朝，大收芳譽。如"野渡花爭發，春塘水亂流"。又"朝霞晴作雨，溼氣晚生寒"。文章之冠冕也。又"禪心超忍辱，梵語問多羅"。假使許詢更出、孫綽復生，窮極筆力，未到此境。則洵不愧才子之稱矣。席本"送冷朝陽及"，而此本下多"第歸江甯"四字；席本"送越州"，而此本下多"新法曹之任"五字。前人謂書貴兼蓄，不信然歟。至莪圃謂明刻五卷本，六言詩不別標題，此則標之，亦較劉編爲善。此本得自北平廠肆，半葉九行，行十七字，魚尾下題《李嘉祐集》卷上、下，左右雙線，小黑口。板式甚雅，不意前人之所珍異者，伯驥乃於無意中得之。

桂苑筆耕集二十卷明高麗活字印本，葉郋園舊藏。

此爲長沙葉氏藏本。其題記云，唐高麗崔致遠《桂苑筆耕
集》二十卷，余向有番禺潘仕誠刻《海山仙館叢書》本，後於
友人處見有影鈔高麗活字印本，知高麗舊有刻本，留心訪求，
未獲見也。書估某持求售書目一紙，中有此書，亟取閲之，乃
知即高麗活字印本，因雜他書，并購取焉。集中以《討黃巢檄
文》最爲傑作，蓋致遠曾爲高駢淮南從事，檄即是時作也。據
集後《附進狀》，知其年十二入中國觀光，六年金名榜尾，是年
十八，登唐進士第。中調授宣州溧水縣尉，及罷秩從職淮南高
侍中，專委筆硯軍書幅，至竭力抵當四年，用心萬有餘首。是
全集幾乎盡在淮南時作，狀後稱中和六年正月日，前都統巡官
承務郎御史内供奉賜紫金魚袋臣崔致遠狀奏。皆在中國時官銜，
中和爲僖宗三次改元，然只四年無六年，此其回國後所奏進，
不知中和六年，已爲光啓二年也。按前人於崔氏事實，頗有述
及者，朱氏述之《讀書志》尤詳。伯驤讀《東國史略》，又得
數條，輒附錄於此。權近曰，《後漢書》以爲卞韓在南，辰韓在
東，馬韓在西，其謂卞韓在南者，蓋自漢界遼東之地而云耳，
非謂卞韓在辰、馬二韓之南也；崔致遠謂馬韓麗也，卞韓百濟
也，誤矣。光宗大成王贈崔致遠文昌侯。初太祖在潛邸，致遠
贈書有"鷄林黃葉，鵠嶺青松"之句，故謂有密贊，乃加是命。
前條見卷一，後條見卷三。又卷五云，檢校成均大司成崔瀣卒。
瀣，致遠之後，平生不治家人生業，自號拙翁。爲文章不資師
友，超然自得，務合於古人，至論同異，雖老師宿儒，必詰而
折之。性亢，少許可人，不苟合於俗，排斥異端，善說人善惡，
故輒舉輒斥。卒無子，家甚貧，朋友致賻，乃克葬。

廣成集十七卷　<small>晚晴軒陳氏傳錄知聖道齋本。</small>

蜀杜光庭撰。每卷首均題"上都太清宮內供奉應制文章大德賜紫杜光庭撰"一行。光庭字聖賓，括蒼人，王建據蜀，除諫議大夫，進戶部侍郎。歸老青城山。阮氏《四庫未收書目》著錄杜氏《玉函經》一卷，其題銜稱特進檢授太傅太子賓客主管徽國公，蓋建時加授也。錢氏《讀書敏求記》有光庭《了證歌》一卷。明人殷仲春《醫藏目錄》，曾載《玉函經》，列之《無上函》中，此二書自是不同。光庭著作，多有在《道藏》者，如《墉城集仙錄》之類，此書亦然。此本末有過錄彭氏識語云，《廣成集》十七卷，在《道藏》中，雖多齋醮之詞，然頗足考見王蜀時事，予方撰《五代史記注》，向姑蘇玄妙觀借鈔之。十國諸人著述今存者，吳越羅隱、閩黃滔、南漢王定保、荊南孫光憲與光庭此集而已。癸卯重陽前三日，芸楣。蓋泰州陳氏文田硯香從知聖道齋本傳錄，藍格精鈔，清《四庫》作十二卷。此從《道藏》出，卷一至卷十二列藏中敢字，十三至十七則列毀字，自當以此爲正也。<small>陸氏著錄十二卷舊鈔本，有無名氏序曰，光庭字聖賓，號東瀛子，或云括蒼人，爲時巨儒。唐懿宗朝，與鄭雲叟賦萬言不遂，入道，事天台山應夷節。嘗謂道法科教，自漢天師暨陸修靜撰集以來，歲月緜邈，幾將廢墜，遂考真誥條例始末，故天下羽褐永遠受其賜。鄭畋薦其文於朝，僖宗召見，賜以紫服象簡，充麟德殿文章應制，爲道門領袖，當時推服。中和初，從駕興元道遊西縣，適遇術士陳七子名體復，洒然異之，披榛穴地，取瓢酒酌之曰，以此換子五臟。邇遊成都，喜青城山白雲溪，氣象盤礴，遂結茅居之。溪蓋薛昌真人飛昇之地也。一日，忽謂門人曰，吾昨夢朝上帝，以吾作岷峨主司，恐不久於世。時後唐莊宗長興四年，年八十四歲。一旦披法服，作禮辭天，陞堂趺坐而化，顏色溫晬，宛若其生，異香滿室，久之乃散。蜀主王建初欲大用之，爲張裕所阻，賜號廣德先生。又欲優於名秩，以爲諫議大夫，封蔡國公，進號廣成先生。此序資考證，故附錄之。</small>

集　部　二

徐騎省文集三十卷 經鋤堂綠格鈔本。

宋徐鉉撰。鉉字鼎臣，廣陵人。楊溥時爲祕書郎，直宣徽北院掌文翰。李昇時知制誥。璟、煜時遷翰林學士。歸宋，爲直學士院給事中散騎常侍，故一名《騎省集》。晁、陳兩家，並稱集三十卷。陳氏謂前二十卷仕江南所作，餘十卷歸朝後作。此爲湖州經鋤堂倪氏綠格精鈔本，書法整齊，殊可愛玩。前錄祕書郎陳彭年序，太常丞集賢校理晏殊序。知明州軍州事徐琛《跋天禧元年三司戶部判官臣胡克順進文集表》，批答口敕，胡克順省所上表進新印《徐鉉文集》兩部，計六十卷，共一十二册，事具悉。徐鉉生於江介，早著時名。歷事祖宗之朝，嘗居文翰之任，發揮誥命，有溫雅之風。備預諮詢，見該通之學，矧唯素履，无謝古人。汝克慕前修，盡編遺札，俾之摹印，庶幾流傳，覩奏御之爰來，諒恪勤之所至。覽觀之際，嘉歎良深，故兹獎諭，想宜知悉。又附《行狀》、李昉撰《墓誌銘》，楊徽之、張泊等祭文挽詞。按：《騎省集》自錢牧齋從内閣宋明州本鈔出，收藏家遂有著錄者。黃蕘圃得舊鈔本，以影宋鈔本校之，並有跋語。首列天禧元年胡克順進書表及批答，次陳彭年序，後有紹興十九年徐琛重刻序。卷十闕十四、十九兩葉，卷一缺詩九首，當不止一葉，宋本亦然。武進董氏嘗得宋刻本，爲陸存齋鈔本所自出，江陰繆氏藏金亦陶鈔本，亦出於此。金跋云，《徐騎省文集》，近世鮮有刻者，此本係錢宗伯於崇禎間從史館印摹南宋本，字頗大，予縮以小字鈔存之。集中稱今上御名者，高宗名構也。太祖諱匡胤、太祖之父仁祖諱弘殷、真宗諱恒、仁宗諱貞、英宗諱曙、故其字皆闕一筆。太宗諱炅、神宗諱頊、欽宗諱桓，如敬、鏡、竟、貞、徵、勗、署、完諸字，亦闕一筆者，蓋諱嫌也，今悉仍之。但原鈔非出通人，故舛譌甚多，惜無善本校對，錄竟爲之悵然。迁齋全侃識。惟此書刊自紹興，而《行狀》一卷，字體迥別，疑李宗朝補刊。締構、所構，均非作太上御名，戒慎慎字作御名，金書不如此，金跋尚未詳也。各家書目著錄，向無別本。此本自元入明文淵閣，書在閣時，祇裝十冊，每冊首一方印，又首尾二長方印。今悉遭割棄，而分爲十二冊，裝潢以小紙條襯於面上，最不適用。繫國初風氣，必是歸傳是樓時，以掩其盜閣書之迹。見《藝風堂文別存》三。清世已有重刊宋本者，它日當以此本校之，此爲倪氏模遺本。按：倪氏《江上雲林閣自序》云，嘉慶二年，余曾有《經鋤堂各架藏書序》。五年構江上雲林閣，庋書十二厨中。憶弱冠時，江鄉僻壤，聞見無多。三十一入都，每見宋元善本，不惜重價購之。教習官學時，與孫、洪諸人交，得祕本，必假讎校。琉璃廠載籍甫到輒購之，贏六萬餘卷。泊任鳳陽教授十二年，稍有獲，屬子孫輩繕一清目，以不負數十年購求鑽研之意云。

武溪集二十一卷<small>明嘉靖修成化本，王文簡舊藏。</small>

宋余靖撰。卷第一前題"工部尚書充集賢院學士贈尚書左僕射累贈少師謚襄余靖"兩行。靖字安道，韶州曲江人。天聖二年進士，累除左正言，知制誥，出知吉州，經略廣西南路安撫使，遷工部侍郎，官至工部尚書。《宋史》有傳。前有嘉靖四十五年奉勅整飭南韶兵備兼分巡廣東按察司副使前南京駕部郎中衡陽仁山劉穩序。《目録》前題《重刻武溪集》。其序略云，余奉命治兵南韶，首慎士習不端，乃擇鄉之有德行道誼者，主會書院中，羣多士而摩之以學，亦彬彬然變矣。暇取張、余二公文集讀之，張《集》幸不殘缺，余《集》則漫無所考，及索舊守鄭驪所刻於郡者，已磨滅不可讀，故於軍旅之餘，稍爲校讎，重刻以示多士。集中雖未能粹然盡合於道，然其博物洽聞，馳騁今古，亦有補於世。次有周源撰《余少師襄公武溪集序》，謂嗣子尚書屯田員外郎仲荀編公遺稿，得古律詩一百二十，碑誌、記五十，議論、箴、碣、表五十三，制誥九十八，判五十五，表狀、啓七十五，祭文六。次成化九年丘濬序略謂，嶺南人物，首稱唐張獻公、宋余襄公，二公皆韶人也。韶郡二水夾城流，自瀧來者曰武溪，滇水自庾嶺下，與武溪合，是爲曲江。張公既以《曲江》名其集，余公之集名以《武溪》，殆有意以匹張歟！末有紹興丁巳韓璜題記。常郡蘇韡書後，蘇云，張文獻公、余襄公二集，皆得於翰林學士瓊臺丘公仲深，蓋世久無傳，公得祕閣本而録之，於今乃復見也，丞求以歸刻之於梓云云。歐陽公撰公《墓志》稱，趙元昊以夏叛，師出久無功。慶曆四年，元昊納誓請和，將加封册，而契丹以兵臨境上，遣使言爲中國討賊，且告師期，請止毋與和。朝廷患之，欲聽重絶夏人，而兵不得息；不聽生事北邊，議未決。公獨以謂中國厭兵久矣，此契丹之所幸，一日使吾息兵養勇，非其利也，故用此以撓我爾，是不可聽。朝廷雖是公言，獨留夏册不遣，而假公諫議大夫以報。公從十餘騎，馳出居庸關見虜，從容坐帳中，

辯言往復數十，卒屈其議，取其要領而還。朝廷遂發夏册臣元
昊。西師既解嚴，而北邊亦無事。而契丹卒自攻元昊，明年使
來告捷，又以公往折，坐習虜語，出知吉州，怨家因之中以事。
《墓志》又見《居士集》二十三。伯驥按：公以習虜語左官，事見《宋
史》及《通鑑長編》等書。《長編》一百五十五云，慶曆五年
五月，知制誥余靖前後三使契丹，益習外國語，嘗對契丹主爲
蕃語詩，侍御史王平、監察史劉元瑜等劾奏靖失使者體。今按
所謂蕃語詩，見葉隆禮《契丹國志》、劉攽《中山詩話》，及
《詩話總龜》等書。《總龜》卷二述原文云，余靖尚書使虜爲胡
詩，契丹愛之。再往情益親，余詩云，“夜筵設羅_{侈盛也。}臣拜
洗，_{受賜也。}兩朝厥荷_{通好也。}情幹勒。_{厚重也。}微臣雅魯_{拜舞也。}祝
若統。_{福佑也。}聖壽鐵擺_{嵩高也。}俱可忒”。_{無極也。}虜舉大杯謂余
曰，能道此，余爲卿飲。復舉之，虜復大笑，遂爲酬觴云。蓋
朝廷意謂皇華載詠之時，既有舌人爲之佐使，可無須自行熟習，
以貶損旄節風儀。朱子《五朝名臣言行錄前集》卷四引《政
要》云，處士魏野贈寇準詩曰，“有官居鼎鼐，無宅起樓臺”。
及上即位，北使至，賜宴，兩府預坐。北使歷視坐中，問譯者
誰是“無宅起樓臺”相公。丁謂令譯者謂曰，朝廷初即位，南
方須大臣鎮撫，寇公暫撫南夏，非久即還。可知外人之至中邦，
與華使之出外域，均有譯者以通彼我之郵，而其語言之意可得
而達也。清《四庫提要》稱，宋人武備不修，鄰敵交侮，力不
能報，乃區區修隙於文字之間，又不通譯語，竟以中國之言，
求外邦之義。如趙元昊自稱兀卒，轉爲吾祖，遂謂吾祖爲我翁。
蕭鷸巴本屬蕃名，乃以與曾淳父作對，以鷸巴鶉脯爲惡謔，積
習相沿，不一而足。館臣之說，蓋騣括宋事而言之，實則當時
朝廷固深慮國人以文字語言，觸犯外族，其意蓋至切矣。歐陽

公《歸田錄》載夏英公《辭免奉使啓》云，義不戴天，難下穹
廬之拜，禮當視塊，忍聞靺鞨之音。《梁谿漫志》六又舉其中一
聯云，王姬作館，接仇之禮既嫌；曾子回車，勝母之遊遂輟。
是當時士夫既不欲聞外族之語言，並不願履異邦之土地。蓋外
侮易召，當寧深防使臣於矢口間，或有侮慢鄰交，致失體制者，
故寧通譯於象鞮，不宜以英藻重寄言涉侏僑。此則襄公左官之
由來也。《唐書》稱駙馬武延秀嘗質於突厥，解其國語，當時未
聞以此去官。蓋唐、宋之制不同如此。王闢之《澠水燕談錄》
云，元豐中，高麗使朴寅亮至明州，象山尉以詩送之。寅亮答
詩序有“花面艷吹，愧鄰婦青脣之動；桑間陋曲，續郢人白雪
之音”之句。有司劾中小官不當外交夷狄。此宋事又與襄公相
類，而實不同者。《詩話總龜》又稱，漢史記《槃木白狼詩》，
漢語則協，夷語則否。其實夷人先作詩，反用夷語譯出，不如
余公用真胡語，此則有誤。大抵《槃木白狼》之詩，多用漢語
爲之，由史臣潤色而協之耳。矣外族又喜讀吾國文人之詩，如
《欒城集》有子由《奉使契丹寄子瞻詩》云，“誰將家集寄幽
都，每被行人問大蘇”。又《澠水燕談錄》云，張芸叟奉使大
遼，宿幽州館中，有題蘇子瞻老人行於壁間者。伯驥以爲襄公
奉使時，如用華文爲詩，彼中當亦深喜，而必以虜語出之，致
觸雷霆萬鈞之怒，此則至可慨矣。明楊愼以《穆天子傳·西王
母詩》，是當時文人所作，然不著其原詞。《說苑·越鄂君歌》，
獨並列楚越之音，且明著楚譯，今人謂爲譯詩之始。其越人歌
詞原文云，濫兮抃草濫予昌櫏澤予昌州餻州焉乎秦胥胥縵予乎
昭澶秦踰澡堤隨河湖。其楚譯云，今夕何夕兮，搴中洲流；今
日何日兮，得與王子同舟。蒙羞被好兮，不訾詬恥，心幾頑而
不絕兮，知得王子。山有木兮木有枝，心說君兮君不知。夫楚

越皆吾華族類，實與胡虜之重譯不同。蓋虜則國土相隔頗遙，其語習之匪易，正可見公之天賦過人，勤學好問，爲不可及也。《經濟類編》云，上皇離青城，金人以牛車數百乘載諸王後宮，皆金人牽駕，不通華言。此可證言語之隔閡矣。歐陽公稱公自少博學强記，至於歷代史記、雜家小説、陰陽律曆，外暨浮屠、老子之書，無所不通。雖在兵間，手不釋卷，其説良信。公有文集二十卷、《奏議》五卷、《三史刊誤》四十卷。今流傳之《漢書》古本，尚多刊誤之舊文，蓋讎勘之澤遠矣。《藝苑雌黃》云，閩廣榕木大而多陰，可蔽百木，故字書有寬芘廣容之説。比觀余襄公靖詩，“有語嫌雙燕，無虞羨大櫞”。注，橫蔭數畝，斤斧不加。正説此木。而用櫞字，按字書樢櫞木中箭笴，似非此榕，豈襄公之誤歟云云。記此俟攷。此本舊爲新城王文簡所藏，丘序之後有文簡墨筆題記云，宋余襄公靖《武溪集》二十卷，成化間丘文莊所得祕閣本，嘉靖中衡陽劉穩重刊之詔郡者。有宋尚書屯田郎中周源序。余過曲江，秦令熙祚以此本既遺，乃購之一老儒家。秦，山西聞喜人，孝廉。其祖爲先太師門生，有孔李之誼云。康熙二十四年孟夏，王士禎記於韶石舟中。書中眉端，并多文簡識語。民二十年秋，伯驥得此書於北平估客。距文簡來粤訪書時，已二百年矣。《居易錄》二十二云，予昔使粤過韶州，得《曹溪誌》讀之，載靈通使者事。知文簡於軺車時，求書之興不淺也。

宋端明殿學士蔡忠惠公文集四十卷 明刊本。

宋蔡襄撰。卷一第一葉，記李森寫鄒元弼刊小字一行。各卷題明監察御史侯官陳一元校，布政使麻城李長庚、按察使桐鄉沈燕、汀知縣龍溪馬鳴起閱，凡四行。各卷尾題萬曆乙卯仲夏南通朱謀瑋、李克家重校。檢陳氏《書錄解題》卷十七，《蔡

忠惠集》條下，言余嘗宦莆，至其居，去城三里，荔子號玉堂
紅者，正在其處。矮屋欲壓頭，猶是當時舊物。歐公所撰《墓
志》，石立堂下，真跡及諸公諸帖，多有存者。是直齋於忠惠不
勝其傾慕之意，故著録其集。今世流傳宋刊則三十六卷，藏楊
氏海源閣，惟已缺十八卷，別爲補寫。萬曆本則刊自陳氏，前
無序文。《四庫提要》言萬曆中莆田盧廷選始得鈔本於豫章喻
氏，於是御史陳一元刻於南昌，爲四十卷。蔡繼善復刻之興化，
然盧本錯雜少緒，陳、蔡二本，均未及詮次。是館臣於此集編
比，尚多未滿之辭。唯集佚已久，明謝肇淛入祕閣檢尋，亦無
是編，明世刊行實以此爲始，録而存之，亦直齋之意也。《紅雨
樓題跋》云，《蔡忠惠集》，求之海内，三十年不能得，稽之
《館閣書目》，亦亡失久矣。辛亥移書豫章喻秀才叔虞，獲故家
鈔本，正乾道年間王龜齡所編三十六卷。函原本至閩，中間錯
簡訛字，不一而足，稍稍爲之更正。甲寅陳侍御秦始乘驄江右，
余投以公集，侍御請王孫朱爵儀、秀才李克家讎校，並外紀付
之梨棗。甫一周，而吴興蔡侯伯達來守泉郡，於是從盧副憲求
録本，張廣文啓睿訂正，鏤板以傳。然則《忠惠集》之刻於明，
固興公之力也。此本半葉九行，行十九字。

范文正公集二十卷別集四卷尺牘二卷宋乾道刊本。

　　宋范仲淹撰。前有元祐四年蘇氏序。又俞氏識語云，鄱陽
在江右，號古郡，昔之爲守者固多，以賢稱者僅九人，而傑出
於九賢之中，又止唐之顔魯公、本朝之范文正公，可謂難得也
已。二公名氏在史官，大節在天下，至於文章散落人間，雖筆
端游戲之餘，而典雅純實，可以經世而出治，垂久而行遠，蓋
其所養得天地之正氣，故文亦如之。然是邦實二公舊治，獨無

墨本，而間見於他處，誠缺典也。翊攝乏此來，首訪而得之，鳩工鏤板，以傳不朽。斯人之眷眷二公，雖不繫於文集之有無，然使學士大夫家有其書，如潮人之於退之、柳人之於子厚。因書以致其師仰敬慕之意，不猶愈於甘棠之思乎！乾道丁亥五月既望，邵武俞翊謹識。又有綦氏跋云，番陽郡齋州學，有《文正范公文集奏議》，歲久板多漫滅，殆不可讀。判府太中先生嘗謂此郡太守名德如日月之照、終古不泯者，在唐則顏魯公，本朝則范文正公。文正之集，士大夫過郡者，莫不欲見，其可不整治乎！於是委屬寮以舊京本《丹陽集》參校，且捐公帑刊補之，又得詩文三十七篇，爲《遺集》附於後。其間尚有舛誤，更俟後之君子訪善本訂正焉。淳熙丙午十二月日，郡從事北海綦煥謹識。半葉十二行，行二十字，版心有字數及刻工姓名。綦煥跋後有"嘉定壬申仲夏重修"一行，蓋南宋乾道饒州路刊。元天曆刊即從此出，惟此本字皆方整，元刻則趨於圓活矣。淳熙嘉定補刊之葉，亦與原刊有異。

鐔津文集二十二卷明弘治刊本，劉燕庭藏。

宋釋契嵩撰。《浙江通志》云，契嵩字仲靈，自號潛子，藤州鐔津李氏，授記荊於洞庭聰公。未幾遊衡岳歸，著《禪定定祖圖》《傳法正宗記》。書成遊京師，仁宗覽之嘉歎，付傳法院，編次入藏，賜號明教。韓琦、歐陽修俱尊禮之。後居錢塘佛日禪院，應蔡公襄所請也。卷首有《如卺序引》，《目錄》後有陳舜俞撰《鐔津明教大師行某記》，蓋即契嵩事略也。記稱契嵩於慶曆間入吳中，至錢塘，當是時天下之士，學爲古文，慕韓退之排佛，而尊孔子。東南有章表民、黃聱隅、李泰伯，尤爲雄傑，學者宗之。契嵩作《原教論》十餘篇，明儒釋之道一貫，

以抗其說。諸君讀之，既愛其文，又畏其理之勝，而莫之能奪
也，因與之游。遇士大夫之惡佛者，契嵩無不懇懇爲言之，由
是排者浸止，而後有好之甚者，契嵩唱之也。著書自《定祖圖》
而下，謂之《嘉祐集》，又有《治平集》，凡百餘卷，總六十有
餘萬言云。每卷後有《釋音》，《釋音》後有助刊題名，卷五後
有題名云，秀水縣名遠庵輔敎比丘至璠，暨徒屬永謐、如珪、
智觀、右璠仗此殊勳，奉酧恩有，專冀揭慧日於中天，照昏衢
於萬世也，出生功德莊嚴。師祖玉庭瑄法師，師東白曙講師，
考文斌處士，計公、姚張氏二媽媽。讀之亦可考見當時風氣矣。
前清新城王氏著錄者爲十五卷本，王氏云，嵩作《非韓》三十
篇在集中。其詩多秀句，如“習忍如幽草，觀身類片雲。桑柘
雨中綠，人烟關外疏。天岸日將出，田家鷄更啼。好山沿岸去，
驟雨落花來。雲迷飛鳥道，雨出古龍湫。明月出已滿，白雲歸
未多”。皆工，此則專論其詩也。吳縣潘氏藏舊刻殘本《鐔津
集》二卷，板寬一尺四五寸，疏行大字，即非宋刻，亦明槧之
出於宋刻者也。文勤謂契師化於熙寧五年，與老泉同時，又與
韓魏公蔡君謨游，乃其集則名《嘉祐》，豈獨不識明允耶！江安
傅氏曾見日本藏元刊本，中版式，十二行，二十四字，細黑口，
左右雙闌。每卷後列捐資助刊人姓名一行、或數行。前屏山居
士李之全序，次高安沙門釋德洪序。卷尾有至大己酉比丘永中
重刊此集疏，又法珊跋，又林之奇跋，又至大仰山比丘希陵跋，
永中跋如左。《鐔津集》諸坊板行已久，惟傳之未廣，因細其字
畫，重新鋟梓，工食之費，荷好事者助以成之。其名銜具題各
卷之末，惟冀義天開朗，性海宏深，庶有補於見聞，抑普資於
敎化者矣。至大己酉春，吳城西幻菴比丘永中謹誌。此書寫刻
工麗方整，極似宋刻，然考《經籍訪古志》求古樓藏宋刊本十

行，十八字，與此板式不同云。附記於此。此爲明刻黑口本，半葉十行，行十九字，舊爲諸城劉氏藏，有"文正曾孫"、"劉印喜海"、"燕庭"各章。

司馬太師温國公傳家集八十卷明初刊本。

宋司馬光撰。光字君實，陝州夏縣人。以蔭入官，年二十舉寶元元年進士。神宗即位，擢翰林學士、御史中丞，後除樞密副使，力辭去。元祐初，拜門下侍郎，繼遷尚書左僕射。卒年六十八，謚文正。建炎中，配享哲宗廟庭。文集乃公手自編次，公薨，子康相繼殁，晁以道得而藏之，中遭黨禁，南渡後始授之謝克家，而劉嶠爲之序。題曰《温國公文正司馬公文集》，有《進司馬温公文集表》一篇。清陳文恭覆刻，謂近世流傳公集，惟晉、閩二本，亦復稀少。閩刻則猶仍《傳家集》之舊，而亥豕多訛。每以公集無善本爲憾，客秋司臬來吳門，購得舊刻《傳家集》八十卷，差勝晉、閩二刻，故刻之。時乾隆六年也。此爲明初刻本，大字精整，宋本而外此爲首屈矣。平江黃氏百宋一廛藏紹興初刻，其跋云，周香岩所藏舊鈔本，亦爲卷八十，而標題則曰《司馬太師温國文正公傳家集》，末有泉州公使庫印書局淳熙十年正月内印造到云云。又有嘉定甲申金華應謙之、并有門生文林郎差充武岡軍軍學教授陳冠兩跋。此本標題與紹興初刻本略同，猶出宋刻可知。

趙清獻公文集十卷明刊本。

宋趙抃撰。前有陳氏序，略云，開慶己未冬，湖廣蠻興，仁玉自講廈受遣，馳至太末，未至城里許，見有表曰"孝弟里"者，知爲清獻趙公故所居也。題顔漫漶，門堄欹傾，亟遣葺之，

而以蘇長公所書扁刻之石。及邊氛既息，頗諏公之遺文逸事，
而故府無傳焉。既乃訪得章貢所刊集本，旁搜散軼以補足之，
刊成乃序所以刊之意。或以公之學多出於佛，及得濂溪爲僚而
有聞焉。仁玉謂公之堅清超卓，可以離塵絕欲者，偶與佛氏合，
至其發言制事、立朝治郡之迹，皆中度合則，守常達變，非蔽
於佛者之爲也。嘗試考濂溪措諸用者觀之，有以異乎！蓋自濂
洛教法未大彰明以前，諸公往往以其性之所近，而有得於佛者
固多矣，不當以是議公也。景定元年，郡守天台陳仁玉謹序。
末有跋，略云，予忝臺檄，循察省治，覆實憲蹟。由浙歷閩海
道，輶過太末郡。郡乃清獻公之里也，公宋朝名臣，屹立臺端，
謹言正操，確乎其不可拔，挺然其不可奪。諫必納，劾必黜，
泰彰臣道，日新君德，雖憲秩移牧，寬猛濟事。予宿仰休風，
咨訪公文，得諸郡庠，手閱簡集奏狀等篇，如雪宽正法，折大
臣陳執中之抗獄。精論明辯，斥宣徽王拱辰之辱命。釋縶婦以
安外寇，納歐陽以充內輔。披裂忠肝，張揚義氣，它如抨釋權
幸，誅鋤強悍，摘姦燭幽，發政施令，皎如星月，厲若雷霆。
宜哉。公在熙豐間，正色立朝。公之子峴請隧碑銘於廟，哲宗
嘉歎骨鯁敢言之氣，以愛直名其碑。後之司言秩者，聞鐵面之
名，挹蓮峯之青，不覺凜然。不知何幸而復出斯人！時至治首
元仲冬，蒙古晉人僧家奴鈎元卿拜跋。半葉十一行，行廿字，
上下黑口。此集有元刻本，凡詩七卷、文七卷，《補遺》一卷，
《附錄》一卷。明成化七年，順天府尹閻鐸重刻本，則亂其卷
第，《附錄》一卷亦未載。此本當是成化刻行，估人以至治跋置
前，希充元刻，故揭其謬如此。

公是集　卷寫本，過錄王惕甫批校。

宋劉敞撰。原序後有惕甫識語云，原甫以博辯稱，而健於

文辭，其文實能浸淫於兩漢以自名一家，又不止於能讀書也。反復讀之，或迅而不可留，或衍而入於冗。至於敍事之作，則尤其所短，惟制辭及諸官文章應奉所爲者，杰然蓋代，自是當時館閣宗師云爾。乾隆癸丑秋八月惕甫記。卷四首葉識云，五古頗極意學古，而俊脱不能深入也。七古高健，與歐、蘇近，特無異境耳。近體則無甚可觀。卷三十首葉識云，宋元祐制辭多可觀，然爾雅深厚，直追盛漢，未有如原甫者也。以此見司馬温公以古文散制易排偶之爲功大矣。末葉識云，原甫之文，當以制辭爲第一。荆公内外制都極古戆，略少雍容之度，蓋惟原甫得之。卷三十三《論讓官疏》識云，此殆爲介甫而設，亦確中爾時士大夫積習。卷三十八末識云，原父論古之文，頗多杰特。昌黎所謂氣盛則言之短長，與聲之高下皆宜者是也。然析義或未甚精，不能適愜乎人心之所同然，故概無所取。此意又不專以文辭論也。卷四十一《奔喪議》，丁憂不停俸，極得王者孝治之宜，惜世無舉此議者。區區丁憂數員之俸，無損於度支，而所全於臣下者多矣。卷四十三第七葉識云，原甫駢文，亦自與歐、蘇同，在當時自足抗手於荆公，餘非其匹也。所惜集中無大篇，然宋四六自不以大篇擅長，此處不得以六朝三唐併論。卷四十八第十七葉識云，今傳短篇，謹嚴中自出排宕，欲奪介甫之席矣。卷四十九首葉識云，如此文覺昌黎去人不遠，銘辭尤哀感動人。卷末識云，原甫不能自下於歐公，故其文體能自立於歐之外，然其文迅疾無涵漾之趣，不能使人低徊留之。此其所以卒成原甫，不過與子美、伯長較其顯晦，而不能與歐、蘇、曾、王同登俎豆也。一曰歐九，再曰歐九，當爲原父惜之恨之，不當爲原甫護。

都官集十四卷 四庫傳鈔本，巴陵方氏舊藏。

宋陳舜俞撰。舜俞字令舉，秀州人，《宋史》云烏程人，《光緒烏程縣志》謂舜俞子孫猶宅於烏鎮，亦以舜俞爲烏程人。並謂韋氏《梅磵詩話》，以舜俞籍嘉禾，實因其嘗居白牛村而譌。惟嘉興錢氏《衎石齋記事稿》，謂韋氏貫烏程，不云舜俞爲其縣人，而定舜俞爲嘉禾籍，宜可據信。嘉禾置郡在政和中，神宗時猶爲秀州，故今言秀州人。居白牛村，自號白牛居士，村在今嘉善縣境。以慶曆六年登進士乙科，嘉祐四年中制科第一，授光禄寺丞，簽書壽州判官。原集散失，清乾隆間從《永樂大典》輯成，今著録《四庫》者是也。檢沈氏叔埏《頤綵堂集》，知《都官集》即爲叔埏所輯，今沈《集》卷九有文述其事，並以辨前人之誣焉。文云，甚矣，《宋史》之譌與《續通鑑綱目》之舛也。白牛居士陳舜俞，貫吾禾，僑雲渚。李公擇爲郡時，與東坡俱作碧瀾堂六客，見孫覿《鴻慶集》、韋居安《梅磵詩話》、陳振孫《書録解題》，及《文獻通考》《方輿勝覽》《至元嘉禾志》等書，伯驤按：《至元嘉禾志》卷十三，極詳令舉之爲人。而史以爲烏程人。熙寧初，以屯田員外郎宰山陰，上書詆新法病民，謫監星江市税，偕太傅劉渙乘雙犢往來匡廬山中，窮泉石之勝。遇赦歸秀州，元豐中卒，事具本集。而《續通鑑綱目》以謫後復上書言新法實便，識者笑之。斯言也，昧居士出處皭然之大節，而誣衊橫加，烏乎可？夫居士之爭新法，當與司馬、文、富、歐陽、大程、大蘇輩，先後齊名，焉有自變其說作兩截人之理？蓋誤於《宋史》後出之一言，又從而甚之耳。集三十卷，居士壻周邠所輯，曾孫杞曾刊於四明，久佚不傳。乾隆辛丑冬，余從《大典》鈔出，僅十四卷，因取一時贈答、哀輓諸篇，并後人懷古之作，悉附焉。其後錢氏《記事稿》中有《舜俞傳》，亦從夏侯泰初稱東方朔平原厭次人也之例，定舜俞爲秀州人，與沈氏同，上文已舉之。錢氏且謂李燾《長編》，以舜俞爲人，矯激不情，仕宦頗齟齬，嘗躁忿棄官，已而不能忍復仕。夫罷官不得其事，而目爲躁忿，仕宦齟齬，賢士大夫莫不皆然，而咎以矯激，古之棄官而復仕者亦多矣，而謂之不能忍，此言實不足以傳信。燾又謂，既讁南康，其後乃上書，稱青苗法實便，初迷不知爾。馮京欲録此復用之，王安石曰，爲人反覆，何可用也？當是時安石多引憸薄新進，以行新法，不孝如李定、無行如章惇，明知其不足齒於人，而皆力薦之，度未必能惡反覆者。且燾之書皆以事繫日，此再上書，竟不能舉其時，是不出於朱本、墨本之實録，明甚。且舜俞方以外吏召試館職，誠躁進也，不於此時附安石求富貴，而乃於放廢之後謀之，雖至愚者不至是。舜俞之没，蘇軾哭之，稱其學術才能，兼百人之器，而望其任天下之事。此同時賢俊之言，以視燾所述，何不侔也。明正德中曲靖胡潔宰嘉善，求舜俞遺蹟，爲之撰《表賢録》。至今所居鄉曰奉賢，水曰清風涇，皆以舜俞也。然則燾之詆諆，固無足辨焉爾。錢氏之意，蓋亦爲舜俞辨誣也。書爲巴陵方氏舊藏，有章鈐於卷首，猶是吾粵裝訂。蓋方氏官吾粵久，書盡藏於佗城，後載入都中散之。吾家所藏方氏遺書，則皆從京滬買入也。

石室先生丹淵集四十卷拾遺上下卷

續編諸公詩文一卷 明萬曆刊本。

前題宋尚書司封員外郎充祕閣校理新知湖州軍事兼管內勸農事上輕車都尉文同著。每卷首多有此二行。同字與可，梓潼人。《東坡集·石室先生畫竹贊序》云，與可，文翁之後也，蜀人獨以石室名其家。今集題石室先生當以此。楚人魏説序略云，余觀石室先生，爲政事則政事，爲詩文則詩文，爲篆隸行草則篆隸行草，爲水石松竹則水石松竹，在在標致，事事清絕。閔道稱其詩，景仁、介甫稱其文，蘇氏兄弟稱其字畫、吏治，而予則以爲一本於襟韻高遠灑脫，晴雲秋月，塵埃所不能到。君實斯言，尤最爲先生傳神也。先生全集具在，刻者不完不精，鹽亭蒲令點正校集，捐資剞劂，因書數語識之。次有雲間王徹所撰《文氏傳》，末附《年譜》《雜記》，並萬曆壬子知鹽亭縣事蒲以懌序。清《四庫總目》一百五十三著錄此集，據集中誠之跋，謂與可詩文中所謂胡侯、所謂蘇子平，即指子瞻，蓋其家忌蜀黨而易之，而館臣無所發明。伯驤按：《石林詩話》稱與可與子瞻爲中表兄弟相厚，爲人靖深超然，不攖世故。熙寧初，時論既不一，士大夫好惡紛然，與可同在館閣，未嘗有所向背。時子瞻數上書論天下事，退而與賓客言，亦多以時事爲譏誚，與可以爲不然，每苦口戒之。子瞻不能聽，是與可平時已慮黨禍，故後人於其詩文亦加以改易。且文、蘇又爲昏媾，《東坡集》有小簡詒與可云，姪女子獲執箕帚，聞舍弟談壻之賢，公之子固應爾，姪女子粗知書曉義理，計亦稱公家婦也云云。則檢點於文字之間，固其宜矣。館臣謂與可文章馳騁於黃、陳、晁、張之間，未嘗不頡頏上下。特以墨竹流傳，爲畫所掩，故世人不甚稱之。蓋以《宋史》列與可於《文苑傳》，故館臣專論其文也。楊氏海源閣藏《丹淵集》，爲明修金本，卷末有木記云，"金泰和丙辰晦明軒張宅記"，惟卷中板號有注大德、至正、正統者，蓋經元明補修之本。楊跋並稱明本已不易得云。

元豐類稿五十卷續附一卷明正統間刊本，佐名文庫、方氏退一步齋舊藏。

宋曾鞏撰。前有宋元豐八年中書舍人王震序文，首題南豐文集序。末有大德甲辰丁思敬書於卷尾云，公先亦魯人，常欲袖瓣香、修桑梓，敬而未能。大德壬寅春假守是邦，既拜公墓，又獲展拜祠下，摩挲石刻，知爲魁樞千峯陳公名筆，至品藻曾、蘇二公，則獨以金精玉良許曾文之正。公餘進學官諸生訪舊本，謂前邑令黃斗齋嘗繡諸梓，後以兵燬，迺致書□仍留畊公，亟捐俸倡寮屬，及寓公士友，協力鳩工，摹而新之。次有正統十二年趙琬識語云，近世士大夫少得見曾氏全集，予鈔錄此本，藏之巾笥久矣。比宜興縣尹樂安鄒旦孟旭考秩來京，因出所藏以相示，遂屬其回任取梓刻焉。次有正統十二年樂安善洪序云，洪家食時嘗覩《元豐類稿》於邑之元氏，欲手鈔之而未暇，其後宦游京師，閱館閣，雖有此書目，而其帙皆留玩於他所。歲四月過宜興訪友人鄒大尹，爲洪道其始得藁寫本於國子司業毗陵趙公琬，謀刻之，繼又得節鎮南畿工部左侍郎盧陵周公忱示官本，彼此參校，梓成屬序。次有鄒旦《重刻元豐類稿付錄》，有聶大年詩一首。略云，“南豐刻本兵燹餘，內閣所藏天下無，世儒欲見不可得，誰是世南行祕書。義興茂宰江西彥，兩度鳴琴宰花縣。首捐官俸再刊行，要使流傳天下遍”。聶爲常州郡學司訓，以詩促鄒刻成，故鄒記之也。伯矌按：曾文頗少宋元本流傳，清天祿琳琅有宋小字本，有元刻本。据其識語所云元本者，淡墨麻紙，則深有類於此本。蓋此本前序爲宋人撰，而丁思敬跋，則撰於大德間，且字畫、板刻、紙質三者，與元槧無絲毫之異，去正統間後序，則可號爲元刻也。清《四庫提要》云，今世所行《元豐類稿》有二，一成化本、一康熙重刻本。可知正統本流傳極稀。此本清同治間爲方氏濬師所藏，方氏有題記，略謂正統去成化二十餘年，《提要》所稱成化楊本，當是據鄒本而重鎸之，前王震序，後丁思敬跋，均仍舊，惟刪去趙、姜兩序，及臨川聶大年七古短章、鄒旦自跋，未免掠人之美。
伯夔又按：清道光間朱少河庚跋其先人所藏宋元本《元豐類
稿》，引前明何椒丘之言，謂正統本字多訛舛，讀者病之，成化
本亦踵謬承謬，無能是正。余曾取《文粹》《文鑑》諸書參校，
乃稍可讀。少河並謂趙琬所得《類稿》全書，亦未言其得自何
本，想亦轉相傳錄，烏焉三寫，難免謬舛。不知正統本前序已
謂得鈔本授宜興令鄒旦，旦復從侍郎周忱得官本參校付梓。陸
氏心源跋此書云，所謂官本者，當即元刊。實爲破的之論。蓋
元刊之後，以此本爲最古，雖間有疏失，然此本既從舊槧參校，
故藏者珍之。書賈往往割去鄒、姜兩跋，以充元刊，亦有由矣。
王震字子發，大名莘縣人，文正公旦之曾孫。第進士，熙寧初
調興平縣尉，六年爲中書習學公事。元豐元年檢正禮房公事。
四年編修諸路學制，五年試右司員外郎，尋爲中書舍人。八年
試給事中，王嚴叟論震不孝，尋出知河中府。元祐四年知鄭州，
八年知永興軍。見《通鑑》、王鞏《甲申雜記》。檢《儀顧堂題
跋》，頗詳於王氏小史，因並錄之。朱氏宋本後歸海源閣，此書
有"佐名文庫"章、有"退一步齋藏書圖記"。蓋方氏文集，
亦以名退一步齋也。卷首並有官印，時方氏正官吾粵，別有白
文長方形章，曰"有斐齋圖書"；一朱文方形章曰，"我思古人，
令聞令望"。半葉十一行，行廿二字，《續附》第十八葉末，有
"姑蘇章敬張祥毛文晟刊"一行。

南豐先生元豐類藁五十一卷 明嘉靖戊申王忬刻本。

宋曾鞏撰。伯夔既得正統本，後復統得此，爲長沙葉氏德
輝舊藏。葉氏跋云，此書五十一卷，其末一卷爲附錄《南豐先
生神道碑》《行狀》《哀輓》詩文等，建藁實五十卷，大黑口

版，版心題《南豐文集》卷幾，每半葉十一行，行二十二字，
而每行去上闌空一字，實行二十一字。每卷大題後第二行結銜
稱明進士巡按湖廣監察御史後學姑蘇王忬校刻。後有嘉靖甲辰
陳克昌識略云，《元豐類槀》宜興有刻爲樂安鄒君，且豐學再刻
爲南靖楊君參。予謫盱之再稔，公暇輒留意於斯，而郡齋所存，
若《李盱江先生集》《養生雜纂》《耕織圖》《和唐詩》，昔所殘
缺，悉爲增定，既又取是讎校焉，易其敝朽，剔其污漫，更新
且半，越三月始就緒。按盱即江西建西府，不屬湖廣。忬爲南
京兵部侍郎倬之子，南京刑部尚書世貞之父。《明史》均有傳。
《忬傳》稱忬登嘉靖二十年進士，授行人，遷御史，出視河東鹽
政，以疾歸。已，起按湖廣，復按順天。據世貞《弇州四部稿》
中《先考思質府君行狀》稱，戊申府君病間，復爲御史，出按
湖廣。庚戌代還，復按順天。戊申爲嘉靖二十七年，至庚戌二
十年，則甲辰陳克昌識係舊本原文，且爲修補楊參刻本而作。
楊本刻於成化六年豐城學，與此本時地均不同。明周弘祖《古
今書刻》，江西建昌府下列書目，有《養生雜纂》《盱江集》及
《南豐文集》，蓋即陳克昌識所載者。而湖廣所列書目，無《元
豐類稿》名，不知何故。吾友湘鄉王佩初孝廉禮培藏有一本，
與此同，而無王忬校刻一行，從子巂甫疑彼爲元版。此爲王忬
補版，予則疑忬爲嚴嵩傾害，或彼時禁屬印本，削去此行耳。
元版載《天禄琳琅書目續編》云，《元豐類稿》二函十二册，
宋曾鞏撰。書五十卷，與晁公武《郡齋讀書志》所載合，前有
元豐八年王震序，後附録《行狀》《碑誌》《哀挽》一卷。大德
甲辰丁思敬後序有云，假守是邦，獲拜祠墓，得文集善本，前
邑令黃長沙王氏刻本，黃誤作王。斗齋繡梓，後以兵燬，云仍留耕公，
得所刻善本，此二句，據顧凇齡補原引，不全非。鳩工摹而新之。又云，

是本書法槧手，俱極古雅，麻紙濃墨，摹印精工，爲元刻上乘。
明成化時，南豐知縣楊參重雕，遠遜初刊矣。據天禄藏本稱元
版者，與此全不相同，則此不得謂爲元刻明矣。余舊藏萬曆丁
酉裔孫敏行、敏才刻本，卷數同。此爲嶰甫所藏，嶰甫云，此
本前有南豐先生像，末題“嘉靖癸巳歲昭潭莫駿古皖秦潮錫山
鄒庶新增字”一行。癸巳爲嘉靖十二年，是時忭未通籍，去巡
按湖廣尤遠，可證此爲舊版重修，且大黑口爲嘉靖以前款式，
斷非嘉靖時所刻。言之有證，特信以爲補修元刻則非也。序首
葉有“嘉靖丁未狀元”六字朱文篆書方印，“石翁”二字朱文
篆書方印。《明史·李春芳傳》，春芳字子實，楊州興化人。嘉
靖二十六年舉進士第一，除修撰，簡入西苑撰《青詞》，大被帝
眷，官至吏部尚書，太子太保兼武英殿大學士，累加少師兼太
子太師，改中樞殿。卒年七十五，贈太師，諡文定。二十六年
爲丁未科，石翁殆春芳別號歟。

元豐類稿五十卷_{明刊本，黄氏萬卷樓舊藏。}

　　宋曾鞏撰。前有賜進士及第翰林院修撰湖西羅倫序，略云，
元豐先生《元豐類稿》五十卷、《續稿》四十卷、《外集》十
卷，《類稿》宜興板行矣，《續稿》《外集》，世未有行者。南靖
楊君參來令南豐，刻宜興板於縣學，屬倫序之。孔子曰，文王
既没，文不在兹乎。孟軻氏没，而斯文不傳。後數百年而得董
仲舒焉、得揚雄氏焉。仲舒惑於災異，未醇乎道；雄失於黄老，
《美新》之文君子羞之，其能與於斯文乎！揚雄氏没，又數百年
而得韓愈氏焉，然急於富貴，而檢身之道不及。又數百年而得
歐陽氏焉，然因其言以求其道，亦未免乎韓氏之病也。當是時
也，其徒倡而和之者，眉山蘇氏、臨川王氏、南豐曾氏，二氏

之説，淫於佛老者有矣。惟曾氏獨得其正，當時濂溪周子、河
南程子、橫渠張子，三子者文王、孔子之文也，使曾氏而得其
門焉，則其所立其如斯而已乎！新安朱子所以與其文之正，而
惜其未見夫道之大原也。雖然曾氏之文，不得與於文王孔子之
文矣，然亦豈非百世之士乎！予三過南豐而問焉，其後已無聞，
其祠已爲疏圃。景泰間，訓導汪倫立祠，楊君既梓其文，復欲
請於朝以祠之。次有成化六年豫章王一夔序，略云，昔濂溪周
子曰，文以載道也，不深於道而文焉，藝焉而已。若南豐曾先
生之文，其庶幾於道者歟。善乎宋潛溪評先生之文，謂如姬、
孔之徒復出於今世，信口所談，無非三代禮樂。此可謂知先生
之深者。次有朱子《南豐先生年譜序》及後序，後序云，世有
稱公爲史官，薦邢恕、陳無已爲《英録》檢討，而二子者受學
焉。綜其實有不然者三，蓋朱子辨論其事之不實也；《英録》檢
討者，熙寧初詔開實録院，論次英宗時事，曾氏嘗充檢討職也。
次《元豐類稿論序説》，次《目録》。半葉十一行，行廿一字。
前有"叔琳"二字章，又有"北平黃氏萬卷樓"章。蓋前清大
興黃崑圃侍郎藏書。侍郎名叔琳，康熙辛未第三人及第，官至
浙江巡撫，起復詹事，加侍郎銜。

文潞公文集四十卷 明嘉靖間刊本。

宋文彥博撰。前有吕栴序云，潞國忠烈公《文寬夫集》凡
四十卷，蓋其少子維申討求追輯以成帙，而葉尚書少蘊所爲序
行者也，然今板本不傳久矣。沁水李司徒公叔淵家有鈔本，字
多差訛。他日巡按山西，潛江初公啓昭，命栴校刊《司馬文正
公集》。李公曰，《文公集》亦不可以莫之傳也，乃以其本付解
州，栴得而校正其十七八焉，初公遂命平陽守王子公濟刊木以

行。嗟乎，公之集誠不可以莫之傳也。柵常謂文行無二道，知
行惟一理，其知真者其行至，其行高者其文實。公方兒時，已
有取毯之智，及令翼日，即用李本之策，報在不言，德如丙吉。
祈宿殿廡，勇若樊噲。爲相賢於夢卜，上蹤傅說。知軍敏於錢
穀，下陋周勃。唐介一劾，不惟與之同升，其子亦至集賢。李
稷一侮，不惟使之八拜，其父亦且死感。沮汪輔之以出御批，
真臥護比門之體。仰夏竦以助明鎬，得討伐貝州之策。即更張
而諷安石，或結社而請司馬，故契丹北狄，亦稱天下之異人。
洛陽士庶，乃立資聖之生祠。蓋公天性忠誠，器度宏深，既略
且果，亦重而安。是以臨事風生，即物有方，故其所著典冊章
奏辭賦歌詩，凡以發所行耳，觀者就其爲人求之，斯刻者之意
也。此爲嘉靖刻本，《潞公集》實以此本爲至有名，唯間有譌
脫，仁和胡心耘珽，嘗以文瑞樓鈔本對校，是正甚多，其餘改
譌補墨丁處，不可勝數，惜不得其本覆校也。

擊壤集二十卷 元刊本，汪秀峰、黃壽玉舊藏。

宋邵雍撰。卷一第二行題伊川邵雍堯夫，前有治平丙午自
序，後有元祐辛卯邢恕序。恕字和叔，《宋史》有傳。自序略云，予
自壯歲業於儒術，謂人世之樂，何嘗有萬之一二，而謂名教之
樂，固有萬萬焉。況觀物之樂，復有萬萬者。雖死生榮辱，轉
戰於前，曾未入於胸中，則何異四時風花雪月一過乎眼也。誠
能以物觀物，而兩不相傷，蓋其間情累都忘，所未忘者獨有詩
在。雖曰未忘，實亦若忘之矣。何者？謂其所作異乎人之作也。
此集流傳，明刻已不多見，宋刻惟聊城楊氏、罟里瞿氏有之。
楊《目》稱所藏作《內集》十二卷、《外集》三卷，序後有蔡
氏彌題語一則，蓋由公手訂二十卷本出。卷一前後木記，題

"建安蔡子文刊於東塾之敬堂"，《龜山語録》所稱"須信畫前原有易，自從删後更無詩"，諸本所佚者，此本在卷十二中。瞿《目》稱其本有道光間張芙川題字，略云，《擊壤集》宋刻罕見，昔年由士禮居得三至六四卷，即《百宋一廛賦》所載得季滄葦舊藏，所謂"證《擊壤》於泰興"是也。全部首尾完整，汪氏藝芸書舍散出，得之愛不能釋，展讀三復，以血書佛字於空頁，惟願此書流傳永久，得慈光覆護，消水火蠹食之災云云。今檢瞿氏所傳書影，察其行款字畫，與此元本相同，可證元本實翻宋刻。此集亦有宋刻殘本，係季滄葦家物，首二卷亦季氏舊鈔，蕘圃得之嚴二酉，自第十一卷至第二十卷，以元時翻宋本補之，尚缺第七至第十卷。復假愛日精廬所藏元鍥本鈔足，遂成完璧。其後歸之張芙川，又其後歸之適園，所謂宋刻配元刊本也。元本則前清天禄琳琅、歸安陸氏，均有著録。此本爲長沙葉氏舊藏，有"啓淑印信"白文章，蓋出新安汪氏，郋園題語詳之。唯卷一第一葉有"壽玉"二字朱文小章，葉氏則未之及。伯驥按：陳氏《頤道堂文鈔》卷八《王井叔傳》云，先娶黃氏，字壽玉，比部蕘圃女，比部藏宋板書最富，壽玉盡能讀之，並能道宋槧與今本異同。婚一年卒，君賦《悼亡詩》百篇，寫《眉盦殘月圖》，以寄哀思。是書當即黃氏藏本。井叔名嘉禄，王氏芑孫少子也。見宋翔鳳詩集自注。又宋氏《洞簫樓詩記》卷一有《題王井叔詩本詩》二首。又宋氏《懷山堂詩録》卷八，有《答王井叔即以録別》二首，有"奇童久聽鄉人誦，名父曾傳世業無"之句，蓋井叔雖負時名，秀而不實，故云爾也。蕘圃云，芑孫幼子予第三壻也，大抵年少風流，誤入煙花之隊。臨歿，以《嗣雅堂稿》廿五册，授其繼室曹左芬，左芬堅守不輕示人，聞近已刊行矣。見其題跋中。又蕘圃云，

予幼子同叔，及子仙令郎苞之，一以壽鳳名，一以一鳳名。今
春十試俱未售，不勝鳳兮鳳兮之感。又云，宋刊《羣玉》《碧
雲》兩集，送考玉峯時所得，壽鳳鐫小印曰"碧雲羣玉之居"，
鈐於長牋短札。蓋堯圃子壽鳳，曾著《說文部首歌》，吾家有
之。其女子子並擩染家學，留意縹緗，而陳碩甫奐亦曾爲王伯
申借宋本子部於比部之孫，可想見其世誦清芬，不失舊物，抱
玉者連肩，握珠者踵武，平江黄氏有焉。事閱百十年，風流不
至泯滅者，皆賴後人稱述而表章之。此伯驤拾補前人遺闕之微
意也。郋園丙申題語，今附此書卷首，壬寅再題，則刊在《讀
書志》中。謂其字畫活潑中有勁秀之致，爲元版中之上駟。往
年得此書初以爲宋本，後又定爲明本，再細審紙料墨色，始確
定爲元本。晁《志》稱其邃於《易》數，歌詩蓋其餘事亦頗切
理，盛行於時。《朱子語録》稱其學骨髓在《皇極經世書》，其
花草即是詩。蓋先生之詩，天真爛漫，純任自然。譬如吕岩寒
山子之歌詩，在唐人風氣中，自成一種別派，正不得以尋常格
律相繩。郋園蓋愛其紙墨槧刻之佳，而並論其詩之別致矣。前
人論康節詩，多以自然稱之，惟宋人孫奕則述其《六言四賢吟》
云，彦國之言鋪陳，晦叔之言簡當，君實之言優游，伯淳之言
條暢。四賢洛陽之望，是以在人之上，有宋熙寧之間，大爲一
時之壯。今盡去其之字爲五言亦可，乃見有不爲剩，無不爲欠。
至如前日之事，今日不行，今日之事，後來必更。此又是有韻
散文也。施之文卷中，人將罔覺，前輩於詩得《三百篇》微旨
蓋如此。見《示兒編》。陸氏心源嘗以毛氏汲古閣《道藏八種》
刊本互校，謂毛本脱落甚多，不及元本遠甚。卷一《寄謝韓子
華舍人詩》後，脱《韓絳答》五古一首。卷二《寄賀人致政》
後，脱《放言》五律一首；《名利吟》後，脱《何事》七律一

首。卷六《愁花吟》後，脱《張嵲觀洛陽花》七絶一首。卷七《和劉職方見贈》後，脱《王益柔寄萊石茶酒》七古一首；《寄呂獻可諫議》後，脱《呂誨答》七律一首。卷八《和任比部憶梅》後，脱《初春吟》七絶一首；《仁聖吟》前，脱《一室吟》五絶一首，後脱《邢恕留別》七律一首；《自訟吟》後，脱《司馬温公花庵》七絶二章。卷九《謝寧寺丞》後，脱《温公花庵獨坐》五律一首；《種穀吟》後，脱《温公贈堯夫改韻呈堯夫》五律二首；《秋日登石閣》後，脱《富鄭公答》七律一首、《司馬公和》七律一首、《李復圭行至龍門》七絶一首；《招司馬君實游夏園》後，脱《温公和》五絶一首；《謝人惠石笋》後，脱《富鄭公登白雲臺》《臺上再成》五律兩首；《看雪》後，脱《富鄭公正旦書事》七絶一首；《答富韓公》後，脱《司馬公上元書懷原唱》五律一首；《打乖吟》後，脱富鄭公、王拱辰、司馬公、尚恭迭、程子、呂希哲和《打乖吟》六首，又脱《司馬公登石閣》五絶、《送京醖》七絶二首。卷十《年老逢春》後，脱《司馬公和詩》三首、《崇德久待》七絶原唱一首；《一室吟》後，脱《温公洛陽偶成》七絶原唱二首；《東軒前添色牡丹》後，脱《温公招看牡丹》七絶二首。卷十一《春去吟》後，脱《李中師留別》七絶原唱一首；《和李和錫書懷》後，脱《温公走筆》七絶一首；《大筆吟》後，脱《仁聖吟》五絶一首。卷十二脱《心耳吟》《幽明吟》五絶二首；《月陂閑步吟》後，脱《程伯子和》七律二首。卷十三《謝王宣徽惠酒》後，脱《温公看花》原唱四絶；《和君實看花》後，脱《送酒》原唱七絶二首。卷十四《王勝之惠文房四寶》後，脱《王益柔答》七古一首、又和七絶一首。卷十七《留題水北楊郎中園》後，脱《呂公著和》七律二首；《誡子

吟》後，脫《乾坤吟》五絕二首。卷十八《安分吟》後，脫
《由聽吟》四言四句。卷十九《小人吟》後，脫《覽照吟》三
言四句；《牡丹吟》後，脫張子厚七律原唱一首。其他序次之不
同，字句之譌謬，更難枚舉。是集爲康節手定，編次必無參差。
毛刊爲近時善本，不應脫落如是之多，蓋毛刊出於《道藏》，必
經道流妄削，又不得原本取正，故踵其謬。此則猶康節原本也，
存齋校語甚核，特附錄之。汲古藏弄，鼎鼎有名，斯集舊雕，
迄未掄獲，校刻既竟，致有纇玼。予生軼近，迺得璚寶，覽明
代之遺編，成化乙未二十卷本、隆慶丁卯八卷本均嘗借校。讀儀顧之校筆，
胡元流貽，實爲精槧。兩刃相割，利鈍乃知；二論相訂，是非
乃見。《論衡》之言，斯不誣矣。半葉十行，行二十一字。

重刻節孝先生文集三十一卷　明刻本，桐城蕭氏舊藏。

宋徐積撰。前有劉祐序，略云，嘉靖癸亥余來守淮郡，展
謁先正祠宇，節孝先生祠乃在郭之東郊，見其木偶清光，猶蕭
蕭動人心骨。顧棟宇周垣，悉就摧毀，稍葺而新之。乃取節孝
先生之文，以程學者，郡故有刻，日久板湮缺難觀，余爲之剔
其湮、補其缺，字畫完好，觀者可琅琅徹矣。先生之文，淵渟
飈發，不可覊禦，蒼蒼正色，爛溢於筆鋒之表。長歌短咏，悠
然鏗然，間從而想像之，又綽有春風沂水之趣，所謂美而愛，
愛而傳者，信矣。史稱其純孝天成，篤行卓犖，貞不絕俗，和
不比人，以是襟抱而一吐之於文也，豈與戔戔命觚之士，較研
醜乎！故今日重刻之意，不徒以其文，願與爾多士求先生之德，
因以求先生之文也。次有宋淳祐間王夬亨序，略云，《節孝先生
文集》，山陽舊板燬於兵，四世孫坦家藏嘉禾墨本，字畫磨舛，
先後失序。夬亨再叨鄉部，退食之暇，從而訂證編次之。他如

皇朝名臣之録，東都卓行之傳，及先生與門人問答之辭，蘇、
黃諸老往來之帖，莫不附見，再用板行。觀者不待旁搜遠討，
而瞭然在目矣。藏諸鄉校，壽於無窮。王之結銜爲朝請大夫淮
南東路提點刑獄公事兼淮南東路轉運判官。半葉十行，行廿字。
序前有遺像，并有元人讚詞七首，蓋重刊元本也。此爲桐城蕭
氏藏本，卷前有"敬甫"二字朱文章。陳衍《蕭穆傳》云，穆
字敬甫，安徽桐城人。同治初年曾國藩督兩江，注意文事，延
攬學人，穆以縣諸生上書幕府。時上海方創立機器製造，附設
翻譯館，譯歐美史學、輿地、天算、聲光、化電諸書，用文筆
雅馴者，討論修飾，穆首與焉。嗜積書，大亂初定，價極廉，
書賈多集上海，穆節省衣食之餘，益以賣文所得，一用市書，
日夜考求，遂熟於目録板本之學。士夫之説學而宦游東南者，
多從之求，則販貴所贏益市書，故一寒士而積書至數萬卷，間
多善本。長沙王先謙任江蘇學政，刊《皇清經解續編》，又續姚
氏蕭《故文辭類纂》，取材出於穆者十八九。爲文長於考證，敍
跋居多，楷書粗拙，得祕本校勘迻寫，夜静目昏不少休，晚年
用時患目疾。所刊若羅願《鄂州小集》、徐鉉《騎省集》，皆札
記精詳，未有刻本者。其餘則以屬大通李氏、貴池劉氏，與祥
符周星詒。大興傅以禮、瑞安孫詒讓，交久而摯，詒讓刻《札
迻》《周書斠補》，皆穆任校讎。光緒末年卒於家，年七十矣。
子不能有其書，遽鬻於嘉興沈氏、貴池劉氏，劉氏爲搜集遺文
刊焉。

歐陽文忠公全集　卷明天順刊本，汲古閣舊藏。

宋歐陽修撰。前有錢氏序，略云，廬陵舊有公全集本，既
而收上内府，而天下遂不復得是全集久矣。海虞程君宗自秋官

知府事之明年，廣求之而得於胡文穆公家，蓋內出本也，亟命工番刻於郡橫。適予使交南至廬陵，其輩博鄭鋼首進而請，願一言序其首。士非文章之難也，而以文章救世爲難，商楹既奠，齊轅不返，而荀、韓、黃、老之術起，斯道遂亡於秦，鑿於漢，而靡於隋唐矣，豈復知有七篇仁義之說哉！幸而韓愈氏出，慨然以斯道爲己任，其文章足以革弊而拯溺，嘗曰軻之死不得其傳焉，則亦隱然自任其傳矣。後又變而爲五季衰陋之習，雖宋興七十有餘年，而學者亦未易遽復於古。一旦歐陽子出以文章道德爲師，若范仲淹之貶於饒也，一時名士目爲黨人，公在諫院爲《朋黨論》以獻，羣言遂息，不然黨錮之禍成矣。嘉祐學者爭尚怪僻爲奇，文體大壞。公知貢舉，黜險怪而錄雅正，士初喧然騰謗，其後不五六年，文格遂變而復古，不然弊將若何而止哉！此所謂文章必以救世爲難也。天順六年翰林侍讀學士奉直大夫後學雲間錢溥謹書於螺川驛。末有彭氏後序，略云，海虞程君繇刑部員外郎擢知吉安府事，以俸市特牲，分祀郡之諸賢，實肇舉也。明旦諸賢子孫咸詣謝，乃諗於衆曰，文忠公之文章可見者惟《六一居士集》，板行四方，全集則未之見也。於是胡文穆公子永肅持其家藏內閣明本以獻，君遂捐堂食資，購板募工，刊置郡庠之藏書閣，且屬教授鄭鋼正其字之訛。君名宗，字源伊，嘗以《詩經》中辛未柯潛榜進士云。天順辛巳賜同進士出身中憲大夫山東按察副使致仕郡後學彭勗謙序。計《居士集》五十卷、《外集》二十五卷、《易童子問》三卷、《外制集》三卷、《內制集》八卷、《四六集》七卷、《奏議》十八卷、《雜著述》十九卷、《集古錄跋尾》十卷、《書簡》十卷、《附錄》五卷。首有胡柯所作《年譜》。《居士集》有蘇軾序，全集後有周必大序，每卷後有“熙寧五年秋七月男發等編定，伯驥按：元黃溍《序道園遺稿》云，昌黎之集成於門人，河東之集託於朋友，惟廬陵歐陽公之集，其嗣人能致其力。紹熙二年三月郡人孫謙益校正”二行。《考異》皆另葉起，不與正文相連。每葉二十行，行二十字，粗黑線口。《天祿琳琅》元版集部有此本，稱其字仿鷗波，深得其妙，定屬元時重刊宋本。觀其樸印之精，非好古者不能爲。此本字畫與元人爲近，故爲藏家所重。每卷首多題《歐陽公文集》卷幾，每卷末或題《歐陽公文集》，或題《居士集》，蓋《居士集》五十卷實公所手定。此五十卷實爲《居士集》，故不忘原名也。《禮記·玉藻》居士錦帶，鄭氏玄解居士爲道藝處士，非朝廷之士。《黃氏日鈔》云，前輩道尊德盛，爲世所宗仰，恬於仕進者，則有道號。如濂溪則追記其舊地也，明道則其身後門人所以尊其師也，伊川則門人不敢指其師而以其地稱之也，六一居士則致仕後自戲之言也，東坡涪翁則罪謫中自託於蕭散者也。觀於東發之言，而公自號六一居士，及自題《居士集》之意可知矣。前清夏荃《退庵筆記》卷十六云，得《瀧岡阡表》拓本，上有《沙磎巡檢司印》者。案公在大中祥符四年葬崇公於吉州吉水縣瀧岡，後至和元年析吉水縣之報恩鎮，置永豐縣，瀧岡遂隸永豐之沙磎。表中回首乳者劍汝而立於旁，拓本正作劍，足證坊刻古文作“抱汝”之譌，然昌氏《宋文鑑》久作抱，《居士集》劍字下注，一作抱，坊刻殆沿其誤云云。今此本則云家作抱，然則劍作抱相沿已久矣，惟仍以劍爲古。此則可資校讀之一事也。半葉十行，行廿字，上下黑口。此爲毛氏汲古閣舊藏，有朱文、白文章各一捺於卷首。江氏熙《掃軌閒談》云，毛潛在先生晉，家隱湖，創汲古閣，刻經史諸書。中爲閣，閣後有樓八間，藏書板者。樓下及廂廊，俱刻書所。閣四圍有綠君、二如等亭，招延天下名士，校書於中，風流文雅，江左

首推焉。潛在第四子斧季宸最知名，又補刻書數百種。許吟亭
云，毛氏本有三閣，汲古閣在載德堂西，以延文士。其雙蓮閣
在問漁莊，以延縉流。一失名，俗呼爲關王閣，在曹溪口，以
延道流者，今俱廢。又有一滴庵，爲潛在父子焚修處。揭一聯
云，“三千餘歲上下古，八十一家文字奇”。爲王新城先生手書。

新刊歐陽文忠公集殘本三十四卷明刊本，陳蘭鄰舊藏。

宋歐陽修撰。前題“臨川後學曾魯得之考異，番陽後學李
均度校正”兩行。前清《學部圖書館善本書目》亦藏此集，行
字與此相同，惟首行居士下則題“臨川曾魯得之考異，古舒後
學蔡玧行素訂定，番陽後學李均度校理，古溧後學俞允中校正”
四行，然所存卷數僅十一之三十，則殘缺亦甚矣。此本前有均
度序云，予幼時讀歐陽先生文集迺蘇本，中間遺脱不可一二數，
每至訛缺處，未嘗不爲之嘆息。洪武辛亥秋，予忝丞永豐，實
先生之舊鄉也，首謁學宮，得蔡侯行素新刊先生文集，予甚嘉
之曰，侯之德亦至矣。夫當兵燹煨燼之餘、文物凋喪之後，乃
能留心斯文，捐俸鋟梓，以廣其傳，及之四讀。又惜其斷簡訛
字，有模糊而不衆辨者，因與蔡侯及俞侯允中、邑庠李實、胡
啓復參互考訂，頗知其説，俾斷者續之、訛者正之、缺者補之，
計三十餘簡，歷三越月五十卷僅完。嗟夫，公之文議論正大，
變化不測，凛然而秋霜嚴，郁然而慶雲麗，實與韓、柳比肩，
更千古而不磨也。今幸與蔡侯諸君完集是編，非惟有益於後學，
歐陽公實有賴焉。末題洪武六年龍集癸丑秋九月鞠節後八日，
番陽李均度謹敍。有“番陽世家”、“隴西郡”二木刻章。次有
署名古溧者題字，略云，讀公文集有吉、蘇二本，兵後罔求全
帙。洪武辛亥，予官廬陵屬邑曰永豐，有歐鄉焉，始知爲公生

長之地。泊閱蔡侯新刊公之文集，遂大欣慰，迺與李侯均度續其斷章，正其訛字。洪武昭陽赤奮若冬十月古溧。末有"俞氏元中"木刻章。次有《目錄》廿一葉，上下黑口，上魚尾下題文集卷之幾，下魚尾下記葉數，半葉十一行，行廿三字。楊氏《海源閣書目》引鄒氏曉屏《午風堂叢談》云，《歐陽文忠集考異》五十卷，臨江曾魯撰。以綿本、蘇本、家本、宣和本、吉本參攷成編，前有蘇序，所云得公詩文七百六十六篇於其子棐序而論之者。文忠詩文，惟《居士集》五十卷爲所自定，此當即公自定本，《考異》亦精核。魯字得之，至元十六年舉於鄉，洪武初召脩《元史》，歷官禮部侍郎。徐尊生嘗曰，南京有博士二人，以筆爲舌者宋景濂也，以舌爲筆者曾得之也。時咸重之。此本尚是元刻，藏書家不多見云云。錢氏《列朝詩集》云，魯，新淦人，年七歲暗誦九經，一字不遺。稍長，取三史日説尋及其餘，數千年間國體人材、制度沿革，咸能言之。國朝應召纂修《元史》，編類禮書，入儀曹爲祠部主事，超六階拜禮部侍郎。洪武五年，以病乞歸，未及抵家而卒，則於得之小史尤詳矣。蓋午風堂所藏，當與此本不同，故認爲元刻本。而海源閣藏此書，行款序跋，不見著明，而題明初刻本，楊氏紹和有跋語云，謹考《四庫全書總目·居士集》云，舊本每卷有熙寧五年子發等編次數字，而軾序謂得於其子棐乃次而論之。蓋序作於元祐六年，時發已卒，故序中不及耳。周必大編《修集》通一百五十三卷，此篇僅三之一，然出自修所手輯。《文獻通考》引葉夢得之言曰，文忠晚年取生平所爲文自編定，今所謂《居士集》者，往往一篇閲至數十過，有累日去取未決者，則選擇審矣。按：歐公詩文以《居士集》爲最精，此本每卷末題云"熙寧五年秋七月男發等編定"，尤可證爲文忠自定之舊，而得之《考異》之刻，自來藏書家殊少著錄，洵稱罕祕矣，惟卷末有“時柔兆攝提格縣人陳斐允文重校譌謬”一行，以得之之時考之，當是洪武十九年丙寅，《叢談》云元刻，偶未審耳。黃復翁謂書有不必宋元刻而亦可珍者，正此類也云云。伯夔按：《歐陽公集》宋刻流傳者，有廬陵本、京師舊本、綿州本、吉州本、蘇州本、閩本、衢本諸名，自慶元二年周益公與曾三異、孫謙益、丁朝佐等重編校定，風行海内，嗣後翻板，皆從此出，從前各刻，因此不彰。近世唯前清天禄琳琅有吉州刊一百卷，而天一閣有廬陵刊六十四卷，今歸適園張石銘許，此外如北平圖書館藏殘宋本二部、瞿氏藏宋《居士集》一部，咸爲慶元遺刊也。王氏《古夫于亭雜錄》云，國初曹貞吉爲内閣典籍，文淵閣著錄散失殆盡，貞吉檢閱，見宋槧歐陽修《居士集》八部，無一完者。張氏鈞衡《内閣書目跋》云，宣統己酉，内閣修葺大庫，發出閣錄舊藏二萬餘册，書本完缺，與前目尚堪印證，歐《集》宋本八部同，無一全者亦同。如國初及修《四庫全書》時，能通體檢查，當不至缺爛若此。觀此可知宋刻歐《集》之難得矣。蓋慶元十行本之盛行一時，實因益公與其門下輩校勘之精善，故元明之間，重雕者繼世相仍，然今觀得之所考覈，其精善處之突過前人者，頗不尠焉。則此書之可貴，固不獨以其罕祕，而實以其勘對之精也。伯夔得此本於京估，檢其校刊歲月，實題洪武六年，是刻木尚在楊閣藏本之前，蓋楊本考定爲洪武十九年，校刊實在此本之後也，考黃氏《千頃堂書目》卷三十二箋注類，著錄曾魯《六一居士集正訛》《南豐類稿辨誤》兩種，《正訛》當即《考異》，而何義門《讀書記》嘗謂未見得之《南豐類稿辨誤》一書，想得之遺著，久已無存，則《考異》遺編，義門當亦未嘗目睹，無惑乎楊氏以罕祕稱之矣。

高郵《王文簡集曉屏墓誌》云，鄒炳泰字仲父，號曉屏，無錫人，官至協辦大學士。博物洽聞，爲朋輩所推服，著《午風堂詩集》《文集》《外集》及《叢談》，行于世。又王昶《午風堂詩集序》云，鄒君曉屏以博聞强記之學，裕旁搜遠紹之功。乾隆辛卯詔求遺書、搜大典，金匱玉版之陳，充溢棟宇。以君充纂修官，讀人間未見之書。又《午風堂叢談序》云，先生早預石渠之選，徧窺延閣之藏。吉茂力學，恥一物之不知，董遇躭書，得三餘而自足。既而翔翔九列，揖讓三雍，癖嗜緗緹，不殊寒素。休沐而未嘗釋卷，退食而便已下帷。蒲牒堆牀，墨書盈掌，精力所聚，卹聞遂多，積有餘年，編成卷帙。是前人於鄒氏固心折久矣，鄒氏與於編掌四庫之役，《直齋書録解題》廿二卷，亦由其搜輯而成。_{宋吳興陳振孫《直齋書録解題》列經、史、子、集，中分五十三類，視晁公武《讀書志》議論較爲精核，馬氏《經籍考》多援之而作。其書久佚，《永樂大典》載之。余校纂成編列入《四庫》，曾以聚珍版印行，購者珍如星鳳。}《午風堂集》卷一。生平雅意儒素，見於《詩集》及《叢談》者甚詳。而葉氏《藏書記事詩》竟遺其人，伯驤所撰《補正》已及之。得之墜緒，賴其鉤沉，固屬藝林美事，而楊氏之尋軼搜奇，保藏罕祕，又《易林》所謂江有寶珠，海多大魚，宜其名之日盛也。據前文之攷論，此書槧刻已有三次，而著録者自鄒、楊而外，乃寡見於他家，今距鄒氏之世，已二百餘年，所謂元本，固未必無恙，海源珍祕，尤多散亡，則伯驤之收此叢殘，其亦陸儼山以蘄他日復完之遺意也。羽陵之簡重尋，延津之劍再合，予日望之矣。有“蓮花印”，及“壬戌進士”、“敬勝閣印”、“范熙玉印”各藏章。藏書家如明之項篤壽、李廷相，清之陳徵芝均爲壬戌科進士，項則嘉靖，陳則嘉慶也，然檢覈此書之章，察其刀刻，定爲前清，故此書當爲陳氏所藏。

李廷相字夢弼，濮州人，弘治壬戌進士第二，忤劉瑾，改兵部主事，官至南京戶部尚書，諡文敏。徵芝字蘭鄰，福州府閩縣人，嘉慶七年壬戌科進士，二甲七十名。見《國學題名記》。徵芝後爲令浙江，藏書甚富，後盡散出，多人間未見本。有《帶經堂書目》五卷，繆氏藏愛日精廬從天一閣鈔本之《後村居士大全集》，其前有"壬戌進士""臣陳徵芝"朱白文兩大方印，"帶經堂陳氏藏書印"，見《藝風堂藏書記》，皆可證也。

臨川先生文集一百卷宋刊本。

宋王安石撰。安石字介甫，撫州臨川人。慶曆三年進士，累除知制誥翰林學士，熙寧三年拜中書門下平章事，七年罷，八年再入相，九年罷，諡文公。其壻蔡卞之兄京，崇寧初秉政，詔配文宣王廟，後撤。《宋史·藝文志》《書錄解題》同載王《集》一百卷，文公曾孫右朝散大夫提學兩浙西路常平鹽茶公事珷，於紹興辛未孟秋旦日謹題云，曾大父之文籍舊所刊行，率多舛誤。政和中門下侍郎薛公、宣和中先伯父大資，皆被旨編定。後罹兵火，是書不傳。比年臨川龍舒刊行，尚循舊本。珷家藏不備，後求遺稿於薛公家，是正精確，多以曾大父親筆石刻爲據。其間參用衆本，取舍尤詳，至於缺斷，則以舊本補校足之，凡百卷，庶廣其傳云。瞿氏恬裕齋藏宋刊百卷本，每半葉十二行，行二十字，與此本行款同。又有總目，惟載某卷之某卷某體文，其細目載每卷前，目後即接本文。書中桓字作淵聖御名，構字作御名，慎、敦、廓字不闕筆，雖有後來修板，謬誤不少，而原書尚是紹興舊刻。覈之明繙詹太和刻本，卷第皆同，惟輓詞彙中少蘇才翁《輓詞》二首，集句中少《離昇州作》一首，而多《移桃花》一首，詩云"舍南舍北皆種桃，東

風一吹數尺高。枝柯蔦綿花爛漫，美錦千兩敷亭皋。晴溝漲春
綠周遭，俯視紅影移漁舠。山前邂逅武陵客，水際髣髴秦人逃。
攀條弄芳畏晼晚，已見黍雪盤中毛。仙人愛杏令虎守，百年終
屬樵蘇手。我哀此果復易朽，蟲來食根那得久。瑤池紺色誰見
有，更值花時且追酒，君能酩酊相隨否”。案此詩不似集句，疑
當時誤編入也。昔明華中父真賞齋有百六十卷，何義門言其不
可見，未必在天壤間。文公之集，當以一百卷本爲最全，其作
百六十卷者，或分析其卷第耳。陸存齋據《宋文鑑》《宋文選》
《播芳大全》《能改齋漫錄》補十餘篇，日本國庫有殘宋本七十
卷，佚文多至四十七篇，鈔得副本，如有續梓此本，可据補足
云。蓋明詹太和本，有《離鼎州詩》，有蘇才翁《挽詞》，無
《移桃花詩》。宋王刻本無《離昇州詩》，無蘇才翁《挽詞》，有
《移桃花詩》。此二本之別如比，既據宋刊，又加陸補，而王
《集》庶幾無憾矣。《朱子大全集》卷三十八《與周益公公書》
云，熹先君子少喜學荊公書，收其墨跡爲多，其一乃《進鄞侯
家傳奏草》，味其詞旨，玩其筆勢，直有跨越古今開闢宇宙之
氣。然與今版本文集不同，疑集中者乃刪潤定本，而此紙乃其
胸懷本趣也。又《中吳紀聞》四云，方子通一日謁荊公，未見，
作詩云，“春江渺渺抱牆流，煙草茸茸一片愁。吹盡柳花人不
見，春旗催日下城頭”。荊公親書方冊間，因誤載《臨川集》，
後人不知此詩乃子通作也。《能改齋漫錄》又稱，荊公嘗爲鄞縣
令，昔見一士人收公親札詩文一卷，內有兩篇，今世所刻文集
無之。《漁隱叢話》又稱魯直書《荊公集句菩薩蠻詞》碑本，
“花是去年紅，吹開一夜風”，閱《臨川集》乃云“今日是何
朝，看余度石橋”。謂不如魯直句爲勝，是王《集》在宋已有差
異缺佚之處，其有待於後人之訂定者不少，至存齋陸氏而加以

校補，真快事也。明陸深《儼山外集》稱，國監舊有《荆公文集》板，介谿嚴禮侍維中爲祭酒時，重爲修補，予踵介谿爲祭酒，命典簿廳模印數部，以分遺朝士。時學録王玠署典簿，至廟房中麾額言曰，好好世界，如何要將王安石文字通行，怕有做出王安石事業來。予憮然遂止。讀《儼山詩集》，又有一詩目曰，吴中新刻《臨川集》甚佳，雙江聶文豹持以見贈，賦詩爲謝。詩云，"荆文丞相宋熙豐，國監所遺舊嘗刻。猗予謬司六館成，手許校磨工未即。當今槧棗稱吴中，唐模宋板俱奇特。蘇州太守古鄣侯，貽我遠勝黄金億"。是明人固甚重王《集》，惜未能徧搜明刻本耳。

東坡集四十卷後集二十卷奏議十五卷内制十卷
附樂語外制二卷應詔集十卷續集十二卷

明嘉靖間江西布政司刻本，歸求草堂舊藏。

此所謂《東坡七集》也，明成化四年知吉州府程宗曾刻，黑口本。此爲嘉靖十三年江西布政司重刻吉州本，則白口矣，半葉十行，行二十字，與成化本字同。《續集》十二卷，則成化版已佚，此則搜其逸詩、逸文而再編之，已非其舊。考《七集》之名所由起，實由公著有《東坡集》四十卷、《後集》二十卷、《奏議》十五卷、《内制》十卷、《外制》三卷、《和陶詩》四卷、《應詔集》十卷，合爲一編，見於公弟文定所撰《墓志銘》，及晁、陳《書目》，迨元馬端臨《文獻通考·經籍考》所載亦同，知其非俗本可擬矣。卷前有"歸求草堂"章，此當是江寧嚴氏長明遺本。長明字冬友，築室三楹，顔曰歸求草堂，藏書三萬卷、金石文字三千卷，日吟詠其中。在秦中十載，撰次《西安府志》八十卷、《漢中府志》四十卷。生平著述，有《歸求草堂詩文集》《西清備對》《毛詩地理疏證》《五經算術補正》《三經答問》《三史答問》《淮南天文太陰解》《南宋文鑑》《金石類簽》等，二十餘種。見《潛研堂集》三十七。

東坡禪喜集四卷明朱墨本。

前題舒石泉梓刻。前有序云，坡老平生喜談般若，得此中三昧，故信口拈成，無非勝妙。參寥亦謂老坡牙頰間，別有一副爐鞴。觀其平日煅鍊佛祖，縱橫自在，具世智辨才，以翰墨作佛事。而他日復謂無始以來，結習口業，未空言語文字性，其自道若此。然此一公案，惟此老自判，他人豈易承當。希維居士陸樹聲題。次有陳氏序云，唐宋以後，天下無才子，聰明辨才之士，往往竄爲高僧。如永明、覺範、大慧、中峯，其所爲文章，縱橫自在，有今之文人不能措其一語者。然而獨漏一眉山之長公，何也？長公少年之文與欒城先生，皆得老泉法，而終未盡其變。晚而游于禪郉，與佛印、參寥諸子互呈伎倆，於是掀翻寶藏，以三寸轆轤舌，顛撲半生。譬張僧繇畫龍，一點眼便欲昂首飛去，妖狐老猿，竊獲真人符籙。則千奇萬怪，跳梁于青天白日之下，而終不可以尺組約束，今《禪喜集》是也。此集輯自徐長孫，而唐元徵欲刻之，以示同志，且以廣諸才子之學爲文而窮於變者。長公爲五祖戒後身，其母與子由弟皆親夢見之。祖戒陝右人，而長公七、八歲亦時夢遊關中，宋二百年僅得此人，乃前生又爲高僧所羅，五祖逸出之，而始得爲東坡，不者宋幾無才子矣。唐寅花生日居士陳繼儒題，戊戌清明日秣陵陳拜泰書。伯驥按：葉氏夢得岩下放言云，蘇子瞻初未知有禪學，爲鳳翔府僉判，有兵官王凱者教之，始大知愛。

時歐陽文忠尚無恙，子瞻不以疑其叛爲慮。後爲杭州倅，特過汝陰，反以此勸公，公笑而不答。捨歐公而從一兵官，可謂豪傑矣。自是從辨才等於杭州，所入益深，子瞻論理超勝，出入大乘諸經，無所留礙，誠爲閎妙云云。此《禪喜》之說所由來也。半葉八行，行十八字，附《禪喜記》三十二段。

山谷刀筆二十卷　明弘治刊本。

宋黃庭堅撰。《四庫提要存目》云，此爲所著尺牘，皆於文集中摘出別行者，然是書向有宋本，非後人所爲。考《宋史·藝文志》楊億亦以尺筆別行，蓋當時風氣有此一體。此本卷首有弘治己未三月張元禎序，及《山谷傳》。字體行格，猶有宋、元風範，蓋明刻之最善者。《鐵琴銅劍樓書目》有影宋鈔《豫章先生遺文》十二卷，有嘉定戊辰曾孫銖後序，謂今所傳《豫章文集》多遺缺，持節束蜀，訪之耆耋，得之黔僰間，凡若干紙，別而爲二，曰《遺文》、曰《刀筆》，則當時與《刀筆》合刻者也。唯聊城楊氏則有單刻宋本，爲明黃石齋藏，有石齋識語云，天啓二年花朝石齋老人識。楊氏謂石齋爲明漳浦黃忠端公別號，忠端生于萬曆十三年，天啓二年，年甫三十八，似于老人之稱未合。《紀年》疑或有筆誤，不知宋歐陽公亦四十歲自稱醉翁，似毋庸疑也。楊氏謂其本密行細字，楮墨精佳，惜無從披覽，以資對勘耳。南昌彭氏謂此書與《文集》《別集》《外集》中書簡微有異同，不可偏廢，其以歷官編次，尤足考見當時出處之跡，與黃螢編詩目入《年譜》同意。少年時嘗以蘇《詩》編年有施注，而黃《詩》無編年，本欲取任淵、史季溫、史容三家之注，以螢《譜》叙次，及同時人倡和附見，都爲一編，命曰《黃詩三集補注》，亦有零雜稿本，而忽忽三十年，不能成書。

官事牽冗，耳目重眵，安得好事者助我老興，爲鄉邦成一巨帙。
則尤見此編之足重云。

欒城集五十卷後集二十四卷三集十卷

明嘉靖蜀府活字本。

宋蘇轍撰。轍字子由，洵次子，年十九，與兄軾同舉進士
第。舉直言，擢商州推官，以兄罪謫筠州監酒。宣仁臨朝，相
溫公，擢中書舍人，代兄爲翰林學士，旋拜尚書左丞。紹聖初
責置雷州，後北還，政和二年卒。見《宋史》本傳。此本爲明
嘉靖辛丑時蜀王刊行，有例七則，首錄謚議。《三集》後有宋淳
熙時鄧光，及其曾孫翊、開禧時四世孫森跋語。前有劉大謨、
王玠兩序，後有□廷槐跋。明世此集，有清夢軒本，爲東吳王
執禮子敬、顧天叔禮初校刊，頗多誤字。此刻校對細致，復然
不同。清《四庫提要》引陸游《老學庵筆記》稱轍在績溪《贈
同官詩》，有"歸報仇梅省文字，麥苗含穟欲蠶眠"句，譏均州
刻本輒改作仇香之非，今此仍作仇梅，則所據猶宋時善本矣。
清夢軒本亦作仇梅，與《提要》所引陸游語合。長沙葉氏藏清
夢軒本，謂庫本所謂舊刊，必是此本，實則蜀藩舊槧，較清夢
爲勝。庫本未必不是蜀刻，葉氏之言，未免武斷。子由《次子
瞻聞不赴商幕詩》，"閉門已學龜頭縮，避謗仍兼雉尾藏"。自注
雉藏不能盡尾，鄉人以爲諺。又《戲作家釀詩》，"一醉汁滓空，
入腹誰能告"。自注諺有入腹無臟之語。二語皆今鄉諺，不意宋
時已有之，知其來久矣。又《寓居六詠詩》，有"後庭花草盛，
憐汝計興亡"之句，自注或言矮雞冠即玉樹後庭花。案：矮雞
冠今俗名波斯雞冠，其高不過數寸，玉樹之名甚雅，殊覺不稱，
不審穎老此語何本？雞冠花汴人謂之洗手花，見《楓牕小牘》。

此近人校讀《欒城集》之可資攷論者也。錢鈛《病叟漫記》云，天下王府，惟蜀府最富，楚府、秦府次之。楚府昭王，太祖高皇帝愛子，田地最多，故富。其他如韓府襄城范德最貧，至有喪不能舉，衣服不能完者。伯驥按：明李璣《西野遺稿》卷一云，祖宗時，廣建宗藩豐其禄秩者，非以天下爲私奉，直以行其親愛富貴之心耳。且當時支派未盛，固不容豫爲之限，亦曰後世自有增飾者，今則支派之盛，大非昔比。而宗藩之需動稱不足及，今不爲之計，數世之後將益耗竭而不可救。是以嘉靖間蜀藩刻《長春競辰稿》十三卷，爲蜀王朱襄栩撰，遺本流傳至今，則蘇《集》之巋然巨編，猶供今日之諷誦者，吾人固深拜其賜也。江安傅氏見日本宋刊《類編增廣潁濱先生大全文集》一百三十卷，其中詩文，皆以類列記行、述懷、雷雨、風雪、冰霜、四時、元日、上元、寒食、除夜、晝夜、古跡、山洞各門，分類多不倫，斷爲坊賈所爲。又謂《欒城集》後有其曾孫詡跋云，《欒城公集》刊行者，建安本頗多缺謬，在麻沙者尤甚。德化李氏有《類編增廣山谷先生大金先生大全文集》五十卷，版式字體，正與此同。書名標題，咸與潁濱匹配，必爲閩中書坊同時合刊行世者。《山谷大全集》目前有牌子數行，題爲"乾道□午麻沙鎮水南劉仲吉識"，附起之以廣見聞。伯驥以大蘇集有注多種，此集無注，故發願注之，積料已不少。

後山先生集三十卷明弘治間刻本。

宋陳師道撰。前題彭城陳師道履常著，茶陵陳仁子同備編校，南陽王鴻儒懋學重校，彭城馬暾廷震繡梓。凡詩十二卷、文八卷、談叢六卷、理究一卷、詩話二卷、長短句一卷。末有"潞州儒學廩膳生員郭銘繕寫"一條。前有弘治間王鴻儒序，略云，《後山集》余昔録之於仁和陳氏者也，先生天資方毅，好學不倦，故其形之於言，典重峻潔，法度森然，如天球綴輅，陳列廣庭，大劍高冠，班侍左右，其孰敢狎而玩之。雖大儒先生如晦菴者，亦咨重不置，至取其《與林秀州書》，列之《儀禮經傳通解》之中，以補禮文之闕，是可見矣。然先生並世有二程夫子者，倡明道學於河洛之間，摳衣之士幾徧天下，而先生方且學文於曾南豐，學詩於黃山谷，周旋於蘇東坡、秦淮海之間，而不知遊二程之門以學其道，是以雖有所成，而人猶有所憾。潞守馬君噉者，字廷震，先生同郡之名家也，景仰高風，購求遺稿，近二十年矣。比聞予有是集，欣然請錄，既付於梓，而併蘄序之。憶昔弘治癸丑春，余以南京戶部主事考績如京師時，冢宰盧氏耿公方爲大宗伯，余往候焉。公問頃在江南有新收書否？予對以所得《稽古錄》、范《唐鑑》、《後山集》。公驚曰，是數輩書，以爲亡且久矣。歸日幸錄以相惠，因循未報，而公逝矣。今馬君許梓以傳，實不朽之盛事，是書無別本校證，訛字頗多，觀者以意讀之可也。其每卷之首，載賤姓名，而題曰重校者，蓋太史公所謂附驥之意，非事實也。先生姓陳氏，名師道，字履常，一字無己，號後山，彭城人。其言行之詳，官閥之次，《宋史》有傳、門人魏衍有記，茲不復列云。王之結銜爲奉議大夫山西等處提刑按察司僉事，王有集流傳，集名《凝齋》，予家有之。後山學行文章，久有論定，惟其集中有書札二首，可資攷論。其《答李端叔書》云，足下謂僕之文類兩蘇，人情喜於自伸，蔽於自知。至於擬之非其倫，譽之非其情，亦知避矣。兩公之門有客四人，黃魯直、秦少游、晁無咎，長公之客也；張文潛，少公之客也。僕自念不敢齒四士，而足下遽進僕於兩公之間，不亦汰乎！又《答秦觀書》云，僕於詩初無師法，然少好之，老而不厭，數以千計，及一見黃豫章，盡焚其稿而學焉。豫章以謂譬之奕焉，弟子高師一着，僅能及之，争先則後矣。僕之詩豫章之誨也。豫章之學博矣，而得法於杜少陵，其學少陵而不爲者也，故其詩近之，而其進則未已也。故僕嘗謂豫章之詩如其人，近不可親，遠不可疏，非其好莫聞其聲。而僕負戴道上，人得易之，故談者謂僕詩過於豫章云云。此皆論後山詩文者所宜考也。二書均見卷十四。《壽親養老新書》卷三云，子弟儲書，正以備侍旁檢閱，陳后山左右圖書，日以討論爲務，其志專欲以文章名後世。夜與諸生會宿，忽思一事，必明燭繙閱，得之乃已，或以爲可待旦者，后山曰不然，人情樂因循，一放過則不復省矣。故其學甚博而精，尤好經術，非如唐之諸子，作詩之外，他無所知。魏衍昌世亦彭城人，從后山學，年五十餘，見異書猶手自抄寫，藏書數千卷云。半葉十一行，行廿字。槧刻精雅，大字悦目，自是佳本。今按：此集卷十四有《論國子賣書狀》云，伏見國子監所賣書，向用越紙而價少，今用襄紙而價高，紙莫不迫，而價增于舊。臣愚欲乞計工紙之費，以爲之價，務廣其傳，不以求利。臣惟諸州學所賣監書，係用官錢買充官物，價之高下，何所損益，而外學常苦無錢，而書價貴，以是在所不能具有國子之書。今乞止計工紙，別爲之價，所冀學者益廣見聞，及乞依公使庫例，量差兵士般取。然則後山於書籍之流通與搜取，固甚留意者也。

倚松老人詩集二卷 寫本，繆小山手校。

宋饒節撰。節，臨川人，夙有大志，既不達，又與曾布論法不合，往往登屋危坐，浩歌慟哭，達旦乃下。又嘗醉臥汴水，遇客舟救免，乃祝髮於靈隱。張泰嘗爲小傳，又按《梁谿漫志》卷九云，節字德操，以文章著名。曾丞相布禮爲上客，陳了翁諸公皆與之遊，往來襄、鄧間。始亦有婚宦意，遇白崖長老與之語，欣然有得，乃與僕爲浮屠。德操名如璧，僕名如琳，遍參諸方，後往襄陽天寧。夏均父倪爲請疏，其略云，無復挾書，更逐康成之後，何憂成佛，不居靈運之先。又云豈惟江左公卿，盡傾支遁；獨有襄陽耆舊，未識道安。時稱其精當。德操自號倚松道人，所爲詩文皆高邁，號《倚松集》云。《宋史·藝文志》稱《倚松集》十四卷。此二卷大半爲僧以後所作，卷首別題"江西詩派"四字，殆從宋人編《江西詩派集》中摘出者。《江西詩派集》，《宋史·藝文志》著錄爲一百十五卷，《續宗派詩》二卷，《書錄解題》著錄《正錄》一百七十三卷、《續集》十三卷，《文獻通攷》著錄與《解題》同。《解題》詩集類饒節《倚松集》二卷，今集與之合。嘉興沈氏曾植有景本，跋稱宣統壬子盛伯希祭酒家書散出，中有殘宋《倚松集》，爲吳君昌綬所得。藝風通信津門，屬章式之吏部借校一過。余復從嘉泰《普燈錄》中搜得《如璧大師傳》一篇，爲向來詩苑所未見者，錄付卷後云云。此本舊鈔，爲繆氏朱筆校過，或其時對勘之書也。

張文潛文集十三卷 明刻本，毛子晉、方柳橋舊藏。

前題起居舍人張耒著。耒字文潛，楚州淮陰人。舉進士，爲臨淮簿、壽安尉、咸平丞，召爲太學錄。元祐初爲正字，遷著作郎，兼史院檢討，擢起居舍人，知潤州，徙宣州。責監黃州酒稅，徙復州，起爲通判黃州，移知兗州，復知汝、潁兩州。再坐元祐黨落職，主管明道宮，又貶房州別駕，黃州安置。尋得自便，居陳州，主管崇福宮，年六十卒。《曲洧舊聞》稱東坡嘗語子過曰，秦少游、張文潛才識學問，爲當世第一，無優劣。二人者，少游下筆精悍，心所默識，口不能傳者，能以筆傳之；而氣韻雄拔，疏通秀朗，當推文潛。此文潛文字之定評也。前有嘉靖甲申江都馬駙序，略云，文潛文雄健秀傑類子由，視長公渾涵光鋩，雖若不及，而謹嚴持正，自其所長。梅溪嘗以謹嚴病長公，是其文正自不可少也。龍渠子嘗得宋集本，取而刻眞山房。駙從觀於龍渠子，是集蓋昔人選，有文無詩。文潛慷慨豪雋，其論有取於漢武，蓋徵本朝兵弱受侮二虜，它文蓋三致意焉。禮論擴新意於古義，用大純正，簡切超然敏妙。論退之則全爲東坡發也，其當在湖州被逮齊安放置之際乎！龍渠子清敏好古，博藏能用，刻成屬識數語於首。《目録》前題“張文潛文集目録”，次行題“起居舍人張耒文潛”。末有識語云，予刻《文潛集》，愛其文也，而紫泉之論，主於意，予豈有是心哉！古人有言，文以意爲主，若紫泉則得之矣。龍渠山人郝梁識。梁，江都人，曾刊《揚子太玄經》者也。護葉有巴陵方氏墨筆題記云，謹按《欽定四庫全書總目提要》，《張宛丘集》在南宋初已有四本，一本十卷，一本三十卷、一本七十卷、一本一百卷，另胡應麟之本有十三卷。此本明人所刻，適十三卷，殆與胡氏所見之本同。前有毛子晉圖記，雖與《四庫》所收之七十六卷本不同，然亦希有之册。伯驥按：此十三卷本內，《慮遠》《擇將》《審戰》諸篇，七十卷之《宛丘集》中無此文，此可證文潛遺稿散佚者不尠。方氏所云僅就卷數而數之，未及其內容也。半葉十行，行十八字。有毛子晉、方柳橋藏章。

石門文字禪三十卷 明萬曆丁酉徑山興聖萬壽寺刻本，屬樊樹點讀。

宋釋德洪覺範撰，門人覺慈編。明萬曆丁酉徑山興聖萬壽禪寺刻本，每半葉十行，每行二十字，半葉一墨闌邊，版心上刻“支那撰述”四小字，中刻“石門文字禪”卷數，下記葉數。《四庫全書總目》著錄，《提要》目爲釋藏所刊，即此本也。德洪亦名惠洪，筠州人。大觀中游丞相張商英門，商英敗，洪坐謫朱崖。著有《冷齋夜話》十卷。前有萬曆間序云，夫自晉、宋、齊、梁，學道者争以金屑瞖眼，而初祖東來，應病投劑，直指人心，不立文字。後之承虛接響，不識藥忌者，遂一切峻其垣，而築文字於禪之外。由是分疆列界，剖判虛空，學禪者不務精義，學文字者不務了心。德山臨濟，棒唱交馳，未嘗非文字也；清涼天台，疏經造論，未嘗非禪也。逮於晚近，更相笑而更相非，嚴於水火矣。宋寂音尊者憂之，因名其所著曰《文字禪》。明萬曆丁酉八月望日釋達觀撰。宋陳振孫《直齋書錄解題》，謂德洪文俊偉，不類浮屠氏語。許顗彥周《詩話》稱其著作似文章巨工，仲殊、參寥輩皆不能及。一時推重，似爲定評。然四庫館臣謂其求名過急，則舍其文字而論其人品矣。又豈獨浪子和尚之稱，見譏於《能改齋漫錄》而已哉！此爲厲氏鶚讀書，有朱藍筆點勘，并有其藏章。

嵩山集二十卷寫本，讀易樓舊藏。

宋晁説之撰。前後無序跋目錄，每卷首第二行題"嵩山景迂生晁説之字以道，一字伯以"，《老學庵筆記》云，近世名臣李泰發光，一字泰定；晁以道説之一字伯以；張全真守，一字子固；周子充必大，一字洪道；朱元晦熹，一字仲晦。人稱之，多以舊字。其作文、題名之類，必後字。共十五字。卷一、二、三奏議，卷四、卷五古詩，卷六、七、八、九律詩，卷十《易玄星紀譜》，伯驥按：戴東原氏有《與丁升衢杰書》，論晁以道《易玄星紀譜》，謂晁氏此書未之見，蓋以揚子《太玄》演爲圖凡八八層以傅合曆法者。戴氏指摘其於算法、曆法不合處，纖入無倫，今已刻諸《經韻樓戴氏譜》。又及之。卷十一、十二別著，卷十三儒言，卷十四雜著，卷十五書，卷十六記，卷十七序，卷十八後記，卷十九傳，卷二十墓誌銘，卷二十後雜文。集中有《晁氏世譜》，稱景迂爲文元玄孫，官至中書舍人，兼太子參事，坐請補外落職，提舉西京嵩山崇福宮。生平慕司馬文正公爲人，自號景迂生。晚年留意天台教，日誦《法華經》，則又稱天台教僧，亦號老法華。復以昭陵所賜文莊飛白國安字名堂，而號國安堂主。觀此可悉其名集爲《嵩山》，取號爲景迂之故。集中之文，往往署名國安堂老法華，亦有自來也。景迂之學，最不喜者《周禮》，最心折者《太玄》。集中雜著云，導其名而不覈其實，玩其讀莫適於事者，《周禮》之爲書也。其出爲最晚，劉歆初獻之新莽，適莽之嗜也。莽所用以戕天下之民，而鉗天下之口者，是書之奉也。集中《送郭先生序》云，自古解經之士多，而著書之士寡。揚雄特著《玄》，乃所以明《易》也，學《易》者不可不學《玄》，知《玄》則知《易》矣。故集中又有《揚雄別傳》，歷稱揚子傳孔子之道，立言明教，宜其行事甚大，昭著無遺。而有不見於本傳者，得之於諸子書傳記，因次第之爲別傳，有與本傳異同甚者疏之。清《四庫提要》稱其辨證經史，多極精當，蓋謂此類歟！此集爲其孫子建所編，清《四庫》題爲《景迂生集》，振綺堂鈔本則題《嵩山集》。此本傳寫精審，文中遇慎字易寫今上御名，當由宋本抄出。陳直齋謂景迂詩文散佚已多，瞿氏《書目》著錄抄本，舉《風月堂詩話》錄景迂七絶一首。《墨莊漫錄》記景迂《感事詩》，皆今集所無，以爲散佚之證。今觀此集，編帙完整，景迂學行之大凡，犖然具在。詩文固有缺漏，然讀之則沾益已多矣。王漁洋《蠶尾文》卷七有《宋刻嵩山集跋》，稱景迂《神女賦》最奇麗，詩在叔用、无咎之間。如"人生漢南樹，風物劍西州"；"秋江水清不勝綠，還與漢江顏色同"；"一年風物倉庚報，萬里鄉心杜宇知"等句，皆佳。十九

卷有《邢居實墓志》，立言婉而直，此皆就其詩文論之。漁洋書
跋每多如是也。漁洋跋本，係宋刻五十四卷，今庫本及各家著
錄皆二十卷本，未審與此宋刻有無異同，館臣亦未及王氏所云
之宋本也。卷首有"玉棟之印"白文方形章、"讀易樓祕笈"
朱文長形章，當是前清滿人玉棟所藏。《王芑孫集》有《讀易樓
記》稱，吾友玉棟筠圃于今輩下，爲藏書家，讀易樓其所貯書
處也。予過樓中，怪其插架不著標題，曰吾能目識之也。其好
之之勤如此。《法式善集》中有詩咏筠圃，翁方綱亦有《題筠圃
讀易樓圖詩》。王翁詩文，葉氏《紀事詩》已及之，時帆詩尤資
攷證，葉或未見，故未錄入也。法式善詩云，"南有天一閣，北
有讀易樓。得一賢子孫，勝蓄千琳瑯。閣尚巍然存，樓今爲墟
丘"。見《存素堂詩續集錄存》卷一。又卷五有詩云，"買書容
易到斜陽，讀易樓中萬卷涼。零落都門諸梵字，鮮紅小印辨王
黃。"自注云，玉筠浦藏書，多收自漁洋、崑圃二家，今零
落矣。

濟北晁先生鷄肋集七十卷　明詩瘦閣仿宋刊本。

宋晁補之撰。補之字无咎，鉅野人。元豐間舉進士，禮部
別試皆第一。元祐中遷校書郎，紹聖末謫信州監酒稅，大觀中
起知泗州。後入元祐黨籍，元祐九年嘗以食之無所得，棄之則
可惜之義，自名其集曰《鷄肋》，綴以小跋。紹興七年，弟謙
之權福建路轉運判官，在建陽刊此集。并題曰，從兄無咎著述
甚富，元祐末在館閣時，嘗自製其序。宣和以前，世莫敢傳，
自捐館舍逮今二十八年，始得編次爲七十卷，蓋南渡後黨禁初
開時也。是本爲顧凝遠青霞所刊，有識曰，明吳郡顧氏於崇禎
乙亥春照宋刻壽梓，至中秋工始竣。版心有"詩瘦閣"字樣，

半葉九行，行十九字。封面上角有字曰，"兹集向無刻本，傳寫多譌，本宅今照宋板較讎精核，公諸好事，如有翻刻射利者，千里必究"云。伯驥別藏前清禮邸寫本一部，當與此本對勘，詳之《書目二編》。

姑溪居士文集五十卷後集二十卷<small>小山堂鈔本。</small>

宋李之儀撰。之儀字端叔，景城人。元豐中舉進士，元祐初爲樞密院編修官，通判原州。元符中監内香藥庫，罷後提舉河東常平。天台吳芾序其集曰，李公端叔以詞翰著名元祐間，余始得其尺牘，頗愛其言思清婉，有晉宋人風味。乾道丁亥，假守當塗，因訪古來文士居此邦而卓然有聲於世者，惟李太白、郭功甫與端叔三人，郡舊有太白、功父《集》，而端叔獨闕然。求於其家，而子孫往往散落，無復遺藁，間得之邦人類之，命郡士載筆訂正，釐爲五十卷，鋟板於學。昔二蘇於文章少許可，尤稱重端叔，殆與黃魯直、晁旡咎、張文潛、秦少游輩頡頏於時。今觀其文，信可知已。或謂端叔晚節銳於進取，有所附麗，雖若可疑，然范忠宣公遺奏，極於鯁切，詆斥不顧，一時用事者欲實忠宣之子於理。端叔慨然自列，謂實出其手，既而公所爲忠宣行狀復出，由是得罪南遷，廢錮以終，曾不少悔。其勇於義若此，詎可以微瑕掩之哉！余固愛其文，又表其行誼之可嘉者，併以詔於後云。端叔其先景城人，既謫而南，始居姑溪，自號姑溪居士，今以名其集云。《後集》二十卷，不題編輯姓氏，然馬氏《文獻通考》已及之，相沿亦甚古矣。汲古閣毛氏刻《姑溪詞》一卷，有題記云，凡四十詞，共八十有八闋，惜卷尾《踏莎行》爲鼠所損耳。中多次韻小令，更長於淡語、景語、情語，如"鴛衾半擁空牀月"，又如"步懶恰尋牀，臥看游絲到地長"，又如"時時浸手心頭熨，受盡無人知處涼"，即置之《片玉》《漱玉集》中，莫能伯仲。至若"我住長江頭，君住長江尾，日日思君不見君，共飲長江水"，直是古樂府俊語矣。叔暘不列之南渡諸家，得無遺珠之恨耶！此則專論其詞也。芾字明可，紹興二年進士，史稱芾與秦檜有舊，檜專政，坐不附檜論罷。薦授御史，力詆和議。累遷刑、吏、禮三部侍郎，前後倅處、婺、越，及知臨安、太平、隆興六郡，並治因其俗。晚退閒者十有四年，自號湖山居士。有表奏五卷、詩文三十卷。周益公序稱，其次子洪守嘉興，裒公遺文號《湖山集》三十五卷、《長短句》三集、《別集》一卷、《奏議》八卷，與本傳小異。趙希弁《讀書附志》、焦氏《志》，又與史及周序有異同。今從《大典》內鈔出，見沈氏《叔埏集》中。小山堂者，仁和趙谷林、意林兄弟藏書處也。谷林名昱，字功千。意林名信，字辰垣，乾隆丙辰薦試博學鴻詞。藏書數萬卷，山陰祁氏澹生堂遺本，大半歸之，儲藏之富，校勘之勤，冠於杭城云。杭氏世駿撰《翟晴江東皋雜詩序》云，小山堂圖籍，埒於祕省，益之以四明范氏，廣陵馬氏之借抄，加之以吳君繡谷之伙助，窮蒐博討，傾筐倒庋而不惜。此本則其家所流出者也，有其藏章。

北湖集五卷 傳抄清四庫底本。

宋吳則禮撰。陳振孫《書録解題》略記則禮事蹟，而不甚詳。蓋則禮字子副，富川人。官至直祕閣，知虢州，自號北湖居士云。《書録解題》著録《則禮集》十卷、《長短句》一卷，原集久佚，清四庫館本從《永樂大典》裒輯，中有由館臣訂正原文者。如卷二《烱邀公卷煎茶》一首，第一句"阿烱手持都堂胯"，按語云，宋姚寬云，茶之極精好者，每胯工價近三十千。唐庚《闘茶記》，茶不問團胯，要之貴新。《周必大集》以詩送北苑八胯，皆从月不从金。原本胯作銙，今改正。卷三《至青陽先寄韓子蒼》一首，第二句"樹頭樹底鳴栗留"，按語云，陸璣《疏》黃鸝留，俗呼黃離留，或謂之黃栗留。《説文》鶯一名鶬鶊，未有以鶒鶹稱者，若鵰鶒梟也。《爾雅》鳥少美長醜爲鶹鷅，注一作留離。陸璣《疏》自關而西謂梟爲流離，亦作留離，是鶹鷅與栗留，判然兩物也。原本作鶒鶹，今改正。又《提要》謂其所作《歐陽永叔集跋》《曾子固大般若經鈔序》，知其於古文一脈，具有淵源云云。今讀卷五《六一居士集跋》有云，文有叙事，有述志，有析理，有闡道。叙事之文，難於反覆而不亂，述志之文難於馳騁而不乏，析理之文難於雄辯而委曲，闡道之文難於高妙而深遠。是則禮於記事、論理、抒情三者之外，不免有文以載道之見，橫於胸中，故又稱闡道之文。蓋宋明以來，此語已成通例，杜詩所謂"萬牛迴首丘山重"者也。清曾氏國藩《致湘鄉劉霞仙蓉書》中有云，道與文竟不能不離而爲二，鄙意欲發明義理，則當法經説語窟及各語錄箚記，如讀書錄、居業錄、困知記、思辨錄之屬。欲學爲文，則當掃蕩一副舊習，赤地新立，將前此所業，蕩然若喪其所有，乃始別有一番文境。此則當時之通論矣。史志吳則禮《北湖集》十卷，陳氏、焦氏並同，焦《志》又有《長短句》一卷，其一云三十卷者，衍文也。東萊《文鑑》，及誠齋《詩話》，並採其詩。

竹隱畸士集二十卷　寫本，巴陵方氏舊藏。

宋趙鼎臣撰。清四庫從《永樂大典》各韻中蒐采彙輯勒成，此本又從閣本傳錄者也。《宋史·藝文志》著錄《鼎臣集》四十卷，陳氏《書錄解題》謂，鼎臣孫立綱刊於復州，本百二十卷，刊至四十卷而代去，遂止，然則《宋史》所云之四十卷，亦非足本，流轉數百年，蓋非《大典》編入，則趙《集》不復可覯矣。《四庫提要》云，鼎臣字承之，衞城人，自號葦溪翁。元祐間進士，紹興中登宏詞科，後知鄧州，召爲太府卿。又引劉後村之言，謂其詩材氣飄逸，記問精博，警句巧對，天造地設，殆非溢美。雜文古雅可觀，亦非儉陋者可望，雖未能齊軌蘇黃，可驂靳於唐庚、晁補之諸人。《提要》評校諸集，每好論文，實則此集於古事多可參證，不徒如館臣之所云也。卷二有詩序云，余少時嘗種竹於所居之南，號竹隱，今二十年矣。孫志康善篆，嘗欲得“竹隱”二字題其上，因敘所以爲詩以乞之，且呈好事諸君子，各乞一詩，以爲舊隱光華。此則名集之由來，而館臣不及此，何也？卷首有“巴陵方氏碧琳琅館珍藏祕笈”朱文章、“巴陵方氏功惠柳橋甫印”白文章、“方氏書庫”朱文章、“熙徵私印”朱文章、“誠齋居士”朱文章。

龜山先生集十六卷 明刊本。

宋楊時撰。前有咸淳己巳丁應奎序，略云，龜山楊文靖與游、謝諸公並學程門，師友淵源，道也，非文也。伊川與門人小簡嘗云，每勸楊某勿好著書，好著書則多言，多言則害道。嗚呼，載之空言，不如見之行事，非千古聖賢心法乎！道學之中否，邪說暴行有作，至於不可扶持，然後收名諸老，以鎮壓人望，小人之術巧矣，而未知爲君子謀也。龜山晚而遭遇，致位通顯，所條時事，鑿鑿皆可用。而辨經術之誤，明謗史之誣，則後世舉不能易也。嗚呼，使其言獲盡用，則猶可救半，決不至爲無窮之遺憾矣。瀏其過化之邑，公嘗以催科不偶於當路，邑且然而況有大於邑者哉！邑故有公祠，朱君主學事，既新其祠，復鋟其文，簿正徐君攝邑而佐其費。次有弘治八年程敏政識語云，《龜山先生文集》三十五卷，不傳於世久矣，館閣有本，關請閲之，力不足以盡抄也，鈔其有得於心者，重加彙次，爲十六卷如右，藏予家。嗚呼，先生之文，豈後學所敢詮釋，如羣飲於河，各充其量而已。卷一書，卷二書，卷三書，卷四上書、策問，卷五經筵講義，卷六經解，卷七論，卷八、九辨，卷十記，卷十一序，卷十二題跋，卷十三雜著，卷十四墓志，卷十五哀辭、祭文、傳，卷十六詩。八、九兩卷則《神宗日録辨》三十二首，王公《字說辨》二十八首，即江序所謂辨經術之誤，明謗史之誣者也。半葉十一行，行廿一字，板匡內有墨綫者少，無者多，無綫者或後來補版。

梁溪集一百八十卷寫本。

　　前題宋丞相謚忠定邵武李綱伯紀著。梁溪者，忠定之父右文殿修撰夔葬于錫山，忠定嘗廬墓，并以爲號，故取以名集也。此本凡賦四卷二十三篇，詩二十八卷一千五百三十八篇，表本、詔書二卷十四篇，擬制詔四卷八十一篇，表箚、奏議六十四卷五百二十九篇，箚子二卷八篇，狀三卷二十四篇，書二十二卷七十五篇，啓二卷三十七篇，記二卷十六篇，序六卷三十四篇，贊二卷十九篇，頌、箴、銘辭一卷十八篇，論二卷九篇，迂論十卷七十二篇，雜著六卷三十篇，題跋三卷五十五篇，祭文、詞疏二卷三十四篇，碑志五卷十二篇，《靖康傳信録》三卷，《建炎進退志》四卷，《建炎時政記》三卷。有總目，有分卷目，每卷又有篇目。附録者《年譜》《行狀》《謚議》《祠記祭文》《挽詩》《像贊》《書跋》。舊有陳俊卿序、朱文公後序。見趙氏《讀書附志》。此本已不見兩序矣。前人稱李忠定似諸葛武侯，其言曰一日不死，則立一日之紀綱，是武侯之鞠躬盡瘁死而後已也。欽、高與後主皆闇弱不可輔，金人與魏並强大不可克。二公蓋明知之，唯臣子之分，以身自任，而不顧其它而已。伯驥謂忠定之文亦似忠武，陳氏壽所謂公誠之心，形於文墨也。

浮溪文粹十五卷明正德西充馬金刊本。

宋汪藻撰。凡八十五篇，卷一詔敕，卷二制，卷三表，卷四、五奏議，卷六、七記，卷八序跋，卷九碑、祭文、傳、書、銘，卷十、十一神道碑，卷十二、十三墓志銘，卷十四行狀，卷十五詩詞。別附録《宋史・文苑傳》，並羅鄂州《遺文》。末有金氏跋語云，藻，婺源人，平生著述甚富，尤長於四六，行於世者有《浮溪集》六十卷，又有《三朝日曆》《青唐録》《裔夷謀夏録》《金人背盟録》《古今雅俗字》若干卷。《文粹》不知詮釋者氏名，批點亦甚精當，蓋就其全集觀之，可謂粹也已。宋南渡多難之秋，浮溪初拜掖垣，掌內制，大典册多出其手。當時德音所被，讀者悽憤興感，以比陸敬輿，信乎中興之功，非特將士宣力，詔令亦有助焉。原本附録孫仲益所撰《浮溪墓銘》、羅鄂州所撰《陶令祠堂記》，並《程閣學邁》《胡司業伸》二傳。鄂州於浮溪爲鄉晚進，意者《文粹》乃所編定，子孫誤以其手稿續抄於卷末耶！汪藻、邁亦與鄂州同朝，高廟書御屏曰，文章汪藻，政事程邁，其爲當時所重如此。蓋是書爲馬氏得前人選本，弘治甲子重刊。正德紀元，述之如上。

孫仲益大全集七十卷寫本，王味蘭舊藏。

宋孫覿撰。覿字仲益，晉陵人。登大觀四年進士，七年再

中詞學科，歷官龍圖閣直學士，知平江府。最後提舉江州太平
興國宮，改提舉南京鴻慶宮，以敷文閣待制致仕。乾道五年
卒，年八十九。考覿於徽宗末由蔡攸薦爲侍御史，其後蔡氏失
勢，乃率御史劾之。金人圍汴，李綱罷御營使，大學生伏闕請
留，覿復劾綱要君。孝宗時洪邁修國史，謂靖康時人獨覿在，
請詔下覿使書所見聞靖康時事上之，覿遂於所不快者，如李綱
等，率加誣詞。《朱子大全集》謂靖康之難，欽宗幸虜營，虜
人欲得某文，欽宗不得已爲詔從臣孫覿爲之，陰冀覿不奉詔。
覿一揮立就，過爲貶損以媚虜，詞甚精麗，虜喜，至以大宗城
鹵獲婦餉之。其後每語人曰，人不勝天久矣，古今禍亂，莫非
天之所爲。而一時之士，欲以人力勝之，是以多敗而身不免。
或戲之曰，子之在虜營也，順天爲已甚矣，其壽而康也宜哉！
覿憖無以應。卷七十一。前清朱氏學勤謂覿力主和議，以趨權
相，又汙張楚僞命，《宋史》不爲立傳，故其行事勿能詳，然
所媚悦者，則秦檜、黃潛善、莫儔、万俟卨之流，而所彈劾
者，則李綱、陳東、李光，可謂無是非之心者。《結一廬遺文》伯
驤嘗檢岳珂《桯史》、趙與峕《賓退錄》，皆鄙覿之爲人。陳
振孫《書錄解題》亦謂覿生平出處，至不足道。然迄今數百
年，讀其所遺詩文，未嘗不嘆爲精工。四六一事亦與洪邁、周
必大同符翰藻，專就詞華而論，不無片長。立身雖敗，萬事瓦
裂，猶堪節取，故遺稿天留，每多傳誦。宋宣政間文人稱翟汝
文、葉夢得、汪藻、孫覿四人，覿嘗自評曰，吾之視浮溪，浮
溪之視石林，各少十年書，石林視翟忠惠亦然。錢竹汀謂其駢
偶之工，自汪彦章藻而外，殆罕其匹。譬之河魨江瑤柱，雖則
有毒，不能不一朵頤，非阿所好也。《大全集》見《文淵閣書
目》，《鴻慶居士集》四十二卷，見《宋史·藝文志》。清《四

庫》著録即四十二卷本也。《大全集》前明唯王文恪家有鈔本，後歸虞山錢氏，而馮已菴從虞山録副，以故流傳吳中，竹汀謂爲足本。結一廬藏本亦從虞山録出，末有葉石君跋可按也。朱氏又謂，宋人如丁謂有集八卷，又《虎丘録》五十卷；呂惠卿有集百卷，又《奏議》百七十卷；夏竦有集百卷，又《策論》十三卷，《王安中集》一百卷，《曾布集》三十卷，《汪伯彦集》二十五卷。王欽若、章惇、蔡京、蔡卞、黃潛善、史彌遠、万俟卨類皆有所著述，而秦會之之鑒別，賈悦生之評古，雖專精者有所不逮。奸回之士，每多能文博雅，有著述之才，然易世之後，文章著作，存焉者寡。惟孫氏文事，則巋然流布，不可謂非幸云。孫《集》舊刻，流傳頗少，此本鈔手荒率，亦尚可讀。前有"蔭槐"二字白文章。考《光緒盱眙縣志》卷九，王蔭槐字子和，號味蘭，嘉慶癸酉丹徒舉人。以父銘賈於盱眙，遂移籍焉。生平邃於詩，家有偶園在第一山麓，藏書數萬卷，沈酣其中，杜門不出，著有《蠔廬詩鈔》十卷。此書當是味蘭藏本也。

岳王集一卷明徐氏編刊本。

宋岳飛撰，明徐階編。飛字鵬舉，相州湯陰人。解樞柄後，還兩鎮節，充萬壽觀使，奉朝請。紹興十一年歲暮，秦檜書小紙付獄，即報飛死，時年三十九。孝宗詔復飛官，以禮改葬，建廟於鄂，號烈，淳熙六年諡武穆，嘉定四年追封鄂王。事蹟見《宋史》本傳。《武穆集》，《書録解題》作十卷，佚已久。此徐氏編本，凡上書一篇、劄十六篇、奏二編、狀二篇、表一篇、檄一篇、跋一篇、盟文一篇、題識三篇、詩五篇、詞二篇。前列顏度《奏諡議》、宋寧宗《封誥》、謝康成《紀略》一卷，後附其孫倦翁《籲天辨誣疏》、《雪冤詩跋》、高宗批《乞出師奏》，及趙子昂、高季迪、李空同詩爲一卷。前明別有華亭陳繼儒輯，門人單恂訂本，前列本傳，較徐刻箚多十一篇、奏多四篇、記多三篇、詩多四篇，恂爲之序，版心梓"净名齋"三字。清嘉慶間梁氏玉繩有輯本，實爲大備。梁自序云，嘉慶癸亥元和馮給諫培纂《西湖岳廟志略》，玉繩既讀其書，因念《忠武王集》傳布絶少，前明嘉靖間歸安茅元儀嘗刊之，旋被燬。我朝乾隆己丑，彰德知府同安黃邦寧據茅氏殘帙彙綴，鋟於湯陰，今行世者惟兹而已。乃取黃本與《金陀稡續兩編》，《桯史》附錄，參校譌異，類分八卷，重付剞劂。夫王之撰著散失多矣，當宋嘉泰時，王之子孫，竭數十年蒐訪之力，未覩其全，矧閱六百餘載，烏從摭其佚而補其遺耶！史稱王北伐至朱仙鎮，奉詔班師，王自爲表答詔，忠義之言，流出肺腑，有諸葛孔明之風。是元之史臣，曾見此表也，而王孫鄂侯珂經進家集，僅詳七十八字，其故何歟？明錢士升《南宋書》謂謝講和赦表，乃張節夫筆。案《家集序》云，先臣出師，奏謝赦表，天下傳誦。《天定別錄序》云，謝赦之表，斯文炳如，則爲王自作無疑。王有密奏皆親書，軍旅之暇，每習寫小楷，雖侍膝之子弟，入幕之賓僚，且不與知，況肯倩人搦管？而王之文不加藻飾，忠義憤發之忱，亦非門客所能代其披瀝云云。梁本雖近刻，然亦不多流傳也。

石林居士建康集八卷 陸香圃三間草堂寫本。

　　宋葉夢得撰。夢得《石林先生文集》一百卷，明《桑民懌家書目》，及清初錢氏《絳雲樓書目》、曹倦圃《静惕堂書目》，皆著錄之。自後諸藏書家則未見。此集八卷，爲夢得再鎮建康

時作。蓋夢得自號石林居士，晚年居卞山下，奇石森列，藏書
數萬卷，嘯詠自娛，所撰詩文甚富，有《建康集》。審是集燕
語，後人合編《石林總集》百卷行世。又有《石林詞》一卷，
與蘇、柳並存。《清波雜志》云，建康六朝故都，葉石林少蘊居
留日，嘗命諸邑官能文者搜訪古跡製圖經。時石橘林敏若子邁
主上元簿，考最詳，多以王荊公詩引證，號《上元古跡》。輝先
得其書，後史志道侍郎修《建康志》，宛轉借去。志成，爲助良
多。伯驥按：夢得於紹興八年再帥建康，嘗有意於地志，或以
此名集。卷末有嘉泰癸亥孫籥跋，常熟毛氏嘗得宋刻《建康
集》，逸第三卷，則非足本矣。明陸氏深《豫章漫鈔》卷四云，
宋有兩葉夢得，俱號石林，姑蘇石林字少蘊，官至宰執。貴溪
石林，則南渡進士，官至祕書丞，知撫州。今《性理大全》所
引用石林葉氏次名西山真氏之後者，非少蘊也。前清新城王氏
云，石林，晁氏之甥，及與无咎、張文潛遊，爲詩文筆力雄厚，
猶有蘇門遺風，非南渡以下諸人可望，平生邃于《春秋》云云。
皆讀者所宜引據也。此爲陸氏寫本，藍格精鈔，用朱筆校過，
格外有“陸香圃三間草堂藏書”一行。卷末有陸氏朱筆題字云，
錢遵王《讀書敏求記》云，葉石林《建康集》八卷，少蘊兩帥
金陵，故以《建康》名其集，蓋其涖官時所作也。此本余假鈔
於亡友汪吏部蘇潭家，見詩外有文，自銘、贊、書後、論、序、
記、祝文、祭文、表、箚子、奏狀、啓狀、書、碑傳、誌銘，
凡十六類。不知錢氏所記，何以入諸詩集，且末有少蘊孫籥跋，
謂再鎮建康時所作詩文。錢記亦但稱兩帥金陵，故以《建康》
名其集，未析言其再鎮時所作也，豈別有詩集八卷行世歟？聊
誌斯疑于後。香圃記。戊子五月小暑日，假舊本校。伯驥按：
《鐵橋漫稿》云，乾隆十五年吾鄉丁小山得景宋本《爾雅新義》

於京師，孫貽穀歸攜歸武林，嘉慶十三年陸香圃刻于蕭山。又
《曝書雜記》云，《乾道臨安志》《淳祐臨安志》，海昌蔣光煦得
陸香圃三間草堂鈔本，又䕫宋樓、持静齋所藏書，均有三間草
堂遺本，則陸氏藏本，固多鈔校者也。

五十萬卷樓藏書目錄初編卷十七

集　部　三

苕溪集五十卷<small>寫本，韓氏玉雨堂舊藏。</small>

宋劉一止撰。一止字行簡，湖州歸安人。七歲能屬文，登進士第，爲越州教授，遷起居郎。奏事，帝迎語曰，朕親擢也。擢中書舍人，兼講居瑣闥百餘日，繳奏不已，用事者始忌，罷，提舉江州太平觀，敷文閣待制落職。秦檜死，召至國門，以病不能拜，力辭，進直學士，致仕卒，年八十三。行簡冲淡寡欲，博學無不通。爲文不事纖刻，制誥坦明有體，詩自成家。呂本中、陳與義讀之曰，語不自人間來也。有《類稿》五十卷，《直齋書錄解題》云，行簡嘗爲曉行詞，盛傳於京師，號劉曉行。朱氏《詞綜》云，行簡宣和三年進士，有《苕溪詞》一卷。考《行簡集》清《四庫》著錄，而刻本至清末始有之。葉氏昌熾《序略》云，《宋史》本傳，但有《類稿》五十卷，《直齋書錄解題》暨馬端臨《經籍考》題曰非有《類稿》，此《苕溪集》五十五卷，歸安朱古微前輩從武林丁氏寫本傳錄，云出自曝書亭本，視舊本溢出五卷，亦未知何時何人重定。又考之諸家書目，倦圃收宋元人集號最多，而《靜惕堂目》無此書，惟《絳雲樓目》著錄亦即五十五卷本，可知明以前流傳之本，已非有舊槧，即此本亦希如星鳳矣。先生生於政、宣之季，其登朝也，正當中原板蕩牧馬臨江之日，今讀其遺文，原本經術，通曉治方，尊攘之謨，紹述之辨，樂行憂違之志，懲前毖後，圖易思艱，粹然有元祐諸賢之遺則。繇六察遷二史，主知不可謂不深，謇謇亮節，不見容於當路，屢起屢躓，卒以祠禄去官，而宋亦遂終於南渡。史稱其制誥坦明有體，韓元吉《狀》亦謂公在詞掖數月，人爭傳誦。今觀集中外制多至十七卷，宋人制詞，《安陽》《臨川》《鴻慶》《簡齋》諸集，皆盈篇累帙。鄭千之謂渡江以來，龍溪平園號爲冠冕。深寧著《困學紀聞評文》二卷，次於評詩前後。其後一卷專論兩制文字，蓋當行朝初刱，經綸草昧，考故府之館閣鉅公，所以視爲經國盛業，而先生亦以此體擅場也。先生此書，沈埋幾及千載，若存若亡，不絶如綫，世際燔阬，斯文道喪。而古微訪求繕録，出諸蠟車障壁之餘，又謀諸沈君耀勳捐資付梓，其風義有大過人者云云。此寫本當由庫本傳録，他日當互校之。葉序所謂外制多至十七卷，今考之，實三十一至四十七也。

栟櫚文集二十五卷 從正德刻本傳録，江陰繆氏舊藏。

宋鄧肅撰。肅字志宏，沙縣人，別號栟櫚。栟櫚山水奇絶，今屬永安縣。志宏有文行，與朱韋齋交好。一日韋齋觴客，栟櫚以冠帶寓之，醉起，韋齋曰，留以質紙筆。明日如約，韋齋受筆還冠，而以紙少留帶曰，倘無千幅竟不還。栟櫚爲寄一詩曰"歸帽納毫真得策，要賤留帶計還疎。公如買菜苦求益，我已忘腰何用渠。閉户羽衣聊自適，推窗柿葉對人書。帝都聲價君知否，寄付新傳祈檻朱"。前輩風流調笑，藹藹若此。天下水各不同，而篙師柂工，不相爲用。鄧栟櫚稱閩水曲折，行亂石

間，鼎烹雪噴，相應而起，見之方知其工。見《儼山外集》卷
十四。前有林孜序，次有胡瓊序。胡序略云，先生歷官高宗朝
左正言，既以祠祿卒於紹興間。而乾道、淳祐中斯集已一再刻
矣，世遠版莫存，進士永安林思舜得其册於故家，而邑大夫南
海羅君廷佩請續梓之，思舜來徵序。先生生當諸賢倡明道學之
際，趨向甚正，立朝行己，無愧古人。若其諷花石、留李忠定、
劾臣僞楚者，風節可想。末有南海羅珊跋，謂先生在諸賢中，
嘗與楊、羅、李、朱並稱，而文章固無忝。前題承事郎守左言
主管江州太平觀賜緋魚袋鄧肅志宏撰，永安後學林孜思舜校正，
知永安縣事南海後學羅珊廷佩刊行。此本爲江陰繆氏藝風堂舊
藏，有其藏章。書有不必宋元舊刻，而亦足珍者，此種是也。
《述古堂書目》謂二十五卷爲足本，近時傳本，則爲十六卷，古
書失傳，於此可見。貝簡香所得抄本，亦爲二十五卷本，從此
刻而出，其抄本上有毛扆斧季印，當屬佳書，乃開卷第一葉去
"永安後學知永安縣事" 二行，卷中闕葉累累，不如此刻之完善
云云。是正德羅氏刊行之《栟櫚集》，實爲最善之本，此本從之
傳録，而永安後學二行依然存在，其餘卷帙及字句，當亦無所
更動矣。覈圖本後歸聊城楊氏，此識語即見於楊《目》中，此
本爲江陰繆氏藝風堂舊藏，有其藏章。

和靖先生文集三卷 鳴野山房精鈔本。

　　宋尹焞撰。考《宋史·道學傳》，焞字彦明，河南縣人。靖
康時，以薦賜號和靖處士，紹興時除徽猷閣待制兼侍講。集分
三卷，卷一年譜，卷二奏劄十五首，卷三詩六首、雜文十四首、
書五首。焞受學於程頤，爲高第弟子，集由後人掇拾而成，然
欲考程學之授受淵源，亦宜求之於此也。

莆黃知稼翁集十一卷詞一卷_{寫本。}

宋黃公度撰。公度字師憲，莆田人，唐御史滔之後。紹興八年省元，免御史試，賜進士第一人。初任平海軍節度判官，除祕書正字。秦檜當國，坐與趙鼎往來，謫通判肇慶府。檜死，高宗更代，召還爲考功員外，尋卒。前有陳俊卿序，略云，乾道五年冬，順昌令黃君沃書抵中都來告曰，先君考功力學半世，雖得一第，而仕不克顯。平生所爲文，僅十一通，願得序引，以冠其首。又明年順昌使其弟洧來責前諾，因取考功文徧觀之，典重溫雅，如其爲人，其詩格律森嚴，興寄深遠，雖未盡追古作，要自成一家。間與予里居唱和數篇，余讀而深悲之。公以文章魁多士，有盛名於時，胸中灑落，議論宏壯，識者期之甚遠，而官止外郎，年四十八以殞，所以傳世垂後者止此而已，是可傷也。莆陽陳俊卿序。次有洪邁序，略云，莆田黃公初登第，以行卷忤秦相君，並爲趙忠簡公禮接，益衒之弗舍，坎壈摧揠，無復有爲天下惜人材之意。一旦遇主，則死及之。悲秋之句曰，"迢迢別浦帆雙去，漠漠平蕪天四垂。雨意欲晴山鳥樂，寒聲初到井梧知"。不知謫僊少陵以還，大曆十才子，尙能窺其藩否。公既沒，其嗣子郵州君沃收拾手澤，彙次爲十有一卷，詩居大半焉。憶四十年前，與公從容於番禺藥洲之上，予作《素馨賦》，公蓋戲而反之，異於不相知聞者，茲不宜辭。伯驥按：公度事跡詳龔茂良所作《行狀》，林大鼐所作《墓誌》，與《宋史》合。其集中詩居大半，朱氏述之稱其五七言律詩，趨步唐音，不爲江西生硬之體。如"列郡奔馳紛羽檄，聖朝哀痛下芝泥。盟寒關隴無來使，春晚江淮有戰鼙。傷心廢宅枌榆老，滿目寒塘菡萏秋。馬鬣未平餘葬地，蛾眉不見但妝樓。萬里窮途雙白鬢，一尊濁酒對黃花。頻年奔走哀王粲，落日登臨憶孟嘉"等語，與陳去非格調相近，洵不誣也。

香溪先生文集二十二卷 元刊本。

宋范浚著，門人高梅編。前有紹興三十一年陳巖肖敍，後有吳師道序。總目之外，每卷別列各目在前。宋元舊刻，每如此，明刊則鮮矣。每卷前均題"香溪先生范賢良文集"，浚字茂明，婺之蘭江人，學者稱香溪先生。陳序稱，其自少至老，篤學瞻文，不以世故櫻其慮。吳序謂朱子《集註孟子》全載香溪心箴，由是天下莫不聞其名。生當紹興中舉賢方正，以秦檜當國不起，大節偉矣。其學多本於經，貫穿精覈，諸文皆嶄絕矯健，鑿鑿明整，卓然名家云。黃氏《學案》，論述香溪頗詳，可考之。《道古堂文集》卷十八云，孟子之學，源於子思。昌黎韓氏《原道》，自堯舜以訖於孟軻，中間不言子思，香溪獨闡之。香溪崛起浙水之東，前無師承，獨《標心》與《耳目》兩箴，大小體判然而分輕重。爲《舜蹠圖》，及《書貨殖傳後》，善與利皎然而別白黑。《性論》三篇，發明勿正、勿忘、勿助長。又作《恥説》以闡揚人不可以無恥，能得軻之傳者，非先生莫之當也。金華之學，始於香溪，而呂伯恭兄弟繼之，何、金、黃、許四先生昌之，楓山章氏謂道學之傳，於斯爲盛，實先生之功。杭氏此言，更發前人所未道也。大黑口本，半葉十二行，行二十四字。

太倉稊米集七十卷 寫本。

宋周紫芝撰。前有左朝議大夫充敷文閣待制知江州軍州提舉學事兼管内勸農營田使眉山唐文若序。次有陳氏序，略云，宣人之爲詩，蓋祖梅聖俞，聖俞以詩鳴慶曆、嘉祐間，歐、范、尹、蘇諸鉅公，皆推尊之。後百餘年，復得竹坡先生繼其聲。而周與梅在宣爲著姓，且親舊家也。竹坡同時有王次卿、僧彦邦、道常三人者皆能詩，王死於兵不復傳，彦邦學爲詩而未至，筆力頗過彦邦，其後亦無聞，惟竹坡之詩聲，厭服江左。天麟未第時，從竹坡游，公謂余曰，作詩先嚴格律，然後及句法。予得此語於張文潛、李端叔，故以告子，且言郭功父徒竊虛稱，在詩家最無法度。天麟欽佩此語，在山谷、後山派中，亦爲小宗矣。彼郭功父輩執鞭請事可也，官晚而名不達，自興國守罷居九江，貧不能歸宣城，而江山之勝，益爲晚助云。充京西南路安撫使馬步軍都總管兼提領措置屯田陳天麟序。次有自序，略云，昔者山谷先生書告其甥曰，文章直是太倉一稊米耳。黄公之文，可與馬遷、揚雄、劉向之徒相爲表裏，若其詩則杜子美、蘇子瞻而下不數也，而猶小之如此，況不逮其萬有一者乎！末有陳公紹重刊跋，時淳熙癸卯也，集中詩云，"江風獵獵吹紅旗，舟人結束誇水嬉"。又"飯筒角黍纏五綵，楚俗至今猶未改。日暮空歌誰在斯，不見三閭憔悴時"。此詩言錢唐江中競渡也，他志只言在西湖耳。紫芝官臨安久，其言當有據。見吳焯《南宋雜事詩注》。又前人云，周氏《論麴院書》，酒與麴相須而成，在乎擇水之佳者。西湖之水，清甘如飴，其外則用龍山鴻雁池水，南外用巡檢司大井水，江漲北外用湖水。若今日湖水，則不如宋時矣。紫芝字少隱，號竹坡，宣城人。家貧苦學，得法於張文潛、李端叔。建炎初貢京師，應詔上書，言今金人盛强，憑侮中國，雖驅天下之力以脅之，不足以當其强；竭天下之財以餌之，不足以厭其欲；盡天下甘言以悅之，不足以回其意。臣深思之，不過一言，曰上策莫如自治而已，自治之策無他，在力救前日之敝耳。李剛危言說論，天下聳聞，朝廷知其爲賢，既委以輔相，豈當責以將帥之事，遂致覆師以貽竄逐。綱之用舍，係一時之輕重，願陛下盡以國計，傾心付之，勿惑於詆訾不根之言，毋責以勝負不常之勢。六賊之惡暴著遠邇，當時猶且遷延歲月，處以善地。元惡有如蔡京，猶得保其腰領而死，其同惡之臣，非特不能盡去，方且依以爲用，或付以兵柄，或委以重鎮。凡今日奔軍之將、亡國之大夫，皆前日姦伎可誅，而尚在要路，則幾何而不致於喪師、割地、誤國、欺君者哉！紹興十二年，始以廷對第三，釋褐。十五年五月設六部架閣官，紫芝以迪功郎掌禮、兵兩部。十七年十二月以承奉郎爲樞密院編修官，旋進右宣教郎，兼實錄院編修官，嘗和御製詩。二十一年知軍國軍，政崇簡靜，終日焚香課詩，而事不廢，秩滿乞祠，寓居九江之廬山以終。著《太倉稊米集》《竹坡詩話》。見《江西》《江南通志》。

梅溪先生文集五十四卷　明刊本，花宜館舊藏。

宋王十朋撰。前有天順六年周琰《重錄朱子序》，正統五年黃淮序。凡廷試策並奏議共五卷，《詩文前集》二十卷、《詩文後集》二十九卷。前有朱子序，略云，漢之諸葛忠武侯，唐之工部杜先生、尚書顏文忠、侍郎韓文公，本朝故參知政事范文正，其心皆光明正大，疎暢洞達，磊磊落落，而不可揜者。求之今人，則王公龜齡。周識朱序後云，公之文集，舊有刊本，而朱文公代劉共父爲序，論其心爲特詳。文公序載於《大全集》中，惜重刊者遺之，余爲表而冠諸卷端。半葉十一行，行二十一字。國家、祖宗、宮中等字皆空一格，當出宋刊。番禺汪氏微尚齋有宋刊本，得自南海孔氏，憬吾先生跋之至詳，伯驥曾讀之。此本卷首有"花宜館"章。按：吳振棫字宜甫，號仲雲，晚號再翁，浙江錢塘人。工於詩，尤嫺習國朝掌故，所著《花宜館詩》十六卷、詞二卷、《養吉齋叢錄》《餘錄》二十六卷、《黔語》二卷，均已刊行。此固吳氏藏本也。

竹洲文集二十卷　明弘治年十世孫雷亨刻本。

此爲長沙葉氏藏本。葉氏識語云，《竹洲文集》二十卷，附《棣華雜著》一卷，宋吳儆撰。此書明有三刻，一十四世孫繼良刊本，見吳氏《繡谷亭薰習錄》。一萬曆甲辰刊本，見丁氏《持靜齋書目》。一弘治刊本，見陸氏《皕宋樓藏書志》，即此本也。《四庫全書總目》著錄卷數相同，此書在明刻中最爲精善，字畫雅近柳體，閱之如對宋槧，坊估往往將弘治六年程敏政序撤去，僞充宋本。此爲吾邑家舊書，未落估人之手，故前程序猶存，足稱完善也。乙未除夕麗廔主人輝記。伯驥按：集内有其曾孫《進集表》，文采可觀，讀之可見宋時進書體制。表云，臣資深言，臣曾祖臣儆所著文集二十卷，繕寫成帙，謹詣登聞檢院投進者，哀輯陳編。悵祖風之攸邈，遭逢聖世，希宸渥之褒揚，進瀆闕庭。退忘鄙野，臣實惶實懼，頓首頓首。臣竊以唐宗覩故笏，猶思魏徵之賢，孝廟序遺文，誕錫蘇軾之諡。或睠求於數世，或褒表於再傳，伊人之懷，惟道所在。臣伏念曾祖臣儆生而坎壈，志則激昂，抱膝長吟，以伊吕而自許，著書垂世，非孔孟則不談。才狹垓絃氣吞中外，係單于之頸，視表餌之策非疏，寢淮南之謀，於社稷之臣爲近。挺若偉節，著於當時。載觀乾淳之間，實號人物之盛，朱熹鳴於古歙，張栻顯於長沙，浙左二吕之典刑，江西兩陸之標致，靡不相友，咸與齊聲。故在膠庠則其行尊，歷州縣則其用顯，府臺論存，交章公車，旌扆歎嘉，興思當寧。雖懷才之甚遠，竟賫志以莫施，然禮樂彬彬，尚多河汾之弟子，而日月炳炳，猶存屈氏之《離騷》。倘待時而獲彰，庶流芳之不泯。恭惟皇帝陛下綱維治統，寤寐英賢，聞鉅鹿良將之名，思得復用。讀《上林》《子虚》之賦，恨不同時，蓋嘗振發潛光，褒録往哲。凡曰先臣之雅舊，皆蒙謚典之徽稱，忍令太陽之華，尚遺枯骨，獨使九泉之恨，空結營魂。臣隕涕潸然，緘書惕若，敢冀燕閒之賜覽，特昭鴻霈以易名，起地下之修文，死猶可作，效身後之結艸，義其敢忘。臣所繕寫曾祖臣儆文集總爲一十册，謹囊封隨表上進以聞。臣冒犯天威，無任激切屏營之至。臣實惶實懼，頓首頓首，謹言。嘉熙二年十一月一日，徽州布衣臣吴資深上表。宋王氏元之《小畜集》有《還揚州許書記家集詩》云，“高陽許公精六義，獨向聖朝生後嗣。因將先集進九重，高步金臺曳珠履”。自注云，許渾孫進《家集》得官。當時進書膺賞若此，可謂重矣，宋不如也

羅鄂州小集六卷汪氏裘杼樓寫本。

宋羅願撰。此集原書十卷，鄂人嘗以刻板其州，新安鄭氏家亦有刻本，歲久皆廢軼，今其存者五卷。其七世孫宣明力搜訪之，復得雜文若干首，附於五卷之末，而郡人趙汸氏，新喻趙壎氏，皆爲訂其譌舛，乃重刻板以傳。此明王氏禕序羅氏集後之言，見於王氏集中者也。王氏又云，羅公諱願，字端良，新安人也。初穎悟，强記絶人。比長，落筆動言，若不經思者。既乃悚焉自悔，力探精索，或數月不安作一語，刊落世俗陳腐之習，悉取法於秦漢。蓋其學號稱宏博，而其文雄深典雅，幾於古矣。公蚤以蔭補官，紹興末調臨安府新城縣監税，又監饒州景德鎮税，尋監南嶽廟，非其志也。乾道二年，擢進士第，歷知饒州番陽縣不上，予祠主管台州崇道觀。八年除通

判贛州，攝其守事，以簡爲治，贛人化之，部使者列其治行以聞。淳熙六年知南劍州，陛辭奏疏，其言剴切，深中時弊，孝宗嘉納之，從臣又交薦其才，改知鄂州。既至郡，上疏言鄂自古用武之地，下流陽羅堡尤險要，城壘皆不可不治，民饑以田質穀，而本息不侔，宜爲立其中制。强盗法當死而貰之者，諸州所配隷其數不實，當究其數以絶姦宄。瀕湖曠土新舊佃種者皆有弊，覈其實而定著之，則租税可易集。其政事若此類，多所施設，而尤以勸學劭農爲先，久之績用大著，藹然有循吏風。適天旱禱雨立日中，得暴疾卒，年四十有九。鄂人懷其德，圖其象靈竹寺祠焉。公兄弟六人，兄顥、顗並通判福州，頡通判夔州，頌知郢州，弟頠通判蘄州，亦皆以文學名。而其後子孫復彬彬多可稱道者，故論新安之世家，未有盛於羅氏者也。公平生所爲文甚多，此所謂《小集》，特存十一於千百。朱徽公蓋嘗深服其文有經緯，而亦惜其傳之不能多也。史闕其傳，余故序其書，特述其履官行事，蓋以補史氏之闕。公所著別有《爾雅翼》若干卷、《新安志》若干卷行於世云。此爲前清桐鄉汪氏森藏本，板心有"裘杅樓"三字，抄手至精。藏章有"碧巢祕笈"白文印。嚴元照《蕙櫋雜記》云，桐鄉汪晉賢家有裘杅樓，蓋取《韓詩外傳》"君子之居也，綏若安裘，晏若覆杅"之語。抱經先生謂杅字實杆之誤，杆即盂也，覆之乃安，若杅柚不可以覆言。案《莊子·山木篇》有云，孔子辭其交遊，逃於大澤，衣裘褐，食杅栗。此則裘杅之可連文者，而義則遠矣，毋寧取於是乎！伯驥按：汪文桂官中書舍人。其弟森，字晉賢，官户部郎中，自號碧巢，藏書甲於浙西。見沈大成《大理府知府汪君墓誌銘》。汪氏有《裘杅樓書目》傳鈔本，張氏《適園藏書志》謂爲汪文柏藏書，似有誤。

文柏字季青，藏書處曰摛藻堂，藏書畫處曰古香樓，又有屍硯齋。

白玉蟾文集六卷續集二卷 明臞仙編刊本。

宋葛長庚撰。前題明正統間南極遐齡老人臞仙編。《研經室外集》有此書識語，蓋阮氏以此爲《四庫》未收書，故補呈而識其意見也。長庚字白叟，閩清人。父亡母嫁，棄家游海上，至雷州，繼白氏後，改姓白，名玉蟾。從陳泥丸受仙訣，居武夷山，遂號海瓊子，其後人以爲仙去。《武夷山志》稱長庚於嘉定末詔徵赴闕，對御稱旨，命館太乙宮，一日不知所往，即此類也。都印《三餘贅筆》謂今之道家有南、北二宗，南宗者謂自東華少陽君，得聃之道，以授漢鍾離權，權授唐進士呂岩、進士授劉操，操授張伯端，伯端授石泰，泰授薛道光，道光授葛長庚，長庚授彭耜。又前人謂《陰符經》《道德經》，皆黃老之言，無所謂丹法也，自夏尚鼎始以《陰符》言內丹，長庚又以《道德經》言內丹，而宗旨大變，是長庚於道家言似有研究者。然《後村詩話》卷下言，黃天谷與長庚皆不言得道，後死乃無他異，二人頗涉文墨，所至牆壁淋漓揮掃，能聳動人。嘗訪之，值其出，題壁云，"怪訪怪，怪不在，茅君山，來相待"。又常清觀建道藏疏，觀乃玄帝祈雨道場，長庚作記。見《元釋圓至集》。而道家四種子書，《道德經》《文始真經》《參同契》《函三經》，皆長庚等註，是其人固以文墨見重於當世矣。至元劉壎《隱居通議》謂朱子與道士葛長庚游，始知讀書爲徒勞，則妄語也。此書前有彭耜所撰《長庚事實》千數百言，宋彭耜有《道德真經集注》十八卷、《道德真經集注釋文》，又《集註雜說》二卷。謂其詩文遺集四十卷，黃氏《千頃堂書目》亦著錄之。《天一閣書目》

有寫本《脩真十書》，内有《瓊琯白玉蟾上清集》八卷、《白先生玉隆集》六卷。《上清集》別有刊本，臞仙輯録此編，搜及三集之外，故與四十卷本不同。海昌胡爾榮《破鐵網》上云，元版《瓊琯白玉蟾上清集》二册，紙版不及宋版《五百家播芳文粹》，蓋《文粹》紙色雖不甚舊，而沈静處大非近世劣紙可比。又盤山甲庫藏元刊本八卷，《目録》前有“建安余氏刻於静菴”八字，是其集固有元刊流傳。此則爲明刻也。據《直齋書録解題》謂，長庚嘗得罪亡命，蓋姦妄之流。余宰南城，有寓公者稱其人，云近嘗過此，識之否？余言不識也，此輩何可使及吾門。李士寧、張懷素之徒，皆殷鑒也，是以君子惡異端云云。今觀其詩文，頗有瀟灑出塵之致，倘所謂不食人間煙火者。阮氏表章其集，或亦由此。前清天禄琳瑯有嘉靖間唐胄序刻之十卷本，館臣或未得其書，故《總目》未及此集也。自《書録解題》一書，既從《永樂大典》編出，知長庚之爲人，已爲陳氏所議，即有進此書者亦當駁斥。援姚廣孝《逃虚子集》前例，屏棄不登。阮氏於《書録解題》此節或未寓目，故以進呈，否則胡以不慮嚴諭而遽以上聞歟！集有端平間潘牥序，牥阮氏誤作汸。嘉熙間彭耜所撰《海瓊玉蟾事實》，阮氏又脱去彭字，致不成文，未審何故。按：牥字庭堅，號紫岩，端平二年進士第三。歷太學正，通判潭州。有《紫岩集》。《齊東野語》稱庭堅富沙人，初名公筠，後夢有人持方牛首與之，遂易名牥，跌宕不羈。是庭堅之易名爲牥，實緣夢話，阮氏誤寫爲汸，蓋考之未諦也。伯驥撰《研經室外集考正》，嘗著此條。牥嘗爲福建帥司機宜文字，醉騎黄犢，歌《離騷》於市，人以爲仙。才高氣勁，讀書五行俱下，終身不忘。文未嘗起草，尤長於古樂府。慨慕先隱，集《老子》以下迄於宣靖，各爲小傳，名曰《幽人

景範》，其雅尚如此。餘具劉克莊所爲《墓志》。此書前有明正
統間臞仙序云，且夫夷牟之作矢心也，非揮氏之爲弓，雖有決
術，不能發也。雖有弩銳，不能以威天下，故一舉而兩利焉。
今以我而成是書，猶矢之得弧也審矣。與先生非有夙契仙靈，
曷能續是書於既絕，於是焚香祝筆而爲之敍曰，先生葛姓，繼
白氏，母以玉蟾應夢，遂爲之名。諱長庚，字白叟，一字衆甫，
一字如晦。自幼慕長生久視之道，喜飛騰變化之術，長遊方外，
參究性命之旨。師事翠虛泥丸陳先生，而學其道焉，盡得翠虛
之旨，出乎陰陽陶冶之表。故祈禳禱旱，叱風鞭霆，咳唾風雨，
迅乎掌握，而神異離奇，不可誕書。或自蓬頭跣足，弊褐雲水，
或自章甫縫掖，霞逗靈岫，隱顯不一，人莫之測。但神氣靈爽，
驚世駭目，異於常人，方知其神仙中人也。況先生博洽儒術，
出言成章，文不加點，時謂隨身無片紙，落筆滿天下，其言語
皆囊括造化之語。儒者謂出入三氏，籠罩百家，非世俗所能也。
余自乙亥於江浦過純陽，明年於樂安與先生邂逅一遇，兩載之
間，兩遇天真。倏爾四十七年，近自甲寅，得三峯張真人信，
知先生上居太清，職司運會。間忽又復遇先生於豫章，自稱王
詹，乃知玉蟾之隱名也，與余相對，欵謦一咲，人莫知識。自
是別後，莫知所往。秋乃得是書，皆先生平昔所作之詩文，數
十萬言，昔先儒囑其徒鶴林緝之，行於世久矣，歲月湮没，而
世無所傳。今偶得是書，如親覿師面，誦之再三，油然心與玅
融，恍然置身於太清之境。苟非大羅之霞容，曷能語於是哉！
蓋原本篇敍不一，《上清》《玉隆》《武夷》三集内未入者皆收
之，今重新校正，定爲八卷。《附錄》一册，乃霞侶奉酬之玄
簡，仍綴諸卷末，摹寫成集，而壽諸梓，以永其傳焉。使先生
之有知，必不棄我於塵壤也，將有望於挈瓢笠、負琴劍同遊於

太清者焉。時在正統壬戌孟秋一日也，南極遐齡老人臞仙書。臞仙爲明太祖第十七子宣獻王之號，所謂寧藩也。日與文學士往還，有志冲舉，故以臞仙自號。見《明史·諸王傳》。我家所藏臞仙編著之書，除此書外，有《活人心》及《肘後經》二種，《活人心》則署玄洲道人，《肘後經》則署涵虛子。蓋漢唐以後，凡厭亂懼禍者，多託神仙以自韜晦，宣獻亦由此道，而明藩之號，每多若是，益可證也。朱氏《藩獻記》所舉宣獻著述，計有《通鑑博論》二卷、《漢唐祕史》二卷、《史斷》一卷、《文譜》八卷、《詩譜》一卷、《神隱肘後》《神樞》各二卷、《壽域神方》四卷、《活人心》二卷、《太古遺音》二卷、《異域志》一卷、《遐齡洞天志二卷》、《運化玄樞》《琴阮啓蒙》各一卷，《乾坤生意》《神奇祕譜》各三卷、《采芝吟》四卷，又《作家訓》六篇、《寧國儀範》七十四章。其在此外者，多見於范氏《閣目》中。錢氏《列朝詩集》乾六云，臞仙於洪武二十四年册封，之國大寧。文皇帝踐祚，改封南昌，恃靖難功，頗驕恣，多怨望不遜。晚年深自韜晦，益慕冲舉，自號臞仙。凡羣書有祕本，莫不刊布國中。又明胡奎《斗南老人集》前有臞仙序，爲明初寧王府文英館所刊，見於《寧藩書目》。此書或亦有文英館槧本歟！前人稱臞仙爲成祖所忌，移置南昌後，日求出世之學。令人至廬山絶頂，囊雲於甕以蠟封固。每當邸中宴屬官時，在後室放雲。濃厚氤氳，至對面不能見人，以爲笑樂。所著之書，徐氏康曾藏《貫經》一册，乃推廣投壺譜而作，雖爲游戲三昧之書，而亦見心靈手敏云。《四庫總目》稱臞仙本封大寧，爲燕王所刼，置軍中，使草檄。會有謗之者，乃退講黃老之術，自別搆精廬，顏曰神隱。並作《神隱志》以明志，永樂六年上之。蓋借此以免患，非真樂恬退，皆實錄也。

晦菴先生朱文公文集一百卷 明嘉靖壬辰蔣詔刻本。

此爲長沙葉氏藏本。葉有識語云，明時《朱子全集》有浙、閩兩刻。浙本洪武初取置南京國子監，不知何人所編。閩本百卷，爲公子在所編，嘉靖壬辰巡按御史蔣詔督刻，此本是也。每半葉十二行，行二十二字。大題《晦菴先生朱文公文集》，版心"朱子大全"四小字，下刻刻工姓名。康熙戊辰蔡方炳據以重刊者，《四庫全書總目》集部著錄即蔡本，殆當時此明刻亦稀見耶。朱子詩文，皆有義法，爲南宋之冠。國朝姚姬傳先生詩文極似之，世目先生爲桐城古文家，不知先生遠有所本也。自余創此論，讀者咸以謂然。至桐城方望溪侍郎《古文約選》，其鉤乙點竄唐宋人文處，無賸義、無累句，亦得力《朱子文集》爲多，姬傳先生蓋得衣缽真傳者矣。

網山月魚先生文集八卷 寫本，查昇山舊藏。

宋林亦之撰。前有劉氏序，略云，隆、乾間南方學者皆師艾軒先生，席下生常數百人，去而貴顯者相望。然自先生在時，言高第必曰網山，後先生卒六十載，學者論次先生嫡傳，亦必曰網山。余嘗評艾軒文，高處逼《檀弓》《穀梁》，平處猶與韓並驅，它人極力摹擬，不見其峻潔而古奧者，惟見其寂寥而稀短者。縱使逼真，或可亂真，猶虎賁之似蔡邕，優孟之似孫叔也，有若之似夫子也，形也。至於網山論著其律詩高妙者，絕類唐人，疑老師當避其鋒，它文稱是。然甫五十而死，子名簡子字綺伯，客死，其後遂絕。余童子時師事綺伯，又與網山之嫡孫行林侯蕭翁交友，蕭翁既序其遺文矣。克莊復識其後。網山林氏，名亦之，字學可，福清人，一號月魚先生。前史官劉克莊序。次有林希逸序，并有識語。序云，先生吾邑龍江人，受道於艾軒，自號鬳山山人，月魚氏。生高宗丙辰，終孝宗乙巳，今上辛卯，後先生之生百有三年。承學從事郎新平海軍節度推官林希逸謹序。識云，希逸甲申客壽陽，嘗集艾軒、月魚二先生之詩，序而名之曰吾宗詩法。今十有五年，臞甫以是集求來余文，俾書其首。故峽偶遺，追憶不復得手，重有所感，因更敍數語云爾。前清吳氏繡谷亭薰習録著録此書，衹有劉氏序，而不云林氏有序。又謂集中多誄辭、銘歌，疑出後人裒集者。其所著浮屠氏論，謂孟氏當辨楊墨，韓子不必攻釋氏，楊墨之學，猶近儒者，孟氏辨之，所以鍼其蔽。至釋氏本西方之俗，與中國不同，韓子之辨，益其熾也。林氏學於艾軒，艾軒之學，朱子獨尊信之，不知何爲而著斯論。惟詩篇佳麗，後村稱其絶類唐人，所傳不多，泠泠可誦，蓋吳氏之意見如此。其書則題《鬳山集》云。卷前有“查聲山章”。聲山名昇，字仲韋，一字聲山，浙江海寧人。康熙二十七年進士，官至詹事府少詹事。著有《靜學齋集》《澹遠堂四六》《尺牘姓氏譜》諸書，書法有《蘭亭考山居篇》諸石刻。見沈氏《隱拙齋集》四十九。沈氏家藏宋本《類編增廣黃先生大全文集》，係南宋刊本，其題記云，吾家世藏宋本，僅留此，是可寶也，子孫其善守之，乾隆壬戌除夕隱拙翁廷芳志。各冊有“查昇之印”、“仁和沈廷芳字畹叔一字茳園”印。按茳園爲聲山宮詹外孫，或查氏所藏而後歸沈氏者，世無二本，可寶也。

東萊詩集二十卷　<small>寫本。</small>

宋呂本中撰。前有陸氏序，略云，宋興諸儒相望，有出漢唐之上者。迨建炎、紹興間，承喪亂之餘，學術文辭，猶不愧前輩，如故紫微舍人東萊呂公者，又其傑出者也。公自少時，既承家學，仕愈躓，學愈進，因以其暇盡交天下名士，其講習探討，不極其源不止。故其詩文汪洋閎肆，兼備衆體，間出新意，愈奇而愈渾厚，震輝耳目，而不失高古，一時學士宗焉。晚節稍用於時，在西掖嘗兼直内廷，草趙丞相鼎制，力排和戎之議，忤秦丞相檜。秦公自草日曆，載公制辭以爲罪，而天下益推公之正。公平生所爲詩，既已孤行於世，嗣孫祖平又盡哀他文凡若干首，爲若干卷，而屬游爲序。慶元二年中大夫提舉建寧府武夷山冲佑觀山陰陸游序。末有曾氏題識，略云，東萊呂公居仁，以詩名一世，使山谷老人在，其推稱宜不在陳無已下。然即世多歷年所，而編次者竟無人爲。儀真沈公宗師名卿之子，少卓犖有奇志，方黨禁未解時，不顧流俗，專與元祐故家厚。沈公之子公雅，以通家子弟從公游，公稱之甚。乾道初元，幾就養吳郡，時公雅自尚書郎擢守是邦，暇日哀集公詩，次第歲月爲二十通，鋟板置之郡齋。幾亦受知於公者也，公雅用是囑幾題其後。紹興辛亥，幾避地柳下，公在桂林，是時年皆未五十，公之詩固已獨步海内，幾亦妄意學作詩，作書請問句律。今三十有六年，顧視少作，多可愧悔，因記公教我之言於篇末。乾道二年贛川曾幾題。本中字居仁，祖希哲，師程頤，本中聞見習熟。少長從楊時、游酢、尹焞游，三家或有疑異，未嘗苟同。初本中與秦檜同爲郎，相得甚歡。檜既相，私有引用，本中封還除目，檜勉其書行，卒不從。趙鼎素主元祐之學，謂本中公著後，又范冲所荐，故深相知。會《哲宗實錄》成，鼎遷僕射，本中草制有曰合晉、楚之成，不若尊王而賤霸；散牛、李之黨，未如明是以去非。檜大怒，言於上曰，本中受鼎封旨，伺和議不成，爲脱身之計。風御史蕭振劾罷之，提舉太

平觀，卒。學者稱爲東萊先生，賜諡文清，有詩二十卷，得黃
庭堅、陳師道句法。《春秋解》一十卷、《童蒙訓》三卷、《師
友淵源錄》五卷行於世。見《宋史》本傳。集中各詩，前人有
舉其佳句者，如卷一《暮步至江上》"樹陰不礙帆影過，雨氣卻
隨潮信來"。《上元》"春愁不作遊人地，細雨殘梅過上元"。
《宿州初暑》"春盡茆簷深着燕，日高田水故飛鷗"。卷三《呈
愚上人》"萬里更行看鼹鼠，一枝才足賦鷦鷯"。卷十九《寒
食》"今年春物更忽忽，野杏山桃取次紅。底事無錢作寒食，可
無新語寄車公"。《偶出謝客》"雨侵田水連溪白，春入山花帶
蜜香"。皆足稱述。又有《蔬食》三首，《戒殺》八首，蓋宋世
士夫，多有此習尚。晁、呂、蘇、黃集中每見此類詩文也。《清
波雜志》卷八云，從叔知和隨侍九江，嘗以詩見呂東萊居仁，
後以書請教，答云，廬江咫尺，讀書少休，必到山中，所與游
者誰也。古人觀名山大川，以廣其志意而成其德，方謂善游。
太史公之文，百氏所宗，亦其所歷山川有以增發之也。惜其所
用只在文字間，若使志於遠者大者，雖近逐游、夏可也。又爲
作《求諸己齋詩》，見集中云。蓋呂氏好游，故其言云爾。今集
中之詩，可以覆按，紫微論詩，須參活法，以彈丸爲喻。劉後
村、朱子咸議之，然其詩固有獨到處也。

止齋先生文集五十二卷明弘治十八年王瓚序刻本。

　　此爲長沙葉氏藏本。葉氏有跋云，《止齋先生文集》五十二
卷，宋陳傅良撰。明弘治刻大黑口本，每半葉十三行，每行二
十三字。前有賜進士及第翰林院編修經筵國史官鄉後學王瓚序，
略稱，瓚近於祕閣錄出公集五十二卷。弘治乙丑，御史同年澤
州張君伯純往巡浙中，於公尤致嚮慕。瓚遂出示公集，伯純喜

曰，請得梓之以傳云云。則此爲明刻中最早之本，《四庫全書總目》集部著錄，據《提要》所稱亦即此本。自周行己傳程子之學於永嘉，永嘉遂自爲一派，而止齋與先祖水心公爲之魁首。止齋所爲文，不及先祖雄贍奔逸，卓然爲一大宗，然粹然儒者之言，亦不愧爲同時作者。止齋卒，先祖爲作《墓誌》，稱其初講城南茶院時，諸老先生傳科舉舊學，受教無異辭，公未三十，心思挺出，陳編宿説披剝潰敗，奇意芽申，新語戀長。士蘇醒起立，駭未曾有，皆相號召雷動從之。雖麋他師，亦藉名陳氏，由是其文擅於當時，公不自喜，悉謝去。是止齋之文，本以利於科舉而獲盛名，晚乃以謿諫掌故，通知成敗，爲時所宗。故集中諸文頗多切於實用，而其密栗堅峭，自然高雅可觀。雖才力較先祖稍覺次之，要其旗鼓中原，固亦同時魯衛也。伯驥按：《溫州經籍志》於此集考之詳，當檢閲。

蠹齋鉛刀編三十二卷明寫本。

宋濟北周孚信道撰。前有陳氏序云，余之師友周公孚，字信道，自號蠹齋。天資穎悟，七歲通《春秋左氏傳》，既長，於書無所不闚，博聞彊記，而尤邃於楚騷、遷史、唐韓杜氏之詩文，國朝諸公名世之作，出入貫穿。始刻意於詩，以後山爲法，其後由陳而黃，黃而杜，少而工，壯而新，晚而平淡。爲文長於敍事，簡潔而峻厲，不喜襞積雕繪，循理而言，理盡言止。登第十年，始爲真之郡博士，竟卒於官，仕止於一命，壽不登五十。公既没之二年，平陽解君伯時得公之遺文，古賦、古律詩、表牋、啓、書序、記、疏、青詞、贊、碑銘，共三十卷，目曰《鉛刀編》者，屬余爲之序。余少從公游，其學蓋得於公。伯時公之死友也，嘗仕爲尚書省監門，聞公一言，棄歸力學，

其志操有足尚者。公之自真歸葬也，伯時營護之力爲多。淳熙
己亥京口陳珙序。第十四卷以前賦與詩，第十五卷、十六卷表
牋，十七、十八卷書簡，十九、二十卷啓，二十一卷《春秋》
講義，二十二卷策問，二十三、二十四卷記，二十五卷序，二
十六卷疏，二十七卷青詞，二十八卷碑銘、誌銘、行狀，二十
九卷文，三十卷雜文，三十一卷、三十二卷《非詩辨妄》《拾遺
詩》。目後有題字云，百褊與蠹齋先生從游，辱知遇最深，男瑀
受業於先生之門，積有歲時，盡得先生家藏詩文三十二卷。先
生平日盡力於斯文，於詩尤刻意，舊句多所更定，與昔少異，
不敢私藏於家，命工鏤板，以廣其傳。學古君子覽之，始知余
拳拳之志焉。淳熙己亥郿延解百褊伯時書。友人陳珙德厚宋廓
子大較正，友人解百褊伯時編集。伯驥按：卷末拾遺詩，有
《次韻答周子及同年》一首，中有云“窮年蠹魚癡，吾伎止此
耳”。或周氏以書卷爲資糧，故有蠹齋之目歟！仁和丁氏善本書
室曾録其蚊睫、牛腰二語以爲楹帖，見《藏書志》中。今按此
詩，實見卷一古律詩類，乃《贈蕭光祖》者，詩云，“之子固殊
俗，少年甘寂寥。田園一蚊睫，書卷百牛腰。雪徑晴猶凍，煙
江晚不潮。篋中勤著語，老耳欲聞韶”。蓋甚饒清興也。三十一
卷名《非詩辨妄》，其第一節云，鄭子曰，漢之言《詩》者三
家耳，毛公，趙人，最後出，不爲當時所取信。乃詭誕其説，
稱其《詩》傳之子夏，蓋本《論語》所謂“起予者，商也。始
可與言詩已矣”，非曰斯言也。仲尼亦嘗以稱子貢矣。然先儒不
以《詩》爲子貢敍者，蓋賜不傳《詩》也，彼商其自傳《詩》
耳，不係乎仲尼之稱揚也。蓋鄭氏樵素攻《詩序》，周氏從而辨
之，其言頗詳。卷三十有云，辛棄疾始字坦夫，後易曰幼安，
作詞以祝之。詞曰，言不中律，行不適實，惟德之疾，以今之

學，思古之士，唯疾之藥，凡吾之疾。攻不遺力，迨其去矣。吾膚自碩，瘋憂未亡，正氣以殘，小過不作，大德可完。中無所媿，其體則胖，祝子無止，豈惟幼安。按：辛氏坦夫之字，前人多略之，得此可補其闕。孚字信道，世爲濟北將家，避亂南徙，居丹徒。七歲通《春秋左氏傳》，既長，喜讀書，過目輒成誦。時有鄧氏張書肆，孚日往游焉，因得盡閱天下書。爲詩，屬思高遠，鍊句精穩，少而工，壯而新，晚而平淡。爲文長於敘事，簡潔而峻厲，不喜襞積雕繪，循理而言，理盡而止。辛棄疾少壯兄事之。擢乾道二年進士第，爲眞州教授，郡守延璽武人，欲薦之，介學職以意。學職喜以告，孚不答。退復以書扣可否，孚答書陳誼甚高，聞者歎之。在任以疾卒。有《蠹齋集》，《非詩辨妄》尤爲詳明精確。時京口之士多從游，其最厚者，朱叔瑤字德裕、陳珙字德厚。見《京口耆舊傳》。

象山先生全集三十六卷明嘉靖刊本。

宋陸九淵撰。九淵字子靜，金谿人。乾道八年進士，官知荊門軍，諡文安。見《宋史·儒林傳》。集三十六卷，凡書十七卷、表奏一卷、記一卷、序贈一卷、雜著四卷、詩一卷、祭文一卷、行狀一卷、誌銘一卷、程文三卷、拾遺一卷，其後四卷，則爲孔煒撰《諡議》、丁端祖《覆議》、楊簡《行狀》，及其門人所編《語錄》。原有袁燮、楊簡二序，逮明正德辛巳撫州知府李茂元重刻，王守仁序之。此本嘉靖四十年再刻，王宗沐序稱，德安吉陽何先生撫江西之明年，丕闡理學，乃改刻之，是也。附錄華亭徐階《學則辯》，乃辯朱、陸二子之學，同歸一致之理，爲閩尤溪廖恕所附。是時徐氏以講學家執政，故引其言以爲重，知金谿縣事會稽馬蒗相識語，並列於後云。伯驥按：元方回《桐江續集》卷三有《送繆鳴陽六言詩》云，《陸象山文集》二十八卷，袁燮序，《外集》四卷，楊慈湖所爲《行狀》、孔煒所爲《謚議》、附《與人書》，凡十七卷，可議極多。第十九卷記八篇，王荊公祠堂疵病爲甚。葉靖逸《四朝聞見集》記象山三事，一爲僧光庵所喝，二謂危逢吉氣粗，三學子焚香欲下拜，持其手曰未可。此皆朱文公所謂陸子靜分明是禪學者也。鳴陽重刻《象山集》，流布北方，所至作詩盛稱其學。紫陽晚學方回，未敢以爲然，賦六言八句送之，"象山之學超詣，水心之學刻畫，後村之詩卑陋，樗寮之字怪癖。舉世隨聲雷同，衆啞啞我慸慸。此四者皆不可，尤不可第一癖"。蓋象山之學，以超悟爲宗，宋人已有訾議，故方氏之言如此。至其集之卷數，又與明刻不同，故略述之。陸學又豈方氏所能議哉。

盤洲文集八十卷目錄二卷 景宋本，洪氏振安舊藏。

宋洪适撰。陳振孫《書錄》載《盤洲集》八十卷，題曰丞相惠公鄱陽洪适景伯撰。适，忠宣公皓長子，忠宣使金時，适年甫十三。紹興壬戌，與弟遵同中博學宏詞，其後自淮東總領入爲太常少卿，旋入右府，才半年而拜相。未幾去位，閒居十六年而終。前有淳熙十二年壻許及之狀云，公既歸，得附郭地百畝，剪除荊棘，列岫如鷺，洲渚窈深，花木映帶，位置臺樹，隨力興作，野服瘦節，終日婆娑其間，人視之不知其爲丞相也。目其地曰盤州，一卉一椽皆有題咏，雜親朋醻唱爲一帙曰《盤洲編》。又有周必大《碑銘》云，文華天賦，濟以力學，步驟經史，新奇富贍。兄弟鼎立，自成一家。罷政後論著益多，四方傳誦，則其集固可貴矣。王氏《蠹尾文》七曰，《盤洲集·和景盧野處解嘲詩》，"園池如此休言小，但放夠蕘雉兔行"。但字注

平聲，與徐騎省"莫折紅芳樹，但知盡意看"同音，二公皆精
《説文》之學云云。可謂深知盤洲者。卷四《還李舉之太平廣記
詩》云，"稗官九百起虞初，過眼寧論所失誣。午枕黑甜君所
賜，持還深愧一甔無"。知其又好小説家言。此《夷堅支志》五
十卷，所以又出於其弟也。王氏藏此集十三卷本，有詩無文。
十卷以下皆挽歌、樂章、詩餘，八卷、九卷皆雜詠盤洲山水草
木，擬李衛公平泉諸咏。池北書庫夙以藏書名，而八十卷不可
得，蓋罕有傳布。毛氏汲古閣所藏，是影摹宋槧者。此本亦摹
宋，是爲足本，末有嘉慶甲戌孟冬雄川三派振安書後曰，《盤洲
文集》雕本罕有於世，聞宋刻尚在商丘宋氏，是一、是二之物，
斷難購覓，知世間即有舊鈔，亦可貴也。余向見朱氏潛采堂、
宋氏青綸館，二家宋元集目内此集，或云十三卷、或云十二卷，
所儲皆非足本。彼富於收藏如東城顧氏，亦僅見末册三卷并拾
遺而已。近日購得此本，係東皋隱蔣氏珍藏的是影宋舊鈔，可
無異議。惜紙板毁敗，兼有蠹蝕處，爰借黄復翁本校補數十空
字，倩味書吴君重鈔，並付裝訂，頗覺完善。其中尚有殘缺錯
誤者，與黄本無異，想宋刻亦復爾爾。

誠齋集百三十三卷寫本，過録宋賓王校筆。

宋楊萬里撰。前有清雍正間宋賓王題記二則，係寫書人過
録者。記云，《誠齋集》向無序，浦星躔録《宋史》傳置其首，
傳中載地震應詔所上書，緣已見第六十二卷故删之。雍正庚戌
仲春記。又云，《經籍志》《楊誠齋集》一百三十三卷，閔公贈
詰有文規堯姒，百三十卷之多，詩到陰、何，積四千二百首之
富，則此爲集之全無疑矣。末卷乃録公歷官之詰付録也。公集
實百三十二卷，向無目，浦先生剏之，其間卷帙不均，似無不

可。蓋略見標識，以俟續抄者改之。雍正八年臘月東倉宋賓王記。賓王，賈人而知書，黃蕘圃書跋曾及之，此寫本多有校筆，不記姓氏，筆法頗潦草，或校其字，或釋其文，或考其故實，頗有價值。偶記數則如下：卷十一《謝葉叔羽總領惠雙淮白詩》"情知此味飲中瓊，暖律何緣到死灰"。瓊與瑰同。卷十七《筠庵詩》"我來驗幽討，意尚疑俗謔"。一作尚疑俗諺謔。《尋橄亭前鶯巢詩》"啄菢雙雙子，經營寸寸巢"。菢音暴，鳥伏卵也。韓愈詩"鶴鴿不天生，變化在啄菢"。卷二十六《過三衢徐載叔採菊載酒夜酌走筆》，元載酒下有秉燭二字。卷三十一《謝余處恭送七夕酒果蜜食化生兒詩》"踉蹌兒孫忽滿庭，折荷騎竹臂春鶯。巧樓後夜迎才女，留鑰今朝送化生。節物催人教老去，壺觴拜賜喜先傾。醉眼愛得銀河鵲，天上歸來打六更"。唐《歲時紀事》，七夕俗以蠟作嬰兒形，浮水中以爲戲，以爲婦人宜子之祥，謂之化生。薛能《吳娃詞》"芙蓉殿上中元日，水拍銀盆弄化生"。卷三十三《和謝石湖先生寄二詩韻》"康鼎才來頓解頤"，《漢書·匡衡傳》，諸儒語曰，無說詩，匡鼎來，匡說詩，解人頤。宋板作康字諱也。卷三十八《雪後寄謝濟翁材翁聯騎來訪》，進退格，"急尋爐火溫雙手，自喚兒郎共一杯"。爐火一作火種。《題族弟道鄉貧樂齋詩》"雪茹冰餐入骨香，漫欹驢瘦儘詩狂"。欹一作欺。《和虞君使易簡字知能所寄唐律》二首"道喪今朝逢祖謝，文工獨步過應徐"。文一作詩。《四十二甲子初春即事》"徑裏渾濃白，山桃半淡紅"，裏作李無疑。又卷三十七末有《李原之主簿投贈長篇謝以唐律》一詩。詩後低一格云，慶元丁巳季父初筮文江，執贄文節公之門，辱報以詩，集中偶未登載，輒附於此卷之末。淳祐丁未豫章李義山識。卷末有"嘉定元年春三月男長孺編定，端平元年夏五月門人羅茂良校正"二行。附録《謚文節公告議》云，切觀國朝文章之士，特盛於江西，如歐陽文忠公、王文公、集賢學士劉公兄弟、中書舍人曾公兄弟、李公泰伯、劉公恕、黃公庭堅，其大者古文經術足以名家。其餘則博學多識，見於議論，溢於詞章者，亦皆各自名家也。又謂誠齋之文，辯博雄放，晚年所著，益復洪深。其爲詩始而清新，中而奇逸，終而平淡。末又有二行云，以卷計一百三十有三，以字計八十萬七千一百有八，錄本於端平初元六月一日，畢工於次年乙未。蓋羅茂良校正後，曾經付刊者。宋刻本日本有之，宋後未嘗再刻，故藏家多是鈔本。有影宋鈔者，江陰繆氏曾藏之，當今海內藏鈔本者，亦不多覯。此最足本，且有校記，可貴也。

北磵文集十卷舊寫本。

宋釋居簡撰。前有嘉定丁丑盱江張自明誠子敍，略云，慶元初，予始入太學，於時僞學之禁嚴，臺官胡紘、司業高文虎，表裏爲爪牙，搏噬無虛日，學校諸生，語言小異，輒坐僞罪，不以聽。予浮沈其間，日以短氣，遇休沐，率一游南北山，得士於北磵，相羊林泉，吟弄風月，足以消遣世慮。然子學乎洙泗，北磵學乎靈山，子固不及彼，彼亦不予及也。居數年，北磵出天台爲導師，而予更憂患歷兵間，自荊楚浮江漢以歸，至東海上，則南北山無復相誰何矣。予時以特薦擢第太常，寓鞏轂下，北磵以赤書相勞苦，寄新詩啓予，出語益俊偉。予既歸江西，與盱江刺史言，北磵於今爲偉士，刺史走書邀北磵，以唐僧紹隆所開山處之，北磵高卧不肯起。既而江東部使者，以東林雲居力致之，亦復不肯起。今年予歸自嶺表，北磵遊華亭，知余入長安，駕小舟看予於清河坊客舍，握手道闊契，十有三

年如一日也。讀其文，宗密未知其伯仲，誦其詩，合參寥覺範
爲一人，不能當也。雖然北磵無學之宗也，文於何有，見之文
者似焉而已矣。北磵於人不苟合，合亦不苟睽，取舍去就之際，
潔如也。其名居簡，其字敬叟，其生潼川，寓北磵之日久，故
人不名字之，稱北磵云。陸氏稱其文頗簡鍊，無南宋冗長之習。
丁《目》謂其無世俗慶賀文章，禪林梵宇締造源流，多賴之以
傳，蓋實録也。陸氏又稱北磵頗精鑒別，故集中書畫題語多中
肯。其《跋廟堂碑》云，虞書《廟堂碑》，唐人駁駁晉人者，
自南北壞斷，贗迹實繁云云。則翻本中又有翻本矣。其《跋九
成宮碑》云，化度寺記《醴泉銘》，習之者往往失其韻致，但貴
端莊如木偶，假刻誤人，人亦罕識真云云。據此可見南宋時
《醴泉銘》覆本之多，今之肥而無生趣者，恐未可據斷爲原石
也。丁《目》云文瑞樓别有《詩集》九卷，前有葉水心小札，
惜不得其本以録之。

渭南文集五十二卷 明正德刊本。

　　宋陸游撰。前有正德癸酉新安汪大章序，略云，予少讀《宋
史》至《陸放翁傳》，識其爲山陰人。正德壬申，以巡行之便，
迺得登龍山，瞻禹穴，而式翁之故址。癸酉之春，與省元張君直
尚論前輩遺事，又得翁所著《渭南文集》，遂夜命燭覽焉，迺知
考亭與之、西山論之，不我誣也。顧本多訛闕，附以手録，至不
能字，因憶史稱翁長於詩，而集未之備，再求善本，雖紹興亦不
可多得矣。嗚呼，況他郡耶！迺屬諸郡守梁君喬倡其寮屬廣之，
於時同知屈銓，通判王翰、李昇，推官杜盛，知縣張焕、黄國泰，
僉以爲是不可後者，而予適更蒞浙西矣。又三月，省元以書來
曰，放翁遺集，郡齋正訛補闕，梓而行之，與吾黨之士共矣。

乞序其端焉。序後附《宋史》傳三葉。全書大字精刻，半葉十行，行二十字。

勉齋先生黄文肅公集四十卷

附錄一卷景宋本，臨海洪氏百里舊藏。

宋黄幹撰。幹字直卿，號勉齋，福州閩縣人。受業朱子，朱子嘗語人曰，直卿志堅思苦，與之處甚有益，以其子妻之。寧宗即位，朱子命幹奉遺表，補將仕郎。朱子竹林精舍成，遺幹書，有"他時可請代即講席"之語。病革，以深衣及所著書與幹訣曰，吾道之託在此，吾無憾矣。訃聞，日行百里至考亭，爲護喪事，持心喪三年。歷知漢陽軍安慶府、主管亳州明道宫，致仕，授承議郎，後諡文肅。《宋史》列《道學傳》。第一卷詩，第二卷書，第三卷書，第四卷書，第五卷書，第六卷書，第七卷書，第八卷書，第九卷書，第十卷書，十一、十二卷、十三、十四、十五、十六書，十七卷銘記，十八卷記，十九卷跋，二十卷題跋，二十一卷啓，二十二卷昏書、疏、祝文、奏狀，二十三卷擬奏、代奏論，二十四卷講義，二十五卷講義，二十六卷經説，二十七卷策問、公劄，二十八卷公劄，二十九卷公劄，三十卷公狀，三十一卷公狀，三十二卷公狀，三十三卷行狀，三十四卷行狀，三十五卷誌銘，三十六卷祭文，三十七卷雜著，三十八卷判語，三十九卷、四十卷判語。卷十九第一葉下魚口下有"延祐二年刊"，卷二十一二十九葉有"延祐二年刊補"，目錄第七葉、第八葉有"延祐二年刊補"字樣，二十四、二十五葉亦有之，蓋補葉於後來者也。半葉十行，行十八字。卷首前有"震煊百里"朱文章。前清臨海拔貢生洪震煊，字百里，與其兄頤煊同佐儀徵阮氏編《經籍纂詁》，著《夏小正疏義》四卷。此當是其藏本，簽題"景宋本"三字，當亦其遺筆。伯驤按：鄭康成於《豫卦》注曰震爲雷，雷震百里，諸侯之象。又於《震卦》注曰，雷發聲聞於百里，古者諸侯之象。又考《逸禮王度記》《孝經援神契》，皆云諸侯封不過百里，象雷震百里也。《太平御覽》《初學記》引《論語讖》亦同。學人名字，固與尋常異矣。

北溪陳先生大全文集五十卷 明刻本。

宋陳淳撰。前有至元改元漳州路儒學教授莆宓軒王環翁舜玉父序，略云，孟子而後，斯道顯於濂洛，濂洛之後，斯道顯於紫陽，一時門人半天下，惟北溪先生獨傳派漳南，觀其問目，如《小戴·曾子問》，隨事辨詰，毫髮不遺。《戒慎》《謹獨》二箴，與朱子《箴敬齋》同一轍，程、張、呂言仁二辨，與朱子《辨輯略》同一機，字義《近思録》也，雜詠感興詩也。篇篇探心法之淵源，字字究性學之蘊奧，誠又與《朱子大全》文相後先。朱子之道學大明於世，羽翼之功，先生居多。當時稱爲朱子嫡嗣，其信然歟！集五十卷，淳祐戊申，郡倅薛公季良鋟梓龍江書院，歲久佚壞。乙亥暮冬，幕客本齋高公，遂乃文移有司，請壽梓，以庤廩贏奇，委學録黃元淵之三山墨莊鋟刻。次有弘治庚戌廬陵周孟中《重刊北溪文集序》，略云，江西藩參龍溪林君大同得《北溪集》，捐俸屬撫州守莆田周梁石鋟梓以傳。梁石素爲朱學，雅與藩參志向相合，遂捐俸以助板刻，通守姚琛續而終焉。尚未有序之者，林君以委孟中。卷一、二古詩，卷三律詩，卷四律詩、挽詩、銘箴、贊疏，卷五書問，卷六、七、八問目，卷九記，卷十序，卷十一、十二、十三說，卷十四題跋，卷十五、十六、十七雜著，卷十八、十九講義，卷二十解義、辨論，卷二十一辨論，卷二十二至三十四書，卷三十五至四十二答問，卷四十三至四十八劄，卷四十九至五十祝文、祭文。半葉十行，行二十一字，上下黑口。

漫塘劉先生文集二十二卷舊活字本。

宋劉宰撰。宰字平國，金壇人。紹熙元年進士，官至浙東倉司幹官。以北伐釁起，退隱不仕，卒賜諡文清。《宋史》有傳。書二十二卷，其分體，曰賦、曰楚辭、曰五言絶句、曰七言絶句、曰五言八句、曰六言八句、曰七言八句、曰雜言、曰長篇詩、曰辭免狀、曰書問、曰劄子、曰七幅劄、曰表、曰啓、曰四六劄、曰雜文。前有趙葵序，極爲推尊。葵字南仲，衡山人。淳祐中右丞相，兼樞密使，封魯國公，諡忠靖。事實見《宋史》。清《天祿琳琅續目》卷七有宋刊本，謂集中門目頗爲恢詭，詩首今體而後古體，謂之長篇詩。又有七幅劄之名，其四六劄又別於啓，皆諸家文集所未有，或當時體制如此。至以一葉爲一卷，應越行字，皆空一格，而通部每行上空一格，版式特異，然嫌名闕筆極謹嚴，紙墨俱古。考今通行本，乃明王臬所梓，云淳祐初，王遂哀其遺稿，名曰《前集》，理宗收入祕閣，世遂無傳。明正德間大學士靳貴從內閣鈔出付雕，其附錄重刻之由甚詳，而無一字及於趙葵曾編刻《漫堂集》，此真罕見之書云云。此本編類及板式與天祿本相同，所謂空格、避嫌名等事，皆與之符合。惟察其板式，爲活字印成，如完、竟、鏡、境、讓、真、敬、殷等字，皆缺末筆，又明時活字本之少見者，紙墨極古樸，或爲宋時活字印行歟！趙氏序云，近世以文名者不一，雖高談闊論，雅足動人，而行不掩言者居多。惟金壇劉公，學術本乎伊洛，文藝勝於漢唐，其居鄉也正直温和，其服

官也明敏仁恕，誠一時之奇才，而道學之宗派也。無何世事多
艱，竟不樂仕，告歸田里，朝廷屢召不起，自號漫堂病叟，隱
居三十年，澹如一日。不事家業，惟好讀書，生平著述，不可
勝記，然皆散佚不存矣。今姑就所見所聞者傳之於世，以見斯
文之未喪云。嘉熙四年三月庚午同知樞密院事趙葵序。半葉八
行，行十五字。卷一前有“辨雕堂”朱文長形章，“恪靖侯第五
孫藏書”朱文章。南潯劉氏有劉《集》刻本，未審已得此本比
勘否耳。

漫塘文集三十六卷 明刊本。

首題宋籍田令改添差通判建康府太常寺丞直顯謨閣主管玉
局觀漫塘病叟劉宰著。前有南京工部尙書范崙《重刻漫堂前集
序》，謂先生丁南宋時，嘗從勉齋黃先生游，紹熙中舉進士，
爲尉爲令，爲司法參軍，學贍才敏，隨試隨效。時韓侂冑當
國，謀用兵，先生極言輕挑兵端爲非，人弗之信。司法真州
時，朝旨下州，責見任人狀，稱不擊僞學，不讀周程書，方得
考試。先生慨正學受禁，奸人秉成，遂謝職歸，隱居三十年
卒。同里王正肅公序其前集三十六卷藏於家，爲理宗取入祕
閣，靳文僖公得之閣中，以授憲副遲菴王公梓行之。歲久漶
漫，憲副公季子恭簡公校而再欲付梓，其從子南昌君爾祝倡義
以終恭簡之志。不佞暨虞部行父徐君翼而成之。次有萬曆甲辰
王藩臣價甫序，次《目録》，又有淳祐二年王遂序、正德間任
佃序、正德辛巳王臬序、嘉靖己丑王臬序。遂序謂略計平生之
文十未四五，其子翁望剛叔既彙次之，名曰《前集》，而留後
集以有待。臬序謂漫塘劉文清公既没，我先正實齋先生哀輯爲
三十六卷，並《語録》十卷。伯驥考先生本傳，亦稱有《語

錄》十卷，今不復存矣。半葉九行，行二十一字。伯虁藏劉氏《集》有數種，再詳《書目二編》。

程洺水先生集三十卷明萬曆刊本，周雪客舊藏。

前題少師新安程珌著。珌字懷古，休寧人，世系本河北洺川，自號洺水遺民。十歲咏冰，便有"莫言此物渾無用，曾向滹沱渡漢兵"之句。舅氏黃寺丞以爲非常兒，挾以自隨，以平生所得二吳之學，及有聞於程大昌者，悉以付之。丞相趙公典舉，見其文曰，天下奇才也。擢魁多士，或以道學相猜，實本經第二，論者莫不稱抑。《宋史》更詳其功業。《遺集》原本六十卷，又《內制類稿》十卷、《外制類稿》二十卷，曾孫景山編刻，其本久佚。明嘉靖間裔孫元昞等得是本，重編卷第，跋而刻之。其內、外《制稿》僅得《文獻志》所藏七篇，列諸卷首。有洺水遺民自序。此爲裔至遠遄行重訂，以嘉靖二十六卷本檢校其編次先後，與前刻有異。《四庫》著錄即此本，至遠小引云，《洺水文集》六十卷，因久散落，熙朝一再刻之，僅得三十卷。萬曆戊申，山水暴漲，版爲漂失，不肖遠懼久而遂湮也，乃取舊本重訂，壽諸剞劂。前有前清祥符周浚題字，裝訂古雅，不類時製。

程端明公洺水集二十六卷明嘉靖刊本。

宋程珌著。半葉十一行，行二十一字。卷前有珌自序，自題爲洺水遺民。目錄首辭命，卷一、二、三爲奏疏表箋，卷四議附進故事，卷五、六、七策問、講義，卷八、九、十、十一記，卷十二序，卷十三題跋，卷十四墓誌，卷十五行狀，卷十六祭文、哀辭，卷十七、八書牘，卷十九、二十啓，卷二十一

致語、祝版、青詞、疏、上梁文、勸農民橋疏，卷二十二説、
銘、贊、賦，卷二十三、二十四詩詞，卷二十五、六附録。卷
一題裔孫崇富録刻，卷二題裔孫霄録刻，以下各卷亦均有題記。
文内如朝廷、陛下、聖意、祖宗等字，皆空一格。

龍川先生文集三十卷 明嘉靖刊本。

　　宋陳亮撰。亮字同甫，婺州武康人。隆興初以解領薦，上
中興五論，不報。居太學，睨場屋士餘十萬，甲文墨少異雄其
間，非人傑也，棄去之。復上書至再，以執政不樂，不報。又
十年復上書，終不報。光宗策進士，擢第一，既知爲同甫，親
覽，果不謬。授建康軍簽判，未至官病，一夕卒。端平初，謚
文毅。有《龍川集》，前題晉江後學史朝富編刻、惠安後學徐鑑
校正。前有嘉泰甲子葉適序、紹熙四年建康軍節度判官陳亮誥，
次龍川像，有自贊。文中如陛下、朝廷等字皆空格，序中皇帝、
天子等皆提行。卷一書疏，卷二中興論，卷三四問答，卷五、
六、七酌古論，卷九論，卷十經書發題、箴、銘、贊，卷十一
策，卷十二三國紀年，卷十三史傳序，卷十四序説引，卷十五
序，卷十六記、題跋，卷十七詩、歌詞、表、啓，卷十八啓，
卷十九、二十、二十一書，卷二十二、二十三、二十四、二十
五祝文、祭文，卷二十六行狀、哀辭，卷二十七、二十八、二
十九、三十墓誌銘，後有《附録》。半葉十行，行二十二字。
《直齋書録解題》云，陳氏少入太學，所上書編，本朝治體，本
末源流，一時諸賢，未之及也。亮才甚高而學駁，其與朱晦翁
往返書，所謂金銀銅鐵混爲一器者可見矣。平生不能詩，《外
集》皆長短句，極不工，而自負以爲經綸之意具在，是尤不可
曉也。葉適未遇時，亮獨先識之，後爲集序及跋，皆含譏誚，

識者以爲議。淸《四庫提要》云，觀集中所載，大抵議論之文
爲多，其才辨縱橫，不可控勒，似天下無足當其意者。使其得
志，未必不如趙括、馬謖，狂躁僨轅。但就其文而論，則所謂
開拓萬古之心胸，推倒一時之豪傑者。殆非盡安與朱子各行其
志，而始終愛重其人，知當時必有取也。《宋名臣言行錄》謂垂
拱殿成，進賦以頌德，又進《郊祀慶成賦》，今集中均不載。葉
適序謂亮《集》凡四十卷，今是集僅存三十卷，蓋流傳既久，
已多佚闕，非復當時之舊帙。以是所行者祗有此本，故仍其卷
目，著之於錄焉。此即《四庫》著錄之本也。胡氏宗楙云，《宋
史·藝文志》稱《陳亮集》四十卷，《外集·詞》四卷，《文獻
通考》《直齋書錄解題》所載皆同，《絳雲樓書目》有四十卷
本，惜未見。今三十卷本，詩詞雜入其間，原書編第，早經竄
易。有明以來，以成化時龍川書院刻本爲最古，結一廬朱氏藏
有此書，此外有嘉靖晉江史朝富刻本，萬曆丙辰黃州守王世德
刻本，崇禎癸酉錢塘鄒質士刻本。王刻本自跋稱從原本出，鄒
氏則又據王刻本，惟移第三十二卷《祭呂東萊文》於二十三卷，
且多譌字。淸代重刻尤繁，皆三十卷，先君子刻有此書，後附
《辨譌考異》。永康應氏刻本，輯有《補遺》一卷、《附錄》二
卷、《札記》一卷、補遺詩一首、詞十五首，《附錄》二卷。
《札記》則友朋往來寄和之作，及誄剗祭文序跋之數類。《札
記》改定一千餘字，以成化本爲主，參以諸本，正其訛闕。近
世以此本爲較善，蓋胡氏於鄉先進之遺編，較他人爲留意也。

重刻西山先生真文忠公集　　卷明寫刻本。

　　宋真德秀撰。前有萬曆二十六年錢唐金學曾序，略云，公
著述甚富，世亦多有，而全集顧罕見。余撫閩之二年，屬鹽幕

林君走境内，稍葺前賢祠墓，爰訪公家，僅存一編，爲捐帑金
梓布之。林君名培，粵人。以御史抗言讁，是集繕校，皆其力，
蓋其生平雅不愧公云。金之結銜爲提督軍務兼巡撫福建地方都
察院右僉都御史。次有崇禎戊寅知浦城縣事丁辛序。半葉八行，
二十字、版心記字數、刻工姓名。

重校鶴山先生大全文集一百九卷明錫山安國活字本。

宋魏了翁撰。了翁字華父，邛州蒲江人。慶元五年進士，
開禧元年召試，時侂冑謀開邊釁，了翁對策獨言不可，遷校書
郎，親老乞外，知嘉定府，奉親還里。侂冑誅，史彌遠相，力
辭召命，築室白鶴山下授徒，差知瀘州。丁母憂免喪，知潼州
府。被召，言甚剴切，時相不樂。理宗立，求退不得，屬濟王
黜削以死，有司治葬弗虔。了翁請厚倫紀，李知孝、朱端常相
繼劾之，降靖州居住。紹定四年復職，進華文閣待制，遂上章
論十弊，分別利害，上感動，權禮部尚書，兼直學士院，首論
彌遠十失。又言和議不可信，北軍不可保，軍實財用不可恃。
又奏乞收還保全彌遠家御筆，乞定趙汝愚配祀宗廟，上嘉納之。
以端明殿學士督視京湖江淮軍馬，五辭不獲，乃受命，賜御書
"鶴山書院"四大字，旋召爲僉書樞密院事，時以疾辭不拜，尋
改福建安撫使。卒後贈太師，謚文靖，累贈秦國公。著有《鶴
山集》，集有吳淵序，吳潛後序，又有跋。題開慶改元五月成都
府路提點刑獄，以下姓名闕，平江黃氏藏宋本魏《集》如此。
黃氏云，明邛州刊本，而又雜入錫山安國刊本影寫者，明本目
錄全無，安本自九十八至一百九十與宋刻存卷並同，又知明時
所存，已不全矣。向疑一百二卷内末有缺，今觀安刻亦如是，
當非殘缺。一百九十卷安刻有首葉，及後葉四行俱存，因影摹

存覽。後跋提點刑獄公已下無文，安刻正同，惟吳潛後序完善，宋刻俱失。錢氏大昕跋云，據此跋舊有姑蘇、溫溪兩本，皆止百卷，至高氏始以《周禮折衷》《師友雅言》，並它文增入，爲百有十卷，故有《重校大全文集》之稱，其中有合兩卷連爲一卷者，亦不無魯魚亥豕之譌，然世間止此一本，可寶也。蓋嘉靖辛丑四川兵備副使高翀始有一百九卷之刻題曰重校，刻於邛州。同時太子少保李公以平江撫治，故爲鶴山贈第，尤切仰止，嘗求所著《九經要義》不可得，得其文集若干卷，知無錫縣隴西楊華請摹以行，末綴一跋，而錫山安國即以活字印傳，今傳本亦不多也。前有嘉靖間邵寶序，略云，鶴山先生《文靖魏公集》若干卷，故有刻本，自宋迄今凡三百餘年，廢缺鮮傳。今太子少保工部尚書内江李公，以公蜀人，爲鄉邦先正，撫政之暇，訪而得其什九，輒用勘校，命吾邑義士安國以便板從事，其什之一，尋又得而補焉。宋之有道學也，始於周子，盛於兩程子，而邵子、張子同時並作，繼乃成於朱子，其後僞學之論起焉，而謗遂及乎大儒君子。當是時公與西山真公二人者，雖罹娼嫉，屢見疏斥，而講明之功、持守之力弗替，益勤立朝領鎮，忠言嘉政，歸焉爲吾道衛翼。公家食時，讀書白鶴山下，在靖州有鶴山書院，及登政府賜第平江，至廑理宗御書院額之賜，所至學徒不遠趨赴平江，今蘇州府公生所遊、死所歸藏也。次有劉瑞序，略云，鶴山魏文靖公事宋寧宗、理宗，知其賢而不用，用亦不克專且久。公每入朝，輒侃侃論天下事，至數十萬言，皆剴切正大，用是忌於羣小，累進輒知外郡。晚歲與西山同召，羣小愈忌之，陰肆排擯，公於是復去國而遂不起。公所至興學校、作人才，講明程朱之學，著書考古無虛日。《九經要義》百卷，有儒先所未發者，與西山《大學衍義》同功，然卒莫之傳也，豈非數哉！末有淳祐己酉吳淵序，則是集之原序也，略云，藝祖救百王之弊，以道理最大一語開國，以用讀書人一念厚蒼生，文治彬郁，垂三百年。而文章亦無慮三變，始也厭五季之菱蕭而崐體出，漸歸雅馴，猶事組織，則揚晏爲之倡，已而回瀾障川，斲雕返樸，崇議論，厲風節。要以關世教連國體爲急，則歐、蘇擅其宗，已而濂溪周子出焉，作《通書》，著《太極圖》，大本立矣。餘有所及，雖不多見，味其言藹如也。南渡後，惟朱文公學貫理融，訓經之外，文膏史馥，騷情雅思，體法畢備。又未幾，而公與西山真公出焉。魏公薨背十二年，而二子曰近思克愚，梓遺稿刻梓，屬淵序發之。公文視西山理致同，醇麗有體同，而豪贍雅健，則所自得，故近世言文者曰真、魏，此則以文論矣。

滄浪先生吟卷二卷　明刊本。

前題宋樵川嚴羽儀卿著。彭城清省堂校刊，卷一爲詩辯、詩體、詩法、詩評、詩證。附《答出繼叔臨安吳景僊書》，有小註云，按他本作滄浪《答吳保義手書》。吳陵字景先，表叔行，有詩名。卷二爲儀卿詩詞，前有嘉靖辛卯閩中鄭綱識語，題爲《敍重刻滄浪先生吟卷》，略云，滄浪嚴先生《吟卷》，閩有刻本，姑蘇有刻本，亦既傳之矣。予嘗愛其參禪論詩，超悟宗旨，有唐宋諸賢所未道。至其詩亦格律精深，詞調清遠，蓋真有透徹之悟，而其詞足以達之，乃復爲重刻，以益廣其傳。芻豢膾炙日陳而見其美，固夫人之同好耳，應無慮重複爲也。伯驥按：鄭氏所謂參禪超悟者，蓋以儀卿生平以妙悟論詩故也。儀卿之言曰，禪家者流乘有小大，宗有南北，道有邪正。學者須從最上乘，具正法眼，悟第一義。若小乘禪，聲聞辟支果，皆非正

也。論詩如論禪，漢、魏、晉與盛唐之詩，則第一義也。大曆
以還之詩，則小乘禪也，已落第二義矣。晚唐之詩，則聲聞辟
支果也，學漢、魏、晉與盛唐詩者，臨濟下也；學大曆以還之
詩者，曹洞下也。大抵禪道惟在妙悟，詩道亦然。且孟襄陽學
力下韓退之遠甚，而其詩獨出退之上者，妙悟而已。半葉十行，
行十八字。大字精槧，嘉靖間刻本之上乘也。

可齋雜稿三十四卷續稿八卷

續稿後十二卷抄本，繡谷亭、愛日精廬舊藏。

前題覃懷李曾伯長孺撰，嗣男杓編次。曾伯字長孺，號可
齋，本懷州人也，丞相邦彥之孫，寓居嘉禾。自登膴仕，早以
能稱。持繡斧，督餉運，兩分漕節，七開大閫，宦轍幾徧天下。
儒而知兵，素有雅量，所至得將士歡心，遠人聞風敬憚，戒勿
開邊隙，天才卓絕，爲一代偉人。有《可齋類稿》行於世，以
觀文殿學士終於家，贈少保、開府儀同三司。見《至元嘉禾志》
十三。前有自序云，稿以雜名，非純也。余自弱冠共子職，既
而從諸公幘歷中外，泫穎不靈，終其身吏俗。中間隨事以醻應
托意於模寫，自少而壯，壯而老，夭閼剗藤者多矣。其棄而醫
蒙藥褚，不復可記憶，篋中斷語零落，本無足采，年來憂患摧
折，思致愈不逮前。一日與塾親友偶閱舊作一二，有勸以刊諸
梓示兒曹者，姑俾芟次之。杜園綴緝，淺近卑陋，終不及君房
語。譬諸山肴野蔌，聊爾雜陳，倘俎諸五侯之鯖，當軃然一笑。
淳祐壬子夏可齋書。次有尤氏序，略云，士君子生斯世，功業
之盛，莫如韓范忠獻，春雨桔橰之篇，膾炙人口。至《辨論新
法》一疏，精於經術諸儒有所不逮，而上之人以出於强至疑之
矣。文正《岳陽樓記》精切高古，而歐公猶不以文章許之，然

要皆磊磊落落，確實典重，鑿鑿乎如五穀之療飢。余曩與朝夕，
一別將二紀，而公功業赫奕於時。一日貽書以其在荊襄著述二
編見示，且曰蠹魚活計，我尚願留情焉。余熟觀而嘆曰，功業、
文章難兩全久矣，而公之志欲兼之。顧今邊事孔棘，公以一身
橫當荊蜀之衝，屹然如長城萬里。上之倚公，不啻韓范，豈當
復與書生文士校短長於繩尺間哉！余既以此意復於公，仍書以
遺湖北倉使劉和甫籲，俾刊之編首，益相勉厲，以盡朋友之義
云。寶祐二年，翰林學士中大夫知制誥兼祕書監兼修國史實錄
院修撰兼侍讀尤焴序。次有其子識語，略云，先公少保觀文
《可齋雜續三藁》，構侍官荊渚時，竊伏會稡而鋟之梓，繼而庾
使介軒劉公鑑又刻之武陵，端明木石先生尤公焴，序於篇首，
二刻之行乎世也久矣。昔我先公羽忠翼明，簡知當宸，入儀著
作，出更幹方於淮、於荊、於蜀、於湘、於嶺、於鄞海，嘉謨
勝略，指陳手奏，靡不援據古誼，鋪繹事情，炳然如丹，其勳
在王室，書在國史。至於春頌賦詠，游戲非偶，足跡所至，篇
帙隨積，其間代廷闈、參幙畫、掾都曹，凡廟堂間府諸所製作，
多出公手。生平為文，初若不經意，或時掀髯散步，俄頃抽思
泉湧，口授筆吏，有脫腕苦，五六十年間，所作何限，散逸亦
不少矣。歲戊辰，先公棄諸孤，今所傳者手澤存焉。大懼弗能
讀以闕於前文人光，嘗欲手抄小帙未果，會書市求為巾箝本以
便致遠。構曰，是區區之心也。亟命吏楷書以授之，棗刻告成，
用識於後。咸淳庚午嗣男構百拜謹書。《續稿》有寶祐甲寅自識
曰，《雜稿》鋟梓出於兒輩哀次，中多少作，未嘗不動壯夫之
悔，一二年間復應醻，又欲從而續之，姑徇其意。然軍書鞶午
中，安有好語，徒重作者笑。伯驥按：宋參政婁機著《班馬字
類》二卷，曾伯與蜀人王揆補之，原本有其字而補其注者，亦

有原無而補其字者，共一千二百三十九字，別爲《補遺》於各韵之後，合兩書以觀，則班馬假借古字，犁然具在矣。是李氏固長於小學也。書爲繡谷亭吳氏、愛日精廬張氏舊藏，有藏章，著錄《愛日精廬藏書志》。寫字甚精工，裝訂甚樸雅。

劉後村先生大全集一百九十六卷從賜硯堂本傳錄，巴陵方氏舊藏。

宋劉克莊撰。克莊字潛夫，莆田人。以蔭入仕，官至龍圖閣直學士，謚文定。後村者，因其居以自號。見本集林氏希逸序中。後村遺文，前人以及清《四庫》著錄者，多爲五十卷本。宋氏犖《西陂類稿》卷二十八，有題後村集云，右《劉後村詩文鈔本》五十卷，爲豐城楊宗伯文恪公廉手閱。康熙庚午三月得之豫章官舍。《後村集》流傳頗少，文恪嘗薦李文正、王文恪諸公，太原王端毅被讒，又力爲伸捄，其品最高，手澤尤堪寶愛云。宋氏素號藏家，而其言如此，則五十卷本傳世亦稀矣。唯范氏天一閣有宋抄一百九十六卷本，其後虞山張氏乃從之傳錄，張月霄云，克莊有前、後、續、新四集二百卷，見墓志銘。此蓋其合編之本也。案：《隱居通議》曰，後村卒，其家盡薈萃其生平所著，別刊小本爲《大全集》，則是書即出後村之家，宋時曾有刊板，天一閣本蓋從之傳錄者。凡詩文、詩話、內外制、長短句，合一百九十三卷，其一百九十四至一百九十六，則行狀、謚議、墓志銘各一卷也，諸家書目止有林秀發編五十卷本。此本則絕無著錄者，惟文淵閣書目有《劉後村詩》二部，俱五十册，殘闕，卷帙繁重，或即是書。盧氏抱經《林本後村集跋》曰，《後村集》有百九十六卷，求之數年卒不見。又云，石門吳氏《後村詩鈔》，亦無此集外者，是其全者非獨余不及見，即前輩亦未之見耶！則是書之罕覯久矣。見《愛日精廬藏書志》。黃蕘圃云，近日常熟張月霄有《後村大全集》一百九十六卷，從天一閣舊抄影寫，係錢唐何夢華爲阮宮保訪求遺書，備《四庫》所用，故搜羅及此，而爲張月霄録其副也。伯夔近得此本於海上，爲前清光緒間巴陵方氏從吾粵丁氏持靜齋傳録賜硯堂舊鈔本，一卷至四十八卷詩，四十九卷賦，五十卷油幕、牋奏，五十一、二卷奏議，五十三卷至五十九卷内制，六十卷至七十五卷外制，七十六至七十九卷奏申狀，八十卷、八十一卷掖垣繳駁，八十二卷、八十三卷玉牒初草，八十四卷、八十五卷諸經講義，八十六卷、八十七卷進故事，八十八卷至九十八卷雜著，九十九卷至一百十二卷題跋，一百十三卷至一百十五卷表牋，一百十六卷至一百二十六卷奏啓，一百二十七卷上梁文、樂語，一百二十八卷至一百三十四卷書，一百三十五卷祝文，一百三十六卷至一百四十卷祭文，一百四十一卷至一百四十七卷神道碑，一百四十八卷至一百六十五卷墓誌銘，一百六十六卷至七十卷行狀，一百七十一卷疏，一百七十二卷青詞，一百七十三卷至一百八十六卷詩話，一百八十七卷至一百九十一卷長短句，一百九十二卷、一百九十三卷書判，一百九十四、五、六卷則後人附録後村之《行述》《墓誌銘》《謚議》等文也。《持靜齋目》云，此據宋刻過抄，爲《後村集》最足之本，宋以後未有刊刻，即抄者亦僅五十卷而已，真可寶貴。方氏有題記云，余初得《後村集》，爲蔣氏□嬴館藏本，僅五十卷，已詫爲希有，及余分莞潮醝，閲丁禹生中丞所贈《持靜齋書目》，知其家藏有舊抄足本，欲借録而未果。中丞旋歸道山，余亦以受代去潮，無從問訊矣。歲戊子，忝膺典郡，重蒞韓江，得晤中丞文孫芝田明府，詢及中丞遺書，完善如故，因乞借抄是集，並杭堇浦之《續禮記集説》等書，芝田忻然見許。急覓鈔胥分別録存，

書中行款，悉仍其舊，計共一百九十六卷。惟展轉傳抄，必多
訛舛，因命長兒大森用蔣本細校一過，凡改正之字，以硃筆識
之，其中如題跋、詩話、長短句三種，並用《津逮祕書·六十
家詞》復校，此外無從校補者，尚餘三分之一，他日倘遇善本，
使此書得舊觀，則深幸矣。校竣，並錄蔣本舊序於卷端，而以
丁氏《書目》所註卷數抄附於後，俾易檢查，用誌其原委如此。
光緒戊子十月，方功惠識於潮郡官廨之寶雲樓。近年《四部叢
刊》景印《後村集》，亦用賜硯堂抄本，唯舊缺咸淳六年林希逸
序、八年劉希仁序，從無錫孫氏小綠天藏愛日精廬鈔本補足，
其餘闕行脫字，則無從補。此本卷首闕劉序而有林序，且從蔣
本校過五十卷，他日當再與叢刊本對勘。《續稿》有後村跋語
云，《續稿》五十卷，起淳祐己酉至寶祐戊午，十年間之所作
也。余少喜章句，既仕此事都廢。數佐人幕府，歷守宰庾漕，
亦兩陳泉事，所決滯訟疑獄多矣，惟懶收拾。今摘取臬司書判
稍緊切者爲二卷，附於《續稿》之後。蓋儒學史事，麤言細語，
同一機捩，不可得而廢云。其餘各卷，則無後村序跋也。後村
之詩，有聲於南宋，清《四庫提要》謂其詩派近楊萬里，大抵
詞病質俚，意傷淺露。方氏《瀛奎律髓》極不滿之，又謂後村
年八十乃失身於賈似道，集中如《賀賈相啓》《賀賈太師復相
啓》《再賀平章啓》，諛詞詔語，不一而足。王漁洋《蠶尾集》
有是集跋，加以指摘，謂較陸放翁《南園園記》猶存規戒之旨
者，抑又甚焉。蓋前人多於後村有貶詞，唯清道光間琴川女士
姚畹真藏宋刻殘本《後村先生詩集大全》十一卷，題詩數章有
云，“一襟哀郢淚酸辛，詩思分明樂去官。無人可論南園事，留
得丹心與後看。墨林萬卷刼灰飛，古本流傳此絕希。八十詩翁
高格調，伊川擊壤想依稀”。則與方氏及館臣之意見有異。又前

人謂後村詩詞及各體文皆有法度，卓然爲南宋一大作手。七言
古風，初喜摹長爪生，《詩人玉屑》所載三篇，酷與之肖。集中
此體，亦不多見，唯有《築城開壕》《運糧朝》六七篇而已，
風格蒼老，頗近老杜。今集則律體居多，因其言考其人，亦庶
幾無愧真氏之門者。乃《宋史》無傳，柯氏《新編》亦不爲之
補，《文獻通考》於他人之集，則嘗采用後村之言，而其集亦未
著録，幾疑於名之晻晦矣。雖然《唐書》不爲《韋應物傳》，
而茉州之名，常在天壤間，文章自可傳，不仗史筆垂，後村亦
復何憾哉！此則與姚氏同其意旨也。竹汀錢氏又述後村詩“未
必朱三能跋扈，祇因鄭五欠經綸”二語，謂爲耳食之論。竹汀
云，朱溫之跋扈久矣。昭宗始立，頗有削平方鎮之志，乃誤用
張濬爲相，欲倚汴以圖并。及濬出師挫衄，溫竟未遣一卒。唐
之亡，濬之罪也。鄭綮之相，在乾寧元年。其時國事已不可爲，
尋即辭疾去官，綮於出處無玷矣。厥後作相，時事可知，乃綮
自謙之辭，平情論之，則昭宗一時相臣無出其右者。後村道聽
塗説，豈真有論世之識哉！此專就其論事不當言之。又方氏虚
谷《桐江續集》卷三十，有《七十翁吟》云，“《南岳五稿》
出，豈無劉後村。老妓風水僧，兩詩太不然。三生感容堂，晚
節尤可憐”。自註云，後村《老妓詩》，“卻羨鄰妓門户熱，隔
樓燈燭到天明”。得罪名教。《贈風水僧》，“誦得山經如念咒，
預將禪笠去尋龍”。陋句甚拙。容堂道賈似道晚年自稱。後村七
十以上造朝入座有詩云，“三生不可忘容堂。”蓋虚谷《續集》
撰於罷官後，皆晚歲之言論，實則虚谷亦何嘗不失身秋壑。所
謂一丘之貉，昧於謀己，而明於論人者也。柳橋題記謂初得
《後村集》，爲蔣氏□嬴館藏本。伯驤謂此當是烏程蔣氏物，蓋
道、咸間烏程蔣子垔藏書之所曰儷籝館、曰茹古精舍。子垔之

子曰書箴，孫曰孟蘋，名汝藻，世守家風，有《傳書堂書目》，想其本於蔣氏下缺一字，而籑字又缺竹頭，故不知誰人，衹得照録也。姚氏畹真，一字芙初，爲張蓉鏡芙川室人。夫婦均喜藏書，有雙芙閣章，其殘宋本《後村集》，後歸吴縣潘氏。

後村居士集五十卷明刊本。

　宋劉克莊撰。前有淳祐九年龍集己酉中春既望竹溪林希逸序，書法頗工，當是以手書上版者。後有“門人迪功郎新差昭州司法參軍林秀發編次”一行。半葉七行，行十三字。語涉宋帝皆空格。卷一至十六，皆淳祐庚戌臘月以前所作之詩，卷十七、十八詩話，卷十九、二十詩餘，卷二十一以後皆文也。清《四庫》所收，卷數與此本同，未悉是由宋槧出否耳。此本卷第十八詩話卷下末葉云，余涉世齟齬，每誦歐公平生名節，爲後生描畫略盡之言，輒爲慨然。晚逐於朝，交游皆掉臂去，惟湯伯紀寄詩云，“唐朝空自貴宮詞，科目何嘗得退之。掌制徒聞誇子厚，殘編僅見命敦詩。堪嗟實録無完傳，太息淮西有後碑。寄語莆田紫薇老，文章蓋世例如斯”。敦字、完字皆缺末筆。陸氏心源所藏宋本，則每葉二十行，行二十一字，亦五十卷。其題記稱，余初疑五十卷本從《大全集》選擇，及以《大全集》校對，詩凡四十八卷，今衹有庚戌以前十六卷，詩話分前、後、續、別、新五集，衹有《前集》二卷、詩餘五卷、記六卷、序四卷，題跋十三卷，今各得兩卷；啓十一卷，今衹得四卷；墓誌十八卷，衹得五卷；祭文五卷、書七卷、行狀五卷，各得三卷；表牋四卷，衹得一卷。而内制、外制、奏議、油幕、箋奏、神道碑、駁狀、判狀、書、易講義、進故事各類，則不登一字。考洪天錫撰《後村墓志》稱後村早負盛名，晚掌書命，每一制下，人人傳寫，號真舍人。達官顯人，欲銘先世勳德，必託其文以傳。江湖士友，爲四六及五七言，往往祖後村氏，於是前後續新四集二百卷，流布海內，歸然爲一代宗。是《後村集》宋時刊行已有前、後、續、別四集二百卷，此本當爲四集之一，以不收淳祐庚戌以後詩證之，其爲《前集》無疑云。若丁氏善本室所藏，則爲景宋本，云嘗在蘇垣見宋刻本購未就，可知宋槧固不易得矣。此本字法圓健，惜紙墨不大佳耳。

玉楮詩稿八卷明刊本。

前題相臺岳珂肅之著。十六世孫岳元聲之初、和聲爾律、駿聲季有藏墨，後學門人周念祖令孺駱雲程天游讐訂。珂字肅之，號倦翁，一號亦齋，忠武王之孫，敷文閣待制霖之子。官管內勸農使，知嘉興府，權戶部侍郎，淮東總領兼制置使，通城縣開國男，封鄴侯。所著有《金陀粹編》，及《續編》《籲天辨誣錄》《桯史》《愧郯錄》《注解小戴記》。前有嘉熙庚子自序，略云，予自戊戌西遡沔鄂，庚子東遊當塗，凡三周，哀彙詩稿，得三百五十有八，名以《玉楮》，因爲之序。昔宋人有刻玉爲楮，三年而成一葉，雜於楮葉中而莫能之辨，工蓋如是其巧也。今天發於性情，著於咏歌，句鍛月鍊，以求其大巧，夫誰不然！至於風行水上，渙以成文，雲出岫間，了非有意，澄江凈練，風雨滿城尚絅去華，貴乎直遂。茲巧也蓋寓乎至拙之中，匪徒工之所能孅。夫以他山之攻，昆吾之切，追硺毫芒，以取其象，似故必待積月以致其力，則其成也難。遇物感形，因時言志，不貴以浮靡，惟取其自然。故不待引日以存其天，則其成也易。彼三年而僅成一葉，此三年而爲篇者幾四百，其巧與拙將誰實辨之。目後有字數行，云此集既成，遣人謄錄，寫法甚惡，俗不可觀，發興自爲，手日書數紙，通計一百零七版。珂撰有《寶晉齋法書贊》，想其自寫詩必甚佳矣。卷一有詩目云，聞韓正倫檢正掛冠，感歡故交，偶成三首。正倫京口放燈，余作詩及祐陵事，正倫疑誚其失，基怨於此。正倫向在京口，每折簡必以恩門見稱，予爲漕時嘗舉之。予癸巳在京口，因郡中元夕張燈，偶閱國史靖康丙午祐陵南巡事，因涉筆以記大略。而僧有冲希者，乃攜以示正倫，彼謂予諷己，遂架大怨，迄興妄獄，聖明察知其冤，予復張指，前漫盡白。卷四有云，邵伯温《聞見録》載范忠宣帥慶陽時，總管种詁無故訟於朝，上遣御史按治，詁停任，公亦罷帥。至公爲樞密副使，詁向停任，復薦爲永興路軍鈐轄，又薦知隰州。公每自咎曰，先人與种氏有契義，某不肖爲其子孫所訟，寧論事之曲直哉！予在山中讀書偶見此書而表之。卷六有云，上高趙宰同叔，遺以集本，開卷偶見《答徐宋臣監丞書》云，來帖告訴門生排根，嘗聞前輩謂受人之恩而不忘者，爲子必孝，爲臣必忠，蓋推是心而信其人也。又聞惟以怨報德者，爲不可測，蓋以有人之形者，必有人之情也。故盧杞之於顏公，敏中公之於文饒，之奇之於永叔，邢恕之於君實，孰測其報恩一至此極哉！昔孟嘗君有一客，孟嘗遇之甚厚，而客每毀孟嘗。或問其故，客曰人皆譽君，而我獨毀，人必以我爲小人，而以君爲長者，此吾所以報君也。前五子者其意將無出於此歟！蓋珂於紹定癸巳元夕京口觀燈，因作詩及祐陵事，韓正倫疑其借端諷己，遂搆怨陷以他罪，會事白得釋，至戊戌復召用。詩中每及此事，以上皆其證也。《宋史》珂事實附《鄂王傳》甚略，而《徐鹿卿傳》珂守當塗，制置茶鹽，自詭興利，横斂百出，商旅不行，國計反絀於初。命鹿卿覈之，吏爭竄匿。躬自鉤稽，親得其實，珂坐是罷。又

《杜杲傳》，珂爲淮東總領，杲以監崇明鎮事隸之，議不合求去，珂出文書一卷曰，舉狀也。杲曰，比而得禽獸，雖若丘陵弗爲。珂怒，竟以負蘆錢劾之，朝廷察其無疵，三劾皆寢。又《袁甫傳》，珂以知兵財召，甫奏珂總餉二十年，焚林竭澤，珂竟從外補。《宋史》附傳之寥寥數語，殆亦有所諱而然。全謝山援《春秋》，責備賢者之意，頗致譏斥，而丁氏《書志》詳之。新城王氏得安丘張杞園寫本《玉楮集》，乃衡府高唐王鈔本。王氏稱，高唐王號岱翁，工篆隸，癖嗜古書，寫録多祕本。鼎革後散落市肆，紙墨精好，裝璜工緻。康熙乙巳，予歸自揚州，一日至青州，與杞園觀書市中，得劉貢父《春秋權衡》《意林》二書，亦高唐府中物。杞園云，曾見岱翁篆書《入藥鏡》一篇，淳整茂密，亦希有也。伯驩按：此集明刻本不多見，故衡府以寫本著録。此本半葉十行，行二十字，提行离字，尙仍宋刻之舊，蓋明刻之佳本也。

晞髮集十卷 從明萬曆刊本傳録。

宋謝翶撰。翶字皋羽，一字皋父，福之長溪人，徙建之浦城。父鑰民，以孝稱。咸淳初，翶試進士不第，慨然求古，以文章名家。文丞相逾海至閩，檄州郡大舉勤王之師，翶以家貲率鄉兵赴難，遂參其軍。迨天祥被執，翶隻影浙水，東登子陵臺，哭酹丞相，悲思不已，以竹如意擊石作楚歌以招魂，竹石俱碎，聞者傷之。尋汗漫遊山水間，至元甲午家武林，明年以肺疾死，年四十七。瀕死屬其妻劉氏曰，吾交游惟方韶卿、吳子善最親，慎收吾文及吾骨授之。前有張蔚然序、吳仕訓序、徐爀序、陳鳴鶴序、崔世召序。徐序略云，宋社既屋，忠臣義士感憤激烈之氣，往往發於詞章，而不可遏，毋論委質詞臣。

如文山、叠山者，其所著作，一本於忠君報國之忱，即落魄布衣，丁流離困苦之際，而牢騷不平之念，每寫之於詩歌文字間。吾鄉於宋遺民得兩先生焉，一爲長溪謝翺皋羽，一爲連江鄭所南思肖。思肖有《錦錢集》，歲久軼弗傳。獨皋羽《晞髮集》行於世，脩詞之士喜誦之，尤爲楊用脩太史所稱賞。先後數集，編次紊亂，魯魚不同。虎林張維城先生來令福安，正皋羽所生之地，下車首徵文獻。郭君時鏻，乃取予所訂《晞髮集》以進，先生復加考核，梓而傳之。若夫思肖遺言，可與皋羽凌駕，予求之四方，二十年而不能得，或有發名山之藏，出帳中之祕，予將稽首而受之，庶知吾閩宋有兩義士，皆以詩稱也。卷首於此五序之外，並彙録前人序言，有弘治間儲巏、馮允中序，嘉靖間繆一鳳、吳勳、王景象、程煦序，隆慶間凌珵、邵廉序，萬曆間游朴、繆邦珏、李叔元、真憲時序。惟尤朴序有云，其名《晞髮》者，蓋楚騷"沐咸池曦髮"之義也，或可得皋羽命集之旨歟！卷一樂府，卷二五言古體，卷三、四七言古體，卷五五言近體，卷六五言排律，卷七七言絶句，卷八文，卷九、卷十附録。謝氏詩文、傳贊、圖譜、歌曲記述，原本共二十八卷，久已殘佚。《四庫》著録者《晞髮集》十卷、《遺集》二卷、《補》一卷、《天地間集》一卷、《西臺慟哭記注》一卷、《冬青引注》一卷，乃平湖陸大業以意釐定。又嘉靖乙卯新安程煦校刻有五卷本，《宋學士濂文集》謂謝氏有《手鈔詩》八卷、《雜文》二十卷、《唐補傳》一卷、《南史補帝紀贊》一卷、《楚辭芳草圖譜》一卷、《宋鐃歆鼓吹曲》《騎吹曲》各一卷、《睦州山水人物古蹟記》一卷、《浦陽先民傳》一卷、《天地間集》五卷、《東坡夜雨句圖》一卷、《浙東西游録》九卷。仿《秦楚之際月表》作《獨行傳》，及《左氏傳續辨》《歷代詩譜》，皆未完。所選唐韋、柳諸家詩，及東都五體詩不在集中。明檇李李氏《六研齋筆記》云，皋羽嗜佳山水，雁門、鼎湖、蛟門、侯濤沃州、天姥望霞碧鷄、四明金翠洞天，搜奇抉祕，造游錄持以誇人。又慨朋友道喪，合同志姓名，作《許劍錄》云，惜多不傳。

文文山先生大全集二十八卷明刊本。

宋文天祥撰，前題後學豐城鄔茂卿編次。分爲《文集》《別集》，《文集》中又分詩、策、箋、表、疏、申省狀、書、啓、記、序、題、跋、贊、銘、辭、說、講義、行狀、墓誌銘、祭文、祝文、樂語、上梁文、公牘、文判，《別集》則分《指南錄》、《指南後錄》上下、《吟嘯集》《集杜詩》，而以《拾遺》付錄《續錄》殿焉，共二十八卷。前有嘉靖壬子敖銑序。半葉十行，行二十一字。

五十萬卷樓藏書目錄初編卷十八

集　部　四

湛然居士集十四卷_{清吳穀人寫本。}

　　元耶律楚材撰。楚材字晉卿，上世遼人。從元太祖平定四方，太宗時官至中書令，後追諡文正。《元史》有傳。耶律或作移刺，_{焦竑《志》以移刺楚材與耶律楚材爲二人，誤甚。}今集中詩多有書爲移刺者，如移刺子春、移刺國寶、移刺繼先皆是，蓋譯語不同。_{例如晉王甘麻刺或作噶瑪喇，類此者頗多。}錢大昕《補元史藝文志》，著錄《文正集》三十五卷，伯驥檢范氏天一閣及各家書目，不特三十五卷本不可得，即十四卷本亦多無之，流傳之稀，當如星鳳。黃蕘圃初藏係七卷，後得王西莊鈔本，而十四卷乃完。張月霄、陸存齋兩家均藏鈔本，陸氏《藏書志》別有查初白手跋影元刊本，《儀顧堂題跋》有跋文，謂其譌字甚多。日人岩崎得陸氏書，所編《靜嘉堂祕籍志》卷三十九。謂陸本已佚。而江陰繆氏亦藏影元鈔本，前爲黃俞邰書。近日海上印行叢書，則由孫氏小綠天影元鈔本借影，蓋桐廬袁氏未刻《漸西村舍叢書》以前，此集多是傳鈔本無疑矣。_{袁書刻於清光緒乙未。}清《四庫總目提要》據《元史》稱，文正旁通天文、地理、術數及二氏醫卜之說，_{元盛如梓《庶齋老學叢談》上云，世祖皇帝欲平江南，諸老以東南爲諫者}

數人。耶律丞相獨不諫曰，此舉必取。今諫者日後必羞了面皮。公明天文，知氣運曆數而然。又俞氏《癸巳存稿》引《輟耕録》云，耶律文正於星歷、筮卜、雜算、內算、音律、儒釋異國之書，無不究通。嘗言西域憲五星密於中國，乃作麻答把憲，蓋回回憲名也。明初譯出漢書，則在《元史》既成之後，先是文正麻答把法，增益庚午元法、萬年法，而爲授時法所本，作《元史》者謂萬年法不傳，豈有庚午元法尚在，萬年器存，法反不傳，蓋史遺漏多矣。伯驥按：文正實多能，而後人附會之說，亦當不少。宜其多所發揮，而存文無多，不敵詩之三四，當有遺佚。伯驥嘗檢明李言恭《貝葉齋稿》，有《萬曆丁丑遊西山記》，內稱入華嚴寺，壁間鎸耶律楚材《鷓鴣天詞》，先相國夏公和之云云。今《湛然集》不載此詞，可爲文正詩詞遺佚之證。王氏國維所編《文正年譜》，謂文正四十七歲至五十五歲之詩文，均不在此集，當不誣也。元謝應芳《龜巢稿》十七卷，卷一至五爲詩，卷六至十五爲文，十六、十七兩卷復爲詩，大約詩分前、後集，後人合編時而繫其後集於文後。文正此集，乍閱之，似近於《龜巢稿》，而細覈之，缺佚也。近人葉氏昌熾著《藏書紀事詩》，論耶律氏爲遼東丹王後，東丹王曾市書至萬卷，藏於醫巫閭之絶頂望海。通陰陽，知音律，工遼、漢文章，嘗譯《陰符經》，善本國人物。事見《遼史》。故文正著《湛然居士集》，其子鑄著《雙溪醉隱集》，未始非醫巫閭萬卷爲之詒謀。伯驥按：《內閣書目》《絳云樓書目》，均著録《耶律文獻集》，爲文正父履著。履官金尚書右丞。見《元史》。而《庶齋老學叢談》，謂耶律氏四世皆有集，共百卷行於世，蓋連宣慰使《柳溪集》而言。柳溪，文正孫也。漠北大族，以蕭氏、耶律氏爲最顯。文正家學濡染，實有自來，誦芬佑啓，播爲佳話，惜鞠裳未能徧舉耳。履《集》我未之見，陸烜《梅谷行卷》，有履《秋原牧馬詩》云，“一一皆神駿，秋原獨散閒。會須勤汗血，嘶度玉門關。”而鑄《集》先後爲正定王氏順德龍氏鋟木，與《文正集》均足爲學人考覈之資，西北地理風俗，及遺事軼聞，往往可俯

而拾。例如《金史・世宗紀》二十八年，禁糠禪、瓢禪。施氏
國祁《金史詳校》曾據《文正集》中《西游錄序》所言西域九
十六種，北方毘盧糠瓢白經香會之徒，釋氏之邪也。以爲證。張
昱《輦下曲》"肩垂綠髮事康、禪，淡掃蛾眉自可憐。出入内門妝飾盛，滿官爭迓
女神仙"。案此習至蒙古始盛。又集中有《河中府詩》十首，中有云
"救旱天爲雨，無衣壠種羊"。《唐會要》有壠種羊之説，觀此
或可信，蓋與其他文士，徒爲風月之談，榮悦之繡者，截然不
同。前人於《文正集》研究者頗少，郭氏《鷹鸒餘叢話》卷三
引文正《贈蒲察元帥詩》云，"素袖佳人學漢舞，碧髯官伎撥胡
琴"。初疑碧髯字爲誤。後有戲作云，"屈眴輕衫裁鴨綠，葡萄
新酒泛鵝黄。歌妹窈窕髯遮口，舞伎輕盈眼放光"。《贈高善長
一百韻》中又云"佳人多碧髯，皎皎白衣裳"。則當時實事如
此，亦可異矣云云。伯驥考《三國志》裴注引《魏書》司馬景
王奏永寧宮曰，皇帝日延小優郭懷、袁信於廣望觀下，作遼東
妖婦。《隋書・柳彧傳》請禁正月十五日角觚戲曰，人戴獸面，
男爲女服。按此則男可裝女，反言之則女亦可裝男，佳人之髯，
並非異事。況自元劇盛行之後，男優與女伎，並行不悖，當時
有旦末雙全之説，女子可兼旦末，則碧髯之施於佳人，似不足
怪。《説郛》内有《青樓集》一卷，記元代女伶遺事，今髦兒
戲或以爲導源於此。前人謂髦兒當稱貌兒，以其貌似男兒也。
且蒙古之俗，夙喜長髯，即如文正本傳謂蒙古太祖稱文正爲吾
圖撒合里，即蒙古語長髯之謂，可知當時好尚以長髯爲美，則
歌妹之遮口，亦必以髯爲無上美觀矣。郭氏又以文正詩多言杷
欖爲異，伯驥按：文正所著《西遊錄》云，《西遊錄》一卷，日本内
閣藏江户時代鈔本，别有昭和二年神田氏鉛印本。《西遊錄》世有傳本，《三教辨》
全缺，此從元刊本傳鈔云。芭欖城邊皆芭欖園，故以名。其花如杏而

微淡，葉如桃而差小，冬季而花，夏盛而實。又宋朱弁《曲洧舊聞》卷四云，巴欖子如杏核，色白褊而尖長，來自西蕃。此年近畿人種之亦生，樹似櫻桃，枝小而極低，惟前馬元忠家結實，後移植禁籞，予嘗游其圃。有詩云“花到上林開”，即此也。又元楊允孚《灤陽雜詠》云，“杏子何如巴欖良”。清江藩《舟車聞見録》以爲巴欖即叭噠，然則杷欖亦豈足異乎！郭氏曾遊惜抱之門，然究屬文人，宜於《文正集》無能爲役矣。陸氏《儀顧堂題跋》卷十三謂《文正集》有《壽其子鑄十五歲詩》，以爲創聞。伯驥按：宋人別集，如周紫芝《太倉稊米集》卷十八《小兒生日詩》，有“相看只有身長健”之句，宋蘇泂《泠然齋詩集》卷三吾家所藏《泠然齋集》爲鮑淥飲手寫於杭州兩廣會館者，字甚樸勁，校勘精嚴，俟《書目二編》詳之。《壽暹姪詩》云，“行年過二十，不可恃青春。再此爲中宿，三之即老人。詩書先足已，壽禄後榮親。當日癡頑叔，從師雪水濱”。即以元人論，如成化本《張文忠公文集》卷三，有《壽子詩》四章，一章三十六句、一章三十二句、一章二十五句、一章十四句，造語極爲莊重。文正之詩，蓋同前例，家庭祝禱，實爲至情。固不特雪白花紅，祈生兒之貌美，無災無難，望其子之乘風，見於古歌及蘇詩而已也，存齋似未詳考。文正器識，最爲後世所欽慕，明孫慎行輯《事編》六卷，摘録古人行事可法者，始子産，終文正，人各數則。又高麗金忠文《楓皋集》卷十六云，大人者不世出，然亦未嘗不世出也，漢得一人曰武侯，晉得一人曰淵明，隋得一人曰王仲淹，唐得一人曰郭令公，宋得一人曰明道，元得一人曰耶律文正，明得一人曰徐中山，大人者心無適莫者也。此即其證。《玉堂嘉話》卷一記吕遜嘗談趙著、吕鯤以詩鳴燕、趙間，二人皆出耶律相門下。可知文正詩學，當時已甚有名。吴氏謂文正於詩功力極深，嘗論《中州集》與元詩絶不相類，讀《湛然集》猶存餘響，在元人中別是一種氣骨也。見《繡谷亭薰習録》。此又論元詩者所當知矣。明宋濂《潛溪集》卷六有《跋耶律文正王送劉陽門詩後》云，右《送劉陽門詩》一章，中書耶律文正王楚材之所作也。王生於金明昌元年庚戌，貞祐三年乙亥始歸國朝。今詩後寫云庚子之冬，則王年已五十一歲，其事我太祖、太宗兩朝亦二十有五年矣。然不書某年而直題以庚子者，當是時政尚簡質，未有所謂紀元之事也。距庚子不過二年而王薨矣，此蓋其晚年所作，字畫尤勁健，如鑄鐵而成，剛毅之氣，至老不衰，於斯亦可想見。陽門諸孫師稷來爲浦江主簿，以此卷求題目，爲疏其歲月如此。録此又可見文正藝事之餘，猶足令人起敬矣。集中與劉陽門詩有數首，汪氏《水曹清暇録》卷十一云，文正貌魁梧，長髯輪耳。予向見其遺象，長胡鬚分三繚，身披紅只孫。晚年得楊文秀造墨法，用桐油煤，命子鑄造一萬錠，名玉泉萬笏，卒葬瓮山南麓，前明有人造園，曾發其冢，頂顱大倍常人，幸有人爲之解救，得仍掩埋。乾隆庚午歲奉旨建祠，命家文端爲碑記。此則文正軼事之可考者也。近人王氏國維有《文正年譜》之作，然如《大明一統志》卷一記文正晚年號玉泉老人，卒後追封廣寧王等事，《年譜》均似失載，不無缺略。伯驥於數年前發願爲《文正集旁證》，朱墨叢雜，削稿未遑，今日曉起，從事筆硯，偶披吳氏此本，輒題記之。吳氏所寫，用筆圓折，繕録精工，自是翰林風度，想見當時士大夫游神册府，樂此不疲，故訑脱之迹，不易尋覓。我輩撫此琅函，愛護當不讓隋侯珠矣。每册首有“錢塘吳錫麟手寫”七字題記，有“吳印錫麟”、“穀人”二小章。有王紹蘭藏章，章上刻“玉音”二白文。《湖海詩傳》云，吳錫麟字聖徵，號穀人，錢唐人。乾隆四十年進士，官祭酒，著有《正味齋集》。又鄭文焯《南獻徵遺録》著録《兩漢文評》四卷，爲穀人手鈔。鄭氏謂其點勘參校，具見精識，蓋其承學課本，然則吳氏固以寫書擅美矣。沈豫《補今言》云，蕭邑藏書之富，穀塍王經師家築十萬卷樓，陸氏寓賞樓。此外如王中丞南陔、汪吏部蘇潭，皆大族，俱充棟盈車，不假南面百城，至校讐精工，分析真僞。王、汪諸公，皆精於鄭、孔小學，非炫飾斯文，徒誇排比者可比。伯驥按：紹蘭字南陔，著有《讀書雜記》《潛夫論箋》《管子地圓篇註》等書，學人尤稱其《說文段註訂補》。胡氏燏棻序首謂福建巡撫王公，罷職歸里，乃覃思儒業，署其門曰許鄭學廬。論著廣博，多詁經之言，遺書至二十餘種云。

藏春詩集六卷 舊抄本，壽陽祁氏舊藏。

元劉秉忠撰。劉氏初名侃，更名秉忠，字仲晦，自號藏春。以沙門佐元定天下，始拜光祿大夫、太保、參領中書省事，贈儀同三司、太傅，謚文貞。至元中學士閣復嘗序其遺集，明天順間處州守馬偉哀次其詩爲《藏春集》六卷，鋟板行世。初爲中書參知政事魯國文定公左山商挺孟卿類編。前有閣氏序，略云，太傅文貞公，學參天人，思周變通，早慕空寂，脫棄世務。一旦遭際聖主，運應風雲，契同魚水，有若留侯規畫以興漢業，召公相宅以營都邑，叔奉常綿蕝以定朝儀。陸賈詩書之語，賈生仁義之說，當雲霾草昧之世，天開地辟，贊成文明之治。其謚曰文，不亦宜乎！至於裁雲鏤月之章，陽春白雪之曲，在公乃爲餘事。公沒後十有四年，是集始行於世。夫人竇氏，暨其子璋，介翰林待制王之綱，求爲敍引。晚生愚陋，誠不足知公萬一，姑以時論所同然者，附諸編末云。至元丁亥翰林學士大中大夫知制誥同修國史閣復序。次有馬偉、黎近二序，明天順五年撰也。集中止有七言律詩、七言集句，及詩餘，而無古詩，及五言律絕詩，至章奏碑版之文，集中亦無一字，殆編次時失之耳。前人謂此非全書，信矣。卷前有 饅飯亭章，當爲壽陽祁氏禍藻遺本。前人謂祁氏所爲詩古文詞，皆卓然成家，自漢儒、宋儒各立門户，格不相入，而祁氏嘗言通訓詁、明義理，二者不能偏廢。其視學吳中也，重雕朱子小學以訓士，又得影宋鈔本《説文系傳》登諸版，於是小徐書始行於時。其自著則有《馬首農言》十四篇，《饅飯亭集》四十四卷，已授梓，其他著述尚多未鋟也。見《虹橋老屋遺稿文》三。

張淮陽詩集一卷 寫本，勞氏丹鉛精舍舊藏。

元張宏範撰。弘範字仲疇，易州定興人，汝南忠武王柔之第九子。官至鎮國上將軍，蒙古漢軍都元帥，將兵入閩廣，滅宋於厓山。師還旋卒，累贈太師，淮陽王，謚憲武。《元史》有傳。遺稿於明正德中公安知縣周越重刊，《四庫》本作鍼，誤。此本當從周越本傳鈔也。前有至正間許氏序云，曩者大兵克季宋於崖山，時則淮陽獻武王實以元帥統師，爰振其武，用燼趙燼。勳勞之大者，載在史册，藏之金匱，天下後世知其功高，乃若詞章之盛，人或不能知也。王之里人金臺王氏，嘗以王之詩歌、樂府刻於其家敬義堂。雖特其僅存之稿，然於是足以知王之詞章爲優焉耳。蓋王以事業之餘，適其性情，而聊以見之吟詠，往往託物感興爲多，而在於射獵、擊球之事者無幾。況夫雅韻清辭，雍容諧協，固非服介胄者之能所及。至其讀韓信、李廣傳諸作，英氣偉論，卓犖發揚，又豈拘拘律度之士所能道哉！惟王世在名門，天資超邁，幼嘗學於郝公伯常，而友鄧公光薦，恒樂與鉅儒學士大夫交，故屬意文字爲甚。王之子恒陽忠獻王，歷事累朝，弼成文治，爲世文臣。今其曾孫旭爲江南諸道行御史臺監察御史，訪求先世遺文，得敬義堂所刻，顧其集猶王之舊諡武烈題其首，欲重梓之，從宣因僭爲之序。次有廬陵鄧光薦序，略云，故都元帥贈平章諡武烈張公，蔡國武康公第九子也，所作未嘗屬稿，薦什隨手散落，後親友網羅遺失，得其僅有者，爲詩詞若干，將傳於後，屬余敘云云。計五言律詩十首，五言絶句五首，七言律詩二十七首，七言絶句三十首，樂府二十一首。此爲唐棲勞氏藏本，故有丹鉛精舍章。按勞氏三君，長檢，初名金檢，字梁甫，一字青主；次權字平甫，一字羿卿，自號蟬隱，亦稱飲香詞隱；次格字保艾，一字季言。家唐棲，籍仁和，並爲諸生，羿卿、季言，皆精校讎之學。季言少受業於同邑宋進士以升，一時名宿，咸頃袊相契。趙鐵星甫譔《唐郎官石柱御史台精舍題名二考》，屬稿垂半，自顧年近衰暮，俾季言續成之。又嘗著《登科記》，聞大興徐星伯已有成書，遂中輟。以宋尤延之、洪文安、洪文敏《全集》久佚，舊輯未備，重爲蒐輯，補得《梁溪漫稿》一卷、文安《小隱集》一卷、《文敏集》八卷，所校有《元和姓纂》《大唐郊祀錄》《北堂書鈔》《蔡中郎集》《文苑英華》，其他諸史及宋元人集，或爲訂誤，或爲摭遺，靡不詳核。道咸之間，名鈔舊槧，往往尚存，凡所援據多世不經見之本，藉傳至今，有功於古書甚鉅。平居讀書，置空冊於案，間遇疑義，輒疏之，反覆互證，期至精審而後止。鎸一印曰“實事求是，多聞闕疑”，凡校本必鈐卷端，蓋其爲學職志也。羿卿手鈔書尤富，兼工倚聲，校輯宋元詞集數十家，其藏書之所曰學林堂、曰鉛槧齋、曰丹鉛精舍、曰拂塵掃葉之樓。所居有燕喜堂、木夫容館、秋井草堂、漚喜亭、玉參差館、雙聲閣云。見吳氏昌綬《唐棲吳氏三君傳》。前清讎校之學，自是專門，約可分爲三變，義門博矣，然好以臆改。

乾隆以後，鮑氏、顧氏始有死校之說，然朱墨不無潦草，難於迻寫。迄勞氏兄弟，則校筆嚴整，勘對精詳，後來居上矣。附論於此。

張文忠文集二十八卷 籍書園寫本，羅臺山手校。

元張養浩撰。第一卷賦，第二卷儗雅，第三卷古詩，第四卷五言古詩，第五卷七言古詩，第六卷五言律詩，第七、八、九卷七言律詩，第十卷五言絕句、七言絕句，第十一卷書，第十二、十三卷序，第十四、十五、十六卷記，第十七、十八、十九卷碑銘，第二十、二十一、二十二卷碑銘、表誌，第二十三卷表、傳、書、疏、露布、操，第二十四卷文詞，第二十五卷經進牧民忠告，第二十六卷經進風憲忠告，第二十七卷經進廟堂忠告，第二十八卷經進經筵餘旨。前明著錄文忠之集，或稱《雲莊傳家集》，或稱《文忠集》，或稱《歸田類稿》，名稱既異，卷數亦不同。清《四庫》著錄張集名《歸田類稿》，計二十四卷，從《永樂大典》輯出。謂明季有刻本二十七卷，既多漏略，編次亦失倫類，故據此而別採《大典》所載，刪重補闕，得詩文五百八十四首。此本詩文與庫本之數不相上下，後來刻本，當是據此本及庫本付雕者。庫本《提要》謂文忠為元名臣，本不以文論，讀其集如陳時政諸疏，風采凜然。《哀流民操》《長安孝子雲海詩》諸篇，又忠忱悱惻，藹乎仁人之言。即論文，亦未嘗不卓然可傳。伯驥按：集中所謂時政書者，乃舉害政十事陳之，皆切中時弊，極能盡言。《流民操》此本作《哀哉民操》，每韵以哀哉流民冠首，如所謂"死者已滿路，生者鬼為隣"，"一女易斗米，一見錢數文"者，其詞皆極動人。葉氏《水東日記》以蘇氏《元文類》不載文忠《諫燈山疏》為非。

今此本有之，疏爲至治元年上。謂正月十五夜，上欲於宮中結
綺爲山，樹燈其上，盛陳諸戲，以爲娛樂，故上書陳諫也。《目
錄》後有題字一行云，"乾隆四十二年春，借汪氏振綺堂藏本影
鈔，晉涵記"。卷十五末有朱字一行云，"四月二十一日校，有
高記"。卷二十一有朱字一行云，"四月二十三日過江飯後校完，
有高記"。卷末有墨筆三行云，柔兆涒灘辜月，借振綺堂家藏
《張文忠集》鈔本，傭人影鈔。强圉作噩余月鈔畢，適有修志之
役，未及校勘，深用爲愧。晉涵識於宗陽道院"。目前有"籍書
園本"方形章。書分五冊，每冊首均有"林汲山人藏書"、"傳
之其人"兩章。此書當爲邵二雲傳鈔，而羅臺山所校者，自始
至少一卷，均用朱筆勘正，極爲精密，惟自二十二卷後尚未動
筆。籍書園者，蓋歷城周氏藏書室名。臺山名有高，瑞金人。
王氏謂其於儒書宗宋五子書，而羣經主注疏，小學主《説文》，
史主裴氏、張氏、小司馬氏，皆參稽古訓，句櫛而字比，歸於
一是。於釋也，皈心折《磬山語録》，而禪不掩教，尤以净土爲
歸。古如梁補闕、白文公、晁文元、蘇文忠、宋文憲，皆以通
内外教典稱，至於覃思搆精，神悟妙賾，蓋未有如臺山者。見
《春融堂集》五十八。又《章氏遺書》有《臺山傳》，稱其精小
學，尤善《説文》，其爲古文辭，清樸健舉，能自道所見，然時
雜浮圖家言。與長洲彭進士紹升交最善，彭亦好佛，工古文辭。
君之歿也，彭爲收拾遺文，刻以傳世。見卷十九。又前人稱臺
山精六書小學及古韻，以所著書晚年散失，人多不之知。其序
江慎齋《古均標準》，可稱真學識，其辨音韻精於江慎齋，辨翻
齧纍精於段若膺。近代之論小學者，足與王懷祖父子及桂、段
二家爲比肩云。

虚谷桐江續集三十二卷孔氏微波榭藏寫本。

　　元方回撰。回字萬里，號虚谷，歙縣人。宋景定壬戌別省登第，官提領池陽茶鹽，遷知嚴州。入元爲建德路總管。當其在宋也，奔走賈似道之門，賈敗又劾之，世皆笑其反覆無恥。宋覆亡日，適官太守，乃以城降，晚景無聊，竟隨人脚跟，以講學爲文飾，亦豈足以欺人哉！回所遺文字不尠，其整部著述，流傳於今者，計尚有多種，如《續古今考》《瀛奎律髓》等，頗爲學人稱道。詩文初集，題曰《桐江》，間有鈔本，儀徵阮氏曾以八卷本進呈，錢唐丁氏、罟里瞿氏，則四卷本也。《續集》則清《四庫》所著錄者，爲元刊殘本，不少闕佚。此本亦有缺卷，計存卷一、卷二、卷四、卷五、卷六、卷七、卷八、卷九、卷十、卷十一、卷十二、卷十三、卷十五、卷十六、卷十七、卷十八、卷十九、卷二十、卷二十一、卷二十五、卷二十七、卷二十八、卷二十九、卷三十、卷三十一、卷三十二、卷三十五、卷三十七、卷三十八、卷四十二、卷四十三、卷四十四、綜三十二卷。其編次及存佚當與庫本異同頗多，俟他日再考之。卷一《海東青賦》，皇帝大元嗣聖等字，擡行仍照原式，或亦出於元刻，然無從考覈矣。回之遺文見於他處者，多不見於此集，而賴此《續集》以存回詩文者，正自不少，固哀然宋元間一巨集也。今觀其集，卷九有一詩，末題云“計《桐江續稿》九卷二百首，書其末”。卷十二有一詩，爲《編續集戲書》者，中有句云，“一事差强今晚輩，桐江續集又千篇”。是回固以《續集》之成爲可喜，其集所以名《桐江》者，讀其詩可以見之。卷二十五有《寄題桐君祠》云，余守桐江七年，解官留居五年，凡一紀而復去，猶數往來桐君祠下，然則蓋以官桐江之故而名集也。卷十六有自注云，吾州左史竹坡呂公、吏部秋崖方公，皆謂回可教。卷二十一有《丞相大觀文馬公先生廷鸞挽詞》三首並跋，題門生方回。廷鸞即撰《文獻通考》貴與氏之父，今所傳《碧梧玩芳集》，即其遺著。呂、方、馬三人，於宋季皆有名，回以此數人爲師友，宜其人雖無足取，而其著述尚多可傳也。回暮年以講學爲名高，故其最崇重者，爲朱晦菴、魏鶴山、真西山數人。卷三十七有《送白廷玉常州教授序》云，漢董、唐韓未也，宋儒歐陽文忠文章第一，范文正事業第一，司馬文正踐履第一，然亦未也。王半山申韓而佛老者也，蘇長公儀秦而佛老者也，黃與陳、李、杜而佛老者也，人品非不高，道則皆未也。其求諸極圖、通書、定性、傳易、正蒙，經世之作乎。《真文忠公集》及《大學衍義》《讀書記》類聚言仁學也，《魏文靖公集》及《九經要義》《十七家周易集》，義學也，陳同甫、葉正則之議論，陳祥道、鄭漁仲之類聚，晏叔厚、秦少游、辛幼安、姜堯章之長短句，張子韶以至二陸、楊、袁，直入頓悟，祖磨宗能，皆非學也。卷十二有云，周、二程、張四人，文公、宣公、成公三人，爲近世七君子，故其詩云“堂堂七君子，如日常在天”。卷十六有詩云，“近代一人耳，吾鄉朱老先”。自注云，朱先者，謂先生也，本《漢書》例。卷三十五《送紫陽趙山長詩》，有自注云，淳祐，郡守上饒韓公，創建紫陽書院於舊南門外舊尉司衙。《桃符》二句曰，“四海共宗朱子學，萬山環繞紫陽祠”。佳句也。卷三十五有《讀魏鶴山先生渠陽集》五首，其一云，“漢唐臺閣畫功臣，何似宣尼從祀人。欲繪兩賢繼張呂，臨邛魏老建安真”。卷三十七有詩云，“吾師魏華父，菴以自爲名。自菴有類稿，其文世盛行”。皆可證也。惟陸象山之學，則回雖叹其超詣，見卷三《送繆鳴陽六言詩》。

然其序云，鳴陽重刻《象山集》流布北方，所至作詩盛稱其學
紫陽，晚學方回未敢以爲然。以其平時既尊朱，則其黜陸，固
無足怪矣。既尊朱學，故卷四十四有《肅齋記》云，河南程氏
教學者求道入德曰敬，爲之訓曰，主一之謂敬，又曰，無適之
謂一。至紫陽朱氏集註《論語》第一篇之第五章，亦曰敬者主
一無適之謂。至爲《敬齋箴》則曰，不貳以二，不參以三。則
主一無適之義始明。晚節別爲之訓曰，敬之爲義，惟畏字足以
盡之。朱氏高弟曰勉齋黃氏，又以肅訓敬，引《洪範》之肅，
以明其義。蓋朱子以主敬標宗旨，故回豳言之。卷十有《先天
易吟》三十首，《大衍易吟》四十首，卷二十八有《偶讀易兌
卦衍朋友之義》《送歷陽廣文倪耕道》詩，是回生平於《易》
道固所究心者，因之而又旁及全真教，故卷三十七有《全真教
隨喜詩》云，“全真遺教契清寧，一身土木已忘形。陳言不用
《參同契》，祕法何須急律令”。清《四庫提要》謂回見聞賅洽，
故所撰《續古今考》，終多可取。今觀此集，如卷十二有云，劉
向《列仙傳》非向所著，有曰武之不達，漢儒豈敢斥宗廟乎？
卷二有《送汪復之歸小桃源序》云，《漢·藝文志》存神仙十
家，芝菌之書爲服餌，兼有導引按摩，斷之以爲索隱行怪。後
世如《黃庭內景》《外景》《大洞真經》《西昇經》《步虛經》
《定觀經》《大清經》、陶隱居《真誥》之類不一，而晁公武
《讀書志》以《度人經》爲第一，殊不知《度人經》僞蜀王氏
時王喬之所撰也。古書有七王喬，而僞撰《度人經》者，非周
之王喬、漢之王喬，然則神仙其可信乎？卷十六有《讀素問》
十六首，中有云，“針石有不用，祝由足移精”。自注云，祝由
者，王冰謂祝說病由而已。《周官》音呢，或音注，謂傅藥非
是，上古未有也。酒醪湯液，猶備而不用。卷十六有云，淵明

《讀山海經詩》，"精衞銜微木，將以填滄海。形夭無千歲，猛志故常在"。此四句皆以指精衞也，謂此禽之壽，焉有千年，而報冤之家，未嘗泯耳。若所謂刑天獸名，口中好銜干戚而舞者，《山海經》信有之。，曾紘偶見此，即改"形夭無千歲"，爲"刑天舞干戚"，然辭意不相諧合，蓋近世讀書校讎者好奇之過也。予謂不當輕改，此蓋回因辨淵明詩而自注者，是回於考訂固嘗留意之證也。至其自述學詩之宗尚，則卷四十二《思家》五首自注云，回詩初學文潛，晚參黃、陳。文潛蓋謂張耒，黃則山谷，陳則後山也。卷八有《三日陪明府飲次前韻詩》云，"聞其禪老居西堂，豈有門人拈瓣香。葛巾漉酒笑元亮，石室紬書輸子長。勿嫌臨邛家四壁，猶堪樊川金一箱。寄□麒麟閣上客，我自裳衣君金章"。自注云，近人專學許渾，乃爲此老杜、山谷變體以矯之。此則回撰《瀛奎律髓》一祖三宗之説所由來也。集中有《學詩吟》十首，其自注云，南渡後詩人，尤延之、蕭千巖、楊誠齋、陸放翁、范石湖，其最也，韓南澗父子可繼之。嘉定以來，止有一趙章泉耳。葉水心獎提永嘉四靈，而天下江湖詩客，學許渾、姚合，僅能爲五七言律，而詩格卑矣。回不謂世無人，如灰中種火，窮而在下，不見知於當世。故詩云，"奈何近百載，種火灰中深"。蓋回深歎南宋詩格之卑，則平時之排西崑而主江西者，固宜以生硬爲健筆，以粗豪爲老境，以鍊字爲句眼三語本清《四庫提要》。矣。錢唐丁氏藏鮑以文校鈔本《桐江續集》，卷首有以文題記云，《新安文獻志》載虛谷文二十九首，惟二首載《續集》，九首載《桐江集》，餘當別鈔附後。此爲微波榭寫本，蓋曲阜孔氏莊谷遺書也。微波榭舊在春及園，後移於城第，刻有《微波榭遺書》。春及園蓋莊谷因聚芳舊址拓成云。孔憲彝《對嶽樓詩續録》卷二有《微波榭詩》，所謂退歸老園林，遺書滿前樹是也。葉鞠裳稱在嶺嶠時，見郎亭侍郎所得宋元人集，如《太倉稊米集》《夷白齋集》，凡數十種，皆微波榭鈔本，茇谷先生以朱筆點勘，間有跋語。

剡源集二十八卷 明初刻本。

元戴表元撰。前有戴氏自序云，先生姓戴氏，名表元，字帥初，一字曾伯。其世譜可知者，六代祖居奉化縣南小方門，三傳而徙坊郭，又再傳而徙剡源之榆林。先生生淳祐甲辰，五歲知讀書，六歲知爲詩，七歲知習古文，十五始業詞賦，十七試郡校連優，補守六經諭。即厭去，游杭，作書言時政，激摩公卿大人無所避。杭學每歲貢士得三百員，試禮部中者十人入太學，謂之類申。二十六歲己巳，用類申入太學。明年庚午試中太學秋舉，歲終校外舍生，試優升内舍。辛未春試南省中第十五名，五月對策中乙科，賜進士及第，授迪功郎、昇學教授。癸酉冬赴昇，及乙亥春以故歸舊廬，改除杭學教授，辭不就。既而以恩轉文林郎、都督掾行户部掌故國子監主簿。會兵變，走辟鄰郡，及丁丑歲兵定歸鄞，至是三十四歲矣。家素貧，燬劫之餘，衣食益絶，乃始專意讀書，授徒賣文，以活老稚。鄞居度亦不可久，遂買榆林之地而廬焉。如是垂三十年，執政者知而憐之，薦授一儒學官，因起教授信州。噫，老矣。大德丙午冬歸自信州，時體氣積衰，而昏嫁漸已畢，即以家事屬諸子，使自力業以治養具。然性好山水，每杖策東遊西眺，遠不一里，近才數百步，不求其勞，意倦輒止，忘懷委分，自號剡源先生，因以名其集。或質野翁、充安老人云。伯驥按：前人謂戴《集》始刻於明初，宋氏濂序之，凡二十八卷，即此本也，惜宋序脱去。至隆、萬間四明周儀得先生全集之目，鋭意搜輯，勒成三十卷，文與此稍異，萬曆辛巳，後裔戴洵梓行於南雍，清《四庫》著録即此刻，至鈔本流傳，多從周本録出。而卷首或有《剡源先生年譜》，題蛟川陳景沛編次，又板心有"巾山陳景沛草創"七字，則《年譜》是景沛所作，補周本所未及也。戴《集》之行於今者，以上海郁氏《宜稼堂叢書》本爲最著，郁本比周本增多文二首，卷十八《題雙溪王晦仲讀易筆記》，後卷二十一《蠅虎賦》是也。惟詩則兩本大不同，郁本五言古增多五十三首，七言古、五言律並增多一首，惟五言排律郁本一首，而周本十六首，則特爲完備，此二本之異同也。盧氏《抱經堂文集》十四有《剡源集跋》云，余舊讀蘇伯修所輯《元文類》，劉欽謨所輯《中州文表》，略識元人所爲文，古辭奧句，磈砢斑駁，大率取才於先秦、兩漢，其體裁則昌黎之《曹成王碑》、柳州之《晉問》，庶幾近之。當宋之末年，其文多流於漫衍，荏弱嗶緩，骫骳而不能振。若元閒静軒、王秋澗、姚牧庵、許圭塘諸人之文，差可矯其弊矣。然古於文者不必皆古於辭也，如第以辭之古爲古文，則又恐以形貌求之，而非精神命脈之所在，是乃贋古，非真古也。繼得黄梨洲所録《剡源文鈔》，則大好之，其文和易而不流，謹嚴而不局，質直而不俚，華腴而不淫，此非徒古於字句之末者也。明初宋景濂氏重其文，在史局爲下本路即家謄其集入祕閣。《元史》列之《儒學傳》中，景濂又爲其集作序，推崇甚至。三百年來，唯梨洲遴擇其文以傳之學者，而其全集殊不多見。金陵陶孝廉衡川以是詢余，余愧未能答也。南濠朱君文游，多蓄古書，余因求之，乃得明神廟時版本，其上有何義門先生評校，乃其弟子沈穎谷名岩所傳録者。何氏得嘉靖以前舊鈔，爲文祗六十五篇，以校版本改正甚多。如《唐書西域圖記》脱去後半篇二百六十五字，賴以補全。其

詩亦得舊鈔刊正，余見之大喜，屬友人爲臨一本。但此集爲卷
三十，文雖視舊鈔本爲多，亦有鈔本有而版本無者十有三篇，
何氏已爲補錄，而朱君本無有，不知又落誰氏矣。詩源出江西，
視山谷爲稍渾融，余師桑弢甫先生讀之，目爲猰士云。剡源嘗
爲建府教授，而《元史》乃作建寧，考其自序云爲昇學教授，
建康實唐之昇州，然則《元史》誤也。後來序其文者亦多沿誤，
當正之云。《靜嘉堂祕籍志》三十九著錄此集，爲三十卷本。義
門何氏康熙辛巳跋語云，帥初爲學，自六經百氏，無不貫串，
而得之《莊》、《騷》者爲深。文格猶近子厚，其間似蘇門者，
所從出均也。能從容於窘步，萌苗於枯條，若高山大川之觀，
桑麻菽粟之用。乃其所少，則賦才者殊，而亦遭遇變故，無自
發耶！然彩筆妙吻，宋季以來，莫有匹敵。宜乎，伯長所專師，
晉卿所深推矣。蓋盧氏則加以考訂，何氏則專論其文也。此爲
明初本，字猶法松雪體，半葉十行，行二十字。

松鄉先生文集十卷臨清徐氏歸樸堂臨寫惠氏紅豆新居本。

　　前題句章任士林叔實，前有趙子昂撰《任叔實墓志銘》，陸
文圭敘、杜本敘。卷十末摹刊任勉私印陽文方印。有王氏題語
云，在漢東都御史中丞句章任奕以文辭進，其名著於《會稽典
錄》。近世任氏多工於詞賦，有聲場屋間，豈中丞苗裔耶！丹穴
鳳皇羽，風林虎豹章，信有種哉！叔實尚友前修，鎔意鑄詞，
《賦》《傳》二篇，師法孟堅，幽通昌黎。百川學海以至於海，
其進也孰禦。因書卷後，以識嘗鼎一臠之味。他日大篇短章，
金春玉鳴，又當嗣書焉。浚儀王應麟書於奉川龍津驛舍。有士
林自識云，厚齋王先生客廣平，余偶錄《復志賦》《壽光先生
傳》求正，先生遽題其尾如此。今没且數年，因理故稿，目覩

手札，感愴久之。予老矣，言語彫落，無復精碩，諸老淪亡，孰與首可！乃錄其語於端以自訂云。士林識。此集有明泰昌時刊本，脫誤甚多，此則其祖本也。此爲臨清徐氏歸樸堂舊藏，蓋徐氏坊故物也。卷前有惠氏紅豆山房章，當從惠氏舊本臨寫。惠研溪周惕，由庶常改知密雲縣，卒於官，世稱老紅豆先生。半農學士士奇，因監修京口城未竣，罷官，復補侍讀而卒，世稱紅豆先生。子棟，號定宇，學尤博，世稱小紅豆先生。紅豆者，相傳爲白鴿禪師所種，已老而萎。研溪讀書其下，忽抽新枝，移植他處，益爲茂盛，因名其堂爲紅豆新居云。

松雪齋文集十卷外集一卷 元刻本，汪秀峯、孫淵如舊藏。

元趙孟頫撰。孟頫字子昂，宋秦王德秀之後，五世祖偁生，孝宗賜第湖州，故爲湖州人。年十四，以父陰補官，宋亡，家居。程鉅夫奉詔搜訪遺逸，得孟頫以入見，世祖顧之喜。延祐中，累拜翰林學士承旨，卒封魏國公，謚文敏。事蹟見《元史》本傳。此集計《目錄》一卷、《外集》一卷，前有戴表元敍。後有至元後己卯何貞立跋云，松雪翁詞翰妙天下，片言只字，人輒傳玩。公薨幾二十年矣，而平生所爲詩文，猶未鏤版。今從公子仲穆求假全集，與原誠鄭君再加校正，亟鋟諸梓，置之家塾，俾識者得共觀焉。至元後己卯良月十日花谿沈璜伯玉書，四明阮子陽刊。後附至治二年八月日承務郎饒州路同知浮梁州事戴撰《行狀》，至順三年三月文敏之文集爲趙仲穆所編，文敏没後二十年尚未付梓，至元後己卯沈璜始從仲穆假本刻於家塾，前人謂此事頗不可解。花溪在今歸安縣治東六十里，璜蓋歸安人，當與沈夢鱗一家，均有連於趙氏也。陸氏藏《元勑賜開府儀同三司上卿輔成贊化保運元教太宗師志道宏教冲元仁靖大真人張公碑刻》，題至治壬戌趙孟頫奉勅撰，並書丹篆額。而此集及《松雪外集》文之爲僧道作者甚多，獨不收。陸氏謂文與字恐皆仲穆代筆，故字與湖州府治碑絕類，不然煌煌大篇，刻集時反遺之耶？《行狀》稱至治壬戌春，遣使傳旨俾書《孝經》，而未及奉勅撰碑事，豈以其方外而諱之歟！恐亦未必然也。此本爲汪氏啓淑孫氏星衍舊藏，有其藏章，"孫忠愍侯祠堂藏書記"則捺於卷首。

趙松雪文集四卷舊刻本，梁蕉林、陳簡莊舊藏。

元趙孟頫撰。前有大德戊戌戴表元序，次《目錄》，第一卷賦古詩，第二卷古詩、律詩五言、律詩七言、絕句五言、絕句六言，絕句七言，第三卷雜著、序、記、碑銘，第四卷碑銘、制、贊、銘、樂府，次行狀，次謚文。前題松雪趙孟頫著，桂室沈仲律錄正，龍泉唐廷仁校梓。卷中詩目，如《奉隆福召命過德清別業飲》《頌世祖皇帝聖德詩》等，皆擡行頂格。半葉十二行，行二十四字。序前有"蒼岩山人書屋記"、"曾在東山徐復庵處"二章，目前有"蕉林藏書"、"簡莊藝文"、"敦仁堂徐氏珍藏"三章，卷一前有曼生巢經山館章。是此書迭爲真定梁氏，及陳簡莊鱣、陳曼生鴻壽所藏。

重選刊松雪文集上下卷明陸公兆選刻本。

前有正德七年陸崑序，略云，鄉先達趙松雪翁以文鳴於元，舊有集若干卷，衆體略備，時尚夷教，間亦有援儒入墨之敝。伯驤按：元仁宗嘗謂侍臣曰，子昂人所不及者數事，帝王苗裔一也，狀貌昳麗二也，博聞多學三也，操履純正四也，文詞高古五也，書畫絕倫六也，旁通佛老之旨、造詣玄微七也。陸氏序謂其援儒入墨，蓋亦以子昂旁通佛耳。況版刻歲久，而

字益晦，識者病焉。浮梁方君汝賢，由名進士來尹烏程，有意
於文之復古也，屬邑庠司訓宣城陸君公兆選刻之。蓋斂繁就簡，
鄉文獻有足徵者，是可尚也。《元史》謂人知其詩畫，而不知其
文章，知其文章，而不知其經濟之學。予竊以爲美矣，惜不自
珍貴，有自售之嫌。陸序後有戴表元序。半葉十行，行二十字。

草廬吳文正公文集五十三卷明成化本，明無夢園舊藏。

元吳澄撰。前有伍氏序，略云，先正草廬吳先生，一代真
儒，天稟異常，自齠亂羣書過目悉不忘。年十四五即厭舉業，
致力聖賢之蘊，任天下斯文之重。周、程、張、朱以來，進學
之勇，見道之真，未有能過之者。是時宋運垂息，胡元亂華，
意者天使闡明斯道，以救世俗利欲之禍，大臣以布衣薦起，累
階三命，至內相之貴，與覃懷魯齋許公齊名，而著述之功尤多，
出處久出，一於道義之正，心清氣和，聰明康健。壽終八十有
五，加臨川郡公，諡文正。見虞、揭二學士作先生《行實》《神
道碑》與《元史》列傳，登載詳矣。我聖朝太宗文皇帝，纂修
《五經》《四書》《性理大全》諸書，其言皆備錄矣。宣宗章皇
帝復采儒臣公議，表章先生，位列孔廟，天下通祀，間氣之英，
豈吾邦山川所得而私哉！先生少時私錄三卷，自敍道學之傳，
平日支餘之言，雜著、敍錄、字說、序記、問答、碑銘、詩章
之屬，長或千餘言，短或十數語，援據精切，理義融貫，闢俗
學之淺陋，發前言之未發，如布帛菽粟之資世，卓乎一家之言。
宣德中諸玄孫爟輩，嘗繡梓於家，藏久細字昏蝕，殆不可讀。
成化十八年夏，巡按江西監察御史曹南陳公孟安留意重刻。次
年秋，按察僉憲淳安方公大本按臨撫郡，恐因循荒墜，遂移文
稽官中羨泉，資給工費，謂予請老於鄉，屬爲詳校。予因得先

生裔孫興化縣令鑑家藏録本，凡舊所刻誤舛妄，悉爲是正，類分五十三卷。郡貳守虞江陳公輝克任其勞，叱命繕書程公刻梓，字畫明顯，視舊弗侔。成化二十年中議大夫贊治尹奉勑提學校陝西等處提刑按察司副使致仕臨川後學伍福書。目前序後，有《從祀孔廟議》，有《元史·澄傳》，傳後附澄孫《當傳》，傳有云，當幼承祖訓，長通經文。澄既捐館，四方之從澄學者，悉就當卒業。半葉十行，行十九字二十字不等。卷末有無夢園章，當爲前明長洲陳氏仁錫遺本。蓋無夢者陳氏之別墅也，其址在葑門東道橋之南，中有荷池數畝，饒有園亭之趣。周忠介、文文肅、姚文毅諸公嘗唱和於其間，園故爲陳氏世居，家多藏書，所刻書籍碑板，多係以園名，書板多藏於茲園之四飛閣上。迄清世而園零落，書籍亦散失不復存云。陳氏亦以無夢園名其集。

筠溪牧潛集不分卷　從元槧精鈔本，鮑淥飲、陳玉几舊藏。

元釋圓至撰。圓至字牧潛，號天隱，高安人。其集有元、明兩刻本，清《四庫》著録者，爲子晉毛氏所刻七卷本，有洪喬祖跋，及明河題語，無方回、姚廣孝二序。明河又稱嘗讀《虎丘舊志》，見圓至《修隆禪師塔記》，歎其文字之妙，今此記不見七卷本中。聊城楊氏藏有元本，《楹書隅録》云，此本題曰《筠溪牧潛集》，方序、洪跋俱在。共分七類，曰詩、曰銘、曰碑記、曰序、曰書、曰雜著、曰榜疏。每類以天干字甲至庚記之，無卷數。《修隆禪師塔記》，作《修虎丘塔頌序》，在丁字類中。蓋子晉所刻，已多脫佚，此則大德間之原槧也。伯驥按：明本分七卷，而元本則分七類，其編制已有不同，而明本又缺方回序文，自以元本爲善。此爲玉几山人所藏精鈔本，其編制及《虎丘塔頌序》，與楊氏本相同，當是從元槧鈔出，而又

加録姚序者。蓋姚爲明人，元本自無其序，是可貴也，爲照録
之。姚序云，自唐宋以來，浮屠氏文之善鳴者獨鐔津翁一人而
已，文之合作，固不在言。其爲善者，以神聖道德性命、死生
變化，發前人之所未發，輔其教而爲文也。非特雄於僧中，士
林中歐陽子者文名冠於當世，見翁之文，亦歎服而言曰不意僧
中有此郎也。南渡後僧非無文，而其文也緟駮萎薾，而不足以
耀宗工秀士之目。至於元，善鳴者盛稱三隱、曰天隱、曰笑隱，
曰覺隱，雖三隱並名，而居最者天隱耳。天隱之文，雖未見如
長江大河，浩汗無際，波濤洶湧，魚龍騰躍，駭膽慄魄之勢，
然其規矩準繩，精密簡古，削去陳言，爲可愛爾。使歐陽子見
之，亦必點首而稱道之也。余少好於文，得天隱之文讀之，耽
翫不舍，至有忘其餐寢者。每下筆欲少效之，駑鈍實劣，雖竭
其力而弗能及，未嘗不置筆而歎也。蘇州府磧砂寺僧嗣詵以天
隱《筠溪牧潛集》版刻不存，欲載鋟梓以永其傳，來徵予序於
卷端。吁，天隱之文，予少欲學而似之不得，恒有媿於其心，
又奚敢以鄙詞而加其首乎！雖然，天隱之文，流布於世，猶水
之在地，豈藉人言而後行耶！詵懼其版泯而不傳，重爲刻之，
其意不可孤也，故勉而爲序。詵，長州人，靈谷幻居和尚弟子，
出世鎮江丹陽縣之孝感云。末題永樂十四年歲在丙申夏四月十
有三日，太子少師吳郡姚廣孝序。李贄《續藏書》有《文皇帝答曹國公
李景隆書》，贊謂此必姚恭靖爲之，他人未必能辦。是姚氏能文，明人已心折之矣。
恭靖，廣孝謚也。方序略云，天隱之文，紆餘曲折，反覆旋環，若
不可卒解驟決，而有若《相州堂記》《潮州廟碑》，各兩起句，
"截兮其綱之綱，屹乎其明堂之柱"，未嘗不若大劍利刀之斬鐵
切玉也。非特南渡後僧無之，南渡後士大夫亦未至此。末題大
德三年。清《四庫總目提要》謂六代以來，僧能古文者不三五

人，圓至獨以文見云云。今觀其集所載《答某官書》云，辱書
訪以古釋子之文，且求觀其能者。釋之道寡文，故爲者亦少，
則其能者固加少矣。獨契嵩禪師其文不學而能，嘗爲書折世之
嫚佛者，獻諸昭陵，歐、曾之徒，蓋避而莫敵也。其下有惠洪，
則爲之而不至者，已降則無足觀。蓋圓至之文，當出於契嵩矣。
又前人謂圓至工於古文，而詩尤清婉，其《寒食》云，"月暗花
明撾竹房，輕寒脈脈透衣裳。清明院落無燈火，獨繞迴廊禮夜
香"。《曉過西湖》云，"水光山色四無人，清曉誰看第一春。
紅日漸高絃管動，半湖煙霧是遊塵"。《送人》云，"送子江頭
水亦悲，更能隨我定何時。垂楊但謂秋來瘦，不爲秋來有別
離"。他如《再往湖南》云，"春路晴猶滑，山亭晚近涼。竹枯
湘淚盡，花發楚魂香"。《涂居士見訪》云，"並坐夜深皆不語，
一燈分映兩閒身"。其造語之妙，當不減於惠勤參寥輩也。又方
回《虛谷桐江續集》有《次韻吳僧魁一山詩》云，"筠溪四十
三歲殀，師弟與兄傳夜衣。國手棋高更有着，百年政恐疾於飛。
已學故學天隱說，多因誤剃鏡中頭。戲拈關某顏良案，兩足何
堪踏兩舟"。又有《賦高安僧寶姚圓至詩》云，前住建昌軍能仁
禪寺僧圓至，字天隱，吉筠州人。癸丑廷魁姚公勉之猶子，寶
祐丙辰生。咸淳甲戌年十九出家，至元、元貞間住前寺，二年
棄去，臥盧山。大德二年丁酉圓寂。有《天隱禪師文集》若干
卷，又曰《筠溪牧潛集》，文近世僧之所無，而殀可痛也。其友
吳僧行魁一士上人求予序其文。且賦十絕，將隱於天月山之西
峯，依韻和以送之。見卷三十五。是方氏於圓至及吳僧固有緣
者也。焦氏《易餘籥錄》卷十二云，《圓至集》中《方蛟峯祠
堂記》云，儒佛之鬬，古無有，其禍始於韓愈、歐陽修之好名。
然二子競於外而事其末，故爭止於教而不及道。伊洛學出，始

竊吾意以飾堯舜孔子之言，其建號立名，又二子之智計所不及，既竊之，則諱之、絕之。筠溪雖以沙門詆儒士，然謂伊洛竊其意則得之。理堂之説，蓋又不僅論其文矣。圓至遺作，此書而外，有《周弼三體唐詩注》，有《唐詩説》。《詩注》多有其本，《詩説》則不多見也。南雷黃氏嘗謂今日釋氏之文，大約以市井常談、兔園四六、支那剩語三者和會而成，相望於黃茅、白葦之間，以爲甕中天地，章亥之所不步也。讀之者，亦不審解與不解，疑其有教外微言，落於矄野之中，蟠蜿在東，莫之敢指。嗟乎，言之不文，不能行遠。夫無言則已，既已有言，則未有不雅馴者。彼佛經祖録，皆極文章之變化，即如《楞嚴》之敍十八天、五受陰、五妄想，與《莊子》之《天下》，司馬談之六家指要，同一機軸，蘇子瞻之《溫公神道碑》，且學《華嚴》之隨地湧出。皎然學於韋蘇州，覺範學於蘇子瞻，夢觀學於楊鐵崖，夢堂學於胡長孺，其以文名於一代者，無不受學於當世之大儒。故學術雖異，其於文章無不同也，奈何降爲今之臭腐乎！此又論明世釋子之文，最透闢之言矣。卷首有「曾在鮑以文處」、「曾經玉几考藏」兩朱文章。陳撰字楞山，號玉几，鄞縣人，僑居錢唐。性孤潔，不肯因人以熱，蓄書最富，精賞鑑，客儀徵長年不歸，意思蕭澹，屏絕人事。乾隆元年徵舉博學鴻詞。見杭氏《道古堂集》《鄞縣志》。山人有《南宋雜事詩題辭》，其略云，宋社既屋，南渡事跡俱湮，予本鄞人，僑居是地。屢欲搜討，勒成一編，而遺文放失，祕籍莫窺，無已，而閲市借人，掌題舌舐，迄今數閲寒暑，尚未卒稿。論者以爲山人有《聽雨録》一卷真蹟，尚留於今。以上所云，當指此録，然玉几研討之勤，好學之篤，於此亦可見矣。此本書法秀挺，絕去塵俗，與《聽雨録》遺筆爲近，或亦出於玉几手録。

雙溪醉隱集六卷 文瀾閣傳鈔本

元耶律鑄撰。前有呂氏序，略云，中書省掌書記李暐，一

日袖書一編詣余曰，此雙溪之歌詩也，約千首，并附近作，共
得一百五十餘篇，離爲五卷，今欲廣傳之，庶在綺紈者見而思
齊焉，請子文以引其端。余受而觀之，如“金檠夜延螢燭暗，
翠簾風窣月鉤閒”。此時年十五耳。“兩漢水乾秋飲馬，五城霜
重夜屯兵”。此又十七時語也。公諱鑄，字成仲，雙溪自號也。
公以東丹王之後，右丞文獻公之孫，中書令玉泉老之子，鑠盡
貴氣，屈己以下人，刮去驕佚，折節讀書，及所爲詩交又如此。
庚辰年上巳日龍山居士雁門呂鯤書。次有趙著序，略云，國朝
自取魏以來，詩人益盛。余嘗在貞祐季年，親玉泉大老《懷親
詩》云，“黃犬不來愁耿耿，白雲望斷思依依。欲憑鱗羽傳音
信，海水西流雁北飛”。又云“黃沙三萬里，白髮一孀親。腸斷
邊城月，徘徊照旅人”。所以見哀思之情極矣。又《和人詩》
云，“仁義説與當途人，恰似春風射馬耳”。此見感憤之懷，亦
已極矣。思之有以見唐人之餘烈焉。雙溪成仲，即玉泉中令君
之子也，生長北溟，十三作歌詩，下筆便入唐人之閫奧，嘗作
《高城曲》云，“城高三百丈，枉教人費力。賊不從外來，當察
城中賊”。又《日將出》《帶將來》《小胡笳》《擬回文》《暮春
曲》《磨劍行》《春夜吟》《獨倚門》之類，皆十三時作也。又
《陰雨惜花吟》《琵琶詞》《公子行》《廣陵散》，十五、六作也。
又《贈坐竿道士》《水平橋》《題籃采和》《早行吟》，十八、九
作也。又《山市吟》《暮春對花寄故人》《題牧牛圖》，二十一、
二作也。此詩向時往往傳至熙臺，人初未深信。及其去歲秋八
月來自北庭，大葬既已，明日首禮於香山寺，元呂及余從行。
禮成，長老拂几捧硯，請各賦詩。雙溪即書古詩云，“渺渺入平
野，悠悠到上方。雲開見天闕，回首超凡鄉”。既而雙溪復次元
韻云，“人去豪華山好在，夢回歌舞水空流”。又次余韻云，“翠

輦不回天地去，白雲飛盡海山秋”。《會九日登瓊花島用吕香山詩韻留題》云，“蓬萊宮殿遺基在，休對西風仔細看”。未幾，復書途中之所作，大傳燕市，使向之未深信者，私作慚怍。自是與燕之士大夫唱酬無虚日，惜乎李子取之不多，執此過余，求爲後引。其經國圖遠之略，推賢去惡之心，而已形諸歌詠。余雖老矣，猶可拭目而待續勒銘於雙溪未晚云。次有麻革序，略云，趙虎巖、吕龍山，世雄於歌詩，爲之序引甚備，余辭其贅歟！今雙溪已嗣行中書事，將見沛然爲文，黼爲卿雲，蒸爲雨露，以芘澤天下，此特其土苴耳。末有王萬慶跋。

默庵安先生文集五卷 知不足齋鈔本，文道義、蔣子堅舊藏。

元安熙撰。熙字敬仲，藁城人。少慕劉因之名，欲從之游，因亦願傳所學於熙，會因卒不果。然所學一以因爲宗，因號静修，人稱爲静修先生者也。前有泰定三年虞集序，略云，《默庵集》者詩文凡若干篇，藁城安君敬仲之所作，其門人趙郡蘇天爵之所輯録者也。既繕寫，乃來告曰，昔容城劉静修先生，得朱子之書於江南，因以之遡乎周、程、邵、張之傳，以求達乎《論語》《大學》《中庸》《孟子》之説，聞其風而慕焉者敬仲也。静修之言曰，老氏者以術欺世，而自勉者也。陰用其説者，莫不以一身之利害，而節量天下之休戚，其終必至於誤國而害民。觀其考察於異端幾微之辨，其精如此，則其下視一世之苟且汙濁者，不啻蟣蝨之細、犬彘之穢。豈不信然！敬仲終身師慕之，則其所見，何可量哉？國朝混一之初，北方之學者，高明堅勇，孰有過於静修？惜乎，静修既不見朱子，而敬仲又不獲親於静修。二君皆未中壽而卒，豈非天乎？目後有泰定四年男廣寧路儒學正堅題記，略云，先君子之於文，蓋無存稿。先

君没時，塈年幼又不知收拾，其後門人蘇君伯修始加輯録，類
爲《內集》五卷、《外集》五卷。末題前鄉貢進士真定路趙州
儒學正門生楊浚民校讐，應奉翰林文字承值郎同知制誥兼國史
院編修官門生蘇天爵編集。清《四庫提要》稱蘇氏作熙《行
狀》，述朱子《四書集註》初至北方，澤南王若虛起而辨之，陳
天祥益闡其説，熙力與爭，天祥遂焚其書。今天祥之書故在，
焚之之説雖涉於夸飾，然熙之力崇朱學，固於是可見也。序前
有"世守陳編之家"、"老屋三間賜書萬卷"、"歙西長塘鮑氏知
不足齋藏書印"、"道義讀過"章。目前有"文印廷式"朱文
章、"蔣維基字子垕，號厚軒"章。卷第一前有"蔣印維基"、
"茹古主人"、"葉德輝郋園"各章。

秋澗先生大全文集一百卷 舊鈔本。

　元王惲撰。前有王氏序，略云，昔我世祖皇帝肇登大寶，
思惟祖宗鴻業昭載信史，於是招延碩儒建立史館。時秋澗王公
年方而立，首選爲修撰。其後薦歷顯要，建言折務，切中時宜。
逮自外臺，徵長翰林，雄文大册，光賁館閣，學者翕然師尊之。
公既捐館，其子太常司直公孺，彙集遺文餘百卷，請予置言其
端。至大己酉翰林學士承旨中奉大夫知制誥兼修國史王構序。
次有王士熙序。次有羅應龍識語，略云，延祐庚申八月，太守
常王侯以公《大全文集》俾本學鋟梓，時衆以禾庠廩粟有限，
議欲均派諸學，王侯謂應龍曰，刊印文集，出於上命，學校當
委曲之，以副朝廷崇尚文雅、嘉惠後學之意，雖重費庸何傷？
屬應龍計料。分類篇目爲一百卷，命儒生繕寫刊刻，工未及竟，
而王侯遷廣東廉使已行。辛酉九月，本道分司盧僉憲到路，適
會公之長孫赴福建僉事，道由嘉禾，議論翕合，遂委本路治中

壽之高侯專一提調。高侯舊參省幕，聲譽素著。視刊匠不滿十
人，慮以遷延歲月爲病，洊申省府，取發工匠鄰郡，不旋踵而
至者二十餘人，併工相而成之，繇是賴以完備。至治壬戌嘉禾
郡文學掾晚學羅應龍謹書集後。次有咨文錄之，以見元朝體制。
咨云，皇帝聖旨裏，中書省御史臺呈，據監察御史呈，竊見故
翰林學士秋澗王文定公，文才博雅，識見老成，迺中州之名士
也。頃在翰林，暨居臺察，觀其因事匡時，立言傳世，未嘗不
以致君澤民爲心，端本澄源是務。進呈"承華事略"，蒙裕宗皇
帝嘉納，俾諸孫傳觀，宏益良多。近日又蒙聖上特命張司農等
再行繪寫，以賜東宮，若非深有可取，豈能如是哉！即係兩朝
御覽珍重，文集有《元貞守成事鑑》《中堂筆記》《烏臺筆補》
《玉堂嘉話》，並其餘雜著，光明正大，雅健雄深，皆出於仁義
道德之奧，裨益政務，有關風教，足爲一代之偉觀。故追贈制
詞有云，觀其遺書，蓋抱經綸之志，泂未成迹，豈徒黼黻之才，
惟先朝蓍蔡之是稽，繫後生斗山之所仰。其子太常禮儀院司直
公孺，編類成書，計一百卷，字幾百萬，家貧不能播刊，無以
副中外願見之心。翰林國史院已嘗爲言，未蒙定奪，若依祕書
少監楊桓《六書統》、郝奉使《文集》例，具呈都省，移咨江
浙或二西行省，於學田子粒錢內刊行，昭布諸路學校，以示後
進，非唯儒風有所激勵，實彰聖朝崇儒之盛事也。具呈照詳得
此，送據禮部呈，照到郝文忠公例，著述《陵川文集》十八册、
《三國志》三十册，已經具呈都省，於江南行省所轄儒學錢糧多
處就便刊行去訖。本部議得翰林學士《王秋澗文集》，合准監察
御史所言，比依郝文忠公例，移咨江浙行省，有儒學錢糧內就
便刊行，相應具呈照詳得此。照得《郝文忠公文集》已咨江西
行相委官提調如法刊畢，各印二十部，裝褙完備，咨來去訖。

今據見呈，今將秋澗《王文定公文集》隨此發去都省，合行移
咨請照驗依上施行，須至咨者，右咨江浙行中書省。次有男王
公孺識語略云，先考文定公既捐館，公孺編類遺稿，家貧無力
不能刊播。延祐己未歲冬，季孫苛方任刑曹郎官走書於家，取
其遺文云，朝廷公議先祖資善府君平生著述，光明正大，關係
政教，嘗蒙乙覽，致有宏益，當移江浙行省給公帑刊行。因念
韓文公爲唐大儒，學者仰之如山斗，其文集自唐至宋，歷二百
年之久，賴柳如京之賢，方刻板本流傳於世。先君去世，今纔
十五寒暑，特蒙朝廷表揚如是，實爲希闊之遇，於以見聖朝崇
儒右文之美。延祐七年男王公孺叙書。又有王氏序，略云，翰
林承旨文定王公，衛之名儒，秋澗其號也。從游遺山、鹿菴、
紫陽、神川四先生之門，語性理則以韓、柳、歐、蘇爲法，才
思泉湧，下筆輒數千言，文中巨擘也。文集皮藏家塾，繼而有
聞於朝，取而置之黃閣，未幾咨發江浙行省議鋟諸梓。庚申冬
檄送本路，俾會學廩之贏，以給其用。命出省府，奉行惟謹，
迺命郡博羅君應龍任其責，學錄余元第專董其事，仍委蘭溪州
判唐泳涯校正，擇諸生中能書者，重爲繕寫，以授刊者，工役
甫見次第。余適叨廣東憲節之命，秣馬就道，遂書此以畀禾學
刻之卷末云。時至治改元，古衛王秉彝序。

秋澗先生大全文集殘本七十一卷 影元刊本。

　　元王惲撰，首署《秋澗先生大全文集》一百卷、《目錄》
五卷，元至治中嘉興學刊本。前有至大春二月翰林學士承旨中
奉大夫知制誥兼修國史王構序，及構子王士熙跋，又秋澗庶子
承務郎同知磁州公儀跋，至治壬戌春孟嘉禾郡文學掾羅應龍書
後。葉末有"右計其工役始於至治辛酉之三月，畢於至治壬戌

之正月"三行，又有"嘉興路司吏楊恢監督，嘉興路儒學之錄余元第董工，前蘭溪州判唐泳涯校正"三行。卷一爲頌賦，卷二至三十四爲古今體詩，卷三十五爲書議，卷三十六至四十爲記，卷四十一至四十三爲序，四十四、四十五爲辨說，四十六爲雜著，四十七爲行狀，四十八、四十九爲傳、爲墓志銘，五十至五十九爲碑銘，六十、六十一爲碣銘，六十二爲文，六十三、六十四爲祭文，六十五爲辭，六十六爲箴、銘、贊，六十七、六十八爲翰林遺稿、表牋、青詞，六十九、七十爲疏約、上梁文，七十一至七十三爲題跋，七十四至七十七爲樂府，七十八、七十九爲《承華事略》《守成鑑》，八十至八十二爲《中堂事記》，八十三爲《烏臺筆補》，八十四爲論列事狀，八十五至九十二爲事狀，九十三至一百爲《玉堂嘉話》。是書爲其子公孺所編，有聞於朝者，咨江浙行省刊行，行省委之嘉興學，故刊於嘉興。半葉十二行，行二十字。蓋影寫原刊者，惜七十二卷以下殘缺。集前有公文一事，略謂，議得翰林學士《王秋澗文集》，合准監察御史所言，此依郝文忠公例，移咨江浙行省有儒學錢糧內，就便刊行，如法刊畢。伯驤按：明陸氏深《儼山外集》十二云，勝國時郡縣俱有學田，其所入謂之學糧，以供師生廩餼，餘則刻書，以足一方之用。工大者則糾數處爲之，以互易成帙，故儺校刻畫，頗有精者，初非圖鬻也。國朝下江南，郡縣悉收上國學，今南監十七史諸書，地理歲月，勘校工役並存，可識也。今學既無田，不復刻書，而有司間或刻之，然以充饋贐之用，其不工反出坊本下，工者不數見也。善乎，胡致堂之論明宗曰，命國子監以木本印書，所以一主義去舛訛，使人不迷於所習，善矣，頒之可也，鬻之不可也。或曰天下學者甚衆，安得人人而頒之，曰以監本爲正，俾郡邑皆得爲焉，何患於不給，國家浮費不可勝計，而獨靳於此哉！此馮道、趙鳳之失也。據陸氏言，惟元時有學田餘資可以刻書，故前列公文如此，迄明而此事遂廢矣。伯驥所撰《經籍故》二十餘卷，第十二卷頗詳此事，茲略及之。

漢泉曹文貞公詩集十卷影寫元刊本。

元曹伯啓撰，文林郎江南諸道行御史臺管勾男復亨類集，國子生浚儀胡益編錄。前有張氏序，略云，漢泉中丞曹君，蚤歲游鄆庠，從墊齋李先生學，清苦勤勵，見稱時輩。擢邑文學，授徒習業，益自力。文定馬公子卿知單州，以茂材薦授儒學正教授，皆不赴。除江陰總府經歷，材幹著聞，猶循資格，再調辟掾南臺浙省，未嘗一日廢學。既登清顯，歷中外，年耆艾矣，誦讀述作，猶前日也。朝論以君宣勞陳力之久，自山北廉使召爲集賢侍讀學士，俄拜侍御史使浙西，引年謝事，歸於家。起使淮東，超西臺中丞，以疾堅辭不起，而益以文筆自娛，其篤學如此。君既没，子臺掾復彙集平昔所著《漢泉漫稿》若干卷，求余序其端。漢泉諱伯啓，字士開，贈資政大夫，河南行中書省左丞、上護軍，追封魯郡公，謚文貞。漢泉，其自號云。至元三年後丙子通奉大夫江南諸道行御史臺侍御史張起巖序。次有歐陽氏序，略云，至治癸亥，余叨預浙省文衡，文貞公以浙憲監試，同處試闈者五十餘日，校程之暇，與公論文。或至夜半，嘗誦所爲詩，令人傾聽忘倦。公自壯至老，宦游之廣、跋履之多，計其寓情陶寫，感事諷賦，與夫投贈簡記，賡倡詠歎，爲篇什宜不止是。然聞其思致敏贍，襟韻朗夷，臨文抒志，造次天成，漫不存稿，其所裒殆十之二三歟！至元四年後戊寅翰林侍講學士通奉大夫知制誥同修國史兼國子祭酒歐陽玄敍。

次有大中大夫禮部侍郎趙郡蘇天爵題記，次有後至元四年大中
大夫國子司業呂思誠敍，次有特進上卿玄教大宗師吳全節識語。
此本照元刊本摹寫，書法之工，精神之足，蓋與毛氏鈔本各書
無異。日人岩崎藏影元鈔本，有宋賓王跋曰，丁未春，閱桃花
塢文瑞樓所得秀野草堂顧氏藏《曹漢泉集》五卷，.元版元印，
字畫端楷，直出松雪手書，雖其中微有闕葉，而字畫完好，誠
罕物也。披閱之下，見卷帙不符絳雲藏目，心竊疑之。迨借蓮
涇王先生所藏，鈔補闕葉，乃松雪行書。卷首有王履吉、徐乾
符兩先生手跋，極稱字畫之妙，究之行不及楷，且有斷板闕文，
翻刻改譌處。首脱歐、蘇兩序，及諸文議議。繼又獲觀秀水朱
竹垞翁所藏曹秋嶽閱本，並十卷，亦無前序，更多闕逸，較蓮
涇所藏又遜一籌。因思元時名集，動國帑鏤板，故得名手書文，
良工刊刻，不百餘年，而行世本已絕無僅有。又互多脱落，合
較鈔之，爲前賢留一脈云。雍正五年夏，婁水宋賓王識。見
《静嘉堂祕籍志》卷四十。可見此種爲藏家所貴。

石田集十五卷　影元刊本。

　　元馬祖常撰。祖常號伯庸，元色目人。伯驥按：王氏《梧
溪集》卷四，敍伯庸先世頗詳，集中有《題馬季子懷静軒詩》
云，懷静軒，居延馬季子所刱也。季子之先曰月哥，曰理术，
自雍古部族居静州天山。一傳爲習禮吉思，仕金死節，謚忠愍，
血食汴之襃忠廟。二傳爲月忽那，北人，見憲宗皇帝，以白衣
官斷事。從世皇南征，以勞拜禮部尚書，謚忠懿。三傳爲世昌，
尚書省郎中。四傳爲禮宣政都事。五傳爲祖中，浙西監倉使；
仲氏祖常，由進士第一人，官至翰林大學士。六傳爲馬季子，
隨都事公居於松之竹岡，軒以懷名，示不忘本也云云。元代文

章極盛，色目人尤多著名者，祖常其一也。祖常文五卷，劉欽謨《中州文表》有之，有文而無詩。王文簡得朱竹垞寫本，而十五卷始完，蓋出自元本，至元五年江北淮東道肅政廉訪司奉旨刊行，至明弘治中都御史熊翀有重刊本。翀與祖常皆光州產也。平津館所藏，則從熊氏刊本影鈔淮東路學刊本，首有至元五年淮東道肅政廉訪司事古揚州路總管府刊板牒，有王守誠、陳旅、蘇天爵序。後有《附錄》、虞集《桐鄉阡碑》、許有壬撰《神道碑》，作《石田山房記》爲一卷。徐氏康謂元刻之精者，不下宋本，曩在申江見元《馬石田集》十二冊，其紙潔白如玉而又堅韌，真宋紙元印。余爲作緣，歸之宜稼堂郁氏，當即此本所出也。半葉十行，行二十一字。

道園學古錄五十卷　元刊本。

元虞集撰。卷一至二十曰《在朝稿》，二十一至二十六曰《應制錄》，二十七至四十四曰《歸田稿》，四十五至五十曰《方外稿》。至正元年，閩憲僉幹克莊刻於福建，半葉十三行，行二十三字，黑口，版心或刊《道園學古錄》幾，或刊《學古》幾，學多作斈，錄多作彔。有至元年門人李本跋，此爲黃鐘、李本與道園子翁歸編本。其後至正丙戌江西肅政廉訪使鎦伯温編《道園類稿》，亦五十卷，刊於江西撫州。半葉九行，行二十字，黑口大字，與西湖書院本之文類規模略同。歐陽序文手書上版，並有牒撫州府文，撫州府總管詹天麟附識。明景泰七年鄭達知崑山縣，過太倉之興福寺，得建本於寺僧涑公，與主簿南海黃仕達捐貲在東禪寺重爲翻雕，有鄭達序。蓋元至正刻無序，有李本跋。景泰本有鄭達序、歐陽玄序，重增《目錄》，並詩文三十八首，分增各卷之後。且至正元年之刻，係小字本，後刻則大字。景泰之刻，則仿初刻，且小字，名《學古錄》，大字本則題《類稿》，亦不相混也。虞氏遺文，藏家每多以景泰本爲元刊，故稍詳之。

淵穎先生集十二卷附録一卷 明翻宋璲寫刻本。

元吳萊撰。前有嘉靖元年當塗祝鑾重刻序，略云，先生諱萊，字立夫，姓吳氏，元大學士直方之子。七歲能賦詩，族父家素多書，盡出所藏使讀，自是該貫古今，四方學者多師之。曰淵穎，門人私諡先生者也。先生平日著述最多，宋公景濂擇其有關於學術論議之大者爲編。百六十餘年來，板既弗存，故人亦罕見。今年夏太常博士李君至杭，示我以善本，遂重刻之。次有至元間門人胡翰序、劉基序、胡助序，次《目録》八葉，次有其子士鍔識語，末有“金華後學宋璲謄寫”八字。蓋此集由宋氏景濂將吳文摘出三之一，而其子璲寫刻之。此本又重翻原日寫本也，板心魚尾下題《淵穎集》幾，半葉十一行，行二十二字，小字精工，似非書匠所能矣。

柳待制文集二十卷 明天順刊本。

元柳貫撰。前有蘇天爵序，首題《柳待制文集》，有危素序，首題《金華柳先生文集》，余闕序與天爵題同。天爵序稱，待制子卣藏其文，至正庚寅浙東僉憲余公按行所部，以浦江監縣廉君清慎有爲，愛民重士，乃命刻其文傳焉。《文集》二十卷、《別集》又二十卷，皆公門生宋濂、戴良所彙次云云。今《別集》已不可見矣。余闕序謂，文之敝至宋亡而極，故我朝以質承之，塗彩以爲素，琢雕以爲樸。當是時士大夫之習尚，論學則尊道德而卑文藝，論文則崇本實而去浮華。至大、元祐間，始稍稍切磨爲辭章，先生爲文，則縝而不繁、工而不縷，粹然粉米之章，而少山林不則之態云。集稱待制者，蓋柳官翰林待制兼國史院編修也。《附錄》一卷，則黃溍所爲《墓表》，宋濂所爲《行狀》，戴良所爲《墓表碑陰記》也。《墓表》稱柳所著書，有《近思錄廣輯》三卷、《字系》二卷、《金石竹帛遺文》若干卷，亦不傳矣。半葉十二行，行二十字，上下黑口，魚尾下題《柳待制文集》幾。

存復齋文集十卷明刊本。

前題元征東儒學提舉睢水朱德潤澤民撰，曾孫夏重編，賜進士湖廣按察使東吳項璁彥輝校正。德潤字澤民，睢陽人，流寓吳中。善筆札，尤工畫人物山水。延祐末，趙氏孟頫薦之駙馬瀋王，王以上聞，召見授翰林應奉文字，兼國史院編修官。英宗嗣位，會瀋王忤中貴人斥外，表授征東行省儒學提舉。又明年召見留京師，命君綜寫梵書事。後於至正間爲江浙行中書照磨官參軍事，守杭、湖二郡，攝守長興。未幾歸，杜門屏處三十年，聲譽彌著。前有俞氏序，略云，澤民故與予交三十餘年間，得許道寧畫，謾爾塗抹，適臻其能。在仁廟時，瀋王器其才，引對於嘉禧殿，授征東提學以歸。人不知其於鞭辟近裏，尤用功也。藝於聖門，固曰小學之能事，然以欲觀古人之象，與夫繪事後素，可與言《詩》者推之，其於指畫之形，有功近於書者。聖人於藝以游，而言儕於道德與仁而四之，一以小物不遺，動息有養故耳。況夫以山川言，亦仁知之所樂者，於進而吾往也，逝而不舍晝夜也。爲學爲道，一以體其重厚不遷，周流無間，凡得想象而求以似之，何藝非道耶！使刻意於文字，不有以載道，而追逐於月露風雲之狀，庸何愈於藝成而下者，此《詩》之國風所以出於民俗之歌謠，後儒極力無能仿佛也。澤民藝能而妙，由妙而神，神有幾於天者。言之精者爲文，由精而超於自得，則有配天於無言者。德藝兩忘，道術無蹟，神而明之，亦存乎人。澤民可與語道矣，有不合天人於一耶！至正九年合沙俞焯午翁序。半葉十一行，行二十字。

至正集八十一卷<small>舊寫本，張殷齋手校。</small>

元許有壬撰。有壬字可用，湯陰人。延祐二年進士，累官集賢大學士，中書左丞，兼太子左諭德。致仕卒，諡文忠。《元史》有傳。同知遼州時，關中有警，鄰州聽民出避，棄嬰孩滿道。有壬獨率弓箭手閉門以守，卒無虞。有追逮不許胥隸至村，惟執信牌令里役呼之，遇冤獄皆平翻。行部廣東，劾貪墨廉訪副使哈齊祭衍，奏雪王毅、高昉、趙世延冤。上正始十事，請發糧四千萬斛，賑京畿飢，其他治績尚多。立朝五十年，三入政府，偉著風節。《至正集》本一百卷，繕錄方畢，有壬捐館。子楨忽遭起遣，倉皇棄擲，稿遂淪亡。明弘治間，五世孫顯刊《圭塘小稿》時，亦未之見。楊文貞雖收其副本，究不知即此八十一卷否，尚闕十九卷，與黃氏千頃堂所載卷數相同，然箋、表、傳、狀、簡及疏稿，皆無一存，是散失尚不少也。集中史料不少，朱氏述之《讀書志》卷五云，《至正集・上京十詠・沙菌》云，"牛羊膏潤足，物產借英華。帳腳駢遮地，釘頭怒戴沙。齋厨供玉食，毳索出氈車。莫作垂涎想，家園有莫邪"。注此物喜生單帳卓歇之地，夏秋則環繞其跡而出，按即今之口蘑。《馬石田上京書懷詩》云，"六月椒香駝貢乳，九秋雷隱菌收釘"。亦指口蘑，故其集亦頗關細碎考覈也。殷齋姓張氏，名穆，一字石洲，平定人。清道光後，徐星伯松、何願船秋濤，與殷齋，皆喜爲實學。殷齋爲壽陽祁相國鄉人，居京師主壽陽最久，身後遺籍，多蘦落壽陽邸第，其後始散出，吾家得之亦不尠，則展轉而來矣。蓋殷齋之學，精於考證，故校勘一事，實擅專長，此集則其手所勘定也。

吳禮部文集二十卷附錄一卷<small>舊鈔本。</small>

元吳師道撰。師道字正傳，蘭谿人。自少知學，即善記，覽工詞章。因讀宋真德秀遺書，乃幡然有志於爲己之學。登至治元年進士第，授高郵縣丞，召爲國子助教，尋陞博士。其爲教一本朱子之旨，而遵許衡之成法，六館諸生人人自以爲得師，以禮部郎中致仕終於家。凡詩九卷、文十一卷，新城王士禎鈔自崑山徐秉義家，始流傳於世。前無序文，後附錄東陽張樞撰《墓表》、京兆杜本撰《墓銘》、宋濂撰《碑銘》。清《四庫提要》稱師道少與許謙同師金履祥，所著有《易雜說》二卷、《書雜記》六卷、《詩雜說》二卷、《春秋胡氏傳附正》十二卷，經術頗深，所補正鮑彪《戰國策註》，及所撰《敬鄉錄》，於史事亦頗有考證。又與黃溍、柳貫、吳萊相與往來倡和，故詩文具有法度。胡氏宗懋稱所見鈔本四種，一文津閣本，首尾雖全，卷十七《題家藏淵明集》十卷下脫十餘句，中間亦脫數段；卷十八《張氏墓銘》“後篇內漠然不與世聞”下脫四句。一張氏愛日精廬鈔本，首尾俱全，惟無補遺。一汪魚亭行書鈔本，配葉用楷書，卷後有補闕，卷十七附錄闕《吳先生碑》。一丁氏八千卷樓鈔，繇汪氏迻錄，譌奪尤繁，余以《四庫》本與丁鈔互校，卷十四《送方壽父之道州序》，“爲予言其人雖老”下脫數百字，羼入“送趙伯器序”中；《送浦江邑長元凱公序》，後半以“送浦府判序羼入”；他如《范香溪集序》等，皆竄亂糾紛，

棩檢原書，或參考他本，逐加釐正，但罅漏仍多。晒宋樓藏有
元刻元印本，卷十四闕第十八葉，原序遺失，前有吳先生小像，
及蘭陰山人自贊，又有《元史》本傳，係後人所加，今歸日本
岩崎文庫云。此本鈔手甚工，紙墨雅潔，亦舊本也。

滋溪文稿三十卷<small>盧抱經校鈔本，藝風堂舊藏。</small>

元蘇天爵撰。天爵字伯修，真定人。由國學生公試名第一，
按蘇州判官，擢修撰、江南行臺御史，終浙江行省參知政事，
卒年五十九。此集前人多傳鈔，近日張氏始有刻本。此爲江陰
繆氏舊藏，盧抱經校鈔本，著錄《藝風堂藏書記》者也。前有
趙氏序，略云，《滋溪文稿》，江浙行中書省參知政事趙郡蘇公
之文，前進士永嘉高明臨川葛元哲爲屬掾時所類次也。初國家
既收中原，許文正公首得宋大儒子朱子之書而尊信之。及事世
祖皇帝，遂以其說教冑子，而后王降德之道復明。容城劉公又
得以上求周、邵、程、張所嘗論著，始超然有見於義理之當然，
發於人心而不容已者，故其辨異端、闢邪說，皆真有所據，而
非掇拾於前聞，出處進退之間，高風振於天下，而未嘗決意於
長往，則得之朱子深矣！當是時，海內儒者各以所學教授鄉里，
而臨川吳公、雍郡虞公、大名齊公，相繼入教成均，然後六經
聖賢下學上達之旨，縷析毫分之義，禮儀樂節名物之數，修辭
游藝之方，本末精粗，粲然大備。蓋一代文獻，莫盛於斯，而
俊選並興，殆無以異於先王之世矣。公之學既入冑監，又得吳
公、虞公、齊公先後爲之師，故其清修篤志，足以潛修大業，
而不惑於他歧。深識博聞，足以折衷百氏，而非同於玩物。出
入中外，三十餘年，嘉謨偉績，著於天下。而一誠對越，中立
無朋，屹然頹波之砥柱矣。其文自國朝治化之原，名公卿賢大

夫士德言功烈，與夫儒先述作閫奧，莫不在焉。初官朝著即郎，
爲四明袁公伯長、浚都馬公伯庸、中山王公儀伯所深知。袁公
歸老，猶手疏薦公館閣。至正十一年新安趙汸書。前有抱經
堂章。

青陽文集六卷附錄二卷明正統刊本，季滄葦舊藏。

　　元余闕撰。闕字廷心，盧州人。元統元年進士，授同知泗
州事，入爲應奉翰林文字，遷刑部主事，棄官歸。召入修史，
拜御史，遷翰林待制，後爲淮西宣慰副使、僉都元帥府事，分
兵守安慶、江淮。《昭代典則》卷二云，戊戌春正月，徐壽輝將
陳友諒破安慶，蒙古淮南行省左丞余闕死之。事聞，贈闕平章
政事，追封豳國公，謚忠宣。闕於五經皆有傳注，爲文淳古有
氣，詩尚江左，高視鮑、謝，徐、庾以下不論也。爲篆籀，亦
工。闕獨守孤城，逾六年，大小二百餘戰，戰必勝。其所用者
不過民間兵數千，激之以忠義，故甘心效死而不可奪，雖不幸
城陷以死，闕亦人豪矣。此本《目錄》前題門人淮西郭奎子章
輯，前有宋濂撰《余左丞傳》。次有正統十年淮南高穀引，略
云，先友張君彥剛好古尚賢，嘗裒集公之遺文，鏤板以傳。然
其所作，散佚四方，弗克盡覩其全，恒以爲憾。予宗姪沅陵縣
丞誠，復取《忠宣公集》譌者正之，僞者去之，損者補之，遺
者益之，壽諸梓云。此集洪武初有張彥剛刻本、有張仲剛增輯
本，前有青城王汝玉、番陽程國儒、雲陽李初、宏農許賛序，
《附錄》二卷，採集記傳慨悼追挽之作。又有明嘉靖戊戌鄭錫麒
刻本，後附鄭識語，略言，公之正集，青陽前守海岱張中丞刻
之矣，而弗存。維揚張仲剛氏採而成編附刻之，而復傷於殘缺。
余公暇取二集校閱，正集釐爲四卷，又以付刻之二卷續諸後，

繡梓以行。是此書在前明已經屢刻，信乎公之斯文若元氣矣。
清《四庫全書總目》別集類祇四卷，提要不詳何本，恐非佳刻，
庫本之宜易善本者，固甚多也。此本半葉十一行，行十九字。
全書寫刻，字頗近顏、柳一派。卷二末有“農民嚴時茂寫”六
字，舊爲季滄葦所藏，有章。

<h2 style="text-align:center">潞國公張蛻菴詩集四卷寫本。</h2>

　　元張翥撰。翥字仲舉，晉寧人。至元末以隱逸薦，至正初
召爲國子助教，徵修遼、金、宋三史，起爲翰林國史院編修。
史成，轉拜翰林承旨，嶺北行省平章政事，卒年八十二。《元
史》有傳。此集前有釋氏來復序，略云，詩迄於元，靜修劉公
復倡古作，一變浮靡之習。子昂趙公起而和之，格律高深，視
唐無媿。至若德機范公之清淳，仲弘楊公之雅贍，伯生虞公之
雄逸，曼碩揭公之森嚴，更唱迭和，於延祐天曆中足以鼓舞學
者而風厲天下。河東仲舉張公，學於數君子之後以詩自任，五
十餘年造語命意，一字未嘗苟作。至正丙午春，其方外友廬陵
北山杍禪師，以公手稿選次而刊行之，來徵言爲序。余托契於
公非一日，而又重北山之高誼，不得辭。豫章沙門釋蒲菴來復
序。末有洪武十年天界善世禪寺住持天台釋宗泐識語云，潞公
於元季多故之際，薨於燕都，由其無後，北山爲之經紀喪事。
未幾，天兵北伐，燕都不守，北山取其遺稿歸江南，凡選得九
百首，將刊板以行於世。或有問於余曰，北山釋之有道者，宜
視身爲外物，而乃汲汲於故人詩集，得非未能遺情乎？余謂之
曰，至人不遺情，古之高僧，猶不能免。如梁慧約以苦行得道
爲帝王師，而哭其亡友甚哀，至賦詩曰，“我有兩行淚，不落三
十年。今日爲君盡，併灑秋風前”。北山念潞公無後，平日交友

又皆異世淪謝，懼其泯没無傳，故仗義而爲之，然亦何害於道，其與約之情則一也。當元統甲戌間，余識潞公於金陵，後會於燕都、於錢塘，蓋三十餘年，固非一日之好。觀北山斯舉，豈能無動於中，謹書卷末如此。按丁氏善本室所藏爲鮑氏鈔本，有蘇伯衡序。鮑氏題記謂其詩五百餘首，今讀此本，適符其數。宗泐識語稱九百首，九字當是傳寫之譌。半葉十三行，行二十四字，字極精勁，當是從舊刊影寫。

金臺集一卷汲古閣影元本。

前題南陽廼賢易之學，臨川危素太樸編。分兩行。每半葉十一行，每行二十二字，上下黑口，上偶記字數，中縫標《金臺集》一。前有至正壬辰七月初吉鰲峯老人歐陽玄，又同時無日。魏郡李好文，此序後半葉有至正十年四月六日黃溍書十一行小字。至正甲辰二月乙未翰林學士承旨榮禄大夫知制誥兼修國史河東張翥、臨川危素，無年月，序後半葉有至正辛卯史官新安程文篆文十二行，並有格。至正十二年八月望日監察御史宣城貢師泰等序。卷中新鄉媪後，有南臺中執法濮陽蓋苗耘夫書十行；集末詩後，有禮部侍郎汝陰李黼子威書三行、臨川危素書二行。俱小字，低詩三格。末有至正八年三月余闕序、九年二月五日趙期頤書潁川老人歌跋。易之詩僅一卷，仍標次第，殊爲失檢。據危素等序，《金臺集》本有前稿，此爲後稿，清《四庫提要》作二卷，當是合二稿言之，惟各序略有不同，或別一刊本。考《四庫總目》著録廼賢《河朔訪古記》，述元劉仁本《羽庭集》有是書序曰，今翰林國史院編修官郭囉洛氏納新案：郭囉洛原作葛邏祿，納新原作廼賢，今改正。易之，自其先世徙居鄞。至正五年挈行李出浙渡淮，溯大河而濟，歷齊、魯、陳、蔡、晉、魏、燕、趙之墟，弔古山川、城郭、丘陵、宮室、王霸人物、衣冠文獻、陳迹故事，暨近代金、宋戰爭疆場更變者。或得於圖經地志，或聞諸故老舊家，流風遺俗，一皆考訂，夜還旅邸，筆之於書。又以其感觸興懷，慷慨激烈，成詩歌者繼之，總而名曰《河朔訪古記》，凡一十六卷。則此書實爲納新作。納新族出西北郭囉洛，因以爲氏。郭囉洛者，以《欽定西域圖志》考之，即今塔爾巴哈台也。元時色目諸人散處天下，故納新寓居南陽後，移於鄞縣。初辟爲浙東東湖書院山長，以薦授翰林編修官，出參桑戩實哩原作桑前失里，今改正。軍事，卒於軍。所著《金臺集》尚有刊本，惟此書久佚，散見《永樂大典》中者，僅一百三十四條。館臣於他書《提要》又云，元托克托等修宋、遼、金三史，多襲舊文，不加刊正，考其編輯成書，已當元末。是時如台哈布哈，號爲文士，今所傳納新《金臺集》首有所題篆字，亦自署曰泰不華，居然譌異。蓋舊俗已漓，併色目諸人，亦不甚通其國語，宜諸史之譌謬百出云云。此則迺賢宜改納新，讀是集者所當考也。瞿氏《鐵琴銅劍樓書目》著録此書，爲金侃亦陶手鈔本，有歐陽玄、李好文、貢師泰、揭傒斯、楊彝、危素、程文諸序，虞集、張起岩題詞，與毛本同，惟卷二末增多補遺，爲毛本所無。如《次韻元復初春思》三首，《送邵元道》四首，《賣鹽婦仙居縣杜氏二真廟詩》，《錢塘留別康里丞相之會稽》，《代祝使歸張員外光弼先生奉楊公之命函香浦陀洛伽山瑞相示現使節今還輒成長律》四章，少寓饞忱取校毛本，共增多五古七首、七古二首、七律六首，不知從何處得之。伯驥今藏此書係影元本，爲毛氏原物，金鈔惜未見傳本耳。張氏魯岩曰，《居易録》謂元代文章極盛，色目人著名者尤多，如馬祖常，及趙世延、字述魯𧋘、康里巎巎、貫雲石、辛文房、薩都剌輩是也。檢顧嗣立《元詩選》，元代色目人著名者，尚有耶律楚材著《湛然居士集》、子耶律鑄著《雙溪醉隱集》，揭傒斯著《文安集》，迺賢著《金臺集》，余闕著《青陽集》，丁鶴年著《丁鶴年集》，吉雅謨丁、愛理沙二人附。泰不華著《北顧集》，揭佑民著《盱里子集》，月魯不花著《芝軒集》，偰玉立著《世玉集》附弟偰哲篤。昂吉著《啓文集》，雅琥著《正卿集》。又錢大昕《元史藝文志》耶律希亮著《愫軒集》，沙剌班著《學齋吟藁》，又《也先忽都詩集》十卷、《瞻思文集》三十卷。又《四庫》藝術類盛熙明著《法書考》八卷，均當爲補其未備云。毛氏父子最喜影鈔古本，如子晉初借得嘉祐四年蘇州郡守王琪刻本《杜工部集》，曾命蒼頭劉臣影寫。二十餘年後，斧季買得《浣花集》刻本，復教導其甥王爲玉影寫甚精，覓舊紙從鈔本影寫而足成之。此書後歸吳縣潘氏，所謂《浣花全集》以此爲最古者也。又張氏愛日精廬藏毛氏鈔本《無爲集》，有子晉識語云，偶過白門，向屯部周浩若索異書，首出楊次公《無爲集》十五卷見貽，鏤板於紹興癸亥年，亟命童子三四窮五日夜之力，依樣印書。此皆藏書家所豔説爲毛鈔者也。

貢泰甫玩齋集十二卷寫本。

元貢師泰撰。師泰字泰甫，宣城人。肄業國學，泰定四年釋褐，判太和州，改紹興路推官，復入翰林，拜監察御史。至正十四年除吏部侍郎，尋拜禮部尚書，調平江路總管。張士誠據吳，避海濱，江浙行省丞相承制授參知政事。二十年改户部尚書，命督海運。二十二年召爲秘書卿，行至杭之海寧，得疾卒。《元史》有傳。前有余闕序，略云，泰甫故學士仲章君之子，能詩文，少遊太學，有時名。時泰甫爲應奉翰林文字，自至元初姦回執政，乃大惡儒者，因説當國者罷科舉，擯儒士，其後公卿相師皆以爲常。然而小夫賤隸，亦皆以儒爲嗤詆。當是時士大夫有欲進取立功名者，皆强顔色昏旦往侯門，媚説似妾婢，始得尺寸。予既歸淮南，泰甫亦以親嫌辭官歸，除紹興推官。去年太原賀君爲丞相，蒐羅天下人才之有政譽者，而泰甫之治爲淛東西第一，乃得復召爲應奉。余適入朝爲待制，相見益歡。次有錢氏序略云，《玩齋詩集》者，貢先生門人謝肅、朱鐩所彙而萃之者也。先生早侍先文靖公游京師，入胄監，而聲華赫然爲六館諸生之冠。當是時文靖方在朝，而諸先生若草廬吴公、松雪趙公、四明袁公、巴西鄧公、清河元公、雍虞公、石田馬公、豫章揭公、廬陵歐陽公，先後以道德文章鳴海内。而先生遨遊其間，故其於詩也，得乎性情之正，止乎禮義之中。至正十九年諸生桐川錢用壬書。次有王氏序，略云，當至元、大德間，有若陵川郝文忠公、柳城姚文公、東平閻文康公、豫章程文憲公、吴興趙文敏公，皆以前代遺老，值國家之興運，其文龐蔚質奥，最爲近古。延祐以後，則有臨川吴文正公、巴西鄧文肅公、清河元文敏公、四明袁文清公、浚儀馬文貞公、侍講蜀郡虞公、尚書襄陰王公，其文典雅富潤，益肆以宏，而其時則承平寖久，極盛之際也。元統以來，文學之士遂以日繼淪謝，如廣陽宋正獻公、豫章揭文安公、待制東陽柳公、承旨濟南張公、參政趙郡蘇公，皆不可復作。而承旨廬陵歐陽公、諭德東明李公、侍講金華黄公，雖巋然猶存，而亦既老矣。其方嚮任用而擅文章之名者，惟吾宣城貢公乎。金華王禕序。次有沈氏序，略云，《玩齋集》詩賦、序記、傳説、箴銘、贊頌、問辨、題跋、碑碣、誌表、雜著，共六百五十三首，又有序文、年譜别自爲一卷，編輯既成，爲之序。先生夙承家學，且及游草廬先生之門，故其學淵源深而培植厚，塗轍正而條理明。其見之著述，有虞之宏而雄健不減於馬，有揭之瑩而清俊則類於袁，其於理趣尤儼然吳氏之尸祝也。故當時評先生之文者，列之於六大家之次序，其詩者亦謂可與《道園學古錄》並觀。天順初元，予蒙恩假守寧國，而屬邑宣城，實先生桑梓之邦，先生之諸孫武欽以此其所藏《玩齋稿》并《年譜》來上，序而刻之學宮。天順癸未會稽沈性序。

不繫舟漁集十五卷附錄一卷舊鈔本。

元平陽陳高撰。高字子上，溫州平陽人。至正十四年進士，授慶元路錄事，未三年，輒自免去，自號不繫舟漁者。至正十六年浮海過山東，謁河南王庫庫特穆爾於懷慶，密論江南虛實，庫庫特穆爾欲官之，會疾作卒。清《四庫提要》考其事略如此。伯驥按：《漢書·賈誼傳》載誼《服鳥賦》云，"其生兮若浮，其死兮若休。澹乎若深淵之靚，氾乎若不繫之舟"。子上別號，當取於斯。據蘇氏序謂編其遺文，題曰《陳子上存稿》，今云《不繫舟漁集》，當是後來改題矣。蘇氏序略云，子上陳君既没之十有八年，從其子訪其遺稿，得詩文總若干首，加詮次焉，題曰《陳子上存稿》，俾藏於家。敍曰，子上自爲學子時，其所作已爲流輩推重。金華胡仲伸先生以古學名，於文章靳許可，獨敬愛子上。其擢進士也，朝之名公鉅卿，若翰林歐公、太常張公、禮部貢公、御史吳公、助教程公，僉謂子上之文宜用之朝廷，施諸典冊，相與復薦之。而子上以親老取慶元路錄事，南還赴任。未二年，度時不可爲，輒自免去。擅兵柄而倔强州郡間者，多欲子上用之，而子上終不爲其用。周流東西，常使人不知所至，未嘗終月淹也。最後總戎其州者，欲脅致之，子

上遂棄妻子南至於閩，又北至於懷慶，尋以疾卒。而其文亦無
能爲收拾者，以故平生所作存者止此云。其友謝復元氏，欲率
同志鏤版，以永其傳。豫章揭先生伯陽稱子上之文上本遷、固，
下獵諸子，詩上遡漢魏，可謂知言矣。前翰林編修眉山蘇伯衡
序。陳氏自識云，至正癸卯十二月二十七日平陽失守，余時在
郡城，回至州南聞變，倉卒同江浙行省都事王銓伯衡，夜尋山
徑泥塗中，畸嶇行六十餘里，至麥城得漁舟，浮海達安固，不
及與家人別。明年正月朔至南塘，二月至樂清之玉環，迤邐道
途，隨處留寓。念余以布衣舉進士，辭祿歸隱，已八年矣。守
拙耕田，而罹此變，間關遁逃，非有所爲也，求無媿於正而已
矣。困厄顛沛之餘，觸物興感，率爾成詩，聊筆諸簡册，以示
不忘。間有應俗所作詩文，亦並録之，其妍醜不暇擇也。至正
二十四年春書。顧氏《元詩選》有嘉定僧祖柏詩，亦名《不繫
舟集》，館臣謂其詩不及高遠甚云。

僑吳集十二卷 明弘治間張企翔刻本。

元鄭元祐撰。元祐字明德，遂昌人。父石門高士，元初徙
家錢塘。省臺宣閫憲府交章以潛德薦，至正丁酉薦授本路儒學
教授，又陞浙江儒學提舉。集前有至正間謝徽序，謂明德生於
杭，無書不讀，作爲文章，綽有古作者風。既壯，來僑於吳，
比老乃彙其所作之文，曰吾在杭亦嘗有作，兹僑吳久而作之爲
多，故曰《僑吳集》。卷首題括蒼鄭元祐明德著。卷一四言古
詩、五言古體、五言聯句，卷二七言古風，卷三長短句體，卷
四五言律排律、七言律，卷五七言律、排律，卷六五、七言絶
句，卷七銘箴、贊、題跋、書疏，卷八序，卷九、卷十記，卷
十一碑，卷十二行狀、哀詞、墓誌銘。各大藏書家著録此書，

多是鈔本，丁氏善本書室所藏亦據弘治本寫錄，他家可知。伯夔以重價得此刊本於海上，而前明張習之跋不存，蓋以謝徽之序既作於至正，而書之字體，又極類鷗波，容易認爲元本，元世至明初，我國刻書每用趙體，即高麗亦然。日人島田翰《古文舊書考》卷四云，宋時高麗刻本，多是精絶。自胡元有天下，降忠烈王以公主忽都魯迷作甥舅，其後歷世諸王，皆娶妃元室。又建征東省，置達魯花赤，事皆關決。衣冠禮樂，一均以元俗爲準的，於是其刻書亦多吳興筆意。徐氏康謂元代官本刻經史，私家刊詩文集，皆摹吳興體。至明初四傑高、楊、張、徐集，尚沿其法以刊板，所見如《茅山志》《周府袖珍方》，皆狹行細字，宛然元刻，字形仍仿子昂。見徐所著之《前塵夢影錄》。徐又稱乾隆朝士人沿明季書帕習氣，往往重價購宋元板書，以充羔雁，而書估黠者又割去明之紀元，冒爲元刻，曾見《周府袖珍方》兩部，皆割去正統年號云云。可知此書去張習跋尾之故矣。原書有秦氏墨筆跋語，亦資考證，附錄之。跋云，右弘治丙辰張企翔重刻《僑吳集》也，初書估以此來售，謂爲元刻，索價甚昂。余檢《蕘圃藏書題識》載鄭元祐《僑吳集》十二卷，乃弘治中張習重刻也。就張跋語鄭有《遂昌山人集》《僑吳集》，是元時實有兩種，今不可得見。所存者重編本耳，字跡古雅，與張來儀、徐北郭諸集悉同。第十一卷《前平江路總管道童公去思碑》，脫去五、六兩葉，惜無刊本可錄，仍當缺之云云。此本卷十一正缺五六兩葉，與蕘翁跋適合，是必弘治刻本無疑。張跋無存，殆舊時估人所損。余因詳舉以告售者，乃得成議。舊估之去跋冀充元槧，今估之誤認元槧，實皆此刻書法生動，紙墨古雅，有以使之然也。蕘圃言此集爲張習重編，蓋本於《四庫提要》。余閱謝徽至正二十年序云，凡文□百□篇十二卷，則此尚是謝氏作序時原第，不得謂爲習重編也，豈四庫館臣及蕘翁皆未見謝序耶？嬰闇居士秦更年記於海上寓居之石藥簃。伯驥按：蕘圃之《僑吳集》，實顧千里代爲收得，其後千里借得朱文游藏張習刻本影寫，補入第六葉，其第五葉仍闕。見顧跋。是蕘圃本初缺二葉，其後實缺一葉也，秦跋尙未細考。

青村遺稿一卷　叢書樓寫本。

元劉涓撰。涓字德原，義烏人，本姓劉，先世避吳越王錢繆嫌名，改爲金氏。嘗受經於許謙，又學文章於黃溍，嘗爲虞集、柳貫所知，交薦於朝，皆辭不赴。明初，州郡辟召，亦堅拒不起，竟教授以終。所著有《湖西》《青村》二集，共四十卷，兵燹不存。嘉靖中其六世孫魁始掇拾散亡，編爲此本。魁子江始刊版印行，以所傳無幾，非涓手定之原集，故題曰《遺稿》。前人謂涓於宋濂、王禕爲同學，禕贈涓詩有“惜哉承平世，遺此磊落姿”句，頗嗟其沈晦。而涓《送李子威之金陵詩》云，“若見潛溪宋夫子，勿云江漢有扁舟”。乃深慮其薦達，志趣頗高，然其詩則不出江湖舊派，摹寫山林，篇篇一律，殊爲超詣。觀集中有《錢塘行在》一篇，以元統至正間人，何至指錢塘爲行在。知由耽玩宋末諸集，以習熟而誤沿舊語矣。特以托意蕭閒，不待矯語清高，自無俗韻。又恬於仕宦，疏散寡營，亦無所怨尤，故品格終在江湖詩上耳。詩道關乎性情，此亦一證云。府志、縣志作金涓，涓隱居青村，學者稱爲青村先生。此本爲叢書樓舊藏，叢書樓者，祁門馬曰琯字秋玉，號嶰谷，曰璐字佩兮，號半槎，兄弟藏書之所。全祖望《叢書樓記》云，揚州馬氏嶰谷、半槎兄弟居之南，有小玲瓏山館，園亭明瑟，而嶷然高出者，叢書樓也，迸疊十餘萬卷。予官於京師，從館中得見《永樂大典》萬冊，驚喜貽書告之。半查即來問寫人當得多少，其直若干。罷官歸途過之，則屬予鈔天一閣所藏遺籍，蓋其嗜書之篤如此。嶰谷著《沙河逸老集》，半槎著《南齋集》。見杭氏所撰《墓志》及《鶴徵後錄》。

鶴年先生詩集四卷 _{舊寫本。}

元丁鶴年撰。卷一曰《海巢集》，題門人四明戴稷編次。卷二曰《哀思集》，題門人四明戴習編次。卷三曰《方外集》，編次姓氏闕。卷四曰《續集》，題門人修江向誠編次。後附鶴年兄吉雅謨丁、愛理沙及鶴年表兄吳惟善三人詩一十三首。前有至正甲午九靈山人戴良序云，昔者成周之興，肇自西北。西北之詩，見之於國風者，僅自豳、秦而止。豳、秦之外，王化之所不及，民俗之所不通，固不得繫之列國矣。我元受命，亦由西北而興，西北諸國，若回回、吐蕃、康里、畏吾兒、也里可溫、唐兀之屬，往往率先臣順，奉職稱藩。其沐浴休光，霑被寵澤，與京國內臣無少異，積之既久，文軌日同，而子若孫遂皆舍弓馬而事詩書。至以其詩名世，則貫公雲石、馬公伯庸、薩公天錫、余公廷心其人也。論者以馬公之詩似商隱，貫公、薩公之詩似長吉，而余公之詩則與陰鏗、何遜齊驅而並駕。他如高公彥敬、玃公子山、達公兼善、雅公正卿、聶公古柏、幹公克莊、魯公至道、王公廷圭輩，亦皆清新俊拔，成一家言。此數公者，皆居西北之遠國，其去豳、秦蓋不知其幾千萬里，而其爲詩乃有中國古作者之遺風。鶴年亦西北人，其視數公差後起。家世以勳業著，而鶴年兄弟俱業儒，伯氏之登進士第者三人。鶴年乃泊然無意於進，遭時兵亂，逃隱海上，邈不與世接，凡幽憂憤悶哀痛之情，一於詩焉發之。觀其古體歌行諸作，要皆清麗可喜。而注意之深，用工之至，尤在於五七言律。但一篇之作，一語之出，皆所以寓夫憂國愛君之心，慇亂思治之意，讀之使人感憤激烈，不知涕泗之橫流也。第以祖宗涵煦百年之久，致使遐方絶域之詩，俱得繫之天子之國，而鶴年之所著明王化民俗之盛，以與數公並傳於斯世者，將遂泯無聞矣，不亦重可悲夫！故取其吟藁若干卷，序而傳之。

華陽貞素文集七卷附録一卷又北莊遺稿可庵搜枯集一卷_{誦芬室精寫本。}

元舒頔撰。頔字道原，績溪人。至元丁丑辟貴池教諭，至正庚寅轉台州學正，時艱不赴。洪武初，屢召不出，名所居曰貞素齋。此本原出嘉靖十九年裔孫朝陽及旭與孔昭編輯，績溪令趙春所刻，依之鈔録。嘉靖本流傳極尠，丁氏善本書室亦藏鈔本。第八卷則皆頔弟遺稿，伯仲之間，均著文采。史稱頔與弟興親避賊，幾瀕於難，兄弟爭死，卒被放還。又至性之過人，不徒以辭華表見者也。《池北偶談》"筆蘆"條下云，舒頔元末人，有《華陽文集》七卷。按《提要》謂頔《華陽集》不傳，今著録《四庫》者爲《貞素齋集》。顧氏《元詩選》所收者，亦《貞素齋集》也。

友石山人遺稿一卷_{明寫本。}

元王翰撰。翰字用文，靈武人，先世齊人，元初從下江淮，授領兵千户，賜姓唐兀氏，鎮廬州，家焉。翰襲爵，仕名那木罕，年十六領所部，有能名。除廬州路治中，累遷福建江西行省郎中。陳友定留居幕府，表授潮州路總管兼督循、梅、惠三州，友定敗，浮海抵交趾不果，屏居安福之觀獵山者十一年。洪武辟書再至，語家人曰，吾所以不死者爲無後也，今有三男子，得死所矣。長子偁時方九齡，屬其友吳海撫之，遂賦詩自决。海爲《墓誌銘》。洪武庚午孤子俱識云，先府君喜作詩，晚年忍隱林塾，凡觸物感事，流連光景，一寓於詩，第不畜稿。俱自悼年幼，爲所背棄，不能一舉成篇。有知以來，始於故舊掇拾遺篇，類成卷帙，用示子孫。盧陵陳仲述有敍。伯驥按：明戴冠《濯纓亭筆記》云，友石山人三世仕元，元亡死之，臨命賦詩曰，"昔在潮陽我欲死，宗嗣如絲我無子。彼時我死作忠臣，覆祀絕宗良可恥。今年辟書親到門，丁男屋下三人存。寸刃在手不顧惜，一死了却君親恩"。可謂善處死生之際矣。此詩今見集中。

石初集十卷附録一卷舊鈔本，王文簡、彭文勤校讀。

元周霆震撰。霆震字亨遠，吉之安成人，先世居石門田西，自號石田子初，又省呼石初。延祐復科舉，勵志舉業，累以書經試不偶，乃篤志古文辭，謝絕薦舉，杜門授經，以道自任。至正壬辰江南失，太平、安成尤甚，乃潔身澡行，忠君愛國，彰善嫉惡，一以文辭發之，皆可補國史，卒年八十有八。是集門人晏璧所編，并製行述、墓銘，同時費集又銘其墓。前有洪武癸丑劉玉汝成之、洪武六年陳謨心吾、七年葛化誠夫、梅間張塋序，後有洪武辛酉晉安林氏跋。成化九年，六世孫正方由秋官出僉浙憲，鋟木以傳，同邑彭時、劉宣、淳安商輅各序其後。伯驥按：楊復吉《夢闌瑣筆》云，周氏《石初集》，較他本多幾倍蓰，張損持先生任興國時所鈔。壬寅歲，鮑淥飲過訪，見而愛之，余因持贈。後有《元文選》之役，向淥飲索之，久無以報，存亡不可必矣。由楊氏之言，是此集流傳有篇帙多寡之別。此本曾爲王文簡、彭文勤所校讀，當非陋本。今集二公識語如下：王氏墨筆題記云，周處士《石初集》，詩、雜文各五卷，七言歌如《金城》《豫章》《潯陽》諸篇，可以庀史。近體朴直無足觀者，文詞亦多陳腐，不甚洗鍊，大抵鄉塾老儒本色耳。王士禎借觀偶書。文勤朱筆題記云，癸卯夏，坊估以馬氏叢書樓此殘帙來鬻，中有阮亭手題，詞甚貶斥。石初生前至元，歿洪武，年八十有八。身閱有元一代興亡，當庚申君末造，吏貪將殘，兵驕寇熾，生民流離，塗炭之苦，身丁患難，一發之於篇什，視少陵《三吏》《三別》，酸楚過之，有《小雅·大東》告哀遺意，垂爲世鑑，是謂真詩。阮翁但解流連光景，修飾句法，嵌一二稀用字爲工而已，此詣奚足以知之。芸楣校竟，且識以俟論定。

九靈山房集三十卷補編二卷明初刊本。

元戴良撰。良字叔能，浦江人。嘗學文於柳貫、黃溍、吳萊，學詩於余闕。見《明史·文苑傳》。明太祖初定金華時，用爲學正，良棄官逃去。至正辛丑，順帝用薦者言，授淮南江北等處行中書省儒學提舉。後至吳中依張士誠，不足與謀，挈家浮海至膠州，欲間道歸庫庫軍，庫庫即王保保百戰以圖恢復者也，會道梗不達，僑居昌樂。洪武六年南遷，變姓名隱四明山。十五年入京，欲官之，以老疾辭，太祖怒，覉留不釋。次年四月，卒於京師。良世居金華九靈山，故自號九靈山人。清余集《秋室學古錄》卷一，有《重刻九靈山房遺集序》云，僕生平泊然寡所嗜好，喜讀書於古人遺集，篤嗜之勿衰，尤加意於未刊之本。區區之意，豈徒以矜儲藏，亦欲延古人一綫之緒耳。邇年來得宋元人遺集，不下五百種，竊欲與同志約剙爲刊書會以流通之，尚未果也。《九靈遺集》初得舊鈔於吳中，前年秋晤其裔孫某於吳山，亟授而開雕焉。予惟宋元以來，戴氏之以詩

文名浙東者，天台戴式之、四明戴帥初，浦陽則先生也。顧古
屏僅以詩名江湖間，且有江右女子之議，或者病之。惟剡源受
業王伯厚之門，學有本原，差相後先，而吾謂先生之品爲卓絕，
其詩文孤峭廉潔，一洗當時萎苶之陋。生當元季末造，明祖龍
興，旁求遺彥。此正文章華國千載一時之遇，使其稍自貶損，
入侍帷幄，吾知朝廷詔誥銘頌大手筆，必有資其撰述者，宋文
憲不得專美一時矣。而乃終己不顧，屢避徵辟，卒以瘐死，若
有不足以易此九靈一片石也者。此其操行爲何如，而謂其文章
猶不免與爝火同滅，豈理也哉！此本刻手甚精，紙墨樸雅，所
謂明初黑口本也。乾隆間十四世孫殿江得鮑氏鈔本、曹氏刻本，
題序、紀傳遵其舊，益其所無，復訂《年譜》一冊，別爲《補
編》，以俟續採。上海涵芬樓影印則明本也。別一本稱爲《九靈
山人集》者，則《絳雲樓目》如此，想有異同。

梧溪集　卷鈔本。

　　元王逢撰。前有至正己亥周伯琦序，略云，原吉中年築草
堂於松之青龍江上，以吟詠自娛。追維其大母徐夫人，嘗手植
雙梧於故里橫河之上。今世遠地殊，因自號梧溪子，示不忘也。
次有汪澤民序，略云，原吉學詩於延陵陳漢卿，陳與柯敬仲俱
事邵庵虞公，得其傳，其詩多錄忠孝節義，可稱詩史。集前附
錄《江陰志》云，王逢，字原吉，居黃山，號席帽山人，又號
梧溪子。初至正間江陰盜起，城東八鄉之民多脅從。浙東帥孫
克復欲兵之，問故於逢，逢曰民非樂亂，無父母耳。帥悟一言，
而活生人之命若干。無錫之人橫罹鋒刃，收其骨埋之，素多奇
行。金陵臺臣、浙西分憲、僞吳張士誠，薦辟皆不就。洪武中，
亦不就郡縣官之薦辟。又附錄《松江志》云，梧溪精舍在青龍

江上，中有蘿月山房、冥鴻亭、小草軒，皆自爲記，別有《席帽山人小傳》。集末有景泰七年錢塘陳敏政跋，謂其子掖洪武初任通事司令，轉翰林博士，兼文華殿經筵事，卒於官，勅葬故隴。先生未歿，而是集已珍傳於世。先生嘗自標題其微辭奧義，及今人名、地理之難曉者，於各詩之首。其第七卷則先生既没而掖之所刊也。卷五《讀來俞文豹〈錄〉一事有感詩》其序云，《吹劍錄》載括蒼梁民懷首倡民兵，捍禦方臘有功，郡縣議上聞，民懷不肯。既得子名安世，年十九登科，民懷以壽終。鄉先達江朝宗挽詩有“氣概劍三尺，義方書五車。陰德看桃李，無言春自華”等句。安世字次張，官至司農丞廣西漕。予竊感江陰東八鄉得免兵禍者再，此人所共知出於予言，已略見周侍御《梧溪集》序。又祕書鄉貢公題《揚提學梧溪子小傳後》云，“洛下忘年友，兵間著義名。片言回楚褑，千里系周正。奴返前州牧，金辭巨室甥。猶聞多士感，蘇學與常城”。蓋補書遺事罕有聞者，今漫錄民懷序後，非以安世望子，而全家亂餘，身老海上，用以自慰云云。此可與《江陰志》相證，蓋王氏之詩，可證史事者，固甚多也。王氏於禮教風俗亦極留意。如卷四有《浦東女詩》云，“浦東巨室多豪奢，浦東編户長咨嗟。丁男狗俗各出贅，紅女不暇親桑麻”。又《經楊節歸故居詩》有序云，丁丑夏彗星見，天下童男女皆成配。時楊年十三，贅張都水子裕。十五生一女，十七裕早世，楊誓守節，今幾五十矣。卷六《送楊生出贅》云，生字士初，爲芝泉先生孫，又從遊予門。出贅請行，贈以言曰，秦俗行，雲間弊滋甚，近見巨室壻某老且有孫，而家廟僅有妻祖禰神主。因評曰若承外宗，則歲時饗先將若何？某哽泣不能對，他日可知焉。生永嘉鼇步世儒族，幸鑒此毋蹈。生拜受已徵詩。伯驥所撰《風俗史》，於出贅一事，言之頗詳，此數詩尚未錄入也。至其論詩之旨，則卷五有附記云，凡作詩忌俗欲清、忌熟欲生、忌肉欲骨，骨去露生，怪清去薄。本之六義，參諸經史，詩道備矣。又卷一有目云，江陰王庫使家藏黃荃《雀哺雛》後有後村詩跋，嘗聞古院畫率有名義，是三雀者，殆取《詩》《禮》《春秋傳》三爵之義歟！詩中附記云，方宋末，王衢軒、劉後村文章聲錚錚相頡頏，衢軒《元宵詩》首押秤科，末押民膏。後村此《雀詩和韻》，乃竄入雛韻。王以詞賦高科第二人及第，劉以名臣子孫有文辭賜及第，真西山為中舍舉之自代，皆非不諳韻者，直狃於閩人聲音，不覺跌宕，是王氏於音韻亦能訂前人之失也。王氏於當時名流，皆與之為友。卷四有目云，覽周左丞伯溫《壬辰歲拜御史扈從集》，感舊傷今，敬題五十韻。又云，楊鐵崖先生嘗《擬古操十見寄》且徵同賦，逢豈敢當，姑以尹伯奇一首答之。卷五有目云，天台陶氏九成，名宗儀，號南村居士。明經博學，養高雲間，與予友善，嘗為贊騎牛像，今復為之題濯足小像。其餘貢玩齋、柯敬仲等，皆梧溪子之友也。王氏又喜友日本人，《題日本大歲大徹上人眇海軒詩》見卷四。又日本進上人將還懷鄉國，為錄予所注《杜詩本義》，留旬日，贈以句云，"重譯歸看母，僧中獨爾能。上方雲一鉢，滄海月千燈。雀舳蒙衝艦，龍函最上乘。杜詩書法隱，毋惜授諸藤"。又有《寄題日本飛梅詩》，其自序云，國相管北埜者，剛正有為，庭有紅梅雅好之。一日被誣謫宰府，未幾梅花飛至，北埜卒死謫所。國人立祠梅側，僧進得中云。又有《送日本僧游小山詩》。卷五有目云，日本月千江長老，攜其國僧裔竺、蜂級、禹門徵詩二首，皆可證也。此集為鮑刻以前寫本，頗有異同。

樵雲獨唱詩集八卷舊鈔本。

　　元葉顒撰。顒字伯愷，又字景南，金華人。遭亂結廬城山東隅，名其地曰雲顥，自號雲顥山民。薪桂老而云山高寒，音調古而巖谷絶響，詩自序語也，故名其集曰《樵雲獨唱》。有至正甲午自爲前序者二，庚子自爲後序者一，未嘗求序於他人。獨唱之義，或隱寓於此。衆鳥啁啁，不如一鳳，其自負亦高矣。

竹素山房詩集三卷附録一卷寫本，繆小山舊藏。

　　前題魯郡吾衍子行，前有金華胡長孺《吾子行文塚銘》、宋濂《吾衍傳》、王禕《吾丘子行傳》、王行《吾衍傳》，末則爲詩。記葉數下有“臥雲山居”四字，每葉有之。末有“嘉靖戊申秋董子元校勘於寒玉堂”一行，有“雲輪閣”“荃孫”章，爲江陰繆氏舊藏，與《藝風堂藏書記》合。又有“漢軍”“漢廣”小章。伯驥按：杭氏《道古堂集》卷二十七稱，子行寓杭生花坊，精小學。於《閒居録》辨酢、醋二字，謂酢即古醋字，即古人酬酢酢字，皆今人所未察。集中如黄良佑《字説》，辨佐佑即左右，亦有理。此集吾浙藏書之家，皆無其本，維揚馬涉江從姑蘇購鈔，予僅得見。又《通義堂集》卷四云，《閒居録》謂韻書之作，實本於《説文》之諧聲字，如瓏籠、澧豐、怩泥、麾霏、廬鑪、份粉、邧軒等類，皆以龍、豐、尼、非、盧、分、干爲諧聲，而韻書中皆分析爲各韻，若能依《説文》諧聲之法，别爲通韻，則《毛詩》《楚辭》古賦選詩之韻，了然可知。蓋吾氏謂《説文》諧聲爲韻書之本，其説蓋與北宋沈括右文左類之説、南宋張世南義在右旁之言相同，可知以聲爲主，並非清代戴、段諸君所創，然則子行固不必以詩傳矣。《閒居録》亦子行遺著也。

東維子文集三十卷附錄一卷寫本，巴陵方氏、武進董氏舊藏。

元楊維楨撰。維楨號廉夫，諸暨人。泰定丁卯進士，署天台尹罷去。張士誠據浙西，屢致不能屈。早歲屏居吳山鐵冶嶺，父宏築萬卷樓，轆轤傳食，讀書其上，故以鐵崖自號。又得鐵笛於湘江，亦號鐵笛子。著有《古樂府》《復古詩》《麗則遺音》《大全集》，此集前有華亭孫承序，後有王俞跋。首有《正統論》，是清乾隆修《庫》書時，別采入錄者。此本當是從庫本傳錄，前人謂《羅鄂州集》有《帝統論》一篇，言光堯內禪事。《餘冬序錄》云，金之高陵楊興，《宋史》不著名，元裕之記其當宋渡江而著《龍南集》，以見正統之所在，不以身之所生而有限也，可謂卓識之士。後楊廉夫《正統辨》，其說本此。清《四庫》著錄本從《輟耕錄》補《繼統論》一篇，其說以元繼宋，而不繼遼、金，明刊本均無之。《菽園雜記》云，廉夫高才博學，攻古文辭。國初名重吳下，從游者極其尊信，觀其《正統辨》《史鉞》等作，可謂無愧古人矣。若《香奩》《續奩》二集，則皆淫褻之詞。印本自序，至以陶元亮賦閒情自附，乃知其素所留意也。《閒情賦》發乎情，止乎禮義者也，鐵崖之作，去此遠矣。近時《序和靖詩》者，謂鐵崖《西湖竹枝》固非雅製，使其見此鄙薄，又當何如。鐵崖《樂府》，福建崑山皆有刻本，《香奩》《續奩》，惟崑山本有之。後有楊東里跋語，好事者盜其名也。卷九。又李氏《味水軒日記》，於鐵崖軼事頗詳，稍述之。如云臧顧渚來，談近日所刻異書，有《夢游》《仙遊》二錄，非詞非傳奇，乃瞽媼彈琵琶調也，而有深致，相傳為廉夫避地江南時所作，尚有《俠遊錄》未見。卷一。馬生衡皋持元楊鐵崖手書《大笑居士傳》來評閱，蓋爲易履安道作也。履，宋純孝先生之後，本并州人，善騎射。中歲强力學問，陰陽、律曆、書數之術，靡不究知。兵變陷寇中，菁年斬其將，函其首，獻大藩。承制授都司不受，更調浙漕，亦辭。其人蓋山東雄俊而有隱操者也。署款云，鐵史者李忠愍榜第二甲進士，今作官雲間，人呼江南鐵史，會稽楊維楨也。卷八。客有以姚雲東楷書《鐵篴道人傳》見示者，愛而錄之。鐵篴道人者，會稽人，積書數萬卷。泰定間以《春秋》經學擢進士上第，任赤城令，轉錢清令，又轉鐵州市監，建德李官，皆不信其素志，轉棄官。將妻子游天目，放於宛陵、毗陵間，雪中雲間山水最清遠。又自九龍山，泝大湖大小雷澤上，縹渺七十二峯。東抵海，登小金峯，冠鐵葉冠，服褐毛寬博，手持鐵篴一枝，自稱鐵篴道人。晚年同年交有以文白於上，用玄纁物色道人於五湖之上，道人終不起云。其文之驚世者，有《三史正統論》五千言，《太平綱目二千策》《上皇帝書》一萬言，《碧峯記》《歷代史鉞》二百卷。詩有《瓊臺集》《洞庭集》，及《古樂府琴操》等五十卷，藏於鐵崖山云。《節錄》卷八。皆足資譚柄者也。此本揆有巴陵方氏章、毗陵董康藏章，蓋先爲柳橋所收，後歸董氏者。

鐵崖文集五卷明弘治間刊本。

元楊維楨撰。前有弘治間馮允中序，略云，勝國時會稽楊先生自稱抱遺老人，號鐵崖，仕至浙江儒學提舉。入國朝，年益高，學益邃，嘗就聘，以老辭。野服扁舟，往來荊吳間，浮游乎五湖三泖之上，人望之若神仙中人，故有鐵仙之稱。平生所爲詩文甚富，其詠史古樂府，世已梓行，傳誦於人。獨記、序、辭、賦，長篇大章，備諸家大體者，鮮獲見焉。予按淮揚，

歷海陵，同年儲少卿静夫出是集，爰走書毘陵，託舊友朱懋易
校正。懋易亦以先世所藏者助予，遂析爲五卷。序後有傳。卷
一前題會稽楊維楨著，毘陵朱昱校正。朱氏並有題後，略云，
先生勝國時登李黼榜進士。黼，忠臣，而先生同年氣類相感，
傲兀一世，而文章大相似。巡按淮揚侍御馮君執之得其稿於少
卿儲静夫，遂分爲三卷，專介而來取正一二。昱受而讀之，則
知先生之文，流落人間者，不啻泰山一毫芒耳，乃出先君子貞
義先生所藏者合爲五卷通刻焉，則知侍御君嘉惠後學之心仁矣
哉。半葉十行，行二十字。

夷白齋稿三十五卷 寫本，劉燕庭舊藏。

　　元陳基撰。基字敬初，臨海人，黄溍弟子也。至正中以薦
授經筵檢討官。張士誠據吳，聞其學，引爲樞府都事，旋升内
史，制作書檄，多出其手。明洪武初，召修《元史》，史成，賜
金遣還，嘗寓杭州之觀巷，自顏其室曰三笑軒。記云，娶婦二
十年，今年四十有七，未有子，得一女，可笑一。嘗至京爲養
親得微禄，同進見忌避還，今親没久屬南地，用兵又塵仕版，
可笑二。平居讀書至申韓、衛鞅之法律，見人談孫吳，自揣皆
不能，今備使員，游樞幕，朝夕從事，不離二者之間，可笑三。
基之生平，讀此記可略見矣。此集有二本，一三十五卷本，一
弘治八年張習刊十二卷本，兩本多寡不同。夷白齋者，基寓舍
也。前有戴氏序，略云，《夷白齋稿》合四百五十四篇，臨海陳
先生所著，良盡得其稿而編次之，以爲三十五卷，並序之。曰
我朝輿地之廣，曠古所未有。學士大夫乘其雄渾之氣以爲文者，
固未易以一二數，然自天曆以來，擅名於海内，惟蜀郡虞公、
豫章揭公、金華柳公、黄公而已，學者咸宗尚之，並稱之曰虞、

揭、柳、黃。繼是而起，以文名家者，猶不下數人，如莆田陳
公之俊邁，則有得於虞公；新安程公之古潔，則有得於揭公；
臨川危公之浩博，則又兼得夫四公之長者。近年以來，獨危公
立幟詞壇，而得先生以紹其聲光。先生黃公之高弟子，嘗負其
所有，遡長江，游吳中，久之自吳逾淮，沂黃河而北，達於燕
趙，留輦轂之下久之，於時雖未有所遇，然見其文者莫不稱美
之不置，則其得之黃公者深矣。後由京師還吳中，居無何，我
吳王聞其學，即以樞府都事起於家。不數年間，遂以屢遷而長
其省幕，其後調太尉府參軍，由參軍陞內史，迹逾顯而文愈工。
國家之制作，及四方之求之者，皆隨手應之。同郡門生金華戴
良書。有諸城劉氏章捺於卷首。

五十萬卷樓藏書目錄初編卷十九

集　部　五

高皇帝御製文集二十卷明萬曆刊本。

明太祖高皇帝撰。前題賜進士巡按直隸督學御史臣姚士觀，南京户部督儲主事臣沈鈇仝訂。卷一、二詔，卷三、四制誥，卷五書，卷六、七、八勅，卷九勅命，卷十策問、論，十一樂章，十二樂歌，十三文，十四碑記，十五序説，十六雜著，十七、十八祭文，十九、二十詩。有姚氏識語云，《御製文集》二十卷，凡若干篇，我太祖高皇帝萬機之暇，躬灑翰墨而筆之汗青者，當是時操觚之士，如劉基、宋濂、陶安、王禕諸君子雲集闕下，而詔誥表勅以洎祀奠樂章，咸御筆親裁之，卽諸臣非無作者，皆莫之能及也。譚者謂帝王之學，韋布不同，然矣。伏讀斯集之醇雅莊重，仰逼商周，純粹精密，俯际濂洛。雖史佚程朱，生同其時，與之敷敭廟謨，演迤道真，且猶讓一籌也，況韋布乎？是集曩刻之維揚，酒中都爲聖祖龍興之邦，繫獨缺焉。偶於年友沈□氏獲覯舊本，持以歸之署中，炳蕭盥沐，器誦數遍，祇覺聖謨洋洋，盈耳忘倦也。用是侍史染翰，厥人供役，冀與都人士共焉。聊綴數語附於目錄之下，以識歲月。萬曆十禩長至日，臣姚士觀稽首拜手謹識。半葉九行，行十七字。按《明太祖文集》見于焦竑《國史經籍志》者，凡二部，見于

虞稷《千頃堂書目》者，凡四部。清《四庫》所著録者，爲焦
《志》所列之第一部，卽此本也。清《四庫提要》謂《太祖集》
初刻于洪武七年，劉基及宋濂文集所載序文，俱云五卷，翰林
學士樂韶鳳所編録。然黃虞稷書目，已不著録此本，其著録三
十卷本，又與此本不符。焦竑《國史經籍志》有二十卷本、三
十卷本兩種，此則二十卷，刻時蓋萬曆間也。又按《范氏天一
閣目》著録嘉靖劉氏刻本。劉序云，奉命出按雲南，從黔國公
得其先世所藏鈔本，因屬提學按察副使臣唐冑校正入刻。可知
《太祖集》雖曾在洪武間發刻，而嘉靖間已須以寫本重刊，其流
傳不多，已可概見。《孤樹裒談》卷一云，嘗見紀國初事跡者，
内載洪武間設有殿閣大學士，其職不過代草詔令，然有犯輒罪
黜，凡制誥、碑文、祭文，多出御製。錢氏《列朝詩集》卷一
云，太祖《高皇御製文集》共五卷，翰林學士樂韶鳳、宋濂編
録。濂之言曰，臣侍帝前者十有五年，帝爲文或不喜書。館臣
濂坐榻下操觚受辭，終日之間，入經出史，袞袞千餘年。嘗爲
濂《賦醉學士歌》，二奉御捧黃綾以進，揮翰如飛，須臾成《楚
辭》一章。上聖神天縱，形諸篇翰，不待凝思而成，自然度越
今古，誠所謂天之文哉。解縉曰，臣縉少侍高皇帝，早暮載筆
墨楮以俟，聖情尤喜爲詩歌，睿思英發，雷轟電燭，玉音沛然，
數千百言，一息無滯。臣輒草書連幅，筆不及成點畫，上進，
纔點定數韻而已。或不更一字，故常喜誦古人鏗鍧炳朗之作，
尤惡寒酸吚嚘齷齪鄙陋，以爲衰世之爲不足觀。詩僧宗泐進所
精思刻苦，以爲得意之作百餘篇。高皇一覽不竟日，盡和其韻，
雄深閎偉，下視泐詩，大明之於爝火也。臣謙益所撰集，謹恭
録内府所藏弄《御製文集》，冠諸篇首，以昭文化之始。其他稗
官小説，委巷流傳，及掇拾亂真者，皆削而弗敢載焉。此二節，

皆讀此集者所應考論也。

陶學士先生文集二十卷明弘治間刊本。

　　明陶安撰。安字主敬，當塗人。元至中初中江浙鄉試，授明道書院山長。明太祖渡江，安敷陳大業，力贊攻取，留置幕府。歷左司郎中，出知黃州，降桐城令，移知饒州，仍改知黃州。明初翰林院首召爲學士，御製門帖賜之曰，"國朝謀略無雙士，翰苑文章第一家"。洪武元年，擢江西行中書省參知政事，卒於官。《明史》有傳。前有弘治十二年費宏序云，當元之末，南士類擯不用，先生爲貧而仕，低徊散地，其精華銳果之氣，一寓於文辭，而不得見諸設施。及聖祖渡江，先生首率父老迎謁，聖祖善先生之謀而用之，蓋國初才智之士，乘時效其尺寸者多，而實先生爲之倡。又云，此集刻置太平郡齋，距先生之卒已百三十餘年，可見明初文人集本，尚不妄爲刊行也。末附安事蹟二十葉，並有張祜跋尾。半葉十行，行十八字。

王忠文公文集二十四卷附繼志齋稿二卷瞶齋稿一卷齊山稿一卷明刊，清四庫底本。

　　明王褘譔。褘字子充，義烏人。少與宋景濂同出柳貫、黃溍之門，元季隱青岩山中。明太祖徵爲中書省録事，進《平江西頌》。詔修《元史》，與宋濂同爲總裁，書成拜翰林待制，奉使招吐蕃，至蘭州召還。改使雲南，抗節死，年五十有二。建文元年贈翰林學土，謚文節，正統中改謚忠文。伯驥按：《皇明大紀》卷九云，褘以編脩使滇，既伏節，門人俞恂輩私謚文節。其後子紳言於朝，贈學士，謚文節。後用義烏丞劉傑言，更謚忠文。著有《華川集》《玉堂雜著》《續東萊大事記》。褘文醇樸而宏肆，具北宋之遺。景濂稱其體凡三變，可謂深知甘苦，初著《華川前集》十卷，胡翰、胡行簡爲序，又著《華川後集》十卷，宋濂、蘇伯衡爲序。正統五年，義烏丞劉傑既請於朝易謚，復合輯其集，而乞楊甲辰、溫陵張惟樞重鋟，自爲序、爲傳，並刻吳寬撰《祠記》，李默撰《祠墓記》，而附其子國學博士王紳《繼志齋文稿》二卷、王稌《瞶齋詩稿》、王汶《齊山文稿》各一卷。此爲清四庫館底本，多有校筆。首卷前有貼式一葉，可見館中體製，摹錄如下：

　　第　　　卷底本　　頁

　　武英殿於　　　月　　日發出

　　分校處於　　　月　　日籤出　　　處發交謄錄

　　寫成　　十　　頁於　　月　　日收到寫本於

　　　月　　日校畢交覆收訖

　　覆校處於　月　　日收於　月　　　日覆校畢交

　　　此卷計　萬　千　百　十　字

　　　連前共交過　　萬　千　百　十　字

潛溪先生集十八卷明天順蜀刻本，吳縣㳺喜齋舊藏。

明宋濂撰，前題後學弋陽黃溥澄濟選編，伯驥按：明有兩黃溥，其一鄞縣人，即著《簡籍遺聞》者。清《四庫》著錄。一弋陽人，字澄濟，自號石崖居士。正統戊戌進士，官至廣東按察使，著《詩學權輿》二十二卷，錢氏《讀書敏求記》著錄之、《四庫》一百九十一卷存目。古相羅綺尚綱校正。前有金華王禕序，後有《附錄》一卷。此爲天順元年黃溥編本，卷一古詩，卷二頌曲、賦辭，卷三論說議，卷四辯，卷五雜著，卷六書表，卷七記，卷八、九序，卷十傳，卷十一、十二、十三碑誌，卷十四行狀、墓表，卷十五銘、贊、箴，卷十六題，

卷十七跋，卷十八曰雜文，末附錄。丁氏八千卷樓所藏宋集頗
多，此一種則爲黃氏堯圃舊藏，並錄其識語云，此天順刻本
《潛溪先生集》爲弋陽吾家澄濟氏所選定者，各家書目俱不載，
唯《千頃堂書目》及家俞邰《明史‧藝文志》有之，雖係選
本，實舊刻也。頃往常熟同年友張子和家吊其母喪，因於書肆
搜得，藏書家不可輕棄云。半葉十一行，行二十三字，上下黑
口。有"潘祖蔭藏書記"朱文長方形章，當是吳縣潘氏遺物。

宋學士全集六十四卷 明正德刻本。

明宋濂撰。計《鑾坡集》十卷、《後集》十卷、《翰苑別
集》十卷、《翰苑續集》十卷、《芝園前集》十卷、《續集》十
卷、《朝京稿》四卷。前有洪武庚戌楊鐵崖序，略云，客有持子
宋子潛溪諸集來者，曰某帙宋子三十年山林之文也、某帙宋子
近著館閣之文也，其氣貌聲音，隨其顯晦之地不同者，吾子當
有以評之。余家浙水東，去宋子之居不百里遠，知宋子之劬學，
入青蘿山中，不下書屋若干年，得鄭氏所蓄書數萬卷，書無不
盡閱，閱無不盡記，於是學成著書，凡若干萬言。其文未嘗以
某代家數爲宗、某人格律爲吾文之體。婺學在宋有三氏，東萊
以性學紹學統，說齋以任世立治術，龍川氏以皇帝五霸之略志
事功。宋子之文，超繼三氏，後世不歸之柳、黃、吳、張，而
必以宋子爲歸。末題會稽老友楊維楨。次有豫章揭汯序，略云，
此特所觀新集而已，皆應制代言、紀功銘德之作，若景濂平日
之所著，則有前、後、續、別四集，已盛行於世。揭之結銜爲
中順大夫祕書少監。半葉十四行，行二十三字。大板楷寫，佳
刻也。

潛溪集十卷明刊，八册本。

明宋濂撰。前有陳旅序、至正十五年王禕序、歐陽玄序，次有胡助《宋氏世譜記》，次有至正十二年鄭濤撰《潛溪先生小傳》，次有《畫像贊》八首，撰者爲青田苗睿、蘭溪徐元、浦江戴良、蘭溪趙良恭、浦江鄭濤、浦江吳沉、金華許元、義烏王禕。末附録柳待制書、黄侍講書、陳徵君書、胡博士書、吳山長書，蓋吳萊、柳貫、黄溍、胡助諸人與宋氏之尺牘也。末有至正十六年門人浦陽鄭涣識語，略謂，《潛溪集》總六萬有餘字，出於涣兄所，仲舒所編者僅若是，仲父都事公取以鋟梓，涣並以先生近作益之，復用故國子監丞陳公昔所爲序，冠於篇端。詩賦别見《蘿山稿》，不在集中。羣公所述記傳、贊辭及尺牘之屬，有係於先生者，摘爲二卷，附於其末。識語後有"序題西蜀後學高節謹書，知景州洛邑温秀校刊"字樣，以"高氏結衔爲賜進士及第前國史翰林院編修官，故賜進士及第"爲一行，"國史翰林院編脩官"又一行，别一行爲校刊者題名。半葉十行，行二十字。以金、石、絲、竹、匏、土、革、木標於板心，分爲八册。版心上無字，中以文之分類而標之，頌、贊、傳、辭、序、書、記、議、論、説、文、志、行狀、跋、引、解、雜著，卽全集之分類也。按：宋《集》有正德刻本、有嘉靖刻本。《文粹》則爲劉誠意選定，《續文粹》則爲門人方正學所選。今世所藏之明本，正德、嘉靖尚多有之，《文粹》則絶難得，以其集爲正學及其同門手寫，人尤珍之也。至於元刻，據邵氏標注《庫目》，則惟勞巽卿、袁漱六、振綺堂三家有之，益爲世所貴。邵《目》並述孫氏詒讓之言，謂元刻《潛溪集》曾見之江寧書肆，孫君宏覽，其言如此。余固未獲見蒙古舊槧，而明刻則有多種，安知他日不重見浦江鄭氏義門家塾刻本之《文粹》，使正學字畫，復爲小子所摩挲耶！此本世亦不多見。

誠意伯文集二十卷 明林富刊本。

明劉基撰，前題處州府知府林富重編。前有正德己卯林富《重鋟誠意伯劉公文集序》，略云，公豪傑之才，隆於帝授，而天人之祕，洞之素深。遭元末運，沉於下寮，故得肆力於文，逮高皇帝龍興淮甸，遂起而從之。受心膂之寄，驅夷奠華，廓清寰宇之功，曠世而僅見。所謂超世之學術著於文者，鑿鑿乎親試之。公文梓行久矣，歲遠寢湮，字不復辨。富承乏括蒼，典型在目，視篆之暇，訂其譌落，重加編輯，捐俸再鋟諸梓，俾公孫指揮瑜等守之。次有成化六年四明楊守陳《重鋟誠意伯文集序》，略云，國初誠意伯劉公伯溫嘗著《郁離子》五卷、《覆瓿集》并《拾遺》二十卷、《犁眉公集》五卷、《寫情集》暨《春秋明經》各四卷，其孫廌集御書及狀序諸作曰《翊運錄》，皆鋟行於世。然諸集渙而無統，板畫久而寢湮，學者病之。巡澗御史戴君用與其寀薛君謙、楊君琅謀重鋟，迺錄善本，次第諸集，而冠以《翊運錄》，俾杭郡守張君僖成之。屬守陳序。卷一爲《翊運錄》，共六十二葉，前有誠意遺像，附孤子仲璟及彭韶贊，錄分御書、詔誥、祭文、頌表、雜錄、附錄各門。前有永樂二年王景序，略云，《翊運錄》蓋取誥文開國翊運之語也，其孫廌等集其詔誥、祭、行狀、事實等文而名之。卷二至卷四爲《郁離子》，前有翰林國史院編脩官諸生吳從善序、洪武十九年門生徐一夔序。略云，《郁離子》者，劉公在元季時所著之書也，棄官屏居青田山中，發憤著此。卷五至十四爲《覆瓿集》，前有宣德五年吉水羅汝敬序，略云，先生之作，有《郁離

子》、有《春秋明經》、有《犁眉》《覆瓿》諸集，壽諸梓者久
矣。惟《覆瓿》一編，未有序之者。其孫刑部照磨貊間以屬予。
先大公弘文館學士復仁公，與先生俱以佐命顯，余於照磨爲通
家子弟，故不辭而序之。卷十五卷十六爲《寫情集》，前有洪武
十三年永嘉儒學訓導固紫華山葉蕃叔昌序，略云，《寫情集》
者，誠意伯括蒼劉先生六引三調之清唱，四上九成之至音也。
先生經濟之大，則垂諸《郁離子》。詩文之盛，則播爲《覆瓿
集》。風流文彩英餘，陽春白雪雅調，則發泄於長短句也。或憤
其言之不聽，或鬱乎志之弗舒，感四時景物，託風月清懷，皆
所以寫其憂世拯民之心，故名之曰《寫情集》。先生既薨，其仲
子仲璟與其長孫廌謀以是編鋟梓，命爲之序云。卷十七卷十八
爲《春秋明經》。卷十九至二十爲《犁眉公集》，前有宣德五年
金陵李時勉序，略云，《犁眉公集》者，開國功臣誠意伯劉先生
既老所著之作，取此以爲號。先生於書無所不讀，凡天文、地
理、陰陽、卜筮、諸子百家之言，莫不涉獵。元末登第，爲瑞
之高安縣佐，縣耆英有稍知天文、術數之學者，其書甚具，先
生召與之語，盡以書相付。先生遂得究觀其説而領其要，是故
仁義積中，發而爲言，可以方駕古人者，則於《郁離子》見之；
傷今悼古，牢籠百態，可以超邁當世者，則於《覆瓿集》見之。
若夫優游閑雅，託興微婉，而有以盡其自得之趣者，則於是編
見之。此集爲成化中巡按浙江御史戴騣等合誠意伯遺著編成，
其後正德間處州府知府林富復刊之，爲劉氏著作最足之本，清
《四庫》即用此著録。館臣謂卷首冠以《翊運録》，此書究屬廌
編，用此編入卷數，使此集標基之名，而開卷乃他人之書，殊
乖體例。今移綴是録於末簡，以正其譌，餘十九卷則悉戴本之
原次，以存其舊。伯驥以爲《翊運録》所編，多是詔旨制敕，

揆以尊王之義，冠諸簡端，當時本無不協。館臣又謂《郁離子》四卷等，原各自爲書。伯驥按：此刻以全書計，則第二、第三、第四卷爲《郁離子》，分爲三卷，編次固非四卷之數，而楊守陳重鋟全集序則云五卷。徐一夔序則云《郁離子》編爲十卷，分爲十八章，散爲一百九十五條。一夔自言，早受教於公，後謁公金陵官寺，出是書以見教，語當不誤。四卷之說，似非其舊矣。明永樂、成化、正德、嘉靖、隆慶間劉《集》皆有刻本，中有分爲十八卷者，此本實稱爲佳刻。而永樂間所刻爲最先，有翰林學士王景爲序者，不可得見，著錄者以隆慶六年陳烈重刻嘉靖本爲多，此刻不多見。《犁眉公集》第三葉《謝恩表》有云，基一介愚庸，生長南裔，疏拙無知，其能識立於未發之先者，亦猶巢鵲之知太歲，園葵之企太陽。其後又云，至于仰觀乾象，言或有驗，無惑乎世之言神怪者，多託於誠意，蓋術數占驗，誠意固素所服習也。又《翊運錄》第四十六葉云，監察御史李鐸以上旨取其觀象、玩古諸書，孟藻即日出書石室巾橐，從李御史赴闕奏曰，臣先臣基臨終屬臣以書，戒之曰，慎勿泄也。喪葬畢，臣未及上，重煩使來取，臣罪當萬死。今悉送官矣。此又一證也。集中有《春秋明經》，前人謂科舉之途辟，經學愈晦，經義漸失。段武昌爲《毛詩指南》，指科舉之南也；林泉爲《詩義矜式》，矜科舉之式也；劉青田爲《春秋明經》，明科舉之經也，則此書固無可取矣。初次合編《誠意集》之戴氏繄，字時重，號東石，浙江鄞縣人。官都察院右副都御史。有《東石遺稿》九卷，其子士充所編，著錄《千頃堂書目》，清《四庫》存目類，則題《戴中丞遺集》，謂其集中諸作，多傷率易云。林富，莆田人。弘治壬戌進士，官至兵部侍郎，兼僉都御史，總理兩廣。嘉靖間黃佐修《廣西通志》，署名參修者富也。

誠意伯文集二十卷明嘉靖刊本。

　　明劉基撰。前有林富、楊守陳序。次有嘉靖戊子端拜重刊序，略云，頃余道芝田，與方子言及犂眉公。余曰，公一代功宗，近古罕匹而未有表章之者。胡元之事，人言禍始石敬瑭，實則賊操引納五胡，遺穢中國，乃歷載數百，中間裂爲十六，併爲南北，合爲隋唐。而夷風未息，其後番將據河朔，敬瑭割幽燕，於是遼驕、金迫，胡元乘之。且昔之入主者，頗皆用夏貴儒，惟元不然，高皇帝一掃而空之，是果孰啓其衷。僕嘗反覆於當時勳戚之間，而未得其故。及閱公集，知聖製之稱犂眉，一則曰每於間暇之時數以孔子之道啓予，是以頗知古意；二則曰入則每匡治道，夫道莫加於孔子，而數陳其言，又復於匡治。然則所以清海宇、復綱常、洗滌乾坤，爲皇王賢聖復讎纘緒之地，皆由此致之。方子以爲然，且謂承乏公邑，則表章其宜，願書此意見遺，俾刻之集中。方子名遠宜，癸未進士，歙人。其爲芝田，聲實隆起，器業未可量云。序共六葉，計數百言，極論誠意能以孔道翊贊太祖，掃蕩胡塵，惜其行筆過拙耳。上下黑口，半葉十一行，行二十一字。

高太史大全集二十四卷舊寫本。

　　明高啓撰。卷一第一葉題吳郡高啓季迪著，南州徐庸用理編。前有劉昌序，略云，故嘉議大夫戶部侍郎前翰林國史院編脩官授諸王經青丘先生《高啓文集》二十四卷，舊一千若干篇，今二千若干篇，儒士徐庸字用理之所廣也。用理既以類廣先生文集，乃以示昌，昌謹爲序之。先生少稟神慧，長讀六經諸家

之言，然值國步之既促，不苟於用，隱於青丘，登高望遠，撫
時懷古，其言多激烈慨慷，若將於世無足爲者。及我太祖高皇
帝定鼎建業，肆詔徵賢，先生起與《元史》之修，録善醜惡，
儒者之功，庶幾彰施。史成，授諸王經，進户侍郎，尊顯極至，
先生感之，力頌先王之道，以匡濟世務。言多雄偉奇古，足以
聳張德業，裨益治化，時甚賴之。未久卽辭去，先生死始三十
有九。用理師學於先生之言，得之既深，遂勤圖傳之。景泰元
年庚午賜進士出身吳劉昌序。次有洪武二年胡翰序，次有洪武
庚戌翰林侍講待制金華王禕序，次有謝徽序，皆序《缶鳴集》
者也。

大全集十八卷<small>康熙乙亥刻本，張廷濟朱墨二筆評註。</small>

　　書爲長沙葉舊藏。葉氏跋云，此明高季迪《大全集》十八
卷，爲張叔未先生藏書，卷首序、卷末尾，鈐有"嘉興張廷濟
字叔未行弍履仁卿張邨里藏經籍金石書畫印"二十四字朱文篆
書方印。卷一大題下有"張廷濟印"四字白文篆書中方印、"張
叔未"三字白文篆書中方印。卷八大題下有"張廷濟印"四字
白文篆書小方印、"張叔未"三字白文篆書小方印。卷十四大題
下同此印，餘卷無印，以原分三册裝訂，祇册首鈐印故也。每
卷皆經先生朱墨兩筆評校，及圈點直抹，字蹟半行楷書，以余
舊藏先生嘉慶癸酉甲戌兩年日記證之，當是四十以後五十以前
之筆。先生生於乾隆三十三年戊子，至嘉慶甲戌四十七歲，精
力目力，迥異常人，所評或論詩法，或注本事，細行密字，全
書如一筆寫成。今人但以金石家推先生，不知先生詩功如此之
深，記問如此之博也。先生晚年書法蒼勁，與此微有不同，然
體勢雖殊，筆意自在。余先得先生手書日記，可證其評此集年

時。近又得先生所藏竹汀先生日記鈔，卷末有識語兩行云，"嘉慶十三年六月十九日贈壽臧徐甥"凡十五字，核其筆蹟，與此相符。嘉慶十三年歲值戊辰，先生四十一歲也。先生日記載顧東川爲推星命，其生年爲戊子七月二十三日申時，其四柱爲戊子、庚申、戊申、庚申，一歲餘百二十日起運，每逢甲巳年十一月二十三日交換，順行運借二歲起，於五十七歲寅運，直抹豎畫，蓋以此運寅申相銜，有不利也。然考錢椒《補疑年錄》，先生生于乾隆三十三年戊子，卒于道光二十八年戊申，是時年已八十一，正脫辰運與申子會水，又爲戊土之墓，土以制水，水多則土流，宜其死矣。然七月庚申爲食神，日主坐長生，戊土寄生在寅，正生在申。其享高壽，獲大名，則以食神得祿。庚爲戊土食神庚祿在申學堂帶秀長生爲學堂故生，此亦先生逸事，因并記云。

缶鳴集十二卷寫本。

明高啓撰。前有洪武二年胡翰序，略云，吳郡高君季迪，少有俊才。始余得其詩於金華，見之未嘗不愛。及來京師，同在史局，又得其所謂《缶鳴集》者閱之，合古今體數百首，其事雖微，可以考得失，備史氏之所懲勸。其辭則余之所欲摹擬而莫之工者，鏗鏘振發，而曲折宛如也。方吳郡未入版籍，不幸爲僭竊者據之，擅其利者十年矣。士於是時，孰不苟升斗之祿，以自活篝釜間，季迪日與之處，曾不浼焉。顧乃率其儔類，倡和乎山之厓、水之澨，取世俗之所不好者而好之，及其得意，又自以爲天下之樂，舉不足以易其樂焉。次有王褘序，略云，高季迪詩，凡爲樂府、五七言近古體九百三十七首，余爲敘而評之。季迪，中吳人，余嘗論吳中之詩，唐有陸魯望，宋有范至能。魯望之詩，寄興幽遠，而其音響，則駸駸已迫於晚唐。

至能之詩，措辭溫縟，然其格調特宋焉而已耳。在勝國時，余適吳，則見陳子平詩，其爲言率實而流麗，揆之陸、范，吾不知其孰先孰後也。吳之詩在元惟子平，而知者蓋鮮，今吾於是復得季迪之詩焉。季迪名啓，季迪字也，頃承詔與余同脩《元史》，尋入内府教冑子，授翰林國史編脩云。次有謝徽序，略云，言之精者謂之文，詩又文之最精者，何以知其然耶？二氣爲之橐籥，而鼓之以風霆，然後天之聲出焉。衆竅爲之呼吸，而盪之以江河，然後地之聲出焉。受形於兩間，而靈於物者爲人，然混然天成，發宣鴻鬱，然後人之聲出焉。凡人有聲斯有言，有言斯有文，文至於詩，包括品彙，陶冶化工，根乎情之真，達於音響之妙，宮商間作，金石並鳴，由是而聲之用極矣。世皆知以詩而觀詩，或未知以文而觀詩，因謂詩特文章之末技，庸詎知聲成文謂之音，而詩之中文已具焉。季迪之詩甚多，有《吹臺集》《缶鳴集》《鳳臺集》，凡爲書幾二千首。今年冬，季迪出其詩示予，蓋取舊所集諸詩，益加删改，彙粹爲一，總題曰《缶鳴集》。然是編也，特以今年庚戌冬而止，後有作，當别自爲集云。此爲舊寫本，未審卽青丘之妻姪周立所編之本否？明永樂九年周氏編刻本，正統末燬於火，甫里周仲英重編，此本未列仲英名，似非其編本也。謝序云，季迪《缶鳴集》，皆其精選，是此編爲其手定。今所行《大全集》，景泰中徐庸編刻，詩雖多，非其舊觀矣。《缶鳴集》所傳明刻本有三：一黑口小字本，圓腴雅緻，爲袁氏五硯樓遺書，今在龍蟠里國學圖館，胡、王、謝三序補鈔，或卽莫《目》所謂永樂八年其姪立刻本。一十一行，行二十字，字體已非成、弘，頗似嘉靖刻。一半葉九行，行二十字本，當在嘉靖刻本之後，板心有“介石堂”三字在下方，除胡、王、謝三序外，復多吳原博一序。此爲舊寫本，字甚工。

劉翰林斐然稿不分卷_{寫本。}

明劉三吾撰。前有成化十三年孝感張瓚題辭，張之結銜爲彭時榜進士通議大夫都察院右副都御史奉勅巡撫四川節制諸軍事。其辭略云，大明開國詞臣，若宋景濂、王子充、劉三吾諸老，皆首以文章道德之言，黼黻我聖祖高皇一代文明之治，數君子亦既有文以傳。獨三吾先生之文，燬於回祿。一日長沙士人陳愛偶以先生《斐然稿》一集見閱，蓋先生當時手書以遺愛祖前長史南賓者，予復益以蜀中士夫所收先生生勝國大德時，以世亂不出，高皇帝定鼎金陵先生首以文學應聘，歷官至翰林學士左春坊左贊善，凡纂脩《大典》《孟子節文》，諸制作多出先生手。此集凡《雪墅賦》《墅莊賦》《勅建蔣忠烈廟碑》《勅建晉卜忠貞公廟碑》《勅建元衞國忠肅公廟碑》《勅建靈順五侯廟碑》《重建武當山五龍應宮碑記》《遊靈谷寺記》《題楊郎中喜杏龜潮圖》《御製贈僧清濬詩欽和》十三首、《贈陳長史南賓序》《還傭軒説》，《安老堂記》《持敬齋記》《欽題勅諭文後》，共若干首，與三吾之《坦齋集》當有別。三吾初名如孫，以字行，茶陵人。元時官靖州路儒學副提舉。洪武十八年，授左贊善，累遷翰林學士，有明《禮制》及《三場取士法》多三吾手定。《御製大誥》，及《洪範注》，均被命爲序。三十年主會試，以多中南人坐罪戍邊。建文初召還，旋卒。有《坦齋集》二卷，蓋三吾又自號坦坦翁也。《列朝詩集》云，洪武三十年主考會試，以多中南人坐罪。鄭曉《名臣記》云，三十年六月學士劉三吾暴卒。雷禮、王世貞《年表》皆云是年典刑，所謂暴卒者，曉之史例也。考劉學士文集，嘗以三十年冬十月奉勅撰《黔國公吳復碑》，安得死於六月？集載《敕下御製大明一統賦》，尊稱我聖祖、聖后、儲君有象賢之器，羣賢皆屏翰之英。乃建文初奉敕撰者，學士之不死於洪武明矣。按丁丑會試，北士多被黜落，諸生上言三吾等南人私其鄉。上命官再考。或言考官劉三吾、白信稻囑侍讀張信等以陋卷呈進，上大怒，親賜策問覆閲，取六十人。白信稻、張信等皆磔死，三吾以老戍邊。世傳春榜、夏榜，又傳南、北榜進士，黃瑜《雙槐歲抄》記載最核，而世貞科試考亦因之，已自訂其年表之譌矣。周藩宗正睦㮮作《春秋指疑序》云，永樂中命學士劉三吾修《春秋大全》，睦㮮於宗老中最爲博洽，其言必有所據，俟詳考之可也。學士老於文學，典司文章，當宿老凋謝之日，朝廷大製作皆出其手。其文膚棘不中程度，殊乖國初典雅之風，教習修書，屢忤上旨，以老獲宥，而上之禮遇，視金華諸老始懸絶矣。史家稱其備顧問，與密議，抗論建旨，有秦、晉二王之對，皆附會之語。清《四庫提要》據《明史》以訂鄭雷之誤，而不知錢説已在前矣。

丹崖集八卷附録一卷舊寫本，黃蕘圃朱筆校。

　　明唐肅撰。肅字處敬，山陰人。博通經史，旁究陰陽、醫卜、書數之學。元至正間中浙江鄉試，官至嘉興路儒學。洪武三年召修禮樂書，擢應奉翰林文字，兼國史院編修。旋以疾失朝免官，謫佃濠之瞿相山，自號丹崖居士。肅之未徙濠也，與上虞謝肅齊名，時號會稽二肅。子名之淳，求肅遺文，雖荒郵敗壁，高崖斷石，靡不蒐訪纂録，時時伏讀，聲淚悽咽。見朱氏《曝書亭集》六十三。又姚福《青溪暇筆》云，洪武間翰林應奉唐肅有《應制賦海東青》一絶云，“雪翮能追萬里風，坐令狐兔草間空。詞臣不敢忘規諫，却憶當時魏鄭公”。自記云，是日，上御奉天門外西鷹房觀海東青。翰林學士宋濂曰，禽荒古所戒。上曰，朕聊玩之耳，不甚好。濂曰，亦當防微杜漸。上遂起。今此詩見集中。蕭集清《四庫》未著錄，而其子之淳集則著錄之，《提要》云之淳蕭子也。陸氏心源嘗以謂蕭集當日原爲《庫》錄，其後不知何故失收，以庫例著錄父集，而子集《提要》始云某人之子，此云蕭子，當是《丹崖集》曾經寫錄始如此。今不見蕭集，實不可解云。陸氏藏蕭集明刻本，今歸日人岩崎。見《靜嘉堂祕籍志》四十三。此集始刻於洪武八年，丁氏八千卷樓所藏，卽依此刻本鈔錄者。至天順間繼有刻行，然流傳不多，故藏家均是寫本，范閣著錄藍絲闌鈔本。而亦未易覯也。此本爲平江黃氏舊藏，有其題語云，此鈔本《丹崖集》，余藏之篋中久矣，疑是影寫本。頃訪同年友於琴川，出所藏古籍相欣賞，見有黑口板天順本《丹崖集》，伯玃按：天順間廣州知府沈琮曾刻《丹崖集》於粵，蕘圃所謂黑口板，卽爲沈刻。琮字公禮，平湖人，宣德戊午舉人，正統壬戌進士。檢吳永祥《志》，於《選舉表》得其人，蓋《志》無傳也。有《石窗漫稿》《東宇稿》《廣遊集》《紀行稿》《宦游筆》，著錄黃氏《書目》。遂攜歸手校一過，卷中空格皆墨釘，有題無詩處亦同，鈔所誤者，可據刻本正之。行款間有與刻本殊者，當是鈔所改耳。此實照寫，非影寫也。余於元末明初人文集，頗蓄黑口板，今此集得友人藏本，可以校正，甚矣人之有同嗜也。友爲誰，張其姓，燮其名，子和其字，蕘友其別號也。庚申冬季十有二日，蕘圃黃丕烈識。按蕘圃所藏影宋本永嘉《四靈詩》題語云，昭文同年張子和，藏書家也。余與子和相知以同年，其相得則彼此以藏書故。猶憶癸丑同上春官，邸寓各近琉璃廠，每於暇日，卽徧游書肆，恣覽古籍，一時有兩書淫之目。既而子和卽於是科得翰林，散館改部。余下第歸，連丁內外艱，杜門不出，然彼此書札往還，無

不以賞奇析疑爲勖。又菉圃藏影寫金板《蕭閒老人明秀集注》，
題詩云，"琉璃廠裏兩書淫，菉友、菉翁是素心"。末云，道光
四年九月菉翁爲芙川世講書於百宋一廛，兩人好書之篤，研討
之勤，於茲可見矣。子和撰有《味經書屋詩稿》十二卷，附錄
其子定珛述《行狀》云，府君諱燮，字子和，一字菉友，居蘇
州府常熟縣之西鄉。乾隆癸丑會試，賜進士出身，點庶吉士，
散館改戶部。丙辰補河南司主事，丁巳選授刑部雲南司主事，
後記名以道府用。次年簡放浙江寧紹道，享年五十有六。又孫
原湘撰《墓志銘》云，君涖任甫一月卒于官，平生自奉儉約，
惟積書數萬卷，丹黃雜施，詩境冲和。自少經歷蜀道，西上大
行，南探禹穴以及塞外，咸歌詠之。此則子和之行略也。檢菉
圃題跋，又稱子和有二丈夫子，皆能繼其家聲。今其家孫伯元
以手鈔《營造法式》見示，屬爲跋尾。伯元少年勤學，不但世
守楹書，而又能搜羅繕寫，以廣先人所未備。子和有文孫矣，
蓋張氏好書已三世云。

王常宗集四卷補遺一卷傳錄錢求赤寫本。

明王彝撰。彝字常宗，其先蜀人，本姓陳氏，父事元爲崑
山州儒學教授，遂遷嘉定。洪武三年以布衣召修《元史》，書成
遣還，又薦入翰林，以母老乞歸。魏觀知蘇州府事，修孔子廟
學，作南門，歲行鄉飲禮，必請彝爲文。觀誅，彝與高啓俱伏
法。事見《明史》及《曝書亭集》。此集爲前清嘉慶間虞山張
芙川蓉鏡舊藏寫本，面有題語，謂爲錢求赤所寫，是述古堂故
物，可稱別集中祕冊。此本乃從之傳錄者，前有弘治十五年都
穆序，略謂王先生有《遺文》一編，穆嘗校定，釐爲四卷。劉
君子珍世居嘉定，好古博物，謂是集爲里中故物，刻梓以傳，

而俾穆序之。洪武間修《元史》者三十有二人，而出於吳者高
季迪氏、謝玄懿氏、杜彥正氏、傅則明氏，而先生與焉。先生
少貧，嘗讀書天台山中，師事孟文長氏，文長蓋蘭谿金文安公
弟子，故先生之學，遠有端緒云云。當其時楊維楨以文雄於東
南，從游者甚衆，常宗作《文妖》一篇詆之。辭曰，天下所謂
妖者狐而已矣，然而文有妖焉，殆有過於狐者。夫狐也俄而爲
女婦，世之男子不幸而惑焉者，莫不謂爲女婦。則固見其黛綠
朱白，柔曼傾衍之容，所以妖者，無乎不至，故謂之真女婦也。
由其狡獪幻化爲之，此狐之所以爲妖。文者道之所在，曷爲而
妖哉？浙之東西言文者，必曰楊先生，予觀其文以淫辭譎語，
裂仁義、反名實，濁亂先聖之道，顧乃柔曼傾衍，黛綠朱白，
狡獪幻化，奄然以自媚，是狐而女婦者也，宜夫世之男子之惑
之也。予故曰會稽楊維楨之文狐也，文妖也。見本集卷三雜著
類。又卷二《聚英圖序》有云，予觀帙中有自號鐵崖先生者，
是爲會稽楊廉夫。其爲人若秋潭老蛟，怪顴異額，目光有稜，
其狡獪變化，發諸胸中，則千奇萬詭，動成文章。此圖所寫，
蓋得其浪跡斯世，與時低昂，爲文場滑稽之雄，異於世之知鐵
崖者。然則常宗之詆楊氏，蓋如錢牧齋之於眉公，章實齋之於
子才矣。《補遺》有《送仲謙師序》，略云，比予以纂脩《元
史》，得聞元之造邦，其國族多雄豪，而惟儒臣之經綸是賴，至
於佛老氏，若丘處機及八合巴思者，亦咸有功焉。則凡其徒爲
之言，又烏可已哉。此《釋老傳》之所以作也。《續補遺》有
《跋張居貞書帖》云，歷代史臣不爲釋老氏立傳，或老氏有可書
者，則以置之《方技傳》中。皇明脩《元史》，始別有《釋老
傳》之目，此常宗脩史之意見也。《補遺》有《送殷教諭赴南
陽縣序》云，自昔元有中國，而許文正以朱子之學佐其主，自

是南北學者咸知有朱子，而朝廷亦以朱子説取士。然北方學者
於朱子之微言精義，猶未若江南君子知之爲深。蓋朱子之學，
授之黃文肅，文肅傳之文定何先生，文定傳之文憲王先生、文
安金先生，皆南產也。文安當元世猶存，顧乃窮而在下，若猶
有待云。於朱學傳授之由，言之至悉也。《補遺》有《送朱道山
還京師序》，略云，道山，泉州人也，以寶貨往來海上，務有信
義，故凡海内外之爲商者，皆推焉以爲師。卷末有《泉州兩義
士傳》，稱孫天富、陳寶生二人，約爲兄弟，共出貨泉，謀爲賈
海外國。則貨殖及殖民之事，常宗胥留意焉。《四庫提要》徒謂
其文醇謹，詩有風格，館臣批尾之學，有似於塾師之課徒，尚
爲皮相也。弘治間浦杲後跋有云，嘗得王先生詩文一編，曰
《三近齋稿》，此當是初題。

臨安集十卷 明淡生堂祁氏寫本，吕氏講習堂、韓氏玉雨堂舊藏。

　明錢宰撰。《文集》五卷前有洪武二十九年宰自序，前題文
林郎國子博士致仕錢宰著。《詩集》五卷，前亦有宰自序。宰字
子予，又字伯均，會稽人。元至正間進士。洪武初徵脩禮樂書，
六年授國子監助教。以年老授國子博士，年九十六乃卒。《曝書
亭集》六十三有宰傳，《明史》多襲其詞。蓋宰爲武肅王之裔，
元老儒也。高廟禮徵，同諸儒脩纂《尚書會選》《孟子節文》，
退而微言曰，“四鼓鼕鼕起着衣，午門朝見尚嫌遲。何時得遂田
園樂，睡到人間飯熟時”。察者以聞，明日文華燕畢，進諸儒而
諭之曰，昨日好詩，然曷嘗嫌汝，何不用憂字。宰等悚愧謝罪，
未幾皆遣還。太祖嘗召宰等諭以欲正《書經》舊註之意，命翰
林院學士劉三吾等總其事，開局翰林院，凡蔡氏《傳》得者存
之，失者正之，又集諸家之説，足其未備，書成賜名《書傳會

選》，命禮部刊行天下，然今是書世竟鮮行。蓋永樂中翻刊《五
經大全》，《書經》一依蔡《傳》，士子專業，以爲科舉，蔡說
之外，遂不復有所考故也。以上見《餘冬序錄》《孤樹裒談》。
又邵氏晉涵《南江書錄》云，宰學有本原，在元末已稱老師宿
儒。入明，經術見知於太祖，嘗命撰帝王廟樂章，又定正蔡氏
《尚書傳》，沈潛經訓，同時宋濂諸人，並心折焉。詩文其餘技
也，然其詩吐辭清拔，寓意高遠，與楊維禎同郡，而不效其奇
崛之體。黃佐稱其刻意古調，心追漢魏。朱彝尊《明詩綜》亦
許其波瀾老成，諸體悉合，固明初一作手矣。古文詞亦與詩相
稱，操縱有法度，不蹈元末冗長之習，可謂卓然能樹立者。惜
遺集久失傳，今從《永樂大典》中采綴編排，參以諸選本所錄，
尚得六卷，蓋清《四庫》著錄宰《集》六卷本，即根據於此。
此爲祁氏澹生堂鈔錄十卷足本，自是可貴，異時重編《庫》書，
當以此易之。藍格精抄，板心有“澹生堂抄本”五字，詩序前
有“禦兒呂氏講習堂經籍圖書”、“難得幾世好書人”、“韓氏藏
書”三章。《文集》卷一前有“玉雨堂”章，並有前三章，蓋
前爲呂氏留良父子所藏，後歸韓小亭泰華者也。明萬曆間，山
陰祁氏承爍字爾光，治曠園於梅里，藏書庫曰澹生堂，所鈔書
多世人未見，如《國朝名臣事略》《勿軒集》《周益公集》《聞
過齋集》《廣筆疇》《許白雲先生文集》，見於黃蕘圃、張月霄、
仁和丁氏、海虞瞿氏各目者，多是藍格竹紙，然流傳不多。此
本亦竹紙藍絲欄也。

陳聘君海桑先生集十卷 舊寫本。

明廬陵陳謨著。前題門人楊士奇編，裔孫德文錄。有晏璧
序首。次六世孫德文所撰《聘君海桑先生通傳》，略云，先生名

謨，字一德，吉之泰和人。遭元季倀擾，退不復仕，教授鄉郡，爲世所宗。洪武初，詔起議禮，以疾辭歸，年九十六卒。先生號心吾，一號海桑，學者稱海桑先生。伯驥按：《明一統志》謂先生著有《書經會通》《詩經演疏》《海桑集》。所謂《海桑集》，當卽此本，特省文耳。楊文貞爲先生外甥，文貞早孤，先生撫之成立，文貞嘗有“報答一塵無”之句，文貞撰先生、子孔碩、孫庶吉士孟潔《墓志銘》，其敍云，先生當國初，以碩德正學，嶷然負天下重望，當時尊爲江以西大儒。三子皆文學偉然傑出乎士林，蓋以文學世其家者也。晏璧序略謂，陳先生元大德間，敏而力學，猶及登宋元遺老鉅公之門，躬行踐履，肆於古文辭，鄉人士子從先生講性命道德之懿。予弱冠侍教先生時，翰林承旨宋公、學士潘公、祭酒許公，閱其文而評之曰，湯盤禹鼎器之古也，太羹元酒味之正也。蓋其文爲當時所重如此。文貞於明初開臺閣體之先，而不知實源於聘君，此亦談文學史者所宜考及矣。

巽隱先生集四卷 汲古閣刻本。

明程本立撰。本立字原道，號巽隱，桐鄉人。少受學於金華朱震亨兄弟，又從同邑鮑恂、貝瓊游。洪武丙辰舉明經，推秦王府引禮舍人，以母憂去。復改周王禮官，從王入覲，坐累，謫雲南。時內附未久，蠻夷爲變，本立統領撫綏，開導利害，諸夷感悦。應天府尹向寶、學士董倫，交荐其文學治行，召入翰林，署左僉都御史，出爲江西按察副使。適靖難，兵已進京師，悲憤自盡。所著《巽隱集》《詩文》各二卷，其曾孫山編，弘治乙丑桐鄉令李廷梧序之，嘉靖中南溪吳氏、西虞范氏，先後刊版，未幾湮佚。其後萬曆元年濮陽斐得其集於裔孫九澤，又屬李詩校刊，有斐序及詩後跋，仍列李廷梧與嘉靖林廷棉原序於前，附錄《事狀略》。此爲汲古閣刻，在其後矣。

遜志齋集二十四卷_{明刊本。}

明方孝孺撰。前有洪武三十年林右序，略云，今之學者，聞前朝之故習，竊成説爲文辭，雜老佛爲博學，志氣汙下，議論卑淺，無復有大人君子之態。吾友方君希直奮然而起曰，是豈足爲學，不以伊周之心事君，賊其君者也；不以孔孟之學爲學，賊其身者也。天下有志之士，莫不高其言論，將盡棄其所學而從之。希直之文，譬若春氣方至，真液之色充滿廣宇，飛潛動植之物，各有生意，要其大者不在此也。雖然，不觀其文，何以知其志之所存。故余又序其文。次有金華王紳序。次凡例三則，一是集趙教諭先生洪實始板行，至定軒黃公孔昭、方石謝公鐸、宜春郭公紳，始完，凡四十卷，今本以拾遺分屬爲文二十二卷，詩二卷。一舊本編緝時，以禁諱後惟懼失墜不完，間有誤入僞撰，今因舊本序次，惟誤入而證據明白者删去，餘悉存爲別集。一新增《越車懿文太子輓詩短序》《侍讀唐君墓誌銘》。次有小傳，謂先生所著有《周易枝辭》《周禮考次目録》《武書戒書註》《宋史要言》《基命録》《文統》，皆燬不傳。宣德以還，國禁漸開，遺詩文始出於世云。半葉十行，行二十字，板心祇記卷幾、第幾葉，不記書名。

全室外集十卷_{明永樂刊本。}

明釋宗泐撰。宗泐字季潭，臨海人。洪武初，舉高行沙門居首，命住天界寺。尋往西域求經，還授左善世。先是太祖幸天界，泐方住持，賞其識儒書，知禮義，命畜髭髮，欲授以官，

固辭。時宋學士濂好佛，太祖目爲宋和尚，泐好儒，太祖呼泐
爲季才，嘗奉詔製贊佛樂章，蒙嘉歎，賜和平日所作詩。後智
聰坐胡惟庸黨，詞連泐及來復，有司奏當大辟，詔免死。明初
詩僧，如守仁一初徵授僧録右善世，著有《夢觀集》。來復見心
以高僧徵，仕至左覺義，著有《蒲庵集》。高季迪《和見心兼簡
泐禪師詩》有"廬岳禪師傳法印，道園學士許詩名。幾趨北闕
瞻天近，獨坐南屏對月明"之句，以泐與見心並稱。今讀泐
《集》，其詩蓋過於《夢觀》《蒲庵》甚遠，集曰《全室》者，
蓋別題所居曰全室，故以此名也。《金陵瑣事》嘗摘其佳句，如
《夢清遠兄》云，"劇知情是妄，翻説夢成真"。《往南陵》云，
"人煙千嶂裏，客路百花中"。《閒行》云，"幽花不礙路，偃木
自成橋"。《天界寺僧果賦同諸官長遊牛首》云，"官閒何待隱，
僧老欲忘禪"。《和沃州吕公》云，"鳥棲雲外樹，龍護鉢中
蓮"。見卷二。又《續金陵瑣事》卷上云，"鳥啼紅樹裏，人在
翠微中"。《草木子》載之，以爲太祖佳句。《弇州别集》又辯
爲元順帝之詩，皆不得其實。乃天界寺僧宗泐《送徐伯廉歸南
陵作》，其全篇云，"把酒城南道，離懷去住同。鳥啼紅樹裏，
人在翠微中。山雨添秋色，溪雲渡晚風。倚樓相憶處，明日各
西東"。今其集載此詩。一卷爲和御製及應制之作，二卷爲樂
府、讚佛樂章，三卷五古，四卷七古，五卷五律，六卷七律，
七卷七絶，八卷六言五絶，九卷疏，十卷續集。前有朱右序，
略云，師嘗厭世之爲文辭者，識性不高則見地虛陋，體裁無度
則鋪敍失倫，乃杜門坐一室，取古人載籍，矻矻讀之。比載晤
金陵，而師之學已充然有得，沛然不可禦矣。自是遭時多故，
予避地姚虞間，師出主宣之水西寺，風塵修阻，欲見無由。兹
獲遇西湖之上，出其平日所著《全室藁》，若古詩樂府歌行唐

律，凡若干卷。予嘗觀晉、唐以來高僧以詩名者，固不少也。若支遁之冲淡，惠休之高明，貫休、齊己之清麗，靈澈、皎然之潔峻，道標、無本之超絕，惠勤、道潛之滋腴，雖造詣不同，要適於情性，寓意深遠，至於今傳誦不衰。季潭師識地高邁，調趣清古，導揚規詠，有風人託物之思。傳之將來，豈居澈、休輩下。次有徐一夔序，略云，天臺季潭泐公既釋士服，擇所依歸之地。時廣智禪師訴公學貫儒墨，肆筆於文事，卓然成一家言。天曆、至順間，光膺帝眷，説法金陵官寺，緇素向往，得其片言隻字，以爲祕寶。泐公既自得師，當是之時，金陵亦東南都會，内而臺閣名流，外而山林遺老，至其地者，莫不折節而與廣智交。泐公參請之餘，又得博其聞見，發於聲詩，衆體畢具，滌去凡情俗韻，四方萬里，爭相傳誦，皆曰泐公猶廣智也。會大明混一，肇隆像教之事，今京師第一禪林，即廣智説法地，桑門上首非有宿德重望爲上所知者，不以授之，公以廣智大弟子繼席。佛有遺書在西域中印土，有旨命公往取，既銜命而西，出没無人之境，往返數萬里，五年而還。次有永樂元年王達序，稱其詩以理爲主，太祖皇帝恒稱爲福慧僧。且和其詩百四十五首，美其兼通儒學，而神不妄馳。伯驥按：近人衡陽喻謙所編之《新續高僧傳》四集，以泐入《譯經篇》，蓋泐少習梵音，能曉唄誼，求遺經時，嘗翻譯《文殊》等經而還，今所傳者即其本云云。至泐所官之左善世，乃僧職。嘗考明之左、右善世，蓋與唐之左、右街僧録爲近，貞元四年置左右街功德使，總僧尼之籍。見《百官志》。即此職也。唐世又有左右街道門教授先生，會昌四年道士趙歸真曾充之。見《資治通鑑》。知釋與道之制亦同矣。清之僧綱司，亦導源於唐、明，考古者所宜知也。又按：《廣弘明集》，後魏太祖以沙門趙郡門法事爲沙門統，綰攝僧徒，至文帝以師爲僧統，又參玄語録。後秦姚萇之世，羅什入關，學徒三千餘人，因立道䂮音略。爲僧正，法欲慧斌掌僧録給事，中國置僧官因此始。東魏、北齊尚其統，宋、南齊、梁、陳尚其正，元魏以僧頭爲沙門都統，隋革周命，天下分置十統。唐罷統立録司於京邑，謂之僧録，此則溯其始也。《明史》卷一百五十六，李英，西番人。番僧張答里麻者，通譯書，成祖授以左覺義，居西寧，恣甚，英發其事，磔死，西陲快之。此則僧官之不法者也。僧録司左、右善世二人，正六品。左、右闡教二人，從六品。左、右講經二人，正八品。左、右覺義二人，從八品。僧道録司掌天下僧道，俱選精通經典、戒行端潔者爲之。見《明史》七十四《職官志》。

逃虛子集十卷外集一卷舊寫本，朱竹垞、曾剛父舊藏。

明姚廣孝撰。按錢氏《列朝詩集》云，廣孝幼名天禧，本醫家子，頗不肯學醫，魁磊高岸，意度偉然，喜爲儒者博貫該通之學。至正間，削髮居相城之妙智庵，里中靈應觀道士席應真者，讀書學道，通兵家言，尤深於機事，公師事之，盡得其學。伯驥按：祝允明《野記》云，廣孝爲文皇治兵，作重屋周繚厚垣，以瓴甋缾缶密甃之，口向内，其上以鐵鑄，下畜鵝鴨，日久鳴噪，不聞煅聲。又《孤樹裒談》卷三云，太宗靖難之事，議於姚廣孝，而征伐之功始於張玉，惜玉早没，然則廣孝雖通兵學，或亦不及玉歟。嘗寓嵩山寺，袁珙見其相而異之曰，公非常僧，劉秉忠之儔也。公初侍燕邸，每夜夢與劉太保仲晦窹語，兩公之賜名，一曰秉忠，一曰廣孝，豈非宿乘願輪，再世示現者歟！公居吳，爲高啟北郭十友之一，啟嘗敘其《獨菴集》，以爲險易並陳，濃淡迭顯，能兼取衆家，不事拘狹。化後，吳人總刻其詩文曰《逃虛子集》，闕一。又按：《明太宗實録》卷一百

六云，廣孝，蘇之長洲人，初從釋氏名道衍。嗜學，喜爲詩文，
少與高啓、楊孟載爲莫逆交，朝之縉紳，如宋濂、蘇伯衡輩皆
獎重之。洪武十五年，僧宗泐薦其學行，命住北平慶壽寺，事
上藩邸，甚見禮遇。伯曠按：《傳信録》云，太祖將封十王時，每王擇一名僧
輔之。姚廣孝自請於文廟曰，殿下若能用臣，臣當奉一白帽子與大王戴也。蓋王字
加白爲皇帝之皇字，廣孝意欲弼成燕邸爲皇帝，故云然耳。既而文廟自求於太祖，
許之。上每出，命侍世子居守，嚴固備禦，撫綏兵民，與贊謀
策。上卽位初，命爲僧録司左善世，及册立皇太子，賜名廣孝，
授資善大夫太子少師，俾輔導焉。卒贈推忠輔國協謀宣力文臣
特進榮禄大夫柱國榮國公，謚恭靖。伯曠按：《餘冬序録》云，國初文臣
無賜謚者，自永樂間太子少師姚廣孝、大學士胡廣二人始。廣孝嘗著《道餘
録》，詆訕先儒，爲君子所鄙。若其論文曰，惟韓退之、歐陽永
叔、曾子固，真儒者之文。今之爲釋老文字，往往勦取釋老之
説，甚至模倣其體，以爲儒者不克卓立，其意蓋謂宋蘇輩，識
者亦有取焉。又按《菽園雜記》云，洪武中，大臣爲三公者皆
開國功臣，三孤亦無備員，如劉伯温、汪廣洋寧封伯爵，而不
以公、孤加之，其慎重可知矣。永樂中，惟姚廣孝爲少師，卷三。
可知太宗尊崇廣孝固已極矣。所謂北郭十友者，蓋廣孝合楊基、
張羽、徐賁、王行、王彝、余堯臣、宋克敏、陳則，九人而足
其數十人，皆與高啓友善，惟宋克敏無集，餘俱有之。此集著
録黄氏《千頃堂書目》中，而清《四庫》不録其書，衹存其
目。《總目》卷一百七十云，廣孝没後，吳人合刻其詩文曰《逃
虛子集》，後又掇拾放佚，謂之《補遺》。其詩清新婉約，頗存
古調，然與嚴嵩《鈐山堂集》同爲儒者所羞稱，是非之公，終
古不可掩也。附載《道餘録》二卷，持論尤無忌憚。《姑蘇志》
曰，姚榮國著《道餘録》，專詆程朱。少師亡後，其友人張洪謂

人曰，少師與我厚，今死矣，無以報之，但每見《道餘録》，輒爲焚棄，是其書之妄謬，雖親暱者不能曲諱云云。其集之不多流通，或由《庫目》之言，遂至寫刊之本，多至泯没。此本爲秀水朱氏舊藏，有竹垞藏章，後歸蟄庵曾氏習經。曾，固詩人，宜其愛之也，護葉有蟄庵題字。

少師東里楊公文集二十五卷明正統刊本。

明楊士奇撰。前有正統五年黄淮序，略云，少師際遇太宗文皇帝，正位宸極，建内閣以嚴禁密。公與淮等七人首膺拔擢之命，典中祕，兼知外制，歷事四聖熙洽之朝，凡大議論、大製作，出公居多。肆其餘力，旁及應世之文，率皆關乎世教，吐辭賦詠，冲澹和平，渢渢乎大雅之音。淮上疏乞骸，蒙恩賜歸。公不遐棄，貽書以文集序見屬。半葉十行，行二十字，上下黑口，魚尾下題文卷幾。板式古雅，字畫刀刻，尚有宋元之遺，蓋《東里集》之初槧本也。

東里文集二十五卷詩集三卷續集六十二卷別集四卷附録四卷明嘉靖刊本。

明楊士奇撰。士奇，太和人。建文時召入翰林，永樂靖難，改編修，入直文淵閣，累官少師，華蓋殿大學士。正統六年卒，贈太師，諡文貞。明初相業稱三楊，公其魁也。《文集》二十五卷，正統五年永嘉黄淮序。《詩集》三卷，正統元年江陵楊溥序。《續集》六十二卷，正統九年金陵李時勉序。有嘉靖庚戌袁郡嚴嵩重刊序，成化九年吴郡韓雍書後。附録則聖諭、奏對、誥命、敕諭、傳贊、祭文、墓銘也。楊氏當永樂、正統間，以文名，號爲臺閣體，然爲文既多，自不能無濫作失考之弊。《孤樹哀談》云，盧陵胡文穆、楊文貞兩人，同被文皇館閣之命，一時文譽固有定價。然文穆頗厭爲人序譜，以其多牽合不實也。文貞所敍譜幾五十餘家，自昔文人序譜，莫盛于斯。文穆之嚴近於義，文貞之厚近於仁。見卷三。又云，《東里集》諸廟學記皆精當，惟晚年所作《寧國府》一篇可疑，蓋文昌事既不經，而國學制亦無此。考之歐陽文忠云，不知祭義者以孔子官立祠祭，爲尊而榮，爲有德之報，至斥爲謬誤，以其巍然端坐，不合古祭用主之義。況宋學士《太學碑》已言我朝祭木主，能筆千載夷習矣。而此文乃云冕服南面，以崇報也，何耶？見卷四。每卷末有“天順某年某月男道禾編定”一行。

楊文敏公集二十五卷明刊本。

明楊榮撰。榮字勉仁，建安人。官至工部尚書，兼謹身殿大學士，贈太師，諡文敏，蓋三楊之一也。前有正德十年永嘉王讚重刻序，稱公居則參掌機密，出則謀謨帷幄，比事三宗，始終如一，以身任國家之重，垂四十年。公集曰《兩京類稿》、曰《玉堂遺稿》，梓行已久，板藏書坊，燬於回祿。今公子翻刻以傳，總名曰《楊文敏公集》，屬爲序。次有正統五年胡儼《兩京類稿序》，次有正統十一年王直序，次有吉水周敍序，次有吉水錢習禮序。末附錄《行實》《墓銘》等編。半葉十一行，行二十一字，每行低一字，以便提行。

夏忠靖公集六卷明弘治間刻本，金星軺舊藏。

明夏原吉撰。原吉字維喆，湘陰人。《明史》稱其以鄉薦遊太學，選授户部主事，官至户部尚書。《原吉集》著錄《明史·藝文志》，若清《四庫總目》別集類二十三所著錄者，則謂爲康

熙乙酉潘宗洛提督湖廣學政時，以其裔孫之所藏，重爲校刊本，
原版則已久佚云。此本實弘治中原刊，爲館臣所未見，固可貴
矣。前有正統八年楊溥序，略云，長沙夏公詩文遺稿，常州太
守桂林莫君子朴以其餘用鋟梓，公之子尚寶司丞瑄請予序。公
立朝四十年餘，每議大政，務從寬厚，處同官未嘗失色，待僚
屬取其所長，略其所不足，人多德之。宣宗皇帝爲皇太孫時，
公受命輔導，三朝實錄皆預監脩，時論朝之大臣有德量者，以
公爲冠。詩文平實雅淡，不事華靡。卷一表、頌、賦、贊，卷
二五言古詩、五言律詩、五言排律，卷三七言古風，卷四、五、
六七言律詩、七言排律，卷六、七絕句。末附公遺事，則郡人
寧鄉袁侍御公大倫得諸其孫通政公廷章，而刻諸集後者也。《目
錄》分列六卷，而其版心則分爲上卷下卷。末有弘治八年王恕
跋尾，略云，余爲童子聞公與蹇忠定公齊名，一時公卿無有出
其右者，心竊慕之。又有李東陽跋、何喬新跋。何跋略云，公
爲尚書時，當永樂二年，雷震奉先殿詔求言，言者多云建都北
京非便，而主事蕭儀言之尤峻，太宗震怒，加以極刑。六科十
三道上言者多云朝廷不當輕去金陵，建都於燕，故有此變。上
曰，方遷都時，朕與大臣密議數月而後行，非輕舉也。言者因
劾大臣，上命言者與大臣俱跪在門前對辨，公從容奏曰，御史
職當言路，給事中朝廷耳目之官，況應詔陳言所言皆當。臣等
備員大臣，不能協贊大議，臣等合當有罪。天顏悦懌，遂傳旨
令各回原衙辦事。衆謂非公言又將有蕭儀之誅矣。又有弘治十
四年錢福跋，皆因遺事而有言者也。袁經則跋其重刻之由，謂
弘治庚申秋七月，予奉明天子命，出按江南。鄉友南京通政使
司少參夏君廷章，走介持迺祖《忠靖公集》至姑蘇之臺署，請
予重刻。乃以集畀姑蘇郡守曹鳴岐鳩工鏤板，置諸祠中。《四庫

提要》稱原吉以政事著，不以文章著，洪、永之際，作者如林，以原吉位置其間，尚未能並鷲中原、齊驅方駕。然致用之言，疏通暢達，猶有淳實之遺風，以肩隨楊士奇黃淮諸人，固無愧也。此則專論其文矣。忠靖後人夏榮文撰《忠靖遺事》一卷，清《四庫》著録，謂此書於世所傳慈感蚌珠事，删之不載，然原吉治水，功在東南，其方略亦不備述，殆以事具國史耶。惟燕王篡立，原吉稱臣，此所謂范質生平惟欠周世宗一死者也。而此云或執之以獻王，是則子孫之詞矣云云。此則論忠靖之爲人也。永樂初，忠靖治水於吳，朝廷賜以水利書，夏公之書，出於中祕，求之不可得。見歸有光氏文集卷三。然則忠靖以治水著績者，固由於内府之書爲之導師也，書固可少乎哉！半葉九行，行十七字，每行皆空一格，以便提行。大字挺健，明初佳刻。前有"金星輅藏書記"朱文長方印、"冰香樓橢園"朱文印、"古愚"朱文方印。

金文靖公集十卷明成化刊本。

明金幼孜撰。前有成化四年江西等處提刑按察司奉勅提督學校僉事後學潮陽李齡序，略云，江西自昔以文章鳴，代不乏人，若今日少保金文靖公是已。公世爲臨江新塗人，生而英邁，父雪崖先生遣從前進士聶先生鉉，授《左氏春秋》，鉤玄剖微，得屬詞比事之旨。比長引觚吐辭，動千百言，卒本於仁義道德之淵源。洪武庚辰，由鄉薦登進士第，授户科給事中。恭遇文皇帝即位，首以文名與少師楊公士奇等，擢入内閣，參掌機密，弼亮四聖，勳業巍然，凡典章、訓誥之製，賦頌、詩歌之作，誠足以宣揚皇澤，以昭一代文明之治。今年春督學至臨江，公之冢嗣給事君昭伯，以斯集見示，俾序其首簡。次畫像，有吉文周、王直、蕭時中、楊榮、曾棨、鄒緝、王英、楊士奇、楊溥等贊，次《目録》，以勑諭、誥命、御祭文、神道碑文等爲外集，而列於卷首焉。卷一五言古詩，卷二七言古詩，卷三五言律詩、五言排律，卷四七言律詩、七言排律，卷五五言絕句、六言絕句，卷六賦、贊、頌，卷七序，卷八記，卷九碑銘、墓志、墓表，卷十書跋、表銘、畫像贊、字說、傳、哀辭、祭文。卷一前題賜進士兵科給事中男昭伯編。半葉十一行，行二十一字，上下黑口，楷寫刻本，明初罕覯之精槧也。

白沙先生全集九卷附録一卷明弘治刊本。

明陳獻章撰。獻章字公甫，新會人。正統十二年舉鄉試，次年禮闈中副榜，入監讀書。以廣東布政使彭韶總督朱英荐，成化十九年赴京應選，疏陳患病，乞恩終養。奉旨陳獻章自陳有疾，乞回終養，與做翰林院檢討，親終疾愈，仍來供職。後屢薦不起，弘治十三年卒，學者稱白沙先生，謚文恭，從祀孔廟。明人於白沙之學，每多不滿，章楓山以禪學目之，胡敬齋攻之尤力。羅氏欽順曰，近世道學之倡，白沙不爲無力，而學術之誤，亦恐自白沙始，其尤著也。吾粵人丘文莊於《大學衍義》中有譏議異學者，前人亦謂其爲白沙而發。白沙《西南驛詩》，人謂其寓意於文莊，入京亦不謁焉。其卒也，白沙祭之以文，意頗不滿。至清世翁氏方綱撰《重刻白沙集序》，猶斤斤爲之辨論，蓋學術史之常例也。前有弘治十八年門人張詡序云，麟也者乃天地儲祥，星嶽孕秀，應五百昌期而生，希世之瑞也。皇明有道，其瑞應於成化、弘治間，白沙陳公甫先生是也。先生生於宣德戊申者也，今以爲出於成化以來者何哉。蓋其初也，麟性雖具，必至是性始完，而頭角始嶄然露，毛鬛始煥乎其有

文章也，抑以見先生之所以希賢、希聖者，由學而至，所以勉
進後死之與於斯文也。先生之學何學也，古聖賢相傳之正學也，
其造詣則由知而好，好而樂之者也。其全體之呈露，妙用之顯
行，雖不敢以意想揣摩而妄爲之說，昔人所謂因言以求其心，
考跡以觀其用者，猶幸賴諸詩文之僅存也。知言者由是以求之，
則大而出處酬酢，小而語默動靜，顯而孝弟忠信，微而性命道
德，亦概乎可考而知也。有能述其旨、纂其言，爲訓以羽翼乎
六籍四書，天下之大、千萬世之遼邈，詡安敢絶望以爲無其人
焉。若然則其道脈之正傳，學術之的緒，當渙然自信之矣。詩
刻於山東者二十之五，刻於梧州者二十之一耳。而文則子弟門
人所鈔録，散在四方，未有會輯成集刻而傳之者也。弘治癸亥
吉水羅君僑惟升以名進士來知新會縣事，新會先生之闕里也，
惟升下車，首登拜先生遺像，悽然起羹牆之思，慘乎有不及門
之遺憾。復能師先生遺教，以治其民，而民戴之，乃於政暇搜
羅先生詩文爲全集，屬詡序其端，以爲天下後世道而傳焉。嗟
乎麟逝矣，是集乃麟之景迹耳，以景跡而求麟，不亦遠乎。雖
然麟在無庸景迹爲也，麟逝而景迹可並泯乎。昔詩人以麟之趾
定角興公之子姓族也，一則曰于嗟麟兮，二則曰于嗟麟兮。説
《詩》者以爲麟性仁厚，而公之子姓族亦仁厚，是乃麟也，何必
麐身牛尾而馬蹄者，然後謂之麟哉。吾固以學至乎聖者爲真麟
也，彼投閣而草玄干時而續經之輩，爲麟之贗也，非邪，麟不
可見矣。有能因言以得先生之心，而起先生之道，麟接迹於世
也。至於用舍，世道之隆替係焉，麟無與也。是言也者斯道之
攸寓也，言存矣，麟不死也，況有嗣之者乎。吾知是集一出，
天下後世不徒爭先拭目之不暇矣。《白沙詩文集》以此爲初刻，
流傳極尠，故全録其序。卷一奏疏，卷二序，卷三記，卷四、

五書簡，卷六墓誌銘、表，卷七祭文，卷八賦、贊、銘、啓、說，卷九論、題跋、詩。前人論白沙詩。楊升庵謂其五言沖澹，有陶靖節遺意。然謬解者篇篇皆附於心學性理，則是癡人說夢。《麓堂詩話》則摘其《厓山大忠祠詩》，以爲極有音韻，和者皆不及，但所刻淨稿者未之擇耳，此刻則采詩極少。彭氏《觀河集》錄白沙手書詩চ四首，謂有二首未入集，此刻亦未之見也。詩云"飛飛蛺蝶花枝舞，恰恰流鶯柳市東。睡起西齋讀《周易》，江春如酒醉衰翁。會講堂前草又新，秋風回首特傷神。徵君已去巴峯在，遙與門人作主賓"。至《附錄》則他人題贈之作也。半葉九行，行十八字，低二字以便提行，實每行十六字。

白沙子八卷明嘉靖間揚州刻本，禦兒吕氏舊藏。

　　明陳獻章撰。前有嘉靖癸巳前進士西蜀後學高簡序，全書均題《白沙子》，而無集字。高序略云，夫道貫古今，匪明弗著，孔孟而後，乃有濂洛，蓋昭如矣。唯明嗣興，若白沙先生者，其周程之徒與。蓋先生起於南粵，獨悟道妙，而非有能授之者，是故其見道明，故其體道至，其體道至，故其言論簡易而弗支且多，夫其弗支且多也，故凡形諸動靜、存諸語默、播諸詩文，徵諸出處，罔非道妙，而其文固煥煥乎莫之繪焉。夫豈雕縷綴奇，苦思模擬，役心垂後，而故存之簡冊哉。其門人張東所采集之，梓諸其里矣，四方猶罕覯焉。予柄維揚教，偶談及茲書，共以未得爲憾，遂出予本刻之。因訪諸吾友沈汝淵氏，得遺集二三册焉，爰增其未有者，削其不必存者，以付梓人，題曰《白沙子》，猶孟氏七篇而題曰《孟子》之義也。次節錄湛若水《白沙子論》，別刻一葉。後有江都卞崍跋。湛氏論云，夫先生聖人之徒也。先生詩文，其中古之製作乎！其詩歌如風雅頌，其文詞如謨訓誥。或聞之愕然曰，何哉，若是其大也，不亦少誇矣乎？今觀其詩歌之體裁，猶夫今之詩也，何取乎風雅頌？觀其文詞之嬳度，猶夫今之文也，何取乎謨訓誥？
曰，非是之謂也。孟軻有言，今之樂猶古之樂也，何謂乎？聖
賢之言，發乎人心之同然，故與古訓異體而同道。夫惟求於牝
牡、驪黄之外者，而后得馬之真相；忘於言語、形似之外者，
而後得聖賢之蘊。是故以其中和之性情，發而爲中和之永嘆，
優柔而敦厚焉，是亦風雅頌而已矣。以其自得之精意，以發其
未發之蘊，載道而典則焉，是亦謨訓誥而已矣。曰，然則何以
異乎？曰，言詞古今之不同，猶之東西南北之方言聲氣之異耳
矣，而因以爲人情有異可乎？今以詞之古今，而疑聖賢之異者，
則亦猶求人性於東西南北之音之類也，求馬於牝牡、驪黄之類
也。曰，然則果若是同乎？曰，以《詩》觀之，風殊於頌，頌
殊于雅矣，遂謂《詩》果不同可乎。以《書》觀之，誥殊于
訓，訓殊于謨矣，遂謂《書》果不同可乎。則又何疑于后世之
詩、之文也哉。故求先生之詩文者，當求先生之道於言外之意，
以合於古訓，而不當求先生於言詞之間則惑也。夫然后知先生
之詩文，不可以后之詩人文士之詩文觀之矣。湛氏弟子附識云，
門人高簡曰，吾師甘泉先生過維揚，謂瀫州亦刻是集，乃吾同
年友柯侍御意也。先生既手校付之而因序焉，此論是也。簡請
觀之，真足以破文人才子之訾矣。因略其序刻之由，而附其要
語于此，以俟明者覽焉。卞氏跋云，崊梓是書，既因呈諸吾師
鶴阿高子請校焉，遂顧崊曰，世之梓詩文者多矣，然或止乎詞
焉而已者也，何益哉。吾欲維揚士究白沙子之心，以達於濂洛
洙泗，故命爾梓之，苟得其心者衆焉，雖廢是梓可也，不然又
增一贅疣矣。嗚呼，會吾所以欲梓之心，而得吾所以不欲梓之
意，是在二三子。崊曰，天何言哉，四時行焉，百物生焉，天
何言哉？是故其梓也、其弗梓也，無加損於白沙子也。而以詞

焉視兹書者，其自病也甚矣。寀敢不祗若子之訓，若將終身焉。於是退而跋諸此，以告吾揚同志之士。是歲孟冬望日江都卞寀謹跋。據高氏序知此書實爲《白沙集》第二次刻本，且題《白沙子》而不云集，蓋與他刻有異也。考《白沙集》有六卷本，吳門顧氏刻。有九卷本，門人湛若水校定，嘉靖間刻本，萬曆間覆之。有《白沙詩教解》十五卷本，又有三十卷本，弘治初刻，正德覆之。有二十一卷本，嘉靖葉友山刻。范《目》著錄《詩集》十卷，弘治甲子重刊本，《千頃堂目》著錄二十二卷本、八卷本、六卷本，祁《目》著錄文編六卷本，若清《四庫》著錄則爲萬曆覆刻若水校定之本。而此八卷本則各家書目絕少著錄，維揚舊槧，碩果僅存，宜夫廠肆估人之高其聲價矣。半葉九行，行十八字。卷首有"禦兒南城呂氏家藏印"朱文方印，又有"佐伯文庫"朱長方印。禦兒卽就李，嘉興府崇德縣有禦兒鄉，有水名語水，語與禦通。據《至元嘉禾志》謂水在郡西南，去崇德縣東南一里，舊名禦兒中涇，俗名流渚塘，吳越時棲兵於此。《左傳》《吳越春秋》皆作禦，《史記年表》作藥，西漢易爲語，而《年表》又作蓹。《水經》曰由拳西鄉，有產兒便能語，因詔爲語兒鄉。宋朱文長《吳郡圖經》卷六云，《國語》曰句踐之地，南至於句吳，北至於禦兒，禦兒者地名也。句踐嘗謂，吾用禦兒臨之，而俚俗之言以禦爲語，曰范蠡獻西子於吳，道中生子至此而能語。又宋史炤《通鑑釋文》卷八云，禦兒水在古越地，禦或作語。明吳郡黃省曾《五嶽山人集》卷三第十三葉云，語兒鄉故越界，名曰就李。句踐入官吳時，夫人從，道產女於此，養之李鄉。及後勝吳，更名女陽亭，又更就李爲語兒鄉。今崇德縣東南有其遺跡。蓋此書爲石門呂氏留良藏本，故其章云爾。

耕石齋石田詩鈔十卷 明錢牧齋編刻本。

　　明沈周撰，錢謙益編。黄氏《千頃堂書目》著録沈氏集凡
兩種，一爲三卷本，一爲錢編十卷本。其十卷本題《石田詩
集》，實則詩鈔、文鈔合成，黄《目》偶誤詩鈔爲詩集也。《浙
江采進遺書總録》癸集上，有刊本《沈石田集》八卷。清《四
庫》著録則十卷本，題《石田詩選》，爲明弘治中光禄寺署丞華
汝德所編，不標體製，不譜年月，但分天文、時令等三十一類。
吾家《邵亭書目》亦録華本也。此本卷一、二、三、四古體，
卷五、六、七、八今體，詩餘附焉，卷九雜文，卷十附録《石
田先生事略》，極爲詳覈，共二十九葉，題虞山錢謙益輯。略云
先生諱周，字啓南，別號石田，人稱石田先生，世居長洲之相
城里。詩初學唐人，雅意白傅，既而師眉山爲長句，又爲放翁
近律，所擬莫不合作。然其緣情隨事，因物賦形，開闔變化，
縱横百出，初不拘拘乎一體之長，稍輟其餘，以游繪事，亦皆
妙詣。先生爲太子保三原王公所知，公按吴，必求與語，連日
夜不休，每聞時政得失則憂喜形於色，人以是知先生非終於忘
世者。著有《石田稿》《石田文抄》《石田詠史補忘録》《客座
新聞》《續千金方》《沈氏交游録》若干卷。以上皆錢氏節録他
人文字而條舉之。其末則記其先世與石田交誼，題崇禎壬申謙
益附記。卷首有弘治庚申吴寬所撰《石田稿序》，略云，詩以窮
而工，嘗竊以爲窮而工者，不若隱而工者之爲工也。蓋隱者同
以耕釣爲生，琴書爲務，陶然以醉，脩然以游，有富貴浮雲之
意，又何窮之足云。是以發於吟咏，不清婉而和平，則高亢而
超絶。求之唐人，若陸魯望是已。吴之詩自魯望首倡，盛於宋，
尤盛於元。入皇朝來，承平日久，人情熙熙，士之求仕者争治

經義，取科第而出。吾友啓南能接乎宋元之派，以上遡乎魯望。
啓南詩餘發爲圖繪，妙逼古人，或謂掩其詩名，而卒不能掩也。
卷末有正德丙寅李東陽跋語，又卷八末有《三答呂公見和落花
之作》。後有文徵明跋尾云，弘治甲子之春，石田先生賦落花之
詩十篇，首以示璧。璧與友人徐昌穀屬而和之，先生喜，從而
反和之，是歲與呂公義屬而和之，先生又反和。自是和者日盛，
其篇皆十，而先生之篇累三十而未已。昔人以是詩稱者，惟二
宋兄弟，然皆一篇而止，若夫積咏而累十盈百，實自先生始。
此爲詩事雅談，故錄之。沈《集》以三卷本爲多，此刻頗罕覯，
固此集至善之本也。半葉十行，行二十二字。

王舍人詩集　卷瓶花齋寫本。

　　明王紱撰。紱字孟端。博學，工歌詩，能書，寫山木竹石
妙絶一時。永樂初，用荐以善書，供事文淵閣，除中書舍人。
紱未仕時，與吳人韓奕爲友，隱居九龍山，遂自號九龍山人。
於書法動以古人自期，畫不苟作，有投金幣購片楮，輒拂袖起，
或閉門不納，雖豪貴人勿顧也。在京師，月下聞吹簫聲，乘興
畫石竹圖，明旦訪其人贈之，則估客也。客以紅氍毹餽，請再
寫一枝爲配，紱索前畫裂之，還其餽。一日退朝，黔國公沐晟
以畫請，紱頷之。踰數年晟復以書來，紱始爲作畫，既而曰，
我畫直遺黔公不可。黔公客平仲微者我友也，以友故與之，俟
黔公與求可耳。其高介絶俗如此。《四庫總目提要》云，紱工於
畫，妙絶一時。其詩雖結體稍弱，然神思清曠，蕭散自如，氣
韻天然拔俗。論者方以倪瓚，亦幾幾乎近之。新城王氏曰，孟
端爲人狂簡，今集中詩，蕭灑不如倪元鎮，沉鬱不如王元吉，
磊砢不如孫大雅，差與浦長源伯仲耳。二説不同如此。集附曾

榮、王璉二序，翰林修撰王洪撰傳，中書舍人章炳如撰《行狀》，翰林學士胡廣撰《墓表》。此爲吳氏瓶花齋寫本，卷前有吳氏題記云，是集余家舊藏，闕曾榮原序一首，今從倦圃曹氏鈔本補入。乾隆癸亥冬日吳城記。城字敦復，號甌亭，六世祖占籍錢唐。考尺鳧翁喜聚書，凡宋雕、元槧與舊家祕册，若飢渴之於飮食，求必獲而後已。君克承先志，殫心羣籍，插架所未備者，復爲搜求，暇卽校勘訛脫，並成善本。君嘗客遊京師，于報國寺上見有宋版《許丁卯集》，先公之題跋私印宛在，不覺狂喜，出豐價購之。一時輦下名流，咸歌咏以紀其事。家有繡谷亭，亭前朱藤一本，爲尺鳧翁手自攜植，出所藏古名甆酒器一百八件以觴客。又作禪龕一座，設於讀書之瓶花齋，杜門却軌，每下幔跌坐龕中。念吾杭郡爲雅材淵藪，昭代以來有專集者寥寥，爰銳意蒐羅，得二千三百餘家。病中屬季弟玉墀，稍爲釐正，繕成副本，藏諸篋笥，沒年七十有一。見汪沆《槐塘文稿》三。

羅一峯先生文集十四卷從明萬卷樓刊本傳錄。

　　明羅倫著。前有嘉靖羅洪先序、聶豹序，序後有遺像，並刻正德十六年制誥。附陳獻章《一峯先生傳》，謂先生舉成化丙戌進士，策對大廷，中引程正公語，人主一日間，接賢士大夫之時多，親宦官、宮妾之時少。執政欲節其下句，倫不從，直聲震於時，奏名第一，爲翰林脩撰。會內閣大學士李賢遭喪去官，朝廷留之，臺諫皆不敢論說，倫詣其私第，告以不可，李公始以其言爲然。既數日，復上疏歷陳古今起復之非，疏奏，遂落職，提舉泉州市舶司。由是向之不言以養忠厚者，爲之一變，而終倫之世，臺省未聞有起復者云。一峯之關係時局如此，豈宜以尋常文集請之乎。當南陽起復，一峯上疏謂，近者李賢遭喪之時，朝廷下起復之命，名曰奪情實則貪位，名曰起復實則戀祿。致有公無起復之例，私爲起復之計，率天下之人，爲無父之歸。言至切直，故白沙述之如此。其後復官改南京，尋辭疾歸，隱居金牛山，閉門授徒，日以註經爲業，垂十年卒。白沙詩曰"青天白日人千古，五典三綱疏一通"。蓋骨鯁魁壘，宜爲賢哲所推挹。一峯，倫號也。

莊定山集十卷 明刻本。

明莊㫤撰，明雲南陳常道編輯，四川□用滿校正，桂林劉縉雲、教諭陳應奎、訓導龍壽山同刊，增城湛若水序。詩文凡十卷，縣尹劉縉雲刻置定山書院。別有餘姚聞人詮、王華、廣漢周滿山序。按前人評論定山之詩，以新都楊氏爲最允，《丹鉛總錄》云，定山早有詩名，詩集刻于生前，淺學者相與效其"太極圈兒大，先生帽子高"以爲奇絕。又有絕可笑者，如"贈我一壺劉靖節，還他二首邵堯夫"，本不是佳語，有滑稽者，改作《外官答京宦苞苴詩》，"贈我兩包陳福建，還他一疋好南京"，聞者捧腹。然定山晚年詩入細，有可並唐人者，古詩如《題竹》及《養菴》兩篇，七言如《題壬川畫》，五言律如"野暝微孤樹，江清著數鷗。與君真自厚，不是兩相留"。七言律如《遊琅琊寺》，"偶上蓬萊第一峯，道人今夜宿芙蓉。塵埋下界三千丈，月在西巖七十峯"。《羅漢寺》云，"溪聲夢醒偏隨枕，山色樓高不礙牆"。又如"狂搔短髮孤鴻外，病臥高樓細雨中"。《病眼詩》，"殘書漢楚燈前壘，草閣江山霧裏詩"。《舟中》云，"千家小聚村村暝，萬里河流岸岸同"。又"秋燈小榻留孤艇，疎雨寒城打二更"。又"北海風回帆腹飽，長河霜冷岸痕高”。《和沈仲律原字韻》云，“心無牛口干秦穆，跡繼龍頭愧邴原”。又云“藜羹莫道無蘇婦，蘭畹應誰負屈原”。《寄劉東山》云，“塵外有人占紫氣，鏡中疑我尚朱顏”。《次東嶠韻》云，“電懸雙眼疑秋水，髻擁三花御野風”。又“豈無湖水其神澳，更有溪毛當紫芝”。《書東山草堂扁》云，“封題雲卧東山扁，敬詠司空表聖詩。天闕星晨遺舊履，橘洲歲月有殘棋。石横流潦潛蚪角，梅迸垂蘿屈鐵枝。自笑野人閑袖手，雲煙濃淡忽交馳”。次首云，“沙苑草非騏驥秣，瀟湘竹是鳳凰枝。紫虛有約千回醉，笑指僧趺亦坐馳”。又“招隱誰甘同寂寞，著書不獨爲窮愁”。《永昌道中》云，“行客自知無歲暮，賓鴻不記有家歸”。《寄鄧五羊》云，“後時自許甘丘壑，前席將無問鬼神。浮世虛名非得已，出山小草却悲人。別時笑語風吹斷，會處迷離夢寫真。四十餘年一回首，乾旋坤轉有冬春”。此數首若隱其姓名以示人，觀者決不謂定山作云。見卷十九。明人詩原有白沙、定山一派，如南京禮部尚書豐城楊廉《月峯浄稿》之類，蓋以擊壤爲遠祖者也。《麓堂詩話》云，定山未第時，已有詩名，苦思精搆，累日不成一章。晚年益豪縱，出入規格。陳公甫有曰，百鍊不如莊定山，有以也。按此則定山之詩，又似不如擊壤、白沙之自然爲宗矣。公甫，白沙字也。至謂定山頗虛憍而近名，文多衍《太極圖》之義，詩亦不入格，然亦頗有別趣，譬釣叟田翁，不可繩以法，而野逸之態，乃有時可入畫圖。此則館臣先入爲主之見矣。定山，录號也。

醫間集九卷　明陳明卿校讀。

　　明賀欽撰。欽字克恭，其先浙之定海人，以戍籍隸遼東義州衛。登成化丙戌進士，授户科給事中，謝病歸。弘治初起陝西參議，檄未至而母歿，乃上疏懇辭，遂不復出。見《明史・儒林傳》。此編乃其子士諧蒐輯遺藳，竝生平言行，都爲一集。前三卷爲《言行錄》，四卷爲存稿，皆雜文，第八卷爲奏稿，第九卷爲詩稿。欽自號醫閭山人，故以此名集。欽嘗讀書醫無閭山，集中屢及之。《四庫總目》謂欽之學出於陳獻章，然獻章之學主靜悟，欽之學則期於反身，實能補苴其師之所偏，嘗言爲學不在求之高遠，在主靜以收放心而已。故集中所錄言行，皆平易真樸，非高談性命者可比。而所上諸奏疏，亦無不通達治理，確然可見於施行。在講學諸人之中，獨爲篤實而純正。文章雖多信筆揮灑，不甚修詞，而仁義之言，藹然可見，固不必以工拙論云。此爲前明陳氏仁錫校讀本，大字勁草，書法大佳。蓋明卿每喜發言，固是本色。全書點讀，其精勤又可敬也。

匏翁家藏集七十卷　明正德刊本。

明吳寬撰。前有正德三年李東陽序，略云，《家藏集》吳文定公所著，而手自編輯者也。詩三十卷，不分體製，以年月先後爲序；文四十卷，則分體彙載，而先後亦隱寓乎其間。公之没，其子中書舍人奭，刻梓于家，持以告予，請序首簡。公以經學爲程試，既而徧讀《左傳》、遷史、韓、柳、歐、蘇諸家之文，欲盡棄其舊業，及爲部使所迫，取甲科，官史局，文名滿天下。居臺閣，弗究厥施，而終始於所謂文書。次有正德間己巳王鏊序，略云，公生平頗好蘇學，其於長公每若數數然者。及其自著，乃獨紆餘有歐之態，老成有韓之格，信其學力之至，其自得者深乎。明興作者代起，獨楊文貞公爲最，爲其醇且則也。公之文視文貞未知所先後，位亦顯矣，使獲當路於時，其功業豈少也哉。半葉十二行，行二十四字。前清王氏頌蔚曾見

《文定手稿》真跡一册，皆弘治丁巳戊午兩年所作，是時文定官
吏部右侍郎，尚未入東閣也。文三十四首，紙三十番，以校
《匏翁集》，實增多文十餘首，如《保遺堂記》《樗老楊翁象贊》
《忠節録序跋》《馬時暘所臨夏太常墨竹觀音菩薩象贊》《祭李
容之文》《宜興徐氏義田記》《萬壽禪寺記》《鄒静修象贊》《美
讓詩序》《徐母張孺人六十壽序》《賀屠先生加封一品詩序》，
皆本集所無，且篇尾俱題年月，是又撰匏翁年譜所必資。海昌
陳氏舊藏，後歸蔣㑺生太守云。

震澤先生集三十六卷 明刊本。

　　明王鏊撰。前有董其昌撰序。次有嘉靖十五年南京禮部尚
書南海霍韜序，略云，文之傳三，人品一也、學力二也、才格
三也。守谿先生早年詞氣，如風檣駕濤，如逸驥馳野，如銀河
注溟，如長虹横漠，如列趄劃雲，如駛颿之嘯六合，可謂雄矣。
晚年脱枝落英，尚淡崇實，蓋雄而古者也，故公之文可傳在才
格。先生早學於蘇，晚學於韓，折衷於程朱，故公文可傳在學
力。公於壽寧侯舊也，壽寧戚密椒宫，大臣無恥者趨焉，公自
壽寧顯後，不通字姓；劉瑾權横赫，無恥者趨焉，公決去是。
公之文可傳在人品。或曰公在孔門如何，謂厓子曰，公若及孔
門，宜列游、夏之間，性善之對，或式孟氏，人心、道心之論，
宜式程朱。董序題《震澤先生集》，霍氏則題叙《文恪公集》。
卷一賦詩，卷二、三、四、五、六、七、八、九皆詩，其第九
卷則聯句也，卷十、十一、十二、十三序引，十四序説，十五、
十六、十七記，十八内制，十九、二十奏疏，二十一、二十二、
二十三傳，二十四碑，二十五行狀、墓表，二十六表碣，二十
七、二十八、二十九、三十誌銘，三十一誌銘、哀辭、祭文，

三十二頌、贊、箴銘，三十三、三十四雜著，三十五題跋，三十六書。清乾隆間沈氏叔埏《頤綵堂集》卷十有此書題記，略云，王文恪嘗序《吳匏庵集》，以爲文章不難于奇麗，難於醇、難于典則。又云明興作者代興，獨楊文貞爲第一，爲其醇且則也。文恪此言，殆自道其得力之深者歟。又云，文恪同時，如邵二泉、徐子容諸君子，爭重先生之文，以爲規撫昌黎以及秦漢，雄偉俊潔，體裁截然，振起一代之衰。逮後王、李等七子握鉛槧，繼起壇坫中原，走儒生學士如狂，而先生之文竟置弗講，甚矣世之矜耳而賤目也。又云姚江作傳，則著其性善之説，文待詔作傳，則著其羣經之説，並揭其學之所得之最醇者著於篇，宜備錄以冠斯集云云。於王氏之造詣，庶得其真矣。近人沈氏曾植曰，嘉隆以前，士大夫自有一種韻度，王文恪之文、石田詩、完菴畫、李貞伯書，工力自不及後來，而天真自適，轉覺餘味挹之不盡。此亦論古有識者也。半葉十一行，行二十字。伯驤別藏《文恪集》有孫淵如題字。

石淙詩稿十九卷 明嘉靖刻本。

明楊一清撰。計分十册，卷一之二、三爲池鳳類，有墓類、禪後類，作一册；卷四之五爲西巡類，北行類，作一册；卷六爲容臺類，作一册；卷七爲行臺類、歸田類，作一册；卷九爲自訟稿，作一册；卷十爲制府類，卷十一之十二爲吏部類、玉堂類，作一册；卷十三之十四爲歸田後類，作一册；卷十五之十六歸田後類，作一册；卷十七督府類，此類又分二卷，作一册；卷十八、十九爲玉堂後類，作一册。全書卷一前無序，惟《自訟稿》有自序及桂世芳跋，《玉堂後類》有嘉靖戊子方鵬序，《督府稿》有嘉靖五年門生金城段靈序、門生京口唐鵬跋。

《自訟類》多是正德戊辰被逮詔獄之作，方鵬序稱公自蚤歲成進
士，歷官五十六年，荐陟臺省，西鎮邊陲，再登内閣，出入將
相，機務叢委，不廢吟咏。興趣所到，對客揮毫，若不經意，
文人墨士苦思力索而不可及。公之詩門生孫思和育析之爲數類，
統之爲《石淙詩稿》，梓行於世久矣。此曰《玉堂後類》者，
蓋續刻也。各卷多題門生北地李夢陽評點，惟《西巡類》則題
門生北地李夢陽、武功康海評點，各詩每有誌語及旁點。半葉
九行，行二十二字。《玉堂後類》則半葉九行，行十九字。其字
差大，又與各卷不同，槧刻頗精雅。

式齋文集三十七卷 精寫本，太倉季氏舊藏。

　　明陸容撰。護葉有墨筆識語云，此太倉先輩陸式齋參政容
《文集》，當日州中藏書家陸潤之所抄藏者，向藏金氏文瑞樓，
入書目中，後藏寶山李氏，近歲歸余崑山老友潘晚香，曾借抄
一部。今接葉涵溪札，知其家已遭兵火，抄本未必猶留，則此
本真至寶矣。見者當慎藏而珍護之，功德無量矣。此余小子所
百叩以求者也。參政與陸鼎儀鈇、張滄江泰齊名，爲婁東三鳳。
辛酉六月鄉後學季錫籌謹誌。前有王鏊序，略云，始吾蘇之仕
於朝者，最名多文學之士，其在崑山則有若故翰林修撰張君亨
甫、太常少卿兼翰林侍讀陸君鼎儀、浙江布政使司右參政陸君
文量。三人皆能文，而特工於詩。亨甫、鼎儀皆官翰林，文量
官兵部，頗以政務妨，世知之者益少。久之文量出參政浙藩，
坦然直躬，不事表裸，竟罹讒口，歸林下，疽發背卒。予乞告
歸省，舟未發，文量之子伸哀其父之遺文曰《式齋集》，爲三十
七卷，作長書且萬言貽予，乞予敍。予閱之則平生倡和之作咸
在，又得其文讀之，多余所未見者，敷腴閎達，如其爲詩。而

奏議尤有經世之志焉，亦其所以見嫉於時者。末題弘治壬戌嘉
議大夫吏部右侍郎前詹事府少詹事兼翰林侍讀學士同郡王鏊序。
文量，容字也。此本爲季氏鈔藏。季氏名錫疇，字荵耘，太倉
州人。爲文謹守先正，出入震川、堯峯之間。晚年館虞山瞿氏，
館中多善本書，得於黃氏士禮居者爲多，君悉跋尾，遂成《藏
書志》若干卷。見張星鑑《懷舊記》。

空同集六十三卷_{明嘉靖刊本。}

明李夢陽撰。前有嘉靖十年王廷相序、嘉靖九年五嶽山人
黃省曾序。後學睦㮶撰《空同先生傳》，傳略云，公字獻吉，年
十八舉鄉試第一，明年弘治癸丑登進士第，授戶部主事。是時
海宇清寧，部寺多暇，諸薦紳先生雅事文墨，公與信陽何公景
明、姑蘇徐公禎卿，倡爲古文辭，以變衰陋之習，斷自秦漢而
止，學者尊爲宗匠。<sub>伯驤按：黃省曾曾有"往匠可凌，後哲難繼，明興以來一
人而已"之譽。見本集卷六十一。</sub>所著有賦頌、樂府、古今詩三十六
卷、書、疏、碑誌、記序、雜文二十七卷，《空同子》八篇行於
世。末有嘉靖十一年高陵呂柟後序，略云，空同遺文，其甥曹
仲禮守鳳陽，將梓行，問序焉。序末有睦㮶識語云，初右使曹
君刻其舅氏《空同集》藏於家塾，及右使沒，鏤板散失。歲辛
亥宮直與槐謝公出參汴垣，謂余曰，李《集》乃中州之文獻也，
盍亟收之。余求其家無有，及訪之他所，僅得十之三四。余乃
取吳本補其闕者，正其訛者，增其所未刻者，視舊刻頗完整，
因又取予曩撰公傳置之卷首。睦㮶《空同傳》稱獻吉之先爲扶
溝人，國初徙居慶陽，父正以阜平訓導補封丘温和王教授，遂
家大梁。王氏《池北偶談·談獻》云，空同山在禹州，獻吉本
扶溝人，且生於汴，故取爲號，沒卽葬焉，非平凉之空同也。

張氏宗泰《所學集》據《明詩綜》李夢陽下引曹溶説云，獻吉
雖生於秦，其父正教授封丘，遂徙家大梁，故《登科記》直書
河南扶溝人，居於康王城，葬於大陽山麓。又《四庫提要》於
《梁園風雅》下，亦稱夢陽爲秦産，則謂其産於汴者誤矣。且夢
陽生於秦而遷於豫，取不忘故土之意。而以空同爲號，所謂空
同者，安知其非卽平涼之空同。魯巖之言，似較有理。獻吉倡
言復古，毀譽參半。王氏又謂宋明以來，詩人學杜者，退之得
其神，子瞻得其氣，魯直得其意，獻吉得其體，鄭繼之得其骨，
人亦不以爲知言。伯驥以爲明、清兩代，論獻吉之爲人與其詩
文其最當者，未有過於清之陳氏文述也，《頤道堂文鈔》卷二
云，世皆稱夢陽之詩爲復古，其名在前後七子上，非直稱其詩
也，兼稱其人。余讀其詩文，核其本傳，參以諸家所紀載，蓋
譎變狂謬者流，無所謂正直忠鯁也。卽其言詩，亦甚乖謬，夫
詩宗漢魏似矣，然漢魏之詩不一家；唐人宗少陵似矣，然唐之
名家不少，卽少陵詩亦不一格。夢陽詩全以摹仿爲能，夫摹仿
則未有不流爲剽竊者也。觀其《與徐氏論文書》，迪功也；《駁
何氏論文書》，仲默也。以元、白、韓、孟、皮、陸爲入市攫
金，登場角戲，申柔澹沈着含蓄典厚之旨，而薄俊語亮節，豈
知元非白比，韓孟與皮陸，不可同年語，而仲默之所自立者，
正在俊語亮節也。夢陽詩尊杜，論者震於其名，每以爲少陵功
臣，不知少陵詩所以獨絶者，全在尊君愛國之心，觸物感事，
油然而生，不在佞哀詐泣俚質生硬也，若以生吞活剥爲學杜，
斯則杜之罪人耳。或以提倡七子爲夢陽功，夫七子則自七子之
本色在，今觀諸人所作，似夢陽者皆不佳，則夢陽之爲功亦僅
矣。或言夢陽復古之功不可没，然如集中樂府《禽言》云，"東
有木公西王婆"。《君馬黄》云，"大兵拆屋梁，中兵搖楣櫨，

小兵無所爲，張勢罵蠻奴"。五言《雜詩》云，"狐心生暗思"。
《南湖僧》云，"湖僧騎牝馬"。《七絶》云，"汝雖天生剛直物，
豈容出地頭尖尖"。隨手掇拾，爛然盈紙，何其言之不文也。是
以李濂以文受知後，卽不屑附和，高叔嗣亦受知夢陽，而爲詩
不宗其説，其不足服人可知已。其真心推服者，不過王維楨、
黄省曾之流。全文數千言，此節其要，所評真得其允。至王氏
《藝苑巵言》稱，李空同晚爲其甥曹嘉所厄甚苦。朱竹垞力辨其
不然，謂空同是爲其兄與姊所辱，嘉在都聞之，惶懼不安者旬
日，專人以書慰空同，終身以父事之勿衰。梓行舅氏集，選吳
下以善書名者繕寫。而全氏謝山集内，仍沿弇州之舊説，似尚
欠分曉。睦楔識語，明云其甥刻《空同集》，豈厄之於前，而厚
之於後歟！竹垞見聞甚富，當不誤。睦楔，明宗室，萬卷堂主
人也。

李空同集六十八卷　明東莞鄧氏刊本。

　明李夢陽撰。前有萬曆壬寅吳文策序。次有五嶽山人黄省
曾序，謂空同於戊子之冬以手編全集寄我姑蘇，殷勤札書，屢
貽疊受。既而空同問醫南下，邀余京口，千里不遲，命僕爲序。
次有重録門人永豐聶豹《空同子小序》。次有馮夢禎《重刻空同
先生集序》云，《空同先生集》有晉陵鄒氏板，燬於火業數十
年，東莞鄧玄度令長洲，斥俸梓之。夫詩道至今卑甚矣，閭巷
之子，黶一青衿不得，卽搖筆學爲詩，遊大人以媒食；士大夫
或不得意於名場，而後染指焉。以其灰冷無用之精神，問津萬
里之途，安能遠到，詩道安得不卑？其間非無有志縉紳與獨行
布衣，鋭志以詩爲事者，而患無命世作者，如空同先生以倡之，
此又不可幾之數也。先生嘗述王叔武之言曰，夫詩者天地自然

之音，今途哠而巷謳，勞呻而康吟，一唱羣和者，其真也，真詩在民間。而文人學士，往往爲韻言，謂之詩，情寡詞多，詩於何有！先生之詩，五七言律與七言歌行，家稱擅場，蓋先生所深嗜而冥契者杜陵，故得其神理。玄度令長洲三年，以文學飾吏治，爲詩清神翩翩，有拔俗之韻云。又鄧雲霄序略云，潘君景昇，校讐半載，深窺作者心苦。景昇雅擅詩，名傾江左，其皈依正覺，則猶余志也。潘之恒箋云，壬寅春末，鄧明府玄度過予，語明詩盛於弘、德間，而北地李獻吉實奮起爲正始之音，仲默晚出欲奪前茅，于鱗登場代興自擬，於是李何前李、後李之稱，皆先生所不屑居，而聲譽幾爲掩矣。今《仲默集》既重繡於申陽，于鱗亦有吳中近梓，獨北地寥寥，乃以所購浙本授校，余退與王生元邁謀，出吳本、燕本、鳳陽本、大梁小字本校甫完，並訂定《空同子》而後殺青焉。鄧玄度云，刻李《集》貴傳其真，慮僞者雜之，蓋其慎也。計一、二、三爲賦類，四至三十七爲詩類，三十八至六十六爲文類，卷六十七、卷六十八則附錄也。前題東莞鄧雲霄、歙潘之恒蒐輯，末一行則題癸卯孟夏南昌劉一爆參閱。半葉十行，行二十字。雲霄字玄度，東莞人。萬曆戊戌進士，官至廣西布政使參政。有《百花洲集》二卷、《解弢集》一卷，《百花洲集》官長洲時所作。又著《泠邸小言》，論詩以妙悟爲宗，以自然爲用。之恒字景昇，歙縣人。嘉靖間官中書舍人。《明史·藝文志》有潘之恒《黃海》二十九卷，而《四庫》著錄者，則定爲六十卷。又有《名山注》一種，《四庫》存目，見卷七十八。

儲文懿集十六卷 寫本。

明儲巏撰。巏字静夫，柴圩其別號也，泰州人。成化二十年進士，歷官吏部左侍郎，卒諡文懿。前有嘉靖乙酉冬南京禮部尚書詔許有疾調理前户部左侍郎都察院右副都御史總督漕運友生句吳邵寶序，略云，儲公既卒之十有三年，其從子台州貳守平甫，以公集若干卷刻於沔陽郡齋者，謁余二泉山中，請爲之序。其爲詩，或恬淡平雅，或雄渾跌宕，或灑落清遠；其爲奏疏、碑、表、記、銘諸作，繫天下國家大體，關乎古今治亂者，則方正嚴毅，斬截崛奇。故觀公之爲人者，雖未嘗執簡披閱，可以知其言，觀其言者亦然。乃若近事自宋金元季，至我國初諸老之遺言逸跡，旁詢壽耇，徵之故府，歷能道之。集初名《柴圩》，刻既成，而賜諡命下，遂稱之。上以昭聖明崇獎名德不遺遐故之典，下以慰公于九原云爾。台州名洵，辛未進士，由沔陽知州遷今官。卷一、二、三、四、五詩，卷六、七、八序文，卷九墓誌，卷十、十一雜著，卷十二奏疏，卷十三、十四、十五書簡，卷十六附録。張氏海房稱此集有兩刻本，十五卷本乃公從子洵官台州貳守時所梓，邵二泉序所稱刻於沔陽郡齋是也，時爲嘉靖乙酉，此刻久無傳本。海房生康熙初，蓋猶及見云。其一乃公曾孫耀因舊板漫漶重刻，取顧華玉《靈徵記》，趙叔鳴《靈徵詩》，鄭澹泉、歐楨伯所撰《傳》，及文懿軼事散見諸書者，合邵序爲一卷，共十六卷，即此本也。新增目次，附録鄭澹泉《傳》、顧華玉《靈徵記》、趙叔鳴《靈徵詩》、《靈徵三文木圖》、歐楨伯《傳》、《皇明世説新語》七則、《大政紀斷》、《王弇州别集》説、《李卓吾續藏書》評。啓墓遷葬之時，其棺上變發黝墨，成繪畫文，具有畫家鱗皴烘染之法，所謂靈徵也，故附著之。歐氏《廣陵十先生傳》謂李夢陽、何景明倡古文辭，執政者嫉才欲擯斥之。文懿以文章復古，爲國家元氣，故於何、李極其扶植，得不傾陷。李氏《續藏書》謂

公視陽明居然前輩，陽明中弘治十二年進士，時公則已太僕少
卿，而往來問學若弟子，此公之所以益不可及也。後泰州有心
齋，殆聞風而興起者歟！觀此附録二則，可以想見儲氏之爲人。
伯驤又按：《堯山堂外紀》稱儲氏初遊州庠，少循矩度。學官示
以句云，賭錢、喫酒、養婆娘三者備矣。儲應聲曰，齊家、治
國、平天下一以貫之。已而舉應天癸卯鄉試第一，甲辰會試第
一。比廷對，巏以三元自期，內閣聞其自負，抑至二甲第一。
自後勵行檢，務文學，得全終身名。又《明人詩鈔續集》稱儲
氏清節介然，嫉惡得之天性，不可奪。化、治之間，長沙登高
而呼，天下四應，經其指授，皆卓然成家。虞山推崇長沙，以
排擊北地，故長沙之派，獨詳録石少保寶、羅侍郎玘、邵尚書
寶、顧尚書清、魯祭酒鐸，何侍郎孟春六家詩，比之蘇門六君
子，一時淵源所及，固有不可得而没者。然羅侍郎詩不近正聲，
其爲詩文或棲樹巔，或閉一室，冥心獨造，似亦不欲依傍門户。
儲文懿實出長沙之門，虞山以空同在郎署日，首與唱和，故不
入六公之列。余鈔石、邵諸家詩，益以文懿，而去羅侍郎，於
長沙派別似爲允當。主持風雅，幸有斯人，讀明詩者不可不知
有文懿也。以上皆讀儲氏集所應參證者，以附録卷中未及，故
再述之。至《明詩綜》閨門收儲氏《雨後》七絶一首，小傳
云，儲氏，泰州人大學士巏女，嫁興化舉人成學。此則誤巏爲
瓘，惟《列朝詩集》作文懿公巏之女。

東田漫稿六卷明嘉靖刊本。

　明馬中錫著。中錫字天禄，號東田，河間故城人。成化進
士，官至左都御史。卷首有孫緒、王崇慶序，末有刊成告墓文，
並有跋語、後序。六卷全是詩，惟卷六二十五葉有《醫巫閭山

賦》一首。卷之四有目云，聞遠寺有竹，遣人齎百錢求之，至則惟石竹數叢而已。蓋北人初不識竹，見者謬認以告予也，一笑有作。伯驥按：宋陸務觀有詩云，"南言蓴菜似羊酪，北說荔枝如石榴"。吾國南北風物區分如此，自昔爲然矣。明陸儼山有詩云，"南人不識車，北人不識舟"。

渼陂集十六卷續集三卷_{明嘉靖刊本。}

明王九思撰。九思字敬夫，鄠縣人。弘治丙辰進士，官至吏部郎中，爲弘治七子之一。《明史·文苑傳》附見《李夢陽傳》中。《正集》嘉靖癸巳九思門人監察御史王獻所刊。《續集》三卷，乃九思晚年之作，嘉靖丙午巡撫翁萬達續刊行之。清《四庫總目》卷一百七十六存目，稱其詩文體格，與李夢陽、康海二人相似，而詩之富健，不及夢陽，文之粗率，尤甚於海。蓋樂府是其長技，他皆未稱其名云。前有自序稱，始爲翰林時，詩學靡麗，文體萎弱，其後德涵、獻吉導予易其習，獻吉改正予詩稿今尚存，而文由德涵改正者尤多。是敬夫生平所服膺勿失者，惟李、康二氏。故館臣以此兩人絜比之。王士正《花草蒙拾》稱，敬夫初作北曲，自謂極工，徐召一老樂工問之，不見許。於是爽然自失，北面執弟子禮，以伶爲師，久遂以曲擅天下。此則非李、康二人所可擬矣。李氏《閒居集》云，是時西涯當國，倡爲清新流麗之詩，軟靡腐爛之文，士林罔不宗習其體，而渼陂亦隨例其中，以是知名，得授翰林院檢討。及李崆峒、康對山相繼上京，厭一時詩文之弊，相與斟訂考正，文非秦漢不以入於目，詩非漢魏不以出諸口，而唐詩間亦倣效之，唐文以下無取焉。故其自敍曰，崆峒爲予改詩稿今尚在，而文由對山改者尤多，然亦不止於予，雖何大復、王浚川、徐昌穀、邊華泉諸詞客，亦二子有以成之。是時崆峒方以詩文雄壓都會，乃卒遇而響應之，改白坡而號大復，棄時尚而脩古辭。猶夫唐荊川之值王遵巖，如江河將決，一撤其防，而沛然莫之能禦。唐、王詩祖初唐而文兼字體，一功豪戀方後，冒套撞搪，悉薄視之不屑爲。而大復之作，流布函夏，始刻長安，久而在處有之，但識字者卽心慕其人，而口誦其辭。或與邊華泉及崆峒稱爲海内三才，或與安陽崔後渠稱爲中州二俊，或與關中諸公并吳下徐迪功稱爲弘德七子。聲愈振而禮愈謙，求識面願卜隣者，自舉貢以至公卿無不然，按此可以考見當時文風之升降，故備載之。張氏之序，不及其詳也。前有嘉靖丙午揭陽東涯翁萬達序，略云，《渼陂續集》，集渼陂先生垂老之作也。國朝有作，莫盛於敬皇帝時，時則李、何首倡，徐、鄭繼踪，邊、殷、王、薛，翩翩羽翼。今數雄已没，先生獨振逸響。次有太微山人張治道序，略云，余聞先生在翰林時以文名稱，是時西涯在内閣，一時文人才士，罔不宗習誦法，而先生亦隨例其中，其詩往往爲人傳布。當時縉紳語曰，上有三老，下有三討，蓋是時先生爲檢討也。無何崆峒、對山、大復諸先生，相繼至都下，厭一時爲文之弊，又相與斟訂考論。其文法秦漢，詩法漢魏李杜，脱去近習，遠追往古，故今詩文之變，蓋自諸先生發也。《續集》卷下有《渼陂鎮重脩石橋記》云，渼陂鎮在縣西三里許，人有數百家，因住陂水之上，故自古稱爲陂頭。鎮之西南七八里，有泉水灌溉秕稔之田，又合諸泉水流於鎮之東南，鍾而爲陂。唐杜子美詩所謂"半陂以南純浸山"者是也，陂魚美可已痔漏，故名之曰美陂。美字從水，後人加之也。夫此渼陂者關中之奥區也，自有子美之詩，而其名益著。予非鎮人，心切愛之，嘗自謂渼陂山人云云。此則渼陂名集之由來也。按東坡有《渼陂魚詩》云，"霜筍細破爲雙掩，中有長魚如卧劍。故人遠餽何以報，客俎久空驚忽瞻"。可見陂魚之美，蓋久有名矣。半葉十行，行十一字。

陽明先生文錄十四卷明嘉靖癸巳門人黃綰序刻。

明王守仁撰。此本爲長沙葉氏藏本，其跋語云，右陽明先生《文錄》十四卷，爲文成没後七年初次刻也。前有嘉靖癸巳禮部右侍郎門生赤城黃綰序，稱陽明文集存者，唯《文錄》《傳習錄》《居夷集》，其餘或散亡，及傳刻訛錯，乃與歐崇一、錢洪甫、黃正之編訂之，曰《陽明存稿》云云。是此書應稱《存稿》，而大題乃稱《文錄》，計五卷，又九卷。大題下有"外集"二字，其序後邊闌，有"《文錄》計十四卷"六字，不解何以與序文不應。前五卷皆與人書，別無雜著，後九卷，詩文、記、序、書牘、碑誌、雜著分類編次，而無奏疏公牘文字，其《居夷集》即《外集》中小題，又無《傳習錄》附入。以爲全本，則序與書不符，以爲不全，則計數只十四卷。考《四庫全書提要》，《王文成全書》三十八卷，云是書首編語錄三卷爲《傳習錄》，附以朱子晚年定論，乃守仁在時，門人徐愛輯，而錢德洪删定者。次《文錄》五卷皆雜文，《別錄》十卷爲奏疏、公移，《外集》七卷爲詩、雜文，《續編》六卷，則《文錄》所遺，搜輯續刊者，皆守仁没後，德洪所編次。後附以《年譜》五卷、《世德記》二卷，亦德洪與王畿籌纂集也。其初本各自爲書，隆慶壬申御史新建謝廷傑巡按浙江時，始合梓，仿《朱子全書》之例以名之。又《四庫全書》存目，《陽明要書》八卷、《附錄》五卷，明葉紹容編於崇禎乙亥，取守仁《全書》撮其要語。又《王陽明集》十六卷，爲五世孫貽樂重編。國朝康熙初，貽樂爲滕縣知縣所刻，前有李卓吾所作《年譜》。又《陽明文鈔》二十卷，爲康熙己巳江都張問達所編，以《傳習錄》《大學或問》爲首，奏疏、序、記、諸講學書及論説、雜著、賦、詩、公移次之，而終以《年譜》。又《陽明全集》二十卷，《傳習錄》一卷，《語錄》一卷，康熙中餘姚俞璘所編。刪除錢德洪本《正錄》《外錄》《別錄》之目，併爲一書，更其卷第。首載《年譜》，次以書序、記、説諸作，而以《傳習錄》《語錄》附焉。據此則館臣編纂全書之時，均未見黄綰此本，而《明史·藝文志》亦但載《王文成全書》三十八卷，蓋即《四庫》著錄之本。又檢阮文達所編《范氏天一閣書目》集部二，載王陽明先生《文錄》五卷、《外集》九卷、《別錄》十卷，明新安胡宗憲重刊，并序。又《陽明文錄》三卷，萬曆丙子王畿序。又《陽明先生文錄》五卷、《外集》十卷。祁氏《澹生堂書目》集部內，載《王文成公全書》三十八卷、一本作三十七卷。《陽明全集》二十卷、一本作二十四卷。又《文集》二十四卷、又《文錄》十七卷、《居夷集》二卷、《傳習錄》三卷。兩目皆明人藏書，其卷數均與此不合，則亦未見此本也。惟范《目》所載胡宗憲序本，似是據此本重刊，而增補《別錄》十卷。然則此本比於大輅椎輪，雖非全書，固是完帙。前有“長洲海錄軒圖書”朱文印記，猶吾家先世遺書。海錄軒者，即校勘文選葉諱樹藩者之齋名也。手澤如新，尤足珍貴，子孫其永寶之。甲辰重陽德輝識。

王氏家藏集四十一卷内臺集七卷慎言集十三卷雜述二卷喪禮備纂二卷明嘉靖刊本。

前題浚川王廷相撰，門人鄢紳、湯紹恩、余承業校正。前有嘉靖丙申潁川杜枏子才甫序，嘉靖十五年蘭谿漁石唐龍序，嘉靖丙申門下士上黨粟應宏序。廷相事蹟，見《明史》《明詩綜》、王世貞《藝苑巵言》等書。嘉靖七子，廷相實居其一。清《四庫》以其集入存目，或亦有意屏抑七子，至其所著《喪禮備纂》二卷，刊附集末。某家著錄此集，題曰《吉禮備纂》，想是筆誤。今錄張氏《喪禮序》大略云，三禮既非人人所可易讀，漢唐而下，禮家之書，又不能盡讀，故四禮失，而喪禮爲甚。非用禮之失，言禮蹐駮者之自失之也，重以浮屠追薦，尚侈夫資福滅罪之談，醵會聲樂，或見於躃踴哀號之際，積俗異教，更以瀆經。先正浚川先生王公，自舉進士至歷宮保，兩任郡，三督學校，以禮範海內者四十餘年。兹編以先後居喪，特纂所切於行事。其說一本《大明集禮》，根極三禮，而是正夫諸家。雖未經脫稿，其門人敷陳其大略，得於親承者，鄉人久已崇用。丙辰當先子大故，跣伏苫凷，取而讀之，乃僭加校閲。已未叨第，歸爲先祖妣承重宅憂，始得取前錄散帙，更加裝定。而公嗣封後軍經府東泉公，及公孫慶遠太守中渠亦正圖鋟梓，嘉靖辛酉通家後學張鹵序。半葉十行，行十八二十字不等。

莊渠魏先生遺書十六卷　明刊本。

明魏校撰。校字子才，號莊渠，崑山人。官至太常寺卿，遷國子監祭酒，未上卒，謐恭簡。事蹟具《明史・儒林傳》。前題蘇州知府太原王道行校刻，崑山縣知縣清河張焯同梓，門人歸有光編次。前有嘉靖辛酉滁上胡松序，略云，先生仕正德間，當是時凶閹擅朝，士大夫浮湛苟仕，高者留意《春秋左氏》、開元天寶間詩、晉二王帖、唐顏魯公字書；次者圍棋、酌酒而已。先生矢心經略，游思宇宙，凡丘氏《衍義》所載經世之略，必加討論。卽如《周禮》，世稱殘闕斷爛不經之書，先生綱分縷晰，發明聖人代天覆民、至公無我之心。又自京口渡江，踰淮浮河，覽觀輿地，並著六書精蘊，是正古文，變易俗書。若先生之履歷政事，則鄭伯魯誄述備之。卷一有復姓疏，伯驥按：明陸容《澣藻稿》中云，時制中外仕者，有幼更變故，失其宗姓，而冒他姓者聽復之，著爲常令。然爲世近而可徵者得復之，歷世稍遠則有司者多寢其奏。稱臣故李姓，高祖恕刲股救母，鄉人稱爲莊渠李孝子，娶高祖母金氏，生臣曾祖琳，兄弟四人，於行爲二，魏士珣之妻與高祖母兄弟也，無子，養琳爲子，因改姓魏，臣父奎雅意復姓弗果。臣登進士，歷官中外，從弟庠由太學入官，皆有籍於朝，不敢輕改。乞勅吏部移文具奏改正貼黃，户部改附册籍，庶幾子孫相承，不昧本原云。《明史·校傳》謂其本姓李，當卽根據此疏。卷六有《廣東鄉試録後序》，卷九有《嶺南學政公移》。魏氏官吾粤有年，集中每可考粤事也。第十一卷以後，則均題《拾遺》。此本十六卷，而清《四庫》著録者則十二卷，惟丁氏《持靜齋書目》，則十六卷本。

念菴羅先生文集十三卷明嘉靖刊本，江上雲林閣舊藏。

明羅洪先撰。洪先字達夫，吉水人。嘉靖己丑賜進士第一，進左春坊贊善，罷爲民。隆慶初贈光禄寺少卿，諡文恭。此本以金、石、絲、竹、匏、土、革、木分編，卷一金，卷二石，卷三、四絲，卷五、六、七竹，卷八、九、十匏，卷十一土，卷十二革，卷十三木。前有無錫俞憲汝序，略云，嘉靖甲子夏五侍御毅所黃公，以羅念菴先生集授邑侯甄君重刻成，問序於余。讀之，類皆性命道德之微，天理民彝之則，充其意欲人人皆窺理奥探聖域者。往予行部江右，嘗訪先生桐江之上，嗣後論地方利弊、政事失得，簡牘往復，不下數十，及先後贈予詩亦累册，今皆不載集中。又嘗檢諸敍中無《外臺集敍》。《外臺集敍》者，先生嘗題隰予詩而因詩論政者也，今亦無之。先生蓋示人以崇本尚實，反視精修之指，不徒文焉爾也。念菴先生江右吉水人，毅所黃公金谿人，甄君我溪東魯之魚臺人。有胡松序，略云，近世白沙陳先生論學，旨深語約，非上智未易究竟。惟陽明王先生致良知之說，至爲明切，蓋良知卽良心之別名。然自指出此竅以來，學者樂其簡捷，謂知卽行，徒知執靈明以爲用，假精魂以爲神，而忘其所謂戒愼恐懼戰兢惕厲之功，而其高明頴異者，又或時出微言玅論，以佐其狂，而不知莽蕩空疎，日流於支離波遁而不自覺，此其害不知視楊墨爲何如。惟羅子所撰著，若所與蔣、聶、王、錢諸君子論學諸書，與其記《正學書院序》，《困辯錄》《若良知》《復古》《異端》諸論，所以憂墮溺，捄波離，正人心，端士習，而防其淫且蕩者，其有功斯世學者侈矣。若其集中歌行似杜子美，近律似王摩詰、劉長卿，序、論、表志諸文似歐陽永叔、曾子固，則覽者當自得之。集凡十有三，卷內書二卷，雜著一卷，序、記、傳、狀、銘、表各一卷，祭及雜文二卷，古律詩二卷。考《念菴集》編刻頗多，隆慶元年刻本分三集，門人泰和胡直爲序。《千頃堂書目》載《念菴文集》十三卷，又《石蓮洞全集》二十五卷。若清《四庫》則據雍正間刊本入錄矣。此本與黃《目》合，板刻甚精，爲嘉靖間善本。重編《四庫》書時，當以此校之。半葉十一行，行二十字。有倪模藏章，當時江上雲林閣遺本。

海忠介公全集十二卷 明天啓間刻本。

明海瑞撰。前題瓊山剛峯海瑞著，南海後學梁子璠彙訂。半葉九行，行二十字，板心有刻工姓名。前有分守蒼梧道邢祚

昌序，略云，世之高視先生者，每以先生爲祥麟威鳳，不可幾
及。南海兆瑚梁君令蒼梧，獨毅然以先生爲可師，爰于公餘取
先生文集詳加編摩，備諸所未備。予與梁君均去先生之世未遠，
而予近先生之居爲尤甚。今梁君既以集成帙，因名其編曰《海
忠介公全集》。復有梁氏序，略云，壬戌邸中吾鄉諸前輩以先生
集見委，曾從廣慧齋畢力訂刻，閱數月而集成，第本藏會館，
不能挈之而南。其所訂者乃興國諸議居多，而《平黎》等疏，
《淳安政事》及諸序牘，俱未備載其中。癸亥夏抵梧山，辦事之
暇，徧搜先生之《備忘集》《續遺忘集》，與淳安南平諸刻合併
而彙輯之，復付梓以行於世。先生心性之學，見之甚精，而辨
之甚晰。觀其朱、陸之辯，一則曰維天之命，在人爲性而具於
心。得此而先，堯舜禹有危微精一、允執厥中之傳。得此而後，
孟子有求放心先立乎大之論，未有捨去本心別求聖人之道者。
又曰聖人不廢學以爲涵養，是以《中庸》有尊德性而道問學之
說。賢人而下不廢學以求復初，是以孟子有學問之道求其放心
之說。則千聖相傳之統，與夫德性問學之功，固先生之所會悟
而超然有得者也。末題天啓乙丑重陽日蒼梧縣知縣南海後學梁
子璠。前清康熙間有賈棠序刻《忠介集》六卷本，比之此刻，
乃一龍而一豬矣。

海忠介全集七卷 明崇禎間刊本。

前題瓊山海瑞著，留都黃秉石評次。前有崇禎辛未汝南傅
振商序，略謂，余友人黃復子博奧，於書無所不窺，於節義文
章，尤切揚厲，以砥頹波。刻海忠介公遺事詔世，慮靈鳳片羽，
無以覘九章大全，復輯全稿付棗梨，以發名臣之氣。次有黃秉
石《刻海忠介公集並紀傳序》，略謂，先生之爲嚴州也，得親質

先生殊政於其郡淳安之人，且得讀其淳安政事之書，真籌一邑若一家，而借一邑以規天下，法若指掌也。後旅京師，始得讀先生集，爰刻之。卷一奏疏，卷二書啓，卷三序，卷四記、論、詞文，卷五四書義、附錄，卷六、七《淳安政事》，而紀傳終焉。半葉九行，行二十字。有圈點，有眉批，所謂評也。

鈐山堂集三十五卷明嘉靖刻本。

明嚴嵩撰。嵩字惟中，分宜人。弘治乙丑進士，官至大學士。事蹟具《明史·姦臣傳》中。清《四庫提要》云，嵩雖怙寵擅權，其詩在流輩中，獨爲迥出。王世貞《樂府變》云，孔雀雖有毒，不能掩文章，亦公論也。然迹其所爲，究非他文士有才無行，可以節取者比。故吟咏雖工，僅存其目，以明彰癉之義焉。見一百七十六。伯驥按：范閣著錄嚴氏遺著，有《鈐山堂詩選》七卷，嘉靖間大庾劉節序。《鈐山堂詩抄》二卷，趙文華序。《鈐山堂集》十三卷，時爲禮部尚書。《南宮奏謝錄》三卷，嘉靖二十一年馬汝驥序。《南宮奏議》三十卷，嘉靖二十四年張璧、唐龍等序。近時錢唐汪氏振綺堂著錄《嚴介谿直廬稿》四冊十卷，爲官禮部尚書時入直內閣所作。知嚴氏之言，固有不可廢者，其中史料不少，且其詩亦良佳也。沈氏《頤綵堂集》卷十一云，分宜入翰林，移疾歸，讀書鈐山者七年。其詩清麗，作錢、劉調，五言尤爲擅場，蓋李長沙流亞，特古樂府不逮之耳。語本沈景倩。清江孫鷺沙偉、蘭谿唐漁石龍，爲之點定，猶未厭其心也。復乞升菴品詩於萬里外，志欲爲世聞人，與前後七子共鞭弭壇坫耳。及官禮侍，以獻符瑞稱旨，長列卿，以奏賦頌蒙眷。爰立之後，尤以青詞結主知。閱喜稻堂徐氏所藏四十卷、詩詞十六卷，則孫、楊評點在焉。九卷後上載升菴評點語，

而於應酬喜惡之作，亦復不贅一辭。集序甚多，像贊首附湛甘
泉序，稱焚香對書再拜、再拜、復再再拜上，以答公禮數之殊
也，亦以賀公求言之篤也。伯驥按：前人有謂湛序爲僞託者，
而沈氏則未加以考證。又《抱經堂文集》卷十六云，余家舊有
《鈐山堂集》，友朋見者，輒命燬之。何令人之深痛恨，越數百
年而猶未平，一至於斯也。椒山先生獄中家書，尚於其集中見
之，後有專爲之版行者。近年保定臬使代州郎君若伊，詢諸容
城後人，手跡猶在，爲鉤摹而勒諸石。余得其本而珍藏之，今
此片楮亦楊公在獄中寄，海鹽鄭端簡復識數語於後，其家亦世
寶之。乾隆壬寅乃歸於余友海寧吳槎客騫所，新舊題跋甚夥，
其視此敝紙，與夏鼎商彝等。嗚呼，孔雀雖有文章，而人終畏
其毒，哀然鉅編，徒足供後人唾罵之資。余之不燬，人之欲燬，
其異也將無同。今槎客得此零墨，復爲裝潢而什襲之，其欲爲
壽諸貞珉之意，亦豈有異哉。盧氏之意，蓋謂分宜文章之不足
重也。

大復集三十八卷寫本。

明何景明撰。景明字仲默，河南信陽州人。弘治壬戌舉進
士，授中書舍人，歷官至陝西按察使提學副使。所著有《何氏
集》《十二論》《雍大記》。考何氏遺集，在明世有《大復集》
三十七卷本，嘉靖三年蘭谿唐龍序、嘉靖十年王廷相序、嘉靖
三年康海序，嘉靖乙卯濂渠鄒察跋，其傳、狀、墓誌銘，則喬
世寧撰。有《何仲默集》十卷本，嘉靖三年唐龍序，西安門人
費楘、李文華、种雲漢、張三畏校刊，武功官生康海序。有
《何大復集》二十六卷本，任良幹校刊。有《何氏集》二十七
卷本，嘉靖十年王廷相序云，辭賦三卷，四言古詩一卷，樂府

二卷，使集二卷，家集五卷，京集七卷，秦集一卷，内篇一卷，外篇四卷，通二十六卷，別論若干卷，刻在潞州。此本三十八卷，與清《四庫》合，當從之出。凡賦三卷，詩二十六卷，文九卷，傳、誌、行狀之屬，附錄於末。王氏之外，尚有康海、唐龍、王世貞各序。伯驥按：明項氏稱，弘治初北地李夢陽，首爲古文辭，變宋、元之習，文稱左遷，賦尚屈宋，詩古體宗漢魏，近律法李杜，學士大夫翕然從之。同時濟南邊貢、姑蘇徐禎卿及景明，最有名，世稱四傑。蓋獻吉尚型範，而仲默貴幼眇，號稱復古，天下嚮風。見項氏《今獻備遺》卷四十二。清《四庫提要》謂正、嘉之間，景明與李夢陽俱倡爲復古之學，天下翕然從之，文體一變。然二人天分各殊，取徑稍異，故集中與夢陽論詩諸書，反覆詰難，斷斷然兩不相下。平心而論，摹擬蹊徑，二人之長短略同。而夢陽雄邁之氣，與景明諸雅之音，亦各有所長，正不妨離之雙美，不必更分左右袒也，。景明於七言古體，深崇四傑轉韻之格，見所作《明月篇序》中。王士禎《論詩絶句》有曰，“接跡風人明月篇，何郎妙悟本從天。王、楊、盧、駱當時體，莫逐刀圭誤後賢”。乃頗不以景明爲然。其實七言肇自漢氏，率乏長篇。魏文帝《燕歌行》以後，始自爲音節，鮑照《行路難》，始別成變調，繼而作者，實不多逢。至永明以還，蟬聯換韻，宛轉抑揚，規模始就，故初唐以至長慶，多從其格。即杜甫諸歌行，魚龍百變，不可端倪，而《洗兵馬》《高都護》《總馬行》等篇，亦不一廢此體。士禎所論，以防浮豔塗飾之弊則可，必以景明之論，足誤後人，則不免於懲羹而吹虀。其言允矣。

何仲默集二十六卷明野竹齋刊本。

明何景明撰。前有嘉靖三年蘭谿唐龍序，略云，何子仲默，生而敏悟，童子時卽執簡賦詩，長益肆力焉，惜乎三十九而卒。康子德涵、張子時濟，皆何子之友。何子没，張子收其遺稿，時關中執事君子，咸興嘉樂之懷，乃檄而傳之。得非以古昔有詩之教耶。序共兩葉，其第二葉板心下有"野竹齋雕"四字，未審是否辦之沈氏所刻。卷九五言古詩，卷十七言古詩，卷十一五言律詩，卷十三五言排律，卷十四五言古詩，卷十五七言古詩，卷十六、十七、十八五言律詩，卷十九七言律詩，卷二十五言排律，卷二十一五言古詩，卷二十二内篇，則其議論、記事無目之文也，卷二十三外篇，則書問、序，卷二十四則記、誄、墓誌銘之文也，二十五則行狀、壙誌、祭文也，卷二十六以雜著終焉。半葉十行，行十八字。槧手大佳，明刻至嘉靖而極盛，談板本者所以醉心也。

五十萬卷樓藏書目錄初編卷二十

集　部　六

鄭詩十三卷附錄一卷明刊本。

前題閩鄭善夫撰。善夫字繼之，號少谷，閩縣人。弘治乙丑進士，官至南京吏部驗封司郎中。事蹟具《明史‧文苑傳》。又按王世懋《奉常集》文部卷七《王生詩序》云，國朝於詩絶宋軼元，上接唐風，暢自北地信陽諸君子，迄今聲振寅内。而獨閩之人不甚嫻於詩，嘉靖初獨一鄭善夫有氣骨，而不爲其鄉人所重云云。此爲汪氏文盛編本，前後無序跋，《附錄》一卷，共占八葉，多是讀少谷之詩而題後者，哀輓之作則在其末。《附錄》之第二葉，有文盛詩，題爲《過經院讀少谷詩有感》，詩云，“瘴雨炎蒸午未深，斜穿幽逕過禪林。靈山日傍孤城轉，閩海雲生廢殿陰。苦憶舊遊誰在眼，讀殘新刻倍沾襟。抱琴那有鍾期意，掛劍徒懸季札心”。文盛又有《和高子過少谷墓韻詩》，此略之。清《四庫》著錄文盛《節愛汪府君遺詩》二卷，未之見也，明徐興公稱少谷以詩名於正嘉之際，海内知少谷者詩耳，不知其精於理數之學也，惟和兄收得少谷手書一編，自易數、河洛、洪範、田制、算法、禽遁、車服，無不究心，手自鈔定。先生之學，豈尋常口耳章句字哉，是少谷不僅以詩人著矣。此本半葉九行，行二十一字。

陸文裕公集一百卷 明嘉靖刻本，陶文毅舊藏。

明陸深著，其子楫刻。卷首有嘉靖丙午徐階、費寀兩序。卷一賦，卷二至二十三卷詩歌、樂章，二十四詩餘，二十五詩話、册文，二十六卷表，二十七、八卷奏疏，二十九青詞、贊頌、饌文偈，三十贊頌，三十一、三十二詩微，三十三講章策問，三十四議辨解，三十五銘，三十六引，三十七至五十序，五十二至五十六記，五十七、五十八史記，五十九至六十一傳，六十二至七十六墓誌銘，七十七墓表，七十八至八十一行狀，八十二碑，八十三誄辭、哀辭、祭文，八十四雜文，八十五策，八十六至九十題跋，九十一至一百書。徐氏序略云，《陸文裕公集》，其子國子生楫所刻。公諱深，字子淵，上海人。舉弘治乙丑進士，歷官至詹事府詹事，兼翰林院學士。文裕者，其諡也。公嘗言，文以通達政務為尚，以紀事輔經為賢，非頡頏輪輗之飾已也。故於輔經有《詩微》、有《道南三書》、有《學說》、有《同異錄》。於論政有《處置鹽法狀》，有《禪聖學光治體疏》，有《西川用兵書》，有《弭盜賑飢諸策問》。於紀事有《翰林誌》、有《經筵詞》、有《郊祀錄》、有《孫炎花雲傳》。而國家之典章、百司之故實，散見於碑誌、序記者尤多。而世顧獨稱公為文章之宗匠，豈以彼而掩此乎。公歿再期而此集出，其文之在經濟者，雖不盡顯於時，而所謂輔經、紀事、通達政務之文，猶幸有徵於此。則此集之刻，固尚論公者所不可廢。前後有"資江陶氏雲汀藏書"朱文長方章、"賜書樓陶氏"長方朱文章、"長沙陶氏"白文方印。石刻像印有篆文曰"印心石屋主人"。有文曰，"而眉龐，而髯長，仙心儒素而佛腸，手此一卷，焄奕書香"。蓋陶文毅澍遺本也。

董文僖公集四十二卷精寫本。

明董越撰。前有李東陽序，略云，《董文僖公集》若干卷，其子天錫手自編校，將鋟梓以傳。公初舉鄉薦，游國學時，已能古文歌詩。暨及第，入翰林，奉詔與庶吉士肄業，學益博，製作日益工，四方造請酬應，無虛旬月。其直經筵有講讀之章，使朝鮮有述事之錄，在南都有紀行之作，并爲一集，蓋皆公所自錄。公嘗謂文章貴規矩，尤尚警策，苟執常而不變，雖多而無所用。余感乎其言。古之以文名者，若左氏、司馬氏、韓氏皆預史事，歐、蘇、曾、王氏皆出自翰林，蓋翰林史局，典法所在，理道所出，以爲根幹，律度之真正，藻飾之華彩，遞相禪續，若所謂專門而居肆，故雖不中亦不遠。自餘間見獨得者，固不乏人，而出盤之珠，泛駕之馬，殆亦多矣。公所爲詩文，大抵皆清峭簡潔，脫去俗塵，不爲詰屈恠誕之語。國朝儒臣出翰林者，類諡爲文，惟劉忠愍從其所重，陳莊靖則避其名。文僖之諡凡四，而其所爲文者不同，張學士一謙尚清，倪禮部尚達、吾師禮部尚書黎尚平正，公之文則如前所云者。二禮部之文，余嘗皆有序述，茲特舉其概而爲之序，故獨詳之云爾。公贛之寧都人，諱越，字尚矩，號圭峯。官至南京工部尚書，贈太子少保，皆大夫士所熟知，余以易名故，集稱其諡云。卷四十二有《朝鮮賦》，以其嘗使朝鮮也，此賦有單行本。

黎陽王襄敏集四卷明刊本。

明王越撰。前有嘉靖九年吳江吳洪序。次有萬曆乙酉王鳳竹序，略云，黎陽王公，崛起大伾，髫年奮身甲第，歷躋顯榮，中遭姜菲，編置楚安陸。老而好學，摛辭挼藻，品格直逼盛唐，今篇章具存。其忠君愛國之心，懇惻流溢，雖流離顛沛中，初無纖毫尤人忤怨意，先年實錄，一切污衊，嗣人以昭雪疏上，隨蒙允下史館削去。次有鄭曉撰《王襄敏公傳》略云，公名越，字世昌，濬人。景泰二年進士，姿表奇邁，慷慨自許，論議英發，見事風生，久膺師寄。又長於吏事，判案章奏，口占授史，曲當事情。博學多聞，凡兵法、射藝、象緯、堪輿之說，罔不該究。次《年譜》，則曾孫教授王沿雍、玄孫舉人王正蒙編次也。次李東陽所撰《墓誌》，次崔銑所撰《神道碑》。前題巡按四川監察御史王雄赫瀛登甫選，四川布政司右參議堯山王鳳竹允在校，四川按察司副使鄆上周嘉謨明卿校，四川提學副使新安曹樓世登輯，富順縣知縣匡南但貴元仁甫編。《皇明詩選》卷七稱，越所著有《雲山集》，曾采錄其《次林員外驛壁間韻》，謂其才思敏健，大率不脫兜牟之氣。別有三卷本，爲其曾孫紹思所輯，第一卷爲疏議，皆處置邊務及奏報捷音；第二卷爲雜文。《續集》一卷，爲詩及詩餘。考《明史》越本傳，功名頗有可觀，惟以前結汪直，後依李廣，爲士論所不滿，蓋雖以功封威寧伯，而晚節實不能保也。此本半葉十行，行二十字。

涇野先生集三十六卷明刊本。

明呂柟撰。呂氏受業渭南薛敬之，接河南薛瑄之傳，官南都，與湛若水、鄒守益共主講席，天下學者不歸姚江，即歸若水，獨守程朱不變者，惟柟與羅欽順。前人謂其授受有源，故大旨不失醇正，然其文頗刻意於字句，好以詰屈奧澀爲高古，貌似周秦子書，其亦漸漬於空同之說與。前題門人徐紳、吳遵、陶欽皋校刻。半葉十行，行二十三字。前有嘉靖乙卯徐階序，略云，後世儒者慕道之名，而不得其實，徒以億見揣摩議擬乎其間，譬諸衰人之談珠玉，以爲不極恠奇不足明珠玉之爲寳，於是乎侈爲之説，不知説益侈而其失真乃益以甚。我朝建學造士，一教之誦法孔子，至於近時士尤喜言道，意將發孔子之精蘊，而羽翼其傳。今年秋先生高第弟子侍御徐君思行、吳君公路、吳君惟錫，相與集先生之文，校而梓焉，予故序之首簡。先生諱柟，字仲木，高陵人。官至南京禮部侍郎。次有門生李舜臣序。次有馬理序，略云，涇野子爲漢之文賦，懷其史才，傳其經學，而無駁雜戾道之失。工晉人之書、唐人之詩、宋人以上之文，而多純實之語。醇如魯齋，而著述則多；確如文清，而居業則廣。子之逝也，諸弟子録其文成集，子仲、子畇及長孫師皐藏之家，西安高陵嘗梓之，然豕亥之訛尚多。於是門人侍御建德五臺徐君紳、海寧初泉吳君遵率、武強學諭閩中王大經、藁城學諭莆田江從春，校正編次，俾真定守成都于君德昌重梓行。集爲卷凡三十有六，爲編凡一十有六，然尚有遺逸，外此有《經説》、有《語録》、有《詩集》、有《史約》、有《四子抄釋》，爲卷册頗多，門人與槐謝君少南有刊於西安者、胡子大器有刊於蕪湖者，兹不與。末有數行，題都察院照磨高陵吕畇藏籍，巡按直隸等處監察御史建德徐紳、海寧吳遵、彭澤陶欽皐編次，直隸定州府知府成都于德昌梓行，武強縣儒學教諭閩中王大經、藁城縣儒學教諭莆田江從春校正。可知其校刊時之審慎矣。

文翰林甫田集三十六卷從明刊本傳録。

　　明文徵明著。卷首有王世貞撰《文先生傳》，卷一至十五皆詩，十六以下則爲叙記、題跋之屬，三十六卷附録其子所撰《行略》。王傳略云，先生好爲詩，傅情而發，娟秀妍雅，出入柳柳州、白香山、蘇端明諸公。文取達意，詩沿歐陽廬陵。又云，吳中人於詩述徐禎卿，書述祝允明，畫則唐伯虎，彼自以專技精詣哉。則皆文先生友也，而皆用前死，故不能當文先生。人不可以無年，信乎！文先生蓋兼之也。考其子嘉所爲《行略》，稱先生年登九十，弇州蓋謂其文藝老而彌精耳。沈氏《頤綵堂集》卷十謂，有以文氏手蹟册子际之者，曲阿賀燕徵識語以爲，先生壯年所爲古文辭，用小楷書之，自藏匣中者，内如《陳亞之詩集跋尾》《諸賢考》《光州劉氏旌門記》《錢氏有斐堂記》，衍毀。別《李宗淵温州府君遺事序》《徐昌國歡歡集叙》《自箴》二首，及自跋《仿趙千里後赤壁賦圖》，集皆不存。然則先生之文亦多佚矣。

雅宜山人集十卷<small>明嘉靖刊本。</small>

明王寵撰。凡文二卷，詩八卷，上海董宜陽與其門人朱浚明校刊，厥兄太常少卿王守選。前有袁袠序，略云，雅宜山人者名寵，字履吉，吳人也，自稱曰雅宜山人，故以名集云。山人負高志逸材，補郡學弟子員，督學者取其文，試必首山人，然非其好也。試於鄉輒弗利，乃貢入太學。山人由是得北遊燕趙，觀廟朝制度，與四方薦紳先生游，上下其論議，而文益奇。其後買田石湖之旁，築室其上，臨流賦詩，益窺古作者之奥。嗣養痾於虞山之白雀寺，而病乃大作，歸不逾月竟卒。山人詩初宗李白，既乃宗杜，故其詩才力雄闊，辭篇麗贍，去輕靡而就沉著，尚鋪綴而略陶鎔。及《白雀集》諸篇，則又興寄冲玄，思調佳逸，遂窺陶、謝之堂，幾入王、孟之室矣。其兄守序則謂因年編次，庶可考其進云。半葉十行，行十九字。

舒梓溪先生集十卷明刊本。

前題明翰林院脩撰舒芬著，按察司副使萬虞愷校，門人熊杰輯。前有萬氏序，略云，國朝以制科取士，得人爲多。肇自洪武辛亥，迄今幾二百年，歷科五十有八，而吾江右魁大廷者十有六人。乃若出處之同表於天下後世者，則有一峯羅先生倫，梓溪舒先生芬焉。一峯之文，久已鋟行，而梓溪之文，世未多見，近方刻於廣省。宮端泰泉黃公、方伯蒙谿張公，既各爲之序矣。顧尚多闕佚，先生門人文峯熊子杰裒集數年，收錄殆備。予始得縱觀之，乃攜入閩臬，僭加商訂，謀諸學憲鎮山朱君衡，深以爲然，而大參南溪丁君以忠、憲副直軒汪君佽、僉憲黎君、徐君，皆誼在同鄉，均切景仰，樂捐俸而共成之。予讀先生制策如董賢良，封事如胡邦衡。其間如論道學則尊濂溪爲中興之聖，而不滿伊川之外師，敘《周禮》則深斥漢儒附會之非，而直責朱子之惑，是殆發前賢所未發。嘉靖三十二年賜同進士出身中順大夫福建按察司副使前文林郎南京兵科給事中南昌萬虞愷序。次有黃氏序，略云，毅皇帝豫遊時，史官敢諫者惟梓溪舒先生一人，罷杖後，病臥院中。掌院者懼禍，使人摽出之，先生屹不爲動。平生清苦，家無立壁儲，御史良材爲小築會城，居其妻孥，佐曩歲過之。二子奏奉出其文集相示，憶歲丙子偕陽梅君百一北上，偶論武王伐殷，歲在鶉火，《通考·象緯》弗載。因推步之，我聖祖殄平僞漢，丁未改元，星紀吳分也。壬午靖難，析木燕分也，福德所在，其應如響，可弗詳乎。梅嘆曰，向見國裳亦論到此，佐自是知先生。嘉靖三十年前進士史館友末海隅黃佐書。次有嘉靖辛亥賜進士出身正奉大夫廣東布政司左布政使前奉勅提督學校浙江按察司副使翰林院庶吉士郡人張鰲序。次有《舒梓溪先生傳》，則門人南昌熊杰撰也，傳略云，先生舒氏，名芬，字國裳，初字以時，嘗號石灘，後更之曰梓溪，世稱梓溪先生。丁丑，策對大廷，頃刻萬餘言，皆經濟人文，澤於道德仁義也，御批第一甲一名，授官翰林院修撰。戊寅，武廟北狩，二月先生上《隆聖孝疏》，七月上《車服疏》，其言天理人欲之分，反覆數千言，諷諭切至也。己卯南巡，率同院編修崔桐、庶吉士汪應軫、曹嘉、王廷陳、馬汝驥等，伏闕懇疏，杖幾死，遂落職福建市舶副提舉。辛巳，皇上嗣位，召復翰林修撰，逾二年丁亥，先生以疾卒於家，年僅四十四。所著有《易箋問》《太極通書澤義》《周禮定本》《三山紀》《會東觀》等録，詩文凡十卷。先生名與羅公倫齊，是皆以救時行道爲賢，犯顏敢諫爲忠，而心一道同也。自宋熙寧、元豐道術周禮壞爛，而先生慨然希周以經世宰物爲心，謂六典鑿鑿可行，所謂如有用我，執此以往，惜未見諸行事。半葉十行，行二十字。

瑤石山人詩稿十六卷 明刊本。

　　前題南海黎民表惟敬著。民表字惟敬，從化人。嘉靖甲午舉人，授翰林院孔目，遷吏部司務。以能文用爲制敕房中書，明人所稱爲黎祕書者也，後加官至參議。《明史·文苑傳》附見《黃佐傳》中。前有萬曆戊子陳文燭序，略云，惟敬下世，長公君華以吏部郎出參江藩，梓《瑤石先生集》，屬以序。且曰先大夫之意也，余卒業焉。先生品流書畫，徵仲之後一人耳。乃問學文詩，徵仲何可望焉。先生少有異質，過目成誦。其父侍御公愛之甚，學士黃才伯以文名雄宇内，見先生奇之，先生遂及其門。無書不讀，後詣公車，優游中祕，與諸君子倡和無虛日。

金匱石室之藏，寒士未見者，先生得以游目；深山窮谷之碑，達人未窺者，先生取以賞心。故駿發而機應，覃思而意弘，瓊山奧博，鐵橋高古，皆南海之奇也。黃才伯與先生起而承之，受授一道，得其精華。黃若大河，而先生則砥柱之高峻也；黃若長江，而先生則中泠之清絕也。至廉介易親，學友好施，粵中後起之士，皆先生倡之。序中所謂黃學士者，蓋香山黃文裕佐也。檀氏《楚庭稗珠》卷二云，瑤石曾隱羅浮，其志羅浮最佳。其稱瑤石者，以羅浮之瑤石臺而名也。又云瑤石歸田，築山房於粵秀之麓。其雜詠云“近卜城西地”，又曰“浮丘吾郭近”。梁蘭汀《過山房詩》云，“步屧越臺上，誅茆越臺下”。而瑤石《除夕前攜子姪步自玉山登大士閣詩》云，“寂歷人烟連浦樹，蕭疎風雪靜柴門”。則瑤石之十載抽身，實返臥羊城也。此節於《瑤石行實》，略可考見，故載之。瑤石於前明實負能詩盛名，伯驤流覽明人集部，與之倡和及投贈者，實爲不少，彙之當可成集，然未暇也。朱氏《靜志居詩話》謂瑤石詩，讀之似質悶，而實沉着。王氏世貞所取續五子，無愧大小雅材者，以瑤石爲最。續五子者，王道行、石星、朱多煃、趙用賢，及瑤石也。卷一第一葉板心下有“徐文錦寫，鄒邦達刻”字樣。《雙節賦》內，“潔俎豆於肸饗兮”，肸饗當是肸蠁之誤。清《四庫》所著錄者，爲浙江汪汝瑮家藏本。此本半葉九行，行十八字。

弇州山人四部稿一百七十四卷續稿二百七卷明刊本。

明王世貞撰。世貞字元美，太倉州人。嘉靖丁未進士，官至刑部尚書。見《明史·文苑傳》。元美弱冠登朝，與李攀龍、于鱗提倡西京大曆以上之詩文，以鼓舞當世。于鱗業專，專故精而獨至；元美才敏，敏則洽而旁通。于鱗既歿，元美著作日多，博大汪洋，令人望海若而嘆。錢謙益《列朝詩集》丁集五謂，吳國倫才氣縱横，跅弛自負，好客輕財。歸田之後，聲名籍甚。海内啖名之士，不東走弇山，則西走下雉，晚年入吳訪元美，入苕弔徐子與。及元美卒，而國倫尤健飯。《明史·文苑傳》又謂國倫始與王、李結社，聲譽動朝野，四方之士，歸之如雲，聲氣之廣，於兹可見。姚、焦諸氏有《四傑詩選》，蓋謂北郡李夢陽、信陽何景明、濟南李攀龍、吳郡王世貞也。而張氏獻翼又有《南北二鳴編》，稱北有李君鳳鳴於歷下，南有王君龍躍於吳中。蓋嘉、隆之際，王、李方負盛名，蒲圻魏裳順甫，與南昌余曰德德甫、銅梁張佳元肖甫，新蔡張九一助甫，實左右之，故當時有四甫之目。張氏序魏集，謂其文非《左》《國》兩司馬，詩非建安、大曆，則不以寓目。王、李餘論，傳襲不衰，此卽其證。《金陵瑣事》卷一謂，太守李氏贊嘗云，宇宙内有五大部文章，漢有司馬子長《史記》，唐有《杜子美集》，宋有《蘇子瞻集》，元有施耐庵《水滸傳》，明有《李獻吉集》，余謂《弇州山人四部稿》，更較宏博。贊曰不如獻吉之古，是當時於元美文章，均甚推挹，惟卓吾稍持異議耳。《四部稿》者，賦部、詩部、文部、説部。説部之中又分七種，爲劄記内篇，爲雜記外篇，爲左逸，爲短長，爲藝苑卮言，附録，爲委宛餘篇。蓋巡撫鄖陽時所自刊，萬曆五年新都汪道昆爲序。《續稿》則致仕以後，手自裒輯，授其少子士駿，後乃刊行，太原王錫爵、沛國劉鳳、京山李維禎爲序。計賦部哀辭等一卷，詩部二十四卷，文部一百八十二卷，則無説部。考錫爵卒於萬曆三十八年，元美卒於萬曆十八年，則是集刊行，亦當在萬曆間，且此書板刻與元美弟《奉常集》無異，當是一時所刊矣。《名山藏

·文苑紀·王世貞傳》載，世貞與王錫爵同里，錫爵有女以守節脫化。其未化時，感冥契，立恬憺教門，世貞師之，尊之曰曇陽大師。焚筆硯，謝賓客，與錫爵合居，戒食梵誦至苦。今考《續稿》有《曇陽大師傳》《性命仙篆七十二字記》《曇陽仙師授道印上人手迹記》《金丹記》《上曇陽大師書》於《曇陽仙跡》言之至悉，而以傳爲最詳，語多詭異，與《名山藏》之言正相符合。蓋元美與錫爵又不僅同里之關連矣。《二續金陵瑣事》卷下云，謝陛字少連，歙人也。借《新安文獻志》舊本於澹園先生，因問此書如何？先生曰淹貫。少連謂畢竟此書方可稱淹貫，若王元美先生《四部稿》，前後矛盾處甚多，不可謂之淹貫。清《四庫提要》謂其摹秦仿漢，與七子門徑相同，而博綜典籍，諳習掌故，則後七子不及，前七子亦不及，無論廣續諸子也。惟其早年自命過高，求名太急，虛矯恃氣，持論遂至一偏，故其盛也推尊之者遍天下，及其衰也，攻擊之者亦遍天下。艾南英《天傭子集》有曰，後生小子，不必讀書，不必作文，但架上有前、後《四部稿》，每遇應酬，頃刻裁訂，便可成篇。讀之無不濃麗鮮華，絢爛奪目，細案之一腐套耳。猶憶前清季年，新會梁任公文名滿天下，往往文甫殺青，已有襲其言論，摹其口吻，而成爲空套者。古今此例，不少同符，艾氏之言，當非過刻。長沙葉氏曰，余於明賢私淑弇州，于其《四部》流覽數過，知其無書不讀，無學不通，大而朝政典章，小而詞曲書畫，談言微中，足以啓人神思。又其忠孝傳家，爲儒林師表，世徒重其文章，則亦未知其深。此又近人推重元美之至極者也。明沈一貫有《弇州稿選》十六卷，意在別裁澄汰，擷其菁華，而宗旨所歸，仍尊秦漢而薄唐宋。前清南皮張文襄開府吾粵，闢廣雅書院以教士，院中築冠冕樓藏書，祇有沈選而無全稿，則其書之難得，不亦可想哉。查氏《人海記》云，王元美所著《讀書後》四本，捐館後，公子吏部士驌於貨郎擔中重得，刻以行世。又有《毀論》十本，係先生手書無副本，牧齋宗伯乞於吏部，祕不示人。辛卯九月燔於絳雲樓之一炬，惜哉。然則元美著述亦有不傳於世者也，因附記之。《四部稿》半葉行，行　字，《續稿》半葉十行，行二十字。

世經堂集二十六卷_{明刊本。}

明徐階撰。階字子升，號存齋，華亭人。嘉靖二年一甲進士，官至建極殿大學士，諡文貞。事蹟見《明史》列傳。別有《少湖文集》七卷，乃外謫延平府推官時，三年考滿北上，延平士人哀其前後諸作爲之付梓者。此則徐氏之全集也，前有陸氏序，略云，今少師存齋徐公，自弱冠登上第，列職史氏，翱翔著作之庭，已抗疏歷外，洊歷顯序，皆文章禮樂之任，其得專於言宜矣。及公踐列卿，入正台鼎，公條答無不中事宜，以當上意。而其尤著者，穆皇帝初元，公定策圖議國事，稍更弦轍，以新上治理。今勸進諸章，與論奏制草具在，可覆也。今觀公論譔，上自經濟，下迨酬應，鴻鉅纖曲，體裁各備，何其閎覽博肆，而言之贍耶。公自解機務歸，不忘著述，思昔勤勞國事未遑也。曰自余爲執政，所圖議一二大政，即國有掌記，而副藏焉，其寧使無存，因并其前後積而爲言者以屬梓。梓成，則公嗣太常君，偕二弟尚寶君屬序聲。公集爲奏對，爲視草，爲奏疏，爲序記碑志，雜著、語錄、古今詩類次之，而總題曰《世經堂集》，公所自命也。賜進士出身資政大夫禮部尚書兼翰林學士經筵官實錄副總裁邑後進陸樹聲謹序。次有王世貞序，略云，堂者何？公所憇止也。其名世經者何？公世世以經重，

名之志不忘也。自古之言文者，莫吾夫子若，而其大要曰辭達
而已矣。又曰文明以止，文於天地間有二，其達者爲經世，止
者爲垂世，而雕蟲之技不與焉。可大之謂達，可久之謂止，其
用雖二，其原一而已。公既思以其學濟天下，而其在史館時，
用持先聖典得謫外。公不卑厭小官，諸郡邑土風吏治，靡不以
身試。而大者若國家典故，名公政績，下上數百千年之史，而
與之參會，斂而融之方寸之際，而無畢閡，苟有所觸，則功與
言一發而俱就。乃至部疏覆覈，根理據事，有敬興之精，而不
爲俳。諸報藩鎮郡國書牘，衡勢審機，有文饒之練，而絀其倨。
公之文所謂達者，其效至於奠社稷，潤生民，而一旦斂而歸之
無何有之鄉，天下徒知嘉、隆之際，取治於公，公不明其所以，
而庶猶有可窺見，以兹集在也云云。集中論學術之大凡，亦頗
稱有識。如卷十四云《中庸》一書，當其未經程氏之表章，范
文正則首舉以告橫渠張子，伯驩按：高麗人洪氏《耳溪集》卷二十五《紫
霞洞九齋遺圩碑》云，東方之儒未聞以道學稱，逮於麗代異教熾而無道微時，則有
文憲崔先生首倡性理之説，建九齋於紫霞之洞，講學授徒，如《周官》成均之制。
士之應舉者，必於徒中學焉，咸隸九齋籍，謂之崔侍中徒。自是儒臣各立門聚徒者，
凡十二，東方學校之興，由先生始，世稱海東夫子。先生諱冲，字浩然，生於高麗
成宗丙戌，在中國則宋太宗雍熙三年也。于時周程諸賢未出，孔孟之道未明於天下，
而先生奮起海外，獨以斯文爲任，其名九齋，如誠明率性出於《中庸》之訓，則表
章《中庸》已先于程子，傳道之功，暗合于千載之下。按此則高麗亦與我同符矣。
新泉《問辨録序》云，陽明講學，所謂致良知者，蓋謂良知在
我，而其要在乎能致。舉知而歸諸良，舉良知而歸諸致。言良
知以別聞見之非，言致良知以別定慧之謬。卷十一。又云，聖門
之學，重踐履而輕文詞，貴身心而賤口耳。降及後世，學術不
明，語希聖者以博洽爲先務，論衞道者因亦以著述爲首功，漢
儒以區區訓詁之末，而居然食有功之報。愚以爲六經之道，具

在人心，六經之文，坦然明白，縱無訓詁，豈遽失傳。若乃訓詁作而誦數之途啟，使凡學者習熟見聞，靡然自足，闊略踐履，遺棄身心，至或談仁義而背君親，口廉節而躬貪佞。則是聖人之道，似傳而實絕。漢儒之於道，似衛而實壞之。安得反謂有功，祀諸孔子之側，又取以爲論漢祀之準乎！卷六。徐氏之意，似以尊德性爲愈於道問學矣。集中又云，凡武官之善戰者，多麄率，而撫按兵備等專要責其奉承，一不如意，便尋事論劾，輕者罷官，重者問軍而死。卷二。總兵於地方爲行事之官，而府州縣至與抗禮，參遊爲領勅之官，而巡撫至加鞭撻，其他跪拜稱呼，咸卑屈太甚。若得如聖諭所謂不辱不到，公同爲國，則誠是矣。卷三。於明代輕武重文之政象，可云痛切言之。卷三又云，京中有一起白蓮妖逆謀，蓋北人媚佛，於白社之教無敢犯者。又訛傳道首有飛刀、飛鎗等法，差去官軍，亦無敢向前，只臣家人及原首發者動手，廠中無訪報，乃由於此。又云，北直隸、河南、山東、陝西、山西、宣大等處，皆有黨與，動至千萬人，觀此又可想當時白社教蔓延之廣矣。集中又云，予往來吉、贛間，問其父老，稱宸濠之未叛也，陽明先生奉命按事福州，乞歸省其親，乘單舸下南昌。至豐城聞變，將走還幕府爲討賊計。而吉安太守松月伍公議，適合郡又有積穀可養士，因留吉安。徵諸郡兵與濠戰湖中，敗擒之。其事皆有日月可按覆。而忌者謂先生始赴濠之約，後持兩端遁歸，爲伍所強，會濠攻安慶不克，乘其沮喪幸成功。夫人情苟有約，其敗徵未見必不遁，凡攻討之事，勝則侯，不勝則族，苟持兩端，雖強之必不留。武皇帝之在御也，政由嬖倖，濠悉與結納，至或許爲內應，方其蹶起，天下皆不敢意其遽亡。先生引兵而西，留其家吉安之公署，聚薪環之。戒守者曰，兵敗卽縱火，毋爲賊辱。

嗚呼，此其功豈可謂幸成，而其心事豈不皦然如日月哉。卷十四。蓋陽明當時對於宸濠，實有陰謀祕計，及一切委曲彌縫之處，故其門人錢德洪有《平濠記》一卷，據師友傳說薈最而成，大旨謂寧藩之敗，由於遲留半月始發，其遲留半月，則由於陽明多設反間以疑之。陽明在日祕不言，歿後始得其間書間牌之稿，而駕馭峒酋葉芳，及陰令知縣陳冕詭漁舟以誘擒宸濠，皆當時所不盡知者。則徐氏所述時人之言，謂濠攻安慶不利，陽明乘其沮喪之餘，而膚功始奏，固有由矣。又關於嘉靖重錄《永樂大典》一事，集中有奏疏五事，可資考鏡。伯驥曾與夏桂洲奏議同錄於《讀書私記》中。此集清《四庫》存目，然集中可資考論者固不少也。

四溟山人全集二十四卷明趙府冰玉堂刻本。

明謝榛撰。前有大明太祖八世孫趙王枕易道人撰《四溟旅人詩敘》，略云，皇明孝武兩朝，哲人挺生，隱書大出，李空同、何大復、邊華泉諸君子，倡明古作，大振唐聲。三館染翰之臣，九州抱藝之士，捐其故習，風靡景從。我皇上銳情經術，存心雅道，乃於隱逸，爰取三人，孫太白、張崑崙、謝四溟。孫、張二子不及見之，謝生予得而友焉。其詩得少陵體裁，太白格調，漫山曹均，尤所愛重，從而刻其五言。予取其全集刻之，或言王刻洹詞，復刻謝詩乎？予應之曰，文至後渠，詩至四溟，其盡之也。生名榛，字茂秦，別號四溟，東郡人，卜居於鄴云。此序作於嘉靖丁未。次有趙王恒易道人撰序，題爲《續刻謝茂秦全集序》，略云，嘉隆之際，七子稱焉，雅道大振。七子者濟南李于鱗、吳郡王元美、廣陵宗可相、武昌吳明卿、吳興徐子與、番禺梁公實。而謝山人茂秦，實以布衣長雄其間。

蓋枕易道人爲恒易道人曾祖，曾刻《四溟旅人集》四卷，其後遊燕適晉等稿，至枕易始任輯校付梓之役於萬曆丙申焉。序後有"恒易"、"存心殿印"、"趙王私寶"三章。次有嘉靖庚戌東郡蘇祐序，次有萬曆二十三年張泰徵序，次有安肅邢雲路序。卷一五言古體，卷二、三七言古體，卷四、五、六、七、八、九、十五言律詩，卷十一、十二、十三、十四、十五七言律詩，卷十六五言排律，卷十七七言排律，卷十八五言絕句，卷十九、二十七言絕句，二十一至二十四詩家直說。後跋計三首，則長史司右長史蘇潢，及陳善才、程兆相所撰也。半葉十行，行二十字，板心魚尾上有"冰玉堂趙府"五字，魚尾下《四溟集》卷幾，再下記刊工姓名。明成祖第三子高燧封趙王，洪熙元年以彰德署改建王府，景泰三年以後分封郡王，曰臨漳、曰湯陰、曰襄城、曰洛川、曰南樂、曰平鄉。見《明史》及《彰德府志》。至康王名厚煜，莊王妃曹所生，正德間嗣國，嘉靖庚申王薨。王嗜書秩，積聚充棟，尤尤易理，自號枕易道人。屢視郡學，闡論經義，所著有《居敬堂集》，其後有號西國主人羲易者，喜吟咏，所著有《萬卷樓諸章》八卷。見《安陽縣誌》。按查氏《人海記》云，濮州李尚寶先芳選明朝燕、趙、秦、晉、齊、魯、河洛、淮揚藩邸之詩，附以蜀，曰《明雋》，吳越荆楚不與焉。東阿于文定序曰，自二南以下十五國風，皆楚以北地也，降而春秋，吳越之歌吟乃出，降而戰國荆楚，而騷賦始傳，故江以南之聲，則歌吟騷賦之流而風餘也，非始音也。原音之始，以北先也，讀此知藩邸多好詩。康王號枕易，其後多以易爲號，如南樂王味易、廣安王心易，又有承易、恒易、姬易、謙易皆是。天池徐珮詩所謂"繼志一方崇大易"也。見《安陽縣志》二十八。又《小山筆記》云，謝榛西游彰德，爲趙康王所賓禮，王卒，榛乃歸。萬曆初復遊彰德，王曾孫穆王亦賓禮之，酒闌樂止，命所愛賈姬獨奏琵琶，則榛所製竹枝詞也。榛方傾聽，王命姬出拜，光

華射人，藉地而坐，竟十章。榛曰，此山人俚言耳，請更製以
備房中之樂。榛詰朝上新詞十四闋，姬悉案而譜之。明年元旦，
便殿奏伎，酒止送客，卽盛禮而歸姬於榛。寄園寄所寄云，閱
謝山人詩集，有《天寧寺同王元美李于鱗餞別李伯承還宰新喻
得春字詩》，蓋作於未被王、李擯棄之前。及山人既没，吳明卿
過鄴，有詩弔山人，味其詩意，固欲自擬溫子昇，然同社交情，
存没無間，亦於此可見云。

太史楊升庵全集八十一卷　明刊本。

　　明楊慎撰。前有陳氏序云，以論博物君子，其在我朝則楊
升庵先生執牛耳哉。先生於書無所不讀，卽諸父兄弟家庭小集，
亦遞條舉徵故事。爲酒政，而先生嘗自稱慎。苟非生執政之家，
安得徧發皇宬諸祕閣之藏；既得之，苟非生有嗜書癖，亦安從
笥吾腹；既兼有是，苟非投諸窮裔荒徼，亦不暇也。天啓文獻，
代不數人，俄而龍驤，俄而螻蛄，固並有意云。先生雜著《丹
鉛輯錄》《譚苑醍醐》諸書，亡慮數十種。我先司寇嘗從滇蜀
歸，悉授余大科讀，且謂將謀舉刻之，適與行會未遑也。久之，
余從都下，遇先生從子侍御君所，得見先生全集焉，則韓城張
公併彙詩文，刻諸蜀中矣。曾殺青幾何時，而其字已刓且蝕矣。
此其摹印之者衆矣，誰謂雞林紙貴之語誕也哉！頃以其暇，奉
笥中所受者遺書，參以蜀本，手讐校焉，而付之剞劂，成先志
也。或謂汝南陳晦又作《正楊》一編，何耶？余曰尼父刪述，
莫贊一辭，其諸著作之林，率有羽翼之者矣。資善大夫右都御
史後學陳大科撰于鶴城書院。半葉九行，行十九字，寫刻。

升庵文集八十一卷　明刻本。

　　明楊慎撰。前題從子有仁編，後學趙用美校。前有萬曆十

年張士佩序。自一卷至四十卷爲賦、序、記、論、書、誌銘、祭文、跋、贊詞、傳與各體詩，皆取之文集而以類編纂者。自四十一卷至八十一卷皆訓釋整齊百家雜語，取諸《丹鉛輯録》《譚苑醍醐》《卮言》等書者。每半葉十行，行二十字，字大易於檢閲。

張愈光詩文選八卷明刊本。

明張含撰。含字愈光，永昌衛人，正德丁卯舉人。此本爲成都楊慎用脩批選。前有序云，吾友永昌張子愈光，生有異質，穎秀出羣，未卉而能詩，有警人句。及長，益肆力于古，博極羣書。慎與張子自少爲詩文，觀槧槧而染丹青者五十年餘矣。張子詩日益工，文日益奇，余瞠乎其後者。張子不鄙謂余，乃屬余選其自少至老之作，的然必傳者凡八卷，總名曰《張愈光詩文選》。嗚呼，愈光於斯藝可謂極平生之心力矣，惟其不試於用，而專門於蘇，故能必其傳，而稽古之效，於是不誣矣。愈光之少，始爲古詩古文，有不知而嗤且駭者，自信益深，中而驚且詫，晚而信以服。噫嘻！古言之難合若此，況行古道於今，其嗤且駭當奚狀乎。愈光之爲人，工於求古，昧於適俗，方試場屋，名動京師。父執白岩喬公，欲其速仕，令從銓選，立躋清要，公不肯就，歸居久之，逝將北上，所如不合，浩然回轅，以遯野荒民自號。足跡不入公府，常自言凡於吐辭寄贈，在窮困節義之處，頗有萬言不竭之才，於通達周旋之友，輒有片言卽窮之拙。清《四庫總目》謂含之學出於李夢陽，又與楊慎最契，有《禺山文集》一卷、《詩集》四卷，皆慎所評定，推挹甚至。然其襞積字句，而乏鎔鑄運化之功。明人別有雕鏤堆砌一派，含其先聲歟。蓋慎在雲南，無可共語，得一好奇之士，遂爲空谷足音，不覺譽之過當。且慎名既重，聞者咸推波助瀾，而贗古之文又足以駭俗目，含遂盛爲文士所推。實則塗飾之學，與其師同一病源，各現變證也。見卷一百七十六。於此可見明文風氣之一斑。含弟合有《臺閣名言》六卷，合字懋觀，一字賁所。嘉靖十一年進士，官至湖廣按察副使。含、合爲户部侍郎南園先生志淳之子，户侍有《南園漫録》十卷、《續録》十卷。合書凡二十八門，前人謂其言皆明確有據，其紀載如楊一清、馬理、湛若水等，俱不諱其過，稱爲明人雜事之翹楚，非虚語也。合並有《賁所詩文集》，罕傳本。此本半葉八行，行十七字。

王奉常集六十九卷明萬曆刻本。

明王世懋撰。凡賦詩詞十五卷、文五十四卷，第五十二卷曰《澹思子》，第五十三卷曰《藝圃擷餘》，第五十四卷曰《經子臆解》《易爻解》，皆雜説筆記。清《四庫全書總目》集部入存目，卽此本也。前有李維楨序，略云，明興才士無如太倉司寇王先生，而其弟奉常公晚出，而與之齊名。登第三十年，里居强半，肆力於文，自北地信陽，肇基大雅，而司寇諸君子益振之。海内詩薄大曆，文薄東京，然大抵皆有所依託模擬，而公神境傅合，無階級可尋。司寇末年，縱横自如，公覃精極思，字練句琢，終其身不易。嘗爲予言天地間物，皆足供吾兄之用，某則必有取舍，而公之所以弟司寇者亦坐此。又有萬曆己丑陳文燭序，略云，詩與文，天地自然之聲氣也。襲二京之遺者，北或失之豪；沿六朝之習者，南或失之靡。崆峒、大復起而振之，迪功復鷹揚江左，國朝文體，一時丕變，然獻吉之沉雄，仲默之雋永，昌穀雖號鼎足，而南音不無少遜也。嘉靖間李于

鱗起歷下，元美起姑蘇，而徐子與、吳明卿、宗子相、張尚甫
起吳楚巴蜀，獨張助甫起河洛，敬美後出，諸公異之，謂爲王
氏二難，中原正聲，翕然海內，皆在大江以南，較北地時差勝。
伯驤按：維楨號本寧，有集流傳，所謂大泌山房者也。吾家有
其本，當時富於文譽，素爲王氏所悅服。《奉常集》文部卷六有
《胡元瑞詩小序》謂，余所啞啞稱文章之士，曰李本寧、胡元
瑞，本寧余畏友，矯矯無前，卽其證也。故此集卽由維楨序首。
文爛序則奉常卒後由其兄弇州請撰者，序中曾及之。《明史·文
苑傳》云，世懋字敬美，嘉靖三十八年成進士，卽遭父憂，父
冤雪，始選南京禮部主事，歷陝西、福建提學副使，再遷太常
少卿。好學，詩文名亞其兄，世貞力推引之以爲勝己，李攀龍、
汪道昆輩因稱爲少美，蓋世懋官至太常少卿，故題其集爲《奉
常》也。按班《志》，奉常秦官，應劭曰常典也。師古曰，常，
王者旌旗也，畫日月焉。王有大事，則建以行，禮官主奉持之，
故曰奉常。後改曰太常，掌宗廟禮儀，非復秦官之舊，而或仍
以奉常爲稱，失之矣。此集題爲《奉常》，可見弇州淵博，仍有
失誤。錢氏《列朝詩集》云，敬美論詩，本朝獨持昌穀、高子
業二家，以爲更千百年，李、何尚有廢興，徐、高必無絕響，
其微詞奉寄，雅不欲奉歷下壇坫，則其於大業亦可知也。朱彝
尊《静志居詩話》云，敬美才雖不逮晢昆，習氣尚未陷溺。清
《四庫總目提要》云，世懋名亞於其兄，而澹于聲氣，持論較世
貞謹嚴。厥後《藝苑卮言》爲世口實，而《藝圃擷餘》，論者
乃無異議，高明沈潛之別也。但天姿、學力皆不及世貞，故所
作未能相抗。以上專就奉常詩文言之，至爲篤論。其中所謂
《澹思子》者，誠無精要語，然《經子臆解》，其糾正前人之
失，亦有數條可備采擇者。《藝圃擷餘》一卷，則《四庫》別

附詩文評類，蓋謂其成書在《藝苑巵言》以後，已稍覺摹古之弊。特錄存之云爾。

甔甀洞稿　卷明刊本。

明吳國倫撰。前有許國序，略云，嘉靖中作者七人，齊李攀龍于鱗、謝榛茂秦，吳王世貞元美，楚吳國倫明卿，越宗臣子相，徐中行子與，南粵梁有譽公實，七人者並集都下，以著述自喜。明興人文，於斯爲盛。序中並列明卿集目，樂府三卷四言附，古詩五言四卷，七言二卷，近體五言八卷，排律二卷，七言十卷排律附，絕句五言一卷六言附，七言三卷，文十五卷，書六卷，四六附。次王世貞序，次萬曆癸未張鳴鳳所撰《詩集序》，次隆慶間胡心得所撰《天鷿子擬古樂府序》，次萬曆間孫應鼇所撰《西徵辨述序》。半葉十行，行二十字。

金子有集二卷舊鈔本。

明金大車撰。大車字子有，上元人，嘉靖乙酉舉人。黃氏《千頃堂書目》著錄《子有集》，及其弟大輿《子坤集》。蓋子有兄弟均學詩於顧華玉璘，華玉官高有詩名，金氏昆仲，遠道師之，遂與吳中諸君子相識。《二續金陵瑣事》云，東原金賢，字士希，長身脩髯，有鉅人度。年四十舉進士，爲給事中，奉命勘淮南重獄，秉憲正辟，不爲逆瑾訕法。避仇請外，出知大名府，在郡稱治，改延平。武廟末造，四方多故，自以年至上疏，不俟報竟歸。重倫睦族，賙故卹貧，人歸其厚。少與太僕王公韋交好，同之白首，王公嘗有所貸，卒卽取券焚之。平生雅好《春秋》，病諸傳或戾經旨，以所自得，著爲《紀愚》十卷、《或問》百篇，今行于世。又云，賢，本西域人，官給諫時，科中每舉書語回字以相戲，至云賢哉回也，并及其名矣。東原失偶新娶，科中舉賀，特令戲子搬演蔡伯喈，唱到"這回好箇風流壻"之句，合坐絶倒。長子大車，外若朴茂，中則朗慧而文，詩學孟襄陽、劉隨州，雜篇大類《檀弓》《左氏》，匪直科舉之作可述而已。篤於倫誼，東原公遺產悉讓諸弟，束脩自好，無過可舉。五上禮部不第，竟旅卒於揚州。予嘗刻其詩百篇以傳云。又《劬詢錄》云，子有家居從不知握算，人有負所貸者召讓之，已而聞其赤貧，更以金遺之。博綜藝文，周秦以下無不研究，屬文非古弗程。《山亭詩》，"石泉當户瀉，山鳥入雲呼"。《雨花台觀月》，"燈懸村落昏初見，帆出江烟遠欲迷"。《弘濟寺》，"飛閣俯臨秋水闊，懸厓平對暮潮生。龍蟠古洞噓雲氣，風撼長波雜雨聲"。《盧龍山》，"百尺重岩草木齊，古藤垂引躡雲梯。塞鴈橫空迷北固，淮流帶雨入清溪"。皆好句也。《静志居詩話》云，子有其先西域默伽國人，明初歸義，賜姓居南京。伯驥按：默伽又譯麥加，蓋回教所從出之地也。《明史‧天方傳》，天方又曰默伽，回回教祖馬哈麻葬焉。明時多有外族在金陵等處流寓，後遂從而漢化，且爲官以行其所學者。《金陵通傳》云，伍儒字德全，其先西洋人，精曆術。明洪武中徵儒，授刻漏科博士，命占籍上元，賜第古天津街，後屢掌欽天監事。如此類者，正不少也。《明律集解》卷六，凡蒙古、色目人，聽與中國爲婚姻，務要兩相情願，不許本類自相婚嫁，違者杖八十，男女入爲奴。其中國人不願與回回欽察爲婚姻者，聽從本類自相嫁娶，不在禁限。《纂注》云，蒙古卽達子，色目卽回回，欽察又回回中之別種，回回拳髮大鼻，欽察黃髮青眼，其形狀醜異，故有不願爲婚姻者。據《明律集解纂注》，元末明初中國人所稱之回回，界限極爲廣泛云。婚姻如此，則科名仕宦可知，此固統治者之別具深意也。又回回中會試者金賢，中鄉試者金大車，歲貢者馬應龍、范一清、張銳。見《續金陵瑣事》卷下。固不獨新羅之金可託、高麗之崔致遠、大食之李彥昇，見李唐之賓貢得人矣。子有弟子坤，高才困諸生，脫粟不厭。南都貴人多訪之，避去不答，少所與游者。《江上詩》，"鳥衝黃葉下，潮帶白蘋歸"。《天界寺》，"午香飄石鼎，中飯出胡麻。古樹秋生耳，疎枝晚綴花"。《佛嶺》，"疊礛松雲合，斜風花雨來。高低成色相，窈窕入莓苔"。亦《芻詢錄》所摘句也。黃蕘圃藏宋蘭揮舊鈔本《子有集》，不分卷，而有《子坤集》六卷。此則祇《子有集》，而《子坤集》闕如。近時《金陵叢書》有活字本，然譌字頗多，不及此遠矣。

歷下集不分卷花縣集四卷_{明刻本。}

《歷下集》前題長洲莫叔明著。《花縣集》前題長洲令莫抑編次，長洲莫叔明著。前有嘉靖甲寅濟南金城序，略云，吳故多文士，余牧郡時，蓋嘗注目焉。得莫公遠氏，其奇之，後公遠訪余歷下，撫景興懷，靡不有作，統百餘篇，名之曰《歷下集》。五言古體，步驟陳思，近體實諸王岑中，幾不可辨。次有嘉靖丙辰知長洲縣事柳州莫抑序，略云，吳中莫徵君名叔明，字公遠，少有清操，工古文辭，尤長於詩。往歲蘇州刺史雙渠金公敦尚風節，以卓行辟之，爲郡學生。余承乏長洲，辱憲副心泉林老先生屈致徵君，授兒輩經學，因獲覩斯集。徵君吳產也，南方之氣，恒患其靡，而徵君之詩，獨慷慨激狀，蒼蔚沉鬱，酷似常建、高適諸家云。半頁九行，行十六字。

田叔禾集十二卷_{明嘉靖刻本。}

前題錢唐田汝成撰，男藝蘅私抄。前有嘉靖間蔣灼序，略云，國初文章之傑，盡出東南，宜其士習之不變矣。而二百年來，主故常者，襲腐爛而不緝其辭，主新奇者，尚怪誕而不根諸理。至弘治、正德間，濟之王公則矯之以純正，伯安王公則振之以雄拔，似足以迴狂瀾、拯頹風，而終未見其有翕然從之者，豈非舊習移人之心之所致耶。今聖天子御極，右文更化，叔禾田先生以進士爲禮部郎，又兩爲廣閩提學，刻志復古，博覽旁搜，根抵於六經，貫穿乎百氏，於是及門之士，皆倚爲鑑衡，無不刮磨砥礪，以滌其凡陋不經之習。先生以病廢歸田，垂二十餘年，四方學子，莫不以得其一言爲寵光。王公貴客，門生故吏，往往走書幣、候起居，交馳道左，戶外之屨可接。有欲面爲請益者，舟輿往返，不以暑雨宵暮爲勞。又每每檄縣官，擇能書吏，給餐錢，繕錄其文以去。是集也，其子藝蘅哀其三之一，以應人之求錄者也。末題嘉靖癸亥餘杭蔣灼書。次有藝蘅識語，略云，大明東南作者，自劉伯溫、宋景濂、方希直而下，寥寥百五十歲，迺有家君焉。武進唐公應德嘗謂蘅曰，小子識之，而翁文昌星精也。家君喜讀書，垂老病廢，兩手捧卷不忍釋，平時屬文畢，遽持其草與人，多不蓄副本，四方宦遊，復漸散軼。故嘗自詠云，“一從桂海驂鸞去，零落珠璣爛未收”。殆紀實也。今之所存，海內名王上公，請梓而行之者再四，家君顧謙讓未皇許也，退而私自繕寫，凡得詩文三百六十九首，分爲一十二卷，先此鋟布，若夫五十已後者，則置而不錄。半葉九行，行十八字。

李中麓閒居集十二卷　明嘉靖刊本。

明李開先撰。開先字伯華，號中麓，章丘人。嘉靖己丑進士，官至太常寺卿。《明史》有傳。集前有嘉靖丙辰自序，略云，中麓子雖資不敏，而才最下，亦嘗官京師，刻苦爲奇古詩，復欲建功立業。年四十罷歸田里，既無用世之心，又無名後之志，頓然覺悟，詩不必作，作不必工，或撫景觸物，興不能已。或有重大事及親友懇求，時出一篇，信口直寫，自稱其集曰《閒居》，以別官居時苦心也。雖然居官之苦多矣，固不獨作詩云耳。吾今閒居，不虞得失，作詩不較工拙，其樂有難以言傳者。集中詩文兼有之，而序祇言詩，未喻其故。史稱嘉靖初年，中麓與王慎中、唐順之、熊過、陳束、任瀚、趙時春、呂高，稱八才子。當是時以革李、何之習自命者，爲王、唐二人，而佐之者則時春與中麓也。然中麓究以用世爲急，矢志功名，故詩文不甚留意，而成就亦不如王、唐，惟詞曲雜劇，則至爲擅場。周氏《賴古堂集》稱，中麓與樂安李慰欽同有文名，時稱二李，同以不合於時致政歸，欽致力經學，中麓獨對客調笑，聚童放歌，以此自遠於世。中麓集最夥，每擎梠屬筆，對客飛翰，咄嗟而辦，常推王遵巖行文委曲，每欲效之。所藏元人曲有百十種，如馬東籬、白仁甫諸曲，皆手自改訂付梓。又最喜張小山、喬夢符小令，尚刻以行。嘗作《寶劍記》，自言音韻停勻，遠出《琵琶》上，《琵琶》惟《雁魚錦》《梁州序》《四朝元》及《甘州歌》等六七闋爲可，餘皆鬆懈，更用韻差池云。中麓常言演其自作劇，座客無不泣下沾襟，恐損道心，往往逸去。所著雜劇，如《園林午夢》類總名曰《一笑散》，名噪于北，江以南猶不深知。近虞山刻《列朝詩選》，始爲闡揚，小傳頗悉公生平，卷十二。觀集中關於此類序述，則櫟園之言殊信。如《改定元賢傳奇序》云，南宮劉進士濂，嘗知杞縣事，課士策題，問漢文、唐詩、宋理學、元詞曲，不知以何者名吾明，刻示其取卷，題曰《風教錄》，夫漢唐詩文布滿天下，宋之理學諸書亦已沛然傳世，而元詞鮮有見之者，見者多尋常之作，胭粉之餘。如王實甫在元人非其至者，《西廂記》在其平生所作亦非首出者，今雖婦人女子皆能舉其辭，非人生有幸不幸耶。選者如二段錦、四段錦、十段錦、百段錦、千家錦，美惡兼蓄，雜亂無章，其選小令及套詞者亦多類此，予嘗病焉。欲世之人得見元詞，并知元詞之所以得名也，乃盡發所藏千餘本，付之門人誠庵張自愼選取，止得五十種，力又不能全刻。就中又精選十六種，刪繁歸約，改韻正音，調有不協，句有不穩，白有不切及太泛者，悉訂正之，且有代作者，因名其刻爲《改定元賢傳奇》。泰泉黃詹事所謂以奇事爲傳者是已，然又謂之行家及雜劇昇平樂，今舍是三者而獨名以傳奇，以其字面稍雅致云。竢有餘力，當再刻套及小令，然此猶細事也。如經學止知尊朱子便舉業，勿論漢疏，雖宋儒之說悉置之不問，問之不知，每經止舉一家，如楊慈湖之《易》，林之奇之《書》，《詩》則王氏《總聞》，《春秋》則木訥《經筌》，及衛湜之《禮記集說》，多有高出朱註之上者。此外能發明經旨者，抑又不止四五十家。宋刻已古，抄冊漸訛，再過百年俱失傳矣。必須題請之後，有京板以及各書坊有鏤板，始可遍行天下，不然則以拘拘背朱爲嫌，而經術不幸，不減秦火矣。天朝興文崇本，將兼漢文、唐詩、宋理學、元詞曲而悉有之，一長不得名吾明矣。敬因序刻傳奇，有所感而爲是說。又後序云，傳奇凡十二科，以神仙道化居首，而隱居樂道次之，忠臣烈士逐臣孤子又次之，終之以神佛煙花粉黛，要之激勸人心，感移風化，非徒作，非苟作，非無益而作之者。今所選傳奇，取其辭意高古，音調協和，與人心風教，俱有激勸感移之功。尤以天分高而學力到，悟入深而體裁正者，爲之本也。同時編改者，更有高筆峯、弭少菴、

張畏獨三詞客，而始終之者乃誠菴也。譬諸修書，有總裁，有
纂脩；試場有考試，有同考，而予則忝爲總裁與考試官。又
《張小山小令後序》云，予自遊鄉校，讀書或有餘力，則以學
詞，詞獨愛張小山之作，以其超出塵俗，不但癯勁而已。當時
苦於無書，止有楊朝英所集《太平樂府》，及檢舊篋，又得《陽
春白雪集》，及《百一選曲》兩種。既登仕籍，書可廣求矣，然
惟詞書難遇，以去元朝將二百年，抄本、刻本多散亡。洪武初
年，親王之國，必以詞曲一千七百本賜之。對山高祖名汝楫者，
曾爲燕都長史，全得其本，傳至對山，少有存者。人言憲府好
聽雜劇及散詞，搜羅海內詞本殆盡。伯韞按：明周憲王有燉爲周定王長
子，高皇帝孫，洪熙元年襲封。史稱定王好學能詞賦，嘗作《元宮詞》百章，著有
《誠齋錄新錄》，尤工樂府傳奇，中原弦索多用之。前人引李景文詩云，"齊唱憲王
新樂府，金梁橋外月如霜。" 又引牛左史詩云，"唱徹憲王新樂府，不知明月下樊
樓"。皆足證也。又武宗亦好之，有進者即蒙厚賞，如楊循吉、徐
霖、陳符所進不止數千本，今宜詞曲少，而小山者更少也。京
師積書家，如李蒲汀、沈竹東詞書成編者不過十餘部，其小山
詞載在《樂府羣珠》《詩酒餘音》者僅有數十曲，他所更得
《仙音妙選》《樂府羣玉》《樂府新聲》，則有助於小山多矣。可
惜類詞有小山一卷，廖洞野取去堅不復出。而普集元詞，在鄒
平崔臨溪者，小山詞獨有一本，以負累逋逃，不知所之。今所
編次雖成上下二本，每樣曲終鏤板不剔空，以待博學君子，詞
山曲海，不惜寄示，必有增其所未高，而濬其所未深云。親王
之國賜以詞曲，明初定制，未見他書。中麓藏書專家，又練習
京朝掌故，所言當非謬誤。前人謂元人以詞曲取士，於書無徵，
識者已辨其妄，而此事亦無他證，惟茲集述之，洵朱明一代之
軼聞矣。此三序可資考核者不尠，故全錄焉。

五嶽山人集三十八卷明嘉靖刊本。

明吳郡黃省曾撰。前有安定皇甫汸撰序，略云，山人諱省曾，字勉之，黃氏季子也。倬彼先考，維我舅氏，錙積既饒，簏貽悉滿。山人幼在絨袴，雅尚墳典，遂散金罄橐，購緗充架，乃與仲氏晞軌二俊，竝駕一時。既而仲氏以明《易》舉南畿第一，山人屢黜乃棄去，更治詩，亦擢置第一。然薄瓻軒冕，耽情山水，欲長遊名山，託慕向生，因號五嶽山人。遊玄思甘，不爲家省，鬻書自給，深居却掃，專意述造，總爲若干卷，手自銓勒。厥嗣姬水，授玄肖諸童烏，屬草方於文考，捐彼負郭，壽此遺編。余與山人有中表之戚，號爲相知，故序次不誣云爾。明吳安國《纍瓦二編》卷十二云，吾蘇黃勉之風流恬雅，博學有辭藻，嘗試春官。適武林田叔禾過其門，與談西湖之勝，遂輟裝不果北上，來游西湖，盤桓累月。勉之自號五嶽山人，叔禾戲曰，子誠山人也。此可證其以山人自號之故。第一卷賦，第二卷周、魯、齊、晉、楚諸賢讚頌，第三卷頌贊，第四卷銘、家訓，第五卷四言詩、五言古詩，第六、七、八卷五言古詩，第九、十卷七言古詩，卷十一、十二、十三、十四五言律詩，十五卷五言排律，十六卷七言律詩，十七卷五言絶句，十八卷七言絶句，卷十九擬連珠，二十卷、二十一卷、二十二卷《説苑》，二十三卷《黃氏家語》，二十四卷序，二十五卷序，二十六卷序，二十七卷小序，二十八卷論，二十九卷論，三十卷書，三十一卷書，三十二卷記，三十四、三十五卷雜文，三十六卷哀頌、誄、傳、墓碑，三十七卷墓誌、行狀，三十八卷墓碑、記誌、行略、告先文、自祭文、自傳。集中卷二十四、二十五有《唐太宗文皇帝御讚帝範序》《刻水經序》《老子道德經玉略

序》《晉中散大夫嵇康文集序》《晉玄晏先生皇甫謐高士傳序》
《魏司空軍謀祭酒掾文學徐幹中論序》 《晉葛洪西京雜記序》
《唐弘文館學士虞世南北堂書鈔序》《支遁林文集序》《釋迦如
來成道記序》《六祖壇經序》《齊管子序》《齊晏子春秋八篇序》
《漢校書郎中王逸楚辭章句序》《漢中大夫陸賈新語序》《漢光
祿大夫劉向説苑序》《注申鑒序》《晉康樂公謝靈運詩集序》，
各書每多黃氏刻行，蓋勉之固以刻書鳴於明世者也。《目錄》後
有“長洲吳曜寫，黃周賢等刻”小字二行，序第一葉板心下亦
有此字樣。半葉十行，行十九字，精槧可愛。江南圖書館藏明
刊《孔子家語》，卷末隸書二行云，“歲甲寅端陽望，吳時用書，
黃周賢金賢刻”。涵芬樓借以景入《四部叢刊》，並述明嘉靖本
《野客叢書》《二十六家唐詩》，卷末亦有黃周賢名，《提要》謂
爲嘉靖時書賈云云。然則周賢固宋陳道人之流亞也。

貝葉齋稿四卷 明寫刻本。

　　明李言恭撰。前題蘭溪胡應麟元瑞編，壽州朱宗吉汝脩校
梓。考《明史》及《盱眙縣志》，知言恭爲明太祖功臣李文忠
之後，襲封臨淮侯。言恭字惟寅，守備南京，入督京營，累加
少保。好學能詩，工篆書，折節寒素，著《青蓮閣集》《貝葉齋
集》《游燕集》。子宗城，少以文學知名。清《貳臣傳》有云，
順治二年臨淮侯李祖述與趙之龍俱降者，祖述卽惟寅後也。前
有萬曆九年屠隆序，略謂，余友李惟寅氏，以《貝葉》名稿，
貝葉者禪家言，惟寅曷爲而以名其稿，蓋自貝葉齋所詮次而名
也。古之爲聲詩者，率高彭澤右丞襄陽蘇州諸公，則以其人俱
躭玄味道，標格軼塵，發爲韻語，亦儵然清遠如其人，故足賞
也。余聞惟寅築貝葉齋，日跏趺蒲團之上，而誦西方聖人書，

與衲子伍，則惟寅之性靈見解何如哉？又有王世懋序，略云，惟寅與余交在莊皇帝初，惟寅時爲小侯，詩簡盈寓內，國家重世勛，諸功臣帶礪徧天下，百七十年來，亡慮百千輩，間有能刻意爲詩者誰乎？蓋其人既席世封，時從齗齗間起奉朝請，玉帛子女狗馬之養，靡所不快意，稍持緩步，飾容止，卽坐而擁節旄。非有深解篤好者，不能沾沾於是。余所聞詩名世者，郭定襄其人，定襄起將校，得之身披堅執銳於邊雲塞草間，已復謫戍，老困思歸，而後詩益工，則其詩要爲有所助之，非諸徹侯比也。唯寅於好無所待，於工無所助。明興以來，徹侯中一人而已。始惟寅最好予詩，爲捐俸梓其四集，至是以序屬余。雅不得辭，報施道也。惟寅方春秋鼎盛，其詩將益工，要以信於後世，故非余所任云。此文又見《王奉常集》文部卷之六。惟寅詩如《小桃源》句，“山折路疑盡，花深鳥自藏”。《伏城驛》，“亂水斜穿徑，空山曲抱村”。《送友》，“夢回芳草遠，人去落花多”。《芻詢錄》特摘句以著之。而明袁應祺《浮玉山人文集》卷二有《琳宮雅集序》，蓋序惟寅所集琳宮諸社友詩也。袁氏云，惟寅雖起家勳冑乎，其爲人清修，而好與卿墨士游。一日惟寅氏偕田子藝袖琳宮詩過不佞曰，若其爲諸子評之，其人則嶺南、江右兩游之儁，而吾鄉大江南以北者，其調則人人殊，要之不詭於唐。又有惟寅《青蓮閣集序》云，惟寅自髫齔卽吟哦唐人詩，積日累月，篇翰成帙。惟寅詩非不浮慕于鱗，然紓寫性靈，冲融情境，超然自得。际夫左袒于鱗，愈攻愈離者，寧不莛楹云云。惟寅與黎惟敬、胡元瑞、周公瑕、盛仲交、田子藝、莫廷韓、屠長卿、王百穀、歐楨伯諸名士遊，故詩中多及之。末有惟寅所著《遊西山記》七葉、《戊寅山行記》五葉。版心上方題“丁丑稿”、“戊寅稿”，下方刻“玉磐山堂”

四字。半葉八行，行十六字。

袁文榮公文集八卷<small>從明刊本傳錄。</small>

明袁煒著。前題門人申時行、王錫爵、余有丁、王穉登校，太倉州知州馮孜、長洲縣知縣張德夫梓行。煒字懋中，慈谿人。嘉靖戊戌進士，官至建極殿大學士，謚文榮。事蹟附見《明史·嚴訥傳》。煒《詩集》八卷，《明史·藝文志》著録，清《四庫提要》一百七十七，則以《詩略》二卷存目。此本前有萬曆元年門生王錫爵序，略謂，公平生著作於代言應制爲多。上數有所徵問，夜分出片紙禁中，使中貴人刻燭受公對，對成以屬其傍侍史封題記歲月而已。洒其出入風議，洒洒數千百言，自天子左右，蘭臺石室外，闉滅不傳者豈少哉。公没後且數歲，而厥嗣中書君葆佩手澤，蒐採廢遺，得什一二於四方好事者刻之。錫爵間頗聞世儒之論，欲以軋苴飢皽微文怒罵，闉然入班、揚、阮、謝之室，故高者至不可句，而下乃如蟲飛蟀鳴，方曉曉鳴。世以謂文字至有臺閣體而始衰，嘗試令之述典誥、銘鼎鐘，則如野夫閨婦强衣冠揖讓，五色無主，蓋學士家溺其職久矣。自錫爵游公門下，公所爲文章，皆肆意衝口，對客立就，古辭古事，如鬼神輸運，以供佐使云。伯驥按：煒當嘉靖之世，以青詞膺寵，具位台輔，蓋與分宜嚴氏同。有醮壇一聯，爲世所傳。帝畜一貓死，命詞臣撰文醮之。煒文有“獅化爲龍”語，帝喜甚。見《明史》。煒自負能文，館閣士出其門者，詩文不當意，肆口嫚罵，門人皆心銜之。甚有上書謂其以時文發甲科，以青詞位輔相，不知世有所謂古文者。錫爵序言，未免曲筆。王氏穉登署名門人者，以《賦牡丹詩》曾爲煒所激賞，遂遇以國士，引入爲記室，校書祕閣。煒卒，王渡江哭其墓，《謁煒祠堂詩》，有"馬策叩門唯有淚，雀羅張戶不勝悲。千載何人能下士，斷腸空憶鄭當時"等句，蓋知己之感亦深矣。王氏有《燕市集》，自稱甲子、丁卯兩至京師，掇拾詩文，釐爲二卷，皆感故相國袁公之知也。名其集曰《燕市》，取築臺市駿意，此二卷爲《百穀全集》之一種，而《天一閣書目》則衹著錄此種。考明嘉靖中無錫人顧可學以甲科官兩司，罷歸乃從方士煉秋石入京獻之，云可却病延年，上方事長生久視之術，服之頗驗。三、四歲間，超遷至禮部尚書，縉紳醜之，弗與交，惟分宜華亭及羽流張永緒、陶仲文、邵元節時時相聚，講房中術而已。每行長安道上，氓隸輩競觀之曰，嘗尿官來矣。死贈官廕子，謚榮僖，隆慶初削辱。明人筆記頗詳之。當其時內殿設齋醮，大臣中嘗有進步虛詞，又列上壇中應行事宜者，惟孫承恩官禮部時，齋宮設醮不肯黃冠，楊爵亦不肯從士大夫之後以青詞自媚。此皆足令神仙輔弼聞之而皇愧者也。時李春芳、嚴訥及煒皆有青詞宰相之稱云。煒爲大學士時，從內閣鈔出《翰苑新書》，蓋此書前集爲書啓之用，後集備表牋之用，別集皆類宋人劄狀、朱表、青詞，續集錄宋人書啓。此則煒之兔園册子，亦卽煒之巧宦階梯矣。

王文肅公文草十四卷 明刊本。

　　前題光祿大夫少保兼太子太保吏部尚書建極殿大學士王錫爵著，尚寶司司丞孫男時敏校梓。前有何氏序，略云，夫館閣文章之府也，其職顯故其體裁辯，其製嚴故不敢自放於規矩繩墨之外，以炫其奇。國初以來，鴻篇傑構，映帶簡册間，猗與盛矣。嘉靖末季，操觚之士嘐嘐慕古，高視闊步以詞林爲易與。然間讀其著述，大都取西藏汲冢、先秦兩漢之唾餘，句摹而字斁之，色澤雖肖，神理亡矣。而況交相剽竊，類已陳之芻狗乎。
夫古之作者，豈其眞酉藏汲冢、先秦兩漢之書不讀，而行文之
時，不襲前人一語者，理本日新，秀當夕啓，規規然爲文苑之
優孟，喆匠恥之。以故二十年來，前此標榜爲詞人者，率爲後
進窺破，詞林中又多卓然自立，於是文章之價，復歸館閣，而
王文肅先生，實其司南也。先生負逸才，書無不讀，生平所重
者忠孝大節，其所縈念而繫心者，宗社安危大計，豈屑與文士
頡頏絜大。古稱文章事業，患不能兼，若先生者可謂兼之矣。
彥總角慕先生如天人，及通籍，先生歸矣，無繇執贄稱弟子。
頃先生孫璽丞君命序先生文草，則彥之大幸也。萬曆乙卯三楚
後學何宗彥君美譔。次有孫男時敏識語。半葉九行，行十八字。

徐文長集三十卷 明刊本。

明徐渭撰。渭字文清，後更字文長，山陰人。事蹟見《明
史·文苑傳》。前有萬曆甲寅虞淳熙序，次有黃汝亨序。黃序略
云，今人見異人異書，如見怪物焉，然天下之尋常人多矣，而
竟亡稱何也？古之異人，不可勝數，予所知當世如桑民悦、唐
伯虎、盧次楩與山陰之徐文長其著者也。唐、盧俱有奇禍，而
文長尤烈。按其生平，即不免偏宕亡狀，偪仄不廣，皆從正氣
激射而出，如劍芒波濤，政復不可遏滅，其詩文與書畫法傳之
而行者也。畫予不盡見，詩如長吉，文崛發無媚骨，書似米顛，
而稜稜散散過之，要皆如其人而止，此予所以爲異也。然文長
見知督府胡公，胡公被讒收，文長亦以牢騷困厄死，而其詩文
與書畫，與胡公之勳伐，至今照鑠，不與其人俱往，當時鄢趙
諸人安在哉！世安可無異人如文長者也。鍾生瑞先嗜異人，常
三復其集，因得帳中本，遂喜而校刻之。次有參閱姓氏，次有

陶望齡所撰《文長傳》，又次有袁宏道撰傳。陶傳略云，渭二十爲邑諸生，試屢售。胡少保宗憲總督浙江，文長入幕府笔書記。時方獲白鹿海上，表以獻，表成召渭視之。渭覽罷，瞠視不答，具藥進。公乃寫爲兩函，戒使者以視所善諸學士，謂孰優者即上之，果賞文長作。表進，上嘉悦其文，又如唐順之、茅坤皆賞服文長他所作。文長嘗言吾書第一，詩二，文三，畫四，識者許之。所著《文長集》《闕篇》《櫻桃集》各若干卷，今合刻之。注《莊子内篇》《參同契》《黄帝素問》《郭璞葬書》各若干卷，《四書解》《首楞嚴經解》各數篇，皆有新意云。文長遺著，今著録於清《四庫》者，有《筆元要旨》《路史》《天池祕集》《徐文長集》《徐文長逸稿》等書，館臣謂渭以才俊名一時，書畫有逸氣，詩文已幺弦側調，不入正聲，至考證之功，益爲疏舛，故以上各本，皆存目而已。王氏士禎已極論文長考辨之無稽，而館臣又謂其詩爲公安一派之先鞭，其文亦爲金人瑞等濫觴之始。惟黄氏宗羲則謂爲有奇氣，才不可及。又蔣超《伯榕堂續録》二云，文長狂士也，故詩多兀昇之氣。如《岳公祠》云，“墓門朱戟碧湖中，湖上桃花相映紅。四海龍蛇寒食後，六陵風雨大江東。英雄幾夜乾坤博，忠孝誰家俎豆同。腸斷兩宮終朔雪，年年麥飯隔春風”。此外佳聯，如“客裏經春花作伴，酒中連日雨留行”。“人間何物熱不喘，此地蒼鷹凍欲僵”。“疲驢狹路愁官長，破帽青衫拜孝陵”。“自古男兒嬰臼少，誰家嫠婦帝王知”。皆筆筆特立，別饒況味。此則專論其詩也。卷之一賦，卷之二樂府，卷之三四言古詩，卷之四五言古詩，卷之五七言古詩，卷之六五言律詩，卷之七七言律詩，卷之八五言排律，卷之九七言排律，卷之十五言絶句、六言絶句，卷十一七言絶句，卷之十二七言題畫絶句，卷之十三詞，卷之十四表，卷之十五疏，卷之十六啟，卷之十七書，卷之十八論，卷之十九策，卷之二十序，卷之二十一跋，卷之二十二贊，卷之二十三銘，卷之二十四記，卷之二十五碑，卷之二十六傳，卷之二十七墓誌銘、墓表，卷之二十八行狀，卷之二十九祭文，卷之三十雜著。每卷前均題公安袁宏道中郎評點，某某校訂。半葉九行，行二十字。

李子田詩集六卷寫本。

明李蓘撰。蓘字子田，一字少莊，號黃谷山人。明隆、萬間，李氏頗稱淹雅，清開四庫館，其遺書多爲館臣所駁，獨收所選《宋元詩藝圃集》，而其自爲詩不錄，然其集實有萬曆時其兄子雲鵠刻《六李集》，有子田詩六卷，清康熙末其縣人高元朗輯《太史集》百七十首，雍正時鄧州彭直上侍郎得子田《儀唐集》於王阮亭，益以地誌石刻爲《黃谷詩鈔》，各本流傳，頗稱廣遠。此爲舊寫本，前有《儀唐集》自序云，《儀唐集》者，黃谷生所自遴也。儀者何？蘄其詩之若唐者也。本朝詩本宗唐，而迄今未有唐者，黃谷生亦何比數，而顧有若跂於唐者何也？程正叔以《易》自命，而蜀之隱人乃知《易》，蘇長公一生禪理，猶云門外漢，而乞食歌妓院者，顧得其解，豈是義也耶？生殆有以自信也，所謂臣於諸公有一日之長者耶，是故自遴其所作也。老氏謂知我者希，仲尼慨莫我知也，如聖謨可尊，亦將謂何？竢之後世焉爾矣。萬曆辛丑順陽李蓘自序。按李氏自序稱蘄其詩之似唐，故集中有《讀唐詩有感》二首云，"達摩西來教外傳，詩家禪師亦如然。紛紛掉臂詞場去，尚隔唐人路幾千"。"直上青天不問津，唐家詩思妙如神。聖朝文士知多少，得到玄關未有人"。所謂本朝詩宗唐而未有唐者也。又黃梨洲

《傳是樓藏書記》云，近世之以博洽名者，陳晦伯、李子田、胡元瑞之流，皆不免疥駝書麓之誚。是子田雖博學，終不爲世所許矣。

茅鹿門先生文集三十六卷　明刊本。

明茅坤撰。坤字順甫，號鹿門，歸安人。明嘉靖戊戌進士，知青陽、丹徒二縣。值旱飢，賑濟隨宜，類多奇策，每一條上，台使者輒采而頒之佗郡邑，若功令然，召爲禮部主事，改吏部，謫判廣平。二年晉南兵部郎，仍改禮部，遷廣西僉事，治兵府江，徵猺獞連破一十七寨，捷聞，晉爵二級，民爲立祠。遷大石副使，以事鐫歸。作《島人傳》《三益先生傳》以見志，嗜吏漢唐宋八大家，各爲詮次品藻。其自著有《白華樓稿》《玉芝山房稿》《耄年稿》。海內稱鹿門先生，年九十卒。前有王氏序，略云，嘉靖甲辰，余結髮登朝，始去舉業。專意爲古文章，因欲遊於天下名士，以求其所謂至者。雅聞歸安鹿門茅君，明年便道丹徒，而君方爲令，相留竟日，似以余爲可語者，而余未敢遽請也。又明年君入爲吏郎，握手都門之外，因得叩君文倜儻奇峭，固上下古今，飫渥百氏，五伯甲兵之略，撐腹流口，聽之令人座上鬚眉，開張欲起。周旋少選，而君以謫去，恨未盡請。庚戌余視學廣右，而君來同官，悉出其平生所作示余，大都鞭霆駕風，如江河萬狀，不可涯涘。而其反復詳略形勢，淋漓點綴，悲喜在掌，則出司馬遷、班固，而自得陶鑄，成一家言。又時適有根穴之寇，萬竈比連，積數十年，而君以談笑捩手，芟珍於一夕，捷書晝報，右左皆莫之知。於是又知君才誠可用，信可見於事，而非徒口語者也。君功既高，用是取忌排擯，還田里，浙撫臣上言君才不當棄，竟不見省。因往來若

雪、西湖之間，益得專其力於文章。甲子歲，余謝病歸西湖，
而君又適來會，因出其子翁積所哀刻《白華樓集》若干卷曰，
余平生竭力在此，何如作者，君爲我序之，其良自負也已。臨
海龍陽山人王宗沐書。半葉十行，行十九字。

北園蛙鳴集十二卷明刊本。

　　明鄭瓘撰。前有隆慶元年南京太僕寺少卿姪孫本立序，次
有嫡孫國賢識語，次有禮部右給事中姪孫國賓序，次有凌瀚撰
傳，次有唐龍撰《墓誌銘》。龍，瓘甥也。誌略云，先生諱瓘，
字溫卿，北園其別號，蘭谿人。誌中並述其令山東鄒平時政績
甚多，及著有《綱目撮要補遺》《道德陰符正解》《禮疑纂通》
《深衣圖說》等書。此集卷二有《道德經正解序》，謂坊本河上
公章句注釋，卷端又題曰纂圖互註，其隨句訓釋處多支離緩晦，
無所發明，大概誤作脩煉之書。而其每章總解處頗似有見，又
與前訓多不貫串，若兩人語，然求之往往迂戾，若皆未得老子
真旨所在。近得元人林希逸解本，乃知總解處皆希逸本中語，
又多截頭去尾，不用其全。首冠以龔子㚖之序，援老合儒。次
以葛立之序，以夢解夢，雖各推尊張大，而於老子之真旨，亦
槩乎未有得也。予反覆究心，似得其彷彿，信筆楷書，不加刪
潤，多至二萬餘言。以經解經，不敢傍引曲說，苟有文筆高古
君子，用此爲稿，而是正穎鍛，自成一家言，則千古一段未了
公案，或可從此結斷也。又有《周易本義口講序》，謂後儒解
《易》失其本根，浮詞蔓語，徒增障蔽。有宋朱子始爲《本義》
一書，名此之義，蓋謂卦本有此義，爻本有此義，詞與傳本有
此義，吾不過從而發揮之，亦可見前此解《易》者悉非本義，
其自任之意，亦有不可掩者。予以所得於先君者爲講章五卷，

因名曰《周易本義口講》，見者閱其間訖無科場時文對仗語，輒胡盧唾去。長孫國賢，從予受《易》，請序之以傳於家。是鄭氏之爲學，每好究心哲理者也。卷二《師友遺思序》，略謂師之多莫盛於今日，師道之壞亦莫甚於今日。世之儒生游庠序者，既有堂齋專職之師，又有憲臣提督之師。某自成化癸巳入邑庠，及弘治丁巳作官家居，五十四年間見吾邑堂齋之師，甲去乙代，無慮三十餘輩，提督之師亦更數十餘人云云。蓋明世爲諸生者，其習尚多如此也。卷三《書種記》，歷叙其世讀書仕宦之迹，而述唐裴度、宋黃庭堅之言以勖二孫。卷四有《均貧富論》，歷言其時長官憐貧之心橫于中，訟多取勝；忿富之心橫於中，訟多受屈。貧民屢勝而日驕以佷，富民屢屈而日怨以嗇。富民視貧民之借貸，似被刼盜，貧民視富民之吝嗇，反爲寇讐。昔日相倚賴相維繫之俗，至是又壞。卷六有《井田不可復議》，又有《井田不可不復議》，亦可見其致意民生矣。玩其自序《道德經正解》，頗自矜負，惜不得其本讀之。此集當是家刻，已多補板。半葉十行，行二十字。

龍江先生文集十四卷　明隆慶刊本。

　　明雲間唐錦撰。前有顧氏序，略云，龍江先生篤行蹈道，不屑以文藝顯於世，故其學務以實踐爲地，取世儒所稱良知之理，悉著於躬行，不苟談性命以眩俗。其爲文辭，皆根柢六經，無詭異辨博新奇之説，而粹然一出於道。明興斬琱爲樸，復於本始，劉、宋諸大家，振耀淳風，訓世作則，自後楊、李揚芬於中葉，李、何繼興於近代，咸以爾雅温厚之文，宣國家之盛氣，共成一代文章之體。中世獎右浮靡，士習益陋，經生不究明指歸，馳舛踵殘，以幸利祿，文士則湊釘偶儷，剽掇故藻爲容澤，此猶不能涉靡曼堂戶，烏睹爾雅溫厚哉！先生悼世懷古，循軌遡流，弱冠登朝，大節焜耀，忤權竪而不撓，亢逆藩而不屈，再罹黜辱，濱於危殆而不疑。文章節義，凜凜賈傅、宣公之遺烈，優游林壑餘三十年，族里化其行，雖天靳其施，而有文足以爲訓。有子世具君能世其學，是役躬親校讎，鬻琴書以命梓。先生官諫議日奏疏凡若干篇，皆論當世大務，今燬不存，所存僅僅止此。末題隆慶三年賜進士出身尚寶司司丞後學顧名世譔。次有朱希周所撰《墓志》，稱錦字士冏，別號龍江。弘治間登進士，擢江西按察副使，時會宸濠作亂，錦被囚王府，及宸濠舉兵離省，守者稍懈。錦密召役夫奮鬥而出，乃安集居民，激以大義，令悉捕逆黨之守城者，城中晏然。又以兵寡弱不能支，適都憲王守仁駐兵鄰境，乃遣人馳請入城，與之共守。嗣有匿罪冒功者，錦之功竟爲所掩，反以失守落職，久而事乃大白。著有《上海》《大名》二志、《龍江夢餘錄》諸書。以避亂寓居華亭之石湖塘，配陸氏爲宗伯文裕公女弟。今觀此集第十二卷，有《儼山陸公行狀》，謂錦於公有兄弟之誼是也。半葉十行，行十九字。末有"隆慶己巳唐氏聽雨山房雕梓"牌子，蓋家刻也。

玩畫齋雜著編八卷 明刊本。

明姚翼撰。前有隆慶元年門人沈位序，謂先生師唐荆川而友茅鹿門，棄去舉子業，而肆志於經史百家之言。後以貢走京師，試闕下，得學博以歸。先生之文，得之荆川、鹿門爲多。蓋其字翔卿，既老矣，又更號海屋，湖州歸安人云。集爲友人施箕門人沈位茅翁精選校，故卷首著之。卷一有《玩畫齋記》，謂藏書千卷，私心所耽好者，獨在羲文之畫，因以名齋，其名集卽由於此。卷一《南沙周君行狀》有云，江南土風，素惑浮屠之教，親死多從火葬，嘉、湖二郡，其染尤深，非讀書信道之家，及訾累千萬計者，鮮能自異。可考見當時風氣。伯夔按：吾國上古當有焚屍之俗，其後則以焚屍爲辱，故《易經》與《周禮》所著略同，唯唐杜君卿則頗以火化爲合。《通典》云，古者送死於中野，衣之以薪而瘞其骨，然則此亦古俗也，未爲害義。今則以法律不復火化矣，然一墳所占不止十步，而有力之人廣圖風水，遂廣占田爲墳，而力耕火種之人，無從措手，恐非長久之計。至程子則謂古人之法，必犯大惡則焚其屍。今風俗之弊，遂以爲禮，孝慈子孫，亦不以爲異云。卷二有《玩畫齋藏書目錄序》，故清人鄭元慶所撰之《湖錄》，即以姚氏入藏書家。卷四《與朱明虹書》有云，今世用人，大都孤寒無援，及不爲人士所推重者，始引南出。卷七《賀黃侯滿考奏留序》有云，今制優異同姓，不煩以民事，是以諸王國官雖頗尊重，而不持尺寸權，又以嫌終身不得轉徙。中朝司銓者，往往以淪眇無譽之士推補此官。而入仕者，亦視爲棄置，至諱不欲言。此二條可考見明代用人之史迹。卷七《胡莊肅公文集後序》有云，近世立言垂訓，莫如陽明夫子，蓋其良知之學，所得於藏用者已深。當是時與陽明夫子相望而興者，有甘泉湛先生云云。蓋王、湛之學，爲時所稱，故翼言如此。沈序謂翼師荆川，今集中卷七有云，南沙熊公名過者翼師也，博極羣書，不讓古劉向、揚雄，而其爲文，至使人不能句，則翼不祇師唐氏矣。今過《集》與翼《集》，清《四庫》皆附存目，至館臣謂翼文似茅鹿門，則非其實也。集中多有萬曆間文字，序題隆慶，係記作序時日，刻本當在萬曆間矣。

童子鳴集六卷鈔本。

明龍游童珮撰。明萬曆間刻本，伯夔屬館僮傳錄者。此集

頗不著名，然錢氏《列朝詩集》及《王漁洋集》，均及之。清
乾隆間浙江當道曾以進呈，蓋子鳴亦明代一詩人也，集中詩多
於文，文亦不及詩之佳。前列王弇州撰傳，王百穀撰《墓志
銘》，於子鳴行事，至爲詳盡。《浙江采集遺書總録》謂百穀爲
子鳴序集，當是偶譌耳。百穀謂子鳴上其所輯唐楊烱、徐安貞
二人集於韓太守，已而太守敬爲童君鋟之。伯驥所藏明刊楊烱
《盈川集》，爲丁氏八千卷樓舊藏，有子鳴序，而此集無之，當
是缺佚。楊《集》前有萬曆丙子皇甫汸序。次爲子鳴序，則萬
曆三年撰也，略云，楊侯有詩文二十卷，世遠遺逸，流傳者僅
詩一卷。余每見侯文章於他書，輒自手録，凡得如干篇，共十
卷，本傳雜文別爲一卷云云。暇日當録補此序於《子鳴集》中。
弇州稱子鳴有藏書萬卷，皆其手所自讐校。故葉鞠裳所撰《藏
書紀事詩》，以子鳴爲書賈，列載卷七，祗録《少室山房筆叢》
《列朝詩傳》《帶經堂集》所載事實，而子鳴六卷之集，葉氏未
有述及，蓋傳世之罕可知矣。子鳴更有《佩萸雜録》《九華游
記》《南岳東岱詩》《龍游縣志》等著述，見百穀《志》中，未
審尚可尋求否。原刻本有“梁溪顧氏天籟堂雕”八字，讀其集
中諸詩，知子鳴與梁溪顧氏游，故從而開雕其集也。葉氏所列
書賈，宋如陳道人，明如童子鳴、胡貿棺，可云略備，然如元
之李氏種德齋、見《松雪齋詩集》卷四。此本爲宜黃譚潤編集，共七卷，至元
辛巳建安虞氏務本堂刊。傅氏《雙鑑樓善本書目》有之，吾家所藏則爲日人木井寫
本，詩與至正沈潢本頗多同異，他家頗尟著録，蓋罕覯之本也。傅《目》未著編者
姓氏，故附記之。清之馮駝子，見近人《琅玕館詩鈔》均應補入。伯驥
所撰之《藏書紀事詩補編》，已輯録多人，因論子鳴事，略記於
此。至《浙江采集遺書總録》謂子鳴曾問經學於歸震川，今按
《千頃堂書目》卷二十四謂，子鳴一字少瑜，則《震川集》中

所言之少瑜，殆卽子鳴無疑矣。百穀《金昌集》卷一有《送子鳴詩》，其卷四則有《童君傳》，今錄傳以見子鳴之爲人焉。傳云，童君名佩，太末人，家山坂中，山田饒者爲直黃金半鎰，太末人非厚富不能田。童君乃從其父爲書賈人，父娶吳女生童君，童君遂作吳音，行跡亦多在吳中。買一舫，不能直項，讀書其中，窮日夜不休。爲詩皆性靈，讀之蕭蕭有雲氣，特不善修形骸，人知者知其人，不知者知其詩，甚卽白眼視之，蔑如也。其書帆檣上下皆羅列，手一編，讀罷，卽投置他所，不復歸舊篋，故其書漫無甲乙次第，人來售，又不耐檢校，悉棄去。每慨世人不能讀古書，見一奇士卽授之，玄篇奧帙，往往零落不存。性嗜山水，聞武夷山色佳，便囊餱遠遊，歸談於人，謂舟行峽中，上下石壁二十里，皆作翡翠色，食閩中生荔枝，言吳中楊梅不能敵，嘖嘖自咤以爲奇云。所最善爲無錫秦柱，柱爲人負氣節，有古烈士之風。童君過吳，必主其家。余善秦柱並及君，君面有秀骨，兩頤間矗如青崖，肌體柔脆若楊柳，相者謂當詩窮，昔荀子非相，嗟嗟童君，夫相烏得非哉！夫相烏得非哉！又李言恭《貝葉齋稿》卷一《送童子鳴歸山中詩》，“美人搖落二毛催，五岳行踪八斗才。白璧自甘投楚澤，黃金誰爲築燕臺。溪邊芳草遥相待，門外浮鷗久不催。我亦日懸滄海夢，一尊翻送片帆開”。其餘諸家集，亦多道子鳴者，聲氣之廣，不又可見乎。

滄溟集三十卷附錄一卷明隆慶刊本，黃氏五桂樓舊藏。

　　明李攀龍撰，晉陵張弘道成孺校。攀龍歷城人，嘉靖甲辰進士，官至河南按察使。事蹟見《明史·文苑傳》，攀龍與王世貞提倡古學，謂不當讀唐以後書，明代文藝自前後七子而大變，

攀龍卽後七子之魁傑。殷士儋作《攀龍墓誌》，謂文自西漢以
來，詩自天寶以下，若爲其毫素污者，輒不忍爲，故所作一字
一句，摹擬古人，驟然讀之，斑駁陸離，如見秦漢間人，高華
偉麗，如見開元、天寶間人。蓋續前七子之緒者，攀龍實爲之
冠，其後弇州名盛，遂駕而上之耳。萬曆、天啓間，袁宏道、
艾南英、歸有光詆之不遺餘力，然其中實有可傳。四庫館臣謂，
譽者過情，毀者太甚，固平心之論也。前有隆慶壬申西蜀張佳
胤序，略云，李先生歿，而余撫吳，將以其間梓先生之詩若文，
於是元美屬余序。序曰，文章關乎氣運信然哉。說者謂結繩而
後，其盛者代不數代，而盛者人又不數。迺至歧詩與文而對稱
之，則未有兼出媲美者何也？詩文之用異，而氣不備完也。詩
依於情，情發而葩，約之以韻。文依事，事實而核，衍之以篇。
葩不易約，而核不易衍也，於其體固難之。葩與核左而不相爲
用也，則又工言者之所不易兼也。孟氏云，《詩》亡然後《春
秋》作，得《春秋》之緒爲戰國先秦，而其間《左氏》《短長》
《莊》《列》《韓非》《呂覽》諸君子，洋洋乎其言之也，燦然而
章，蓋至西京而文則已極也，然而《三百篇》之旨微矣。東京
建安而後，稍稍能取其材而小變其格，以至陶、謝，蓋至唐而
詩則已極也，然而西京之旨微矣。北地生迺稍稍知兼出之，李
先生之集行，而操觚者可按觀也。代不數而得之明，人不數而
得之李先生。詩與文不兼出，而先生偭得之。先生諱攀龍，字
于鱗，學者稱爲滄溟先生。卷一、二古樂府，卷三、四五言古
詩，卷五七言古詩，卷六、七五言律詩、七言律詩，卷八、九、
十、十一七言律詩、五言排律，卷十二、十三、十四七言排律、
五言絕句、七言絕句、六言律詩、六言絕句，卷十五賦、頌、
序，卷十六、十七、十八序，卷十九記，卷二十傳，卷二十一、

二十二墓誌，卷二十三墓誌、墓表、神道碑、行狀、祭文，卷二十四祭文，卷二十五雜文，卷二十六、二十七、二十八、二十九、三十書，而附録撰者誌銘、傳、祭文、詩於卷末焉。張序所云殷少保、王元美誌傳，卽在其中也。半葉十行，行二十字。此集明時有兩刻，一隆慶本、一萬曆本，此則初刻也。卷末有五桂樓章，當是餘姚黃氏藏本。《椿蔭軒筆記》云，先王父諱澄量，號石泉，築五桂樓，徧購古書善本置其中，凡五萬餘卷，藏書之富甲越中。阮文達嘗序其目，樓下卽七十二峯草堂，爲講學會文之所。取明陳以勤以下數十家文，倣《文苑英華》例，輯《明文類體》百四十册，稿藏樓中。並著《姚江書畫傳》《賀溪脩禊録》等書。第二十九葉。兵燹後，浙東論藏書之富，首推黃氏，雖天一閣范氏不及也。第五十五葉。按《五桂樓目》有刻本。

蠛蠓集五卷 明刊本，汪季青舊藏。

前題黎陽盧柟少楩著。前有自序，略云，摭録舊作，並獄稿文若干首、騷賦若干首、雜體詩若干首，搆成幾卷，命其集曰《蠛蠓》，蓋嘉靖癸卯春也。柟，滑縣人，家世業農。柟以諸生負才忤縣令，令以殺人誣之，搒掠論死，展轉經年，莫之能解。臨清謝榛赴都稱寃，其時縣令已罷，陸光祖代其職，始得平反。今讀卷一書類，有《上魏安峯明府辨寃書》，自稱志行狂簡，言頗激越，時時取釁屬，爲世人譏誚。傭工人王隆左手病瘡甚，給直辭退，以張呆代之。後呆因大雨排房塌撲死，其母駕誣邑侯謂柟毆伊男，卒下柟大名守，擬柟以家長毆雇工人至死定罪。又卷四四言古詩，所謂"拘幽五載，二靈未葬，兩稚繼死，宗祧有斷食之憂"，皆事實也。全集分雜文二卷，賦一卷，詩二卷，題爲《蛾蠓》者，以爲潔於自奉，介於自守，蓋自喻云。蛾蠓者醯雞也。《列子》蛾蠓生朽壤之上，因雨而生，覿陽而死。相如賦"蔑蒙踊躍"，《揚雄傳》，"浮蔑蠓以撤天"，張衡賦，"浮蛾蠓而上征。"少梗之意，蓋取乎此。半葉十行，行十九字。字體方整，板心有刻工姓名。卷前有"屢硯齋圖書印"，"摛藻堂藏書印"，爲休寧汪文柏季青遺本，讀其所著《柯庭餘習·有堂齋詩》，始知之。

謝耳伯先生詩集八卷 明刊本，赤菫山人舊藏。

前題閩綏安謝兆申耳伯著。兆申字伯元，號耳伯，邵武人，萬曆中貢生。朱氏《明詩綜》曾錄其詩，徐氏《筆精》稱耳伯罄家資購書五、六萬卷，又多祕冊，合八郡二州，未有能勝之者。故此集序首之黃氏亦盛稱其藏書之富，蓋黃氏夙嗜收藏，人多知其子俞邰爲千頃堂主人，實則名父已導其先路也。朱謀㙔《水經注箋序》，稱與綏安謝耳伯、婺源孫無撓，共爲此書。杭氏世駿跋稱，無撓之言不能無誤，而不聞辨論耳伯之言，則謝氏之學固精，不特藏蓄之富矣。黃序略云，綏安謝耳伯，弱冠籍諸生，嘐嘐道古，好深湛谿刻之思，文非秦漢，詩非漢魏，無稱者，其治經生言亦然。應省闈輒報罷，再試京兆，不得一當。耳伯喜交異人、購異書，摭異聞異見。耽子長遊癖益甚，人自薦紳學士，子墨客卿，黃冠緇流靡不接。書自墳典丘索，經緯流略，稗官璅語，罔不收。而遊道殊廣，名山奇壑跡幾遍，橐中裝半以佞佛，半以市書，不問家人生產，一出輒經年。所棲止輒挾書與俱，有三十乘留僧舍，今亦化爲烏有已。耳伯初遊吳，以文贄劉子威侍御，侍御引之入林，最後於越交虞瞱、於江右楚交湯義，並驚詫以爲奇人奇文，得未曾有。今其人往矣，其文俱在，余所見者古詩僅窺半豹，無一語不建安、黃初，而不襲其一語，是謝耳伯之詩也。耳伯不爲律，其不屑唐以後語乎！末題溫陵黃居中纂於朝爽閣。後有木刻章，曰"成均師表"、曰"白門寓客"，蓋黃氏官至南京國子監丞，流寓上元，故云爾也。後有其子元跋語，略云，家先嚴耳伯君，雅攻舉子業，獨慮心匠；絶不寄人籬下。由黌序入辟雍，羣以多士冠軍相推許，柰數奇場屋，未膺國士遇。生平遴方以外，一切雜撰亶盡海内薦紳諸老先生，洎學士諸長者惠垂，授梓氏以刻此集云云。全集均是詩，卷一四言樂府，卷二、三、四、五、六、七、八皆五言古詩。卷四有何季穆贈書及詩扇詩，其書一爲《太音正音譜》，一爲《金薤琳瑯》。卷五有馮嗣宗贈詩、名物疏、詩，則耳伯好書之篤，略可見矣。半葉九行，行十八字。前有"赤堇山人"朱文方形章。葉元堦字冰心，號仲蘭，慈谿縣學諸生。家富藏書，工詩，有《赤堇山人詩集》。有"得一居珍藏印"，此當是葉氏藏本。鄞有赤堇山，《越絶書》所謂赤堇之溪，涸而出銅是也。《方輿紀要》云，赤堇山在紹興府東三十里，一名鑄浦。《國策》破堇山而出錫。又寧波府奉化縣東五十里有赤鄞山，亦曰鄞城山，相傳歐冶子造劍處。堇，草名，加邑爲鄞，趙氏一清謂漢取山名以氏縣也。

陳白陽先生集不分卷 明刊本。

明陳淳撰。淳字道復，號白陽山人，長洲人。文徵明弟子，善書畫。前有錢氏序，略云，先君子嘗言美如冠玉，其人如玉者，白陽、雅宜二人耳。余生晚不及見白陽先生，尤及見先生諸弟及沱江子。沱江子魁梧玉立，灑翰怡然，稱其家兒，弇州翁所謂道復二妙，栝得其一者也。最後於羣從中識明卿孝廉，亦異人也。明卿爲先生三從玄孫，慨然惜先業頽落，先生之集不傳，於是傍搜博采，裒而成裦，都爲若干卷，《附録》一卷，問序不佞。先生天才駿逸，援筆立就，少雖學於衡翁，不數數襲其步趨，横肆縱恣，天真爛然，溢於毫素。今集中如“梧桐半階日，楊柳一簾風”，“晚涼生竹隖，新水溢花渠”，“流水去無住，停雲意自閑”。又如“身外事機懸不識，眼前光景醉能歌。衰鬢已添新白髮，敝裘猶擁舊青氈”。“引興聊堪新釀酒，破愁還檢舊抄書。鷄豚得意收成早，囊篋蕭條活計無”。瀟散閑雅，恬淡自然。蓋先生寄情於酒，老於湖鄉，對客揮毫，多不留稿，所刻十不得二。明卿㓜齡績學，刻意先業，片語隻言，纖悉網羅。萬曆乙卯鄉後學錢允治撰。次有傅氏序，略云，不佞丱歲游心藝苑，自邃古以迄昭代，無論鼎彝金石，殘碑斷碣，卽剩墨餘瀋，寸縑片楮，爲好事家所賞鑒者，願寓目焉。向僅覩白陽先生畫耳，既乃識其書。今讀先生詩，而並悉其品。嘗讀先生畫，山水如大、小米，而骨氣過之，花卉如黄、馬，而生色過之。書法淵源羲、獻，而出入顛旭、醉素之間，更峭拔遒勁，别刱法門。其形之篇什，則本諸高才絶學，而和以天倪，以故獨暢玄情，兼饒逸響。萬曆乙卯秣陵傅汝霖撰。集中以五言古、七言古、五言律、七言律、五言絶、六言絶、七言絶、題畫聯、詩餘、雜述、附録爲次。前序及卷中之詩是寫刻，察其筆跡，各詩與傅序同，當是傅氏手寫。近日金陵鄧氏《書目》，頗醉心是集，謂當與《沈石田集》寫刻本同藏，俾兩畫家合璧，蓋亦以其刊刻之工耳。半葉九行，行十九字。

羣玉樓集八十四卷明崇禎刊本。

明張燮撰。燮字紹和，龍溪人，萬曆甲午舉人。《千頃堂書

目》曾録其小史及遺著，《浙江采進遺書總録》著録燮所撰
《霏雲居續集》二十四卷，又述黃氏宗羲之言，謂其文波瀾壯
闊，而佐以色澤，實爲萬曆間一作手。四庫館臣謂《明史・黃
道周傳》，載其《三罪四恥七不如疏》，在崇禎十八年。距燮鄉
薦之時已四十四年，尚稱志尚高雅，博學多通，不如龍溪舉人
張燮，則燮以舉人終於家也。《庫目》著録燮撰《東西洋考》，
故及其略歷。此集卷一賦，卷二至卷三十皆詩，卷三十一、三
十二送行序，三十三、三十四贈序，三十五至三十八壽序，三
十九讌遊序，四十至四十一各序，四十二至四十四集序，四十
五、四十六記，四十七、四十八碑記，四十九頌贊、箴、銘、
辯，五十墓誌銘，五十一傳，五十二、五十三、五十四行狀、
誄，五十五、五十六、五十七、五十八祭文，五十九至七十四
尺牘，七十五至七十八啓，七十九奏記，八十題辨，八十一、
八十二書後，八十三、八十四引跋、紀事。集中所述往來之人，
如徐大將軍、丁太僕、俞大將軍、王方伯，以迄曹能始、李長
蘅、黃若木、陳眉公、文文起、徐霞客、王季重、焦弱侯，多
當時赫赫有聲者。至其著述，則以編輯《七十二家集》爲最大，
如汪士賢、如張溥，皆所不逮。各集皆有考訂，不涉譌妄，有
稱爲集序者，宋大夫、班蘭臺諸集是也；有稱爲題辭者，楊侍
郎、蔡中郎諸集是也；有稱爲引者，賈長沙、司馬文園諸集是
也。各文皆見於此集中，可資考覈者不少。贈答之詩附來詩，
尺牘之文附來札，本文大字，而來詩、來札，則以小字夾註詩
札之末，可由此考見言論事實之始末焉。前有自序云，草廬深
處，舊有小樓，圯而更築之，貯所畜羣籍其上。曹氏之倉、陸
公之廚，庶幾貼宅焉。當窗散帙，雅多善本，如探拜玉之山，
此樓所由名也。主人霞朝星晚，坐起自娛，興到濡毫，饒有撰

著，卽拄節他往，翰墨間作，歸必篋藏于此間，故亦以《羣玉》名集云。比歲以來，梓行前代諸種，覺梨棗累心，故己所撰著，咸束高閣，或以懸門請者，搖首而不敢對。旋又自思，年過耳順，萬一身填溝壑，茫茫大地，誰爲點定吾文者，暇日開取而差次之，刪繁刊誤，滌疵補亡，備嘗苦心。始萬曆己未夏抄，迄崇禎戊辰冬終，十載星霜，幾番爐冶，而有斯集。計賦一卷，詩古近體合二十九卷，唱和諸鴻篇附焉。近代徵言諸序爲多，故刷韻之文以爲篇首，碑記次之，頌、贊、箴、銘又次之，墓文及傳狀、哀誄、又次之。音郵者交道所以不枯也，薄蹏幾行，締結酬酢，心曲形影，自爲拈出。在阿堵間，先是見何稚孝爲人立傳，必取其書問細按之，然後舐毫，李雲杜集行不載尺牘，鄒彦吉屢詫爲欠事，故余於寄遠諸牘，務竟首尾，而來械報械，備列如右。衿契盡英碩，商榷半烟霞，畏讒如焚，嫉惡如梟。他年過目，可當年譜。至於啓奏，亦復連類。若乃集序之外，有題詞、有書後、有引有跋，雜曳後塵，共五十有四卷。合詩與文，則八十四卷矣，己巳開山以後，別自爲集，不在限內也。匡濟之士，談經綸如指掌，理學之士，析心性如列眉。余既株守槁寂，多瓠落無所可用之語。其所吐納，雖原本於道德仁義，而不能金口木舌，弘闡宗風。此清夜所稔悉，爰及文心，亦略可言。世逐摸擬，而余自闕其宗門，世安頹唐，而余高開其騰躍。世人胸無賸脂，空拳應敵，余却畋漁萬彙，全供驅使，如蜂釀蜜先咀百花。世人事無的據，背心導護，余只約略微踪，量加甄飾，如鏡受形隨宜半面。幸殊驪券，好謝龍賓，此亦余之所長也。文筆高遠者意在沉含，遡源甚深，未易得測，而余發語務盡，底裏全輸，其內遜者一。文章駿快者一瞬千里，蕩坂走輪，何等直截，而余取徑易紆，迴彎交枕，其內遜者二。

微言多要渺，而余龘笨成性，令音多曲折，而余莽曠踰涯，其內遜者三。屑脂難燃，蟵腸未化，此又余之所短也。崇禎戊寅中秋石户農張燮識。此集流傳極尠，所謂《霏雲居續集》亦尠見著錄於藏書家，黃《目》著錄張氏集，計《霏雲居集》五十四卷、《續集》六十六卷、《北遊稿》一卷、《藏真館集》四卷、《羣玉樓集》八十四卷，而浙江采進遺書時，僅得《霏雲》二十四卷，想其時亦已殘缺矣。伯驥得此本於杭州，得《七十二家集》於海上，藏諸篋中，深資考訂。前歲而世所難得之《七十二家集》，又復見於傅氏《雙鑑樓書目》，正喜紹和撰本，不至散亡。今著錄集目於《初編》，以志吾幸。其《七十二家集》，則俟諸《二編》云。半葉九行，行十八字。

寶庵集二十四卷明刊本，顧淳德批校。

前題吳郡顧紹芳實甫著。卷一前有墨筆題字一行云，"道光二十年庚子，八世孫淳德敬藏於秋雲一眺處"。共裝八册，每册首均有"顧印淳德"白文小章、"得之"朱文小章。全書校語，當亦出淳德手。紹芳字實甫，別號學海，崑山人。官至左春坊左贊善，卒於萬曆二十一年。事實具王錫爵撰《墓志銘》、張棟撰《行狀》中，均附集末。而集前則有萬曆壬子門人吳應賓序，門人趙標撰《詩序》，馮琦《刻三太史詩序》。計詩八卷，餘皆文。檢《顧亭林先生年譜》，先生撫子衍生原本。知學海實爲亭林本生祖父，蓋亭林嗣父名同吉，本生父名同應，同應學海次子也。本集卷十九有學海所撰《先考行實》，稱高祖耕雲名珩，曾祖默庵名鑑，祖刑科給事中思軒名濟。濟生兩子，一名樅，次卽學海之父章志，官至南京兵部右侍郎，子三，紹芳、紹芾、紹芬。紹芳子同德、同應，紹芾子同吉，是亭林以伯之子而嗣仲也。

譜稱同吉未娶而夭，聘王氏，矢志不更字人，歸執婦道。嗣祖
憐之，亭林既生，卽抱撫爲之後。王氏卽《亭林文集》所稱王
碩人也。卷九有《寶庵集自序》，稱萬曆九年秋，以請告還，料
檢篋中，積之五年，而得詩文凡若干首，命之曰《寶庵集》。寶
庵者何？采老氏三寶之義，以名吾庵，卽以名吾集焉。余上不
敢希金石之圖，而下不敢窺世俗之好，是余之集既不足傳於後，
又不能徵於今，徒可藏諸庵中，時時以休暇出一篇讀之，自娛
而已。學海詩文，流動邕達，無明人冗沓苦澀之習，故集中多
可誦之作。卷十《贈兵憲餘干李公序》，卷十一《壽表姊王孺人
序》，皆題代家君作，則學海之父，固深許其能文矣。卷十《瞿
文懿文集序》，其目下署代字，伯驤檢家藏明刻瞿《集》，則此
序實署王錫爵名，蓋王氏與學海有故，《行狀》所謂君之始入
仕，則以茂苑爲主師，入史館則以婁江爲館師，婁江謂錫爵也。
《四庫》存目卷六有八卷本，爲江蘇周厚堉進本，前有馮氏《三
太史集序》，稱學海及王敬卿、葛仲明之詩，皆所手定，則此集
爲三家之一種。朱氏《靜志居詩話》云，學海詩工於五律，不
露新穎，矜鍊以出之，頗有近於孟襄陽、高蘇門者。今觀其集，
覺意境未深云。半葉九行，行十八字。槧刻精工，當萬曆之世，
刻本如此，頗不多得。卷一板心有"崑山唐伯誠刻"六字，當
是其時之良工。此集流傳殊尠，國立北平圖書館有寫本。

珂雪齋前集八卷 明刊本，溫鐵華舊藏。

　前題公安凫隱袁中道著，友人濮山夏之令校。前有萬曆戊
午間中道自序，略云，六經尚矣，文法秦漢，古詩法漢魏，近
體法盛唐。此詞家三尺也，予敬佩焉，而終不學之，非不學也，
不能學也。古之人意至而法卽至焉，吾先有成法據於胸中，勢

必不能盡達吾意，達吾意而或不能盡合於古之法，則吾之意其可達於言者有幾，姑抒吾言所欲言而已矣。此八卷皆詩，中道為公安三袁之一。當時乘李夢陽、何景明、李攀龍、王世貞摹仿漢唐之後，偽體方興。中郎宏道、庶子宗道、郎中中道，遂倡為輕巧本色之文字，世所謂公安派者也。中道之學不及宏道，而《宏道中郎集》世多有之，此集頗尠流傳。觀于自序之言，則其詩文之成就可知矣。前人謂王、李塗澤，三袁纖佻，欲考前明詩文風氣之變遷，此集雖微，亦文學史之資料也。半葉九行，行十八字。前有拾香草堂章。溫曰鑑號鐵華，烏程人。著《拾香草堂集》二卷。曰鑑為劉桐女夫，從楊鳳苞邢典游，好蓄書，嗜金石文字，精輿地之學，著《魏書地形志校異》。見《烏程縣志》。此本當是鐵華遺書。

白蘇齋集二十二卷明刊本。

明袁宗道撰。前有海鹽姚士麟叔祥敘，略云，太史公既以明經大魁天下，更自別啓靈寶，別主氣格，與中郎小修，獨唱互賡，陡關門户，觀此則太史見地，已足自雄，奈何前借白蘇名齋，茲更以名其集。豈非以白、蘇兩公，其心忠、其學禪、其人達，其官皆曾翰林，而白無兒、蘇躁吻，俱足以況耶？若曰韻言近白，大篇類蘇，又非被人涎沫自關門户之意，第當呼之曰白蘇齋，不當以白蘇詩文看作《白蘇齋集》可也。卷一、二古詩，卷三、四、五今體，卷六絕句，卷七、八館閣文類，卷九、十序，卷十一誌狀、祭文，卷十二誌狀，卷十三祭文，卷十四記類，卷十五六箋牘，卷十七、十八、十九、二十說書，卷二十一、二十二雜說。卷一前題公安袁宗道著，弟宏道、中道參校。卷三有目云，南平社六人各一首，其《咏外大父方伯公》云，“燈前歷歷蠅頭字，篋裏翩翩近體詩”。《咏孝廉舅惟學》云，“少年經術兼詞學，中歲空門又道家”。則其學固出自外家矣。卷七《刻文中子序》有云，今海內學士欲治子家言，方海錯乎莊、列輩，濡首其中，而薄洙泗正論爲無當。此風不熄，將爲晉朝揮塵諸人之濫觴，其蠹世道而蕩人心，寧有底極。故吾取諸子中若《文中子》之宗洙泗者，付剞劂氏刻之，以風天下。蓋袁氏不以《文中子》爲僞書矣。卷十《嘉祥縣志序》云，庚辰不肖從舅氏計偕，始集儀部門。門外書賈列肆爭售，舅氏獨取大儒語錄，及一二竺典歸，不肖傍觀匿笑，此何異熱月販絮。既落第偕歸，宿旅舍，舅亟取前所市書示我，若無憂，第諦觀此，七尺百年不能限也。不佞廿載醢雞，知瓶甔外別有天地。自茲日始，鑽磨至今，十又七年，始從覆中聳身而出，見日月光，其鈍也如此，而舅氏則汗契曾氏之唯久矣。又云，讀此志《儒林傳》益妙，讀至論曾子處，愈驚嘆不已。何也？天壤之間，惟有此一種學問，而春秋以來，亦惟有此一線學脈也。蓋嘉祥爲曾子故里，故袁氏有此言也。卷七《刻文章辨體序》有云，胡寬營新豐，至雞犬各識其家，而終非真新豐也。優人效孫叔敖，抵掌驚楚王，而終非真叔敖也。豈非抱形似而失真境，泥皮相而遺神情者乎，蓋笑摹效者之失其故步也。此爲公安三袁之一。三袁詩文，清《四庫》以宏道《中郎集》存目，而宗道、中道集均無之。伯驥兼收《白蘇齋》《珂雪齋》二集，蓋所以備文學史之考論也。楷寫刻，半葉九行，行二十字。

鍾伯敬詩集十卷譚友夏詩集十一卷明刊本。

明鍾惺、譚元春撰。前有李氏序，略云，鍾、譚之評《詩歸》，卽自評其詩也。余又何以評之哉？雖然，世之喜鍾、譚者，言鍾、譚別是一格，別是竟陵體，不知鍾、譚可傳之處，亦卽詩歸中之可傳者，無他謬巧也。而今人概以鍾、譚蒙之，竟失鍾、譚矣。於是效顰所至，語助之詞有如括帖，遂若貽作俑之譏者，亦寃矣哉。公集具在，試一靜氣對之，上自風騷，中而漢魏，下迄三唐，出入其中，馳驟其外，無一自制之言，無一猶人之語。擅謝客之靈妙，而去其滯累；退陶公之淡遠，而更加隱秀。既放意乎寥廓，又自見而登心，歡怨所感，如聞其歌哭之聲，游涉所至，似躡其屐履之後，是則鍾、譚之爲鍾、譚者耳。就彼源流，亦各不同。《詩歸》有云，詩家有仙有佛，所云仙者，冬可起雷，夏可造冰，奇變互更，令人驚喜。所云佛者，樹繫騰猿，泥吼溺象，空静遐觀，是物緣起，取而罕譬。友夏仙才，伯敬佛種，天生文人，凤業農業，良不誣也。二公各有遺集，伯敬幾於才盡，蓋佛法之窮，沿爲虚無，淪至寂滅。作者亦圃於其勢，而不能辭耳，譚子嘗欲翻李、杜之稱。余於鍾、譚二集，亦存此意云。末題癸未中秋閩漳李瑞和。次譚氏自序云，比年寡作，然斯事洞然，以爲詩者探始助化之物，郊廟掌故、民人禮俗，可取而賴也，何預人事。今觀予詩，多至四百葉，有幾題無人姓字者哉，愧矣愧矣。非但詩爲朽器，諒予亦古人罪人也。力索辦四言，矻矻未克，又嘗愛古樂府，深蒼冥隱，而止令小小駒宕之音。專此一體，能心安否？詩至四百葉，而所作詩尚未有端，請斷自是刻，將上下四旁而索之，山高淵沉而究之，於是有三告。告於帝賜壽間二十年，告亡父母增吾慧，告一二亡師友陰掣吾筆，使不得妄加點，則予猶今之可與言詩者也。半葉九行，行二十字。

嶽歸堂未刻稿不分卷 明刊本。

明譚元春撰。前有崇禎戊寅李明睿序云，今天下蓋知宗竟陵哉，竟陵詩行，風雅爲之一變，説者咸謂竟陵思以易天下。予謂鍾、譚二子，何嘗有易天下之想，亦其勢之所趨，不得不然也。文士相輕，自昔而然，傅毅見小於班固。友夏獨能推服乎伯敬，其風範可欽。友夏文名早盛，歷萬曆、景泰、天、崇四朝，十履棘闈，暗中摹索幾遍，未有能得友夏者。海内名士如雲，無問識與不識，無不心折友夏，每至通都大邑，人爭慕之。集凡若干卷，《嶽歸》《鵠灣》久已行世，茲其遺稿，靈迥超脱，妙絶時人。遠韻來豫章搜拾遺散，篋中書牘盡爲親友愛玩者持去。今所存者皆得之他人，且索數言弁而行之。次有曾文饒序，略云，友夏詩文皆真率，然工巧者不能至也。凡爲詩文依傍則爲奴，不依傍則無主，爲奴不可，無主又不能，故爲詩文甚難。今之爲詩文之成章者，皆有主者也。如友夏絶去町畦，自開户牖，真可謂獨步當時，流聲後代矣。若夫友夏内行醇備，至性過人，風流蘊藉，蔚爲詞宗。此又天下所共知，故不復具論也。次有其弟元聲《小引》，遠韻，當是元聲字。前題竟陵譚元春著。全書不分卷，計分四言古、五言古、七言古、五言律、五言排律、五言絶句、七言絶句數門。半葉八行，行十八字。元春字友夏，天門人，天啓丁卯舉人。《明史·文苑傳》附見《袁宏道傳》中。清《四庫提要》謂隆、萬以後，公安三袁始攻擊王、李詩派，以清巧爲工，風氣一變。天門鍾惺更標舉尖新幽冷之詞，與元春相唱和。評點《詩歸》，流布天下，相率而趨纖仄。有明一代之詩，遂至是而極弊。論者比之詩妖，非過刻也。元春之才，較惺爲劣，而詭僻如出一手。日久論定，徒爲嗤點之資。觀其遺集，亦足爲好行小慧之戒。蓋館臣之見如此。

檀園集十二卷 明刊本，岳威信公舊藏。

明李流芳撰。流芳字長蘅，嘉定人。萬曆丙午舉人，三上公車不第。因魏忠賢亂政，遂絕意進取。事實見《明史·文苑傳》。所謂嘉定四先生之一也。前有崇禎二年謝三賓序，略云，予爲嘉定之三年，始謀刻四家文集。於時長蘅已病臥檀園，予躬致藥餌，登牀握手。長蘅爲強起，盡出所著作，手自芟纂，得詩六卷，序記、雜文四卷、畫册題跋二卷，合十二卷，題曰《檀園集》。授其姪宜之，以應予之請。遂刻自《檀園集》始。明年正月長蘅没，予哭其家，爲經紀其喪，已而刻成，因爲之序。長蘅累世簪纓，科名廿載，文章書畫，絢爛海内。其徒盜竊名姓，及模勒衒售者，猶足以奉父母、活妻子。而長蘅身没之日，園亭水石圖書彝鼎之外，籯無一金，廩無釜粟，高賢静士之風流，其略亦可覩矣。爲人慷慨，遇不平事，無問朝野，輒義形於色。然慈惠樂易，其素性也。喜接後輩、周貧交，尤喜成人之美，未嘗有所怨忌。時或發詞偏宕，或詩文感憤，類於罵譏嘲謔者有之，然言者無罪，聞者足戒，正所謂深於風者矣。惜其窮老不遇，徒放浪於吳山越水，盱衡奮袂以自鳴其不幸，故僅存茲集以傳世。世人大率珍其畫與書耳，解其詩文之意之所在者，已不可多得，而況其爲人之大概乎云云。檀園者，長蘅讀書之地也。清四庫館臣謂當啓、禎之時，竟陵之盛氣方新，歷下之餘波未絕，流芳容與其間，獨恪守先正之典型，二百餘年之中，斯爲晚秀，專就文字論，庶爲定評。半葉九行，行十八字。前有“岳”字章，又有“容齋”二字小章。岳鍾琪字容齋，成都人，官至川陝總督、太子太保，進爵威信公。雅擅詩詞，下筆立就，生平詩稿甚富，撰有《蚤吟集》《薑園集》《復榮集》，久無傳本。其後人刊有《岳威信公詩集》四卷，傳本亦罕見。公又喜題壁，所過之處，皆有題詩，款署“容齋”二字，此當是其遺書也。

五十萬卷樓藏書目錄初編卷二十一

集 部 七

文選六臣注六十卷<small>元茶陵陳仁子古迂書院刻本。</small>

此爲長沙葉氏藏本，葉氏跋云，《文選李善注》，宋蘇子瞻極稱之，故後世皆推爲注書之法。然世行毛晉汲古閣本，《四庫全書總目》雖以其本著錄，《提要》摘其第二十五卷《陸雲答兄機詩》注中有向曰一條、濟曰一條，又《答張士然詩》注中有翰曰、銑曰、向曰、濟曰各一條，謂因六臣之本，削去五臣，獨留善注，故刊除不盡，未必真見單行本，其言是也。然自毛晉本行，而六臣注原本轉因之而晦，明翻刻六臣本者，余從子囑父藏有明嘉靖己酉袁褧重橅宋崇寧五年廣都縣北門裴宅六臣注本，卽《四庫全書總目》著錄之本。余所藏則此元茶陵本，每半葉十行，行十八字，小字雙行字數同。前載諸儒議論，題大德己亥冬茶陵古迂陳仁子書。末有長方木牌記“茶陵東山陳氏古迂書院刊行”十二字，《目錄》標題爲“增補六臣注文選目錄”九字，次行梁昭明太子蕭統撰，三行唐<small>李善、張銑　李周翰、呂延濟　劉良、呂向</small>注四行，茶陵前進士陳仁子校補。正卷大題《注文選》卷第一，次行三行同《目錄》，無陳仁子校補一行。白口本，版心下有刻工姓名。六臣注以善爲首，所謂校補者，但載五臣本異同，仁子並未增注也。元人刻書，尚有家法，明人則必妄以己意增竄矣。伯驥按：前清彭氏兆蓀《與劉芙初書》云，善注在唐傳本匪一，時代綿遠莫得而稽，逮乎五臣注行，動以意改，正文句字，寝失其真。後來刊選，合並六臣，迷相屬亂，崇賢舊觀，糾錯滋多。北宋單行善本，未之獲覯。吳門袁褧，以家藏崇寧舊籍，影寫刊行，雖併五臣，要爲近古。茶陵陳仁子本亦當宋末，其所據依，足資考鏡，可証尤刻，惟此二書。彭氏愛古績學，曾爲人勘刊元本《通鑑》，校讎一事，夙素研精。所舉選注本，以古迂與廣都並列，求貴池本而不得，則熊掌之外，此其魚矣，讀者保之。仁子字同俌，號古迂，茶陵人。咸淳十年漕試第一，宋亡不仕。有《牧萊脞語》十卷、二稿八卷，著錄清《四庫》。其《文選補遺》四十卷，門人譚紹烈識其後云。紹烈夙侍舅古迂翁，指示古文法。舅著述甚富，有《牧萊脞語》三十卷、《韵史》三百卷、《迂褚燕說》三十卷、《唐史厄言》三十卷。譚氏稱《脞語》三十卷，而庫《目》則云十八卷，待考，然其編纂亦已劬矣。

文選李善注六十卷 明成化二十三年唐藩重刻元張伯顏池州路本。

此書爲長沙葉氏舊藏，葉氏有跋云，此明成化二十三年唐藩重刻元張伯顏池州路《文選》六十卷，每半葉十行，行二十二字，行字與元版十行、行二十字者不同，版心大黑口則同。又元板張伯顏官銜全行直下，此則分刻兩行。孫星衍《平津館鑒藏書籍記》載有元本，其書後歸縣人袁漱六太守臥雪廬，係元本殘半配以此本。元印爲黃色細筋紙，明印則白棉紙。近人瞿鏞《鐵琴銅劍樓書目錄》云，《文選》善注，宋淳熙辛丑尤延之刻本外，卽推張本爲善，汲古閣本多脫誤，如左太冲《吳都賦》，"趫材悍壯"注引胡非子，胡誤改韓，不知胡非子爲墨

子弟子，此本不訛。又張平子《思玄賦》，脱"爛漫麗靡，貌以
迭遇"二句并注；陸士衡《答賈長淵詩》，脱"魯侯戾止，衰
服委蛇"二句并注；曹子建《箜篌引》，脱"百年忽我遺，生
存華屋處"二句；鮑明遠《放歌行》，脱"今君有何疾，臨路
獨遲迴"二句；曹子建《求通親親表》，脱"有不蒙施之物"
一句；枚乘《七發》脱"自太子有悦色"至"然而有起色矣"
二段，注有數百字之多，此本皆不闕。雖翻本，亦足珍也。有
余璉序、唐藩希古序、唐世子跋。陸心源《皕宋樓藏書志》亦
有之，其儀顧堂續跋云，張刻仍尤本之舊，此刻又仍張刻之舊，
在《文選》諸刻中，不失爲善本。是此本之佳處，已經藏書家
論定，今特録而識之，以爲讀《文選》者之導師。此本得自張
姓書估，去京平銀七十兩，當時誤以爲元本，以唐藩一序、一
跋皆失去，無從辨証也。壬寅伏日曝書跋於觀古堂。

文選六十卷明嘉靖己酉翻雕宋本，清怡府舊藏。

梁昭明太子撰。明嘉靖間吳郡袁褧依蜀大字本翻雕，卷首
題《六家文選》卷第一，下記唐五臣注、崇賢館直學士李善注。
半葉十一行，行十八字，注二十六字。昭明序後有識語云，此
集精加校正，絶無舛誤，見在廣都縣北門裴宅印賣。卷末記云，
吳門袁氏善本新雕。又跋云，余家藏書百年，見購鬻宋刻本
《昭明文選》，有五臣、六臣、李善本，巾箱、白文、小字、大
字，殆數十種。家有此本甚稱精善，而注釋本以六家爲優，因
命工翻雕，匡郭字體，未少改易。刻始於嘉靖甲午歲，成於己
酉，計十六載而完，用費浩繁，梓人艱集。今模搨傳播海内，
覽此册者毋徒曰開卷快然也。皇明嘉靖己酉春正月十六日吳郡
汝南袁生褧題於嘉趣堂。按《曝書亭集·宋本六家文選跋》云，

六家注《文選》六十卷，宋崇寧五年鏤板，至政和元年畢工，
墨光如漆，紙質堅緻，全書完好。序尾識云，見在廣都縣北門
裴宅印賣。每本有吳門徐賁私印，又有太倉王氏賜書堂印記，
是書袁氏裘曾仿宋本雕刻以行，然無鏤板畢工年月，以此可辨
僞真云云，蓋卽此刻祖本。又彭氏《知聖道齋書跋》云，古今
書籍版行之盛者，莫如《文選》，予所見宋本夥矣，細校字畫款
式題識，確然無疑者凡四，其一有《國子監准勅序》，文云《五
臣注文選》傳行已久，竊見李善《文選》援引該贍，典故分明，
若許雕印，必大段流布。欲乞差國子監說書官員校定淨本，後
鈔寫版本，更切對讀後上版，就三館雕造，候勅旨。奉勅宜依
所奉施行。是爲國子監本。其一每卷末刊校對、校勘、覆勘銜
名三四人，其覆勘贛州文學教授張之綱、贛州司戶參軍李盛、
贛州石城縣尉蕭倬、贛州觀察推官鄒敦禮，皆章貢僚屬，是爲
贛州本。其一有識云，《文選》版歲久漫滅殆甚，紹興二十八年
冬十月直閣趙公來鎮是邦，下車之初，以儒雅飾吏事，首加修
正，字畫爲之一新，俾學者開卷免魯魚亥豕之訛，且欲垂斯文
於無窮云。右迪功郎明州司法參軍兼監盧欽謹書。是爲明州本。
其一有識云，此集精加校正，絕無舛誤，見在廣都縣北裴宅印
賣。又識云河東裴氏考訂諸大家善本，命工鋟於宋開慶辛酉季
夏，至咸淳甲戌仲春工畢，把總鋟手曹仁。是爲廣都本。彙記
之以資識別。今坊間間有大字白紙，闕宋諱本，乃明袁褧尚之
影廣都本重雕，始嘉靖甲午，成於己酉，計十有六年之工力。
識云匡郭字體，未少改易，尤足亂真云。蓋竹垞及文勤所見宋
本《文選》如此，此爲明袁氏重雕宋本，出自蜀刻，前人久有
定論。紙墨精工，槧刻方整，神采奕奕，與宋本祇隔一塵。嘉
靖刻書，此類實爲至善。前清《天祿琳瑯書目》載明板《文

選》數部，皆書估就袁本妄改識語，僞造宋刻者，則其精可想。
至於萬曆中刊十行本，依是本減一行者，與此本懸絕，言板本
者多知之矣。《蘇州府志》九十九云，袁褧字尚之，褒仲兄，吳
縣學生，屢試輒第一，七赴應天試不利，循例入太學。博學善
屬文，凡有司至吳者，聞其名，輒折節與交。性亢潔，尤長於
詩，繪花鳥有逸趣，書法入米元章之室，晚耕謝湖之上，自號
謝湖。所著《田舍集》《游都三稿》《譜系八述》，并編類《金
聲玉振》等稿甚多。吾家多有其本，版刻久負盛名。竹垞誤褧
爲褒，尚欠分曉，日人森立之《經籍訪古志》已辨之。前有明
善堂章，當是前清怡府舊物。

玉臺新咏十卷　明崇禎癸酉趙宧光仿宋刻本，季滄葦舊藏。

陳徐陵撰。伯驤按：前清紀氏容舒《玉臺新咏考異序》云，
六朝總集存於今者，《文選》及《玉臺新咏》耳。《文選》盛
行，而《玉臺新咏》，則在若隱若顯間，其不亡者幸也。自明以
來無善本，趙靈均之所刻、馮默庵之所校，悉以嘉定宋刻爲鼻
祖，然觀所載陳玉父跋，又稱得石氏錄本補亡校脫，然則竄亂
舊本，亦未必不始於斯時，陳氏茲刻，蓋亦功過參半矣。崇禎
癸酉，距今百有餘載，意其書之不存。乾隆壬申忽於常熟門人
家得之，紙墨完好，巋然法物，摩挲遠想，如見古人，然亦時
有訛字。馮鈍吟云，宋刻是麻沙本，故不佳，信矣。乙亥六月，
余自雲南乞養歸，檢點藏書，多所散佚，惟幸是本之僅存。林
居無事，稍理舊業，偶取閱之，喜其去古未遠，尚有典型，終
勝於明人臆改之本。由紀氏之言，知此書實僅有此宋本。前
《天祿琳瑯》載有宋本二，《續編》載有宋本二、元本一。元本
下云，與前宋版同，知元本乃繙宋本也。錢遵王《讀書敏求記》

載有宋本，云是趙寒山物。明時繙刻、仿刻版本極多，馮校本序稱，世所行本有四，一爲五雲溪活字本，一爲華允剛蘭雪堂活字本，一爲華亭楊元鑰本，一爲歸安茅氏重刻活字本。茅氏本刻於正德甲戌，大率是楊本之祖，楊本出萬曆中，則又以華本意傚者，此皆二馮所稱衆本也。前清諸家藏書目，《天禄琳瑯》於宋元本外，有明重刻宋本，張氏《愛日精廬藏書志》有影寫宋本，《孫氏祠堂書目》、瞿氏《鐵琴銅劍樓》、朱氏《結一廬書目》、陸氏《皕宋樓藏書志》皆有明仿宋本。日本森立之《經籍訪古志》云，明嘉靖有繙雕宋本，又云崇禎癸酉趙靈均刻本。此卽可見明時有兩繙本，當爲此本嫡傳，亦可見宋元以來所傳，祇此一本，故輩相仿刻重刻。蓋宋刻於陳玉父本外，固無別本。伯驤按：馮登府拜竹詩堪詩存卷二，有《題宋槧玉臺新咏後》云，"緊薄無痕是宋紙，樊榭《詠宋版智圓閑居編》句。閑居之編無乃似。永嘉流傳有數本，此書嘉定乙亥永嘉陳玉父所刻。劉後村、趙凡夫所藏同是本也。絶勝人間晞髮子"。向見有宋版《晞髮子集》。觀馮氏之詩，更可證明矣。二馮本跋語云，宋刻是麻沙本，葉氏郋園謂其説亦不足信，以所見宋時麻沙本未有如此之精妙者。書中如殷、玄、弦、絃、匡、筐、敬、驚、鏡、竟、慎、貞諸字缺筆，無一處漏略，可知其校勘之精，其他佳處已有諸家論載，二馮僅見一斑，宜其不知鑒別云云。可知此本雖明繙，然前人所謂宋刻，已無從尋訪，則嫡子爲大宗，比於叔敖之胤，優孟衣冠，爲尤可貴矣。沈氏《匏廬詩話》卷下云，竹垞謂《玉臺新咏》可勘《文選》之僞製，余謂今本《文選》誤字甚多，亦有賴是書以訂正者。如曹子建《七哀詩》云，"云是客子妻"，《玉臺》客子作宕子，古宕、蕩通用，宕子妻卽所謂蕩子婦也。陸士衡《前緩聲歌》云，"遊山聚靈族"，《玉臺》遊山作遊仙。

陸士龍《爲顧彦先贈婦詩》云，"佳麗良可美"，《玉臺》良可美作良可羨。劉休玄《擬行行重行行詩》，"遥遥行遠之"，《玉臺》行遠之作行遠岐。細閲詩意，皆當從《玉臺》爲是，乃《選》本傳寫之誤。惟顔延之《秋胡詩》云，"戒徒在昧旦"，《玉臺》戒徒作戒途。案：《選》注引《易歸藏》曰，君子戒車，小人戒徒爲是。蓋淺人不識戒徒之義，妄改爲途耳。據沈氏之言，可知讀《玉臺新咏》者，不可不求善本也。魏了翁《經外雜鈔》二卷中引古詩《凛凛歲云暮》一首，次句作"螻蛄多鳴悲"，與宋本《玉臺新咏》合，亦足證今《文選》刊本之誤。而近歲敦煌發見《玉臺新咏》殘卷，起張華《情詩》第五編，訖《王明君辭》，存五十一行，前後尚有殘字七行，諸詩皆在《玉臺新咏》卷二之末，近人嘗以今本與此比勘，異同甚多，亦可與此本互校，故録之。原文云，張華《情詩》第五首，"巢居覺風飆"，今本誤作風飄。《雜詩》"容與綠池阿"，今本綠誤作緣；"同好逝不存，迢迢久離折"，今本逝誤作遊，久誤作遠；"無然徒自隔"，今本然誤作愁。潘岳《内顧詩》，"忽然摍緒紛"，今本摍作振；"引領訴歸雲"，今本訴作訊；"不見陵間柏"，今本間作澗。《悼亡詩》"悵怳如或存，周惶忡驚惕"，今本悵怳譌帳幔，周皇作回皇；"比目中路隔"，今本隔作析；"長戚命自鄙"，今本作自令鄙。石崇《王明君辭》，今本題王昭君；"序故改也"，今本奪也字；"遂入凶奴城"，今本遂入作乃造；"殺身良不易"，今本作未易；"英華不足歡，甘與秋草并"，今本英華譌朝華，甘與作甘爲。均可是正今本，其兩本均可通者，亦以此本爲勝矣。其與今本尤異者，潘岳詩之前，此本先題潘岳詩四首下小字夾注，《内顧》二首、《悼亡》二首。其《内顧詩》前別出題目，《悼亡詩》前亦然。蓋此詩之例，

先題作者姓名及總篇數，下分注各篇篇題、篇數，每詩之前，
仍各冠以本篇題目。今本則但書潘岳《内顧詩》二首，而總篇
數及小注皆削去，經後人妄改舊例，賴此本存之。前清吳郡朱
存孝行先曾編輯《玉臺新詠》十卷，所選之詩，以唐人爲斷，
卷一爲初唐古詩，卷二盛唐古詩，卷三中唐古詩，卷四晚唐古
詩，卷五初唐律詩，卷六盛唐律詩，卷七中唐律詩，卷八晚堂
律詩，卷九初盛唐絶句，卷十中晚唐絶句，其意以爲卽續《玉
臺新咏》，而不以續集自居，卷端仍題曰《玉臺新詠》，未審如
何用意。書之夾縫處則著“朱選玉臺”等字。選擇不苟，寫刻
巾箱本亦工，唯罕傳本耳，偶附記之。

玉臺新詠　卷明吳興茅元禎重校本。

陳徐陵編。前有新安吳世忠撰序，略云，陵之是編，備采
宫商，好醜不掩，寧納下流，將貽大匠，故置之席上煥若奇珍，
奏之房中，聿興化國。方今五緯順軌，三事修文，乘運躍鱗，
優游金馬，奏御且千，踵風宗雅，將復古道，必先異書。而是
編殘簡甚訛，曾莫校讎。頃有方生敬明挾策遠游，購此閲市，
厥交梧埜鄭君受以鋟布，廣之四方。甫竣，而生已長逝，宵爲
異物，悲夫。鄭君又沿陵以下，益之陳隋，披卷寓目，海不捐
珠。昔《史記》緝於少孫，班《表》終於大家，前事未忘，君
復匹之。非徐氏之子雲，千載同聲而何哉！此序末有“吳郡徐
晉書”五字，半葉九行，行十八字。

文苑英華一千卷舊寫本，有校筆。

前題翰林院學士朝請大夫中書舍人廣平縣開國男食邑三百
户上柱國賜紫金魚袋宋白等奉敕纂。蓋宋太平興國七年，詔李

昉、扈蒙、徐鉉、宋白、賈黃中、吕蒙正、李至、李穆、楊徽之、李範、楊礪、吳淑、吕文仲、胡汀、戰貽慶、杜鎬、舒雅等，閲前代文集，撮其精要，以類分之，爲《文苑英華》，伯曠按：周文忠序此書首云，太宗皇帝丁時太平，以文化成天下。既得諸國圖籍，聚名士於朝，詔修三大書，曰《太平御覽》、曰《册府元龜》、曰《文苑英華》。洪文敏序《夷堅三志》癸亦云太平興國中，詔侍從館閣集成《册府元龜》《文苑英華》《御覽》《廣記》等四書。考《册府元龜》乃景德二年編類，至大中祥符六年成，皆真宗朝。二公之言殆誤也。續命蘇易簡、王祐、范杲、宋湜與宋白等共成之。至孝宗朝，周必大建議祕閣本御前校正，遂爲定本，刊於嘉泰改元春，至四年秋訖工。每卷後有登仕郎胡柯、鄉貢進士彭叔夏校正。卷末有“成忠郎新差充筠州臨江巡轄馬遞鋪王思恭點對兼督工”二條。迨明隆慶元年巡按福建御史胡維新檄福州知府胡帛、泉州知府萬慶校梓。有維新自序，及塗澤民序，并督刊承刊等官銜名。胡序略云，是書出於雍熙初，暨孝朝更命删校，反滋舛訛，至嘉泰再讐，乃稱全本。中所紀述，肇梁陳，迄唐季，數百年名家網羅盡之，麗宸奎而資睿覽，宋業之所以隆也。然藏之御府，非掌中祕書不獲見，今並逸之。儒林家傳有善本，又以卷帙繁瀚，繕非經年不可，故寒畯士觀且勿能，又何暇錄而傳也。丙寅歲按閩，白之督撫仕齋塗公，公嘉贊之，乃肇謀始役焉，不數閱月刻成。此明時校刊此書之始末也。維新，餘姚人，嘉靖己未進士，後官參政。澤民，漢州人，嘉靖甲辰進士，時爲巡撫福建都御史。今嘉泰本不可得見，此舊寫本，内有兩卷相連一葉，不另起頭者，皆宋刊之式，當是從舊本傳鈔，而加錄胡序者。自《文選》以後，此書實爲文章淵藪，閩本苦多譌闕，莫可是正。陳氏鱣述，曹野臣嘗言王户部芥菴有宋刻殘本七十册，購得之廟市者，借觀彌月，書中載王右丞詩多與今行槧本小異。如“松下清齋折露葵”，作行齋；

"種松皆作老龍鱗"，作皆老作龍鱗，並以《英華》爲佳。《送
梓州李使君》云，"山中一夜雨，樹杪百重泉"，作山中一半雨。
言其深山晦冥，晴雨相半，故曰一半雨。而續之以夔女巴人之
聯也。崔顥詩，"寄語西河使，知余報國心"，《英華》云余知
報國心，如俗本則顥此句爲求知矣，此類甚多。《送李使君詩》
起聯"千山響杜鵑"，《英華》作鄉音聽杜鵑，蓋蜀中多鵑啼，
故云爾。俗本鄉音二字并作響字，妄添千山二字，不但與下山
中複，且數目太多矣。見《簡莊隨筆》。惜不得取此叢殘而讀之
也。此本全部均有朱墨筆校過。

文苑英華一千卷_{依胡刻烏絲欄寫本。}

前有塗氏序，略云，侍御雲屏胡君按部閩事，不浹月迺雅
意文教，購《文苑英華》繕本，檄福泉胡守帛、萬守慶庵梓之。
蓋侍御童時大中公樂山先生曾摘録口授，今猶能誦説疊疊，慈
谿顏冲宇氏，君所稱同志友者，亦嘗謀與共鋟未果，侍御茲役，
蓋以廣家學，賁閩文，而成同聲之志也。侍御既已善畫其端，
而又池王君以代按至，實典廢其程，故能事集而衆若罔聞云。
工詔竣，僉謂業當有言以弁，是編析類紀文，次名掇韻，博極
羣書，信之乎其爲獵英綴華之書也。若乃是書纂修之緣，以迨
勘訂真贋，則宋臣益國周公及今侍御胡君記序已詳，茲不具論。
隆慶元年賜進士中議大夫贊治尹奉勅巡撫福建地方兼督軍務都
察院右僉都御史蜀漢塗澤民撰。次有隆慶元年賜進士第奉命巡
按福建承事郎江西道監察御史姚江胡維新敍，序後附録《纂修
文苑英華事始》，一引《三朝國史藝文志注》云，太宗太平興國
七年九月，詔翰林學士承旨李昉等閲前代文集，撮其精要，以
類分之，爲《文苑英華》。近印程俱《麟臺故事》，全録此段，

誤以興國七年爲淳化七年。次引《國朝會要》云，雍熙三年十二月書成，帝覽之稱善，降詔褒諭，以書付史館，賜器幣各有差。次引《崇文總目》云，《文苑英華》宋白等奉詔撰，采前世諸儒雜著之文。次引李燾《續通鑑長編》云，太宗以諸家文集，其數實繁，雖各擅所長，亦蓁蕪相間。乃命翰林學士宋白等，精加銓擇，以類編次，雍熙三年十二月壬寅上之，詔書褒答。熊克《九朝通略》，并川本小類書所載，並取諸此。次引陳騤等《中興館閣書目》云，太平興國七年，命翰林學士承旨李昉等共成之。雍熙三年，帝覽之稱善，詔付史館。鄧名世《姓氏辨證》，元有戰姓，後漢初戰競爲諫大夫。今修書官戰貽慶，殆其後歟？國史并《會要》並作戰，惟淳熙館閣官，以稀姓爲疑，偶失稽考，既修《中興館閣書目》，乃改爲戴貽慶，誤矣。今有忠訓郎戰迪，兩任汀州差遣，見居於汀云云。宋有刻本，明隆慶間，復墨於板。此則從之寫錄者也，全部精整，且有校筆。

樂府詩集一百卷 元刊本，甘荼老人舊藏。

宋郭茂倩撰。茂倩，渾州須城人。清《四庫提要》推此書爲樂府中第一，足爲定論。前有元李孝先、周慧孫序，此書名本爲《樂府詩》，非《樂府詩集》，《樂府詩集》乃別一書。孝先序云，太原郭茂倩所輯《樂府詩》百卷，上采堯舜歌謠，下迄於唐而止，次起漢郊祀，茂倩欲因爲四詩之續耳。郊祀若頌，鐃歌鼓吹若雅，琴曲雜詩若國風，以其起漢，故題云《樂府詩》。此原名《樂府詩》之證也。本書卷八十三《紫玉歌》下引《樂府詩集》曰，紫玉吳王夫差女也，作歌詩以與韓重。同卷《吳楚歌》下亦引《樂府詩集》曰，《傅玄辭》一曰《燕美

人歌》。此《樂府詩》《樂府詩集》爲別一書之證也。茂倩已引
及《樂府詩集》，則以其亡已久，不能考知其撰者及年代，而爲
茂倩所據以論輯樂府之書，則毫無疑義。茂倩既知古有《樂府
詩集》，則己書不應用舊名。以此二事，可證《樂府詩集》乃別
一書，又足證知郭氏書不名《樂府詩集》，其誤名之始，蓋在元
末。至正初元周慧孫序曰，太原郭茂倩編類古今歌曲，上際唐
虞，下迨叔季，目之曰《樂府詩集》。自是而後，毛晉刻本遂以
《樂府詩集》題名，梅鼎祚《古樂苑》亦以《樂集》稱郭書，
下迨有清《四庫提要》沿譌不改，今之治樂府者遂不知《樂府
詩》與《樂府詩集》爲二書矣。此近人羅氏之說，可徵其讀書
得間者也。沈氏曾植藏此書元本，其跋語云，《樂府詩集》宋刻
本，獨見於毛子晉所藏元本校語中，謂以宋校元，促付手民者
也。其本今在常熟瞿氏，而諸家著錄不復見，雖殘本亦無所聞。
意宋世雖有刻本，當時固不盛行，故流傳尠耶。而元刻初印，
亦自難得。明自嘉隆七子以後，此書盛行，補板重疊，舊板斷
脫，南廱後印者，幾不可復讀。觀愛日精廬所錄周慧孫序，闕
字至二十餘，汲古閣並無此序，知所據亦非完本矣。此本周序，
愛日闕字均存，補板無多，而舊本字畫猶清朗，書習趙體，筆
意宛存。檢《南廱志》，《樂府詩集》板脫者二十四面，存者一
千三百一十六面，今除抄配二十二卷外，餘七十八卷，嘉靖三
十七年補刊，僅十七葉，則此爲梅鷟檢點後最初印本矣。余以
九十元購此。宣統戊午余年六十有九，內子李夫人年七十。兒
子輩欲於二月二十九日余生辰稱觴爲慶，苦禁不可，適書估以
此書來，乃笑曰，曷以此壽乃翁，百卷之書，百齡兆也。內子
及兒女輩歡喜應之。又上元鄧氏《書目》稱，江安傅氏借得陸
勑先手校《樂府詩集》，以元刻本過校，校畢旋得闍文介家所藏

宋本，不覺多此一校云，然則宋刻流傳有二本矣。文介名敬銘，號丹初，清末葉時官户部，綜核名實，至有時稱。曾懷油煎餅以從公者也。伯驤此本，比沈老之值爲昂，然板之漫滅處亦不多見，蓋至正間刻本。半葉十一行，行二十字，黑綫口，單邊，上有字數。板在南監，中葉尚印行，脱落缺壞，不可勝計。此猶早印，或可與沈本比美也。卷首有甘茶老人章，當爲清乾隆間蔣太史士銓家遺物。甘茶，蓋其母鍾氏之號也，壼德素著，兼工文章。贈公非磷先生常出游，太史生四齡，鍾氏授四子書及唐詩。著有《柴巾倦游集》，汪啓淑《擷芳集》曾采之。誰謂茶苦，其甘如薺，詩人之言也。蔣母蓋取誼於兹歟。

樂府詩集一百卷<small>明汲古閣刻本，用公牘故紙印。</small>

此書收藏家皆尚元刻，今所流傳之元本，大抵皆明南監補版，闕字脱葉，多不可數，不如汲古閣本之精善。中吳許氏藏陸敕先校宋本，跋言毛氏依絳雲樓本重雕，又借郡中欽遠遊宋本比校，遠勝元本，惜乎世無有知之者云云。陸氏此言，洵具特識。首有至元六年李孝先序，有闕字，元本亦然。惟毛本闕至元中周慧孫序，海上曾以毛刻影印，特補鈔附入，目中題語可考也。此本用前明公牘背印，板新墨妙，當是初次雕成所印。《疑耀》言顏文忠每於公牒作文稿，黃長睿得《雞林小紙》一卷，已爲人書鄭、衛國風，復反其背，以索靖體書章草《急就》二千一百五十字，余嘗疑之。自有側理以來，未聞有背面皆書者，顏乃惜紙，黃或好奇耳。余幸獲校祕閣書籍，每見宋板書多以官府文牒翻其背以印行者，如《治平類編》一部，四十卷，皆元符二年及崇寧四年公私文牒牋啓之故紙也。其紙極堅厚，背面光澤如一，故可兩用，若今之紙，不能爾也。又黃蕘圃藏宋刊本《北山小集》四十卷，皆用故紙印刷，驗其紙背，皆乾道六年官司簿帳，其印記文可辨者，曰湖州司理院新朱記、曰湖州戶部贍軍酒庫記、曰湖州監在城酒務朱記、曰湖州司獄朱記、曰烏程縣印、曰歸安縣印、曰監湖州都商稅朱記，意此集板刻於吳興官廨也。錢竹汀跋稱，古人文移案牘，所用紙皆精好，事後當可它用。蘇子美監進奏院，以鬻故紙公讌祀神宴客得罪，可見宋世故紙，未嘗輕棄。今官文書紙率軟薄不耐久，數年之後，黴爛蠹蝕，不復可用。黃氏又藏《五行類事占》，以明時冊籍紙背爲之。毛氏所藏宋本《花間集》十卷，爲宋淳熙丁未鄂州使庫所刻，其紙則皆鄂州使庫公文冊。此書後歸楊氏海源閣，今不知流轉何所矣。陳仲魚所藏《周易集解》，係用明時戶口冊籍，上有"嘉靖五年"等字。近日江安傅氏藏《忠文王紀事實錄》四卷，爲咸淳七年刊本，用洪武官冊紙印，蓋清乾隆乙酉賜禮部尚書紀昀者。伯驤此書，當可同資冊府之清談矣。焦氏《說楛》卷七云，《淳化閣帖》是泉州舊揭，家君令工重背，拆下背紙，乃宋初人公移體式，與今絶異。更有陶詩，背亦宋人公移，此舊公牘紙又一作用也。

古樂府十卷元至正刊本。

前題豫章方克明編次。克明仕履無考，自序題云至正丙戌，則在順帝時也。前有□序，書分八類，曰古歌謠、曰鼓吹曲、曰橫吹曲、曰相和、曰清商曲、曰舞曲、曰琴曲、曰雜曲，每類各有小引。《讀書敏求記》云，《焦仲卿妻詩》"新婦初來時，小姑如我長"，蘭雪堂活字本《玉臺集》"初來時"下添"小姑始扶牀，今日被驅逐"二句，初觀不覺其謬，再四尋繹，始知妄庸子以顧逈翁《棄婦詩》誤爲添補。逈翁詩云，"及至見君

婦，君婦妾已老。則扶牀之小姑，何怪其長如我"，此事前云
"共事二三年，始爾未爲久"，安得三年未周，小姑長成遽如許
云云。此本刻於至正年間，原詩之舊，未有更改，至可貴也。
清四庫館未見元刻，僅據明末之本著錄，稱郭茂倩樂府刊板時，
僅在克明成書前六年。克明未必見郭書，而其題下夾注，多摭
《樂府詩集》之文，《紫玉歌》條下，並明標"樂府詩集"字。
又《臨高樓》條下，引劉履風《雅翼》之説，尚與克明相去不
遠。至《紫騮馬》條下，引馮惟納《詩記》之説。則嘉靖中
書，元人何自視之，其由明人重刻，臆爲竄入明矣。又馮舒校
《玉臺新咏》，於《焦仲卿妻詩》"守節情不移"句，下注曰，
案活本此句下有"賤妾留空房，相見常日稀"二句，檢郭、左
二《樂府》並無之。今考嘉靖本已有此二句，知正文亦爲重刻
所改，不止私增其解題。可知《提要》所見本，當是萬曆以後
之本。

疊山先生批點文章軌範七卷<small>元刊本。</small>

宋謝枋得撰。首有《目錄》《讀李翱文》，後有識語云，此
篇除點抹係先生親筆外，全篇却無一字批注。《岳陽樓記》後
云，此一篇先生親筆，祇有圈點而無批注。如《前出師表》則
併圈點亦無之，不敢妄以己意增益，姑仍其舊。淵濟謹識。《歸
去來辭》後云，右此集惟《送孟東野序》《前赤壁賦》，係先生
親筆批點。其他篇僅有圈點而無批注，若夫《歸去來辭》，則與
種字集《出師表》一同，併圈點亦無之。蓋漢丞相、晉處士之
大義清節，乃先生之所深致意者也，今不敢妄自增益，姑闕之，
以俟來者。門人王淵濟謹識。此諸條通行坊本所無。卷首題廣
信疊山先生謝枋得君直編次。每半葉十行，行二十二字。第六

卷《柳子厚墓誌》《書箕子廟碑陰首》，又有淵濟記云，此篇係
節文，今一依元本刊行如左。此數字係白文，此尚是舊本。坊
間諸刻，率多後人羼改，不甚可據矣。

文翰類選大成百六十三卷 明刊本，烏程沈氏垚舊藏。

明李伯璵、馮厚同編。伯璵，上海人，官淮府長史。厚，
慈谿人，官淮府紀善。凡賦六卷，樂章二卷，樂府五卷，琴操
四卷，詩六十八卷，歌五卷，行四卷，辭三卷，引一卷，曲二
卷，吟一卷，騷二卷，雜體二卷，頌、銘、箴、贊文各一卷，
記四卷，序三卷，書四卷，論三卷，諫、奏各一卷，疏二卷，
封事、狀議、解説、辨原、詔赦、制誥、敕檄、謚各一卷，表
二卷，牋、啓、策、對問、連珠、露布、敍、事略各一卷，碑
碣二卷，行狀、墓誌、墓表、哀挽、弔祭、誄詞、調、題跋各
一卷，雜著二卷。前人謂明初集部之書，若存若没，端賴是編
存什一於千百，若以無當大雅譏之，轉失抱殘守缺之義矣。有
成化八年壬辰西江頤仙序，九年馮厚後跋，弘治辛酉林祥後跋
並李伯璵後跋。林跋在書成鋟木之後，上距壬辰三十年矣。李
伯璵跋無年月者，則以與頤仙序同時，故是書自嘉靖中周弘祖
《古今書刻》、朱睦㮮《萬卷堂書目》外，罕見著録，蓋流傳日
希，頗不易得。周《目》稱江西淮府《文苑類選》，苑是翰字
之譌，朱《目》伯璵誤作伯珹、伯璵二人。以淮王命輯是書。
《明史·諸王傳》仁宗第七子瞻墺封淮王，國江西饒州。正統十
一年子康王祈銓嗣，卽頤仙也。又嘉靖丙午淮藩坦仙序，傳載
嘉靖十六年憲王厚燾嗣。丙午爲嘉靖二十五年，坦仙卽厚燾，
蓋校刊是書者。卷前有沈垚章。《兩浙輶軒續録》云，沈垚字子
敦，烏程人，道光甲午優貢。潘氏《緝雅堂詩話》云，道、咸

年間，如徐氏松、魏氏源、龔氏自珍、張氏穆、何氏秋濤、沈氏垚，皆能講西北輿地之學。沈氏著有《元史西北地蠡測》二卷、《地道記》十卷、《西游記金山以東釋》一卷、《新疆私議》一卷、附《葱嶺南北河考漳北滾南諸水考》一卷、《西域小記》一卷、《落帆樓集》若干卷。

文章辨體五十卷外集五卷明天順間刊本。

明海虞吳訥編集。《凡例》略云，文辭以體制爲法，古文類集今行世者，惟《昭明文選》、姚鉉《唐文粹》、東萊《宋文鑑》，西山前、後《文章正宗》、蘇伯彦《元文類》爲備。然《文粹》《文鑑》《文類》，惟載一代之作，《文選》編次無序，獨《文章正宗》義例精密。今所編文，每體自爲一類，各以時世爲序。卷首有《諸儒總論作文法》一卷、《外集》五卷，皆駢偶之詞。前有天順八年吏部右侍郎兼翰林學士安成彭時序。

文編六十四卷明刊本。

明唐順之撰。前題武進唐順之、應德甫選，後學長洲陳元素訂。前有嘉靖丙辰自序，略云，歐陽子述揚子雲之言曰，斷木爲棋，梡草爲鞠，莫不有法，而況於書乎？然則又況於文乎？是編者文之工匠而法之至也。聖人以神明而達之於文，文士研精於文，以窺神明之奧，所謂法者神明之變化也。次有重訂唐荆川先生文編題詞云，盛矣乎，唐中丞之於書也，無不網弋矣、搜剔矣、鉤纂矣，芟之留之，離之合之，而諸編出。《左編》千古炯然之迹也，《右編》千古畫然之論。《稗編》名稗，實千古之美種，可以蒸爲佳飯者也。《詩編》千古之性情也，《儒編》未出。今吾所訂者《文編》，《文編》千古之布帛菽粟，亦千古之膏粱文繡也，又

奚以訂？訂之者或體已備，損其複，或人不稱，簡其精。至於標
其指歸，旌其機法，揣先生意之所到而筆補之，不敢附明允於子
輿，倘庶乎宏甫於子瞻耳。李愚公曰，宏甫之有藏書，以《左
編》爲之稿也，應德之有《文編》，以正宗爲之稿也。修飾易，
草創難，《左編》之局面，似不可廢。藏書之手眼，正宗之裁割，
寧能敵玆編之大觀。青出於藍，冰生於水，其然其然。天啓元年
後學吳郡陳元素書。半葉十行，行二十一字。

文粹一百卷_{舊刊本。}

宋姚鉉撰。并自序後有寶元二年施昌言序，書名無唐字。
其賦、頌等總幾首，即在首行書名下。次行撰人姓名，次二行
聖德與《含元殿賦》等并列，不分兩行。每半葉十五行，行二
十五字。八十二卷後題《唐賢文粹》，八十三、八十四、八十
五、八十六、九十九、一百諸卷皆同。而八十七、九十三、九
十四、九十五四卷，則前後題並有之。八十九、九十二兩卷則
獨前題有之。九十卷則前題《唐文粹》，後題唐賢，又與諸卷不
同。鉉字寶臣，盧州人。太平興國中進士，官至兩江轉運使。
《宋史》有傳。《郡齋讀書志》謂其文辭敏麗，藏書至多，頗有
異本。緗素之富如此，宜其所著，足以信今而傳後矣。王得臣
《麈史》稱鉉謫居連州，嘗寫所著《文粹》，好事者於縣樓貯
之，官屬多遣吏寫録。吏以爲苦，以鹽水噀之，冀其速壞，後
以火焚其樓。王氏之説，《文獻通考》亦述之，當非無根，又可
見當日思讀寶臣書者之衆矣。此書宋刊本，唯前清天禄琳瑯有
數部，黃蕘圃藏南宋臨安府舊槧，餘如結一廬朱氏、海源閣楊
氏、皕宋樓陸氏，亦無宋元刻本。杭州丁氏八千卷樓，則藏元
刻，但鈔配不少，今在盍山。而張氏適園亦元刻而配明本者。

最近唯烏程蔣氏、長沙葉氏，所藏爲元槧，《郎園讀書志》所云希見者，卽無異此本行款者也。邑里瞿氏藏元本，所列行款與此本悉同。據瞿《目》稱，吳中孫古雲家藏宋刻殘本，與其所藏行款相若，惟宋本後有"臨安府今重行開雕《唐文粹》壹部，計貳拾策已委官校正訖。紹興九年正月日"一條，又列校刻銜名十一行，監雕者爲右文林郎臨安府觀察推官林嵩、左承直郎寧海軍節度推官周公才、右承直郎臨安府觀察判官蘇彦忠也。重校者爲左從事郎浙西安撫司准備差遣劉嵘、左從事郎臨安府學教授陳之淵、右承奉郎特添差簽書寧海軍節度判官廳公事王遜、左承事郎添差臨安府府學教授周孚先也。主刻者爲右朝散大夫簽書事寧海軍節度判官廳公事梁宏祖、左宣義郎通判臨安軍府事朱敦儒、右朝散大夫通判臨安軍事王榕、右朝議大夫充徽猷閣待制知臨安事軍府事兩浙西路按撫使馬步軍都總管張澄若也。康熙中臨川李穆堂藏有宋本，舊爲趙文敏、邵文莊、季滄葦藏書，印記纍纍，乃宋仁宗十七年刻，有施昌言後序，爲此書初刻本。近聞鄱陽胡氏得一本，祕不示人，不知又何本，此皆瞿氏考論此書之言也。昌言後序，此本有之。瞿氏謂李穆堂藏宋刻，乃有此序，則鐵琴銅劍樓所藏元刊本，當無此序矣。近日鄧氏《羣碧樓書録》謂其所藏十五行、二十五字之本爲宋刻，引諸家著録，謂有題《唐賢文粹》者俱是宋本，並謂明刻中往往見宋刻，爲坊賈所不知。由瞿氏之説，則此本當是元刻，而多施氏後序，則又似李穆堂之宋刻。由鄧氏之説，則此本與其所藏正同，而鄧氏以爲天水舊槧，非並几細觀，未由評定。然其古香醃蒀，字畫方勁，墨氣、紙質至爲樸雅，蘭桂異質而同芳，韶武殊音而並美，《晉書·張褘傳》語。爲宋、爲元，任欣賞者之校論可也。昌言，靜海人，官殿中侍御史。《天禄琳瑯書

目》曾據明淩迪知《萬姓統譜》而著之。伯驥考宋周琮《乾道
臨安志》卷三，昌言字正臣，静海上多"通州"二字，歷官亦
較詳，似宜引此，編纂諸臣，未見周《志》故耳。京估以此本
來售，爰割重直收之，與孫淵如舊藏之元槧《松雪齋集》同日
買得，可謂書福不淺矣。伯驥既藏前本，曾爲跋語如上，某日
書友，又以此種印本相視，板式、紙墨略同，而字則已多漫滅，
蓋後印矣。書中夾吳氏題字箋，爲照録之，以資考證。吳云，
《唐文粹》宋刊本有二，一爲寶元二年孟琪原刻，一爲紹興九年
臨安府重刻。紹興本末有"臨安府今重行開雕《唐文粹》壹部，
計貳拾策，已委官校正訖。紹興九年二月日。"凡三行，並有林
崇等銜名七行。此即錢牧齋、徐健庵、季滄葦遞藏之本，後歸
百宋一廛。黄蕘圃所云何義門小山兄弟，皆用此以校明本者也。
寶元本，《天禄琳瑯》宋本集部有之，云有施昌言後序，闕鉉自
序，亦無目録。《續目》又有宋本二，其一有鉉自序，惟行數、
字數皆未詳載。日本森立之《經籍訪古志》載賜蘆文庫有宋槧
本《唐賢文粹》一百卷，每本首題吳興姚鉉篆，每半板十五行，
行二十五字，界長六寸四分、幅五寸七分，左右雙邊，板心有
刻手名氏。此係市野産光舊藏，有手跋云，審其板式，字方而
平，不如元本每字欹歪帶行體也，定爲宋刻之麄率者。常熟瞿
子雍《鐵琴銅劍樓書目》有元刊本云，此書明刊本已改行款，
是本猶仍宋刻之舊，書名無"唐"字，其賦、頌等總幾首，即
在首行書名下，次行撰人姓名，次二行《聖德》與《含元殿
賦》等並列，不分兩行。每半葉十五行，行二十五字云云。頃
姚子梁先生於廠肆得《文粹》一帙，出以見視，行款字數，悉
與《訪古志》、瞿氏《書目》同，卷首有自序而無《目録》，亦
與《天禄琳瑯》相合，當是宋本。末有寶元二年嘉平月殿中侍

御史施昌言後序，殿中提行擡寫，亦足見宋刻之真。每卷首題《文粹》卷幾，卷末亦同，惟九十、一百兩卷末獨題《唐賢文粹》，始此書本名《文粹》，見《文獻通考》。後乃改題《唐賢文粹》，及至刊時復刪去之，而刪之未盡，故此兩卷猶有"唐賢"二字，臨安足本流轉東瀛，幸賴森氏著録，得考其稱名之異。此亦目録家所不可不知者也，惟張月霄《愛日精廬藏書志》有宋刊殘本三十四卷，云前有《目録》分上下兩卷，《目録》後有題識云，彭城劉空二字。謹白，是書分卷篇數，俱與百卷本不同，詩文則有少無多，每葉二十六行，行二十五字。月霄所得，既係殘本，又與百卷本不同，且多《目録》兩卷，遂據《郡齋讀書志》初爲五十卷一語，疑爲五十卷之殘本，然事無左證。此本今又不知流傳何氏，要未可據爲定論。又明嘉靖丁酉徐焞重刻宋本，據《訪古志》每半板十四行，二十五字，則寶元、紹興之外，又有十三行、十四行兩宋本矣。《天禄琳瑯續目》有明翻宋本一，不言所據之本。元和顧澗薲嘗校勘《文粹》，與英山金近園同撰《辨證》，鈔校罕覯唐集。見秦敦夫《吕衡州集序》。澗薲自作《文粹跋》，謂胡果泉中丞嘗得宋刻全部，欲重刊而未果。澗薲校勘詳審，其精神當不泯没，或尚在人間，以俟他日徐訪之耳。光緒丙申九月。吳士鑑跋宣南寓廬之倨句室。

唐文粹一百卷　明嘉靖間徐氏刻本。

宋姚鉉撰。首有汪偉序，略云，《春秋》記事也，《書》之謨訓，《詩》之風雅，文也，而事寓焉，相爲經緯表裏者也。後世諸史，固《春秋》之法，若《漢文選》《唐文粹》諸集，則《詩》《書》之流云耳。豈徒以其文，一代理亂之故，民風國俗之殊，禮樂、度數、文物之賾，蓋有史所不能備者，是烏可少哉！宋姚寶臣所集《文粹》百卷，實本《文苑英華》，十摘其一，當時服其精確，惜其所去取猶不盡出於吾所云者，亦唯其文而已，然李唐三四百載之文獻在是矣。舊時刻本，傳流漸少，其存者亦多訛缺，讀者病之。予得清谿倪公家藏本，公記云脱落者四之一，篁墩程編修爲予補之，蓋書於成化癸巳歲，予復手自校讐，差完善可讀，每自珍惜。甲申仲冬，以吏部侍郎致政歸，遇姑蘇太守胡侯世甫，出示新本，寫善鏤精。予驚喜，曰，此太學生徐焴家刻也。徐生嗜古博藏，其刻是集，躬自監視，一字一畫弗稱必更之，同時又有刻《文選》者，皆甫畢工。吴下雅尚文事，胡守循吏而能文章，故人争趨之。序末題嘉靖甲申弋陽汪偉器之。後有胡纘宗序，略云，是集古有刻本，近亦彫闕，婁江國子徐生焴有慨於是，購得古本，翻而鋟之梓，梓成殊類古刻。焴亦諸士子中之好古者，重以御史中丞毛公之命，是故述而序之。序後有“姑蘇後學尤桂、朱整同校正”二行。半葉十四行，行二十五字。

萬首唐人絶句一百一卷寫本。

宋洪邁編。是書《直齋書録解題》著録一百卷，凡七言七十五卷，五言、六言二十五卷，此本析六言另爲一卷，故作一百一卷，與汪綱跋、焦氏《經籍志》合，可知其出固甚古矣。卷前有洪氏自序，略云，淳熙庚子秋，邁解建安郡印，歸時年五十八矣。身入老境，眼意倦罷，不復觀書，惟時時教穉兒誦唐人絶句，則取諸家遺集，一切整彙，凡五七言五千四百篇，手書爲六秩，起家守婺，賫以自隨。踰年再還朝，侍壽皇帝清燕，偶及宫中書扇事。聖語云，比使人集録唐詩數百首，邁因以昔所編具奏，天旨驚其多，且命以元本進入，蒙置諸復古殿書院。又四年來守會稽，間公事餘分，又討理向所未盡者，唐去今四百歲，考《藝文志》所載以集著錄者幾五百家，今僅及半而或失真。如王涯在翰林，同學士令狐楚、張仲素所賦宮詞諸章，乃誤入於《王維集》。金華所刊杜牧之《續別集》，皆許渾詩也。李益《返照入閭巷愁來與誰語》一篇又以爲耿湋，崔魯《白首成何事無歡可替愁》一篇又以爲張蠙，以薛能《邵平瓜地入吾廬》一篇爲曹鄴。以狄歸昌《馬嵬城下柳依依》一篇爲羅隱，如是者不可勝計。今之所編，固亦不能自免，然不暇正，又取郭茂倩《樂府》與稗官小說所載僊鬼諸詩，撮其可讀者，合爲百卷，刻板蓬萊閣下，而識其本末於首。紹熙元年煥章閣學士宣奉大夫知紹興軍事府兩浙東路安撫使魏郡公洪邁序。又云，越府所刻七言至二十六卷，五言至二十卷，而奉祠歸鄱陽，惟書不可以不成，乃雇婪匠續之於容齋，旬月而畢。二年十一月戊辰邁題。次重華宮投進箚子，次重華宮宣賜白箚子，次謝表，次別奏箚子，次謝南內奏狀。次吳、汪二氏題記云，右《唐人絕句》，乃內相洪公手自采擇，曁守會稽，嘗以此刊之郡齋。後三十年，格獲繼往蹱，暇日取是書伏而玩之，則歲月曁久，固已漫謬蠹闕多矣。因命工修補，以永其傳。嘉定辛亥新安吳格謹識。汪氏曰，《唐人絕句》詩凡一百一卷，半刻會稽，半刻鄱陽。嘉定癸未，新安汪綱守越，遂揭鄱陽本併刻之，使合而爲一，既畢工，姑識其末。是歲二月既望，書於鎮越堂。蓋汪綱跋也。次嘉靖辛丑陳敬學重刊跋。此蓋從嘉靖本傳錄也。伯驥按：《四朝聞見錄》云，孝宗從容清燕，洪公邁侍。上語以宮中無事，則編唐人絕句而自娛，今已得六百餘首。公對曰，以臣記憶，恐不止此。上問以有幾，公以五千首對。上大驚曰，若是多耶，煩卿爲朕編集。洪歸搜閱，凡踰年僅得十之一二。

至於稗官小説、神仙怪鬼、一作詭。婦人女子之詩，皆括而湊之，
迺以進御。上固知不迨所對數，然頗嘉其敏贍，亦轉秩賜金帛。
今此刻之箚子謝表，猶記賞賜之數也。又按查氏《人海記》云，
養心殿送到《萬首唐人絶句》一部，真南宋本，前有洪容齋序。
紹興元年刻於越州蓬萊閣，初止四十卷，既而容齋歸鄱陽，續
刻成書，遂滿萬首之數。每百卷計詩百首，共一百零一卷。紹
熙三年奏進重華宮，壽皇稱其精博，賜茶一百胯，精馥香十貼，
董香二十貼，金器一百兩。容齋復上表謝恩。前後箚子奏狀，
俱載卷首。至嘉定癸未，汪綱守越，遂揭鄱本並刻之，今此本
卽嘉定中合刻者。但檢對目錄，現存僅七十五卷，缺二十六卷，
爲可惜耳，知此書宋刻已不多見也。

萬首唐人絶句四十卷 明刻本。

前有萬曆丁未申時行校刻序，略云，詩以絶句名，末也。
而自唐始，蓋樂府之遺，而律之變也。樂府叶於管弦，嚴於聲
病，而絶句不必然也，是自爲一體者也。然而名絶句者何？或
曰是裁律之半而成者，或曰裁律首尾而取其中，又曰古稱黄絹
幼婦，謂妙絶也，然而非本旨也。余竊意之，凡樂有卒章，賦
有亂歌，曲有尾聲，而絶句似之，如曰詩之終篇云耳。才情有
縱而必收，格調有抗而必墜，當其意之所極，詞之所窮，則爲
之挈其綱要，撮其指歸，束之以短章，收之以急節。故絶句者，
斷章而取節者也。余友趙君凡夫偕黄君伯傳，參互考訂，闕者
補之、譌者正之，其數增於前，其精核倍於昔，因付剖劂，屬
余序之。次有黄習遠伯傳校刻引，略謂宋洪魏公撰集絶五千四
百篇，進重華宮中，以供宸翰揮灑。孝廟賞公博洽，公遂乞以
名其堂，於是更搜諸集，旁及傳記，期在盈數。而收載重複，

一人三四見者有之。原板一百一卷，半刻於會稽，半刻於鄱陽。嘉定辛未，越守汪公綱合而修補，迨嘉靖庚子陳子丞重校而梓之，然無有正其譌者。萬曆甲辰春仲，予過寒山小宛堂，凡夫先生以兹集授予校讐，乃共芟去其謬且複者，共二百一十九首，補入四唐名公共一百一人、遺詩共六百五十九首，總得一萬四百七十七首，釐爲四十卷。次有《唐絶發凡》五葉，其末云，此書雖與伯傳共事，各有專司，如刊定則凡夫，竄補則伯傳。凡夫不得伯傳，無能入其妙；伯傳不得凡夫，寧能令其全。非相爲臣妾也，其遞爲君臣乎。次紹熙間洪邁原序，次重華宮投進箚子，次謝表。次《唐風四始考》，初唐自高祖武德至玄宗先天凡九十五年，盛唐自玄宗開元至代宗永泰凡五十三年，中唐自代宗大曆至文宗太和凡七十年，晚唐自文宗開成至哀宗末年凡七十一年。末有“萬曆丙午秋九月，寒山小宛堂編次”篆文木刻大字二行。次總目，以元、亨、利、貞、春、水、滿、四、澤、夏、雲、多、奇、峯、秋、月、揚、明、暉、冬、嶺、秀、孤、松分二十四册。元亨利貞四册，則爲序文、目録。其餘二十册則詩也。半葉十行，行十八字。

唐分門别類歌詩殘本十一卷 傳録宋刊本，丁誠叔舊藏。

　　宋趙孟奎撰。孟奎字文耀，宋太祖十一世孫。寶祐丙辰文信國榜進士，官至祕閣修撰。原書凡一百卷，其自序云，計一千三百五十三家，四萬七百九十一首，後經散佚，僅存殘本，得天地、山川類五卷，草木蟲魚類六卷。清嘉慶間阮氏依絳雲樓舊藏過録，曾以進呈。阮氏謂缺佚雖多，然全書體例，由此可推。且唐人隱僻姓氏，如書中毛炅跋所記文丙詳火諸人，未嘗不藉是以傳。其後吳氏《愚谷文存》亦有記述此書，其文云，南宋秘閣修撰趙孟奎文耀《唐分門纂類歌詩》十册，昨歳見之吳門舊肆，乃宋槧本，楮墨精好。後有毛斧季手跋，及王石谷、唐孔明報書，蓋汲古閣中舊藏也。及讀斧季之跋，歷敘得書源流，至欲求全本，令其戚嚴拱侯宿逆旅，爲失金者所累，伏公庭，手探沸油，幾於性命不保，不禁爲之詫歎。古來求書者多矣，未聞有此奇阨。他日與鮑君以文言之，以文負書癖不減斧季，即往吳中物色之，已不可得。未幾獲此舊鈔本，凡六册，首尾間有闕翻，約可一十二卷，蓋江都馬氏瓏山館所散出者，欣然以示予。予觀其跋，雖非斧季手書，并少石谷、孔明二簡，然鈔手端整，猶不失爲中郎之虎賁。因思孟奎當日纂輯此書，卷盈百數，詩四萬有奇，作者至一千三百餘家。自序言上自聖製，下及俚歌、郊廟、軍旅、宴饗、道塗、感事、送行、傷時、弔古、慶賀、哀挽、遷謫、隱淪、宮怨、閨情、閒居、邊思、風月、雨雪、草木、禽魚，蒐蘿包括，靡所不備。俾覽者如入建章而睹千門萬户之富，動心駭目，迷不知其所，網羅可謂廣且備矣。然自來收藏家舉未見著録，建明崑山葉文莊公從雷侍郎景陽鈔得殘本二十餘卷，爲之題跋，著於《涇東稿》，而人始知有是書。後來琴川錢氏、毛氏，雖皆有之，然全本卒不可得，豈書之顯晦亦誠有定數，而予也生後百餘年，無意之中兩得寓目，嘗鼎一臠，固不可謂非厚幸云。於此可知是書之概略矣。末有“誠叔”二字朱文章。丁健字誠叔，錢塘人，龍泓先生敬子。以詩古文世其家，諸老宿許爲大器，惜不永年。其先世本居金華之塔山下稽靈堂，遷於杭已六世，健歌詠其風土，亦一勝緣也。龍泓先生古心古貌，而學古者也。與梁文莊昆季，暨勾山、菫浦、椒園、樊榭諸前輩，爲論文講學之友。著述甚富，書籍亦講求古本，多人所未見者，惜燬於火，十不能存其一。

見《金華詩録別集》卷六。此當是其藏本。

箋注唐賢絶句三體詩法二十卷明繙元版本，長沙葉氏舊藏。

　　此本爲長沙葉氏舊藏，葉氏有跋云，此余傳録何小山、袁漱六兩先生評校《唐賢三體詩》二十卷，何以宋本校，袁以磧砂本校原本，皆用朱筆。以二人字蹟不同，易於辨別，今出余一手，故何校仍用朱筆，袁校改用藍筆，兩人圈點好尚不同，皆足見其詩力之深、校勘之細。往時科舉取士，隨時隨地皆有此澤古之人，今則無此用功者矣。原校乃元版，余以明繙元版録之，兩本訛文並多，皆據以互相改正，世人耳食宋元，正可不必也。小山名煌，其印文曰何仲子，長洲人，義門先生之介弟。校書本有家學，談詩亦得深微，引據諸書，駁正注文，亦非博洽多聞，不能驟辦。袁氏據磧砂本，改校異文甚多，又注明原卷次第，卷一分七卷，卷二分六卷，卷三分七卷。惟未詳其行字，是可惜耳。磧砂本寺名，僧魁天紀與作注之圓至至交，當時爲之乞序於方回，刻版置寺中，故是書時有《磧砂唐詩》之目。《天一閣書目》《天禄琳瑯續編》有明刻本，與此卷數同。瞿鏞鐵琴銅劍樓有元本，陸心源《皕宋樓目》則一元本、一明本，蓋此書在元明兩朝，三家村授徒課本，頗自風行，故流傳至今，尚非稀見。據何跋云，嘉靖以前兒童皆能倒誦，自王、李盛行，幾無有舉其名者，可知風氣所尚，亦莫之爲而爲。王文簡《居易録》譏其惟録格詩，氣格卑下，信非過甚之辭。然視明前後七子，貌襲盛唐，流爲空調，又不如此之別具手眼，瀹發靈思，初學讀之，易尋詩徑，世以比劉克莊《千家詩選》、方回《瀛奎律髓》，此則校勝一籌矣。時乙卯夏四月既望，葉德輝識。又云，秦漢功令尚刀筆，《漢書·藝文志》引蕭何草《律法》曰，

太史試學童，能諷書九千字以上，乃得爲吏。又以八體課之，
最者以爲尚書御史、史書令史。故其時《倉頡》《凡將》《急
就》《元尚》諸篇，盛行於世。今所傳《急就章》爲七字句，
《凡將》引見《文選·蜀都賦》注，引"黄潤纖美宜制禪"一句。又
《藝文類聚》樂部四筌篌下引"鐘磬竽笙築坎侯"一句。亦七字句，蓋
如今村塾書之包舉雜字也。六朝士大夫尚筆札，故有《兔園册
子》一類書，《五代史·劉岳傳》譏馮道遺下《兔園册子》，云
鄉校俚儒教田夫牧子之所誦也。晁公武《郡齋讀書志》云，《兔
園策》十卷，隋虞世南撰。纂古今事爲四十八門，皆偶麗之語，
至五代盛行於民間，以授學童，故有遺下《兔園册子》之誚。
此亦可見六朝至唐末五代之風俗矣。兩宋士大夫尚詞科，初有
《神童詩》，因元符間汪文莊洙九歲能詩，有詩傳世，人以其詩
銓補成集，以之訓蒙。語詳朱國禎《湧幢小品》。南宋以後，民
間風行劉克莊所選《千家詩》、周弼《三體唐詩》，元及明初尚
然。明時太監讀《千家詩》《神童詩》，劉若愚《酌中志》載其
事。宮廷如此，春塾當亦相同。余幼時初讀《千家詩》上闌附
《神童詩》，所謂千家，不足百數，蓋即從千家選出者。後讀
《唐詩三百首》，不著編者姓名，惟云蘅塘退士所選五七古近絶
句，皆初盛中唐之菁華，勝於《千家》《三體》百倍。每當夕
陽西下，八九村童齊聲高唱，如聞太平歌，此景此情，恍如昨
日。滄桑以後，四郊絃誦之聲，寂焉無聞。無論唐宋人詩束之高
閣，即往日人人能讀之《千字文》《百家姓》《三字經》諸書，亦
有不能舉其名，如小山所云者，噫可慨已。按：邰園之語，每有幽憂，
其實太平自有方，祇讀詩亦不可廢也。伯驥附記。　　伯驥按：何氏校筆，尤
長於經，今録阮氏述記二條如下：　　阮元《春秋穀梁傳注校勘記
序》云，康熙間長洲何焯者，煌之弟，其所據宋槧經注殘本、宋

單疏殘本，並希世之珍，雖殘編斷簡，亦足寶貴。　阮元《孟子注疏校勘記序》云，吳中舊有北宋蜀大字本、宋劉氏丹桂堂巾箱本、相州岳氏本、盱郡重刊廖瑩中世綵堂本，皆經注善本也，賴毛扆、何焯、何煌、朱奐、余蕭客先後傳校。

增注唐賢三體詩法三卷高麗舊刊本。

前題汶陽周弼伯弜選，高安釋圓至天隱注，東嘉裴季昌增注。首有大德九年紫陽山虛叟方回序，次《唐世系紀年》、集中人名，唐輿地圖，至正二年裴庾咨目諸家集注諸例及綱目。卷首題《增注唐賢絕句三體詩法》卷之一，每半葉十行，行二十二字。注末別出白文"增注"二字，俾不淆於原注。卷末有元統元年韓臣鄭麟趾跋云，殿下賜經筵所藏善本，許令開列，遂鋟梓於清州牧，數月而功訖。鄭蓋撰《高麗史》，及曾與吾國使臣倡和也。

箋注唐賢三體詩法二十卷明刊本。

卷首題"汶陽周弼伯弜選，高安釋圓至天隱注，隴西金鸞在衡校訂，廣陵火錢元卿重梓"四行。前有大德間方回序，次有《詩法綱目》一葉。半葉十一行，行十九字，小注雙行，六十九字。此書有元刻本，有明翻元本，此則明刻小字本，板心魚尾下記《詩法》卷幾，尚存古式。方回序於此書頗不滿，謂有此則古之詩法將付之鴻荒草昧之外。然自明以來多互相肄習，而舊本不多，前清錢塘高氏士奇重爲删訂補正刊之，傳本亦少。光緒間桂陽夏氏於京廠購得何義門評點《三體唐詩》一帙，以朱筆通部點勘，評語極多，於比興寄託之旨，起伏照應之法，言之至悉。以義門《讀書記》中無此一種，因依原書義例校錄，刊於四川，遂多傳誦。高氏又嘗續錄《唐三體詩》八卷，以五古、七古、五言排律爲三體，則不如周書矣。

唐詩鼓吹十卷 元至大戊申江浙儒司刊本，明徐氏後樂堂舊藏。

　　金元好問編。前題資善大夫中書左丞相郝天挺注。前有趙
孟頫序云，鼓吹者何，軍樂也。選唐詩而以是名之者何？譬之
於樂，其猶鼓吹乎，遺山之意則深矣。中書左丞郝公當遺山先
生無恙時，嘗學於其門，親得於指授者，蓋不止於詩而已。公
以經濟之才坐廟堂，以韋布之學研文字，出其博洽之餘，探隱
發奧，人爲之傳，句爲之釋，或意在言外，或事出異書，公悉
取而附見之。使誦其詩者知其人，識其事物者達其義，覽其辭
者見其指歸，然後唐人之精神情性，始無所隱遁焉。嗟夫，唐
人之於詩美矣，非遺山不能盡去取之工；遺山之意深矣，非公
不能發比興之蘊。世之學詩者，於是而紬之、繹之、厭之、飫
之，則其爲詩，將見隱如宮商，鏘如金石，進而爲詩中之《韶
濩》矣。此政公惠後學之心，而亦遺山裒集是編之初意也耶。
公命爲序，不敢辭，謹序其大略如此。至大元年吳興趙孟頫序。
次有姚燧序，略云，鼓吹軍樂也，大駕前後設之，役數百人，
其器皆金革，惟取便於騎作。大朝會則置案於宮懸，間雜而奏
之，最聲之宏壯而震厲者也，或以旌武功而殺其數。取以名書，
則由高宗退居德壽，嘗纂唐宋遺事爲《幽閑鼓吹》，故遺山本
之，選唐近體六百餘篇，亦以是名，豈咏歌之聲，亦可匹是宏
壯震厲者乎。嘗從遺山論詩，於西崑有無人作鄭《箋》之恨，
漫不知何説，心切易之。後聞高吏部談遺山誦義山《錦瑟》中
四偶句，始知謂鄭《箋》者，殆是事也。參政郝公新齋視遺山
爲鄉先生。自童子時，嘗親几杖，得其去取之指歸。恐其遺忘，
以易數寒暑之勤，既輯所聞，與奇文隱事之雜見他書者，悉附

章下。則公當元門忠臣，其又鄭《箋》之孔《疏》歟！次有武
乙昌序，略云，唐一代詩人名家者殆數百，體製不一，惟近體
拘以音韻，嚴以對偶，起沈、宋而盛於晚唐，迄今幾五百年，
未有能精其選者。國初遺山元先生，爲中州文物冠冕，慨然當
精選之筆。自太白、子美外，柳子厚而下，凡九十六家，取其
七言律之依於理而有益於性情者，五百八十餘首，名曰《唐詩
鼓吹》，然選既精矣，而詩人指趣，非學識深詣者莫能發之。今
中書左丞新齋郝公，以舊德爲時名臣，盍嘗講學於遺山之門，
念此詩不可無注，於是研覃精思，爲之訓釋。詩人出處皆據史
傳詳著下方，使當時作詩之旨悉浮，浮於辭氣之表，而遺山擇
詩之意，亦從是可見。左轄公三十年歷登顯要，而留情鉛槧，
抉隱發藏，必欲覽者開卷了然。吟諷蹈詠之餘，由是進於溫柔
敦厚之教，是亦風移俗美之基也。至大戊申湔省屬儒司以是編
鋟之梓，僕實董其事，工將訖，庸公適以使事南來，命僕序，
用書於編末。是年六月十又八日蜀西武乙昌謹序。陸氏心源跋
此書，謂遺山選詩，於唐祇取此九十餘家，去取不得謂不嚴。
惟胡宿宋人，《宋史》有傳，誤在唐人之列，想由南北隔絕，未
得其詳。郝氏當元一統之時，雖不強爲注釋，而不加辨正，何
也？明之廖文炳、國朝之錢朝鼎、王俊臣、王清臣、陸貽典增
注此書，自謂正郝氏之失，而亦絕不一及，豈未見《宋史》耶？
天挺字繼先，號新齋，出於朵魯別族。仕元世宗至仁宗，官至
河南行省平章，謚文定。見《元史》一百七十四及武乙昌、姚
燧序，非《金史·隱逸傳》之郝天挺。《四庫提要》已據《池
北偶談》正陸貽典之謬，惟貽典所見本，無武、姚二序及盧摯
後序，《四庫》所據本同，蓋完具者亦勘也。丁氏善本室所藏與
此本同，可見丁、陸諸家均以此刻爲最善矣。半葉十行，每行

二十字，小字雙行，有音有注，注卽附於句下，版心有字數及刻工姓名。末卷有後樂堂章，當是前明上海徐氏故物。蓋後樂堂在徐家滙，爲徐文定光啓故居，堂中有御賜儒宗人表額。旁築束臯草堂、瀼西草堂，董其昌書額。春及堂其耕釣處也，今西人建築天主堂，舊舍移西改置。其孫爾默爾路後裔，世居於此。見王鍾《法華鄉志》七。

唐詩鼓吹十卷 元刊小字本。

前題資善大夫中書左丞郝天挺注。前有趙孟頫序、《目錄》二葉，目後有"京兆日新堂刊"牌子。半葉十三行，行二十二字，小注雙行，雙線小黑口，人名用黑質白章。伯驥按：《歸田詩話》上云，元遺山編《唐鼓吹》，專取七言律詩，郝天挺爲之注，世皆傳誦。少日效其制，取宋、金、元三朝名人所作，得一千二百首，分爲十二，號《鼓吹續音》，大家數有全集者則約取之，其或一二首僅爲世所傳，其人可重、其事可記者，雖所作未盡善，則不忍棄去，存之以備數，此著述本意也。又謂世人但知宗唐，於宋則棄不取，衆口一辭，至有詩盛於唐壞於宋之說。私獨不謂然，故於序文備舉前後二朝諸家所長不減於唐者，附以己見，而請觀者參焉。仍自爲八句題其後云，"騷選亡來雅道窮，尚於詩律見遺風。半生莫售穿楊技，十載曾加刻楮功。此去未應無伯樂，後來當復有揚雄。吟窗玩味韋編絕，舉世宗唐恐未公"。既成，求觀者衆，轉相傳，或有嫉之者藏匿其半，因是遂失不傳，再欲裒集，無復是心矣。於此可見遺山此書流傳之廣，而瞿氏之作如存，亦或可繼聲也。

瀛奎律髓四十九卷 明刊本，戴楓仲舊藏。

元方回撰。前有自序云，瀛者何？十八學士登瀛洲也；奎

者何？五星聚奎也；律者何？五七言之近體也；髓者何？非得
皮得骨之謂也。斯登也，斯聚也，而後八代五季之文弊革也。
文之精者爲詩，詩之精者爲律。所選詩格也，所注詩話也，學
者求之，髓由是可得也。方回者誰，家於歙，嘗守睦，其字萬
里也。至元癸未良月旦日序。卷一登覽，卷二朝省，卷三懷古，
卷四風土，卷五昇平，卷六宦情，卷七風懷，卷八宴集，卷九
老壽，卷十春日，卷十一夏日，卷十二秋日，卷十三冬日，卷
十四晨朝，卷十五暮夜，卷十六節序，卷十七晴雨，卷十八茶
類，卷十九酒類，卷二十梅花，卷二十一賦雪，卷二十二月，
卷二十三閑適，卷二十四送別，卷二十五拗字，卷二十六變體，
卷二十七着體，卷二十八陵廟，卷二十九旅況，卷三十邊塞，
卷三十一宮閫，卷三十二忠憤，卷三十三山巖，卷三十四川泉，
卷三十五庭宇，卷三十六論詩，卷三十七技藝，卷三十八遠外，
卷三十九消遣，卷四十兄弟，卷四十一子息，卷四十二寄贈，
卷四十三遷謫，卷四十四病疾，卷四十五感舊，卷四十六俠少，
卷四十七釋梵，卷四十八僊逸，卷四十九傷悼。半葉十行，行
二十一字，小字雙行，上下黑口，有圈點。察其板刻，當在明
初。序後有“昭餘戴廷栻”朱文五字章。李氏《三邑翠墨簃題
跋》云，戴廷栻字楓仲，太原祁人。家多藏書，及法書名畫，
著有《半可集》。與王阮亭、傅青主友善，漁洋有《戴氏鼎多父
敦詩》，皆爲楓仲作也。楓仲題名，用“昭餘”二字冠首，有疑
昭餘爲楓仲別號者，實則地名。見《周禮·職方氏》并州其澤
藪曰昭餘祁。因憶《潛丘劄記》顧寧人論幽、并、營三州在
《禹貢》九州之外。余時同客太原面質正曰，此不過從肇者始也
臆度耳。其實《周禮·職方氏》并州其澤藪曰昭餘祁，在今介
休東北三十里，俗名鄔城泊云。楓仲，祁縣人，故著此名也。

唐詩品彙　卷明初刊本，汪梅村舊藏。

　　明高棅撰。棅一名廷禮，字彥恢，號漫士，福建長樂人。永樂間，自布衣徵爲翰林待詔，陞典籍。《明史》入《文苑傳》。閩中十子之一也，著有《嘯臺》《木天清氣》等集。清《四庫提要》謂其所選《唐詩品彙》，專主唐音，實與閩縣林鴻共開晉安一派。沿習既久，學者剽竊形似，日益庸廓，併翿始者受詬厲，固實事也。前有洪武辛巳玉融馬得華敍，略云，天地元氣之精英鍾乎人，發而爲詩，至唐贏六百家，作者固難，選者尤難。唐歷三百餘年，有始終淳漓之異，故聲文亦隨而降，有能裒羣作，辨衆體得失於大全而無憾者，斯戞戞其難矣。嘗閱《英靈》《間氣》《極玄》《三體》等集，非無足觀法，然得於此而或遺於彼，繼是而選者落落也。近世楊士宏所編《唐音》，其始終正變，區別特異諸選，然亦未免遺珠之歎，信乎知言之難也。龍門高廷禮氏性嗜詩，取唐人爲式，凡唐之遺編斷什，散落人間者，搜攄悉盡。全閩學古者，振發歆動，殆相與鳴國家之盛，必廷禮爲之倡。海內文士，欲歷唐人之蹊徑，闖唐人之壺奧，則必於《品彙》求之。次有靈武王偁序，略云，王荊公號稱知言，而《百家選》偏得晚唐，刻削爲奇，盛唐冲融渾灝之風，在選者無幾，他蓋可知。近代楊伯謙《唐音》之選，始有以審其始終正變之音，以備述乎衆體之制，然其中不能無詳略之可議者。是選專重於盛唐，而初唐、晚唐，特以備一代之制。次有洪武乙亥伸蒙子後人林慈序，略云，悉取唐詩自貞觀迄於龍紀，因其時世之後先，審其聲律之正變，分編定目。曰正始，曰正宗，曰大家，曰名家，曰羽翼，曰接武，曰正變，曰餘響，曰傍流。上而朝廷公卿大夫，下而山林隱逸士

子，外而夷貊，内而閨秀女冠，與夫方外、異人、衲子、羽客
之流，凡有一題一咏之著者，皆采摭無遺。次自序，略云，載
觀諸家選本，詳略不侔，《英華》以類見拘，《樂府》爲題所
界，皆略於盛唐，而詳於晚唐。他如《朝英》《國秀》《篋中》
《丹陽》《英靈》《間氣》《極玄》《又玄》《詩府》《詩統》《三
體》《衆妙》等集，立意造論，各該一端。楊伯謙《唐音》，
李、杜大家不録，岑、劉古調獨存，張籍、王建、許渾、李商
隱律詩，載諸正音，渤海高適、江寧王昌齡，五言稍見遺響。
每一披讀，未嘗不嘆息於斯。由是遠覽窮搜，因目別其上下始
終正變，各立序論，以弁其端。自貞觀至天祐，通得六百二十
人，共詩五千七百六十九首，總題曰《唐詩品彙》。次引用諸
書，分正詩所集，夾注所引，次歷代名公敍論，次《凡例》，次
詩人爵里詳節，通六百單一人。半葉十行，行二十字。卷首有
"梅村"白文章，以爲吳氏物。惟末有"芝生汪氏"四字隸書章，
則可決爲汪氏藏本矣。甘元焕《悔翁先生行狀》云，先生姓汪
氏，初名鏊，後改士鐸，字振庵，一字晉侯，年四十九，始改曰
悔。寓鄂日，別字芝生，晚號无弗悔翁。比好吳祭酒詩，比司馬
相如慕藺之匹，又號梅村。遠近學者稱爲梅村先生，此可證也。

唐詩紀一百七十卷明刊本。

　　明吳琯編。前有李維楨序，略云，始黄清父輯《初唐詩》
十六卷，無何病卒。郭郡吳孟白以爲未盡一代之業，乃同俞公
臨、謝少廉諸君，做馮汝言《詩紀》紀全唐詩人千三百有奇，
名氏若干，闕疑者五十人有奇。仙佛神鬼之類为《外集》，三百
人有奇。考世里、敍本事、采評論、訂疑誤，稗官野史之説、
殘篇隻字之遺，無所不攬摭，合之得若干卷，積年而告成。竊

謂今之詩，不患不學唐，而患學之太過。卽事對物，情與景合而有言，幹之以風骨，文之以丹彩，唐詩如是止爾。事物情景，必求唐人所未道者而稱之，弔詭蒐隱，誇新示異，過也。次有方沇序，略云，古鄞吳太學琯既校刻六朝以上《詩紀》，傳之四方矣，復彙編有唐一代之業，而以初盛詩百七十卷先之，其《凡例》壹準諸詩紀，而屬序於不佞。譚者曰，初盛之外，若錢、劉、韋、柳諸家，非不膾炙人口，而不以入兹編何也？蓋初盛以無意得之，其調常合，中晚以有意得之，其調常離。由無意而有意也易，自離而合也難。故言江漢者必首岷嶓，古人祭川先河而後海，斯刻初盛唐詩本指也。其《凡例》略云，是編校訂先主宋板諸書，以逮諸善本，有誤斯考，可據則從，其疑仍闕。琯之意，蓋以謂其書校勘已精矣。

唐僧弘秀集十卷明刊本，虞山錢氏、北平謝氏舊藏。

前題宋荷澤李龏和父編。龏字和父，號雪林，有《剪綃集》。此書前有宋寶祐第六春中和節李氏自序，略云，古之吟咏情性，一本於詩，詩至唐爲盛，唐之詩僧亦盛。唐一代爲高道、爲内供奉，名弘材秀者，三百年間今得五十二人，詩五百首。或取於各僧本集，或出於諸家纂録，皆有拔山之力，搜海之功，風製不塵，一字弗贅，發音雄富，羣立崢嶸，名曰《唐僧弘秀集》。不敢藏於巾笥，刊梓用傳。次總目，次分卷目録。序稱五十二人，而總目所列實五十一人。序首有“御賜清愛堂”、“謙牧堂藏書記”、“五河道人”、“北平謝氏藏書記”、“味經書屋”、“聊城楊氏承訓珍藏書畫印”、“長白馬佳氏尚杰之印”，“馬氏竹銘藏書之印”各章。總目前有“燕庭藏書”，分卷目録前後有“文正曾孫”、“劉氏喜海”、“嘉蔭簃藏書印”各章。卷五及卷十末葉均有"錢印謙益"、"牧齋"兩白文章，"謙牧堂書畫記"朱文章。末有嘉慶戊辰北平謝寶樹墨筆題詩云，"氣多蔬笋語多禪，宏秀爭誇六百年。吳地越山詩句好，卷中處默許孫天。可憐一炬絳雲樓，秘帙珍函散不收。恨殺當年身後死，風流今竟遜緇流"。前人藏本，如知聖道齋寫本程氏《宋遺民錄》。謝氏題記云，鄧牧《伯牙琴》載有所撰《謝皋父傳》，此錄未采入。又王氏詒莊樓有《資暇集》寫本，謝氏跋云，《資暇集》三卷，凡九十五條，刻本多訛誤，長夏無事，手校一過，計改百二十餘字，其不知者則仍之。是書爲唐人舊帙，考證皆明確可喜，而蜀馬一條，乃謂成都府出小駟，是爲小馬，則臨文偶誤。又毛刻《薛許昌集》十卷，有謝氏朱筆校宋本，有跋，是其人固喜校書者也。

唐宋元名表四卷_{寫本。}

明胡松撰。松字汝茂，滁州人。嘉靖己丑進士，官至南京吏部尚書，諡恭肅。事蹟具《明史》本傳。撰《滁州志》四卷，同時又有績溪胡松字茂卿，正德甲戌進士，官兵部尚書。《明史》以二人合傳，撰此書者則汝茂也。前有李氏序，略云，我明設科，以言舉士，蓋集夫明經新義諸制而爲大成也。我太祖臨御之初，詔誥多士，卽以務爲實學勿事浮詞爲第一義。成化、弘治間，得人爲盛，天下號稱治平。蓋學多近裏，文不外求，故其效如此。湮淪至於斯世，文以採摭爲博，以粧綴爲工，以馳騁爲上，先進雅正精實之風微矣。嘉靖庚子冬柏泉公督學晉省，所至以真實舉業訓多士，又懼其遺亡失真，乃首刻《申明勅諭》，以一其趨；次刻《舉業紀聞》，以示其要；次刻《三場程文選》，以正其的，至是併《唐宋元表》又刻焉。其於市刻時文，則欲燔燒屏絶，不使眩其心目。或曰他刻宜矣。四六靡靡，六朝陋習也，亦奚刻爲四六一也，在宣公則稱之爲藥石，在耆卿則鄙之爲鶉鶉，存乎人焉已耳，四六奚過焉。前四川道監察御史奉詔致仕上黨李新芳敍。次有胡氏自序，略云，説者曰表之言明也、標也，譬物之標表，言標表事序，要於章顯而已，奚駢儷之上也。余竊以其言徒取一隅，要未爲通論。今夫人之於文，猶其之於言語、之於衣服飲食，與其宮室器用者也。且夫言語之於達意，衣服之於蔽體，飲食之於滿腹，宮室之於安身，器物之於利用，以今方古，其可得而齊諸。譬則四時之行，萬物之生，江河之流轉，各因其時以爲變。是學也昉於漢魏六朝，盛於隋唐，而極於宋。彼其工拙繁簡，駢儷直致，要之其體不能盡同。然其意同於宣上德而達下情，明己志而述物則。其後相沿猥下，競趨新巧，爭相衍博，往往貪用事而晦其意，務屬辭而滅其質，蓋四六之本意，失之遠矣。余是用悲，乃輯所以式晉士。嘉靖壬寅前山西按察司提學副使滁易胡松識。伯驥按：前明試士，經義之外，又有表焉，定制也。此書刻於嘉靖間，今猶有傳本，此當是從之寫録者，蓋明人手筆。其時陳氏塈官於吾粵，亦有名家表選之刻，然罕見矣。《天一閣目》附存其序，爲照録之。陳序云，四六之體，起於六朝，時則文無非四六者。唐宋以來，始專用其體於詔誥、表、箋、啓，而博學宏詞科則以之試士。國家設科，去詞賦聲律，而仍用詔誥表，蓋詞賦無用，而詔誥表有用也。近士子應試率多用表取中，然猶嫌其麗而未則，或漫而不工。予謂表莫盛於唐宋，唐表雄渾，然有出入。至於揣摩聲律，剪裁典故，敷陳事情，而意明暢，則惟宋表爲然，故宋人往往以表名家。我朝取録程表，高者不減唐人，其餘渾厚則有之，文采不及也，故表學至於宋人不可加矣。予校士之暇，取唐宋諸名家所謂表，選其尤工者鈔之，而尤多於宋，類爲八卷，刻之崇正書院，以與嶺海諸士子共之。蓋此序又可與前序參証矣。

新雕宋朝文鑑一百五十卷明天順間嚴州翻宋本。

編首題朝奉郎行秘書省著作佐郎兼國史院編修官兼權禮部郎官臣吕祖謙，奉聖旨銓次。吕氏集稱《皇朝文鑑》。既成，孝宗錫名《文鑑》，除公直秘閣，暨賜御府金帛。謝表云，既叨中秘清切之除，復拜御府便蕃之賜。陳騤時爲中舍人，執奏以爲特編類之勞，恐賞太厚。上不悅，吕氏遂力辭帖職，上不從。見《四朝見聞録》乙集。前有周必大序，中有云，建隆、雍熙之間其文偉，咸平、景德之際其文博，天聖、明道之辭古，熙寧、元祐之辭達。雖非必確如必大所云，然前人嘗謂此書編次篇篇有意，後人多以爲篤論。吕氏編製此書，實原於江氏之《聖宋文海》，遂爲《元文類》《明文衡》之先河，固非偶然矣。此刻字體渾厚，是明代接武有宋第一次槧本，其後有以此板剗改國朝、宋朝等字，祇餘《文鑑》二字者，可以較其板刻之後先矣。

聖宋文選三十二卷南海孔氏從文瀾閣傳鈔本。

不著輯録人姓名，前後無序跋。檢《天禄琳瑯書目》卷四有此書宋本，謂其小楷書，周法森嚴，密行中自見清朗，蓋巾箱本之最佳者。陸氏《皕宋樓藏書志》有此書二部，均影寫宋刊本，一爲涉園張氏藏，一爲朱竹垞舊藏。張藏本有吳兔牀跋語，謂張氏示以祕藏諸籍，獲觀是書，真生平大快事。是書之罕，已可概見。義門《讀書記》跋所校《元豐類稿》後曰，閲内府所賜大臣《古文淵鑑》，有在集外者六篇，有建本《聖宋文選》數册，其中有南豐文二卷，此六篇者皆在焉。而陸氏亦嘗採録此書内荆公文數首，以補《臨川集》之未備，其餘多有《聖宋名賢五百家播芳大全》《文粹》與《文鑒》各書未録，及與本集異同者，可資考覈者頗多，亦可貴矣。《目録》前題“聖宋文選全集標目”八字，目之末有“聖宋文選前集標目”八字。《四庫總目》引張邦基《墨莊漫録》稱崔伯易有《金華神記》編入《聖宋文選後集》中，故以此三十二卷爲前集，其言信矣。一、二卷爲歐陽永叔文，三、四、五卷爲司馬君實文，六卷爲范希文文，七卷爲王禹偁文，八、九卷爲孫明復文，十卷、十一卷爲王介甫文，十二卷爲余元度文，十三、十四卷爲曾子固文，十五、十六、十七卷爲石守道文，十八、十九、二十、二十一、二十二卷爲李邦直文，二十三卷爲唐子西文，二十四、二十五、二十六、二十七、二十八、二十九、三十卷爲張文潛文，三十一卷爲黃魯直文，三十二卷爲陳瑩中文。文潛、魯直皆蘇門中人，而不録三蘇者，豈以當時蘇文之禁甚嚴歟，抑盡録之後集歟，不可知矣。陸氏所藏涉園本，已歸日人巖崎氏，見所著《靜嘉堂祕籍志》卷四十七。朱氏藏本，則不知流軼何所。江蘇第一圖書館藏丁氏善本有此書，係宋槧小字本，宋刻僅四卷，餘據朱氏傳鈔本補全，附記於此。吾家別藏郯城于氏影宋雕本，極工緻。據江氏《瀚石翁山房札記》卷八，亦述及此書，謂在蜀時蒙于氏見贈，然傳本亦稀矣。伯驥由京估作緣，得南海孔氏書六櫥，此種則買之杭州書肆，蓋皆鈔自文瀾閣者也。

聖宋名賢五百家播芳大全文粹一百二十六卷寫本。

宋魏齊賢、葉棻同編，皆録宋代之文，駢體居多。卷首所列姓氏，自范魯公質至田莘老裒萬頃，共五百二十家。卷一、卷二賀表，卷三賀牋，卷四至卷二十二表，卷二十三至四十三賀啓，四十四至五十七謝啓，五十八至六十四上啓，六十五賀啓，六十七制誥、奏狀、奏劄，六十八萬言書，六十九、七十書，七十一至七十七疊幅，七十八劄子，七十九至八十六尺牘，八十七至九十青詞，九十一至九十八疏，九十九至一百一祝文，一百二婚書，一百三生辰賦頌詩，一百四至一百六樂語，一百七勸農文、檄文，一百八、一百九上梁文，一百十至一百十七祭文，一百十八至一百二十挽詞，一百二十二記，一百二十三序，一百二十四碑銘，一百二十五銘、贊、箴，一百二十六頌、題跋。竹垞跋稱此書二百卷，於徐氏花谿別業，得觀宋槧本。清《四庫》著録者實止一百十餘卷，錢詹事見吳興劉氏藏本祇百卷，陸氏謂當時書坊所刻，隨時增益，本各不同，安得合數本而較其缺佚。今閲數十年，恐更不易如願矣。前有徐氏序，略云，昔吾從縉紳先生游，而得其論寶之説。夫所謂寶者，焜耀瑰奇，鏗鏘溫潤，世之美瑞，國之重鎮，然必聚於流潯之巨浸，藴於不可測識之深淵。墨莊有天下之書，雖三閣四庫之儲，道家蓬萊之所藏者，相埒也。故家有藏書之富，鉅鹿魏君仲賢、南陽葉君子實，實徜徉其間。儲蓄之豐，奚啻插架三萬軸而已。一日合并，且欲集本朝名公雜著之文，以惠同志。於是各出所有，闢館以居之，巨篇奧帙，奇書祕字，充衍其中。以我聖朝之文，卓冠前古。而二君八窗玲瓏，旁搜遠紹，類以成帙。凡世用之文，靡所不備。昔所聞縉紳先生所謂寶者，此焉當之矣。紹熙改元庚戌，徐許開仲啓序。

宋名家小集六十四種寫本。

計趙汝鐩《野谷詩稿》六卷，許棐《梅屋詩稿》四卷，周文璞《方泉詩集》三卷，鄧林《皇萚里語》一卷，毛珝《吾竹小稿》一卷，陳允平《西麓詩稿》一卷，戴復吉《石屏續集》四卷，胡仲參《竹莊小稿》一卷，陳鑑之《東齋小集》一卷，施樞芸《隱橫舟稿》一卷，徐集孫《竹所吟稿》一卷，張至龍《雪林删餘》一卷，杜旃《癖齋小集》一卷，張弋《秋江煙草》一卷，葉紹翁《靖逸小集》一卷，高似孫《疎寮小集》一卷，武衍《適安藏拙餘稿》二卷，吳汝弌《雲臥詩集》一卷，洪邁《野處類稿》二卷，周弼《端平詩雋》四卷，葉茵《順適堂吟稿》二卷，危禎《巽齋小集》一卷，羅與之《雪坡小稿》二卷，高九萬《菊磵小集》二卷，鄒登龍《梅屋吟》一卷，余觀復《北窗詩稿》一卷，趙崇鉘《鷗渚微吟》一卷，朱南杰《學吟》一卷，王琮《雅林小稿》一卷，斯植《采芝集》二卷，李龏《梅花衲》一卷，李龏《剪綃集》二卷，沈說《庸齋小集》一卷，王同祖《學詩初稿》一卷，陳起芝《居乙稿》一卷，吳仲孚《菊潭詩集》一卷，何應龍《橘潭詩稿》一卷，永頤《雲泉詩集》一卷，劉仙倫《招山小集》一卷，嚴粲《華谷集》一卷，李濤《蒙泉詩稿》一卷，黃文雷《看雲水集》一卷，趙希橯《抱拙小稿》一卷，葛起耕《檜庭吟稿》一卷，利登《骰稿》一卷，薛嵎《雲泉詩》一卷，葛天民《葛無懷小集》一卷，姚鏞《雪蓬稿》一卷，劉翼《心游摘稿》一卷，林希逸《竹溪小稿》一卷，敖陶孫《臞翁詩集》二卷，朱繼芳《靜佳龍尋稿》二卷，林尚仁《端隱吟稿》一卷，陳必復《山居存稿》一卷，施樞芸《隱勃游稿》一卷，余俞桂《漁溪詩稿》三卷，劉翰《小山集》一卷，張良臣《雪窗小集》一卷，張蘊《斗野稿》一卷，黃大受《露香拾稿》一本，薛師石《瓜廬詩》一卷，宋伯仁《雪岩吟草》一卷，雷樂發《雪磯叢稿》五卷。

前有過録查氏岐昌識語云，宋陳思編《羣賢小集》，當寶慶、紹定間梓行時，稱爲《國寶新編》，又稱《江湖集》，共百十六家。其從孫世隆當元至正末，續輯百四十家，又以宋時《羽緇》《閨秀》等集，洎一切雜詩散佚者，蒼萃一編，名曰《宋詩外集》，此十有二册。予曾從嘉興友人借閱，倦圃老人、竹垞先生皆有跋，謂絳雲晚年懸價求之不得者。此鈔止六十四種，蓋藏書家於著名諸集，率皆不録。近日一刻於揚州汪氏，再刻於嘉善曾氏，皆非足本爾。後有過録查氏慎行識語云，陳宗之當理宗寶慶初，於杭州睦親坊賣書開肆，稱陳解元書坊。性嗜詩，又喜從士夫游，一時名流往來輦下者，多有酬贈之作。如趙紫芝五律云，"每留名士飲，屢索老夫詩"。鄭立之五古云，"讀書博詩趣，鬻畫奉親歡"。黃佑甫五律云，"萬卷書中坐，一生閒裏身"。葉侶翁七絶云，"隨車尚有書千卷，擬向君家賣卻歸"。合觀同時四公詩，其人略可知矣。所刊南渡諸家詩，所謂《江湖集》者，掇拾叢殘，用心良苦。時史彌遠當國，宗之有詩哀濟邸而誚政府，彌遠見之大怒，下吏逮治，劈《江湖集》板，坐流配，直至史歿，詩禁方解。《江湖集》宋末已不傳，余從朱氏潛采堂借鈔宋人小集二十餘種，大抵卽江湖派也。《拾遺》五卷，想亦同時編輯，中間間有北宋人詩數首，或其人自有專集傳世，偶録數篇者，要是隨手鈔撮，不復持擇云。

中州集十卷中州樂府一卷日本五山板本。

金元好問撰。好問字裕之，又字遺山，太原人，官至左司郎中。事蹟見《金史》本傳。是集録金代之詩，首録顯宗二首，章宗一首，不入卷數。其餘分爲十集，以十干紀之。辛集目録旁注"別起"二字，其人亦復始於金初，蓋欲分正集、續集也。

自序略云，魏道明作《百家詩略》，商衡爲附益之，好問又增以
己之所録，以成是編。序作於癸巳，爲哀宗天興二年。其例每
人各爲小傳，詳具始末，兼評其詩，意欲借詩存史，而選録諸
家詩，亦極精審。《樂府》一卷，附詩而行，詩有小傳不重出，
詩未采入者，小傳卽在詞前。此爲日本永正年間刊，元氏自序
外，有張德輝序，目録題乙卯新刊《中州集》，總目卷首題《中
州甲集》第一，每卷有總目，總目後低二字，分目有黑蓋子。
德輝序云，百年以來，詩集行於世者且百家，焚蕩之餘，其所
存蓋無幾矣。至一聯、一咏，雖嘗膾炙人口，既無好事者記録
之，故亦隨世磨滅。元遺山北渡後，網羅遺逸，首以纂集爲事，
歷二十寒暑，僅成卷帙，思欲廣爲流布，而力有所不足，第束
置高閣而已。己酉秋得真定提學龍山趙侯國寶資藉之，始鋟木
以傳。予謂非裕之搜訪百至，則無以起辭人將墜之業，非趙侯
好古博雅，則無以慰士子願見之心。因贅數語其後云，作詩爲
難，知詩爲尤難，唐僧皎然謂鍾嶸非詩家流，不應爲詩作評，
其尤難可知已。半山老人作《唐百家詩選》，迄今家置一本；曾
端伯選宋詩不可謂無功，而學者遂有二三之論。予謂裕之此集，
今四出矣，評者將附之半山乎，曾端伯乎，季孟之間乎。東坡
有言，我雖不解書，曉書莫如我。是則又不知皎然師果爲真識
否也。明年四月望日，頤齋張德輝書。五山板之書，爲日東舊
本，酷類吾國宋元槧刻，其本多出僧侶，亦爲緇徒文事之一。
五山者，蓋合京都及鎌倉之禪刹而言，如京都之刹，則爲南禪、
天龍、相國、建仁、東福、滿壽也，鎌倉之刹，則爲建長、圓
覺、壽福、净智、净妙也，高行有學之僧徒，多聚於此。凡奉
使中國及交涉文稿，諸僧多舉其職，當其時並以雕刻佛典及中
華經籍爲事，除京都鎌倉各寺外，凡同其宗法諸寺，所刻各書，

總名爲五山板，皆漢文也，有片假名者甚少。招聘華工，以濟其事，楚材晉用，又當時之軼聞焉。此五山板之略史，讀東籍時，每見稱述，吾國著録家多未之及，故稍詳之。汲古本無張氏序，且字畫紙墨，均所不逮。吾家邵亭《宋元書目》所載此書亦十五行，未審卽此刻否耳。此書最早刻本，爲至元庚戌平水進修堂所刊。平水在平陽府，《金史·地理志》及之，元太宗八年用耶律楚材言，立經籍於平陽，事見《元史》。福建廣勤書室繙平水本，序名"中州鼓吹翰苑英華"，序首葉署"翰苑英華中州集總目"，詩首葉署《中州甲集》第一，封面題《翰苑英華中州詩集》，上刻廣勤書室刊。板式古雅，錢牧齋《列朝詩選》仿之。

天下同文集五十卷 寫本，汪西亭舊藏。

元周南瑞撰。南瑞字敬修，自稱濂溪派，吳澄作序，頗不滿之。劉將孫序其書。目録後有"隨所傳録，陸續刊行"，似類麻沙坊估所爲。標題前甲集，恐不止此五十卷，録文頗有出蘇氏《文類》之外者，亦足參觀。前有廬陵劉將孫撰序云，唐劉夢得敍柳子厚之集曰，文章與時高下，政龐而土裂，三光五嶽之氣分，大音不完，故必混一而後振。作者概以爲知言。予獨嘗謂夢得之辭則高矣、美矣，以其時考之則未也。唐之盛時在貞觀、開元間，其時稱歐、虞、褚、薛，最後稱燕許大手筆，今其文可觀也。及貞元、元和來，以韓、柳著，比至德爲盛，而去混一之初則有間矣。才未必皆福，福亦自掩其才，因使人思易所謂吉人辭寡者，其福未易量也，此則所謂時也。吾取以敍周南瑞所刻《天下同文集》實甚宜。嗚呼，豈獨可以觀氣運，亦可以論人物。予每談漢初論議、盛唐詞章，及東京諸老文字，

二千年間，混一盛時僅此耳。彼乍合暫聚者，其萎弱散碎，固
不得與於斯也。然此盛時作者，如渾河厚嶽，不暇風月爲狀；
如偃松曲柏，不與花卉爭研。風氣開而文采盛，文采極而光景
消。夢得之言之也，不自知盛者已及於極也。方今文治方張，
混一之盛，又開闢所未嘗有，唐蓋不足爲盛。縉紳先生創自爲
家，述各爲體，功德編摩，與《詩》《書》相表裏，下逮衢謡，
亦各有乑民立極之學問。南瑞此編，又得之鉅公大筆，選精刻
妙，則觀於此者，豈可以尋行數墨之心胸耳目，爲足以領此哉。
自《文選》來，唐稱《文粹》，宋稱《文鑑》，皆偉然成書，他
日考一代文章者，當於此取焉。大德甲辰第一甲子日敍。目後
有“隨所傳録，陸續刊行，廬陵周南瑞敬輯”等字。序文有翰
林院印，有“汪西亭氏藏本”朱文章。第一葉有“兩亭考藏”、
“歙州汪氏一隅草堂藏書”、“周暹”三章。《道古堂文集》二十
六云，予得南軒《易繫辭說》於汪西亭比部家。西亭，汲古之
士，所藏宋元經說尤多。《曝書亭集》卷三十六云，白《集》
自宋李伯珍刊之吳郡，何友諒刊之忠州，二本均有《年譜》，其
後坊刻雜出，漸失其舊。予友汪君西亭氏憂之，既定其卷次，
正其愆謬，因仿國史表補撰《年譜》一卷，書成鏤板以行。而
《海圖屏風》一編，君力辨非討淮蔡時事，於是人皆服君之考
證。此爲一隅草堂藏本，蓋歙人汪氏也。

大雅集八卷舊鈔本，黃蕘圃手校，五硯樓、執經堂舊藏。

前題天台賴良善卿編輯，鐵崖先生會稽楊維楨廉夫評點。
前有至正壬寅吳興錢鼐序，略云，古者天子巡狩，命太史陳詩
以觀民風，蓋將以探民之休戚，以知王政之得失。此周人所以
不能已於采詩之官也，故觀民風而必采詩以陳者，民之情因言

以宣，猶物因風之動以有聲也。由是知古之人以情爲詩，而其言莫不麗以則，後之人則以詩爲情，而言不出於情有矣，況麗而有不則者哉。古之詩多出於民之心，後之詩多出於士之筆。故後世雖有采詩者，實難其人焉。天台賴先生善卿，以三十年之勞，不憚駕風濤，犯雨雪，冒炎暑，以采江南北詩人之詩，其采也公矣。情深而不詭則采之，風清而不雜則采之，事信而不誕則采之，義直而不回則采之，體約而不蕪則采之，詞麗而不淫則采之，而未始有不關世教者。會稽楊鐵厓先生評而序之，名曰《大雅集》。而友人盧仲莊氏手爲之鏤梓，既板行，學者莫不購之，以爲軌式焉。次有賴良自序云，《昭明文選》初集至二千餘卷，後去取不能十之一，今所存者三十卷耳，三十卷中尚有可汰者，選之難精也如此。良選詩至二千餘首，鐵厓先生所留者僅存三百。古人以詩名世，或一聯一句不爲少也，而有擅雄長作則大篇長什，又不厭其多也。故今所刊者，或一人一詩，或一人數十詩，蓋不多寡較也。次有至正辛丑楊維楨序。次有王逢序，略云，天台賴善卿客授雲間，課講暇，嘗哀元之詩鳴者凡若干人，名曰《大雅集》，且鋟以傳。會兵變止，今年善卿擬畢初志，適有好義之士，協成厥美，詣余徵敍後。義士雲間人，陸德昭氏、俞伯剛氏。善卿名良，宋名臣諱好古裔，世業儒云。此爲平江黃氏手校本，全書用朱筆點勘，甚爲精核。如卷三《朱堂聾婢辭》，“伯勞莫夜鳴”，蕘圃校於眉間云，案“作勞耳鳴”有出，見崔鴻《十六國春秋·後趙錄》石勒上，原文作字誤伯，此卽一證也。伯驥藏《大雅集》寫本有數種，此本迭藏袁氏五硯樓、張氏執經堂，卷前後有其藏印，並有“彭城中子審定”一章，估人以名家校藏，遂索善買。鄭康成箋《詩》云，將稼者必先相地之宜而擇其種，讀書不得善本，是謂種不擇也。此本可謂是集之善者矣。張紹仁字學安，一字訒庵，長洲人。曾居喬司空巷，其藏書處曰綠筠庵、曰執經堂。黃蕘圃《題西溪叢語張訒庵本》，有訒庵校書心到眼到手到，在朋友中無出其右之語。

元人十種詩集五十卷<small>毛刊本，顧氏謏聞齋、葉氏郋園舊藏。</small>

計元遺山、顧仲瑛、陶南邨、薩都剌、宋子虛、二種。倪雲林、張伯雨、迺易之、馬虛中，共十種。前有徐氏序云，夫詩以唐爲宗，自宋蘇、黃諸公，一變唐調，別出格律。南轅以後，競趨道學，恒以義理入四聲，去風人之旨遠矣。迨夫勝國之世，雖以腥羶而主中華，其間修詞之士蜂起，盡洗陳腐習氣，沖恬者師右丞、襄陽，濃麗者媲義山、用晦，奇峭者邁長吉、飛卿，人操寸管，各成一家，不失唐人矩矱。後之評者，謂元詩直接唐響，真千古不易之論也。然八九十年中，善鳴者無慮數百家，其姓名則見於《元音》《皇元風雅》《元詩體要》諸篇，若求其全集，奚啻龜毛兔角焉。海虞友人毛君子晉，操雅鏡古，凡人間所未見之書，殫精搜索，雲間眉道人擬之縋海鑿山，以求寶藏，誠然哉。向於宋人詞調及金人選詩，咸付殺青。近又取元人十種手自讐訂，布諸宇內。如雲林、子虛、仲瑛、伯雨、虛中、南邨輩，皆吳浙英靈。抽毫掞藻，譬之雕陵蘊玉、合浦孕珠，其所產者裕，烏足稱奇。至於天錫、易之崛生穹髮不毛之域，乃能變侏僸之音，流商刻羽，含英咀華，駸駸闖作者之室，豈非奇渥溫氏帝天下，而風會極一時之盛歟。然夷考其生平，獨遺山一人，與雁門葛邏祿析擔圭爵，而江南六君子，咸抗箕穎之節，白衣黃冠弗爲胡塵之所浼污，又不獨以詞華擅美者矣。子晉家富宛委之藏，所收當不止此十種，乃先行之。予性癖躭

書，亦喜蒐先代遺稿，尚有元集五十餘家，不敢自祕帳中，期
與子晉公之同好，是則予之志也夫。崇禎戊寅長至閩郡徐𤊷書
於吳門之華蓮菴。半葉九行，行十九字。　　此本爲長沙葉氏舊
藏，葉氏有題識云，右《元遺山詩》二十卷，《薩天錫詩》三
卷、《集外詩》一卷，《金臺集》二卷，《玉山草堂集》二卷、
《集外詩》一卷，《嘯嚘集》一卷、《翠寒集》一卷，《雲林集》
六卷、《集外詩》一卷，《南村詩集》四卷，《句曲外史集》三
卷、《補遺》三卷、《集外詩》一卷，《霞外集》一卷，都五十
卷。此雖毛刻，然如此十種全者，得之頗難。《遺山詩》金元好
問撰，《薩天錫詩》元薩都拉撰，《金臺集》元納新撰，原作迺賢。
《玉山草堂集》元顧瑛撰，《嘯嚘集》元宋无撰，《翠寒集》亦
宋无撰，《雲林集》元倪瓚撰，《南村集》元陶宗儀撰，《句曲
外史集》元張羽撰，《霞外集》元馬臻撰。今按《四庫全書總
目》集部別集類，著録者《遺山集》四十卷、《附録》一卷，
此二十卷入存目。薩改題《雁門集》，即此本。《金臺集》亦二
卷本，江蘇巡撫採進，當即此本。《玉山草堂集》爲《玉山璞
稿》一卷，兩淮馬裕家藏本，非此本。《翠寒集》爲其子振刻
本。《嘯嚘集》入存目，爲内府藏本。倪集著録《清閟閣集》
十二卷，此六卷入存目，爲明潘瓚校刻本。《句曲外史集》亦此
本。《霞外詩集》據《提要》云亦此本，而誤稱十卷。惟無
《南村詩集》，豈當時十種全者不經見，故未採進耶。遺山爲金
人，入元不仕，今乃以爲元集之首，毋乃未審。此本前有崇禎
戊寅徐𤊷序，序稱藏有元集五十家，必有顧嗣玄選元詩所佚者，
惜未刻而傳之，亦恨事也。收藏有“顧氏敦淳珍藏”四白二朱
文珍藏二字朱文居中。篆書方印、“臣印錫麒”四字白文篆書方印、
“家藏北宋印經”白文篆書方印在目録前。又一大方印，上正書

九行云，"昔司馬温公藏書甚富，所讀之書，終身如新。今人讀書，恒隨手拋置，甚非古人遺意也。夫佳書難得易失，稍一殘缺，修補甚難。每見一書，或有損壞，輒憤悗浩歎不已。數年以來，蒐羅略備，卷帙頗精。伏望觀是書者倍宜珍護，卽後之藏是書者，亦當諒愚意之拳拳也。謢聞齋主人記"。凡一百七字。此印在徐燉序後。錫麒字竹泉，謢聞齋亦其印記，丁丙《善本書室藏書目録》，時有其收藏之書，但未詳其籍里事迹耳。

皇明文衡九十八卷 明刊本，雪山藏本。

明程敏政撰。前有程氏自序。卷一第一葉題翰林院學士新安程敏政選編，鄉進士國子監助教永康范震校正，賜進士應天府儒學教授郊郢李文會重校。半葉十二行，行二十三字，版心魚尾下，題《皇明文衡》卷幾，《目録》内卷三劉崧《題抱琴聽泉圖》，有黑質白章缺字，下又云補刻於後。卷四袁愷《負米操》，其下亦注缺字，其餘各卷多有此類注字。卷末有"養齋"二字白文章、"雪山"二字朱文章，當是僧人雪山所藏。德濟字雲谷，號雪山，俗姓袁，吳郡名家子也。幼孤，出家羅漢寺，參學十年，窮合儒書法藏，精闡無遺。孝養其母，教母念佛，臨終有佛光照衣之異。松陵吕律爲寫《歸山奉母圖》。所著《養齋集語録》二卷。見吳定璋《七十二峯足徵集》卷八十五。

皇明詩選十三卷 明崇禎刊本。

前題雲間陳子龍臥子、李雯舒章、宋徵輿轅文同撰。前有三人自序，各一首。全書體例，自明初迄萬曆、天啓，分體彙選，次以時代，每人各有小傳，各有總評，其評語以臥子、舒章、轅文三人名號標識之，雖爲合選之書，然其所見尚不相淆

混。啓、禎間鍾、譚風習，流行甚廣，臥子出始斥之，故所選
以前後七子詩爲多，《凡例》稱閱文集四百一十六部、名家詩選
三十七部，而所錄僅如是，簡鍊之功，亦足多矣。此選關於詩
學流變，而清《四庫》不錄其書，則又何也。按《梅村詩話》
云，陳子龍字臥子，雲間華亭人，由進士考選兵科給事中。臥
子負曠世逸才，年二十，與臨川艾千子論文不合，面斥之。其
四六跨徐、庾，論策視二蘇。詩特高華雄渾，睥睨一世，好推
崇右丞，後又摹擬太白，而於少陵微有異同，要亦倔強語，非
由中也。初與夏考功瑗公、周文學勒卣、徐孝廉闇公同起，而
李舒章特以詩故雁行，號陳李詩，繼得轅文，又號三子詩，然
皆不及。當是時幾社名聞天下，臥子眼光奕奕，意氣籠罩千人，
見者無不辟易，登臨贈答，淋漓慷慨，雖百世後猶想見其人也。
嘗與余宿京邸，夜半謂余曰，卿詩絕似李頎。又誦余《雒陽行》
一篇，謂爲合作。晚歲與夏考功相期死國事，考功先赴水死，
臥子爲書報考功於地下，誓必相從，文絕可觀。而李舒章仕而
北歸，讀臥子《王明君篇》曰，"明妃慷慨自請行，一代紅顏一
擲輕"。則感慨流涕。舒章久次諸生不遇，流離世故，僶勉一
官，遇臥子於九峯山中，期滿北發，未渡江而臥子死，舒章鬱
鬱道卒。雲間有爲詩咟之者曰，蘇、李相交在五言，未嘗不寄
慨於此兩人也。讀此可稍悉三人始末。又《午風堂集》卷二云，
陳大樽《明詩選》允爲詩家正宗，無論非虞山《列朝詩集》可
比，卽竹垞《明詩綜》可備一朝文獻，亦非詩壇標準。阮亭謂
《明詩選》於弘、正間持擇甚精，嘉、隆以來便稍皮相，且以不
入湯義仍、曹能始詩爲大誤。大樽此選，力追雅音，格律聲韻，
真是一綫不走，嘉、隆後詩雖未極變化，要是古風未墜，若
《列朝詩集》之於北地信陽、婁東諸家，棄長錄短，恣其排斥，

而惟崇尚纖浮，此何以爲詩人先導。至如湯義仍之纖縟，曹能始瓜步江空等聯，最爲阮亭所賞。然神韻雖佳，體骨未稱，其他去正聲漸遠，無當美刺，大樽之不錄有以也。阮亭謂必當與《列朝詩集》合觀，吾所不取云云。大樽子龍別號。每卷末題同郡夏完淳存古氏較。半葉九行，行十八字，有圈點。

皇明風雅四十卷明刊本，明鄭淡泉舊藏。

前題海鹽徐泰編集，嘉定張沂重刊。前有嘉靖癸未海鹽徐泰自序，略云，此蓋予手錄我朝自開國迄今百六十年内諸家之詩也，其爲卷四十，爲篇一千六百有奇，蓋目之所及者耳。小兒嗜梨果，特取適己口者，而莫知其餘也。風雅之義云何？《詩》有六義，舉風雅而六義備矣，此盛世之意也。《大明風雅》，蜀人蕭方伯儼亦既梓矣，襲其名無所嫌乎，曰名盛世之音，又何嫌乎同也。次《凡例》，次詩人名氏十三葉。半葉十行，行二十字。徐氏自序前有“澹泉”二字、“大司寇章”四字兩大章。卷一前有“雲自在堪江陰繆荃孫藏書印”。蓋前藏明海鹽鄭端簡曉家，不知何時爲繆氏所收也。鄭曉字窒甫，別號澹泉，鹽官人。官至刑部尚書，諡端簡。著《吾學編》七十八卷、《古言》二卷、《今言》四卷、《奏議》《文集》各十卷、《禹貢圖說》《史論》各二卷、《策學》六卷。見《世經堂集》卷十八。

列朝詩集乾集二卷甲集前編十一卷甲集三十二卷乙集八卷丙集十六卷丁集十六卷閏集六卷明崇禎癸未汲古閣刊本。

錢謙益撰。《甲集》卷十有云，余撰此集，倣元好問《中州》故事，用爲正史發端，故搜摭考證，頗有次第。十月之交，不戒於火，三年琬琰盡矣。劫火秦灰，斯文蕩然，行且瘞硯冡筆，以答天戒。庚寅蒙史謙益書於絳雲餘燼室。此數十言，當卽牧翁著書之旨。然前人於此集，則譏誚者多，而獎譽者少。如新城王氏云，牧翁撰《列朝詩》，大旨在尊李西涯，貶李空同、李滄溟，又因空同而及大復，因滄溟而及弇州，索垢指瘢，不遺餘力。夫其駁滄溟《擬古樂府》《擬古詩》是也，并空同《東山草堂歌》而亦疵之，則安矣。所録空同集詩，亦多泯其傑作。黃省曾，吳人，以其北學於空同，則擯之，於朱凌谿應登、顧東橋璘輩亦然。予竊非之，偶著其略於此。牧翁於予有知己之感，順治辛丑序予《漁洋詩集》，有代興之語。寄予五言古詩云，“勿以獨角麟，儷彼萬牛毛”。今三十餘年，先生墓木拱矣。予所以不敢傅會先生以誣前輩者，亦欲爲先生之諍臣云爾。又云，牧齋訾謷李、何，則并李、何之友，如王襄敏、孟大理輩而俱貶之。推戴李賓之，則并賓之門生如顧文僖輩而俱褒之。他姑勿論，《東江集》予所熟觀，詩不過景泰、成化間沓拖冗長之習，由來談藝家何嘗推引，而遽欲揚之王子衡、孟望之之上，豈以天下後世人盡聾瞽哉！又云，牧齋貶空同、滄溟二李先生矣，吳人之師友二李者，如徐迪功、黃五嶽以及弇州皆絶之於吳，且夷迪功於文璧、唐寅之列，比之明妃遠嫁。一日閲馮時可《元成集·辯徐太室二羅集序》云，吳詩清淺而靡弱，不以二李劑之而何以詩哉！元成，吳人也，其言如此，天下後世其又可欺乎！牧翁稱文徵仲詩，近同年汪鈍翁注歸熙甫詩，人之嗜好實有不可解者，付之一笑可矣。又清康熙間雄山王企埥《明詩百三十家集鈔》，其序例云，牧齋選伯溫之詩，歧元末、明初爲二集，且謂沉淪下僚，作爲詩歌，魁壘頓挫，使讀者償

張興起。及佐命帷幄，其所爲詩，皆悲窮歡老，無復飛揚踔砑
之氣。牧齋此語，蓋借伯温以自寫照也。牧齋何人？乃敢希聲
附響於伯温乎？又云，牧齋於北地弇州，與夫鍾、譚等集，皆
力爲攻擊，若有深怒積怨而不可解者，氣勝而近於驕，詞厲而
傷於激，黨枯仇朽，殆亦過矣。又云，牧齋取元末之詩附於
《甲前》，於是原吉、叔能、廉夫、鶴年皆得入選。竊謂紫陽
《綱目》，於張良則書韓，於陶潛則書晉，皆取其不忘故君也。
王不就徵，戴不受職，楊白衣以歸老，丁廬墓而終身，安得以
元末之遺民，指爲明初之詞客乎！又清李林松《易園集》卷二
云，《明詩綜》史材也，其聚精會神，並見於詩話中。以視漫訾
李、何，而奉松園一老爲標準者，用心有公私之別，蓋嘗覈其
議論有三長焉。明詩教中衰如蜂腰，前後七子始得名太盛，而
後受彈射亦過多。平心而論，摹擬篡竊莫甚於于鱗，而宏博渾
灝，弇州未可過非。世徒以震川妄庸二字平視之，冤矣。先生
起而持其平，一也。革除奪門大禮諸事，國是日非，而有識之
士未嘗無昌言讜論聞於朝者，一一表章之，俾不没於世，二也。
勝朝僞譔滋多，如《從亡》《致身》等録皆是，至豐氏僞經出，
幾欲上淆聖籍，其他著述，率多憑臆而造，無一足據。先生力
剪榛蕪，汰存者其事皆可信，三也。國朝纂修《明史》時，先
生上總裁七書見集中，而不知某紀、某傳出先生手。乾隆初重
修定本，則先生之書已刊布，斯其有功於史學匪淺鮮也。以上
皆抨擊牧翁之言，或謂評論朱、錢二家之選，當以郎園葉氏所
論爲最允。《讀書志》卷十六稱《明詩綜》乃鄉愿之所爲，《列
朝詩》乃選家之詩史。二語尤爲破的云。此書倣元遺山《中州
集》版式，半葉十五行，行二十八字，言板本者多舉之。

五十萬卷樓藏書目録初編卷二十二

集　部　八

金華文統十三卷明正德刊本。

明趙鶴著。前有鶴序，略云，愚既爲《金華五先生正學編》，以示諸生。諸生復謂鄉郡文獻，殆不止此，願輯其文以著其人。愚爲考焉，得賢而有文者二十六人，其文正而粹者一百三十五篇，題曰《金華文統》。序之曰，由有宋建炎逮皇朝成化幾三百年，而海內之文，萃於金華矣。然因書論世而得金華之文殆三變焉，周漢間金華越在於越，不得齒上國文物，而爲俗最荒陋。自梁孝標始工文章，唐駱賓王、舒元輿、馮宿兄弟繼之，俱以詞藻發聞，然孝標沿六朝浮麗，王、元輿競聲律之末，宿始追古而未脫駢偶，固爲一變矣。宋建炎以來，范賢良始論心性，呂太史邃於經史，陳龍川好兵律事功，皆內有所主，出之以理，輔之以學，故爲文揄揚反覆，詳蔽辯博，而有以明其志，是爲再變矣。咸淳之間，大儒繼作，如何文定之醇正精確，王文憲之雄毅深邃，金文安之明暢嚴密，許文懿之和平沉實，則又本於玩索之精、封殖之厚。雖不期爲文，而文不可掩，及其規模，皆以明天理、淑人心、詔正學，黜邪説爲主。嗣是而後，作者紛出，若柳道傳、吳正傳之深於經，張子長之長於史。入國朝，宋景濂、王子充、蘇伯衡、胡仲申又以其文翊贊鴻業，

爲時宗工，然考其淵源之自，道德之歸，未有或外於四賢而立
法者，而文之變至是極矣。序末行題正德六年賜進士出身中順
大夫金華府知府江都趙鶴書。序後有《金華文統例訓》，略列如
下：呂成公脩文鑑法，見《宋史》，以黜浮崇雅爲主。朱文公取
文字之法，見《王魯齋文集》，文勝而義理乖僻者不取，贊邪害
正者文辭雖工不取。王魯齋先生曰，貴多不貴精，後世文集之
通患。吳正傳作《敬鄉錄》有云，其或人文俱顯，錄所不及者，
亦不無微意焉。吳正傳又曰，剽竊緒餘，掇拾淺陋，無關於義
理，無裨於正教，逞私說，肆不根，習非聖以自詭，反前人以
爲高，所謂詖淫邪遁。趙氏蓋借前人成說以明其錄文之旨也。
又云，此集止二十六人，文一百三十五篇。宋景濂文二卷，以
其備述聖代功德爲詳。卷第一宗澤、梅執禮、潘良貴、鄭剛中、
賈廷佐，卷第二、卷第三范浚、陳亮、呂祖儉、徐僑、何恪、
時少章、喬行簡，卷第四、卷第五、卷第六柳貫、張樞、吳師
道、胡助、黃縉、吳萊、宋濂、王禕、蘇伯衡，卷十二、卷十
三胡翰、戴良、吳沉、王紳、章懋。伯驤嘗讀諸賢之文，益知
趙氏之意，蓋欲以文統爲學統矣。編中所列諸賢，類皆名著史
策，多爲後人所共悉者。其中如梅執禮嘗於靖康之難，謀劫二
帝不遂，爲虜帥所害。執禮並通諸經，尤深於《易》。賈廷佐爲
桐廬主簿時，兩上書論虜不可和，欲斬王倫，其憤激不減胡銓。
徐僑受業朱子之門，累除直寶謨閣待制兼侍講，建言子思宜配
享，二程、趙汝愚宜列從祀，悉從之。何恪字茂恭，義烏人，
紹興進士。陳龍川評其文，謂爲山崎玉立，地圓海涵，目空宇
宙。時少章字天彝，年六十，始登寶祐癸丑進士，博極羣書，
尤精史學。諸君子均學行絕人，凜然風節，足頡頏於宗、陳、
范、呂諸公者也，故稍著之。

金華文徵二十卷明刊本。

明滇中阮元聲撰。前者崇禎辛未韓敬序。次有檇李陳懿典序，略云，梁《昭明選》以及唐宋之《粹》與《鑑》，皆有徵，然彙集一代之文，未有能彙集一邦之文者，有之自阮使君《金華文徵》始。使君以南宮高第，筮理婺郡，中丞直指倚爲左右手，宇下之文移屬至，他郡之訟牒蝟集，八面四應，破竹游刃。公餘清暇，蒐覽名山什襲之藏，諏諮賢士大夫之架，自漢至今二千年間，凡婺郡遺文，無論隱顯，一一丹鉛甲乙。次有自序，次姓名傳略，共二十葉。次《目錄》，後有"崇禎五年戴應鼇重訂"一行。卷首前題金華司李滇南馬龍阮元聲甫，金華令西蜀忠州高倬雲章甫選評，金華學博浙鄭楊德周齊莊甫輯訂，弟子員戴應鼇編次。

唐四傑集　卷明嘉靖間刻本。

前有嘉靖戊申西橋山人建安程寬撰序，略云，余嘗稽之三代以上，德行文章，合於一，故其文也獨盛。三代以下，德行文章離於二，故其文也日衰，蓋根本之學無傳，是以藻繪之風彌盛，陵夷至於六朝，蓋已極矣。唐初以來，兢習波瀾以爲奇，抽對黃白以爲巧，而王、楊爲之伯，盧、駱並鳴焉，唐之四傑，余必以賓王爲巨擘焉。嘗讀其《辭裴吏部之書》曰，義士期乎貞夫，忠臣出乎孝子，既不能推心以奉母，又焉能死節以事人乎！余未嘗不撫卷流涕，而感其孝思之殷也。及觀其爲徐敬業討武氏一檄，則庶幾能奮其忠毅而吐天下元元之憤，垂今凜有生氣，卒超然於武氏之羅網而逃遯焉。桂子落而天香飄之作，殆豐劍紫氣之凌天，謂之曰奇傑非耶！烱之言曰，恥居王後，愧在盧前。張燕公以爲愧者謙也，世之君子，讀四傑集者，其當毋嗜粲粲之春華，而忘離離之秋實，則得之矣。是集也，建安楊太僕嘗刻之於家，建陽張明欲重刊書坊，以廣其傳，丐一言以弁其首，余遂敍之。半葉九行，行二十一字。每集略述作者行略於前，《楊烱詩集》末有"建寧府張二店賣"七字。

唐四傑詩集 <small>明活字本。</small>

　唐王勃、楊烱、盧照鄰、駱賓王撰。半葉九行，行十七字。《王勃集》分卷上、卷下，卷上二十二葉，卷下二十一葉。《楊烱集》卷上十八葉，卷下十一葉。《盧照鄰集》卷上二十一葉，卷下二十四葉。《駱賓王集》卷上二十六葉，卷下三十葉。駱《集》有魯國郗雲卿撰序一葉，餘集無之。各集之詩，其中每有空一字者。王《集》卷上賦，卷下詩，楊《集》亦然。盧《集》上卷賦五首，後卽詩，卷下亦詩。駱《集》卷上祇《螢火賦》《蕩子從軍賦》二首，以下卽詩。

重刊二程全書六十五卷 <small>明弘治間刊本，明行人司舊藏。</small>

　宋程頤、程顥撰。前有總目，計《遺書》二十八卷，《附錄》一卷，《外書》一十二卷，《經說》八卷，《文集》一十三卷，《文集拾遺》一卷，《續附錄》二卷。有弘治戊午間序，略云，當時二程子一言一行，門人爭相記錄，各自爲書，傳之於人，若《遺書》外，《經說》《文集》在宋時固已板行，號《程氏四書》。自時迄今，幾四百年，昔在人間，各相珍襲，好事者往往刻其所藏本。天順間國子監丞洛陽閻君子與，求得《四書》，及臨川譚元之所蒐輯遺文、遺事合爲一書，大師南陽李文達公題曰《二程全書》，而爲之序。今學士泌陽焦君爲編脩時，嘗爲校正，南陽知府陽曲段君可久，實刊行之。頃訪得各本，遂屬參議康君孝隆重爲編輯，僉事彭君性仁復從而校正焉。又採程氏家講象贊揭於前，《宋史·程珦傳》及謚議、制詞諸文係於後，以見二先生之道。前有所啓，河南知府東嘉陳君文德，樂承繡木之任云。卷一前題"河南布政司左參議武定康紹宗重編，河南按察司僉事清江彭綱校正，河南府知府平陽陳宣刊行"三行。半葉十行，行二十一字。卷首有"行人司圖書記"、"萬曆戊申春行人司查明"兩朱記。明制，行人司隸鴻臚寺，凡出使官屬，必采書籍歸之，每歲查檢蓋戳卷端。事見《明史》。此蓋明時官書也。

三蘇文粹七十卷宋刊小字本，葉林宗、趙次侯舊藏。

不著纂輯姓氏。前有標目，無序跋。選老泉文六十八首，東坡文二百七十九首，潁濱文三百十二首。目後有真書墨圖記云，婺州東陽胡倉王宅桂堂刊行。字仿率更體，極工。虞山瞿氏藏本與此同，張氏適園亦藏此本，謂與《歐陽文粹》板式相若，當是同時所刊。紀文達未見宋本，謂認明人輯錄，故不獲與《歐陽文粹》並列。每半葉十九行，行二十六字，敬、殷、匡、恒、貞、徵、讓、樹、桓、構、慎字皆闕筆，而惇字不闕，光宗前刻本也。老泉文有《洪範三論》及《後序辨姦論》，爲《嘉祐集》不載。東坡文有《邇英進讀》《評史》《評文選》等篇，爲七集本不載，當取諸大全集本。潁濱文有諸論爲四集本不載者，皆取諸古史，文中字句，多與集本不同，亦互有得失，可資參校。明嘉靖中有重翻本頗清整，謅字亦不多，惟東坡文去《姦民篇》，"持吏短長而不可詰者"，詰謅誥；《省費用篇》，"徒兵之衆"，徒謅徙；《蓄材用篇》，"是其必然者終不可得而見也”，終譌然；《練軍實篇》，“故兵常驕悍而民常怯”，而譌於。潁濱文《禮以養人爲本論》，“有司請定法令”，請譌謂；《新論》“上以濟其所不足”，不譌而。餘皆無譌，板式與同，亦足爲善本云。張氏以明翻爲工，則此本之精可知矣。黄蕘圃云，思適居士既成《百宋一廛賦》，予又别得紹興本《管子》、殘小字本《三蘇文粹》、李復言《續幽怪録》之屬，凡數十種。是小字本爲蕘圃所喜，而陸氏心源所藏則爲宋蜀大字本，計卷一至卷十一老泉先生文，卷十二至四十三東坡先生文，卷四十四至七十潁濱先生文。每葉二十行，每行十八字，版心有刊工姓名。語涉宋帝皆空格，宋諱避至桓、構止，蓋紹興初蜀中刊本也，未審與小字本有無異同。伯驥按：宋本《周禮》，有題婺州市門巷唐宅刊、有題婺州唐奉議宅。瞿氏藏宋刊殘本《禮記》五卷、愛日精廬藏宋巾箱本《禮記·月令》一卷，書後皆有“婺州義烏酥溪蔣宅崇知齋刊”木印，蓋當時刻槧，婺州頗多。王氏國維《浙古本考》，稍詳其事。《老學庵筆記》稱建炎以來，尚蘇氏文章，學者翕然從之。有語曰蘇文熟，吃羊肉；蘇文生，吃菜羹。蓋自紹聖年禁蘇、黄文字，至紹興而上下争購求之，燬廢之餘，流傳更盛，即如《三蘇文粹》蜀本，三蘇文東萊標注，各各不同。孝宗贈軾太師制詞云，人傳元祐之學，家有眉山之書。前人每述此言以爲不誣者也。此類刻本，在宋世頗多有之，清天禄琳琅著録《重廣分門三蘇先生文粹》巾箱本，不著編者姓名，書一百卷，彙三蘇文，分門纂輯，曰五經論、曰六經論、曰書解、曰洪範論、曰中庸論、曰春秋論、曰南省講三傳、曰論語解、曰論語拾遺、曰孟子解、曰太玄論、曰帝王君論、曰帝王臣論、曰聖賢論、曰列國君論、曰列國臣論、曰歷代君論、曰歷代臣論、曰歷代論、曰歷代土風論、曰衡論、曰史論、曰謚法論、曰祕閣試論、曰試策、曰策略、曰策別、曰策斷、曰進策、曰策、曰策問、曰私試策問、曰上書、曰奏議、曰表狀、曰書、曰啓、曰記、曰敍、曰引、曰字說、曰雜書、曰雜說、曰邇英進讀、曰評史、曰評文選、曰頌、曰贊、曰碑、曰銘、曰傳、曰祭文、曰行狀、曰神道碑、曰墓誌銘，而以《潁濱遺老傳》終焉。又有蜀本《標題三蘇文》，亦巾箱本，不著論者姓名，書六十二卷，彙三蘇文分門纂輯，序次與前不同，此則割併，毫無體例，此皆可證其時蘇文之盛行者也。清四庫據明刊本存其目於總集中，是當時尚未見天祿本矣。此書有"林宗"朱文章，又"□山樓"朱文章，此章脫去一字者，當是舊字，爲趙氏次侯舊山樓遺物。葉樹蓮字林宗，明諸生，國亡棄去，改名萬。世居洞庭山，嘗游虞山，樂其山水，因家焉。所至必多聚書，會鼎革獨身走還洞庭，已，復居虞山，購書倍多於前。每遇宋、元抄本收藏古帙，雖零缺單卷，必重購之，世所常有者勿貴也。得書分別部居，精辨真贋，手識其所由來。見徐乾學《憺園集葉林宗傳》。又《七十二峯足徵集》，稱林宗好學多藏書，名與石君上下。按石君名樹廉，亦喜收書，與林宗爲兄弟行。《讀書書敏求記》稱，林宗篤好奇書，搜訪不遺餘力，君亡來三十餘年，遍訪海内收藏家，罕有如君之真知、真好云。蓋姑蘇葉氏，有明一代崑山文莊家最著，此外又有林宗昆仲。羹圃所藏明本王狀元《荆釵記》，卷末有"姑蘇葉氏戊廿梓行"八字，或亦與林宗有連歟。

二妙集八卷　舊刊本。

金段克己、段誠己撰。前有吳澂序，讀之可知二段之始末。節錄其略云，中州遺老值元興金亡之會，或身没而名存，或身

隱而名顯，其詩文傳於今者，竊聞一二，河東二段先生者，豈
徒從事於枝葉以爲詩爲文者之所能及哉！於時干戈未息，殺氣
彌漫，賢者避世，苟得一罅隙地，聊可娛生，則怡然自適，然
形之於言間，亦不能自禁。若曰冤血流未盡，白骨如丘山；若
曰四海疲攻戰，何當洗甲兵。則陶之達，杜之憂，蓋兼有之。
伯氏諱克己，字復之，人稱遯庵先生。在金以進士貢，金亡餘
二十年而卒，終身不仕。仲氏諱誠己，字誠之，人稱菊軒先生。
在金登進士第，主宜陽簿，年過八衮，至元間乃卒，雖被提舉
學校官之命，亦不復仕。遯翁之孫輔由應奉翰林，歘歷臺閣，
今以天宣侍郎知選舉。解后於京師，出其家藏《二妙集》以示，
一覽如覿靖節，三復不置。昔之耆彦嘗評二翁，謂復之磊落不
凡，誠之謹厚化服，摹寫蓋得其真，予亦云然。後題翰林學士
資德大夫知制誥同脩國史臨川吳澂序。半葉九行，行十八字。
卷之一五言古詩，卷之二七言古詩，卷之三五言律詩、七言律
詩，卷之四五言律詩、七言律詩，卷之五五言絶句，卷之六雜
言，卷七、八樂府。卷八前人謂菊軒《贈呼延長原句》，"雖云
符詛師，頗異尋常人。疾苦在力救，貴賤情一均"。又云"功成
不責報，第恐傷吾仁。曠裹寓杯酒，不計醨與醇"。即今所謂祝
由科。此本板刻字畫頗雅，估人以爲元刊，雖無證，然亦非明
中葉後刊本也。近世有此集新刻，出自海豐吳仲怡石蓮庵，孫
益庵特倣魯訔杜《集》、洪興祖韓《集》之例，輯《二妙年譜》
二卷，正史無徵，則旁攷河汾諸老集，又博采劉京叔、元遺山、
虞道園諸家，鈎稽歲月，絲聯繩貫，生卒仕隱，顥然明白。葉
鞠裳氏爲之序。讀斯集者，更多攷證矣。

湖湘校士録八卷　明刊本。

前有萬曆甲寅巡按湖廣監察御史晉陵錢春序，略云，予奉

命視楚服，暇與博士弟子雍容譚蓺，以爲制舉之業，本性情而傳經術，故輶軒所至，必下郡學焉。徵其尤異者進之，用示廣厲，茲且告成，彙集尤之尤，授諸梓，爲《湖湘校士録》。次有萬曆甲寅湖廣等處承宣布政使司左布政使劉之龍序，略云，古天子巡狩太師，陳詩以觀民風，閭巷謳吟出婦人孺子之口，而忠孝貞信率寓於比物託興間。學士大夫受而讀之，千百載之後，王圻侯甸恍若生其時，而知其風之始，與其風之極致，言之所入也深哉。今之世，孔孟而外，人各治一經，爻象典謨，經曲筆削之旨，俛俛曰有孜孜，奚啻詩其吐於辭華，窺乾坤之易簡，述帝王之馳驟，抉聖賢之奧渺，窮理亂之得失，宜過於婦人孺子尋常歌咏之上。是故文章關乎世運，互爲否泰，則亦互爲高下，觀於文化成天下易易耳，而風思過半矣。伯驥按：自明以來，士大夫刻集，每喜以制藝載入，然此風實始自北宋。劉安節撰《劉太史集》四卷，内有經藝十七篇；劉安上撰《劉給事集》五卷，内有經藝八篇；蘇軾撰《東坡大全集》一百五十卷，内有經藝十三篇；南宋胡宏撰《五峰集》五卷，有經藝三種；吕祖謙撰《東萊集》四十卷，内有《外集》五卷爲程試文；魏了翁撰《鶴山全集》一百九卷，内有制舉文三卷；方大琮譔《鐵菴集》三十七卷，中亦有經藝，此皆專就別集而言。若總集則吕祖謙編《宋文鑑》一百五十卷，内録張才叔經藝二篇，明何氏《明文徵》亦有時藝選入。惟朱氏《經義攷》有何夢中等《周禮義》一卷，引王圻説，謂元東陽内舍生何夢中與弟參知政事夢然所作。按三舍法行於宋世，前人謂元時未有舉行。夢然參知政事在宋景定二年，亦非元時所授官。《續通考》所云，實爲謬誤，竹垞蓋未及辨正。攷宋以《周禮》試士，此必何氏兄弟科舉之文，不當溷入經義。蓋時藝入集，則自宋已有之，若混淆經說，則甲部實無此體制也。校士之刻，流傳最尠，此爲明世舊本，讀之可考見當時風氣。明徐氏階云，國家以文取士，宣德以前，場屋之文雖間失之朴略，而信經守傳，要之不牴牾聖賢。至成化、弘治間，則既彬彬盛矣。正德以降，奇博日益，而遂以入於楊墨老莊者，蓋時有之。見《世經堂集》卷十二。若此編所載，則尚爲雅正也。歸氏有光曰，天下之學者，莫不守國家之令式，以求科舉。然行之已二百年，人益巧而法益弊，相與剽剝竊攘，以壞爛熟軟之詞爲工，而六經聖人之言直土梗矣。見《震川文集・陸元清墓誌銘》。又《潛丘劄記》述崑山吳喬論八股時文曰，自六經以至詩餘，皆是自說己意，未有代人說話者。惟元人就古事作雜劇，始代他人說話。八比時文，雖闡發聖經，非注非疏，代他人說話亦然，故曰俗體也。歸、吳之說，皆鄙棄時文，惟焦氏循引《雲麓漫抄》云，唐代舉人先藉當世顯人，以姓名達之主司，然後以所業投獻，踰數日又投，謂之溫卷。如《幽怪錄傳奇》等皆是也。蓋此等文備衆體，可以見史才、詩筆、議論，至進士則多以詩爲贄。今有唐詩數百種行於世者是也。按此則唐人傳奇小說，乃用以爲科舉之媒，此金元曲劇之濫觴也。詩既變爲詞曲，遂以傳奇小說譜而演之，是爲樂府雜劇，又一變而爲八股，舍小說而用經書，屏幽怪而談理道，變曲牌而爲排比。此文亦可備衆體，可見史才、詩筆、議論，其破題、開講，卽引子也，提比、中比、後比，卽曲之套數也，夾入領題、出題、段落，卽賓白也。習之既久，忘其由來，莫不自詡爲聖賢立言，不知敷衍描摹亦仍優孟之衣冠，至摹寫陽貨王驩太宰司敗之口吻，敍述庾斯抽矢，東郭乞餘，曾何異傳奇之局段邪！而莊老釋氏之恉，文人藻繢之習，無不可入之，第借聖賢之口以出之耳。八股出於金、元之曲劇，曲劇本於唐人之小説傳奇，而唐人之小説傳奇，爲士人求科第之溫卷，緣迹而求，可知其本。見《易餘籥錄》十七。焦氏又云，詞之體盡於南宋，而金、元乃變爲曲，關漢卿、喬夢符、馬東籬、張小山等爲一代鉅手，乃談者不取其曲，仍論其詩，失之矣。有明二百七十年，鏤心刻骨於八股，如胡思泉、歸熙父、金正希、章大力數十家，洵可繼楚騷、漢賦、唐詩、宋詞、元曲，以立一門户，而李、何、王、李之流，乃沾沾於詩，自命復古，殊可不必者矣。夫一代有一代之所勝，舍其所勝，以就其所不勝，皆寄人籬下者耳。余嘗欲自楚騷以下，至明八股，撰爲一集。漢則專取其賦，魏晉六朝至隋，則專錄其五言詩，唐則專錄其律詩，宋專錄其詞，元專錄其曲，明專錄其八股，一代還其一代之所勝。見《易餘籥錄》十五。可知此種文字，雖不足語於通人，然綿歷數百年，關於歷史甚巨。此伯驤所撰《中國文學史》，特采理堂之説，而書目並錄斯書也。此爲萬曆甲寅錢氏所試湖廣全省十五府四州及各縣前列諸學廩增附生時文，擇尤刊出。往者士子應試之作，海内風行，然日久則胥歸消滅，則此巋然獨存之卷帙，洵足爲徵文考獻之資，正當珍重收儲，不得以敲門磚見譏，與宋板《公羊》同裹玉佩也。《郋園讀書志》謂全省之中，著書傳世者，僅陳士元一人，成就之難，洵有披沙揀金之慨，此則楚人言楚，感歎係之，固其宜矣。此爲前明湖湘刻本，槧刻紙墨亦佳。徐興公嘗稱王文恪彙輯春秋詞命，屬使君田叔愛其詞簡古，之官沅陵，乃授梓以行。楚中紙煙殊佳，余小齋中復增一種奇書，是明代湘中刻本不劣之證，清世則較蘇、閩爲次矣。

西崑酧唱集上下卷 傳錄明嘉靖丁酉高郵張綖序刊本，文選樓舊藏。

宋楊億編。前有張綖序，略云，論詩者類知宗盛唐，黜晚

唐，斯二體信有辨矣。然詩道性情，古人采之，觀風正樂，以
在治忽者也。如不得作者之意，徒曰盛唐盛唐，予不知直以盛
唐亦何以也。杜少陵盛唐之祖也，李義山晚唐之冠也，體相懸
絶矣。荆國乃謂唐人學杜者惟義山得其藩籬，此可以意會矣。
楊、劉諸公，倡和《西崑集》，蓋學義山而過者，六一翁恐其流
靡不反，故以優游坦夷之詞，矯而變之，其功不可少，然亦未
嘗不有取於崑體也。徂徠冷齋著爲怪説詩厄，和者又從而張之，
崑體遂廢，其實何可廢也。次楊億序，次列西崑倡和詩人姓氏，
共十七人。前人謂自宋以來，試士易制、詩各一塗，遂將李唐
一代制作，四分五裂，有江西體、有九僧四靈體、西崑體，要
皆自宋人分之，而唐初無是説焉。元和、太和之代，李義山傑
起中原，與太原温庭筠、南郡段成式，皆以格韻清拔，才藻優
裕，爲西崑三十六，以三人俱行十六也。《後村詩話》云，楊、
劉諸人，師李義山可也，又師唐彦謙，唐詩雖雕斲對偶，然求
如一杯三尺之聯，惜不多見。五言《敍亂離》云，“不見泥函
谷，俄驚火建章。剪茅行殿急，伐柏舊陵香”。語雖渾成，未甚
破碎。若《西崑酬倡集》，對偶字面雖工，而佳句可録者殊少，
宜爲歐公之所厭也。卷下。所謂西崑者，取玉山册府意義以名之，
當其時億正官兩禁也。各詩均慕效玉溪氣體，其後歐、梅崛起，
體格既變，此派遂衰。然如楊序所謂雕章麗句膾炙人口，而馮
氏武謂梁有徐庾，唐有温、李，宋有楊、劉，去其傾側，存其
繁富，則爲盛世之音，庶幾崑體定評矣。又此集自勝國名人，
逮牧齋老叟皆以不得見爲歎息，西河毛斧季從吳門拾得抄白舊
本，狂喜而告於徐司寇，司寇遂以付梓，刻成而以剞劂未精，
祕不示人。吳門壹是堂又以其傳之不廣，而更爲雕板。今又得
朱閬仙而三梓之，見馮氏武序中，則清初刻本也。蓋此集毛氏

有影宋本，卷中有斧季識語，謂《南朝》《漢武》等篇，僅見於《瀛奎律髓》，先君每以不見此書爲悵。今見錢功甫鈔本，乃與借歸，定遠先生匍匐而來，倉茫索觀，陳書於案，叩頭無數而後開卷。揣當年原本定係宋刻，何子道林，書法甚工，屬擬宋而精抄之。今流傳轉寫，遍滿人寰，要必以此本爲勝也。毛本後歸聊城楊氏，則是集流傳之端緒也。又是集倡和人姓名，清世祝氏刻本略其結銜，此本有之。清刻此集有五，以祝本爲最通行，序前有"文選樓"、"揚州阮氏琅嬛僊館藏書印"、"潘陽黃海長六十歲後眼見經籍書書畫印"。楊序前有"藝風堂藏書"章，卷上有"荃孫"二字章，卷下有阮氏兩章。

潞公軒詩上中下卷明刊本。

明翼城王泰編。集前有曹安序，略云，宋太師潞國文公彥博，於仁宗天聖六年，知山西翼城縣事，時創一河亭，今亭之梁有公親筆，人士往來題詠甚侈。王君泰，翼城人也，嘗手鈔諸作諷誦之，意已有在，邇欲刻梓以傳，尚論景行，有足多矣，間屬安序其所以。安憶曩年校文山西，因閲《山西通志》，至潞公軒，遐想至再。今觀諸作，所以形容是軒，暴公之名實者至矣。此爲成化刊本，曹之結銜爲京闈甲子鄉貢進士武邑縣儒學教諭，半葉九行，行十九字。

雲岩詩集六卷明刊本，天一閣舊藏。

前題致仕道會齊雲觀徐必元、同觀潘鎮元、汪泰元、吳璉真、張慶真、汪世和、程仁和重刊，休寧道會澹然子朱素和編集，翰林院編脩貴溪畢濟川校正。卷一文，卷二以下全是詩，末則詩餘焉。卷一有宋德祐元年，朝列大夫沿海制置使司參議行在文思院里人金大鏞所撰《白嶽中和山齊雲佑聖殿開關興復碑記》，稱休寧縣西三十里有山曰白嶽中和，有巖曰齊雲，備載《新安圖志》。齊雲一石插天，真可與雲齊也。有巖在其下，是曰齊雲，齊雲雄壓萬山，尊居巍巍，從侍名峯三十有六、岩洞七十有餘，無名者莫能悉紀，蓋名勝也。卷末有正德九年潘相跋跋，後有"古杭孟尚文壽梓"一行。正統八年葉蓁跋語，亦占數葉。正德九年，朱素和跋，略云，齊雲岩舊有詩集板本，更革後散失無幾，往來名勝每以不聞山中勝槩爲恨。正德己巳，予忝任休寧道，會節推張公登兹山，書程學士《記雲岩碑陰》，謂予曰，《雲岩詩集》，盍重整刊行乎？後賴好事者，裒集古今名賢士夫之所著述，釐爲六卷，稿呈畢內翰校正鋟梓。半葉九行，行二十一字。卷末有題字一行，爲前明四明范侍郎欽筆跡，蓋此書由天一閣散出也。

重脩會景編十二卷明刊本。

明趙廷瑞撰。計《栢子潭詩文》二卷、《豐梁亭詩文》二卷、《醉翁亭詩文》二卷、《琅琊山詩文》二卷、《龍蟠山詩》一卷、《環山樓詩文》二卷、《雜景詩文》一卷。前序略云，滁之山川，至唐韋刺史而始著，及宋歐文忠而始大顯，自是學士大夫代有題詠。入明爲兩京孔道，而罔寺適當豐山之麓，賓客往來，遊者絡繹，名公鉅儒，眺覽之餘，長篇短什，斌斌乎盛矣。琅琊諸山，無甚瓌奇巨麗之觀，而至者眷顧徘徊，流連諷咏，數百年之亭榭，屢廢屢興者，則皆文忠以也。舊有《會景編》，經剞劂者數矣，歲月既久，漫漶滋多。余承乏留牧，間取一閱，至不可讀，乃覓善本校讐，正其訛缺，增其所未備，凡爲詩文若干卷。其首則《御製禱雨》二篇也，乃別爲一卷而大書之，餘以次彙集仍其舊云。滁陽諸勝，向稱十景，并繪圖於首。萬曆丙午亞中大夫南京太僕寺卿閩中林熚序。次有嘉靖乙卯吳郡章煥序，次有嘉靖丁酉中大夫南京太僕寺卿魏郡趙廷瑞自序。半葉十一行，行二十字。

月泉吟社詩二卷清林吉人精寫本。

宋吳渭撰。渭號潛齋，一字清翁，浦江人，嘗官義烏令。入元，退居月泉，延致鄉遺老方韶父，與閩謝皋羽、括吳思齊主於家，始作月泉吟社，四方吟士從之，三子爲之評較。《浙江通志》云，月泉在浦江西二里，其泉視月盈虛爲消長。宋政和間，縣令孫潮疏爲曲池，咸淳間縣令王霖龍構精舍於泉上，元改爲書院。至元丙戌丁亥間，徵賦春日田園雜興，共得詩二千七百三十五卷，仿鎖院試士之法，以謝翱皋羽爲主考，選中二百八十名，自第一名羅公福至六十名，賞羅縑深衣布筆墨有差，榜後刻爲詩錄並摘句。伯驥按：此詩明毛氏有刻本，係據正德本重雕。前有水南田汝耔序，略謂此詩原有刻本，迨從子集賢學士直方，并其子貞文公萊及諸孫元帥輩，相嗣傳焉。中更兵燹，是本泯沒，其裔孫克文。會金華錢世淵，獲舊所刻本，復重刻焉，蓋正統十年春月之日也。有長史義門鄭楷、教諭文江張用，並敍諸末云。石洲王子攜至江右，間以授予。其詩多律五七言四韻近體，其詞婉微，其氣平澹，其音清翁，雖不逮唐製，然亦有唐之遺風。西涯昔著《詩話》，亦稍取之。予切愛清翁謝吳三子，同一時四方才士，凡所詠歌，祇引田園景跡，不及他物事，真雅趣哉。其殆加於世之沈淫紛華者已，且其板毀，盍再刻之。或以吳溪諸輩，不親世故，競尚文辭，然今攷吳溪社士，皆故宋人也，值元初季，其處心甘是，蓋智者識矣。毛本述前人之說如此。此詩清《四庫》著錄。別有《百正集》，是館臣搜輯者，爲連文鳳著。文鳳號應山，字百正，三山人。月泉吟社第一之羅公福，卽百正寓名。清《四庫》從《永樂大典》搜出文鳳各詩，編成三卷，蓋原本已佚也。邵氏晉涵爲張廷枚撰《姚江詩存序》，中有云，余考南宋詩人，若汐社、月泉吟社見於人間廑數篇爾，余從《永樂大典》中，裒其散見者，而後高耻堂、連百正諸君子，方成專集。則邵氏之勤劬可想矣。汲古閣刻本月泉吟社詩，有子晉手校，今歸適園張氏。

叢書堂投贈集二册 明寫本，吳文定公手題。

不著編輯姓名。有絹籤云，《叢書堂鈔》名公巨卿所作詩精選本，分上、下二册，上册以田莊屋宇分類，共六十有七葉，下册以簡寄、慶賀、辭別、慰問、書畫、贈送分類。末有朱字題記云，右詩集二本，皆成、弘間名公鉅卿所作，及迭相唱和，以遺我祖文定公者。卷首分題，猶係公手筆，倘有餘貲，當擇其佳者，刊爲吳氏外集，以備觀覽可也。戊寅三月八日新塘館齋識，家楨。共八十葉。叢書堂爲成化、弘治間吳寬齋名，題記所云文定公，蓋謂寬也。上册田莊門有陸容《題東莊詩》云，"一家食貨封堪比，四世圖書棟已充"。文定素以藏書名，讀此詩可知其淵源已遠矣。又有李東陽《東莊記》云，蘇之地多水，葑門之內，吳翁之東莊在焉，莊之爲吳氏居數世矣。由元季逮於國初，隣之死徙者什八九，而吳巋然獨存。翁少喪其先君子，徙而西，既乃重念先業不敢廢，謹其封濬，課其耕藝，而時作息焉。翁仲子原博以狀元及第，入翰林爲修撰，朝士與修撰游者，多爲東莊之詩。由李氏之言觀之，可知東莊可耕之地固不少，文定固以耕讀世其家者者也。文定號匏庵，其家修竹書隱中六題，匏庵其一也。此書録陳章詩云，"公庵以匏名，謂若匏繫然。我於秋省中，日誦匏庵編。公今世大儒，所學有本源。草廬百年後，貞下當起元。俗學久汩没，正如在深淵。濟者無一二，墮者恒百千。公有濟時具，舍公孰能援。道濟天下溺，公無讓前賢"。草廬謂元吳氏澄，以理學名，文定非其比，陳氏蓋以此望之，而欲其以教澤益人也。婁江顧昌《送翰林院脩譔吳公原博服闋之京序》云，世謂文學肇顯，魁南宮者以才，魁廷選者以德。何以云然，南宮合試經書、子史、時務，凡百優於衆士，斯得首列。廷試則治道一策，上協聖心，乃得冠於羣英。將由天祐，匪力所及。此以形跡概論，深究其故，有德則必有才，而無德者未必能享大名也。南宮首捷，衆耳目所注，非德素積，殆亦弗克至云云。此殆與袁了凡、黃陰騭之説相近矣，其餘可資定中攷論者不尠，讀家藏集時，當取以對勘也。版心有"叢書堂"三字。卷前有"吳寬"二字方形朱文章。卷後有"吳氏家藏"長方形朱文章，並有"潘叔潤圖書記"、"潘印介祉"、"玉荀"各章。原題未有，伯驥謬稱爲《投贈》云爾。

詩女史十四卷拾遺明刊本。

前題錢塘田藝蘅撰。前有嘉靖間自序，略云，遠稽太古，近閱明時，乾坤異成，男女適敵。雖内外各正，職有攸司，而言德交脩，材無偏廢。男子之以文著者，固力行之緒華；女子之以文鳴者，誠在中之間秀。成周而降，代不乏人，曾何顯晦之頓殊，良自采觀之既闕也。夫宮詞閨咏，皆得列於葩經，俚語淫風，猶不删於麟筆。蓋美惡自辨，則勸懲攸存，非惟多攷皇猷，抑亦用裨陰教，其功茂矣，豈小補哉。然聖史如司馬子

長，尚寂無所錄，其後間紀一二，概已疎矣，所幸稗官野史，
略有條書，樂府名家，多因附見。往往上闡元化，下總物情，
縱未能媲美於二南，庶足以揚休乎六義。致使羣英聯句，俊女
擅場，衆妙探題，騷人閣筆，故能膾炙世口，頡頏士流。藝蘅
惜盛籍之未興，信雅典之有待，迺探賾索隱，刴粹搜奇，人有
善而必彰，言無微而不齒，首標小傳，尾續餘篇，名曰《詩女
史》。蓋詩之所採，敢竊比於國風，而行有所遺，諒先登於策府
也。次凡例，略云，國風雖有婦人女子之詩，多不可考，除
《綠衣》《燕燕》《日月》《終風》《柏舟》《載馳》《河廣》七
篇，存其姓氏，然皆屬邶、鄘、衛三國，其《汝墳》《草蟲》
《行露》《殷其靁》《小星》《江有汜》《谷風》《竹竿》《伯兮》
九篇，已不知其爲誰何，世遠人湮，深可憐惜。其餘皆宋人臆
説，不可盡據，小序、漢箋可證。又云，文人代作詩，昭然可
辨，若木蘭諸篇是也，間存一二，餘不備錄。仙女、鬼女，詩
真者固多，僞者亦復不少，存一二以備一體。自五帝至秦，以
其邈遠，故所必錄。自漢至六朝，則事略而詩詳；自唐至五代，
則事詳而詩略。若夫宋、元則詩教既微，迺能崛起，斯亦閨中
之傑也。我朝作者固多，而傳者不可備得，今偶錄所見，餘惟
好事博覽者成之，當爲續史。賦者詩之流，調者辭之流，皆得
入錄。婦女與士人不同，片言隻字，皆所當紀，其有名無詩者，
亦得因事附見。半葉十行，行二十字。每節均不注所出。

皇華集五卷 明高麗官刊本。

　　明李爾瞻撰。前有高麗人柳根序，略云，太祖高皇帝洪武
二十五年，命國號曰朝鮮，以我東藩爲殷大師肇封之地，故仍
其舊號，視若內服。自是以來，朝廷凡有慶慰，必揀選使价，

頌詔若勅，先於萬國，東人以爲寵。夫天下稱慶，如册封國本誕生皇子、皇孫，不一其事，而唯登極爲莫大之慶。聖人作而萬物覩，其誕降德音，固宜極天下之選而遣之。自景泰倪、馬，曁嘉靖唐、史，珪璋令聞，皆可爲矜式。至近世隆慶許、魏，萬曆韓、陳，儒雅文采，猶在人耳目。天啓元年夏，翰林院編修青岳劉先生、禮科都給事中筍江楊先生，奉新皇帝之命，來宣泰昌若天啓登極二詔勅，伴送使李爾瞻回自西路，釐次《皇華集》一帙以進。我殿下受言嘉之，惟遠傳是圖，卽令書局印之，命臣爲之序。是集卽兩先生所賦詩若文也，間亦竊附東方人唱酬之作。古者有採詩之官，國風取曹、檜，周詩編《魯頌》，今其述此意也耶。至如觀於太學拓諸生賜書籍與紙，諸生獻以謝，是則前代皇華之所無也。兩先生或盛之玉堂，或立於殿陛，職親地禁，官以諫名，居則贊皇猷，出則揚休命者，乃其職也，況其風流如韻，足繼前人者乎！我殿下欲報皇恩，則昊天罔極，欲留使華，則賓不顧矣。其所殫心而成力者，只在廣布《皇華集》，使兩先生詩若文長留於宇宙間，以爲東人咏嘆景泰之地。是歲秋七月既望，輔國崇祿大夫領中樞臣柳根謹序。卷之一前有劉氏題語云，聞先達有事貴國者，一時相伴諸君子，率懽然友善，輒以文章德業相勸勉，不減麗澤之義，余甚慕響之。不佞承乏使職，辱明公遠迎，芝眉相下，殊慰生平，故不揣陋劣，卽出長途小作，漫録請政，仰藉郢斤，漸通蘭臭，應不至多遜前人也，臨楮延企。欽差正使翰林院編修劉鴻訓。半葉十行，行十七字。活字大册子，慕響當作慕嚮，明世此類詩集，高麗刊行頗多，吾家所藏，亦不一種也。

朝鮮詩選七卷 寫本，盛伯兮舊藏。

前題會稽吳明濟子魚選。前有韓氏序，略云，丁酉秋，余督餉朝鮮，冀一訪朝鮮禮義文物之盛，時率率戎事間，未遑及。
次歲徐及之，朝鮮以敗亡之餘，荊棘盈野，國人難其書以爲恨。
會稽吳君訪余於白岳之陽，出其所選《朝鮮詩》，余讀之忘倦
焉。吳君喜曰，嘻，先生我同志也，爲我校之。時薊門賈司馬、
新安汪伯英，咸客朝鮮，相與校政，余復序其首而屬剞劂氏。
明萬曆庚子東萊韓初命撰。次有吳氏自序，略云，徐司馬公以
贊畫出軍，濟以客從，及辭歸，值雨休於村舍。有朝鮮李文學
者，能詩，解華語，坐語久之，因賦詩相贈。次日期訪我於龍
灣之館，且治漿待之，果如約，遂與醉於杏花之下，復賦詩相
贈。於是文學輩稍稍引見，日益盛。其人率謙退揖讓，其文章
皆雅淡可觀。濟因訪東海名士崔致遠諸君集，皆辭無有，小國
喪亂，君臣越在草莽間，幾七載，首領且不保，況於此乎？然
有能憶者，輒書以進，漸至一二百篇。及抵王京，聞多文學士，
乃數四請司馬公願館於外，得與交，尋更入蓮花幕也，許之。
濟乃出館於許氏，許氏伯仲三人，曰筈、曰筬、曰筠，以文鳴
東海間，筈、筠皆舉狀元，筠更敏甚，一覽不忘，能誦東詩數
百篇。於是濟所積日富，復得其妹氏詩二百篇，而尹判書根壽
及諸文學，亦多搜殘編，遂盈篋。頃之司馬公以外艱歸豫章，
濟亦西還長安，縉紳先生聞之，皆願見《東海詩人詠》，及許妹
氏《遊仙》諸篇。居無何，濟復館於李氏，李氏朝鮮議政德馨
也，雅善詩文，濟益請搜諸名人集，前後所得，自新羅及今朝
鮮，共百餘家。披覽兩月不越戶限，得佳篇若干篇，類而書之。
然未聞其世家年譜，稍有未次，而所得率爐餘，其全帙不二三
家，或不能無遺珠之歎。時萬曆二十七年己亥，玄圃山人吳明
濟書於朝鮮王京李氏議政堂。末有朝鮮人許筠後序，略云，唐
時朝鮮崔致遠、崔匡裕輩，咸游學中華，接踵舉進士，顯於當

時。宋元不替，高皇帝握符乘運，東方首修厥貢，若金濤輩，
猶赴試及進士第。我康獻王開國，文教視前代爲尤盛，士知被
服禮義爲貴。會稽子魚先生博雅士也，從戎東土，筠獲私良厚，
以筠所憶詩歌數百篇進，李議政亦拾斷簡佐之。時皇朝萬曆二
十八年庚子，朝鮮許筠頓首再拜書。計五言古詩、七言古體、
五言律詩、五言排律、七言律詩、五言絕句、七言絕句，各一
卷。卷首末均有"伯兮所藏金石書籍記"朱文章，當是前清國
子監祭酒盛昱舊物。伯驥按：高麗權忭《遂初先生集》卷五，
有《習齋集重刊跋》云，吾家以文章鳴於世，高祖習齋公，繼
先祖陽村公而起，以雄渾絕特之才，卓立於明宣之際，於時鴻
匠鉅公迭主詞苑，而莫之或先，至以吟壇老將推之。所著《曉
行篇》，流入中華，登諸詩選，此偏邦詞翰家所鮮聞者。是其國
人以其詩卷流傳中華爲幸事，權氏《遂初集》中文字，酷類吾
國唐宋八家，而權固高麗著名氏族也，彼中著作每言之。如云
安東之大姓曰權，其土居而世其業者，爲族益清，雖掾吏之微，
非有他郡生貴所能跂者。其人皆服習詩書，敦尚忠實，是以北
方人士多貴之。<small>高麗洪元燮《太湖集》</small>。東方氏族之盛，莫如我權，
自始祖太師諱幸後，簪纓相承。<small>高麗權忭《遂初先生集》七</small>。又云，
安東之權，甲於三韓。<small>卷四</small>。又元朱氏澤民《存復齋集》卷八，
有《別後懷權贊善詩》，贊善名漢功，蓋與李齊賢皆澤民之友
也。上虞羅氏所藏《高麗墓志》，其中有《權適志》云，王父
諱德興，皆足證也。又吳氏《蕉廊脞錄》卷五云，先工部兄手
鈔《朝鮮詩錄》凡四冊，蓋從洪洞董研秋檢討文渙借鈔。第一
冊自偰遜、鄭夢周以下，至女道士許景樊，各詩皆全錄《明詩
綜》。自王徽而下，至高麗妓德介氏止，凡十家，似是入國朝後
詩人。其後又錄鄭夢周詩幾盈二冊，繁簡失當。又自柳得慕至

李豐翼二十九家，多同治初來遊京師者。二百年來列朝詩人奚止此數，董君采輯固未博也，是此輯或可續吳氏之選，惜未得其本。朱氏述之《讀書志》六，著錄《越南詩選》六卷，越南裴璧編。璧字希章，號存菴，青池定功人。黎氏景興三十年正進士，後出爲監軍，亂後以疾退休。安南舊有潘孚先《越音詩集》、楊德歆《精選集》、黃德良《摘艷集》，至黎貴惇撰《全越詩錄》，自李氏有國至黎氏洪德，蒐錄特備。經亂後璧取而節之，自景統迄璧自作，及阮廷簡、范立齋、裴軸終云，亦可資考論也。

文心雕龍十卷明歙汪一元校刻本。

梁劉勰撰。前有嘉靖庚子新安方元楨序云，《文心雕龍》凡十卷，合篇終序志一篇，爲五十篇，梁通事舍人劉勰彥和所作也。勰，東莞人，自言嘗夜夢執丹漆之器，隨仲尼而南行。寤而思敷贊聖旨莫若注經，而馬、鄭諸儒，弘之已精，就有深解，未足立家。唯文章之用，有裨經典，於是搦筆和墨，論著古今文體，以成此書。出示沈約，約大重之，謂其深得文理，常陳之几案。今讀其文，出入六經，貫穿百氏，遠搜荒古之世，近窮寓內之事，粗推顥穹之微，粗及塵礫之細，陳明王之禮樂，述大聖之道德，蔚如也。至其陽秋先後作家，袞鉞區分，瑕瑜不掩，百年斷案，莫之異同。非博學雄辯，深識遐究，烏能及玆。若夫論著爲文之義，陳古繹今，別裁分體，如方員之規矩，聲音之律呂，雖使班馬長雲並列，將彬彬與揖，共升游夏之堂矣。論者以六朝齊、梁而下，佛學昌熾，爲文多工纖巧駢儷，氣亦衰靡，概以律勰，豈通論哉。方今海內文教盛隆，操觚之士爭崇古雅，獨是書時罕印本，好古者思欲致之，恒病購求之難。吾邑汪子仁卿，博文談藝，喜而校刻之。嗚呼，此刻既行，世有休文，寧無同賞音者。吾知雋永之餘，固不必鏤肝刻肺抽黃對白，而於文也亦思過半矣。半葉十行，行二十字。

文斷不分卷明刊本。

　　此書清《四庫總目》詩文評類存目，無卷數。《提要》云不著撰人名氏，皆採掇前人論文之語，抄錄而成。檢《天一閣目》，則集部類有《文斷》一卷，謂洪武庚申唐之淳著。又載之淳自序，述成童卽嗜古今作者之論文，凡隻言片語，意有所屬，巨細不遺，詳略具舉，區分臚積以成編。此本前已缺序，不知卽范閣之本否？前列采用書目。次述例略云，是書之編，大概依放《文話》，及《文章精義》《脩辭衡鑑》《金石例》《文筌》《文則》等書，題曰《文斷》，非謂決斷文章之法，特取古今人之論，有關於經史子集，及所言作文之法，萃爲此編，若曰古文所嘗決斷者耳。是書雖爲作文而設，然文以理爲主，今特於宋人文類中首列周、程、張、朱明理之言，以示作文者有所歸宿。各類中或有議論不同，取予不一，今兩存之，以俟觀者自擇。首總論作文法、次論制詔誥法、次論表法、次論露布、論檄、論箴銘、論記、論讚頌、論序、論諸跋尾、雜論諸家文、評諸經、評諸子、評諸史、評韓文、評柳文、評宋人文、評歐文、評曾文、評蘇文，合而言之，爲類十有五，爲條三百有二云。評宋人文引劉子澄云，本朝只有四篇文字好，《太極圖說》《西銘》《易傳序》《春秋傳序》。此說未免無理，其餘可資漁獵者不少也。半葉十行，行二十字。共計九十九葉，字體方整，當是明初精刻。

唐詩紀事八十一卷汲古閣刊本。

　　前題宋臨邛計敏夫有功輯，明海虞毛晉子晉訂。前有計氏自序云，唐人以詩名家，姓氏著於後世，殆不滿百，其餘僅有

聞焉，一時名輩滅没失傳，蓋不可勝數。敏夫閒居，尋訪三百
年間文集、雜説、傳記、遺文、碑誌、石刻，下至一聯一句，
傳誦口耳，悉搜採繕録。間捧官牒，周遊四方，名山勝地，殘
篇遺墨，未嘗棄去。老矣無所用心，敢自唐初首尾，編次姓氏
可近紀一千一百五十家。篇什之外，其人可考，卽略紀大節，
庶讀其詩知其人。所恨家貧缺簡籍，地僻罕聞見，聊據所得，
先成八十一卷，目曰《唐詩紀事》云。灌園居士。次有嘉定甲
申懷安假守王禧慶長序，略云，君子欲觀唐三百年文章、人物、
風俗之隆污邪正，則是書不爲無助，乃鋟之懷安郡，與世共之。
此蓋初次刊板序言也。次有嘉靖乙丑張子立序。次有山陰王思
任序，略云，一代之言，皆一代之精神，其精神不專，則言不
傳。漢之策、晉之玄、唐之詩、宋之學、元之曲、明之小題，
皆必傳之言也。唐詩更爲功令之首，上以此取士，下以此立名，
故其精神獨注，祖孫父子兄弟朋友，模範切磋，宜其言之獨工
矣。宋臨邛計有功取唐詩姓氏臚列其人，悉傳其事，恍然如見
三百年中之鬚眉媺惡，此亦唐詩中之軒鏡禹圖矣。海虞毛子晉
較其訛似，而精整付之雕。

新刻全唐詩話　卷 明正德刊本。

前有正德二年臨汾安惟學序，略云，唐詩之傳於世者，殆
且百家，而李、杜、韓、柳之全集尤盛行。趙宋諸老，又有詩
話之作，咸淳間有若尤文簡者，盡唐甲子詩人，各鈎其警語，
摭其事實，分爲三卷，名曰《全唐詩話》，惜乎自來無刻本，未
獲傳布。侍御河東秦公民望，工於詩偶，閲此書如獲重寳，乃
躬自校閲，且託强左史晟加磨對焉，録成圖壽諸梓。而西安守
劉君綱曰，是不可不終我侍御公之志，乞予言以弁之。末有咸

淳辛未重陽日《遂初堂書後》一葉云，唐自貞觀來，雖尚有六朝聲病，而氣韻雄深，駸駸古意。開元、元和之盛，遂可追配風雅。迨會昌而後，刻露華靡盡矣。往往觀世變者，於此有感焉。後有正德丁卯强晟識語，略云，是編蓋宋咸淳間尤文簡所著，曰遂初，則其別號也。自咸淳及今，未有刊本，而四方見者絕少，近歲始出於詞林大老之家。今侍御秦公民望，於按陝之暇，偶獲抄本，因入梓，與詩家共之，視彼昔人得《論衡》而祕不示者，用心厚薄又何遠哉。按此書前人已有辨正，此略之。半葉九行，行十七字。每則之首一行頂格，次行則低一字，蓋十六字矣。上下黑口，字畫雅健，正德之風規，去宋、元猶未遠也。

詩人玉屑二十卷　元刊本，蔣冬友舊藏。

宋魏慶之撰。慶之字醇甫，號菊莊，建安人。前有淳祐甲辰黃氏序，板心上署《玉屑》幾，又有署玉幾，闌外有子目。此書分二十八門，曰詩辨、曰詩法、曰詩評、曰詩體、曰句法、曰警聯、曰口訣、曰初學蹊徑、曰命意、曰造語、曰下字、曰用事、曰壓韵、曰屬對、曰煅煉、曰沿襲、曰奪胎換骨、曰點化、曰託物、曰諷興規戒、曰白戰、曰含蓄、曰興趣、曰思致、曰體用、曰風調、曰圓熟、曰平淡、曰閑適、曰變態、曰詞勝綺麗、曰富貴寒乞、曰知音、曰詩病害理、曰考證、曰品藻古今人物、曰古詩律詩、曰絕句、曰三百篇、曰楚辭、曰兩漢、曰建安、曰兩晉、曰六代、曰盛唐、曰開元天寶已後、曰晚唐、曰西崑、曰本朝、曰中興諸賢、曰禪林、曰方外、曰閨秀、曰靈異、曰詩餘終焉。宋人詩話，除《漁隱叢話》外，此爲最富矣。半葉十一行，行二十一字。卷首有“丹徒蔣氏一號冬民”

朱文章，蓋蔣春農之遺書也。吾家藏《春農文集》寫本，有寶山李保泰撰傳云，春農先生，字星嚴，晚號冬民。乾隆十七年舉於鄉，後成進士，授內閣中書舍人，選入軍機處行走。先世多藏書，先生增購益富，余嘗從先生乞假，丹黃歷錄，卷帙峻整。晚年猶矻矻不止，聞人家有祕本，必借錄之而後已，讀書不事浮華，力探根柢。今四庫館開，江浙藏書諸大家各爲錄目上之，館閣諸公推揚州所進爲第一，皆先生所別擇手定者也。輯丹徒縣誌未及成書，今存文集若干卷，詩集有《索居》《南歸叢稿》各二卷，又翁氏方綱撰《春農文集序》云，乾隆壬申禮部試，同榜成進士者，以古文名家二人，曰餘姚盧弨弓、曰丹徒蔣春農。春農授中書，趨直禁近，每來座中，手搜篋槓，快辨橫飛。有與商古籍者，則屈指唐鎸、宋槧，某書、某板闕某處，某家鑒藏某帖，如貫珠，如數家珍，問者各得其意以去。此序後復有王芑孫序，後有章學誠跋語。

增修詩話總龜前集四十八卷後集五十卷明刊本。

前題龍舒散翁阮閱宏休編，皇明宗室月窗道人刊，鄱陽亭梧程珗舜用校。前有張序、李序。李序略云，詩話卽稗官野史之類，自王迹熄而《詩》寢微，變至於漢魏，極於盛唐，其遺韻餘音，直將與宇宙間山川爲流峙也。《漢·藝文志》註稗爲細糲，王者欲知閭巷細瑣之言，故立稗官，關係殆亦不小。淮伯王月窗，嗜古學文，其志慕東平河間，而欲相揖遜於異代者。宮暇迺取阮子《詩話總龜》，延庠生程珗校讐之，命工刊布。詩之有話，言有緜也，詩話以《總龜》名，言有流也。龜千年五聚，問無不知。賀知章昔以爲殷踐猷博學之號，阮子之《詩話》，其殆謂博而足以資問者歟！阮子舊集頗雜，王條而約之，彙次有義，梦結可尋。首觀其聖製等篇，書破魯恭之壁，科斗錯陳也；次觀其咏物等目，浴玉池之日，百寶争出也；又次觀其藝術、紀實諸例，發驪山之塚，而彝鼎纍纍也；終而觀其讖夢、鬼神諸簡，燃牛渚之犀，而幽怪又無以遁其形也。李名易書，結銜爲賜進士第中憲大夫奉勅整飭山東海道副使，蓋彬陽人也。嘉靖甲辰江西饒州府同知前進士南京刑部郎中海鹽白川張秀嘉序，略云，白川子負譴嬰疾，分牧芝城，居常怏怏弗樂也。酒月熜殿下時時遣貴侍覘之，間授二册曰，是爲《詩話總龜》，是爲宋阮閱所編，是爲今程子珖所校，是將壽諸文梓，期與好事者共，先生能無言乎？余曰詩胡爲者也？宣鬱達情，擷精登碩者也；話胡爲者？摘英指纇，標理斥迷者也。考諸三代而下，春秋列國以上，載諸經雜出乎詞宗孺婦之口可徵已。嗣是以來，作者非一家，不能指而數也，議者非一喙，不能羣而旺也。譬之鳳毛豹斑，非不文彩炫耀，望者興歡，有遺恨焉，蓋未獲總其龜耳。今月熜乃能逸塵遠覽，訂古準今，與二三博雅君子，冥羅約採，彙爲全書。書有門示別也，有纇示同也，有序示次也，若有勸、有規，有慨、有慕，有願學之意，則皆置之不言之表。月熜爲我高皇六世孫。程珖修學楚，楚郡博弟子員，鄱陽人。次有紹興辛巳散翁序，略云，戊辰春余宦遊閩川，因得書市諸家詩話，與夫小史僻書，補余之所無者，患其叢帙之拏，編而類之，衷爲一集，共二十四百餘詩，分爲四十九門。是書之成，上可以諫君父之尊，中可以示簪纓之貴，下可以諭諸門庭，與夫房闈之邃，以至山林之隱德、僧道之高流，亦有以諷詠而警戒之云。末有嘉靖乙巳程珖跋。末卷後有寫書刊字人姓名。孫氏《平津館鑒藏書籍記續編》，著錄此書，謂舒江阮閱撰此書，見胡仔《苕溪漁隱叢話序》。此本已非阮氏之舊，清《四庫》所收，卽此本也。半葉十二行，行二十二字。

苕溪漁隱詩評叢話前集六十卷後集四十卷吕无咎寫本。

宋胡仔撰。清《四庫總目》云，仔字元任，績溪人，舜陟之子。以蔭授迪功郎，兩浙轉運司幹辦公事，官至奉議郎，知常州晉陵縣。後卜居湖州，自號苕溪漁隱。伯驥按：清《四庫》著錄《孔子編年》五卷，《提要》云，舊本題宋胡舜陟撰，考書首有紹興八年舜陟序，乃自静江罷歸之日，命其子仔所撰，非舜陟自著。是元任於此書外，別有《編年》之作。近人胡氏撰《金華經籍志》云，按《金華府志》《永康縣志》均未載仔姓名，仔自署苕溪漁隱。《四庫總目》作績溪人，《四庫簡明書目》復摘題父舜陟之誤，舜陟績溪人，則仔固非績溪籍。攷明正統間江西張懋丞撰《苕溪漁隱圖序》云，浙東胡元任，以《苕溪漁隱圖》名天下。又云，元任諱仔，兵部侍郎則之從孫，是仔爲永康人，碻有明徵。且《苕溪漁隱叢話自序》明云，紹興丙辰，余侍親赴官嶺右，後十三年居苕水，是仔原籍永康，後徙湖州。其署苕溪漁隱，卽張志和浮家泛宅之意。胡氏又謂元任官至臨江知府，均足補館臣之所不及。前有自序謂，阮閱《詩話總龜》所載者皆不錄，故二書可相輔而行。考北宋前之詩話，大略稍備。《前集》卷五十五有云，余卜居苕溪，日以漁釣自適，因自稱苕溪漁隱，臨流有屋數椽，亦以此命名。僧了宗善墨戲，落筆瀟洒，爲余作《苕溪漁隱圖》，覽景攄懷，時有鄙句，皆題之左方。《前集》卷十四有云，余纂集《叢話》，蓋以子美之詩爲宗，凡諸公之說，悉已採摭，仍存標目，各誌所出，今更拾遺類次爲一，以便觀覽焉。又《前集》卷十三有云，先君平日尤喜作詩，校老杜集，取正舛誤甚多句法。暮年深得其意味，嘗泛歙溪，用老杜詩"青惜峰巒過"爲韵，作五詩。《後集》卷三十四有一條引《復齋漫錄》云，《荆楚歲時記》冬至一百五日，即有疾風甚雨，謂之寒食。《王君玉詩》云，"疾風甚雨青春老，瘦馬肥牛綠野深"。又見《周明老詩稿》云，"疾風甚雨悲游子，峻嶺崇岡非故鄉"。苕溪漁隱曰，余亦云"飛絮落花春向晚，疾風甚雨暮生寒"。凡上各條，皆可稍見其志趣及家學之大凡。元任詩集無存，得此亦可略知其所詣之深淺也。庫本題《苕溪漁隱叢話》，此本則題《苕溪漁隱詩評叢話》，題名與庫本及通行本不同，當是原題如此，後來或有譌脱耳。前序末有"紹熙甲寅槐夏之月陳奉議刊於萬卷堂"兩行，可爲從宋刊寫錄之證。明清之交，吕氏以藏書名，宋元善雕，當必豐積，此蓋從舊刊傳鈔矣。卷末有"禦兒吕氏南陽講習堂鈔藏墨筆"一行，有"吕印補忠"白文章、"无咎"朱文章。全書實爲吕氏留良第五子補忠手寫，書法從清臣、誠懸二家出，圓勁精湛，極類小字《麻姑仙壇記》，百卷之書，到底不懈。編中學字、留字俱缺末筆，蓋補忠本生祖諱元學，官繁昌知縣，留字則其父諱也。此例前人有之，如宋王象之父名師古，故今日流傳景宋鈔本象之所撰《輿地紀勝》，書中師字缺末筆作帀，古字缺末筆作古。吕氏蓋用其例。留良字莊生，別號晚邨，浙江石門人，生於明崇禎己巳，享年五十有五。教人大要以格物窮理辨別是非爲先，以爲姚江之説不息、紫陽之道不著，其議論壹發之於四書時文評語。門人周在延、陳鑗各以己意編次，雖不無互異，均之發明章句集注之奧。又著《吕子近思錄》。康熙戊午有博學宏詞之舉，浙省屈指以其名薦，自誓必死以免。後三年郡守又欲以隱逸舉，聞之噴血滿地，乃剪髮易僧伽服，改名耐可，字不昧，號何求老人。晚邨七子，公忠、主忠、寶忠、誨忠、補忠、納忠、止忠。後公忠改名葆

中，成康熙丙戌一甲二名進士，官編脩。雍正間曾靜獄興，葆
中已先死，晚村及葆中皆戮屍，又一子毅忠斬決，毅中當亦是
改名，不知晚村第幾子也。以上見張氏符驤撰《晚邨事狀》，及
閔氏《碑傳集補》。葆中字無黨，補忠字无咎，皆有鈔本流傳。
然清《四庫》著錄《朱子文語纂編》十四卷，爲呂氏門人嚴鴻
逵所輯，以呂氏著述，奉令禁燬，嚴氏之學出於晚邨，采訪時
削其名，故《提要》無撰人姓氏。日本大坂尼崎孝德藏鴻逵原
本，久而始刊，東人備述其事，而嚴氏之姓名乃著。況无咎爲
晚邨子，其書籍手跡，當時亦必在痛絕深惡之列，則此本之歷
二百年而流傳至今者，蓋亦白蟬趁趨之孑遺矣。諸大藏書家間
有無黨遺筆之書本，虞山瞿氏藏宋刊補鈔本王黃州《小畜集》三十六卷，原
刊者凡十二卷，餘皆石門呂無黨據謝氏小草齋本鈔補，凡留字皆缺末筆。又梁龍伯
鸞藏舊鈔本《後村居士集》，爲黃蕘圃舊物，中有黃跋，述海鹽黃椒升言此集爲呂
無黨手鈔，謂所見呂氏鈔本遇留字皆缺末筆，此集卷二《挽陳湖州詩》，留字正缺
末筆，版心又有"講習堂"字，其爲無黨手鈔無疑。見《葉鞠裳文集》。若无咎
本則不多見。得此以見前人寫書之勤，所謂堯作大章，一夔已
足者也。

菊坡叢話殘本十卷明刊本，藝風堂舊藏。

　　明單宇撰。宇，臨川人。正統己未進士，官侯官縣知縣。
《明史》有傳。書二十六卷，卷爲一門，曰天文、地理、時令、
花木、鳥獸、宮室、器用、人物、詩人、風懷、婚姻、致政、
耆壽、釋梵、仙逸、哀誄、科舉、兵戎、送贈、戲謔、身體、
服飾、飲食、文史、詩法、四六、樂府。纂輯前人論詩詞、四
六之語，各標本書名。如《苕溪漁隱叢話》之例。清《天祿琳
琅》謂此書無序跋刊刻年月。唯范氏《天一閣目錄》謂前有成
化癸巳黎擴序，稱同邑友前進士諸暨尹單公，雅好吟咏，嘗集

古今人之話言有及於論詩者，隨其得失而叢集之，筆以成帙，分門列類。公字時泰，別號菊坡云云。此本舊爲江陰繆氏所藏。

千里面譚上下卷明刊本。

明楊慎撰。前有《刻升菴先生千里面譚引》云，詩自《三百篇》來，匪惟作者難，而談之者亦未易也。然賞鑒之精，自鍾參軍、洪容齋、嚴滄浪外，代不數人。趙宋以後，詩話日繁，真詮愈失，有得肯綮之中，吾見亦罕矣。迨我明興，人文丕變，大雅復作。若太史升菴楊公，幼稟上材，復承家學，校書天祿，振秀詞林，與先大父宗伯公同與史局，時商古事，相友甚驩。嘉靖初，嘗抗疏議禮，與新貴不合，遂乃謝跡金馬，栖戍碧雞。三十餘禩，益肆玄覽，論議精博，談苑之宗，著述流傳，薄海内外，靡不依歸。不佞結髮卽嘗有志從事於斯，間竊一二，未窺全部。丁巳歲會射陂先生避寇淮郡，日夕從遊，晤言之暇，出公集幸獲周覽，然亦未覯斯編。歲甲戌，家大人出守祥珂，隨侍郡齋，偶會薦紳，貽余兹帙。受讀三復，既而嘆曰博哉，精哉！殆騷壇三昧，詩苑之醍醐也，允爲學者指南矣。曉人不當如是乎，遂命重鋟，携藏琳琅館中，以傳好古者欣賞。萬曆丙子正月上元淮南後學蔡翰臣世卿甫識。伯驥按：《金陵瑣事》卷四，有江寧三張一條，謂張含字愈光，楊升菴有《千里面譚》兩卷，乃與愈光談詩者。則此書當時蓋有名於藝圃者也，今則傳本已罕矣。

蒼崖先生金石例十卷元至正刊本，沈小宛舊藏。

元潘昂霄撰。前題鄱陽楊本編輯校正，廬陵王思明重校正。前有傅、湯、王諸人序，傅氏序云，《金石例》者蒼崖先生所述也，凡碑碣之制，始作之本、銘志之式、辭義之要，莫不放古以爲準，以其可法於天下後世，故曰例。而其所以爲例者，由先秦、二漢暨唐宋諸大儒，皆因文之類以爲例。至夫節目之詳，率祖韓愈氏，大書特書不一，彪分臚列，其亦放乎《春秋》之例也與。甚矣先生有功於斯文也，先生世居中州，以文學鳴。國初士之爲文者，猶襲纖巧，其氣萎薾不振，先生家世、宗族、職名、妻子、死葬月日之筆削特詳焉。九卷則先正格言，十卷則史院凡例，制度筆削，於此又可以概見焉。使世之孝子慈孫，觀其制度之等則，思得爲而爲，不得爲而不爲，而於事親之道不至違禮矣。觀其筆削之旨，則思孰爲可傳，孰不可傳，而於揚名之道有以自力矣。是豈惟爲文者之助，於世教將重有補焉。公之子敏中，來官於饒，出是書以示余，因得以觀。夫公之篤意斯文，而又喜斯文之有賢子以傳也，遂爲之引。至正乙酉賜同進士出身將仕郎前慶元錄事鄱陽後學傅貴全序。湯氏序云，文章先體製而後論其工拙，體製不明，雖操觚弄翰於當時猶不可，況其勒於金石者乎！陸士衡《文賦》論作文體製，大略可見。由先秦以來，迄於近代，金石之所篆刻，具有體製，好古博雅之士皆不可以不之攷也。然而自上徂下，貴賤有等，名器亦因之而異數。敍事紀實，抑揚予奪，必當有所法。自非類聚而通攷之，何以見之哉？翰林蒼崖先生潘公雄文博學，爲當世所推。嘗歷攷古今文辭，提綱舉要，萃爲一編，名曰《金石例》。凡爲文之榘度，制器之楷式，開卷了然，其用心亦勤矣。公之子敏中寶其手澤，罔敢失墜，宦游四方，必載與俱。其在鄱陽，復刊是編，以廣其傳，且與吾黨共之。噫，公掌帝制、司文衡，其所以藻飾太平者，已無所不盡其忠。敏中克承家學，益彰其親之美，斯亦繼志述事之孝者乎。忠孝萃於一門，文物昭於盛世，使夫爲人臣、爲人子皆有所矜式，實有功於名教，豈特爲文之助而已哉。余故表而出之，以冠篇端云。至正五年，饒州路儒學教授桐川後學湯植翁。王氏序云，三代無文人，六經無文法，儒者有是言也。然《春秋》大義數十，以褒貶寓於一字之間，傳者謂其發凡以言例，皆經國之常制，周公之垂法。諸稱書不書先書故書，不書不稱書曰之類，皆所以起新舊、發大義，謂之變例。至謂發傳之體有三，而爲例之情有五，然則謂無法可乎？後世之文，莫重於金石，蓋所以發潛德、誅奸諛，著當今、示方來者也，如是而不知義例，其不貽鳴吠之誚也幾希。翰林蒼崖潘先生，動必稽古，取先代碩儒所爲文類而集之，題曰《金石例》，視傳《春秋》者所言，如合符節，俾夫攷古者知古人用意之所在，而學古者有所矜式而不敢肆。其嘉惠斯文，不其至乎！至正丁亥，忝教番易，公之子敏中爲理官，嘗屬郡士楊本端如緝其次第，既已刻於家，而公諸人。學之賓師景陽吳君旭子謙、吳君以牧謂此書將歸中州，則邦之人焉能一一而見之哉？盍刊之學官，以垂永久。乃復加校正而壽諸梓。於乎，古人吾不得而見之矣，得見古人斯文亦可矣。明年戊子，廬陵王思明謹敍。末有潘詡跋云，先文僖公所著《金石例》十卷，制度文辭，必稽諸古，所以模範後學者也。每見手澤，不忍釋去，與其私於一家，孰若公於天下，傳之子孫，孰若法之人人，使咸知先公之心，去浮靡以還淳古，顧不韙與！謹刻之梓，嘉與士大夫共之。至正五年濟南潘詡敬書於卷末。又卷末有“諸生趙光邈謹書，學生洪慶重録”二行。半葉十行，行二十字。每卷有“小宛”二字章、“欽韓所得”方形章，此當是沈氏藏書。沈欽韓字文起，號小宛，江蘇木瀆鎮人。秉資極敏，爲學其勤，家貧借書於人，計日以歸，輒寫其要，遂淹通經史，

旁及諸子百家。故君學自詩賦古文詞外，尤長於考證訓詁，有
《幼學堂詩集》十七卷、文集八卷。見王塾所撰《墓志銘》。

燕喜詞一卷楊氏海源閣藏寫本。

宋曹冠撰。冠字宗臣，東陽人，自號雙溪居士。居秦檜門
下教其子塤，與塤同登甲科。未幾檜亡，坐爲塤假手，事覺奪
官。易前名，復赴廷試，得五品，仕至知彬州。著有《雙溪集》
二十卷、《景物類要詩》十卷。見《書録解題》。清《四庫》未
收其詞，朱竹垞《詞綜》未見。前有陳氏序云，春秋列國之大
夫聘會燕饗，必歌詩以見意，詩之可歌尚矣。後世《陽春白雪》
之曲，其歌詩之流乎，沿襲至今，作之者非一，造意正平，措
詞典雅，格清而不俗，音樂而不淫，斯爲上矣。高人勝士，寓
意於風花酒月以寫夷曠之懷，又其次也。若夫蕩於絶檢之外，
巧爲淫褻之語，以悦俚耳，君子無取焉。議者曰，少游詩似曲，
東坡曲似詩。蓋東坡平日耿介直諒，故其爲文似其爲人。歌赤
壁之詞，使人抵掌激昂，而有繫楫中流之心，歌哨遍之詞，使
人甘心澹泊，而有種菊東籬之興，俗士則酣寐而不聞。少游情
意嫵媚，見於詞則穠艷纖麗，類多脂粉氣味，至今膾炙人口，
寧不有愧於東坡耶！同年檢正曹公，文雄學奧，節勁氣嚴，三
十年臺省舊人也，不辭小試，來游宣幕。使君大監狀元詹公既
深知之，一見其文集，尤加歎賞，敍而鋟板於郡庠，名之曰
《雙溪》，因其居也。又以其所著樂府可歌於閨門之内者，別爲
一集，名之曰《燕喜》，摭其實也。方其花朝月夕，少長團欒，
尊俎之餘，出而歌之，於以導嘻嘻怡怡之情，佳作樂事，萃於
一門，近世之所未有者。鑒涫熙丁未備倅於此，公餘請間，辱
以見教，熟讀三復，玩其辭而繹其意，豈非中有所本歟。吁，

寥寥百餘年，繼坡仙之作，非公而誰！中秋前二日長樂陳鱟敍。
次有詹氏序云，宋廣平鐵心石腸，猶爲梅花作賦，議者疑之，
殊不知感物興懷，歸於雅正，乃聖門之所取，而亦何疑於廣平
乎？語曰，子與人歌而善，必使反之，而後和之。以見其詳複
致意如此，無他焉，善言欲其不忘也。檢正曹公行兼九德，渾
然天成，文章政事，淵源經術，廉介有守，既和且正。太守大
監詹公歎賞其文，摭其大略而刊諸宣城學宮，既有成集矣。復
以所著樂府析爲別集，名曰《燕喜》，竊嘗玩味之，旨趣純深，
中含法度，使人一唱而三嘆，蓋其得於六義之遺意，純乎雅正
者也。昔王褒爲益州刺史，作《史和》《樂職》《宣布詩》，出
於一時歆美，猶且選好事者依《鹿鳴》之聲，習而歌之。至於
轉而上聞，漢宣帝褒美，矧斯作也。和而不流，可以感發人之
善心，將有採詩者播而颺之，以補樂府之闕，其有助於教化，
豈淺淺哉。淳熙丁未仲夏望日宣城丞釣臺詹傚之書。

辛稼軒詞十二卷　清厲樊榭手寫本，葉郋園舊藏。

宋辛棄疾撰。棄疾字幼安，一字稼軒，歷城人。耿京聚兵
山東，節制忠義軍馬，留掌書記。令奉表南歸，高宗召見，授
承務郎，累官浙東安撫使，加龍圖閣待制，進樞密都承旨。德
祐初，以謝枋得請，贈少師，諡忠敏。有詞十二卷傳於世，此
本爲厲樊榭手寫。老樹着花，醜枝少矣，鳧波鷺浮，人各有好，
厲爲詞人，宜其嗜之篤，而書之細也。樊榭手抄周密《澄懷錄》二卷，
綠格精寫，後有手記。見丁氏《善本書室藏書志》卷十九。李氏《舊學庵筆記》
云，舊藏十二家詩簡一册，而樊榭先生一紙，尤爲罕覯。樊榭不工書，故手跡最爲
難得。前藏長沙葉氏，有跋語附卷末。唯葉氏所論辛詞板刻，尚
未清晰，蓋辛詞自宋迄元有三刻，一曰長沙刻，一卷，見《直

齋書録解題》，今已佚。二曰信州刻，十二卷，即《宋·藝文志》所著録者也，元大德己亥廣信書院刻本、明嘉靖間大梁李濂評點本，則從之出，而明毛氏汲古閣重雕此本，已併爲四卷。三曰四卷本，見馬氏《通考》。清嘉慶間法式善自《永樂大典》録出稼軒佚詞《洞仙歌》"爲葉丞相壽"一闋，已見信州本第六卷及四卷本甲集。《鷓鴣天》二闋，爲朱淑真詞，餘則見四卷本者，僅《菩薩蠻》"稼軒日向兒曹説"，《南鄉子·贈妓》《塘多令》"淑景鬥清明"，《踏歌》《鵲橋仙》《送鄉粉行》等首，其他《生查子》等二十八首，諸本俱未載，故辛詞以嘉慶本爲最備。稼軒當宋孝宗時，鋭意恢復，作《九議》上之，竟阻。病亟，大呼殺賊數聲而終。朱子謂其將用人填海，以其不量力也，然忠憤壯烈之氣，又何可磨滅。疊山謝氏枋得過其墓，有聲呼於祠堂，爲文祭之，文成而聲息，英靈如在。是稼軒本不必以詞名世，故其詞每多散佚。《清波别志》云，稼軒樂府，辛氏酒邊游戲之作也。詞與音叶，好事者爭傳之。在上饒屬其室病，呼醫對脉，吹笛婢名整整者侍側，乃指以謂醫曰，老妻病安，以此人爲贈。不數日果勿藥，乃踐前約。整整既去，因口占《好事近》云，醫者索酬勞，那得許多錢物，只有一個整整，也盒盤盛得。下官歌舞轉凄惶，賸得幾枝笛，覷著這般火色，告媽媽將息。一時戲謔，風調不羣。稼軒所編遺此。見卷下。又《鶴林玉露》卷一云，辛氏《晚春詞》云，"更能消幾番風雨，匆匆春又歸去。惜花長恨花早開，何況亂紅無數。春且住，見説道，天涯芳草迷歸路。怨春不語，算只有殷勤，畫簷蛛網，盡日惹飛絮。長門事，准擬佳期又誤。娥眉曾有人妬。千金縱買相如賦，脉脉此情誰訴。君莫舞，君不見，玉環飛燕皆塵土。閒愁最苦。休去倚危闌，斜陽正在煙柳斷腸處"。詞意殊怨，使在漢唐時，寧不賈種豆種桃之禍哉！愚聞壽皇見此詞，頗不悦，然終不加罪，可謂盛德也已。其《題曲江造口詞》云，“鬱孤臺下清江水，中間多少行人淚。西北是長安，可憐無數山。青山遮不住，畢竟東流去。江晚正愁予，山深聞鷓鴣”。蓋南渡之初，虜人追隆祐太后御舟，至造口不及而還。辛氏自此興起聞鷓鴣之句，謂恢復之事行不得也。又《寄丘宗卿詞》云，“千古江山，英雄無覓孫仲謀處。舞謝歌臺，風流總被雨打風吹去。斜陽草樹，尋常巷陌，人道寄奴曾住。想當年金戈鉄馬氣吞萬里如虎。元嘉草草，封狼居胥，祇贏得倉皇北顧。四十三年望中燈火，猶記揚州路。可堪回首，狒狸祠下，一片神鴉暮鼓。憑誰問，廉頗老矣，尚能飯不”？此詞集中不載，尤雋壯可喜云云。蓋稼軒遺集，當時必載其詞，《大典》所據，當由集中采錄，然遺佚者仍不尟也。卷十《爲人慶八十席上戲作》有云，“人間八十最風流，長貼在兒兒額上”。郎園述顧氏校語，以爲兒兒或是奴家之稱，而無所發明。伯驤所藏元刻《壽親養老新書》，引述此詞，亦作兒兒，或改爲兒孫，謬矣。且當時通俗之語，稼軒每於詞中及之。《十駕齋養新錄》云，北方小兒乳名多稱柱兒，或稱鉄柱兒。予讀辛稼軒《清平樂詞》爲兒鉄柱作也，則鉄柱之名，宋時已有之。見卷十九。此即一證。《清波志》稱稼軒以婢名整整贈醫者，今按明陶九成《書史會要》卷六云，田田、錢錢，辛氏二妾也，皆因其姓而名之，皆善筆札，常代辛氏答尺牘。是其家之婢妾多用雙名，抑稼軒姬侍固不少。如集中有一目曰“侍者阿錢將行，賦錢字贈之”云，“杜陵真好事，留得一錢看。從今花影下，只看綠苔圓”。又《貴耳錄》稱呂婆即呂正己之妻，有女事辛幼安，以微事觸怒逐之。今稼軒“桃葉渡”詞，因此而作，故《祝英臺近》有“寶釵分，桃葉渡，烟柳暗南浦"之句，皆可證也。稼軒之客有廬陵劉改之過，以詩鳴江西，厄於韋布，放浪荆楚，客食諸侯間。嘉泰癸亥歲，改之在中都，時辛稼軒帥越，聞其名，遣介招之，適以事不及行，因倣辛體《沁園春》一詞，併緘往，下筆便逼真。辛得之大喜，致饋數百千，竟邀之去，館燕彌月，酬唱疊疊，皆似之，逾喜。詞語峻拔，如尾腔對偶錯綜，蓋出唐王勃體，而又變之。見《桯史》卷二及《游宦紀聞》卷一。蓋改之家於西昌，自號龍洲道人。小詞每與稼軒相混，花菴謂其詞學辛氏，然毛子晉則謂如"別妾天仙子""詠畫眉小桃紅"諸闋，稼軒集中當無此纖秀語。見毛氏《龍洲詞跋》中。當時劉克莊後村別調，亦與稼軒相類，楊升菴謂其壯語足以立懦。伯驥考《後村大全集》卷九十八，有《辛稼軒集序》，序中盛稱其詞橫絶六合，掃空萬古，穠纖綿密，不在小晏、秦郎下，豈非聲氣相同而言之親切乎！至元丁亥，王博文序金白樸《天籟集》，謂樂府始於漢，著於唐，盛於宋，大概以情致爲主，秦、晁、賀、晏雖得其體，然畦淫靡曼之聲勝，東坡、稼軒矯以雄辭英氣，天下之趨向始明。毛子晉《跋稼軒詞》，謂蔡元長工於詞，靖康中陷虜庭。稼軒以詩詞謁見，蔡曰，子之詩則未也，他日當以詞名家。故稼軒晚年來卜築奇獅，專工長短句，累五百首有奇，但詞家爭鬭穠纖，而稼軒率多撫時感事之作，磊砢英多，絶不作妮子態。宋人以東坡爲詞詩，稼軒爲詞論，善評也。清王士禎《花草蒙拾》引張南湖論詞派有二，一曰婉約、一曰豪放。僕謂婉約以易安爲宗，豪放惟稼軒稱首。二安皆吾濟南人，難乎爲繼。清山陰周元樞《調香詞自序》云，詞家兩派，秦柳、蘇辛而已，秦、柳絶媚而蘇、辛以宕激慷慨變之，近於詩矣。詩以風骨爲主，蘇分其詩才之餘者也，辛則併其詩之才之力而專治其餘。

見《詞科掌錄》卷五。又《鄉園憶舊錄》卷四云，余生平不喜
觀詞，嫌其綺靡，昵昵作兒女語。獨愛稼軒詞揚眉吐氣，如見
英豪鬚眉，其《賀新郎》詞，集許多怨事，與李太白《恨賦》
相似。昔岳珂議其詞用事太多，究竟大氣包舉，不覺累墜，如
項王用兵縱橫莫當，其氣盛也。以上皆論辛詞而有當者。至臧
氏《元曲選》卷首述燕南芝庵《論曲》云，近世所謂大曲，蘇
小小《蝶戀花》、鄧千江《望江潮》、蘇東坡《念奴嬌》、辛稼
軒《摸魚兒》、晏叔原《鷓鴣天》、柳耆卿《雨淋鈴》、吳彥高
《春草碧》、朱淑真《生查子》、蔡伯堅《石州慢》、張子野《天
仙子》，此又論曲者所宜詳矣。上言清嘉慶間法式善因辛文而搜
《大典》，今按法式善《存素堂詩續集錄存》卷九云，辛敬甫乞
余代訪稼軒詩文，其志甚堅，予搜諸《大典》散篇中，遂終其
願。又《存素堂續集》三有《讀辛稼軒集詩》云，"忠敏豪傑
士，餘事工文章。不知《稼軒集》，輾轉何年亡。獨留長短歌，
悲壯兼激昂。毛晉所鏤刻，視他本較詳。《十論》及《九議》，
全帙誰收藏。《南燼紀聞》書，體例殊荒唐。斷非稼軒筆，焚棄
庸何傷。遺珠付滄海，甄錄心茫茫"。蓋辛氏族裔，名啓泰號敬
甫者，屢請時帆采錄稼軒遺文，後如願以償，故時帆有此作。
時帆詩並謂《南燼紀聞》一書，非稼軒手筆。清《四庫提要》
一百七十四曾論《蘂閣集》一卷，謂亦決不出辛氏手，可知稼
軒遺文，缺佚固多，後之述作，偽冒其名者，又豈尠哉。明張
大復《梅花草堂集》卷十第十三葉云，往時見閣本《辛稼軒
集》，用真、行、篆、隸雜書之，鐫刻遒潤，類名手新落墨者，
或云稼軒自爲之。凡二本，而《詩餘》得半，然則稼軒亦書法
卓絕歟！記此待考。杭氏世駿撰《江玉屏詞序》云，吾鄉人士
無不工爲倚聲者，而余猶否，每有所作，輒爲石友屬君樊榭所

壓。他人以詞見工，余獨以詞見醜，遂止不復爲。樊榭出而與竹垞翁争黄池之長，横絶一代。江淮間騁風騷之逸軌者，朝竹垞而夕樊榭，若驂之在靳，不能偏廢。由杭氏之言，可知樊榭詞名之盛。樊榭名鶚字太鴻，爲北鄉厲氏馮家漕派，寄籍錢塘。康熙庚子舉人，徵舉博學宏詞，時相招之不赴，卷被抑。生平詩逾萬首，有《樊榭山房詩文集》行世，又著《遼史補遺》《宋詩紀事》《東城雜記》。博極羣書，與胡稚威、全謝山頡頏齊名，迄今杭人專祠於西湖。樊榭無子，故阮相國有句云“多分神仙無子在，但憑天地有詩留”。見《谿上遺聞》卷八。厲以《樊榭山房》名集者，以其先世家於慈谿，故以慈谿山樊榭爲號，猶之梅氏曾亮以宣城山柏梘爲號，嘉興錢氏泰吉以甘泉爲號，皆示不忘故土之義。《寧波府志》卷七云，四明山有樊榭，後漢上虞令劉綱妻樊氏雲翹仙昇處也。此又樊榭之史矣。莫伯驥記。

　　兹將郋園題記附録如下。

　　《辛稼軒詞》，宋時有二本，陳振孫《直齋書録解題》著録爲四卷本，又云信州本十二卷，視長沙本爲多。然則《直齋》著録之四卷本，當是長沙。明毛晉汲古閣刻《宋六十家詞》中，有《辛稼軒長短句》四卷，後跋不言出自何本，而目録注原本十二卷，則是信州本矣。《宋史·藝文志》云十二卷，必據信州本入載。明嘉靖丙申王詔所刊，及近時桂林王氏四印齋重刊元大德信州書院本，皆此本。黄丕烈《士禮居題跋記》有元本十二卷，今歸聊城楊氏海源閣。桂林王氏假以重刊，王跋謂毛氏汲古閣本之四卷，即十二卷之合併，是固然矣，特未考原目當時已注明耳。士禮居又有校元本，即以信州本校於王詔本之上，其本亦歸聊城楊氏。黄跋云，卷十《爲人慶八十席上戲

作》有云，“人間八十最風流，長貼在兒兒額上”，校者云下兒
字當作孫，顧澗薲以爲兒兒或是奴家之稱，二語之意，以八字
作眉字解，如此則改兒爲孫，豈不可笑。今按：毛晉、王詔兩
刻，皆已改兒爲孫，可見通人難遇，古今同慨。此本八卷，爲
厲樊榭徵君鸚手鈔，兒兒未改兒爲孫，知所據必是善本。全謝
山撰《徵君墓碣》，稱其詞深入南宋諸家之勝。王述庵《蒲褐山
房詩話》，稱其詞直接碧山玉田。今觀此册，知徵君用力之勤，
嗜書之篤，宜其與朱竹垞並爲浙西一代詞宗。豈僅書法古拙，
足供清玩已哉！光緒丙午夏六月初又日，葉德輝識。

批點稼軒長短句十二卷明嘉靖刊，何子貞、葉郎園舊藏。

宋辛棄疾撰。前有嘉靖丙申李濂序，略云，稼軒辛忠敏公
幼安，歷城人也。少與党懷英同師蔡伯堅，筮仕決以蓍，懷英
得坎，因留事金；稼軒得離，遂浩然南歸。紹興末屢立戰功，
嘗作《九議》暨《美芹十論》上之，皆切中時務，累官兵部侍
郎、樞密都承旨。晚年解印綬歸，僑寓鉛山之期思、帶湖瓢泉，
渚烟谿月，吟嘯其間。余家藏《稼軒長短句》十二卷，信州舊
本也，視長沙本爲多。序曰，稼軒有逸才，長於填詞，平生與
朱晦菴、陳同父、洪景盧、劉改之輩相友善。晦菴答稼軒啓有
曰，經濟事業，股肱王室之心，游戲文章，膾炙士林之口。晦
菴之没，黨禁方嚴，稼軒獨爲文哭之。《長短句》凡五百六十八
闋，余歸田多暇，稍加評點，惜乎世鮮刻本，開封貳郡歷城王
侯詔讀而愛之，請壽諸梓。序後有目四葉，卷一首題歷城辛棄
疾漫著，大梁李濂批評，歷城王詔校刊。濂事蹟見《明史·文
苑傳》，少年嘗作《理情賦》，爲李夢陽所見，大嗟賞之，訪濂
吹臺，自此聲馳河洛。其後益肆力於學，遂以古文名於時，著

有《祥符先賢傳》及《嵩渚集》一百卷。此批點本半葉九行，行二十字，版心魚尾上無字，魚尾下記卷幾葉數。護葉有何氏紹基墨筆題字云，東坡、稼軒兩家詞，同治乙丑春正月顧子山同年贈我於蘇州旅寓，嫋嫋記。伯驤以重直得此，東坡詞則不知流落何處矣。書爲長沙葉氏舊藏，有"郎園過目"、"葉德輝鑒藏善本書籍"、"觀古堂"三章。

元遺山新樂府五卷 南昌彭氏知聖道齋寫本。

金元好問撰。前有彭氏識語，此略之。按遺山著作，有集四十卷，舊刊有明弘治間本，汲古閣則刊其《詩集》二十卷，新樂府雖著録《文淵閣書目》，尚未見槧本流傳。清《四庫》祇著録遺山《續夷堅志》及其遺集，而樂府未收。儀徵阮氏曾以進呈，今《研經室外集》有此提要。據《御定歷代詩》載詞人姓氏，謂此爲明人凌雲翰編輯，所録之本無凌名字，當是誤脱。實則凌編乃《遺山詞選》，與五卷本不同，蓋阮氏誤也。阮氏引《錦機集》云，僧李菩薩洒酒作花開牡丹二株，遺山爲賦《滿庭芳》，傳誦一時。並引張氏炎之言，謂遺山詞風流蘊藉，不減周秦，玉田當非妄語者。而文勤乃曰，此公於此事全無解處，見此書題識。則又何也？竹坨曾選凌《選》入《詞綜》，有出此本外者。近人威遠周岸登以陽泉山莊本《遺山集》，校彊村朱氏覆弘治高麗本《遺山樂府》，得增添詞五十四首，據《輟耕録》録出一首，次爲《補遺》一卷；又以石蓮庵《九金人集本補刊新樂府》第五卷校之，除去緟複，得詞百十四首，什九壽人之作，次爲《外集》一卷；合之朱刊三卷，詞二百十九首，共得詞三百八十八首，《遺山樂府》之傳於今者具是矣。周氏云，遺山詞張氏炎稱其深於用事，精於鍊句。余謂其切實發揮，

抑揚頓挫，如詩家之有老杜，實開兩宋詞家未有境界，非第非
杜善夫所述中邊皆甜已也。此則遺山樂府之定評矣。金白樸字太素，
有《天籟集》二卷，吾家藏舊寫本。至元丁亥，王博文有序，略云，元、白爲中州
世契，兩家子弟每舉長慶故事，以詩文相往來。太素卽寓齋仲子，於遺山爲通家姪。
甫七歲，遭壬辰之難，寓齋以事遠適，明年春京城變，遺山遂挈以北渡。嘗罹疫，
遺山晝夜抱持，凡六日，竟於臂上得汗而愈，蓋視親子弟不啻過之。太素親炙遺山，
聲欬談笑，悉能默記。數年寓齋北歸，以詩謝遺山曰，“顧我真成喪家狗，
賴君曾護落巢兒”。無何父子卜築於滹陽，遺山每過之，必問太素爲學次第。嘗贈之詩曰，
“元、白通家舊，諸郎獨汝賢”。此集當詳《書目二編》，以此爲遺山軼事，偶附記
之，伯羲記。

蟻術詞選四卷　精抄本，知不足齋舊藏。

　　元邵亨貞著。卷首題元雲間邵復孺著，明新都汪稷校。復
孺者亨貞字，不題名者，汪氏之陋也。目錄葉有“世守陳編之
家”、“老屋三間賜書萬卷”、“歙西長塘鮑氏知不足齋藏書印”
各章，卷首有“長塘”圓形朱文章、“鮑家田”方形朱文章、
“知不足齋藏書”白文方形章，別有“巴陵方氏碧琳琅館珍藏祕
笈”朱文方形章，當是鮑淥飲、方柳橋前後收藏者。邵所著
《野處集》，著錄清《四庫》，而《詩選》《詞選》，《四庫總目》
則謂世無傳本，又謂其詞世不多見。惟陶宗儀《輟耕錄》載所
作《沁園春》二首，雋永清麗，頗有可觀。蓋所長尤在於是，
惜《詞選》今已久佚云。嘉慶間，儀徵阮氏始得舊抄影寫進呈，
今《研經室外集》及之，唯未言此書有無前、後序。鮑氏此本，
有隆慶壬申沈明臣跋，略謂復孺生勝國時，卒於洪武間。才名
籍甚，以薦起家，訓導松江府學，卒年九十三。志稱其通博敏
贍，嫺於文辭，陰陽、醫卜、佛老書，靡弗精核。集得三種，
《蟻術詞選》，實通宋詞三昧；《蟻術詩》蓋習勝國語者；《野處

集》蓋雜著。復孺書法尤精篆隸，其私印朱文有"邵復孺氏獨冠元人印章"。余蓋聞之王幼朗文云云。於此可見邵氏之事略，而阮氏不言，當未見此跋矣。明臣，鄭縣人，太學生，有《豐對樓詩選》四十三卷、《越草》一卷。朱氏彝尊云，沈在胡少保宗憲幕府，嶽嶽不阿，少保遙望見必起立。嘗犒將士於爛柯山，酒酣樂作，沈於席上賦凱歌十章，吟至"狹巷短兵相接處，殺人如草不聞聲"。少保起捋其鬚曰，何物沈郎，雄快乃爾。命刻石山上。《列朝詩集》於復孺事實頗詳，可參訂。

桂洲詞六卷 明刊本。

明夏言撰。前有嘉靖辛丑費寀序，略云，桂洲相公，歷諫垣詞苑，進秩宗，以登元相，文章禮樂，固已達之天下矣。乃復於賡歌之暇，感事述情，發玄摘藻，而製爲詞調，久之成帙，命曰《玉堂餘興》。次有吳一鵬序，略云，予自歸田，不通朝貴之問者將十年。少傅桂洲公獨念一日之雅，悉以登仕以來奏議、應制諸集十餘卷見示。嘉靖戊戌冬，乃序詩餘焉。古之善詞者，溫庭筠、韋莊、馮延己之流，失之浮豔；周美成、柳耆卿、康伯可之流，失之淺近；辛幼安、劉改之、陳同甫之流，失之粗豪。如公之作，華而有則，樂而不淫。一編之中，許國之志，憂時之誠，溢於言表。巡按侍御陳君蕙以公《詩餘》命吾郡守王侯儀刻焉，俾予序之。末有皇甫汸跋，略云，戊戌之秋，汸承譴出理楚黃時，桂洲元相贈之以詞，並以內閣所錄一編眎之曰，吳匠氏善梓，爾其謀諸，且爲我紀之。乃郡守王公儀樂任其事，汸也校而刊焉。又有大明府知府石遷高氏識語，略云，先是侍御陳公蕙曾刻之吳，吳之人珍傳，嗣厪蹕渡河諸詞未布也。時侍御樊公得仁按歷畿南，風紀之餘，雅重文教，迺亟命遷高曰，子知夫桂翁扈踵諸作乎？其言指而遠，其事肆而隱，其理典而則，有裨世教多矣。盍併刻之，以溥厥傳。遷高弗毅，祇若命焉。卷一首行題《桂洲集》，版心亦同。半葉十二行，行二十字，實十九字。空一格以備提行，大板本，精刻。

花間集十卷 汲古閣刊本。

五代趙崇祚撰。有琴川毛晉足本墨章。前有歐陽炯序楷寫兩葉，次有目十葉。每卷仍有目連正文，猶存古式。半葉九行，行二十字。崇祚字宏基，揭銜銀青光祿大夫行衛尉少卿，官於孟蜀時，里貫無考。書十卷，集唐一代詞，凡作者十人，詞三百九十四首。前有蜀廣政三年武德軍節度判官歐陽炯序。後有紹興十八年晁謙之跋，稱建康舊有本，比得往年例卷，猶載郡將監司僚幕之行。有《六朝實錄》與《花間集》之鬭，又他處本皆譌舛，迺是正而復刊，聊以存舊事云。蓋南宋重雕本如此。此則毛氏刻本，惜不得取校。

花間集不分卷 寫本，有校筆。

前無序，有總目。計唐毛司徒詞三十一首，唐顧太尉詞五十五首、唐魏太尉詞十五首、唐孫少監詞六十首、唐牛學士詞十一首、唐鹿太尉詞六首、唐閻處士詞八首、唐尹參卿詞六首、唐李秀才詞三十七首。目後第一葉第一行題“唐毛司徒詞”，第二行題“毛文錫”，以後各人均如之。朱筆校勘極精嚴。

玉茗新詞四種 明刊本。

明湯義仍撰。封面題“雕蟲館校定，本衙藏板”。前有《玉茗堂傳奇引》云，臨川湯義仍，爲《牡丹亭》四記，論者曰此

案頭之書，非筵上之曲，夫既謂之曲矣，而不可奏於筵上，則
又安取彼哉！且以臨川之才，何必減元人，而猶不足於曲者，
何也？當元時所工北劇耳，獨施君美《幽閨》、高則誠《琵琶》
二記，聲調近南，後人遂奉爲矩矱，而不知《幽閨》半雜贗本，
已失真多矣。卽《天不念》《拜新月》等曲，吳人以供清唱，
而調亦不純，其餘曲名莫可考正，故魏良輔止點《琵琶》板，
而不及《幽閨》，有以也。《琵琶》諸曲，頗爲合調，而鋪敍無
當，如《登程》折、《賜宴》折，用末、净、丑諸色，皆涉無
謂，陳留洛陽，相距不三舍，而動稱萬里關山，中郎寄書高堂，
直爲拐兒紿誤，何謬戾之甚也。至曲每失韻，白多冗詞，又其
細矣。今臨川生不踏吳門，學未窺音律，豔往哲之聲名，逞汗
漫之詞藻，局故鄉之聞見，按亡節之絃歌，幾何不爲元人所笑
乎？予病後一切圖史悉已謝棄，間取四記，爲之反覆删訂，事
必麗情，音必諧曲，使聞者快心，而觀者忘倦，卽與王實甫
《西廂》諸劇並傳樂府可矣。雖然，南曲之樂，無如今日，而訛
以沿訛，舛以襲舛，無論作者第求一賞音人不可得，此伯牙所
以輟絃於子期，而匠石廢斤於郢人也。刻既成，撫之三嘆。序
末題萬曆徒維敦祥之歲東海臧晉叔書於雕蟲館。卷一前題臨川
湯義仍撰，吳興臧晉叔訂。半葉九行，行十九字。

雍熙樂府二十卷<small>明刊本。</small>

　　清《四庫》存目者十三卷，題海西廣氏編，不著姓氏。館
臣謂明李元玉《北調廣正譜》，訂正諸調，頗爲綜賅，其體例皆
原本是書。此則二十卷，知館臣所見者，別一本矣。卷一曰仙
呂調、卷二、卷三曰正宮調，卷四、五曰仙呂宮調，卷六、七
曰中吕宮調，卷八、九、十曰南吕宮調，卷十一、十二曰雙調，

卷十三曰越調，卷十四曰商調，卷十五曰大石調、小石調、南曲，卷十六曰南曲，卷十七至二十曰雜調。前有一序，係以墨筆寫於首葉者，序云，太傅武定侯蒼岊郭公，當太平無事之時，偃武脩文之日，徧閱宋元迨我朝文人所作詞曲，採而輯之，凡二十卷，將鋟梓以廣其傳，題曰《雍熙樂府》，間以示余。余讀之，如坐虞廷，五音並奏，六律齊鳴，洋洋乎盈耳；如入御廚，水陸畢陳，調和大備，第恐太羹之味，或不適於衆口。希聲之樂，或不諧於俗耳，好惡不同，固非譾陋之所知也。若夫樂府命名之意，則似有以得其彷彿焉。竊維雍者和也，熙亦和也，是稽古唐虞，雍熙是已。蓋以上有堯舜之君，下有禹稷之臣，百度具新，四方風動，可爲雍熙者矣。故康衢之謠，明良之歌，其稱頌太平，揄揚功德者，不一而足。雖然，有雍熙之世，而無雍熙之曲，詎能以享雍熙之福哉！今公當雍熙之世，傳雍熙之曲，是得以鳴雍熙之盛，而享雍熙之福者，乃又不私所有，欲使天下之人，皆歌雍熙之曲，而樂雍熙之化，益卒以見公之獨樂不若與人，與少不若與衆之盛心也。自是閭閻里巷，家傳而人誦者，咸以雍熙之治，不在唐虞，而在今日矣。況公爲國元勳，受知明主，退食之暇，必有移宮換羽之製作，鋪張治功，以鳴國家太平之盛，殆與古之賡歌訓誥頌頑於宇宙間者，當倍於今日，則俟別刻以傳。嘉靖辛卯歲秋春泉居士王言書於望槐庭。序末有"君實"、"金吾仙吏"、"秋天虛翠屏"三印，并朱文。次有安肅春山序云，夫樂府之名起於漢，是後代有作者，體製漸嚴，至於今日獨益精，斯乃文詞之最工，聲律之大備也。其體製有十七宮調，曰仙吕調、曰南吕宫、曰中吕宫、曰黃鍾宫、曰正宫、曰道宫、曰大石、曰小石、曰高平、曰般涉、曰歇指、曰商角、曰雙調、曰商調、曰角調、曰宫調、曰越調，皆因天地自然之音，定腔命名，各從其屬。一句之内，不可亂下一字；一調之中，不可混施一曲。自非高才博學、妙解音律者，不能按腔填詞，使情明語暢，穩諧樂府，何者？蓋前人閱歷既多，腔譜已定，聲分平仄，字別陰陽，至精至備，本不可易。故於措詞之間，其字其音，一有出入，即非家法，弗愜人心。求其究心精專，獨臻其妙者，代不數人而已，由是傳授既寡，樂教遂微。予生長中州，蚤入内禁，中和大樂，時得見聞，又嘗接鴻儒、承論説，似若彷彿其影響者。比見舊刻彙輯國朝并金、元以來諸名公鉅卿佳詞妙曲、套數小令，凡若干章，宫分調別，燦然具備，作非一手，調出一腔，信皆樂府之指南，先得我心之同然者也。竊自愛之，乃於直侍之餘，禮文政務之暇，或觀諸窗几，或命諸聲歌，臨風對月，把酒賞音，洋洋陶陶，久而忘倦。自惟際世雍熙，仰受隆恩，和平安樂，斯能樂此，爰鋟諸梓，用廣其傳，仍其舊名曰《雍熙樂府》。雍熙云者，蓋采唐虞時雍咸熙之語，以昭盛世之治和也。嘉靖丙寅歲中秋日，安肅春山謹識。有圈句，遇皇朝等字頂格，餘俱低一字，半葉十行，行二十一字。丁氏善本室著録此書，唯無春泉居士序。丁氏云，自金、元以迄明正德，凡名人以及樂工院本，小令、長套，約略在是，可稱曲海，蓋深許此書矣。祁氏《書目》著録《雍熙樂府》二十卷，周藩獻王輯，《雍熙樂府選》十三卷，亦周藩獻王輯。清《四庫》存目者，當是後一本。

琵琶記　卷明朱墨本。

前題元高東嘉填詞，前有弘治戊午白雲散仙序。第一行題《重訂慕容喈琵琶記序》，下有小字云，見江陰徐充暖妹由筆。序略云，白雲散仙歸自蓬萊，爲酒食，演《琵琶記》以娱客。

客曰，此南戲之祖妙哉。惟蔡伯喈三世同居，父子同朝，侍母病不解衣，廬母墓致瑞，非貧仰於鄰，而賴妻治葬者。前人謂此爲伯喈而作，不免誣詆。前賢散仙就枕嘗夢一儒者揖而言曰，予元進士永嘉高則成也，嘗編《琵琶記》，以刺東晉慕容喈之不孝、牛金之不義，時爲柳文蕭公所責，稿隨焚矣。不意好事者猶錄斷稿，中間殘缺，妄意增補，至訛慕容爲蔡邕，則尤可怪。按慕容複姓，名喈字伯喈，鮮卑慕容廆之族，自廆受晉命爲平州刺史。而鮮卑人多入中國，喈之祖占籍陳留。喈有文學，應元帝詔爲議郎。時牛金以小吏私幸母后，竊秉相權，招喈爲壻，喈棄父母於陳留，連遇饑荒，所在盜起，音問不通，卒爲餓殍。其妻趙氏克養克葬，報夫同歸。事載野史，牛金敗績，國史佚之。今錯爲蔡邕，蓋慕字相似，而容、邕聲相近故也。東漢無牛相，東晉有牛金，自有不能錯者，此蓋辯其非漢之伯喈耳。《凡例》十則。爲即空觀主人識，略云，此記爲庸妄人強作解事，大加改竄，大約起於崑本，爲罪之魁。厥後徽本盛行，則又取其本而以意更易，世遂不復覩元本。偶獲舊藏臞仙本，大爲東嘉幸，亟以公諸人，毫髮畢遵，有疑必闕。又云，歷查諸古曲，從無標目，其有標目者，皆後人僞增也。且時本亦互相異同，俱不甚雅，從臞仙本不錄。臞仙爲前明寧藩，所謂獻王是也。伯驥於《白玉蟾集》詳載其人，此則略之。《凡例》又云，近時有贗李卓吾批點本，夫真卓吾且不解曲，況效顰拾唾者。又云，弘治間有白雲散仙者，以東嘉見夢，謂蔡伯喈乃慕容喈之誤，改之行世，以爲東嘉洗垢。附載其序，以發好事者一笑。序三葉，《凡例》四葉，《目錄》二葉。首題《琵琶記》卷一，次行題元高東嘉填詞。其中朱字眉批，有可資考證者。如卷一第十葉，"末扮張大公相"，元曲多大公、大郎之稱，俗

作太公謬。卷一第六葉，"只見老姥姥和惜春養娘舞將來做"，
養娘稱公頭之別名，元人小說多如此，俗本作姐非。卷一第二
十葉"凡鷓鴣天後不得用落場詩"，俗添者謬。皆足供考論者
也。半葉八行，行十八字，小字雙行，亦十八字。高明字則誠，
永嘉人。登至正四年進士，歷任慶元路推官。方國珍據慶元，
遂辟鄞社，以詞曲自娛。後來遂以《琵琶記》爲則誠有名之作，
其撰述之原因，有數說。《閒中古今記》則謂高氏因劉後村有
"死後是非誰管得，滿村聽唱蔡中郎"之句，乃編《琵琶記》
用雪伯喈之恥。其曲調拔萃前人。入國朝，遣使徵辟，辭以心
恙不就。使復命，上曰，朕聞其名欲用之，原來福薄。既卒，
有以其《記》進者，上覽畢曰，五經四書，如五穀，家家不可
缺。高明此語，如珍羞百味，富貴家其可缺耶？明黃溥《簡籍遺
聞》，記明太祖謂六經爲五穀，《琵琶記》爲珍羞，與此略異。田氏藝蘅《留
青日札》則云，時有王四者能詞曲，高則誠與之友善，勸之仕，
登第後，卽棄其妻而贅於太師不花家。則誠悔之，因借《琵琶
記》以諷，名琵琶者，取其四王字爲王四，元人呼牛爲不花，
故謂之牛太師，而伯喈曾附董卓，乃以之託名也。太祖微時，
嘗賞此《記》，及登極，乃捕王四置之極刑。至前清許氏宗彦，
則謂《琵琶記》殆指宋蔡卞事也，卞棄妻而娶荆公之女，故人
作此以諷之。其曰牛相者，言介甫之性如牛。見梁氏《兩般秋
雨菴隨筆》。梁氏以爲宋之《琵琶記》，乃刺蔡卞而作，元之記
則刺王四，可兩說並存也。《曲苑叢談》稱南戲濫觴於宣和，南
渡盛行，號曰永嘉雜劇。元初，北曲流行，風靡南土，宋詞遂
絕，而南戲亦衰。自高氏此作，而卓然與北曲並峙。然朱氏
《靜志居詩話》則述楊廉夫有《送沙可學序》，略云某官來總行
省時，求從事掾之賢能者，首得一人，曰沙可學氏；又得一人

焉，曰高則誠氏；又得一人焉，曰葛元哲氏。三人者用，而浙稱治。朱氏又稱，顧仲瑛輯元耆舊詩，爲《玉山雅集》，稱其長才碩學，爲時名流。可知則誠不專以詞曲擅美，據廉夫之言，可知則誠又有吏才矣。《堯山堂外紀》謂撰《琵琶記》者乃高拭，其字則成，別是一人。《涵虚子曲譜》有高拭而無高明，《外紀》或有所據。

　　明賈三近《滑耀編》傳類第一百六十一葉，有高則誠氏所撰《烏寶傳》，附録於此。傳云，烏寶者，其先出於會稽楮氏，世尚儒，務詞藻，然皆不甚顯。至寶厭祖父業，變姓名，從墨氏游，盡得其通神之術，由是知名。初寶之先，有錢氏者，亦以通神之術顯，迨寶出而錢氏遂廢，然其術亦頗相類，故不知者猶以爲錢云。寶輕薄柔默，外若方正，内實污垢，善隨時舒卷，常自得聖人一貫之道，故無入而不自得，流俗多惑之。凡有謀於寶，小大輕重、多寡精粗，無不曲隨人所求。自公卿以下，莫不敬愛，其子孫蕃衍散處郡國者，皆官給廬舍，而加守護焉。其有老死者，則官爲聚其屍而焚之，蓋知墨之末俗也。寶之所在，人争迎取邀致，苟得至其家，則老稚婢隸，無不忻悦，且重扃邃宇，敬事保愛，惟恐其他適也。然素趨勢利，其富室勢人，每屈輒往，雖終身服役弗厭。其寠人貧民，有傾心願見，終不肯一往。尤不喜儒，雖有暫相與往來者，亦終不能久留也，蓋儒墨之素不相合若此。寶好逸惡勞，愛儉素，疾華侈，常客於弘農田氏。田氏朴且嗇，寶竭誠與交，田氏没，其子好奢靡，日以聲色宴游爲事，寶甚厭之。隣有商氏者，亦若田氏父之爲也，遂挈其族往依焉，蓋墨之道貴清净故也。然其爲人也多詐，反覆不常，凡達官勢人，無不願交。而率皆不利敗事，故其廉介自持者，率不與寶交，自寶之術行，挾詐者往往僞爲寶術，以售於時，後皆敗死，故寶之術益尊。是時崑崙抱璞公、南海玄珠子、永昌從革生，皆能濟人，與世俯仰，曲隨人意，而三人者亦願與寶交，苟得寶一往，則三人亦無不可致，故時譽咸歸於寶焉。寶族雖多，然其狀貌技術，亦頗相似，知與不知，咸謂之烏寶云。論曰，烏氏見於《春秋》《世本・姓苑》，若存餘技烏獲皆爲顯仕，至唐承恩重亂始盛，迨寶而益著。寶裔本褚氏，而自謂烏氏，則變詐亦可知矣。寶之學雖出於墨，而其害道傷化爲尤甚，雖孟軻氏復生不能闢也。然使寶生於唐虞三代時，其術未必若是顯，然則寶之得行於志者，亦以其時有以使之。嗚呼，豈獨寶之罪哉。

新編目蓮救母勸善戲文不分卷 明刊本，張月霄妻李靜芬舊藏。

明鄭之珍編。前有萬曆己卯賜進士第知金華府事鶴墩葉宗春序，略云，目犍連者，釋而翹也。夫釋氏無我相人相衆生壽者相，而連也急急於父母之恩，死生之際，相甚矣，何釋之道也。高石鄭子世儒哉，迺取而傳之，神以輪迴，幻以鬼魅，鼓以聲律，舞以侏儒，不啻傳注之訓聖經然，是何儒哉？鄭子曰，人情饜藜菽則思甘脆，足麻枲則慕綺縠，何者？喜新也，故聽古樂則思睡，而聽鄭、衛之音則終日而不厭，人情大都然也，吾以此勸善也。夫人之惡生於忍，忍生於吝，而吝生於無所感。於戲，聖人所以象感也，此傳行則遠者裹糧，而近者効役矣。富者捐財，而病者起卧矣，感傅相之登遐，則勸於施佈；感益利之報主，則勸於忠勤；感曹娥之潔身，則勸於烈節；感羅卜之終慕，則勸於孝思。人之所崇者釋，而釋亦急親矣。釋之罪儒者無親，而急親則儒矣。由是而夷不亂華，墨可歸夷，是余之心也。鶴墩子曰，由前之說，吾取其術；由後之說，吾取其心。次有陳昭祥《勸善記序》，略云，鄭子幼爲諸生時，負高世之雄才，擅凌雲之逸響，而屢困於藝場。於是退而深惟曰，吾身不用矣，何可以名没世而不稱也。乃今眩惑人耳目，而淫蕩人心志，以蠱害吾先王禮樂之教者，莫甚於俳優之習。吾聞先王之教人也，莫深於孝，故卽目犍連救母事而編次之，而寓勸懲之微旨。目犍連在釋迦牟尼時，居然一大阿羅漢，稱摩訶薩，至於救母事略、褒善罪惡諸節目，雖未盡然，所謂藉外論之者也。以法眼觀，何幻不真，奚必盡規陳迹泥往實，而後能爲教於世也。次有萬曆壬午高石山人鄭之珍自序，次有萬曆癸未倪道賢《讀鄭山人目連勸善記》，次有壬子進士陳瀾《勸善記評》。卷前題《新編目連救母勸善戲文》，次行題新安高石山人鄭之珍編，館甥葉宗泰校。伯驥按：《政和五禮新儀》卷五云，士庶每歲中元節，折竹爲樓，編作偶人如僧，居其側，名曰盂蘭盆。釋子曰薦嚴亡者，辭脱地獄，聿生天界。又云，盂蘭盆本梵語，譯以華音，卽救倒垂器也。釋氏之説以爲大目犍連爲其母墮餓鬼趣中，乃於僧自恣之日，具飯五果八味置盆中，以供十方，而母得食。蓋具飯以度苦趣，設器以救倒垂。又《竹素園叢談》稱，津海關税務司好威樂，市得一銅章，方一寸五分，篆曰知者樂，其紐爲一僧騎一怪獸，徵求識者。余曰，此地藏王也，獸曰諦聽。此獸之名，或有專書載，其中出處，余則但見諸《西遊記》中，謂此獸伏在地下，一霎能將四大部洲贏鱗羽毛昆蟲、天地神鬼五仙一切善惡，可以照鑑，賢愚可以察聽，常伏在地藏王經案之下。地藏王名目蓮，爲新羅國僧，一稱王舍城僧，新羅國在高麗國南，王舍城爲西戎地，在天竺摩訶賴國之南。本名傅羅卜，嘗師如來，始藏盂蘭盆救其母於餓鬼道中。《重增搜神記》《明一統志》，俱載其事。盂蘭盆譯言解倒懸也。七月十五日，聚集衆僧，具百味五菓，以著盆中，供養十方，大德如施主咒願七代父母行禪定意，然後受食，目蓮母乃得脱餓鬼之苦。唐肅宗至德年間，目蓮渡海來居皖江，九十九年趺坐函中而逝，其身不壞。以七月三十日爲其誕辰，吳越一帶，比户炷香於地，至中元節，盂蘭之會，幾於遍中國通行。嶺南尤甚，其赴青陽縣朝九華山進香者，男婦不遠千里而來，香火之盛，寺宇之多，僧人之衆，蓋與山西之五台不相上下。據此則銅章或僧寺之物也，好君遂以英文譯其事焉。此皆目連救母之事實也。此本半葉十行，行二十四字。末有“景和”二字朱文章、“静芬”二字白文章。孫原湘《張月霄妻李孺人傳》云，孺人姓李氏，名景和，字静芬。既嬪月霄，琴鳴瑟應，雝雝如也。月霄連試不得志，自奮於古，慨然思爲杜、鄭、馬、王之學，日購奇書讀之，遇宋刊元槧，不惜多方羅致，積書至八萬餘卷。孺人濡染既深，遂能别識。月霄每重價購得祕籍，必相對鑒賞，孺人知其難爲繼也，從容進曰，蓄之富何如讀之熟耶？其明識婉順如此，卒年四十。此本當是愛日精廬中璇閨寶玩也。葉氏《藏書紀事詩》有雙芙閣事實，而未及月霄妻，當補之。半葉十行，行二十四字。

跋

　　右《五十萬卷樓藏書目録初編》二十二卷，分二十二本，大略七十萬言，爲吾季父天一先生手撰。於此可稍見季父流略之學，其他諸學亦可由是而窺見端倪。五十萬卷樓者，季父藏書處，初曰"福功書堂"，殆取前清阮文達撰《虞山張氏詒經堂記》語意，後曰"五十萬卷樓"，則以積儲較多約舉卷數也。"藏書目録"者，季父收得之書每爲題記，蓋義兼述作書之種類可按目録以求，書之内容亦由兹可攷也。"初編"者，此爲羣書題記之一部分，積稿甚多，後將賡續而隨出也云。二十二卷二十二本者，季父以謂漢代用縑帛寫書，按文中章節之起訖寫成一幅而卷之，如卷布帛然，外表則題曰某書卷第幾。其後既代縑帛以紙，似不可云卷。今此編以一卷爲一本，而齊其起訖，於卷之制尚符，故沿襲舊名或不爲迕云。本者，蓋合於古言，而今語亦不戾也。季父撰《經籍故》一書凡數十卷，中有考論策册卷葉沿革者，言之至悉。季父少卽好學，嗜書如飴，當時學者多習舉業，蓋速化之術，何必讀書，故四部鴻編頗嘆束閣，唯季父則大嗜焉。守約習勞，不爲物役，數十年來非有人事要務，未嘗一日廢書。弱冠時，以宋世蘇、黃、呂諸公咸習道家言，偶得明太祖子權編刊書二三種，曾稍尋味，嗣復於有益身心諸學術，致志研求。故能處囂塵而湛冥，伏案披吟，久而無倦。所學以清世之乾嘉派爲入門，而益擴大之。尤喜收書，真積力久，蔚成大觀，

羣相推挹。海内專家許爲富甲西南,有"上企瞿、楊,無愧
丁、陸"之譽。見《國立北平圖書館館刊》及各雜志。按瞿氏鐵琴銅劍
樓、楊氏海源閣、丁氏八千卷樓、陸氏皕宋樓爲吾國清季南北四大藏書家。瞿
氏書今尚珍儲,楊氏書近年始亡失,丁氏書今藏盔山,陸氏書則散佚久矣。四
家卷帙以丁氏爲最富,因其於舊本外又多新本也。檢其目約四十萬卷,大抵瞿、
楊、陸三氏以舊本爲主。季父之意則從同於丁氏,故卷數特多。蓄書既豐,
開讀彌勤,所獲愈廣。每用小册子手自筆記,而家中婦孺及
館童助之摘録,以備著作資糧。今見其纍纍充牣,殆不下十
餘篋也。篋中所積皆是筆記小册,其整卷寫録者則別寘之。蓋季父恒喜屬人
精寫及景鈔罕傳本珍重儲藏,饒有前明虞山毛氏風致。"入門僮僕盡鈔書",某
君贈之晉詩中句也。季父頗似此。嘗言生平讀書有兩種態度,一如
時師評文,二如壯人掘地。評文者,蓋科舉時代,吾粵省城
西湖街學院前等處,多有科目中人,榜"評閱課文"四字以
爲招,取求閱之文卷,評校而甲乙之,是其職也。我則取古
今著述斠讎攷論,尤貴精勤,時師之名則我所創作也。掘地
者,謂以科學精嚴之法從事載籍,始能獲礦苗而棄沙礫,辨
僞得真,不至爲前人所誤。孔子之多聞闕疑,漢河間獻王之
實事求是,庶幾似之云。顧季父性謙退,以爲知解淺薄不當
出以示人,季父恒言學者著書,當如燕啄泥而爲巢,蜂采花而成蜜,於人於
己須求有用。否則蘐不我與,來者難誣,徒爲辭費。至白沙子所謂"真儒不是
鄭康成",又別有所見。蓋白沙不主張著書,集中屢及之,而顧亭林則謂"今
日當著書不當講學",皆一時代、一學派之言云。苟無特見,尤不當雷
同相從,隨聲是非,有似於陋儒俗學,是以著述之門目雖
繁,尚多扃鐍不出。季父手撰稿本凡巨編、短制多至數十種,尚待删訂
成書。其目之偶見於此編者,如《滿人漢化史》則見於《通志堂經解》中,
《歷代名臣奏議補闕》則見於史類元耶律楚材《湛然居士集》,《旁證》則見於
集類之寫本《湛然居士集》中是也。此外尚多,未能件舉。此編刊印殆幾

經朋游交勸始有發動之機，蓋季父撰著此類稿件盈簏，意擬全部完成方爲快慰。後以燕侍曲陳請手定初編，由吾等出財代刊，並服校字之勞，迺承俞許。計初編之書爲數不過千種，爲卷祇一二萬，唯我輩末學對此專門之作，已不禁向若而驚矣。然奉讀之餘，覺區區一得有可稍爲陳説者。其中如自序據《詩正義》引《韓詩説》，辟雍者，天子之學，五經之文所藏處，以爲官藏書之始。據《莊子》《尚書緯》《公羊義疏》以爲私家藏書始自孔子，皆前人所未論及。於《通志堂經解》述張氏雲章《樸村集》，知《經解》中各序多出於朱氏彝尊之手，而以漁洋、邵亭兩説佐之。於《周易兼義》述阮氏元、陳氏鱣之言，以釋兼義之誼，而以阮説爲長。於《周易程傳》據元刊本宋董楷《周易傳義附録》，述其已取程、朱，卷次混淆，辨顧亭林謂明永樂中修《大全》始如此，實爲不諦於宋蘇氏軾《書傳》述宋蔡氏沈《書集傳》語以證其説三江之訛。後又述清鄧氏廷楨《雙硯齋筆記》、孫氏詒讓《尚書駢枝序》以證蘇氏他説之確，知宋人經説亦不盡可廢。於《詩外傳》“豐交之木”句，辨孫氏詒讓《札迻》謂“豐交”於義難通，據《玉篇》《淮南子》諸書力證原文無誤。以上多能獨抒心得，可輔前世經學大師所不逮者也。《禮記陳氏集説補正》題納喇成德撰，此編述桐城方氏之説及顧張思《寓瞢雜詠》，證其出於陸翼王手，語見《禮記集説》中。顧氏之作不過小詩，然舊事乃由此發覆，可知學人固貴於宏覽矣。清乾隆間，開四庫館修書，進呈之本每鈐印記。沈氏家本《枕碧樓偶存稿》説有遺誤，此編述翁氏《復初齋集》自注及鄒氏《午風堂集》以證其失，於《詩總聞》一書詳之。河間紀氏以總纂得名，然其矯誣諧媚攘功奪能，後來多發見史迹。如刻本之《惜抱軒尺牘》中多抨擊紀氏者是其一證。此季父所嘗言也。此編則於《唐御注八分孝經》中述王氏昶撰《陸氏錫熊墓志》謂《庫》書告成，陸君之力最多一語，以證之所謂讀書得間也。我國經籍雕板多謂始於隋代，此編則於會通館活字銅板《音釋春秋》中述前明益藩莊王《勿齋集》、清洪氏騰蛟《壽山叢錄》以爲遠在隋前。二書固學人屢齒所少到者也。其關於藏書故實者，人皆知謙牧堂爲滿人揆叙齋名矣，然説頗不詳，季父更博采不甚習見之説，以傅益之。見於許氏之《讀書叢説》。人皆知士禮居爲黃蕘圃齋名矣，季父則述瞿氏中溶《金昌集》以證其由來，見於元刻孤本之《五服圖解》。人皆知阮文達以積書名矣，季父則述王氏培荀《鄉園夢憶錄》謂其太夫人已喜收藏，特彰母教。見於明刊單注本《爾雅》。若夫著錄明刊《六書故》，則表章明博羅張氏萱，述張氏撰《聞見錄》爲未刊之書，聞閩人陳韜庵有其本，而鉅編寫錄則曾於順德李氏泰華樓讀之。著錄宋刊本《呂氏家塾讀詩記》則分列揭陽丁氏藏書齋名有三，不祇持静，皆似他人未嘗留意而有裨吾粤遺聞者也。以上僅就經部一類共三卷而言，已足補助前人，津逮後進。至其他史子集三類之十九卷更多創獲之説，則非更僕而難窮矣。全書似以史、集二類爲最多特見。蓋此編遠挹晁、陳二氏之清塵，近循乾隆四庫之前矩，博洽精審，實爲讀書志所罕見。季父嘗論宋、明以來諸書題識以前清儀顧堂主人陸存齋所著最爲富贍而無疵，時賢僉稱斯作允足肩隨，庶無媿色。若以鄙見大别之，則陸氏固詳於作者遺事，而板本異同經眼亦富，前人所不及詳者詳之，不及見者見之。此編則於各書旨趣及事實細爲推比，旁徵博

據，求其效用之所在。以漢學家法及近世學古者之眼光，分
析羣籍而定其性量。蓋時代及識解之不同，故用意自異，惟
得書不易，網羅善本比存齋時彌難，是則吾季父之成就，尤
可敬慕也。小子顓蒙，譬諸蠡測，然上承先世之家風，側聆
長者之餘論，蓬麻之喻不謬，丹素之辨自章，勘對既久，説
頗能詳，耳目濡染，有同傳習，好古敏求之君子，庶幾不謂
爲汗阿與！中華民國二十一年冬，從子培元、培遠校竟記。

中華民國二十五年九月初版

　著作者　莫伯驥

　校刊者　莫培元　莫培遠

　承印者　上海商務印書館

五十萬卷樓主人所著書 _{附記其目}

經舉文獻

萬姓統譜補續

資治通鑑校記

五代史記校記

歷代名臣奏議拾遺

官史

職官分紀校證

中國風俗史料類編

中國先民生活史

歷代文人生活史

唐詩人生活史

滿人漢化史

元高僧傳

中國近五十年史

萬邦黎獻畫象述贊

經籍故

清四庫全書總目提要舉正

清四庫全書撰人攷附編纂人
　攷

研經室外集攷正

張氏書目答問述補

五十萬卷樓藏書目録初編續
　編

清代女子著述攷

歷代廣東書徵

葉氏藏書紀事詩補續

書城馨逸

舞述

塑述

貝龜石玉金五述

校碑日札

王荊公事類

王荊公年譜補正

辛稼軒事類

曾文正公年譜

中國文學史料類編

古器物詩鈔

全北宋文

權載之集校記

王文公文沈註商

湛然居士集旁證　　　　　廣東故

曾文正公文集旁證　　　　動物名實圖攷

歷代詩方言攷　　　　　　福功堂隨筆

全唐詩方言攷　　　　　　福功堂日記節存

當世文編　　　　　　　　羣書索引

夕陽人語　　　　　　　　廿四史索引